Schalom Asch

JESUS

Der Nazarener

Schalom Asch

JESUS

Der Nazarener

Roman

WELTBILD VERLAG

Aus dem Amerikanischen übersetzt
von Paul Baudisch

Titel der Originalausgabe
THE NAZARENE

Genehmigte Lizenzausgabe für
Weltbild Verlag GmbH, Augsburg 1991

Umschlaggestaltung: Graupner und Partner, München
Umschlagphoto: Archiv für Kunst und Geschichte, Berlin
Gesamtherstellung: May + Co, Darmstadt
Printed in Germany
ISBN 3-89350-422-2

ERSTER TEIL

I. KAPITEL

Nicht das Erinnerungsvermögen, sondern gerade sein Gegenteil, die Fähigkeit zu vergessen, ist eine notwendige Bedingung menschlichen Daseins. Wenn die Lehre von der Seelenwanderung wahr ist, müssen die Seelen, wenn sie von einem Körper in den anderen hinüberwechseln, durch das Meer des Vergessens hindurchgehen. Nach jüdischer Ansicht geschieht dieser Übergang unter der Hochgewalt eines Engels, der heißt Engel des Vergessens. Zuweilen aber begibt es sich, daß der Engel des Vergessens selber die Spuren der früheren Welt aus unserem Gedächtnis zu tilgen vergißt, und dann gespenstern in unseren Sinnen fragmentarische Erinnerungen an ein anderes Leben. Sie treiben wie zerrissene Wolken über die Hügel und Täler der Seele, seltsam in die Geschehnisse unseres Alltags verwoben. Von Wirklichkeit umhüllt, treten sie in Gestalt von Alpträumen hervor, die uns in unseren Betten besuchen. Das ist dann nicht anders, als lauschte man grade einem Radiokonzert und hörte plötzlich eine fremde Stimme eindringen, die von einer anderen Ätherwelle fernher getragen wird und mit einer anderen Melodie beladen ist.

Ich stand vor der Tür und konnte trotz des Halbdunkels, das im Korridor herrschte, die mit Kreide hingemalten drei Buchstaben I. H. S. lesen, ein Umstand, der seinen Eindruck auf mich nicht verfehlte und mich nicht darüber im Zweifel ließ, daß hier ein Christ wohnte, genauer gesagt, ein Katholik. Er selbst öffnete mir die Tür.

Muffige Luft strömte mir entgegen, Luft, durchsättigt mit dem Meltau alter, seit langem aufgehäufter Dinge und faulenden Papiers. In der Düsternis, die an diesem feuchten und bewölkten Abend im Vorzimmer herrschte, wurde ich mehr durch das Gefühl als durch den Blick die von Energie erfüllte Gestalt, die da vor mir stand, gewahr. Er war nun keineswegs kraftvoll und imponierend, nein, im Gegenteil, er war klein und abgezehrt, und dennoch hatte man das Gefühl, in diesem verschwommenen kleinen Schattenfleck von einem Menschen sei eine gewaltige elektrische Ladung angesammelt, die jeden Augenblick sich entladen könnte. Ich näherte mich ihm denn auch mit äußerster Vorsicht. In dem bescheidensten und respektvollsten Tone, dessen ich fähig war, erklärte ich ihm, zur Antwort auf seinen erstaunten Blick, meine Anwesenheit.

„Oh..." Ein tiefer Atemzug durchzitterte seine schrecklich knochige, dünne, aristokratisch geformte Nase — die einzige halbdeutliche Kontur, die aus dem trüben, formlosen Nebel, welcher sein Gesicht war, hervorstach. Ich hörte das Echo der rasselnden Luft in seiner Lunge. Ohne ein Wort, ohne mich auch nur richtig anzuschauen, winkte er mir, ihm zu folgen.

Wir schritten durch das lange schmale Vorzimmer, dessen Wände zu beiden Seiten mit Bücherborden bedeckt waren. Die Bücher standen nicht in Reihen geordnet, sie lagen in Bündeln zusammengeschnürt, als sollten sie weggeschafft werden. Auch die Wände des Studierzimmers waren mit Regalen bedeckt, und auch hier lagen die Bücher gebündelt und verschnürt. Ich hatte reichlich Zeit, den Mann in seiner Behausung zu betrachten, denn kaum hatte er mich in diesen Raum geführt, als er mich sogleich vergaß und sich gelassen an seinen Schreibtisch setzte, von dem ich ihn durch mein Läuten weggezerrt hatte. Er forderte mich nicht nur nicht auf, Platz zu nehmen, sondern ignorierte mich gänzlich, als ob ich überhaupt nicht da gewesen wäre. Ich hatte, bevor ich hierherkam, den Entschluß gefaßt, auf keine Beleidigung zu reagieren und vor keiner provozierenden Bemerkung die Geduld zu verlieren. Ich kannte sehr wohl seine Haltung gegenüber dem Volke und der Religion, denen ich angehöre. Ich war jedoch entschlossen, Nebensächlichkeiten keine Beachtung zu schenken und den alleinigen Zweck zu verfolgen, den ich mir gesetzt hatte, nämlich, die nähere Bekanntschaft dieses Menschen zu machen. Ich ließ mich daher nicht in Verwirrung bringen, sondern benützte die Pause, um ihn aus meinem Winkel heraus zu beobachten. Sein Schreibtisch stand in der Nähe des einzigen Fensters, das offenbar auf einen engen Hof ging, denn das Licht, das durch die mit Baumwolle abgedichteten Scheiben hereinzusickern vermochte, war matt und trübe, als wäre es durch ein Sieb geflossen. Und dennoch, trotz der wuchtig hereinbrechenden Dämmerung ringsumher, ruhte auf seinem Antlitz ein Glanz wie von vergilbtem Pergament. Der Kopf, in die farblose Atmosphäre des Raumes getaucht, sah wie der

Kopf eines Cäsaren auf einer abgegriffenen altrömischen Münze aus. Die schmale, knochige Nase glich einem feinen Instrument mit zwei zart geschnitzten Flügeln. Scharf und spitz hing sie wie ein Adlerschnabel über dem Papier. Sie beherrschte das Gesicht, alle anderen Züge unterdrückend. Der große, über dem Schreibtisch schwebende Schädel war kahl, nur ein schmaler Streif gelblichweißen Haares lag wie ein Ring rund um die Glatze. In der nervösen, zitternden Hand, die sich über das Papier schob, lag soviel Energie, daß die Feder mit einem lauten, kratzenden Geräusch protestierte. Aber es bereitete mir Kopfzerbrechen, wie er es wohl fertig gebracht habe, auf seinem Tische für alle die Dinge, die dort lagen, Platz zu finden. Da häuften sich wahre Türme von Wörterbüchern, Enzyklopädien, Nachschlagewerken, und ganz abgesehen von den Bänden, Broschüren, Zeitschriften und Papierstößen, die zu dem Handwerkszeuge des Schriftstellers gehören, waren dort zahllose Gegenstände aufgestapelt, die allem Anscheine nach mit diesem Handwerk gar nichts zu tun hatten. Ich sah einen römischen Helm, ein Schwert, zahlreiche bronzene und irdene Gefäße und sonstige archäologische Reste, Nadeln, Schnallen, Trümmer alten Töpferwerks, bronzene und marmorne Stücke griechischer und römischer Figurinen. Und außerdem noch riesige Mengen geschnitzter Steine mit mannigfaltigen Inschriften.

Schließlich besann er sich auf meine Anwesenheit und stand auf. Mit ihm zugleich erhob sich eine einzelne Fliege, gegen die er schon die ganze Zeit her Krieg geführt hatte, ohne sein Schreiben zu unterbrechen. Jetzt verfolgte sie ihn und umkreiste seinen Kopf. Er verjagte sie mit einem Taschentuche und kam dann mit energischen Schritten zu der Ecke, wo ich regungslos gestanden und darauf gewartet hatte, daß er sich an mich erinnern würde. Er fing so mit mir zu reden an, als ob er mich seit Jahren gekannt hätte, und als ob wir ein Gespräch fortsetzten, das soeben erst abgebrochen worden war:

„Eine fürchterliche Pest, diese Fliegen! Wissen Sie, mit wem der Historiker Tacitus sie verglichen hat? Mit diesem lärmenden und aufrührerischen Volk, den Juden! Ha-rrr! Ha-rrr!“ Sein Lachen endete mit einem langen, scharfen, rollenden R. „Und wissen Sie, wie der Kaiser Domitian sich die Zeit zu vertreiben pflegte, tagelang hintereinander? Er fing die Fliegen in seinem Palast und riß ihnen die Flügel aus, so daß sie nicht mehr fliegen konnten. Ha-rrr! Ha-rrr! Eine erhabene Beschäftigung für einen römischer Cäsar, wie? Aber das war symbolisch, junger Mann, symbolisch. Er taugte wirklich zu nichts anderem. Sein Feldzug gegen die Germanen war leere Windbeutelei, nicht mehr. Er hat nicht einmal den Rhein überschritten, obgleich er zu den Vespasianern gehörte, die die Welt von der jüdischen Seuche befreit und dieses Pharisäer- und Sadducäer-Nest, den Tempel, verbrannt haben... Ha-rrr! Ha-rrr! ..."

Ich antwortete ruhig: „Mein Herr, ich komme auf Empfehlung von Madame B... Ich bin bereit, Ihnen meine Kenntnisse der hebräischen Sprache zur Verfügung zu stellen."

Er schaute mich erstaunt an, trat einen Schritt näher, als wolle er mich besser sehen, trat einen Schritt zurück und erwiderte in ernstem Tone:

„Sollte ich in irgendeiner Weise den Zeloten in Ihnen beleidigt haben, dann bitte ich Sie um Verzeihung, Enkel der Makkabäer und des Simeon bar Giora! Und immer noch heißt es, das Lamm Jesus sei aus der Löwenhöhle Judas gekommen! Ich bin derselben Meinung wie Nietzsche — ich gebe das Neue Testament für eine einzige Seite des Alten her. Das letztere handelt von Männern, das erstere nur von Weibern, das eine von einem Gott der Rache, und das andere von nichts als von weibischer Verzeihung..."

Aus Angst, er würde wieder in eine seiner wilden Abschweifungen verfallen, versuchte ich abermals ihn zu unterbrechen:

„Auf Empfehlung von Madame B. habe ich die Ehre..."

„Ach ja, ach ja, Madame B. sagte mir, Sie wären bereit, mir die Geheimnisse Ihrer heiligen Sprache mitzuteilen, die ich im Zusammenhange mit einer wichtigen Sache brauche. Ich danke Ihnen für Ihr Anerbieten, und ich muß gestehen, daß ich Ihren Mut bewundere. Darf man wissen, welche Gründe Sie veranlassen, den Feind des auserwählten Volkes in ihre Verschwörerwelt einzuweihen? Vielleicht wird der Preis, den Sie verlangen, zu hoch sein, und ich werde ihn nicht bezahlen können."

„Der Preis —?" wiederholte ich verwundert. „Ich hoffe, Madame B. hat Ihnen gesagt, daß ein materielles Entgelt für meine Mitarbeit nicht in Frage kommt."

„Ha-rrr! Ha-rrr! Ich fürchte mich mehr vor der spirituellen Variante."

„Mein Herr, die einzige Bezahlung, die ich annehmen will, ist die Gelegenheit, etwas von Ihren reichen Kenntnissen der klassischen Altertums-Literatur mir anzueignen. Mich lockt Ihr Ruhm als Gelehrter und Erforscher altrömischer Dinge. Ich muß zugeben, daß auch ich mich zu der Epoche hingezogen fühle, an der Sie so sehr interessiert sind und für deren Bereich die Welt Ihnen und Ihren Entdeckungen so viel Dank schuldet. Glauben Sie mir, bitte, wenn ich sage, daß ich schon seit langem Gelegenheit gesucht habe, Ihre Bekanntschaft zu machen."

Die sanften Worte beruhigten ihn, so wie süßer Honig einen wütenden Bären beruhigt, und er versank in Schweigen. Es war jedoch ein argwöhnisches Schweigen, denn er trat abermals einen Schritt zurück und betrachtete mich forschend. Er kniff die Augen zusammen, seine Nase schien sich wie ein Greiforgan vorwärts zu schieben, und alles in allem war es, als prüfte er mich mehr mit dem Geruchssinn als mit dem Blicke. Und dann, nachdem ich gleichsam seine Billigung gefunden hatte, setzte er sich wieder an den Tisch und knipste die darüber hängende elektrische Lampe an. Das war auch nötig, denn inzwischen hatte dicke Finsternis den Raum erfüllt. Freilich, die einzelne Birne, die von einem Stück versengten und engbeschriebenen Papieres beschattet war, leuchtete nicht stark genug, um das Zimmer zu erhellen, aber es fiel genügend Licht auf den Tisch und auf den Kopf des Mannes — und vor allem auf seine Züge. Er bedeutete mir, in einem alten Lehnstuhle Platz zu nehmen, der ihm gegenüber vor dem Tische stand. Indem ich seinem Winke folgte, erlebte ich eine unangenehme kleine Überraschung. Ich merkte nicht, daß der Lehnstuhl bereits besetzt war, von einem alten Kater, dessen Anwesenheit ich nicht eher gewahr wurde, als bis mein Körpergewicht ihn aus seinem Schlummer weckte. Er machte mir jedoch den Platz nicht streitig und begab sich in einen anderen Winkel des Zimmers, einen Winkel, aus dem die Dunkelheit noch nicht gewichen war.

„Meine Leistungen auf dem Gebiete der objektiven Wissenschaft wären größer und bedeutender, wenn ich nicht unaufhörlich gegen gewisse Kräfte anzukämpfen hätte, in deren Interesse es liegt, die Wahrheit nicht an den Tag kommen zu lassen." Er strich mit den Fingern über seinen gelblich-grauen, kurzgestutzten Schnurrbart. „Ich versage mir, diese Kräfte mit Namen zu nennen, um Ihre Empfindlichkeit zu schonen. Sie dürften über ihre Identität nicht im Unklaren sein... Jetzt aber ist mir eine einzigartige Gelegenheit begegnet: Ich bin in den Besitz eines Dokumentes gelangt, das neunzehnhundert Jahre lang vor der Welt verborgen war. Es enthält die volle Wahrheit über jenes Weltdrama, das sich in Jerusalem abspielte und das unglückseligerweise zu dem wichtigsten Faktor unserer Geschichte in den letzten zwei Jahrtausenden geworden ist. Das Dokument, das sich in meinen Händen befindet, wird unsere Haltung gegenüber den allgemein anerkannten Wahrheiten von Grund auf ändern. Die Folgen seiner Veröffentlichung sind unberechenbar, und ich brauche Ihre Hilfe, junger Mann, um eine gründliche und objektive Analyse des Schriftstückes vorzunehmen. Sie müssen nämlich wissen, daß dieses Dokument, zum Unterschiede von den anderen. die für die Zwecke der Ungläubigen bestimmt waren, nicht in griechischer Sprache, sondern im ursprünglichen und echten Hebräisch abgefaßt ist, wie das sein Zweck erforderte, da es zum internen Gebrauche, zum Familiengebrauche bestimmt war. Von Ihnen, junger Mann, verlange und erwarte ich, daß Sie ohne Rücksicht auf Ihre Verpflichtungen gegenüber der jüdischen Gemeinde, an die Sie durch geheime Eide und Verbote gebunden sind, die Interessen der reinen Wissenschaft über die Ihrer Sekte stellen und mir in unparteiischer Weise helfen, den Text dieses epochemachenden Originaldokumentes zu entziffern, das mir ein glücklicher Zufall in die Hände gespielt hat."

Ich kannte bereits vom Hörensagen dieses Mannes Gewohnheit zu übertreiben und sich aufzublasen, aber der Ernst und die Aufrichtigkeit seiner Worte machten doch einen ziemlichen Eindruck auf mich. Ich glaubte wirklich, ich würde jetzt auf etwas Bedeutendes und bisher Unbekanntes stoßen. Der leise Tonfall mit dem er mich anredete, und der ernste Ausdruck auf dem sonderbaren pergamentgelben Gesicht ließen in keiner Weise vermuten, es könnte sich auch hier wieder um eine jener Verulkungen und Prellereien handeln, die für gewöhnlich hinter allen seinen Entdeckungen steckten. Ich war überzeugt, diesmal müsse eine außerordentlich wichtige Sache auf dem Spiele stehen. Ich antwortete mit allem Ernst:

„Lassen Sie mich, bitte, versichern, Professor, daß nur ein einziger Impuls mich zu Ihnen geführt hat, der Wissensdurst. Für mich haben Wissenschaft und absolute Wahrheit den Vorrang vor allen anderen Erwägungen." Dann dankte ich ihm mit echter Empfindung für das Vertrauen, das er in mich zu setzen bereit sei, — obgleich unsere Bekanntschaft eine so kurze war und er so wenig über mich wußte.

„Ja, Sie besitzen mein Vertrauen. Ich weiß nicht, wie das kommt. Ich finde, Ihre Einstellung zu diesen Dingen unterscheidet sich beträchtlich von der Ihrer Glaubensgenossen. Das wenige, was wir von dem Leben und den Handlungen der Persönlichkeit wissen, mit der wir uns jetzt beschäftigen und die leider die

Geschichte der letzten zweitausend Jahre beeinflußt hat, verdanken wir einigen Ihrer ‚Landsleute' — oder soll ich sagen, Ihrer Glaubensgenossen? — die uns ihre Berichte über dieses Leben und diese Tätigkeit hinterlassen haben. Sie waren nicht frei von Parteileidenschaft und Sekten-Interesse. Diese Tendenzen, in beiden Streitlagern beheimatet, haben die Gestalt jener Person erst geschaffen, sie gleichsam geboren und ihre Konturen gemodelt. Sie werden sicherlich wissen" — und er zeigte mit dem Finger auf mich —, „daß zu Beginn, bevor das griechisch-römische Genie ein wenig Ordnung in das labyrinthische Chaos der pharisäischen Denkweise brachte, die die Christensekte beherrschte, — daß zu Beginn also der neue Glaube eine rein jüdische Angelegenheit war. Sowohl seine Anhänger wie seine Gegner stammten aus jenem Menschenmaterial, aus dem Gott das auserwählte Volk geschaffen hat."

Trotz meines anfänglichen Entschlusses, mich durch keine seiner Bemerkungen verletzen und berühren zu lassen, mußte ich einsehen, daß theologische Erörterungen solcher Art unsere Beziehung von Anfang an zu zerstören drohten, denn er konnte kaum einen Satz äußern, der nicht provozierend gewesen wäre. Ich zwang mich zu dem freundlichsten und sanftesten Tone, dessen ich fähig war:

„Professor, ich glaube, es würde für uns beide von Nutzen sein, wenn wir theologischen Diskussionen aus dem Wege gingen, die unangenehm werden könnten. Es wäre besser, wenn wir uns auf den hebräischen Unterricht und das tatsächliche Material beschränkten."

Ein Ausdruck des Erstaunens und Ärgers trat in sein Gesicht, als könne er nicht begreifen, woher ich die Frechheit nähme, ihn in seiner Rede zu unterbrechen. Er murmelte zwischen den Zähnen etwas Unverständliches, dann versank er in Schweigen. Sein forschender Blick ruhte unverwandt auf mir, ein durchbohrender Blick, als wisse er nicht recht, was er nun machen solle — mich augenblicklich hinauswerfen oder mich zuerst in Grund und Boden verfluchen. Schließlich stieß er hervor:

„Im Interesse der Wissenschaft will ich mir alles gefallen lassen — selbst die Unverschämtheit eines kleinen Judenjungen."

* *
*

In den literarischen Kreisen unserer Provinzstadt nannten ihn seine Vertrauten den „Theologen" oder den „Professor". Ohne selbst den Beruf eines Schriftstellers auszuüben, war er der Freund und Berater anderer Literaten, Ästhet und Philologe der klassischen Sprachen. Von Zeit zu Zeit jedoch machte er von seiner außerordentlichen Gelehrsamkeit Gebrauch und veröffentlichte Bemerkungen und kurze Aufsätze in Zeitschriften, die sich mit römischer und griechischer Geschichte und Literatur beschäftigten. Wenn zum Beispiel irgendein Gelehrter sich in dem Namen eines römischen Generals oder Juristen oder Philosophen geirrt, ein falsches Datum angegeben oder den Namen eines Tribunen unrichtig geschrieben hatte — kurz, wenn irgendwer sich gegenüber einem der großen oder kleinen Heroen des Altertums eine Ungenauigkeit hatte zu Schulden kommen lassen —, erschien sogleich in der nächsten Nummer eine Berichtigung. In den meisten Fällen mußte der Redakteur die Zuschrift entweder neu stilisieren oder sie in den Papierkorb werfen — wegen ihres phantastischen Stils. Es war das erstens ein „streng klassischer" Stil, das heißt, er enthielt so viele griechische und lateinische Worte, daß es für den modernen Leser recht schwierig war, überhaupt zu erkennen, worauf der Verfasser abzielte. Ferner hatte unser Mann die Gewohnheit, zu seinem besonderen Vergnügen, aus Gott weiß welchen Quellen, die Namen klassischer Helden auszugraben, von denen man nie zuvor gehört hatte. Manche Leute behaupteten, daß viele von den in seinen Bemerkungen und Aufsätzen enthaltenen Namen keiner realeren Quelle entstammten als seiner eigenen Phantasie. Andere, weniger voreilig, bemühten sich, seine Angaben nachzuprüfen, durchstöberten verschiedene Anthologien, Wörterbücher und Enzyklopädien und gelangten zu recht unbefriedigenden Schlußfolgerungen. Anscheinend war *etwas* an den Namen dran, aber man konnte nicht feststellen, was es sei. Es war, als besäße er eine eigenartige Bibliothek griechischer Philosophen und römischer Staatsmänner, die ihm allein zugänglich war. Er schrieb stets unter der Maske eines Pseudonyms, welches nie dasselbe war, sondern von einem zum anderen Male wechselte, jedoch immer einen fremdländischen und unerwarteten Charakter behielt. Diese Eigenschaften hätten als harmlose Überspanntheiten passieren können, aber das Schlimmste an seinen Beiträgen war die Gewohnheit, in rein wissenschaftliche Notizen heftige polemische Bemerkungen über zeitgenössische Personen und Ereignisse einzustreuen. Er benützte seine kurzen Zuschriften, um mit allen seinen Feinden abzurechnen, und im besonderen richtete er seine Wut gegen seinen bittersten Feind — die Juden. Unter dem dünnen Vorwande einer journalistischen Berichtigung rückte er mit dem gesamten Katalog ihrer Fehler heraus. Wenn er Gelegenheit fand, den Juristen Cicero zu erwähnen, vergaß er niemals hinzuzufügen: „Er war es, der bereits vor zweitausend Jahren die Juden als ein ‚lärmendes und aufrührerisches Volk' bezeichnete." Ich brauche kaum hinzuzufügen, daß zufolge dieser Monomanie seine Zuschriften den verschiedenen Redakteuren nicht sonderlich willkommen waren.

Dagegen ließ sich nicht leugnen, daß er in dem Kaffeehaus, in dem er verkehrte, eine Gilde eifriger Zuhörer hatte. Er befolgte eine Praxis der alten Philosophen, indem er sich mehr des gesprochenen als des geschriebenen Wortes bediente, um anderen seine Weisheiten mitzuteilen. Gleich einem seiner Vorbilder aus dem alten Athen saß er im Kreise seiner jungen Zuhörer, die an seinen Lippen hingen und eifrig die Perlen sammelten, die von diesen Lippen fielen. Ich weiß nicht, wie der Kreis, der sich um einen Sokrates oder um einen Plato sammelte, damals ausgesehen haben mag, aber unter denjenigen, die den „Professor" umringten, gab es Männer, die bereits über ihre erste Jugend hinaus waren, und von denen manche sogar schon die Kahlheit vorgerückten Alters zur Schau trugen. Zahllose geborgte Zigaretten rauchend, saß er, mit unrasiertem Gesicht, in der Rauchwolke, die aus den zernagten und abgegriffenen Pfeifen seiner Schüler emporstieg. Diese Schüler rekrutierten sich in der Hauptsache aus den Reihen der Unbegabten und Erfolglosen. Man kann ohne Übertreibung sagen, daß alle die, welche in der literarischen oder künstlerischen Welt Schiffbruch erlitten hatten, sich zu jenem Tische in dem Kaffeehause hingezogen fühlten, in dem das geistige Leben der Provinzstadt sich spiegelte.

In der polnischen Sprache gibt es ein Wort: „kaval", das bedeutet: Fopperei, Jux, Zeitungsente. Einem „kaval" zuliebe war er bereit, seinen Vater oder seine Mutter zu verkaufen oder die halbe Welt zugrunde zu richten, und wenn es ihm gelang, solch einen Streich mit Erfolg durchzuführen, war er unbeschreiblich selig, und Freudentränen rannen ihm über die Wangen.

Im Zusammenhange mit einem „kaval" war auch einmal sein Name in der Weltpresse aufgetaucht. Es handelte sich um den Bericht über ein äthiopisches Manuskript des Neuen Testamentes, von dem er behauptete, er habe es in einem Kloster auf dem Berge Sinai entdeckt — mit Hilfe (wie sich dann später herausstellte) eines berüchtigten literarischen Fälschers. Gleichgültig, welchen Ausgang diese epochemachende Entdeckung nahm —

sie endete mit einem Skandal von weltweitem Ausmaße —, immerhin hüllte sie unseren Mann in den Mantel lokaler Berühmtheit. Von dieser Zeit an verblüffte er immer wieder die gelehrte Welt mit neuen unbekannten Manuskripten aus dem Altertum, die er von seinen langen Forschungsreisen im Orient mitgebracht hatte. Die zahlreichen, in diesen Dokumenten enthaltenen Verfälschungen hatten seinen Gelehrtenruf zerstört. Dennoch stand ihm die akademische Welt, so sehr sie auch von Argwohn erfüllt war, nicht ganz ohne Interesse gegenüber, denn grade inmitten dieser Verfälschungen fanden sich stets solch seltsame, geheimnisvolle und unverständliche Spuren von Echtheit, daß es ihm meistens gelang, die Front der Gelehrten zu spalten. Es brauchte Zeit, um die Falschheit seiner Behauptungen über allen Zweifel hinaus nachzuweisen. Und auch dieser Nachweis wurde niemals zu Ende geführt, denn es blieb stets der haftende Verdacht zurück, als könnte an der Sache doch etwas Authentisches gewesen sein. Hier und dort äußerten Autoritäten die Meinung, daß die Entdeckungen echt seien oder auf jeden Fall durch und durch mysteriös. Wenn man ihn zufälligerweise in flagranti bei einer Fälschung ertappte, entschuldigte er sich damit, daß er den Gelehrten einen Bären aufgebunden habe, um zu zeigen, wie unzuverlässig sie im Grunde seien.

Erst unlängst gelang es ihm, die Gelehrten in einer Weise hineinzulegen, die in der Presse großes Aufsehen machte und ihn fast ins Gefängnis brachte, während zugleich sein Ruf auf den Nullpunkt sank. Eines schönen Tages ließ er durch die Zeitungen bekannt machen, daß er in einer alten Kirche ein unbekanntes, in altslawischer Sprache verfaßtes Josephus-Manuskript gefunden habe, das aus dem zehnten Jahrhundert stamme und der kirchlichen Zensur entgangen sei. In diesem Manuskripte, behauptete er, sei eine Stelle enthalten, die in keinem der bekannten Josephus-Texte zu finden sei. Diese Stelle beziehe sich auf die Person Jesu Christi, die hier in einem besonderen Lichte erscheine, so daß die Behauptungen gewisser antisemitischer Gelehrter, die in Jesus Christus einen Arier sehen wollen, gerechtfertigt seien. Man kann sich leicht vorstellen, was für einen Aufruhr das in kirchlichen Kreisen gab. Die Folgen hätte man vorhersagen können. Es wurde festgestellt, daß es nicht nur keine derartige Textstelle gab, sondern daß auch der Bericht über das gefundene Manuskript selber eine wüste Übertreibung war, denn in Wirklichkeit existierte weiter nichts als ein zweiseitiges Fragment einer frühslawischen Chronik, deren Echtheit endgültig weder bewiesen noch abgeleugnet werden konnte. Auf jeden Fall verebbte die Angelegenheit in ein geheimnisvolles Halbdunkel. Hohe kirchliche Würdenträger ließen ihn wegen Gotteslästerung vor Gericht stellen. Der Prozeß kostete ihm viel Beschwer und Leiden, aber das schien ihn nicht weiter zu bekümmern. Während dieser Gerichtsverhandlung zeigten sich bei ihm zum ersten Male die Symptome einer sonderbaren Geisteskrankheit. Er verblüffte plötzlich die Richter durch die Behauptung, daß er ein Zeitgenosse des Pontius Pilatus, des Prokurators von Judäa sei und die Ereignisse, die sich damals in Jerusalem abspielten, aus eigener Anschauung kenne, weil er selber an ihnen teilgenommen habe.

Wie man leicht verstehen wird, wurde diese merkwürdige Krankheit „streng geheim" gehalten. Das Gericht erkannte sogleich, daß es sich hier um einen Fall geistiger Verirrung handle, und wollte unter keinen Umständen derartig phantastische Behauptungen publizieren, die den Schaden, welchen die Kirche durch den Vorfall erlitten hatte, nur noch vergrößern konnten. Das Verfahren wurde eingestellt. Kaum aber hatten die Stürme, die dieser „kaval" entfesselte, sich gelegt, da versuchte unser Mann eine neue Sensation zu schaffen: diesmal behauptete er, er habe im Laden eines jüdischen Antiquitätenhändlers in der Altstadt von Warschau nichts Geringeres als den Papyrus einer unbekannten Version des Neuen Testaments aufgestöbert, die viele neue Aussprüche und Gleichnisse Jesu von Nazareth, sowie einen neuen Bericht über die Kreuzigung enthalte. Da diese Entdeckung eines neuen Evangeliums unmittelbar auf die Geschichte mit dem Josephus-Text folgte, übte sie nicht die Wirkung, die sie sonst vielleicht erzielt hätte. Zwei sensationslüsterne Zeitungen räumten ihr einen Platz in ihren Spalten ein, die gelehrte Welt schenkte ihr keine Beachtung. Er selbst schrieb diese Haltung teils der Eifersucht der Gelehrten, teils der Weltherrschaft der Juden zu, die entschlossen seien, seine Entdeckungen nicht ans Licht gelangen zu lassen, damit nicht der wirkliche Charakter der Tragödie, die sich damals in Jerusalem abspielte, allgemein bekannt würde. Außerdem gebe es nirgendwo einen Menschen, der über das Thema so viel wisse wie er selbst... Aus verschiedenen Gründen, die er nicht preisgeben könne, würde er das Dokument geheimhalten und es unterdessen weiter bearbeiten...

Zu der Zeit, mit der dieser Bericht beginnt, das heißt zu der Zeit, da ich seine Bekanntschaft machte, war sein Stern schon fast völlig untergegangen. Auch er persönlich war inzwischen recht heruntergekommen. Er war nicht mehr so witzig wie früher. Seine Einfälle waren nicht mehr so häufig und nicht mehr so interessant. Anscheinend hatte er nun auch endlich die Schätze seiner unbekannten Fundgruben erschöpft. Er war alt geworden. Man sah ihn seltener im Kaffeehause. Es hieß, er verfalle häufig in einen lange währenden Zustand der Niedergeschlagenheit. Er sperrte sich in sein Zimmer ein oder verbrachte ganze Wochen in der Universitätsbibliothek, in Büchern und Manuskripten wühlend.

Ich kann die Gründe nicht genau erklären, die mich so mächtig zu diesem Manne hinzogen und in mir den Entschluß weckten, sein Vertrauen zu gewinnen und ihn über jene Tage sprechen zu hören. Ich kann nur sagen, daß ich seit jeher von einem tiefen Interesse für diese Geschichtsperiode erfüllt war. Als ich erfuhr, daß er einen Menschen mit einer gründlichen Kenntnis des Hebräischen brauche, beschaffte ich mir eine Empfehlung. Ich wußte, daß die Berührung mit ihm bei weitem keine angenehme sein, daß er mich aller Wahrscheinlichkeit nach auf Schritt und Tritt beleidigen würde. Aber mein Entschluß war gefaßt. Und der Anfang gestaltete sich auch wirklich recht beschwerlich. Es schien kein echter Kontakt zwischen uns entstehen zu wollen. Ich schluckte seine Beleidigungen hinunter und fragte mich, ob es wohl der Mühe wert sei. Dann, als mir sein geistiger Zustand klarer wurde, fühlte ich mich in meinem Entschlusse bestärkt. Der Umstand, daß ich einen Zeitgenossen des Pontius Pilatus vor mir hatte, einen Menschen, der in Jerusalem gelebt und persönlich an der Unterdrückung der Aufstände teilgenommen hatte, einen Menschen, der Augenzeuge der damaligen gewaltigen Ereignisse gewesen war — wenn das Ganze auch nichts weiter sein mochte als eine Einbildung —, fesselte mich an ihn. Und ich muß gestehen, daß ich mir zuweilen sogar die Frage stellte, ob es sich hier nicht vielleicht um einen Fall von Seelenwanderung handle, um die Reinkarnation eines Menschen aus jener Zeit, der über die Jahrhunderte hinweg in die unsere verschlagen worden war.

II. KAPITEL

Keinerlei menschliche Intimität läßt sich mit der Verbundenheit vergleichen, welche entsteht, wenn zwei Menschen alle trennenden Glaubensanschauungen und Überzeugungen von sich abtun und ihren Kontakt einzig und allein auf die gemeinsamen menschlichen Bedürfnisse und Schwächen gründen. Was den furchteinflößenden „Theologen" oder, um ihm seinen richtigen Namen zu geben, Pan Viadomsky, betrifft, so stellte sich folgendes heraus:

Bei all seinem hochmütigen und aristokratischen Benehmen, bei all seinem römisch-kriegerischen Charakter war er weiter nichts als ein schwaches und kränkliches Kind unserer Zeit. Abkömmling einer nicht besonders wohlhabenden Familie (sein Vater war ein armer Provinzarzt), hatte er in seiner Kindheit eine außerordentliche Begabung für die klassischen Sprachen gezeigt. Aus Gründen, die ich nie erfahren habe, gab er auf halbem Wege sein akademisches Studium auf, arbeitete selbständig weiter und begann zu reisen. Nachdem sein Ruf durch die häufigen Verfälschungen alter Dokumente ruiniert worden war, begann er Privatunterricht zu erteilen. Seine Schüler waren zumeist Studenten der Altertums-Wissenschaften, Kinder reicher Eltern. Seine Unabhängigkeit und sein Stolz standen ihm im Wege, und er kam mit seinem Berufe nicht zurecht. Mehr als einmal, wenn er im Sommer auf ein Landgut berufen wurde, um einen Studenten für das Herbstsemester vorzubereiten, wurde er zufolge seines arroganten Benehmens noch vor Ablauf des Kontraktes weggeschickt. Und das war noch nicht alles. Er hatte die verschiedensten Abenteuer mit den Eltern der Studenten, es kam zu Prozessen — und die Folge war, daß die Leute ihm auszuweichen begannen. Nun lebte er vom Verkauf der Reste der riesigen Bibliothek, die er gesammelt, und von den zweifelhaften „Original"-Dokumenten, die er von seinen Reisen mitgebracht hatte. Das reichte aber nicht einmal für seine bescheidenen Bedürfnisse. Er „half" sich damit, daß er ständig hungerte. Seine Wohnung bewohnte er seit der Vorkriegszeit. Die Mieterschutzgesetze hinderten den Wirt daran, ihn hinauszuwerfen, obgleich er seit Jahren keine Miete mehr bezahlt hatte. Da hauste er nun in einem Logis, das einem Juden gehörte, der nichts gegen ihn zu unternehmen wagte. Ab und zu hielt er einen Vortrag, den alte Bekannte, meist Gymnasiallehrer, für ihn arrangierten. In seltenen Fällen hatte er das Glück, eine seiner Notizen über irgend ein klassisches Thema, mit denen er immer noch die Redaktionen überschwemmte, gedruckt und bezahlt zu sehen. Die Frau des Pförtners, ein altes Weib, säuberte ihm zweimal wöchentlich die Wohnung, mehr aus Barmherzigkeit als wegen der gelegentlichen kläglichen Bezahlung, die er ihr anbieten konnte. Seine geringen Mahlzeiten bereitete er selbst auf einem Schnellsieder, der in der

Küche stand. Dieser Raum war, wie alle anderen auch, mit Bücherpaketen, Zeitungen und Dokumenten vollgepfropft. Alles schien dafür zu sprechen, daß in Bälde ein wunderbares Brandfeuer zu erwarten sei, aber wenn jemand gewagt hätte, ihn darauf aufmerksam zu machen, hätte er zum Dank für seine Mühe die ärgsten Grobheiten zu hören bekommen...

Er war ein einsamer Mensch und trotz all seiner Verbitterung — davon überzeugte ich mich später — kein schlechter Mensch. Gewiß, er haßte das gewöhnliche Volk, die „plebs", und er versäumte nie, seine Verachtung mit entsprechenden Zitaten aus den Werken alter Denker in der Originalsprache zu untermauern. Aber man hätte nicht behaupten können, daß er besondere Sympathien für die Reichen an den Tag legte. Ja, eigentlich war sein Haß gegen die Begüterten und Mächtigen der Erde eher noch größer. Was sie betraf, so zitierte er die Worte des Neuen Testaments im griechischen Original: „Die Reichen sind es, die dich bedrücken, die dich vor die Gerichte bringen." Seine schärfste Verachtung aber galt der heutigen Zeit und dem heutigen Leben, und keine Bevölkerungsschicht, kein Gesellschaftssystem gefiel ihm. Da das Leben seiner Zeit ihm keinen Platz in seinem Umkreise zuweisen wollte, fühlte er sich als Außenseiter. Er war, wenn man so sagen darf, aus unserem Zeitalter geflüchtet, zurück in jene Zeit, der er angehörte, zu den Menschen, die er am besten kannte, zu den Zuständen und Ereignissen, mit denen er innig vertraut war, und die ihn am meisten interessierten.

Auf dem Gebiete der römischen Geschichte besaß er ein umfangreiches Wissen, das aus Quellen stammen mußte, die nur ihm bekannt waren. Die klassischen Episoden, deren überlieferte Darstellung streng auf ganz bestimmte Quellen beschränkt ist, bereicherte er mit einer Fülle von Einzelheiten, die seiner Phantasie entsprangen, die aber so genau mit den Ereignissen und den Charakteren, auf die sie sich bezogen, übereinstimmten, daß sie, gleich seinen zweifelhaften Dokumenten, teilweise echt wirkten. Er wußte seinen Geschichten eine Wahrscheinlichkeit zu verleihen, die die zweitausendjährige Zwischenzeit gleichsam auslöschte und jene Ereignisse unserer eigenen Zeit so nahe brachte, daß er sehr wohl ein Teilnehmer oder Zuschauer hätte gewesen sein können. So zum Beispiel mischte er ganz sonderbare Dinge in seine Schilderung bestimmter Geschehnisse, die Germanicus und „uns, die Secunda Italica" betrafen.

„Was meinen Sie mit ‚uns'?" fragte ich verwundert.

„Oh, ich spreche von der zweiten Legion, die zur Gänze aus Römern bestand", antwortete er dann, und eine leichte Röte schlich in seine abgezehrten Wangen.

Nach einiger Zeit ließen wir das Thema fallen.

So wie jeder Antisemit seinen Juden hat, mit dem er eine Ausnahme zu machen bereit ist, so wurde ich Pan Viadomskys „persönlicher Jude". Er fand einen neuen Namen für mich: Josephus. Das war eigentlich ein Ehrentitel, denn Pan Viadomsky hielt große Stücke auf Josephus.

Er hätte kaum noch ohne mich leben können. Wenn ich ihn einmal eines Abends nicht besuchte, erhielt ich sicherlich sogleich am nächsten Tage einen Brief von ihm. Und ich muß gestehen, daß auch ich mich sehr eng an ihn anschloß. Vor allem hörte ich ihn gerne erzählen. Seine Belesenheit war ungeheuer, und ich lernte viel von ihm. Selbst die Reste seiner Bibliothek enthielten noch eine riesige Sammlung klassischer Literatur. sowohl im Original wie in Übersetzungen, und er war gerne bereit, mir Zutritt zu gestatten und sogar die Stellen, die ich brauchte, für mich ausfindig zu machen. Trotz der diametralen Gegensätzlichkeit unserer Ansichten über die Ereignisse jener Zeit, verband uns aufs engste das gemeinsame Interesse an der Epoche des Zweiten Tempels. Vor allem aber erweckte sein bitterer, scharfer und halsstarriger Charakter — ich möchte sagen, seine Donquichotterie, die Ablehnung jeglichen Kompromisses, die ihm so viele Feinde eingetragen und ihn von seinen Zeitgenossen isoliert hatte, — in mir, wenn ich auch oft gereizt und gekränkt war, ein Gefühl entschiedener Achtung. Ich gelangte zu der Überzeugung, daß seine sensationellen „Funde", die ihm so viel Schaden zugefügt hatten, nicht das Ergebnis absichtlicher Betrügerei und Unredlichkeit waren (was hatten sie ihm denn schließlich eingebracht?), sondern einer naiven und fanatischen Begeisterung für das Thema entsprangen, an dem er interessiert war. Wie recht viele Antisemiten hatte er eine besondere Vorliebe für jüdische Delikatessen. Vermutlich erhielten sie für ihn die besondere Würze der verbotenen Frucht. Ich pflegte ihm aus dem jüdischen Viertel, in dem ich wohnte, kleine Geschenke mitzubringen: Jüdisches Weißbrot, jüdisches Schwarzbrot, ein Stück Hering, eingemachten Kürbis oder auch einige Scheiben jüdischer Wurst, und wir aßen diese Leckerbissen gemeinsam zu dem Tee, den wir an den langen Abenden tranken. Er versäumte nie, sich zu bedanken, nicht so sehr in Worten (ein freundliches Wort kam ihm nicht über die Lippen, es war, als sei der Weg durch ein psychisches Filter versperrt), als durch seine Blicke oder durch sein Lächeln — und auch dieses Lächeln sah man selten genug auf seinem Gesicht.

Einmal wurde er krank; er erkältete sich und bekam Fieber. Ich pflegte ihn mehrere Tage lang und holte einen Arzt, der ihm Medizin verschrieb. Ich wachte zwei Nächte hindurch an seinem Bette. Er war so gerührt, daß er sich zu einer freundlichen Bemerkung aufschwang: Er gestand mir, er habe nie vermutet, daß ein Jude fähig sein könnte, den Barmherzigen Samariter zu spielen.

Und so, ohne daß wir es wollten (oder wollten wir es im Gegenteile doch?), entwickelte sich zwischen uns eine wachsende Freundschaft. Es war etwas Wunderliches an dieser Beziehung. Wir glichen zwei Landsleuten, die in ihrer früheren Heimat stets denkbar schlecht miteinander gestanden haben, und die nun gemeinsam auf eine wüste und öde Insel am anderen Ende der Welt verschlagen worden sind. So wie jeder einsame Mensch sich an den erstbesten anschließt, der ihm freundlich begegnet, so wie jeder Kranke nach der Hand hascht, die sich ihm entgegenstreckt und den ganzen Körper seines Retters zu versklaven sucht, so klammerte sich Pan Viadomsky krampfhaft an mich und ließ mich nicht los.

Ich weiß wirklich nicht, was mit mir geschah: Sowie ich hörte, er sei krank und könne das Bett nicht verlassen, wurde ich unruhig und fühlte das Bedürfnis, zu ihm zu eilen. Und dann, bevor ich es recht merkte, hatte ich einen gebrochenen alten Mann auf dem Halse, und ich war, so wie die Dinge nun einmal lagen, seine einzige Stütze in diesem Leben. Ich fühlte mich an den Mann gebunden und konnte mich nicht frei machen. Am schlimmsten war es spät abends, wenn es für mich Zeit wurde, ihn zu verlassen und nach Hause zu gehen. Er hatte, wie ich merkte, Angst vor dem Alleinsein in den langen schlaflosen Nächten, und er pflegte mich bis in die Morgenstunden hinein festzuhalten. Er war stolz. Es fiel ihm schwer, sich anmerken zu lassen, daß er von einem anderen Menschen abhängig war, und doch konnte er es nicht verbergen. Wenn ich anzudeuten begann, daß ich ihn jetzt verlassen müsse, kam etwas Kindliches über ihn, und er bettelte fast darum, daß ich bleiben möge.

Er begann im Laufe dieser Zeit sich näher für mich, mein persönliches Leben und meine Studien zu interessieren. Er äußerte sogar den Wunsch, mich neu zu erziehen. Das erste, was ich zu tun hätte, meinte er, sei, mich der römischen Disziplin zu unterwerfen, — und in diesem Zusammenhange versäumte er natürlich nicht, mich daran zu erinnern, daß wir Juden, die wir das zersetzende Prinzip eines judaisierenden Christentums in das alte Reich eingeführt hatten, Schuld trügen, wenn der römische Charakter aus der Welt verschwunden sei. Er wollte in mir, dem unglücklichen Einzelnen, jene Größe wiedererschaffen, die einstmals Rom gewesen war. Ich hörte ihm mit teilnahmsvoller Miene zu, denn ich fühlte unwillkürlich die warmen Strahlen der Freundlichkeit, ja sogar der Liebe (soweit eben dieser Begriff auf ihn angewendet werden konnte) zum ersten Male durch die kalten Eisenwände hindurchbrechen, in die seine Seele eingezwängt war.

Aber ich bekam noch immer nichts von dem berühmten Manuskripte zu sehen, das der Gegenstand unserer ersten Unterhaltungen gewesen war. Es war ganz einfach von der Bildfläche verschwunden. Ich wollte auf keinen Fall als erster es wieder zur Sprache bringen. Sein Interesse hatte jetzt anscheinend eine andere Richtung genommen. Er stellte mir zahlreiche Fragen in bezug auf das Leben der Juden in der Periode des Zweiten Tempels, und ich war erstaunt über den Umfang seines Wissens auch auf diesem Gebiete. Seine Kenntnisse beruhten freilich auf unseren jüdischen Quellen, aber er fügte den verschiedenen Geschehnissen, die wir berührten, eine ihm eigentümliche Färbung und eine Fülle unbekannter Einzelheiten hinzu. Er war mit allen Zeremonien und Riten vertraut: Darbringung der Erstlinge im Tempel, Versöhnungsfest und Wasserschöpf-Fest. Ich fragte mich mehr als einmal, wo er denn diese Kenntnisse erlangt haben könne, woher diese Einzelheiten stammten, die uns unbekannt waren. Bei Gelegenheit fragte er mich sogar nach dem Verhältnis der Juden zu den Hohenpriestern und sprach von dem alten Hohenpriester Hanan, der fünf Söhne und einen Schwiegersohn hatte, die sämtlich Hohepriester waren. Grade während der Amtszeit des Schwiegersohns Joseph Kaifas wurde Jeschua von Nazareth zum Tode verurteilt, und „der Alte war nicht ganz schuldlos an der Sache..." — diese letzten Worte waren von einem Lächeln begleitet.

Bei einer anderen Gelegenheit, als wir an einem kalten Winterabende bei heißem Tee und jüdischem Weißbrot saßen, das ich mitgebracht hatte, fragte er mich plötzlich, ob irgendwo in den jüdischen Quellen eine Liste der Ciliarchen oder Gouverneure existiere, die Jerusalem von der Festung Antonia aus regierten.

„Ciliarchen?" fragte ich.

„Ja", wiederholte er, „die Beamten, die den Tempel verwalteten."

„Ich habe nie von einer solchen Liste gehört", erwiderte ich. „Wir besitzen die Namen der Hohenpriester, die uns Josephus übermittelt hat, ferner die Namen der Prokuratoren — aber die Ciliarchen..."

„Wird nirgendwo in Ihren Quellen", fragte er weiter, „der Ciliarch Cornelius erwähnt?"

„Nein", antwortete ich, „dieser Name kommt, soviel ich weiß, nur im Neuen Testament vor als der Name des Centurio von Caesarea. Ich habe den Eindruck, daß auch der Centurio von K'far Nahum Cornelius hieß."

„Nein, nein, nicht der Centurio von K'far Nahum. Den habe ich persönlich gut gekannt. Wir haben uns oft getroffen. Ich spreche von dem Ciliarchen Cornelius, der unter Pontius Pilatus die Festung Antonia befehligte und mit der Aufsicht über den Tempel betraut war."

Ich betrachtete Pan Viadomsky genau und wurde eine seltsame Veränderung in seinem Aussehen gewahr. Die wenigen Haare auf seinem Kopfe hingen wirr durcheinander, seine Augen glitzerten sonderbar und entsandten fiebrige Strahlen aus ihren tiefen Höhlen. Mir fiel ein, daß der Mann krank war. Ich wollte ihn besänftigen, ihn bewegen, daß er aufhöre, seinen wirren Gedankensprüngen nachzuhängen. Ich meinte, es wäre vielleicht besser, wenn wir dieses Thema nicht weiter verfolgten; er solle sich hinlegen und zu schlafen versuchen. Ja, ich stand auf, als wollte ich weggehen. Da, zu meinem äußersten Erstaunen, packte er mich plötzlich mit seinen knochigen Fingern, daß ich das Gefühl hatte, ein Leichnam habe mich angerührt, und rief in strengem Befehlstone: „Halt!"

Er zwang mich, zu meinem Stuhle zurückzukehren, während er selbst sich wieder auf seinem gewohnten Platz mir gegenüber am Tische niederließ und einen scharfen, durchdringenden Blick auf mich richtete. Sein Gesicht hatte sich mit einer auch für ihn außerordentlichen Blässe überzogen, die Backenknochen zeichneten sich mit skelettartiger Schärfe unter der dünnen, welken Haut ab, die in ihren Höhlen lodernden Augen beherrschten das tote Antlitz. Lange Zeit hindurch ruhte auf mir dieser durchdringende Starrblick, dann redete er mich endlich wieder an, sehr ruhig, aber mit veränderter Stimme, einer Stimme, die mir fremd war, einer Stimme jedoch, die, wie ich sogleich erkannte, gewohnt war, Befehle zu erteilen und Urteile zu verkünden:

„Jude, kennst du mich nicht?" fragte er. „Schau mich gut an! Hast du mich nie meine Kohorte in den inneren Hof des Tempels führen sehen, wenn es galt, unter euch Juden Ordnung zu machen?"

Ich schwieg.

„Ich bin Cornelius, der Ciliarch der in Antonia stationierten Kohorten, Cornelius, der Statthalter und Stellvertreter des Pontius Pilatus in Jerusalem. Antworte, Jude! Kennst du mich nicht? Hast du mich nicht im Tempel im Hofe der Ungläubigen gesehen, als ihr alle vor mir davonlieft?"

Ein unheimliches Gefühl packte mich. Ich hatte natürlich keine Angst vor ihm, ich empfand nichts als Mitleid und Unbehagen vor der Enthüllung seines Geheimnisses. Aber eine tiefe Neugier, die wahre Identität dieses Menschen zu ergründen, hielt mich an meinen Platz gefesselt. Ich kümmerte mich absichtlich nicht um die Möglichkeit phantastischer Konsequenzen und ging ganz auf ihn ein. Ich ermunterte ihn gleichsam, noch tiefer in die unbegreifliche, seiner kranken Phantasie entsprungene Rolle zu versinken.

„Ja", murmelte ich. „Ich erkenne dich; Cornelius von der Festung Antonia."

„Ist das die Art, mich anzureden? Die Juden von Jerusalem nennen mich nur bei meinem Titel: Hegemon Cornelius."

„Ja, Hegemon Cornelius."

Er blickte mir wieder ins Gesicht.

„Und habe ich dich nicht gesehen? Das lockige schwarze Haar, der junge sprossende Bart und das blasse Gesicht — sie sind mir nicht unbekannt. Warst du nicht unter den Rädelsführern derer, die ihre Stimme gegen den Hohenpriester zu erheben wagten, gegen Pilatus und sogar gegen Rom, als wir Jeschua von Nazareth mit seiner Dornenkrone zum Kreuz nach Golgatha schleppten? Warst du nicht unter denen, die unsere Reihen zu durchbrechen versuchten, um den Rebellen zu befreien? Mußten nicht unsere tapferen Legionäre ihre Schwerter ziehen, um euch zurückzuhalten? Ja! Ich erkenne dich wieder! Ich erinnere mich, daß du mir einige Zeit später vorgeführt wurdest. Wie hießest du damals? Jochanaan! Ja! Jochanaan! Dasselbe Gesicht! Ich habe es bis zum heutigen Tage nicht vergessen!.."

Das Spiel war ein wenig zu weit gegangen, und trotz meiner

verzehrenden Begier, zu hören, was er noch zu sagen habe, unterdrückte ich den Impuls, seine Krankheit auszunützen, um sein Geheimnis zu enthüllen. Ich versuchte ihn aufzuwecken:

„Pan Viadomsky, Pan Viadomsky, worüber sprechen Sie denn, wachen Sie auf, Sie träumen ..."

Vor meinem Blick hingen zwei weit aufgerissene, wache und erschreckte Augen. Nicht mit einem Male kam die Wachheit in die Augen, sondern allmählich, als ob ein Nebel vor ihnen sich lichtete. Und die Pupillen, selbst ohne Regung, brachen aus dem Nebel hervor, hervor aus dem unbekannten Reiche der Nacht in die sie umgebende Wirklichkeit, und leuchteten klarer und klarer. Je lebendiger sie wurden, desto größer und erschrockener und feuchter waren sie. Es war, als weinte Pan Viadomsky, aber als fielen die Tränen in sein Inneres. Sein Gesicht schien länger zu werden, und ein unergründlicher Kummer lag in den tiefen Furchen seiner Stirn und deutlicher noch in den Tränensäcken und in den zahllosen Runzeln um die Augen. Die welken Wangen sanken noch mehr ein, die Kinnlade trat noch mehr hervor, der Schnurrbart hing wie ein geschorenes Flügelpaar über den schlaffen Lippen. Die Augen waren mir zugekehrt, aber er sah mich erst, als sie klar wurden. Er öffnete den Mund, um etwas zu sagen. Die Kiefer blieben geöffnet, aber kein Laut kam hervor. Die obere Hälfte seines falschen Gebisses, in dem mehrere Lücken klafften, löste sich und fiel auf den Unterkiefer herab. Er rang nicht nur nach Worten, sondern auch nach Atem. Ich sah, wie er durch seine großen, geblähten Nasenflügel Luft zu holen versuchte. An dem Zittern des Adamsapfels hinter den losen Hautfalten seines Halses merkte ich, wie die Luft in seine Lungen strömte. Er streckte seine verkrampften Finger nach mir aus und zog sie wieder zurück. Endlich kam er zu Atem und stammelte, stotternd vor Erregung und Zorn:

„Sind Sie noch hier?"

„Ja."

„Und Sie haben gehört, was ich sagte?"

„Gewiß."

Er schwieg eine Weile, während er mich mit seinen Blicken durchbohrte, die immer schärfer wurden.

„Sie dürfen diesen Ort nicht mehr verlassen."

„Was soll das heißen?" fragte ich.

„Sie haben mein Geheimnis gehört. Sie dürfen diesen Raum nicht verlassen."

„Was für ein Geheimnis? Sie haben mir nichts verraten."

Er fand nun endlich die Kraft, die Lehnen seines Stuhles zu packen und sich aufzurichten.

„Ich versichere Ihnen“, sagte ich, „Ihr Geheimnis ruht in meinem Herzen wie in einem Grabe, und kein Mensch wird je ein Wort davon hören. Es ist mit meinem Schweigen besiegelt.“

„Dieses Geheimnis kann nur mit Ihrem Tode besiegelt werden“, sagte er in einem dramatischen und, wie mir schien, falschen, angenommenen Tone, der die Komödie, welche er bisher gespielt hatte, in geradezu verheerender Weise unterbrach. Aber was viel ernster war — er näherte sich der Tür.

„Was machen Sie?“

„Sie bleiben hier bei mir.“

„Was reden Sie da?“ rief ich und vertrat ihm eilig den Weg, bevor er die Tür erreichen konnte.

Nervöse, verkrampfte Finger und Nägel krallten sich in mein Fleisch.

„Ich habe gesagt, daß Sie bei mir bleiben!“

„Aber was reden Sie denn da?“ wiederholte ich. Mit einer energischen Bewegung machte ich mich frei und stieß ihn in plötzlichem Zorne von mir weg.

Er taumelte wie ein Betrunkener und wäre zu Boden gestürzt, wenn ich nicht schnell zu ihm hingeeilt wäre und ihn gestützt hätte.

„Ich habe Sie nicht gebeten, mir Ihr Geheimnis zu verraten. Sie haben es aus eigenem Antrieb getan. Legen Sie sich schlafen. Das wird Sie beruhigen.“

„Halt! Halt! Wo wollen Sie hin?“

„Ich will nicht bei Ihnen bleiben“, sagte ich. Ich stand an der Türe. „Sie sind krank.“

„Der Jude hat mich bestohlen! Der Jude hat mich bestohlen!“ begann Pan Viadomsky zu schreien.

Ich machte die Tür wieder zu, damit seine Stimme nicht bis zu den Nachbarn dringe, dann nahm ich ihn bei der Hand, führte ihn zu seinem Stuhle und veranlaßte ihn, sich hinzusetzen. Er war schwach wie ein Kind und wehrte sich nicht.

„Pan Viadomsky, Sie sind krank, Sie müssen sich beruhigen. Ich versichere Ihnen bei allem, was mir heilig ist, daß ich niemandem Ihr Geheimnis verraten werde. Beruhigen Sie sich.“

Er blieb sitzen und verbarg das Gesicht in seinen Händen.

Ich wartete zwei bis drei Minuten, bevor ich das Zimmer verließ. Sobald ich draußen war, blieb ich an der Türe stehen und horchte. Ich hörte ein leises Weinen.

Ich kehrte in das Zimmer zurück, ging zu ihm hin, hob ihn auf, legte ihn auf sein Bett und deckte ihn zu. Wie ein Kind ließ er sich das alles von mir gefallen.

Endlich hatte ich das Haus verlassen und war unter freiem Himmel. Ich eilte heimwärts, fest entschlossen, unsere Beziehungen nun als beendet anzusehen. Ich wollte ihm nicht mehr begegnen.

III. KAPITEL

Ich war nicht wenig erstaunt, als ich ein paar Tage später einen Brief von Pan Viadomsky erhielt. In einem hochmütigen, strengen Stil teilte er mir mit, daß er, obgleich ich mich ihm gegenüber in einer Weise benommen hätte, die von einem Angehörigen meiner Rasse nur zu erwarten sei, und ihm sein Geheimnis entlockt hätte, daß er dennoch bereit sei, als Christ an mir zu handeln und mir zu verzeihen. Er ersuchte mich daher, zu ihm in die Wohnung zu kommen, da er mich zu einem wichtigen Zweck brauche.

Ich antwortete natürlich nicht.

Wenige Tage später kam ein zweites Schreiben, das nach Inhalt und Stil wesentlich anders aussah. Diesmal war nicht die Rede von Entlocken oder Verzeihen. Ja, der Zwischenfall wurde überhaupt nicht erwähnt. Statt dessen redete er mich in einem ausgesprochen sentimentalen Tone an. Ich war überrascht und, wie ich gestehen muß, gerührt. Er erklärte offen, daß er sich an mich „gewöhnt“ habe, und daß unser Zusammensein eine Lebensnotwendigkeit für ihn geworden sei, sowohl aus persönlichen Gründen, als auch im Zusammenhange mit seiner wissenschaftlichen Arbeit. Der Gedankenaustausch zwischen uns sei für ihn von besonderem Nutzen gewesen, insofern er dazu beigetragen habe, sein Gedächtnis aufzufrischen. Er bitte mich daher, meine Besuche wieder aufzunehmen. Der Brief schloß mit der „schmeichelhaften“ Bemerkung, ich hätte ihm die Richtigkeit des alten Sprichworts, daß es keine Regel ohne Ausnahme gebe, bewiesen. Eigentlich, fügte er hinzu, sei ja gerade die Ausnahme der Beweis für die Regel: je niedriger das allgemeine Niveau einer Gemeinschaft, desto edler und höher die einzelnen Ausnahmen.

Ich brauche kaum zu erwähnen, daß auch dieser Brief ohne Antwort blieb.

Dann, eines Morgens in aller Frühe, als in meinem Zimmer noch trübstes Zwielicht herrschte (der Schnee, der über Nacht gefallen war, deckte meine Fensterluken völlig zu), hörte ich zu meinem Erstaunen und Schrecken Schritte auf der engen Treppe — schwere, stolpernde, schleppende Schritte, die von einem dünnen, folternden Husten begleitet waren. Die Treppe führte zu einer einzigen Türe — zu der meinen, im obersten Stockwerk eines Holzhauses mitten im jüdischen Viertel. Ich konnte mir keine Menschenseele denken, die mich zu dieser Stunde aufsuchen würde. Jedenfalls erinnerten mich die unsicheren Schritte und der tuberkulöse Husten an keinen meiner Bekannten. Atemlos blieb ich im Bette liegen, denn mein Zimmer war an drei Seiten dem Winde ausgesetzt, der durch die Holzwände hindurchblies, und es war mir zu kalt, um aufzustehen. Ich lag wartend da und zermarterte mir mein Gehirn in vergeblichem Bemühen, zu erraten, wer das sein möge. Schließlich wurde an die Türe geklopft. Ich erkannte die Stimme, die mir auf meine Frage antwortete. Es war die Stimme Pan Viadomskys.

Ich bat ihn, einen Augenblick zu warten, bis ich in meinem Zimmer ein wenig Ordnung gemacht hätte. Ich beeilte mich sehr, und als ich öffnete, fiel mir ein halb erfrorener alter Mann in die Arme.

Ich schleppte und trug ihn zu meinem Stuhle, der neben dem Ofen stand. Ich schob Papier und Holzspäne in den Ofen und machte Feuer. Eiszapfen hingen von seinem nassen Schnurrbart und von dem zerfetzten und schäbigen Fuchspelzmantel, in den sein magerer Körper gehüllt war. Er saß da, ein gebrochener alter Mann, die Augen rot und verschwollen, als ob er seit mehreren Nächten nicht mehr geschlafen hätte. Seine bläulichen, knochigen Finger zitterten, während er ein Taschentuch an die Lippen hielt, um den Husten zu unterdrücken, und die hohlen Wangen blähten sich und sanken zurück, so wie der Atem kam und ging.

„Was ist passiert, Pan Viadomsky?“ fragte ich, tief bestürzt über sein Aussehen. „Was veranlaßt Sie, bei diesem Wetter auszugehen?“

„Ich bin bei diesem Wetter ausgegangen, weil Sie nicht zu mir kommen wollten, und wir müssen uns sehen — ich muß Sie sehen“, korrigierte er sich. „Ich habe etwas sehr Wichtiges mit Ihnen zu besprechen.“

„Pan Viadomsky, treten Sie näher an den Ofen heran. Sie sind krank.“

„Ich bin nicht krank, und ich bin gekommen, um mit Ihnen über jene Sache zu sprechen..."

„Wir werden später darüber sprechen, beruhigen Sie sich." Ich setzte den Kessel auf... „Sie frieren —" — und da er seinen Platz neben dem Ofen verlassen hatte, führte ich ihn zurück und nötigte ihn, sich hinzusetzen, bevor ich den Kessel füllte.

„Ich bin nicht hier, um mit Ihnen Tee zu trinken. Ich bin hier, um mit Ihnen eine Sache zu erörtern, die für uns von äußerster Wichtigkeit ist."

„Wenn Sie gekommen sind, um über jene Angelegenheit zu sprechen, will ich Ihnen abermals versichern, daß alles, was Sie mir damals erzählten, längst aus meinem Gedächtnis entschwunden ist. Ich weiß, daß begabte Menschen mit reicher und tätiger Phantasie Visionen haben, manchmal im Schlaf, manchmal in wachen Augenblicken, aber ich will Sie damit in keiner Weise herabsetzen. Ich bitte Sie, ein für alle Mal den Gedanken aufzugeben, daß ich der Hüter Ihres Geheimnisses sei. Es gibt hier kein Geheimnis. Das Ganze war eine flüchtige Heimsuchung oder eine Chimäre, die ich völlig vergessen habe." Ich bereitete ihm ein Glas Tee. Ich benützte alle mir zur Verfügung stehenden Mittel, um ihn zu beruhigen, aber als ich ihm das Glas reichte, stieß er es ärgerlich zurück.

„Ich leide nicht an krankhaften Sinnestäuschungen, und Sie sind kein Arzt, der mir Ratschläge zu erteilen hätte. Die Sache ist viel ernster, als Sie anzunehmen scheinen. Was ich Ihnen neulich erzählte, war nicht das Produkt einer kranken Phantasie. Wissen Sie, wer ich bin? Wissen Sie, wer hier vor Ihnen sitzt? Ich bin der Mann, der auf Befehl des Pontius Pilatus, meines Vorgesetzten, und auf Grund des Urteils, das der Hohepriester von Jerusalem gefällt hatte, die Hinrichtung jener geheimnisvollen Persönlichkeit leitete, deren Wesen bis in unsere Tage niemand hat erklären können."

„Wovon sprechen Sie? Wen meinen Sie mit ‚jener geheimnisvollen Persönlichkeit'?" Ich stand entgeistert da, und meine Hände müssen gezittert haben, denn ich fühlte das heiße Wasser aus der Untertasse über die Finger laufen.

„Wenn Sie den Namen unbedingt wissen wollen, will ich ihn aussprechen: Jeschua von Nazareth, er, den man Jesus Christus nennt."

„Aber um Gottes willen, was versuchen Sie mir da zu erzählen?"

„Rufen Sie mich nicht in diese elende Welt zurück. Lassen Sie mich in der Welt, der ich angehöre."

„Aber um Gottes willen, was erzählen Sie mir?"

„Ich habe nicht nur seine Hinrichtung geleitet, ich habe ihn vor seinem Tode gefoltert und beleidigt. Ich bin der Mann, der ihm nachspioniert hat, und ich trage die Hauptschuld an seinem Tode — ich und kein anderer."

„Pan Viadomsky, Sie sind krank. Kommen Sie, ich werde Sie auf mein Bett legen, Sie müssen sich beruhigen."

„Ich habe ihn getötet, und ich töte ihn immer wieder an jedem Tage meines Lebens, ich töte ihn immer wieder in den langen schlaflosen Nächten."

Ich war wie betäubt. Einige Minuten verstrichen, und Pan Viadomsky schien wieder zum Leben zu erwachen. Er seufzte tief, als ob eine fürchterliche Last von seinem Herzen gefallen sei.

Dann kam ein Hustenanfall, und dann sagte er mit einer heiseren Stimme, die noch etwas von seiner früheren Erregung verriet, aber verhältnismäßig ruhig war:

„Nun kann ich wohl gehen. Ich habe mein Geheimnis meinem Feinde anvertraut. Ich habe mich in Ihre Hände gegeben. Sie können mit mir machen, was Sie wollen. Mehr konnte man nicht von mir verlangen." Und er bekreuzigte sich dreimal mit frommer Gebärde.

Ich fand keine Worte, um ihm zu antworten. Er saß, vielmehr, er hockte da wie ein Mensch, den tausend wütende Winde zu zerreißen drohen. Ein tiefes Mitleid stieg in mir auf. Ich wußte nicht, was ihm wirklich fehlte, was für eine Krankheit es sei oder wie sie heiße, aber seine Worte hatten mir den bodenlosen Abgrund enthüllt, dem er verfallen war, wenn er sich nachts zum Schlafen niederlegte, die Folterqualen, die seine Seele erdrückten und erdrosselten. Ich versuchte, etwas zu sagen, aber die Worte erstarben mir auf den Lippen. Es war, als sei mein Mund versiegelt. Mein Mitleid blieb stumm.

Er riß mich aus meiner Betäubung. Er packte plötzlich meine Hand, hielt sie fest umklammert und rief:

„Wir haben heute einen Pakt geschlossen, Sie und ich. Wir sind aneinander gebunden durch den gemeinsamen Besitz dieses Geheimnisses, das ich Ihnen soeben anvertraut habe. Jetzt können wir nie wieder getrennt werden, denn wir gehören einander. Sie sind der einzige lebende Mensch, dem ich meine bedrückte Seele offenbaren mußte."

„Pan Viadomsky, seien Sie ruhig. Das ist alles nur Selbsttäuschung. Wenn Sie erwachen, werden Sie es bereuen, daß Sie einen Fremden in Ihre selbstgeschaffenen Phantasien eingeweiht haben. Beruhigen Sie sich. Sie fiebern, ich fühle es an Ihrer Hand. Kommen Sie, ich lege Sie in meinem Bett schlafen, ich werde Sie gut zudecken —" — und während ich redete, schaute ich mich verlegen nach einem Gegenstande um, der als Decke hätte dienen können. „Hier, ich gieße Ihnen noch ein Glas Tee ein. Sie werden sich wärmen und alles vergessen."

Aber Pan Viadomsky umklammerte immer noch meine Hand.

„Was werde ich vergessen? Das, was ich bin? Das, was der Zweck meines Lebens ist? Das, wozu das Schicksal mich bestimmt hat? Glauben Sie wirklich, daß alles, was Sie soeben von mir gehört haben, nur wilde und leere Einbildung ist? ‚Selbstgeschaffene Phantasien', sagten Sie. Können Sie nicht begreifen, daß das mein wirkliches Leben ist? Ich grüble darüber in jedem wachen Augenblick meiner Tage. Mein äußeres Leben, das ist falsch, das ist eine ewige Maske. Das andere Leben, das ich dort drüben lebte, ist das wahre und ewige. Sowie ich allein bin, ist es bei mir. Ich höre die Stimmen jener Zeit nach mir rufen. Nachts in der schlaflosen Hölle, die mein Bett ist, verwandle ich mich in die Wirklichkeit meiner Person und durchlebe ohne Ende das Leben, das das meine gewesen ist. Dann bin ich wieder in den alten Städten. Ich durchschreite ihre Straßen, ich begegne den Gesichtern von ehemals. Was soll ich vergessen? Meine langwierigen Studien, die Dokumente, die ich geschrieben habe, meine Forschungsreisen, die Gefahren, denen ich begegnet bin, alle die Entdeckungen unvermuteter Quellen, das ewige Wühlen in alten Büchern? Warum verbringe ich Tag um Tag in den Bibliotheken? Warum schließe ich mich ab gegen das Tageslicht und die Gesichter der Menschen? Warum habe ich mich Ihnen anvertraut, einem Juden, meinem Feinde? Damit ich vergesse? Sie sind ein Teil meines Geheimnisses. Sie waren damals bei mir! Wenn ich Ihr Gesicht anschaue, fällt mir alles wieder ein. Sie sind so wie ich selber ein ewiges Wesen unter diesen Geschöpfen des Augenblicks, die wie Insekten in den Straßen umherkriechen. Heute sind sie hier, morgen sind sie ausgelöscht. Wer wird in fünfzig, in fünfundzwanzig Jahren noch von ihnen wissen? Aber wir beide sind ewig, ewig im fliegenden Wirbelwinde des Staubes, weil wir damals beisammen waren und in allen Zeiten leben, in allen Ewigkeiten..."

Ich ließ ihn ausreden, denn mir schien, daß er das brauchte,

— alles loszuwerden, was sich in diesen letzten Tagen oder — wer weiß? — in all den Tagen und schlaflosen Nächten seines Lebens in ihm angesammelt hatte. Ich blieb stumm.

„Du schweigst, Jochanaan“, sagte er, mich anblickend.

„Was soll ich antworten, Pan Viadomsky?“

„Warum nennst du mich bei diesem falschen Namen? Für dich bin ich Cornelius, Ciliarch der Festung Antonia in Jerusalem.“

„So sei es: Cornelius. Aber später werden Sie es bereuen.“

„Was werde ich bereuen? Vor dir habe ich nichts zu bereuen. Du und ich, wir gehören nicht dem heutigen Leben an, sondern dem Leben der Vergangenheit. In jener fernen Zeit waren die Gebräuche und Verbote dieses Zeitalters noch nicht geboren, die uns zwingen, uns zu schämen, die uns zwingen, zwischen Leugnen und Gestehen zu wählen, und deshalb die Reue wecken. Du bist mein Zeitgenosse, du gehörst zu meiner Familie, und noch mehr als dies: Du bist mein einziger Seelengefährte. Vor der übrigen Welt, vor allen andern Menschen, trage ich eine Maske. Vor dir bin ich Ich selbst, vor dir habe ich nichts zu verbergen. Wir beide sind die einzigen, die ohne Einbuße durch das Meer des Vergessens hindurchgegangen sind. Deshalb habe ich dich mein Leben lang gesucht, deshalb habe ich dir, als ich dich traf, mein Geheimnis anvertraut. Deshalb will ich dir alles enthüllen, was in mir verborgen ist — alles, was vor der übrigen Welt unausgesprochen bleiben muß. Ich will es enthüllen, und du wirst jedes Wort, jede Einzelheit niederschreiben. Denn nur durch dich werde ich ganz Ich selbst. Nur wenn ich dir begegne, bin ich wirklich zeitenlos. Deshalb zieht es mich zu dir hin, deshalb kann ich mich nicht von dir lösen. Ich muß dich immer um mich haben, und wenn ich dich nicht lieben kann, muß ich dich hassen, denn ohne dich bin ich Staub, ohne dich bin ich der jämmerliche Pan Viadomsky von heute, den die Last seiner Sünden erdrückt. Dann schäme ich mich des Cornelius, der Gedanke an ihn peitscht mich mit der Peitsche des Gewissens, lastet auf mir wie ein Mühlstein. Aber durch dich und in dir werde ich sinnvoll. Dann erwacht in mir die Gewißheit, daß ich so handeln mußte, wie ich gehandelt habe. Die Pflicht hat es mir befohlen. Durch dich und in dir werde ich stolz, das zu sein, was ich bin — der wirkliche Cornelius. Sprich! Wer bin ich? Wer steht vor dir? Erkennst du mich?“

„Gewiß erkenne ich dich, Cornelius! Hegemon Cornelius, Befehlshaber der Festung Antonia, vor dem Jerusalem wie ein

Espenblatt zittert. Wenn er an der Spitze seiner Kohorte durch den Hof der Ungläubigen im Tempel schreitet, versteckt sich die Menge vor ihm voller Schrecken."

Diese Worte schienen ihn mehr zu beruhigen als alle Listen. die ich bisher versucht hatte. Sie wirkten wie eine Morphinspritze in die Adern eines Süchtigen. Er setzte sich wieder auf den Stuhl neben dem Ofen, erschöpft, aber entspannt und erleichtert.

„Aber kommen Sie jetzt", sagte ich, „ich werde Sie auf mein Bett legen, ich werde Ihnen ein Glas Tee machen, oder vielleicht sollte ich lieber hinuntergehen und ein Stück von dem jüdischen Weißbrot holen, das Sie so gerne essen."

„Nicht eher, als bis du mir bei den heiligen Gewändern des Hohenpriesters geschworen hast, wie die Juden in Jerusalem zu schwören pflegten."

„Was soll ich dir bei den heiligen Gewändern des Hohenpriesters schwören?"

„Daß du jeden Abend zu mir kommen und schriftlich aufzeichnen wirst, was ich dir zu erzählen habe. Du wirst Wort für Wort und Buchstabe für Buchstabe die Dinge verzeichnen, die in jenen Tagen geschehen sind. Du wirst sie so aufzeichnen, wie sie waren, von keinem fremden Lichte, von keiner fremden Zeit beeinflußt, und ohne daß irgend ein Mensch den Ereignissen etwas hinzugefügt hätte. Es gibt viele Wahrheiten, und alle Wahrheiten haben eine Wahrhaftigkeit in sich. Auf tausenderlei Arten kommt die Wahrheit in die Herzen, durch das Schwert und durch das Wort, durch die Überlieferung und durch den Glauben. Nur die Wahrheit ist die wirkliche, die in ihrer Zeit verankert ist, in dem zeitlichen Kern ihres Wesens. Wir beide müssen uns über das Meer alltäglicher Wahrheiten erheben, die uns mit dem Strome der Zeitgültigkeit mitreißen wollen. Wir müssen zurück zu den ersten Anfängen, deren Zeugen wir gewesen sind. Auch du — ich erkenne dich wieder, Jochanaan. Ich habe dich gepackt, diesmal wirst du mir nicht entrinnen —" — und wie schon einmal streckte er mir seine geballte Faust entgegen. „Wir werden von den Menschen und Ereignissen berichten, wie sie für immer auf den Tafeln unserer Seele vorgezeichnet sind: Sie alle, wie sie des Nachts zu mir zurückkehren, meine alten Freunde, meine alten Feinde — nein, nicht alt, sondern von heute, ewig, wahrhaftig, unwandelbar... Versprichst du es mir, Jochanaan?" — und er umklammerte meine Hand, als wollte er sie nie mehr loslassen.

„Ja, Cornelius, ich verspreche es, und ich schwöre einen Eid bei den heiligen Gewändern des Hohenpriesters."

Pan Viadomsky stieß einen tiefen Seufzer aus.

„Aber jetzt", fuhr ich fort, „jetzt wird es wohl am besten sein, wenn ich Sie nach Hause bringe. Sie brauchen Ruhe, und ich komme morgen zu Ihnen."

„Nein, nicht morgen, sondern heute noch. Ich erwarte dich heute abend. Du erinnerst dich an das kleine Sprichwort, das bei euch Juden in Jerusalem üblich war: ‚Die Zeit ist kurz, das Werk ist groß.' "

„So sei es, Hegemon. Dein Wille soll geschehen."

IV. KAPITEL

Er, der da an der anderen Seite des Tisches vor mir saß, in den Lichtschein der Hängelampe getaucht, gehörte nicht unseren Tagen an. Außerhalb des hellen Kreises war Nacht, die das übrige Zimmer verschlang und alles, was darin war. Wir schwebten in einem unergründlichen Schattenreich. Das Gesicht vor mir war von unnatürlicher pergamentener Blässe, es gemahnte in nichts mehr an ein. lebendes und heutiges Menschengeschöpf, es war vielmehr das Antlitz eines Gespenstes, einer Erscheinung. Vergangenheit und Gegenwart verschmolzen in seinem Gehirn, und diese Mischung spiegelte sich in seiner Rede wider. In seiner Erzählung gebrauchte er manchmal die Vergangenheitsform und manchmal die Gegenwartsform, so als ob die Ereignisse noch nicht abgeschlossen wären. Ich schreibe die Worte genau so hin, wie er sie äußerte.

* *
*

Ich bin der Befehlshaber der Festung Antonia. Mein Titel ist der eines Ciliarchen: Die Juden nennen mich Hegemon. Die Wichtigkeit und Schwierigkeit der mir anvertrauten Aufgabe — ein so seltsames und rebellisches Volk wie die Juden mit sicherer Hand zu zügeln — erforderte die Ernennung eines Befehlshabers, der die Fähigkeiten des Soldaten mit denen des Verwaltungsbeamten vereinigt. Ich bekleide gleichzeitig die Funktionen eines Verbindungsoffiziers und bin der politischen Abteilung angeschlossen, die Pontius Pilatus untersteht, mit welchem gemeinsam ich in dieses wilde Land gekommen bin. Aber im Zusammenhang mit meinen offiziellen Pflichten habe ich zahlreiche Reisen von Jerusalem nach Caesarea unternommen, desgleichen von Caesarea nach Antiochien, wo ich den Legaten Vitellus, unseren Regenten und Höchstkommandierenden, besuchte. Ebenso geschah es in dienstlicher Eigenschaft, daß ich mich zu den benachbarten Tetrachen begab. Ich war in Caesarea Philippi und in Tiberias. Einmal führte mich mein Weg bis in das Tetrarchat von Galiläa, wo Herodes Antipater seine Burg Machaerus behauptete, auf einem steinigen Berge hinter dem Toten Meer, umgeben von einem Ozean von Sand und Wildnis. Dort wurde ich Zeuge eines Schauspieles, das sehr wohl zu der heißen Luft und den Wüstenwinden paßte. Aber ich werde Gelegenheit haben, davon an passender Stelle zu sprechen...

Meine Bekanntschaft mit Pontius Pilatus datiert von der Zeit her, da wir beide in den Legionen dienten, die Germanicus in seinem Feldzuge gegen die Germanen befehligte. Damals war Pilatus' Rang nicht höher als der meine, obgleich er den Vortritt vor mir hatte. Wir waren beide Centurionen, hatten jedoch vortreffliche Aussichten auf Beförderung. Ich machte den ganzen Feldzug unter Germanicus mit, nahm an den wildesten Schlachten teil, begleitete ihn auf den schwierigsten Märschen, half einen Weg bahnen durch den dichtesten, finstersten und struppigsten Wald in diesem wüsten Lande der germanischen Barbaren. Ich trage noch auf meinem Körper, zum Ruhme Roms und zur Ehre Cäsars, die Wundnarben von Speeren und Pfeilen, die Barbarenhände aus dem Hinterhalt des Geästs und Dickichts geschleudert hatten. Ich war bei Germanicus, als wir uns auf jenem unbekannten Flusse einschifften, dessen Gewässer so schwarz sind wie die Wälder, die ihn umsäumen, ich war bei ihm, als der Sturm uns an unbekannte Ufer trieb, wo wilde und kriegerische Horden auf uns warteten. Es gab Zeiten, da unser Befehlshaber uns durch die Finsternis des feuchten Gestrüpps führte, und ringsumher lauerte der Tod, im verborgenen Sumpfe, dessen trügerische Fläche, mit Moos und Laub bedeckt, ganze Legionen verschlingen konnte, oder in den überhangenden Ästen, wo plötzlich die Streitaxt hervorzucken mochte, um den Marschierenden in die ewige Nacht zu befördern. Und dennoch stießen wir vorwärts in das lichtlose Unbekannte, und wäre nicht der eifersüchtige schlaue Cäsar Tiberius gewesen, der unserem Befehlshaber die Siege mißgönnte, dann hätten wir die römischen Adler durch die finsteren Wälder getragen und sie unter den Völkern im Osten aufgepflanzt, die nur ein Auge mitten auf der Stirne haben und an jeder Seite ein Horn.

Als wir mit unseren Legionen nach Rom zurückkehrten, gerieten wir in den Schatten der Ungnade, die unserem vernachlässigten und verstoßenen Heerführer zuteil wurde. Aber auch damals schon hegte Pilatus hochfliegende Pläne. Er hatte gehört, der Posten des Prokurators von Judäa sei vakant geworden, und ohne Zögern ging er daran, diesen Posten zu ergattern. Freilich ist die Provinz Judäa klein und langweilig, und ihre Bewohner sind unruhig und kriegerisch. Alle paar Monate bricht dort ein Aufstand los. Aber er hatte gehört, daß in Judäa die Prokuratoren schnell reich werden. Gratus, der abgesetzte Prokurator, der nach Rom zurückberufen worden war, hatte gleichsam über Nacht ein großes Vermögen gewonnen. Die lärmenden Juden in jenem Lande haben die Gewohnheit, untereinander um die Stelle des Hohenpriesters zu konkurrieren. Und es ist das auch eine wunderbare Stellung! Das Gold aller Juden in der ganzen Welt fließt in den Tempelschatz. Vier Familien sind berechtigt, dieses hohe Amt zu bekleiden, und sowie es frei wird, geht eine wilde Balgerei zwischen ihnen los. Der Bruder verrät den Bruder, der Schwiegersohn verrät den Schwiegervater. Gratus ließ jedes Jahr das Hohepriesteramt unter den vier reichen Priesterfamilien versteigern, und sie rannten wie die Rennpferde nach dem saftigen Bissen. Als Pilatus erfuhr, daß Judäa eine Kuh mit unerschöpflichen Eutern sei, hängte er sein Herz an diesen Posten und beschloß, nichts dürfe zwischen ihm und dem Besitze stehen.

Aber wie sollte er es anpacken? Seine verwandtschaftlichen Beziehungen waren obskur und unbedeutend. Er war von Geburt Spanier. Sein Vater hatte den römischen Adel erworben, indem er seine Landsleute verriet. Er befand sich unter den ersten, die zu den Römern überliefen. Pilatus' Familienrang berechtigte ihn nicht, einen Platz im Senat einzunehmen und er konnte daher die Stellung eines Prokonsuls nicht anstreben. Freilich, der Prokurator von Judäa brauchte nicht Senatorenrang zu haben, doch um Prokurator einer Provinz zu werden, mußte man schon jemand sein.

Er merkte bald, daß er in Rom sein Ziel nur durch zwei Mittel erreichen könne: Durch Schmeichelei und durch Verrat.

Am Hofe des Cäsars Tiberius wurde zu dieser Zeit seine Stieftochter Claudia „erzogen"... Claudia war die Tochter von Tiberius' Gemahlin Juliana. Diese selbe Juliana hatte, nachdem sie in Tiberius einen dritten Mann ergattert, sich in solche

Orgien mit Sklaven vom Kaiserhofe eingelassen, daß ihr Vater Augustus, der regierende Cäsar, einen offenen Skandal zu befürchten begann und sie aus Rom verbannte. Im Exil gebar sie eine illegitime Tochter, die von irgend einem römischen Ritter gezeugt war. Das war Claudia. Als das Mädchen in ihr dreizehntes Jahr kam, schickte ihre Mutter sie zu Tiberius, ihrem Manne, damit sie „erzogen" würde. Tiberius hatte inzwischen den Purpur von Augustus geerbt. Nun, was „Erziehung" und „Unterweisung" am Hofe des Tiberius bedeuteten, ist allen bekannt. Dieser sittenlose und verräterische Fuchs, dessen Augen stets zu den Göttern erhoben waren, spielte die Rolle eines Heiligen, und als der Senat sich erbötig machte, ihm den Titel „Vater seines Landes" zu verleihen, antwortete er mit einem frommen Nein und behauptete sogar, er habe ganz gegen seinen Willen die schwere Bürde des Römischen Reichs übernommen. Sklave des römischen Pöbels, der nie den Mut hatte, gegen diesen Pöbel Stellung zu nehmen, sondern statt dessen die Aristokratie begaunerte, — so war Tiberius ein ausschweifender liederlicher Mensch. Krankhafte Wollust stand in seinem Gesichte geschrieben, auf der niedrigen Stirn, auf der schlaffen Unterlippe, in dem schmalen stumpfen Kinn: Es war alles in allem ein Raubvogelgesicht, von Schlauheit und niedrigen Leidenschaften geprägt. Kein Mensch in Rom wußte, was im Kopfe des Cäsars vorging. Selbst seine Vertrauten wußten niemals genau, wie sie mit ihm standen, konnten von einem Tage zum anderen nicht ahnen, ob nicht bereits die Falle gestellt, ihr Untergang beschlossen sei, wie das dem edlen Germanicus geschah. So geheimtuerisch war dieser Mann. Und es gehörte zu seinen Leidenschaften, an seinem Hofe eine „Schule" für kleine Mädchen zu unterhalten, denen er selber eine „Erziehung" zuteil werden ließ... Es ist nicht schwer zu erraten, was für ein armes Geschöpf unter seiner Leitung aus der kleinen Claudia wurde. Ihre Mutter, die korrupte Juliana, hatte natürlich das Kind in ganz bestimmter Absicht zu ihm geschickt, in der Hoffnung, dieses Geschenk würde ihr die Gunst ihres Mannes, des Cäsars, zurückgewinnen. Selbstverständlich kannte ganz Rom die Geschichte, die man sich überall erzählte, wo immer die höheren Gesellschaftskreise zusammenkamen. Würdige Senatoren flüsterten einander während der Sitzung die Details von Tiberius' „Erziehungsmethoden" ins Ohr, um sich unter den langen Reden die Langeweile zu vertreiben. Oh, es war das ein reicher Gesprächsstoff für die skandalsüchtigen römischen Matronen! Wenn sie sich im Peristyl ihrer Villa oder in ihrem Garten versammelten, schickten sie ihre Sklaven weg — nicht etwa, weil sie sich geschämt hätten, in deren Anwesenheit von solchen Dingen zu reden, sondern weil sie Angst hatten, denunziert zu werden, — und ergingen sich in köstlicher Unterhaltung über den Cäsar und seine „Schule“.

Kein Angehöriger des römischen Adels, der auch nur eine Spur von Selbstachtung besaß, wollte sich dazu hergeben, die Brocken aufzuklauben, die von des Tiberius' Tische fielen... Die Aristokratie zitterte bei dem Gedanken, daß eines Tages der alte Cäsar einem der Ihren befehlen würde, die kleine Claudia zu heiraten, damit ihr Ruf nach außenhin wiederhergestellt sei. In dieser kritischen Lage tauchte plötzlich ein Freiwilliger auf — kein anderer als unser Pontius Pilatus.

Er begann damit, daß er für die kleine Claudia eine zarte, äußerst respektvolle Achtung an den Tag legte. Er konnte stundenlang zwischen den Säulen des kaiserlichen Palastes auf dem Palatin oder am Ausgang des Circus Maximus stehen und warten, bis die Sklaven sie in ihrer Sänfte vorbeitrugen, zu einer „Promenade“ oder einem Tempelbesuch. Er bestellte bei den römischen Goldschmieden die kostbarsten getriebenen Ringe und Goldreifen, nicht nur für Claudias Hände, sondern auch für den Hals ihres kleinen Kakadus. Wahrsager nahm er zu Hilfe und chaldäische Hexen, an denen es in Rom nicht mangelte, und alexandrinische Schlangenbeschwörer. Die mußten dann vor den Toren des Palastes stehen und der kleinen Claudia, so oft sie erschien, mit lauter Stimme zurufen, daß ihr in den Sternen ein römischer Ritter von spanischer Herkunft bestimmt sei.

Aber da es galt, seine ehrgeizigen Pläne zu erreichen und Claudias Herz zu erobern, wollte es der Zufall, daß er die beste Hilfe bei den römischen Juden fand.

Seit langer Zeit bereits existierte in Rom eine recht bedeutende jüdische Gemeinde. Wie hatten denn die Juden sich dort festgesetzt? Eine überflüssige Frage. Wo haben sie sich nicht festgesetzt? Es heißt, Pompejus habe zahlreiche jüdische Gefangene nach Rom gebracht. Die Einigkeit der Juden, eine uralte und charakteristische Eigenschaft dieses Volkes, veranlaßte die bereits existierende Gemeinde, ihre gefangenen Brüder freizukaufen. Zu Cäsars Zeiten spielten sie sogar eine wichtige Rolle. Cäsar hatte wie alle großen Männer seine Grillen. Dazu gehörte seine Vorliebe für die Juden. Er begünstigte sie in übertriebener Weise, so daß bereits Cicero allen Grund hatte, sich zu beklagen. Unter Augustus erfolgte abermals ein beträchtlicher Zustrom, und nun war es soweit, daß Rom von ihnen wimmelte. Tiberius freilich ließ sie aus Rom vertreiben, weil sie einer römischen Matrone Geld für ihren Tempel abgepreßt hatten, aber binnen kurzem tauchten sie wieder auf. In Wirklichkeit waren sie gar nicht so sehr zahlreich, aber man sah sie allenthalben. Bei jeder öffentlichen Versammlung füllten sie in dichten Scharen das Forum. Wenn einer ihrer Günstlinge die Rednertribüne bestieg, gerieten sie in einen derartigen Freudentaumel, daß der römische Pöbel von ihrer Begeisterung mitgerissen wurde. War es hingegen einer ihrer Feinde, der auf dem Rostrum erschien, dann entstand, der Himmel stehe uns bei! solch ein Tumult, solch ein Schnauben und Husten und Pfeifen und Rufen, daß der Redner in zitternder Angst nicht wagte, sie öffentlich anzugreifen. Sogar der große Cicero fürchtete sich vor ihnen. Wenn er etwas Schlechtes über die Juden zu sagen hatte, senkte er die Stimme und sprach ganz leise... Was war das für ein Anblick, wenn einer ihrer Lieblinge im Triumph durch die Tore Roms und zum Kapitol hinaufmarschierte, oder wenn einer ihrer Gönner starb: wie tönten da ihre Klagegesänge durch die ganze Stadt! Ich erinnere mich, wie das war, als sie einmal eine jüdische Abordnung aus dem Auslande empfingen, oder es mag auch einer ihrer Fürsten gewesen sein, der zu Besuch nach Rom kam: es hatte den Anschein, als sei die Stadt nur von Juden bevölkert. In den Straßen war ein Wogen und Flattern von ihren bunten Trachten, die sie aus diesem Anlaß angelegt hatten. In feierlichem Zuge trugen sie die Pergamentrollen voran, die sie ihre „Heiligen Bücher" nannten, und der Lärm ihres Singens und Jubilierens war ohrenbetäubend. Ich wunderte mich nur, daß die Behörden nicht einschritten. Aber das alles geschah noch unter Augustus. Augustus hielt an Cäsars Traditionen fest, folglich auch an den Vorrechten, die er den Juden gewährt hatte. Das war die Zeit, da Rom ihnen gehörte.

Aber den allerschädlichsten Einfluß übten in Rom die jüdischen Weiber. Sie hatten sich in die höchste Gesellschaft eingeschlichen und lieferten den römischen Matronen Liebestränklein, die nach geheimen Rezepten hergestellt waren, Amulette und kostbare Salben. Diese glattzüngigen Geschöpfe wurden die geheimen Räte der höheren römischen Kreise. Zugleich mit ihren Liebestränklein schmuggelten sie ihren fremdländischen Glauben in die römischen Paläste, verkündeten die Größe ihres Gottes, lobpriesen den Tempel zu Jerusalem und flößten römischen Matronen die Vorstellung ein, daß alle Träume dem in Erfüllung gingen, der dem Tempel ein Opfer schickt. Stets sind es Frauen gewesen, die fremden Glauben und fremde Kulte in der Gesellschaft verbreitet haben. Sie geraten leicht in die Schlingen exotischer Religionen — angelockt durch den Weihrauch, die Wunder und die sonstigen Listen der Priester. Oh, diese jüdischen Weiber hatten so manche römische Matrone umgarnt, sie gegen die Götter ihres Landes aufgewiegelt und sie für die Anbetung Jehovahs gewonnen. Sie waren eine Seuche, eine Heimsuchung der kaiserlichen Stadt, die jüdischen Weiber.

Unter diesen jehovahgläubigen Lieferantinnen exotischer Drogen und Parfüms gab es eine, die es zu großer Beliebtheit gebracht hatte. Sie war unter dem Namen „Schwarze Hannah" bekannt, weil sie in dunkle und mystische Schleier gehüllt umherging wie eine Vestalin. Sie sagte, sie habe ein Gelübde getan. Solange sie durch das Meer von dem Tempel ihres Gottes getrennt sei, würde sie keine bunten Gewebe und Tücher tragen. Durch ihren großen Scharfsinn, ihre praktische Gewandtheit und ihre körperliche Schönheit überragte sie die anderen Frauen ihrer Art. Der Schleier vor ihrem Antlitz konnte nicht ganz den Schimmer der olivenfarbenen Haut und den Glanz der großen, schwarzen Augen unter den länglichen, schön geformten Bogen verbergen. Sie war der besondere Liebling der Damen der römischen Aristokratie. Es hieß von ihr, sie habe aus ihrer geheimnisvollen Heimat einen unerschöpflichen Vorrat an Rezepten für die Mischung von Liebestränken mitgebracht. Aber diese Rezepte waren nicht so wirksam wie ihr Verstand und ihre menschliche Einsicht. Ihre Gedanken waren klar wie das Sonnenlicht. Nicht nur Frauen, sondern auch Männer suchten ihren Rat. Ich selbst bin ihr mehr als einmal begegnet, aber erst zu einer späteren Zeit, als ich in Jerusalem stationiert war, und unter völlig anderen Umständen.

Diese Schwarze Hannah spielte in Rom dadurch eine recht bedeutende Rolle, daß die Matronen der Stadt sie in ihren Liebesnöten konsultierten. Sie gab ihnen Ratschläge, wie sie sich in verschiedenen Situationen zu verhalten hätten. Sie war von ruhigem Betragen, hörte lange und geduldig zu, sprach wenig, warf nur von Zeit zu Zeit ein Wort oder eine Bemerkung dazwischen, mit solchem Geschick, daß die Matrone kaum merkte, wie die Gedanken der anderen sich ihr aufdrängten, — und alle Ideen und Vorschläge ihrer eigenen persönlichen Weisheit zuschrieb. Da sie in den Häusern der bedeutendsten Senatoren verkehrte, war die Schwarze Hannah mit den Verwicklungen der römischen

Politik gründlich vertraut. Oft besaß sie Informationen, die den Senatoren selbst noch nicht zugänglich waren. Wohlunterrichtete Personen behaupteten, die Schwarze Hannah sei eine Agentin des jüdischen Fürsten Agrippa, der sie nach Rom geschickt habe, damit sie in Senatskreisen und bei Hofe für ihn Stimmung mache.

Die Schwarze Hannah hatte das Vertrauen der kleinen Claudia gewonnen, die sie mit Parfüms, Salben und Tränklein versorgte. Es heißt, sie habe auf sie einen schlechten Einfluß ausgeübt. Als Claudia noch ein Kind war, flößte ihr bereits die Schwarze Hannah den wirren und verwirrenden Mystizismus ihrer Religion ein und erzählte ihr zum Beispiel, Gott werde einen Erlöser schicken und das jüdische Volk groß machen. Den gleichen schlechten Einfluß hatte die Schwarze Hannah auf zahlreiche römische Matronen und im besondern auf eine berühmte Schönheit, um die sämtliche Senatoren und Heerführer sich bemühten, eine gewisse Poppäa, die später Kaiserin wurde und sich insgeheim zum jüdischen Glauben bekehrte.

Die Schwarze Hannah kam Pilatus zu Hilfe.

Es heißt, er habe ihr ein bestimmtes Versprechen gemacht. Wenn sie ihm hülfe, die Heirat zuwege zu bringen, und er Prokurator von Judäa würde, dann wollte er seinerseits ihr Volk mit ganz besonderer Rücksicht behandeln. Er würde zum Beispiel die heiligen Gewänder des Hohenpriesters zurückerstatten, die in der Festung Antonia aufbewahrt wurden. Er versprach ihr noch verschiedene andere Gunstbeweise, aber die Sache mit den Gewändern des Hohenpriesters war die wichtigste, denn die Juden glaubten, diese Gewänder seien ein Geschenk des Himmels. Es war zu guter Letzt das Verdienst der Schwarzen Hannah, daß die kleine Claudia dem Pilatus ihre Neigung zuwandte.

Nun aber galt es immer noch, den Posten des Prokurators von Judäa zu erlangen. Nur der erste Schritt war getan. Der schlaue Cäsar Tiberius verabscheute jegliche Schmeichelei. Das war also nicht die richtige Art, bei ihm anzukommen. Handlungen allein konnten ihn überzeugen, und angesichts einer so bedeutenden Stellung mußten es besonders wertvolle Handlungen sein.

Es dauerte nicht lange, da fand Pilatus eine Gelegenheit, seine Hingabe an den Cäsar zu beweisen und seine Achtung zu gewinnen. Germanicus, der Feldherr, der in Ungnade gefallen war, sollte nach Alexandria. Wir, seine früheren Soldaten, redeten ihm zu. Pontius Pilatus betonte, er, Germanicus, müsse außerhalb Roms, am besten in der großen Stadt Alexandria, jenes Tätigkeitsgebiet suchen, das Tiberius in Rom selbst ihm entrissen hatte, und ich, der ich mich von Pilatus leiten ließ, machte mir dieses Argument zu eigen. Wir wiederholten immer wieder: „Nütze deine Popularität aus, die du im ganzen Reiche genießest, bevor sie entschwindet. — Dein Glück liegt außerhalb Roms." Er sträubte sich. Wir drängten ihn abermals: „Alexandria ist das Übungsfeld für die Großen Roms."

„Ja", sagte er, „aber denkt an Pompejus und Antonius. Und auch Cäsar wäre in die Schlingen Alexandrias geraten, wenn nicht Herodes ihn gerettet hätte..."

Wir ließen nicht locker und er ging schließlich in die Falle, die der schlaue Tiberius ihm gestellt hatte, — Alexandria. Und dort, in Alexandria, wurde er, wie du weißt, auf Befehl des Tiberius durch den Gouverneur Syriens vergiftet. Als die Kunde von seinem Tode nach Rom gelangte, eilte der Pöbel auf die Straße und verlangte stürmisch, Tiberius und der Senat sollten ihm den Germanicus zurückgeben. Der Kaiser, der, wie alle Verräter, von Natur feige war, bekam es mit der Angst zu tun. Er hatte nicht voraussehen können, daß der Tod des Germanicus solchen Unwillen erregen würde. Er versuchte sich von aller Schuld reinzuwaschen, indem er für sein Opfer eine imposante Leichenfeier veranstalten ließ. Lauter als alle anderen bejammerte er den toten Germanicus. Aber von diesem Augenblick an, bevor noch die Erde den ermordeten Feldherrn aufgenommen hatte, verbreitete Pilatus unter den Senatoren und der Plebs das Gerücht, Germanicus habe ein Komplott geschmiedet, um Tiberius das Reich zu entreißen, und zu diesem Zwecke in Ägypten und Asien ein Heer zusammengezogen. Das war in jenen Tagen für Pilatus recht gefährlich, und er mußte mit äußerster Vorsicht verfahren, denn das Andenken des Germanicus stand immer noch hoch im Kurse, und nur hier und dort konnte Pilatus sein Gift in empfängliche Ohren träufeln. Aber Pilatus war ein entschlossener Mensch. Er hatte sogar gefälschte Dokumente vorbereitet, die seine Angaben bestätigten, und aus denen hervorgehen sollte, daß Germanicus sowohl ihn wie auch mich in die Verschwörung miteinbeziehen wollte. Er ging mit mir zu Tiberius, und ich mußte bezeugen, daß ich von Germanicus gedungen worden sei, nach Asien zu reisen und dort in die asiatischen Legionen einzutreten. Pilatus' Plan gelang. Er reinigte Tiberius von jeglicher Schuld — und trat dabei mit Füßen den Namen und das Andenken des Helden, seines eigenen Befehlshabers, der ihn und mich durch die finsteren Wälder Germaniens zu herrlichen Siegen geführt hatte.

Die Belohnung ließ nicht lange auf sich warten. Einige Monate nach dem Tode des Germanicus, nachdem die Wut der Plebs durch den Anblick reichlich vergossenen Blutes in der Gladiatorenarena besänftigt worden war — diese Spiele hatte natürlich der Kaiser eigens angeordnet —, wurde die Hochzeit des Pilatus mit des Kaisers Stieftochter Claudia unter großem Pomp im Tempel der Diana gefeiert.

Als nach der Hochzeit der junge Ehemann in das Bett seiner jungen Gattin steigen wollte, fand er den Weg versperrt. An Stelle seiner Frau erhielt er eine Pergamentrolle mit der kaiserlichen Order, sogleich nach Caesarea und von dort nach Jerusalem zu reisen, wo er das Amt des Prokurators von Judäa anzutreten habe.

„Und meine Frau?" fragte der frischgebackene Ehemann.

„Du wirst für's erste deine Frau am Hofe des Cäsars zurücklassen. Wie du weißt, ist es nicht Sitte, daß die Prokuratoren und Heerführer ihre Frauen in die Provinzen mitnehmen. Später werde ich sie vielleicht zu dir schicken", antwortete der alte Fuchs Tiberius, und der Schatten eines grausamen Lächelns zitterte auf seiner sinnlichen, schlaffen Unterlippe.

Als Pilatus vor seiner Abreise aus Rom dem Cäsar einen Abschiedsbesuch machte, erhielt er seine endgültigen Instruktionen.

„Pilatus, du hast zweifellos gehört, daß ich nicht gerne meine Beamten wechsle. Weißt du, warum? Die Beamten, die sich in einem Lande niederlassen, sind wie die Fliegen, die sich an einem Körper festsetzen. Wenn die Fliegen sich erst einmal mit Blut vollgesogen haben, werden sie still und friedlich. Sieh zu, daß ich nicht eine neue durstige Fliege in die Provinz Judäa schicken muß..."

Als Pilatus nach Judäa aufbrach, nahm er mich in Anbetracht unserer langjährigen Freundschaft mit. Ich erhielt den Posten eines ersten Beraters, Verbindungsoffiziers und Befehlshabers der Festung Antonia, die den Tempel von Jerusalem beherrscht.

V. KAPITEL

Den Befehlen des Cäsars gehorchend, reisten wir zu Schiff nach Caesarea, aber wir hielten uns dort nicht lange auf. Wir eilten sogleich nach Jerusalem weiter. Um unseren Einzug in die Stadt so eindrucksvoll wie nur möglich zu gestalten, verstärkten wir unser Gefolge durch eine Kohorte aus der Garnison von Jericho. Eine zweite Kohorte, nebst einem Trupp germanischer Reiterei, rückte uns von der Festung Antonia her entgegen, und mit Pontius Pilatus an der Spitze unseres Zuges marschierten wir in Jerusalem ein. Bevor die Kohorten die Stadt betraten, ließ Pilatus, entsprechend den Vorrechten der Juden, eine besondere Order ergehen: Die Adler und die übrigen Feldzeichen der Kohorten, die Pfeilbündel, das Bild des Kaisers, mußten verhüllt und versteckt werden! Wir staunten über dieses crimen laesae majestatis. Wir sollten auf Geheiß einer Schar von Juden die Embleme Roms, die sichtbaren Zeugen unserer Triumphe und unseres Ruhmes, verstecken? Überall sonst in der Welt trugen die Legionen sie stolz am hellen Tage vor sich her, Völker begrüßten sie mit frenetischen Rufen der Bewunderung und Achtung, weit wurden die Tore geöffnet zu ihrem Empfange — und hier, vor den Toren Jerusalems, mußten sie verschwinden!

Aber was konnten wir Soldaten tun? Der Befehl war erteilt, wir mußten gehorchen. Rom hatte die Religion der Juden von Amts wegen anerkannt. Es war Roms Strategie, den Barbaren jegliche Freiheit in religiösen Dingen zu bewilligen. Augustus Divus hatte die von Cäsar bewilligten Vorrechte der Juden bestätigt, und Tiberius hielt sorgfältig an all den Gesetzen und Gebräuchen fest, die sein Vorgänger Augustus befolgt hatte. Es war nicht zu ändern! Wo aber, fragten wir, wo waren die Abordnungen des Landes und der Stadt, wo waren die Vertreter der religiösen und zivilen Behörden, die Weisen und die Gesetzgeber, die den Gesandten Roms, den Stellvertreter des Cäsars, den Prokurator von Judäa empfangen und begrüßen sollten? Vergebens warteten wir auf sie am Tore von Hebron. Ich sah, wie Pilatus' Antlitz vor Wut sich mit einer wächsernen Blässe überzog. Und dann kam uns schließlich in würdeloser Hast ein Häuflein Juden in weißen Gewändern entgegen. Einige von ihnen hatten Tücher um die Köpfe geschlungen, einige trugen, nach chaldäischer Art, das Haar zu hohen Frisuren getürmt, andere wieder hatten, wie die Perser, gekräuselte Bärte. Ihr Anführer war ein alter Mann mit einem langen weißen Barte, der in sorgfältig geordneten

Lockenschnüren herabhing. Dies war, wie ich später erfuhr, Hanan, der Schwiegervater des regierenden Hohenpriesters. Auch er war vor Jahren Hoherpriester gewesen. Dieser alte Mann galt als ein Freund Roms und erschien stets bei offiziellen Empfängen als der Vertreter des Hohenpriesters. Ich werde in der Folge noch viel über Hanan zu berichten haben. Er wußte nicht nur die Juden zu behandeln und die Macht in der Hand zu behalten, er übte auch durch seine schlauen Manöver einen gewaltigen Einfluß auf den Prokurator aus. Hier genüge es zu verzeichnen, daß unter all den Würdenträgern Jerusalems er der einzige war, der uns am Stadttore begrüßte. Seine Begleiter waren ohne Ausnahme gedungene „Vertreter", das heißt, sie wurden dafür bezahlt, daß sie die entwürdigende Aufgabe übernahmen, Rom zu begrüßen! Nur wegen ihrer schönen Gestalten und ihrer langen gekräuselten Bärte waren sie zu diesem Amte ausgewählt worden. Darüber hinaus repräsentierten sie niemanden. Es gab unter ihnen nicht einen einzigen Gesetzeslehrer, zumindest nicht einen einzigen hervorragenden. Allerdings waren zwei oder drei „Standespersonen" zugegen, untergeordnete Figuren, ja, sogar einige Mitglieder des Sanhedrin, die aber dem engeren Kreise Hanans angehörten und zu den Sadducäern zählten. Dem alten Manne war es stets schwer gefallen, eine anständige, repräsentative Abordnung für die offiziellen römischen Festlichkeiten zusammenzustellen, und er war auf den Einfall gekommen, ein paar gut aussehende Männer dafür zu bezahlen, daß sie die ihnen zugedachte Rolle spielten, so wie die Juden bei ihren Gottesdiensten jene Personen bezahlen, denen die zweifelhafte Ehre zuteil wird, die Verfluchungen aus ihrer Heiligen Schrift vorzulesen...

Das alles wußten wir natürlich damals noch nicht. Vorerst bildeten wir uns ein, die hohen Würdenträger Jerusalems, die Weisen und die Gelehrten seien gekommen, um uns im Namen der Stadt zu begrüßen. Wir brauchten nicht lange, um unseren Irrtum zu erkennen, ja, wir erkannten ihn sofort, als wir die Stadt betraten. Die Straßen waren leer wie nach einer Pest. Wir merkten natürlich, daß noch wenige Minuten vor unserer Ankunft diese selben Straßen von Menschen gewimmelt hatten. Noch war der Staub nicht zu Boden gesunken, den zahllose Füße aufgewirbelt hatten, und das letzte Murmeln einer erregten Menge schien noch in der Luft zu hängen. Plötzlich, als ob eine Riesenhand sie alle weggefegt oder als ob das Nahen des Todesengels ihnen Flügel der Angst verliehen hätte, waren sie verschwunden! Die Säulengänge vor den Häusern der Aristokratie, die um diese Tageszeit für gewöhnlich voll waren von Männern und Frauen, welche vor den Strahlen der Sonne Schutz suchten, lagen nun gänzlich verlassen. Die Kaufleute hatte ihre Läden geschlossen, um ihre Waren zu verbergen, aber die mit Öl und Honig gefüllten Krüge standen noch auf den Stufen, denn sie waren zu schwer, um in aller Eile weggebracht zu werden. Keine Menschenseele ließ sich blicken. An einer Stelle hatte ein Geschirrhändler seine irdenen Krüge und Schüsseln auf einem hölzernen Stande mitten in der Straße zurückgelassen, er selbst war geflohen. Unsere Legionäre marschierten geradenwegs über die aufgestellten Töpferwaren hinweg und zertrampelten sie zu tausend Scherben. In einer anderen Straße stießen wir auf einige mit Weinschläuchen und Ölkrügen beladene Esel, — und niemand, der sie beaufsichtigt hätte. In der Straße der Gewürzkrämer waren die Gewürzmühlen verstummt, die getrockneten Gewürze und Wurzeln lagen auf den Tischen ausgebreitet, und kein Mensch war zugegen. Nicht anders sah es in der Straße der Weber aus. Bunte Woll- und Flachsgewebe hingen an den Webstühlen, und kein Mensch in der Nähe... So marschierten wir wie durch die leeren Straßen einer verlassenen Stadt: nur daß hinter den hohen Zäunen, welche die Häuser umgaben, hinter den Pfeilern und den Vorhängen, welche über die Galerien gespannt waren, unsere Ohren das unheilvolle Murren einer erzürnten Menge vernahmen, wie das Rauschen und Schlagen der Meereswellen, die einen herannahenden Sturm verkünden... Ab und zu konnten wir hinter dem Gitterwerk, das die flachen Dächer umsäumte, aufgeregte Gruppen erspähen, von Zeit zu Zeit trafen uns die Blitze feindseliger Augen, die in die Straße blickten. Und zweifellos waren tausende haßerfüllter Augen auf uns gerichtet, während wir vorbeimarschierten... Dann hörten wir, wie hinter unserem Rücken die Menge wieder aus den Häusern strömte, den Schutz der Mauern und Säulen verlassend.

Dieser erste Einzug in die Stadt zeigte uns, was wir von ihren Bewohnern zu erwarten hatten. Der Schall unserer Hörner erstarb ohne Echo in den öden Straßen. Und so marschierten wir zwischen den stummen Mauern dahin, die einen unsichtbaren Feind beherbergten, bis wir den oberen Teil der Stadt erreichten. Hier war die Bevölkerung freundlicher, lachende Gesichter blickten aus den Fensterrahmen auf uns herab, fröhliche Gruppen im Schatten der ebenmäßigen Arkaden grüßten den Zug, und schließlich kamen wir auf einen Platz, den man mit dem Palatinischen Hügel in Rom vergleichen konnte.

Hier, meinte ich, residierten wohl ihre Könige, Fürsten, Hohenpriester und Adligen. Wie staunten wir über den Anblick eines altehrwürdig aussehenden Gebäudes mit mächtigen Türmen von fremdländischem Baustil. Es war das nicht ein Palast, sondern vielmehr eine Festung mit gigantischen Mauern, welche aus riesigen, behauenen und an den Kanten ineinander gefügten Steinblöcken bestanden und so massig wirkten, daß man den Eindruck hatte, sie seien gar nicht von Menschenhand geschaffen, sondern als ein seltsames und unnatürliches Gewächs aus der Erde hervorgewuchert. Rund um dieses geheimnisvolle Bauwerk, in die Mauern eingefügt, hielten jonische Säulen Wacht wie tote Schildwachen. Kein Gitterwerk, kein Fenster, weder Schießscharten noch Balkone unterbrachen die strenge Einförmigkeit der Außenflächen. Nur ganz hoch oben, über dem gewölbten Tore, saß wie eine Krone ein Steingitter mit Späherluken, und darüber in den Himmel ragend, schoß ein kegelförmiger Turm hervor. Es war das eines der stattlichsten Gebäude in Jerusalem, eine alte Königsburg (wie wir später erfuhren), die aus den Zeiten der Makkabäer stammte. Und heute noch, wenn einer der Tetrarchen oder herodischen Fürsten nach Jerusalem kam, war dieses Gebäude zu seinem Gebrauche bestimmt. Rings um den Turm der Makkabäer ragte Palast um Palast, von hohen Zypressen beschirmt und von mächtigen Torbögen umgeben. Am stattlichsten und gewaltigsten war der Palast des regierenden Hohenpriesters, „der Turm des Hauses Hanan“, wie er genannt wurde. Ich hatte später Gelegenheit, stundenlang in seinen angenehmen Gärten zu ruhen oder in seinen erfrischenden Teichen und Becken zu baden. Sie machten mir oft die Öde meines Aufenthaltes in Jerusalem erträglich. Darüber jedoch werde ich an anderer Stelle Genaueres zu berichten haben.

Neben diesen Türmen und Palästen gab es noch eine ganze Menge anderer imposanter Gebäude, zum Beispiel das Rathaus von Jerusalem mit dem Staatsarchiv. Es grenzte an die Brücke, die von dem höher gelegenen Teile der Stadt zum Tempelplatze führte. In der Ferne erblickten wir das freundliche, vertraute Bild der großen Theater, die Herodes nach dem Vorbilde des Circus Maximus hatte erbauen lassen: ein Echo der Heimat, das uns mit Heimweh erfüllte. Oh, wie diese Juden die prächtigen Theaterbauten haßten, die mit ihrer kreisförmigen tempelartigen Architektur wunderbar zum Himmel strebten. So oft ein Jude an einem Theater vorbeiging, murmelte er ein Dankgebet an seinen Gott, daß er nicht gezwungen sei, dort zu sitzen oder die

Tempel der olympischen Gottheiten zu besuchen. Elende Verblendung! Aber ich will meine Bemerkungen über die jüdische Unduldsamkeit für eine andere Gelegenheit aufsparen.

Der obere Teil der Stadt war von einer mit Türmen versehenen Mauer umgeben. Das waren die drei Türme, die der große Herodes zum Andenken der drei Menschen errichtet hatte, welche ihm zu ihren Lebzeiten am nächsten gestanden hatten: sein Vater, sein Bruder Feisal und seine Frau Mirjam. Eigentlich waren es nicht einfache Türme, sondern riesige Gebäude mit vielen unterirdischen Kellern, Gefängnissen, Kasernen, Sklaven- und Dienerquartieren und großen Sälen, in denen zahlreiche Personen Platz fanden. Das prächtigste und auch interessanteste von den drei Gebäuden war der Mirjam-Turm, dem Gedächtnis der Frau des Herodes gewidmet, die er aus Eifersucht nach Recht und Gesetz ermordet hatte. Er ließ, gleichsam, als wollte er die weiblichen Reize seines Opfers ins Leben zurückrufen, das Monument in Gestalt eines Palastes errichten, dessen anmutige und edle Konturen die Umrisse eines Frauenkörpers andeuteten. Der Mirjam-Turm war, wie alle anderen Gebäude, aus dem Gestein, auf dem Jerusalem stand, erbaut worden, aber die kunstvoll gemeißelten Linien erinnerten an die edlen Kurven einer griechischen Vase. Herodes hatte seine ganze vergebliche Sehnsucht nach seinem toten Weibe in den spröden Fels ergossen. Die gesamte massige Fassade des Gebäudes bestand aus nichts weiter als einer hohen und riesenhaften Plattform, über die ein Kegelturm, dessen Umrisse an eine weibliche Brust gemahnten, zu den Wolken emporstieg. Dicht neben dem Mirjam-Turm lag wie ein hingestreckter Herkules der mächtige Palast des Herodes, der die Kette der Turmbauten abschloß. Es war weniger ein einzelner Palast als eine Kaskade von Steinhäusern, Marmorsäulen, Treppen, Wachttürmchen, die sich nach Westen hin ergoß und bis zu der Mauer reichte, welche die Stadt umgab. Wir wußten, daß der Palast des Herodes der größte und prächtigste in Jerusalem war. Er war von Hallen und korinthischen Säulen umgeben, so daß er sehr wohl mitten in Rom hätte stehen können, ohne den Vergleich mit den schönsten Bauten auf dem Forum des Augustus zu scheuen. Der Palast des Herodes war der offizielle Wohnsitz des Prokurators während seines Aufenthaltes in Jerusalem und, mit seiner Besatzung, die aus einer ganzen Kohorte bestand, unsere wichtigste strategische Position in der Stadt.

Von seiner Sänfte aus erteilte Pilatus Befehl, den Marsch über die Brücke fortzusetzen, die den obersten Teil der Stadt mit dem Tempelplatz verband. Aber bevor wir zu dem einzelnen Tore kamen, das in den geheimnisvollen Bezirk dieses Tempels, von dessen Heiligkeit und Reichtum wir so viel gehört hatten, führte, mußten wir an einem ungewöhnlich großen Gebäude vorbei, das in die den Tempel umgebende Mauer eingefügt war. Auf dem Dache dieses Gebäudes erhob sich ein von einer Kuppel gekrönter Turm, so daß es, bis auf die fehlenden Säulen, wie ein Diana-Tempel aussah. Auch dieser Palast war aus großen, geschickt ineinander gepaßten Steinblöcken erbaut. Es war das ihr großes Gerichtshaus oder, wie sie es nannten, der Sanhedrin — eigentlich, wie wir später erfuhren, ihr Senat.

Bald jedoch befanden wir uns inmitten eines Prunks und eines Reichtums, die uns in Staunen versetzten.

Unser Zug hatte nun den äußersten Tempelhof erreicht, der „Hof der Ungläubigen“ hieß, weil zu ihm die Unbeschnittenen Zutritt hatten. Wenn man den Platz der Türme mit dem Palatinischen Hügel in Rom vergleichen konnte, so war dieser „Hof der Ungläubigen“ als das Forum von Jerusalem zu bezeichnen. Er spielte für die Hauptstadt der Juden die Rolle, die für uns das römische Forum spielte.

Ich hätte mir niemals vorgestellt, daß hinter den massiven Mauern, die den äußeren Hof des Tempels umgaben, Raum sei für ein so tumultuöses Hin und Her, wie es uns nun begegnete. Hier aber spiegelte sich das wirkliche Leben Jerusalems ab. Wir befanden uns zwischen zwei Mauern, oder genauer gesagt, zwischen zwei Säulengängen. Die eine Arkade, die zu der äußeren Mauer führte, war mit vier Reihen korinthischer Säulen versehen. Der Fußboden war zur Gänze mit Mosaik ausgelegt, während das Dach über unsern Köpfen aus Zedernholz bestand. Hier sahen wir zahlreiche Läden, Stände und Geldwechslertische, zwischen denen eine gewaltige und buntscheckige Volksmenge umherwanderte. Längs der Säulenreihe, die der Mauer des inneren Tempelhofes folgte, gab es zahllose Balkone, ein Labyrinth von Gebäuden, in denen wohl unzählige Menschen hausten. Durch die Öffnungen der Balkone funkelten unfreundliche Augen. Wir hatten keine Zeit, unsere Umgebung genauer zu betrachten; unsere Blicke waren vorwärts in die Richtung unseres Marsches gerichtet, und der führte uns nun zu den vierzehn Marmorstufen, die uns den Zugang zu dem inneren Tempeltor versperrten.

Quer über den offenen Torweg war eine goldene Kette gespannt, an der noch die Trümmer eines zerbrochenen Adlers hingen. Dieser Adler hatte einst die römische Macht symbolisiert.

Herodes der Große hatte ihn zu Ehren des Cäsars dort anbringen lassen, aber die fanatischen Juden hatten ihn in Stücke geschlagen. Herodes bestrafte die Juden für diese Tat mit einer Metzelei und ließ den Adler wiederherstellen, aber die Juden zerstörten ihn ein zweites Mal. Das Blut staute sich in unseren Herzen, als wir diese Zeichen der Majestätsbeleidigung sahen, und mit einem aus Zorn und Kummer gemischten Gefühle näherten wir uns den vierzehn Stufen, wo eine Abordnung mit dem Hohenpriester an der Spitze auf uns wartete.

Der Hohepriester trug nicht seine offiziellen Gewänder. Er war von Kopf bis Fuß in einen glitzernden Mantel von Silberfäden gehüllt, der nicht seine religiöse, sondern seine zivile Macht symbolisierte. Er war wie sein Schwiegervater von hoher Gestalt, und er trug auch wie sein Schwiegervater den Bart in zwei Spitzen geteilt, nur daß sein Barthaar lockiger war. Auf seinem Kopf saß eine kronenähnliche Tiara, und auf seiner Stirne blitzte ein Diadem. Das Auffälligste an seiner Erscheinung aber waren die schweren Locken, die unter der Tiara hervorfluteten. Sie waren mit so außerordentlicher Kunst geflochten, so zart und genau, daß die ganze Frisur wie das Produkt eines unvorstellbar feinen Webstuhles wirkte. Das Gefolge, das ihn begleitete, war nicht besonders groß und enthielt nur sehr wenige Priester. Sie unterschieden sich von den anderen Anwesenden durch ihre weißen Gewänder, ihre Hosen und Tuniken, ihre bunten Gürtel und ihre mützenähnliche Kopfbedeckung. Wie wir später erfuhren, waren das seine Schwäger und die Beamten verschiedener Abteilungen, Schatzmeister und Aufseher.

Der Hohepriester entschuldigte sich bei Pilatus, daß sein Gefolge nicht so groß sei, wie es sich für den Empfang des römischen Prokurators geziemte. Er erklärte es damit, daß die Priester am heutigen Tage viel im Tempel zu tun hätten. Die Juden aus Babylon, Persien und Nordafrika hätten große Mengen Rinder geschickt, die im Tempel geopfert werden sollten, und die Priester seien mit den heiligen Handlungen beschäftigt. Dagegen könne er melden, daß in seinem Gefolge der nach ihm höchste Vertreter des Tempels, ein früherer Hoherpriester, und auch alle anderen hohen Beamten anwesend seien. Diese, die Söhne Hanans und seine Schwäger, repräsentierten nicht nur den Tempel und seine Priesterschaft, sondern auch den höchsten Gerichtshof, den Sanhedrin. Er erwähnte noch zwei, drei andere alte Männer, die er als bedeutende Interpreten des mosaischen Gesetzes vorstellte — Weise sozusagen. Auch sie, sagte er, seien

Freunde der Römer, denn sie gehörten der Partei der Aufklärung an, die mit den Römern Frieden halten wolle, nämlich der Partei der Sadducäer.

Pilatus' fleischige Nase senkte sich herab. Er warf unter seinen schweren Lidern hervor einen flüchtigen Blick auf den Mann und sagte dann kurz:

„Das werden wir sehen. Es kommt auf den guten Willen an."

„Auf einer Seite zumindest ist dieser gute Wille stets vorhanden", erwiderte der Hohepriester.

„Das muß durch Taten bewiesen werden", sagte Pilatus und gab den Hornisten ein Zeichen, den Marsch fortzusetzen. Sie begannen die Stufen zu dem Tore hinaufzusteigen, das in den inneren Hof des Tempels führte.

Das Gesicht des Hohenpriesters unter der blitzenden Tiara wurde blaß.

„Der Sitz des Prokurators ist in der Stadt", rief er erschrocken und zeigte nach draußen. „Im Palast des Herodes."

„Das weiß ich, aber ich gedenke die heutige Nacht bei meinen Truppen in der Festung Antonia zu verbringen", erwiderte Pilatus und gab den Hornisten ein Zeichen, weiterzumarschieren.

Plötzlich ertönte aus den Widderhörnern der Wächter, die auf den Balkonen über dem Tore postiert waren, ein wildes Signal, und die zwei massiven, mit Gold beschlagenen Torflügel fielen von innen her zu. Wir waren ausgeschlossen.

Der Hohepriester, totenbleich, mit Augen, die wie Schwertklingen glitzerten, stand mitten vor dem geschlossenen Tore und zeigte wortlos auf die zwei Bronzetafeln an den Mauern zu beiden Seiten des Tores. Auf diesen Tafeln stand in griechischer und lateinischer Sprache geschrieben. „Kein Unbeschnittener darf bei Strafe des Todes diese Stelle überschreiten."

„Ja...", sagte Pilatus, und ich sah das Zittern in seiner dicken Unterlippe, während Zornesröte in seine Wangen stieg. „Ich hatte das beinahe vergessen. Aber wenn ich mich nicht irre, hat es Römer gegeben, die dieses Tor durchschritten. Ich möchte gerne wissen, wie Pompejus den Tempel erobert hat, ohne sich durch diese Tafeln abschrecken zu lassen."

„Er machte sich den Sabbath zunutze, Prokurator. Am Sabbath dürfen die Juden sich verteidigen, aber nicht angreifen. Heute sind wir ein wenig fortgeschrittener. Auf jeden Fall hat ihn die Strafe Gottes ereilt, und der große Cäsar hat uns an ihm gerächt."

„Euer Gott scheint recht mächtig zu sein, daß er so starke Verbündete hat."

„Die größten Männer Roms mit dem mächtigen Cäsar an der Spitze! Und wir hoffen, auch der neue Prokurator von Judäa wird zu ihnen gehören", sagte der Hohepriester mit einem entwaffnenden Lächeln.

„Das wird von dem Verhalten seiner Anbeter abhängen. Centurio, führe die Kohorten zurück ins Prokuratorium."

Pilatus selbst, von einer kleinen Abteilung begleitet, begab sich durch den Hof der Ungläubigen zur Festung Antonia.

Wir marschierten zwischen zwei Säulengängen dahin. Im Schutze der Säulen standen die Buden der Händler, welche die geringeren Opfergaben für den Tempel feilhielten. Einige handelten mit Turteltauben von einer besonderen Sorte, wie sie der Ritus erforderte, andere handelten mit Gewürzen und Weihrauch, andere mit feinem weißen Mehl und kostbaren Ölen, andere wieder mit verschiedenerlei Gegenständen, wie sie den Priestern dargebracht wurden als ein Geschenk, das von Sünden reinigt, oder als Bezahlung der Tribute, die Jehovah seinem auserwählten Volke auferlegt. Und dazu kamen noch die Geldwechsler, die an ihren Tischen saßen und die Münzen fremder Länder gegen die Landesmünze tauschten. Was war das für ein seltsames Gemisch von Typen und Trachten! Juden aus Abessinien, in weiße Tücher gehüllt und barfüßig, Juden aus Alexandria oder von den edlen griechischen Inseln, in Wolle oder in rauhe Schafsfelle gekleidet, Palmzweige und goldene Ringe im krausen Haar, Juden aus der Wüste, mit Kamelhäuten oder gar mit Löwenfellen angetan, Männer aus Galiläa in schlichter Werkmannstracht aus Sackleinwand, die Gesichter von Sonne und Arbeit wie Felsgestein gehärtet —, die Armen, deren elende Bekleidung kaum ihre Blößen deckte, und die Reichen, goldene Ringe an den Händen und goldene Streifen auf den Mänteln, deren feines Linnen in Sidon gewebt und gefärbt war. Da gab es Juden aus dem fernen Babylon, wo noch niemals ein römischer Legionär sich hatte blicken lassen, und Juden aus dem kalten Westen, wo der Marschtritt der Legionen nicht unbekannt war, und Juden vom Rhein mit wuchtigen Kopfbedeckungen aus Raubtierfellen. Ich hatte, bevor ich diese ungeheure Vielfalt von Gesichtern und Trachten im Hofe der Ungläubigen sah, nicht gewußt, daß die Juden so weithin durch das ganze römische Reich und über dessen Grenzen hinaus verstreut waren. Ich überzeugte mich von der Weisheit des Cicero, der uns vor den bösen Einflüssen dieses

Volkes warnte, welches alle Märkte des Ostens und Westens füllt und in allen bekannten und unbekannten Ländern Fuß gefaßt hat. Ich muß gestehen — als ich die bunte Menge betrachtete, das Gewirr der Trachten, die Mannigfaltigkeit rassenmäßiger Schattierungen, die durch die Tore des judäischen Tempels wimmelten, begann ich die Klugheit der römischen Herrscher zu schätzen, die sich stets angestrengt hatten, mit den Juden auf freundlichem Fuße zu bleiben, indem sie ihren religiösen Kult respektierten und ihnen besondere Vorrechte gewährten... Mit einem Volke, das so über die ganze Welt verbreitet ist und überall Einfluß zu üben vermag, muß jeder Regierende rechnen.

Ich beobachtete aufmerksam die Menschen und das Feilschen, das an der Tempelmauer vor sich ging. Ich wußte, daß ich lange Zeit hindurch mit diesen Menschen zu tun haben würde. Der religiöse Eifer, den sie selbst hier, außerhalb der Tempelmauer, beim Einkauf ihrer kleinen Opfergaben an den Tag legten, machte einen tiefen Eindruck auf mich, dessen ich mich nicht erwehren konnte. Und ich beobachtete, mit welcher unendlichen Sorgfalt sie die Tauben untersuchten und die glattesten, die am reichsten gefiederten, die am besten aussehenden wählten. Ich beobachtete, mit welcher Wonne sie ihr gutes Gold gegen kostbare Öle und Essenzen, die aus den exotischen Räucherpflanzen bereitet waren, und gegen das feine weiße Mehl tauschten. Es war, als wählten sie ein Geschenk für die Geliebte oder für einen mächtigen Herrscher, dessen Gunst sie anstrebten, und durchaus nicht, als sollten diese zärtlich ausgewählten Sachen einer imaginären Gottheit dargebracht werden, die keiner von ihnen je gesehen und der noch kein Künstler ewige Gestalt in Marmor oder Bronze verliehen hatte. Soweit ich es beurteilen konnte, begann ihr Gottesdienst eigentlich schon hier an Ort und Stelle mit der Erwerbung der Opfergaben. Unsere Kohorten, die mitten durch das Gedränge marschierten, würdigten sie keines Blickes. Sie bezeigten nicht das geringste Interesse an dem neuen Prokurator, der in seiner Sänfte an ihnen vorbeigetragen wurde. Sie waren viel zu sehr in die Einkäufe vertieft, die für ihren Gott bestimmt waren. Ich beobachtete ein armes Weib, dessen ganze Kleidung aus einem Stück Sackleinwand bestand, durch dessen Löcher die Haut hindurchschimmerte. Sie war eben dabei, zwei Turteltauben zu kaufen — offenbar mit ihrem letzten Gelde —, und als sie die Täubchen in ihren Besitz gebracht hatte, drückte sie sie an die Brust, streichelte sie, flüsterte ihnen etwas zu mit einem Ausdruck von so grenzenloser Frömmigkeit, daß es den Anschein hatte, sie vertraue ihnen eine Botschaft an, die sie ihrem Gotte überbringen sollten. Ich sah einen breitschultrigen und kräftigen Mann in schüchternen und zärtlichen Fingern einen Weihrauchzweig halten: als fürchte er, ihn zu erdrücken — und er betrachtete ihn mit flehenden Blicken, als besäße diese Pflanze die Zauberkraft, die erdrückende Sündenlast von seinen Schultern zu wälzen. Junge Burschen sah ich vorübereilen mit Pfannen voll weißen Mehls und irdenen Töpfen voller Öl. Alle waren sie in seliger Hingabe von ihrem Tempeldienste erfüllt, und keiner hatte einen Blick übrig für den Mann, für den Boten des Reichs, der aus der Hauptstadt gekommen war, um als Herr über Leben und Tod zu gebieten. Da wir unserer Feldzeichen, unserer Adler und Schilde beraubt waren, glichen wir nicht einer römischen Legion, die durch eine unterworfene Stadt marschiert — dem Gefolge eines Prokurators, der entsandt wurde, um eine Provinz zu beherrschen —, sondern vielmehr einer losen Horde unsteter Söldner im Lager eines fremden Heeres. Ich warf ab und zu einen Blick auf Pilatus, der in seiner offenen Sänfte lag, und ich sah, daß sein feistes Gesicht und sein dicker Hals gerötet waren, daß die Adern an seinen Schläfen anschwollen und heftig pulsierten. Sein Wille empörte sich, er brütete Rache. Aber seine Geduld schien ihm so viel Anstrengung zu kosten, daß ich befürchtete, der Schlag würde ihn rühren.

An einer Stelle stießen wir auf eine große Menschenmenge, die sich um einen Redner geschart hatte. Es war das zweifellos ein Lehrer oder Ausleger des Gesetzes. Er stand unter dem hölzernen Dache eines Ladens an einen Pfeiler gelehnt und sprach zu den Versammelten, die so sehr von seinen Worten gefesselt waren, daß sie den Schall der Hörner nicht hörten, die unser Kommen verkündeten. Vielleicht aber war es Absicht, daß sie uns nicht beachteten und uns nicht aus dem Wege gingen. Sie hatten Glück, daß wir in diesem Augenblick unsere germanische Reiterei nicht bei uns hatten! Zwei Legionäre traten aus der Reihe, und mit den Spitzen ihrer Schwerter erinnerten sie die Juden an die Anwesenheit des kaiserlichen Stellvertreters. Sie jagten den Mob auseinander und machten den Weg frei für die Sänfte und das Gefolge. Als ich abermals einen Blick auf Pilatus warf, sah ich, daß sein Gesicht nicht mehr rot vor Zorn war, sondern fast bläulich verfärbt. Schnell aber erlosch die Flamme seines Zornes. Die Verheißung glitzernden Goldes besänftigte seinen Ungestüm.

Wir marschierten an der Ostseite des Hofes der Ungläubigen entlang, als wir plötzlich zu einem Tore gelangten, das so prächtig war, daß wir in sprachlosem Erstaunen die Augen aufrissen. Wir hatten oft von dem unermeßlichen Reichtum des Tempels gehört, aber der Anblick eines riesigen Tores aus solider korinthischer Bronze verblüffte uns. Dies war der Eingang zu dem Hofe der Frauen, den eine dichte Menschenmenge erfüllte, denn hier hatten nicht nur die jüdischen Frauen, sondern auch die Ungläubigen Zutritt. Das Tor stand offen — ich weiß nicht, ob aus Unachtsamkeit oder Absicht —, und kaum hatten wir den Anblick dieser unvorstellbaren Masse korinthischer Bronze in uns aufgenommen, als vom anderen Ende des Hofes her ein goldenes Leuchten unsere Augen blendete: wir erblickten nicht ein Tor, sondern einen gewaltigen, ganz mit Gold bedeckten Turm, der den Hof der Frauen mit dem inneren Tempel verband. Wie wir später erfuhren, war das „Das Schöne Tor", von dem wir schon in Rom gehört hatten, das Geschenk eines einzelnen reichen Juden von Jerusalem. Über diesem Tor-Turme hing eine riesige goldene Weintraube, das Emblem der Juden. Aber der flüchtige Blick, den wir auf die Herrlichkeiten jenseits dieses Tores werfen konnten, übertrumpfte unsere Vorstellungskraft. Der Tempel hatte die Form einer Pyramide. Hohe Stufen führten von einer Halle zur anderen, und der innerste Tempel stand wie ein Berg von Gold auf einer ragenden marmornen Plattform. Wohin wir auch schauten — Gold, nichts als Gold, glitzernd im Lichte der Abendsonne. Unsere Augen trübten sich vor Müdigkeit, Staunen und Gier. Kurz darauf aber ertönte das Alarmsignal aus den riesigen Widderhörnern der Wächter auf ihrem Ausguck, und die gewaltigen Bronzetüren schlossen sich vor unserem Blick. Wir konnten jetzt nur noch dieses äußere Tor betrachten, und da fiel uns auf, daß auf den glitzernden und feinziselierten Flächen keine menschlichen oder tierischen Abbilder zu sehen waren. Es schien, als sei ihr Gott Jehovah eifersüchtig auf die Darstellung menschlicher Gestalten und gestatte keinerlei Zierat in seinem Tempel — als verlange er, daß in seinen Diensten nur das von ihm Geschaffene verwendet werde, der nackte Werkstoff, den er den Menschen geschenkt hat. Und tatsächlich machten diese Tore, wie der ganze Tempel, einen überwältigenden Eindruck — als hätten die Elemente selber dieses Gefüge geschaffen, als sei es gleichsam aus dem Boden gewachsen.

Und als ich nun Pontius Pilatus anblickte, las ich Erstaunen in seinen Zügen.

„Prokurator“, sagte ich, „sowie du nach Antonia kommst, mußt du Blutegel holen lassen, die dir das böse Blut aus den Adern schröpfen.“

„Ich denke an ganz andere Methoden, um mein böses Blut loszuwerden.“

„Ich weiß, Prokurator. Du wirst die Juden schröpfen.“

Er versuchte zu lachen.

VI. KAPITEL

Die Festung Antonia lag an der Nordseite des Tempels. Auf einem hohen Felsen errichtet, beherrschte und überschattete sie den Tempelbezirk. Sie bestand aus mehreren Gebäuden, zu denen auch unsere regulären Kasernen gehörten, nebst einem großen Hof, in dem ein Exerzierplatz, ein Gymnasium und ein Schwimmbad Platz fanden. In der Mitte stand die eigentliche Zitadelle mit ihren vier Türmen auf einem pyramidenartigen Fundament, das rund um die Spitze des Felsens lief. Von den Galerien der Zitadelle aus hatte man einen freien Ausblick auf den Tempelbezirk und sah alles, was dort vorging. Das schuf unter den Juden viel Mißvergnügen, und manchmal rebellierten sie, um ihrem Ärger Ausdruck zu geben. Sooft unsere Wächter auf ihrem Marsche durch die Galerien sichtbar wurden, schüttelten sie die Fäuste, weiße Tücher flatterten, und ein Geschrei ertönte: „Fort! Fort!“ Ich brauche kaum zu erwähnen, daß unsere Wachen sich wenig um diese Demonstrationen kümmerten, es sei denn, daß sie einen Augenblick lang stehen blieben, um das Schauspiel genauer zu betrachten. Es gab auch einen direkten Zugang von der Festung zum Tempelbereich, zwei Treppen, die durch eine Mauer voneinander getrennt waren. Aber diese Mauer war leicht zu entfernen, und es lag also kein ernsthaftes Hindernis zwischen uns und dem Tempelbezirk. Außerdem führte ein von Herodes angelegter Geheimgang, von dem die meisten nichts wußten, geradenwegs aus der Festung nicht nur in den Tempelbezirk, sondern in den Tempel selbst.

Nach unserer Ankunft übernahmen wir den Befehl über die in Antonia stationierte Kohorte, lösten die Wachen ab und erfrischten uns mit einem Bade. Pilatus ließ das Mahl in der Zitadellen-Galerie auftragen, denn von dort aus konnte er, bequem in seinem Stuhle lehnend, seine neuen ungebärdigen Untertanen in ihren Tempelhöfen nach Belieben beobachten. Von

Schirmen beschattet, die uns vor dem Glanze der untergehenden Sonne schützten, saßen wir neben ihm und blickten auf den Tempel hinab, auf die Stadt Jerusalem und ihre bergige Umgebung. Das Sonnenlicht schien mit den heißen sandigen Hängen der Berge von Moab, die jenseits des Toten Meeres sichtbar waren, zu verschmelzen. Die klare Luft brachte sie nahe an unser Auge heran. Nach der anderen Seite hin spiegelte sich das Sonnenlicht in den zahllosen goldenen Schwellen, Balken und Toren des Tempels. In diesem Augenblick hätte man meinen können, er sei nicht aus Stein und Metall gebaut, sondern bestünde aus einer einzigen Flut geschmolzenen Goldes. Zwischen den goldenen Flammen flatterten blaue und purpurne Vorhänge. Tausend Lichtstrahlen in ebenso vielen Farben strahlten von dem phantastischen Bauwerk aus, das massig war in der Einfachheit seines Gefüges, aber leicht und luftig wirkte zufolge der vielen Wände, die aus nichts anderem bestanden als aus flatternden Vorhängen von rötlichem Purpur und hellem Blau. Wie wir später erfuhren, sollten die Farben der Vorhänge die vier Elemente symbolisieren, aus denen die Welt besteht: Feuer, Luft, Erde, Wasser. Das ganze Gebäude stand auf einem Fundament von weißem Marmor, und ringsumher, als wollten sie es zärtlich bewachen, und als wollten sie seine einzigartige Heiligkeit betonen, lagen zahllose Höfe, phantastisch hohe Türme und Torwege, durch Säulengänge und Nischen voneinander getrennt, und diese wieder waren, wie der Tempel selbst, durch Mauern und Pfeiler voneinander geschieden. Noch interessanter, in éinem gewissen Sinne, als dieser erstaunliche Tempel und seine Umgebung war das Leben, das die Höfe füllte. Ein hastiger Blick konnte dort unten nichts erkennen als wirre Bewegung. Die weißgekleideten Priester, die barfüßig, mit frommen und gemessenen Schritten, über den polierten Marmor und Granit wandelten, schienen auf den Wassern eines Sees dahinzugleiten. Die gesamte Menschenmasse wirkte kompakt und ungegliedert. Aber bei genauerem Zusehen verschwand dieser Eindruck, und es zeigte sich, daß die Priester von der übrigen Menge durch eine strenge Disziplin — man hätte es fast eine militärische Disziplin nennen können — abgesondert waren. Nachdem unsere Augen ihre erste Verwirrung überwunden hatten, konnten wir deutlich den Hof erkennen, in dem die Frauen versammelt waren, den Hof der Männer, die Stufen, auf denen die Musikanten standen. Zwischen dem äußeren Hofe des Allerheiligsten, wo die Priester sich zwischen den Gottesdiensten einfanden, und dem inneren

Hofe des Allerheiligsten, wo die Priester den Gottesdienst abhielten, gab es abermals eine Trennungslinie. Das alles war, wie wir merkten, streng und sorgfältig unterteilt, so, als hätten wir nicht ein in seinem Tempel versammeltes Volk von Gläubigen vor uns, sondern eine militärische Truppe, die zur Inspektion bereitsteht. Wir entdeckten später, daß in der Tat die Priester und die Leviten und alle die sonstigen Tempeldiener so diszipliniert waren wie Angehörige eines Militärverbandes. Die Torhüter, die Nachtwächter, die mit Fackeln in Händen die Runde machten, um die Torhüter zu kontrollieren, die Nachtwächter, die die Stunden ausriefen, die Hornbläser, die erste, zweite und dritte Priester-Kategorie, die diensthabenden und die dienstfreien Priester, die Aufseher, die Lampenanzünder, die Weberinnen, die Aufseher über die Opfergaben, die besichtigt und gestempelt werden mußten, die unzähligen Zeremoniendiener -- kurz, das ganze riesige und komplizierte Getriebe des Tempels stellte einen hochdisziplinierten Verband dar, welcher der Autorität des Hohenpriesters und seiner zahlreichen Delegierten, die seine unmittelbare Umgebung bildeten, unterworfen war.

Wir lagen auf Ruhebetten in der Galerie der Zitadelle, Schirme und orientalische Fächer schenkten uns Kühle, wir tranken Zypernwein und aßen Feigen von Jericho und blickten auf den Tempel Jehovahs hinab, dessen Eifersucht so groß war, daß kein Sterblicher sein Antlitz sehen durfte. Der Tempel mit seinen unermeßlichen Goldschätzen, mit seinen kostbaren Gefäßen, seinen Priestern und Leviten und stolzen Schriftgelehrten lag, Seite an Seite mit der ganzen Stadt, zu unseren Füßen. Es war ein fesselndes Schauspiel. Von unserem hohen Standort aus wirkten die wimmelnden Tausende wie hilflose Zwerge; sie waren samt ihrem Gotte in die mächtigen Hände Roms, in unsere Hände gegeben — Beute, die man nimmt, wie der Löwe seinen Raub nimmt. Wir konnten nicht begreifen, wo ihr Stolz und ihre Selbstsicherheit herrührten. Ein Kommandowort, eine Kohorte askalonitischer Legionäre, unterstützt durch eine Abteilung germanischer Reiterei, und das törichte Spiel von Göttlichkeit und Unabhängigkeit war vorbei. Das Allerheiligste geschändet, die Schätze geraubt, die Priesterschaft zerstreut wie Staub vor dem Winde. Und sie wußten es. Wir lasen es in dem haßerfüllten Ausdruck der Augen eines weißgekleideten Priesters, eines langbärtigen Schriftgelehrten. Ja, sie wußten, daß sie in unserer Gewalt waren wie Spielzeug in der Hand eines Kindes. Ihr Stolz und ihre sinnlosen Selbsttäuschungen über ihren Gott waren uns unbegreiflich.

Marcus Petronius, der alte Centurio von Antonia, der schon unter den ersten Prokuratoren gedient hatte und seit vielen Jahren im Lande lebte, kannte sämtliche Sitten, Gebräuche und Glaubenssätze der Juden und erläuterte sie uns. Er schilderte mir als erster die strenge Disziplin, die im Tempel herrschte, die wunderliche Wachablösung der Priester und Leviten, die Nachtwächter, die mit ihren Fackeln in Reih und Glied marschierten, und die Wächter mit ihrem Losungswort: „Steht alles wohl?" Wenn die ersten Strahlen der Sonne erscheinen, ertönen die Widderhörner. Eine Abteilung von Priestern marschiert in geordnetem Zuge zum ersten Gottesdienst. Marcus erzählte uns auch von den Gewändern des Hohenpriesters, die sie für so heilig halten, daß sie bei ihnen schwören. Die Gewänder werden in einem der Türme der Zitadelle aufbewahrt, und die auf der Turmspitze brennende Lampe verkündet, daß sie nicht berührt worden sind. Sie liegen unter dem Siegel des Prokurators und des Hohenpriesters. Versucht nur einmal, die Lampe auszulöschen, dann werdet ihr sehen, was geschieht! Marcus berichtete des weiteren vom Allerheiligsten, das kein Sterblicher betreten darf außer dem Hohenpriester in seinen heiligen Gewändern — und auch er nur einmal im Jahre. Und was ist das für ein gewaltiger Anlaß, wenn der Hohepriester aus dem Allerheiligsten hervortritt, unversehrt von seiner Heiligkeit!

Pilatus, der sich diese Beschreibung der exotischen Gebräuche der Juden mit großem Interesse anhörte, fragte Marcus Petronius, ob es seiner Meinung nach wirklich im jüdischen Heiligtum ein geheimnisvolles inneres Gemach gebe, das zu betreten einem Sterblichen gefährlich sei, und ob dieses innere Gemach einen Eselskopf enthalte, wie die römischen Legionäre behaupteten — so daß dieser Eselskopf der Gegenstand aller jüdischen Anbetungen und Zeremonien wäre.

„Ein Eselskopf? Pompejus, der in das Allerheiligste eindrang, hat keinen Eselskopf gesehen. Ja, er hat überhaupt nichts gesehen, und ich weiß nicht, was es enthält. Ich selbst bin nur in den äußeren Hallen gewesen, wo die Opfergaben hingebracht werden. Ich bin an einem Festtage dort eingedrungen, um Ordnung zu schaffen. Dort sah ich eine unglaubliche Menge Goldes, goldene Tische, einen gigantischen goldenen Altar, auf dem ein riesiges Feuer brannte, einen goldenen Kandelaber, zahllose goldene Krüge, Zangen und noch andere Gefäße und Instrumente, die sie für ihre Zeremonien brauchen, und zwei mystische Vögel, die ganz von ihren eigenen Flügeln bedeckt waren. Überall glitzerndes Gold."

„Die Juden scheinen ihrem Gotte das Gold nicht zu neiden. Ich möchte nur wissen, wo sie so viel herkriegen."

„Wo? Die Juden in der ganzen Welt zahlen an den Tempel Steuern wie an einen Cäsar. Übrigens ist das genau das, was sie selber sagen: Gott ist unser Cäsar. Und die Freude, mit der sie Steuern zahlen! Keiner drückt sich vor der Zahlung, keiner verspätet sich oder bleibt im Rückstand, mag er auf einer noch so fernen wilden Insel leben. Und nicht nur die Steuern. Ihr müßtet die freiwilligen Gaben sehen, die sie dem Tempel zuschicken. Kennt ihr das gewaltige Tor, das mit seinen Zinnen alle anderen Tore überragt — zwischen dem Hofe der Frauen und dem inneren Hof? Dieses Tor ist ein Königreich wert. Die Flügel sind auf der einen Seite mit Silberplatten und auf der anderen Seite mit Goldplatten beschlagen, und es ist die Gabe eines einzelnen Mannes. Aber es gibt noch andere gleich ihm. Ihr müßtet sehen, wie sie aus den entferntesten Winkeln der Erde hierherströmen. Manchmal würde man nicht glauben wollen, daß es Juden sind. Und manchmal wieder stößt man auf offensichtlich zivilisierte Menschen. Ich persönlich aber bezweifle, daß das Juden sind. Das sind Nichtjuden, die von der mystischen Macht, die der Gott ausstrahlt, angelockt werden, um ihm ihre Gebete, ihre Opfer und ihre Gaben darzubringen. Das Gold, das ihr hier an den Tempeltoren seht, ist noch gar nichts. Sie haben geheime Schatzkammern, in denen die Goldgeschenke vieler Generationen aufgehäuft sind, und so oft man ihnen ihr Gold wegnimmt, fließt es aus unerschöpflichen Quellen wieder zurück."

„Die Juden sind nicht ohne Einfluß an des Cäsars Hof", sagte Pilatus.

„Es ist schwer zu sagen, wie weit ihr Einfluß reicht, und in welche Kreise sie eingedrungen sind. Man weiß auch nie, wen man beleidigt, wenn man zufälligerweise die Juden beschimpft. Mehr als einmal sind Opfergaben angekommen, die — heimlich oder offen — von äußerst hochstehenden römischen Persönlichkeiten hierher geschickt wurden. Und was noch schlimmer ist, man sagt mir, die Juden hätten bei den Damen der Aristokratie eine sehr günstige Stimmung für ihren unbegreiflichen Gott geschaffen."

„Ja, ich weiß das. Ich kenne auch die Methoden, die sie anwenden, um diese Stimmung zu schaffen."

Ein Zucken ging über Pilatus' Gesicht. Ohne daß die anderen es merkten, zupfte er mich an meiner Toga und schien etwas sagen zu wollen. Aber plötzlich biß er sich auf die Lippe und schwieg.

„Das", sagte einer, „ist Weiberart. Sie lassen sich immer gerne durch unverständlichen Hokuspokus beschwindeln."

Aber bevor Pilatus Jerusalem verließ, um sich in seine Hauptstadt Caesarea zu begeben, sagte er zu mir:

„Wir haben von Marcus Petronius erfahren, daß die Juden in ihrem Tempel Figuren mystischer Vögel verwenden. Ihre Opposition gegen den römischen Adler beruht also nicht auf religiösen sondern auf politischen Gründen. Die Religion verbietet ihnen keineswegs, das römische Machtzeichen anzuschauen, ihr Widerwille entspringt ihrer Feindschaft gegen Rom. Ich betone, daß überall in der Welt der römische Adler unser Zeichen ist, und wo immer die Macht Roms gilt, darf das Zeichen nicht fehlen."

„Ist das ein Befehl?" fragte ich.

„Wie du es auffaßt."

Mit Pilatus' Abreise von Jerusalem übernahm ich den Befehl über die Zitadelle. An der einen Seite der Festung, gegenüber dem neuen Viertel der Stadt, befand sich eine tiefe Schlucht. Ich befahl meinen germanischen Reitern, die den Juden besonders verhaßt waren, sich längs der Schlucht aufzustellen. Dann befahl ich meinen Leuten, den dem Tempel zugekehrten Hang des Zitadellenfelsens mit Öl und Fett zu begießen, damit auf dem schlüpfrigen Marmorgestein niemand mehr Fuß fassen könne. In der Nacht, nachdem diese Befehle ausgeführt worden waren, ließ ich die Schilde mit den Emblemen unserer Kohorte und den Bildern des Cäsars längs der Galerie der Zitadelle aufhängen. Ferner ließ ich die brennende Lampe auf der Spitze des Turmes, in dem die Gewänder des Hohenpriesters aufbewahrt wurden, auslöschen und den römischen Adler an ihre Stelle setzen.

Am nächsten Morgen in aller Frühe, noch vor Sonnenaufgang, postierte ich mich mit meinen Wachen in die Galerie, um zu sehen, wie die Juden auf diese Anordnungen reagieren würden, Als die ersten Strahlen der Sonne hinter den östlichen Hügeln hervorbrachen, hörten wir den Schall ihrer Hörner. Wir sahen die erste Priesterabteilung in geordneten Reihen heranrücken. Sie kamen von ihren Waschungen, um ihre Amtsgewänder anzulegen und den Dienst zu übernehmen. Plötzlich, wie auf ein Kommandowort, machten sie halt. Die ersten Sonnenstrahlen wurden von dem Adler und den Schilden zurückgeworfen. Wie veränderten sich da ihre Mienen! Was für ein Geheul stimmten sie an! Als hätte ein Blitzstrahl ihren Tempel getroffen und ihn in Trümmer gelegt! Hunderte von Posaunen und Widderhörnern gaben das Alarmsignal. Priester und Leviten strömten aus den zahllosen Tempelhallen hervor, viele von ihnen waren noch ganz verschlafen, viele nur halbbekleidet. Ich hatte mir nicht vorgestellt, daß es so viele sein würden. Wie Vogelschwärme stürmten sie hervor: alte Männer mit lockigen, gekräuselten Bärten, junge kräftig gebaute Männer, Jünglinge, noch fast Kinder, zahllose Jünglinge, Neophyten und Schüler der Priesterschulen. Die Leviten stießen weiter in die Posaunen, und die versammelte Priestermenge wurde immer größer und größer. Allmählich näherten sie sich der Zitadelle. Ein Wald geballter Fäuste reckte sich zu uns empor, und aus seiner Mitte ertönte heftiges Wutgeschrei. Es dauerte nicht lange, da hatte der Alarm die Stadt geweckt, und neue Massen strömten in den Tempelbezirk. Die Frauen, die die Grenzen ihres Hofes nicht zu überschreiten wagten, wehklagten und jammerten aus vollem Halse, als ob ein' Feind in die Stadt eingedrungen wäre und vor ihren Augen ihre Kleinen schlachtete. Tiefer und drohender klang das Gebrüll der Männer, deren dichtgedrängte Massen sich immer mehr der Zitadelle näherten. Von der Seite der Schlucht her konnte niemand herankommen. Dort standen die germanischen Reiter, und ein Pfeilregen hielt den Platz vor ihnen frei. An der anderen Seite jedoch versuchten die Priester dort, wohin das gemeine Volk ihnen nicht folgen durfte, den Zitadellenfelsen zu erklimmen. Sie hoben einander in die Höhe, sie stiegen einer auf des anderen Schultern, sie legten sich auf den Rücken und versuchten, sich emporzuarbeiten. Aber es gab keine Lücken in dem Pflaster der Marmorblöcke, keinen Halt für die Finger- oder Fußnägel. Sie glitten an der geölten Oberfläche ab. Unterdessen standen unsere braven askalonitischen Legionäre nebst einigen Samaritern, die aus der Garnison von Jericho stammten, im Schutze der Zinnen und freuten sich gewaltig über diese Gelegenheit, den unverschämten Juden eine Lehre zu erteilen. Sie schossen die kletternden Gestalten eine nach der anderen wie Vögel ab, und wir schauten zu, wie die Juden taumelnd in die Tiefe stürzten und ihre Köpfe an dem Gestein der Plattform zerschmetterten. Ihre Hartnäckigkeit jedoch war so groß, daß es einigen von ihnen tatsächlich gelang, den oberen Fels zu erreichen, und von Zeit zu Zeit griff eine Hand nach dem Gitter der Galerie. Dann zog ein Mann von Askalon sein Schwert, mit einem einzigen Hiebe wurde die Hand abgeschlagen, der Körper rollte wie eine Erbse den Abhang hinab. Ein ander Mal wieder erlöste der Askalonit den Kletterer gleich von seinen Leiden, indem er das Schwert auf sein Haupt niedersausen ließ. Noch bevor die Sonne richtig hinter den Hügeln hervorgetaucht war, waren der Fels und die Mauern der Festung reichlich mit judäischem Blute besprengt — so reichlich wie ihre Altäre mit dem Blute der Opfertiere — und am Fuße des Felsens lag ein Haufe jüdischer Leichen.

Inzwischen sahen wir den Hohenpriester inmitten seines Gefolges erscheinen. Ich erkannte ihn an seiner imposanten Gestalt und an der respektvollen Aufmerksamkeit, die selbst in diesem Tumult sein Erscheinen weckte. Die Priester, die Alten und die Weisen sammelten sich um ihn. Sie begannen die Hitzköpfe zu beruhigen und die Männer zurückzurufen, die vergebens die Zitadelle zu erstürmen versuchten. Unter den Weisen und Schriftgelehrten war einer in jüngeren Jahren, aber offensichtlich ihr Führer, ein hochgewachsener, kräftig gebauter Mann, den alles zu verehren schien. Umringt von seinen Schülern, sprach er zu der wütenden Menge, und sie hörte ihn an. Wie ich später erfuhr war das eines ihrer geistigen Häupter, ein gewisser Jochanaan ben Zakkai. Er war Schüler eines ihrer größten Schriftgelehrten gewesen, der in sehr vorgerücktem Alter gestorben war. Dieser Jochanaan ben Zakkai zügelte die Heißsporne, unterstützt durch den alten Hanan, den Schwiegervater des Hohenpriesters. Ich erkannte Hanan sogleich als den Leiter der Abordnung wieder, die uns an den Toren von Jerusalem empfangen hatte.

Er näherte sich, umgeben von seinen fünf Söhnen, den Mauern der Zitadelle und gab ein Zeichen, daß er mit uns zu sprechen wünsche. Ich schickte einen Boten hinunter und ließ ihn fragen, was er wolle. Eine Audienz, lautete die Antwort. Aber ich war nicht befugt, ihm eine Audienz zu bewilligen. Ich trat auf die offene Galerie hinaus, obgleich ich Gefahr lief, von einem Steine oder von dem Pfeile eines verborgenen Schützen getroffen zu werden, und fragte ihn, was er wolle. Er sprach Latein nur mit Schwierigkeiten, beherrschte aber das Griechische sehr gut. In einem jämmerlichen, mit vielen griechischen Worten vermischten Latein wies er auf die zur Schau gestellten Schilde und Adler hin und appellierte an ihre uralten Privilegien: der große Cäsar und nach ihm die Cäsaren Augustus und Tiberius hätten die jüdische Religion anerkannt und niemals ihre Gesetze verletzt.

Ich hatte nicht die Absicht, mich auf lange Diskussionen mit ihm einzulassen. Ich antwortete auf Griechisch, daß wir in der Zitadelle nicht befugt seien, die Befehle des Prokurators zu ändern. Wenn die Juden etwas zu sagen hätten, möchten sie sich an den Prokurator in Caesarea wenden.

Noch am selben Tage brach ein riesiger Haufe von Priestern und Leviten, geführt von dem alten Hanan und begleitet von der halben Bevölkerung Jerusalems, Männern, Weibern und Kindern, nach Caesarea auf. Jerusalem sah aus wie eine verlassene Stadt. Im Tempel blieben nur die Priester und Leviten zurück, die für den regelmäßigen Dienst unentbehrlich waren. Der feindlichen Stadt Sichem, dem Sitze ihrer Erbfeinde, der Samaritaner, ausweichend, strömten sie über Hügel und Felder. Sie benützten nicht die offene Straße, sondern näherten sich Caesarea auf Seitenwegen. Dort schlossen die ortsansässigen Juden sich ihnen an und die vereinigte Menge belagerte das Haus des Prokurators. Fünf Tage und fünf Nächte lang ließ Pilatus sie auf den weißen marmorgepflasterten Straßen von Caesarea lagern, der Stadt, die ihr eigener König gebaut hatte, und weigerte sich, ihre Führer zu empfangen. Sie hatten Zeit genug, um den Anblick der fremden Ungläubigen zu studieren, die da in den Marmorhäusern hausten, welche König Herodes mit ihrem Gelde zu Ehren des Cäsars errichtet hatte. Sie betrachteten den reichen Hafen, die Gymnasien, die Theater, die Colosseen, die Reitschulen und — das Allerschlimmste — die Tempel, besonders den prächtigen Augustus-Tempel, den der König mit den seinem eigenen Volke abgepreßten Steuergeldern für den Feind hatte bauen lassen. Eine Schar Kinder von Caesarea folgte ihnen auf den Straßen und bewarf sie mit Steinen. Aber sie ertrugen alle diese Prüfungen und Demütigungen im Namen ihres Gottes mit grenzenloser und liebevoller Geduld. Während des Tages irrten sie hungrig, durstig und müde durch die Straßen, nachts wanderten sie in den Gärten und in den Gassen am Ufer umher. Sie legten sich auf den Marmorstufen des Hafens zur Ruhe und standen müder auf, als sie sich hingelegt hatten. Aber Pilatus wollte sie immer noch nicht empfangen. In der Stadt, die mit ihrem eigenen Gelde erbaut worden war, im Herzen ihres eigenen Landes, mußten sie den Kelch der Bitterkeit, den Fremde und Feinde ihnen reichten, bis zur Neige leeren.

Am fünften Tage ließ Pilatus sie wie Schafe in die große

Reitschule treiben, die er von berittenen germanischen Truppen umzingeln ließ. Dann schickte er askalonitische und samaritanische, von Griechen geführte Abteilungen mitten unter die Juden und ließ ihnen sagen, wenn sie sich nicht in aller Stille in ihre Stadt zurückbegäben und den römischen Adlern und Schilden die gebührende Ehre erwiesen, würde er sie von den Hufen der Reiterei wie Würmer zertreten lassen. Was, glaubst du, war ihre Antwort? Alle, von ihrem geistigen Führer und ihren Priestern angefangen bis hinunter zu den Weibern und Kindern, warfen sich wie ein Mann zu Boden und riefen: „Du kannst nicht nur die wilden britischen und germanischen Reiter gegen uns schikken, sondern auch die blutdürstigsten Bestien. Tausendmal lieber wollen wir den Tod begrüßen, ehe wir unser Allerheiligstes durch fremdländische Symbole verunreinigen!"

„Unser Allerheiligstes verunreinigen!" Verunreinigen mit dem Bilde des Cäsars und dem siegreichen römischen Adler! Die unglaubliche Frechheit der Juden! Ich an der Stelle des Pilatus hätte sie beim Wort genommen. Pilatus aber hatte etwas anderes im Auge als die Ehre des Cäsarenbildes und des römischen Adlers.

Er gewährte dem schlauen alten Hanan eine Privataudienz und schloß sich zwei volle Stunden lang mit ihm ein. Was zwischen ihnen vorging, weiß ich nicht, aber wir in Jerusalem erhielten Befehl, die Bilder, die Schilde und die Adler von der Zitadelle zu entfernen. „Rom ehrt die Gesetze!" schrieb er uns. Die Juden hatten gesiegt.

Ich hörte, daß Pilatus nach der Unterredung mit dem früheren Hohenpriester Hanan sein erstes Landgut in Sizilien kaufte und am pompejanischen Ufer ein Landhaus errichten ließ, ein Geschenk an seine Gemahlin Claudia, die immer noch am Hofe des Tiberius lebte.

Es heißt in Rom, daß es in Judäa selten regne, aber wenn es regne, regne es nicht Wasser, sondern Gold...

VII. KAPITEL

Ganz allmählich lernte ich das Volk kennen, in dessen Mitte das Schicksal mich verschlagen hatte. Ich begann tiefer in ihr Leben und ihre Denkweise einzudringen, mich in dem Labyrinth ihrer Parteiungen zurechtzufinden und mit ihren Sitten und Gebräuchen vertraut zu werden. Es war das keine leichte Aufgabe, denn die Juden sind ein Volk, das sein Leben mit sieben Siegeln versiegelt, besonders in der Gegenwart eines römischen Beamten. Monate vergingen, Jahre, bevor ich einen anständigen Bericht für Pilatus machen konnte. Sie brauchten nur, wenn ich grade im Dienste war, meine Rüstung blitzen zu sehen oder bei anderen Gelegenheiten meine Toga zu erspähen, und sogleich machten sie sich davon, als ob ich die Pest hätte. Aber durch geduldiges Bemühen lernte ich einzelne Personen näher kennen, und sie gewöhnten sich an den Umgang mit mir. Ich kann es selber nicht erklären, aber dieses Volk, das mich abstieß, übte zugleich eine sonderbare Anziehung auf mich aus und erregte vom ersten Augenblick an mein Interesse. Meine Pflichten brachten mich in häufige Berührung mit den höheren Tempelbeamten, und ich verkehrte regelmäßig in einigen der aristokratischen Häuser in der oberen Stadt. Ich gewann auch eine Anzahl von Freunden aus den höheren Gesellschaftskreisen. Besonders verpflichtet war ich den beiden jüngsten Söhnen des alten Hohenpriesters für ihren Beistand; sie lenkten meine ersten Schritte unter diesem fremden und feindseligen Volke. Ich sammelte eine Menge Informationen, die für mich in meiner offiziellen Eigenschaft recht wertvoll waren.

Abgesehen von dem persönlichen Kontakt bereitete es mir viel Vergnügen, durch die Stadt zu spazieren und ihr Leben zu beobachten. Ich beschränkte mich nicht auf das reiche Palastviertel, ich stieg in die elendsten Bezirke der unteren Stadt hinab und lernte die jüdischen Massen kennen. Dort entdeckte ich den Marktplatz — und dort fühlte ich den Puls der Stadt. Es war das nicht einmal ein Marktplatz im eigentlichen Sinne des Wortes, vielmehr eine lange, breite Straße, die die Altstadt von einem Ende zum anderen durchquerte und fast sämtliche Läden enthielt. Hier brachten die Fischer vom See Genezareth und von Akko ihre frische und gesalzene Ware zum Verkauf. Hier verhökerten die Bauern von Saron ihre Ernte. Da gab es die mannigfaltigsten Gemüse und Früchte, wie man sie nirgendwo sonst zu sehen bekommt. Die Gärten rund um Jerusalem schickten ihre von Honig triefenden Feigen, die weich und rundlich waren wie pralle Euter. Manche dieser Gärten waren mit dem Blute der Opfertiere gedüngt, das aus dem Tempel herabsickerte, und lieferten daher besonders köstliche und saftige Früchte. Die Weintrauben, die ich auf diesem Markte sah, haben in der ganzen Welt nicht ihresgleichen. Und zu beiden Seiten der Straße, unter

Schutzdächern von getrockneten Palmblättern oder in Verschlägen, die aus etlichen Pfählen und darübergespannten Säcken bestanden, oder in den Nischen zwischen den Säulen der Arkaden arbeiteten im Freien die Handwerker: die Färber, die Ölpresser, die Weber (die jüngeren Weber waren eine wilde, streitsüchtige Bande, die uns endlose Scherereien bereitete), die Schneider, die Sandalenschuster, die an Ort und Stelle Maß nahmen, aber niemals zu den Gesichtern ihrer weiblichen Kunden aufblickten (die Sandalenschuster waren meist ausnehmend fromm), ferner die Sattler und Zeltmacher und die Parfümverkäufer. Diese letzteren galten im allgemeinen bei den Juden als frivole Müßiggänger, weil sie fast ausschließlich mit Frauen zu tun hatten und leicht auf Abwege gerieten. Längs der Straße standen in endlosen Reihen Öltöpfe und Honigkrüge. Weinschläuche gab es, mit Wein jeglicher Art, von den örtlichen Provinzweinen aus Saron bis zu den kostbaren und teuren Zyperweinen, desgleichen alle Sorten Getreide, einschließlich des berühmten Weizens von Ephraim, dessen schwere dicke Ähren ein köstliches Mehl liefern, und die weithin berühmten Datteln von Jericho.

Man konnte bei jedem Handwerker sogleich erkennen, welches Gewerbe er betrieb, auch wenn er grade unbeschäftigt war. Die Färber hatten bunte Fäden durch die Ohren gezogen, die Schneider hatten Nadeln in ihrem Gewande stecken. Schreiber gab es ohne Zahl! Die Kielfeder hinterm Ohr, so saßen sie an jeder Ecke vor ihren kleinen Tischchen, verkauften ihre Dienste und außerdem kleine Pergamentrollen mit Auszügen aus den heiligen Schriften. Sie trugen am Arm und an der Stirn kleine Lederkästchen, und diese Kästchen enthielten Stellen aus ihrem Gesetzeskodex (den sogenannten „Schem"), die die Kinder auswendig lernen mußten. Denn in jeder Straße Jerusalems hatten die Juden ihre Synagogen und Betschulen, in die sie ihre Kinder zum Unterricht schickten. Wenn eine Mutter Öl für ihre Nachtlampe kaufen ging (dieses Öl mußten die Frauen aus ihrem eigenen Erwerb bestreiten), vergaß sie nicht, zugleich einen „Schem" oder irgend ein anderes heiliges Pergament für ihre Kleinen zu besorgen.

Oft genug entstanden inmitten des Marktlärmes laute Dispute zwischen Schreibern und Schriftgelehrten über die Art und Weise, wie ein bestimmtes Wort zu schreiben sei.

Und fast ebenso zahlreich wie die Schreiber waren die Geldwechsler. Es war unmöglich, sie abzuschütteln, denn sie begegneten einem überall — baumelnde Denare an den Ohren und

Beutel voll klirrender Münzen in Händen. Zwischen dieser lärmenden Masse wanderten die Steuereinnehmer umher, mit dem Abzeichen ihres Amtes auf der Brust, und die Tempelbeamten, mit ledernen Riemen in den Händen. Sie hoben den Zehnten ein und das Hebeopfer für den Hohenpriester. Sie verhandelten mit den Bauern und Gärtnern, und wenn irgend ein Landmann seine Tempelsteuern nicht entrichtet hatte, wurde seine Ware für unrein und unberührbar erklärt, und kein Käufer wagte sich in seine Nähe.

Die einzelnen Gewerbe hatten auch ihre besonderen Nebenstraßen. In der Straße der Färber konnte man oft kostbares Purpurgewebe aus Zor und Sidon finden, weiße Schafwolle vom Libanon und den syrischen Bergen und prächtige persische Seidenstoffe. In der Straße der Gewürzkrämer war die Luft mit zahllosen Düften gesättigt. Unendlich war die Vielfalt der Salböle, die sie verwendeten, von der gröberen Art, mit der sie das Leder ihrer Sandalen glätteten, bis zu den köstlichsten Sorten, die für die Braut an ihrem Hochzeitstage und für die Einbalsamierung der Leichen bestimmt waren. Sie hatten Dutzende von Namen für diese Öle. In der Straße der Goldschmiede konnte man Meisterwerke der Goldschmiedekunst entdecken, die aus Mesopotamien, aus Alexandria, aus Antiochia oder vielleicht sogar von einer der griechischen Inseln stammten. Und nicht selten auch fand man Geräte, Waffen, Stoffe, Gestein, Pelze und Häute aus den entferntesten Provinzen, aus Gallien, Britannien und Hibernien.

Jerusalem war eine Weltstadt. Der Tempel lockte Pilger aus allen Teilen des Reiches und von jenseits der Grenze nach Jerusalem, und sie brachten die Produkte ihrer Länder mit. Es war recht amüsant in diesem Chaos von Menschen, Sachen und Farben umherzuspazieren, aber es wäre noch amüsanter gewesen, hätte nicht ein so rastloser und aufrührerischer Geist dem bunten Treiben sein Gepräge gegeben.

Das Leben der ausländischen Besucher spiegelte sich hauptsächlich im Hofe der Ungläubigen wider, der den Tempel umgab, und durch den häufig mein Weg führte. Ich persönlich wohnte natürlich in der Festung, aber unsere Steuerämter, die Militärverwaltung, die Vorräte des Quartiermeisters und die Polizeireviere waren über die riesigen, formlosen Gebäude des alten herodischen Palastes verstreut, wo der Prokurator residierte, wenn er an den hohen Festtagen nach Jerusalem kam. Es existierte wohl auch ein kürzerer Weg durch die neue Stadt von der

Festung Antonia zum Palaste (wir hatten diesen Weg aus strategischen Gründen anlegen lassen), aber ich ging lieber durch den äußeren Hof. In der Stadt konnte einen der Anblick einer Karawane von Kamelen überraschen, die aus einer fernen Provinz gezogen kamen und auf ihren stolzen, buckligen Rücken reiche Tempelgaben trugen, während auf dem vordersten der Kamele eine fremdländische Gestalt in exotischen Gewändern thronte -- aber in den Tempelhöfen konzentrierte sich in fesselnder Weise das gesamte geistige Leben der Juden. Abgesehen von dem Handel mit Opfergaben wie Tauben, feines Mehl und Weihrauch, abgesehen von dem Gefeilsche der Geldwechsler, begegnete man dort stets, an sonnigen Tagen im Freien zwischen den Pfeilern, an regnerischen Tagen im Schutz der Arkaden und Balkone, den Schriftgelehrten und Auslegern des Gesetzes, den Predigern, Sehern und Verkündern des Messias. Die Menge, die sich um sie sammelte, rekrutierte sich aus allen erdenklichen Schichten und Verhältnissen: Arme und Reiche, Arbeitsleute in rauher Sackleinwand und Pilger in buntem Leinen, alle lauschten sie in andächtigem Schweigen. Am interessantesten aber war es am Sabbath, das heißt, am siebenten Wochentage, der für sie regelmäßig ein Ruhetag ist.

Ich konnte nie den eigentlichen Sinn des Sabbaths begreifen. Man stelle sich vor, daß ein ganzes Volk jeden siebenten Tag seines Lebens in einen Ruhetag verwandelt! Das ganze Land steht still. Es gibt keinerlei Bewegung, keinerlei Arbeit, keinerlei Tätigkeit, was immer es sei. Man hat nichts zu tun als auszuruhen. Alle ruhten sie aus, sie, ihre Weiber, ihre Kinder und sogar die Tiere. Denn auch mit den Tieren wird an diesem Tage nicht gearbeitet; man führt sie nur zur Tränke oder wirft ihnen etwas Futter in den Trog. Zuerst hatte ich den Eindruck, dieser siebente Tag oder Sabbath, eine Einrichtung, die unter den zivilisierten Völkern ebenso unbekannt ist wie unter den Barbaren, sei weiter nichts als ein Zugeständnis an die Faulheit — ein Tag sinnlosen Müßigganges. Aber ich merkte sehr bald, daß das nicht stimmte. Erstens einmal konnte man diesem außergewöhnlichen Volke, wie immer man zu ihm stehen mochte, eines nicht vorwerfen — Faulheit. Diese Juden sind eher ein wenig *zu* geschäftig. Wenn sie es nur verstanden hätten, gelegentlich einmal zu faulenzen, wenn sie nur sich selber, ihre Arbeit, ihren Gott und ihren Tempel weniger ernst genommen hätten, dann würden sie sich, uns und der übrigen Welt eine Menge Scherereien erspart haben. Sie waren wirklich ein außerordentlich fleißiges

Volk. Der harte und karge Boden, der ihr Erbe war, hatte sie zu fleißigen Menschen erzogen, sie mußten dem Fels ihr Brot abringen, und ihr Gott hatte sie keineswegs mit einem Übermaß an Gaben verwöhnt und verdorben. Es wurde mir klar, daß für sie der Sabbath mit all seinen Pflichten, Vorschriften und Verboten nicht eine Ruhepause, sondern eine schwere Bürde war. Sie wagten nicht mehr als eine bestimmte Strecke weit zu gehen, um nicht den Sabbath zu entheiligen. Es war das nicht ein Tag der Ruhe, sondern ein Tag des Gottesdienstes, ein Tag der Aufopferung und Hingabe an ihren Gott. An diesem Tage sonderten sie sich von der irdischen Welt ab, sie gingen umher, als seien sie in ein anderes Leben entrückt, ihre Augen, ihre Herzen und ihre Gedanken waren dem Himmel zugewandt. An diesem Tage gehörten sie nur ihrem Gotte.

Trotzdem waren sie keineswegs dem weltlichen Leben so sehr entfremdet und so blind für seine Werte, wie das aus meinen obigen Bemerkungen hervorgehen könnte. Bei all ihrem finsteren Ernst waren sie zuweilen der tollsten Freudenausbrüche fähig. Vor allem hatten sie ja ihre hohen Feiertage. An einem dieser Feiertage brachten sie die ersten reifen Früchte in den Tempel. Es war sehr belustigend, von der Festung aus die Bauern von Saron und Galiläa zu beobachten, wie sie, von der schweren Feldarbeit gebeugt, ihre Erstlinge in das Heiligtum trugen. Soviel ich höre, wählen sie die Opfergaben, die Datteln, die Granatäpfel und die Trauben, solange diese noch am Stengel hängen. Sie gehen auf die Felder hinaus, stellen fest, welche Früchte bereits zu reifen beginnen, und umwickeln sie mit kleinen Zweigen, um sie zu kennzeichnen. Seltsam war die Frömmigkeit anzusehen. die fanatische Inbrunst, mit der sie die Körbe mit ihren Tributen in die Behausung ihres Gottes schleppten. Die Abordnungen aus den verschiedenen Distrikten und Provinzen rückten in getrennten Zügen an, Reiche und Arme marschierten zusammen. Voran schritt ein Ochse mit einer goldenen Krone zwischen den Hörnern. Das war das Opfertier; Musik begleitete von der Stadtgrenze an jeden seiner Schritte. Die reichen Grundbesitzer und sogar die Angehörigen des Adels trugen ihre Gaben in gold- und silberbeschlagenen Körben auf ihren eigenen Schultern. Die Körbe der Armen waren aus Stroh und Zweigen geflochten. Die Tempelbeamten und die Bevölkerung Jerusalems zogen ihnen aus der Stadt entgegen. Die Arbeiter und Handwerker standen in den Straßen und luden die Pilger in ihre Häuser ein.

Während dieser Festlichkeiten gerieten die Juden oft in

einen wahren Freudentaumel. Was war das zum Beispiel für ein Anblick, wenn am Abende ihres höchsten Feiertages, des Versöhnungstages, der Hohepriester aus dem geheimnisvollen Allerheiligsten hervortrat, unversehrt von seiner Berührung mit dem höchsten heiligen Wesen!

Die bitteren Gefühle, die sie das ganze Jahr hindurch gegen den Hohenpriester und seine Akolyten hegten, waren an diesem Tage vergeben und vergessen. Sie veranstalteten zu seinen Ehren eine Prozession, die eines siegreich heimkehrenden Feldherrn würdig gewesen wäre. Mit Musik und Gesang geleiteten sie den Hohenpriester zu seinem Hause, die Leviten spielten auf ihren Harfen und Flöten, die Blüte der Priesterschaft tanzte vor ihm her. Dann kamen in langem Zuge die aristokratischen Priesterfamilien, die ehrwürdigen Weisen der Stadt, die Schriftgelehrten, die Ausleger des Gesetzes und zum Schluß die Menge des Volkes, die Stadtbewohner vermischt mit den Pilgerscharen. Angetan mit ihren besten und buntesten Gewändern, lodernde Fackeln in Händen, singend und jubilierend, geleiteten sie den Hohenpriester nach Hause.

Einen recht bemerkenswerten Anblick gewährte auch jenes andere Fest, das sogenannte „Wasserschöpf-Fest". An diesem Tage opferten sie ihrem Gotte gewöhnliches Wasser. Es war das ein Fest, das sich noch am ehesten mit unseren Bacchanalien vergleichen ließe. Zunächst illuminierten sie die ganze Stadt, so daß man hätte meinen können, Jerusalem stehe in Flammen. Sie versammelten sich auf den Dächern, zupften die Fäden aus ihren alten Kleidern, tauchten sie in Öl und zündeten sie an. Die eigentliche Feier fand in den Tempelhöfen statt. Dort versammelten sich in dichten Scharen die Pilger aus der ländlichen Umgebung, und auf den Tempelmauern, den Toren und Türmchen standen die Priester, die gleichfalls ihre abgetragenen Amtsgewänder hervorgeholt hatten — Gewänder, die zu keinem anderen Zwecke verwendet werden durften —, sie mit Öl tränkten und in Brand steckten. Unter diesen Gewändern, die den Flammen überantwortet wurden, mochten sich die köstlichsten handgewobenen Gold- und Silberstoffe, die feinsten Gewebe von blauer und purpurner Wolle befinden, die auf den eigens dieser Arbeit gewidmeten Webstühlen innerhalb des Tempels hergestellt oder von reichen Frauen aus Stadt und Land als fromme Gabe dargebracht worden waren. Wir blickten vom Turme der Festung auf das Flammenmeer hinab, das von den Tempelmauern emporzüngelte und von den Dächern der Stadt zurückstrahlte. Man hätte glauben können, die Stadt würde geplündert. Aber das Geknister der Flammen ertrank in dem Singen, in dem Freudengeschrei, das die wilden Tänze der fanatisierten Menge im Tempelbezirke und in den schmalen Straßen begleitete. Und dann die jungen Priester — die Blüte der Priesterschaft, wie sie genannt wurden. Ihre weißen Gewänder und Hüte leuchteten aus dem Flammenmeer hervor, ihre nackten Füße bewegten sich in rhythmischem Tanze zu dem Klange der Harfen, Flöten, Trompeten und Zimbeln, die die Leviten auf den Marmortreppen ertönen ließen. Alle Bande schienen in dieser Nacht gelöst. Die Menschen hatten das Gefühl, in dieser Nacht des Feuers und Wassers habe ihr Gott Jehovah die Schranken seiner ewigen Einsamkeit durchbrochen, um sich unter seine jubilierenden Anbeter zu mischen. Sie waren trunken von seinem unsichtbaren Geiste. Jeden Augenblick konnte er sie in einer Feuerwolke emporheben und sie in die geheimen Regionen seiner Himmel entführen... So groß war der Freudentaumel, daß selbst ernste, feierliche und nachdenkliche Weise und Ausleger des Gesetzes von ihm mitgerissen wurden und mit einem Male der Mittelpunkt einer strahlenden und taumelnden Heiterkeit waren. Die Greise wurden zu Kindern. Wir sahen bärtige und ehrwürdige Schriftgelehrte mit Flammen jonglieren wie Taschenspieler mit ihren Bällen. Jünglinge tanzten Schwerttänze, junge Mädchen Flammenreigen. Und manche von ihnen vollführten die tollsten Zauberkunststücke, denn alle besaßen sie gewisse magische Kenntnisse. Was brauche ich mehr zu sagen? An diesem Tage oder vielmehr in dieser Nacht (denn die Hauptfeiern begannen mit Einbruch der Dunkelheit) verwandelten sich die grimmige Stadt Jerusalem und ihr düsterer, feierlicher Tempel in einen riesigen Altar, auf dem die feindlichen Elemente Feuer und Wasser in einer einzigen Opferhandlung ihrem Gotte dargebracht wurden.

Erstaunlicher Weise waren nicht die Hohenpriester ihre geistigen Führer, sondern die Gesetzesausleger oder, wie sie sie nannten, die Rabbis. Ihr Einfluß auf die Massen war ungeheuer, und das Volk gehorchte ihnen blindlings. Nach außen hin konnte es scheinen, daß sie nichts gegen uns, das heißt, gegen die römische Macht hatten, solange wir uns nicht in ihr inneres Leben einmischten. Soweit ihr inneres Leben aus Gottesdiensten und dem Studium der heiligen Lehren bestand, waren wir weder geneigt, noch gezwungen, uns einzumischen. Aber wir wußten nie, was eigentlich ihre Absichten waren, und was für Komplotte sie insgeheim schmiedeten. Wenn ich mir diese Rabbis ansah, in ihren Läden oder Buden zwischen den Säulen der Tempelhöfe, diese Rabbis mit den langen rituellen Fransen an den Kleidern, mit den Lederriemen um Arm und Stirn, wenn ich beobachtete, wie leidenschaftlich sie über irgend eine Gesetzesstelle diskutierten, konnte ich mich des Gefühles nicht erwehren, daß sie nicht die Unschuldslämmer seien, für die sie sich ausgaben. Ein Gutes hatte die Lage: so tief sie auch uns, die fremde Macht, hassen mochten, viel tiefer noch waren ihr Haß und ihre Verachtung für die eigenen Gewalthaber. Tausendmal lieber unterwarfen sie sich der römischen Herrschaft als der des herodischen Hauses, das sie verabscheuten.

Wieviel Liebe aber, wieviel Verehrung, wieviel innerste Hingabe brachten die Juden ihren Rabbis, ihren Ja- und Nein-Sagern entgegen! Die Rabbis bewegten sich stets inmitten einer Schar von Schülern wie Könige inmitten einer Leibgarde. Die Schüler wandten keinen Blick von den Lippen ihres Rabbi, um auch nicht ein einziges Wort der Deutung und Exegese zu verlieren. Oft entstammten diese Rabbis den untersten Volksschichten. Ich habe unter ihnen welche gesehen, die in den elendesten Vierteln der Stadt wohnten, in armseligen, aus Zweigen geflochtenen Hütten. Rund um eine solche Hütte versammelten sich Dutzende und Hunderte von Schülern und warteten, bis der Rabbi mit seiner Arbeit fertig war und herauskam, um das Gesetz zu deuten und zu lehren. Andere wieder waren Tagelöhner und Knechte, Bettler, die nicht einmal ein anständiges Gewand anzuziehen hatten und nackt hätten umhergehen müssen, wenn nicht ihre Schüler sie unterstützt hätten. Manche dieser Rabbis waren halb verhungert. Ich habe einmal einen gesehen, der war so abgezehrt, daß man jeden einzelnen Bissen in seinem Halse verfolgen konnte. Man erzählte mir, er habe nach einer unheilverkündenden Vision ein Fastengelübde abgelegt. Andere aber enthielten sich einfach deshalb der Nahrung, weil sie nichts zu essen hatten. Sie nahmen keine Bezahlung für ihren Unterricht, mochten ihre Schüler noch so reich sein. Mehr als einmal sah ich unter der Menge, die hinter einem solchen Bettler oder Tagelöhner herlief — und er war vielleicht noch nicht einmal von ehrwürdigem Alter —, Reiter in feinen Leinengewändern auf reich aufgezäumten Eseln. Zuweilen war der Rabbi noch ein ganz junger Mann, und alte Leute folgten ihm und lauschten mit äußerstem Respekt seinen Worten. Ich habe nie verstehen können, worin diese große Macht, die sie über die

Volksmassen besaßen, begründet lag. Denn das Volk als Ganzes, und nicht nur die Schülergemeinde, war bereit, ihnen in allen Dingen zu gehorchen, gleichgültig, welche Gefahr sie dabei liefen. Wir fürchteten uns, ehrlich gesagt, vor der Macht der Rabbis und hielten ein wachsames Auge auf sie.

Ich brauchte nicht lange, um zu merken, daß unsere natürlichsten Verbündeten in dieser Atmosphäre von Feindseligkeit die Angehörigen des höheren Adels mit den Hohenpriestern an der Spitze waren. Sie gehörten außerdem einer Partei an, die in psychologischer Beziehung unserer Denkungsart nahestand. Ich will mich hier nicht auf eine detaillierte Erörterung der Unterschiede zwischen den einzelnen Parteien einlassen. Das Thema mag nicht ohne Bedeutung sein, aber die Beschäftigung mit ihm bereitet mir Kopfschmerzen. Ich weiß nicht, ob diese Partei Rom wirklich so zugetan war, wie sie behauptete, aber ich weiß dafür, daß die Lage der Adelsfamilien sie ganz einfach in unsere Arme trieb. Ohne unsere Hilfe hätten sie sich nicht einen Tag lang halten können, und sie brauchten uns nötiger, als wir sie brauchten.

Auch die kühnste Phantasie konnte nicht behaupten, daß sie beim Volke beliebt waren, alle diese Hohenpriester und ihr Dienergefolge, die Leviten, Sänger und Sykophanten. Sie waren keine leichte Herrschaftsbürde und nahmen sich ungeheuer ernst. Ich werde später noch mehr darüber zu sagen haben, aber ich will hier bemerken, daß ihr Juden keine Ursache habt, auf eure Könige, eure Hohenpriester und sonstigen Politiker stolz zu sein. Nur unsere Stärke ermöglichte ihnen, das Volk an der Kandare zu halten. Ich werde jedoch zu diesem Thema zurückkehren...

Das Volk haßte die Hohenpriester, konnte aber nichts gegen sie unternehmen. Die Priester hüteten den Tempel — und der Tempel war der Mittelpunkt des religiösen Lebens der Juden. Die Religion wiederum war der Hauptnerv und das Hauptorgan ihres geistigen und physischen Seins. Sie lebten *in* ihrer Religion und *für* ihre Religion.

Ich habe eine Unmenge Völker und Länder gesehen. Vier Jahre lang war ich mit Germanicus in Germanien. Ich lernte die Sitten und Gebräuche der Germanen jenseits des Rheines kennen. Ich war in Gallien, in Hibernien und in Afrika. Ich habe mich in die Mysterien der ägyptischen Priesterschaft, der chaldäischen Magier und der abessinischen Schlangenbeschwörer vertieft, aber ich war noch nie einem Volke begegnet, das nicht seine Energie darauf verwendet hätte, feindliche Nachbarn zu bekämpfen, die Mittel für ein luxuriöses Leben zu erwerben, Kühnheit und Weisheit an den Tag zu legen, Reichtum anzuhäufen und, in welcher Weise auch immer, den natürlichen menschlichen Leidenschaften zu frönen. Bei den Juden aber waren das ganze Leben, alle Interessen, alle Gedanken, alle Liebe, alle Kühnheit und auch sonst alles nur einer einzigen Leidenschaft gewidmet — ihrem Gotte. Auf ihn konzentrierte sich ihr Sein und darauf, wie seine Gebote bis in die kleinsten und sonderbarsten rituellen Einzelheiten zu befolgen seien.

Und da der Tempel der Mittelpunkt ihres religiösen Lebens war, wurde er natürlicherweise zum Mittelpunkte ihrer gesamten Tätigkeit, ihrer Grübeleien, Träume und Wünsche. Es gab für sie gar kein anderes Leben. So wurde der Hohepriester nicht nur zum Leiter der religiösen Zeremonien, sondern zum tatsächlichen Beherrscher des ganzen Volkes. Er war der höchste religiöse Beamte und zugleich der ungekrönte König. Er konnte seine Boten auch über die Grenzen von Judäa hinaus entsenden, um Juden festnehmen zu lassen. Und die Priesterschaft war wie ein Blutegel, der der Bevölkerung das Blut aus den Adern und das Mark aus den Knochen sog. Die Hohenpriester schwammen in Reichtum. Abgesehen von den in natura zu leistenden Zehnten und Erstlingen, legten sie dem Volke auch noch zusätzliche Steuern auf. Mit jedem Opfertiere, das in den Tempel gebracht wurde, war eine Gebühr für den priesterlichen Stempel zu entrichten. Wenn die Ärmsten der Armen ihre Tauben brachten oder einen Weihrauchzweig oder einen Krug Wein oder einen Topf Öl oder ein Maß Mehl, mußten sie den Priestern etwas bezahlen. Und dann das Fleisch der Opfertiere! Ihr Gott erhielt nur ein wenig Blut, einen Teil des Fettes und ein Stückchen Fleisch. Der Rest fiel den Hohenpriestern zu. Alle diese Abgaben flossen in die Taschen einiger weniger Familien, die unter sich die höchsten Tempelämter verteilten. Die niedrigeren Schichten der Priesterschaft, Mitglieder unbedeutender Familien, lebten in Armut. Sie mußten die ganze Arbeit verrichten — man konnte sie mit einer Sklavenklasse vergleichen. Und es gab denn auch in den unteren Rängen der Priesterschaft genug Rebellen und Unruhestifter, die an jedem Aufstande beteiligt waren.

VIII. KAPITEL

Hinter der Festung Antonia senkte sich die Stadtmauer talwärts. Als ich einmal den Hang hinunterging, entfernte ich mich zufällig von dem gewohnten Wege, und da begegnete meinen Blicken ein erschreckendes und erstaunliches Schauspiel. Zuerst hörte ich ein Geklingel, als ob Schafe oder Rinder in der Nähe weideten, aber ich merkte bald, daß es Menschen waren, die diese Glocken oder Klappern trugen und beim Gehen unablässig warnende Rufe ausstießen. „Tama, tama!“ riefen sie, und das heißt (wie ich später herausfand) in ihrer Sprache: „Unrein, unrein!“ Ich wollte mich diesen Gestalten nähern, um den Sinn ihres sonderbaren Betragens zu ergründen, aber einer von ihnen wiederholte seinen Warnungsruf und bedeutete mir, stehen zu bleiben. Ich fragte ihn, was denn los sei, doch bevor er antworten konnte, begann eine Horde von Krüppeln, Lahmen und Blinden an uns vorbeizuströmen — in panischer Flucht. Manche von ihnen krochen auf allen vieren, andere humpelten, andere hielten ihre gebrochenen Glieder in die Höhe, andere wieder wurden getragen oder auf hölzernen Schlitten mitgeschleift. Die Blinden tasteten mit ihren Stöcken vor sich her und schrien hilflos mit lauter Stimme, man möge sie führen. In ihrer Angst liefen sie im Kreise umher, und niemand brachte sie auf den richtigen Weg, denn alle die, welche sehen und sich bewegen konnten, flüchteten wie vor einer Pest. Ich hielt mich an meinen Mann, und mit äußerster Schwierigkeit gelang es mir, von ihm einen Bericht zu erhalten über das, was vorgefallen war.

Dieser ungewöhnliche Tumult hatte anscheinend mit einer kleinen natürlichen Quelle zu tun, deren Wasser am oberen Rande des Abhanges hervorsprudelte. Das Volk glaubte, daß von Zeit zu Zeit ein Engel erscheine und das Wasser berühre, und jeder, der sich dann in die hervorsprudelnde Quelle werfe, würde von seiner Krankheit geheilt werden. Bis zu diesem Tage war die Quelle der natürliche Aufenthaltsort der Kranken und Krüppel der Stadt gewesen. Nun aber hatten die Aussätzigen, die außerhalb der Mauern im Tale des Kidron festgehalten wurden, die Kettensperre durchbrochen, den Hügel gestürmt und die Quelle besetzt. Daher die tolle Flucht der Krüppel und Kranken.

Ungeachtet der mir entgegenströmenden Menge näherte ich mich der Quelle, mich der Gefahr einer Ansteckung aussetzend, und ich sah dort in dem dicken, spritzenden Schlamm die letzten Reste menschlicher Wesen sich umherwälzen, Geschöpfe, von deren Knochen das flatternde Fleisch lose herabhing wie die schmutzigen Lumpen vom Körper eines Bettlers. Männer und Weiber in jeglichem Alter und auch Kinder kämpften verzweifelt mit ihren Armstümpfen um einen Platz im Schlamme, den sie aufschöpften, so gut es nur ging, und auf das rohe, klaffende Fleisch schmierten. Ich machte kehrt und lief — ich konnte den Anblick nicht länger ertragen. Die Luft war von dem Gestank faulenden Menschenfleisches verpestet.

So war's! Da leuchtete Jerusalem zum Himmel mit seinem goldenen Tempel, seinen Hohenpriestern, seiner Aristokratie und seinen Türmen, aber in seinen Tiefen herrschten Fäulnis, Armut und Verfall. Wohin man sich auch wandte in diesen Gäßchen, man begegnete Bettlern, Krüppeln, Ausgestoßenen aus allen Winkeln des Landes. Man brauchte nur einen flüchtigen Blick auf die untere Stadt zu werfen, auf das schmutzige Straßengewirr rund um die Mauer im Tale des Hinnom und an den Wassern des Siloah, man mußte nur die Gegend im Kidron-Tal am Fuße des Ölberges betrachten und dort die Gossen sehen, in denen die niedrigsten Diener des Priesterklans die Häute der geopferten Tiere wuschen, oder an den Müllhaufen vorbeigehen, wo die Ärmsten der Armen verzweifelt im Abfall wühlten. Das alles mußte man sehen, und dann an das Leben der reichen Steuerpächter denken, an die Paläste des Priesteradels in der oberen Stadt, an die Lustgärten, die sie auf dem Ölberge und in dem neuen Viertel angelegt hatten. Ein Abgrund klaffte zwischen den verschiedenen Bevölkerungsschichten, zwischen geblähtem Wohlstand auf der einen und erdrückender Armut auf der anderen Seite.

Außerdem wimmelte die Stadt von großen und kleinen Steuer- und Zehnten-Einnehmern. Der mannigfaltigen Tribute, die von den Armen eingefordert wurden, war kein Ende. Das auserwählte Volk in seinem eigenen Lande ist oft mit einem Esel verglichen worden, der geduldig doppelte Last für seine eigenen und für die fremden Herren trägt. Da kamen zuerst die Abgaben, die uns, den römischen Machthabern, gebührten. Wir hatten zugleich mit der Herrschaft über die Provinz auch das Steuersystem der jüdischen Fürsten und Tetrarchen zur Gänze übernommen, und wir sahen uns nicht veranlaßt, die von den einheimischen Fürsten eingeführten Abgaben auch nur um ein Jota zu vermindern. Wir erhoben eine Kopfsteuer und eine Wassersteuer, Akzisen auf Nahrungsmittel, Fleisch, Salz und Brot, und Wegzölle. Darüber hinaus verlangten und erhielten wir von jeder einzelnen Stadt noch besondere Abgaben. Dann folgten eine Reihe von Steuern auf die Bodenprodukte, die zu Markte gebracht wurden. Der galiläische Pächter, der Bauer aus dem Tale von Israel, der Weinbauer von Saron durfte seinen Korb mit Gemüse, Obst oder Getreide nicht auf den Markt tragen, bevor er den Römern die vorgeschriebenen Gebühren entrichtet hatte. An jeder Furt und an jedem Kreuzwege standen die Häuschen der Steuereinnehmer. Das waren die an Rom zu leistenden Zahlungen, und wenn das erledigt war, kamen die religiösen Abgaben an die Reihe, die Tempelsteuer, der erste und der zweite Zehent für die Priesterschaft, der Loskauf des Erstgeborenen, die Ablieferung der Erstlinge und dergleichen. Die Staatsabgaben wurden an besondere Personen verpachtet, die ein ganzes Heer von Einnehmern beschäftigten. Überall begegneten sie einem, mit ihren Stäben, ihren Knotenschnüren und ihren bleibeschwerten Säcken, wie sie das Volk quälten und ausspreßten. Wehe dem Bauern, der in Rückstand geriet! Sie nahmen ihm seine letzte Kuh, seinen letzten Esel, seinen Weingarten und sein Feld weg, und oft genug wurde er ins Gefängnis geworfen. Bauern wurden selten als Sklaven verkauft. Die Juden wollten keine jüdischen Sklaven halten, wegen der sonderbaren Gesetze, die den Sklavenbesitz regelten. Der Sklave behielt nämlich so gut wie alle Rechte des Freien. Erstens einmal endete der Termin der Sklaverei nach sieben Jahren von selbst, auch wenn der Kauf „auf Lebenszeit" erfolgt war. Außerdem erstreckte sich der Kauf nur auf die Arbeit des Sklaven, nicht aber auf seine Person, so daß er in Wirklichkeit nichts anderes war als ein Tagelöhner. Welcher Jude wollte unter diesen Umständen einen jüdischen Sklaven halten? Es gab ein Sprichwort: „Wer einen Sklaven kauft, der setzt sich einen Herrn ins Haus." Wie man leicht sehen kann, mußte durch diese Lage das Problem der Armut nur noch unlösbarer werden. Auf der einen Seite häuften die Steuerpächter riesige Reichtümer an, fügten Feld zu Feld und Hof zu Hof, auf der anderen Seite wurden zahllose Menschen von Grund und Boden vertrieben und in die Städte gejagt. Sie wurden nicht allein ihrer letzten Habe beraubt, sondern hatten nicht einmal die Möglichkeit, sich auch nur als Sklaven ihr Brot zu verdienen.

Uns Römern bereitete dieser Stand der Dinge viel Kopfzerbrechen. Es war klar, daß die Unrast, die das Land ständig plagte, mindestens teilweise in dem Steuersystem und der Armut der Massen wurzelte. Viele von denen, die man ihrem Boden entrissen hatte, taten sich zu patriotischen Banden zusammen, welche in ihrem Bestreben, die rechtmäßig eingesetzten Behörden zu stürzen, vor nichts zurückschraken. Sie wurden Zeloten genannt, waren aber in Wirklichkeit nichts anderes als Räuberbanden, die den Reisenden auflauerten und manchmal ganze Städte und Dörfer überfielen. Die zahlreichen Höhlen, von denen das Bergland Palästinas übersät ist, boten ihnen Obdach und Sicherheit. Herodes selbst mußte unaufhörlich gegen diese Horden, welche die Reichen beraubten und die Beute unter die Armen verteilten, zu Felde ziehen. Aus ihrer Mitte gingen kühne Anführer hervor, die bereit waren, der römischen Macht ebenso zu trotzen wie der des Hohenpriesters. Häufig genug schlossen sich ihnen Gruppen armer Priester an, deren fanatische Beredsamkeit, gegen die fremden Eindringlinge gerichtet, sie zu Angriffen auf die römischen Soldaten verleitete. Diese Plage zu unterdrücken, war nicht leicht, und wir wendeten strenge Methoden an. Wir waren entschlossen, die Banden auszurotten. Wir kreuzigten die Anführer, die uns in die Hände fielen, und die Mitläufer wurden, wenn wir sie lebend erwischten, auf ausländischen Sklavenmärkten verkauft oder nach Rom geschickt und den wilden Tieren in der Arena zum Fraße vorgeworfen.

Aber diese Räuberbanden waren noch nicht einmal unser schwierigstes Problem. Sehr viele Arme suchten Zuflucht in religiösen Ekstasen. Sie flohen in die Wildnis und bildeten eine Sekte, die in der Armut nicht ein Unglück, oder eine grausame Heimsuchung erblickte, sondern eine hohe Tugend, die jeder Mensch anstreben müsse. Ihre Schriftgelehrten und Gesetzausleger erdachten für sie eine Glaubenslehre, welche die Vorstellung von einem Leben nach dem Tode, einem Fortleben der Seele enthielt. Sie vertraten die Ansicht, daß die Bestrafung der bösen Taten und die Belohnung der guten nicht in dieser Welt, sondern in einer andern Welt jenseits des Grabes erfolge. Es bedarf kaum der Erwähnung, daß die vernünftigen Juden wie der Hohepriester und seine Partei nicht das mindeste von diesem Unsinn hielten. Aber das arme Volk, von dem ich spreche, betrachtete die Legende von einem Leben nach dem Tode allen Ernstes als eine reale und bewiesene Sache. Das Leben dieser Welt, behaupteten sie, diene nur der Vorbereitung für das Jenseits oder, um ihre eigene Sprache zu verwenden, als „Vorhalle zu der großen Wohnstätte". Da sie immer dieses eine Ziel im Auge hatten, reinigten sie sich unablässig und mieden unablässig das Böse. Sie tranken keinen Wein und aßen kein Fleisch. Viele lebten von Feigen und wildem Honig, die sie in der Wildnis fanden. Sie teilten miteinander ihren letzten Bissen und ihren letzten Gewandfetzen. Sie waren in geschlossenen Brüderschaften organisiert und hielten gemeinsame Mahlzeiten ab. Jede ihrer Mahlzeiten gab Anlaß zu einer religiösen Zeremonie. Wer sich diesen Vereinigungen anschloß, mußte seine gesamte irdische Habe weggeben, — das war eine Bedingung der Mitgliedschaft. Das Eigentum gehörte nicht mehr dem einzelnen, sondern der Gemeinschaft. Wenn einer von ihnen aus der Wildnis in die Stadt kam, suchte er einen Glaubensbruder auf und wohnte bei ihm. Sie waren wie eine einzige große Familie. Wir Römer wußten, daß aus ihrer Mitte die gefährlichsten Elemente sich rekrutierten, und dementsprechend verfuhren wir auch mit ihnen.

Ein oberflächlicher Betrachter konnte sie leichtlich für die sanftmütigsten und bescheidensten Menschen halten, milde Lämmer, die dem Staate und der römischen Herrschaft nicht im mindesten gefährlich waren, denn sie hatten sogar ein Sprichwort: „Es ist verboten, sich dem Willen Gottes zu widersetzen; jede Regierung herrscht durch den Willen Gottes, daher ist es verboten, sich gegen eine Regierung zu erheben.“ So harmlos das auch klang, es war für den Staat und das Regime gefährlicher als die Rebellionen und Überfälle der Straßenräuber. Die letzteren waren die erklärten Feinde des Hohenpriesters und der Römer, sie sagten offen, daß sie ihr Heil in der Zerstörung der ausländischen Herrschaft suchten, und daß ihr Gott Jehovah ihnen helfen würde, ihr Ziel zu erreichen. Wir wußten, womit wir es zu tun hatten. Aber die erheuchelte Sanftmut der anderen war ein Exempel jüdischer Schlauheit. Sie rebellierten nicht gegen die Behörden, nein, nein, sie warteten nur auf die Ankunft ihres Messias. Wir Römer konnten uns nie ein klares Bild davon machen, was sie eigentlich mit dem Worte „Messias“ meinten. Wer und was war dieser Messias? War er mehr als ein jüdischer König, der Judäa von der römischen Herrschaft befreien würde? Sollte er auch ein Weltherrscher sein? Sie sagten von ihm, er würde alles Übel in der Welt beseitigen und überall dem Guten zum Siege verhelfen. Er würde, nach den Worten, die sie aus den halluzinatorischen Visionen eines ihrer Poeten zitierten, dafür sorgen, daß „der Löwe bei dem Lamme ruht, und der Löwe soll das Lamm nicht fressen“. Ebenso würde er die Völker veranlassen, „ihre Schwerter in Pflugscharen zu verwandeln“. Oder er würde, wie das ein anderer ihrer Poeten in seinen Phantasien geäußert hat, die Welt nicht mit dem Schwerte erobern, nach Art der Römer, sondern mit dem Geiste Gottes. Und wenn ich nun annehme, daß ihr Erlöser oder Messias, wie sie ihn nennen, das Römische Reich nicht mit dem Schwerte, sondern mit dem Geiste erobere, — was kümmert es mich, mit welchen Mitteln sie Rom erobern? Ich bemühte mich immer wieder, dem Pilatus das klar zu machen. Der Hohepriester war gleich mir der Meinung, daß diese frommen kleinen Kerle, diese Juden mit den scheinheiligen Mienen, die Rom nicht bekriegten, sondern auf ihren Messias warteten und sein Kommen beschleunigten, tausendmal gefährlicher seien als die offenen Rebellen. Die letzteren wollten im äußersten Falle uns aus Judäa vertreiben, die anderen wollten die ganze Welt in ein einziges Judäa verwandeln und alle Ungläubigen beschneiden. Grenzenlose jüdische Unverschämtheit!

Diese Leute haßte ich von dem Augenblick an, da sie mir über den Weg liefen. Ich hielt sie für die erbittertsten und schlauesten Feinde der herrschenden Gewalten, schwarze Maulwürfe, die die Sicherheit Roms unterwühlten. Sooft ich von der Höhe der Festung aus einen dieser Menschen im Tempelhof erblickte, fing mein Blut zu kochen an: wilde Geschöpfe, halb nackt, ein Leoparden- oder Schafsfell um den Leib geschlungen, unbeschuhte Füße, wirr verfilztes Haar, das Gesicht von der Wüstensonne kohlschwarz gebrannt, Hagerkeit, Hunger, Augen, die in düsterem Fanatismus loderten, knochige Hände, die sich dem Allerheiligsten entgegenstreckten, als beschwörten sie Geister herauf, so toll wie sie selbst. Mit ihren mystischen Geistern wollten sie den Cäsar stürzen und den Namen Roms vom Angesicht der Erde löschen, um für ihren Messias Platz zu machen!

Man hatte zuerst den Eindruck, daß sie nicht in diese Welt gehörten. Sie waren unbegreiflich und unirdisch in ihrem Fanatismus. Jedes andere Volk, das um seines Glaubens willen solche Demütigungen hätte erdulden müssen, würde längst schon seine Götter aufgegeben und sich nach mächtigeren und verläßlicheren umgesehen haben. Ich konnte im Leben nicht begreifen, was sie an ihrem Gotte fanden und in welcher Weise er ihnen jemals geholfen hatte. Ein kleines armes Volk in einem obskuren Land voller öder Berge und Wüsten, der römischen Herrschaft unterworfen, so führten sie ein qualvolles und unsicheres Leben von unseren Gnaden — jeden Augenblick konnten wir sie auslöschen, sie in den Staub treten. Und was war das für ein Leben!... Auch den unbotmäßigsten meiner Sklaven würde ich nicht einem Rituale unterwerfen, wie ihr Gott es ihnen auferlegt hat. Keine Freude, keine Liebe, keine Schönheit: alles hatte er ihnen genommen. Und dennoch die Hingabe, der unbegreifliche Glaube, den sie ihm entgegenbringen, die übersteigerte Liebe, die sie für ihn empfinden, die freiwillige Sklaverei, die sie um seinetwillen erdulden. Und ihr Lohn? Oft hatte ich das Gefühl, daß die Beziehung zwischen ihnen und ihrem Gotte sich mit keiner anderen Beziehung zwischen einem Volke und seinem Gotte vergleichen lasse. Sie beruhte nicht auf wechselseitiger Verpflichtung, sondern auf einer grenzenlosen und bedingungslosen Liebe. Für ihren Gott waren sie alles zu wagen und zu ertragen bereit, um seinetwillen würden sie sich sogar mit der römischen Macht messen. Darin lag die Gefahr.

Jerusalem wimmelte von diesen Fanatikern. Es geschah sehr oft, daß ein Bauer, der zu einem der drei Feiertage nach Jerusalem kam, bis zum nächsten dablieb. In dieser Hinsicht waren die Einwohner Jerusalems gegenüber ihren Provinzvettern sehr gastfreundlich, und das galt besonders für die Armen. Die Handwerker unter den Pilgern konnten für die Dauer ihres Aufenthaltes in Jerusalem Arbeit in ihrem Gewerbe erhalten. In dem für das Volk reservierten Teile des Tempelbezirkes hatte jedes Gewerbe seinen besonderen Sitz. Der Goldschmied, der Weber, der Zeltmacher, der nach Jerusalem kam, brauchte nur seine Handwerksgenossen aufzusuchen, um Beschäftigung zu erhalten. Unterhalb des Tempelbezirkes, zwischen den Pfeilern, die das Tempelfundament stützten, war auch für die Pächter und armen Landarbeiter ein Platz reserviert. Es ereignete sich sehr oft, daß an den hohen Feiertagen, wenn zahllose Familien sich hier zusammendrängten, ansteckende Krankheiten ausbrachen und rasche Verbreitung fanden.

Der Pilgerstrom brachte nicht nur die Armen, die Obdachlosen, die Unbeschäftigten und die Enterbten nach Jerusalem, sondern auch eine große Zahl galiläischer Rebellen, Revolutionäre und begeisterter Fanatiker, die in der mißvergnügten Masse das richtige Element für ihre zersetzende Tätigkeit fanden. Die Armgeborenen und diejenigen, die durch die Steuerlast den festen Halt ihres eigenen Grundes und Bodens verloren hatten, waren gleich brauchbares Material für die gefährliche Agitation der Zeloten. Es gab häufige Auseinandersetzungen zwischen mir und dem Hohenpriester über dieses Thema. Ich hielt es für dringend nötig, den allzu zahlreich gewordenen Provinzpöbel aus der Stadt zu vertreiben und die Pilgerfahrten auf die hohen Feiertage zu beschränken. Der Hohepriester, der an den Einnahmen des Tempelschatzes interessiert war, wollte davon nichts wissen. Für die Priesterschaft war aber der stete, das ganze Jahr hindurch andauernde Zustrom von Pilgern und Fremden eine sehr wichtige Sache. Außerdem handelte es sich hier um eine innere religiöse Frage — zumindest behaupteten sie es —, die wohl nicht in den Bereich der römischen Rechtsprechung fiel.

Des Nachts zuweilen, wenn ich nicht einschlafen konnte, trat ich auf die Galerie der Festung hinaus und blickte von einer der Zinnen auf den Tempelbezirk hinunter. In der stillen Nacht regnete das Sternenlicht herab und spiegelte sich in den goldenen Schwellen, Balken, Toren und Platten. Der Tempelbezirk, der während des Tages von Menschenmassen wimmelte, lag nun verlassen da. Keine Stimme war zu hören, kein Gesicht zu sehen, nur der Schimmer der Fackeln verriet die Nähe der Nachtwächter, die ihre Runden machten. Ich ließ mich natürlich nicht einschüchtern durch den unbekannten Gott, der in der ganzen weiten Welt gerade diesen Felsen sich ausgesucht hatte, um hinter goldenen Teppichen und purpurnen Vorhängen zu hausen, umgeben von dem ewigen Feuer seiner Altäre. Dennoch war mir nicht behaglich zumute. Das Unbekannte und Unsichtbare an ihm störte mich und weckte meine Neugier. Ich fühlte mich mehr als einmal versucht, den geheimen Gang zu betreten, der von der Festung ins Allerheiligste führte, mich heimlich an den Vorhängen vorbeizuschleichen, die den Ort seines Aufenthaltes verhüllen, das Allerheiligste zu betreten — ihn zu überraschen, zu entdecken, wer dort sitze, wer dort zwischen den Schwingen der mystischen Vögel hause, das Unsichtbare zu sehen und das Unbekannte kennen zu lernen. Aber ich muß gestehen, daß mir der Mut dazu fehlte. Wenn ich auf das Dach des Allerheiligsten hinunterblickte, das hoch über die anderen Tempelgebäude empor zum Himmel ragte, und mir sagte, daß unter diesem Dache der unbekannte Gott verborgen sei, der nach jüdischer Ansicht die Geschicke der Welt beherrscht, überkam mich ein sonderbares Gefühl. Ich war ganz sicher, daß unsere Götter viel mächtiger seien, Jupiter zum Beispiel mit seinem Blitzen. Wir hatten Beweise dafür: all das, was er den Anhängern der anderen Götter angetan hatte. Aber das Unbekannte an dem jüdischen Gotte beunruhigte mich. Ein Gott, der keine einzige Leidenschaft verkörpert, der alles und jedes in sich enthält und doch nicht dargestellt werden kann. Er verkörpert nicht eine einzige menschliche Eigenschaft. Er füllt das gesamte Weltall — und steht dennoch darüber und unterwirft sich ein Volk, das ihn mit äußerster Hingabe und Liebe verehrt. Wer ist er, dieser jüdische Gott?

IX. KAPITEL

Schließlich aber bekam ich diese Juden satt. Vor allem zankten sie sich unaufhörlich, auch im Tempelbezirk, wo die Priester mit den Gesetzauslegern aneinandergerieten. Das Geschrei ihrer Dispute war ohrenbetäubend. Einmal kam es sogar zu einer Prügelei, und wir befürchteten eine Revolte. Ich mußte meine Askaloniten in den äußeren Hof schicken, um unter den Priestern und Schriftgelehrten Frieden zu stiften. Ich dachte, weiß der Himmel was für hohe philosophische Grundsätze, was für entscheidende religiöse Probleme sie entzweit hatten. Dabei ging es um eine lächerliche Kleinigkeit — um ein winziges Detail ihrer Riten. Sollte man es glauben? Sie prügelten sich wegen der Frage, ob der Jude, der sein Opfertier bringt, erst die Hände auf den Kopf des Schafes legen und dann seine Sünden bekennen solle, oder ob er seine Sünden zu bekennen habe, ohne seine Hände auf den Kopf des Schafes zu legen. Ich war gänzlich außerstande, den Sinn dieses Disputs zu verstehen. Ich weiß nur eines: ich litt dort in der Festung Antonia Qualen der Langeweile.

Eines schönen Tages erschien vor mir in der Zitadelle ein vortrefflich aussehender junger Mann. Er trug eine römische Toga nach bester hauptstädtischer Mode, und ohne seinen leichten alexandrinischen Akzent hätte ich ihn für einen echt römischen Adligen halten können, so vollendet beherrschte er unsere Sprache. Er hatte eine schöne, athletische, aber keineswegs muskulöse Gestalt und vornehme Manieren. Er redete mich folgendermaßen an:

„Hegemon (das war mein offizieller Titel bei den Juden) — solange du es für nötig hältst, in unserer bescheidenen Stadt Jerusalem zu weilen, wo es zufolge der Strenge unserer religiösen Gesetze alle die griechisch-römischen Zerstreuungen nicht gibt, an die du gewöhnt bist, bittet dich mein Vater, der älteste Hohepriester, ihm die Ehre zu erweisen und sein Haus mit allem, was darin ist, als das deine zu betrachten. Er hat mich ferner mit der ehrenhaften Mission beauftragt, dir diesen aus feinstem Golde geschmiedeten Lorbeerkranz zu überreichen, als eine Einladung zu dem Abendessen, das er morgen für dich bereiten will. Mein Vater, der älteste Hohepriester, mein Bruder Elieser, ein früherer Hoherpriester, meine anderen Brüder und auch ich werden trachten, dich in bescheidener Weise für deine Bemühungen um den Frieden unserer Stadt zu entschädigen."

Ich muß zugeben, daß der junge Mann einen ausgezeichneten Eindruck auf mich machte. Ich hatte nicht erwartet, unter den Jerusalemiten einen so gebildeten Menschen zu treffen. Nach kurzer Überlegung nahm ich die Einladung an.

Zur bestimmten Stunde wurde ich in die Residenz des Hohenpriesters geführt — es war das kein Haus, sondern ein Konglomerat von Gebäuden. Von außen war, wie es bei allen Palästen Jerusalems der Fall ist, gar nichts zu sehen. Man hätte das Ding für eine Kaserne halten können. Die äußeren Mauern bestanden aus Steinblöcken und waren von Wachttürmen gekrönt. Drinnen war ein Paradies. Zuerst erblickte man, gleich innerhalb des Tores, den sogenannten äußeren Hof. Er war in seiner ganzen Ausdehnung mit weißen Marmorplatten gepflastert, und rund um ihn her lagen die zahlreichen Amtsgebäude des Hohenpriesters. Hier wohnten die Steuereinnehmer und die Verwaltungsbeamten. In einem der angrenzenden Höfe wurden, wenn der Hohepriester es verlangte, Sitzungen des inneren oder kleinen Sanhedrin abgehalten, der zum größten Teile aus den Mitgliedern seiner eigenen Familie und seinen nächsten Vertrauten bestand. Aus dem äußern kamen wir in den inneren Hof, der die Gärten des Hohenpriesters, seine Privatwohnung und die Wohnungen seiner Verwandten enthielt. Dazwischen jedoch lag noch ein kleinerer Hof oder vielmehr ein Durchgang, zu dessen beiden Seiten sich die Räume für die Leibwachen befanden.

Als wir in den inneren Hof kamen, stieg uns der berauschende Duft zahlloser fremdartiger Bäume und Sträucher in die Nase: ein schön angelegter Park mit mehreren Schwimmbassins; hohe Zypressen, Oleanderbüsche und Esrock-Bäume, die ihren Schatten auf das Wasser warfen. Die Rose schien die Lieblingsblume des Jerusalemer Adels zu sein, denn der ganze Park flammte von Rosenbüschen verschiedenster Färbung. Draußen in der Stadt dürstete die Bevölkerung, Wasser war ein Luxus, die Zisternen waren durch die Sommerhitze fast ausgetrocknet, und wenn der Wind kam, beladen mit der Hitze und dem feinen Wüstensande, drängten die Bewohner der Stadt sich um die Tröge, die ein dünnes Rinnsal aus dem Teiche Siloah brachten. Sie rissen die Schläuche aus den Händen der Wasserträger, die magere Lasten aus den Brunnen vor der Stadt und aus den Teichen Salomos herbeischleppten. Hier oben jedoch, im Hofe des Hohenpriesters, sprudelte das Wasser reichlich aus vielen Quellen, die in Gestalt bronzener Löwen um die Schwimmbecken gruppiert waren. Eine besondere Rohrleitung leitete das Wasser aus der Quelle des Tempels zu dem Garten des Hohenpriesters, so wie besondere Rohre das Blut der Opfertiere, das sich in die hölzernen Tröge ergoß, zu den Gärten des Hohenpriesters und anderer Mitglieder der Aristokratie beförderten, um die Erde zu düngen. Die zweifache Zufuhr von Wasser und Blut nährte den Garten so üppig, daß er in unbeschreiblicher Schönheit erblühte. Auf breiten Beeten leuchteten die orientalischen Gewächse. Das Wasser tränkte nicht nur die Bäume, Sträucher und Blumen, sondern speiste auch die Schwimmbassins. Über den Wasserflächen flatterten Scharen weißer Turteltauben.

Wie alle großen Paläste in Jerusalem bestand auch das Haus des Hohenpriesters aus riesigen Steinblöcken ohne äußerliche Verzierung, so daß es nach außen hin recht düster wirkte. Dreieckige Fenster, mit dunkelfarbenem phönizischem Glase versehen, ließen ein mattes Licht in die Zimmer. An der Nordseite, gegen den Tempel hin, führten fünfzehn hellweiße Marmorstufen zu der Säulenhalle hinauf. Drei Säulenreihen standen da an drei Seiten, korinthische Säulen. Ihre Kapitäle trugen die gewaltigen Zedernholzbalken des Daches, das mit anderen feinen Holzarten ausgelegt und mit Mosaiken geschmückt war. Auch der Fußboden war ein einziges Mosaik, ein Teppichgewebe, dessen blendende Farben zu den verschiedenen jüdischen religiösen Symbolen zusammengefügt waren. Oberhalb der Treppe und hoch über der Säulenhalle ragte eine Pyramide, die an dieser Seite des Hauses den Abschluß der Fassade bildete.

Der Oberverwalter des Hauses, begleitet von einer Schar von Dienern und Sklaven, empfing mich am Eingange und führte mich durch den äußeren Hof. Am Eingange in den inneren Hof erwartete mich der junge Mann, der mir die Einladung überbracht hatte, der jüngste Sohn des alten Hohenpriesters. Er trug einen Mantel von Silberfäden, und auf seinen kunstvoll gekräuselten Locken ruhte ein Lorbeerkranz. Am Fuße der Säulenhalle empfingen mich seine Brüder, in ähnliche Mäntel gehüllt und ähnliche Lorbeerkränze auf den Köpfen. Alle waren sie hochgewachsen und von männlichem Aussehen. Einige hatten den Bart in chaldäischem Stile gekämmt und geflochten. Sie geleiteten mich feierlich die Marmortreppe hinauf zu der Säulenhalle. Diener und Sklaven in leichten, durchscheinenden Tuniken kamen mir entgegen, und obgleich es noch hellichter Tag war, trugen sie mir zu Ehren brennende Öllampen. Wir schritten durch die Säulenhalle in den großen Empfangssaal, und dort erwartete mich, auf einem Thronsessel sitzend, der Hohepriester mit zwei anderen ehemaligen Hohenpriestern — seinem Schwiegervater Hanan und seinem Schwager Elieser.

Um die Wahrheit zu sagen, die ganze Empfangszeremonie verblüffte mich ein wenig. Diese Juden schienen sich recht ernst zu nehmen. Ich wußte, daß nach ihrer Sitte ein ehemaliger Hoherpriester sämtliche Privilegien eines regierenden Hohenpriesters besaß, und es waren das fast königliche Rechte. Er hatte das Recht, eine Tiara zu tragen, und es mußten ihm Ehrenbezeigungen erwiesen werden wie einem Fürsten. Hier sah ich nun nicht einen König, sondern ihrer drei — und das war mir ein bißchen zu viel.

Der regierende Hohepriester begrüßte mich in hebräischer oder aramäischer Sprache. Der dritte Sohn des alten Hohenpriesters, Theophilus, übersetzte mir die Worte ins Griechische, und ich antwortete in derselben Sprache. Diener brachten ein Ruhebett herein, und nachdem ich Platz genommen hatte fragte mich der Hohepriester, wie mir mein Aufenthalt in Jerusalem gefalle. Er äußerte die Hoffnung, ich würde, wenn auch die religiösen Bedenken der Juden mich der Einrichtungen beraubten, an die ich in meinem eigenen Lande gewöhnt war, in Jerusalem genug Interessantes finden, ebenso einen ziemlich großen Kreis gebildeter Männer, die mir mein Verweilen angenehmer gestalten könnten. Ich erwiderte, wir Römer verließen nicht zum Vergnügen die Hauptstadt des Reiches und übernähmen Posten in entlegenen Provinzen, sondern lediglich in Erfüllung unserer Pflicht gegenüber dem Kaiser. Die Audienz, dem Jupiter sei Dank, war kurz. Der regierende Hohepriester entschuldigte sich: er sei gezwungen, in den Tempel zu gehen, wo die Abendopfer vorbereitet würden. Er ließ mich in der Obhut seiner Familie, seines Schwiegervaters und seiner Schwäger zurück — wofür ich ihm recht dankbar war.

Das Mahl wurde nach orientalischer Sitte draußen in der Säulenhalle aufgetragen. Die Sklaven brachten Ruhebetten, deren Leinenüberzüge mit sidonischem Purpur gefärbt waren. Wir nahmen unsere Plätze an der Tafel ein und schauten auf Jerusalem hinunter.

Die Halle war nach drei Seiten hin offen, und die Stadt entfaltete ihre Bilder vor unseren Blicken. Gleich gegenüber war die Brücke, die von der oberen Stadt am Sanhedrin vorbei zum Tempelbezirke führte, und auf der Männer und Frauen sich drängten, welche zum Tempel gingen oder von ihm herkamen. Von unserer hohen Warte aus konnten wir bis in den Hof der Ungläubigen schauen. Was dahinter lag, war durch das hohe goldene Tor mit den vierzehn Stufen und die benachbarten Galerien verdeckt. Man saß angenehm in der Säulenhalle. Hinter den bunten Vorhängen, die uns vor dem Glanze der untergehenden Sonne schützten, wehte ein köstlicher Rosenduft hervor, der das Gewebe der Vorhänge durchdrang und die Luft kühlte. Diener in leichten, durchscheinenden Tuniken reichten uns goldene Schalen mit Rosenwasser, und wir trockneten unsere Hände an sidonischen Tüchern ab.

Da lag Jerusalem vor uns wie ein gewaltiger, überheizter Ofen. In dem unteren Teile der Stadt, wo die Ärmsten wohnten, sahen die Lehmhütten wie Steine aus, welche den Hang zur Mauer hinunterrollten und immer weiter bis ins Tal des Kidron, wo sie dann den anderen Hang zum Ölberge hinaufzuklettern begannen. Erst von diesem Ort im Hause des Hohenpriesters aus merkte ich, wie die Stadt über die Hügel hingebreitet war. Man hätte sie mit einem Hasen vergleichen können, der von Kamm zu Kamm springt. Die Hügel waren mit den Terrassen dichtgedrängter Dächer bedeckt, und dazwischen wechselten Wasserzisternen mit künstlich gepflanzten Bäumen, Sträuchern und Blumen ab. Ich hatte nicht vermutet, daß Jerusalem so groß sei. Es erstreckte sich weit über seine Mauern hinaus und bedeckte mit seinem neuen Viertel das gesamte Gebiet des Scopus-Berges nach der Seite der Festung Antonia hin und talwärts bis zum Schafstore und noch weiter. Auf der anderen Seite, gegen Osten zu, kletterte es den Ölberg hinauf, und nordwärts reichte es bis zum Hinnom-Tale, dem Armenviertel.

Sämtliche Dächer zwischen den Zäunen, Balkonen und dem Gitterwerk, das am Rande der Dächer entlanglief, waren mit Menschen gefüllt. Die Bewohner Jerusalems suchten Zuflucht vor der Hitze, die aus den ausgedörrten Lehmterrassen emporschlug. Ab und zu fiel der Blick auf ein grünes Fleckchen — ein kleiner Zypressenwald mitten in einem Gewirr von Häusern. Dort, wußten wir, ruhte einer der Aristokraten Jerusalems im Schatten seines Gartens aus. Aber jenseits der Stadtmauer wurden diese grünen Zwischenspiele der Zypressen- und Ölhaine breiter und dichter.

Das Mahl ging in würdiger Stille vor sich. Es wurde nur wenig gesprochen, das Essen selbst schien religiösen Charakter zu tragen. Zur Rechten des Vaters lag der älteste Sohn Elieser auf seinem Ruhebett. Er wurde von den Sklaven, den Gästen und seinen jüngeren Brüdern mit einer besonderen Hochachtung behandelt, mit fast ebenso großem Respekt wie sein Vater. Mein Ruhebett befand sich zur Linken des alten Mannes. Uns gegenüber ruhten die anderen vier Söhne. Wir lagen an kleinen mit Leinen bedeckten Tischen, und das Auftragen der Gerichte war von einer sanften Harfen- und Flötenmusik begleitet, die hinter einem Vorhang hervortönte. Keine Frau ließ sich blicken, alle Gäste und auch die Diener waren Männer.

Ich bemerkte abermals, daß die Schüsseln, Teller und Kannen aus dem rohen Stoff zu der erforderlichen Form zurechtgehämmert waren und keinerlei Verzierung und bildhafte Darstellungen aufwiesen. Auch mit diesen Geräten schienen die Juden ihrem Gotte nachahmen zu wollen, indem sie nur einheimischen und primitiven Werkstoff verwendeten. Die Gerichte einschließlich des Backwerks wurden von einem syrischen Koch zubereitet. Nach dem zeremoniellen Händewaschen segnete der alte Hohepriester das Brot, das auf einem goldenen Teller vor ihm lag, und der Ritus wurde von seinem ältesten Sohne, dem anderen Hohenpriester, wiederholt. Dann wurde das gesegnete Brot unter den Gästen herumgereicht. Außer Schweinefleisch, das ihre Religion verbietet, fehlte nichts. Es gab ägyptischen Fisch, Fisch aus dem galiläischen See, Fisch aus der Stadt Akko, auf die verschiedenste Art und Weise zubereitet, in Pasteten eingebacken oder mariniert — und in dem letzteren Fall machte sich die besondere jüdische Schwäche für Knoblauch und Zwiebel reichlich bemerkbar. Auf jeden Gang folgte Wein. Es war erstaunlich, wie diese Juden genau wußten, was für Weine zu den einzelnen Gerichten paßten. So servierten sie nach einem öligen Fischgerichte ein aus weißen Traubenkernen destilliertes Getränk, das mit seinem scharfen Aroma und seinem herben Grundgeschmack den Gaumen erfrischte. Die Fleischgerichte waren unendlich abwechslungsreich, bestanden aber zumeist aus Geflügel. Es gab Tauben, Hühner und Enten, ferner ein Wildgeflügel ähnlich dem Fasan, aber in keinem Falle wurde der Vogel im ganzen und gleichsam noch lebend aufgetragen, wie wir Römer es liebten und wie die alexandrinischen Köche, die auch in der Zubereitung ganzer Spanferkel spezialisiert sind, es zu hoher Vollendung entwickelt hatten. Nach jedem Gerichte reichten die Diener die goldenen Kannen mit Rosenwasser herum. Neben dem Fisch und Fleisch gab es reichliche Mengen gekochter Gemüse und roher Salate. Einige dieser Gemüse waren an unseren römischen Tafeln unbekannt, Kräuter und Gewürze, die den Gaumen reinigen und die Verdauung fördern.

Nach dem Mahle wurden noch einmal die Kannen mit Rosenwasser und die feinen Leinentücher herumgereicht, und dann begann die angenehmere Hälfte des Abends. Eine kleine Entspannung folgte auf das allzu feierliche Benehmen während des Mahles, das in gewisser Weise eine Fortsetzung des offiziellen Empfanges gewesen war. Die Sklaven zündeten die Öllampen auf den Kapitälen der korinthischen Säulen an, denn die Schatten der Nacht begannen Jerusalem einzuhüllen. Das Licht großer Sterne vom Himmel her vermischte sich mit dem sanfteren Glanze der Öllampen und Kandelaber. So lagen wir auf unseren Ruhebetten und lauschten den leisen Melodien der Harfenspieler hinter den Vorhängen. Nachdem die Reste des Mahles entfernt und Räucherfässer zwischen den Säulen verteilt worden waren, um die Luft aufzufrischen, hatte ich Gelegenheit, meine Tischgefährten näher kennen zu lernen.

Die fünf Söhne des alten Hohenpriesters waren sämtlich hochgebildete Menschen. Neben dem offiziellen Unterricht, der sie für ihre hohe Stellung innerhalb der Priesterschaft vorbereiten sollte, hatten ihnen griechische Privatlehrer, Sklaven, die ihr Vater eigens zu diesem Zwecke erwarb, umfangreiche Kenntnisse vermittelt, in griechischer Geschichte, in Mathematik, in Astronomie und Rhetorik. Sie beherrschten die griechische und die lateinische Sprache und Literatur. Ohne ihre jüdische Gewohnheit, mit den Händen zu fuchteln, und ohne ihren alexandrinischen Akzent wäre es schwer gewesen, sie als Juden zu erkennen. Man hätte sie statt dessen für Askaloniten oder gar für Griechen gehalten.

Der alte Hohepriester hatte der Erziehung seiner Söhne dadurch den letzten Schliff gegeben, daß er sie nach Alexandria schickte, wo sie dann auch an allen Leibesübungen teilgenommen hatten. Sie waren zwar nicht besonders muskulös, aber hochgewachsen und von athletischem Körperbau. Hanan, der jüngste, der seines Vaters Namen trug, war auch der Liebling seines Vaters. Er sah dem alten Manne viel ähnlicher als die anderen. Er hatte die gleichen energischen Lippen und Kinnbacken. Mit seinem dichten, gewellten, zurückgeworfenen Haar erinnerte er wie sein Vater an einen Löwen. Sein Bart- und Haupthaar war dichter als das seiner Brüder, und er war besonders stolz auf seinen Bart.

Er fragte mich nach den neuesten politischen Ereignissen

in Rom, ein Thema, das ihn besonders zu interessieren schien. Er erkundigte sich nach dem Befinden des Cäsars, der sich nach Capri zurückgezogen hatte, und wollte wissen, wer Aussichten habe, sein Nachfolger zu werden, und ob Sejanus, Tiberius' erster Ratgeber, in diesem Zusammenhang oft erwähnt werde. Seine Brüder interessierten sich mehr für die Zirkusspiele. Sie fragten mich nach dem Namen des beliebtesten Gladiators von Rom und wollten wissen, ob ich ihn schon einmal in der Arena gesehen hatte. Sie erkundigten sich auch sehr eifrig, wann der Kaiser die nächsten Spiele zu veranstalten beabsichtige. Ich weiß nicht, welche priesterliche Befähigung sie besaßen, aber ich kann mir nicht vorstellen, daß die kultivierten jungen Leute sich ernsthaft für das düstere, unfreundliche und komplizierte Rituale interessieren sollten, das sie immerhin dank ihrem schwierigen Berufe beherrschen mußten, und ich zweifle nicht, daß sie sich schrecklich langweilten bei den monotonen Zeremonien, die im wesentlichen darin bestanden, die Opfertiere vorzubereiten und die Schafe aus einem goldenen Becken zu tränken, bevor sie zum Altare geführt wurden. Sie waren auch dieses ewigen Singens und Flötespielens müde, das immer nur von männlichen Musikanten ausgeführt wurde. Ich konnte mir unschwer vorstellen, daß sie, wenn nicht der große Reichtum gewesen wäre, mit dem das Priesteramt sie ihr Leben lang versorgte, gerne die Priesterschaft mit irgend einem anderen Berufe vertauscht hätten. Sie hatten tatsächlich eine gewisse Sympathie für unsere Götter und für unsere Gebräuche.

Die sterbenden Strahlen der Sonne fielen über die Sandbastionen und sprangen von der Wildnis weißer Dächer zurück, sie glitzerten in den Wipfeln der Zypressenhaine und färbten sich silbern im Spiegel der schimmernden Ölbäume. Am anderen Rande des Himmels zog eine mächtige Hand einen dünnen Wolkenschleier über die Stadt, und ein milchiger Nebel durchtränkte die Luft. Sowie es dunkler wurde, sprangen Myriaden von Lichtern zwischen den Häusern hervor, und die wandelnden Feuerpunkte, die Fackeln der Nachtwächter, beleuchteten die Fundamente der Türme rings um den Tempelbezirk. Die Flügel der Nacht, wie die Flügel der mystischen Vögel, die sie Cherubim nennen, breiteten sich allmählich auch über den Tempel aus, und über dem Baldachin gleichsam glänzte das Licht auf der Spitze des Antonia-Turmes. Ein Schauer matten Sternenglanzes rieselte melancholisch und träumerisch auf die Bezirke der Stadt und des Tempels herab ...

Der alte Hohepriester hatte sein Ruhebett dicht an das meine heranrücken lassen, und das planlose Gespräch landete schließlich bei dem unruhigen Zustande des Landes und den Schwierigkeiten, die die unbotmäßigen Galiläer ihm, dem Hohenpriester, bereiteten. Ich erfuhr, allmählich und in Bruchstücken, daß die priesterliche Gewalt es wieder einmal mit einem der besessenen und fanatischen Individuen zu tun hatte, die sich für die Träger einer göttlichen Prophetenmission und einer himmlischen Sonderbotschaft hielten. Diesmal war anscheinend ein besonders gefährlicher Bursche aufgetaucht. Auf die eine oder andere Weise hatte er dem gewöhnlichen Volke einzureden vermocht, er sei die Reinkarnation eines ihrer alten Propheten, der in der Geschichte und in der Legende durch die von ihm bewirkten Wunder berühmt war, und in dieser Rolle hatte er eine beispiellos große Gefolgschaft um sich versammelt, die der festen Überzeugung war, er bringe Gottes Verheißung — Erlösung und Befreiung.

Nun unterhielten wir uns, hingestreckt auf die Ruhelager in der offenen Säulenhalle, über den Mann Jochanaan, der, weil er die Leute aufforderte, in die Wasser des Jordans zu tauchen, den Beinamen „der Täufer“ trug. Zuerst wollten Hanan und seine Söhne aus irgend welchen Gründen mich an dieser Unterhaltung nicht teilnehmen lassen. Anscheinend wollten sie dem Ungläubigen in ihrer Mitte die Geschichte von dem sonderbaren „Propheten“ verschweigen. In der ersten Hälfte des Abends traktierten mich die Söhne des Hohenpriesters nach ihrer Gewohnheit mit Berichten über Gladiatorenkämpfe, olympische Spiele und Gladiatorensiege. Nur der älteste Sohn, der frühere Hohepriester, unterhielt sich ernsthaft mit seinem alten Vater über die beunruhigenden Ereignisse in Galiläa und in den Wildnissen von Judäa, während die anderen durch ihr müßiges Geplauder meine Aufmerksamkeit ablenkten. Aber ich lauschte mit einem Ohr dem halbgeflüsterten Gespräche und konnte manches aufschnappen.

„Wo, sagtest du, stammt er her?“ fragte der Alte in aramäischer Sprache. (Sie wußten nicht, daß ich bereits ziemliche Fortschritte in diesem Dialekt gemacht hatte, sonst hätten sie vielleicht leiser gesprochen.)

„Aus Galiläa.“

„Galiläa“, wiederholte sein Vater und schüttelte verächtlich den Bart. Er zitierte das bekannte Sprichwort: „Kann aus Galiläa etwas Gutes kommen?“

Ich hatte Theophilus zugehört und hatte zugleich Hanan, dem jüngsten Sohne, so ganz ungefähr von den neuesten Skandalen in Rom erzählt, aber an dieser Stelle mischte ich mich in die Unterhaltung der anderen ein und fragte:

„Gibt es Unruhen in der Provinz des Tetrarchen?"

Der Alte antwortete:

„Unruhen? Keineswegs. Uns geht es auf jeden Fall nichts an. Wir sind überzeugt, Herodes Antipater wird mit den Rebellen auf seinem Gebiete schon fertig werden, er hat das immer gut verstanden. Wir sprachen über die Unfugstifter in Galiläa — eine scheußliche Gegend, eine Brutstätte des Aufruhrs. Wenn nicht die Galiläer wären, könnten wir nachts ruhig schlafen... Aber heute ist es ein Banditenstreich, morgen ein Messias... Ein unmöglicher, leichtgläubiger Pöbel, der jedem Abenteuer nachläuft. Und es sind nicht nur die Zeloten, da haben wir auch noch diese absurden Hyperfrommen, die Chassidäer, die Essener, die sich unaufhörlich waschen und alles taufen. Sie taufen ihren Körper und ihre Gefäße — nächstens werden sie die Sonne und den Mond taufen..." Er brach in ein zorniges Lachen aus, in das seine Söhne einstimmten.

„Ich weiß, was für Leute du meinst", sagte ich. „Manchmal sehe ich diese hageren und halbverhungerten Geschöpfe in den Tempelhöfen, sie gehen in Raubtierfellen umher. Aber sage mir, was sind das eigentlich für Leute, und woran glauben sie?"

Der Alte erwiderte grimmig:

„Sie schreiben der ewigen Gottheit alle möglichen menschlichen Schwächen zu. Sie zerren die Gottheit auf die Ebene kleinlicher menschlicher Interessen herab. Sie glauben zum Beispiel, daß der Allmächtige, der seinen Wohnsitz in unserem heiligen Tempel aufgeschlagen hat, nichts Wichtigeres zu tun habe, als sich mit den Privatangelegenheiten jedes unbedeutenden einzelnen Menschen abzugeben. Statt die Welt zu leiten und die Geschicke der Völker zu bestimmen, mit besonderer Rücksicht auf sein geliebtes Volk Israel, kümmert Er sich um die Nöte jedes kleinen Esseners — und wohlgemerkt, nicht nur in dieser Welt, sondern auch in der künftigen Welt, wo Er für die braven kleinen Essener ein Paradies bereit hält, während Er für die Bösen einen Flammenpfuhl reserviert hat, den sie Gehenna nennen. Lauter dummes Zeug — kein Wort steht darüber in der heiligen Thora. Aber das genügt ihnen noch nicht. Sie haben den Ewigen mit einer richtigen Garde wohltätiger und bösartiger Geister versorgt, die Seine Befehle durchführen. Sie übertragen das

Wirken der göttlichen Vorsehung von dem gesamten Volke Israel, dem Erben Abrahams, Isaaks und Jakobs, auf die winzigsten Privatsorgen des einzelnen." So sprach der Alte, in syrischem Griechisch.

„Aber", rief ich, „das ist doch reine Lästerung. Warum erlaubst du so etwas, warum gehst du nicht gewaltsam gegen diese Gottesleugner vor?"

„Lästerung? Hm, man kann es nicht eigentlich Lästerung oder Gottesleugnerei nennen. Und wir können nicht gegen sie vorgehen. Leider sind sie nicht die einzigen, die an solchen Torheiten leiden — zum Beispiel an der Einbildung, daß jeder Mensch ein zweites Leben in einer imaginären Welt lebt, und daß seine Seele im Himmel gereinigt wird. Es gibt leider bei uns eine große Sekte, unter deren Anhängern man recht angesehene Leute findet, die diese lächerlichen Auffassungen teilen. Sie rekrutiert sich aus den Schriftgelehrten und den Pharisäern, die die Worte unserer Thora nicht mit dem gesunden Menschenverstande auslegen, sondern ihre eigenen Gedanken hineindeuteln, die den von Moses, unserem Lehrer, überlieferten Traditionen zuwiderlaufen. Aber ich wiederhole, daß wir nicht gegen sie vorgehen können. Die ungebildeten Massen sind auf der Seite der Gesetzausleger, und wenn wir versuchten, sie zu beseitigen — solche Versuche wurden schon gemacht —, würden wir Gefahr laufen, die Nation zu spalten, und das muß vermieden werden... Was für tolle hysterische Hoffnungen sie mit ihrem Messiaskult verknüpfen! Und wie gefährlich können diese grenzenlosen Erwartungen werden!... Vielleicht sollte ich lieber schweigen."

„Meinst du", fragte ich, „einen Aufstand gegen Rom, eine allgemeine Erhebung?"

„Soweit möchte ich nicht gehen", erwiderte er mit einem Anschein von Behutsamkeit. „Ich möchte nur sagen, daß ihre entfesselte Phantasie sie auf sehr gefährliche Gebiete lenkt... Man darf natürlich ihre Dummheiten nicht zu ernst nehmen. Du hast es ja selber gehört: ihr Messias wird die Toten aus den Gräbern erwecken."

Alle lachten.

Der alte Hanan wandte sich zu mir. „Als ob die Last des Gesetzes nicht schwer genug wäre!... Da kommen die pharisäischen Mitglieder des Sanhedrin und bringen unerträgliche Schwierigkeiten in unser Strafrecht. Besonders wenn es sich um todeswürdige Verbrechen handelt. Sie bringen so viele Bedenken vor, sie erfinden so schlaue und weithergeholte Einwände gegen jeden vernünftigen Beweis, sie entdecken so haarspalterische Auslegungen des Gesetzes, daß der Verbrecher immer ein Schlupfloch findet, durch das er entwischen kann."

„Sie sind also", bemerkte ich, „in der Tat Mitschuldige der verbrecherischen Elemente. Es sollte mich nicht wundern, wenn ein geheimes Einverständnis bestünde zwischen ihnen und den Fanatikern, die das Volk sowohl gegen deine Religion wie gegen unsere Herrschaft aufwiegeln."

„Nicht unbedingt", erwiderte der Alte, zu seiner gewohnten vorsichtigen Haltung zurückkehrend. „Aber ihre krummen Deuteleien müssen die Unruhestifter ermutigen, weil sie das Gesetz schwächen... Ich will dir ein Beispiel geben für die neumodischen Gedanken, die sie in die Gesetzbücher hineinlesen. Unsere Thora erklärt ausdrücklich: wer einen anderen angreift und ihm einen Zahn ausbricht oder ein Auge aussticht, muß mit seinem eigenen Zahn oder Auge dafür büßen. Nun kommen die Sophisten und erzählen uns, daß die Thora nicht buchstäblich ein Auge für ein Auge und einen Zahn für einen Zahn meinte, sondern eine ‚entsprechende Vergütung'. Heißt das nicht die Gewalttäter ermutigen?"

„Sehr richtig", sagte einer der Söhne. Und ich fügte sogleich hinzu:

„Gut also; wenn das jüdische Gesetz nicht mehr imstande ist, Frieden und Ordnung in Jerusalem zu wahren, werden wir Römer dafür sorgen müssen."

Nun aber schien es, als sei der Alte trotz all seiner Vorsicht weitergegangen, als er beabsichtigt hatte, denn bei meinen Worten wurde er blaß, und seine Söhne blickten einander unruhig an.

In diesem Augenblick tönte zu uns in die offene Säulenhalle ein fernes Rufen herauf, deutlich waren die Worte zu hören, aber es waren aramäische Worte, und ich konnte ihren Sinn nicht erfassen. Aus den veränderten Mienen des alten Hanan und seiner Söhne ging hervor, daß sie die Worte verstanden hatten oder zumindest wußten, daß sie der priesterlichen Familie galten. Sklaven eilten herbei und zogen die Vorhänge zwischen den Säulen zu, um den Lärm auszuschließen.

Einige Sekunden lang herrschte bedrückendes Schweigen, dann wandte der alte Priester sich an mich:

„*Deshalb* habe ich dich an meinen Tisch gebeten."

„Was rufen die Leute?"

Die Söhne schienen sich nicht sehr behaglich zu fühlen.

„Warum soll er es nicht wissen?“ fragte der alte Hanan. „Es ist eine Art Spottlied auf die Hohenpriester. Soweit ist es gekommen, soweit ist die Priesterschaft gesunken! Theophilus, sage unserem römischen Gast, was sie in den Straßen Jerusalems gegen die höchste Behörde singen, das heißt“, fügte er hastig hinzu, „gegen die höchste jüdische Behörde, die Priesterschaft.“

Theophilus übersetzte die Worte des Liedes ins Lateinische. Sie lauteten ungefähr so:

„Weh über uns durch das Haus des Beitus,
Weh über uns durch ihre bleibeschwerten Peitschen,
Weh über uns durch das Haus Ananus,
Weh über uns durch ihren Verrat.
Sie selbst sind Hohepriester geworden,
Sie haben ihre Söhne zu Schatzmeistern gemacht
Und ihre Schwiegersöhne zu hohen Beamten,
Und ihre Diener peitschen uns mit bleiernen Peitschen.“

„Und das“, sagte der alte Mann verbittert, „ist der Lohn für unsere langjährigen und treuen Dienste am Volk.“

„Es ist Zeit, in Jerusalem Ordnung zu machen“, sagte ich. Der alte Mann nickte unschlüssig, seine Söhne schauten mich unsicher an, hin- und hergerissen zwischen Dankbarkeit und Mißbehagen.

X. KAPITEL

Nach und nach merkte ich, daß unter den Verwandten des Hohenpriesters sein jüngster Schwager Hanan den größten Einfluß auf die Führung der Tempelgeschäfte hatte. Er war die geheime Macht hinter dem Throne. Der alte Hohepriester hegte für seinen jüngsten Sohn eine besondere Liebe (alle Juden haben eine Schwäche für die Kinder ihres Alters) und hatte ihm seinen Namen gegeben. Hanan ben Hanan war nicht nur der klügste unter den Brüdern, er überragte sie auch alle an Charakterstärke. Trotz seiner Jugend — ich schätzte ihn auf Anfang Zwanzig — hatte er sich schon bestimmte Ziele gesetzt und bahnte sich mit entschlossenen Ellbogen seinen Weg. Ich sehe ihn noch vor mir: eine hohe Gestalt, muskulöse Glieder, ein durch athletische Disziplin gehärteter, mit zottigem Haarwuchs bedeckter Körper; sein kurzer schwarzer Bart, der täglich von einem geschickten chaldäischen Barbier gepflegt wurde, vermischte sich mit seinen schwer herabhängenden Locken, so daß das längliche Gesicht völlig von schwarzen Haaren umrahmt war. Aus diesem Rahmen ragte die mächtige Nase hervor und warf ihren Schatten über die schmalen Lippen. Seine glatte, glänzende Stirne schnitt tief in das dichte Kopfhaar ein. Seine Augen waren wie die seines Vaters, sie blickten mit stolzem und kühnem Glanze unter dem Schutzdach der Brauen hervor. Er war von Kopf bis Fuß mit Energie geladen, und alles an ihm schien nach sofortigem Handeln zu lechzen. Seine Hände waren stets geballt, als wollte er einen Gegner anfallen, seine Lippen gespannt, als wollte er einen Kampfruf ausstoßen: er befand sich in einem Zustande ewiger Kriegsbereitschaft. Ein unachtsames Wort, ein unfreundlicher Blick, und seine Glieder strafften sich, die Haare sträubten sich auf seiner Brust, als wollten sie wie ein Wald von Speeren die leinene Hülle durchstoßen.

Hanan ben Hanan war der geborene Kämpfer, und Anlaß zu Kämpfen gab es genug. Es war weder für uns Römer noch für die jüdische Priesterschaft leicht, in Jerusalem die Macht zu behaupten, und der Junge hungerte nach Macht. Machthunger strahlte von seiner ganzen Person aus — übrigens auch von der Person seines Vaters. Aber während der Alte in langer Erfahrung gelernt hatte, mit unendlicher Schlauheit und Geduld vorzugehen und sich mit dem äußeren Anstriche ziviler Macht, die sein Schwiegersohn ihm übertrug, zu begnügen, war Hanan ben Hanan zu jung, zu ungestüm und zu unerfahren, um seinen Neid gegen den regierenden Hohenpriester zu verbergen.

Er wußte, daß viel Wasser selbst den mageren Bach von Siloah hinabfließen würde, bevor er seinen Traum verwirklichen konnte. Drei ältere Brüder standen zwischen ihm und der Hohepriesterschaft, und auch sie hatten ihren Ehrgeiz, wenn er gleich nicht so ungestüm und wild war wie der seine. Außerdem wollte der alte Mann, trotz seiner Vorliebe für das jüngste Kind, noch bei Lebzeiten *alle* seine fünf Söhne die Gewänder des höchsten religiösen Amtes tragen sehen, und bisher hatte nur der älteste Sohn Elieser es so weit gebracht. Und nun klammerte sich sein Schwiegersohn an den Posten und hatte anscheinend nicht die Absicht, sich zurückzuziehen und für seine Schwäger Platz zu machen. Es war zu viel Macht und zu viel Reichtum in der Hohepriesterschaft konzentriert, als daß einer sie gerne aus den Händen gegeben hätte. Unter diesen Umständen war es nur natürlich, daß zwischen dem alten Hanan und dem regierenden Hohenpriester ein stummes Ringen um die Gunst des Prokurators einsetzte. Nach außen hin konnte es scheinen, daß die Hohepriesterschaft ein Familienbesitz sei, daß ihre Geschäfte von allen gemeinsam geführt würden und die Einkünfte in eine gemeinsame Kasse flössen. In Wirklichkeit herrschte ein wilder Wettbewerb um das Amt, der sich in einem endlosen Strome von Bestechungsgeldern und Geschenken an den Prokurator, den Prokonsul Vitellius in Antiochia und die ganze Horde von Ratgebern und Sykophanten, denen die Herrschenden Gehör schenkten, äußerte. Aber Joseph Kaifas hielt stand. Er war, in seiner stillen Art, obwohl er die Zivilgewalt seinem Schwiegervater abgetreten hatte, der Schlauere und Beharrlichere von den beiden. Seine Geschenke waren fetter, die Goldbeutel, die er nach Caesarea schickte, schwerer. Das Ende davon war, daß er einen Sieg erfocht, wie noch kein Hohepriester vor ihm ihn erfochten hatte: er behielt sein Amt, solange der gegenwärtige Prokurator im Amte war! Solange Pontius Pilatus Prokurator war, blieb Joseph Kaifas Hohepriester. Der geheime Kampf ging weiter, aber der alte Hanan wußte, daß er sich, zumindest für den Augenblick, vergebens abmühte, und er verwendete nun auch den größten Teil seiner Energie auf das Bestreben, die Macht seiner Sekte, seiner Klasse und seiner Familie aufrechtzuerhalten...

Der junge Hanan, der am meisten von seines Vaters Herrscherbegabung geerbt hatte, erkannte deutlich, daß das Amt des Hohenpriesters in Jerusalem, wie jedes andere Amt, seine Macht und seine Bedeutung nur durch Reichtum behaupten konnte. Obwohl er selber von seinem Besitze noch weit entfernt war, ließ er sich's dennoch angelegen sein, den Thron zu stärken, der eines Tages ihm gehören würde. Kaum hatte er das Mannesalter erreicht, als er daran ging, das Einkommen der Hohepriesterschaft auf einer rein kaufmännischen Grundlage zu ordnen. Der Zehent vom Weizen und anderen Bodenprodukten, den das Gesetz für die Priesterschaft bestimmt hat, ist ausschließliches Eigentum des Hohenpriesters und seiner Familie. Die Masse der Priester muß sich mit den Überbleibseln der Opfergaben begnügen. Auch das Geldeinkommen der Priester gehört dem Hohenpriester, und er kann darüber verfügen, wie es ihm paßt.

Mehr noch: Die innerhalb des Tempels zu verzehrenden Produkte, das Mehl für das heilige Brot, die Kräuter für die Opfer, der Weihrauch und die destillierten Öle, der ägyptische Flachs, die Webstühle, auf denen die Frauen die Tempelgewänder und Vorhänge weben, gelten als heilig und dürfen nur durch den Hohenpriester geliefert werden. Und dann die Tauben, die jedes Weib bei der Geburt eines Kindes opfern muß. Es sind das keine gewöhnlichen Tauben, die man überall kaufen kann. Man kann sie auch nicht mit der Schlinge fangen und auf dem Tempelmarkte feilbieten. Sie müssen von reiner Rasse sein, gut gepflegt und gegen jede Verunreinigung geschützt, sie müssen mit besonderem, erlaubtem Futter gefüttert werden. Die Züchtung dieser Tauben hat der Hohepriester in die Hand genommen, und nur sie dürfen als Reinigungsopfer von den Frauen dargebracht werden, die den von ihm festgesetzten Preis zahlen müssen. Und welche Frau wird nicht das Geld für die Tauben auftreiben, deren Opferung sie reinigt und sie in den Stand setzt, abermals ihre weiblichen Pflichten zu erfüllen? Außerdem kann das Gesetz, das die Darbringung eines Taubenopfers regelt, jederzeit erweitert werden, damit die Nachfrage wachse. Der Preis für ein Paar fehlerlose Tauben war bereits von einem Silberdenar auf einen Golddenar gestiegen.

Durch die Söhne des alten Hohenpriesters kam ich schließlich auch in die Kreise der jeunesse dorée von Jerusalem. Ich entdeckte zu guter Letzt, daß die Hauptstadt von Judäa kein ganz so verfluchtes und trostloses Nest war, wie ich es mir vorgestellt hatte. Hinter der Fassade strenger Verbote, die ein Tribut an den strengen und eifersüchtigen Gott war, wußte der junge Adel sich die zivilisiertesten Vergnügungen zu verschaffen, nicht anders als die Aristokratie irgend einer heidnischen Stadt, und sein Lebensgenuß hätte jeder griechischen Metropole zur Ehre gereicht.

Dieser Zirkel der Auserwählten wurde von der Bevölkerung mit Abscheu und Haß betrachtet. Man nannte sie voller Verachtung „die Ketzer" und beschuldigte sie des Atheismus. Aber soviel ich sehen konnte, zogen diese jungen Leute nur die logischen Folgerungen aus dem philosophischen System, das ihre Eltern, die Sadducäer, vertraten. Ihr Argument lautete: „Wenn das Leben uns nicht mehr bieten kann als das Schicksal des Kamels, das in der Wildnis zusammenbricht, oder des Vogels, den der Jäger abschießt, was hat es dann für Sinn und Zweck, die natürlichen Triebe der Freude und des Genusses zu unterdrücken? Warum sollen wir nicht die Freuden pflücken, die die Stunde uns bringt? Warum sollen wir zögern, die Stellung, in die wir hineingeboren sind, voll auszunützen? Wenn Gott dich wirklich als einen Herren über deine Brüder gesetzt hat, wünscht er dann nicht, daß du die Zügel anziehst und die Bürde vermehrst, die sie tragen?" Sie zitierten ferner die Zeile eines ihrer Dichter: „Was ist der

Mensch, daß du seiner achtest?" Ihre Lebensweise beruhte, wie einer ihrer Propheten mit Bitterkeit bemerkte, auf dem Grundsatz: „Laßt uns heute essen und trinken, denn morgen sind wir tot."

So entstanden Zirkel junger Leute, die sich zuerst im geheimen und später ohne alle Scheu und Heimlichkeit versammelten, und deren offen eingestandener Zweck war, die von der Religion auferlegten Gebote und Verbote zu zerstören. Sie entdeckten die Welt der Schönheit und des Genusses, zu der ihr grausames Gesetz ihnen den Zutritt versperrt hatte, und sie stürzten sich mit all dem Ungestüm ihrer ausgehungerten und leidenschaftlichen Körper in unsere Freuden. Sie meisterten sehr bald alle die vielfältigen Vergnügungen, die sich durch lange Erfahrung und Tradition bei uns Römern eingebürgert hatten. Sie waren reich und scheuten keine Kosten. Bald übertrafen ihre nächtlichen Bankette auf rosenbestreuten Plattformen die unseren. Es gab Zusammenkünfte junger Männer und Frauen, die mit ihren wunderbar gepflegten Körpern, ihrer Bildung und Kultur, ihrer Gesangskunst und ihrem Witz der besten Gesellschaft Antiochias, Alexandrias und sogar Roms zur Zierde gereicht hätten. Ich muß gestehen, daß sie diesen nächtlichen Festen noch eine ganz eigene Note zu verleihen wußten. Es waren das nicht die wilden, ungezügelten, von jeder Scham befreiten und von erotischer Freiheit gefärbten bacchanalischen Schwelgereien, wie sie in Alexandria üblich und aus dieser Stadt in unseren Hellenismus verpflanzt worden waren. Sie, die Juden, fügten dem Hellenismus eine neue Note hinzu, einen bescheidenen Rhythmus, der eine gewisse Zurückhaltung und Schamhaftigkeit anzudeuten schien und zugleich weit raffinierter und aufreizender wirkte, ähnlich wie ihr Parfüm und ihr Weihrauch. Ihre Frauen vergaßen sich nie, und selbst wenn die Fröhlichkeit und Erregung den Höhepunkt erreichten, zeigten sie sich niemals nackt, sondern hüllten sich in ihr langes Haar. Aber das war eine Verhüllung, die die Nerven noch viel empfindlicher berührte, die viel nackter wirkte als die Nacktheit selbst. Außerdem herrschte auf allen ihren Banketten eine Stimmung der Reue, die, halb unterdrückt, aber beharrlich immer wieder durch die gewollte Heiterkeit hervorbrach, eine Stimmung elegischer Versonnenheit und Versunkenheit, als sei es ihnen unmöglich, ihre Seele ganz von der alten Bürde zu befreien, als könnten sie sich dem Zwange nicht entziehen, den Namen des Todes zu nennen:

Wie der flüchtige Schatten, so ist unser Leben.
Es gibt keine Wiederkehr nach dem Ende.
Laßt uns die Freuden genießen, die vor uns liegen,
Rasch, solange wir noch jung sind.

In dem Kreise aristokratischer Jugend, zu dem ich Zutritt erhielt, verkehrte eine Frau namens Mirjam oder Maria, und weil sie aus der Stadt Migdal am See Genezareth (oder See Tiberias) stammte, wurde sie auch Magdalena genannt — das heißt Mirjam von Migdal. Ihr Ruf war nicht ganz einwandfrei, — oder ich möchte lieber sagen, daß ihr Ruf ein sehr verschiedener war, je nach der Gesellschaftsklasse, die grade über sie urteilte. In unseren Kreisen wurde sie geliebt und geehrt. Als ich sie traf, war sie nicht mehr in der ersten Jugend, sie näherte sich jenem reifen Alter, in dem die griechischen Meister stets die Göttin der Liebe abgebildet haben. Sie war der Typus der erfahrenen Mutter mit breiten Hüften und vollentwickelten Brüsten, die wie schüchterne Tauben zwischen den roten Schleiern ihres Haares hervorlugten. Es lag etwas sanft Mütterliches in der Art, wie sie diejenigen behandelte, welche ihrer Gunst teilhaftig wurden. Und in der Verteilung ihrer Gunstbezeigungen richtete sie sich mehr nach dem Bedürfnis als nach der Belohnung, denn sie war launenhaft, voller Überraschungen und phantastischer Einfälle, eine echte Tochter ihres Volkes. Es gab reiche Männer, die sie liebten, die ihr zu Gefallen ein Vermögen vergeudet hatten, die für den Atem, der von ihren Lippen kam, die willkürlichsten Forderungen erfüllt hätten — diese beachtete sie oft gar nicht und ließ sie in Sehnsucht nach ihr sich verzehren. Statt dessen schenkte sie ihre Güte den Unbedeutenden, den Armen und Verlorenen, die nie den Mut oder die Mittel gehabt hatten, um sie zu werben oder auch nur von ihr zu träumen. Sie verteilte ihre Gunst, wie man Almosen unter die Armen verteilt, das heißt, ohne Lohn und Gegenleistung.

Ich hatte, noch bevor ich sie kennen lernte, viel über Mirjam von Migdal gehört. Aber wer hatte nicht von ihr gehört? Ganz Jerusalem sprach von der Frau, von der es hieß, sie habe großen Einfluß auf die Söhne des ältesten Hohenpriesters, die Führer des Jerusalemer Adels. Das trug nicht wenig zu ihrer Beliebtheit bei der jeunesse dorée bei, denn alle, die gesellschaftlichen Rang anstrebten, imitierten erst einmal die Söhne des Hohenpriesters. Mirjam von Migdal, Maria Magdalena, wußte ihr Leben sehr geschickt einzurichten. Ihre Gunstbezeigungen wurden einer beträchtlichen Anzahl von Erwählten zuteil, so wie der Regen auf viele Felder fällt. Ihre Liebhaber trafen einander, sie kannten einander, aber seltsamerweise war keiner auf den anderen eifersüchtig. Statt Feindschaft zu säen, besaß sie die Kunst, die Menschen durch ihre gemeinsame Liebe zu ihr aneinander zu binden. Auch ich muß gestehen, daß ich ein wenig unter ihren Einfluß geriet, denn bei unserem ersten Zusammentreffen machte sie einen unvergeßlichen Eindruck auf mich.

Das war auf einem Bankett, zu Ehren Hanans, des jüngsten Sohnes des alten Hohenpriesters. Es war eine herrliche Mondnacht, ein perlmutterfarbener Lichtschleier bedeckte den Himmel, und zu unseren Füßen schlummerte Jerusalem, in ein Schattennetz gehüllt. Wir waren trunken von den vielfältigen Düften der Blumen und blühenden Gewächse, die selbst in diesem heißesten Monate reichlich bewässert wurden. Der Jasmin und die hochragende Iris, die Rose und der Lavendel trübten die Luft mit der Lockung ihrer Düfte. Wir lagen auf Ruhebetten in der Säulenhalle des Hauses Hanan, der parfümierte Kopf meines Freundes Theophilus ruhte an meiner Schulter, und im matten Lichte der hängenden Öllampen tanzte Abischelek, ein viel umschwärmtes Mädchen, zum Klange unsichtbarer Harfen. Ihre vollendeten Glieder wiegten sich vor unseren Blicken in rhythmischen Wellen. Sie war noch sehr jung, im dritten Lustrum ihres Alters, und ihr Körper war noch in sich verschlossen wie eine Knospe, kurz bevor sie sich öffnet. Der alabasterne Schimmer ihrer Haut leuchtete durch das zarte sidonische Leinengewebe, das in Falten von ihren Hüften hing, und ihr mandelheller Körper wie Blut und Milch, folgte in strenger Diziplin den Harmonien ihres Tanzes. Ihr mit einem Laubkranz umgürteter Bauch zitterte und zuckte krampfhaft wie die Fläche eines überfließenden Sees, und die Knospen ihrer Brüste sangen tanzend das Lied von ihrer nahen Reife. Am meisten aber entzückte uns das Schlangenspiel ihres Rückens. Ein Wasserfall blendender Weiße ergoß sich in die sanfte und weiche doppelte Rundung hinab, und das geschmeidige Rückgrat vollführte in zitternden Windungen eine ganze Skala schlängelnder Bewegungen.

Und während unsere durstigen Augen die wogende Harmonie des Tanzes tranken, so daß wir die honigreichen Trauben und die honigduftenden Granatäpfel und die vor Süße berstenden Feigen, welche die jungen phönizischen Sklaven uns in goldgeflochtenen Körben reichten, vergaßen, hörten wir plötzlich aus einem dunklen Winkel der Halle eine Stimme sich erheben, die zugleich voll weiblichen Reizes und voll einer quälenden Traurigkeit war, und die Stimme sprach:

„Wer kann den Atem der Jugend zurückhalten, der an unserem Körper haftet und der wie der nächtliche Tau auf der Rose ist? Wer kann die Festigkeit unserer Glieder versiegeln, daß sie nicht in dem Sturme der Zeit zerfallen? Wer kann auch nur für einen Augenblick unseren Gang in's Verderben hemmen? *Wer* kennt so gut wie wir selber die Nichtigkeit unseres Seins? *Er* hat uns zu Zeugen unseres eigenen Verfalles gemacht. Er hat aus unseren Leibern ein Nest der Würmer gemacht, die wir zu unserem eigenen Verderben heranzüchten. Was ist Schönheit, die wie ein Nebel verfliegt? Der Wind nimmt sie auf und trägt sie weg. Worüber sollen wir jubeln — über das, was einmal war und jetzt nicht mehr ist? Sind nicht unsere Tage wie die des gedungenen Knechtes auf den Feldern? Wie der Sklave, der nach dem Schatten der Nacht lechzt, so lechzen wir nach den Schatten des Todes..."

Das Mädchen hielt in ihrem Tanz inne. Wir verstummten und rührten uns nicht. Das Haupt des Theophilus an meiner Schulter zitterte. Dann gab Hanan den Sklaven ein Zeichen, sich zurückzuziehen. Eine bedrückende Totenstille lastete über uns allen. Die kleine Abischelek, deren Schönheit in ganz Judäa sprichwörtlich war, brach in hysterische Tränen aus, und in diesem Augenblick trat die Frau, die mit ihrem Klageliede unsere Heiterkeit getötet hatte, aus ihrem Winkel hervor. Es war Mirjam von Migdal. Sie näherte sich der kleinen Abischelek, zog das Mädchen unter ihren Schleier, wischte ihr mit einem Tuche die Tränen ab und führte sie in den dunklen Winkel, aus dem sie gekommen war.

Später lernte ich Maria von Migdal näher kennen. Ja, sie hielt uns alle wie Hunde an der Leine, manche ließ sie herankommen, andere scheuchte sie unbarmherzig zurück. Zuweilen auch machte es ihr Spaß, keinen einzigen ihrer zahlreichen Liebhaber zu kennen und keinem den Zutritt zu ihrem Haus zu gestatten. Ihre verwöhntesten Favoriten waren ihrer niemals sicher. Der junge Hanan galt als einer ihrer „offiziellen Bewunderer", und sie hatte ihn große Summen Geldes gekostet. Sein Bruder Theophilus und dessen Frau verkehrten in ihrem Hause, und es fanden dort ganz wunderbare Abende statt. Von einem dieser Abende werde ich an anderer Stelle berichten. Einer der askalonitischen Offiziere unserer Garnison war hoffnungslos in sie verliebt. Ein gewisser Kalman ben Kalman, Sohn eines Jerusalemer Millionärs, der einen solchen Reichtum an Landgütern, Feldern und Olivenhainen geerbt hatte, daß er ihn gar nicht berechnen konnte, überschüttete sie mit kostbaren Gaben. Aber einem ihrer Bewunderer, einem babylonischen Prinzen, der ihretwegen sich zum jüdischen Glauben bekehrt hatte, schien sie am meisten Vertrauen zu schenken. Er pilgerte häufig nach Jerusalem und spendete mit verschwenderischer Hand die reichsten Opfergaben. Er hatte für Mirjam von Migdal in der unteren Stadt ein Haus babylonischen Stils errichten lassen. Darüber hinaus hatte Mirjam auch noch zahllose Bewunderer unter den jüdischen Kaufleuten aus Alexandria, Antiochia und Caesarea, die auf ihren Geschäftsreisen und Pilgerfahrten nach Jerusalem kamen.

Es war das eine ihrer charakteristischen Launen, daß sie sich in dem ärmsten Teile der Stadt niedergelassen hatte und um keinen Preis unter der Aristokratie in der oberen Stadt wohnen wollte oder in dem neuen Viertel am Abhang des Scopus-Berges hinter dem Schafstore, dem Viertel, das seit einiger Zeit in Mode gekommen war, weil dort genügend Platz war für große Gärten. Ihr Haus stand dicht an der Mauer, die die Stadt vom Tale des Kidron trennte.

Keine angenehme Wohngegend. Ja, es gab eigentlich nur ein Viertel, das noch weniger verlockend war, nämlich das Tal hinter dem Dung-Tore, das Tal des Hinnom, wo die Wasser des Siloah durch die Gossen rieselten und die Aussätzigen ihre Lager aufgeschlagen hatten. Nicht umsonst war der Name Ge-Hinnom oder Tal des Hinnom zum Symbol für den Höllenpfuhl geworden, der die Bösen in der künftigen Welt erwartet. Jedenfalls war es kein passender Ort für eine Dame ihres Standes. Aussätzige gab es zwar nicht, aber dafür eine Menge Männer und Weiber, die an anderen Krankheiten litten. Sie versammelten sich an den Wassern des Kidron und erfüllten die Luft mit dem Gestank ihrer Seuchen. Riesige Fliegenschwärme nisteten in dem Tale, denn auf der gegenüberliegenden Seite, am Fuße des Ölberges, hatte der Hohepriester oder vielmehr das Haus Hanan seine Stallungen und die Vorratskammern für die Häute der Opfertiere. Die Diener und Sklaven des Hohenpriesters wuschen im Kidron die Häute, um sie marktfertig zu machen. Ein unbeschreiblicher Schmutz herrschte in diesem Viertel der Stadt. Sämtlicher Unrat Jerusalems wurde zum Dung-Tore hinausgetragen und im Kidron-Tale abgeladen. Bettler durchstöberten die Müllhaufen, suchten nach den Resten vom Tische der Reichen oder nach Lumpen, um ihre Scham zu bedecken.

Hier in diesem Viertel hatte Mirjam ihr Haus gebaut; hier inmitten der Armut, zwischen den schmalen, unflätigen Gäßchen, standen die Mauern ihres Hauses hinter Zypressen und Ölbäumen. Das Heer der Armen belagerte unablässig ihre Türen, und die Diener verteilten, nach strengem Befehl, Essen und Geld.

Eine übermächtige Lebenslust zwang sie, den Freudenbecher bis zur Neige zu leeren, — aber am Kelchesrand haftete stets ein bitterer Geschmack von Gift, Rastlosigkeit und Reue, die Spuren des religiösen Wahnsinns, der sie nicht zur Ruhe kommen ließ. Ihre Diener trugen die rituellen Fransen an ihren Kleidern, kein menschliches oder tierisches Abbild war in ihrem Hause erlaubt, die Einrichtung war von bestem Stoff, wies aber keinerlei Verzierungen auf, nirgendwo gab es auch nur den leisesten Anklang an die Künste oder Sitten der römischen und heidnischen Welt, und im Umkreise ihrer Mauern herrschte die strenge Disziplin des mosaischen Glaubens. Als ich sie kennen lernte, litt sie bereits unter religiösen Anfällen — (ich möchte darauf hinweisen, daß es ein Charakteristikum aller orientalischen Völker ist). Sie hatte sich mit einer Schar von Gesetzauslegern, Weisen und Schriftgelehrten umgeben. Es waren das natürlich nicht die echten und anerkannten Gelehrten, die in den Tempelhöfen predigten und lehrten; die wären ihr nicht auf hundert Schritt in die Nähe gekommen, und so oft sie eine Gabe oder ein Opfertier in den Tempel sandte, wurde endlos darüber disputiert, ob man die Gabe annehmen solle, denn ihr Geld galt als unrein. Es gab aber genug Schriftgelehrte von zweifelhaftem Range, die mit geringeren Skrupeln an die Ausübung ihres Berufes herangingen. Sie versäumten nicht, ihr mit den Flammen und Teufeln der Gehenna zu drohen, aber sie versprachen ihr auch ein zweites Leben, weil sie den Reichtum ihrer Anbeter wohltätigen Zwecken zuführte — vor allem natürlich dem Unterhalte der Schriftgelehrten. Und dann die Scharen der Armen, die ihr Haus in eine Zuflucht des Elends und der Krankheit verwandelten. Die Straßen waren schwarz von Menschen, wenn sie in ihrer Sänfte erschien, begleitet von zwei Sklaven, die aus großen Geldsäcken Münzen an den Pöbel verteilten. Außerdem spendete sie mit freigebiger Hand für die verschiedenen, von den mildtätigen Frauen Jerusalems gegründeten Institutionen, die einen außerordentlichen Umfang hatten und sich von der Sorge für die armen Weiber im Kindbett bis zu den letzten Tröstungen zum Tode verurteilter Verbrecher erstreckten... Ich brauche kaum zu erwähnen, daß Mirjam von Migdal zu den Vereinigungen der „edlen Damen Jerusalems" keinen Zutritt hatte. Sie zögerten sogar, ihre Spenden entgegenzunehmen, aber ihre „Gelehrten" fanden eine Auslegung des Gesetzes, die, ohne den Buchstaben zu verletzen, den Fluß des Geldes nicht behinderte. Und die stolze und schöne Mirjam nahm daran keinen Anstoß. Im Gegenteil, sie war außer sich vor Freude, daß man ihr erlaubte, die goldenen Denare zu opfern, die ihre Liebhaber ihr geschenkt hatten.

XI. KAPITEL

Und in dieser Gosse, mitten in diesem Schmutz und Gestank, hütete Mirjam von Migdal ihre Essenzen. Sie hatte auf dem Ölberge einen Garten angelegt, dort wurden nach ihren eigenen Vorschriften die seltenen Pflanzen, die sie brauchte, gezogen. Es war, als wollte sie mit den Waffen ihrer kostbaren Öle und Parfüms den mephitischen Dünsten ihrer Umgebung zuleibe gehen. Mancher mächtige König beneidete sie um ihre Schätze.

Die Juden haben eine Schwäche für Öle und süßduftende Kräuter. In einem der vielen Gemächer ihres Tempels hatten sie eine Kräuterküche eingerichtet, dort bereiteten sie Essenzen aus den seltensten Pflanzen für die heiligen Lampen und für andere rituelle Zwecke. Sie hatten sogar eine besondere Schatzkammer für die Öle und Parfüms. Diese Schätze waren ihnen nicht weniger teuer als ihr Goldschatz und waren der Gegenstand zahlreicher Legenden geworden Es hieß, die Kammer enthalte die seltsamsten und exotischsten Gewächse, die die frommen Juden aus den entferntesten Winkeln der Welt geschickt hatten. Sie enthielt auch Salböle von unglaublichem Alter und großer Heiligkeit. Eines dieser Salböle, behauptete die Legende, sei noch von der Zeit her aufbewahrt worden, da die Juden in der Wildnis umherirrten. Die Gottheit habe es vom Himmel herabgesandt und befohlen, es bis zur Ankunft des Messias aufzuheben, zu dessen Salbung es bestimmt sei. Ferner erzählte man, daß gewisse Öle, wenn ein Ungläubiger sich ihnen nähere, einfach verschwänden und auf diese Weise ihre Reinheit bewahrten. Sie mußten dann von den Priestern neu entdeckt und neu präpariert werden.

Es hatte sich um die Kräuter, Öle und Gewürze, die an den verschiedenen Feiertagen und bei den Reinigungsopfern Verwendung fanden, ein komplizierter und unverständlicher Kult entwickelt. Öle und Essenzen wurden bei vielerlei Gelegenheiten verwendet — für die Salbung des Bräutigams, für die Schmükkung der Braut, bei der Aufbahrung der Toten. Die Reichen salbten sich mit duftenden Ölen, wenn sie ein Festmahl hielten. Selbst das gewöhnliche Volk, die Allerärmsten, schmierten zu bestimmten Zeiten ihre Körper mit Öl ein. Es gab Salben gegen Krankheiten und Hautausschläge und Wohlgerüche, die die Liebe im Herzen der begehrten Person erweckten, Räucherwerk, das gegen Hexerei und gegen den bösen Blick wirken sollte, ganz zu schweigen von den zahllosen Ölen, die für Reinigungszwecke benützt wurden. In der Stadt wimmelte es von kleinen Ölmühlen, welche die Straßen mit dem Geruche ihres Inhalts erfüllten. Es schien keine Pflanze, kein Kraut, kein Gewächs zu geben, aus dem sie nicht eine Essenz bereiteten. Daher wimmelte es in ihrer Sprache von allerlei Namen für die verschiedenen Öle, je nach dem Gewächse, aus dem sie gepreßt wurden, oder dem Zwecke, für den sie bestimmt waren.

Jede adlige Dame hatte natürlich ihre persönlichen Wohlgerüche und kosmetischen Öle, die nach ihren eigenen Rezepten, aus ihren eigenen Pflanzen bereitet wurden, aber Mirjam von Migdal übertraf sie alle an Originalität, Raffinement und Anzahl ihrer Salben. Sie führte ein Doppelleben. Das eine Leben gehörte ihrem Hause im Kidron-Tale, das andere, grundverschieden vom ersten, ihrem Garten auf dem Ölberge. In der unteren Stadt war sie die Weltdame, die die reiche und kultivierte Jugend Jerusalems in ihr Haus lockte. Dort empfing sie ihre reichen Bewunderer, dort zeigte sie sich im flammenden Schleier ihrer Haare, die ihre Dienerinnen mit solcher Geschicklichkeit zu flechten wußten, daß nur an manchen Stellen die nackte Haut hindurchschimmerte. Aber hoch oben auf dem Ölberge, in dem Garten, der zu dem Dorfe Beth Eini gehörte, hatte sie ein Haus, in welchem ihre Schwester Martha und ihr Bruder Elieser lebten. Der Garten trug den Namen Gath Schemen oder Gethsemane, das heißt in ihrer Sprache so viel wie Ölkelter, denn dort wurden Mirjams Salben bereitet. Es war das ein ganz wunderbarer Garten, würdig des Rufes, den er in Jerusalem und auch außerhalb genoß. Mirjam hatte aus allen Ecken der Welt eine unübersehbare Fülle von Kräutern, Pflanzen und Blumen zusammengetragen. Sooft sie von einer seltenen Blüte oder einem Kaktus hörte, der in einer fernen Wildnis wuchs, ließ sie ihn holen und in ihren Garten verpflanzen. Es kam ihr nur darauf an, daß sie in den Besitz eines neuen zarten Wohlgeruchs gelangte. Sie beschäftigte ihre eigenen Ölkelterer, deren Geruchssinn sehr entwickelt war, und die geheime Rezepte für die Bereitung und Mischung von Wohlgerüchen besaßen, Rezepte, welche von einer Generation auf die andere vererbt worden waren. Es ging das Gerücht, in ihrem Garten wachse jene sagenhafte Pflanze mar-d'ror, oder Mandragora, die die Juden aus der Wildnis mitgebracht hatten und aus der das ursprüngliche Öl bereitet worden war, welches, auf dem Altar ausgegossen, das Wohlgefallen ihres Gottes erweckte. Mit der Zeit jedoch war die Pflanze verlorengegangen. Man erzählte in Jerusalem allerlei Geschichten von den Gelehrten, die in Mirjams Garten hatten nachforschen lassen, ob er tatsächlich die eigenartige Pflanze mar-d'ror enthalte; und dann gab es heftige Auseinandersetzungen, ob es erlaubt sei, die Pflanze für den Tempel zu verwenden. Mirjams religiöse Berater hatten viel Mühe mit der ungeheueren Vielfalt der Gartengewächse: wurden sie schön säuberlich in ihren besonderen Beeten gezogen, wie das Gesetz es verlangt, oder wurden die Arten aufeinandergepfropft und miteinander gekreuzt, was die Religion ausdrücklich verbietet?...

Maria Magdalenas Garten lockte die Gebildeten und Neugierigen aus aller Herren Länder an. Besucher aus Rom, Griechenland und Ägypten, die zufällig nach Jerusalem kamen, baten um die Erlaubnis, ihn besichtigen zu dürfen. Selten gewährte sie diese Erlaubnis, denn Gethsemane war ihre Zufluchtsstätte. Dorthin zog sie sich zurück, wenn sie des lärmenden Stadtlebens müde wurde, dort verbrachte sie ganze Tage in tiefem Sinnen, dort gab sie sich Rechenschaft von ihrem Tun. Die Ewigkeit, die letzte Bestimmung des Menschen und der Sinn des Lebens, das waren die Probleme, die sie ständig verfolgten. Sie konnte sich nicht, wie wir anderen, mit den Freuden des Tages begnügen, mit den Früchten, die von den Zweigen der Stunden fallen. Diese Freuden sagten ihr eigentlich gar nichts, und die strahlenden Bankette, die sie in ihrem Stadthause veranstaltete, sollten eher dazu dienen, ihr in nächtlichem Rausche Vergessen zu bringen, als ein ehrliches Gelüst zu befriedigen. Dann geschah es, in einer warmen Sommernacht, im Sternenlicht auf der Terrasse des Hauses, daß die matte Flamme ihrer Begierden plötzlich erlosch, und sie verschwand für einige Wochen, um zu fasten, zu bereuen und zu büßen und die bärtigen, schwarzgekleideten Rabbis um Rat zu fragen, wie sie sich von ihren Sünden reinwaschen könnte.

Und ihr Garten war in der Tat der richtige Ort für einen Menschen, der über sich selber nachzudenken wünscht — ich kann das bezeugen, denn ich bin dort gewesen. In Begleitung einiger Freunde, die ebenso begierig waren wie ich, den berühmten Ruhesitz zu sehen, machte ich mich einmal auf den Weg, ohne eingeladen zu sein, und wollte einen Besuch wagen. Wir ritten den Hang des Ölbergs hinauf. Wir hatten Glück mit unserem Wagnis: Mirjam von Migdal war zu Hause. Sie war an diesem Tage, wie sie das oft machte, in den Tempelhof gegangen, um von früh bis abends den Disputationen der Schriftgelehrten zu lauschen. Ein junger Mann empfing uns, ihr Bruder, wie sich später herausstellte. Auf seinem außerordentlich langen Körper saß ein Gesicht, desgleichen ich noch niemals gesehen hatte. Die Wangen waren unglaublich abgezehrt, aber von einem seltsam gütigen Lächeln belebt — man hätte es ein idiotisches Lächeln nennen können. War es Einfalt oder Güte? Zuerst hatte ich das Gefühl, er sei geistig zurückgeblieben, denn er lächelte unaufhörlich beim Sprechen und schien mit Freuden alles zu tun, was wir, völlig fremde Leute, von ihm verlangten. Ich merkte später, daß es reine Einfalt war, eine Einfalt, der man häufig genug unter dem Landvolk in Judäa und noch mehr in Galiläa begegnet. Er fragte uns nicht ein einziges Mal, wer wir seien und was wir hier zu suchen hätten, sondern machte eine tiefe Verbeugung und bat uns, einzutreten. Er holte Waschbecken und Tücher, um uns die Füße zu waschen, obgleich wir Sandalen trugen. Er wusch uns die Hände und trat auf uns zu, um uns zu küssen, wie das bei diesen Leuten Sitte ist, wenn sie Besucher empfangen. Das Innere des Hauses war peinlich sauber und einfach. Nichts erinnerte an das prunkvolle Haus in der Stadt. Eine kalte und auf das Notwendigste beschränkte Einrichtung: zwei Matten aus geflochtenem Stroh auf dem harten Lehmboden, zwei Kissen und Decken, halb verborgen hinter Bambusschirmen, ein niedriger Tisch, daneben zwei Matten, und dann ein paar irdene oder geflochtene Gefäße oder Kürbisflaschen, ein paar Töpfe, zwei große Urnen, einige Holzbretter, lauter schlichte Gegenstände, in denen sie ihren täglichen Vorrat von Brot, Käse und saurer Milch aufbewahrten. Wie in jedem armen Hause war auch hier der steinerne Herd so gebaut, daß der Rauch nicht durch das Dach, sondern durch die offene Tür ins Freie strömte.

Vor der Tür und dem Fenster hingen Vorhänge aus geflochtenem Stroh. Der Mann bat uns, Platz zu nehmen und es uns wohl sein zu lassen, aber ich konnte den seltsamen Eindruck nicht loswerden, den er auf mich gemacht hatte. Er sprach langsam und mit vielen Unterbrechungen, als ob seine Organe wie seine Impulse stumpf und schwerfällig wären, zugleich aber schienen sein freundliches Lächeln und sein wehmütiges Benehmen um Verzeihung zu bitten für die mühsame Rede. Ich entdeckte sehr bald, daß diese Schwerfälligkeit keineswegs von einer geistigen Zurückgebliebenheit herrührte. Sie war der Ausfluß einer gewissen inneren Gelassenheit. Denn als er uns später durch den Garten mit all seinen komplizierten Pflanzen führte, legte er sowohl Klugheit wie Kenntnisse an den Tag. Aber der unerschütterliche Glaube, der ihn besessen hielt, erweckte zuerst in mir das Gefühl, daß ihm irgend etwas mangle und daß er ganz einfache Dinge und Vorfälle nicht zu erfassen und zu analysieren imstande sei. Es war das eine wunderliche und unheimliche Wirkung, als hätte ich nicht einen mit Willens- und Nervenkraft begabten Menschen, sondern eher ein fremdartiges, träges Tier vor mir. Die gleiche Fremdartigkeit, ich möchte fast sagen, der gleiche Todeshauch ruhte über dem ganzen friedlichen Hause; denn man hätte aus der Stille, aus der strengen Sauberkeit und Ordnung schließen können, daß hier eine Stätte der Toten sei. Einen ganz anderen Eindruck freilich erhielt man von Mirjam und von ihrer jungen Schwester Martha, die ihr Bruder nun hereinrief. Martha, obwohl unser unerwarteter Besuch sie sichtlich nervös und bestürzt machte, war doch immerhin so eitel, daß sie schnell ihr Gesicht im Wasserkrug besah, während sie auf uns zueilte. Er aber blieb uns trotz all seiner Bescheidenheit und Unterwürfigkeit so fremd, als ob er einer anderen Welt angehört hätte.

Auch als er uns durch den Garten führte, wurde der Abstand zwischen uns nicht kleiner. Er interessierte sich für das, was er uns erzählte, und doch ließ es ihn gleichgültig. Wir sahen ihn da vor uns stehen, wie er uns eine Pflanze nach der anderen zeigte, wie er zu uns sprach, wie er seine Umgebung betrachtete und die Gegenstände mit Händen berührte, und dennoch war er gar nicht zugegen, er weilte anderswo, als sei er nur halb aus einem Traume aufgewacht, der in Wahrheit sein wirkliches Leben war.

Überdies herrschte eine ganz verblüffende Übereinstimmung zwischen seinem Wesen und dem Charakter des Gartens. Ich hatte noch nie eine so bunte Pflanzenwelt gesehen. Ich hatte nicht gewußt, daß es so viele Pflanzen gibt. Es war das nicht ein gewöhnlicher Garten, sondern eine Nekropolis versteinerten Laubwerks und erstarrter Farben in Gestalt kriechenden Getiers und der Glieder unbekannter Geschöpfe. In Judäa gewöhnt man sich an den Anblick neuartiger Pflanzen und Gemüse, die man in anderen Ländern nicht kennt. Da die Juden bei der Zubereitung ihrer Fleischgerichte an äußerst strenge Vorschriften gebunden sind, sind sie sehr auf die Produkte ihrer Gärten angewiesen und haben daher eine ungewöhnliche Mannigfaltigkeit an Gewächsen gezüchtet. Man findet dort Melonen und Artischocken von einer Form und einem Umfang, wie es sie nirgendwo anders gibt. Sie haben eine Art Apfelmelone, die k'sus heißt und einem Tiere gleicht, das auf den Blättern umherkriecht. Die Blätter sind hart und schwarz wie altes Leder und mit rauhen Zacken besetzt. Die Frucht ist eine Mischung aus Blume und Frucht mit einem starken Pfefferminzgeschmack, der auf der Zunge brennt. Die Artischocke, die sie kineres nennen, ist nicht ein Gemüse, sondern eine Art Kaktus mit den Krallen einer Wildkatze. Zwischen den Krallen liegen Säckchen mit einem Zauberpulver, welches die Insekten anlockt, von denen die Pflanze sich nährt, indem sie sie aussaugt. In diesem Lande wachsen Gewächse, die mehr Tier sind als Pflanze. Jedoch alles, was ich bis dahin in Judäa gesehen hatte, war nichts im Vergleich zu dem Inhalte dieses Gartens.

Auf einer abschüssigen Terrasse im Schatten dunkler und schwarzer Zypressen lagen vier mit Spalieren versehene Pflanzenreihen. Dicht neben dem Eingang lagen vier Blumenbeete: Auf dem einen wuchsen knallrote Mohnblumen, wie sie in Judäa nur im Frühling häufig sind, auf dem zweiten ausgesuchte blaue Hyazinthen, deren Köpfe in dichten Büscheln herabhingen, auf dem dritten die zitternden Lilien des Tales und auf dem vierten violette Schwertlilien. Die vier Farben, erklärte uns Mirjams Bruder, stellen die vier Elemente der Schöpfung, Erde, Luft, Feuer und Meer, dar. Ich erinnerte mich, daß das eine Wiederholung jener Symbolik war, die auch im Tempel vorkam — auf den seltsamen babylonischen Vorhängen, die nach dem Berichte des jungen Hanan den Eingang zum Heiligtum bedecken und aus gelben, blauen, roten und violetten Fäden gewebt waren. Zwischen den vier Blumenbeeten und den Spalieren im Schatten der Zypressen lag der eigentliche Spezereigarten oder, wie ich mich ausgedrückt habe, die Totenstadt versteinerter oder verzauberter Geschöpfe: Ein Feld phantastischer Gestalten, gähnender Mäuler, verkrümmter Glieder, verkrampfter Fühler, schwarzer

Zungen und gezückter Schwerter, ein Gewirr schwerer Farben, dichtgedrängt und bedrückend, vom tiefsten Blau bis zum grellsten Rot. Nebeneinander wucherten Drachenblumen wie ein Würmerknäuel, Schwertlilien, die in ihren Glocken andere Blumen wie Schmetterlinge gefangen hielten, Nelken, die fest in ihrem Blütenstaube schlummerten, Narzissen, Cumin und scharfe Pfefferminze, sanftblauer Lavendel und stechend berauschender Ingwer, Muskatnußbüsche und Safran, Zimtpflanzen mit winzigen gespaltenen Zungen. Dazwischen blühten zahllose Feldblumen. Aus dem bunten Farbenteppich stieg fast sichtbar eine Wolke aromatischer Wohlgerüche empor.

Bisher habe ich nur bekannte Namen genannt, denen man in allen Gärten begegnet. Als wir über die ersten Beete hinauskamen, stießen wir auf ganz unglaubliche Gebilde, verkrümmte, wurzelförmige Gestalten, die mit spitzen Fangarmen nach unseren Kleidern haschten und uns nicht weiter lassen wollten. Das waren die exotischen Pflanzen, die aus fernen Wildnissen stammten, wie die scharfriechenden Helbonah und Lebonah, die im Tempeldienste verwendet werden. Sie stammen aus Syrien, man trocknet sie und zerreibt sie zu Räucherwerk. Nun wußte ich, wo Mirjam die duftenden Kräuter fand, die sie in den metallenen und irdenen Räucherfäßchen in den Räumen ihres Hauses verbrannte. Wir sahen in ihrem Garten Pflanzen, die nach Form und Farbe ein genaues Konterfei abgetrennter Menschen- oder Tierglieder waren: ein flammendroter Hahnenkamm, ein aufgerecktes Eselohr, Nasen, die gleichsam schnuppernd aus der Erde ragten und, wie man hätte meinen können, im Ein- und Ausatmen erzitterten, verkrüppelte Pflanzen, die keine Blüte hervorbrachten, sondern aus Sporenpilzen bestanden, und nackte, verrenkte Wurzeln, die wie in stummem Gebete unirdische Hände, Fäuste und Finger nach uns ausstreckten. Ich hätte schwören mögen, daß ein bitteres Wehklagen von ihnen ausging, als ob das die irdischen Reinkarnationen toter Sünder wären, die um Erlösung flehten.

Und alle diese Pflanzen, Blumen, Dornen und Kakteen, ob bekannt oder unbekannt, von der heimatlichen Feldblume bis zu dem seltsamsten Wüstengewächs, hatten nur den einen Zweck, ihre verborgenen Essenzen für die Salben und Wohlgerüche Mirjams von Migdal zu spenden.

XII. KAPITEL

Die religiösen Anfälle der Maria Magdalena traten nur von Zeit zu Zeit auf. Wenn sie von ihnen frei war, veranstaltete sie in ihrem Hause die interessantesten Abende, bei denen alles sich versammelte, was in der Stadt einen Namen hatte.

Hier konnten wir Römer mit der gebildeten Klasse der Juden zusammentreffen und freimütig unsere Meinungen austauschen. Uns einigte die Bewunderung für diese außergewöhnliche Frau, wir alle unterlagen dem Zauber der bräunlichen Haut, deren Perlenschimmer hier und dort zwischen den Falten ihrer Schleier sichtbar wurde. Ihr straffer Körper war mit allen Geheimnissen der Liebe gesättigt. Der lange, stolze Hals, die riesigen schwarzen Augen krönten die gesegneten Glieder, und mit den feinen Wohlgerüchen, die sie wie eine Wolke umgaben, hielten sie uns alle, Juden wie Ungläubige, in ihrem Bann. Für jede Stimmung hatte Mirjam ein anderes duftendes Öl, das sogleich eine besondere und passende Atmosphäre schuf. Sie spielte mit diesen Wohlgerüchen, wie eine Schlange mit den Farben ihrer Schuppen spielt. Wenn sie in Niedergeschlagenheit versank — Vorbote eines neuen religiösen Anfalles —, ging von ihr ein tiefer ruhiger Lilienduft aus, der unsere Seelen umschattete. Wenn sie uns mit einer Stimmung zarter Bescheidenheit erfüllen wollte, benützte sie die Essenzen unschuldiger und frischer Veilchen und der Lilien des Tales, einen Wohlgeruch, der an die Frühlingsregen erinnerte. Und wenn sie uns die stärksten Begierden des Fleisches einflößen wollte — Woge um Woge eines Verlangens, das den Willen besiegt und ihn zum Sklaven ihrer herrischen Befehle macht —, dann entsandte sie aus ihren Schleiern und dem dichten Geflecht ihrer Haare einen süßen reifen Rosenduft, welcher mit einem scharfen, durchdringenden und verwirrenden Destillat, dessen Natur wir nicht kannten, vermischt war.

Ihre Öle und Wohlgerüche bewahrte sie in einem besonderen Zimmer des Hauses auf. Dort hatte sie eine außerordentliche Sammlung von Flaschen, Phiolen und Flakons in Perlmutterfarben, zartes, regenbogenfarbenes phönizisches Glas, das mit Kandelaber- und Traubenornamenten verziert war, Tropfgläser mit langen dünnen Hälsen, die ihren Inhalt nur tropfenweise hergaben. Ihre kostbarsten Öle verwahrte sie in tönernen und irdenen Töpfen, denn das feinere Material hätte die Verdunstung gefördert und das Öl zerstört. Sie besaß auch eine große Anzahl winziger Gefäße aus edlen Steinen, Türkisen und Smaragden, die sie an einer goldenen Kette um den Hals trug. In den Augenblicken süßester Gnade salbte sie ihren Auserwählten mit dem Inhalte der kostbaren Phiolen.

Von dem hochentwickelten Sinne der Juden für Wohlgerüche und Öle, von den Rezepten, die in den Familien von einer Generation zur anderen vererbt werden, von den mannigfaltigen Anlässen, die den Gebrauch der Salben erfordern, und von den Spezialisten ihrer Herstellung habe ich bereits erzählt. Dieser Beruf galt als einer der angesehensten und einflußreichsten in Jerusalem. Es gab sogar ein Sprichwort: „Das Öl liebt die Stimme des Mörsers." Ich lernte mit der Zeit mehrere dieser Ölmischer kennen, und da war einer, dem ich unter ganz ungewöhnlichen Umständen im Hause der Maria Magdalena begegnete. Von dieser Begegnung will ich jetzt berichten.

Wir saßen eines Abends in Mirjams Haus, eine ziemlich große Gesellschaft. Das Mahl fand zu Ehren ihres reichen babylonischen Bewunderers statt, des kleinen Prinzen, der wieder einmal nach Jerusalem gekommen war, um den Tempel seines neuen Gottes zu besuchen. Es war für die Jerusalemiten von Wichtigkeit, den Babylonier, welcher aus einer mächtigen und einflußreichen Familie stammte, aufmerksam zu empfangen, und so hatten sich an diesem Abende sämtliche Bewunderer Maria Magdalenas eingefunden. Zwei von Hanans Söhnen waren zugegen, mehrere wohlhabende junge Leute aus der Stadt, unter ihnen der Sohn des reichen Kalman, und schließlich auch der askalonitische Offizier aus der römischen Garnison. Frauen gab es kaum. Mirjam liebte nicht die Gesellschaft von Frauen, aber sie hatte an diesem Abende die kleine Abischelek, für die sie eine herzliche Freundschaft empfand, und ein oder zwei andere junge Mädchen eingeladen. Sie wollte von Jugend umgeben sein, deshalb hielt sie auch keine griechischen oder ägyptischen Musikanten im Hause, wie das sonst in allen vornehmen Häusern Jerusalems Sitte war. Die griechischen Musikanten und Sänger und die ägyptischen Flötenbläser, die entweder als Freie nach Jerusalem kamen oder von den Sklavenmärkten Zors und Askalons hergeschickt wurden, waren nicht mehr jung. Sie hatten blanke Glatzen, und ihre Körper waren bar aller Begierden, denn die Jahre hatten ihnen ihren Reiz und ihre Lebenslust geraubt. Mirjams Musikanten waren Leviten aus armen Familien, die keine Aufnahme in den Tempeldienst gefunden hatten. Sie waren in der Musikschule, welche der Tempel für die Kinder der

Leviten unterhielt, erzogen worden. Ihre Erziehung und ihre Ausbildung hatten sich streng in den traditionellen Bahnen bewegt, und sie waren zu keiner anderen Musik als zu ihrer eigenen zu gebrauchen. Wenn Maria Magdalena tanzte, ließ sie sich stets von der kleinen Phiha, ihrer geliebten ägyptischen Flötenbläserin, begleiten.

Die Gäste, die sich an diesem Abende zu Ehren des babylonischen Prinzen versammelten, hatten ihre kostbarsten Kleider und Juwelen angelegt. Ja, sie versuchten einer den anderen auszustechen. Perlen und Edelsteine glitzerten sanft in den Falten der seidenen ketonets oder Gewänder. Der Prinz selber trug sein Königsgewand und auf dem Kopfe eine Tiara blitzender Juwelen; die meiste Aufmerksamkeit aber erregte sein ketonet von zartem babylonischen Gewebe, das bis zum Halse zugeknöpft und mit Perlenfransen besetzt war. Die Schwäger des Hohenpriesters sahen kaum weniger vornehm aus, sie trugen silberne Mäntel über ihren ketonets. Der Sohn des Geldmannes, dessen Rang der eines einfachen Israeliten war, durfte einen solchen Mantel nicht tragen (das war ein Vorrecht der Angehörigen regierender Häuser, denn der Silberglanz erinnerte die Juden an ihre Engel, die wohltätigen Dämonen ihres Gottes), aber er suchte die anderen mit den Ringen, die er an seinen Fingern trug und die mit seltenen Steinen besetzt waren, die einen schwarz wie die Nacht, die anderen blau wie der mittägliche Himmel, und mit der Diamantenkette, die er um den Hals hängen hatte, zu übertrumpfen. Die Steine glitzerten ganz unverschämt, und wir alle fanden die Art dieses Emporkömmlings, seinen Reichtum vor uns zu entfalten, sehr geschmacklos. Wir Römer waren in unseren Hauptmannsuniformen erschienen, im Brustpanzer, an dem unsere Medaillen hingen. Die Panzer aber trugen wir nur während der formellen ersten Hälfte des Bankettes. Später dann, als Mirjam für uns tanzte, und die Stimmung nicht mehr so steif und zurückhaltend war, legten die Priestersprößlinge ihre Silbermäntel und der Prinz sein Diadem ab, während wir Römer uns von den Dienern die Brustpanzer abnehmen und die Togen ausziehen ließen, so daß wir nur noch unsere Tuniken anhatten. Denn im Hause war es heiß von den Dünsten, die aus den glimmenden Räucherfäßchen emporwallten.

Die kleine Phiha, die Mirjams Tanz mit ihrem Spiele begleitete, hatte einen kleinen vollen Mund, der aus ihrem rundlichen Gesicht wie eine reife Traube hervorstand. Der mandelförmige Schlitz ihrer Augen war durch eine Operation verlängert worden, und ihr pechschwarzes Haar hing in zahlreichen winzigen Löckchen über die Achseln herab. Schmucksteine glitzerten zwischen den Locken, rund um einen weißen Elfenbeinkamm, und an ihrer Schläfe war eine weiße Lotosblüte befestigt. Ihr Hals verlief in kräftigen Linien bis zum Schlüsselbein, und ihre unverhältnismäßig langen Arme waren, ebenso wie ihre nackten Füße, mit Ringen und anderem Zierat bedeckt. Ein zarter, schwarzer, mit Lotosblüten bestickter Tüllschleier umhüllte ihren wohlgeformten Körper, und die Linien ihrer Hüften und Brüste zeichneten sich durch die Gaze hindurch ab. Sie ruhte auf einem Knie, während ihre Finger mit den gelblackierten Nägeln über die Saiten der langen Harfe glitten und ihnen eine seltsame Melodie entlockten. Zu den gedämpften Tönen der Harfe erschien nun vor uns Maria Magdalena, umwallt von dem Weihrauch aus den glimmenden Räucherfässern, die die jungen Leviten umhertrugen. Zuerst war sie fast gar nicht zu sehen, dann, als die Weihrauchdünste langsam sich lichteten, wurde sie plötzlich sichtbar. Was für ein phantastisches Bild! Eine Flut brandroten Haares umhüllte den nackten Körper, und die Haarsträhnen waren mit solchem Geschick arrangiert und geflochten, daß man hätte meinen können, sie trage eine schimmernde Tunika. Wie ein durchscheinendes Netz hing das zarte Haargewebe vor dem dunklen Glanz ihres Körpers. Einen Augenblick lang enthüllte sich die Fülle ihrer runden Brust und verschwand sogleich wieder, und im nächsten Augenblicke sah man flüchtig den üppig geschwungenen Rücken, den kräftigen Nacken, die geschmeidige Wirbelsäule. Um den stolzen turmgleichen Hals hing wie stets die goldene Kette mit den ägyptischen Smaragdphiolen, die berauschende Düfte enthielten. Ihr Haupt krönte ein Kranz grüner Ölzweige, in deren Mitte ein unbekannter Edelstein dunkel erglänzte. Ihre Brauen waren schwarz geschminkt und durch kosmetische Mittel künstlich verlängert. Und auf nackten Füßen, Ringe an den Zehen, tanzte sie für uns zu den Klängen der Harfenspielerin und der levitischen Sänger, die, kniend und die Weihrauchfässer schwingend, ihre Stimmen zu der Harfe gesellten.

Ich erfuhr später, daß das ein Nationaltanz der Juden war, ein Tanz, in dem die Frauen ihre Liebessehnsucht nach dem Manne ihrer Wahl zum Ausdruck bringen. Er verkörperte in seinen Bewegungen ein volkstümliches Liebeslied, das überaus beliebt war, und das man überall hören konnte. Die Tradition nannte als seinen Verfasser den berühmten König Salomo.

Jetzt streckte die Tanzende ihre Hände nach dem Geliebten aus, und ihre Augen füllten sich mit Sehnsucht und Begehren, dann verbarg sie sich vor ihm unter dem Schutze ihrer Arme wie eine Taube, die unter dem eigenen Gefieder Zuflucht sucht. So tanzte Mirjam. Ihr ganzer Körper wurde von einem wilden Fieber gepackt, sie wand sich in qualvoller Ekstase, trunken von den melodischen Rhythmen, die den Saiten der Harfe und den Kehlen der Sänger entströmten. Im Rausche der Bewegung schien sie unsere Anwesenheit und unsere Existenz zu vergessen. Jedenfalls kümmerte sie sich gar nicht mehr um uns. In dem Wirbel der Töne entblößte sie ihren Rücken, ihre Brüste, ihre Schultern; ihr Mund wurde wie ein Schwamm, der Küsse saugt, sie umschlang sich selber mit den Armen, sie überschüttete sich selber mit Zärtlichkeit. Als sie die Worte des Volksliedes zu singen begann und ihre Stimme sich zu der Ekstase von Musik, Bewegung und Wohlgerüchen hinzugesellte, da fühlten wir, die ihr zuschauten, ein dunkles Meer der Begierde über uns alle hinwegfluten. Ich warf einen Blick auf meinen Nachbarn, den jungen Hanan, und ich sah seine Lippen zittern, ich sah eine jähe Blässe über seine spitze Nase gleiten, ich sah, wie seine Augenlider sich herabsenkten. Ich warf einen Blick auf den babylonischen Prinzen und ich sah, wie die innere Glut ihn verzehrte. Ich sah das dunkle schmale Gesicht noch schmaler werden. Er hatte die Augen geschlossen, die Hände krampfhaft zu Fäusten geballt, und hielt in der einen eine Rose, die er gegen die Schläfe preßte, wie um sich abzukühlen. Ich warf einen Blick auf meinen askalonitischen Offizier, der an einem Pfeiler im Schatten lehnte. Er war blaß wie die anderen, aber seine Augen standen weit offen, heiß und feucht, wie in brennende Tränen gebadet. Ich warf einen Blick auf den Sohn des Jerusalemer Magnaten. Er hatte die Augen von der Tanzenden abgekehrt und starrte in grimmiger Selbstbeherrschung auf den schwarzen Stein an einem seiner Ringe.

Dann ereignete sich etwas, das uns plötzlich der dumpfen Erstarrung unserer Versunkenheit entriß: am anderen Ende des Saales durchbrach ein Mann die lange Kette der Diener. An dem Tappen seines Stabes, den er vor sich hinstreckte, merkten wir sogleich, daß er blind war. Er war mager und farblos wie eine dürre Wurzel, und sein Körper schien jeden Augenblick dem zerfetzten Sackleinenhemd entschlüpfen zu wollen. Aber das blinde, tote Gesicht leuchtete wie von einer inneren Flamme. Seine knochigen Glieder hatten scharfe Konturen. Er riß sich aus den Händen der Diener los, die ihn zurückzuhalten suchten, reckte sein Vogelgesicht mit dem wirren Barte empor, streckte die Arme nach Mirjam aus und sang oder heulte vielmehr mit ihr zugleich die Verse des Volksliedes, die von ihren Salbölen handelten:

„L'reach schemonecha ha-tovim... um des Duftes deiner guten Salben willen..."

Wir waren vor Erstaunen wie gelähmt. Wir wußten gar nicht, was geschehen war. Mirjam hielt plötzlich in ihrem Tanz inne und gab dem Nachtwächter ein Zeichen. Er näherte sich ihr sogleich und flüsterte ihr etwas zu.

Und dann, so unglaublich es auch klingt, statt in Wut zu geraten, statt den blinden Bettler hinauszuwerfen, brach sie in ein lautes und fröhliches Lachen aus, das an Hysterie grenzte. Nachdem sie sich wieder gefaßt hatte, befahl sie ihren Dienern, den blinden Bettler in ein Nebengemach zu führen, ihn zu baden und zu salben, ihn in das feinste phönizische Linnen zu kleiden und ihn dann wieder in den Bankettsaal zu geleiten.

Dann wandte sie sich zu uns und erklärte uns — sich ab und zu durch dasselbe heftige Lachen unterbrechend —, daß dieser Mann, ein gewisser Bar Talmai, früher einmal der beste Ölmischer Jerusalems gewesen sei.

„Er roch vor dem Tore den Duft meiner Salben und wurde verrückt davon. Er wird immer verrückt, wenn er am Hause vorbeikommt, und die Wohlgerüche ihn erreichen, und dann erzwingt er sich den Eintritt. Ich hoffe, ihr werdet nichts dagegen haben, wenn dieser Unglückselige bei uns Platz nimmt. Gott hat ihm die Augen geschlossen, aber er hat dafür seinen Sinn für die Wohlgerüche geöffnet."

Und dieser ungewöhnliche Befehl wurde auch ausgeführt. Die Diener wuschen und salbten den Alten, sie hüllten ihn in feines Linnen, sie brachten ihn zurück und führten ihn zu einem Ruhebett und stellten die köstlichsten Früchte und seltensten Weine vor ihn hin. Aber er aß nicht und trank nicht. Schwer atmend verbarg er das Gesicht in seinen Händen und rezitierte unablässig die Verse des Volksliedes.

Aber das war noch nicht alles. Mirjam von Migdal ließ es sich nicht nehmen, ihren Tanz für ihn zu wiederholen, und da er ihre geschmeidigen Bewegungen nicht sehen konnte, tanzte sie immer wieder dicht an ihm vorbei und überschüttete ihn mit den Wohlgerüchen, die ihren Schleiern entströmten. Sie waren zahlreich und kräftig, sie schienen die Farben der Blumen, aus denen sie gepreßt waren, mit sich zu tragen. Und sooft ihr Schleier einen neuen Wohlgeruch über den blinden Bettler schüttete, fuhr er zusammen und stieß einen Freudenschrei aus. Er küßte die Luft, er streckte die Hände nach den Düften aus, er packte sie, er strich sie auf seinen Körper, als ob es Salben wären und mischte seine eigenen gestammelten Worte in die Worte des Liedes:

„Wer hat mich getröstet wie du, meine Schüchterne, du Erwählte meines Herzens! Deine Salben trösten mein Herz wie der Geschmack von Äpfeln, sie heilen meine Wunden wie ein guter Balsam, sie löschen die Schmach des Verachteten aus, sie stärken den Bedrückten. Siehe, sie strecken deine weichen begehrlichen Hände nach mir aus, sie liebkosen mich, wie die Mutter ihr einziges Kind liebkost. Singe, Geliebte, singe mir von deinen Wohlgerüchen, denn sie führen mich zurück in den Garten meiner Mutter, da ich noch ein Kind war und meine Augen noch das Licht der Sonne genossen. Ich fühle nun den frischen Krokus, der in unserem Garten blühte, und ich sehe die zarten Knospen des Jasmins — so zart und bescheiden und blühend bist du, so klein und so strahlend von Düften. Nun kühlt mich der Wind der Felder und Wälder an den heißen Sommertagen, der Duft der Lilien im Tale badet mich mit dem Tau, der auf die morgendliche Rose fällt, und der Honig der Rosen ergießt sich über meine Haut. Oh, bekümmere mich nicht mit dem Sturme der grausamen Iris, erschrecke mich nicht mit der Nacht der dunkeln Rose, besänftige mich mit dem Dufte der Veilchen und stärke mein Herz mit dem triefenden Honig der Myrrhe. Oh, singe mir das Lied von deinen Salben..." Und der blinde Bettler stammelte weiter seine ekstatischen Verse, die wir nicht mehr verstanden.

Sie, Mirjam von Migdal, war ganz nur mit ihm beschäftigt, sie vergaß uns völlig. Weder durch einen Blick noch durch eine Gebärde nahm sie unsere Anwesenheit zur Kenntnis. Sie tanzte in großen Kreisen vor dem Blinden, ihn mit wechselnden Wohlgerüchen aus ihren Schleiern und Flechten übergießend. Und es war, als schleudere jeder neue Duft einen Lichtstrahl in die Finsternis seiner Augen. Sein geöffneter Mund verschlang die dunstige Luft und spie sie in Freudenschreien wieder aus, — und schließlich begann das seltsame Schauspiel uns mit Abscheu zu erfüllen.

Ich sah, wie der babylonische Prinz sich auf seinem Ruhebette hin- und herwälzte, aufsprang und sich wieder hinlegte.

Des jungen Hanan Adlernase war noch weißer geworden und krümmte sich auf seine Lippen herab. Seine funkelnden Augen waren ganz klein geworden. Ich fürchtete schon, er würde plötzlich von seinem Ruhebette aufspringen, sich auf den frechen und widerwärtigen alten Bettler stürzen und ihn zerreißen. Die gleiche Wut und der gleiche Haß loderten in den Gesichtern des Millionärssohnes und des askalonitischen Offiziers. Ich glaubte, das wütende Pochen des Neides und Abscheus in ihren Herzen zu hören. So ging es uns allen. Aber Mirjam, die den auf sein Ruhebett hingestreckten singenden Bettler immer enger umkreiste, schützte ihn vor unserem Zorn.

Einer nach dem anderen verließen wir den Bankettsaal. Zuerst griff der babylonische Prinz nach dem Diadem, nach dem Mantel, der neben ihm lag, und rief laut und ungeduldig seinen Diener. Aber Mirjam beachtete ihn nicht. Dann folgten die Priestersöhne, der Askalonit und ich selbst. Falls sie unser Weggehen überhaupt merkte, wollte sie uns wohl mit ihrem leidenschaftlichen Tanz nur noch schneller vertreiben.

Wir ließen sie mit dem blinden, ekstatisch singenden Alten allein.

Am nächsten Morgen, als ich zufällig durch den Hof der Ungläubigen kam, sah ich sie in Begleitung einer Dienerin vor einem Verkaufsstande für Opfertauben stehen. Sie war vom Kopf bis zum Fuß verhüllt wie eine Vestalin. Ich wartete, bis sie ihren Kauf getätigt hatte, und es dauerte sehr lange, bevor sie ein Taubenpärchen fand, das ihr gefiel. Als sie mich erblickte, zog sie hastig ihren Schleier über die blauschimmernden Köpfe der Vögel, die sie liebevoll an die Brust drückte, als befürchte sie, mein Blick könnte das Opfer verunreinigen. Ich näherte mich ihr und sagte ein paar Worte über den Vorfall der gestrigen Nacht, aber sie ließ mich nicht zu Ende reden. Sie machte eine unbestimmte Handbewegung, die zugleich Gruß und Abschied war, und wandte sich zum Gehen. Ich folgte ihr in geringer Entfernung bis zum Eingange des Frauenhofes. An dem Tore von korinthischer Bronze legte sie ihren äußeren Schleier ab und hüllte sich in einen anderen, den die Dienerin ihr reichte. Offenbar meinte sie, meine Worte hätten ihr Gewand befleckt. Dann lüftete sie den Schleier, der die Tauben bedeckte, und zog ihn über das Gesicht. Einen Weihrauchzweig in der einen Hand, entschwand sie mit kleinen singenden Schritten durch das Tor des Frauenhofes.

XIII. KAPITEL

Dann, wie mit einem Zauberschlag, wandelte sich jählings das Leben der Maria Magdalena. Und so ist es mit allen Orientalen. Man kann sich von einem Tage zum anderen nicht auf sie verlassen..

Sie nahm den Blinden in ihr Haus, und er hatte auf sie einen verhängnisvollen Einfluß. Er entriß sie ihrem bisherigen Leben, so wie man eine liebliche Blume ihrem Blühen entreißt. Er gehörte zu denen, die da glaubten, bei der Ankunft des Messias würden die Toten aus den Gräbern auferstehen, und er steckte Mirjam mit seinem Glauben an.

Der blinde Ölmischer war ein gelehrter Mann, belesen in den jüdischen Schriften. Von diesem Abende an saß er bei allen Banketten an Mirjams Seite. Mit gekämmtem Bart und gewaschenem Körper, gesalbt und in Linnen gehüllt, die rituellen Fransen am Gewande, so hockte er da und plapperte unaufhörlich die Verse der Überlieferung. Er verdarb uns alle Zusammenkünfte und verwandelte unsere Festmähler aus amüsanten und vergnüglichen Anlässen in ermüdende, haarspalterische und zermürbende Disputationen.

Mit Mirjam wurde es immer schlimmer. Sie geriet völlig unter den Einfluß des Blinden. Der letztere ging mit der Zeit unter die Anhänger Jochanaans des Täufers, desselben Jochanaan, der, wie mir der alte Hohepriester erzählt hatte, von Herodes Antipater wegen seiner lästerlichen Sprache gegen das Königshaus gefangen gehalten wurde. Als die Nachricht sich verbreitete, Jochanaan sei wegen seiner kühnen Angriffe gegen den Tetrarchen ins Gefängnis gekommen, gewann er viele neue Anhänger. Das gemeine Volk sah in ihm einen der alten Propheten, der wieder auferstanden sei. Der blinde Ölmischer, nachdem er sich selber bekehrt hatte, bekehrte nun auch Magdalena zu dem neuen Evangelium. Sie erwarteten große Ereignisse, unter anderem, nach den Worten Jochanaans, die Ankunft des Erlösers, und sie taten unablässig Buße, um bereit zu sein. Mirjam gab das Leben auf, das sie bis dahin geführt hatte, vergaß ihre früheren Freunde, und eines Tages verschwand sie aus der Stadt.

Man sah sie nicht einmal mehr im Tempel. Sie zog sich für lange Zeit in ihren Gewürzgarten auf dem Ölberge zurück und nahm ihren blinden Bar Talmai mit. Dort trommelten sie einige ihrer Glaubensbrüder zusammen, darunter waren sogar, wie es hieß, Aussätzige und anderes krankes Volk. Sie verwandelten den prächtigen Garten in eine gewöhnliche Spezereifabrik und verkauften die Öle und Essenzen in der Stadt und im Tempel. Auf diese Weise bestritten sie ihren Unterhalt. Was über ihre Bedürfnisse hinaus übrig blieb, verteilten sie unter die Armen.

Als nach längerer Zeit Mirjam noch immer nicht in die Stadt zurückgekehrt war, bestiegen wir, der junge Hanan, der vor Liebe ungeduldig wurde, und ich, den ihr Schicksal neugierig machte, unsere Pferde und ritten den Ölberg hinauf. Wir fanden auch schließlich den Garten, aber wir erkannten ihn kaum wieder, so sehr hatte er sich verändert. An die Stelle der wunderbaren Sammlung exotischer Blumen und Pflanzen aus allen Gegenden der Welt war nun eine gewöhnliche Öl- und Spezereimühle getreten. Eine Horde von Lumpenkerlen, jungen und alten, machte Haus und Garten unsicher. Sie jäteten, pflanzten und mahlten, in kleinen Handmühlen und in Mörsern. Man sah viele Krankheiten, und zwar recht gefährliche und ansteckende Krankheiten, denn Mirjam hatte die elendsten der Bettler, die die Tore ihres Stadthauses belagerten, in ihre Zuflucht mitgenommen. Unter ihnen war ein alter Mann, dem wir uns nicht in die Nähe wagten, denn wir waren überzeugt, daß er den Aussatz habe. Wir hätten auch nicht darauf schwören mögen, daß alle diese Menschen, die Maria Magdalena um sich versammelt hatte, Freie waren und nicht entlaufene Sklaven.

Und inmitten dieses menschlichen Abfalls bewegte sich Mirjam von Migdal mit ihrer stolzen Gestalt und ihrer reinen Haut, die noch immer wie durchscheinender Alabaster war. Entrüstung und Mitleid regten sich in der Brust, wenn man diesen lieblichen Körper, der einst mit den seltensten Ölen gepflegt und in die edelsten Seiden- und Wollgewebe von Sidon gehüllt war, nun in Sackleinen und rohem Schafsfell erblickte. Denn es war Spätherbst, die Luft war erfüllt von der Feuchtigkeit der bevorstehenden Regengüsse, und es war kalt in Jerusalem. Ja, wir sahen sie mehr als einmal erschauern. Ihre Hände, einst so weich von Salben und Schönheitsmitteln, waren sonnverbrannt und mit Blasen bedeckt, schwielig und von der Arbeit verhärtet. Der einzige Rest ihrer Schönheit, die sie unversehrt aus den Klauen der religiösen Fanatiker gerettet hatte, war ihr rotes Haar, das immer noch in üppigen Kaskaden über die Schultern fiel.

Sie erblickte uns sofort, und sie empfing uns so, als ob

nicht die mindeste Veränderung mit ihr vorgegangen wäre; und wir ließen uns auch in keiner Weise unsere Bestürzung anmerken. Sie bat uns, einzutreten und auf niedrigen Schemeln neben dem Blinden Platz zu nehmen, um den herum die gesamte Arbeit sich konzentrierte. Die Werkleute brachten ihm die getrockneten Blumen, Pflanzen und Kräuter, und er ordnete sie, bevor er sie wieder an diejenigen verteilte, welche die Sandstein- und Marmormühlen, die Mörser und Metallstößel bedienten. Und das alles, obwohl er blind war! Seine weitaufgerissenen, mit einem schimmernden, totenweißen Häutchen bedeckten Augen schienen die Farben der Pflanzen unterscheiden zu können. Während des Sortierens und Mahlens redete er unaufhörlich, und seine Umgebung hörte ihm mit größter Spannung zu. Manchmal hielten sie im Mahlen und Stampfen inne und baten ihn, seine Worte zu wiederholen, und wenn er sprach, war es, als erblickte er irgendwo, weit weg, in einem fernen Nebel, helle Visionen. Seine Worte fesselten sogar meinen Begleiter, den jungen Hanan. Man merkte ihm freilich seine Gereiztheit und Ungeduld an — an der Blässe der Nase, an den zusammengekniffenen Augen —, aber er wollte hören, was der Alte sagte. Und auch Mirjam hörte zu, doch nicht in bloßer Neugier. Ihr Gesicht strahlte vor Glück und Gnade, und ihre Seele war in ihren Augen. Natürlich sprach der Alte über das Thema, das jetzt allerorten in Jerusalem, in Judäa und in Galiläa gang und gäbe war, er sprach von dem Messias, dessen Kommen sie erwarteten, als handelte es sich um einen wirklichen, erkennbaren Menschen. Er hätte ein König sein mögen, der in die Schlacht gezogen war, gesiegt hatte und nun zurückkehrte, so daß sein triumphierender Einzug jeden Augenblick zu erwarten war. Die Vorreiter, die Boten, die ihm vorauseilten, verkündeten, daß er sich bereits den Toren der Stadt nähere... So greifbar, so simpel waren die Sehnsüchte aller Schichten, der Reichen wie der Armen.

Dann verlor Hanan die Geduld, und es entspann sich, wie das immer geschieht, wenn Juden zusammenkommen, ein heftiger Disput. Die stumme Verachtung, mit welcher der junge Hanan für gewöhnlich dem Geplapper des gläubigen Pöbels lauschte, wich einem leidenschaftlichen Unwillen. Er vergaß die Würde seines Ranges. Ich weiß nicht, ob die buntscheckige Menge wußte, daß der allmächtige Hanan ben Hanan vor ihnen stand. Der alte Bar Talmai wußte es sehr gut, wie ich gleich vermutete, und es schien mir ein wenig später, daß er den Besucher absichtlich herausforderte.

Und worüber redeten sie? Darüber, wieviel Brot und Öl, wieviel Honig und Wein ihre Felder, Gärten und Bienenstöcke liefern würden, wenn erst einmal der Messias kam! .... Was für Reichtum und Wohlleben er bringen wird, wieviel Völker er erobern wird, wenn sie sich ihm nicht freiwillig unterwerfen, und welche Wunder er vollbringen wird an dem Tage, da die Himmel sich öffnen und die Erde bebt!

„Aber wer wird denn das sein, euer Messias, der bereits vor der Türe steht und euer Weinen hört? Ein mächtiger König, der eure Scheuern mit Weizen füllt und eure Krüge mit Öl und Honig, der euch allen Felder und Gärten schenkt, jedes Menschen Blöße bekleidet und ihm ein Dach über dem Kopfe gibt? Wer ist er, in den ihr so großes Vertrauen setzt? Wo wird er denn das alles hernehmen, was nötig ist, um solche Träume zu verwirklichen? Wird er so viele Länder erobern? Wo wird er die Heere finden? Wo sind seine Verbündeten, die ihm helfen sollen, die ganze Welt zu unterwerfen?“ Solche verachtungsvollen Fragen richtete der junge Sohn des Hohenpriesters an den Blinden.

Lachen, das mit Speichel vermischt aus zahnlosen Mündern kam, ertönte rings um ihn her.

„Glaubst du denn, er wird die Lande erobern müssen? Die Völker werden sich ihm aus freiem Willen unterwerfen.“

„Wenn der von Gott Gesandte erscheint, wird eine einzelne Traube so viel Wein geben, daß ich einen Krug nach dem andern füllen und trinken, trinken, trinken kann“, erklärte ein Mann, dessen Augen, von Wunden verklebt, tot in seinem entstellten Antlitz standen.

„U-u-und ich“, stotterte ein anderer hinter seinem wirren und schmutzigen Bart, „ich-ich werde auf mein Feld hinausgehen und eine Ähre abschneiden und alle meine S-S-Säcke füllen und B-B-Brot holen für W-W-Wochen und M-M-Monate.“

„Dummkopf“, sagte ein anderer, ihn berichtigend, „glaubst du, du wirst Ähren abschneiden müssen? Der Wind wird das Korn dreschen, du wirst es nicht einmal in die Mühle tragen müssen. Oder du wirst es vom Stengel essen, denn das Korn wird als Brot wachsen, daß man es gleich essen kann.“

„Und ich“, sagte ein anderer, vor Freude zitternd, „werde den ganzen Tag unter meinem Dattelbaum liegen, und der Honig der Datteln wird mir in den Mund träufeln.“ Die Zunge hing ihm aus dem sabbernden Munde, als ob er bereits den Honig leckte.

Zwischen ihnen saß, ganz zusammengekauert, ein buckliges

Weib. Sie hatte die Beine untergeschlagen, sodaß sie aussah wie ein viereckiger Klotz. Ihr scharfer, knochiger Kopf stach aus der verkrüppelten Brust hervor, sie reckte den kurzen Hals und wimmerte ekstatisch:

„Und jeden Tag werde ich — jeden Tag werde ich — werde ich..."

„Was wirst du jeden Tag?" fragten die anderen neugierig. Und mit einer gurgelnden Stimme, als würge sie an einem süßen Trunk, stieß sie hervor:

„Jeden Tag werde ich einen Sohn gebären."

Aber der blinde Bar Talmai versuchte sie zum Schweigen zu bringen. Es sah aus, als wollte er sie alle bei der Gurgel pakken und sie solange würgen, bis sie verstummten. Sie achteten nicht auf seine Augen, deren weißliche Häutchen sich röteten, und nicht auf sein Gesicht, das von langem Weinen verzerrt war, und nicht auf seinen keuchenden Husten, so vertieft waren sie in ihre Träume vom Überfluß. Schließlich gelang es ihm, sie niederzuschreien.

„Nein, nein, das ist es nicht, das ist es nicht, — nicht nur Essen und Trinken und Leben und Kindergebären, — nein, nicht das, nicht das! Nicht mit den Armen und nicht mit der Stärke, sondern mit dem Geiste Gottes — mit dem heiligen Geiste, wie der Prophet es verkündet! Eine Zeit der reinen Gerechtigkeit, der reinen Wahrheit, eine Zeit der Gottesherrschaft..."

Nun riß Hanan völlig die Geduld.

„Aber wer wird er denn sein, frage ich? Ein König aus dem Hause David? Selbst König David mit all seiner großen Weisheit könnte die Wunder nicht vollbringen, die du von diesem verlangst."

„Ein neuer Salomo?" wiederholte der Blinde. „Sicherlich wird er aus dem Hause David sein, wie der Prophet es verkündet hat, aber er wird nicht ein König sein. Nicht einen neuen Salomo erwarten wir, nicht einen König, denn was, Gott schütze uns, haben unsere Könige für uns getan? Sind nicht die Worte des Propheten Samuel in Erfüllung gegangen? ‚Eure Söhne wird er nehmen zu Wagen und zu Reitern, eure Töchter aber wird er nehmen. daß sie Salbenbereiterinnen, Köchinnen und Bäckerinnen seien.' Aber es ist noch viel schlimmer gekommen. Wie lange währte das Königreich Davids? Sein eigener Sohn Salomo machte uns zu Sklaven, wie das sein Schwiegervater Pharao, dessen Tochter er heiratete, mit dem Volke von Ägypten gemacht hatte. Was hatten wir für einen Anteil daran, daß er dem Herrn einen reichen Tempel erbaute? Der goldene Altar troff von den Leiden des Volkes. All die Breite und Tiefe des Kupfermeeres, das die Kinder Sidons für den Tempel gossen, konnte die Tränen des Volkes nicht fassen. Nicht goldene Altäre und Kupfermeere fordert der Herr, sondern das Herz eines aufrechten Mannes und Hände, die nicht die Witwe bedrücken und nicht die vaterlosen Waisen mißhandeln. Und König Salomo, der große Judenkönig, nahm er nicht viele fremde Weiber zu sich, baute er nicht Altäre für die Götzen und Greuel von Moab, so daß das Volk zerspalten war und in sich zerfallen? Gingen seine Kinder bessere Wege? Hat nicht sein Sohn Rehabeam gesagt: ‚Mein Vater hat nahm er nicht viele fremde Weiber zu sich, baute er nicht Al- nen züchtigen?‘ Und haben nicht er und alle seine Söhne uns wirklich mit Skorpionen gezüchtigt und den Götzen gedient und Böses getan vor dem Herrn, bis der Herr uns verachtete und verstieß, wie man eine kostbare d'ror-Pflanze wegwirft, die verwildert ist und keine süßen Blüten mehr, sondern lauter Dornen hervorbringt —“ — und er warf mit verachtungsvoller Miene ein Unkraut weg — „— bis der Herr sein eigenes Haus verödete und uns mit Scham und Kummer in die Verbannung trieb? Und waren die Könige, die nachher kamen, besser? Ein Geschlecht lang blieb das Haus der Makkabäer auf dem rechten Wege. Nein, nicht einmal ganz so lange, und siehe, sie selber brachten die Unreinlichkeit in den Tempel, gegen die ihr Großvater seinen Heldenkrieg geführt hatte. Schau, was aus dem zweiten und dritten Geschlecht der hasmonäischen Könige geworden ist! Mit ihren unaufhörlichen Streitigkeiten, mit ihrem Neide untereinander brachten sie Edom ins Land und machten einen bösen Mann von fremdem Blute zu unserem König. Das waren die jüdischen Könige, die *wir* emporgehoben hatten — bis wir uns schließlich damit zufrieden gaben, daß eine fremde Macht uns beherrschte. Und ist die Herrschaft der Hohenpriester besser gewesen?“

(Hier, an dieser Stelle, gelangte ich zu der Überzeugung, daß der blinde alte Bar Talmai wußte, wer sein Besucher war. Er hatte ihn sicherlich an seiner Stimme erkannt, die er mehr als einmal im Stadthause Mirjams gehört hatte. Denn jetzt wurde seine Rede besonders giftig, als habe er seit langem auf eine Gelegenheit gewartet, mit einem Sproß des Priesterhauses abzurechnen.)

„Sind die Söhne Hanans besser als die Söhne Elis? Fischen sie nicht mit ihren Gabeln die besten Bissen aus Gottes Kessel?

Und hat man nicht neulich im Tempel eine Stimme vernommen: ,Die Söhne Elis kennen den Herrn nicht...'?"

Hanan war blaß geworden.

„Was war das?"

Einer der Anwesenden beeilte sich ihm zu antworten:

„Eine himmlische Stimme ließ sich im Tempel vernehmen, die Priester hörten sie beim Gottesdienst, und sie verbreiteten die Nachricht unter der Bevölkerung: ,Die Kinder Elis kennen den Herrn nicht', und wir alle wissen, daß damit die Söhne Hanans gemeint sind."

Eine zweite Stimme kam hinzu:

„Ich habe im Tempelhofe einen Rabbi gehört, er sagte, daß die Worte der Schrift — ,Die Tage der Gottlosen sollen verkürzt werden!' — sich auf die Söhne Elis beziehen..."

Inzwischen hatte aber der junge Hanan seine Fassung zurückgewonnen. Er nahm mich bei der Hand und rief:

„Komm, Hegemon, wir sind hier unter Rebellen!"

Auf dem Rückwege schwieg er lange Zeit und verdaute seinen Zorn. Nun waren wir beide davon überzeugt, daß nicht nur der Blinde, sondern auch die anderen gewußt hatten, daß der Sohn des alten Hohenpriesters in ihrer Mitte weilte. Ich versuchte Hanan durch ein Gespräch von seiner Erbitterung abzulenken.

„Was werdet ihr mit ihm machen? Ihm die Zunge abschneiden lassen?"

„Leider gibt es bei uns diese Strafe nicht", erwiderte er mit Bedauern.

„Wenn er Ähnliches gegen den Cäsar und unsere Herrschaft gesagt hätte, dann wüßten wir schon, was wir mit ihm zu machen haben. Aber er hat eure Könige und eure Religion beschimpft. Wer gegen eure Religion und euren Tempel lästert, kann nur von eurem Sanhedrin bestraft werden."

„Aber das ist ja der Jammer!" erwiderte er. „Unser Sanhedrin ist verseucht mit Pharisäern. Was glaubst du, Hegemon, was sie mit ihm machen, wenn er das heilige Andenken unserer Könige und die Ehre unserer Hohenpriester schändet? Sie werden ihn — im äußersten Falle — zu neununddreißig Streichen verurteilen. Wundert es dich, daß die Rebellen und Gotteslästerer in unserer Mitte immer zahlreicher werden?"

„Das ist schlimm. Ich habe erst kürzlich dem Prokurator über die Milde eurer Strafen berichtet."

„Laß mich nur erst einmal an die Macht kommen", stöhnte

der junge Mann. „Dann werde ich schon wissen, wie ich mit diesem Pöbel zu verfahren habe.“

„Ich möchte gerne deine Pläne hören.“

„Immer wieder habe ich dem Hohenpriester empfohlen, einen Sanhedrin nur aus den Gelehrten unserer Partei zu bilden — einen kleinen Sanhedrin, der im Hause des Hohenpriesters tagt. Alle, die den Tempel und die Priesterschaft lästern, sollen ausschließlich der Gerichtsbarkeit dieses Sanhedrin unterstehen.“

Inzwischen hatten wir das Stadttor erreicht. Dort stießen wir unter den Steuereinnehmern und den Torhütern auf die Vertreter des Tempels. Wir erkannten sie an ihrer Ausrüstung. Sie trugen die mit Blei beschwerten Peitschen in der Hand, hatten hohe weiße Kopfbedeckungen und auf der Brust das Abzeichen des Hohenpriesters. Sie erblickten den Sohn des alten Hohenpriesters, liefen ihm entgegen und verbeugten sich tief vor ihm.

Hanan ben Hanan sagte in scharfem Tone:

„Geht auf den Ölberg hinauf in das Dorf Beth-Eini. Im Gewürzgarten der Maria Magdalena werdet ihr einen Blinden finden namens Bar Talmai. Bindet ihn und bringt ihn vor das Gericht. Er ist einer der gefährlichsten Gotteslästerer im Lande.“

Kaum hatte er zu Ende gesprochen, da machten sich bereits die Diener des Hohenpriesters auf den Weg...

Als Bar Talmai vor Gericht kam, mißlang Hanans Plan, den Blinden als Sklaven in die Ölmühlen schicken zu lassen. Aber er forderte mich auf, der Vollziehung des vom Gerichte verhängten Urteiles beizuwohnen.

„Was habe ich dir gesagt?“ sagte er, während er mich zu dem kleinen Gerichtshause führte, das neben dem Eingang zum inneren Hofe des Tempels lag. „Neununddreißig Streiche. Wie können wir auf diese Weise die Verbrecher und Lästerer abschrecken?“

Die Wächter hatten soeben Bar Talmai herausgeführt und ihn auf den Marmorboden gelegt. Sie entblößten seinen Rücken. Die Peitschenschnüre bestanden aus zusammengenähten Esels- und Ochsenhautstreifen, und die weißgekleideten Diener des Hohenpriesters wußten die Peitsche zu schwingen. Einer stand daneben und rief:

„Eins, eins und zwei, eins und drei...“

Kein Schmerzensschrei kam aus dem Munde des Blinden. Auf dem Boden liegend schlug er sich an die Brust und bekannte seine Sünden.

Kurze Zeit nach diesem Zwischenfalle verschwand Maria

Magdalena gänzlich aus der Stadt. Sie ging nach Galiläa, wo einem Gerüchte zufolge ein neuer Seher sich dem Volke offenbart hatte.

Ich weiß nicht, was während dieser Zeit aus dem blinden Ölmischer wurde. Ich reiste damals in wichtiger Mission aus Judäa nach Galiläa zu dem Tetrarchen Herodes Antipater. Ich bin Bar Talmai und auch Mirjam von Migdal wieder begegnet, aber unter ganz anderen Umständen.

XIV. KAPITEL

Nun lernte ich Herodes Antipater und seine neue Hauptstadt kennen, die er an den Ufern des Sees Genezareth in der Nähe der warmen Quellen erbaut hatte. Mein Besuch trug offiziellen Charakter. Die Beziehungen zwischen dem Prokurator Pontius Pilatus und dem Tetrarchen waren keineswegs zufriedenstellend. Es begann mit einer Etikettefrage: *Wer* hatte *wem* den ersten Besuch abzustatten? Der Tetrarch betrachtete sich als einen Freund des Cäsars Tiberius, zu dessen Ehren er die Stadt getauft hatte (übrigens hielten sie sich alle für Freunde des Cäsars und wurden nicht müde, dies auf ihren Münzen zu verkünden), außerdem war er ein Landesherrscher, fast ein König, und er blickte auf den Prokurator als auf einen römischen Beamten hinab. Pontius Pilatus seinerseits ignorierte ihn ganz einfach. Herodes Antipater war im übrigen ein Mensch, den niemand besonders gut leiden konnte. Vitellius, der Prokonsul von Syrien, liebte ihn gar nicht, und seine „Freundschaft" mit dem Cäsar war von zweifelhafter Natur. In Wirklichkeit hatte er zu Sejanus, dem mächtigen Minister des Kaisers, viel engere Beziehungen. Ihm schickte er, wie alle die Provinzialfürsten, kostbare Geschenke, in der Hoffnung, von ihm Vergünstigungen zu erhalten. Der Tetrarch war ein schlauer und verschlagener Asiat. Seinem Äußern nach hätte man ihn nie für einen Juden gehalten, es war nicht die mindeste Spur seiner Abkunft an ihm. Das charakteristische energische Herodesgesicht, der massige Schädel, glattrasiert, die stahlgrauen, durchdringenden und mißtrauischen Samariteraugen hätten zu einem römischen Feldherren gepaßt (sie alle wollten wie echte Römer aussehen). Seine Arme waren muskulös und kräftig, er war ein guter Bogenschütze und ein ausgezeichneter Speerwerfer. Er verstand das Jägerhandwerk, hatte gute Manieren und sprach sogar ein leidliches Latein und Griechisch. Aber das alles war nur Oberfläche. Seine hellenistische Kultur hing an ihm wie eine römische Toga an einem wilden germanischen oder britannischen Häuptling.

Da Herodes nicht dazu bestimmt gewesen war, nach dem Tode seines Vaters den Thron zu erben, war er auch nicht in seiner Jugend wie die Kinder Mirjams zum Studium nach Rom geschickt worden. Erst nachdem der ältere Herodes Mirjams Kinder, darunter auch seinen dritten Sohn, den er ursprünglich als seinen Erben auserwählt hatte, wegen Hochverrats hatte hinrichten lassen — dies veranlaßte Augustus zu seinem berühmten Scherzworte: „Ich möchte lieber ein Schwein sein als ein Sohn des Herodes" —, wurde Herodes der Jüngere, Antipater, der Sohn einer Samariterin, offizieller Erbe des Thrones von Galiläa und Peräa. Aber Cäsar Augustus erlaubte ihm nicht, den Königstitel anzunehmen, er mußte sich mit dem eines Tetrarchen begnügen.

Der Abgott des Tetrarchen Herodes Antipater war sein Vater, Herodes der Große, den er nicht nur anbetete — wie das auch seine Brüder taten —, sondern den er auch in jeder Hinsicht nachzuahmen versuchte. Wie der ältere Herodes nannte er sich Freund des Senats und des Cäsars und schickte unaufhörlich kostbare Geschenke, die er aus seinem Volke herausgepreßt hatte, an den Hof und an einflußreiche Senatoren. Weder seine Beteuerungen noch seine Gaben überzeugten uns. Wir ließen ihn sorgfältig überwachen und waren über seine heimlichen Zusammenkünfte mit benachbarten Tetrarchen und Fürsten genau unterrichtet. Wir hatten ihm derartige Zusammenkünfte — „gesellschaftlichen Verkehr" nannte er sie — untersagt. Die späteren Ereignisse rechtfertigten unseren Argwohn. Wir entdeckten in seinem Besitze ein Arsenal von Waffen und Rüstungen. Aber darüber später.

Für den Augenblick begnügten wir uns mit der Erkenntnis daß er ohne die Unterstützung durch unsere Kohorten seine Herrschaft in Galiläa nicht einen Tag lang aufrechterhalten konnte. Auch in seiner Bauwut glich er seinem Vater oder ahmte ihn nach; aber da ihm seines Vaters Mittel fehlten, konnte er ihr nicht in gleichem Ausmaße frönen. Aber er war genau so habgierig wie sein Vater. Er legte der Bevölkerung seines Tetrarchats eine erdrückende Menge Steuern, Abgaben und Kontributionen auf, und es war erstaunlich genug, daß er aus dieser kleinen Provinz, die zwar sehr fruchtbar war und ganz Judäa mit Getreide versorgte, jedoch nur eine geringe Ausdehnung hatte, und aus den sandigen Landstrichen von Peräa soviel herauspressen konnte, daß es auch nur für den Bau einer einzigen solchen Stadt wie Tiberias, seiner neuen Hauptstadt reichte. Mit der charakteristischen Schlauheit des Barbaren spielte Herodes Antipater ein Doppelspiel. Vor den Juden gab er sich für einen treuen Anhänger der Tradition, für einen frommen Diener des mosaischen Gesetzes aus. Er ließ zum Beispiel niemals ein Menschenantlitz oder ein Tier auf seine Münzen prägen; wie sein Vater benützte er zu diesem Zwecke nur die üblichen Symbole der Fruchtbarkeit, Kornähren und Ölbäume. An den hohen Feiertagen reiste er alter Sitte gemäß nach Jerusalem, besuchte dort häufig den Tempel und opferte die fettesten Schafe und Rinder. In seiner Auslegung des Gesetzes stand er nicht auf der Seite der aufgeklärten Sadducäer, sondern ging mit den reaktionären Fanatikern, den pharisäischen Gelehrten. Dafür hielt er sich dann schadlos, indem er in seiner Residenz Tiberias ein echtes Heidenleben führte.

Zuerst einmal hatte er, um sein privates Dasein vor der Neugier seiner Juden zu schützen, die neue Hauptstadt an der Stelle eines ehemaligen Friedhofes errichten lassen. Für die Juden war daher auf Grund ihres Gesetzes die ganze Gegend rituell „unrein", so daß sie sich dort nicht ansiedeln durften. Herodes holte aus Tyrus und Akko Scharen armer Griechen, Askaloniten und Phönizier, ja, es hieß, er habe sogar Bettler und entlaufene Sklaven ermuntert, sich in seiner Hauptstadt niederzulassen. Er importierte Kolonisten aus Zypern und Syrien, schenkte ihnen Land und ließ sogar Schwimmbäder, Gymnasien und Theater für sie bauen und versäumte auch nicht, Schauspieler und Gladiatoren aus Antiochia zu besorgen. Er veranstaltete olympische Spiele und setzte hohe Preise aus, um Athleten aus Alexandria, Athen und anderen griechischen Städten anzulocken, denn in all diesen Dingen ahmte er seinen Vater, Herodes den Großen, nach. Und nicht zu vergessen den berühmten Tempel des Augustus von weißem Marmor und mit vielen kostbaren Säulen, den er zu Ehren des früheren Kaisers hatte errichten lassen. Das alles mußten die armen Juden mit ihren sauer erworbenen Groschen bezahlen.

Ich hatte die Ehre, bei diesem Besuche die erste Dame des Hofes, Herodias, eine hochkultivierte und wohlerzogene Matrone, kennenzulernen. Herodes Antipater hatte sie auf seinem Wege nach Rom getroffen und sie seinem Bruder weggenommen. Die Dame war ehrgeizig, hatte zahlreiche Freunde in Rom und war darauf aus, für ihren Gatten den Königstitel und ein größeres Gebiet zu erlangen — auf Kosten seiner Brüder.

Sie und ihr Bruder Agrippa waren am Hofe des Augustus erzogen worden, daher ihre gründliche Vertrautheit mit den Ränken und Schlichen der führenden römischen Familien und ihre freundschaftlichen Beziehungen. Von Tiberias aus führte sie eine umfangreiche Korrespondenz mit der Hauptstadt des Reiches. Sie wechselte Briefe mit der Kaiserin und Agrippina, der Tochter des Germanicus, die in Regierungskreisen eine führende Rolle zu spielen begonnen hatte. Sie brachte hellenistische Kultur an den Hof des Tetrarchen, umgab sich mit griechischen Philosophen und römischen Schauspielern und Tänzern und entfaltete in ihrer Hofhaltung einen Prunk, der eines großen Königreiches würdig gewesen wäre. Sie holte Ptolemäus, den Bruder des Nikolaus, nach Tiberias. Er mußte die Staatsgeschäfte verwalten, die Reden schreiben, die Herodes bei verschiedenen Anlässen hielt, und die Korrespondenz mit Rom führen. Hohe römische Befehlshaber reisten oft durch das Gebiet des Tetrarchen, wichtige Beamte kamen die Steuern einheben, und sie alle wurden am Hofe des Herodes mit offenen Armen aufgenommen. Zu ihrer Zerstreuung wurden Schauspiele aufgeführt, zu ihren Ehren im Tempel dem Cäsar Opfer gebracht. Herodes hoffte, daß keiner dieser Befehlshaber oder Beamten es versäumen würde, in Rom oder in Antiochia von diesem Eilande griechisch-römischer Kultur im Meere jüdischer Barbarei zu berichten, von diesem Winkel inmitten der feindseligen und aufrührerischen galiläischen Wildnis, wo man Liebe und Freundschaft für Rom empfand.

Auch ich wurde als der Vertreter des Prokurators in der freundlichsten Weise empfangen. Die Tetrarchin sorgte dafür, daß ich mich vom ersten Augenblick an, sowie ich die Schwelle ihrer prächtigen Säulenhalle überschritten hatte, wie zu Hause fühlte. Sie nahm mich beim Arm und zeigte mir die prächtigen Gärten, die sich zu den Ufern des stillen glitzernden Sees Genezareth hinabsenkten, die schönen Wasserbecken, die wie Edelsteine zwischen den Beeten exotischer Blumen leuchteten, und die seltenen, wunderbaren Vögel, die im Laubwerk umherflogen.

Als wir einmal in der großen Allee von Jerichopalmen, die am Rande des Gartens das Ufer entlanglief, spazieren gingen, sagte sie zu mir in reinstem Latein:

„Wir sind leider zu weit von Rom und seinen Kulturschätzen entfernt. Aber wir tun alles, was wir können, um hier am Rande der Wildnis den römischen Genius, die einzige Quelle der Erleuchtung und des Glücks für uns menschliche Wesen, zu behüten."

Sie stellte mir ihre kleine Tochter Salome vor, das Kind aus ihrer ersten Ehe. Die junge Dame kann damals nicht älter gewesen sein, als neun bis zehn Jahre, aber sie sah bereits recht bemerkenswert aus. Dicke Haarlocken hingen in ungestümer Schelmerei über ihren jungen zitternden Hals und über die Schultern. Die Augen, die mir entgegenblitzten, waren schwarz mit einem bräunlichen, fast rötlichen Schimmer, der an reife Kirschen gemahnte. Ihr Körper war geschmeidig wie der einer Schlange, straff wie eine von starker Hand gespannte Bogensehne. Sie sah aus wie ein wohlgeübter und disziplinierter Knabe — kurz, eine charakteristische orientalische Schönheit, leider ein wenig zu jüdisch, leicht erregbar und zu Übertreibungen neigend und mit der nervösen Sensibilität der Jüdin begabt. Sie war von Kopf bis Fuß mit Schmuck behängt, selbst in ihrem Haare baumelten nach arabischer Sitte Edelsteine, so daß ihr Gang von einem beständigen Klingeln begleitet war.

„Sie ist noch ein wenig ungebärdig", sagte ihre Mutter in entschuldigendem Tone. „Sie hat bisher noch keine richtige Erziehung genossen. Wir lebten bei ihrem Vater mitten in der Wüste, und dort ist sie wie eine wilde Gazelle aufgewachsen." Sie streichelte die Locken ihrer Tochter. „Von jetzt an wird das anders werden. Wir haben auf dem Markte in Tyrus einen griechischen Erzieher für sie gekauft, einen Menschen, der alle Wissenschaften beherrscht und die besten griechischen Sitten kennt. Unser Freund Ptolemäus wird ihre Erziehung überwachen... Der Ciliarch hat sicherlich unseren Staatssekretär kennengelernt..." Voller Stolz machte sie eine Pause. „Er ist ein Bruder des berühmten Nikolaus von Damaskus, der so oft unseren großen Vater Herodes am Hofe des Augustus vertreten hat. Ich zweifle nicht daran, daß mit seiner Hilfe unsere Tochter sich das Beste der griechischen Kultur aneignen wird. Sie wird binnen kurzem ihren Platz in der Gesellschaft einnehmen und eine Rolle im Staatsleben spielen müssen. Ja, sie soll einen Thron besteigen, denn ihr Onkel, der Tetrarch Philippus, hat den Wunsch geäußert, sie zu heiraten." Sie wandte sich zu ihrer Tochter. „Als künftige Tetrarchin, mein Kind, wirst du wissen müssen, wie man mit Menschen umgeht."

Aus dem, was ich bereits gesagt habe, wird man leicht entnehmen können, daß uns am Hofe des Herodes keinerlei jüdische Riten und Zeremonien, zum Beispiel auch keine jüdischen Eßvorschriften, behinderten. Die Küche lag in den Händen eines erstklassigen alexandrinischen Koches. Und dann die Zerstreuungen, die das Mahl begleiteten, die Musikanten, die Tänzer und Tänzerinnen: es war nicht leicht, sich daran zu erinnern, daß man sich am Hofe eines jüdischen Fürsten in einer fernen barbarischen Provinz befand. Ich glaubte mich jeden Augenblick nach Rom zurückversetzt. Zu der Musik und dem Tanze gesellten sich die sophistischen Vorträge des Ptolemäus von Damaskus. Meinetwegen hätte man sie sehr wohl weglassen können, und ich habe nicht die Absicht, sie hier wiederzugeben, denn neben all den Vergnügungen und dem vielen Trinken waren sie äußerst langweilig. Ich hatte während meines Besuches Gelegenheit, die Bekanntschaft mit dem künftigen Judenkönig Agrippa zu erneuern, der grade eifrig mit Würfelspiel und Schuldenmachen beschäftigt war. Er lebte bei seinem Schwager Herodes, der ihm einen einträglichen Posten, den des Marktaufsehers, gegeben hatte. Ich sage „einträglich", aber wir dürfen nicht vergessen, daß nicht mehr viel Fleisch an dem Kadaver übrig blieb, nachdem Rom und der Tetrarch sich ihre Anteile geholt hatten. Auf jeden Fall konnte das, was er den galiläischen Bauern und Gärtnern abzupressen vermochte, dem jüdischen Aristokraten Agrippa nicht genügen; es mangelte ihm immer an Geld. Er hatte sich mit einem großen Gefolge umgeben und lebte nicht wie ein künftiger, sondern wie ein regierender Fürst. Seine höfische Erziehung hatte ihn an ein luxuriöses Leben gewöhnt, und er borgte überall, von seinen frommen Landsleuten und von reichen Römern. Er machte auch häufige Anleihen bei seinem Schwager, dem Tetrarchen — der zugleich sein Onkel war —, und die stammten dann abermals von den unglücklichen galiläischen Bauern her.

Ich war Agrippa schon früher bei offiziellen Festlichkeiten in Caesarea und Antiochia begegnet, ja, wir kannten einander recht gut. Aber er erkannte mich nicht wieder. Ich war anscheinend dem jüdischen Fürsten nicht wichtig genug, daß er sich an mich erinnert hätte. Wir verzankten uns einmal bei dem Wagenrennen in der Arena, die Herodes der Große in der Nähe von Neapolis in Samaria gebaut hatte. Die ganze Einrichtung mit ihren Hallen und Tempeln war viel zu kostspielig, der Prokurator konnte sie nicht in gutem Zustande erhalten, und es zeigten sich bereits die Spuren des Verfalls. Ab und zu jedoch, wenn besonders wichtige Besuche aus Rom und Antiochia kamen, veranstaltete er dort zu ihren Ehren athletische Spiele, Gladiatorenkämpfe und Wettrennen. Agrippa, den sein Leben in Tiberias und seine Stellung als Marktaufseher langweilten, war bei solchen Anlässen stets zugegen, sowohl um mit Römern zusammenzutreffen, als auch um seiner Spielleidenschaft zu frönen.

Bei dem Wagenrennen, von dem ich jetzt erzähle, befanden sich unter den zum Kampfe angemeldeten Wagenlenkern zwei Söhne des Hohenpriesters, mein Freund Theophilus, der sich in diesem Sportzweige besonders auszeichnete, und sein Bruder Mattathias. Ich wettete mein Geld auf Theophilus, Agrippa setzte auf Mattathias, mit dem ihn eine enge Freundschaft verband. Als wir nun kurz vor Beginn des Rennens bei unseren Favoriten standen, die ungeduldigen Pferde untersuchten und ihre Lenker anfeuerten, erhöhte plötzlich Agrippa die Wette um eine beträchtliche Summe Goldes. Ich, der ich Theophilus' Vorzüge kannte, war seines Sieges sicher, aber ich war in keiner Weise des Geldes sicher, das der jüdische Fürst so verschwenderisch in das Rennen warf. Und ich besaß die Kühnheit, statt seines Wortes bares Geld zu verlangen. Der Fürst nahm daran um so leichter Anstoß, als ich seine schwache Stelle getroffen hatte. Er maß mich mit einem verachtungsvollen Blick, welcher zu fragen schien: „Wer ist dieser Mensch, der mein Wort anzuzweifeln wagt?“, dann wandte er sich an einen seiner Freunde und sagte:

„Man weiß heutzutage nie, was für Leute man in den besseren Kreisen trifft. Früher war das anders. Früher kannten wir die Leute, die bei uns verkehren durften.“

Das ließ ich ihm natürlich nicht hingehen. Ich sagte so laut, daß die Umstehenden es hören mußten:

„Früher einmal haben die herodischen Fürsten mit Gold und nicht mit faulen Wechseln bezahlt.“

Ich brauche wohl kaum zu erwähnen, daß die Wette nicht zustande kam. Von dieser Zeit an hatte der Fürst noch einen besseren Grund als meine Unwichtigkeit, um mich nicht zu kennen. Als in Tiberias seine Schwester mich ihm vorstellte, riß ihn ein leichtes Erstaunen aus seiner Langeweile. Er zog seinen Smaragd hervor, legte ihn ans Auge, musterte mich von Kopf bis Fuß und sagte:

„Ich wußte nicht, daß es in Jerusalem einen Ciliarchen gibt.“

Ich erwiderte: „Ich hatte bereits das Vergnügen, dich kennenzulernen — beim Wagenrennen in der Arena von Neapolis.“

Er tat so, als könne er sich daran nicht erinnern. Seine Schwester, die bei Hofe aufgewachsen war, merkte sogleich die zwischen uns herrschende Spannung und warf hastig ein:

„Aber Agrippa, das ist der Befehlshaber Cornelius, die rechte Hand des Pontius Pilatus.“

Agrippa war in Tiberias nicht sehr beliebt. Er behandelte Herodes nicht wie einen König, sondern wie einen Menschen von untergeordnetem Range. Als der einzige erwachsene männliche Erbe des ruhmreichen Königshauses der Makkabäer, mit dem er durch seine Großmutter, die unglückliche Mirjam, verwandt war, als Jugendgespiele des jungverstorbenen einzigen Sohnes des Cäsars Tiberius, als der enge Freund der Vettern des Cäsars, der Söhne des Germanicus, Caligula und Claudius, fühlte er sich dem Tetrarchen unermeßlich überlegen und gab das durch sein Benehmen deutlich zu verstehen. Er sprach niemals von Rom, ohne „seinen Freund Caligula“ oder „seinen Freund Claudius“ zu erwähnen. Er deutete, weniger in Worten als durch seine Mienen an, daß Tiberius nicht mehr lange zu leben habe. Bald würde das Römische Reich einem seiner Freunde zufallen, und dann würden für ihn neue Zeiten beginnen.

Ich konnte ihn nicht leiden, diesen jüdischen Aristokraten, der sich ewig seiner freundschaftlichen Beziehungen zu den höchsten römischen Kreisen rühmte, alle Winkelzüge der hauptstädtischen Politik kannte und tief in ihre Intrigen verwickelt war. Gestützt auf die Aussicht, König von Judäa und vielleicht von ganz Palästina zu werden, hatte er gegen bedeutende Anleihen den künftigen Cäsaren seine Freundschaft verpfändet. Seinem Äußern nach war er ein vollendeter Römer. Sein rundliches feistes Gesicht war glattrasiert. Bei Tische lag er da, dieses jüdische Prinzlein, und spielte nach römischer Art mit einem geschliffenen Smaragd, den er von Zeit zu Zeit ans Auge führte, um die versammelte Gesellschaft mit einem müden, gleichgültigen Blicke zu mustern. Er spielte den Unnahbaren und ließ alle Leute merken, wie sehr sie ihn langweilten: Er hatte die Gewohnheit, den Saal zu verlassen, noch bevor das Mahl zu Ende war. Ich brauche kaum zu erwähnen, daß ich diese vielsagenden Gebärden, diese Grimassen, die seiner Unzufriedenheit mit der Langlebigkeit des Tiberius Ausdruck gaben, besonders ad notam nahm und den maßgebenden Stellen meldete. Nein, wir liebten einander nicht, ich, Cornelius, und euer jüdischer König, Agrippa I. Aber seine Schwester Herodias — alle Achtung! Was für eine kluge und reizende Frau! Sie war geistreich, sie war amüsant, und sie entschuldigte immer wieder die Flegelhaftigkeit ihres Bruders.

„Du kennst ihn, Ciliarch. Er ist durch den römischen Luxus verwöhnt. Was kann diese verlassene Provinz ihm bieten? Er langweilt sich, und wenn er sich langweilt, ist er gereizt.“

Der Tetrarch erwies mir die Ehre, mich in seine Burg Machaerus in der Provinz Peräa hinter dem Toten Meere einzuladen. Es war das an seinem Geburtstage, den er nicht in der Hauptstadt, sondern an einem abgelegeneren Orte in der auserleseneren Gesellschaft seiner Familie und seiner engeren Freunde, zu denen auch ich nun zählte, feiern wollte.

Machaerus lag auf einem hohen Hügel, und seine mächtigen Mauern beherrschten die Wüste, die ihre öden Sandmassen bis an den Fuß der Zitadelle wälzte. Es war von dort gar nicht mehr weit bis zur Grenze Arabiens, des Königreiches, das der frühere Schwiegervater des Tetrarchen, sein jetziger Feind, beherrschte. Die Feindschaft nahm ihren Anfang, als Herodes seine erste Frau, die Tochter des arabischen Königs, durch Herodias ersetzte.

Der Anstieg zu der Burg war äußerst mühsam. Einen ganzen Tag lang kletterte die endlose Karawane mit ihren reichgeschmückten Kamelen, Eseln und Maultieren die Hänge hinan, die nicht aus Sand, sondern aus rauhen, von der Hitze zusammengeschweißten Felsmassen bestanden. Es war, als hätte ein Lavastrom sich über die Landschaft ergossen und die Gräser und die Bäume vernichtet. Nur an ganz vereinzelten Stellen wuchs ein kläglicher Kaktusschößling aus einer Felsenritze hervor. Die Juden hatten diese Gegend Sodom getauft, und ihren Legenden zufolge war das einmal ein blühendes Land gewesen, aber Jehovah hatte es wegen der Sünden seiner Bewohner verflucht und unter glühendem Fels und grauem Sande begraben. Von der Spitze des Berges aus konnten wir in der Ferne das erfrischende Grün der fetten Dattelpalmen, Ölbäume und Weingärten Jerichos erspähen, die das Tote Meer von der einen Seite begrenzten und sich in das reiche Jordantal hinabzogen. Aber das Tote Meer selbst lag tief in die Wüste eingebettet wie ein starr geöffnetes Auge in einem grausamen Antlitz.

Hier in seiner Burg warf der jüdische Tetrach sogleich den Mantel römischer Kultur ab, den er in der Hauptstadt Tiberias — zum Teil auf Verlangen seiner Frau — zu tragen pflegte, und verfiel in seine natürliche Art, die eines echten, undisziplinierten asiatischen Tyrannen. Hier hatte er einen arabischen Harem mit zahllosen Konkubinen und ihren Sklaven und Sklavinnen, die ursprünglich ein Geschenk der arabischen Königstochter gewesen waren. Hier führte er ein völlig zügelloses Leben und ließ sich durch die Gegenwart seiner kultivierten Gemahlin oder seiner Gäste nicht im mindesten in Verlegenheit bringen.

„Er muß sich ausleben...", sagte Herodias, die kluge Weltdame, mit einem gutmütigen Lächeln. „Dort unten in seinem Palast, unter zivilisierten Menschen, in einer kultivierten Atmosphäre, fühlt er sich schon nach wenigen Monaten beengt und bedrückt. Dann flüchtet er in diese barbarische Burg. Hier kann er alle die Fesseln abstreifen, die ihn in Tiberias behindern, hier kann er Konkubinen haben, soviel er will. Ein paar Tage genügen, um die Spannung zu lösen, er beruhigt sich wieder und ist wieder imstande, unter zivilisierten Menschen zu leben."

Ich erfuhr bei meiner Ankunft in der Festung, daß in einer der Kerkerzellen Herodes jenen seltsamen Fanatiker gefangen hielt, dessen Namen ich so oft in Jerusalem gehört hatte, Jochanaan, Johannes den Täufer. Man sollte meinen, die Art des Vergehens, das zu seiner Festnahme geführt hatte — seine wüsten Beschimpfungen gegen Herodias und seine tollen Prophezeiungen, die ihr ein böses Ende verkündeten —, und außerdem die verbrecherische Haltung, die in seinen antireligiösen Predigten zu Tage trat, hätten genügen müssen, um ihn hinzurichten. Aber man behandelte ihn mit außerordentlicher Milde. Freilich hatte Herodes den Fanatiker aus den Wildnissen in der Nähe von Jericho weggeholt, um seinen Einfluß auf die Banden, die ihn an den Ufern des Jordan besuchten, herabzumindern. Doch er hatte in seinem Gefängnis alles, was er brauchte. Er durfte Besucher, das heißt seine Schüler, empfangen, die er auch weiterhin mit seinen unverständlichen Lehren vergiftete. Noch mehr: ich erfuhr, daß ihm sogar gestattet war, Sendboten ins Land zu schikken, die überall in seinem Namen predigten. Herodes war nämlich, wie alle Tyrannen, sehr abergläubisch. Er hielt Johannes den Täufer für einen Propheten. Er sah sich veranlaßt, den Einfluß des Predigers zu beschränken, aber er hatte nicht den Mut, seine Hand gegen ihn zu erheben.

Herodias jedoch erblickte in dieser Milde eine Beleidigung ihrer Person. Darin hatte sie recht, und sie hatte ebenso recht, wenn sie in der Schwäche des Tetrarchen eine Gefahr für die Interessen und die Sicherheit des Staates erblickte. Gotteslasterung ist eine Sache für sich: ein Angriff auf die höchsten Persönlichkeiten im Staate muß, wenn keine Strafe erfolgt, jegliche Autorität in Verruf bringen. Ich war durchaus mit ihr einverstanden. Ich erkühnte mich, dem Tetrarchen diese Auffassung vorzutragen, sowohl in meinem Namen wie im Namen der römischen Behörden. Ich sagte:

„Auch wenn du diese Angelegenheit für eine rein lokale hältst, die zur Gänze unter die Gerichtsbarkeit des Tetrarchen fällt, dürften wir nicht vergessen, daß Rom an der Aufrechterhaltung der bürgerlichen Ordnung interessiert ist. Verbrecher, gleichgültig, was sie angestellt haben mögen, dürfen nicht straflos ausgehen."

Ich hielt es für meine Pflicht, im Namen Roms die sofortige Vollstreckung des Todesurteils gegen Jochanaan den Täufer zu fordern.

Herodias war nicht die einzige, die mir dafür dankbar war. Auch Ptolemäus begrüßte mein Eingreifen und unterstützte meine Forderung. Der Tetrarch blieb taub für unsere Worte. Gerade in dieser Angelegenheit, die seine königliche Würde und seine Sicherheit betraf, benahm er sich mit der Halsstarrigkeit eines Maultieres. Er griff zu den fadenscheinigsten Vorwänden.

„Ich werde warten, bis seine Popularität unter den Massen abgenommen hat, damit die Urteilsvollstreckung keinen allzu großen Unwillen erregt." Wie ungereimt dieser Vorwand war, zeigte sich daran, daß zufolge der langen Verzögerung die Beliebtheit des gefangenen — oder vielmehr festgehaltenen — Fanatikers unvermeidlich wachsen mußte. In Wirklichkeit war es ganz einfach so, daß Herodes sich vor dem Manne fürchtete. Er war in der Tiefe seines Herzens genau so ein abergläubischer Barbar wie alle seine Untertanen.

Mich plagte die Neugier, diesen sonderbaren Wüstenheiligen zu sehen, der dem Tetrarchen solchen Schreck einjagte, und ich bat Ptolemäus, mich zu ihm zu führen. Ich wollte auch die Worte des „Propheten" hören.

Wir trafen ihn in einer der Kerkerzellen. Er war mit der einen Hand an die Mauer festgekettet. Vor dem Fensterloch seiner Zelle hatten sich einige seiner Anhänger versammelt, denen er eine Rede hielt. Er gestikulierte beim Sprechen mit seiner freien Hand, und als Ptolemäus und ich durch die innere Tür eintraten, beachtete er uns gar nicht. Entweder hatte er uns im Eifer seiner Predigt nicht bemerkt, oder er kümmerte sich absichtlich nicht um uns. Ich war bestürzt über diesen Anblick

— ein politischer Gefangener, der sich ungehindert mit seinen Komplizen unterhält —, aber ich sagte nichts.

Sein Aussehen glich mehr oder weniger dem Bilde, das ich mir von ihm gemacht hatte: eine jener wilden Gestalten, die ich so oft in den Tempelhöfen gesehen hatte, groß, ungekämmt, hager, vorstehende Knochen, die Haut von der Sonne und dem Wüstenwinde schwarz gefärbt. Trotz seiner Magerkeit war er sehr muskulös und von riesenhafter Gestalt. Auf dem Kopfe trug er eine jener bei den frommen Juden gebräuchlichen rituellen Lederrollen, die ein Pergament mit einer Liebeserklärung an ihren Gott enthalten. Von Zeit zu Zeit griff er mit der gestikulierenden freien Hand nach der Rolle, um sie festzuhalten, denn der Lederriemen war zu kurz für das dichte Gewirr seiner schwarzen Haare. An dem unteren Rande seines sackleinenen Gewandes baumelten die üblichen rituellen Fransen. Seine lodernden Augen waren zu dem Fenster emporgerichtet, und draußen vor dem Fenster drängten sich die Gesichter seiner Anhänger. Als wir hereinkamen, deklamierte er gerade irgendwelche Worte, die ich nicht verstehen konnte, denn er sprach nicht das geläufige Aramäisch, mit dem ich inzwischen sehr vertraut geworden war, sondern das alte Hebräisch, die Sprache der Propheten. Ptolemäus, der sowohl Hebräisch wie Aramäisch verstand, übersetzte mir die Worte ins Lateinische. Sie lauteten ungefähr folgendermaßen:

„Er war vor der Erschaffung der Welt von Gott erwählt und verborgen gehalten,
Und er wird mit Gott sein von Ewigkeit zu Ewigkeit.
Er wird die verborgenen Taten der Menschen richten,
Keiner wird sie vor ihm verbergen können nach seinem eigenen Willen.“

Ich wunderte mich über den rhetorischen Stil des Mannes und machte Ptolemäus darauf aufmerksam.

„Wenn er nicht so gefährlich wäre“, sagte ich, „könnten wir ihn in unseren Theatern auftreten lassen. Was deklamiert er denn?“

„Das sind Verse aus einem gewissen Buche, dem ‚Buche Enoch‘. Enoch war ein Seher, der zur Zeit der hasmonäischen Könige lebte und die Ankunft des Messias prophezeite. Dieses Buch hat schon sehr viel Schaden angerichtet und Tausende von Juden verrückt gemacht. Horch!“

Der Fanatiker setzte seine Deklamation fort. Der Klang unserer Stimmen störte ihn ebenso wenig wie unsere Anwesenheit, und er wandte sich ausschließlich an die Gesichter vor dem Fenster:

„An diesem Tage erblicke ich den Brunnen der Rechtlichkeit.
Und alle trinken aus ihm.

Bevor die Sonne und die himmlischen Zeichen geschaffen waren,
Bevor die Sterne am Himmel geschaffen waren,
Da hatte der Herr bereits seinen Namen ausgesprochen.
Er wird ein Stab sein für alle Gerechten,
Daß sie sich auf ihn stützen und nicht fallen.

Der Menschensohn, den du siehest,
Verjagt die Könige und die Mächtigen
Von ihren Thronen und Gewaltvesten.
Er stößt die Könige von ihren Thronen
Und aus ihren Reichen.
Ihre Wohnstätte wird die Finsternis sein
Und sie werden mit den Würmern Hochzeit feiern."

Als Ptolemäus mir diese Worte übersetzte, protestierte ich: „Aber das ist ja die reinste Unbotmäßigkeit! Er hetzt gegen den Kaiser, gegen den Senat und die römische Weltmacht!"

„Deshalb haben wir ihn gefangen gesetzt."

„Ein schönes Gefängnis! Darf bei euch jeder politische Gefangene seine Anhänger in seiner Zelle empfangen und seine gefährliche Agitation fortsetzen? Sieh doch! Nicht nur, daß er zu ihnen predigt, — er kann auch alle beliebigen Nachrichten aus der Außenwelt erhalten."

„So ist es leider. Er schickt sogar seine Sendboten und Apostel ins Land hinaus."

„Aber in Jupiters Namen, was habt ihr denn für eine Regierung?"

„Ciliarch, wir können nichts gegen ihn unternehmen. So oft der Tetrarch diese Stimme aus dem Kerker hört, zittert er wie ein Kind. Du hast mit ihm gesprochen, — du hast es selbst gesehen."

„Wenn es keinen anderen Ausweg gibt", erwiderte ich in

festem Ton, „werde ich den Prokonsul in Antiochia bitten, einzugreifen. Du weißt, daß wir uns nicht gerne in die inneren Angelegenheiten des Tetrarchen einmischen, aber wenn ihr nicht den Mut habt, die Sicherheit des Landes zu gewährleisten, werden andere für euch handeln müssen."

XV. KAPITEL

Was wir, die Diplomaten, Staatsmänner, hohen Beamten und sonstigen großen Tiere nicht zu erreichen vermochten, gelang einem zehnjährigen Mädchen.

An demselben Abende fand das offizielle Bankett auf der Säulenterrasse der Festung statt, ein echt orientalisches Fest. Die Fackeln warfen ihr grelles Licht in die Wüstenlandschaft, und jenseits des Lichtkreises spiegelten sich die glitzernden Sternbilder in den trübe schimmernden Wassern des Toten Meeres. Der Tetrarch war in bester Laune, der starke mit Honig gemischte Zypernwein, den er auf das schmeichlerische Zureden seiner Frau hin in reichlichen Mengen getrunken hatte, erhitzte sein Blut. Mit gemächlichem Behagen sah er den Tänzen der halbnackten, reifengeschmückten Sklavinnen zu, der Araber- und Negerweiber, die seine erste Frau in die Ehe mitgebracht hatte. Aber als der Wein ihm zu Kopfe stieg, fand er keinen Gefallen mehr an den Verrenkungen dieser verblühten und ältlichen Tänzerinnen. Er rollte die blutunterlaufenen Augen in seinem aufgedunsenen Gesicht und hielt nach etwas Würzigerem Ausschau, und schließlich fiel sein Blick auf die kleine Salome, die an der Seite ihrer Mutter an dem Festmahle teilnahm. Der schwere Schmuck, der in ihren Locken hing, klirrte, wenn sie in lebhaftem Gespräch den Kopf zurückwarf. In den Blicken des Tetrarchen lag ein lüsternes Wohlgefallen. Sie war köstlich anzusehen. Mit ihrer schlanken Gestalt und ihrer reizenden dunklen Haut hätte sie einen Platz an der Seite des Tiberius und nicht nur an einem Provinzhofe verdient.

Unsere barbarischen Fürsten hatten es sich zur Gewohnheit gemacht, den Kaiser in allen Dingen nachzuahmen, um ihm auf diese Weise zu schmeicheln. Sie hatten sich ganz plötzlich in raffinierte Lüstlinge verwandelt und huldigten den edlen und zarten Liebessitten der hellenistischen Welt. In jenen Tagen traf man an den Höfen der von uns abhängigen Oberhäupter die gleichen Freudenknaben und Freudenmädchen wie in Rom. Ich weiß wirklich nicht, ob der Tetrarch von Galiläa und Peräa bereits den Gipfel römischer Verfeinerung erreicht hatte, oder ob er lediglich aus politischen Motiven handelte. Jedenfalls gebärdete er sich in diesem Augenblick so, als verabscheute er die arabischen Tänzerinnen und die ägyptischen Sklavinnen, — als habe er eine Vorliebe für Mädchen in zartem Alter...

Heißer wurde der Blick, mit dem er die kleine Salome betrachtete. Er gab sich gar keine Mühe, seine Empfindungen zu verbergen. Plötzlich rief er aus:

„Und jetzt wird die kleine Salome für mich tanzen!"

Aber die kleine Salome war der einzige Mensch in dieser Gesellschaft, der dem Willen des Tetrarchen zu trotzen wagte. Mit einer kindisch-kapriziösen Gebärde schüttelte sie ihre klirrenden Locken und sagte:

„Nein, die kleine Salome wird nicht für dich tanzen", und dann verbarg sie ihr Gesicht in dem Tuche ihrer Mutter.

Der Tetrarch runzelte die Stirn, als wollte er im nächsten Augenblick in Wut ausbrechen. Aber der Wein hatte ihn noch nicht völlig überwältigt, es war noch ein Rest von Anstandsgefühl in ihm. Er beherrschte sich und rief in scherzendem Tone:

„Oh ja, die kleine Salome wird für den Tetrarchen tanzen."

Wieder schüttelte Salome den Kopf. „Nein."

„Wie? Auch dann nicht, wenn der Tetrarch von Galiläa und Peräa es ihr befiehlt?"

„Nein — sie wird dem Tetrarchen von Galiläa und Peräa nicht gehorchen."

Aus dem Scherz war allmählich Ernst geworden — aber nicht das Kind, sondern der Tetrarch ging in die Falle.

„Und wenn der Tetrarch von Galiläa und Peräa der kleinen Salome einen Palast in Tiberias verspricht und einen Garten, wo junge Gazellen umherwandeln, begleitet von schönen Pfauen und schönen Papageien?" Sein ernster Ton überraschte uns.

„Auch dann wird sie nicht tanzen", erwiderte Salome in kindischem Trotz.

Wir brachen in ein Gelächter aus, teils um die Spannung zu mildern, teils aus reinem Vergnügen. Es war wirklich schwer zu sagen, wer jetzt der Tetrarch war und wer das Kind, denn der Streit zwischen den beiden hatte jeden spielerischen Charakter verloren. Herodes' Augen glühten vor verhaltenem Zorn. Es war, als setzte er sein Leben daran, den Willen des Kindes durch Versprechungen zu beugen oder ihn durch Drohungen zu brechen. Und er war zweifellos in diesem Augenblicke bereit, zu roher

Gewalt überzugehen, aber er wollte immer noch in unserer Gegenwart seinen Willen womöglich auf gütliche Weise durchsetzen. Bei alledem kümmerte er sich überhaupt nicht um seine Frau, und vielleicht wollte er sie auf eine versteckte Weise kränken. Vielleicht war der ganze Vorgang auf sie gemünzt. Wenn er sich nicht scheute, den lüsternen Unterton seiner Befehle vor uns zu verhehlen, fand er vielleicht ein besonderes Vergnügen an dem schmählichen Spiele, weil es sich gegen Herodias richtete.

Er versuchte es von neuem:

„Und wenn der Tetrarch von Peräa und Galiläa der kleinen Salome verspricht, daß er ihr jeden Wunsch erfüllen wird, wenn sie für ihn tanzt, mag es ihn auch ein halbes Königreich kosten?“ sagte er grimmig und warf einen scharfen Blick auf seine Frau.

„Auch dann —“ begann Salome, aber in dieser Minute beugte ihre Mutter sich zu ihr nieder und flüsterte ihr etwas ins Ohr. Das Kind hielt inne, blickte auf und richtete eine Frage an Herodes.

„Wird der Tetrarch von Galiläa und Peräa Salome wirklich schenken, was sie verlangt, wenn sie für ihn tanzt?“

Der Tetrarch brach in ein schallendes Gelächter aus. Schweißtropfen standen auf seiner breiten Stirne, und er antwortete, die hohe Kinderstimme imitierend:

„Hiermit verspricht der Tetrarch von Galiläa und Peräa der kleinen Salome, daß er ihr jeden Wunsch, den sie äußert, erfüllen wird, wenn sie sein Verlangen stillt und für ihn tanzt!“

Wortlos verließ Salome ihren Platz und schritt über die Terrasse, bis sie vor dem Ruhebette des Tetrarchen stand. Ohne weitere Vorbereitung und ohne sich von der Stelle zu rühren, begann sie ihren Leib zu bewegen — zu dem dumpfen Klange einer Trommel, die einer der Sklaven bediente. Mit kindlicher Unschuld und Gleichgültigkeit streifte sie die Tunika ab, die ihren Oberkörper bedeckte, sodaß sie bis zum Nabel nackt war. Ihre Füße hafteten am Boden, und mit ihrem schlanken, dunkelhäutigen Kinderbauch führte sie die üblichen Tanzbewegungen aus, aber jeder Muskel an ihrem zarten Körper bebte. Und jede ihrer Gebärden, obgleich sie noch ein Kind war, brachte nicht nur das Blut des Tetrarchen in stärkere Wallung, sondern versetzte uns alle, die wir ihr zuschauten, in Erregung. Sie selbst behielt inmitten dieser leidenschaftlichen Bewegungen einen so unschuldigen Ausdruck, daß wir zweifelten, ob ihr bewußt sei, was sie tat. Und dennoch, je länger sie tanzte, desto zügelloser und aufreizender wurden ihre Kadenzen. Sie wand und drehte sich, zeigte jetzt ihren Rücken und jetzt ihre glatte, unreife Brust, und die Muskeln schwammen in hellen Wellen unter der schimmernden Haut. Wieder mußte ich an Tiberius denken: Was für ein schönes Geschenk für den alten Lüstling! Mochte er sich auch nach Capri zurückgezogen haben, um zu philosophieren und über sein Leben nachzudenken, — er würde sich gerne von dieser Brust und diesem Rücken in die Welt zurücklocken lassen. Ich wandte mich zu meinem Nachbarn, einem römischen Offizier, und flüsterte ihm meine Gedanken ins Ohr. Aber Salomes Mutter, die ganz in der Nähe saß, hatte entweder meine Worte gehört oder sie mir von den Lippen abgelesen oder meine Gedanken erraten, denn sie geriet in Verwirrung oder tat wenigstens so. Sie beugte sich zu mir herüber und sagte:

„Ich weiß wirklich nicht, wo das Kind diese Dinge gelernt hat, vielleicht von den arabischen Sklavinnen. Sie weiß nicht, was sie tut."

„Auf jeden Fall", erwiderte ich halb scherzend, „kann ich der Tetrarchin versichern: wenn der Cäsar Tiberius dieses Kind sieht, werden die Chancen des Tetrarchen, den Königstitel und eine Erweiterung seines Gebietes zu erlangen, beträchtlich wachsen."

Sie nahm meine Bemerkung gut gelaunt auf (ja, sie war durch und durch eine Weltdame), drohte mir mit ihrem Seidentuche und antwortete:

„Ciliarch, so zynisch? Ich habe dich für einen ernsten Menschen gehalten..."

Jetzt aber war die Kleine bereits völlig erschöpft und schien im Begriffe, vor Anstrengung und Erregung zusammenzubrechen. Die Tetrarchin wollte sich soeben erheben, als Herodes, schwerfällig und halb betrunken, aufsprang, das Kind in seine Arme nahm, es zu seinem Ruhebette trug und auf seinen Schoß setzte.

„Nun, kleine Salome, kannst du den Tetrarchen von Galiläa um alles bitten, was dein Herz verlangt, und so wie König Ahasver zu Esther sprach, als sie Gnade vor seinen Augen fand, verspreche ich dir, deinen Wunsch zu erfüllen, und wenn es mein halbes Königreich gilt."

Und die kleine Salome streichelte das Gesicht des Tetrarchen und sagte:

„Ich will, daß der Tetrarch von Galiläa und Peräa seinen

treuen Germanen befiehlt, mir auf einer silbernen Schüssel das Haupt des Jochanaan zu bringen."

Wir hörten die Worte ganz deutlich, und dennoch verstanden wir sie nicht. Wir hatten eifrig zugehört, völlig vertieft in den zweiten Akt dieses Schauspieles, das der Tetrarch und das Kind vor uns aufführten, und nun trauten wir unseren Ohren nicht. Auch der Tetrarch schien es nicht für möglich zu halten, daß er richtig gehört habe. Er fragte in verblüfftem Tone:

„Wessen Haupt sollen dir meine treuen Germanen auf einer silbernen Schüssel bringen?"

„Das Haupt Jochanaans des Täufers, des Propheten, den du im Keller der Festung gefangen hältst."

„Das Haupt des tollen Propheten?" stammelte Herodes und wurde bleich. „Was ist das für ein phantastischer Einfall? Was willst du mit dem Kopfe eines Menschen?"

Wir waren starr vor Erstaunen. Nur die Tetrarchin bemerkte sanft:

„Wo kann das Kind solche sonderbare Sachen gelernt haben? Das ist alles nur, weil sie in der Wüste aufgewachsen ist!"

„Wie?" fragte die kleine Salome, die auf des Tetrarchen Schoß saß und immer noch seine Wangen streichelte. „Du, der Tetrarch von Galiläa und Peräa, fürchtest dich wirklich vor ihm, weil er ein Prophet ist?"

Der Tetrarch warf einen wütenden Blick, wie ein erzürnter Zeus, zuerst auf die Mutter des Kindes und dann auf seinen Sekretär Theophilus, der unschuldsvoll die Augen niederschlug. Von ihnen wanderte sein Blick zu mir, und in einem stolzen, fast unverschämten Tone antwortete er nicht dem Kinde, sondern den versammelten Gästen:

„Der Tetrarch von Galiläa und Peräa fürchtet niemanden. Nein, nicht einmal —" — er war im Begriffe etwas Schreckliches zu sagen, denn sein Gesicht wurde um eine Schattierung bleicher, aber im letzten Augenblicke besann er sich und fuhr in zahmem Tone fort — „nicht einmal den König von Arabien, der mir mit Krieg droht, weil ich seine Tochter zu Gunsten der Frau meines Bruders verstoßen habe." Und nun heftete er seine Blicke wieder auf Herodias.

„Oh, vor ihm aber fürchtest du dich!" rief das Kind und zeigte nach unten.

„Ich habe dir gesagt, daß ich niemanden fürchte, außer — natürlich — den Cäsar, der seit jeher mein Freund war!" Und nun sandte er wieder mir einen fast drohenden Blick zu.

„Warum willst du mir dann nicht seinen Kopf schenken?"

„Weil ein Menschenkopf kein Spielzeug für ein Kind ist", erwiderte der Tetrarch, und wieder blickte er mit etwas bestürzter Miene seine Frau an, als wollte er ihr sagen, daß er wohl wisse, was das alles zu bedeuten habe.

„Aber du hast mir versprochen, daß du mir jeden Wunsch erfüllen wirst. Willst du jetzt dein Wort nicht halten, Tetrarch von Galiläa und Peräa?"

Vergebens suchte der Tetrarch Hilfe in unseren Mienen. Wir wichen seinen Blicken aus. Er begriff.

„Ja, du hast recht, kleine Salome, der Tetrarch von Galiläa und Peräa ist der Sklave seines Wortes, wie jeder Monarch, wie der römische Cäsar. Geht, führt ihren Wunsch aus!" rief er den germanischen Wachen am anderen Ende der Terrasse zu.

Dumpfe Stille. Wir hörten die Schritte der Wachen die Stufen hinabpoltern. Der Tetrarch setzte Salome nieder, reichte seinen Becher einem Diener, der ihn füllte, und rief:

„Auf den Frieden Roms und seinen Cäsar!"

Wir wiederholten den Trinkspruch.

Er war jetzt ganz ruhig geworden — als habe er durch die Anrufung der kaiserlichen Macht seine innerliche Angst betäubt.

Nach einer Weile hörten wir Schritte zurückkommen, zwei germanische Krieger traten ein, sie trugen auf einer silbernen Schüssel ein menschliches Haupt. Es war das Haupt, das ich an diesem Nachmittage lebend gesehen hatte, das muskulöse Antlitz, dessen tiefe Sonnen- und Wüstenbräune sich nun in ein bläuliches Aschgrau verwandelt hatte. Die Krieger hatten auf das abgetrennte Haupt den Talisman der Juden, das rituelle Lederröllchen, gelegt. Die Augen standen offen und auch der Mund. Wir erwarteten fast, aus diesem Munde eine Stimme ertönen zu hören.

Als die Krieger das Haupt der kleinen Salome darboten, die die Hände danach ausstreckte, rutschte das Gebetröllchen herab und fiel in das Blut, das die Schüssel füllte. Die Augen schlossen sich plötzlich und ebenso der Mund.

Von draußen her, aus dem Hofe herauf, erscholl ein lautes Jammergeschrei, mit Flüchen vermischt. Mich wunderte, daß zu dieser späten Stunde noch Fremde in der Zitadelle anwesend waren. Wir taten so, als hörten wir nichts. Wir versuchten — zumindest am Tische der Tetrarchin —, die Unterhaltung wieder aufzunehmen, als ob nichts passiert wäre. Aber ich schaute den

Tetrarchen an, und ich sah, daß die momentane Beruhigung, die der Name des Cäsars ihm gewährt hatte, wieder von ihm gewichen war, und daß sein Gesicht blaß war vor Schrecken. Die Wirkung des Weines war verflogen. Er strengte sich an, seine Qualen vor uns zu verbergen. Er redete mit lauter Stimme, er scherzte — aber er scherzte nicht mehr mit der kleinen Salome, die er mit einer Gebärde des Abscheus weggestoßen hatte. Er befahl den Kriegern, die blutige Schüssel mit dem abgetrennten Haupte zu entfernen. Die kleine Salome protestierte, der Kopf gehöre ihr... Der Tetrarch blickte wütend seine Frau an, die das Kind zu sich holte und es beruhigte. Und wieder sagte sie zu uns, sich gleichsam entschuldigend:

„Ja, diese tollen Einfälle muß sie an dem barbarischen Hofe ihres Vaters gelernt haben. Wo hat man so etwas je gehört? Ein Kind will mit dem Kopfe eines Enthaupteten spielen!"

Herodes gab sich alle Mühe, das Fest weiterzuführen. Er befahl den Sklaven, die Becher der Gäste zu füllen, er trank immer wieder auf das römische Reich und auf seine Freundschaft mit dem Cäsar... Es war ein trauriges Schauspiel. Er konnte nicht einmal im Weine seine Angst ertränken. Unaufhörlich tönte aus dem Hofe das Klagen und Jammern herauf.

„Das sind die Anhänger und Schüler Jochanaans", sagte Ptolemäus überflüssigerweise.

„Warum jagst du sie nicht weg?"

„Er will es nicht", und er zeigte auf den Tetrarchen.

Nach einiger Zeit hörte das Gejammer von selber auf. Eine verdächtige Stille trat ein. Dann ertönte eine einzelne Stimme. Sie hatte einen schrillen, beunruhigenden Klang wie die Widderhörner der jüdischen Tempelwächter. Der helle schallende Klang durchschnitt wie ein Messer die Luft, und wir hörten deutlich Silbe für Silbe. Es war ein Vers aus einem ihrer heiligen Bücher, den sie nun auf ihren enthaupteten Propheten anwendeten. Die Worte übten eine niederschmetternde Wirkung auf den Tetrarchen, und auch Herodias schien ihre gewohnte Ruhe und wohlerzogene Selbstbeherrschung zu verlieren.

„Eine Stimme ruft in der Wildnis: ‚Bereite den Weg!' "

„Gib Befehl, sie wegzujagen", sagte Herodias zu dem Tetrarchen. „Sie stören das Fest."

„*Wen* soll ich wegjagen lassen? Es ist eine Stimme aus der Wildnis. Wie soll ich diese Stimme zum Schweigen bringen?"

Der Tetrarch erhob sich hastig, und ohne seinen römischen Gästen auch nur einen Blick zu gönnen, ergriff er die Flucht.

Die Tetrarchin, die sich wieder gefaßt hatte, versuchte den peinlichen Eindruck zu verwischen, den das Benehmen ihres Mannes hinterlassen hatte. Sie sagte zu den Versammelten:

„Was liegt schließlich daran? Der Rebell hat seine Strafe erlitten, dem Gesetz ist Genüge getan. Rom kann zufrieden sein."

„Ich werde nicht versäumen, dem Prokonsul Meldung zu erstatten", erwiderte ich. „Deine kleine Tochter hat Rom einen großen Dienst erwiesen."

XVI. KAPITEL

Mit dem Tode Johannes des Täufers hatte der Messiasglaube der Juden keineswegs ein Ende, im Gegenteil, er wurde nur noch stärker. Alles, was geschah, legten sie auf ihre Weise aus; je unheilvoller die Ereignisse, desto näher die Ankunft des Erlösers. Sie sagten, das seien „die Tage des Messias". Und es dauerte auch nicht lange, da hörten wir, daß in Galiläa — wie das nicht anders zu erwarten war — ein neuer Prophet aufgetaucht sei, der die Menschen ermahne, Buße zu tun und sich auf das bevorstehende Reich vorzubereiten. Zuerst hielt man ihn für einen Anhänger des toten Jochanaan, dann hieß es, es sei Jochanaan selbst, wieder auferstanden von den Toten. Andere wieder behaupteten, es sei der alte Prophet Elias, der zu seiner Zeit zahlreiche Wunder gewirkt hatte. Es wurde berichtet, daß auch dieser neue Mann, der in Galiläa an den Ufern des Sees Genezareth hauste, allerlei Wunder verrichte, die Kranken heile, die Aussätzigen reinige und böse Geister austreibe. Der Name Elias war unter den Juden hochgeehrt und beliebt, daher glaubten sie gerne, er sei zurückgekehrt.

Der erste, der mir von diesem Mann erzählte, war der alte Hohepriester. An einem stillen Frühlingsabend spazierte ich im Garten seines Palastes umher und schaute zu, wie seine Söhne sich in den Schwimmbassins vergnügten; da kam er zu mir und sagte mit einem sarkastischen Lächeln:

„Hast du gehört? Sie haben schon wieder einen neuen Propheten, der den Lümmeln von Galiläa das Reich Gottes predigt. Diesmal stammt er aus Nazareth." Der alte Mann lachte verächtlich. „Aus Nazareth, du verstehst."

„Warum ist denn das so sonderbar?"

„Das schlimmste unter allen lumpigen Nestern in Galiläa!

Lauter rohe, ungebildete Bauern und Zimmerleute, die das Gesetz nicht kennen, und die nicht wissen, wie man sich vor Verunreinigung schützt."

Rein oder unrein — das war für diese Juden eine verteufelt ernste Frage, die das ganze Volk in zwei Klassen schied. Der Gelehrte, der das Gesetz kannte und den Unterschied zwischen Rein und Unrein, wurde von den anderen Gelehrten chawer — Kamerad oder Kollege — genannt. Er war einer ihresgleichen, ihn konnte man zu Tisch laden und brauchte keine rituelle Verunreinigung zu befürchten. Der Ungebildete aber, der nicht so beschlagen war, hieß am ha-arez — Mann vom Lande, Erdgeborener, Bauer. Ihn durfte man nicht empfangen, mit ihm durfte man nicht einmal verkehren.

Nun war Galiläa — sowohl die Städte wie das flache Land — die Domäne der „Bauernlümmel". In Judäa sprach man nur von dem „Völkergemisch" in Galiläa. Und Nazareth war so typisch galiläisch, daß der Gedanke, ein Gesetzausleger, ein Gelehrter oder gar ein echter Prophet könnte dort herstammen, einen Mann wie den alten Hanan mit äußerster Verachtung erfüllen mußte.

Die Straße, die mich nach Sepphoris oder Tiberias führte, wenn ich zu dem Tetrarchen reiste, ging über Nazareth. Auch die Karawanenstraße, die vom Großen Meer durch das reiche Tal Jezreel nach Damaskus führte, berührte Nazareth. Die Stadt liegt zwischen den Hügeln, an einem Abhange gegenüber Jezreel. Die bebauten Felder, die wie mit Meereswellen die Ebene zwischen dem Tabor und dem Gilboa füllen, reichten fast bis an die Grenzen der Stadt heran, die von schimmernden Weinbergen, dunklen Zypressenhainen und honigtriefenden Dattelpalmen umrahmt war, aber die Landschaft als Ganzes erhielt ihre Färbung von den silbergrauen Ölbäumen. Zu meiner Zeit waren die Äcker, die Gärten und Haine dicht bepflanzt. Hier wohnten fleißige Menschen, und dennoch war Nazareth ein armes Bauern- und Handwerkerstädtchen. Die Häuser oder vielmehr Hütten waren aus getrocknetem Lehm gebaut, hatten Dächer und Decken aus geflochtenen Palmblättern. Hier und dort begegnete man in den Straßen einem Sattler, einem Zeltweber, einem Spinner, einem Töpfer, einem Schuhmacher, aber die meisten waren Zimmerleute. Da die Stadt an einer Landstraße lag, besaß sie mehrere Brunnen, die für die Tränkung der Karawanentiere bestimmt waren, und neben jedem Brunnen standen kleine Schuppen, die den Reisenden Unterkunft gewährten. Die vorüberziehenden Karawanen gaben den Wagnern und Stellmachern reichlich zu tun. Aber die Zimmerleute im allgemeinen arbeiteten zumeist für die ortsansässigen Bauern, die hölzerne Pflüge, Rechen, Spaten und sonstige Geräte brauchten.

Aus dieser Stadt stammte der Prophet, von dem mir der alte Hohepriester in Jerusalem erzählt hatte. Aber meine erste Begegnung mit ihm fand nicht in Nazareth statt, sondern in dem kleinen Ort K'far Nahum oder Capernaum. Und die Sache selbst war keineswegs so lächerlich, wie der alte Hanan sie hinzustellen versuchte, im Gegenteil, sie war, wie ich leider sagen muß, sehr ernst, ja, mehr als ernst.

K'far Nahum lag an den Ufern des Sees Genezareth oder Kinnereth. (Der hebräische Name lautet Jam Genoser, See des Gartens der Fürsten, denn das Tal, das die Wasserfläche umschließt, ist ein einziger blühender Weizen- und Obstgarten.) K'far Nahum war ein nicht unbedeutendes Provinzzentrum, der Markt für die Produkte der umliegenden Gegend. Es gab dort einen Fischerhafen und ein Zollhaus. Flache Kähne wurden in K'far Nahum mit dem Korn und den Früchten des Distrikts beladen und dann an das entgegengesetzte Ufer hinübergerudert, wo das Gebiet des Tetrarchen Philippus begann. Die beiden wichtigsten Einkommensquellen waren die reichen Obstgärten, welche die Stadt umgaben, und die Fischereien. Es war ein wunderbarer Anblick, wenn in mondheller Nacht die Fischer von K'far Nahum auf die blauen, kristallhellen Wasser des Sees Genezareth hinausfuhren und der Schein des Mondes und der Sterne glitzernd auf das Netzwerk der Boote fiel. Ihr Gesang tönte ans Ufer zurück, sie sangen Stellen aus ihrem geliebten Lied der Lieder oder aus den alten Psalmen. Untertags drängte sich Segel an Segel in dem kleinen Hafen, Frauen breiteten die Netze zum Trocknen oder Flicken aus. Die meisten Fischer standen im Solde reicher Fischhändler, die ihre geräucherte Ware in ganz Galiläa und Judäa verkauften. Die Bevölkerung war arm. Steuern und Zölle erschwerten den Betrieb kleiner Unternehmungen, deshalb mußten die Fischer sich gegen Lohn verdingen. Billig war die Arbeitskraft in Galiläa und hart das Leben. Die Fischtrockner aßen selber nichts von der Ware, die sie herstellten, sie mußten sich mit Feigen, Datteln und flachen, ungesäuerten Kuchen begnügen, die sie auf ihren offenen Herden buken. Wäre nicht die schwere Steuerlast gewesen, welche die Fischer und die Fischtrockner bedrückte, hätte das kleine Städtchen sich eines ziemlichen Wohlstandes erfreuen können. Aber es wurde von zwei Seiten her besteuert — vom Tetrarchen und von den Römern. Die Straßen wimmelten von Fischern, Fischtrocknern, Obsthändlern und Steuerbeamten. So sehr die Bevölkerung sich auch abplagte, sie konnte nicht einmal genug ersparen, um aus eigenen Mitteln eine Synagoge zu bauen. Einer unserer Centurionen, der in K'far Nahum stationiert war, mußte ihr dabei behilflich sein. Denn neben den Tributen an den Tetrarchen und an die Römer waren auch noch die Abgaben an den Hohenpriester, die Zehnten und die Opfergaben für die Priester und Leviten zu entrichten.

Ich kam häufig nach K'far Nahum. Wenn ich bei dem Tetrarchen in Tiberias weilte, versäumte ich nie, mich an einem stillen oder mondhellen Abende frei zu machen und mich zu dem Hafen hinüberrudern zu lassen, wo ich einen Korb frischgefangener Fische kaufte. Auch die Straße nach Antiochia in Syrien führte durch K'far Nahum, desgleichen mußte ich K'far Nahum passieren, wenn ich in offizieller Mission zu dem Tetrarchen Philippus reiste.

Der Centurio, der die Kohorte in K'far Nahum befehligte, war von Amts wegen dem Tetrarchen unterstellt, aber sein eigentlicher Vorgesetzter war natürlich der Prokonsul in Antiochia. Da das Städtchen dicht an der Grenze zwischen zwei Tetrarchaten lag, war es ein wichtiger strategischer Punkt. Wir hatten auch noch einen anderen Grund, um dort eine Garnison zu unterhalten: die reichlichen Zuschüsse, die K'far Nahum in unsere Kassen lieferte. Wie ich bereits angedeutet habe, stand der Centurio sehr gut mit den Juden und verkehrte gerne in ihrer Gesellschaft. Wenn ich in die Stadt kam, wohnte ich stets bei ihm, und an einem Frühlingsabende, als ich gerade bei ihm zu Besuch war, erzählte er mir von einem außergewöhnlichen Manne, der plötzlich aufgetaucht sei, und der die Gabe habe, die Kranken zu heilen, böse Geister auszutreiben und auch sonst noch allerlei Wunder zu verrichten.

Mein Interesse war anfangs nicht sehr groß. Ich dachte nicht daran, daß dieser Wundertäter mit dem neuen, galiläischen Propheten identisch sein könnte, den der Hohepriester erwähnt hatte. Außerdem hatte ich in Jerusalem schon genug Wundertäter und Geisterbeschwörer gesehen, die dort in hellen Scharen umherliefen. Sie schienen alle in der Magie bewandert zu sein. Auch die Mitglieder des Sanhedrin waren durch ihr Richteramt gezwungen, sich in den magischen Künsten zu üben, um sich vor den Zauberern zu schützen. (Aber mit den Chaldäern konnten sie alle nicht konkurrieren.) Erst als mein Freund mir erzählte, daß er selbst oder vielmehr sein junger Diener von den Gaben des Wunderpriesters profitiert hatte, erwachte mein Interesse. Ich kannte den jungen Menschen sehr gut, er war Grieche und stammte von der Insel Rhodos und war ein hübscher, reizender Bursche. Freilich, mein Freund, der Centurio, mit seiner besonderen Vorliebe für die Juden, geriet selber nur allzu leicht in eine enthusiastische Stimmung, die ihn für die jüdischen Ekstasen empfänglich machte. Ich hatte ihn sogar im Verdacht, daß er insgeheim zu ihrem Glauben neige. Aber ich wollte die Geschichte hören, und er erzählte sie mir mit allen Einzelheiten.

„Du weißt", sagte er, „wie gern wir alle den jungen Andros haben. Mir ist er mehr ein Sohn als ein Diener. Nun, eines Tages wurde er krank. Ich wußte nicht, was ihm fehlte, aber er konnte kein Glied mehr rühren. Ich ängstigte mich sehr, denn sein Leben und seine Gesundheit sind mir teuer, und ich wußte nicht, wo ich Hilfe suchen sollte. Wir haben hier keine Ärzte. Das Volk wendet sich in solchen Fällen an die Naturheilkundigen, an denen kein Mangel ist. Sie heilen die Kranken mit Kräutern, Beschwörungen, Amuletten und dergleichen. Dann hörte ich plötzlich von einem Wundermanne, der erst vor kurzem einen Aussätzigen geheilt hatte, den wir seit langem kannten und dem wir immer aus dem Wege gegangen waren. Er kam immer zum Gottesdienst zur Synagoge, blieb aber natürlich draußen in einiger Entfernung stehen. Dieser Aussätzige war dem Wundermann begegnet und hatte zu ihm gesagt: ‚Willst du, so kannst du mich reinigen.' Darauf hatte der Wundermann geantwortet: ‚Ich will's tun, sei gereinigt.' Im selben Augenblick war der Aussätzige geheilt, als ob ihm eine neue Haut gewachsen wäre. Der Wundermann befahl ihm, zum Priester zu gehen und ein Opfer zu spenden, und er schärfte ihm ein, niemandem zu erzählen, was geschehen war. Aber natürlich wußte es bereits am nächsten Tage die ganze Stadt und auch ich. Genug. Als ich den kleinen Andros wie einen Toten vor mir liegen sah — er hatte vielleicht aus Versehen vergiftetes Fleisch gegessen, oder ein todbringendes Insekt hatte ihn gestochen — ging ich in der Bekümmernis meines Herzens zu den Juden und sagte: ‚Ich bin immer gut zu euch gewesen. Ich habe euch sogar bei dem Bau der Synagoge geholfen. Jetzt müßt ihr mir helfen. Geht zu eurem Wundermann, er soll den Jungen heilen.' Sie gehorchten sofort und machten sich auf den Weg. Ich wartete nicht, bis sie den Mann zu mir brachten, sondern folgte ihnen in einiger Entfernung, bis wir ihn gefunden hatten. Und das Äußere dieses Menschen machte bereits einen ziemlichen Eindruck auf mich. Ich näherte mich ihm und brachte meine Bitte vor. Er schaute mir starr ins Gesicht und las dort all meinen Kummer, dann sagte er: ,Ich will in dein Haus kommen und ihn heilen.' Seine Güte rührte mich, daß er in das Haus eines Ungläubigen kommen wollte — denn, wie du vielleicht weißt, Cornelius, ihr Gesetz verbietet ihnen, das Haus eines Ungläubigen zu betreten. Deshalb sagte ich zu ihm: ,Was brauchst du dich zu bemühen, in mein Haus zu kommen? Du befiehlst den Geistern, so wie ich meinen Soldaten befehle. Ich weiß es.' Der Mann war betroffen und sagte zu seiner Umgebung: ,Ich habe unter den Juden nicht so viel Glauben gefunden wie bei diesem Ungläubigen.' Und zu mir sagte er: ,Geh nach Hause, und es wird so geschehen, wie es dein Glaube an mich will...' — ,Und ich muß dir sagen', beendete der Centurio in ernstem Tone seine Erzählung, ,als ich den Mann ansah, *mußte* ich an ihn glauben. Ich war wirklich davon überzeugt, daß er den Geistern befehlen kann wie ich meinen Soldaten. Und was meinst du: — als ich nach Hause zurückkehrte, war mein Andros bereits aufgestanden, er ging umher und sprach, so wie wir beide jetzt miteinander sprechen."

Da meine Neugierde nun einmal erwacht war, sagte ich: „Centurio, kann ich deinen Wundertäter sehen?"

„Gewiß. Er ist jeden Tag im Hafen. Er verkehrt dort mit den Fischern und den Fischtrocknern. Wenn du willst, können wir jetzt gleich gehen und ihn aufsuchen."

Ich ging mit meinem Freunde, dem Centurio, zu dem Hafen von K'far Nahum hinunter. Es war ein ärmlicher Hafen, ein gekrümmter Wasserarm, den ein Damm aus Steinblöcken gegen den See hin begrenzte. Obgleich die Wasser von Genezareth gewöhnlich sehr still sind, gibt es zuweilen heftige Stürme, welche die Häuser am Ufer in den Grundfesten erschüttern. Fischer saßen in den Booten, nicht weit von der Wasserkante entfernt, und an einer Stelle auf dem sandigen Strande hatte sich eine dichte Schar versammelt. Handel und Wandel im Hafen gingen ihren gewohnten Gang, Weiber breiteten die Fischernetze ihrer Männer aus, um sie zu flicken, während die Männer, nackt bis zu den Hüften — denn es war mitten im Frühling, und in dem tiefgelegenen Seebecken von Genezareth herrschte eine drückende Hitze — Körbe und Eimer voller Fische aus den am Ufer vertäuten Booten an Land schleppten, die Fische auf den flachen Steinen, die auf den Tischen lagen, ausbreiteten, sie einsalzten und sie dann zum Trocknen auf die Palmblätter legten, die den

Boden bedeckten. Andere halbnackte Männer trugen auf ihren kräftigen, sonnverbrannten Schultern Säcke voll Korn, Körbe mit Obst und Gemüsebündel — die Produkte des fruchtbaren Tales von Jezreel, die auf Eseln zum Hafen gebracht wurden, — und luden sie in die Barken und Segelboote. Steuereinnehmer wanderten von einer Gruppe zur anderen und gingen ihren Geschäften nach, Einkäufer feilschten mit den Pächtern, Aufseher trieben die Fischtrockner zu schnellerer Arbeit an. Aber inmitten all dieses Treibens bemerkten wir, wie von Zeit zu Zeit sich einer von seiner Arbeit wegschlich und sich zu der Menge gesellte, die um einen Lehrer oder Gesetzausleger versammelt war. Dann wieder schlich einer aus der Menge zu den Trägern oder Fischtrocknern zurück und berichtete ihnen mit erregten Gebärden, was er soeben gehört hatte. Ich wollte hingehen, aber mein Freund mahnte mich zur Vorsicht. Obgleich wir in Zivil waren, das heißt nur die Toga anhatten, würden sie Angst bekommen und meinen, wir hätten etwas gegen sie vor, und davonlaufen.

Wir näherten uns daher nur sehr langsam und blieben in einiger Entfernung unter einem Feigenbaume stehen.

An der einen Seite des Hafens, dicht am Gestade, wuchsen ein paar welke Feigenbäume. Früher einmal mußte dort ein Wäldchen oder eine Gartenallee gestanden haben, welche die Wellen des Sees allmählich weggespült hatten. Nun waren nur noch diese kläglichen Reste übriggeblieben. Im Frühling, wenn unter Stein und Sand die Natur ihre Blüten trieb, blieben diese Feigenbäume kahl, nur hier und dort in der Nähe des Wipfels grünte ein einzelner Zweig. Die Weiber hängten ihre Netze über die Äste, die Bauern banden ihre Esel an den Stamm, und die geduldigen Tiere knabberten an der Rinde. Es gibt keinen trostloseren Anblick als einen kahlen Feigenbaum, der seine verkrüppelten Äste wie die Hände eines Gekreuzigten ausstreckt. Unter solch einem Baume sah ich einen jungen Menschen stehen, umringt von Fischern, Trägern und Landleuten, die soeben ihre Waren in den Hafen von K'far Nahum gebracht hatten. Sie waren sonderbar anzusehen, diese einfachen Leute, mit den Werkzeugen ihres Gewerbes in der Hand, die Fischer mit ihren Angelhaken, die Träger mit ihren Körben, die Bauern mit ihren Stäben, mit denen sie ihre Esel anzutreiben pflegten. Auf all den Gesichtern, die wir von unserem Standorte aus sehen konnten, lag ein Ausdruck der Freude. Köpfe und Bärte nickten in seliger Zustimmung, und der eine oder andere kratzte sich in hellem Entzücken den schwitzenden Rücken mit der Angel oder dem

Stab. Begeistert zwinkerten sie einander mit ihren großen schwarzen Augen zu, und das Nicken ihrer zerzausten Bärte und vom Winde gehärteten Gesichter begleitete unablässig die Worte des Redners. Am meisten wunderte mich, daß sich unter der Schar auch einige Zöllner befanden, und daß keiner von ihnen abrückte. Bei den Juden gelten die Zöllner als Sünder, niemand will mit ihnen Berührung haben. Aber hier mischten sie sich unter die Menge, Mitglieder einer Brüderschaft, die den Redner umgab. Die Menge wurde von Minute zu Minute größer. Immer wieder benützte einer der Arbeitenden einen Augenblick der Muße, um hinzulaufen und ein paar Worte zu erhaschen, wie ein Dürstender zu einer Quelle eilt, um einen Schluck Wasser zu trinken. Dicht am Ufer, fast schon auf dem Strande, lagen mehrere Fischerboote, und die Fischer standen in den Booten, barfüßig, Spannung in den braunen Gesichtern, den Hals entblößt, und hörten aus der Ferne zu. Andere wieder saßen da und verbargen ihre schwarzbärtigen Gesichter in den Händen. In ihrer atemlosen Versunkenheit schienen sie alle unser Näherkommen nicht zu bemerken.

Ich muß zugeben, daß der junge Mann gleich zu Anfang einen recht ungewöhnlichen Eindruck auf mich machte — einen sehr zwiespältigen Eindruck, in dem Wirkliches und Unwirkliches sich zu gleichen Teilen mischten. Da war erst einmal seine Gestalt und seine Haltung, wie er so mit ausgestreckten Armen unter dem breiten Geäst des kahlen Feigenbaumes stand. Ich schätzte sein Alter auf etwa dreißig Jahre. Sein Körper war hager und abgezehrt, er erinnerte mich an Jochanaan, aber ihm mangelte die Kraft und Muskelfülle jenes Schwärmers, den ich kurz vor seinem Tode in der Burg des Tetrarchen gesehen hatte. Nein, dieser Mann hatte einen Körper wie ein schwaches Kind, obgleich er größer war als seine Zuhörer. Sein Haupt auf dem langen und schlanken Halse überragte die Menge, als stünde er auf einer kleinen Erhöhung. Das Gesicht war von einer seltsamen Blässe, die Haut sehr zart, so daß die Adern an den Schläfen deutlich hervortraten, aber seine Mienen waren so lebhaft, daß sie ihm ein äußerst jugendliches Aussehen verliehen. Sein kurzer, schwarzer Bart, dessen Haar sich mit den an beiden Schläfen herabhängenden rituellen Locken vermischte, umrahmte sein längliches Gesicht und unterstrich dessen Blässe. Sein Gewand, das nach der Art der Schriftgelehrten vom Halse bis zu den Füßen reichte, war weiß. Darüber trug er die ärmellose blauweiße Tunika mit den rituellen Fransen, die fast bis zur

Erde hinabhingen. So stand er unter dem kahlen Feigenbaume und predigte im aramäischen Volksdialekt.

Ich würde ihn besser verstanden haben, wenn er nicht so viele hebräische Verse aus den alten Schriften in seine Rede verwoben hätte. Aber alles, was er sagte, sei es in aramäischer, sei es in hebräischer Sprache, war offensichtlich für das arme Volk bestimmt, das ihm zuhörte. Es waren Worte des Trostes, wie man, auch wenn man sie nicht verstand, aus den glücklichen Mienen, den geöffneten Mündern und den leuchtenden Augen der Zuhörer hätte schließen können. Er sagte ihnen, daß sie das Salz der Erde seien und daß von ihnen das Heil kommen werde.

„Selig sind die Sanftmütigen, denn ihrer ist das Himmelreich!" (Da hatten wir es wieder, das Himmelreich!) „Selig sind die Armen, denn sie werden das Erdreich besitzen." Dann zitierte er eine Stelle aus ihrer heiligen Schrift, die der Centurio mir übersetzte. „Das Volk, das in der Finsternis wandelt, hat ein großes Licht gesehen. — Die im Lande der Toten wohnen, sind von einem großen Licht erleuchtet worden."

Dann ging plötzlich ein Schimmer der Begeisterung über alle Gesichter. Ich konnte nicht hören, was er sagte, aber es muß etwas besonders Weises gewesen sein.

„Er erklärt ihnen ein beliebtes Gleichnis", flüsterte mein Freund mir zu.

Und ebenso plötzlich hatte das Schauspiel ein Ende. An dem von uns entfernteren Rande der Menge fiel jählings ein Hagel von Schlägen auf die Köpfe nieder. Peitschen zischten durch die Luft. Es entstand ein wildes Flüchten und Rennen, und wir sahen wie die Aufseher um sich schlugen. Der Ausdruck der Seligkeit in den Gesichtern verwandelte sich jäh in einen Ausdruck des Schreckens. Die Fischer und Lastträger griffen nach ihren Angeln und Körben und flohen. Einige aber, sei es, daß sie nicht, wie die anderen, Tagelöhner waren, sei es, daß sie von den Worten des Priesters zu sehr gefesselt waren und ihre Umgebung vergaßen, blieben an ihren Plätzen stehen und ließen sich die Prügel gefallen. Die Aufseher erhoben ein lautes Geschrei.

„Was kommt er hierher und verführt und verwirrt uns die Arbeiter? Weiß er denn nicht, daß das Tagelöhner sind?"

„Der Tag des Tagelöhners gehört seinem Herrn!" schrie der Oberste der Aufseher dem Prediger zu.

„Du sagst es", erwiderte der Prediger, und ein Lächeln glitt über sein blasses Gesicht. „Der Tag des Tagelöhners gehört seinem Herrn. Aber keiner darf Herr genannt werden als der

Herr der Welt, und unsere Tage gehören ihm. Was ist das für ein Gleichnis?"

Er wollte weiter sprechen, aber der Oberaufseher schrie ihn nieder.

„Wenn du schöne Reden weißt, dann hebe sie dir für den Sabbath in der Synagoge auf. An den Werktagen haben wir keine Zeit für sie."

Nun mischte sich eine andere Stimme in den Streit. Sie kam von einem schwarzgekleideten Manne, den ich schon während der Predigt heimlich beobachtet hatte. Er hatte etwas abseits gestanden, in den Anblick der Menge vertieft. Er sagte in gewichtigem Tone:

„Es ist gegen das Gesetz, den Tagelöhner bei der Arbeit zu stören, selbst um ihm die Thora zu predigen."

Das war, wie der Centurio mir mitteilte, der oberste Vorsteher der Synagoge. Gerade am vergangenen Sabbath hatte zwischen ihm und dem Prediger ein heftiger Disput stattgefunden, und nun gehorchte das Volk dem letzteren.

Ermutigt durch den Beistand des geistlichen Würdenträgers schrien die Aufseher noch lauter auf den Prediger ein.

„Wir werden ihn wegjagen, den Gesetzesbrecher! Wir werden ihn auf Schadenersatz verklagen!"

Ich weiß nicht, wie die Szene geendet hätte, wenn nicht plötzlich neben dem Prediger eine Schar stämmiger Männer erschienen wäre, die eine Art Leibgarde bildeten. Einer dieser Männer war mir bereits aufgefallen, als er noch in seinem Boote dicht am Ufer saß, ein schwarzbärtiger Jude mit breiten Schultern, von kleiner Gestalt, aber kräftigem Körperbau, massig und sehnig wie eine Baumwurzel. Er hielt schützend seine dickgeäderten muskulösen Arme vor den jungen Mann. Einige andere noch, Fischer wie er, mit haariger, entblößter Brust und wirrem Barte, hatten ihre Netze verlassen, sich ihm angeschlossen und bildeten nun einen Wall um den Prediger.

„Der Hafen ist ein öffentlicher Ort, er gehört allen und nicht nur den Unternehmern", rief einer von ihnen. „Jeder hat das Recht, hier zu predigen."

Aber der Mann, der das Zentrum des Tumultes war, stand da, als habe das alles nichts mit ihm zu tun, als merke er gar nicht, was um ihn herum vorging, als höre er die Worte nicht, die man an ihn richtete. Er blickte unverwandt den ersten der Fischer an, die ihm zu Hilfe geeilt waren. Ich sah, wie die großen dunklen Augen das schlichte, alltägliche Gesicht forschend betrachteten, und ich sah, wie der andere zurückschrak, als erfüllten diese Augen ihn mit Furcht. Eine Weile starrten die beiden einander an, stumm und regungslos. Dann nahm der Fischer den Prediger bei der Hand und führte ihn aus der Menge weg, so wie man ein Kind wegführt.

Lange beobachtete das Hafenvolk die beiden Männer, wie sie sich langsam entfernten, bis sie im Schatten einer Straße verschwanden. Dann hörte ich sie untereinander reden.

„Nur weil er uns freund ist, ein Freund der Armen. Dafür hassen sie ihn."

„Er bringt uns Trost. Wer spricht so zu uns wie er?"

„Er ist der Prophet Elias, denn er heilt die Kranken wie Elias."

„Genug, Genug!" schrien die Aufseher. „Den Rest werdet ihr in der Synagoge hören. Zurück zur Arbeit! Ihr habt heute schon genug Zeit vergeudet." Aber die Männer starrten immer noch sehnsüchtig hinter dem Prediger her.

„Sie haben natürlich recht", sagte ich zu dem Centurio, dessen Blicke ebenso verträumt waren wie die Blicke der anderen.

Er fuhr zusammen. „Wer?" fragte er.

„Die Aufseher natürlich. Die Leute sind Tagelöhner, sie werden für ihre Zeit bezahlt. Und da kommt einer her und veranlaßt sie, die kostbaren Stunden zu vertrödeln."

Er musterte mich mit einem sonderbaren, bekümmerten Blick.

„Ja", murmelte er. „Er stört die Menschen bei der Arbeit, so wie die Sonne und der Frühling die Menschen mit ihrem Trost und ihrer Freude stören."

Ich verstand nicht, was er meinte. Jedenfalls war es höchste Zeit für uns, den Hafen zu verlassen, denn die Arbeiter fingen an, uns zu beobachten. Sie waren unschlüssig, welche Haltung sie einnehmen sollten. Mein Gesicht, das Gesicht eines Fremden, machte sie mißtrauisch, aber die Anwesenheit des Centurio, der in der ganzen Stadt bekannt war und von dem sie wußten, daß er ihnen freundlich gesinnt sei, beruhigte sie wieder.

„Gehen wir", sagte ich. „Die Juden werden sonst glauben, daß wir uns zu ihrer Religion bekehren wollen. Du weißt, wie sie sind. Wenn wir noch einen Augenblick länger bleiben, werden sie sogleich allzu vertraulich werden."

XVII. KAPITEL

Ja, ich muß abermals zugeben, daß ich von dem Augenblicke an, da ich ihn im Kreise seiner eifrigen Zuhörer unter dem welken Feigenbaume stehen sah, die Erinnerung an ihn nicht mehr loswerden konnte. In seiner Redeweise lag eine seltsame Begabung, allem, was er sagte, einen überaus realen Charakter zu verleihen. Seine bloße Erscheinung, seine Haltung, seine Beziehung zum Volke erweckten Glauben und Vertrauen. Ich muß in meinem Geständnis noch weitergehen. Trotz all meiner scherzhaften Bemerkungen zu dem Centurio fehlte nicht viel, und ich wäre in den Zauberkreis hineingezogen worden. Wenn ich nicht unterlag, wenn ich nicht dieser asiatischen Anziehungskraft zum Opfer fiel, wie das anderen Römern widerfuhr, habe ich es nur meinem mannhaften Charakter und der strengen Disziplin meiner Erzieher zu verdanken. Aber ich wiederhole, eine Zeitlang konnte ich mich nicht ganz von dem Einflusse des Mannes freimachen.

Das ist nicht gar so verwunderlich. Ich habe mehr als einmal beobachten können, was für außerordentliche Leistungen der bloße Glaube zu bewirken vermag. Wir Römer können, als Außenseiter, uns nicht vorstellen, bis zu welchem Grade die Juden die Gefangenen ihres Glaubens sind. Man mußte sie nur an den hohen Feiertagen in ihren Tempelhöfen sehen. Sie standen dicht aneinander gepreßt, so daß kein Stein zwischen ihnen hätte zu Boden fallen können. Trotzdem redeten sie sich ein, wenn sie sich niederwarfen, um ihre Sünden zu bekennen, geschehe ein Wunder, und um jeden einzelnen her sei mit einem Male so viel Platz, daß der Nachbar sein Bekenntnis nicht hören könne! Und so war es auch wirklich! Ich weiß nicht, wie das kam — ob tatsächlich der Raum sich ausdehnte, oder ob sie so in sich zusammenschrumpften, daß die Leiber einander nicht mehr berührten!... Desgleichen bildeten sie sich ein, daß im ganzen Tempel, obwohl dort unablässig Tiere ohne Zahl für den Altar geschlachtet wurden, keine einzige Fliege je zu finden sei. Ich gebe zu, daß jeder Glaube den Zweck hat, das Unglaubliche glaubhaft zu machen. Auch unsere Götter sind in dieser Hinsicht nicht ganz unbegabt: Zeus kann sich in einen Schwan oder in eine goldene Wolke verwandeln. Aber die Macht, die die Juden ihrem Gotte zuschrieben, der Glaube, den sie ihm entgegenbrachten, waren durchaus einzigartig. In dieser Kunst hatten sie nicht ihresgleichen.

Ich erfuhr nun, daß der Mann in K'far Nahum allgemein bekannt und beliebt war. Er war ein hervorragender Rabbi, den nicht nur die Fischerleute in dem kleinen Hafen, nein, auch die Schriftgelehrten der ganzen Gegend anerkannten, und sein Ruf wuchs erst recht, als er feierlich in der Synagoge erklärte, er sei nicht gekommen, „um das Gesetz und die Propheten aufzulösen, sondern um sie zu erfüllen". Er soll sogar gesagt haben: „Eher werden Himmel und Erde vergehen als ein Buchstabe oder ein Jota des Gesetzes" — oder so ähnlich. Das war übrigens wieder einmal typisch für die Arroganz, mit der die Juden von ihren heiligen Büchern sprachen. In diesem ungemeinen Eigendünkel ähnelte der Rabbi durchaus den anderen offiziellen Rabbis, unbeschadet aller Meinungsverschiedenheiten. Alle waren sie davon überzeugt, die göttliche Macht wohne allein in ihren heiligen Büchern, die ihnen der Himmel gesandt hatte. Mochte es früher zwischen dem Manne und den Schriftgelehrten von K'far Nahum und Umgebung gewisse Reibungen gegeben haben, — sie verschwanden, nachdem er in der Synagoge diese übertrieben patriotische Erklärung abgegeben hatte. Seine Wundertaten berührten sie nicht unangenehm. Im Gegenteil, es gehörte sich, daß die Gelehrten den Kranken durch Gebete und Wunder halfen, und er war keineswegs der einzige Rabbi, der sich dieser Tätigkeit widmete.

Er hatte seine Schüler und Jünger. Freilich, sie entstammten nicht der gebildeten Klasse, sie kamen aus dem armen Volke, — ein paar Fischer, die ihr Gewerbe und ihren Lebensunterhalt im Stich gelassen hatten, um ihm zu folgen. Er wohnte bei einem dieser Fischer — es war das derselbe Mann, der ihn vor den Aufsehern schützte. Er war sein erster Jünger gewesen. Ich lernte ihn kennen. Damals hieß er Simon. Ein einfacher Mann, unter Mittelgröße, aber von gewaltiger Körperkraft, ein bärtiges Antlitz, das Wetter und Wind zu Stein gehärtet hatten. Sein mächtiger gedrungener Körper war vom Haupte bis zu den Zehen von einer seltsamen und zärtlichen Liebe zu seinem Rabbi erfüllt. Manchmal geschah es, wenn die Scharen der Armen und Kranken sich zu dicht an den Rabbi herandrängten und ihn zu erdrücken drohten, daß Simon ihn in seinen Armen aufhob und wegtrug, wie ein Vater sein Kind wegträgt. Simon lebte nur für seinen Herrn, und es war rührend anzusehen, wie dieser rauhe Zyklop unter den Fischern im Hafen oder unter den Betern in der Synagoge stand und in gaffender, zitternder Glückseligkeit kein Auge von dem Prediger wandte. Tränen der Begeisterung liefen ihm über die Wangen. Unter den Jüngern befand sich noch ein Bruder dieses Simon, gleichfalls ein Fischer, der seine Netze verlassen hatte, um seinem Meister zu folgen.

Das konnte man bei den Juden häufig beobachten. Ihre Rabbis lagen ihnen mehr am Herzen als ihre eigene Familie. Manchmal verließen sie Haus und Feld, Weib und Kind, Beruf und Nahrung, um sich einem Lehrer anzuschließen.

Es gab ein zweites Brüderpaar im Gefolge des Mannes. Die Brüder hießen Jakobus und Johannes, ihre Mutter war eine reiche Frau in Bethsaida, einem kleinen Städtchen in der Nähe von K'far Nahum. Sie hatten ihr Haus verlassen, um in der Nähe des Lehrers zu sein. Es waren das zwei wilde Burschen, diese beiden Schüler, echte Makkabäer, unruhige Geister, bereit, mit dem Messer und mit den Fäusten über jeden herzufallen, der von ihrem Rabbi schlecht zu sprechen wagte. Sie balgten sich ewig mit den anderen Juden herum, und der Rabbi hatte seine liebe Mühe, sie zurückzuhalten, damit keine Unruhen entstünden. Aber der Jünger, den er am meisten liebte und der ihn am meisten verehrte, war Simon, bei dem er wohnte. (Er wohnte nicht eigentlich in Simons Haus, sondern im Hause von Simons Schwiegermutter.)

Gelegentlich eines zweiten Besuches in K'far Nahum, der kurze Zeit darauf erfolgte, begleitete ich einmal den Zug der Gläubigen bis zum Hause des Rabbi. Sowie er im Hafen oder in der Nähe der Synagoge erschien, umringten ihn scharenweise die Kranken und Armen und flehten um Hilfe. Sie geleiteten ihn durch die Straßen, und diesmal folgte ich dem Pöbel in einiger Entfernung, bis wir zu dem Hofe kamen, in dem das Haus von Simons Schwiegermutter stand. Am Hoftore drehte Simon sich um und versperrte mit seiner stämmigen Gestalt den Weg.

„Laßt ihn eine Weile sich ausruhen!" bat er die ungestüme Menge. „Seht ihr nicht, daß er schwach ist?"

Dann schaute er auf und erblickte mich. Ich war ihm nicht ganz unbekannt. Er hatte mich mehr als einmal in Begleitung meines Freundes, des Centurio, durch die Straßen von K'far Nahum gehen oder am Rande der Menge stehen sehen, zu der sein Lehrer redete. Aus Respekt vor den römischen Beamten ließ er mich durch.

Der ärmliche Hof war von einer aus Zweigen und Palmblättern geflochtenen Hecke umgeben. In der Mitte standen ein paar magere, staubige Feigenbäume und Palmen, wie man sie in jedem ärmlichen jüdischen Hofe fand. (Ohne Palmen hätten die

Juden gar nicht leben können, denn sie verwendeten diese Bäume zu mancherlei Zwecken, unter anderem auch als Bedachung; im Sommer spendeten die breiten Blätter Schatten, im Winter schützten sie vor dem Regen.) Die Baumrinde war völlig verschwunden unter einer dichten Schicht von Fischschuppen, die aus den Netzen stammten, welche dort zum Trocknen aufgehängt wurden. Vor dem Hause lag ein schön gepflegter Gemüsegarten, und diese Gärtchen waren abermals eine Notwendigkeit für die Juden, ja, eigentlich ihre wichtigste Nahrungsquelle. Außerdem gab es da noch eine kleine Hütte, die sich an zwei alte Ölbäume lehnte. Die Wände waren aus getrocknetem Lehm, durch Balken versteift und mit einem Netzwerk von Palmblättern bedeckt. Eine kleine Leiter führte zu dem flachen Dache hinauf, und oben auf dem Dache stand eine aus Palmzweigen geflochtene, mit Stroh und Ästen gedeckte Laube. Sie war für den Gebrauch des Rabbi bestimmt. Die Wipfel der Ölbäume beschatteten und beschirmten sie. Die Zuckererbsen, die neben der Hütte angepflanzt waren, standen in voller Blüte; sie kletterten an den Wänden empor, und ihre mit zarten, blaurosa Blüten beladenen Ranken schlangen einen Kranz um die Laube.

Als ich in den Hof kam, stand eine ältere Frau in sackleinenem Gewande neben dem irdenen Herd und buk flache Kuchen über einem Holzfeuer. Von dieser Frau erzählte man sich in K'far Nahum eine merkwürdige Geschichte. Sie war einige Tage zuvor krank geworden und nahe am Sterben gewesen, und da hatte der Rabbi sie geheilt. Die ganze Stadt wußte von dem Wunder, das mit Simons Schwiegermutter geschehen war, und die Menschen strömten in Scharen herbei, um sie anzustarren.

Über der Hecke hingen etliche Netze, seit langem unbenützt, das Eigentum der Fischer, die ihr Gewerbe im Stich gelassen hatten, um sich gänzlich dem Rabbi anzuschließen. Ein paar junge Leute, die dem Haushalte angehörten, waren mit der Zubereitung des Abendmahles beschäftigt.

Ich erfuhr, daß an diesem Abende eine Art Fest für eine größere Anzahl von Anhängern des Rabbi stattfinden sollte, daher die ungewöhnlich lebhaften Vorbereitungen. Die Frauen buken ungesäuerte Brote, die Männer fügten Bretter aneinander, um eine lange Tafel zu errichten. An der einen Ecke des Hofes stand eine Frau über einen Krug gebeugt und wusch des Rabbis Kleider. Die Arbeit ging in völliger Stille vor sich. Die Männer und Weiber verständigten sich nicht mit Worten, sondern mit Zeichen. Sie wollten ihren Rabbi nicht stören, der zu der

Laube hinaufgestiegen und nun in Gebet und Meditationen versunken war.

Ich sah, daß mein Erscheinen die Bewohner des Hauses erschreckte, und ging wieder weg. Am Abende aber kehrte ich in der Gesellschaft meines Freundes, des Centurio, zurück. Wir hatten, um möglichst wenig aufzufallen, unsere römische Kleidung mit den einfachen sackleinenen Hüllen vertauscht, wie so viele Juden sie tragen. Als wir ankamen, drängten sich bereits eine Menge Leute vor dem Tore, und mit ihnen zusammen betraten wir den Hof. Wir wurden in das Haus Simons geführt und kamen in einen ziemlich großen Raum, aus dem alle Einrichtung entfernt worden war bis auf die Strohmatten und den niedrigen roh gezimmerten Tisch, an dem ich sie einige Stunden zuvor hatte arbeiten sehen. Es waren etliche fünfzehn oder zwanzig Personen anwesend. Teils standen sie, teils saßen sie auf dem Fußboden, auf den rings um den Tisch angeordneten Strohmatten. Zwei tönerne Öllampen hingen von der Decke herab, aber ihr mattes Licht hätte man entbehren können, denn es war eine strahlende, sternhelle Mondnacht, wie man sie oft im Frühling am See Genezareth erlebt, und durch Tür und Fenster strömte ein silbriges Leuchten herein.

Am oberen Ende der Tafel saß, halb liegend der Rabbi. Sein bleiches Gesicht und sein weißes Gewand leuchteten aus dem Kreise der schwarzhaarigen und schwarzbärtigen Männer hervor. Die Gäste waren meist Fischer aus der Stadt und Bauern aus der umliegenden Gegend, die an diesem Tage in die Stadt gekommen waren, um ihre Waren zu verkaufen. Und als sie von dem Wundermanne hörten, hatten sie sich zu Simons Haus durchgefragt, um ihn zu sehen und vielleicht bei ihm Hilfe zu finden. Die Frauen des Hauses brachten auf irdenen Schüsseln das Essen herein, das sie draußen auf dem Herde zubereitet hatten, flache Brote, kleine in Teig gebackene Fische (diesen Leckerbissen zu Ehren des Rabbi) und große Mengen Grünzeug aus dem Garten. Einige Besucherinnen hatten dem Rabbi Geschenke mitgebracht, einen Krug Wein, einen Topf Honig, getrocknete Trauben und Datteln.

Es waren auch viele Kinder zugegen. Knaben, in den Tallith oder Gebetmantel gehüllt. So brachten ihre Väter sie vor den Rabbi, damit er die Hände auf ihre Köpfe lege und sie segne. Er ließ die Kinder nicht weg, sie mußten sich zu ihm setzen.

Nachdem die Frauen das Essen aufgetragen hatten — die flachen Brote waren noch unberührt —, rief der Rabbi:

„Laßt uns zu unserem Vater im Himmel beten!“

Einer der Männer antwortete:

„Rabbi, wir sind unwissende Leute. Wir haben nicht beten gelernt.“

Darauf sagte er zu ihnen:

„Steht nicht geschrieben: ‚Du sollst einfältig sein vor deinem Gott?‘ Ihr seid in den Augen Gottes wichtiger als die Gelehrten, denn es steht geschrieben: ‚Die Einfältigen und die Aufrechten sollen Mich trösten‘.“

Ein anderer sagte aus seiner Ecke hervor:

„Wir sind Sünder, Rabbi.“

Darauf antwortete er mit einem Gleichnis:

„Zwei Männer gingen in den Tempel, der eine ein Sünder, der andere ein Frommer. Der Sünder stand mit gebrochenem Herzen vor dem Heiligtum und wagte seine Augen nicht aufzuheben, sondern schlug sie nieder, und sagte in seinem Herzen: ‚Vater im Himmel, du kennst mich wohl, du weißt, ich bin ein sündiger Mensch, vergib mir und sei mir gnädig.‘ Der andere, der Fromme, stand da und sagte bei sich: ‚Vater im Himmel, du kennst mich wohl. Ich bin nicht wie der Sünder, der dort drüben steht, sondern ich wandle auf deinen Wegen und erfülle deine Gebote.‘ Ich sage euch, der Sünder war wie neugeboren und ohne Sünde wie ein kleines Kind, und der Fromme war mit Sünde beladen.“

Nachdem der Sturm der Begeisterung, den dieses Gleichnis erregte, sich ein wenig gelegt hatte, streckte ein Mann seine Arme nach dem Rabbi aus und sagte:

„Rabbi, lehre uns beten.“

Er antwortete:

„Glaubt nicht, daß euer Vater im Himmel nicht weiß, wes ihr bedürfet, auch bevor ihr zu ihm gebetet habt. Daher betet so — und wiederholt meine Worte eins nach dem anderen.“

Dann bedeckte der Rabbi das Brot mit seinen Händen, schloß die Augen und sprach das Gebet, und die Gemeinde wiederholte es Wort für Wort:

„Unser Vater in dem Himmel. Dein Name werde geheiliget. Dein Reich komme. Dein Wille geschehe auf Erden wie im Himmel. Unser täglich Brot gib uns heute. Und vergib uns unsere Schulden, wie auch wir unseren Schuldigern vergeben. Und führe uns nicht in Versuchung, sondern erlöse uns von dem Übel. Denn dein ist das Reich und die Kraft und die Herrlichkeit in Ewigkeit.“

Dann nahm er die flachen Brote, brach sie entzwei und verteilte die Stücke an die Versammelten, an die Weiber und Kinder, wie an die Männer. Sein eigenes Stück Brot tunkte er in Salz, dann schloß er die Augen und murmelte etwas vor sich hin. Aber als er gerade den Bissen Brot in den Mund stecken wollte, ließ vom andern Ende der Tafel her eine Stimme sich vernehmen:

„Rabbi, wir haben vergessen, uns vor dem Essen die Hände zu waschen."

Der Rabbi schaute zu dem Sprecher hin und sagte:

„Dem Reinen ist alles rein."

Er steckte den Bissen Brot in den Mund und begann zu essen, und die anderen taten desgleichen.

Ich drehte mich um. Ich wollte sehen, wer die Unverschämtheit besaß, den Rabbi zu unterbrechen.

In dem trüben Zwielicht erblickte ich ein halb in der Menge verborgenes Gesicht. Und ich wunderte mich, denn ich war sicher, daß ich dieses Gesicht schon einmal gesehen hatte. Ich konnte mich nicht gleich erinnern, wo und unter welchen Umständen, — deshalb schaute ich noch einmal hin. Die gelben Bartbüschel, das lange Kinn — sie waren nicht zu verkennen. Aber wer war der Mann? Dann fiel es mir plötzlich ein. So oft ich im Hause des Hohenpriesters aus dem äußern in den inneren Hof ging, hatte dort in der Nähe der Wächter ein Mann auf den Stufen gesessen, und stets war mir sein Bart aufgefallen, der aus langen, gelben Büscheln bestand, welche, jedes für sich, aus dicken Warzen hervorwucherten wie Gesträuch aus kleinen Hügeln. Noch auffälliger waren seine Augen, blau wie geschliffener Kristall, kalt und trocken, als hätten niemals Tränen sie bespült, als seien sie nicht aus Fleisch und Nerv, sondern aus Stein. Das Licht, das von ihnen ausging, sammelte sich zu schmalen, durchdringenden Schäften gleich spitzen Speeren. Auch wenn ich ihm den Rücken zukehrte, fühlte ich diese Speerblicke in meinem Nacken. Ja, selbst wenn der Mann nicht da war, konnte ich an seinem gewohnten Platze nicht vorübergehen, ohne das Gefühl zu haben, daß er mich hinter einer Tür hervor oder durch eine unsichtbare Öffnung in der Mauer beobachte. Nun saß dieser selbe Mann hier am Tische des Rabbi. Ich wollte es nicht glauben. Ich schaute ein drittes Mal hin, und die Gewißheit begann gegen meine Zweifel anzukämpfen. Es entsprach ganz seiner Art, nicht offen unter den anderen zu sitzen, sondern sich halbversteckt zu halten und die stählernen Schäfte aus seinen Augen zu schleudern. Was mich verwirrte, war das Gesicht, es sah mit seinem traurigen Ausdruck ganz anders aus als damals, — so daß ich es zum ersten Male zu erblicken glaubte. Ich erinnerte mich an mein Gespräch mit dem alten Hanan, in welchem er den Rabbi von Galiläa erwähnte. Hatte er vielleicht einen seiner Leute mit dem Auftrage hierhergeschickt, alles zu beobachten und Bericht zu erstatten?

„Schlauer alter Fuchs!" murmelte ich bei mir. „Überall hast du deine Augen und Ohren!"

Inzwischen ging das Mahl weiter. Die Gesellschaft setzte sich aus armen Leuten zusammen, und das Essen war recht mager, wie es diese Männer und Weiber gewöhnt waren. Es bestand zum größten Teile aus flachen Broten, Oliven, Gemüse, Salaten und saurer Milch. Das Brot tunkten sie in Honig. Nur einen Leckerbissen gab es, die kleinen gebackenen Fische. Der Rabbi nahm einen von der irdenen Schüssel, die vor ihm stand, aß ihn und reichte die Schüssel weiter, und jeder der Gäste nahm mit den Fingern einen Fisch und aß ihn. Ebenso verfuhr der Rabbi mit den gedörrten Feigen und Datteln. Zwischen je zwei Gängen sangen sie verschiedene Psalmen, einem Vorsänger folgend, der sie auswendig kannte, und im Verlaufe des Mahles entstand zwischen ihnen ein wachsendes Gefühl der Zusammengehörigkeit: zuletzt waren sie, Männer, Weiber und Kinder, wie ein einziger Leib mit einer einzigen Seele — ihrem Rabbi.

Als das Mahl zu Ende war, brachte Simon eine Schale mit Wasser, und der Rabbi wusch sich die Hände. Dann wurde die Schale um den Tisch herumgetragen, und alle folgten seinem Beispiel. Eine hohe Freude leuchtete aus den Gesichtern der Versammelten. Es war, als hätten die Anwesenheit und die Reden ihres Rabbi ihnen die Tore zu einer Glückseligkeit geöffnet, von der sie sich für immer ausgeschlossen glaubten.

Und wie sie so dasaßen und dastanden, in strahlender Erwartung zusammengeschweißt, ertönte plötzlich über ihren Köpfen ein Geräusch wie ein Knarren und Knistern. Von dem niedrigen, mit Palmzweigen verdeckten Balkon wurde an Strikken ein Bett mit einem Kranken herabgelassen. Die Gäste unten machten Platz. Zwei kräftige Hände packten das Bett und stellten es neben den Rabbi hin. Am meisten staunte ich über die Gelassenheit der Gäste, die diese seltsame Prozedur wie eine ganz alltägliche Sache hinnahmen. Auf dem Bette lag ein lebendes Skelett, das seine Knochenarme nach dem Rabbi auszustrecken versuchte. Das Gesicht war bartlos, auch die Kopfhaare waren alle ausgefallen, der Kopf sah aus wie ein ausgegrabener Totenschädel, und das ganze Gesicht, mit Ausnahme der qualerfüllten Augen in ihren trockenen Höhlen, war gelähmt. Die weißen Lippen bewegten sich und stammelten leise:

„Hilf mir, hilf mir, Mann Gottes!“

Neue Besucher waren in der Türe erschienen, in dem Raume war es voller geworden, und nun streckte sich ein Wald von Händen dem Rabbi entgegen, und zahllose Stimmen flehten:

„Rabbi, hilf ihm!“

Der Rabbi stand auf — ich sehe ihn noch vor mir, weiß gekleidet und barfüßig —, und tat zwei Schritte zu dem Kopfende des Bettes hin. Er beugte sich über den Sterbenden, ihre Blicke begegneten sich und hielten einander fest. So vergingen mehrere Sekunden, während der Rabbi den Blick des Kranken nicht losließ. Das Gesicht des Rabbi war bleich und angespannt, die Adern an seinen Schläfen zuckten wie kleine Schlangen. Dann legte er die Hände auf den abgezehrten Körper und sagte mit lauter Stimme:

„Mordechai, Sohn des Isaak, hast du den Glauben, daß mir unser Vater im Himmel die Kraft und die Erlaubnis gegeben hat, dich zu heilen?“

Der Kranke flüsterte Wort für Wort:

„Ich, Mordechai ben Isaak, habe den Glauben, daß unser Vater im Himmel dir, Jeschua ben Joseph, die Kraft und die Erlaubnis gegeben hat, mich zu heilen.“

Der Rabbi richtete sich auf, und es schien mir nun, als reichte sein Haupt bis zu den Sternen. Aber er hielt immer noch seinen Blick auf den Kranken geheftet, während er mit befehlender Stimme sagte:

„Mordechai ben Isaak, bei der Macht deines Glaubens befehle ich dir, steh auf von deinem Bett!“

Der Kranke starrte zurück, als habe er die Worte nicht verstanden, aber die Augen des Rabbi wichen nicht von ihm.

Dann bewegte er plötzlich die Hände, packte die Kanten des Bettes und versuchte, sich emporzustemmen. Beim ersten Male sank er zurück, dann aber, unter dem gebieterischen und unerbittlichen Blicke des Rabbi, versuchte er es ein zweites Mal. Schrecken malte sich in seinen Zügen. Er richtete sich ein wenig auf, und sein Kopf fiel nach vorne. Immer noch starrte der Rabbi ihn an. Schmerzen durchzuckten den Körper, während der Mann zuerst das eine Bein und dann das andere auf den Boden setzte. Die fleischlosen Beine schwankten, als ob sie unter dem kleinsten Gewichte zusammenbrechen würden. Dann aber strafften sie sich langsam, als fühlten sie den Befehl der Augen, die auf sie herabblitzten. Langsam erhob sich der Mann. Er machte zwei steife Schritte vorwärts und warf sich dem Rabbi an die Brust.

„Hosiannah!"

Ein wildes Freudengeschrei brach los. Hände streckten sich nach Mordechai aus, ein Sack wurde über seinen nackten Körper geworfen, und sie betteten ihn zärtlich neben den Tisch.

Jetzt aber füllten die neu heranströmenden Besucher nicht nur jeden Winkel des Raumes, sondern überfluteten auch den Hof. Sie hatten alle möglichen Kranken mitgebracht. Zwei kräftige Männer bahnten sich einen Weg durch die Menge, sie führten ein junges Weib, das von bösen Geistern besessen war. Sie hatten sie mit Stricken gefesselt. Die bösen Geister schrien in unbekannten Sprachen aus dem Weibe hervor oder ahmten Stimmen von Haustieren nach. Manche trugen ihre Kranken auf dem Rücken herbei. Ein großer Spektakel ging los. Gewimmer, Schluchzen, Gebete vermischten sich mit den scheußlichen Tierlauten, dem unablässigen Glucksen, Bellen und Miauen, das von den Lippen der Besessenen kam. Ich glaubte mich auf ein Gespenstereiland versetzt oder in ein Meer menschlicher Fäulnis, Krankheit und Tollheit versunken. Ein unerträglicher Gestank ging von den siechen Leibern und den verzerrten Mündern aus. Schließlich wußte ich nicht mehr, ob *sie* verrückt seien oder *ich*. Und über all dem Tumult tönte durch die Nacht das hallende „Hosiannah! Hosiannah!"

Ich wollte aus diesem Hexenkessel flüchten, und ich faßte meinen Freund bei der Hand, aber es war kein Rückzug möglich durch das kreischende Menschengedränge. Wir merkten nun auch, daß der Rabbi völlig erschöpft war, daß er im nächsten Augenblick umsinken und sich zu dem heulenden, weinenden, windenden Haufen elender Leiber gesellen würde, der ihn bis zur Höhe der Hüften umgab; denn sie hatten sich bis in seine Nähe gedrängt, sie küßten den Saum seines Gewandes, sie riefen: „Hosiannah! Hosiannah!"

Plötzlich erwachte Simon zum Leben. Er nahm den zögernden Rabbi in seine kräftigen Arme, zog den weißen Mantel über das ermüdete Gesicht, und über die Menschenleiber hinwegschreitend, trug er seine Bürde aus diesem Meere von Schmerz und Elend hinaus, wie man einen Ertrinkenden aus den Wellen rettet.

Am Tore, als ich eben die Schwelle überschreiten wollte, begegnete ich dem Manne mit dem gelben, zerrauften Bart und der traurigen Miene. Ich hielt ihn an.

„Judas, Mann aus Karjoth!“

Er sah mich verwundert an.

„Wer ruft mich?“

Wir blickten einander fest in die Augen.

„Erkennst du mich nicht trotz dieser Kleidung?“

„Wer bist du denn?“

„Judas, erkennst du nicht deinen Hegemon?“

Seine Blicke durchbohrten mich.

„Wie sollte ich armer Mann den Hegemon kennen?“

„Judas, habe ich dich nicht im Hofe des Hohenpriesters gesehen?“

„Im Hofe des Hohenpriesters? Sicherlich. Ich diene dem Hohenpriester wie jeder fromme Jude.“

„Was machst du hier, Judas Ischariot?“

„Ich bin gekommen, um nach jüdischem Gesetz einen großen Rabbi zu ehren und zu seinen Füßen zu sitzen und dem Gotteswort zu lauschen. Aber was hat ein Hegemon hier unter den Juden zu suchen?“

Ich muß gestehen, daß sein durchdringender Blick mich veranlaßte, schleunigst den Rückzug anzutreten.

Und immer noch konnte ich mir nicht darüber klar werden, ob das wirklich jener Mann war, der im Hofe des Hohenpriesters zu sitzen pflegte, oder ob ich nur auf eine bemerkenswerte, aber zufällige Ähnlichkeit gestoßen war.

XVIII. KAPITEL

In diesem Frühling verbrachte ich mehrere Wochen hintereinander in der Stadt K'far Nahum. Ich will nicht verhehlen, daß mein Interesse an dem Manne mich veranlaßte, meine Pflichten zu vernachlässigen. Das war eine große Dummheit. Ich verschob meinen Besuch bei dem Legaten Vitellius in Antiochia, den ich ursprünglich hatte aufsuchen wollen, und ließ ihm sagen, ich sei krank. Ich behauptete, das Winterklima Jerusalems habe meine Gesundheit geschädigt, und um mich zu erholen, müßte ich einige Wochen lang in dem warmen Tale ausruhen. Ich kann mir bis zum heutigen Tage nicht erklären, was mich überkam oder welcher gute oder böse Geist diesem Mann die Gabe verlieh, Menschen anzuziehen, nicht nur seine Landsleute — das war verständlicher —, sondern auch Fremdlinge wie mich. Aber ich blieb, um in seiner Nähe zu sein. Eine nicht zu unterschätzende Folge meines törichten Verhaltens war, daß mein unverhohlenes Interesse an dem Manne mein Ansehen bei den Juden beeinträchtigte. Der Abstand zwischen ihnen und mir, den die Würde meiner Stellung erforderte, wurde viel zu klein. Sie begannen mich, in der ihnen eigenen Art, allmählich als einen der ihren zu betrachten, eine Ehre, die sie auch schon dem Centurio erwiesen hatten. Gerade das muß man sorgsam vermeiden, wenn man mit Juden zu tun hat. Eine Meile Abstand ist nahe genug. Ich war mir der unwürdigen Konsequenzen meines Verhaltens bewußt, ja, ich machte mir sogar Vorwürfe, und mehr als einmal beschloß ich, die Stadt sofort zu verlassen. Aber irgend etwas war mit meiner Willenskraft geschehen — mir erging es genau so wie vielen anderen, die unter des Mannes Einfluß gerieten.

Ja, ich muß gestehen, daß es damals nicht leicht gewesen wäre, mich von einem seiner verrückten Anhänger zu unterscheiden. Und die waren zahlreich genug, denn gerade zu jener Zeit hatte sein Ruf den Gipfel erreicht. Ihre Zahl wuchs nicht nur unter den Armen und Unwissenden. Jüdische Schriftgelehrte und gebildete Männer strömten ihm zu. Tag für Tag kamen Schiffe aus dem Gebiet des Tetrarchen Philippus vom anderen Ufer des Sees nach K'far Nahum, mit Lahmen, Kranken und Besessenen oder mit Leuten, denen gar nichts fehlte und die nur seine Lehren hören wollten. Denn eines mußte man ihm zugestehen: er war ein guter Redner. Ich weiß nicht, woher dieser einfache Zimmermannssohn aus Nazareth die Gabe hatte, seine Gedanken in so farbenprächtige Bilder zu kleiden. Griechische Bildung war ihm fremd. Er beherrschte auch nicht die Kunst der Rhetorik, die darin besteht, präzise und gelehrt zu formulieren, kurze treffende Sätze zu wählen und sie in glatter Rede wie Perlen an einer Schnur aneinanderzureihen. Sein Stil war echt jüdisch, formlos, weitschweifig und sprunghaft. Aber er verstand es, sich in lebendigen bildhaften Gleichnissen auszudrücken, die sich blitzartig dem Geiste der einfachen Leute einprägten, an die er sich stets zu wenden pflegte — wie immer auch sein Publikum zusammengesetzt sein mochte —, und die dort einen unauslöschlichen Eindruck hinterließen. Die Kunst, in Gleichnissen zu reden, das heißt, seine Gedanken auf indirekte und versteckte Weise auszudrücken, war gleichfalls eine Angewohnheit der jüdischen Gelehrten, eine Folge des Umstandes, daß die Juden seit langem unter fremder Herrschaft lebten und ihre Gedanken nicht offen zu äußern wagten, anders als das zum Beispiel ein freier Römer gewöhnt ist. Mit typisch jüdischer Schlauheit versteckten sie den Sinn ihrer Rede in allegorischen Fabeln, mit deren Hilfe sie die schwierigsten Gedanken, nicht in klaren Worten, sondern in bildhaften Anspielungen, mitzuteilen imstande waren.

An und für sich wäre es gar nicht so töricht von mir gewesen, ein paar Frühlingswochen am Gestade des Sees Genezareth zu verbringen. Zum Teil mochten die Schönheit der Gegend und die Milde des Klimas daran schuld sein, daß ich den Ort nicht verlassen wollte. Es war die lieblichste Zeit des Jahres in dem lieblichsten Winkel des Landes. Nach der tödlichen Eintönigkeit der judäischen Landschaft rings um Jerusalem, die jeglichen Lebensmut zum Welken bringt und das Denken zwingt, sich in düsterer Grübelei in sich selber zu versenken, tranken Augen und Nerven voll Entzücken die idyllische Ruhe und das Sprossen und Grünen des Jordantales, der Zypressen, Palmen und Ölbäume, der Weingärten und weiten Weizenfelder, durch die die Gegend mit Recht berühmt geworden ist. Hier auf diesem Landstriche, der unterhalb des Meeresspiegels liegt, reifen Obst und Getreide früher als in den übrigen Provinzen. Zahllose Blumen schmücken die Erde. Kein Fleckchen Boden, kein Fels, kein Haus, keine Hütte, keine Hecke, die nicht von wilden Blumen bedeckt wäre. Ihre Ranken klettern an den Wänden empor und schlängeln sich zwischen dem Palmgeflecht der Dächer hindurch. Die Lauben in den Wein- und Obstgärten sind von Blüten umrahmt, die Felder und Höfe mit blutroten Mohnblumen übersät. An den Wegen und rings um die Wassertröge sprießen Oleanderbüsche, teils wild, teils von Menschenhand gepflanzt. Und das Allerlieblichste ist der See Genezareth selbst, eine glatte blaue Wasserfläche, umgeben von buntgesprenkeltem Grün. Von fernher blickt der schneeige Gipfel des höchsten Berges auf die Landschaft nieder.

Es war an einem solchen Frühlingstage, außerhalb der Stadt, daß ich einer Predigt dieses Mannes beiwohnte.

Ich erfuhr durch meinen Freund, den Centurio, daß an einem bestimmten Nachmittage — wenn ich mich nicht irre, war es an einem ihrer kleineren Feiertage (bei dieser Gelegenheit erflehen sie den Segen des Himmels für ihre Bäume) — der neue Prophet von einem Hügel herab zu dem versammelten Volke sprechen wollte. Mein Freund und ich, die zivile Toga über dem Brustpanzer, schlossen uns der Menge an, die zur Stadt hinauspilgerte.

Die niedrigeren Hügel Palästinas haben fast alle einen flachen Gipfel. Der Hügel, um den es sich hier handelt, dürfte von der Basis bis zur Spitze nicht mehr als vierzig oder fünfzig Schritt gemessen haben, aber seine Hänge boten Raum genug für die zwei- bis dreihundert Menschen, die sich versammelt hatten, um zuzuhören. Diesmal wie stets waren die Fischer, Fischtrockner, Tagelöhner und Hafenknechte in der Mehrzahl, aber es waren mehr Schriftgelehrte und Gesetzausleger zugegen als sonst. Sie standen etwas abseits von dem gemeinen Volke, in kleinen Gruppen, die an den schwarzen Gewändern und an den Kopfbedeckungen, den Kennzeichen ihrer Klasse, erkennbar waren. Auch sie hatten anscheinend schon im vorhinein von der geplanten Predigt erfahren, denn sie kamen nicht unvorbereitet hierher. Einige von ihnen hatten Pergamentrollen und Papyrusblätter mit; das waren zweifellos ihre heiligen Bücher, denn während sie wartend dastanden, schlugen sie Textstellen nach und unterhielten sich ernsthaft miteinander. Ich wußte nicht, daß ich Zeuge eines bedeutsamen Ereignisses werden sollte. Vor dieser Versammlung entwickelte er gleichsam in systematischer Form den wesentlichen Inhalt seiner Lehre. Vielleicht wußten es die Schriftgelehrten — deshalb ihre große Zahl und ihre erwartungsvollen Mienen. Nicht nur aus K'far Nahum, sondern auch aus entlegeneren Städten und Dörfern, ja sogar aus dem fernen Nain waren sie herbeigeeilt. Zahlreiche Synagogenvorsteher waren zugegen, Vorbeter, Rabbis und Richter von den örtlichen geistlichen Gerichten. Diese chawerim hielten strengen Abstand von den gewöhnlichen Erdgeborenen, um sich nicht an ihnen zu verunreinigen, und die letzteren wagten sich nicht in ihre Nähe. Aber das einfache Volk fühlte, daß dieser Tag ihm gehörte, denn um *seinen* Rabbi zu hören, hatten die Schriftgelehrten sich versammelt.

Die Berghänge waren wie die umliegenden Felder mit Anemonen übersät; die zarten scharlachroten Blütenblätter schwankten und flatterten auf ihren Stengeln vor dem tiefgrünen Hintergrunde. Auf dem Gipfel des Hügels stand ein kleines Zypressenwäldchen, und eine der Zypressen ragte mit dem dunklen Laubwerk ihres Wipfels hoch über die anderen empor. Schwalben nisteten in dem Wipfel, und die Vogelweibchen flogen zwitschernd hin und her, Futter im Schnabel für ihre Jungen.

Als die Menge versammelt war, sahen wir den Rabbi vom Seeufer heraufkommen. Seine Schüler hatten ihn aus K'far Nahum zu dieser Stelle hingerudert. Sein mit Fransen besetztes weißes Gewand hob sich schimmernd von dem rotgesprenkelten Rasen ab, seine Füße staken in Sandalen. Diesmal trug er eine schwarze Kopfbedeckung. Seine Miene war ernst. Mit langsamen, fast feierlichen Schritten ging er den Berg hinauf und begrüßte die Schriftgelehrten mit dem üblichen Gruße „schalom aleichem", und sie antworteten: „Aleichem schalom." Einer seiner Schüler reichte ihm einen Gebetmantel, den er über den Kopf zog, während er den vorgeschriebenen Segen erteilte. Dann stellte er sich unter eine Zypresse hin, breitete die Arme aus, als wollte er die ganze Versammlung beschützen, und begann zu predigen.

Er sprach lange und ernst, mit häufigen Pausen, manchmal sehr bedächtig und langsam, um seiner Rede größeren Nachdruck zu verleihen. Dann wirkten seine Worte nicht wie ein bloßer Schall, der durch die Luft wandert und entschwindet, sondern wie ewige Bilder, die sich von seinem Geiste auf den Geist der Zuhörer übertrugen. Und mit welcher Energie er sprach! Der gebrechliche und hagere Körper schien zu wachsen, bis er schließlich wie eine Menschenpyramide war, — bis wir das Gefühl hatten, der Berg unter seinen Füßen sei nur ein Piedestal. Vielleicht war an dieser Illusion die Nachmittagssonne schuld, deren Leuchten bereits in das grelle Rot des Abends hinüberzuspielen begann. Aber auch seine Stimme hatte eine fast überirdische Kraft gewonnen. Sie erfüllte in weitem Umkreise die Luft...

Auf die Schriftgelehrten, die abseits beisammenstanden, hatte die Predigt eine ganz außerordentliche Wirkung. Staunen sprach aus ihren Mienen, verwundert streckten sie die Arme aus, besonders, wenn der Nachdruck, mit dem er bestimmte Sätze äußerte, die Möglichkeit jeden Zweifels oder Einwandes auszuschalten schien. Ganz anders war der Empfang, den die ungebildeten Massen der Predigt bereiteten. Sie waren gewillt, jeden Ausspruch im vorhinein zu billigen. Eifrig nickten sie Beifall. Sie beugten sich vor, als wollten sie die Bürde des Gesetzes, die er ihnen auferlegte, entgegennehmen. Mit seligen Gesichtern und freiheitstrunkenen Augen verschlangen sie die Worte und nickten mit den Köpfen. Die Schriftgelehrten aber hörten so aufmerksam zu, daß die Adern an ihren hohen Stirnen, ihren Schläfen und Hälsen wie geschwollene Muskeln hervortraten, als sei das Blut in ihnen gefroren. Manchmal runzelten sie die Brauen und bissen sich auf die Lippen. Manchmal, während einer Pause, berieten sie hastig untereinander und nickten einander bestätigend zu. So zum Beispiel, als er folgendes sagte:

„Wenn du dein Opfer zum Altare bringst, und dich erinnerst, daß dein Bruder dir zürnt, dann lasse das Opfer am Altare und geh' und versöhne dich mit deinem Bruder und kehre erst dann zu dem Opfer zurück."

Nach diesen Worten wartete er ein wenig, als wollte er von den Gelehrten ein Echo hören. Sie starrten einander an, als ob sie schweigend diese Lehre prüften, sehr bald aber gaben sie ihr Einverständnis kund. Bei anderen Gelegenheiten warteten sie erst gar nicht, sondern äußerten sogleich mit heftigen Kopf- und Handbewegungen ihre Zustimmung. So zum Beispiel, als er sagte:

„Wenn du Almosen gibst, so laß deine linke Hand nicht wissen, was deine rechte tut."

Es gab noch andere ähnliche Aussprüche, die mit ihren Lehrmeinungen übereinzustimmen schienen, und die sie mit allen Zeichen tiefer Achtung akzeptierten. Aber in manchen Augenblicken malten sich Bestürzung und Unzufriedenheit in ihren Gesichtern. Als er zum Beispiel eine noch strengere Auslegung des Gesetzes forderte, sagten sie bekümmert zueinander: „Er folgt der Schule Schammajs." Bei einer anderen Gelegenheit hörte ich sie sagen: „Jetzt folgt er der Schule Hillels." Das waren die beiden traditionellen Schulen, in welche sie die von ihm verkündeten Gesetze einzuordnen versuchten.

Als er dann zu ihnen sagte: „Liebet eure Feinde; segnet, die euch fluchen; tut wohl denen, die euch hassen; bittet für die, so euch verfolgen" — als er das sagte, streckten sie verwirrt und verzweifelt die Hände aus, als müßten sie gleich morgen hingehen und das Gebot befolgen. Sie wechselten erschreckte Blicke und sagten in äußerster Bestürzung: „Freilich wäre es gut, wenn das möglich wäre! Aber wer ist dazu fähig? Ein Engel, aber nicht ein Mensch von Fleisch und Blut!"

Und wieder gerieten sie in Verwirrung und Schrecken, als er folgendes sagte: „Ich aber sage euch: widerstrebt nicht dem Übel, und so dir jemand einen Streich gibt auf die rechte Backe, dem biete auch die andere dar." Sie waren so erschrocken, als habe man von ihnen verlangt, sofort hinzugehen und diese Lehre zu befolgen.

Manchmal aber zeigte sich bei ihnen nicht Angst, sondern ein finsterer, leidenschaftlicher Unwille. Besonders runzelten sie in ärgerlichem Staunen die Stirn, so oft er die Worte gebrauchte: „Ich aber sage euch", sie zuckten empört die Achseln und wandten sich mit fragenden Gebärden zueinander. Ihr Erstaunen erreichte den Höhepunkt, als er sagte:

„Es ist euch gesagt, wer sich von seinem Weibe scheiden will, der soll ihr einen Scheidebrief geben. Ich aber sage euch: Wer sich von seinem Weibe scheidet, es sei denn um Ehebruch, der macht, daß sie die Ehe bricht, und wer eine Geschiedene zum Weib nimmt, der bricht die Ehe."

„Aus welchen Stellen der heiligen Schrift will er das ableiten?" fragten die Schriftgelehrten einander in heftigem Tone. „Es ist gegen das mosaische Gesetz. Moses hat die Scheidung erlaubt, und er will sie verbieten. Ist er größer als Moses?"

Aber einer der Gelehrten suchte ihn zu verteidigen:

„Auch unsere Weisen haben gesagt, wenn ein Mann sich von seinem ersten Weibe scheidet, vergießt der Altar im Tempel Tränen."

„Ja gewiß, wir bestreiten nicht, daß es eine schlimme Sache ist... Vierzig Tage, bevor das Weib geboren wird, tönt eine Stimme durch den Himmel: ‚Tochter von dem und dem, der Herr der Welt stiftet die Ehen, und du steigst zur Erde hinab, um sie zu zerstören?...' Aber was er predigt, ist trotzdem gegen das Gesetz Mosis."

Diese Unterbrechung dauerte länger als alle anderen. Seine Bemerkungen über die Scheidung hatten unter den Schriftgelehrten stürmischen Widerspruch gefunden, und es dauerte einige Zeit, bevor sie sich faßten. Unterdessen hörte man die Pergamentrollen knistern, die sie entfalteten, um einander die genaue Stelle zu zeigen, wo ihr ehrwürdiger Lehrer Moses die Scheidung ausdrücklich gestattete. Ihre Mienen wurden unnachgiebig, heftig schüttelten sie die Köpfe und riefen „Nein!"

Dagegen waren sie fast alle mit ihm einverstanden, als er sie aufforderte, Gott zu vertrauen und nicht für das Morgen zu sorgen. Sie sollten die Vögel unter dem Himmel ansehen, sie säen nicht, sie ernten nicht, sie sammeln nicht in die Scheunen, und ihr himmlischer Vater nährt sie doch.

„Seid ihr denn nicht viel mehr als sie?... Und warum sorget ihr euch um die Kleidung? Schaut die Lilien auf dem Felde, wie sie wachsen. Sie arbeiten nicht, auch spinnen sie nicht, aber ich sage euch, daß auch Salomo in aller seiner Herrlichkeit nicht bekleidet gewesen ist wie derselben eine" — und er zeigte auf die Blumen, die zu seinen Füßen blühten. „Wenn

Gott das Gras auf dem Felde also kleidet, das doch heute steht und morgen in den Ofen geworfen wird, sollte er nicht euch kleiden, oh, ihr Kleingläubigen?"

„Das sind schöne Worte", hörte ich eine selige Stimme sagen. Und die Gesichter der Armen strahlten vor Glück bei dem Gedanken, daß sie es nicht mehr nötig haben würden, zu arbeiten oder zu spinnen, zu säen oder zu ernten und sich vor dem Winterregen zu schützen, daß sie nur ihr Vertrauen in Gott zu setzen brauchten, worauf er sie dann speisen würde wie die Vögel im Himmel und kleiden wie die Lilien auf dem Felde...

Einige der Schriftgelehrten freilich waren etwas feindselig gestimmt, und tiefe Runzeln zeigten sich auf ihren Stirnen. Andere wieder lächelten, wohl mehr über die reizvollen Gleichnisse des Rhapsoden, als über die Weisheiten, die darin verborgen waren.

Nachdem er seine Predigt beendet hatte, stieg er von dem Hügel herab. Sein Gesicht war bleich von der Anstrengung, aber in seinen großen Augen war ein Leuchten, das von innerer Befreiung sprach. Er war vor lauter Freude traurig geworden, und er sah schön aus — eine seltsame Schönheit, wie ich sie noch nie gesehen hatte. Alles an ihm atmete überirdischen Frieden. Dann erlebte ich etwas, woran ich mich deutlich erinnere, das ich mir aber nie habe richtig erklären können.

In dem Augenblicke, da er von dem Hügel herunterkam, umringten ihn die Rabbis und Schriftgelehrten und verwickelten ihn in eine Diskussion. Sie entrollten ihre Pergamente und zeigten ihm die Textstellen, die zu einigen seiner Äußerungen in Widerspruch standen. Aber die Schriftgelehrten untereinander waren auch nicht einig, denn es gab mehrere, die seine Ansichten unterstützten.

Während dieses Disputes zog das gewöhnliche Volk sich respektvoll zurück. Keiner wagte sich den Gelehrten zu nähern und den heiligen Vorgang zu stören. Aber nach kurzer Zeit merkte Simon, daß sein Lehrer müde war von der Anstrengung des Predigens, drängte sich kühn in den Kreis und bat ihn, die anderen zu verlassen und sich im Grase auszuruhen. Vielleicht auch fürchtete der Schüler, die Auseinandersetzung könnte zum Bruche führen.

Kaum aber hatte nun der Prediger sich ein wenig zurückgezogen, da verließen die gewöhnlichen Leute voller Ungestüm ihre Plätze und drängten sich an ihn heran. Ihr Jubel kannte keine Hemmungen mehr. Ausrufe der Liebe, der Bewunderung und des Entzückens erfüllten die Luft. Man hätte meinen können, es sei ein Held siegreich aus den Schlachten zurückgekehrt. Manche beugten sich nieder und küßten den Saum seines Gewandes, andere, wenn sie nahe genug herankommen konnten, begnügten sich damit, sein Gewand zu berühren. Und mit einem Male waren auch Kinder da, zahlreiche Kinder, die sich bisher im Hintergrunde gehalten hatten. Die Eltern führten sie zu ihm, damit er ihnen die Hand auflege und sie segne. Und plötzlich waren auch zahlreiche Kranke da, die sich mit irrer Hast zu ihm hindrängten. Die Jünger kämpften mit der Menge, besonders die Söhne des Zebedäus, aber es gelang ihnen nicht, dem Rabbi eine Straße zu bahnen. Erst als Simon ihn mit eisernen Armen aufhob und davontrug, löste sich das Gedränge. Aber auch jetzt noch strömte die Menge hinter ihm her wie eine Sturzflut, die den Damm durchbricht.

Und mit mir geschah folgendes: Ich wiederhole es voller Beschämung, aber es ist wahr: Ich, der Ciliarch von Jerusalem, vergaß meine Würde, meine Stellung, meine Person. Zusammen mit dem Centurio von K'far Nahum, dem es nicht besser erging, hatte ich mich der begeisterten Menge angeschlossen, und ich rannte nun mit ihr mit, als ob ich zu ihr gehörte, und als ob die Predigt auch für mich bestimmt gewesen wäre! So weit hatten ich und mein Freund uns vergessen. Bei dem Centurio war das weniger erstaunlich, er stand schon seit langem unter dem Einflusse der Juden; aber ich, der Befehlshaber der Festung Antonia, die rechte Hand des Prokurators Pontius Pilatus — daß ich mich in dieser unglaublichen Weise aufführte!

Ich gestehe jetzt, daß ich während der Bergpredigt um ein Haar dem Zauber des Mannes verfallen wäre. Soll ich fortfahren und die letzten Einzelheiten enthüllen?

Völlig gefangengenommen von dieser Mirakelstimmung, näherte ich mich dem Manne, und zum ersten Male in meinem Leben verneigte ich mich vor einem Juden. Als er das sah, blieb er stehen und betrachtete mich mit einem Ausdruck des Kummers und Mitleides, und ich fühlte, wie etwas in mir zerbrach. Das Erstaunlichste dabei ist — es fällt mir schwer, darüber zu sprechen —, daß ich mich in diesem Augenblicke meiner Unterwürfigkeit nicht einmal schämte. Später freilich packte mich die Scham, jetzt aber ging in meinem Inneren ein Kampf vor sich, den der traurige und mitfühlende Blick des Mannes in mir entfesselte, ein Kampf zwischen Wut und Sehnsucht. Das blasse, von dem schütteren Barte umrahmte Antlitz, der gebrechliche

Körper, der schlanke Hals, die unendlich mitleidsvolle Miene rührten mich so tief, daß ich mich immer mehr zu ihm hingezogen fühlte. Ich hatte zugleich das Gefühl, daß etwas Unbegreifliches an dieser Erscheinung sei, etwas Beängstigendes.

Dann besann ich mich, der Ärger gewann die Oberhand, ich drehte mich hastig um und sagte zu meinem Freunde:

„Komm weg von hier!"

Und ich floh. Jenes plötzliche Angstgefühl hatte mich noch rechtzeitig zur Besinnung gebracht.

XIX. KAPITEL

Erst nach diesem beängstigenden Zwischenfalle erkannte ich die ganze Größe der Gefahr, die meinen Freund, den Centurio, bedrohte. Ich muß den Göttern danken, daß sie mir im letzten Augenblick zu Hilfe eilten. Ich zittere bei dem Gedanken, daß es ein Weilchen später zu spät hätte sein können.

Ich hatte natürlich schon seit langem beobachtet, daß der Rabbi auf meinen Freund einen tiefen Eindruck machte, aber ich hatte erst aus einem kurzen, doch erschütternden Erlebnisse lernen müssen, daß auch ich unter gewissen Umständen der Versuchung ausgesetzt war, meine strenge römische Disziplin, diesen vollendeten Charakterbildner, preiszugeben und asiatischen Einflüssen zu unterliegen. Es war eine zugleich warnende und einprägsame Lehre.

Der Centurio hatte allzu lange kein römisches Feldlager mehr gesehen, er bewegte sich schon seit allzu langer Zeit in jüdischem Milieu. Wenn ein Mensch viele Jahre in einer barbarischen Provinz zubringen muß, fern der römischen Zivilisation, wird er der phantastischsten und unverantwortlichsten Handlungen fähig. So etwas hat es oft gegeben. Einige unserer besten Leute, Helden zahlreicher Schlachten, Sieger über zahllose Barbarenhorden, sind das Opfer der Besiegten geworden, wenn sie das eroberte Land übernehmen mußten und jahrelang nicht mehr nach Rom kamen. Es erfordert einen außergewöhnlich starken Charakter, um einsam in einer fremden Umgebung zu leben, ohne zu unterliegen und sich zu verlieren. Der Centurio von K'far Nahum besaß ihn leider nicht. Lange, lange vor dem Erscheinen des Wunderrabbi hatte er bereits eine ernsthafte Vorliebe für den jüdischen Kult an den Tag gelegt. Er hatte die Pflege unserer religiösen Einrichtungen in dem unterworfenen

Lande vernachlässigt, und er versäumte es auch, die Benützung der Theater und Gymnasien zu fördern. Selten sah man ihn in den Tempeln unserer Götter, den Cäsartempel nicht ausgenommen, den der Tetrarch in seiner neuen Hauptstadt hatte errichten lassen, und den der Centurio, außer bei offiziellen Anlässen, mied. Dagegen besuchte er regelmäßig die jüdischen Synagogen. Er hatte sich durch ihren mystischen Gottesdienst, der einem unsichtbaren höchsten Wesen galt, verführen lassen, er hatte bei ihren Gelehrten Unterricht in den Gesetzen ihrer Religion genommen. Er hatte die Lehre und die Philosophie der Juden mit der unseren verglichen, mit dem Ergebnis, daß er, statt einen Jupitertempel in K'far Nahum zu errichten, den Juden ermöglichte, eine Synagoge zu bauen. Ich habe das Gebäude gesehen. Ja, er war so stolz darauf, daß er es mir unbedingt zeigen mußte. Es war im schönsten gräco-judäischen Stil erbaut, mit einer Marmorfassade und schönen Granitsäulen, in welche judäische Ornamente eingraviert waren, und es fehlte auch nicht der prächtige, mit religiösen Symbolen geschmückte Mosaikboden. Man kann wohl verstehen, daß die Juden dem Centurio dankbar waren. Unsere Leute aber murrten im geheimen.

Er hatte sich mit jüdischen Gelehrten umgeben, die seine engsten Freunde wurden. Freilich durften sie ihn nicht zu Hause besuchen, denn die Reinheitsvorschriften verbieten den Juden, die Behausung eines Ungläubigen zu betreten. Er traf sie auf der Straße, in der Synagoge, in den Betschulen, und dort erteilten sie ihm religiösen Unterricht. Dann kam der Vorfall mit dem Wunderrabbi und dem jungen Andros.

Ich glaube, als mein Freund den Jungen kaufte, hatte er anfangs nur sein Vergnügen im Auge, denn der Junge war außerordentlich schön. Ich hatte ihn oft bewundert, wenn er uns im Landhause des Centurio an der Straße nach Tiberias bediente. Später dann, unter dem verderblichen Einfluß des jüdischen Kultes, der diese erotische Variante streng verpönt — so wie er freilich fast alle Freuden des Lebens verpönt —, verzichtete der Centurio auf diese Genüsse, und seine Zuneigung zu Andros verwandelte sich in väterliche Zärtlichkeit. Möglich, daß er ihn sogar formell als seinen Sohn adoptierte. Seine Liebe zu Andros erzeugte in ihm eine ebenso tiefe Liebe zu dem Rabbi, der die Wunderheilung vollbracht hatte. Und als mein Freund den Rabbi näher kennenlernte, begannen seine Liebe, seine Bewunderung und Verehrung alle Grenzen zu überschreiten und die Liebe zu dem Knaben gänzlich zu verdrängen.

Ich sollte vielleicht auf eine besondere Schwäche meines Freundes hinweisen, die ihn für solche Einflüsse empfänglich machte: Er hatte stets einen Menschen gebraucht, den er lieben und bewundern konnte. Seine Seele konnte ohne diese Speise nicht leben. Und mit einem gewissen Widerwillen berichte ich von einer seltsamen Sache, die ich damals entdeckte. Dieser Mann mit dem kräftigen Körper und der massigen Brust, die er so oft den Speeren und Pfeilen des Feindes ausgesetzt hatte, dieser Mann, der an der Spitze einer Kohorte durch die sumpfigen germanischen Wälder marschiert war, dieser Römer brachte es fertig, seine mit den Abzeichen zahlreicher Feldzüge geschmückte Rüstung abzulegen und sich in ein jüdisches Gewand zu hüllen, an dessen Saum die rituellen Fransen baumelten! Oder er zog die leinenen Lumpen der Armen an und stellte sich vor die Tür der Synagoge und Betschule, um sich die Reden der Gelehrten anzuhören. Er versank völlig in dem religiösen Leben eines fremden und unterworfenen Volkes, in dessen Mitte er als ein Vertreter der siegreichen und herrschenden Rasse weilte. Respektvoll stand er vor den alten Männern auf. Er schickte Opfergaben an den Tempel von Jerusalem. Das alles wurde nach der Ankunft des Wunderrabbi noch schlimmer. So oft mein Freund konnte, ließ er seine Pflichten im Stich, um zuzuschauen und zuzuhören. Er lief in die Synagoge, um ihn predigen zu hören. Und bei ihm wurde zu einer ständigen Gewohnheit, was bei mir nur ein einzelnes Experiment gewesen war: in Sackleinwand gehüllt, damit man ihn nicht erkenne, besuchte er unzählige Male das Haus Simons, des Jüngers.

Seit jenem seltsamen Nachmittage, an dem der Mann seine Bergpredigt gehalten hatte, fand der Centurio von K'far Nahum keine Ruhe mehr. Oft saß er ganz allein neben den Standbildern der Götter in seinem versperrten Garten oder er ging, eine einsame und versonnene Gestalt, am Gestade des Sees auf und ab und dachte über die Worte des Rabbi nach. Er ließ von einem der Jünger eine Abschrift der Rede auf Pergament anfertigen und las sie, bis er ihren Inhalt Wort für Wort auswendig konnte. Wo er ging und stand, wiederholte er die Sentenzen. Und zuweilen versuchte er sogar, mich zu den Lehren des Rabbi zu bekehren, und rückte mir beharrlich mit verschiedenen seiner Aussprüche zu Leibe.

So saßen wir einmal eines Abends auf der Säulenterrasse seines Hauses mit dem Blick auf den See Genezareth und betrachteten das Spiel der Mondstrahlen auf den Wellen. Der Mond war gleich nach Sonnenuntergang aufgegangen, eine blutrote, von Wolken umhüllte Scheibe, und nach einiger Zeit hatten seine Strahlen die Dunsthülle verscheucht und kräuselten nun die Wasser des Sees. Der Knabe Andros war bei uns. Mein Freund stützte den Kopf in die Hand und murmelte etwas vor sich hin.

„Was ist denn das?"

„Das sind Worte aus der Predigt des Wundermannes", antwortete er. „Hör' zu: ‚Bittet, so wird euch gegeben, suchet, so werdet ihr finden, klopfet an, so wird euch aufgetan'."

„Aber ich sehe darin nichts", sagte ich, „was geeignet wäre, die Philosophie denkender Menschen zu bereichern. Diese Sätze stützen sich auf keinerlei Erfahrung, auf keinerlei Tatsachen und auf kein erworbenes Wissen. Sie spiegeln nur die undisziplinierte Dumpfheit des träumerischen jüdischen Geistes wider, die ihn dazu zwingt, das Glück im Meere des Nichts zu suchen."

„Es ist der Anfang aller Wahrheiten", antwortete der Centurio mit der kindischen Sehnsucht eines Barbaren. „Der Drang nach Wissen darf nicht an den engen Grenzen unseres Bewußtseins halt machen, ebenso wenig, wie die Welt vor den Schimären des Himmels, des Mondes und der Sterne halt macht, die uns so nahe scheinen, daß wir glauben, wir könnten sie mit Händen greifen — oder vor jener milchigen Wolke, die die Hügel am anderen Ufer des Sees umhüllt. Unser Leben hört nicht auf an dem schmalen Eingang zum Grabe. Über den Wolken und über den Himmeln gibt es noch andere Welten, und so gibt es ein zweites Leben nach dem Tode. Das ist das ewige Leben, das ewige Bewußt-Unbewußte, das ewige Suchen und Finden. Und seit diese Worte an mein Ohr tönten, höre ich immer eine Stimme aus dem Jenseits, die nicht in unserem Raum und in unserer Zeit, sondern in dem Grenzenlosen lebt, das in meinem Herzen wohnt. Ich fühle, daß ich am Anfang des Glaubens stehe, daß es Türen gibt, an denen man anklopfen kann, und hinter den Türen ist einer, der sie öffnet. Seit ich diese Worte hörte, habe ich einen unvergänglichen Frühling gefunden, der kein Ende hat. Ich habe begonnen, den Glauben zu verstehen."

Ich blickte ihn erstaunt und bekümmert an.

„Das sind Phantasien, Phantasien", erwiderte ich heftig. „Der gesunde Menschenverstand mit seinem Sinn für das Wirkliche kann damit nichts anfangen. Solche Stimmungen schicken sich nur für Fatalisten, denen der Wille, die Energie, die Kraft fehlen, ihr eigenes Geschick zu beherrschen. Solche Menschen haben nie die Vorrechte gekannt und nie die Eigenschaften empfunden, die den Römer ausmachen. Ihnen fehlt jede Kühnheit, deshalb kennen sie nicht die Wonnen der Schlacht. Sie haben nie den Siegesbecher geleert, sie haben nie den berauschenden Taumel genossen, den ein mit dem Schwerte erfochtener Sieg und eine auf das Schwert gegründete Herrschaft gewähren. Und so wie diese Freuden ihnen völlig fremd sind, so ist ihrem Charakter jede Disziplin fremd. In ihrer leidenschaftlichen Unterwürfigkeit wissen sie nicht, was es heißt, zu lieben, zu herrschen, sich zu rächen, zu kämpfen. Sie wissen nichts vom Leben und von der Welt. Wie sollte dann einer von ihnen ein richtiges Urteil fällen können? Dieses Volk hat sich mit den Sandwüsten und Felsbergen seines winzigen Ländchens begnügt. Die Erde ist geizig zu ihnen — daher richten sie die Blicke zum Himmel empor und träumen von einem Leben über den Wolken. Was haben wir Römer damit zu tun? Genügen dir nicht unsere Nationalhelden? Möchtest du wirklich den großen Marius, Sulla, Cäsar, den göttlichen Augustus und unseren Feldherrn Germanicus, der die halbe Welt erobert hat, mit den jüdischen Patriarchen tauschen, um mit ihnen im Himmelreich zu sitzen?" Mit dieser scherzhaften Wendung beendete ich mein Argument.

Er aber antwortete in vollem Ernst:

„Die Taten unserer Helden? Wer kann sie zählen? Sie haben die römischen Adler bis an die Grenzen der Welt getragen, sie haben zahllose Völker der römischen Herrschaft unterworfen. Wer wird ihnen ihre Tapferkeit absprechen? Aber können sie den Geistern ebenso befehlen wie ihren Soldaten? Können sie ihr eigenes Geschick ändern, sich ein neues Schicksal schaffen? Können sie ein Netz unter sich ausbreiten, das sie rettet, wenn sie in den bodenlosen Abgrund des Todes stürzen? Können sie mit all ihren Waffen und Heerscharen den Zahn des unsichtbaren Wurmes, der Zeit heißt, stumpf machen — der so unverschämt die Leiber der Großen wie der Kleinen zernagt? Oder können sie mit all ihrer Tapferkeit auch nur einen einzigen Tag, eine einzige Minute über ihren Anteil hinaus erobern, oder als Kriegstribut auch nur einen Atemzug mehr fordern, als ihrem Leben zugewiesen ist? Können ihre Triumphe ihnen auch nur eine Sekunde reiner Freude gewähren, die nicht durch den trüben Gedanken an das Ende verbittert wäre? Was ist all ihr Reichtum wert, wenn er aus lauter Wirklichkeiten besteht, die mit dem Maßstab der Vernichtung gemessen werden? Was sind ihre Siege wert, wenn Sieger und Besiegter das gleiche Schicksal teilen und gemeinsam in den nächtlichen Schlund geworfen werden? Was sind ihre Taten wert, wenn sie von den Mühlsteinen der Zerstörung zermahlen, von den Winden der Vergangenheit verweht und von der Nichtigkeit unseres engen Seins ausgelöscht werden? Ein Sieg ist nur dann ein Sieg, wenn er ewige Werte schafft, die kein Gift und auch die Zeit nicht zerstören kann. Ein Sieg ist nur dann ein Sieg, wenn er die ewige Freude endlosen Besitzes schafft. Tapferkeit ist nur dann Tapferkeit, wenn sie die flüchtigen Leidenschaften und Begierden überwindet, die zwar Befriedigung, aber keine Erfüllung bringen. Der Sieg über dich selbst macht dich bereit, das große Heil des Glaubens an eine unvergängliche Macht zu empfangen, die in ihrer Gnadenfülle dich in ihren Schutz genommen hat und über dir wacht in all den Welten, in all den Zeiten, in all den Gestalten und Daseinsformen, die dir bestimmt sind. Oh, dann mag man meine Knochen zerschlagen, dann mag mein Blut auf den Schlachtfeldern des Lebens verströmen: Gott wird meine zerschmetterten Knochen und mein vergossenes Blut sammeln und sie wieder zu einem Ganzen verweben. Welche Feuer können mich dann vernichten? Welche Kriege können mich dann überwinden? Ich bin die Ewigkeit in Ihm. Nur *eine* Macht kann mir den endgültigen Sieg schenken, die Macht, die der Zugehörigkeit zu dem Bunde entspringt, welchen die einzig ewige Gottheit mit den Menschen geschlossen hat. Und niemand kann mir die Zugehörigkeit zu diesem Bunde gewähren, wenn ich sie nicht in dem Glauben der Barbaren finde, über die wir regieren, — der Juden."

Mich verblüffte diese Rede. Ich nahm meinen Freund bei der Hand, ich sagte:

„Centurio, was fehlt dir? Wohin hast du dich verirrt?"

„Cornelius, du wirst mich nicht verstehen. Du bist blind und willst nicht sehen. Ich fühle, daß in mir etwas Neues geboren wird, daß eine Tür für mich aufgetan wird, und du kannst nicht eintreten. Der Name dieser Tür ist — Glaube."

Ich sagte nichts mehr zu ihm. Ich sah, daß er ein verlorener Mann war...

XX. KAPITEL

In dieser Nacht schlief ich nicht. Mein Freund hatte mir, bevor ich wegging, eine griechische Übersetzung der Predigt gegeben, die er für seinen eigenen Gebrauch hatte herstellen lassen. Es gab da einzelne Stellen, die ich nicht ganz verstanden hatte, als ich sie in der aramäischen Originalfassung hörte. Andere wieder hatte ich überhaupt nicht gehört, da ich grade ihre Wirkung auf die Schriftgelehrten beobachtete. Außerdem war die Stimmung an jenem Nachmittage nicht dazu geeignet gewesen, das Gehörte nüchtern und objektiv zu beurteilen. Jetzt hatte ich die Predigt in einer zivilisierten Sprache vor mir. Ich analysierte sie Punkt für Punkt und gelangte zu der Schlußfolgerung, daß die Tätigkeit dieses Mannes, trotz ihrer sehr unschuldigen, äußeren Form (denn er machte geltend, daß er nichts anderes wolle, als die Menschen auf den rechten Weg bringen), uns mit der Zeit äußerst lästig werden könnte. Er war auch keineswegs der hilflose Schwächling, für den er sich ausgab. Seine Lehren konnten dem religiösen Regime der Juden gefährlich werden und damit auch unserer Herrschaft, denn wir waren daran interessiert, die Macht der jetzigen Regenten aufrechtzuerhalten. Möglicherweise gefährdete er sogar die gesamte lateinische Zivilisation im Orient. In jenen Gegenden verbreiten sich derlei Ideen unter den unwissenden Massen mit der Schnelligkeit eines Waldbrandes, und von allen östlichen Rassen ist keine so leicht entzündbar wie die fanatischen und phantasiebegabten Juden. Diese Geschichten beginnen immer sehr unschuldig, zuerst handelt es sich nur um interne religiöse Fragen, und dann endet es mit einem Aufstande gegen die örtlichen Machthaber und gegen Rom. Oh, wir hatten unsere Erfahrungen gemacht! Obwohl sie sich hinter der Maske ihrer Religion verbergen, in die wir uns nicht einmischen, haben sie alle nur ein Ziel: die fremde Gewaltherrschaft zu stürzen.

Diese Aufstände der Juden kosteten uns viel zu viel, als daß sie uns hätten gleichgültig lassen sollen. Wir mußten vorsichtig verfahren und immer auf der Hut sein. Wenn sie erst einmal einen Kult eingeführt haben, halten sie an ihm fest bis in den Tod. Bevor Pilatus und ich in das Land kamen, zur Zeit des ersten Prokurators, Coponius, war in ihrer Mitte ein Mann aufgetaucht, der hieß Judas, der Galiläer. Er begann, soweit ich mich erinnern kann, genau so wie dieser Rabbi mit rein religiösen Geschichten, die mit uns gar nichts zu tun hatten. Er setzte unter den galiläischen Massen eine Losung oder ein Sprichwort in Umlauf, das ungefähr so viel bedeutete wie: „Gottes allein ist die Herrschaft." Der Ausspruch schlug ein, verbreitete sich wie ein Lauffeuer, trieb alles vor sich her — wenn ihr Gott allein zur Herrschaft berechtigt war, hatten sie die Pflicht, sich jeder fremden Herrschaft zu widersetzen. Und natürlich fingen sie an, die Steuern zu verweigern, sie verjagten die Steuereinnehmer aus den Landstädten, sie hißten das Banner des Aufruhrs, sie bildeten bewaffnete Banden, die in den Berghöhlen Zuflucht suchten, sie überfielen Reisende und Karawanen und trugen sich mit dem Gedanken, unsere Legionen davonzujagen. Ich brauche wohl kaum zu erwähnen, daß wir mit ihnen sehr schnell fertig wurden. Der Prokurator traf rasche und energische Maßnahmen, die Anführer wurden gekreuzigt, die Nachläufer auf die Sklavenmärkte, in die Arenen oder auf die Galeeren geschickt. Viele Jahre später, als ich einmal mit einem Regierungsschiffe von Alexandria nach Caesarea fuhr, traf ich einen Überlebenden dieser Rebellion. Der Kapitän teilte mir mit, daß sich unter den festgeketteten Rudersklaven einer befinde, ein erstaunliches Geschöpf, der zwölf Jahre Galeerendienst überstanden hatte. Ich war neugierig genug, um in das Innere des Schiffs hinunterzusteigen, und dort sah ich eine riesenhafte Gestalt hin- und hertaumeln inmitten der übrigen Sklaven, die so an die Ruder gefesselt waren, daß sie sich nicht bewegen konnten, ohne die schwere Last mitzuzerren. Seine ausgebrannten Augen bestanden nur aus zwei roten Löchern, aus denen Blut und Eiter hervorsickerte. Sein Körper war mit langen wirren und schmutzverklebten grauen Haarsträhnen bedeckt. Seine mächtige Brust schob sich vor und zurück in dem Rhythmus, den der Antreiber bestimmte, und sowie er im Tempo nachließ, sauste die bleibeschwerte Peitsche auf seinen Körper nieder.

Ein unerträglicher Gestank stieg aus dieser Masse von Menschenfleisch auf. Diese Sklaven waren eine Sammlung der übelsten Mörder und Rebellen, und wir ließen sie in ihrem eigenen Schmutze verfaulen. Sie erhielten grade so viel Nahrung, daß sie am Leben blieben und ihre Ruderarbeit verrichten konnten. Wir waren nicht so knapp an Sklaven, daß wir uns um ihren Zustand besonders hätten kümmern müssen. Ja, wir wußten gar nicht recht, was wir mit den überaus zahlreichen Kriegsgefangenen, Rebellen und Verbrechern, die unsere Kolonien lieferten, anfangen sollten. Der Caesar Tiberius ist kein verschwenderischer Mann, er verwöhnt weder die Provinzen, noch die römische Plebs mit allzu häufigen Schauspielen. Es handelt sich ja nicht um die Menschen, die man den Tieren vorwirft, die gibt es in Hülle und Fülle, aber dic Tiere erfordern beträchtliche Ausgaben. Unsere wichtigste Sammelstelle für überflüssige Menschen waren die Galeeren.

„Mit einer Ausnahme“, erzählte mir der Hortator, „habe ich noch keinen getroffen, der es länger als sechs bis acht Monate ausgehalten hätte. Aber dieser Mensch“ — er zeigte auf den blinden Makkabäer — „ist schon seit zwölf Jahren hier. Wir begreifen nicht, was ihn am Leben erhält.“

Meinen Ekel überwindend, näherte ich mich dem Sklaven, und ich hörte ihn etwas in einer unverständlichen Sprache vor sich hinmurmeln. „Das“, sagte der Hortator, „ist der Kriegsruf seiner Bande. Er wiederholt ihn immerzu.“

„Und wie lautet dieser Kriegsruf?“ fragte ich.

„Gottes allein ist die Herrschaft“, antwortete er.

Da saß dieser Mensch, blind, halb verfault, in seinen eigenen Schmutz versunken, an das Ruder gekettet, und murmelte immer noch seinen Schlachtruf: „Gottes allein ist die Herrschaft!“ Noch mit seinem letzten Atemzuge würde er diese Worte wiederholen. Und das ist die Art der Juden. Sowie sie sich erst einmal etwas in den Kopf setzen, können alle Peitschen und Geißeln der Welt es ihnen nicht mehr austreiben. Der Rabbi, dessen Predigt ich nun in der Hand hielt, gehörte dem gleichen Typus an. Auch er erklärte die Gottheit für den alleinigen Herrscher und duldete neben ihr keinen anderen. Da stand es im Texte:

„Niemand kann zwei Herren dienen.“

Er ging noch weiter. Er warnte seine Anhänger vor der verderblichen Gewohnheit, sich in mühevoller Anstrengung ihr Brot und ihre Kleidung zu verdienen:

„Sorget nicht für euer Leben, was ihr essen und trinken werdet.“

Ist das etwas anderes als eine Anstiftung zum Müßiggange? Und weiter:

„Ihr sollt euch nicht Schätze sammeln auf Erden, da sie die Motten und der Rost fressen, und da die Diebe nachgraben und stehlen. Sammelt euch aber Schätze im Himmel, da weder Motten noch Rost sie fressen...“

Ist das etwas anderes als Aufruhr und Rebellion? Ein Angriff gegen die gesamte bestehende Ordnung und Herrschaft — schlimmer als die Losung Judas' des Galiläers, weil es sich hier um viel genauere Anweisungen handelt. Hier wurde gesagt: Verweigert die Arbeit, zerbrecht die Formen des Systems, legt die Hände in den Schoß, bis euer unsichtbarer Gott euch Brot vom Himmel herabsendet. Wenn solche Gedanken beim Volke Eingang fanden, war das Land ruiniert. Wo würden die Römer dann die Steuern herholen, womit würden wir unsere Soldaten ernähren? Ja, tatsächlich, dieser Mensch forderte seine Anhänger auf, das gesamte Alltagsleben lahmzulegen und uns auf diese Weise zu vertreiben. Warum, fragte ich mich, gestattet man einem solchen Menschen, frei umherzulaufen und sein gefährliches Treiben fortzusetzen?

Er griff sogar das Gerichtsverfahren an. „Und so jemand mit dir rechten will und deinen Rock nehmen, dem laß auch den Mantel." Eine klare Aufforderung zur Gesetzlosigkeit — kein Respekt vor den Gerichten!

Ferner soll man keinen Eid schwören, denn „du vermagst nicht, ein einziges Haar weiß oder schwarz zu machen!" Das heißt die grundlegenden Formen jeder Verwaltung zerstören. Er will alle Normen beseitigen, den Menschen verbieten, sich gegen Verbrecher zur Wehr zu setzen: „So dir jemand einen Streich gibt auf die rechte Backe, dem biete auch die andere dar."

Wohin zielt die Lehre dieses Mannes? fragte ich mich. Und die Antwort war klar: Er versucht, alles auszulöschen und zu vernichten, was die Menschen in langer Erfahrung angesammelt haben, alles, was der Kampf um Macht und Herrschaft uns eingebracht hat, alles, was die Tradition beglaubigt hat, alles, was in Sitte und Gesetz verankert ist, alles, was die bestehenden Einrichtungen, die Herrschenden und die geistlichen Führer gepflegt und sorgsam behütet haben, — um an dessen Stelle eine neue Welt zu setzen und eine neue Ordnung, die auf ganz entgegengesetzten Grundlagen beruht. Die Dinge, die wir als Tugenden betrachten, als die höchsten und besonderen Leistungen menschlicher Größe, möchte er als Laster und Mängel verurteilen, dagegen erhebt er Laster und Mängel zu hohen Moralgeboten, betrachtet sie als das wahrhafte Gute, das sich die Welt unterwirft und sie dem Menschen zu Füßen legt. Nicht Würde und Stolz, die den Charakter des Mannes schmieden, sondern Schwäche und Unterwürfigkeit, Sichducken, Bescheidenheit und Sanftmut: sie sind die Erben der Welt, und ihrer ist das Himmelreich. Nicht der durch Fleiß und Kampf erworbene Reichtum, sondern die Armut, die aus Nachlässigkeit und Faulheit entsteht — sie sollen das Ideal der Menschheit sein. Zorn und Haß meiden, weil sie Kampf und Sieg gewähren, verzichten, die Feinde lieben, vom Schlachtfelde fliehen, noch bevor du es betreten hast, deinen Feinden ihre Sünden vergeben, damit dein Vater im Himmel dir die deinen vergibt!... Nicht die Freuden des Lebens genießen und die Pracht und den Überfluß des Reichtums, nicht den natürlichen Leidenschaften freien Lauf lassen, damit sie sich in der Fülle ihrer Kraft und ihres Markes ausleben, sondern sie unterdrücken und verleugnen, sie ausbrennen. Wenn dein rechtes Auge dich ärgert, so reiße es aus, wenn deine rechte Hand dich ärgert, so haue sie ab. Trag' ewige Trauer in deinem Herzen, aber laß es dir an deiner Miene nicht anmerken. Wenn du fastest, salbe dein Haupt und wasche dein Gesicht...

Ich kam zu der Überzeugung, daß dieser Mann sich in keiner Weise mit den jüdischen Predigern und Gesetzauslegern vergleichen lasse, die ihm vorangegangen waren. Jene wendeten das Gesetz nur auf die Auserlesenen des Volkes an, deren Charakter und Lebensumstände den Anforderungen entsprachen, während sie es ablehnten, sich mit den niedrigen Schichten zu befassen. Aber die Lehre dieses Rabbi sollte grade die Einfältigen und Leichtgläubigen überall, auch unter den Heiden, ködern. Er beschränkte sich nicht wie der Hohepriester und seine Klasse auf den eng umrissenen Tempeldienst und dessen religiöse Gebräuche, er wollte *alle* Menschen in dem Netz seiner Worte fangen.

Es gibt leider nur zu viele Römer, die für den Mystizismus und die geistige Barbarei unserer besiegten Feinde empfänglich sind. Wir haben nun einmal diese Schwäche. Sie veranlaßt uns, uns vor den Göttern der Barbaren zu verneigen und in ihren Tempeln zu opfern — ganz zu schweigen von dem Geschmeiß der schlauen Griechen, die sich in ihrer Kultur, Kunst und Philosophie uns Römern überlegen fühlen und uns als äffische Nachahmer verachten. *Sie* beherrschen *uns*, nicht wir sie. Durch die Lehrer und Erzieher, die wir auf den Sklavenmärkten kaufen, flößen sie uns ihren Geschmack und ihre Ansichten ein.

Auch die Ägypter und Chaldäer haben uns durch ihre Weiber, mit ihren magischen Künsten, ihrem Feuerschlucken und ihrer Schlangenbeschwörung angesteckt. Und es ist kein Geheimnis, daß die höchsten Kreise der römischen Gesellschaft ein Vergnügen daran finden, mit jüdischen Gedankengängen zu spielen.

Die ganze Größe der Gefahr aber kam mir erst zu Bewußtsein, als ich in K'far Nahum mit meinen eigenen Augen sah, wie die magische Kraft eines Rabbi einen römischen Soldaten veranlassen konnte, die römischen Götter zu verleugnen, den römischen Charakter zu verraten und sich in einen weichen und rührseligen asiatischen Träumer und Visionär zu verwandeln.

Und er war nicht der einzige. Zu verschiedenen Malen sah ich römische Offiziere unter den Caesareanern und Askaloniten, die mit der Menge hinter dem Rabbi herliefen. Wenn sie bisher noch nicht so weit gegangen waren wie der Centurio von K'far Nahum — bald würden sie vielleicht genau so enden wie er.

Ich sah in diesem Manne, dem Rabbi, den Inbegriff aller Gefahren, aller Rebellionen, alles Zähneknirschens und Fäusteschüttelns, all der ohnmächtigen Wut, die der Name Roms in den Herzen der Juden erweckte. Ich sah die Schäden voraus, die er uns zufügen konnte. Er war ein viel gefährlicherer Feind als es einstmals Karthago gewesen war oder irgend ein anderer uns feindlicher Staat seit jener Zeit.

Dies war der Krieg, den Judäa Rom erklärte, ein Krieg, der nicht mit dem Schwerte, sondern — um ihren Ausdruck zu gebrauchen — mit dem Geiste Gottes geführt wurde. Wir würden sie in die Zucht nehmen müssen, bevor es zu spät war.

XXI. KAPITEL

Halbe Maßnahmen, Kompromisse konnten in diesem Falle nicht helfen. Entweder man unterlag der Lehre dieses Mannes, wie das dem Centurio widerfahren war, oder man bekämpfte sie mit allen verfügbaren Mitteln, da die Sicherheit und sogar die Existenz Roms auf dem Spiele stand. Ich beschloß, auf eigene Faust vorzugehen.

Ich versuchte erst einmal genau festzustellen, ob jener Mann namens Judas Ischariot — das heißt Judas, der Mann aus Karjoth — tatsächlich nach K'far Nahum gesandt worden war, um den gefährlichen Rabbi im Auge zu behalten. Wenn er ein Agent des Hohenpriesters war — und was sonst sollte er sein? — würde ich mich mit ihm verständigen. Das würde freilich nicht einfach sein. Die Juden sind nun einmal so. Sie halten zusammen, selbst in den untersten Schichten; was in ihrer Mitte passiert, ist ihre eigene Angelegenheit, die man nicht den Blicken eines Fremden preisgibt. Aber die Sache gestaltete sich noch viel schwieriger, als selbst ich erwartet hatte. Zunächst einmal war der Mann verschwunden. Zum letzten Male hatte ich ihn während der Bergpredigt gesehen. Ich erfuhr, daß er sich mit seinem Rabbi in die umliegenden Dörfer begeben hatte, und daß einige Zeit verstreichen würde, bevor sie zurückkehrten.

Schließlich meldete man mir, daß der Rabbi Jeschua wieder in K'far Nahum sei. Dann mußte wohl auch sein Schüler oder Jünger, oder sein angeblicher Schüler und Jünger — ich war mir noch immer nicht über seine Identität und seine Aufgabe im klaren — in der Stadt sein. Und so war es auch. Ich ließ ihm durch einen Steuereinnehmer, einen unserer zuverlässigen, eingeweihten Leute, eine Botschaft zukommen, aber ich sagte dem Boten nicht, in welcher Absicht ich Judas Ischariot zu sprechen wünschte. Zuverlässig hin, zuverlässig her, der Steuereinnehmer war Jude. Es gehörte zu den besonderen Kniffen des Rabbi Jeschua, daß er sich auch an die Steuereinnehmer und Zöllner wandte, die bei der Bevölkerung verhaßt waren.

(Seine Methoden waren außerordentlich schlau. Er nahm uns unsere zuverlässigsten Leute weg und verwandelte sie in geheime Verschwörer, die gegen uns arbeiteten.)

Ich spielte vor diesem Zöllner das fromme Unschuldslamm. Ich sagte ihm, ich interessierte mich sehr für die Lehren und Wunder des Rabbi, und ich wollte gerne durch einen seiner Jünger, Judas Ischariot, den ich in Jerusalem kennen gelernt hatte, mehr über ihn erfahren.

Die Antwort, die ich erhielt, lautete: wie könne denn er, der arme unbekannte Knecht, dem Hegemon von Jerusalem bekannt sein? Zweifellos habe der Hegemon sich geirrt und suche einen ganz anderen.

Er setzte also das Spiel fort — wenn es ein Spiel war —, das er im Hause Simons mit mir begonnen hatte. Ich sah ein, daß ich andere Wege würde einschlagen müssen. Ich hätte ihn natürlich durch zwei Askaloniten oder Samariter holen lassen können, aber Gewalt entsprach nicht meinen Absichten. Ich wollte das Vertrauen des Mannes gewinnen. Angenommen, daß er der Agent des Hohenpriesters war: es wäre vortrefflich, eine doppelte Kontrolle zu haben. Der alte Hanan beteuerte laut genug seine Freundschaft für uns, aber was konnte es schaden, wenn sein Vertrauensmann der gemeinsamen Sache dadurch diente, daß er uns direkt Bericht erstattete, damit wir uns nicht auf die Nachrichten aus zweiter Hand verlassen mußten?

Ich beschloß, Judas Ischariot persönlich aufzusuchen. Er wohnte, wie der Steuereinnehmer mir mitteilte, bei einem Töpfer in K'far Nahum, einem Manne namens Hananjah, der wegen seiner Kenntnisse in der heiligen Schrift berühmt war. Judas half ihm bei seiner Arbeit, mischte den Lehm, heizte den Ofen und brannte die Gefäße, und bei der Arbeit unterhielten die beiden sich über die heiligen Schriften und die neue Lehre Jeschuas. Ich warf einen Mantel über meine römische Uniform, und da ich mich an die Weisungen des Steuereinnehmers hielt, fand ich auch gleich zu dem kleinen Häuschen hin, das außerhalb der Stadt an der Straße nach Nain stand. Dort traf ich die beiden, wie sie am Arbeitstische saßen, auf dem die schwarzen Lehmhaufen lagen, und sich ruhig miteinander unterhielten. Ich wandte mich ohne weiteres an den Mann, den ich brauchte:

„Komm mit, Judas, ich habe dir etwas zu sagen."

Er blickte nicht einmal von dem Topfe auf, an dem er grade arbeitete. Er antwortete, als spräche er zu dem Topfe:

„Ich habe keine Geheimnisse vor diesem Manne. Was du auch zu sagen hast, sag' es hier."

Ich versuchte es noch einmal:

„Was ich dir zu sagen habe, ist von großer Wichtigkeit. Es geht nur dich und mich an, und ein dritter darf nicht dabei sein."

Aber Judas starrte immer noch unverwandt das Gefäß in seinen Händen an und erwiderte:

„Ich bin ein Arbeiter im Tagelohn, ich kann meine Arbeit nicht verlassen. Wenn du etwas zu sagen hast, sage es hier oder warte bis zum Abend."

Es blieb mir nichts anderes übrig. Wenn Judas in der Gegenwart seines Freundes die Rolle des schlichten, unschuldigen Mannes spielte, mußte ich ihn dabei unterstützen. Ich wartete draußen, bis es Abend wurde, und als er herauskam, trat ich auf ihn zu und sagte mit leiser Stimme:

„Judas Ischariot, du weißt, wer ich bin, und du weißt, daß ich dich kenne. Wir sind uns in Jerusalem begegnet, wo ich Hegemon bin, und wir haben uns neulich im Hause Simons getroffen, als dein Rabbi predigte und seine Wunder verrichtete."

Gelassen, aber hartnäckig gab er die alte Antwort:

„Wer bin ich, der ich den Hegemon von Jerusalem kennen sollte? Ich bin ein gewöhnlicher Mensch aus dem Volke, und ich verkehre nur mit gewöhnlichen Menschen."

„Ich kehre binnen kurzem nach Jerusalem zurück und werde dort mit deinem Herrn, mit dem ältesten Hohenpriester Hanan sprechen. Hast du ihm nichts mitzuteilen?" Ich versuchte seinen Blick zu fangen, aber diesmal hielt er die Augen gesenkt.

„Wer bin ich, daß ich die Ehre haben sollte, den ältesten Hohenpriester Hanan zu kennen? Ich habe dir gesagt, daß ich ein gewöhnlicher Mensch bin, und der hohe Herr irrt sich, ich bin nicht der Mann, den er sucht."

„Judas, ich wiederhole, daß du im Dienste des Hohenpriesters stehst. Er hat dich hierher geschickt, damit du den Rabbi von

Nazareth beobachtest und ihm alles berichtest, was er sagt und tut."

„Ja, ich diene dem Hohenpriester, so wie alle frommen Juden ihm dienen. Was das übrige betrifft, so verstehe ich nichts von dem, was der hohe Herr sagt."

Meine Geduld war fast zu Ende. Ich sagte barsch:

„Ich bin mit deinem Herren, dem Hohenpriester, befreundet. Wir sind beide an den Worten und Handlungen deines Rabbi Jeschua von Nazareth interessiert. Und darüber möchte ich mit dir sprechen. Verstecke dich nicht vor mir."

Jetzt aber ging mit dem Manne eine erstaunliche Veränderung vor sich. Er richtete seine durchdringenden Blicke auf mich, in seinen Augen war ein wildes Leuchten, und in unverschämtem Tone gab er zurück:

„Der hohe Herr will mit mir über die Worte und Handlungen meines Rabbi Jeschua von Nazareth sprechen? Ist der hohe Herr ein Jude? Ist er in den Bund Abrahams aufgenommen? Dient er dem einzigen und lebendigen Gott Israels?"

„Ich bin Römer, und ich diene den Göttern meines Landes."

„Warum will dann der hohe Herr mit mir über die Worte und Handlungen meines Herren sprechen? Die Worte und Handlungen des Rabbi sind nur für die Kinder Israels und nicht für Fremde bestimmt."

„Ich bin der Hegemon von Jerusalem, mich interessiert alles, was in diesem Lande geschieht."

„Der Hegemon von Jerusalem ist über den Tribut gesetzt, den wir dem Cäsar schulden. Wie kommt es, daß der Hegemon von Jerusalem sich in Dinge einmischt, die unseren Glauben an den alleinigen und lebendigen Gott Israels und seine Gesetze betreffen?"

„Judas", sagte ich, meine Wut bezähmend, „du behandelst deinen Hegemon nicht mit der gebührlichen Achtung. Ich werde darüber mit deinem Herren, meinem Freunde Hanan, sprechen müssen."

„Dem Hegemon von Jerusalem leiste ich den Tribut, der dem Cäsar gebührt. Mit meinem Herrn, dem Hohenpriester, spreche ich über Dinge, die unseren Glauben betreffen."

Damit machte er kehrt und ließ mich stehen.

Ich begriff nun, daß alle meine Bemühungen in dieser Richtung vergeblich waren. Ich beschloß sogleich, mich an die höchste Zivilbehörde des Landes zu wenden. Ein paar Tage später, auf dem Wege nach Jerusalem, machte ich im Palaste des Tetrarchen halt.

Ich wandte mich zuerst an die Tetrarchin Herodias, von der ich wußte, daß sie, die Weltdame, mich besser verstehen würde als ihr Mann, und daß sie mich mit ihrem Einfluß unterstützen würde.

„Tetrarchin“, begann ich, nachdem wir einander begrüßt hatten, „auf den römischen Galeeren, die das große Meer befahren, sitzen, an die Ruder gekettet, nicht wenige deiner Untertanen. In unseren Zirkussen und Theatern haben wir sie zu hunderten den wilden Tieren vorgeworfen. Dein Tetrarchat liefert uns mehr Rebellen, Insurgenten, religiöse Störenfriede und Bandenführer als die ganze Provinz Syrien. Deine Untertanen machen uns mehr Sorge als ganz Ägypten mit seiner großen Hauptstadt Alexandria. Jeden Tag hören wir von neuen Aufständen in Galiläa. Darüber wurde mehr als einmal beim Prokonsul von Antiochia und am Hofe des Cäsars gesprochen. Ich sage dir als Freund, Tetrarchin, daß diese häufigen Unruhen dem Ruf des Tetrarchen in den Augen des Cäsars nicht nützlich sind. Umso weniger, als dein Bruder Agrippa, der einzige Anwärter auf den Thron von Judäa, der Freund der kaiserlichen Erben, nach Italien zurückgekehrt ist, auf Capri in der Nähe des Cäsars weilt und gegen euch intrigiert. Ich kann dir weiter versichern, daß die Stellung des Prätendenten in der letzten Zeit beträchtlich stärker geworden ist, und trotz seiner Verschwendungssucht fehlt es nicht an Leuten, die ihm neues Geld borgen; die alten Gläubiger sind geduldiger geworden. Weißt du, warum? Weil seine Aussichten, König eines vereinigten Palästina zu werden, keineswegs gering zu achten sind. Es gibt Leute, die rechnen damit, daß sie sich sogar noch bei Lebzeiten des Tiberius verwirklichen könnten. Ich erlaube mir, dich, Tetrarchin, darauf hinzuweisen, daß es höchste Zeit für euch ist, dem Prokonsul in Antiochia und dem Cäsar in Rom zu beweisen, daß ihr imstande — und gewillt — seid, jede Rebellion im Keime zu ersticken und alle Unruhestifter auf eurem Gebiete mit Stumpf und Stiel auszurotten.“

Die Tetrarchin wollte nicht mehr hören. Sie nahm mich bei der Hand und führte mich zum Tetrarchen.

„Was ist geschehen, Hegemon?“ fragte er mich, nachdem ich meine Warnung wiederholt hatte. Sein Gesicht war blaß geworden.

„Tetrarch“, erwiderte ich, „ich komme soeben aus K'far

Nahum, wo ich einige Wochen als Gast des Centurio verbracht habe. Es wird dem Tetrarchen sicherlich zu Ohren gekommen sein, daß in K'far Nahum ein ungewöhnlicher Mensch aufgetaucht ist, der durch seine Wundertaten großen Anhang unter dem Volke gewonnen hat. Ich hatte Gelegenheit, die Tätigkeit dieses Mannes an den Ufern des Sees Genezareth kennenzulernen und die Lehre zu hören, die er predigt. Ich bin zu der Einsicht gelangt, daß dieser Mensch eine große Gefahr für den Staat und die herrschende Ordnung darstellt. Je früher der Tetrarch seiner zersetzenden Tätigkeit ein Ende macht, um so besser. Seine Lehren richten sich auch gegen die geltenden Gesetze, Gebräuche und Traditionen eurer Religion. Wie ich höre, haben seine Doktrinen bei euren Schriftgelehrten und Gesetzauslegern viel böses Blut gemacht. Ich möchte dir ernstlich raten, Tetrarch, diesem gefährlichen Menschen das Handwerk zu legen, denn er hetzt das Volk zu Müßiggang und Ungehorsam auf und verdirbt sie durch seine Verheißungen eines himmlischen Reiches. Ich selbst habe festgestellt, daß seine Macht sich über die unwissenden Massen hinaus auch auf hochgestellte Personen zu erstrecken beginnt. Ich verlange ein sofortiges Eingreifen, wenn es nicht zu spät sein soll."

Das Gesicht des Tetrarchen wurde noch bleicher. Er mußte sich auf ein Ruhebett hinlegen, das die Sklaven in den Garten brachten, wo das Gespräch stattfand. Er stützte lange Zeit den Kopf in die Hände, dann blickte er zu mir auf und rief:

„Über diesen Menschen habe ich keine Gewalt, und niemand hat Gewalt über ihn, Hegemon."

„Was soll das heißen, Tetrarch?" fragte ich erstaunt.

„Habe ich ihn nicht bereits köpfen lassen? Und er ist ins Leben zurückgekehrt!" Er zitterte vor Angst an allen Gliedern.

„Ich verstehe dich nicht, Tetrarch", sagte ich und richtete meine erstaunten Blicke auf die Tetrarchin, die bei den Worten ihres Mannes erblaßt war. Der Tetrarch machte den Eindruck eines Menschen, der den Verstand verloren hat; er starrte vor sich hin ins Leere und bebte am ganzen Körper.

„Du warst zugegen", fuhr er zähneklappernd fort, „als die germanischen Krieger in den Keller der Festung hinunterstiegen und mit seinem Kopfe zurückkehrten. Und der Kopf lag auf einer silbernen Schüssel, die sie vor die kleine Salome hinstellten."

„Du sprichst von Jochanaan, den sie den Täufer nannten?"

„Ja, er ist es, Jochanaan der Täufer — er ist vom Tode auferstanden und verkündet dem Volk das Himmelreich. Ich habe ihm einmal den Mund verschlossen, und jetzt redet er wieder. Ich habe keine Gewalt über ihn, Hegemon. Ich kann nicht einen Geköpften köpfen lassen!"

„Aber das sind tolle Wahnvorstellungen und nichtige Träume, die der Phantasie des Volkes entspringen. Wie kannst du ihnen Glauben schenken, Tetrarch?"

„Hegemon, unser Volk hat nur noch Träume und Phantasien, alles andere hat man ihm weggenommen. Was können die Träume und Phantasien, die dieser Mann unter den Armen verbreitet, eurer Macht schaden? Fühlt Rom sich bedroht durch ein Reich, das nicht von dieser Welt ist? Ist Rom auf die Schätze des Himmels eifersüchtig?" Mit diesen Worten stand er auf und verließ mich.

„Überlaß das mir, Hegemon", sagte die Tetrarchin, um mich zu besänftigen. „Hab' keine Angst — es wird alles geregelt werden. Der Tetrarch hat sich von den Legenden beeinflussen lassen, die über diesen Mann unter dem gemeinen Volk zirkulieren, und er findet seit vielen Nächten keinen Schlaf. Er wird nach einiger Zeit wieder ruhig werden, und dann wollen wir die Angelegenheit zu eurer und unserer Zufriedenheit erledigen."

Die Antwort, die ich von dem alten Hanan in Jerusalem erhielt, als ich ihm das Problem unterbreitete, war kaum weniger unbefriedigend.

Die Unterhaltung ging in der Säulenhalle seines prunkvollen Palastes vor sich, bei einem Becher köstlichen, mit dem Safte von Jerichodatteln gewürzten Weines — ein wunderbares Getränk, das ich nirgendwo anders als im Hause des Hohenpriesters gekostet habe. Ich berichtete ihm ausführlich von meiner Begegnung mit dem seltsamen Manne, von den Wundern, die er verrichtete, und von den verderblichen Lehren, die er unter den unwissenden Massen verbreitete. Ich versäumte nicht, ihn ebenso unter Druck zu setzen, wie ich den Tetrarchen unter Druck gesetzt hatte. Ich erklärte ihm rundheraus, daß es für den Hohenpriester und die übrigen Lokalbehörden Jerusalems unangenehme Folgen haben könnte, wenn Caesarea von dem gefährlichen Zustande der Volksmeinung Wind bekäme, den die Lehren des Mannes geschaffen hatten.

Ich machte nun eine Beobachtung, die ich immer wieder machen muß, und die mich verwundert: daß ihr Juden bei den trivialsten Einzelheiten eurer Riten und Traditionen uns Fremden gegenüber eine mimosenhafte Eifersucht an den Tag legt, während ihr euern eigenen Predigern und Exegeten gestattet, die Grundlagen eures Glaubens anzugreifen.

Der alte Mann hörte mir aufmerksam zu. Er strich sich den weißen Bart, zupfte leise an seinen Schläfenlocken, spielte mit seinen majestätischen Brauen, — sehr nachdenklich und gelassen, wie das seine Art war, während ein Ausdruck der Verachtung um seine Mundwinkel zuckte. Dann antwortete er:

„Müßige Träume, Hegemon, müßige Träume. Man braucht sich deswegen nicht zu ereifern, solange keine unmittelbare Gefahr droht. Unser Volk kann nicht ohne Träume leben, Hegemon, und jede Generation muß ihren Träumer haben, der ihr süße Melodien vorspielt und sie einschläfert. Seit den Tagen unseres Vaters Abraham hat unser Volk mehr von Versprechungen als von Erfüllungen gelebt. Ich zweifle, ob es überhaupt seine Träume zu verwirklichen wünscht. Wahrscheinlich fürchtet es die Probe aufs Exempel und hat Angst vor der stählernen Klinge der Wirklichkeit, die seinen Träumen die Flügel beschneiden würde. Sie schenken jedem Gehör, der den Tag ihrer Befreiung auf die entfernteste Zukunft verschiebt und den Schauplatz ihrer schließlichen Glückseligkeit in die entferntesten Himmel verlegt... Was nun die Lehre betrifft, von der du sprichst — Hegemon, wir sind ein sonderbares Volk. Jeder von uns ist sein eigener Moses und Gesetzausleger. In dieser Hinsicht kann man uns nicht mit den disziplinierten Völkern vergleichen, die sich an klar umschriebene Regeln halten und ihnen bedingungslos gehorchen. Wenn es um die Auslegung des Gesetzes geht, sind wir an keine Schranken gebunden, jeder von uns hat das Recht, nach eigenem Wissen und Gewissen die Texte zu interpretieren, so lange er sich an den Rahmen und den Geist der geltenden Lehre hält. Aber der Rahmen ist so weit gespannt, daß er eine unendliche Vielzahl von Interpretationen zuläßt, denn es ist nicht der Geist *dieser* Welt, der unser Gesetz beseelt. Bei uns kann es geschehen, daß unversehens, ohne Sinn und Verstand, irgend ein Mensch seinen Pflug verläßt, seine Schafherden, seine Töpferwerkstatt oder den Tempeldienst, und erklärt, er sei von Gott gesandt. Gestern hat ihn noch keiner gekannt, und heute ist er der anerkannte Prophet, dessen Worte wir uns anhören müssen. Wir haben nur die Aufgabe, genau zu prüfen, ob er wirklich von Gott gesandt ist. Zu diesem Zweck enthalten unsere Schriften bestimmte Zeichen und allgemeine Hinweise, an denen wir erkennen können, ob seine Worte dem Geiste unserer Lehre entsprechen, ob er unsere Kräfte und unseren Gottesglauben fördert oder schwächt. Auch diesen Mann, von dem du erzählt hast, behalten wir im Auge. Wir führen grade jetzt eine gründliche Untersuchung durch, wir registrieren jedes seiner Worte und jede seiner Handlungen, und du darfst versichert sein, daß im Augenblick kein Anlaß besteht, sich aufzuregen. Alles, was ich bisher von ihm gehört habe, ist, wie gesagt, ein Sammelsurium nichtiger Träume. Und sollte er wirklich zu einer Gefahr für unseren Glauben werden, womit ich nicht rechne, dann sei überzeugt, daß wir mit ihm genau so werden zu verfahren wissen, wie wir in der Vergangenheit mit anderen seinesgleichen zu verfahren wußten."

„Ja, ich weiß, daß du ihn sorgfältig überwachen läßt. Ich bin in K'far Nahum deinem Agenten, deinem Vertrauensmanne begegnet. Er ist sogar in die Schar der Jünger aufgenommen worden und spielt, wenn ich nicht irre, eine sehr große Rolle. Ich habe gehört, daß man ihm die Gelder des Bundes anvertraut hat."

„Mein Agent, mein Emissär? Einen solchen Mann kenne ich nicht."

Verblüfft starrte ich den Hohenpriester an. Immer noch umspielte jenes Lächeln seine Mundwinkel, und ich konnte nicht erraten, was es bedeute; lachte er mich insgeheim aus, oder war es ein Lächeln der Selbstzufriedenheit und Allwissenheit?

„Judas Ischariot", sagte ich, „der Mann, den ich oft am Eingange zu deinem inneren Hofe sitzen sah."

„Judas Ischariot? Nein", sagte der Hohenpriester hartnäckig, „der Name ist mir nicht bekannt. Du mußt dich irren, Hegemon. Jedenfalls sind wir, was die Predigten dieses neuen Propheten betrifft, eben im Begriffe, eine Kommission von Schriftgelehrten aus Jerusalem hinzuschicken, um in aller Form festzustellen, ob seine Aussprüche so gefährlich für unseren Glauben sind, wie du zu befürchten scheinst."

„Ich möchte sehr gerne die Ergebnisse dieser Untersuchung erfahren, Hoherpriester."

„Dies, mein lieber Hegemon, ist eine rein interne, religiöse Angelegenheit, und du weißt, daß wir in dieser Beziehung sehr eifersüchtig sind."

„Dein Nazarener", erwiderte ich trocken, „muß wohl sehr tief in antirömische Umtriebe verwickelt sein, wenn selbst du, Hoherpriester, den wir als unseren Freund betrachten, es für nötig hältst, uns das Ergebnis der Untersuchung zu verheimlichen."

„Glaube mir, Hegemon, daß diese ganze Angelegenheit die Aufmerksamkeit und die Mühe nicht wert ist, die du ihr widmest. Wenn wir alle die Propheten und Messiasse, alle die Lehrer und Träumer, die in unserer Mitte aufstehen, ernst nehmen wollten, müßten wir uns den ganzen Tag mit ihnen beschäftigen und könnten uns nicht mehr um ernstere Dinge kümmern. Wir hätten immerzu mit Gespenstern zu kämpfen. Das beste Mittel gegen Messiasse und Propheten ist — sie schreien lassen, bis sie heiser sind, sie an ihrer eigenen Narrheit würgen lassen, bis sie sie satt bekommen oder bis ihre Anhänger sie satt bekommen. Sowie man einen von ihnen zu verfolgen beginnt, macht man einen Märtyrer aus ihm, und er wird in den Augen des Volkes ein Heiliger. Überlaß das uns, Hegemon, wir haben unsere Erfahrungen. Dies ist das Land der Propheten und Messiasse, und wir haben seit jeher gefunden, daß es das Klügste ist, sie reden zu lassen. Und was den galiläischen Propheten betrifft, der dir so viel Sorgen bereitet, so sei überzeugt, — wenn die Untersuchung, die mit Hilfe der Opposition, das heißt der Pharisäer, durchgeführt wird, irgendwelche staatsgefährliche Tendenzen zu Tage fördern sollte, werden wir dich unbedingt verständigen. Denn du weißt ja selbst, daß wir keine ernsthaften Schritte unternehmen können, ohne deine Zustimmung einzuholen."

Die vorsichtigen Zusagen des alten Hohenpriesters gaben mir eine gewisse Beruhigung, obwohl ich den Verdacht hatte, daß hinter seinen weitschweifigen Ausführungen irgendwelche geheimen Absichten verborgen lägen. Jedenfalls beschloß ich, mich nicht auf ihn zu verlassen und meine unmittelbare Anteilnahme an der Sache nicht aufzugeben.

* *
*

Hier unterbrach Pan Viadomsky die Schilderung seiner Erlebnisse als Ciliarch der Festung Antonia zur Zeit des Pontius Pilatus, die er mir teils aus dem Gedächtnis und teils aus Notizen diktierte, und die ich während der Wintermonate Wort für Wort niederschrieb. Diese Unterbrechung in unserem ständigen Zusammensein war durch Gründe veranlaßt, auf die ich keinen Einfluß hatte.

ZWEITER TEIL

I. KAPITEL

Die Beziehungen zwischen Pan Viadomsky und mir verschlechterten sich wieder. Dieses Wiederaufflackern der alten Spannung lag ausschließlich an ihm und fiel mit einer großen Veränderung in seinen äußeren Lebensumständen zusammen. Er begann, Besucher zu empfangen, und wenn ich dann zufällig in seiner Wohnung anwesend war, geriet er in eine unsägliche Verlegenheit. Am liebsten hätte er mich unters Bett geschoben. Mehrmals klopfte ich an seine Tür, und er ließ mich nicht ein. Und einmal erwiderte er auf der Straße meinen Gruß nicht. Er befand sich in Begleitung eines seiner früheren Bewunderer — ich berichte weiter unten die Gründe für diese plötzliche Rehabilitierung — und als ich die Hand hob, um ihn zu begrüßen, verzerrten sich seine Züge zu einer wütenden Grimasse, als finde er meine Unverschämtheit empörend. Ich hütete mich, ihn noch einmal öffentlich zu grüßen.

Folgendes war geschehen: Eine neue Welle der Reaktion ging durch das Land, und Pan Viadomsky kam wieder zu Ehren — wenigstens bis zu einem gewissen Grade. Mehrere antisemitische Zeitschriften, die ihn gänzlich hatten fallen lassen, nahmen den alten Gelehrten wieder in Gnaden auf und baten ihn, theoretische Artikel zu schreiben. Pan Viadomskys Stern begann zu steigen, seine materielle Lage besserte sich, und das hatte einen wohltuenden Einfluß auf seine Gesundheit und infolgedessen auch auf seine Stimmung. Vielleicht sollte man diese beiden letzten Punkte in umgekehrter Reihenfolge erwähnen. Er gewann sein Selbstvertrauen, seine Heiterkeit und seinen Hochmut zurück. Sogar seine äußere Erscheinung veränderte sich in vorteilhafter Weise. Er sah kräftiger aus. Ich bin der Meinung, daß er sein Wohlbefinden nicht so sehr physischer als geistiger

Nahrung zu verdanken hatte. Er durfte sich wieder einmal reichlich an seinem Hasse weiden, und diese Diät ermöglichte ihm tatsächlich, Fleisch anzusetzen. Eine Zeitlang glaubte ich zu meinem Kummer und zu meiner Enttäuschung, daß zwischen uns alles aus sei. Aber ich irrte mich. Der erste Ausbruch triumphierender Geringschätzung ging vorbei, und Pan Viadomsky erschien ganz plötzlich eines Tages auf der Treppe zu meinem Dachkämmerlein. Ein heimlicher Besuch natürlich. Er erklärte sein Verhalten.

„Diese Zeiten jetzt, Sie wissen doch,... Sie verstehen... hat nichts mit unserer historischen Arbeit zu tun, wie? Mit unserer ‚Mission'. Die darf nicht darunter leiden — wir müssen die Arbeit fortsetzen, wir sind es den unvergeßlichen historischen Ereignissen schuldig..."

Nun ergab es sich wieder, daß Pan Viadomsky und ich ein Doppelleben führten, aber ich meine das jetzt in einem anderen Sinne. Seine Besuche bei mir und meine Besuche bei ihm fanden von einem Male zum anderen in aller Heimlichkeit statt. Am Tage kannten wir einander nicht. Wenn wir einander zufällig begegneten, schauten wir weg. Nur die Abende — und natürlich nicht alle — waren unseren geheimen Zusammenkünften gewidmet.

Aber es war nicht leicht mit ihm auszukommen. Sein Judenhaß hatte sich, durch den Zeitgeist ermuntert, zu einer wahren Manie entwickelt. Ich will gar nicht von seinen Artikeln sprechen, die ein einziger Sumpf von Gemeinheit waren und weder die Juden schonten noch irgend etwas, das ihm fortschrittlich erschien und daher in seinen Augen automatisch mit den Juden zusammenhing. Der Mann selber, in seinem persönlichen Umgange, war fast unerträglich geworden. Eine Art Größenwahn überfiel sein Gehirn. Wenn er nicht gerade auf die Juden schimpfte, erklärte er prahlerisch, daß nun endlich die Zeit für ihn gekommen sei, sich in all seiner Größe zu offenbaren; die Tränensaat würde bald eine freudige Ernte bringen. Er würde sich auf seinen Schwingen erheben (die Mischung der Metaphern stammt von ihm, nicht von mir) und die Welt würde endlich erkennen, wer er sei... Und so fort, ad nauseam. Damit wollte er, kurz gesagt, zu verstehen geben, daß nun zu guter Letzt sein großes Werk doch noch das Licht der Welt erblicken würde.

Er sprach so lange, so ermüdend, so beleidigend, ohne jemals zur Sache zu kommen, daß ich jede Hoffnung zu verlieren begann. Ich vermutete sogar, daß das epochemachende Manuskript überhaupt nicht existiere. Dieser Verdacht und die ständige Nervenbelastung hätten mich um ein Haar dazu bewogen, mich von der sonderbaren Partnerschaft zurückzuziehen. Man durfte ihn nicht drängen, er war reizbar und launisch wie eine aufgeblasene verblühte Schönheit. Und dann hörte er ganz plötzlich mit diesem allgemeinen Herumgerede auf und fiel fast mit einem Ruck in die Rolle zurück, der ihn sein Alltag entrissen hatte. Er begann wieder von jenen fernen Tagen zu sprechen, einfach und aufrichtig. Mit einem Unterschiede: er geriet diesmal nicht in einen hypnotischen Dämmerzustand. Die Rückkehr zu dem toten Ich ging ohne Kampf, ohne Übergang vor sich. Die Vergangenheit erwachte wieder zum Leben, ohne die Gegenwart auszulöschen. Während er in die Persönlichkeit des Hegemon schlüpfte, behielt er gleichsam Pan Viadomsky, den gelehrten Orientalisten, im Auge.

Die Offenbarung seines großen Geheimnisses, die Enthüllung seines unbezahlbaren Schatzes fand eines Abends spät in seiner Wohnung statt. Er kehrte ganz unvermittelt zu seiner Erzählung zurück — sodaß ich im Augenblick wirklich nicht wußte, wer jetzt mit mir sprach.

* *
*

„Eine Zeitlang entzog sich die Tätigkeit des Nazareners meiner Beobachtung. Ich bin auch heute nicht imstande, sie genau zu rekonstruieren. Ich versuchte, von dem alten Hohenpriester einen Bericht über ihn zu erhalten — vergebens. Die Hintergründe seiner Heimlichtuerei habe ich nie begriffen. Auch als der Rabbi in Jerusalem erschien und mit den anderen Rabbis heftige Diskussionen anfing, wurden uns der Charakter der Meinungsverschiedenheiten und die Anlässe des Tumultes verschwiegen. Mit mir wenigstens hätte der Hohepriester sprechen können, da ich mich einigermaßen bemüht hatte, die betreffenden Grundprobleme zu erfassen. Er wollte nicht. Und unterdessen wuchs die Zahl derer, die den Messias erwarteten und seine Nähe fühlten. Es mag sein, daß es mir nicht gelungen war, bis zu dem innersten Kern der Streitfrage vorzudringen. Als dann später die Sache vor Pontius Pilatus zur Verhandlung kam, war dieser außerstande, die Natur und die Einzelheiten der Anklage zu begreifen. Aber darüber werde ich später berichten...

Immerhin gelang es mir, einen, wenn auch sehr lückenhaften Überblick über seine Tätigkeit in Galiläa zu erhalten, einen sehr lückenhaften, oberflächlichen und unbefriedigenden Überblick. Hier und dort wurden mir einzelne Episoden berichtet. Den vollständigen Bericht werde ich jetzt erhalten — durch dich."

„Durch mich?" fragte ich erstaunt.

„Ja, durch dich, mit deiner Hilfe, Jochanaan. Zu diesem Zweck habe ich mich mit einem Angehörigen deiner Rasse und deines Glaubens verbündet — trotz meiner Einstellung, die dir wohl bekannt ist. Aber ich habe dir schon einmal gesagt — es gibt keine Regel ohne Ausnahme."

„Ich danke abermals für das Kompliment, Pan Cornelius." Ich war so verwirrt, daß ich seinem römischen Namen den polnischen Titel hinzufügte.

Sein Schnurrbart sträubte sich, seine Züge wurden starr.

„Bitte um Verzeihung", sagte ich hastig. „Hegemon Cornelius."

„Habe ich dir nicht gesagt, daß für uns das Leben, das uns umgibt, gestorben ist?"

„Wie du befiehlst, Hegemon. Ich bin bestrebt, dir zu helfen."

„Das weiß ich. Ich wußte es von Anfang an. Und nun, da es sich um so feierliche und geheime Dinge handelt, verlange ich von dir die erneute Zusicherung und den stärksten Eid, den deine Religion kennt, daß alles, was ich dir enthülle, im Leben wie im Tode zwischen uns bleibt. Du sollst bei deiner Thora und beim Licht der schwarzen Kerzen schwören, wie das jüdische Sitte ist."

„Hegemon", antwortete ich, und mir schwindelte vor dem schnellen Hin und Her, das über etliche zwanzig Jahrhunderte hinwegsprang, „die schwarzen Kerzen und der Banneid auf die Thora sind ein Brauch aus jüngerer Zeit, aus der Zeit, die für dich und mich gestorben ist. Ich habe bereits bei den heiligen Gewändern des Hohenpriesters geschworen — wie die Juden zu schwören pflegten — ich meine, zu schwören pflegen — in unserer Zeit, und ich wiederhole den Eid: was immer du mir enthüllst, wird im Leben wie im Tode zwischen uns bleiben..."

„So sei es, Jochanaan!" sagte er finster. „Ich bin im Begriffe, dir etwas zu zeigen, was noch nie ein Menschenauge gesehen hat, weder in der Gegenwart noch in der Vergangenheit."

Pan Viadomsky schob seinen Stuhl zurück und beugte sich zu einer der Schubladen seines riesigen Schreibtisches nieder. Aus einem Geheimfache an der hinteren Wand zog er ein Paket hervor, das (man denke) in polnische Zeitungen eingewickelt war. Nachdem er die äußere Hülle entfernt hatte, erblickte ich eine zweite Umhüllung, einen an den Ecken vernähten indianischen Schal, und darin lag ein Bündel alter Papyri, von denen ein feuchter, muffiger Geruch ausging. Aber das war noch immer nicht der Schatz. Er schälte die Blätter ab und förderte eine Schicht halbverfaulter Mumienbinden zu Tage, und jetzt erst kamen die Dokumente zum Vorschein. Es waren keine Rollen, wie die Juden sie verwendeten, sondern Blätter, nach der Art der Samariter, eng beschrieben mit jener Schrift, die wir als die samaritanische bezeichnen.

Mir klopfte das Herz vor Erregung. Pan Viadomskys blasses Gesicht zitterte nicht weniger als seine Hände, während er das Manuskript auf den Tisch legte. Er blickte mich an und sagte:

„Versuche nicht zu erfahren, Jochanaan, wie diese Dokumente in meinen Besitz gelangt sind. Das ist ein Geheimnis, das ich ins Grab mitnehmen werde. Du siehst nun vor dir den Originalbericht, den Judas Ischariot in einer Höhlengruft bei der Stadt Sepphoris vergraben hatte."

Ich rückte näher. Pan Viadomsky ließ das Manuskript nicht los, als wollte er mir nicht erlauben, es anzurühren. Meine Blicke fielen zuerst auf einige mühsam hingemalte griechische Buchstaben und einen oder zwei ganze griechische Sätze. Anscheinend hatte jemand das Original ins Griechische zu übersetzen begonnen und den Versuch aufgegeben. Ich las: „Das Evangelium nach Judas Ischariot", und ein paar Untertitel. Der eigentliche Text begann auf dem zweiten Blatte und war deutlich lesbar.

„Kannst du diese Schrift lesen?"

„Ja, ich kenne sie. Es ist das alte Jüdisch, das Samaritanische, wie wir es heute nennen, das auf jüdischen Münzen aus der Zeit des zweiten Tempels und in alten Dokumenten jener Zeit zu finden ist. Ich kenne das Alphabet, aber es wird einige Zeit dauern, bis ich es so weit beherrsche, daß ich fließend lesen kann."

„Gut. Von jetzt an wirst du jeden Abend hierher kommen und mir gemäß deinem Eide das, was hier geschrieben steht, Wort für Wort getreulich und im Geiste des Originals, vorlesen und übersetzen."

„Wie du befiehlst, Hegemon. Aber bevor ich gehe, möchte

ich dich etwas fragen. Hast du selbst, Hegemon, mit eigenen Händen die Aufzeichnungen des Judas Ischariot aus der Höhle genommen, in der er sie versteckt hatte?"

„Ich habe dir gesagt: Versuche nicht, dies zu erfahren. Meine Zeit ist noch nicht gekommen."

Hier endete an diesem Abende das Gespräch.

Aber an den folgenden Abenden entschlüpften Pan Viadomsky einzelne Andeutungen über die Herkunft des Dokumentes, und ich habe, wie man gleich sehen wird, versucht, sie zusammenzufügen. Inzwischen beschäftigte ich mich mit dem Text. Ich merkte sogleich, daß ich ein Fragment vor mir hatte, allerdings ein sehr umfangreiches Fragment. Einige der Blätter waren Palimpseste, das heißt, übereinandergeschriebene Aufzeichnungen aus verschiedenen Perioden. Überdies kamen griechische Sätze vor, die ich schwer entziffern konnte, weil sie mit hebräischen Buchstaben transskribiert waren, und griechisch transskribierte hebräische Sätze. Ich merkte, daß am Schluß ein großer Teil des Textes fehlte. Ich hatte den Eindruck, daß an der endgültigen Bearbeitung zumindest zwei einander feindliche Parteien beteiligt gewesen sein mußten, und jede dieser Parteien hatte ihre Ansichten und Auslegungen einzuflicken versucht.

Die historischen Quellen der Bibelforschung sind bei weitem nicht erschöpft. Im Gegenteil, gerade in unserer Zeit hat man bei der Durchstöberung der genizot oder Dokumentsammlungen in den alten Synagogen wichtige Funde gemacht. Das sind äußerst bedeutsame Quellen, und sie haben gewisse Behauptungen bestätigt, die bis vor kurzem als reine Spekulation galten. Außerdem hat man zwischen den Leinenbinden ägyptischer Menschen- und Krokodilmumien Papyri mit Fragmenten biblischer Texte, die als solche erkennbar waren, und andere, in syrischer oder äthiopischer Sprache abgefaßte Fragmente gefunden, die in den bekannten Büchern nicht enthalten sind, aber offenbar zu ihnen gehören. Das heiße Klima und der trockene Boden Ägyptens haben sie in ausgezeichnetem Zustande erhalten. Dokumente, die längst dahingegangene Generationen ihren Toten anvertraut oder in Höhlen und in den Geheimkammern der Synagogen versteckt haben, kommen jetzt ans Licht und lösen Rätsel, von denen wir früher glaubten, sie würden für immer ungelöst bleiben.

Und nun zu der Herkunft des Dokumentes, insofern es sich

um Pan Viadomsky handelte. Ich habe dazu nichts anderes vorzubringen, als einen hoffnungslosen Wirrwarr von Vermutungen und Hypothesen. Lange bevor ich ihn kennen lernte, hatte Pan Viadomsky einmal öffentlich von einem alten „Neuen Testament“ gesprochen, das er in einem Kloster auf dem Berge Sinai entdeckt hatte — und zwar, wie sich später herausstellte, mit Hilfe eines notorischen Fälschers. Ein andermal hatte er behauptet, er habe in einem Trödlerladen in Warschau ein unbekanntes Evangelium gefunden, das er vorerst zurückhalte, bis es druckfertig sein würde. Wenn wir die zweite Geschichte als reine Erfindung abtun, sind wir auf die erste angewiesen. Sie liefert den einzigen Schlüssel zu dem Ursprunge des Manuskriptes, und dieser Hinweis wird noch durch gewisse Anspielungen gestützt, die Pan Viadomsky in seiner abrupten, unberechenbaren Art seinem Mitarbeiter gegenüber machte. Nun aber wechselten Zeit und Ort des Fundes und beschworen die Erinnerung an einen längst vergessenen Vorfall im Leben Pan Viadomskys herauf. Die Szene ist Damaskus, die Zeit der Ausgang des vorigen Jahrhunderts.

In der Periode, die auf den Abbruch seines regulären Studiums folgte, war Pan Viadomsky häufig in Ägypten und den umliegenden Ländern in Begleitung eines berufsmäßigen Antiquitätenfälschers gesehen worden. Der letztere war in der akademischen Welt sowohl durch seine beispiellose Gelehrsamkeit, wie durch seine Unredlichkeit bekannt. Es scheint, daß die beiden Männer, der eine bereits berühmt und berüchtigt, der andere noch ein Jüngling, sich in einem Kloster auf dem Berge Sinai kennenlernten. Gemeinsam traten sie in die Dienste einer Gruppe levantinischer Händler, die sich mit verbotenen Ausgrabungen beschäftigten, und arbeiteten in Ägypten, Palästina und Syrien. Damals — das heißt, lange bevor Pan Viadomsky seine erste Geschichte von Stapel ließ — entstand das Gerücht, die beiden Männer, oder der ältere Gelehrte allein, hätten in einer Höhle bei Sepphoris in Galiläa ein uraltes Dokument von erstaunlicher Wichtigkeit gefunden, das Original eines neuen Evangeliums von einem der Apostel! Aber es blieb bei dem Gerüchte. Kurze Zeit später wurde der ältere Mann in einem Zimmer eines kleinen Hotels in Damaskus tot aufgefunden. Die Polizei des Sultans suchte seinen Begleiter, von dem man wußte, daß er sein Helfershelfer bei dem illegalen Antiquitätenhandel gewesen war. Aber der Mann war verschwunden. Von dem Dokument hörte man nichts mehr. Die levantinischen Kaufleute wagten nicht, die Sache weiter zu verfolgen, aus Angst, man könnte ihnen geheime Ausgrabungen zur Last legen, ein ernstes Vergehen. Sie bemühten sich auf alle mögliche Weise, das Gerücht auszustreuen, der Fluch der altägyptischen Priester habe den Professor getötet. Mit der Zeit geriet der ganze Vorfall in Vergessenheit, und ich, der ich darüber gelesen hatte, würde mich nie an ihn erinnert haben, wenn nicht die wirren und abrupten Andeutungen, die Pan Viadomsky in unregelmäßigen Abständen im Zusammenhange mit der Herkunft seines Dokumentes entschlüpften, mich veranlaßt hätten, mein Gedächtnis zu durchstöbern.

Ich brauche kaum zu erwähnen, daß es nicht in meiner Absicht liegt, Pan Viadomsky auch nur im mindesten mit der Tragödie in Zusammenhang zu bringen, die sich vor so vielen Jahren in dem obskuren kleinen Khan in Damaskus abgespielt hatte, obgleich, um ehrlich zu sein, auch der gewöhnlichste Gelehrte angesichts eines so gewaltigen und einzigartigen Fundes aus rein wissenschaftlichem Interesse in ernste Versuchung geraten würde — und Pan Viadomsky war kein gewöhnlicher Gelehrter, sondern ein leidenschaftlicher, man könnte sagen krankhafter Fanatiker. Auch ich muß gestehen, daß mich ein Schauer überlief, so oft ich beim Übersetzen das Manuskript in die Hand nahm, und daß in meinem Innern eine Stimme ertönte: „Weißt du, was du vor dir hast? Dies ist der Bericht und die Originalschrift, die Judas Ischariot in der Grabhöhle bei Sepphoris in Galiläa hinterlassen hat.“ Es war kein behagliches Gefühl.

Wie also gelangte der Schatz in Pan Viadomskys Besitz, und was ist aus den fehlenden Teilen geworden? Ich weiß nur das, was ich bereits berichtet habe. Das volle Geheimnis wird mit Pan Viadomsky begraben werden und erst an den Tag kommen, wenn er vor dem ewigen Richter Rechenschaft abzulegen hat. Jedenfalls hat es nichts mit der vorliegenden Sache zu tun, und wir wollen mit dem Weisesten der Menschen sagen: „Das was fern ist und unendlich tief, wer kann es ergründen?“

Es ist jetzt Zeit, das Manuskript für sich selber sprechen zu lassen.

II. KAPITEL

Es steht geschrieben: du sollst prüfen und suchen und emsig fragen. Und solches gilt auch, wenn du dem wahren Propheten begegnest, da sollst du prüfen und suchen und emsig fragen. Und ich tue desgleichen, ich, euer Bruder im Geiste, Judas, der Mann von Karjoth... Ich folge in den Fußtapfen meines Rabbi, und ich sitze zu seinen Füßen, und ich wäge jedes seiner Worte, und ich prüfe jede seiner Taten, und ich habe nichts Böses an ihm gefunden, sondern sein Herz hält Frieden mit seinem Gott, und was er denkt und sagt, ist nach Gottes Gebot. Als wie geschrieben steht: du sollst dem Herrn, deinem Gott, folgen, du sollst ihn fürchten und seinen Geboten gehorchen, du sollst auf seine Stimme hören und an ihm hangen...

Und wie ich euch bereits zu einem Teile berichtet habe, rief unser Rabbi eine große Menge Volks zusammen auf einem Berge, so außerhalb der Stadt liegt, und verkündete ihnen die Gesetze und Gebote, die sie befolgen sollen, auf daß sie die Kinder Gottes genannt würden und teil hätten am Himmelreich. Auch viele Schriftgelehrte und Pharisäer kamen herbei, die Worte meines Rabbi zu hören. Sie kamen aus Migdal und aus der großen Stadt Sepphoris und gar aus der Stadt Nain, die berühmt ist ob ihrer Gelehrten, und da kam auch Simon, der Pharisäer, und viele andere Pharisäer, desgleichen Chananjah, der Töpfer, und Hanan, der Lohgerber, und Rabbi Johanan, der Zeltmacher, und die Jünger Jochanaans, welchen sie den Täufer nennen, nebst all den Weisen und Schriftgelehrten von K'far Nahum, und eine große Menge war auf dem Berg versammelt. Und mein Rabbi, Jeschua ben Joseph, der da ist aus Nazareth, legte ihnen das Gesetz aus und lenkte ihre Herzen zum Vater im Himmel. Die Rabbis und die Schriftgelehrten fanden seine Worte tröstlich und waren gereinigt von allen Zweifeln, die sie in der Tiefe ihres Herzens gegen unseren Rabbi gehegt hatten. Denn sie wurden gewahr, daß er auf Gottes Wegen wandelt, und was er tut, ist um Gottes willen.

Und ihr sollt wissen, daß in vielen Dingen mein Rabbi dem Hause Schammaj folgt, er macht das Gesetz schwer und verfährt nach der Weise der Rabbis, die einen Zaun nach dem anderen bauen um den himmlischen Garten. Solches tut er in allem, was Mann und Weib betrifft, und macht das Gesetz sehr streng. Denn er hat sogar die Scheidungsvorschrift aufgelöst, darum, daß er sagt, daß Moses sie uns nur gegeben habe, weil unsere Herzen verhärtet sind, und darin waren die Rabbis nicht derselben Meinung. Aber sie erachteten dafür, daß solches die Sitte der Chassidäer sei, mit denen mein Rabbi Umgang hatte zu der Zeit, da Rabbi Jochanaan, der Täufer, ihm das Gotteswort predigte. Denn es ist bekannt, daß einige derselben es so genau nehmen mit den Reinigungsgeboten, daß sie abgeschafft haben das Gebot: „Seid fruchtbar und mehret euch", und keine Ehe eingehen und keine Ehe stiften, und dieserhalb haben unsere Weisen sie die „närrischen Chassidäer" genannt. Aber die Zweifel, welche die Rabbis in der Tiefe ihres Herzens nährten, wurden ganz und gar besiegt durch seine große Aufrichtigkeit und Einfalt, und weil er an unseren Vater im Himmel glaubt. Denn sein Glaube an den Herrn der Welt ist unergründlich, so wie König David, Friede sei mit ihm, gesagt hat: „Der Herr ist mein Fels; und ob ich schon wanderte im finstern Tal, fürchte ich kein Unglück, denn du bist bei mir." Und so wie unser Lehrer Moses uns befohlen hat, also befiehlt er uns, „seid Kinder unseres Vaters im Himmel", und wir sollen an den Geboten Gottes festhalten, und so wie Er barmherzig und gnädig ist und seine Sonne aufgehen läßt über die Bösen und über die Guten und regnen läßt über Gerechte und Ungerechte, so sollen auch wir unsere Feinde lieben, segnen, die uns fluchen, bitten für die, so uns verfolgen. Wer hat jemals solche Gerechtigkeit vernommen? Er ermahnt uns, zu sein wie die Engel im Himmel und wie die Kinder dieser Erde. Und auch da er an die Ehre der Pharisäer rührte und sagte: „Es sei denn eure Gerechtigkeit besser als die der Schriftgelehrten und Pharisäer, so werdet ihr nicht ins Himmelreich kommen", da verziehen sie ihm alle, denn er sprach nur von den falschen Pharisäern, deren Taten sind wie die von Simri und die Lohn verlangen wie Phineas und die viel hermachen mit ihrer Frömmigkeit. Denn er bestehet wie die Pharisäer auf dem Gesetz und hat zu vielen Malen gesagt: „Bis daß Himmel und Erde zergehe, wird nicht zergehen der kleinste Buchstabe noch ein Tüttelchen vom Gesetz." Und in vielem macht er das Gesetz leichter, und in vielem macht er es schwerer, aber das Höchste ist ihm die Herzensgüte. Und er lehret das Gesetz nach dem Weisen Hillel, daß es zwischen dir und deinem Nächsten also sei: „Alles nun, was ihr wollt, daß euch die Leute tun sollen, das tut ihnen auch." Denn das ist das Höchste. Und was zwischen dem Menschen und seinem Gott ist, soll in Demut geschehen und im geheimen, daß keiner es merke: „Wenn du fastest, so salbe dein Haupt und wasche dein Angesicht, auf daß du nicht scheinest vor den Leuten mit deinem Fasten, aber dein Vater im Himmel, der in das Verborgene sieht, wird dir's vergelten öffentlich."

Selig der Mund, der diese Worte gesprochen, selig die Ohren, die sie gehört. Selig ist Israel, daß es einen Lehrer besitzet und einen Propheten, der in unseren Tagen erstanden ist und uns zurückführt zu unserem Vater im Himmel.

Aber ich will nicht des längeren bei seiner Lehre verweilen, denn ich habe seine Worte, so wie er sie sprach, niederschreiben lassen, von Chananjah, dem Schriftgelehrten, und an selbigen Worten werdet ihr erkennen, daß das Herz meines Rabbi Frieden hält mit Gott. Aber eines sollt ihr wissen, daß während seiner Rede zu ihm kamen alle die Weisen und die Klugen und die Schriftgelehrten, ihn zu ehren, wie das Gesetz solches vorschreibt bei einem großen Lehrer, und zu prüfen, ob er den Frieden habe. Und wir, seine Jünger, die zu seinen Füßen sitzen und seine Worte trinken, wir waren auch erhoben von seiner Größe, und ein Teil seiner Ehre fiel auf uns. Und Rabbi Simon, der Pharisäer, und alle die Schriftgelehrten und Weisen von Nain, die mit ihm waren, baten unseren Rabbi, zu ihnen in die Stadt Nain zu kommen und dort zu lehren, und die Wasser seiner Gelehrsamkeit auszugießen, und unter ihrem Dache einzukehren und mit ihnen das Brot zu brechen; dieses versprach ihnen unser Rabbi. Und sie schieden in großer Liebe von unserem Rabbi, denn sie sind eines Sinnes mit ihm. Und Rabbi Simon, der Pharisäer, und die Gelehrten, die mit ihm waren, kehrten in ihre Vaterstadt zurück.

Und es geschah, da unser Rabbi von dem Berge herabstieg, all wo er das Gotteswort gepredigt hatte, und wieder in die Stadt gehen wollte, daß eine große Menge ihn umringte und mit ihm ging zum Hause Simons des Fischers, woselbst er wohnte. Und da waren viele Kranke und solche, die von bösen Geistern besessen waren. Und da waren noch etliche andere Kranke, die ihn vor dem Hause Simons erwarteten, da sie gehört hatten von seinen Wundern, und sie streckten die Arme nach ihm aus und riefen: „Hosianna, hilf uns!" Und der Kranken und Besessenen wurden immer mehr, und er konnte nicht vorwärtskommen, denn sie waren wie ein Meer, das seine Füße umbrandete. Denn es waren da gar viele Arme und viele vom Kummer Geplagte, die nach K'far Nahum gekommen waren, da sie von seinen wunderbaren Taten gehört hatten. Und sein Herz war voll Erbarmen mit den Leiden der Menschen, und viele derselben heilte er, und viele derselben tröstete er, daß er schwach wurde von dem vielen Sprechen; und weil die Menge so zahlreich war, konnte er nicht beiseite gehen, um zu ruhen oder still zu beten oder auch nur sein Brot in Frieden zu essen, denn sie ließen ihn nicht. Da trug Simon, der Fischer, ihn aus dem Volke weg und brachte ihn an das Gestade des Sees Genezareth, und dort lag sein Kahn.

Wir, seine Jünger, waren mit ihm auf dem Schiffe, und er sprach mit uns das Abendgebet und aß mit uns das Abendmahl. Dann bettete Simon ihn auf den Boden des Kahnes und deckte ihn mit seinem Mantel zu, denn die Nacht war kühl. Und unser Rabbi schlummerte in dieser Nacht wie ein Taglöhner nach des Tages Arbeit, und wir, seine Jünger, saßen um ihn herum und bewachten seinen Atem in der Tiefe der Nacht.

Da sodann der Morgenstern sichtbar wurde, erwachte unser Rabbi aus seinem Schlaf, und Simon führte uns zu einem Felde von Ölbäumen, das da hieß „Das Feld des Königs", denn es gehörte der Obrigkeit; und es lag am Gestade des Sees. Und wir verrichteten unsere Morgenwaschung im See Genezareth, und wir sprachen das Morgengebet, und die Jünger nahmen das Brot aus ihren Bündeln, und als sie gebetet hatten, aßen sie ihr Frühmahl.

Und so ist die Weise unseres Rabbi: er ist nicht wie die anderen Gelehrten, die in den vier Ellen ihrer Gebote verharren und das Gesetz predigen in den Bethäusern, vor ihren Jüngern, die zu ihren Füßen sitzen, sondern er ist wie ein bis zum Rande gefüllter Brunnen, der am Wege steht, auf daß alle, die vorüberkommen, hingehen und aus seinem lebendigen Wasser schöpfen mögen. Mein Rabbi wandelt unter dem gemeinen Volke und führt es auf den richtigen Weg. An den Werktagen geht er zum Hafen, wo die Fischer die Netze mit den Fischen ans Land bringen und die Lastträger ihre Lasten tragen zu den Schiffen. Viel Volk ist dort versammelt, denn sie kommen her, um den Kaufleuten die Arbeit ihrer Hände zu verkaufen. Und unser Rabbi steht dort unter dem Volk und lehrt das Himmelreich in schönen Gleichnissen, und den einen tröstet er mit einem Wort, und den anderen heilt er von seiner Krankheit. Am Sabbath aber kommt er in die Schule, und manchmal predigt er über eine Stelle aus der Thora, und manchmal auch nicht. Aber nicht nur in der Stadt K'far Nahum verkündet der Rabbi seine Lehre, sondern er führt uns in die Flecken und Dörfer ringsumher, und er zeigt uns, wie das einfache Volk lebt, und er ermahnt uns, seinem Beispiel zu folgen. Oft ergibt es sich, daß wir zu einer Stadt kommen, und der Abend bricht herein, und der Himmel hüllt die Erde in seine Zuversicht, und von den Häusern steigt ein Rauch auf, wo sie das Brot backen, so sie mit ihrer Hände Arbeit erworben haben. Alsdann kommt der Mann von seinem Acker oder von seiner Arbeit nach Hause, und die Hausmutter erwartet ihn an der Tür mit der Lampe in der Hand, auf der Schwelle des Hauses. Und wenn der Rabbi in die Stadt kommt, geht er nicht in die Schule, zu den Gelehrten, sondern er wendet sich zu den Häusern der Armen und stellt sich vor eine Tür, bis daß sie ihn hineinbitten. Friede ist mit ihm, er segnet das Haus und sitzt am Tische, das Brot der Armen zu essen, und segnet dasselbe und lobt die Hausmutter vor ihrem Manne. Und da sie gegessen haben, ruft er die Kindlein zu sich und fragt sie, was sie gelernt haben, und die Kindlein erzählen. Dann segnet er die Kindlein und sagt: „Möge euresgleichen sich in Israel vermehren", und die Mütter sitzen auf den Türschwellen, und wenn sie hören, daß der Rabbi die Frucht ihres Leibes preist und sie liebenswert macht ihren Männern, dann sagen sie zueinander: „Es kann nicht anders sein, das ist ein Gottesmann, der da bringt Frieden ins Haus." Dann sitzt er bis in die späte Nacht bei den Männern und fragt sie nach ihren Geschäften. Er weiß, was ihnen Sorgen macht, und ihre Nöte sind ihm nahe, und dem einen heilt er den Leib mit einer Arzenei, und dem anderen schenkt er ein gutes Wort für seine Seele. Und er tröstet sie alle und verkündet ihnen, daß die Erlösung nahe ist. Die Tore des Himmelreichs stehen offen für alle, die bereit sind. Und er schmückt seine Rede mit Gleichnissen und schönen Worten. Und wir verbringen die Nacht mit selbigen Leuten, in einem Bett, auf einem Lager, nicht wie die Gelehrten tun, welche das Bett des Erdgeborenen für unrein erachten. Und am Morgen begibt er sich mit ihnen auf den Acker, und manchmal hilft er ihnen bei der Arbeit, und manchmal dankt er ihnen nur mit seinem Segen für Brot und Obdach. Und wenn wir ein andermal an diesen Ort kommen, dann kommen die Leute von selbst und begrüßen uns, und die Weiber stehen auf der Schwelle ihres Hauses und rufen dem Rabbi zu: „Bei mir soll der Rabbi wohnen, unter meinem Dach soll er sein Haupt zur Ruhe betten, mein Haus soll um seinetwillen gesegnet sein." Und auch die Kindlein laufen ihm entgegen, und sie umringen ihn, und sie fassen sein Gewand an, und sie erzählen ihm, was sie an diesem Tage in der Schule gelernt haben. Und wenn wir, die Jünger, uns manchmal gegen die

Kindlein erzürnen und sie wegscheuchen, daß sie den Rabbi nicht ärgern, so will er's nicht haben, sondern sagt zu uns: „Lasset die Kindlein zu mir kommen, denn ihrer ist das Himmelreich." Und so geht er inmitten der Kindlein in die Stadt, und die Männer treten zu ihm, ihn zu grüßen, und sie rufen ihm zu: „Komm, du von Gott Gesegneter!"

Und wenn der Abend kommt, versammelt er sie im Hause oder im Hofe eines derselben, und sie bringen ihre Lampen mit. Und der Rabbi sitzt bei ihnen und bricht das Brot und redet zu ihnen vom Himmelreich, und die Menschen kehren sich wieder zu ihrem Gott. Und der Name des Rabbi verbreitet sich wie ein Salböl über das ganze Land.

III. KAPITEL

In K'far Nahum wohnt mein Rabbi im Hause der Schwiegermutter des Simon bar Jonas, in der Laube auf dem Dach. Und am Tage geht er zum Hafen der Stadt und predigt dort nach seiner Weise, wie ich's vermeldet habe.

Und dort steht im Hafen von K'far Nahum das Zollhaus an der Brücke, die zum Wasser führt, und in dem Zollhaus sitzt Levi, den Zoll zu empfangen, und wer die Früchte seines Ackers in den Hafen bringt oder sie hinausbringen will aus dem Hafen, der muß alsdann über diese Brücke gehen. Und der Zöllner streckt Kopf und Hand hervor, und das Zeichen der Obrigkeit ist an seiner Brust, daß er befugt sei, den Zoll zu fordern. Sein Beutel hängt an seinem Gürtel, und jeder entrichtet ihm den Zoll, und dann öffnet er die Schranke und läßt den Mann mit seiner Ware hindurchgehen, und wenn der Mann nicht bezahlt, so läßt er ihn nicht hindurchgehen.

Und die Steuereinnehmer und Zöllner gelten als Sünder in Israel.

Aber der Zöllner Levi ist nicht wie die anderen Zöllner, und wenn unser Rabbi über die Brücke kommt, um in den Hafen zu gehen und zu dem Volke zu reden, dann steht Levi auf und verneigt sich vor ihm, und sein Antlitz legt Zeugnis ab, daß er seine Sünden bereue, und daß er in seinem Herzen gedenke, Umkehr zu halten und wiederum auf den Wegen der Juden zu wandeln. Denn so oft mein Rabbi zu den Leuten im Hafen spricht, dann sitzt der Zöllner in seinem Häuschen und stützt den Kopf in die Hand, und mit der anderen Hand zupft er an seinem Bart, und er denkt viele Gedanken. Und einmal, da mein Rabbi an dem Zollhaus vorüberkam, da stand Levi auf und sah meinen Rabbi an, und seine Augen waren voller Reue und Verlangen, und er sagte:

„Ich weiß, daß der große und schreckliche Tag kommt, welchen du verkündest, und ich werde außen stehen wie ein Schaf, das aus der Hürde verstoßen ist..."

Und mein Rabbi legte ihm die Hand auf und sagte:

„Es steht geschrieben: Die demütigen Herzens sind, denen ist Gott nahe. Und ich sehe an deinem Antlitz, daß du deine Taten bereuest. Steh auf und folge mir nach."

Und der Zöllner verließ sein Haus und folgte unserem Rabbi nach.

Und der Rabbi fragte Levi, den Zöllner:

„Gibt es viele deinesgleichen in Israel?"

Und er antwortete dem Rabbi und sagte:

„Viele sind in der Stadt, die gleich mir ausgestoßen wurden aus Israel, ihrer Sünden wegen. Ich bitte dich, komm mit mir, und ich werde dich zu ihnen führen, auf daß du sie tröstest, wie du mich getröstet hast."

Und der Rabbi sagte: „Führe mich zu ihnen."

Am selben Abend richtete Levi, der Zöllner, ein Festmahl für den Rabbi, und es versammelten sich viele Zöllner und Sünder in seinem Hause, dergleichen nicht aufgenommen sind in die Gemeinschaft Israels. Denn es waren unter ihnen solche, die in der Tiefe ihres Herzens an Gott zweifelten, und andere, so niemand ehelichen darf, denn es ist ein Verdacht gegen sie, daß sie im Ehebruch gezeugt sind; und es waren unter ihnen auch Straßenräuber und Taubenfänger, so nicht als Zeugen vor Gericht erscheinen dürfen, und solche, die andere Juden an die Obrigkeit verraten, und die man zerreißen soll wie einen Fisch, desgleichen übel berüchtigte Weiber, Huren, so die Männer vom rechten Wege abbringen. Und der Rabbi setzte sich mit ihnen an einen Tisch, und er befahl uns, gleichfalls bei ihnen zu sitzen und Freund mit ihnen zu sein. Und dies war ein schweres Ding, wahrlich, schwer wie die Zerteilung des Roten Meeres; und wir, die wir Gelehrte waren, hatten Bitterkeit im Herzen, gleich als wenn wir das goldene Kalb anbeten sollten. Aber die Hand des Rabbi lastete auf uns, und wir brachen das Brot und aßen und hatten uns zuvor nicht gewaschen, und der Rabbi sprach ein Gebet und segnete das Brot. Simon bar Jonas stand daneben und bediente sie, desgleichen die Söhne Zebedäi. Denn für sie war es nicht schwer.

Und der Rabbi sprach zu jedem einzelnen, und er tröstete sie und lenkte ihre Herzen zur Güte und sagte ihnen, was sie tun müßten, so sie das ewige Leben gewinnen wollten. Und sie lauschten seinen Worten und sagten: „Wir wollen gehorchen und hören!"

Und die Leute sagten zueinander: „Wer hat je solche Worte des Trostes zu uns gesprochen? Die Gelehrten stoßen uns weg, und sie stoßen uns aus der Gemeinschaft aus, wie ein krankes Schaf aus der Hürde ausgestoßen wird. Und siehe, wie dieser da kommt und uns an sein Herz drückt, gleich wie ein Vater den geliebten Sohn an sein Herz drückt."

Und der Rabbi nahm Levi, den Zöllner, und setzte ihn in unsere Mitte und legte ihm die Hände auf und sagte zu uns:

„Von diesem Tage an soll er euch ein Bruder sein und ein Sohn Abrahams."

Und dieses war hart für uns. Sollte ein Zöllner uns ein Bruder sein, und sollten wir mit Huren umgehen? Denn bis zu diesem Tage hat man in Israel nicht gehört, daß ein Sünder der Jünger eines Rabbi sein soll.

Und als der Rabbi unser großes Erstaunen sah, da sagte er zu uns:

„Warum sagt ihr zu mir ‚Herr, Herr' und wollt meinen Worten nicht gehorchen? Der Jünger ist nicht über seinem Meister, er soll sich begnügen und sein wie sein Rabbi. Was siehest du den Splitter in deines Bruders Auge und wirst nicht gewahr des Balkens in deinem Auge? Diese Menschen sind Gott nahe. Er hat ihre Zerknirschung gesehen, und er hat sie zu sich herangeholt, und ihr sollt nicht wegstoßen, was Gott zu sich heranholt." Und er sagte ihnen ein schönes Gleichnis: „Das Himmelreich ist gleich einem Menschen, der guten Samen auf seinen Acker säte", und er legte uns noch andere Gleichnisse vor, bis daß er unsere Geister überwunden hatte, und sie ihm gehorchten. Denn wir sahen, daß Gott mit ihm war.

Aber am nächsten Morgen, als wir in die Schule kamen, um zu beten, da umringten uns die Gelehrten, die Pharisäer und die Jünger Jochanaans des Täufers, und sie sagten zu uns:

„Was ist es, das man uns über euren Rabbi erzählt? Und auf was für Wegen wandelt er? Ist so wenig zu bessern in Israel, daß er zu den Zöllnern und Sündern geht? Wer hat je davon gehört, daß ein Rabbi mit ihnen an einem Tische sitzt und mit ungewaschenen Händen das Brot ißt? Wer hat je davon gehört, daß ein Rabbi mit Huren umgeht? Der Atem ihrer Münder macht unrein, und der Blick ihrer Augen ist voller Sünde. Und die Stimme eines Weibes ist Unreinlichkeit, und die Berührung ihrer Hand Hurerei. Das Brot des Erdgeborenen ist unrein und verboten, denn er leistet keinen Tribut von dem Teige und gibt Gott kein Hebeopfer und keinen Zehent, und sein Bett ist unrein, und ein Chawer soll nicht darin liegen, denn sie wissen sich nicht zu hüten vor dem, was unrein ist. Und ihren Tisch sollst du verachten, da er mit unreinen Gefäßen bedeckt ist, und ihre Nahrung ist wie das Fleisch von Leichnamen. Und Zöllner dürfen nicht Zeugnis ablegen vor Gericht, und sie sind nicht aufgenommen in die Gemeinschaft Israels. Und mit solchen geht euer Rabbi um, und er ißt und trinkt mit ihnen. Hat nicht die Harfe Israels gesungen: Wohl dem, der nicht wandelt im Rat der Gottlosen, noch tritt auf den Weg der Sünder, noch sitzt, da die Spötter sitzen? Und euer Rabbi tut das Gegenteil."

Wir brachten die Worte der Leute unserem Rabbi zu Ohren, und wir sagten: „Die Weisen murren, daß wir mit Zöllnern an einem Tische sitzen, und wir wissen nicht, was wir ihnen antworten sollen."

Da versammelte uns der Rabbi am selben Abend in der Laube auf dem Dach, und wir drängten uns dicht an ihn heran, und er sprach zu uns beim Schein der Lampe und sagte einen Spruch:

„Welcher Mensch ist unter euch, der hundert Schafe hat, und so er deren eines verliert, der nicht lasse die neunundneunzig in der Wüste und hingehe nach dem verlorenen, bis daß er's finde? Und wenn er's gefunden hat, so legt er's auf seine Achseln mit Freuden. Und wenn er heimkommt, ruft er seine Freunde und Nachbarn und spricht zu ihnen: Freuet euch mit mir, denn ich habe mein Schaf gefunden, das verloren war. Ich sage euch: Also wird auch Freude im Himmel sein über einen Sünder, der Buße tut, vor neunundneunzig Gerechten, die der Buße nicht bedürfen."

Und er sagte uns weiter ein schönes Gleichnis von einem Manne, der zwei Söhne hatte... Und es geschah, als er dieses Gleichnis erzählte, da stand Simon bar Jonas auf, und sein Antlitz strahlte vor Freude, und die Tränen liefen über seine leuchtenden Wangen in den Bart. Und er sagte: „Was er mir auch befiehlt, das will ich tun, auch mit Zöllnern sitzen und sie bedienen. Denn alles, was er tut, geschieht um des Himmels willen." Und alle zwölf Jünger wiederholten diese Worte. Und die Weiber, die an der Tür standen und den Worten des Rabbi lauschten, sie machten ihre Finger knacken und bliesen die Backen auf und verschlangen seine Worte und schrien auf vor Freude, die ihre Brust erfüllte, so wie der Wein die Traube füllet, wenn sie reif ist. Und wir dankten Gott und priesen ihn, daß er uns Gnade erwiesen und diesen Mann gesandt hatte.

Und die Stunde kam über unseren Rabbi, und der Geist erleuchtete ihn, und er lehrte uns, wie wir dem Vater im Himmel dienen sollen, und wie wir uns aufführen sollen, auf daß wir würdig seien, ins Himmelreich zu kommen. Und er legte uns an diesem Abend viele Gleichnisse vor, die kein Ohr seit Beginn dieser Welt vernommen hatte, und unsere Herzen kehrten sich zu dem Vater im Himmel. Aber an diesem Abend vollbrachte er keine Wunder und heilte nicht die Kranken, denn er hatte uns anbefohlen, daß wir keinen in seine Nähe ließen, daß er allein sei mit uns, seinen Auserwählten.

Und groß war unsere Freude, und wir freuten uns an unserem Rabbi, und er freute sich an uns, an diesem Abend.

Und als der zweite Tag kam, ging ich eilig in die Schule, und dort sah ich Zadok, den Töpfer, unter den Obersten sitzen, und sie lehrten die Kleinen lesen und unterwiesen sie in der Heiligen Schrift. Und ich sagte zu ihnen:

„Seid nicht argwöhnisch gegen den Reinen, denn ihr habt gesündigt, daß ihr gegen meinen Rabbi murrt. Wisset alle, daß, was er tut, um des Himmels willen geschieht." Und ich wiederholte ihnen die Worte unseres Rabbi, die er zu uns gesprochen hatte, da er uns befahl, die Sünder auf den rechten Weg zu bringen. Und Zadok, der Töpfer, antwortete mir und sagte:

„Dies mag wahrlich gut sein, und auch unsere Weisen haben gelehrt, daß der reuige Sünder erhöht werden soll über den Heiligen. Und sie sagten weiter: Wer auch nur eine Seele für Israel rettet, der ist, als hätte er die ganze Welt gerettet. Aber er hat nicht das Recht, Sünden zu vergeben. Denn wir wissen nichts davon, und wir haben nichts davon gehört, daß ein Mensch aus Fleisch und Blut einem anderen die Sünden vergeben kann — als da sind nicht die Sünden zwischen dir und deinem Nächsten, sondern die Sünden wider Gott —, sondern nur der Herr, er sei gesegnet, kann also tun, wie es in den Satzungen und Geboten verzeichnet ist, die uns Moses, unser Lehrer, überliefert hat, und woselbst auch geschrieben steht, was der Mensch tun soll, um Vergebung zu erlangen."

Und die anderen Weisen in der Synagoge waren mit ihm eines Sinnes, aber sie sagten nichts, weil mein Rabbi es um des Himmels willen getan hatte, und man kann Gott auf vielerlei Weise dienen.

* * *

Und wir waren damals zwölf Jünger, die wir Weib und Kind, Haus und Acker verlassen hatten; wir hatten all unsere Habe hingegeben und waren ihm nachgefolgt. Denn er überzeugte uns, und wir hörten auf ihn, und wir wurden sein Eigen, die Seelen, die er geschaffen hatte. Und wir waren in seiner Hand wie der Ton in der Hand des Töpfers, und er konnte mit uns tun, wie er wollte, denn wir glaubten seinen Worten.

Und es geschah an einem bestimmten Tage, daß wir mit unserem Rabbi über Land gingen, und es brach die Nacht herein, und wir kamen zu einer Schenke, und wir traten ein. Und wir trafen dort eine Schar von Spöttern, und der Oberste unter ihnen war ein sittenloser alter Mann; und sie tranken mit Honig vermischtes Gebräu, und sie lachten und spotteten und redeten viel unsinniges Zeug. Und der Sklave, der sie bediente, war ein Gelehrter, der wegen seiner Schulden in die Sklaverei verkauft worden war. Und es geschah, als die Schar der Spötter lustig wurde, daß sie ihm die Neige aus ihren Bechern ins Antlitz schütteten, und sie zerbrachen die Gefäße an seinem Kopf, und der Sklave stand da und ließ die Schande über sich ergehen, die sie ihm antaten, und erwiderte kein Wort. Und der sittenlose alte Mann lachte laut, daß seine Backen rot wurden und die weißen Locken seines Bartes zitterten, und er sagte:

„Sag' uns etwas auf, du Sohn einer Eselin."

Und der Gelehrte, der ein Sklave war, antwortete und sagte:

„Die Tage des Menschen sind wie die Gräser, er ist wie die Blume auf den Feldern."

Und als der alte Mann diese Worte vernahm, da schlug er den Sklaven und sagte:

„Ich bin mit meinen Freunden ausgezogen, um mich zu freuen und fröhlich zu sein, und du kommst her und störst unsere Freude. Ein schlechter Knecht bist du."

Und als wir das sahen, da sprach Johannes von den Söhnen Zebedäi zu unserem Rabbi:

„Rabbi, warum duldest du, daß er die Oberhand hat? Soll ich ihn zum Schweigen bringen?"

Und unser Rabbi antwortete: „Ich bin nicht gekommen, eine Seele zu töten, sondern aufzubauen.“ Und er näherte sich dem alten Manne und sagte zu ihm:

„Ich will dir eine Freude geben, die wird keiner dir stören, und keiner wird sie dir rauben.“

Und der alte Mann antwortete:

„Du sprichst sicherlich vom Wein, denn es steht geschrieben: Der Wein erfreuet das Herz des Menschen.“

Und der Rabbi antwortete ihm und sagte:

„Eine Freude, die in Trauer endet, ist keine Freude. Komm, ich will dir eine Freude schenken, die einem Brunnen gleicht und immer größer wird, und sie hat kein Ende.“

Und der alte Mann fragte:

„Was ist das für eine Freude, die kein Ende hat?“

Und der Rabbi antwortete ihm:

„Es ist die Freude, die der Mensch an seinem Vater hat, an dem Schöpfer der Welt. Das ist die Freude, die kein Ende hat, und die Freude des Himmelreichs wird keiner dir rauben, denn sie ist nicht außer dir, sondern in dir.“

Und der alte Mann sagte:

„Diese Freude ist mir verborgen, denn der Weg zu meinem Vater im Himmel ist mir versperrt durch viele Sünden, so ich in meinem Leben begangen habe.“

Und der Rabbi sagte:

„Da du dich erniedrigst, erhöhest du dich. Die Tore sind allzeit geöffnet für den, der heimkehren will.“

Und der alte Mann sagte:

„Ist noch Hoffnung für mich? Ich wußte es nicht.“

Und er trat zu dem Sklaven hin, und er fiel ihm zu Füßen und bat ihn um Verzeihung, und unser Rabbi sagte zu uns:

„Kommet und sehet: Durch ein Wort kannst du deinen Bruder in den Höllenschlund stoßen, und durch ein Wort kannst du ihn unter die Fittiche der ewigen Seligkeit bringen. Deshalb lasse dich nicht täuschen von dem, was dein Auge sieht, sondern schau, was im Herzen eines Menschen ist.“ Und zu dem Sklaven sagte er: „So dein Bruder an dir sündigt, so strafe ihn, und so es ihn reut, vergib ihm.“ Und er stiftete Frieden zwischen ihnen. Und er sagte zu dem alten Manne:

„Steh auf, du bist getröstet.“

Und er setzte sich zu ihnen und trank Wein mit ihnen, und er verwandelte die Schar der Spötter in eine Schar von Brüdern, so wie geschrieben steht: Brüder unter Brüdern.

Und in der Stadt war ein Jünger Jochanaans, des Täufers. der marterte seinen Leib mit Kasteiungen und Fasten, und er aß kein Fleisch und trank keinen Wein, wie alle Jünger Jochanaans. Und er war überaus fromm und war jeden Tag unter den ersten, die zur Schule gingen, und unter den letzten, die sie verließen. Und es war so, wenn er fastete, daß er Asche auf sein Haupt legte und sich in einen Sack hüllte, und er ging unter dem Volke umher und ermahnte sie, daß das Himmelreich nahe sei, und daß sie Buße tun sollten. Er ging in der Stadt umher und hörte nicht auf, das Volk zu schelten und zur Buße zu mahnen. Und als er sah, daß unser Rabbi bei den Sündern saß und mit ihnen Fleisch aß und mit ihnen Wein trank, da trat er zu meinem Rabbi und ermahnte ihn:

„Solches hat Jochanaan nicht getan. Jochanaan aß kein Fleisch, und er trank keinen Wein, sondern er kasteite seinen Leib; du issest Fleisch und trinkst Wein mit Zöllnern und Sündern."

Und unser Rabbi entgegnete ihm und sagte:

„Ich bin nicht gekommen, neue Flicken zu setzen auf ein altes Gewand, und ich habe meine eigenen Pfade gewählt. Sagt nicht Gott: Gerechtigkeit fordere ich von dir und nicht das Blut der Opfer? Ich bin nicht gekommen, die Gerechten zur Buße zu rufen, sondern die Sünder, und nicht nur mit Kasteien und Fasten soll man dem Herrn dienen. Ich sage dir, du sollst dich ihm freudig nähern, denn von dem Guten, gleich wie von einem guten Baume, geht Gutes aus und nicht Böses. Hat man dir nicht vor alters gesagt: Und ihr sollt eure Leiber hüten? Und ich sage dir, dein Leib ist nicht dein, sondern Gottes."

Und er wandte sich zu uns und sagte:

„Hütet euch vor dem Übermaß des Gerechten. Wer zuviel fastet, der ist schlimmer als der Kranke, denn der Kranke weiß, daß er des Arztes bedarf. Manche sammeln Schätze von Gold, und manche sammeln Schätze der Gerechtigkeit, aber die Motten und der Rost fressen ihre Schätze, denn sie sammeln sie nicht für ihren Vater im Himmel, sondern für sich selbst. Deshalb hüte dich davor, deine guten Taten vor den Augen der Menschen zu verrichten, denn du sollst nicht erwarten, daß dein Vater im Himmel dich belohnte. Wenn du nun Almosen gibst, laß nicht vor dir herposaunen, wie die Heuchler tun auf den Gassen und in den Schulen, daß die Leute sie sehen und sie preisen. Ich sage euch, sie haben ihren Lohn dahin. Wenn du aber Almosen gibst, so laß deine linke Hand nicht wissen, was die rechte tut, auf daß dein Almosen verborgen sei, und dein Vater, der in das Verborgene sieht, wird dir's vergelten öffentlich. Und wenn du betest, sollst du nicht sein wie die Heuchler, die da gern stehen und beten in den Schulen und an den Straßenecken, die viel plappern wie die Heiden, auf daß die Leute sie sehen und sie preisen. Und wenn ihr fastet, sollt ihr nicht sauer sehen wie die Heuchler, die solches tun, auf daß die Leute sie sehen und preisen. Wenn du aber fastest, so kämme dein Haar und wasche dein Antlitz und zeige nicht vor den Leuten, daß du fastest, sondern nur vor deinem Vater im Himmel, und dein Vater im Himmel, der in das Verborgene sieht, wird es dir vergelten öffentlich."

Und es geschah, als ich die Worte meines Rabbi vor den Gelehrten in der Schule wiederholte, daß sie über ihn sagten:

„Es ist ein Mund, aus dem Perlen fallen. Selig die Ohren, die ihn hören. Auch Antigonos, der Mann aus Socho, er, dem die Lehre Simons, des Gerechten, überliefert war, hat gesagt: Ihr sollt nicht sein wie die Knechte, die ihrem Herrn um Lohn dienen. Und heimlich Almosen geben, ist ein überaus hohes Verdienst, das lehren unsere Weisen. Und sicherlich, das Gebet, so du für deinen Bruder darbringst, ist Gott wohlgefälliger denn das Gebet, so du für dich selber darbringst. Und sicherlich, Gott freudig dienen, ist ein überaus hohes Verdienst, denn Freude ist Liebe, und die Seligkeit wohnet nur in der Freude. Das sind sicherlich Gottes Worte, die dein Rabbi spricht. Aber die Gottesfurcht ist der Anfang aller Weisheit, so wie geschrieben steht: Die erste Weisheit ist die Furcht des Herrn. Die Worte, die in der Furcht Gottes gesprochen sind, und die Handlungen, die in der Furcht Gottes getan sind, sie werden fortdauern, und ohne Gottesfurcht gibt es keine weisen Worte und keine guten Taten, sondern nur ein leeres Plappern."

Und etwa um diese Zeit führte uns unser Rabbi hinaus auf die Felder und zeigte uns die Wunder Gottes und hieß uns, die Lehre seiner Schöpfung zu erfassen. Und er lehrte uns die Sitten und Gebote, so zwischen einem Menschen und seinem Bruder sind. Und er sagte: „Richtet nicht, auf daß ihr nicht gerichtet werdet. Denn mit welcherlei Gericht ihr richtet, werdet ihr gerichtet werden, und mit welcherlei Maß ihr messet, wird euch gemessen werden." Und er sagte weiter: „Sündigt aber dein Bruder an dir, so strafe ihn zwischen dir und ihm allein. Hört er dich, so hast du einen Bruder gewonnen, und hört er dich nicht, so nimm noch einen oder zwei Zeugen zu dir, denn alle Sache soll auf zweier oder dreier Zeugen Mund bestehen. Und hört er dich nicht, so sage es der Gemeinde, und hört er die Gemeinde nicht, so halte ihn als einen Gemeinen und Zöllner. Aber du sollst die Sonne über deinem Zorn nicht untergehen lassen, sondern ihn sogleich austreiben. Seid Kinder eures Vaters im Himmel, und so wie er euch eure Sünden vergibt, so sollt ihr denen vergeben, die an euch sündigen."

Und dann fragte ihn Simon:

„Wie oft muß ich meinem Bruder vergeben? Siebenmal?"

Und der Rabbi antwortete und sagte:

„Nicht siebenmal, sondern siebzigmal siebenmal. Denn so wie ihr auf Erden gegeneinander tut, so wird euer Vater, der im Himmel ist, an euch tun."

Und er legte uns ein Gleichnis vor, denn er sprach nur in Gleichnissen. Und als ich in die Schule kam und dort die Weisen sitzen sah, und ihre Schüler um sie herum wie einen Kranz von Ölzweigen, da erzählte ich ihnen die Worte meines Rabbi, und die Weisen tranken von seiner Weisheit wie Dürstende, und sie sagten:

„Freilich verstehen wir deinen Rabbi nicht, denn er spricht wie ein Jünger des ehrwürdigen Hillel, der da kam, um den Frieden auf Erden zu verkünden, und tut doch Dinge, so die Herzen der Gelehrten erbittern, denn sie sind gegen die Thora, die uns überliefert worden ist durch die Weisen und die Ältesten von Moses, unserem Lehrer, der sie auf dem Berge Sinai empfing. Sollen wir die Hände vor die Augen schlagen, daß wir seine Taten nicht sehen, und nur auf die Worte seines Mundes hören?"

Und ein anderer sagte: „So ihre Worte und Taten dem Himmel wohlgefällig sind, werden sie bestehen bleiben, wenn nicht, werden sie vergehen."

Und sie warteten ab, denn sie wollten sehen, was daraus würde.

Und die Weisen entfernten sich von Tag zu Tag immer weiter von uns, denn sie verstanden nicht die Wege meines Rabbi. Und die Leute in der Stadt begannen gleichfalls gegen uns zu murren, und wir waren von ihnen getrennt, denn sie wollten uns nicht in ihr Haus lassen, und keiner lud uns ein, an seinem Tische zu sitzen. Wir waren aber mit unserem Rabbi allein, und er führte uns durch die Felder, und es begab sich eines Tages, daß Sabbath war, und wir fanden Kornähren auf einem Felde stehen, und die Erntezeit war nahe, und die Kornähren beugten sich mit der Last der Körner zur Erde nieder, und sie waren eine Versuchung für die Augen mit ihrer Reife, die wie Gold war, wenn die Sonne darauf scheint. Und die Jünger waren hungrig, und sie rauften die reifen Ähren aus und aßen sie. Und der Rabbi sah es und sagte nichts.

Und es hieß in der Stadt, daß die Schüler des Rabbi entheiligt hatten den Sabbath, und der Rabbi hatte die Entheiligung gesehen und sie nicht verhindert. Und das Murren der Weisen wurde überaus laut, und sie und die Obersten der Stadt sagten:

„Wir verstehen nicht den Mann und seine Worte. Er spricht eines mit seinem Munde und tut ein anderes mit seinen Händen. Er muß gekommen sein, die Thora zu zerstören und das Gesetz und die Gebote Mosis."

Und so kam es, als mein Rabbi in die Schule ging, um zu predigen, und den Stuhl besteigen wollte, daß sie ihn nicht ließen, und sie sagten:

„Siehe, deine Jünger tun, was am Sabbath verboten ist."

Und sie dachten, er würde bereuen und demütig antworten, aber er antwortete so:

„Sie waren hungrig. Und habt ihr nicht gelesen, wie in den alten Zeiten David, und die mit ihm waren, da sie hungerten, in das Gotteshaus gingen und die Schaubrote aßen, die ihnen doch nicht ziemte zu essen, noch den Leviten, die mit ihm waren, sondern allein den Priestern? Oder habt ihr nicht gelesen in der Thora, wie die Priester mit ihrem Opfer den Sabbath brechen? Und so man den Sabbath brechen darf, um Opfer zu bringen, wie darf man ihn erst brechen um eines Hungernden willen? Denn der Prophet hat gesagt: Gott begehret Güte und nicht Opfer."

Nun hörte der Vorsteher der Gemeinde, der sein Freund war, diese Worte und freute sich, und er sagte zu den Obersten der Stadt:

„Es ist klar, daß es den Rabbis erlaubt war. Denn der Rabbi beruft sich auf die Thora, und er legt das Gesetz aus getreu der Überlieferung."

Und die Obersten der Stadt und die Weisen dachten nach. und sie kamen zu unserem Rabbi und sagten zu ihm mit viel Liebe:

„Lehre uns, Rabbi, wie heißt die Schule, die diese Erlaubnis begründet hat und das Gesetz geändert, also daß Lebensgefahr den Sabbath ungültig machte? Haben die Weisen das Gesetz so verbessert, und ist es so gebilligt worden, oder ist es nur die Meinung eines einzelnen? Denn die Sache ist von großer Wichtigkeit, und es ziemt sich für uns, zu wissen, worauf der Rabbi sich stützt."

Und der Rabbi antwortete:

„Des Menschen Sohn ist ein Herr auch über den Sabbath."

Und als er diese Worte sprach, da wurden alle, so dabei waren, von Entsetzen gepackt, und es wurde still in der Schule, und einer sah den andern verwundert an, und sie fragten:

„Was meint der Rabbi mit diesen Worten? Wer ist Herr über Gottes Thora, außer ihm, der sie gegeben hat, der Heilige oder sein Sendbote, der uns erlösen wird, so wir dessen würdig sind?" Und sie wandten sich zu unserem Rabbi, und sie fragten ihn in der Furcht ihres Herzens: „Sage uns, was bist du für ein Mensch, daß du es wagst, solche Worte zu sprechen?"

Aber der Rabbi antwortete nicht, und er verließ die Schule. Und die Versammelten erstaunten sehr, denn solche Worte waren noch nie gehört worden in Israel.

IV. KAPITEL

Und am folgenden Tage sagte unser Rabbi zu uns: „Stehet auf, wir wollen in die Stadt Nain gehen."

Und die Stadt lag drei Tagereisen von dem Ort, woselbst wir uns aufhielten. Also nahmen uns Simon und sein Bruder Andreas auf ihr Schiff, und wir kamen nach Migdal, stiegen aber nicht an Land, und desgleichen mieden wir die Stadt Tiberias, denn unser Lehrer sagte uns, daß die Stadt unrein sei und verboten, und damit meinte er die Herrschaft des Herodes, so in der Stadt ihren Sitz hatte. Und alsdann fuhren wir mit dem Schiffe weiter bis zur Mitte des Tages, und wir kamen zu einem Ort und gingen dort an Land, und von dort stiegen wir auf den Berg Tabor hinauf. Und so du auf dem Gipfel des Tabor stehst, liegt das ganze Land vor dir hingebreitet wie auf eines Menschen Hand, alle die Wasser des Sees Genezareth und das grüne Tal Jezreel mit all den Städten und Dörfern, den Kornfeldern und Weingärten, den Palmen und Ölbäumen. Und mein Rabbi sah die Zelte Israels, und Friede war mit ihnen, und sie dauerten ihn sehr. Und er streckte seine Hände über das Tal, und er sagte: „Wie schön sind deine Zelte, o Jakob, deine Tabernakel, o Israel." Und er sagte weiter: „Die Ernte ist groß, aber wenige sind der Arbeiter." Und wir verstanden damals seine Worte nicht, sondern verstanden sie erst später.

Und es war der Wille unseres Rabbi, daß wir an diesem Ort unter dem freien Himmel schlafen sollten. Und am Morgen, nach dem ersten Frühgebet, stiegen wir von dem Berge hinunter, und wir kamen in die Stadt Endor, die nur einen Sabbath-Weg vom Fuße des Berges entfernt ist. Aber der Ort ist unrein, denn dort herrscht noch der Baal-Peor, wie in den Tagen der Hexe, da zu ihr kam Saul und ihr befahl, die Seele Samuels zu beschwören.

Und von diesem Ort war es nicht weit bis zu der Stadt Nain, und wie der Name der Stadt ist, Nain, das heißt lieblich, so ist die Stadt. Und so steht es geschrieben: „Und Isaschar sah, daß das Land lieblich war..." Denn das Tal Isaschars ist wie der Garten Gottes, bevor Adam sündigte mit dem Baum der Erkenntnis von Gut und Böse. Das Land war wie ein Garten, und auf den Feldern wuchsen Weizen und Hafer und Obstbäume und Blumen. Und wir sahen viele Menschen auf den Feldern arbeiten. Und manche von ihnen ernteten singend, was sie mit Tränen gesät hatten, und der Rabbi segnete das Werk der Arbeiter und sagte uns viele Gleichnisse und weise Sprüche. Und als unser Rabbi die Felder sah, wie des Menschen Arbeit sie fruchtbar gemacht hatte, und die Weinstöcke waren schwer behangen, und die Bäume blühten, da erhob er seine Stimme und sagte:

„Die Himmel, die Himmel sind des Herrn, und die Erde hat er den Menschensöhnen gegeben. Und wie die Himmel die Ehre Gottes verkünden, so verkünden die Äcker des Menschen Arbeit. Wahrlich, ich sage euch, die Krieger in der Heerschar sind nicht so gezählt von ihrem Feldherrn, wie das Gras auf dem Felde gezählt ist vom Schöpfer, und über jeden Halm hat er einen Engel gesetzt, daß er ihn beschütze. An der Ernte auf dem Dreschboden sollt ihr die Arbeit des Haushälters erkennen, und an der Ernte der guten Taten, so ihr auf dem Felde schneidet und auf Gottes Dreschboden sammelt, sollt ihr gerichtet werden. Es soll kein ander Maß sein und kein ander Gewicht und kein ander Zählen, als nach den guten Taten, so ihr verrichtet habt. Denn das Feld ist nicht euer, es ist euch nur geliehen, daher lasset euren Pflug mehr Korn hervorbringen, denn ihr wißt nicht, wann euch das Feld genommen wird."

Und er sagte uns noch andere Gleichnisse, da wir durch die Felder gingen, die nach Nain führten, vom Pflug und vom Ackersmann und vom Gärtner und von den Gärten, die wir am Wege trafen; und seit dem Weisen der Weisesten, dem König Salomo, und ebenso seit der Zeit des Ben Sirach ist dergleichen nicht gehört worden in Israel. Und alle seine Worte hätten nur den einen Zweck, in unsere Herzen zu pflanzen die Furcht und die Liebe zu unserem Vater im Himmel, auf daß wir mit ihm verbunden seien.

Selig die Ohren, die ihn hörten. Ich prägte mir seine Worte ins Gedächtnis ein, daß ich sie niederschriebe in einer späteren Zeit zur Erbauung kommender Geschlechter.

Und als die Sonne an den Rand des Himmels hinabgesunken war und ihr Licht auf das Gewand unseres Rabbis warf, kamen wir zum Stadttor.

Und da war ein großes Gedränge vor dem Tor, denn viel Volk kehrte von den Feldern heim, und sie hatten kornbeladene Esel bei sich, desgleichen Kamele, beladen mit Ölkrügen und mit Honigtöpfen und mit Flachs und mit wollenen Gewändern und allerlei Ware. Denn die Stadt Nain war reich an Besitztum, und die Reichen ließen sich nicht genug sein an den Erträgnissen ihres Landes, sondern holten viele Waren aus der Ferne herbei. Aber es waren einige in dem Gedränge, die sahen, daß ein Rabbi zur Stadt gekommen war mit seinen Jüngern, denn wir hatten ihn umringt, daß sein Gewand nicht schmutzig würde, und sie riefen einander zu: „Macht Platz." Und als es gegen die Dämmerung ging, da war endlich einer, ein Knabe, welcher einen Esel führte, und der zu uns aufsah und ausrief: „Sehet, der Wundermann aus der Stadt K'far Nahum kommt zu uns!"

Da umringte uns viel Volk, denn der Ruf meines Rabbi geht durch die Lande wie der Duft des Salböls. Die Handwerker verließen ihre Werkbank, die Kaufleute ihre Gewölbe, und sie traten auf die Schwellen ihrer Häuser mit ihren Lampen, daß sie uns leuchteten auf dem Wege, und sie riefen:

„Gesegnet seist du, der du im Namen des Herrn kommst."

Aber wir gingen eilig zu der Schule, denn der Abend war gekommen, und es war die Stunde des Abendgebetes.

Und in der Stadt Nain wohnte ein Frommer, der hieß Simon, der Pharisäer. Und es war dieser Mann in K'far Nahum gewesen, und er hatte die Predigt meines Rabbi auf dem Berge gehört, und die Worte hatten ihm wohl gefallen. Darum waren einige unter den Jüngern des Sinnes, daß unser Rabbi sollte wohnen im Hause Simons, des Pharisäers, denn es war ein Versammlungshaus für die Gelehrten, und die Weisen und Schriftgelehrten kamen hin. Und ich schickte mich an, das Haus Simons, des Pharisäers, zu suchen und ihm die Ankunft unseres Rabbi zu verkünden. Und der Jünger Levi, so ein Zöllner gewesen, hatte einen Freund in der Stadt, der auch ein Zöllner war, und sein Name war Jochanaan, und er war reich. Und darum waren einige unter den Schülern des Sinnes, als da waren Simon, der Fischer, und die Söhne Zebedäi, daß der Rabbi sollte wohnen im Hause des Zöllners, denn dort würde er das gemeine Volk treffen und die Ausgestoßenen und Verdammten und alle, denen unseres Rabbi Trost und Hilfe bitterlich nottat. Aber unser Rabbi sagte zu uns: „Lasset uns in die Schule gehen, wo alles Volk sich versammelt, und wir wollen dort stehen, und wer uns bittet, in sein Haus zu kommen und unter seinem Dach zu wohnen, mit ihm werden wir gehen, denn die Worte Gottes sind an alle Juden gerichtet, und keiner soll ausgeschlossen sein." Und wir taten nach den Worten unseres Rabbi.

Und als wir in die Schule gingen, folgten uns viele Leute, denn es verbreitete sich die Kunde, daß der wundertätige Mann nach Nain gekommen war. Und Simon, der Pharisäer, hörte, daß unser Rabbi in Nain war, und er zog schöne Gewänder an, und er rief die Schriftgelehrten und Pharisäer, und auch sie zogen feine Gewänder an, und sie kamen in die Schule, unseren Rabbi in Ehren zu empfangen. Und Simon, der Pharisäer, erhob seine Stimme und sagte zu unserem Rabbi:

„Die Weisen unserer Stadt sind gekommen, dich in Ehren zu empfangen, nach Sitte und Gesetz, und ich bitte dich, wende dich zu meinem Hause und sitze an meinem Tische und iß mit uns, daß ich erfüllen möge das Gebot der Gastfreundschaft."

Und mein Rabbi antwortete:

„Simon, ist es nur, weil du das Gebot der Gastfreundschaft erfüllen willst, daß du gekommen bist, mich in dein Haus zu bitten?"

„Daß wir an einem Tische sitzen und essen und über die Lehre Gottes reden, wie das Gesetz es vorschreibt", antwortete Simon.

Denn es waren Simon die wunderbaren Taten unseres Rabbi zu Ohren gekommen, die waren gar nicht nach der Weise der Gelehrten, und hatten die Vorsteher der Stadt K'far Nahum in Unwillen versetzt; und darum wollte Simon unseren Rabbi prüfen, daß er wüßte, was daran sei, und was er tun sollte. Und darum hatte er unseren Rabbi in sein Haus gebeten und die Weisen von Nain zusammengerufen.

Und unser Rabbi wußte es, sagte aber nichts, und er willigte ein, in das Haus Simons zu gehen und bei den Gelehrten zu sitzen.

Und Simon und die Gelehrten führten ihn zu dem Hause, und eine große Menge folgte ihnen nach, denn es war bekannt, daß der Rabbi Jeschua ben Joseph in der Stadt war, und daß er mit den Weisen sitzen würde im Hause Simons, des Pharisäers, und sie würden seine Lehren prüfen.

Und als wir zu dem Hause kamen, da war vor dem Tor ein Gedränge, und alle wollten eintreten mit uns, um das Wort Gottes zu hören. Aber die Knechte Simons standen vor dem Hause und ließen sie nicht hinein und trieben sie weg mit Stangen und Peitschen und ließen nur die Gelehrten ein und solche, die man chawer nannte. Und als mein Rabbi sah, daß die Knechte das Volk vom Tore wegtrieben, da sagte er zu Simon:

„Warum erlauben nicht deine Knechte und deine Sklaven dem Volk, in dein Haus zu kommen?"

Und Simon antwortete:

„Das Volk des Landes ist unwissend, die Vorschriften sind nicht stark in seinen Händen, und es kennt nicht die Gesetze von Rein und Unrein, darum fürchten wir, daß sie das Haus und die Gefäße verunreinigen könnten."

Und der Rabbi sah voller Mitleid das Volk an, und er sagte:

„Das Volk ist wie eine verirrte Schafherde, die keinen Hirten hat."

Dennoch ging er in das Haus Simons und nahm uns mit. Aber Simon bar Jonas und die Söhne Zebedäi blieben draußen unter dem Volke und warteten auf den Rabbi.

Nun war Simon, der Pharisäer, ein reicher Mann. Sein Haus war groß und angefüllt mit vielen kostbaren Gefäßen von Silber und Gold und Elfenbein, und von vielen Dienern gewartet. Und die Diener brachten Silberschüsseln und Wasserkrüge und Tücher, und sie wuschen die Hände Simons und der Gelehrten, die mit ihm waren. Aber sie wuschen nicht die Hände und Füße unseres Rabbi und seiner Jünger, denn es war ihnen bereits gesagt worden, daß unser Rabbi das Gebot des Händewaschens verwarf, und daß er das Brot aß mit Zöllnern, und hatte sich zuvor nicht gewaschen.

Und der Rabbi sah dies und schwieg. Und ich dachte in der Tiefe meines Herzens: Wer weiß, was daraus werden wird? Denn alle konnten sehen, daß Simon den Rabbi in sein Haus gebeten hatte, mit den Gelehrten zu sitzen, auf daß er ihn prüfen könne.

Und so war es alsdann, daß die Diener unserem Rabbi das

Brot reichten, und es war in ein Tuch gehüllt, daß es nicht verunreinigt würde, und er nahm es und sagte sein Gebet und brach das Brot und gab die Stücke uns, seinen Jüngern, und wir aßen und hatten uns nicht gewaschen.

Und die Gelehrten erstaunten sehr, denn sie hatten in der Tat den Rabbi prüfen wollen, ob er das Brot ißt, und hat sich nicht gewaschen, und darum war den Dienern von ihrem Herrn befohlen worden, des Rabbi Hände nicht zu waschen. Alsdann erhob sich einer der Gelehrten und fragte unseren Rabbi:

„Die Weisen Israels haben ein hohes Gebot erlassen, daß du vor dem Essen die Hände waschen sollst, und das Gebot ist uns überliefert von altersher, und nun sehen wir, daß ein Rabbi, der seine Lehre in Israel verkündet, das Brot ißt und wäscht nicht seine Hände. Darum fragen wir den Rabbi: Lehre uns, daß wir es wissen, sind die Worte, die du sprichst, und die Taten, die du tust, so, wie sie dir überliefert worden sind von deinen Rabbis oder von den alten Chassidäern? Denn du sprichst Worte und du tust Taten, und du findest keine Stütze für sie in der Heiligen Schrift, und du sagst nicht, von wannen diese Dinge dir kommen."

Und unser Rabbi antwortete:

„Was des Menschen Sohn tut und was des Menschen Sohn spricht, ist ihm von seinem Vater im Himmel gegeben."

Da waren die Gelehrten sehr erstaunt, und sie sahen einander an, und sahen auf den Herrn des Hauses, auf Simon, den Pharisäer, denn er war der größte unter ihnen an Wissen und Reichtum.

Da nahm Simon, der Pharisäer, seinen langen schwarzen Bart in die Finger, und er runzelte die Stirne und sagte:

„Aus den Worten des Rabbi sind dreierlei Dinge abzuleiten, und zwei derselbigen sind mir klar, aber das dritte ist zweifelhaft. Nun ist das erste dieser Dinge dies, daß der Rabbi glaubt, von Gott gesandt zu sein. Denn es steht geschrieben im Gesetz: Und Gott sagte zu mir, Menschensohn, ich sende dich in das Haus Israels. Daraus folgt, so der Rabbi sich des Menschen Sohn nennt, daß er glaubt, von Gott gesandt zu sein. Und das zweite ist dies, daß jeder Sohn Israels das Recht habe, Gott seinen Vater zu nennen, denn es steht geschrieben: Söhne seid ihr des Herrn, eures Gottes. Aber wie können wir wissen, daß das, was der Rabbi sagt, aus dem Quell aller Stärke entsprungen ist?"

Und mein Rabbi antwortete:

„Die Vögel auf den Zweigen sagen es."

Simon, der Pharisäer, sagte:

„Wir nehmen keinen Beweis von den Vögeln in den Zweigen."

„Die Steine in den Straßen sagen es."

„Wir nehmen keinen Beweis von den Steinen in den Straßen."

„Die Toten, die Aussätzigen, die Besessenen zeugen davon."

„Die Besessenen und die Sünder, die Aussätzigen und die Toten sind nicht als Zeugen zugelassen."

„Wenn dem so ist, dann soll der, von dem wir reden, selber erscheinen und es besiegeln."

Und als die Gelehrten so beieinander saßen, und ich in meinem Herzen die Worte auf sie anwandte: „Wie gut ist es und wie lieblich, wenn Brüder in Eintracht beieinander wohnen", da hörten wir in der Vorhalle vor dem Eingang einen großen Tumult, und ehe daß wir gewahr wurden, was da geschah, lief ein Weib herein mit großem Ungestüm und hin zu den Gelehrten, die am Tische saßen. Da verfolgten sie die Diener und wollten sie festhalten, aber der Herr des Hauses machte ein Zeichen, daß sie sie in Ruhe lassen sollten. Und das Weib war in kostbare Stoffe von Sidon gehüllt, mit viel bunten Farben, wie die Weiber üblen Rufes; und ihr Haar war nicht nach der Sitte der jüdischen Weiber verborgen, sondern fiel über ihren Hals und über ihre Brüste; und desgleichen hing an ihrem Leib an einer goldenen Kette ein Alabasterfläschchen mit feinem Salböl, so seinen Geruch durch das Haus verbreitete; denn das ist Sitte der reichen Weiber, die solche Fläschchen am Halse tragen; dieses Weib aber war barfuß, und sie streckte ihre Hände aus und fragte:

„Wer unter euch ist der Wundermann, der da gerufen hat alle: Kommet her zu mir, die ihr mühselig und beladen seid, ich will euch erquicken?"

Und als keine Antwort kam, nicht von einem derselben, sah sie sich um unter den Schriftgelehrten und Pharisäern und suchte mit dürstenden Augen, bis daß sie unseren Rabbi erblickte. Da trat sie zu ihm hin und fiel zu seinen Füßen nieder und weinte bitterlich, und die Tränen, die aus ihren Augen liefen, fielen auf die Füße unseres Rabbi und wuschen sie. Und als sie sah, daß ihre Tränen die Füße des Rabbi benetzt hatten, nahm sie ihr Haar und trocknete sie, und küßte sie mit den Lippen ihres Mundes. Und nahm das Alabasterfläschchen, das an ihrem Halse hing, und darin köstliches Myrrhenöl war, und goß das Salböl auf die Füße unseres Rabbi und salbte sie.

Und als die Weisen und Schriftgelehrten, die am Tische saßen, dies sahen, da lächelten sie und sagten zu einander: „Wenn er ein Prophet wäre, so wüßte er, welch ein Weib das ist..." Denn das Weib war eine Sünderin und bekannt in der Stadt und ringsumher, und sie stammte aus Migdal. Und die Gelehrten meinten, daß sie in die Stadt gekommen war, die Reichen von Nain in ihren Netzen zu fangen. Und sie meinten ferner, daß sie die Füße des Rabbi mit ihrem Salböl salbte, damit sie die Lüste ihrer Freier erwecke, daß sie nach ihr gelüsteten. Und sie sagten: „Wenn er ein Prophet wäre, so wüßte er, wer das ist..." Aber die Schriftgelehrten wußten nicht, daß das Weib ihre Sünden bereut hatte, und daß bei ihr der blinde Bar Talmai war, der sie hierher geführt in den Fußtapfen des Rabbi, da sie ihn in K'far Nahum gesucht hatten, und er war weggegangen. Und das kostbare Gewand, das sie angetan hatte, war nicht, daß es ihre Schönheit vermehre, sondern um den Rabbi zu ehren, und desgleichen die kostbare Salbe. Unter dem seidenen Gewand aber war ihr Herz voller Reue.

Unserem Rabbi aber war das alles wohlbekannt, und er sagte:

„Simon, ich will dich etwas fragen. Es hatte ein Gläubiger zwei Schuldner. Einer war ihm schuldig fünfhundert Denare, der andere fünfzig. Und da sie nicht bezahlen konnten, schenkte er beiden ihre Schuld. Sage an, welcher unter den Schuldnern wird ihm am meisten danken und ihn am meisten lieben?"

Und Simon antwortete:

„Sicherlich der, dem er mehr geschenkt hat."

Daraufhin sprach mein Rabbi und antwortete:

„Du hast recht gerichtet, Simon. Und nun höre: Ich bin gekommen in dein Haus, und du hast mir nicht Wasser gegeben, meine Füße zu waschen, diese aber hat meine Füße mit ihren Tränen genetzt und mit den Haaren ihres Hauptes getrocknet. Du hast mir keinen Kuß gegeben, diese aber, nachdem sie hereingekommen, hat nicht abgelassen, meine Füße zu küssen. Du hast mein Haupt nicht mit Öl gesalbt, sie aber hat meine Füße mit köstlicher Salbe gesalbt. Darum sage ich dir: Ihr sind ihre Sünden vergeben, denn sie hat viel geliebt." Und zu dem Weibe sagte er: „Dir sind deine Sünden vergeben, dein Glaube hat dir geholfen, gehe hin in Frieden."

Und als die Pharisäer und die Schriftgelehrten dies hörten, war viel Bestürzung unter ihnen. Und sie standen von dem Mahl auf, bei dem sie gesessen, und sie fragten einander: „Wer ist dieser, der die Sünden vergibt? Wie ist das möglich? Weil das Weib seine Füße küßt und mit ihrer sündigen Salbe salbt, darum sind ihr ihre Sünden vergeben?" Und andere fragten: „Wie, ist er ein Prophet, von Gott gesandt, daß er die Sünden vergibt?"

Und mein Rabbi antwortete ihnen nicht, sondern wandte sich zu Simon, dem Pharisäer, der auf seinem Lager von Elfenbein ruhte, und er war so bewegt, daß sein Antlitz bleich war und sein schwarzer Bart bebte und seine Augen blitzten:

„Hast du gesehen, Simon, wie der, von dem wir sprachen, seinen Boten gesandt und den Schatz in meine Hände gelegt hat?"

Simon aber antwortete ihm:

„Du kannst nicht die Sünder anrufen, daß es ein Beweis sei. Die Sünder sind nicht zugelassen, Zeugnis abzulegen."

Und mein Rabbi antwortete:

„Die gesund sind, bedürfen nicht des Arztes, die Kranken aber bedürfen des Arztes, und ich sage euch, die Kranken sind gesünder als die Gesunden, denn wer gesund ist, der weiß nicht, daß er krank ist, aber der Kranke weiß es."

Und er wandte sich zu den Pharisäern und Schriftgelehrten und sagte:

„Das Herz des Zerknirschten ist Gott nahe. Und hat nicht Jesaja gesagt: ‚Der ich in der Höhe und im Heiligtum wohne und bei denen, die zerschlagen und demütigen Geistes sind, auf daß ich erquicke den Geist der Gedemütigten und das Herz der Zerschlagenen...' Was habt ihr getan, daß diese Worte erfüllt würden? Weh euch, ihr Pharisäer, denn ihr sitzt gern obenan in der Schule, und habt gern, daß ihr gegrüßt werdet auf dem Markt. Weh euch, ihr Schriftgelehrten, ihr Heuchler, denn ihr seid wie die übertünchten Gräber."

Und als sie diese Worte vernahmen, wurden sie blaß von Angesicht, und sie standen auf und fragten: „Wer ist dieser, daß er sich das Recht nimmt, solche Worte zu sprechen?" Und einer von ihnen wandte sich an unseren Rabbi und sagte: „Rabbi, so du diese Dinge sagst, beleidigst du uns."

Und der Rabbi antwortete:

„Weh euch, ihr Schriftgelehrten, denn ihr bindet dem Volk eine Bürde auf, die schwer ist zu tragen, aber ihr selbst wollt dieselbe nicht mit einem Finger rühren!"

Aber die Schriftgelehrten antworteten:

„Das ist nicht wahr, denn wir befolgen die Gesetze und Gebote."

„Wohl befolgt ihr sie wie ein Gewerbe, das ihr gelernt habt, daß ihr euch damit brüsten könnt. Früh kommt ihr ins Bethaus und lange bleibt ihr, daß die Leute auf euch zeigen. Ihr streut Asche auf euer Haupt und zerreißt eure Kleider, daß alle sehen, wie ihr fastet. Ihr wollt aber nicht dem Volk Platz machen an eurem Tische, ihr verjagt es aus euren Häusern, daß eure Becher und Schüsseln nicht verunreinigt würden. Ihr haltet Becher und Schüsseln auswendig reinlich, aber inwendig ist's voller Unflat, darum sind eure Häuser und eure Gefäße unrein, und das Essen an euren Tischen ist Aas, ein Totenopfer, denn ihr habt vertrieben das Volk. Und von ihm, der mit euch sitzt, steht geschrieben: Er sitzt, da die Spötter sitzen..."

Und als er diese Worte gesprochen hatte, stand unser Rabbi auf und verließ das Haus des Pharisäers und den Tisch der Schriftgelehrten, da ich gedacht hatte, von ihm stünde geschrieben: „Wie gut ist es, und wie lieblich, wenn Brüder beieinander wohnen", und der ein Stein des Anstoßes wurde.

V. KAPITEL

Meine Knie zittern, meine Lenden erlahmen, mein Herz keucht, und ein Zittern und Beben hat meine Glieder ergriffen, gleich als wäre ich bei den Haaren meines Hauptes gepackt und in die Höhe getragen. Ich weiß nun, wer vor mir steht, wer vor mir hergeht, und in wessen Fußtapfen ich trete.

Mein Rabbi ist mehr als ein Rabbi; er ist das, was ich nicht verstehe. Ich weiß nicht, von wannen seine Stärke kommt, wer ihn gesandt hat. Wer ist er? Ist er der Heilige Israels, und ich bin ihm nahe? Weh mir, meine Lippen sind unrein und böse mein Herz.

Als mein Rabbi aus dem Hause Simons, des Pharisäers, hinausging und aus der Mitte der Schriftgelehrten, die da saßen, da folgten ihm seine Jünger. Und als wir an den vielen Wächtern und Dienern vorüber waren und zum Tore kamen, da sahen wir eine große Menschenmenge, und sie hielten brennende Lampen in Händen, und Simon bar Jonas, der Jünger, war unter ihnen und ebenso Jakobus und Johannes. die Söhne Zebedäi, und die drei waren eines Sinnes. Sie hatten sich untereinander verschworen, vor den anderen Jüngern ein Ding zu verbergen, und Simon bar Jonas näherte sich dem Rabbi, und die Leute hoben ihre Lampen hoch, daß sie das Antlitz des Rabbi beleuchteten und sein weißes Gewand in der Nacht, und sie riefen ihm zu: „Rabbi, Hosianna, hilf uns!" Und Simon bar Jonas sagte:

„Meister, hab' Erbarmen mit dem Volk dieser Stadt Nain. Sie sind gekommen zu dir mit brennenden Lampen, und sie lechzen, dein Antlitz zu sehen und sich an dir zu erfreuen, die Wasser deines Brunnens zu trinken und von dir geheilt zu werden."

Und Jakobus, Sohn des Zebedäus, und sein Bruder Johannes baten zugleich mit Simon, denn sie waren alle eines Sinnes, und Jakobus sagte:

„Rabbi, die Schriftgelehrten glauben nicht an dich, und sie wollen nur mit dir über die Thora reden, daß sie ihre Gelehrsamkeit scheinen lassen, aber das Volk liebt dich und glaubt an dich. Und hast du nicht gesagt: Selig sind die Demütigen? Und sie kommen demütigen Geistes zu dir, und sie bringen dir die Liebe ihrer Herzen. Geh mit ihnen, denn dein Platz ist unter ihnen."

Und sein Bruder Johannes redete gleichfalls eifrig zu dem Rabbi und sagte:

„Du lässest zu dir kommen die, so zerknirschten Herzens sind. Komm mit uns, Rabbi, ins Haus Jochanaans, des Zöllners. Er hat sein Haus gesäubert, um dich zu empfangen, und er wird das Volk unter seinem Dache zusammenrufen, daß sie sich an dir erfreuen."

Ich aber neigte mich zum Ohr meines Rabbi und sagte:

„So die Schriftgelehrten sehen, daß du ihr Haus verlässest und bist zu den Sündern gegangen und hast den Tisch der Gelehrten mit dem Tisch des Zöllners getauscht, da werden sie beleidigt sein und schlecht über dich reden vor den Ältesten Israels."

Und mein Rabbi antwortete:

„Judas, der Mensch zündet nicht ein Licht an und stellt es unter den Scheffel, sondern er stellt es hoch oben hin, daß alle es sehen..."

Und der Zöllner, der auch zugegen war, verneigte sich vor dem Rabbi und sagte:

„Komm, du von Gott Gesegneter, unter mein Dach, daß es gesegnet sei um deinetwillen."

Und er leuchtete meinem Rabbi mit der Lampe voran. Und Simon bar Jonas war neben ihm und Jakobus und Johannes, und das Volk mit Lampen und Fackeln in Händen geleitete unseren Rabbi durch die Gassen der Stadt Nain zum Hause des Zöllners.

Nun war Jochanaan, der Zöllner, ein reicher Mann, und sein Haus war groß und konnte viele Gäste aufnehmen, und viele waren versammelt, Reiche wie Arme; und Cusa, des Herodes Kriegsmann, war auch zugegen mit seinem Weibe Johanna und mit einem anderen Weibe, das Susanna hieß, und sie gehörten zu den reichen Weibern der Stadt. Und das Weib, dessen Name Maria Magdalena war, und die im Hause des Pharisäers die Füße des Rabbi gewaschen und gesalbt hatte, war dem Rabbi gefolgt.

Und als der Rabbi in das Haus des Zöllners kam, umringte ihn das Volk und versperrte ihm den Weg. Denn die Kranken warfen sich vor ihm nieder, und Blinde waren da, die tasteten mit ihren Händen und wollten sein Gewand berühren, und die von bösen Geistern besessen waren, riefen um Hilfe, und die Sünder neigten ihre Häupter vor ihm und sanken zu Boden, und andere verbargen ihr Antlitz in den Händen vor Scham, denn sie fürchteten sich, ihm ins Angesicht zu schauen, daß er die Sünden erkenne, die auf ihren Stirnen geschrieben standen und in ihnen zerstört hatten das Ebenbild Gottes. Und viele streckten ihm in großem Verlangen die Hände entgegen, und sie riefen: „Rabbi, hilf uns!"

Und als unser Rabbi so viel Glauben sah ringsumher, da kam über ihn die Fülle der Macht, und sein Antlitz war wie ein loderndes Feuer, und also auch seine Hände.

Und es war, als gingen Funken aus von seinem Antlitz und seinem Bart, und seine Augen funkelten wie Ambra, als hätte der Himmel sich geöffnet in ihnen, und wir sahen in die Tiefe des himmlischen Lichts. Und von seinem Gewande, welches weiß war, ging ein blendendes Strahlen aus, gleich als wenn es ganz in Flammen stünde.

Und als das Volk das Leuchten sah, das aus dem Antlitz des Rabbi schlug und aus seinem Haupt und aus seinem Haar, und das Leuchten seines Gewandes, da kam über sie ein großes Zittern, und sie wichen zurück voller Furcht, und sie bildeten einen Kreis um ihn her, und er stand mitten in dem Kreis wie ein brennendes Licht.

Aber da war eine, die wagte sich aus dem Gedränge hervor und trat in den Kreis. Die Glieder versagten ihr, und ihr Gesicht war bleich, und ihre Augen waren, als ob sie blind wären, und sie beugte sich zur Erde und rührte den Saum seines Kleides an.

Und der Rabbi erbebte, als hätte ein Feuer das andere angerührt. Und er schaute sich um und fragte:

„Wer hat mein Gewand angerührt, denn ich fühle, daß eine Kraft von mir gegangen ist?"

Und als er das Weib vor ihm liegen sah mit dem Gesicht zur Erde, und sie zitterte wie das letzte Blatt am Baume zur Regenzeit, da hob er sie auf und sagte:

„Gehe hin, dein Glaube hat dir geholfen."

Und nach ihr wagten noch andere sich in den Feuerkreis des Rabbi. Und ein Blinder kam, und mit ausgestreckten Händen trat er in das Feuer und wußte nicht, wohin er ging. Und als der Blinde die Hand des Rabbi fühlte, da sprang er zurück, als ob er ein brennendes Feuer angerührt hätte, und er rief aus:

„Ein Feuer hat mich verbrannt: wahrlich, ich muß des Rabbi Hand angerührt haben."

Und das Weib aus Migdal streckte sich mit ihrer ganzen Länge zu seinen Füßen hin. Wie die Saiten gestreckt sind über die Harfe, so lag sie auf dem Boden hingestreckt. Und eine Weile lag sie still. Bald aber begannen die Teufel sich zu regen, die in ihrem Bauch waren, und sie schleuderten sie umher, so wie der Sturmwind das Meer umherschleudert, und sie warf sich hin und her, so als ob die Teufel aus ihrem Leibe herausfahren wollten und konnten es nicht. Alsdann packten sie die Teufel und hoben sie auf, und sie begann sich zu drehen mit ihren Händen und ihren Haaren, so wie das Geäst der Zypressen auf dem Felde sich dreht im Winde, und sie suchte sich selbst. Und Schaum trat auf ihre Lippen, und ihre Augen waren groß und wie Flammen, und ihr Haar war wie feurige Zungen, die sie umzüngelten. Und Stimmen und Wehklagen kamen aus ihrem Munde. Und zuerst war es wie das Weinen eines Kindes, das da singt und fleht und hat keine Worte. Aber die Stimmen verwandelten sich in ein Wehgeschrei, und sie streckte die Hände aus, gleich als wenn einer vor ihr stünde, und sie hub an zu singen aus dem Lied der Lieder, aus dem Hohelied Salomonis: „Wer ist der, der heraufsteigt von der Wüste?" Und sie ging, als ginge sie ihm entgegen, mit tanzenden Schritten und mit verklärter Miene, als habe sie ihn gesehen, der ihr bestimmt war. Und dann geriet sie in Furcht, und sie zitterte und bebte am ganzen Körper und krümmte sich zusammen. Und sie fing an zu weinen und sagte, daß ihre Sünden böse Geister gesäugt hätten, in ihrem Schoß, und jetzt bänden sie sie mit Stricken und sagten, sie sei ihnen verfallen, und sie wollten sie nicht hingehen lassen zu ihm. Und wie ein Mensch, der in den tiefsten Schlund der Hölle stürzt, und um ihn sind Schlangen und Skorpione, die seine Seele martern, so flehte sie zu dem Rabbi und streckte ihre Hände nach ihm aus:

„Rette mich, du Auserwählter, rette mich vor den Qualen, die in meinem Leib wohnen, du bist meine einzige Hilfe.“

Und sie fiel hin und schlug die Hände vor das Antlitz und weinte lange und bitterlich. Und der Rabbi legte die Hände auf ihr Haupt und sagte:

„Du bist gereinigt.“

Und er befahl den Teufeln und Geistern, sie zu verlassen, denn ihre Sünden waren ihr vergeben. Er nahm sie bei der Hand und hob sie auf und sagte zu uns: „Sie ist unsere Schwester“, und setzte sie zu seinen Füßen nieder. Aber sie streckte sich in ihrer ganzen Länge auf den Boden hin, und sie bedeckte die Füße des Rabbi mit ihrem Antlitz und ihrem Haar, und sie lag still wie ein neugeborenes Kindlein zu seinen Füßen.

Und als das Volk die Wunder sah, die unser Rabbi an den Kranken und Mühseligen verrichtete, da streckten sie die Hände nach ihm aus und flehten:

„Rabbi, lehre uns, was wir tun sollen, daß wir erlöst werden und das Himmelreich erben.“

Und unser Rabbi streckte seine Hände nach ihnen aus und sagte:

„Ihr werdet nicht anders ins Himmelreich kommen denn durch das Joch, so ihr auf euch nehmt. Denn die Zeit ist nahe, die Erlösung pocht an die Tür, und die bereit sind, werden eingehen durch die Tür, aber die anderen werden außen bleiben.“

„Aber was sollen wir tun, Rabbi?“

„Tut ab von euch die irdischen Reichtümer, so ihr gesammelt habt, denn nur wer auf den Vater im Himmel vertraut und nicht auf das reichliche Brot, so er versteckt hat an einem geheimen Ort, der wird das Himmelreich erben. Wenn einer unter euch zwei Laibe hat, soll er den einen seinem Bruder geben, wenn einer unter euch zwei Kleider hat, soll er eines seinem Bruder geben. Denn schmal ist das Tor zum Himmelreich, und nur die Nackten und Hungrigen können dort eingehen. Ihr könnt nicht Gott dienen und dem Mammon, und wer mir nachfolgen will, der soll zuerst seinen irdischen Reichtum von sich werfen, und soll seinen Glauben in den himmlischen Vater setzen und nicht in sein Geld."

Und da war lange ein Schweigen unter dem Volk, und niemand wagte ein Wort zu sprechen. Viele standen da mit gesenktem Haupt, denn es waren Reiche unter ihnen, und sie wollten sich nicht losreißen von dem Reichtum, den sie gesammelt hatten. Aber da kam aus dem äußeren Kreise ein Weib, und sie drängte sich durch die Menge, und sie trat vor den Rabbi hin, und sie nahm den Goldreif von ihrem Halse und ihren Nasenring und ihre Fingerringe und sie legte sie dem Rabbi zu Füßen. Und sie nahm auch ihren Mantel von reichem Gewebe ab und ihr Alabasterfläschchen mit süß duftendem Salböl, und legte selbiges dem Rabbi zu Füßen. Und sie hatte nur noch ein Leinenhemd, ihre Scham zu bedecken, und sie sagte:

„Meister, nimm mich an, wie ich zu dir komme."

Und das war Johanna, das Weib Cusas, des Kriegsmannes von Herodes.

Und unser Rabbi sagte:

„Johanna, du bist unsere Schwester im Himmelreich. Geh', stelle dich hinter mich."

Und sodann hob er eine zweite auf, die gleich der ersten tat, und ihr Name war Susanna, und sie war eine der Töchter der Stadt.

Und das Weib, das er von seinen Sünden gereinigt hatte, und ihr Name war Mirjam, sagte zu ihm:

„Rabbi, ich habe dir nichts mehr darzubieten, nur meine Seele, die du gereinigt hast. Alle meine Habe habe ich hingegeben zur Sühne meiner Sünden, und ich bringe dir nichts als meine Seele und lege sie dir zu Füßen."

Und mein Rabbi antwortete:

„Auch du bist unsere Schwester im Himmelreich, geh', stelle dich hinter mich."

Und einige der Zöllner, die zugegen waren, traten vor ihn hin und sagten:

„Wir haben nichts als unser Amt, und unser Amt ist ein sündiges. Was sollen wir tun, um erlöst zu werden?"

„Nehmet nicht mehr von euren Schuldnern, als euch zukommt nach dem Gesetze, und bedrücket nicht die Armen; und im übrigen sollt ihr belohnt werden nach euren Taten, denn Gott sieht in das Herz des Menschen und richtet ihn nach seinen Gedanken."

Und so traten sie vor ihn hin, einer nach dem anderen, und

sie bekannten ihre Sünden vor ihm, und er sagte zu ihnen: „Dienet eurem Vater im Himmel, so wie ihr eurem Könige dient.“

Und der Rabbi befahl mir, das Gold zu nehmen und das Silber und den Schmuck und die reichen Gewänder, so die Weiber zu seinen Füßen hingelegt hatten, und sie zu verkaufen und das Geld unter die Armen zu verteilen. Aber es war da nicht viel mehr, als was die Weiber hingelegt hatten, denn die reichen Männer, die dabei standen, sagten: „Er macht uns das Joch des Himmelreiches noch schwerer als die Pharisäer. Denn die Pharisäer fordern von uns nur den Zehent, er aber fordert von uns den Hauptteil. Und wenn wir den Hauptteil weggeben, was bleibt uns dann?“ So verließen sie das Haus des Zöllners und gingen von dannen. Und der Rabbi sprach von ihnen und sagte:

„Kommet und sehet! Es ist leichter, daß ein Kamel durch ein Nadelöhr gehe, denn daß ein Reicher ins Reich Gottes komme.“

Und der Rabbi nahm die Armen, die da standen, und die sündigen Zöllner und die kranken Weiber, die er geheilt hatte, und er saß mit ihnen an einem Tische und aß mit ihnen das Brot. Und als unser Rabbi sah, daß die einfachen Leute ihre Hände nicht wuschen, weil sie nicht stark waren im Gesetz und nicht wußten, wie sie es befolgen sollten, da wusch auch er nicht seine Hände, auf daß er sie nicht beschäme, sondern sprach nur das Gebet, so er vor dem Essen spricht. Er segnete das Brot, das sie ihm brachten, und es war schon gebrochen, und er verteilte es unter die, die am Tische saßen. Dann verlangte er Wein, und er ermahnte das Volk, zu essen und zu trinken und sich zu freuen, daß ihnen ihre Sünden vergeben sind; und daß sie bereit sind, das Himmelreich zu empfangen. Und er erquickte sie mit tröstlichen Worten und bat sie, keine Sorge zu tragen und nicht traurig zu sein, daß sie das Gesetz nicht kannten. Denn Gott verlangt nicht, daß du das Gesetz sollst auswendig können, sondern ihm sind ein reines Herz und ein sanfter Mut die willkommensten Opfer. Und unser Lehrer Moses hat in seiner Thora gesagt: „Dieses Gesetz, das ich dir gebe, ist nicht im Himmel, noch unter dem Meer, sondern es ist in deinem Herzen.“ Nicht die Gesetze, so eingegraben waren auf den Tafeln, hat Moses den Juden vom Berge Sinai gebracht, sondern die zehn Gebote, so eingegraben sind im Herzen des Menschen. Wie der Prophet gesagt hat: „Ich will den Tempel errichten in deinem Herzen.“

Und als sie sahen, daß der Rabbi bereit war, und daß die Stunde über ihn gekommen war, da freuten sie sich sehr mit ihm, daß er bei ihnen war, und der Freude war kein Ende, daß man in der ganzen Stadt die Lichter brennen sah im Hause Jochanaans, des Zöllners, und hörte den Gesang.

Als sodann Simon bar Jonas, der Jünger, sah, daß unser Rabbi frohen Mutes war, und daß die Stunde über ihn gekommen war, da nahm er eine Öllampe und ging auf die Gasse hinaus, wo Finsternis herrschte und die Kinder der Nacht waren, und er sagte zu ihnen:

„Im Hause Jochanaans, des Zöllners, sitzet der Mann, dem Macht verliehen ist, euch eure Sünden zu vergeben und euch ins Himmelreich aufzunehmen."

Und da kamen ins Haus Jochanaans, des Zöllners, die Kinder der Nacht, solche die nicht aufgenommen sind in die Gemeinschaft Israels, und deren Gesichter davon zeugen, daß ihre Seelen krank sind und verdorben, Menschen, mit schwerer Sünde beladen. Einige waren unter ihnen, die gingen in Lumpen, und ihre Nacktheit schimmerte durch die morschen Fetzen, und allerlei Wunden, Krankheit und Aussatz bedeckten ihre Haut wie ihre Seelen. Und da waren andere, die waren bemalt und geschmückt, aber ihre Seelen waren böse und unrein, denn es waren viele Huren unter ihnen, die des Nachts in den Gassen umherirren und die Vorübergehenden in ihren Netzen fangen. Auch waren welche darunter, die waren vor dem Urteil der Gerichte geflohen und hielten sich vor der Obrigkeit verborgen. Und alle diese brachte der Jünger Simon ins Haus Jochanaans, des Zöllners. Und da der Rabbi sie sah, und der Gestank ihrer Leiber in unsere Nasen stieg, streckte er die Arme aus und rief:

„Kommet her zu mir alle, die ihr mühselig und beladen seid." Und er stand vor ihnen auf und holte sie an den Tisch und ließ sie an seiner Seite sitzen und sagte: „Ihr alle, die ihr verlassen seid und verstoßen, womit soll ich euch vergleichen? Ich will euch mit dem Garten des Propheten Jesaja vergleichen, aber nicht mit dem Garten, der gepflanzt wurde und gepflegt, sondern im Gegenteil. Niemand hat euren Garten gepflügt und Samen ausgesät, niemand hat ihn zur rechten Zeit bewässert, die Hecken sind umgeworfen, und jedermann konnte hineingehen und auf die jungen Pflanzen treten, daß nur saure Trauben in ihm wachsen sollten, und siehe, er hat süße und gute Trauben getragen."

Und unser Rabbi nahm das Brot, das neben ihm lag, und er brach's, gab es ihnen und sagte:

„Kommet und esset mit mir, meine Brüder und Schwestern

im Himmelreich. Denn unser Vater im Himmel hat die Qualen eurer Seele gesehen, und er hat euch eure Sünden vergeben."

Und einige unter ihnen begannen zu weinen, und sie sagten: „Wer bist du, du Gesegneter? Wer hat uns den Trost des Himmels gesandt?"

Und es waren solche am Tische, die standen auf und sagten: „Wir mögen wahrlich unwissend sein, und wir sind nicht mit dem Gesetz vertraut, aber unsere Herzen halten Frieden mit unserem Gott, und wir wollen auf seinen Wegen wandeln. Und ob wir arm sein mögen, so verdienen wir doch unser bißchen Brot im Schweiße unseres Angesichts. Es ziemt sich nicht für uns, daß wir mit Dieben und Huren an einem Tische sitzen." Und sie verließen den Tisch des Rabbi.

Und unser Rabbi rief ihnen nach und sagte:

„Vor den Pharisäern und Schriftgelehrten seid ihr Sünder und Gefallene, und vor euch sind diese da die Sünder und Gefallenen. Und ich sage euch, je mehr ein Mensch in den Staub gestoßen wird, desto stärker ist er, und je tiefer er gefallen, um so mehr soll er erhöht werden in Gott. Und war es nicht König David, Friede sei mit ihm, der da sagte: Aus der Tiefe rufe ich zu dir, o Gott... Und wer läge so tief wie diese da? Und ich sage euch, daß sie näher bei Gott sind als ihr und jene anderen, und wer ihnen Gutes tut, tut Gutes meinem Vater im Himmel, und wer sich von ihnen abwendet, wendet sich ab von meinem Vater im Himmel."

Ich neigte mich zu meinem Rabbi, und ich flüsterte in sein Ohr und fragte:

„Rabbi, wo ist die Grenze, bis zu der die Barmherzigkeit geht, und wo das Gericht anfängt?"

Und der Rabbi antwortete mir und sagte:

„Es ist keine Grenze. Geh' mit deinem Bruder bis an den Rand des Abgrundes und noch weiter."

Und ich erkühnte mich, meinen Rabbi zu erinnern, und ich sagte:

„Steht nicht geschrieben: Der Herr ist ein gerechter Richter? Und steht nicht weiter geschrieben: Der Herr wird in allem gerecht handeln?"

Aber mein Rabbi sah mich an und antwortete und sagte:

„Judas, Judas, bin ich gekommen, um neue Lappen zu setzen auf ein altes Gewand? Ich bin die letzte Tür, und so ihnen auch diese Tür versperrt wird, wo sollen sie dann anklopfen?"

Und ich verstand ihn und schwieg.

VI. KAPITEL

Da ging Simon hinaus und suchte und fand eine Ruhestätte für die Nacht für unseren Rabbi, denn oft wohnt unser Rabbi nicht unter einem Dache, sondern unter dem freien Himmel. Wer außen schläft, der hat den Himmel zum Dach und ist bei seinem Vater zu Hause. Aber wer unter einem Dache schläft, der sperrt sich in vier Ellen ein und ist sich selber der einzige Hüter. Und er weilte in dieser Nacht in der Hütte eines Weinbergwächters, und der Weinberg gehörte Johanna, dem Weibe des reichen Kriegsmannes von Herodes.

Und als es Morgen wurde am zweiten Tage, und unser Rabbi das „Höre, Israel" gesprochen hatte, da befahl er seinem Jünger Simon, den Brotsack zu öffnen, daß wir essen sollten, ehe wir des Tages Mühe begannen. Denn an diesem Tage hatte der Rabbi viel Arbeit für uns, und er sagte: „Schwer ist die Arbeit und kurz die Zeit, die Ernte ist groß, aber wenige sind der Arbeiter." Und als Simon das Brot vor uns hingelegt hatte, da sah der Rabbi den Weinbergwächter, der beiseite stand und zusah, was wir taten, denn er war von den Erdgeborenen, so sich den Rabbis nicht zu nähern wagen, daß sie sie nicht verunreinigten. Aber mein Rabbi sagte zu dem Weinbergwächter:

„Warum stehst du beiseite? Komm her und sitze bei uns und iß von unserem Brot."

Und der Wächter antwortete:

„Wie soll ich zu dir kommen und von deinem Brot essen, da du ein Gelehrter bist, und ich bin von den Erdgeborenen?"

Und unser Rabbi sagte:

„Es steht geschrieben: Alle seid ihr Kinder unseres Vaters im Himmel."

Und der Wächter antwortete:

„Ja, aber ich bin nicht von den Gelehrten, ich bin nicht stark im Gesetz, und ich weiß nicht zu befolgen die Gebote von Rein und Unrein, und meine Hände werden das Brot verunreinigen."

Aber der Rabbi sah zum Himmel auf und sagte:

„Siehe, o mein himmlischer Vater, wie sie deine Kinder geteilt haben in Rein und Unrein." Und er sagte zu dem Wächter: „Komm, Mattathias, laß dich nieder bei uns und iß unser Brot. Nicht das Wissen, so außerhalb ist, erhöht den Menschen und macht ihn rein, sondern das Wissen, so im Herzen ist. Mattathias, du erfüllst das ganze Gesetz..."

Und der Weinbergwächter tat, wie ihm geheißen, aber mit großer Furcht, und als er das Brot nahm, das der Rabbi ihm gab, waren seine Augen voller Tränen, und die Tränen fielen auf das Brot; und er sagte:

„Weh mir, Rabbi, ich weiß, daß ich in den tiefsten Schlund der Hölle gestürzt werde, weil ich das Gesetz nicht befolgt habe, und ich weiß nicht, was man tun darf, und was man nicht tun darf."

Aber der Rabbi trocknete ihm die Tränen und sagte:

„Ich sage dir, Mattathias, nicht du, sondern die dich anklagen vor unserem Vater im Himmel und von dir Böses sprechen zu ihm, sollen die höllischen Flammen erleiden. Du hast Gott dein Herz dargebracht, und ein demütiges Herz und ein bescheidener Sinn sind ihm die willkommensten Opfer." Und er wandte sich der Stadt zu und hob die Hände und sagte: „Weh euch, Schriftgelehrte und Pharisäer, die ihr über Land und Wasser ziehet, daß ihr eine Seele gewinnt, und so ihr sie gewonnen habt, macht ihr ein Kind der Hölle aus ihr."

Und der Rabbi sagte zu Mattathias, dem Wächter: „Führe mich in deinen Weinberg, denn ich will meine Augen an der Schöpfung Gottes weiden."

Und als der Rabbi saß im Weinberge Johannas, des Weibes des herodischen Kriegsmannes, da sah er das Grün an, das aus der Erde sproß, und das erste Blühen, das in den Knospen war. Denn es war die Zeit der größten Schönheit im Lande. Es war Frühling. Und Gott hatte seine Sonne hergesandt, seine Liebe und seine Gnade über die Erde. Und der Nachttau lag noch auf den Zweigen, und die Sonne spendete Wärme und verscheuchte die Kühle der Nacht. Und die Vögel in den Zweigen erwachten und waren sehr geschäftig, und sie trugen Futter in die Nester, die sie im Geäst gebaut hatten. Und der Garten war voll von Leben und voll von Gottes Schöpfung, und es war, als freuten sich die Bäume und die Vögel, daß sie Gottes Gebot erfüllten, daß sie lebten und der Fülle des Lebens hatten, und Friede war ausgegossen über das Land, denn Gott hatte seinen Frieden gesandt.

Und als unser Rabbi die Freude sah und den Frieden, die Gott vom Himmel herabgegossen hatte, da war in seinem Herzen eitel Liebe zur Erde, zu den Menschen und zu allen Geschöpfen, und er liebte und segnete alles, das da schaffet und baut. Und er nahm den Spaten aus der Hand Mattathias', des Weinbergwächters, und er half ihm bei seiner Arbeit. Und in seinem Herzen war eitel Freude, daß sein Vater im Himmel für alle seine Geschöpfe sorgte, und er erhob seine Stimme und lehrte uns:

„Der Herr ist mein Hirte, es soll mir nichts mangeln.“ Und er sagte weiter: „Darum sorget nicht für euer Leben, was ihr essen und trinken werdet, auch nicht für euren Leib, was ihr antun sollt. Das Leben ist mehr denn die Speise, und der Leib ist mehr denn die Kleidung. Sehet die Schwalben und lernet von ihnen. Sie säen nicht, sie ernten auch nicht und sammeln nicht in die Scheunen, und Gott nährt sie doch. Wie viel aber seid ihr besser als die Vögel der Luft? Welcher ist unter euch, ob er schon darum sorgte, der da könnte einen Tag seinem Leben zusetzen? Und so ihr ein so Geringes nicht vermöget, warum sorgt ihr für das andere? Sehet die Rose, sie webt nicht und spinnt nicht, aber ich sage euch, daß Salomo in all seiner Herrlichkeit nicht so bekleidet gewesen ist. Wenn Gott also das Gras auf dem Felde kleidet, das heute steht und morgen in den Ofen geworfen wird, wie viel mehr wird er euch kleiden, o ihr Kleingläubigen? Gehet nicht mit Sorgen um, was ihr essen werdet und trinken, und seid nicht hochfahrend, so ihr gekleidet seid und genährt, denn danach trachten die Heiden. Euer Vater im Himmel weiß wohl, wes ihr bedürfet.“

* *
*

Und es kamen von der Straße her die Boten des Gerichts. Und bei ihnen war einer, der war mit einem Kamelfell bedeckt, und er war hager und abgezehrt vom Fasten und Kasteien, daß wir die Knochen sahen in seinem Leibe, und seine Hände waren wie Stecken vor Magerkeit, und sein Haar war wirr und ungekämmt. Und dieser Mann war ein Jünger Jochanaans, des Täufers, und er hieß Zadok. Er war sehr fromm, und das Volk glaubte an ihn. Und die, so bei ihm waren, waren die Boten des Gerichtes von Nain. Und sie traten zu uns und wandten sich an die Jünger und nicht an den Rabbi, und sie sagten:

„Jünger des Rabbi Jeschua, euch gebietet der Gerichtshof, vor ihm zu erscheinen und Zeugnis abzulegen über die Taten und Worte eures Rabbi, denn Böses ist den Frommen und Gelehrten zu Ohren gekommen über die Lehren und Sprüche eures Rabbi, und ihr habt es zu verantworten genau wie er.“

Da sagte der Rabbi zu uns, seinen Jüngern:

„Gehet hin und tretet vor den Gerichtshof von Nain und leget Zeugnis ab über alles, so ihr gesehen und gehört habt. Sehet, ich gebe mich in eure Hände.“

Da sagte Simon bar Jonas, den die Worte der Boten erschreckt hatten:

„Rabbi, ich bin kein Gelehrter, und die Schrift ist nicht in meinem Munde. Wie soll ich mit den Pharisäern und Schriftgelehrten streiten?“

„Auch du, Simon bar Jonas, sollst hingehen und Zeugnis ablegen. Und was Gott, mein himmlischer Vater, dir in den Mund legt, das sollst du sagen, denn ich gebe mich in deine Hände.“

Und Simon bar Jonas ging mit uns, und nur die Söhne Zebedäi blieben bei meinem Rabbi, denn er sagte, daß sie leicht in Zorn gerieten, und die Worte der Gelehrten soll man in Ruhe anhören.

Und der Gerichtshof der Stadt Nain war bereits versammelt, der Vorsteher des Gerichtes und die Obersten und die Gelehrten und die Gesetzausleger und danebst noch viele Jünger Jochanaans, des Täufers.

Und als wir, die Jünger des Rabbi Jeschua, vor das Gericht hintraten, da sagte zu uns Simon, der Pharisäer:

„Jünger des Rabbi, ihr seid gerufen vor den Gerichtshof, daß ihr Zeugnis ablegt über euren Rabbi, welches die Lehre sei, so er predigt, und die Taten, so er vollbringt. Denn uns sind seine Taten nicht verständlich. Er vergibt den Gottlosen ihre Sünden. Aber es ist keinem unter uns bekannt, daß Fleisch und Blut die Sünden vergeben kann dem Fleisch und Blut, und nur unser Vater im Himmel kann vergeben. So wie geschrieben steht: Und er soll beten zu Gott, und ER wird ihm vergeben. Vielleicht ist euch bekannt, Schriftgelehrte, ob es solche gegeben hat unter den früheren Geschlechtern der Weisen und Heiligen, so in ihrem eigenen Namen anderen ihre Sünden vergeben haben, und wer ihnen die Macht dazu verlieh.“

Und Jochanaan, der älteste der Schriftgelehrten, der belesen war in der Schrift und ein Meister in der Überlieferung, runzelte die Brauen, die seine Augen behüteten, und antwortete:

„Es ist uns nicht bekannt, und es ist nicht gehört worden aus allen Geschlechtern der Vergangenheit, daß ein Mensch einem anderen Menschen seine Sünden vergeben soll, welches nur unser Vater im Himmel kann tun. Und die Propheten haben nicht mehr getan als das Volk ermahnt, Buße zu tun vor Gott, so wie geschrieben steht: Kehre zurück, o Israel, zu dem Herrn, deinem Gott. Und in der Thora sind verzeichnet alle die Sünden, so ein Mensch begeht, ob mit Absicht oder aus Läßlichkeit, daß er dies und dies Opfer darbringen solle und dem Herren seine Sünde beichten. Aber kein Mensch hat das Recht, einem anderen die Sünden zu vergeben, es wären denn die Sünden, die an ihm begangen wurden."

Und der Vorsteher des Gerichtes wandte sich an die Jünger Jochanaans, des Täufers, und fragte:

„War es also mit eurem Rabbi, daß er euch die Sünden vergab, als ihr zu ihm hinginget, getauft zu werden in der Wüste von Judäa?"

„Jochanaan, der Täufer, ermahnte uns, Buße zu tun vor unserem Vater im Himmel, und unseren Leib zu reinigen durch Fasten und Kasteiung und mit unserem Leib in der Taufe zu beten, denn das Himmelreich ist nahe."

Und Simon, der Pharisäer, erhob seine Stimme und sagte:

„Und als wir euren Rabbi fragten, in wessen Namen er die Sünden vergibt, so doch Fleisch und Blut nicht tun kann und nicht getan ward selbst von Moses und den Propheten, noch von den ältesten der Chassidäer, noch auch von Jochanaan, dem Täufer, da sprach er harte Worte zu den Weisen und Schriftgelehrten, die zugegen waren, und er ging von dannen, und er ging in das Haus Jochanaans, des Zöllners, so kein Jude betreten soll, denn das Haus ist gottlos und unrein. Und er tauschte den Tisch der Weisen und Schriftgelehrten mit dem Tisch der Zöllner, der Sünderinnen und Erdgeborenen, deren Hände unrein sind, denn sie wissen nicht, wie man tut nach dem Gesetze; und er verrichtete Wunder vor ihnen, trieb böse Geister aus und vergab die Sünden, und er sprach mit Macht, als ob das Gesetz in seine Hände gegeben sei, und er könnte damit tun nach seinem Willen. Die Worte eures Rabbi sind uns unverständlich, und wir haben euch vor den Gerichtshof gerufen: Ihr, die Jünger, habt euch für euren Rabbi zu verantworten, wie er sich für euch zu verantworten hat. Und nun sagt uns genau: Wer ist jener, der euer Rabbi ist? Wo ist die Satzung, auf die seine Worte sich stützen? Und wer gibt ihm die Macht, Wunder zu wirken? Und so werden wir wissen, was wir mit ihm tun sollen."

Da erhob sich Zadok, der Schüler Jochanaans, des Täufers, und seine Stimme war dünn und matt, denn sein Körper war abgezehrt vom vielen Fasten und Kasteien, und er sagte:

„Jochanaan, der Täufer, rief uns in die Wüste, und er

befahl uns, unseren Leib mit Hunger und Durst zu kasteien, auf daß unsere Seele gestärkt würde, denn das Reich Gottes ist nahe. Und unser Leib ward durch die Taufe gereinigt und wurde eine würdige Wohnstatt für die Seele. Aber wer ist jener, der da ißt und trinkt mit Sündern? Wir hören seine Worte, und wir sehen seine Taten, aber sie sind nicht zu verstehen. Denn er wandelt nicht in den Fußtapfen Jochanaans."

Und wir, die Jünger unseres Rabbi, schauten einer den anderen an, und wir warteten, daß einer unter uns seine Stimme erheben und für unseren Rabbi zeugen sollte. Aber wir schwiegen alle. Und als ich sah, daß keiner da war, da stand ich auf, ich, Judas Ischariot, der Geringste seiner Jünger, zu zeugen für meinen Rabbi, und sprach:

„Gerechtes Gericht, höre die Worte des Geringsten seiner Schüler. Ich bin vom Stamme Juda, und all mein Leben lang saß ich im Tempelhof und forschte in den Worten Gottes. Rabbi Nikodemus war mein Rabbi. Josef von Arimathia und Simon von Kyrene sind meine Genossen. Und wir saßen und redeten untereinander: Welches sind die Wege Gottes? Und auf welchen Pfaden sollen wir wandeln? Was wir von den Rabbis hörten, war nur das Gesetz, und die Thora war zerfallen in lauter Stückwerk, dies sollst du tun und dies sollst du nicht tun, und da war eine Mauer, durch die konnten wir nicht hindurchsehen in das Ganze, so alles enthält. Und da kam zu uns ein Mann aus Galiläa und sprach von einem Rabbi, der dort hervorgetreten war und die Lehre des ehrwürdigen Hillel predigte. Und wir dachten Schlechtes in unserem Herzen und schätzten diesen Rabbi für nichts, denn er kam aus Galiläa, und wer hat je gehört, daß Gutes sollte kommen aus Galiläa? Aber da kamen uns weiter zu Ohren die Zeichen und Wunder, die er verrichtete, und wie er das heilige Gesetz unter dem Volke verkündet. Und da sagte Nikodemus, der Rabbi: Es lohnt sich, dies zu prüfen; und sie sandten mich nach Galiläa, daß ich mit meinen eigenen Augen sehen und mit meinen eigenen Ohren hören sollte. Und ich kam, um zu prüfen, und ich will nun sagen wie Saul: Ich kam eine Eselin zu suchen, und ich habe ein Königreich gefunden. Da stand er in der Schule von K'far Nahum und war bleich und jung und hatte den Gebetmantel angetan, und er predigte dem Volk zu der Stunde, da die Thora verlesen wird: Nichts kann aufkommen gegen den Glauben, und: Gib, und es soll dir gegeben werden, und: Mit welcherlei Maß ihr messet, wird euch gemessen werden, und: Was siehest du den Splitter in deines

Bruders Auge und siehest nicht den Balken in deinem eigenen Auge, und: Richtet nicht, auf daß ihr nicht gerichtet werdet, und andere solche Reden. Und ich dachte zuerst, daß der ehrwürdige Hillel aus seinem Grabe einen lieben Schüler gesandt hat, daß er erneuern möge seine Lehre im Land. Aber als ich suchte und emsig forschte, da sah ich, daß es nicht so war. Mein Herz zerschmilzt vor Furcht, und meine Knie zittern, und die Furcht Gottes ist über mir ob der Taten, die mein Rabbi vollbracht hat, und der Worte, die aus seinem Munde gekommen sind. Gerechtes Gericht, steht nicht das Haus Jakobs verlassen und beschämt vor den Heiden? Edom hat sein Nest gebaut auf dem heiligen Berge Zion. Seine Füße treten frech in das Gotteshaus, sein Joch lastet auf unserem Nacken, und seine Peitsche fällt auf unseren Rücken. Das Wort hat man uns weggenommen, und es ist kein Prophet aufgestanden unter uns, und kein Zeichen ist gewesen. Sind wir weniger würdig denn unsere Vorfahren? Warum hat Gott sein Antlitz von uns abgewendet? Wir halten den Atem an und horchen beflissen, ob Schritte zu hören sind, und wir schauen, ob das Licht leuchte auf den Bergen, und ob Stimmen sich erheben in der Wüste nach der Verheißung, daß der Gesalbte Gottes kommen wird und rechtfertigen wird unser Harren und anhauchen unser Leiden und erfüllen die Worte des Propheten. Und ich kam und sah. Und was sah ich? Die Worte erfüllten sich, die der Prophet verkündet hat: Die Tauben hören und die Blinden sehen... Mit dem Atem seines Mundes befiehlt er den Teufeln, seine Worte sind wie scharfe Messer, er sammelt die Menschen ein wie der Mäher die Ähren, und er speichert sie auf für den Herrn. Wer hat unserem Vater im Himmel so viele Herzen nahe gebracht? Wer hat unter den Armen und Verlorenen so viel zitternde Hoffnung erweckt? Wer hat dem Himmel so viele verirrte und verworfene Seelen wiedergegeben? Wer kennt seine Pfade? Wer versteht seine Zwecke? Rühret nicht an die Pflanze, die Gott gepflanzt hat! Lasset uns harren mit zitternden Herzen, und ein Gebet auf den Lippen, und wohl auf das Licht achten, das angezündet ist in Israel zu Israels Heil."

Und nach mir stand auf Simon, der Zelot, und begann:

„Gerechtes Gericht, ich ging mit den Zeloten und entwich mit ihnen in die Berge, denn ich konnte es nicht ertragen, die Füße Edoms auf dem Nacken Jakobs zu sehen. Wir wollten nicht das Knie beugen vor irgendeinem, der von Fleisch und Blut ist, und keinen Herrn wollten wir anerkennen, außer dem

Herrn der Welt. Wir fielen über die Heerscharen her und dachten, Gott wird uns helfen, das Joch Edoms zu brechen, aber unsere Hoffnungen wurden zunichte. Ich versteckte mich in den Höhlen wie ein wildes Tier, ich lauerte den Wanderern auf, ich machte die Straßen unsicher, und ich glaubte, so werde es immer sein. Unsere Herzen waren von Zweifel erfüllt, und auf unseren Lippen war eine Klage: Wie denn, wenn unsere Vorfahren gesündigt haben? Wie lange soll Edom über uns triumphieren? Sind die Heiden besser als wir? Und suchen wir das Heil nur für uns? Ist uns nicht die himmlische Seligkeit verheißen? Wo ist die Verheißung, die unseren Vätern gegeben wurde? Warum währt es so lange? Keine Hilfe, kein Ruf, kein Zeichen, gleich wie wenn, Gott sei davor, die Worte unseres Propheten gesäet wären in den Wind... Wie ein Schakal in der Wüste, so jammerte ich in meiner Bitternis, und ich geriet auf schlechte Wege, und ich tötete Menschen wie ein wildes Tier. Und ich wäre in den tiefsten Schlund der Hölle gestürzt, so mir Gott nicht geholfen und meine Schritte zu meinem Rabbi geleitet hätte. Ich begegnete ihm im Hafen von K'far Nahum, allwo die Fischer ihre Kähne liegen haben. Er rief den Armen zu: Kommet her zu mir alle, die ihr mühselig und beladen seid, und ich sah, wie das Volk zu ihm strömte. Und zuerst kamen sie hin, um zu spotten und zu lachen, und alsdann wurden sie ernst und bekümmert, und alsdann war Freude auf ihrem Antlitz, und ihr Rücken war gerade und ihr Geist gestärkt. Und in mir war eitel Staunen, und ich trat hinzu, und ich fragte: Rabbi, wann wird Gott uns aus Edoms Hand erlösen? Und er antwortete: Es ist keiner frei, er nähme denn in Liebe das Joch des Himmelreichs auf sich, es ist keiner erlöst, er löste sich denn aus den Banden der Sünde, und alsdann ist die Freiheit in deiner Hand, und niemand kann sie dir entreißen... Und seine Worte erfüllten mich mit Staunen und ich verstand sie nicht. Aber ich ging hinter ihm her, und Tag für Tag achtete ich auf seine Taten und hörte auf seine Worte, und ein Licht fiel auf meine Augen, und ich sah, da ich die Freiheit gesucht hatte, hatte ich meine Seele verkauft wie einen kanaanitischen Sklaven in die Hände des Satans. Und ich ging zu meinem Rabbi und sagte: Rabbi, rette mich! Und mein Rabbi nahm mich und band mich, wie man ein Kalb bindet, und brachte mich unter das Joch unseres Vaters im Himmel, und ich fand die wahre und ewige Freiheit, die kein Fleisch und Blut mir entreißen kann, denn ich bin ein Knecht Gottes."

Und nach ihm stand Simon bar Jonas auf und legte Zeugnis ab:

„Ich bin ein schlichter Mann, ein Fischer aus K'far Nahum, unerfahren im Gesetz, aber mein Herz verlangt nach meinem Vater, dem Schöpfer, und ohne ihn bin ich wie ein Blatt, das vom Baume fiel, und wie ein Schaf, das sich aus der Hürde verirrt hat. Mein Herz verlangt danach, gebunden zu sein an Gott, aber krumm und verzweigt waren die Wege, auf denen die Gelehrten mich führen wollten zum Schöpfer der Welt. Wer soll sie meistern? Ihr habt Gottes Gesetz in tausend Stücke geteilt, wer soll die zusammenholen und in der Hand halten, als die Gelehrten, so darum bemüht sind Tag und Nacht. Uns, den Unbelesenen und Mühseligen, ist Gottes Wort mit vielen Siegeln verschlossen. Wir wissen nicht, was erlaubt ist, und was nicht erlaubt ist. Wir irren in der Finsternis umher, wir stoßen uns wie Blinde an den Mauern ohne Zahl, die ihr aufgerichtet habt um unseren Vater im Himmel. Und wir hören von euch nur mahnende Worte: Ihr unreinen Hände, kommt uns nicht nahe! Aber auch unsere Herzen suchen die Spur, die zu Gott führt, unsere Seelen verlangen danach, an ihn gebunden zu sein und nach dem Tode den Weg zu finden zu dem Thron seiner Herrlichkeit. Und wir haben uns die Augen blind geschaut nach ihm, der da kommen wird, der unsere Seelen befreien wird und uns binden an die ewige Seligkeit, daß wir teilhaben an dem ewigen Leben und nicht in den Höllenpfuhl stürzen und in die endlose Nacht, der ihr uns überantwortet habt. Dürstend und hungernd saßen wir auf den Schwellen eurer Schulen und Bethäuser und sammelten die Brosamen der Gelehrsamkeit, die von eurem Tische fielen, wo wir nicht sitzen durften. Bis daß er kam und uns, den Blinden, die Hand reichte. In K'far Nahum, im Fischerhafen, da erblickte ich ihn von meinem Kahn aus, und er stand unter dem armen Volk, und ich hörte ihn rufen: Kommet her zu mir alle, die ihr mühselig und beladen seid. Und das Volk sammelte sich um ihn, wie die Kücken sich sammeln unter dem Gefieder der Henne am Tage des Gewitters. So nahm er sie unter seine Fittiche. Und er kam auch zu mir in meinen Kahn, und er sagte: Simon bar Jonas, folge mir nach, und ich will dich zu einem Menschenfischer machen, und von Stund' an folgte ich ihm nach. Und ich achtete auf seine Taten den ganzen Tag, und ich hörte auf seine Worte. Und ich weiß nicht, wer er ist. Aber er ist das Licht in unserer Finsternis, das Wort für uns, die wir stumm sind, der Wegweiser für uns, die wir verirrt sind und verlassen. Er zeigt uns den nächsten und einfachsten Weg zu unserem Vater im Himmel. Er lehrt uns, wie wir zu ihm beten sollen, und er zeigt uns, wie wir an ihn glauben sollen. Und von dem Tage an, da er sich uns offenbart hat, ist es, als ob ein Dach wäre über unseren Köpfen, und wir haben teil am Volke Israel, wir sind Kinder Abrahams, Isaaks und Jakobs. Gott ist unser Vater, von ihm kommen wir, und zu ihm kehren wir zurück. Er wacht über uns in dieser Welt, und in der künftigen Welt wird uns nichts Böses widerfahren."

Als Simon bar Jonas seine Rede beendet hatte, war eine große Stille unter den Rabbis und unter den Schriftgelehrten, bis daß der Vorsteher des Gerichts seine Stimme erhob und sagte:

„Sind noch andere unter den Jüngern Jeschuas, die vor Gericht hintreten wollen und Zeugnis ablegen über ihren Rabbi?"

Da stand Jochanaan, der Zöllner, auf und wollte Zeugnis ablegen, sie aber sagten: „Er ist kein gültiger Zeuge, denn er ist ein Zöllner", und da beriet das Gericht, und der eine sagte zu dem anderen:

„Ich sehe keine Sünde in dem Rabbi."

Und der andere sagte:

„Nach dem Zeugnis seiner Jünger bringt er die Herzen der Menschen näher zu Gott, darum seien seine Hände gesegnet."

Und Zadok, der ein Jünger war Jochanaans, des Täufers, sagte:

„Wer weiß? Es kann sein, daß Gott Erbarmen gehabt hat mit seinem Volke. Lasset uns warten und sehen. Wenn es Gottes ist, dann wird kein Fleisch und Blut ihm schaden können, aber wenn es nicht Gottes ist, dann wird es von selber vergehen, als wie geschrieben steht: So Gott nicht das Haus bauet, mühen die Bauleute sich vergebens."

Und da war's zu Ende.

VII. KAPITEL

Es steht geschrieben: „Wirf dein Brot ins Wasser, und es wird zu dir zurückkehren nach vielen Tagen." Darum verließen wir unser Haus und ließen unsere Habe hinter uns, und wir gingen mit unserem Rabbi in ein unbekanntes Land, wie es in der Schrift heißt: „In der Güte deiner Jugend folgtest du mir nach in die Wüste, in ein Land, wo nicht gesäet war.“ Und wir glaubten an Gott, und unsere Hoffnung wurde nicht getäuscht.

Und unser Rabbi sagte zu uns:

„Lasset uns aufstehen und nach Nazareth gehen, in meine Vaterstadt, denn wir sind nahe dabei.“

Und wir nahmen unsere Brotsäcke, unseren Vorrat für die Reise, und ein oder zwei Gewänder zu Ehren unseres Rabbi. Und ehe unser Rabbi die Stadt verließ, segnete er den Weinbergwächter und sagte:

„Weh dem, der für unrein erklärt, was Gott gereinigt hat. Mattathias, du bist unser Bruder in Israel, sei getröstet. Du bist nicht stark im Gesetz, aber das Gesetz Gottes ist in deinem Herzen und in deiner Sanftmut.“

Und er verließ den Ort und ging vor uns her, und wir, seine Jünger, folgten ihm nach. Und der Friede Gottes war ausgegossen über die Felder, durch die wir gingen.

Und als unser Rabbi sah, daß der Friede Gottes über der Welt lag, da wurde er froh, und die Seligkeit ruhte auf ihm, denn die Seligkeit ruhet nur dort, wo Freude ist. Und er sprach zu uns viele Gleichnisse und viele Worte, die unsere Herzen an unseren Vater im Himmel banden. Und viele dieser Worte merkten sich die Jünger, daß sie sich ihrer entsinnen würden für kommende Geschlechter, daß auch diese sie hören sollten und ihren Sinn erfassen, aber viele derselben gingen verloren.

Und in der Wärme des Tages kamen wir an den Rand des Tales, wo die Straße hinansteigt zu den Bergen. Und als wir auf den Berg kamen, begegneten uns die Hirten, die dort ihre Herden hüteten. Und die Hirten kannten unseren Rabbi, denn er war oft zu ihnen gekommen damals, da er noch in der Stadt Nazareth wohnte. Und die Schafe umringten ihn und leckten mit ihren Zungen seine Füße, denn sie erkannten ihn wieder.

Und da stieg am Himmel eine kleine schwarze Wolke herauf, nicht größer als eine Menschenhand, und die Hand öffnete sich und umschloß den Himmel, und der Himmel war schwer von Wolken, die das Licht der Sonne verbargen. Und Schatten gingen über das Antlitz der Erde und verbreiteten Finsternis rings um uns her. Und einer der Jünger sagte:

„Wir wollen uns in einer Höhle verstecken oder Schutz suchen unter dem Felsen dort, dieweil ein schwerer Regensturm kommt.“

Denn es war zu der Zeit der späten Regen, und die späten Regen kommen stets mit Wind und Sturm. Unser Rabbi aber sagte:

„Wo willst du dich vor deinem Gotte verbergen? Im Herzen des Felsens wird er dich finden, und in der Höhle wird er dich aufsuchen, und der sicherste Ort ist unter Gottes Himmel. Sehet die Schafe und lernet von ihnen. Sie suchen keine Höhle, noch suchen sie Schutz unter einem Felsen, sondern sie geben ihre Leiber in die Barmherzigkeit Gottes. Sehet, wenn der Sturm kommt, wie sie sich nicht voreinander verbergen, sondern zusammenrücken und ihre Köpfe zusammenstecken. So gebet eure Leiber in die Barmherzigkeit Gottes und setzet euer Vertrauen auf euren Hirten, daß er zur rechten Zeit kommen wird und euch rettet."

Und während er noch redete, kam der Sturmwind und rüttelte an den vier Pfeilern der Erde; und vorüber fuhr ein großer Lärm und ein großes Geschrei mit Donner und Blitz. Und der Wind kämmte mit Kämmen alle die Gräser und Gewächse auf den Feldern und beugte ihre Wipfel zur Erde, einmal nach dieser und einmal nach jener Seite hin, und der Wind fuhr durch die Äste und gedachte sie zu zerbrechen. Und alsdann löste sich der Sturm in einem Regenguß, und wir suchten Schutz, ein jeglicher, wo er konnte, und die Hirten taten desgleichen... Und die Schafe machten einen Kreis um unseren Rabbi und umdrängten seine Füße, als wollten sie Schutz suchen bei ihm, denn ihr Hirte hatte sie verlassen. Und wie sie so standen auf dem Bergeshang, kehrte der Sturmwind zurück, und er packte einige Lämmlein, die am Rande standen, und die Lämmlein wurden aufgehoben in den Zähnen des Windes, wie in den Zähnen eines wilden Tieres, und sie klammerten sich mit ihren Füßen an die Schründe im Felsen. Aber die Zähne des Sturmes waren stärker als die Füße der Lämmlein, und der Wind trug sie empor in seinem Zorn und schleuderte sie den Bergeshang hinab in den Abgrund. Und es war so, als die Lämmlein zu dem Abgrunde hingetragen wurden, daß sie mit dem Schrei der Kreatur nach dem Hirten schrien, aber der Hirte hörte nicht das Geschrei der Lämmlein, denn er hatte sich vor der Wut des Sturmes in einer Höhle verborgen.

Und als der Regen aufhörte, suchten wir unseren Rabbi, und wir konnten ihn nicht finden. Denn jeder von uns hatte ein Versteck gefunden vor dem Sturmwind unter dem Schutze des Felsens oder in einer Höhle, und wir hatten nicht gesehen, daß unser Rabbi hinuntergestiegen war in den Abgrund zu den gestürzten Lämmlein. Und wir suchten ihn hier und dort, und wir fanden ihn nicht. Wir riefen: „Rabbi, Rabbi!" und er antwartete nicht. Als eine Weile vergangen war, da sahen wir unseren Rabbi aus dem Abgrunde heraufkommen, und sein Kleid war mit Regen getränkt, und das Wasser lief über seine Füße, und sein Haar und sein Antlitz waren naß. Seine Füße waren bloß, und sie bluteten von den scharfen Steinen, und er trug ein Lamm auf seinen Schultern und brachte es zu der Herde zurück. Und als wir ihn erblickten, wie er aus dem Abgrunde heraufkam mit dem Lamm auf seinen Schultern, da schämten wir uns vor ihm, und wir gedachten unserer Väter, die auch Hirten gewesen alle, und ich lernte nun aus dem Nachdenken über meinen Rabbi, was die Weisen gelernt hatten von Moses. „Und Moses war ein Hirte", und das heißt, daß Gott zuerst den Moses durch die Schafe geprüft hat, so sagen unsere Weisen. Als Moses die Herden Jethros in der Wildnis hütete, floh ein Schaf aus der Herde, und Moses ging ihm nach, und das Schaf floh, bis daß es an einen geschützten Ort kam. Und als es an diesen geschützten Ort kam, da sandte Gott einen Wasserquell, und das Schaf stand da und trank daraus. Und als Moses zu dem Schaf trat, dachte er in seinem Herzen: „Ich wußte, daß du von der Herde fliehst, weil dich dürstet. Aber nun bist du vielleicht auch müde." Und er nahm das Schaf auf seine Schultern und trug es zurück, und Gott sagte zu Moses: „Du hast des Mitleids genug, die Schafe zu füttern, so gelobe ich dir, daß du füttern sollst die Schafe Israels."

Und nun schickte Gott die Sonne aus ihrem Versteck hervor, und die Wolken flohen vor der Sonne. Und wir setzten uns nieder auf die Felsen des Berges, und wir zogen die Gewänder aus, um sie zu trocknen. Und da unser Rabbi auf dem Steine saß und sein Gewand trocknete, kamen die Schafe zu ihm und legten sich zu seinen Füßen nieder.

Und wir waren einen Sabbath-Weg von der Stadt Kanaan entfernt, allwo unser Rabbi sein erstes Wunder vollbracht hatte, da er Wasser in Wein verwandelte auf der Hochzeit armer Leute. Doch wir gingen nicht in die Stadt, denn es war der fünfte Tag, und unser Rabbi hatte gesagt, daß er in seiner Stadt sein wolle, die da hieß Nazareth, dort den Sabbath zu feiern und zu erfüllen das Gebot: Ehre deine Mutter; und sein Vater war nicht mehr am Leben.

Und wir standen auf und gingen auf der Straße dahin, und da die Sonne unterging, kamen wir an die Tore der Stadt. Nun ruhet diese Stadt zwischen zwei Hügeln nicht anders denn ein Kind auf dem Rücken eines Kamels, und sie heißt Nazareth, und sie liegt an der Straße, die vom Gestade des großen Meeres nach Damaskus führt. Und die Einwohner der Stadt ernähren sich mit Feldarbeit und mit Zimmermanns-Arbeit, denn durch die Stadt führt der Weg nach Damaskus. Und auch unser Rabbi war ein Zimmermann und der Sohn eines Zimmermannes, aber es sind da in Nazareth keine Weisen und Gelehrten, bis auf die Obersten der Schule, so zugleich die Richter sind.

Da wir nun nahe an das Stadttor kamen, war die Sonne untergegangen, und es war um die Stunde des Abendgebetes. Darum standen wir mitten auf dem Felde und in der Stille des Abends, da die Sterne hatten zu scheinen begonnen über den Bergen und Tälern, und unser Rabbi sprach das „Höre Israel", und er sagte zu uns:

„Es ist nicht gut, daß wir alle gemeinsam in die Stadt gehen, denn der Ort ist klein, und seine Einwohner sind einfache Leute, und wenn sie einen Rabbi sehen mit seinen Jüngern, so werden sie erschrecken. Darum soll ein jeder für sich seines Weges gehen und sich eine Stätte für die Nacht suchen, und wenn der Morgen kommt, wollen wir uns im Hause meiner Mutter treffen, daß wir dort den Sabbath heiligen und erfüllen das Gebot: Ehre deine Mutter."

Und der Rabbi nahm mit sich Simon bar Jonas und die Söhne des Zebedäus, Jakobus und Johannes, die seine liebsten Jünger waren, und Mirjam, das Weib, das uns gefolgt war. Denn die anderen Seelen, so er in Nain gewonnen, nämlich Johanna und Susanna, die waren dortselbst geblieben, daß sie nach K'far Nahum gingen, zu der Schwiegermutter des Simon, wo der Rabbi wohnte.

Und da ich sah, daß der Rabbi uns verließ, nahm ich meine Kraft zusammen und trat vor ihn hin und bat ihn:

„Es steht geschrieben: Deine Augen werden den König in seiner Schönheit sehen; und wer ist ein größerer König als der Rabbi? Laß uns mit dir zu dem Hause deiner Mutter gehen, auf daß wir sehen, wie du erfüllest das Gebot: Ehre deine Mutter, und daraus lernen."

Und der Rabbi war damit einverstanden.

Und das Haus der Mutter meines Rabbi stand am Wegesrand, wenn du aus der Stadt kommst, wo die Wanderer vorbeigehen und die Wagen fahren, daß sie die erste sei, die das Gebot der Gastfreiheit erfülle, so ein Fremder in die Stadt kam. Denn die Mutter meines Rabbi war ein gottesfürchtiges Weib.

Und als wir durch die schmalen Gassen gegangen waren,

kamen wir ins Freie, und am Fuße des Berges sahen wir ein Licht scheinen durch die Öffnung einer Tür, und der Rabbi sagte zu uns:

„Dieses ist das Haus meiner Mutter."

Und der Rabbi nahm zwei unter uns, Simon bar Jonas und mich, der ich der Geringste seiner Jünger bin, und schickte uns voraus zu seiner Mutter Haus, die Kunde von seiner Ankunft zu überbringen. Denn es ist nicht gut, daß du plötzlich und überraschend kommst, sondern du sollst dir die Kunde vorangehen lassen. Und wir kamen in das Haus, und seine Mutter saß mit ihren Söhnen und Töchtern am Tische, und sie aßen das ehrbare Brot des Werkmannes. Denn es war um die Stunde, da der Werkmann sein Abendmahl ißt. Und wir verneigten uns und sagten:

„Friede sei mit euch."

Und sie blickten erstaunt zu uns auf, und sie fragten, woher wir kämen. Und wir sagten:

„Uns schickt zu euch euer Sohn und Bruder. Er sendet durch uns die Kunde von seiner Ankunft, und er steht draußen vor eurer Tür."

Und zuerst saßen sie da vor ihrem Brote und wußten vor Überraschung nichts zu erwidern. Da sprach einer seiner Schwäger und sagte: „Warum ist er gekommen? Um uns wieder anzuschwärzen vor den Leuten in der Stadt?"

Die Mutter aber stand auf und streckte ihre Arme aus und sagte:

„Wo ist mein geliebter Sohn, daß ich ihn umfasse?"

Und sie nahm die Lampe vom Tisch, und sie trat auf die Schwelle der Tür, und sie rief in die Nacht hinaus:

„Tinoki, tinoki, mein Kleiner, mein Kleiner!"

Und der Rabbi antwortete:

„Imi, Imi", das heißt: „Meine Mutter, meine Mutter", und er trat vor sie hin und er verneigte sich und sagte: „Mutter, Krone meines Hauptes, Friede sei mit dir."

Und sie antwortete ihm:

„Mein Erstgeborener, Friede sei mit deiner Heimkehr."

Und er umarmte seine Mutter und küßte sie, und er ging ins Haus, und wir, seine Jünger, gingen mit ihm.

Und das Haus seiner Mutter war nicht groß, und es war darin nicht viel Platz, denn es stand dort die Werkbank des Zimmermannes. Denn da der Rabbi das Haus verlassen hatte, das Werk Gottes zu tun, hatte sein Bruder Jakob das Zimmermannshandwerk übernommen, auf daß er den Haushalt ernähre, als wie geschrieben steht: „Groß ist der Hände Arbeit, sie ehret ihn, der sie verrichtet."

Jakob stand auf vor seinem Bruder, verneigte sich und sagte:

„Sei gegrüßt in deiner Heimkehr, mein Rabbi und ältester Bruder. Ist Friede mit dir?"

Und unser Rabbi antwortete:

„Friede ist mit mir. Mein Vater im Himmel war allzeit bei mir. Ist Friede mit euch, meine Brüder?"

Und Jakob und die übrigen antworteten: „Friede."

Aber die Schwäger, die Männer der Schwestern, standen auf und gingen zum Haus hinaus, denn sie zürnten ihm.

Und die Mutter sagte zu ihren Söhnen:

„Gehet, bringet Wasser und waschet den Gästen die Hände und Füße. Und ich will gehen und das Beste bereiten, das im Hause ist, ein Mahl für dich und für die Gäste, so mit dir gekommen sind. Denn ihr müßt sicherlich hungrig und durstig sein von der Reise."

Und mein Rabbi antwortete:

„Ich bitte dich, gehe du nicht, sondern bleibe bei mir, daß meine Augen sich an deinem Antlitz sättigen, denn es ist lange her, daß ich dich gesehen habe. Laß meine Brüder das Abendmahl bereiten, und die, die mit mir kamen, sollen ihnen helfen, denn sie sind meine Jünger, und es ist gut, daß die Jünger ihrem Rabbi dienen, und sie sind geschickt darin."

Und seine Mutter sagte:

„Zündet alle Lampen an, denn heute ist Sabbath bei mir. Ich habe beiseite gelegt eine Kürbisflasche mit feinem Öl und sie aufbewahrt für meines Sohnes Heimkehr. Gehet nun und bringt den Topf mit Honig, und gehet in den Stall und melket die Schafe, und lasset bereiten ein Mahl von Bohnen und Gemüsen, und lasset Gebackenes auftragen, denn es ist ein großes Fest für mich, nun mein Sohn nach Hause gekommen ist."

Und wir gingen die Gebote der Mutter vollziehen, und wir machten ein Feuer in dem Ofen, der auf dem Hofe stand, und wir rüsteten das Mahl. Und die Brüder standen auf und ließen ihre Mutter allein mit ihrem ältesten Sohn. Denn viele Tage waren vergangen, seit er das Haus seiner Mutter verlassen, und sie verlangten danach, allein zu sein und mit einander zu reden.

Ich aber stand an der Tür und schaute durch einen Spalt, und ich sah im Schein der Lampe das Antlitz der Mutter vor

Freude leuchten, doch ihre Augen waren traurig und naß von Tränen, und sie sah ihren Sohn voll Kummer an. Die Haut ihrer Wangen war von Sorgenfalten gerunzelt wie das Laub im Herbst, und ihre Miene war gleich dem Buche Hiob, aber ihre Augen waren wie das Lied der Lieder, und ihre Lippen zitterten und die Adern an ihrem schmalen Hals; und sie sagte:

„Mein Sohn, ich war bei dir in allen deinen Nöten."

Und er hielt ihre rechte Hand, die viel Arbeit gekannt hatte, und er sagte:

„Meine Mutter, ich wußte es."

Und sie sagte weiter:

„Mein Herz ist immer in Unruh' um dich. Es kamen Leute aus K'far Nahum und von anderwärts, und sie erzählten mir wundersame Dinge über dich. Mein Herz schwankte zwischen Hoffnung und Furcht. Du warst oft in großen Nöten, mein Sohn."

Und er antwortete:

„Gott, mein Vater, war bei mir."

Da sagte seine Mutter:

„Gefährlich ist der Weg, auf den du trittst, mein Sohn. Mein Herz ist schwer. Oftmals entschwindest du mir, und ich sehe nicht, wohin du gehst. Gottes Erbarmen sei mit dir, und möge er immer deine Schritte begleiten."

Und mein Rabbi hielt die rechte Hand der Mutter in der seinen und sagte:

„Sei ruhig, meine Mutter, alles geschieht um Gottes willen und zu seinem Ruhme."

„Mein Kind, ich weiß, daß auf dir die Gnade Gottes ruht und dich Tag und Nacht behütet, und das ist meine Stärke und mein Trost."

Da sagte mein Rabbi:

„Aber sage mir, wie steht es mit dir, meine Mutter? Wie steht es mit dir in deinem Hause?"

„Ich bin alt. Dein Vater ist tot, dein Bruder Jakob hat die Arbeit übernommen, und er nährt das Haus mager und in Armut. Aber die Kinder sind klein, und sie brauchen eines Bruders Hand, die ihre Schritte lenkt auf den rechten Weg, und du bist der älteste und solltest ihr Führer sein in den Sitten der Judenheit, und du hast das Haus verlassen, mein Sohn."

Und mein Rabbi antwortete ihr und sagte:

„Mein irdischer Vater ist tot, aber mein himmlischer Vater lebt, und er hat mich berufen, sein Werk zu vollenden und seine

Kinder auf den rechten Weg zu bringen. Jakob kann mich im Hause vertreten, denn er ist ein frommer Jude."

„Mein Sohn, wenn ich dich so reden höre, schmilzt mein Herz vor Furcht. Wer bist du also, mein Kind? Ich kenne dich nicht."

Und mein Rabbi hielt die rechte Hand seiner Mutter in der seinen und sagte:

„Sei ruhig, meine Mutter. Und Freude soll dein Herz füllen, wie der Wein die Traube füllt im Herbst. Die Völker der Erde werden gesegnet sein in dir, sie werden dich vergleichen mit Rachel, Sarah und Rebekka, den heiligen Müttern, und du sollst derselben Los teilen..."

Und die Mutter trocknete ihre Tränen mit dem Saume ihres Gewandes, und sie sagte:

„Möge Gott dich trösten, wie du deine Mutter getröstet hast. Nun lasse mich gehen, mein Kind, denn sie brauchen meine Hilfe im Hause und am Feuer. Sieh hier die Gefäße, wasche deine Hände und Füße, und die mit dir sind, sollen ihre Hände und Füße waschen und sich zu Tisch setzen."

Und als sie diese Worte sagte, verließ sie ihren Sohn und ging in den Raum, wo das Mahl bereitet wurde. Aber unterwegs, in der Freude ihres Herzens, verlor sie eine Sandale von ihrem Fuß. Und als mein Rabbi das sah, eilte er zu ihr hin und beugte sich nieder und breitete seine Hände auf den Boden und sagte:

„Mutter, ich bitte dich, tritt auf meine Hände, daß deine nackten Füße nicht den Boden berühren."

Aber seine Mutter sagte zu ihm:

„Mein Kind, ich will nicht, daß du deine Ehre so vor mir erniedrigst."

Und mein Rabbi antwortete ihr:

„Meine Mutter, lasse mich erfüllen das Gebot: Ehre deine Mutter, so wie Damianus ben Nathainah von Askalon an seiner Mutter getan hat."

Und er meinte damit einen Kuschiten aus der Stadt Askalon, dessen Name war Damianus ben Nathainah, der war groß in der Erfüllung des Gebotes: Ehre deine Mutter, und die Weisen der Stadt konnten mit ihm nicht wetteifern in seinem Range, und sie waren neidisch auf ihn. Und so ehrte er seine Mutter: Es begab sich, daß er einmal auf einem Fest war mit den Obersten seiner Stadt, und seine Mutter erschien vor ihnen, und sie sprach zu ihm und schalt ihn heftig, und sie nahm ihre Sandale ab und schlug ihn, denn sie war kranken Geistes. Aber ihr Sohn wollte seine Mutter nicht beschämen vor den Obersten der Stadt, und er duldete ihre Schläge und sagte: „Meine Mutter, ist meine Strafe genügend?“ Und da ihr die Sandale, mit der sie ihren Sohn schlug, aus der Hand fiel, bückte sich Damianus ben Nathainah und hob die Sandale auf und gab sie ihr, daß sie es nicht nötig habe, sich zur Erde zu bücken.

Und als ich sah, wie mein Rabbi seine Mutter ehrte, da freute ich mich über seinen Gehorsam vor den Geboten, und daß er übertroffen hatte das Verdienst des Kuschiten Damianus ben Nathainah von Askalon.

VIII. KAPITEL

Wir hatten uns die Hände gewaschen, und wir saßen um den Tisch. Und im Hause der Mutter meines Rabbi ward der Tisch, der gleich dem Altar Gottes ist. sehr reinlich gehalten und nach allen Geboten bestellt. Und die zum Hause gehörten, saßen um den Tisch in der Reihenfolge ihrer Jahre, die Mutter obenan und ihr ältester Sohn neben ihr, und die Brüder gemäß ihrem Alter. Und auch uns, den Gästen, wurde Ehre erwiesen, und wir saßen neben der Mutter an der anderen Seite gegenüber ihrem ältesten Sohn. Und der Rabbi segnete das Brot und brach es und tunkte den Bissen in Salz. Und wir alle taten desgleichen und tunkten unser Brot in Salz, wie das Gebot es befiehlt: Der Älteste zuerst, und die anderen in der Reihenfolge ihrer Jahre. Und taten desgleichen mit der Schüssel. Der Älteste griff zuerst in die Schüssel, die auf dem Tische stand, und die anderen nach ihm in der Reihenfolge ihrer Jahre. Und da wir gegessen und unsere Hände in Wasser gewaschen hatten, segneten wir den Herrn, der uns so gesättigt hatte, daß noch etwas übrig geblieben war.

Und alsdann bereitete die Mutter dem Rabbi ein Bett in der Laube auf dem Dach, darin er wohnte, wann immer er zu Hause war. Und der Rabbi nahm die Nachtlampe und sagte „Friede“ zu seiner Mutter und seinen Brüdern und uns, seinen Jüngern, und er stieg hinauf zu der Laube auf dem Dach, denn er war müde vom Wandern und von des Tages Arbeit. Und wir blieben zurück mit der Mutter und den Brüdern.

Und als wir allein waren mit der Mutter und den Brüdern, da näherten wir, Simon bar Jonas und ich, uns der Mutter und verneigten uns vor ihr und sagten:

„Du gebenedeite unter den Weibern, gebenedeit sei dein Schoß, der das Licht Israels geboren hat. Du bist auch unsere Mutter, denn die Mutter des Rabbi ist die Mutter seiner Jünger. So wie geschrieben steht: Wer einen die Thora lehrt, ist als hätte er ihn gezeugt... Nun sprich, wir bitten dich, von dem Leben und den Taten deines Sohnes bis zum heutigen Tage, auf daß wir wissen, wer unser Rabbi sei."

Und die Mutter setzte sich auf die Schwelle des Hauses, und sprach zu uns beim Licht der Sterne:

„Was soll ich euch sagen, und was soll ich berichten, Jünger meines Sohnes? Gesegnet sei der Herr, daß ich seiner für würdig gehalten wurde! Wir stammen aus dem armen Volk, und wir wohnen unter den gemeinen Leuten, und unser Leben ist ein Leben der Arbeit. Und es war, da ich mit meinem Sohne schwanger ging, daß Freude meine Brüste erfüllte, und ich wußte, daß der Herr mir etwas Großes gesandt hatte, und ich betete zu unserem Vater im Himmel, und ich sagte: So es dein Wille ist, daß deine Dienerin einen Sohn gebäre, will ich ihn dir schenken. wie Hanna getan hat mit ihrem Sohn Samuel. Und als meine Zeit kam, da nahm mein Mann mich, sein Weib, und die geringe Bürde seines Haushalts und machte sich auf nach Bethlehem in Ephrath, das in Judäa liegt, denn von dort kamen wir her. Und da eine Schätzung anbefohlen war im Lande, mußte ein jeglicher in seine Stadt gehen. Und die Stadt Bethlehem war überfüllt mit Menschen, denn alle, so aus der Stadt waren, mußten hingehen. Und da war niemand, der uns bei sich aufnehmen konnte, und wir wohnten mit anderen Armen auf dem Hofe einer Herberge, und mein Mann machte sich auf und fand Arbeit bei einem Zimmermanne, damit er unser täglich Brot verdiene. Und da meine Zeit kam, daß ich gebären sollte, sprach mein Mann mit den Hirten, die ihre Herden vor der Stadt hüteten, daß sie mir erlaubten, in dem Stalle zu gebären, wo sie ihre jungen Lämmer hielten. Denn es war Winter im Lande, und es war überaus kalt, und wir lagen auf der Straße, und wir hatten kein Dach über uns. Und die Hirten erbarmten sich meiner, und sie waren voller Güte und Gottesfurcht. Und sie gaben mir einen Winkel im Stalle mitten unter den Schafen, und sie breiteten Heu aus und Stroh, auf daß ich es warm hätte. Nun möget ihr wissen, wie mir zumute war, da ich mein trauriges Herz vor dem Herrn ergoß und sagte: Siehe meine Schande, daß ich meinen Erstgeborenen gebäre unter Schafen wie ein Tier... Und mein Mann saß neben mir und tröstete mich und sagte: Sei nicht betrübt, Weib, denn in einem Stall soll er zur Welt kommen, er, der Israel rettet. Und war nicht unser König und Vater, David, ein Hirte aus dieser Stadt, und hat nicht Gott ihn von seinen Schafen weggeholt, daß er ein König sei in Israel? Wer weiß, Weib, ob nicht auch unser Sohn ein König sein wird — denn er ist aus dem Samen Davids... Und noch andere solche tröstenden Worte sprach mein guter Mann zu mir. Als meine Zeit kam, daß ich gebären sollte, da war niemand da, mir zu helfen, als mein Mann. Aber Gott sah meine Not und kam mir zu Hilfe, um meinen Mut aufzurichten, und er ließ den Mond und die Sterne über mir scheinen, und sie schauten durch das offene Dach herein, und es war, als trösteten sie mich, und es war eine Stille um mich, und mein Herz zitterte, und Furcht überkam mich. Denn ich bin nur ein sündiger Mensch und unerfahren im Gesetz Gottes, aber es schien mir, daß die Himmel in Glorie erstrahlten, und Friede und ein Wohlgefallen stiegen zu den Menschen herab mit der Geburt des Kindes. Und ich rief meinen Mann und sagte: Ich weiß nicht, wie mir ist, aber mich dünkt, ich sehe ein großes Licht, und ein Singen tönt an mein Ohr, und süße Düfte umgeben mich, wie die Düfte des Gartens Eden... Und mein Mann antwortete: Es ist, weil dein Herz schwer war, und Gott hat unsere Schmach gesehen und dich getröstet, denn du hast einen Sohn geboren... Und ich fragte ihn: Woher aber kommt dieses Licht, denn mich dünkt, daß der Mond und die Sterne in den Stall gekommen sind, mich zu grüßen... Und er half mir und sagte: Es ist ein gutes Zeichen, Weib, daß du viel Licht siehst, denn das bedeutet, daß ein Licht geboren ist in Israel... Und er legte das Neugeborene in meine Arme, und er deckte mich mit einem härenen Mantel zu. Und die Lämmer und die Ochsen drängten sich um mein Lager, und sie leckten mich mit ihren Zungen, und sie legten sich zu uns, daß wir es warm hätten. Denn es war kalt im Stall. Und mein Mann sagte: Siehe, Weib, selbst das Getier freut sich mit dir... Und er tröstete mich und sagte: Auch unsere Väter waren Hirten, und Gott holte Moses von der Weide seiner Schafe, auf daß er Israel aus Ägypten hinausführe. Darum, Weib, sei nicht betrübt, daß dein Sohn unter Schafen geboren ist... So sprach mein Mann zu mir in dieser Stunde.

Und auch die guten Hirten kamen von ihren Herden, und sie begrüßten mich und trösteten mich, und sie brachten einen

Krug Milch und Brot. Und sie sagten: Friede sei mit dir, Mutter in Israel, Gott meint es gut mit dir, denn es ist eine Nacht von großer Helle, wie wir solche noch nie gesehen haben. Die Sterne sind groß, und der Mond ist in der Fülle seines Lichts, und die Schneegipfel schauen von den Bergen herab. Ein Licht muß aufgegangen sein in Israel...

Und ich sagte zu ihnen: Seid bedankt, gute Hirten, für eure guten Worte.

Und sie deckten meine Füße mit Schafsfellen zu, denn es war kalt, und die Stunde meiner Not wurde die Stunde meines Glückes.

Und wir blieben bei den Schäfern, bis die Zeit kam, da mein Sohn sollte aufgenommen werden in den Bund Abrahams, und wir nannten ihn Jeschua, das heißt Hilfe für Israel. Und mein Mann nahm mich und seinen erstgeborenen Sohn und all seine Habe, und auf dem Heimwege gingen wir gen Jerusalem hinauf, zur heiligen Stadt. Denn es war die Zeit gekommen für das Reinigungs-Opfer und meinen Sohn darzubringen dem Priester, daß er ihn losspreche und löse meinen Erstgeborenen.

Und ich legte das Armenopfer auf den Altar, zwei Turteltauben, und mein Mann hielt in der einen Hand seinen Sohn und in der anderen fünf Silberschekel vom Gewichte Sidons, und er stand vor dem Priester, und der Priester fragte ihn: Was möchtest du dem Herrn lieber geben, deinen Sohn oder die fünf Silberschekel, um deinen Erstgeborenen loszukaufen, der dem Herrn geheiliget ist, wie Moses uns gelehrt hat?... Und als mein Mann dem Priester die fünf Silberschekel gab, da nahm sie der Priester, aber da war in der Nähe ein frommer Mensch, und der hieß Simeon, und es war bekannt in ganz Jerusalem, daß er ein Gerechter war, und daß der Heilige Geist in ihm wohnte. Und er nahm meinen Sohn vom Arme seines Vaters und hob ihn hoch empor und sagte: Vielleicht ist dieser der Messias. Ich danke dir, o Herr, daß ich den Heiland Israels gesehen habe... Und es geschah ein wenig später, da ich mit den Müttern redete, welche im Weiberhofe versammelt waren, und sie waren gleichfalls gekommen, ihre Erstgeborenen darzustellen, daß sie sagten: Das hat er auch mit unseren Erstgeborenen getan. Denn dieser Mann wartet auf den Erlöser Israels, und er hat zu Gott gebetet, daß er den Tod nicht sehen soll, er hätte denn zuvor den Messias der Juden gesehen. Und er wartet den ganzen Tag neben dem Priester, und jeden erstgeborenen Sohn, den sie in den Tempel bringen, nimmt er auf seine Arme und sagt: ‚Vielleicht ist dieser der Messias.' Denn es mag jeder jüdischen Mutter Teil sein, den Messias zu gebären, den Erlöser Israels...

Und da kehrten wir in unser Haus zurück, mit meinem Sohn und mit der ganzen Habe.

Und mein Kind wuchs in Gott heran, und da er zu stammeln anfing, lehrte ich ihn das ‚Höre Israel' sagen, auf daß erfüllet werde, was geschrieben steht: Aus dem Munde der Kindlein und Säuglinge kommet dein Lob, o Herr... Und da er noch an meinen Brüsten hing, hielt ich ihm die Heilige Schrift vor Augen, auf daß erfüllet werde, was geschrieben steht: Mit der Muttermilch... Und das Kind wuchs heran in Gottes Gnade, und die Mütter der Stadt waren gebenedeit um seinetwillen, denn er war schön anzusehen, und Gott war bei ihm, und er fand Gnade vor Gott und den Menschen. Und da mein Sohn sechs Jahre alt war, hüllte ihn sein Vater in einen Gebetmantel und trug ihn in die Schule, daß er die Thora lerne gemeinsam mit den anderen Kindern der Stadt. Und das Kind kam täglich nach Hause mit seinen Sprüchen. Und es war so, daß wir uns zu Tisch setzten, und der Vater sagte: Sage mir den Spruch, mein Sohn, den du heute in der Schule gelernt hast... Und er sagte seinen Spruch: Die Furcht Gottes ist der Anfang der Weisheit... Und sein Vater unterwies ihn des Abends, auf daß erfüllet werde, was geschrieben steht: Und dieses sollt ihr eure Kinder lehren... Und er konnte in der Heiligen Schrift lesen und wußte viele Sprüche und Verse auswendig, und es war immer so, wenn ihm einer begegnete in den Gassen, daß er zu ihm sagte: Knabe, sage mir deinen Spruch, und er antwortete mit dem Spruch, den er an diesem Tage gelernt hatte.

Und da war eine Dürre im Land, und das Korn auf den Feldern verdorrte, und Mensch und Getier lechzten nach Wasser, denn die Brunnen waren vertrocknet. Die Ältesten der Stadt zogen aus, einen Weisen zu suchen, der auf den Feldern weilte, und der Weise war berühmt ob seiner Frömmigkeit, und sie sagten, daß sein Wort schwer wiege bei Gott. Und an einem bestimmten Abend, da der Weise von seiner Arbeit auf den Feldern in sein Haus zurückkehrte, da folgten ihm die Ältesten der Stadt und baten ihn: Bete um Regen, denn unser Korn verdorrt, und wenn der Winter kommt, wird nichts da sein, daß wir es einsammeln in die Scheunen, und unsere Tiere fallen um auf den Feldern vor Durst... Aber der Weise antwortete ihnen und sagte: Für eure Sünden ist diese Strafe über euch gekommen, denn ihr habt den Pfad der Gerechtigkeit verlassen... Und er wollte nicht für sie beten, ehe denn sie nicht ihre Sünden bereuten. Und da trat mein Sohn hinzu, und er war eben aus der Schule gekommen, und er dachte in seinem Herzen — denn so hat er es mir später gesagt: Steht nicht geschrieben: Wenn die Not groß ist, will ich zu dem Herrn rufen? Und steht nicht weiter geschrieben: Wie ein Vater sich seiner Kinder erbarmt, so hat Gott Erbarmen mit denen, die ihn fürchten? So er nun nicht beten will, werde ich es tun... Und er stellte sich hin und betete zu Gott, und Gott erhörte das Gebet des Kindes, und der Himmel bedeckte sich mit Wolken, und Regen fiel. Und da mein Sohn sah, daß der Herr sein Gebet erhört hatte, da erschrak er sehr und ging nach Hause und sagte es mir. Ich schalt ihn und sagte: Wie kommt dir solche Torheit in den Sinn? Gott hat dieses für die Armen getan und nicht um deines Gebetes willen... Aber ich merkte mir, was geschehen war.

Und es begab sich, als mein ältester Sohn zwölf Jahre alt war, daß sie zu mir sagten, es sei Zeit, mit ihm hinaufzugehen während des Festes gen Jerusalem, daß seine Augen sehen den Glanz Israels, der da ist der Tempel des Herrn, wie es geschrieben steht in der Heiligen Schrift. Und wir nahmen ein Schaf aus unserer kleinen Herde und schmückten es mit einem Kranze von Ölzweigen, und wir gingen mit unseren Nachbarn zum Passah-Fest gen Jerusalem. Und unterwegs gesellte sich zu uns viel Volk aus anderen Städten, und singend zogen wir durch die Täler zur Frühlingszeit. Und wir sangen Loblieder aus den Psalmen und fromme Gesänge, und mein Mann und ich freuten uns, daß das Kind bei uns war, und daß unsere Augen bald das Heiligtum erblicken sollten. Und wir kamen zu der Stadt Jerusalem über die Berge, so rings umher liegen, und unsere Augen erblickten den Glanz Israels. Und der Tempel glitzerte wie die Sonne über dem Tempelberg, und das Kindlein freute sich überaus, und es war, als hätte er Flügel bekommen und wollte hinfliegen. Und er kannte jeden Winkel und jedes Gäßchen in den Höfen des Tempels, als wäre er einer aus der Blüte der Priesterschaft und der Tempel sein Heim. Und er kannte alle die Nischen, darin die Weisen sitzen und das Volk richten, und wo die Priester sich hinbegeben, um zu ruhen, und wo die Ölvorräte aufbewahrt sind und die Gewänder der Priesterschaft, und alle die Seitenpfade und die Gewölbe und die Kämmerlein unter dem Dach. Und er weilte auch zwischen den Säulen des Tempels, und da waren viele Pilger versammelt während des Festes. Und er ging zu jeder Schar hin aus jeglicher Gegend des Landes und saß bei ihnen allen und hörte zu, was das Volk sagte. Und er hatte ein offen Ohr für jeden Schmerzensruf und jeden Seufzer, und sein Herz nahm alle Leiden auf, die das Volk in Jerusalem erduldete. Und es war eine schwere Zeit in Israel. Denn die Hand Roms lastete auf Israel, und das Volk murrte gegen den neuen Hohenpriester, der eingesetzt worden war von Rom, daß er Rom helfe, schwerer zu machen die Last der Steuern auf Israel. Und da redeten sie oft von der Ankunft des Messias, und daß man die Schritte des Erlösers gehört habe, denn die Wasser waren gestiegen in der Seele des Volkes. Und das Volk wollte nicht länger das Joch tragen, das Rom und der Hohepriester ihm auferlegt, und eine große Bitterkeit ging von Mund zu Mund. Und da versammelte sich eine große Menge vor dem Schönen Tor. Und die römischen Kriegsknechte, so zwischen den Säulen standen im Hofe der Ungläubigen, warfen sich auf das Volk und sagten, daß es aufstünde wider den Hohenpriester, welcher da sei ein Freund Roms. Und sie zückten ihre Schwerter und verfolgten das Volk über die Brücke in die Stadt. Und viele kamen um an diesem Tage durch das Schwert, und viele kamen um in dem Gedränge, und viele fielen von der Brücke in die Schlucht. Und mein Herz wurde zu Wasser vor Angst, und mein kleiner Sohn lief in der Menge, und es konnte ihm ein Unglück widerfahren. Und in meinem Herzen betete ich: In deine Hände befehle ich ihn, und sei du sein Schutz... Aber da kam mein Sohn in den Keller, wo die Seinen saßen, und wir waren dort versammelt mit den Nachbarn, die aus Nazareth gekommen waren, und ich sah meinen Sohn an, und er war wie verwandelt vor meinen Augen, denn sein Antlitz war bleich, und seine Augen flammten. Und ich gedenke noch der Worte, die auf seinen Lippen waren: Oh, Herr, Fremde sind in dein Heiligtum eingedrungen!... Und er sagte dieses aber und abermals. Und ich fragte ihn: Mein Sohn, was fehlt dir?... Und er antwortete: Warum zögert der Messias und kommt nicht?... Und ich sagte: Sei ruhig, mein Kind, er kommt, und man höret seine Schritte, denn unsere Heimsuchungen sind gezählt und unsere Tränen gesammelt, und bald wird die Zahl voll sein... Und er fragte: Und wann werden wir für würdig erachtet werden? Vielleicht ist er hier unter uns und wartet, bis daß wir würdig seien, und bis daß wir von ganzem Herzen zu unserem Gott zurückkehren, daß wir erlöst würden. Und wo ist er, wo ist der Erlöser, Mutter?... Vielleicht bist du es, mein Kind. Wer weiß? Denn von jedem Juden kann das Heil kommen...

Und beide erschraken wir über die Worte, die aus meinem Munde gekommen waren.

Und da das Fest beendet war, und wir uns heimwärts wandten, da ging unterwegs unser Sohn verloren. Und ich meinte, er wäre unter den Gefährten aus unserer Stadt, wie es seine Gewohnheit war, sich unter allerlei Volk zu mischen. Und so zogen wir eine Weile dahin, und am Abend suchten wir ihn unter den Freunden und fanden ihn nicht. Und wir verließen die Gefährten und gingen wieder gen Jerusalem, den verlorenen Sohn zu suchen. Und da fanden wir ihn zuletzt in der Halle der glatten Steine, und dort waren die Schriftgelehrten und Lehrer versammelt. Und er saß mitten unter ihnen und hörte ihnen zu. Und er saß zu Füßen eines alten Mannes und richtete Fragen an ihn, und der alte Mann antwortete ihm, wie es Sitte ist, daß du jedem Kinde antwortest, so dich nach der Heiligen Schrift fragt. Und der alte Mann freute sich an der Weisheit meines Sohnes und sagte: Möge deinesgleichen sich vermehren in Israel!... Und als ich meinen Sohn zu Füßen des Lehrers sitzen sah, sprach ich zu ihm und sagte: Warum hast du uns das getan? Du hast deinem Vater und deiner Mutter das Herz schwer gemacht... Und er antwortete: Es wäre besser, du ließest mich hier im Hause Gottes. Denn hast du mich nicht dem Herrn geheiliget von meiner Geburt an, wie du mir sagtest, und mich der Thora geweiht?

Und da wir nach Hause zurückkehrten, zog es ihn allzeit nach Jerusalem, daß er dort das Wort Gottes lerne zu Füßen der Weisen. Aber da wir gewöhnliche Leute waren, sagte mein Mann (Friede sei mit ihm), daß die Thora gut sei nur, so du ein Gewerbe hast, daß du nicht aus der Thora, wie manche unter den Schriftgelehrten tun, einen Spaten machest, um damit zu graben. Und wer nicht seinen Sohn ein Gewerbe lehrt, der lehrt ihn, wie das Sprichwort sagt, ein Dieb zu werden. Und als mein Sohn dreizehn Jahre alt war, und sein Vater ihn das Gebot lehrte, die heiligen Röllchen anzulegen, da führte er ihn auch zu der Hobelbank, um ihn das Handwerk seiner Väter zu lehren, wie es Sitte ist vom Vater auf den Sohn. Nun hatte Gott meinen Leib gesegnet, und ich hatte meinem Manne vier Söhne und Töchter geboren, und die Meinen waren zahlreich, und Brot zu verdienen für so viele, ist so schwer für den armen Mann wie die Zerteilung des Roten Meeres... Und wir alle arbeiteten am Tage und bei der Arbeit sangen wir Verse aus den Psalmen, wie es der Brauch ist. Und am Abend lehrte mein Mann, was er an Wissen besaß, meinen Sohn. Beim Lichte der Sterne lehrte er ihn die Sprüche, die er auswendig konnte. Und da war in unserem Hause eine Schriftrolle, ein sehr köstlicher Besitz, so mein Mann ererbt hatte von seinen Vätern, und war gewandert von einem Geschlecht zum anderen durch den ältesten Sohn. Und wurde in unserem Hause aufbewahrt mit viel Sorgfalt und Reinlichkeit, und war in ein Tuch gehüllt, daß unsere Hände sie nicht verunreinigten. Und an den Festtagen, und vielleicht in den Mondnächten, da entrollten sie die Schrift und lasen darin, wie geschrieben steht: Und du sollst darüber nachsinnen bei Tag und bei Nacht... Und mein Mann konnte meinen Sohn nur das geschriebene Gesetz lehren, denn er wußte wenig vom mündlichen Gesetz, als da ist die Überlieferung; nur was er mitgebracht hatte aus Jerusalem, hier und dort ein Gesetz und eine Auslegung, so er im Tempel gehört hatte von den Lippen der Weisen; sie waren uns überliefert von dem ehrwürdigen Hillel und anderen Männern der alten Zeit. Und manchmal kommt auch nach Nazareth ein Rabbi aus der Stadt Naïn, daß er am Sabbath hier sei, um in der Schule das Gesetz vorzulesen. Aber mein Sohn wollte viel wissen, wie geschrieben steht: So wie der Hirsch schreit nach den Bächen, so sehnt meine Seele sich nach Gott... Und er saß in der Schule und lernte von dem Vorsteher und dem Vorbeter und den Obersten der Gemeinde, so viel er vermochte. Und wenn ein Rabbi in die Stadt kam, saß Jeschua zu seinen Füßen und nahm in sich auf das Wort Gottes. Desgleichen sammelte er die Kleinen und führte sie in die Schule und lehrte sie an der richtigen Stelle ‚Amen' sagen und ‚Gepriesen sei der Name', und der Vorsteher der Gemeinde lobte ihn. Und alle liebten ihn, denn er wandelte auf den Wegen des Herrn und war von frommem Betragen, und wenn er betete, da war es, als stünden Engel bei ihm und trügen seine Worte zu den Versammelten im Himmel. Und ich sage das nicht, weil er mein Sohn ist, sondern die Leute in der Stadt können selbiges bezeugen. Und er war belesen in der Heiligen Schrift wie einer der Weisen. Und wenn sie ihn am Sabbath in der Schule zur Verlesung der Thora aufriefen, stand er da und predigte, und die Leute öffneten Mund und Ohren, denn dergleichen hatten sie nie gehört von einem Jüngling. Und sie fragten einander verwundert: Woher kommt ihm diese Weisheit? Ist er nicht der Sohn Josephs, des Zimmermannes? Wo hat er das gelernt?... Aber der Herr hatte seine Hand auf ihn gelegt, und er fand Gnade vor den Augen der Menschen; und wenn er betete, sahen alle, daß sein Gebet dem Himmel wohlgefällig war. Und es begab sich einmal, daß er einen kranken alten Mann sitzen sah auf der Schwelle der Schule, und der konnte nicht gehen, weil seine Beine gelähmt waren, und mein Sohn sah ihn voller Mitleid an, und als der alte Mann sah, daß ihn mein Sohn voller Mitleid anblickte, da erhob er seine Stimme und sagte: Warum blickest du mich mit deinen Augen an, als wolltest du mich heilen?... Und mein Sohn erwiderte: So du glaubst, daß ich dich heilen kann, dann, wahrlich, will ich dich heilen... Und der Mann sagte: Ich sehe in deinen Augen die große Kraft des Erbarmens. Ich bin des Glaubens, so Gott will, werde ich geheilt werden durch dich... Da antwortete mein Sohn: Du sagst es! Im Namen des Herrn befehle ich dir, stehe auf, denn du bist geheilt... Und der Mann stand auf, und wisset, daß der Mann viele Jahre lang gelähmt war. Und man erzählte sich dasselbe in der Stadt, und es hieß, daß mein Sohn eine heimliche Macht habe, die der Herr ihm verliehen. Und die Leute kamen mit ihrer Krankheit und ihrem Kummer zu meinem Sohne. Und als wir, seine Eltern, sahen, wie weit das gegangen war, da fürchteten wir uns und sprachen zu einander: Wer weiß, was Gott mit unserem Sohn vorhat, denn die Gnade des Herrn ruht auf ihm!...

Und er kam zu uns und fragte: Ist es wirklich wahr, daß wir aus dem Samen Davids sind?... Denn es war eine Überlieferung unter den Unsern, daß wir aus dem Hause Davids stammten, weil wir aus Bethlehem waren. Und es steht verzeichnet im Buche der Geschlechter Israels. Aber als der König Herodes alle, die aus dem Hause Davids stammten, zu verfolgen befahl, da verschwand das Buch, aber die Überlieferung blieb erhalten. Und da mein Mann diese Worte von meinem Sohn hörte, stand er auf und sagte mit lauter Stimme: Möchtest du sein wie Joseph, der Träumer, und dich über deine Brüder erhöhen? Gott liebt nur die, so demütigen Geistes sind... Aber wir merkten uns wohl, was geschehen war.

Und zu dieser Zeit kam eine große Veränderung über meinen Sohn. Wir kannten ihn nicht mehr. Sein Tun war nicht wie das von gestern und von ehegestern. Denn er entschwand unseren Blicken für viele Tage, und er ging in die Wälder und blieb dort in der Nacht und kehrte am Morgen zurück, den Nachttau auf der Stirne. Oder er ging auf die Felder und half den Arbeitern und lehrte sie die Heilige Schrift und sprach Verse aus den Psalmen und tröstete sie in ihren Nöten. Und man sah ihn nur in Gesellschaft der Bedrückten und Ausgestoßenen, der von Gott und den Menschen Verlassenen, auf den Feldern oder vor der Tür der Schule. Und er suchte die Kranken auf, und wo er ging, da war Armut und Leid. Und er wollte allen helfen, die Bürde ihres Kummers zu tragen. Und ich hörte ihn oft bittere Worte sagen gegen die Reichen, so die Armen bedrücken und nicht für die Waisen sorgen. Und das Herz meines Kindes litt unter den bösen Taten, so die Reichen und Schriftgelehrten gegen das arme und niedrige Volk verübten. Nun liegt unsere Stadt auf dem flachen Lande, und die meisten, die dort wohnen, sind Ackersknechte, nicht belesen in der Schrift, und unter ihnen auch solche, die an ihrem eigenen Judentum zweifeln, und die Reichen haben sich gegen sie verbündet, sie zu bedrücken. Und sie legen den Armen viel Steuern und Tribute auf für den Cäsar und für den Tempel und für die Priester und Leviten; und die Einnehmer und die Zöllner sind streng. Und so geschieht es in unserer Sündigkeit, daß sie uns unsere Habe wegnehmen, unsere Esel und unsere Äcker. Und solches ist gegen das Wort der Heiligen Schrift, das da lautet, du sollst den Armen nicht ohne seinen Mantel lassen in der Nacht. Und sie werfen auch den Armen in den Kerker oder machen einen Sklaven aus ihm und lassen ihn auf dem Acker, der sein war, arbeiten für einen anderen. Viele Grausamkeiten werden verübt an dem Landvolk, und der Haß wächst zwischen den Gelehrten und den Erdgeborenen. Und mein Sohn sieht diese Ungerechtigkeit und ruft nach dem Gericht Gottes: Weh dem Geschlecht, das solche Führer hat, denn sie sind wie die Hirten, die die Schafe scheren, wenn Regen ist und Winter, daß sie sich wärmen mögen mit dem Fell der Armen. Der Zorn Gottes wird sich über sie ergießen...

Und es begab sich, daß er nicht mehr Frieden hielt mit dem Vorsteher der Gemeinde und den Obersten der Schule, darum, daß sie solches in der Stadt geschehen ließen, und daß sie sich absondern von dem einfachen Volk und sich groß achten in ihrer Gelehrsamkeit und Frömmigkeit. Denn in unserer Sündigkeit haben unsere Gelehrten eine große Scheidung gemacht zwischen sich und dem gemeinen Manne, und sie nennen ihn unrein und verachten ihn. Und mein Sohn konnte das Unrecht nicht ertragen, das an dem gemeinen Manne begangen wurde, und es war viel Zank zwischen ihm und den Obersten der Stadt, und er sprach harte Worte gegen sie. Und es geschah einmal, als er in der Schule aufgerufen wurde zur Verlesung der Thora, daß er das Buch Jesaja nahm und daraus vorlas: Sie bringen einen Acker zum anderen... Und er predigte gegen die

Reichen der Stadt: Weh euch, ihr Reichen, daß ihr den Armen bedrückt... und noch andere bittere Worte. Und es war ein Murren in der Schule, und sie fragten: Wer ist dieser, der da herkommt, uns zu belehren und uns zu schelten? Ist er nicht der Sohn Josephs, des Zimmermannes?... Und sie nahmen ihn und führten ihn zur Stadt hinaus und schlugen ihn, und sie hätten ihn von einem Felsen in den Abgrund gestürzt, wie sie es mit dem Propheten Sacharja getan, aber Gott rettete ihn aus ihren Händen und sie ließen ihn ziehen.

Und das Herz meines Sohnes wurde schwerer von Tag zu Tag, und er suchte die Gerechtigkeit Gottes unter den Menschen und fand sie nicht. Und ich sah, daß sein Herz blutete bei jedem Unrecht, wie der Dorn in das Herz der Rose sticht. Und es kamen harte Zeiten für ihn, und ich ängstigte mich, Gott sei davor, daß es zu viel sein würde für ihn. Denn er suchte unablässig, und wir wußten nicht, was er suchte. Bis daß ein Mann in die Stadt kam, einer von den Nazariten, so in der Wüste leben und das Wort Gottes suchen. Und er stellte sich hin auf den Marktplatz und mahnte das Volk zur Buße, denn das Reich Gottes ist nahe, und man hat die Schritte des Messias gehört. Und mein Sohn hängte sich an den Nazariten, und er kam zu uns, daß wir ihm erlaubten, daß er mit dem Nazariten in die Wüste ziehe, das Wort Gottes zu suchen. Und er sagte: Ich habe ein Gelübde auf mich genommen, in die Wüste zu ziehen und nach den Wegen Gottes zu forschen, denn meine Seele verlangt Gott zu erkennen... Und mein Mann sagte: Wenn seine Seele Gott zu erkennen verlangt, mag er hingehen im Namen Gottes und wohnen bei den Nazariten in der Wüste, denn er hat ein Gelübde getan, und er soll es verantworten vor sich selbst... Und ich trennte mich schweren Herzens von meinem Sohne. Und ob auch der Herr mich gesegnet hatte mit Söhnen und Töchtern, er war mein Erstgeborener, und er war für mich und meinen Mann wie Joseph für Jakob, der Liebste. Und ich gab ihm Brot und getrockneten Käse und ein Hemd und schickte ihn in die Wüste im Namen Gottes.

Und es vergingen Tage und Jahre, und ich hörte nicht, wie es um ihn stand. Aber mein Herz ließ nicht ab, nach ihm zu verlangen, denn meine Seele war an die seine gebunden. Und als einige Zeit verstrichen war, da nahm der Herr die Krone meines Hauptes von mir, den mir Angetrauten, und er ging zu seinen Vätern ein, und ich blieb zurück, eine Witwe, und meine Kinder Waisen, und ich wußte nicht mehr, was werden sollte, denn ich hatte keinen Helfer in der Stadt, und meine Kinder waren klein und in zartem Alter, und da war keiner, der sie speiste und uns Trost zusprach. Und es geschah, daß an einem bestimmten Tage ein Mann an meine Türe kam, und sein Haar war lang, und er war barfuß und mit einem Pardelfell bekleidet. Er war hager von Gestalt und Angesicht und verbrannt von der Wüstensonne. Er kam an meine Türe, und da ich öffnete, sah ich meinen Sohn vor mir, und er sagte: Es ist mir gesagt worden, daß dein Mann nun bei seinen Vätern ruht, und daß du allein bist, du mit deinen Kindern, und ich bin gekommen, dir eine Hilfe zu sein in der Zeit deiner Not... Und er nahm die Arbeit seines Vaters an der Hobelbank auf, und mit seiner Hände Arbeit ernährte er uns, und er unterwies seine Brüder und erzog sie im Glauben Israels. Aber ich kannte nicht mehr den Wandel meines Sohnes, denn er machte die Nacht zum Tage, und in den Winternächten saß er beim Licht der Öllampe, und in den Sommernächten beim Licht des Mondes und der Sterne, und er dachte nach über seine Gedanken und über die heiligen Bücher, so er mitgebracht hatte. Und auch bei der Arbeit sprach er Verse und Sprüche, und es waren Verse und Sprüche, die keiner kannte. Und er sprach zu mir über das Buch Enoch und über die Riesen, die vom Himmel gefallen waren und sich vermischt hatten mit den Töchtern der Erde, und über die bösen Geschlechter, die von ihnen herstammten, und über die finsteren Zeiten, darinnen wir lebten. Und er sagte, daß die Erlösung nahe sei, und ein Sohn würde aufstehen in Israel und leuchten über die ganze Welt. Und er sprach zu mir mit Sprüchen und Gleichnissen über das böse Ende der Gottlosen und das Licht, so die Gerechten erwartet, und die Hilfe, die den Armen wird zukommen, und das Unheil, das über die Reichen kommen wird, die da richten wird der Sohn Davids. Und er hielt sich abgesondert von den anderen, und reinigte seinen Körper, und rührte nichts an, das unrein war, und aß kein Fleisch und trank keinen Wein, sondern nährte sich von Gartengewächsen, es sei denn, daß er am Sabbath etwas Honig auf sein Brot tat. Und ich sprach zu meinem Sohne und sagte: Siehe, die Zeit ist gekommen, daß du zu einem Klugen und einem Weisen gehst, daß er dich von deinem Gelübde entbinde, denn die Zeit ist da, daß ich Trost finde und Freude an dir. Haben nicht die Weisen gesagt: Mit achtzehn ist es Zeit für den bräutlichen Baldachin?... Und solcherlei sprach ich zu ihm, wie eine Mutter zu ihrem Sohne spricht. Aber er antwortete mir: Hast du mich nicht dem Herrn geheiligt, noch ehe ich geboren war, hast du es mir nicht selber gesagt?... Und mich erbarmte mein Kind, und ich sagte zu ihm: Mein Sohn, so war es nicht gemeint... Er aber antwortete mir: Mein Gelübde bleibt bestehen, Mutter... Und er wollte nicht mehr darüber reden. Und er ging seiner Wege, und seine Wege waren nicht mehr dieselben wie zuvor. Er geißelte nicht die Reichen, und er widerstrebte nicht dem Übel, denn er sagte: Das Böse kommt wie das Gute vom Herrn. So wie geschrieben steht, daß er das Licht schuf und die Finsternis, so schuf er den Frieden und das Böse, denn er ist der Herr und tut alles. Also ist das Böse dazu da, daß wir an ihm besser würden, und wir sollen ihm nicht widerstreben, denn es kommt von Gott, und wir sollen dulden in Liebe und Demut. Der Mensch soll nicht dem Übel widerstreben, sondern Gutes tun... Und er besuchte die Kranken und heilte sie mit Kräutern und Gräsern, so er in der Wüste gefunden hatte. Er weilte unter den Armen und tröstete sie und sagte, daß sie die ersten sein würden im Reiche Gottes. Und er mied die Gesellschaft der Reichen und Gelehrten, und wenn er zur Schule ging, blieb er an der Türe stehen unter den Schmachbedeckten und Geächteten. Und in seiner Laube auf dem Dach, die ich ihm eingerichtet hatte, sah ich oft des Nachts ein großes Leuchten, und ich hörte Stimmen reden, gleich als wenn Fremde bei ihm eingekehrt wären. Und mich dünkte, daß er zu ihnen sprach in Versen und Sprüchen, und sie antworteten ihm mit seltsamen Stimmen. Und ich erschrak, und ich erzitterte vor denselbigen Dingen, die da geschahen in der Laube auf dem Dach, und ich sagte zu meinem Sohne: Mein Sohn, mein Sohn, mich dünkt, daß ich dich nicht mehr kenne, und ich weiß nicht, wer du bist, und ich verstehe nicht, was du tust... Und er antwortete mir und sagte: Sei getrost, Mutter, denn alles, was ich sage und tue, geschieht für meinen Vater im Himmel...

Und es begab sich, daß ich eines Nachts in der Finsternis lag und nachdachte über das Geschick meines Kindes, und da kam ein Sturmwind und packte die vier Ecken des Hauses und schüttelte das Haus, daß ich fürchtete, die Mauern würden über mir einstürzen. Und als ich so dalag und zitterte, siehe, da kam mein Sohn zu mir und fragte: Mutter, hast du mir gerufen? Und ich sagte: Nein, ich habe dir nicht gerufen!... Und das wiederholte sich dreimal. Und beim dritten Male sagte mein Sohn: Wahrlich, meine Stunde muß gekommen sein... Und ich wußte nicht, was er meinte, und ich fragte ihn: Was meinst du, mein Sohn?... Und er antwortete: Ich muß nun ausziehen mit der Botschaft und Kunde, wohin auch immer mein Vater mich schickt... Und ich verwunderte mich seiner Worte und rief ihm zu: Und mit wem willst du mich hier zurücklassen?... Und er sagte: Siehe, mein Bruder Jakob ist jetzt erwachsen, und er soll meinen Platz einnehmen an der Zimmermannsbank, und er soll die Kinder erziehen in den Bräuchen Israels. Ich aber, ich muß hingehen, wohin man mich schickt... Und er verließ mich und ging in die Nacht hinaus. Ich rief hinter ihm her: Tinoki, mein Kleiner, Gott sei mit dir... Und er antwortete aus der Nacht: Tröste dich, Mutter, und da verschlang ihn die Dunkelheit der Nacht.

Und die Tage vergingen und die Jahre, und ich hörte nichts von ihm, noch sahen ihn meine Augen; bis daß Leute aus K'far Nahum zu mir kamen, und sie erzählten mir von den Wundern, die er verrichtet hatte an den Ufern des Sees Genezareth. Und desgleichen kamen zu mir Leute aus anderen Städten und erzählten mir von der Lehre, die er in Israel verkündet. Und ich weiß nicht, was der Herr mit mir gemacht hat, denn mein Herz schwebt zwischen Hoffnung und Furcht. Großes, wahrlich, hat der Herr an ihm getan, und doch weiß ich nicht, warum mein Herz so zittert. Ich kenne nicht seine Wege, denn ich bin ein einfaches Weib. Und nun erkläret mir, ihr, seine Jünger, wer er ist, dieser mein Sohn."

Und ich stand auf und verneigte mich vor der Mutter meines Rabbi und sagte:

„Gebenedeit seist du, Glückliche unter den Weibern, denn die Völker der Welt werden um deinetwillen gesegnet sein. Gebenedeit sei dein Leib, aus dem dieser Heilige kam."

Und später in der Nacht sagte ich zu Simon bar Jonas:

„Simon bar Jonas, selig sind wir, daß wir für würdig befunden wurden. Großes tut der Herr an uns."

Und Simon bar Jonas wußte nicht, was meine Rede bedeutete, und er sagte:

„Siehe, ich bin nicht belesen in der Schrift, und sage mir in schlichten Worten, was du meinst."

Und ich sagte:

„Simon bar Jonas, seine Mutter bezeugt, daß er geboren wurde in Bethlehem in Judäa, und daß er aus dem Hause Davids ist."

Und ich erklärte es ihm nicht weiter, sondern behielt es bei mir.

Und so standen wir in der Nacht und betrachteten das Haus, darinnen der Heilige Israels ruhte. Und das Haus, so von dichten Schatten umhüllt war, fing an zu leuchten, und das Licht des Mondes und der Sterne strömte gewaltig auf das Haus hernieder, und es schlummerte geborgen in Gottes Schutz.

IX. KAPITEL

Groß ist der Sabbath; es ist gesagt worden, daß er gleich dem Messias sei; und wie der Messias bei dem Herrn im Himmel war, ehe die Welt geschaffen wurde, so auch der Sabbath. Und selbiges will heißen, daß Ruhe war, ehe Bewegung war, und daß Freiheit war, ehe Sklaverei war.

Nun war der folgende Tag der sechste Tag, der Vorabend des Sabbaths, und mein Rabbi rührte sich zu früher Stunde, und ehe daß er mit den Vorbereitungen für den Sabbath begann, sah er nach seinen Brüdern, daß sie ihre Arbeit verrichteten, wie es sich geziemte; denn solche Ordnung war üblich gewesen zu seines Vaters Zeit und zu seiner Zeit, da er zu Hause wohnte, und das Haus war berühmt ob dieser Ordnung von Geschlecht zu Geschlecht.

Er rief zu sich seinen Bruder Jakob, der die Arbeit von ihm übernommen hatte, auf daß er die Familie nähre, und er ging mit ihm in die Werkstatt, und dort prüfte er ihn und sah nach dem Holz, aus dem die Wagen gemacht sind, ob es nicht zu frisch sei und darum leicht zerbrechlich, noch zu trocken und verdorrt; und er sah nach den Rädern, daß sie stark seien und sauber gefugt und die Speichen fest und gut befestigt und das Zaumzeug locker genug, daß es nicht dem Esel das Maul verschließe oder dem Ochsen, der das Korn drischt, daß er davon fressen könne, wie die Thora befiehlt. Und als er sah, daß seine Brüder ihre Arbeit geschickt verrichteten und gut, wie es der Ruf des Hauses verlangte, da lobte er sie darob.

Und da nahm er seinen Bruder Simon und ging mit ihm in den Garten, der auf dem Felde lag, denn sein Bruder Simon hatte das Feld zu hüten, so ihr geringes Erbe war, und Simon arbeitete in dem Garten und auf dem Felde, das hinter dem Hause lag. Und unser Rabbi achtete darauf, daß seine Brüder bei ihrer Arbeit alle die Gebote erfüllten, so die Feldarbeit betreffen, wie sie verzeichnet sind in der Thora; daß sie die Ecken des Ackers für die Armen der Stadt ließen, Ähren zu sammeln, und für die Fremdlinge. Und er fragte auch, ob sein Bruder den Zehent von der Ernte für den Priester beiseite lege, wie das Gebot es will. Er fragte auch, ob sein Bruder die zweite Nachlese der Weinstöcke in dem kleinen Weinberg für die Armen der Stadt zurücklasse und sie nicht in seinen Keller sammle; desgleichen, ob er auf dem Acker zurücklasse das, was neben die Sichel fällt, und das man nicht einsammeln soll mit der Garbe, sondern liegen lassen, wo es liegt, wie das Gebot es will. Und es war Frühling, und der Weizen stand hoch auf dem Acker, aber er war grün und flaumig, und er neigte sich fromm im Winde, und mein Rabbi segnete ihn.

Und er nahm seinen Bruder und ging mit ihm in den kleinen Garten hinter dem Hause, und er achtete darauf, daß an jedem Baum jegliche Feige, die da schien, daß sie als erste reifen sollte, gekennzeichnet würde mit einem gebogenen Zweiglein, und so soll sie zu den Erstlingen gehören und zur rechten Zeit im Tempel von Jerusalem dargebracht werden. Und der Garten stand in Blüte, und die Mutter stand inmitten der Gewächse und grub Zwiebeln und Rüben aus der Erde, um das Sabbathmahl zu bereiten. Und mein Rabbi sagte zu ihr:

„Mutter, mühe dich nicht, sondern lasse die Arbeit meinen Jüngern, denn sie werden in Kürze aus der Stadt kommen, und sie werden das Sabbathmahl für ihren Rabbi bereiten, denn so will es das Gebot, das die Jünger und ihren Rabbi betrifft.“

Und seine Mutter antwortete:

„Groß ist das Gebot und die gute Tat des Sabbathrüstens, und je mehr man sich darum mühet, desto größer ist die Erfüllung. Und ich halte an der Sitte fest aus deines Vaters Tagen, und die Früchte, die am reifsten sind, und die Gemüse lege ich während der Woche beiseite und mache ein Zeichen daran und sammle sie ein am sechsten Tage für den Sabbath.“

Und er nahm seinen jüngsten Bruder Judas und ging mit ihm in den Stall. Nun war der Jüngste noch ein Kindlein gewesen zu der Zeit, da sein Vater starb, und der Rabbi liebte ihn vor allen seinen Brüdern, denn er war eine Waise geworden in jungen Jahren, und mein Rabbi war ihm an Vaters Statt gewesen; und er rief ihn zu sich und sagte:

„Judas, tinoki , — das heißt: Judas, mein Kleiner — „komm, führe mich zu der Herde.“

Denn der Jüngste sollte die kleine Herde hüten. Und die Mutter nahm von der Herde die Milch und den Käse für das Haus, desgleichen wollene Gewänder für die Winternächte, und sie spann und wob die Gewänder mit ihren eigenen Händen. Und die Herde war klein, und es waren nur ein paar Schafe und ein paar Ziegen. Und als wir zu der Herde kamen, da umringten die Schafe meinen Rabbi, als ob sie ihn kennten, und sie leckten ihm die Hände und die Füße. Und er fragte nach dem Wohlergehen der Schafe und fragte seinen Bruder, ob er auch Ohren hätte, zu hören den stummen Schrei der Kreatur nach Wasser. Und sein Bruder antwortete:

„Die Arbeit ist wohlgetan und mit Geschick, denn sind nicht unsere Väter Hirten gewesen von den Tagen Abrahams an?"

Und mein Rabbi sagte: „Du hast gut geantwortet, mein Sohn."

Und während sie so redeten, kamen die Jünger aus der Stadt zurück, und da war bei ihnen das Weib, das unserem Rabbi aus Nain gefolgt war, und das da hieß Mirjam. Und als die Mutter die Jünger sah, denn sie waren nicht alle am Abend zuvor im Hause gewesen, da sagte sie:

„Wer sind diese?"

Und mein Rabbi antwortete:

„Das sind die Seelen, die ich geschaffen habe, und es mögen ihrer nicht viele sein, aber ihr Name wird Legion sein in künftigen Tagen."

Und der Rabbi nahm das Weib bei der Hand, das mit den Jüngern gekommen war, und er führte sie zu seiner Mutter und sagte:

„Ich befehle sie dir und deiner Gnade; nimm sie zu dir, denn bis zu diesem Tage war sie verstoßen; und lehre du sie alle die Gebote, die einer Tochter unseres Volkes zukommen."

Und das Weib verneigte sich vor der Mutter und rührte den Saum ihres Gewandes an und sagte:

„Ich bin nicht würdig, mit meinen Händen den Saum deines Gewandes anzurühren, denn ich bin unrein."

Die Mutter aber hob sie auf und sagte:

„Steh auf, meine Tochter; was mein Sohn gereinigt hat, ist nicht mehr unrein." Und sie sagte weiter: „Es ist ein großer Tag für mich, denn nicht nur hat der Herr mir gewährt, das Antlitz meines Sohnes zu sehen, sondern er hat zu mir gebracht seine Jünger, die er erzogen hat, und die Seelen, die er geschaffen. Ist eine Mutter in Israel so glücklich wie ich? Lasse sie nun in den Stall gehen und ein Schaf nehmen und es schlachten nach den Geboten und es für den Sabbath zubereiten, welcher herannaht. Und du, meine Tochter, du sollst mit mir kommen und das Brot backen und die Lampen füllen."

Und sie ging mit dem Weibe ins Haus, und sie nahmen weißes Mehl und kneteten es mit Öl, das sie aus einer Kürbisflasche gossen. Und sie nahm von dem Teig und warf's ins Feuer, und so war er dem Herrn geheiligt; und sie begannen die Brote zu backen.

Und die Jünger gingen mit Judas in den Stall und nahmen ein Tier und schlachteten es gemäß den Vorschriften und Geboten. Und Jakob und Jochanaan, die Söhne des Zebedäus, gruben ein Loch in die Erde und zündeten ein Feuer an von Stroh und Holz, und sie rösteten das Tier über dem Holzfeuer an einem Spieße. Denn die gute Tat ist von zwiefachem Wert, so jeder der Jünger teilnimmt an der Zurüstung des Mahles für den Rabbi und jeder mitschafft an der Arbeit für den Rabbi. Und so drehten die Söhne des Zebedäus den Spieß über dem Feuer. Und Philippus machte sich mit dem Gemüse zu schaffen und putzte die Rüben. Und einer holte Öl vom Markt und tauchte Fische darein und wälzte sie in Teig und buk sie über dem Feuer. Und Thomas und Jakobus ben Halfi wuschen die Überkleider der Jünger, die sie abgelegt hatten bei der Arbeit, daß sie nicht ihren Rabbi bei Tisch bedienten in den Gewändern, darin sie arbeiteten und das Mahl für ihn bereitet hatten. Und die Gewänder trockneten in der Sonne, daß sie frische Gewänder hätten für den Sabbath. Und ich sorgte für die Lampen und bereitete die Dochte und zupfte sie zurecht, auf daß sie nicht qualmten und übel röchen. Und Andreas bereitete den Wein, denn wir, Andreas und ich, waren in die Lehre gegangen, und wir kannten die Vorschriften, die da sind, wie man den Wein bereitet und die Lampen und das Öl, und die Vorschriften, die den Sabbath betreffen. Und Simon, der Zelot, schöpfte Wasser aus dem Brunnen. Simon bar Jonas aber war um den Rabbi und bereitete ihm das Sabbath-Bad, er machte das Wasser heiß und goß es in den großen Krug, so in einer Ecke des Hofes stand, umschirmt von Palmblättern, wie es sich geziemt. Und dorthin führte er meinen Rabbi und wusch ihn und salbte ihn und legte ihm seine Gewänder an und die Überkleider mit den Fransen, die da heißen Zizit, und zog ihm seine Sandalen an und legte ihn auf ein Ruhebett, daß unser Rabbi gleich sei einem Engel des Herrn, der herabgestiegen ist, um den Sabbath zu segnen.

Und da mein Rabbi auf seinem Ruhebette lag und sich an

der Schönheit der Welt erfreute, über der die Sonne schien, und da er seine Jünger beschäftigt sah mit der Zurüstung des Sabbaths und darob Freude empfand, da kam viel Stadtvolk herbei. Und da waren auch solche unter ihnen, die großen Besitz hatten, und sie kamen aus Begierde, etwas Neues zu sehen; und da waren unter ihnen die Armen, die um Almosen kamen, denn sie hatten gehört, daß unser Rabbi unter die Armen das Geld verteile, so er von den Reichen nimmt. Und da kamen auch die Blinden und Lahmen, aber nicht, daß sie sich von ihm heilen ließen, denn sie hatten den Glauben nicht; sondern sie kamen auch aus Neugier, etwas Neues zu erfahren. Aber keine Gelehrten waren unter ihnen, denn es waren keine Gelehrten in der Stadt außer den Ältesten der Schule und den Rabbis und den Aufsehern über den Tempeltribut, so auch dem kleinen Gerichtshof angehörten. Und das Volk stand umher, und da waren einige, die fingen zu spotten an. Und sie sagten zueinander: „Siehe, er hat Jünger mitgebracht." Und die Lahmen führten die Blinden, und sie standen um uns herum und spotteten. Und die Blinden fragten: „Saget an, hat er nicht mitgebracht viele Kamele, mit Ölkrügen beladen?" Und die Lahmen antworteten: „Nein, wir sehen keine Kamele, mit Öl beladen." Und die Blinden fragten abermals: „Vielleicht hat er Beutel voller Denaren mitgebracht?" Und die Lahmen antworteten: „Nein, wir sehen keine Beutel voller Denaren, so er mitgebracht hätte." Und die Blinden sagten: „Nun sehet zu!" Und die anderen antworteten: „Wir sehen nur armes Volk gleich ihm, so er mitgebracht hat, und das sind seine Jünger, und es ist auch ein Weib unter ihnen." Da fragten die Blinden weiter: „Aber vielleicht hat er den Palast des Königs hergezaubert, daß seine Mutter darin wohne." Und die Lahmen antworteten: „Nein, wir sehen nur das verfallene Haus seiner Sippe, darin er immer gewohnt hat." Da sagten die Blinden weiter: „Aber vielleicht ist da ein goldener Tisch, mit allerlei guten Sachen beladen, den der Himmel herabgesandt hat zur Feier des Sabbaths." Und die anderen antworteten: „Nein, kein goldener Tisch, und keinerlei gute Sachen, aber die Schüler rösten kleine Fische in Öl, wie alle die Armen tun, für das Sabbathmahl." Und abermals fragten die Blinden: „Nun saget uns, hat er nicht seine Mutter mit königlichen Gewändern geschmückt und mit vielen edlen Steinen?" ... „Nein, seine Mutter trägt noch das sackleinene Gewand der Armen."

Und Simon bar Jonas rief ihnen zu und sagte: „Ihr Blinden,

was steht ihr da und spottet? Es wäre besser für euch, ihr würfet euch zu Boden und strecktet die Hände nach ihm aus und flehtet ihn an, die Blindheit von euch zu nehmen. Denn das Heil liegt in seinen Händen, und er kann euch helfen, wie er vielen andern geholfen hat, die da blind waren." Und die Blinden antworteten: „O, wir sind keine Narren wie die Leute in anderen Städten. Denn so er helfen könnte, hülfe er sich selbst zuerst. Wie, wohnen wir denn nicht in der Stadt unter seinen Brüdern und sehen wir denn nicht, wie sie auf den Feldern arbeiten und an der Werkbank und genau so arm sind wie wir? Warum überschüttet er sie denn nicht mit Gold? Warum zaubert er denn nicht große Schätze für sie herbei?" Und die Blinden und Lahmen spotteten immer mehr und lachten laut, und sie riefen meinem Rabbi zu: „Arzt, hilf dir selbst!" Und einer der Blinden trat hervor aus dem Kreise und tastete mit seinen Händen und suchte den Rabbi und sagte: „Wo ist der Mann, der solche Wunder wirkt, und warum gibt er uns nicht ein Zeichen, wie er anderen ein Zeichen gegeben hat?" Und während er also sprach, näherte er sich meinem Rabbi, und die anderen riefen lachend: „Oh, du Blinder, fliehe jetzt, denn er hat eine Schlange gegen dich entsandt, und die Erde hat sich geöffnet vor dir." Und der Blinde erschrak und rief: „Wo? Wo?"

Und als die Söhne des Zebedäus dies alles sahen, ließen sie ab von der Zurüstung des Mahles, und sie sagten zu unserem Rabbi:

„Rabbi, sollen wir sie davonjagen? Warum lässest du diese Menschen deiner spotten?"

Und der Rabbi antwortete:

„Ich bin nicht gekommen, zu töten, sondern aufzubauen."

Und er stand auf und ging zu dem Blinden hin, der verwirrt war, und nahm ihn bei der Hand. Wir dachten ganz gewiß, daß er ihn in Asche verwandeln würde. Aber der Rabbi tat nichts, sondern sagte nur:

„Was sollte es dir nützen, wenn du sehend würdest mit deinen Augen, und dein Herz bliebe blind?" Und er führte ihn in den Kreis der Blinden und sagte:

„Blinder, bleibe unter den Blinden."

Und er nahm Geld aus seinem Beutel und gab es den Armen. Und er legte diesem und jenem seine Hände auf und sagte: „Gott gebe, daß ihr den Glauben findet, denn wer den Glauben hat, der wird nimmermehr arm sein."

Nun hörten wir nach kurzer Weile das Widderhorn rufen

vom Dach der Schule, zum Zeichen, daß der Sabbath nahe sei und niemand mehr arbeiten dürfe. Da gingen die Leute von dannen und eilten in die Stadt. Und auch die Jünger ließen von ihrer Arbeit ab, und die Brüder des Rabbi stellten ihr Mühen ein, und sie deckten die Werkzeuge zu, daß der Sabbath nicht gestört würde durch den Anblick der Arbeitswerkzeuge. Und die Jünger wuschen sich die Hände und die Füße in den Wasserkrügen auf dem Hofe und legten ihre frischgewaschenen und getrockneten Gewänder an. Und die Brüder des Rabbi taten desgleichen. Und seine Schwestern kamen mit ihren Männern und ihren Kindern aus der Stadt, um ihre Mutter am Sabbath zu begrüßen. Und die Jünger rüsteten die Tische und legten Bretter auf den Boden und deckten sie mit einem Tuche zu. Und die Mutter des Rabbi und die anderen Weiber wuschen ihr Gesicht und kämmten ihr Haar und legten ihre Sabbathkleider an und holten die Lampen hervor, so viel ihrer nur im Hause waren, denn es ist eine gute Tat, am Sabbath alle Lampen anzuzünden, so im Hause sind. Und als sie zum zweiten Male das Widderhorn vom Dach der Schule blasen hörten, da zündeten sie die Lampen an. Und da nahm die Mutter Blumen und Blätter vom Ölbaum und schmückte das Haus und den Tisch, und sie eilte in ihr Gemach und holte die Flasche mit Dattelwein und stellte sie auf den Tisch, wo die Sabbathbrote lagen.

Und als die Sonne unterging, hörten wir zum dritten Male das Widderhorn blasen. Da nahm der Rabbi seine Jünger und stellte sich mit ihnen auf den Hof, den Sabbath zu empfangen. Und als die ersten Sterne sichtbar wurden, da sprach er das abendliche „Höre Israel“, und alle antworteten: „Amen.“

Und wir gingen in das Haus, das von vielen Lampen erhellt war und geschmückt mit Blumen und Ölzweigen. Und mein Rabbi in seinem weißen Gewande leuchtete zwischen den Lampen und Blumen wie ein Engel des Herrn. Und nachdem er begrüßt hatte die Engel, die mit dem Einzuge des Sabbaths in das Haus gekommen waren, nahm er seine Mutter bei der Hand, und sie mußte sich an seine Seite setzen, und alle seine Brüder setzte er an den Tisch in der Reihenfolge ihrer Jahre. Und desgleichen die Jünger und die Schwestern und ihre Männer. Alsdann stand er auf und erhob seinen Becher Weines und heiligte den Sabbath und trank den Wein, und er gab den Kindern davon zu trinken, und sie alle antworteten: „Amen.“ Und nach den Kindern tranken wir aus dem Becher des Rabbi.

Und er wusch seine Hände, und wir taten desgleichen. Und er sprach das Gebet, so den Herren um unser täglich Brot bittet, wie es seine Gewohnheit war bei allen Mahlzeiten. Und er verteilte das Essen zuerst an die Kinder, dann an seine Mutter. dann an seine Jünger und an seine Brüder und Schwestern.

Und wir, die Jünger, standen auf, und bedienten der Reihe nach den Rabbi, denn es ist ein großes Verdienst, den Rabbi zu bedienen, größer sogar als der Dienst an Vater und Mutter. Und der Rabbi bediente seine Mutter. Und wir nahmen die Schüsseln, die auf dem Tische standen, und zuerst ließen wir die Kinder ihre Hände hineinstecken, denn es ist Sitte, daß die Kleinen gespeist werden vor den Erwachsenen. Und dann nahm der Rabbi mit seinen Fingern, und jeder von uns der Reihe nach, in der Reihenfolge seiner Jahre.

Und zwischen einem Gericht und dem anderen sangen wir Verse aus den Psalmen, und unser Rabbi legte uns ihren Sinn aus, und es war große Freude am Tisch. Gesegnet das Auge, das solches gesehen hat. Und als ich sah, wie die Mutter unter ihren Kindern sitzt, wie die Lampe brennt und das Licht des Sabbaths scheint, und das Haus gesäubert ist und geschmückt, und der Geist Gottes auf dem Tische ruht, darum daß sie von heiligen Dingen redeten, da dachte ich an die Worte: „Wie die Mutter sich mit ihren Kindern freut, Hallelujah!"

Und diese Nacht verbrachten wir, die Jünger, auf dem Hofe vor des Rabbis Haus und suchten uns ein jeglicher einen Platz, so gut er konnte, denn wir wollten am Morgen bei unserem Rabbi sein und mit ihm in die Schule gehen. Denn es steht geschrieben: „In der Menge des Volkes liegt die Hoheit des Königs", und ein Rabbi ist gleich einem König, und es ehrt den Rabbi, daß seine Jünger ihn auf seinen Wegen begleiten.

Und als der Morgen kam, rührten wir uns und machten uns auf zur Schule. Und das Volk strömte aus den Häusern, und sie gingen den Hang hinan zu der Schule, so hoch oben stand und sichtbar war in allen Vierteln der Stadt. Und die Schule war bereits voll, denn sie wußten, der Rabbi würde kommen, zu beten mit seinen Jüngern, und sie warteten, ob er ein Wunder tun würde, wie er getan hatte in anderen Städten. An dem erhöhten Orte an der östlichen Wand vor dem Gewölbe, wo die heilige Rolle steht, dort saßen sie — der Vorsteher der Gemeinde und die Obersten der Stadt. Und der Vorsteher der Gemeinde war ein alter Mann, und sein Bart war lang und weiß und schimmerte über dem weißen Sabbathgewand. Und an seiner rechten Seite saß der Vorbeter, der die Kleinen lehrte, ein Mann in der Blüte seiner Jahre; und er stammte aus der Priesterschaft, von den Söhnen Aarons, und er war sehr behaart, und sein Bart war gekämmt und geflochten nach der Sitte der Priester. Und zu seiner Linken saß der erste Gehilfe des Vorstehers der Schule, und er war ein junger Mann. Und neben ihnen saßen die Ältesten in ihren Sabbathgewändern und ihren mit Fransen besetzten Gebetmänteln. Und das Volk stand in der Schule, ein jeglicher nach seinem Range, die Reichen und Angesehenen ganz vorne neben dem Stuhl und die Armen an der Tür. So wie geschrieben steht: „Gleich dem Armen an der Tür." Und die Weiber gingen in die Abteilung der Weiber, so auf der einen Seite der Schule war und abgeteilt von der Abteilung der Männer durch eine zwiefache Säulenreihe, daß sie hören könnten das Gebet der Männer und sie nicht sehen. Und unser Rabbi stellte sich, wie es seine Gewohnheit war, an die Tür, und wir, seine Jünger, standen hinter ihm. Und als nicht mehr Volk in der Schule hätte Platz finden können, da stand der Vorsteher der Schule auf und sagte:

„Ist in die Stadt gekommen ein bedeutender Besucher, daß es sich geziemte, ihn zur Verlesung der Thora aufzurufen?"

Und einige der Andächtigen erwiderten:

„Es ist in die Stadt gekommen Rabbi Jeschua ben Joseph, der für würdig befunden wurde, ein Rabbi in Israel zu werden, und er ist heimgekehrt, zu erfüllen das Gebot: Ehre deine Mutter. Er ist hier in der Schule mit seinen Jüngern."

Daraufhin sprach der Vorsteher der Schule:

„Möge Rabbi Jeschua ben Joseph das Sprachrohr dieser Gemeinde sein am heutigen Sabbath."

Und es war Sitte in Israel, wenn ein Mann gebeten wurde, das Sprachrohr und der Bote zu sein der Gemeinde im Gebet, da wies er die Ehre zurück drei Mal, um zu beteuern, daß er ihrer nicht würdig sei, und seine Bescheidenheit scheinen zu lassen, und erst beim vierten Male folgte er dem Geheiß des Vorstehers der Schule. Nicht so unser Rabbi. Und als der Vorsteher der Schule ihn bat, das Sprachrohr der Gemeinde im Beten zu sein, da schritt er stracks nach vorne und ging zu dem Stuhl. Und er hüllte sich in seinen Gebetmantel und begann zu beten mit lauter Stimme:

„Gesegnet seist du, o Herr, König des Weltalls, Schöpfer von Licht und Finsternis, Friedensbringer, Schöpfer aller Dinge."

Und das Volk fiel auf die Knie und bedeckte das Gesicht mit dem Gebetmantel.

Und als er zu der Stelle kam, darin der Bote der Gemeinde den Sabbath segnet, da sprach unser Rabbi die Worte mit großem Nachdruck:

„Sende herab auf dein Volk einen großen und unvergänglichen Frieden, denn du bist der Friedensfürst."

Und hier unterbrach der Rabbi das vorgeschriebene Gebet und sprach sein eigenes Gebet, wie es der Brauch ist der großen Rabbis. Und da das Volk in der Schule sein Gebet hörte, siehe, da war es das Gebet des armen Mannes, so der Rabbi sprach vor jedem Mahl. Und sie sagten zu einander: „Es ist das Gebet des armen Mannes, und es ist gut." Und sie sagten es ihm nach.

Und die Mutter des Rabbi stand unter den Weibern in der Abteilung der Weiber, und als sie die Stimme ihres Sohnes beten hörte mit großer Kraft für die Gemeinde, da war sie voller Glückseligkeit und Stolz, und die Weiber sagten zu ihr: „Gebenedeit sei dein Leib, der diese Frucht geboren hat, du Gebenedeite unter den Weibern."

Und der Rabbi, begleitet von den Obersten, stieg die Stufen hinauf zu dem heiligen Gewölbe, das in der Wand ist, und holte die Thorarolle hervor, und wie er nun dastand, in seinen Gebetmantel gehüllt, und die Rolle über die Versammelten emporhob, da war er von Ansehen gleich Moses, unserem Lehrer, auf dem Berge Sinai, und das Volk verneigte sich und sang das Stufenlied, welches sie singen, so sie zum Tempelhofe hinaufgehen.

Dann trugen er und der Vorsteher der Schule und der Vorbeter die Rolle zum Stuhl und suchten auf die Stelle des Wochenabschnitts, und riefen die angesehenen Männer der Stadt auf zu der Ehre, daraus vorzulesen. Und ein jeglicher las seine Stelle den Versammelten vor, und der Dolmetsch übersetzte sie dem Volke.

Und da die Reihe an unseren Rabbi kam, daß er zur Verlesung der Thora aufgerufen wurde, und sein Teil war der Anhang zum Wochenabschnitt, da las er mit großer Kraft; und als er geendet hatte, da rollte der erste Gehilfe die Rolle auf bis zu den Büchern der Propheten, und er zeigte unserem Rabbi die Stelle aus den Propheten, so verlesen werden sollte an diesem Sabbath.

Unser Rabbi aber nahm die Rolle und wählte eine andere Stelle, und wählte das Buch Jesaja, die Stelle, da der Prophet den Messias verkündet. Und in seinen Gebetmantel gehüllt, hob er die Rolle hoch und las vor gewaltiglich:

„Der Geist des Herrn ist bei mir, darum daß er mich gesalbt hat; er hat mich gesandt, zu verkündigen das Evangelium des Armen, zu heilen die zerstoßenen Herzen, zu predigen den Gefangenen, daß sie los sein sollen..."

Aber als der Vorsteher der Schule diese Worte hörte, zitterte er am ganzen Leibe und trat zu meinem Rabbi und sagte:

„Nicht dieser ist der Prophet, der vorgeschrieben ist, daß er heute im Anhang verlesen würde."

Aber unser Rabbi legte die Rolle in die Hände des ersten Gehilfen, und er sprach weiter die Worte des Propheten Jesaja aus dem Gedächtnis:

„Er hat mich gesandt, zu verkündigen das angenehme Jahr des Herrn. Das Volk, das in der Dunkelheit wandelt, hat ein großes Licht gesehen."

Und der Vorsteher und der Vorbeter und die Ältesten waren bleich und erschrocken, und sie umdrängten meinen Rabbi, und sie sagten:

„Was sind das für Worte, die du sprichst, und wen meinst du damit? Bist du denn nicht der Sohn Josephs und Mirjams, und wohnen nicht deine Brüder und Schwestern unter uns? Wem gelten diese Worte, und was meinst du mit ihnen?"

Aber er hörte nicht auf sie, und er rief mit gewaltiger Stimme:

„Der Herr Herr hat mir eine gelehrte Zunge gegeben, daß ich wisse, mit den Müden zu rechter Zeit zu reden. Der Herr Herr hat mir das Ohr geöffnet; und ich bin nicht ungehorsam und gehe nicht zurück! Ich hielt meinen Rücken dar denen, die mich schlugen, und meine Wangen denen, die mich rauften; mein Angesicht verbarg ich nicht vor Schmach und Speichel. Darum werde ich nicht zuschanden. Darum habe ich mein Angesicht dargeboten wie einen Kieselstein; denn ich weiß, daß ich nicht zuschanden werde."

Und der Vorsteher der Schule rief dem Volke mit lauter Stimme zu:

„Schleppt ihn weg von diesem Ort, denn er lästert Gott!"

Und das Volk stand erstaunt und erschrocken, und Furcht lag auf allen Gesichtern. Denn das Antlitz unseres Rabbi war weiß, und es leuchtete wie die Sonne, und seine Stimme war gleich der Stimme des Donners, wenn er von den Bergen herabfällt, und seine Worte waren voller Lieblichkeit und Schönheit. Und die Leute sagten verwundert zueinander:

„Aber dies ist der Sohn Josephs. Wer hat ihn gelehrt, so aus der Heiligen Schrift zu lesen?“

Und Simon bar Jonas trat unter sie und sagte:

„Habt ihr denn nicht gehört, was er unter dem Volke von K'far Nahum getan hat, daß er die Kranken heilte und die Blinden sehend machte? Und habt ihr nicht gehört, was er in Nain getan hat? Und habt ihr denn nicht gehört, was die Leute sagen, daß er ein Heiliger sei in Israel? Aber eure Herzen sind verstockt. Gehet hin zu ihm und streckt eure Arme nach ihm aus, denn euer Heil liegt in seinen Händen.“

Und einige, da sie das Antlitz des Rabbi sahen und seine Stimme hörten, fielen zu seinen Füßen nieder und streckten die Arme aus und riefen: „Rabbi, hilf uns! Zeige uns die Wunder, die du in K'far Nahum gezeigt hast.“

Er aber antwortete ihnen:

„Habt ihr mir nicht ein Gleichnis gesagt: Arzt, hilf dir selbst? Wahrlich, ich sage euch, kein Prophet ist angenehm in seinem Vaterlande. Es waren viele Witwen zu Elias' Zeiten, da er die Wolken verschloß drei Jahre und sechs Monate lang, und da war Hunger im Land, und zu deren keiner ward Elias gesandt, denn allein zu der Witwe in Sarepta, so in Sidon liegt. Und viele Aussätzige waren zu des Propheten Elias Zeiten, und er reinigte deren keinen denn allein Naeman, den Syrer.“

Und da sie dies hörten, war ein großer Aufruhr, und der Zorn packte sie bei diesen Worten, und sie wollten ihn schlagen und beschimpften ihn. Aber wir, seine Jünger, umringten ihn und ließen ihm nichts zuleide geschehen. Und wir gingen mit ihm hinaus aus der Schule, und die Beter waren arg verstört.

Und es begab sich später, als er in das Haus seiner Mutter zurückkehrte, daß seine Schwestern mit ihren Männern sich zankten seinetwegen. Und die Männer sagten: „Wie sollen wir nun hier in der Stadt unsere Augen erheben? Auch werden sie uns das Brot wegnehmen, da du solche Worte geredet hast.“ Und auch etliche der Brüder Jeschuas machten ein finster Gesicht, und sie sagten zueinander: „Das Volk wird an uns Rache nehmen.“ Aber die Mutter saß in einem Winkel des Hauses mit ihrem Sohne, und ob auch ihr Herz traurig war, sie wollte sich's nicht anmerken lassen, denn es war Sabbath. Aber sie sagte zu ihrem Sohn:

„Es schmerzt mich um deinetwillen, mein Sohn, Gott schütze dich!“

Und als der Abend kam und die Sterne aufgingen, da rief der Rabbi seine Schüler zusammen und sagte:

„Nun habe ich nicht länger mit ihnen zu schaffen, lasset uns aufbrechen und nach K'far Nahum gehen."

Und einige fragten ihn:

„Willst du nicht diese Nacht in der Stadt verbringen?"

Und er entgegnete:

„Eine Stadt, so ihre Kinder tötet, ist schlimmer denn ein wildes Tier. Lasset uns den Staub dieses Ortes von den Füßen schütteln."

Und als er zu seiner Mutter kam, sie zu bitten, daß sie ihn ziehen lasse, da schlug sie ihr Gewand vors Gesicht, und sie weinte und sagte:

„Mein Kind, ich will dich nicht ziehen lassen. Jetzt sehe ich, wie gar gefahrvoll der Weg ist, den du gewählt hast, und ich fürchte um dein Leben."

Er aber sagte:

„Den Weg hat mir unser Vater im Himmel vorgezeichnet, und ich habe ihn bereits betreten. Aber nicht eher sollst du wieder das Antlitz deines Sohnes sehen, als bis sein Ziel erreicht ist."

Und er verließ seine weinende Mutter und ging weg aus dem Hause seiner Väter, und wir gingen mit ihm, und als wir draußen waren in der Stille der Nacht, da hörten wir seiner Mutter Stimme hinter ihm herrufen: „Tinoki, tinoki, mein Kind, mein Kind", und er antwortete ihr: „Imi, imi, meine Mutter, meine Mutter."

* *
*

Und als wir ein Stück weit draußen waren vor der Stadt, da hörten wir Schritte hinter uns. Und als wir uns umschauten, da war es Jakob, der Bruder des Rabbi. Und der Rabbi fragte ihn:

„Jakob, mein Bruder, was machst du hier?"

Und Jakob antwortete:

„Ich will in deinen Fußtapfen wandeln."

Und der Rabbi antwortete:

„Jakob, kehre um, deine Stunde ist noch nicht gekommen."

Und die beiden Brüder fielen einander um den Hals, und sie küßten einander. Und Jakob kehrte nach Hause zurück, und wir gingen weiter unseres Weges.

X. KAPITEL

Und wir gingen durch die Nacht, und mit dem frühen Morgen kamen wir nach Migdal, das die Stadt der Färber ist. Und wir lenkten unsere Schritte zu einem Haus, so Mirjam, das Weib aus Migdal, uns genannt hatte. Und die Stadt Migdal war reich und voller Menschen, denn dortselbst findet man im Wasser das Muscheltier, das da heißt Hiluzon, und von dem man die Galle nimmt und daraus den Purpur bereitet. Desgleichen züchteten die Einwohner Tauben für die Tempelopfer, und darum war die Stadt bunt von Purpurfarbe und überschattet von den Schatten der Tauben. Und der Rabbi saß mit uns in der Betschule, wo die Gelehrten sitzen, und er predigte uns, den Jüngern, seine Lehre. Und viele Leute aus der Stadt und auch die Schriftgelehrten kamen und hörten zu, und sie verkündeten seinen Ruhm und sagten von ihm, daß Perlen von seinem Munde fielen. Und es gefiel meinem Rabbi, an diesem Orte zu weilen, denn das Volk erwies uns viel Ehre. Und mein Rabbi verrichtete keine Wunder in dieser Stadt.

Und als einige Tage verstrichen waren, da befahl uns der Rabbi, das Schiff zu besteigen und von Migdal nach K'far Nahum zu fahren. Und Simon, der Fischer, führte den Rabbi in das Haus seiner Schwiegermutter, und sie hatte ihm seine Laube auf dem Dache gerüstet.

Und es kamen nach K'far Nahum die Weiber aus Nain, nämlich Johanna, das Weib des herodischen Kriegsmannes, und Susanna. Und Johanna war das Weib eines reichen Mannes und sie hatte viele Felder, und sie brachte ihr Geld und schenkte es unserem Schatz; und wir kauften Brot, um die Armen zu speisen, die sich um unseren Rabbi versammelten. Und Susanna hielt sich zu der Schwiegermutter Simons und zu anderen frommen Weibern, die um den Rabbi waren, und sie sorgten für den Rabbi und seine Jünger. Und sie bereiteten auch das Essen, das der Rabbi den Armen gab, die bei ihm Erlösung suchten. Nur Mirjam, das Weib aus Migdal, war nicht bei den anderen Weibern und sie arbeitete nicht im Haushalt, sondern sie war immer um unseren Rabbi und diente ihm. Und es geschah am Abend, wenn der Rabbi in seine Laube ging, um nach der heiligen Arbeit des Tages auszuruhen, und es war Abend und die Stunde der Gnade, da fiel sie demütigen Geistes zu seinen Füßen nieder, und Schaum war auf ihren Lippen, und der heilige

Geist kam über sie, und sie war voll prophetischer Verzückung. Aber uns, den Jüngern, so wir in der Schrift belesen waren, gefiel solches nicht, daß Mirjam sich absonderte von den anderen Weibern, und wir murrten gegen ihre Weise, desgleichen, daß sie unseren Rabbi in die Gesellschaft der Sünder brachte.

Und wir sahen, daß das Verhalten unseres Rabbi gegen etliche seiner Jünger nicht war wie gestern und ehegestern. Mich, den Geringsten seiner Jünger, hielt er von sich fern, desgleichen Andreas und Simon, den Zeloten, und von Tag zu Tag zog er näher an sich heran Simon bar Jonas, den Bruder des Andreas, Jakobus und Johannes, die Söhne Zebedäi; und sie gingen mehr bei ihm aus und ein als wir. Und oft schloß unser Rabbi sich mit ihnen ein, und er sagte Dinge zu ihnen, die wir nicht hörten und von denen wir nichts wußten. Und die anderen Jünger wurden neidisch und erzürnt.

Nun war Simon bar Jonas ein Starker im Glauben und wie einer, der da liebt. Und er stand vor der verschlossenen Tür des Rabbi, und er meinte drinnen im Gemach viele Stimmen zu hören, wenn der Rabbi allein war. Und er und die Söhne des Zebedäus meinten, daß das Heil nicht anders kommen würde denn durch die Unwissenden und Einfältigen. Denn es ist der Glaube und nicht das Wissen, so den Schlüssel zum Himmelreich trägt. Nun waren die Söhne des Zebedäus reich und mächtig und hatten viele Schiffe nach ihrer Mutter, und sie hatten ihre Schiffe verlassen, um dem Rabbi zu folgen. Und Jakobus, der ältere der Brüder, war der liebste Schüler des Rabbi, denn Jakobus war stark im Glauben, gleich wie Simon und vielleicht noch stärker. Und wir kamen einmal an das Ufer des Sees Genezareth und wollten hinüber an die andere Seite, und es war kein Schiff in der Nähe, und Jakobus sagte zu dem Rabbi:

„Rabbi und Meister, so du willst, kannst du das Meer zerteilen, gleich wie Moses getan hat damals, als die Juden auszogen aus Ägypten, und wir werden trockenen Fußes hindurchgehen."

Und der Rabbi entgegnete:

„So ich mit dir allein wäre, würde ich es tun, denn es geht nichts über die Macht des Glaubens, aber die Kleingläubigkeit der anderen verwehrt es mir."

Und ich weiß, daß es ihm ernst damit war, denn er sah, daß ich solches nicht glaubte. Und Jakobus saß zu des Rabbi Füßen und bediente ihn wie Simon. Und Johannes, sein Bruder, war größer als die anderen und breitschultriger, er war ein

Riese, und seine Stimme war die Stimme eines Riesen, und er war vertraut mit den gemeinen Leuten, denn er war derselben einer. Und der Rabbi hatte ein Zeichen für jeglichen der drei Jünger, dergestalt, daß er von Simon sagte: „Dies ist der Fels, auf dem ich stehe, und Jakobus ist der Stab, auf den ich mich stütze, und Johannes ist die Posaune, die meinen Ruf erschallen läßt."

Und als wir nach K'far Nahum zurückkehrten, da ging Johannes zum Ufer hinab, wo die Fischer sind, und auf den Markt, und er setzte sich hin vor das Tor der Tauben, so der Eingang ist zur Stadt, und er sagte zu dem einfachen Volke: „Der Wundermann ist wieder in der Stadt; kommet her, alle, die ihr nach Hilfe dürstet."

Und als die Leute vernahmen, daß der Rabbi wieder in der Stadt sei, da versammelten sie sich abermals in hellen Scharen vor dem schmalen Eingang zum Hause Simons und wollten alle hinein. Und sie streckten ihre Hände aus und riefen: „Rabbi, hilf uns!" Und da der Rabbi die dürstende Menge sah, da erfüllte ihn eine neue Stärke, und der heilige Geist kam über ihn, und er wurde gleich einem vollen Brunnen, aus dem hervorströmte Heil und Trost für Israel.

Und er legte sein weißes Gewand an und das Fransenkleid, und er trat heraus mit seinen Jüngern. Und als die Menge ihn so erblickte, weiß gewandet und umringt von seinen Jüngern, da fiel sie zu seinen Füßen nieder und rief: „Heiliger von Israel, hilf uns!" und der Rabbi sagte:

„Nicht eher kommet Erbarmen vom Himmel herab, als bis ein Flehen ausgeht von der Erde."

Und er trat mitten unter die Menge und tröstete die Gebrochenen und heilte die Kranken und vergab die Sünden.

Und da war in der Stadt K'far Nahum ein würdiger Mann, gelehrt und hochgeachtet, denn er war ein Oberster der Schule, wo der Rabbi zur Gemeinde predigte, und er glaubte an den Rabbi. Und er kam zu dem Rabbi und fiel ihm zu Füßen und bat ihn, daß er sollte in sein Haus kommen, denn er hatte eine einzige Tochter, ein Kind von zwölf Jahren, die lag in den letzten Zügen. Aber es war ein solches Gedränge, und die Leute machten eine solche Mauer um den Rabbi, daß er nicht zu ihm hin konnte. Und da er noch redete und flehte, kam einer gelaufen und sagte zu dem Obersten der Schule:

„Deine Tochter ist gestorben, bemühe den Rabbi nicht mehr."

Da aber der Rabbi das hörte, sagte er:

„Fürchte dich nicht, sei stark im Glauben, und dein Glaube wird dir helfen."

Und sie gingen hin und kamen zu dem Hause des Obersten der Schule, und der Rabbi ließ niemand hineingehen denn die drei Jünger Simon und Jakobus und Johannes, und er sagte zu dem Vater und der Mutter des Kindes:

„Weinet nicht, denn sie ist nicht gestorben, sondern sie schläft." Und er nahm das Kind bei der Hand und sprach: „Kind, stehe auf", und sie stand auf und war nicht anders denn einer von uns. Und wir, die Jünger, die nicht dabei waren, als solches geschah, wir murrten unter uns: „Warum wurden wir nicht für würdig befunden, dabei zu sein, da unser Rabbi dieses Wunder vollbrachte?" Und wir waren zornig und neidisch auf Simon und die Söhne des Zebedäus, die der Rabbi zu sich herangezogen hatte.

Und solches war die Weise unseres Rabbi: Er ging auf ein Schiff, das da gerudert wurde von seinen zwei lieben Jüngern Simon und Jakobus, und er fuhr hin zum Ufer einer Stadt am See Genezareth, und das Volk versammelte sich am Gestade, und unser Rabbi sprach zu ihnen aus dem Schiff; und er sagte viele weise Dinge und sprach in Gleichnissen, auf daß das Volk lerne, das Joch des Himmelreichs auf sich zu nehmen. Und er sagte: „Das Reich Gottes ist gleich einem Sämann. Und er schläft in der Nacht, und er erwacht am Morgen, und die Saat geht auf, und er weiß nichts davon. Denn die Erde bringt aus sich selber hervor ihre Früchte und ihre Gräser." Und er sagte ihnen noch andere Gleichnisse, und die Klugen erfaßten den tieferen Sinn, und die Einfältigen freuten sich an den schönen Worten. Und er redete nicht anders denn in Gleichnissen. Denn es war bekannt, daß Herodes von unserem Rabbi gehört hatte und ihn fürchtete, und er wollte ihn sehen und mit ihm reden; denn das Volk meinte, unser Rabbi sei Jochanaan, der Täufer, den Herodes in seiner Festung hatte enthaupten lassen. Und Herodes fürchtete sich in der Tiefe seines Herzens und fragte: „Wie kann er von den Toten auferstanden sein, er, den ich enthauptet habe?" Und auch die Weisen waren unzufrieden mit unserem Rabbi, daß er nicht wandelte nach der Weise der Schriftgelehrten, und auch die Jünger Jochanaans, des Täufers, waren ihm unfreundlich gesinnt, daß er nicht in den Pfaden Jochanaans wandelte, der das Volk ermahnt hatte, zu fasten und das Fleisch zu kasteien. Desgleichen waren da viele Haushälter und reiche Männer, denen des Rabbi Tun mißfiel, denn sie sagten, daß er die Zeit der Tagelöhner vergeude.

Und da die Häscher der Stadt sich zu dem Ufer nahten, wo mein Rabbi redete, legten Simon und Jakobus sich mächtiglich in die Ruder, und sie fuhren mit dem Kahn mitten auf den See hinaus, wohin jene nicht folgen konnten. Und sie machten es auch so: Sie nahmen die Schiffe ihrer Mutter, und viel Volk kam auf die Schiffe, und die Schiffe fuhren auf den See hinaus. Und wir bereiteten Brot und andere Speisen auf den Schiffen, von dem Gelde, so Johanna und Susanna und andere fromme Weiber uns geschenkt hatten. Und der Rabbi und die Menge fuhren auf den Schiffen an das andere Ufer des Sees Genezareth, vielleicht gen Bethsaida oder zu einem menschenleeren Ort, und dort gingen wir an Land und lagerten uns auf das grüne Feld. Und dann war eine Zeit, da wandelten wir auf den Trümmerstätten umher und verbargen uns in den Weinbergen am Ufer. Und der Rabbi saß mitten unter dem Volke und brach mit ihm das Brot und verkündete ihm die Lehren Gottes und die Nähe des Himmelreichs. Und er sagte ihnen, was sie tun sollten, um die künftige Welt zu erben und würdig zu sein eines Platzes im Himmelreich. Und manchmal heilte er einen Kranken mit Kräutern und manchmal durch Handauflegen, und er beruhigte die, so verwirrten Geistes waren, und tröstete die Gefallenen und vergab den Sündern ihre Sünden. Und das Volk hing an ihm, und er war mit ihm ein Leib und eine Seele.

Und der Glaube Simons an unseren Rabbi wurde stärker von Tag zu Tag. Und er glaubte, daß unser Rabbi Dinge tun könne, die kein irdischer Mensch je zuvor getan hat, und daß ihm Macht verliehen sei nicht nur über die Menschen, sondern auch über die Geister und Gewalten der Welt und über die Elemente; und daß Engel bereit stünden, seinen Befehlen zu gehorchen. Und Simon sah Gesichte und hörte Stimmen, die niemand sonst hörte und sah. Und folgendes begab sich: Wir hatten unseren Rabbi allein am Ufer zurückgelassen, denn er hatte uns gesagt, daß er allein beten wolle. Und wir fuhren mit unseren Kähnen ein Stück weit auf den See hinaus und sollten ihn später holen. Und unterdessen kam die Nacht, und es lag auf dem Wasser ein Nebel wie Tau, und der Nebel verbarg die Lichter des Himmels, und es schien uns, daß Erde und Himmel sich verschmolzen hätten und eins wären. Und die Finsternis war so schwarz, daß wir den Bug des Schiffes nicht sehen konnten, und unsere Ruderer tasteten sich durch die Dunkelheit. Und die Söhne des Zebedäus, die an den Rudern saßen, sagten: „Kommt, lasset uns ans Ufer zurückkehren, wo wir unseren Meister gelassen haben, denn es ist spät.“ Und Simon bar Jonas und die übrigen Jünger waren auf unserem Schiffe, und wir waren in Sorge um den Rabbi, denn der See hatte sein Antlitz verändert. Da hörten wir plötzlich die Stimme Simon bar Jonas', und er rief erschrocken aus: „Sehet! Sehet!“ Und wir schauten in die Nacht hinaus, aber die Finsternis hüllte alles ein, als ob ein Netz hinge vor unseren Augen, und wir sahen nichts als die Schwärze um uns her. Und wir fragten voll Entsetzen: „Simon bar Jonas, was siehst du? Sprich!“ Und Simon bar Jonas zeigte auf die dichte Wolke, so die Erde bedeckte und rief: „Ich sehe meinen Rabbi, und er füllt die ganze Welt aus, und sein Haupt ragt zu den Sternen, und er wandelt mit nackten Füßen über die Wellen, und die Wellen liegen zu seinen Füßen wie Schafe, und er geht auf den Wellen.“ Und wir strengten uns an und schauten in die Finsternis, aber die Finsternis lag wie ein stählernes Schiff auf dem Wasser, und wir sahen einer den anderen nicht mehr, sondern hörten nur die Stimme des Simon bar Jonas, die nicht abließ zu rufen: „Sehet, er wandelt, er geht vor uns her!“ Und wir glaubten den Worten, denn die Furcht Gottes war über uns gekommen...

Und an einem bestimmten Tage fuhr unser Rabbi mit etlichen seiner Jünger und einer großen Menge auf den See hinaus, und sie kamen zu einem Ufer und gingen dort an Land, nach seiner Gewohnheit, das Brot zu brechen, und etliche der Jünger, darunter ich, Judas, blieben zu Hause, um die Gefäße zu hüten. Und es wurde Nacht, und der Rabbi und die übrigen Jünger und die Menge kehrten nicht zurück, und wir gingen ans Ufer, um auf sie zu warten. Und ein Sturm brach los über den Wassern, und er peitschte zornig die Wellen, daß sie sich aufbäumten wie Berge. Und wir, die wir am Ufer standen, hörten das wilde Getöse der Wellen, die übereinander herfielen gleich dem Leviathan, der mit seinem Schwanze um sich schlägt. Und unsere Herzen waren wie Wasser vor Furcht um das Schicksal unseres Rabbi und der anderen Jünger. Und die Weiber kamen mit Lampen und warteten am Ufer. Und da hörten wir plötzlich Stimmen aus der Nacht und ein Rufen: „Hosianna! Rette uns!“ und es war eine Stille, als ob ein gewaltiges Schwert abgeschlagen hätte die Köpfe der Wellen und sie gezwungen, stille zu liegen. Und aus der Nacht gleitet ruhig hervor ein Schiff, und unser

Rabbi in seinem weißen Gewande steigt an Land, und es folgen ihm Simon bar Jonas und die Söhne des Zebedäus, und ihre Kleider sind zerrissen von den Pfeilen des Sturmes, und ihr Haar ist zerrauft, und ihre Bärte sind zerzaust, und sie sind durchnäßt von Kopf bis Fuß. Und Simon streckt die Hände aus, und seine Augen lodern, und er ruft uns zu, und wir hören in seiner Stimme das Pochen seines Herzens:

„Höret nun und sehet, was Gott an uns getan hat. Wir waren mit unseren Schiffen auf dem See, und als wir mitten auf dem Wasser waren, da kam ein Sturmwind. Er kam so plötzlich, daß wir unversehens umringt waren von hohen Wellen wie von wilden Tieren des Feldes, und Teufel und böse Geister ritten auf den Wellen wie in einem Fiebertraum. Die Wellen öffneten ihre Mäuler und gedachten uns zu verschlingen. Und wir blickten auf unseren Rabbi, daß er uns errette von dem Untergang, und wir sahen, daß unser Rabbi auf dem Deck des Schiffes schlief. Denn er war müde von seinem heiligen Werk und hatte das Haupt gegen das Schiff gelehnt, und er schlief. Und sein Haupt ruhte auf seiner rechten Hand, und sein Körper war mit seinem Gewande bedeckt, und wir sahen, wie er atmete. Da kam eine gewaltige Woge und schlug über uns weg. Und das Schiff bäumte sich auf, und das Steuer zerbrach, und die Planken des Schiffes ächzten unter den Stößen der Wellen. Und wir riefen: Rabbi, Rabbi, hörst du nicht diesen Aufruhr, siehst du nicht unsere Angst? Erbarme dich deiner Getreuen, die deinen Spuren gefolgt sind mitten auf das stürmische Meer hinaus... Und er erwachte und sah uns mit erwachenden Augen an und sagte: Oh, ihr Kleingläubigen!... Und gleich einem Herren, der seine Hunde bedroht, daß sie seine lieben Gäste nicht belästigen, so bedrohte er die Wogen, und sie gehorchten ihm und beugten sich vor ihm und lagen zu seinen Füßen. Und wir setzten unseren Weg fort, wie die Juden wandelten durch das Rote Meer."

Und da wir hörten, was Simon bar Jonas uns erzählte, da erhoben wir unsere Hände zum Himmel und priesen unseren Vater, der dort wohnet, ob der Güte, die er uns erwiesen hatte, und die Furcht vor unserem Rabbi kam über uns. Und so unter uns etliche Kleingläubige gewesen waren, die zergingen in Furcht. Und wir traten zitternd und scheu vor unseren Rabbi hin, und wir streuten Asche auf unser Haupt und zogen unsere Schuhe aus und fielen ihm zu Füßen: „Du Heiliger in Israel, weh uns, daß wir uns in unseren Herzen an dir versündigt haben! Vergib uns und stoße uns nicht von deinem Angesicht weg!"

Und er legte seine Hände auf uns und sagte:

„Stehet auf und seid getrost, eure Sünden sind euch vergeben, denn nichts geht über den Glauben."

Und wir waren getröstet, und unsere Herzen waren voller Gewißheit, und wir sagten zu einander:

„Die Erlösung steht vor der Tür. Gesegnet der, der solches erlebt hat."

Und unter denen, die unseren Rabbi um Verzeihung baten, war auch ich, Judas Ischariot.

XI. KAPITEL

Und es kamen in diesen Tagen die Boten aus Jerusalem, die der Älteste der Hohenpriester, Hanan, gesandt hatte, daß sie die Sitten und Lehren und Taten unseres Rabbi prüften. Denn das Gerücht von unserem Rabbi war nach Jerusalem gedrungen zum Sanhedrin, und sie hatten von den Taten des Rabbi Jeschua ben Joseph gehört und von der sonderbaren Lehre, die er verkündete, desgleichen von seinen Wundern, und das alles entsprach nicht dem Geiste der geltenden Überlieferung; und der Sanhedrin sandte Männer aus, daß sie prüften, was an dem Gerüchte wahr sei.

Und die Boten oder Abgesandten waren sieben an der Zahl, lauter Schriftgelehrte, die jegliches Wort zählten und wogen und deuteten.

Und unter ihnen war einer, der mir wohlbekannt war aus Jerusalem, und der hieß Nikodemus. Er war mein Rabbi und mein Genosse gewesen und eines Sinnes mit mir, ein Frommer und Gerechter, der auf den Gesalbten Gottes wartete, daß er komme und Israel erlöse. Und ich, der Diener meines Herrn, machte mich auf und ging zu Nikodemus und sprach:

„Rühre nicht an den Heiligen in Israel."

Und ich sagte ihm von den Wundern, die mein Rabbi bis zum heutigen Tage gewirkt hatte, und von der Lehre, die er verkündete. Und ich erzählte ihm auch, was die Mutter des Rabbi in Nazareth gesagt hatte, nämlich daß er geboren war in Bethlehem, in Judäa, in der Stadt, deren Namen die Propheten verkündigt hatten.

Und da Nikodemus dieses hörte, sagte er:

„Es muß sicherlich etwas daran sein."

Und es kamen auch die Jünger des Jochanaan, so nach dem Tode ihres Rabbi, den Herodes enthauptet hatte, zerstreut waren wie die Schafe, und sie warteten auf ihn, dessen Kommen Jochanaan prophezeit hatte.

Und ich ging zu ihnen und berichtete ihnen von den wunderbaren Taten meines Rabbi; und Nikodemus und die Jünger Jochanaans kamen heimlich des Nachts zum Hause Simons und traten vor unseren Rabbi hin. Und Nikodemus sprach:

„Nun sage uns, wer du bist, und gib uns ein Zeichen und einen Beweis. Bist du der, auf den wir warten, oder bist du es nicht?"

Und die Jünger des Jochanaan sprachen auch und sagten:

„Da unser Rabbi noch lebte, schickte er uns zu dir, und wir fragten dich in seinem Namen: Bist du's, oder sollen wir auf einen anderen warten?... Und du sagtest zu uns: Gehet hin und saget Jochanaan, was ihr gehört habt. Selig der Mensch, der zu mir kommt, denn er wird nicht fallen... Und wir gingen hin und siehe, unser Rabbi war gestorben, denn Herodes hatte ihn enthauptet auf Anstiftung seines Weibes. Und nun stehen wir vor dir wie verirrte Schafe, denn deine Wege sind andere denn die Wege Jochanaans, auf denen wir ihm folgten. Denn unser Rabbi lehrte uns, den Leib zu reinigen, und du sitzest mit Zöllnern und Sündern und Missetätern. Bist du nun der, den die Propheten verkündigt haben? So du es bist, werden wir in die Posaune stoßen und die Kunde in Israel verbreiten..." Und sie streckten ihre Hände nach ihm aus. „Hab' Erbarmen mit deinen Dienern und peinige uns nicht länger mit der Ungewißheit."

Aber unser Rabbi sagte nicht Ja noch Nein, und er legte ihnen ein Gleichnis vor:

„Wem soll ich die Menschen dieses Geschlechts vergleichen, und wem sind sie gleich? Sie sind gleich den Kindern, die auf dem Markt sitzen und einander zurufen: Wir haben euch gepfiffen, und ihr habt nicht getanzt; wir haben euch beklagt, und ihr habt nicht geweint... Denn Jochanaan ist gekommen und aß nicht Brot und trank keinen Wein; so sagt ihr: Er hat den Teufel. Und des Menschen Sohn ist gekommen und ißt und trinkt; so sagt ihr: Dieser Mensch ist ein Fresser und Weinsäufer, der Zöllner und Sünder Freund... Aber die Weisheit muß sich rechtfertigen lassen vor all ihren Kindern."

Und mehr sagte er nicht. Da gingen sie von dannen und wußten so wenig wie zuvor, und Nikodemus sagte:

„Nun bleibt uns nur das Gesetz, das in unseren Händen ist. Dieses ist die Schnur, die wir festhalten. Denn Gott hat uns das Gesetz gegeben, und wir wollen ihm folgen. Und möge Gott tun, was gerecht ist in seinen Augen."

Und am folgenden Morgen versammelten sich die Abgesandten des Sanhedrin, und sie riefen unseren Rabbi vor ihr Gericht, daß er komme und sich verantworte für die Sitten seiner Jünger. Denn der Rabbi ist verantwortlich für die Jünger wie sie für ihn.

* *
*

Und die Abgesandten des Sanhedrin saßen in der Spruchkammer in der Schule von K'far Nahum. Nun war unter ihnen auch Elieser, Sohn des Judas, so der Partei der Hohenpriester angehörte, und Nikodemus, Sohn des Nikodemus, so zu den Schülern Hillels gehörte und eifrig die Überlieferung hütete, und Nathan, Sohn Ismaels, ein Starker in der Schrift und ein Jünger des Schamaj. Und sie hatten aufgerufen Simon, den Pharisäer, aus der Stadt Nain, der unseren Rabbi bewirtet und mit ihm über die Vergebung der Sünden geredet hatte. Und Rabbi Judas, Sohn Hanans, war der Hauptälteste des Gerichts, denn er stammte aus der Stadt. Und der erste Gehilfe und der Vorbeter der Schule saßen bei ihnen, und die Leute kamen und legten Zeugnis ab über die Worte und Taten unseres Rabbi. Und sie sagten:

„Wir haben den Rabbi Jeschua ben Joseph mit Sündern an einem Tische sitzen sehen, und wir haben ihn umgehen sehen mit Zöllnern, so man den Räubern vergleicht, und es waren Weiber üblen Rufes um ihn."

Und da das Gericht solches hörte, ließ es unseren Rabbi fragen:

„Jeschua ben Joseph, warum gehst du mit Sündern um und mit Zöllnern und mit Weibern üblen Rufes?"

Und unser Rabbi sandte Antwort: „Der Arzt heilt nicht die Gesunden, sondern die Kranken." Und das Gericht billigte seine Antwort.

Und es kamen andere und zeugten: „Wir haben gesehen, wie der Rabbi mit seinen Jüngern an einem Sabbath über ein Kornfeld ging, und etliche Jünger rauften Kornähren aus am

Sabbath und aßen sie, und ihr Rabbi sagte nichts." Und das Gericht ließ unseren Rabbi holen, und da er hinkam, sagten sie zu ihm: „Jeschua, Sohn des Joseph, weißt du nicht, daß geschrieben steht: Und der Sabbath ist ein ewiges Zeichen zwischen mir, dem Herrn, und den Kindern Israels? Und so nun deine Jünger den Sabbath entheiligen, sollst du es verantworten, denn der Rabbi soll auf sich nehmen die Sünden seiner Jünger."

Und unser Rabbi antwortete und sagte: „Ihr habt gelesen, was David tat, als ihn und die Seinen hungerte. Daß er ins Gotteshaus ging und von den Schaubroten aß, die keinem Menschen ziemt zu essen, sondern allein den Priestern. Und ihr habt gelesen in der Thora, wie die Priester im Tempel den Sabbath brechen, und es wird ihnen nicht als Sünde angerechnet. Und ich sage euch, da ist eines, das ist größer denn der Tempel. Wisset ihr nicht, daß geschrieben steht: Ich habe Wohlgefallen an der Barmherzigkeit und nicht am Blut der Opfer? Und ihr sollt die Unschuldigen nicht verdammen, denn des Menschen Sohn ist ein Herr auch über den Sabbath."

Da nun das Gericht diese Worte vernahm, war eine Stille, und nach einer Zeit fragte Elieser, Sohn des Judas: „Wen meint er mit dem Menschensohn?" Und Nathan, Sohn des Ismael, rief: „Er meint den Messias, wie es geschrieben steht im Buche Daniel." Da erhob sich Simon, der Pharisäer, und sagte: „Haben denn unsere Weisen die Lehre gebilligt, daß Lebensgefahr über den Sabbath geht?" Und Nikodemus, Sohn des Nikodemus, antwortete: „Ja, das ist uns überliefert worden von dem ehrwürdigen Hillel. Und dasselbe haben die Weisen aus der Thora abgeleitet, denn es steht geschrieben: Und er soll dir geheiligt sein, und das bedeutet, daß der Sabbath den Menschen geschenkt ist, und nicht der Mensch dem Sabbath." Und Nathan, Sohn des Ismael, bestätigte dieses mit den Worten des Propheten, denn Jesaja hat gesagt: „Du sollst den Sabbath eine Lust heißen", und das bedeutet, daß der Sabbath eine Lust ist und keine Bürde. Und der Vorsteher des Gerichts sagte:

„Der Rabbi Jeschua ben Joseph hat sich auf den König David berufen, also fußt er auf der Thora, und seine Antwort sei gebilligt!"

Und es kamen andere und zeugten: „Nun haben wir den Rabbi samt seinen Jüngern mit Zöllnern, Sündern und Erdgeborenen an einem Tische sitzen sehen, und er brach das Brot mit ihnen, und sie hatten nicht ihre Hände gewaschen, wie das

Gebot es verlangt, weder er noch seine Jünger noch das Volk." Und das Gericht war arg erzürnt, und sie ließen abermals unseren Rabbi rufen, denn diese Sünde wog schwerer denn alle die anderen Sünden, deren sie ihn zuvor beschuldigt hatten.

Und unser Rabbi legte einen schwarzen Mantel an, wie das Gesetz es befiehlt, und kam und trat hin vor das Gericht. Und als bekannt wurde, daß unser Rabbi gekommen war, sich zu rechtfertigen für diese Schuld, da strömte das Volk zum Gericht, und der Arbeiter verließ seine Werkbank und der Fischer seinen Kahn und der Knecht seinen Pflug. Und die Spruchkammer der Schule war zu klein für die Menge, und die Leute standen außen und schauten in die Kammer hinein durch die Tür und durch die Fenster. Denn da das Gericht tagte, blieben Tür und Fenster offen, auf daß alles Volk sehen sollte, daß hier gerichtet würde nach Recht und Gesetz. Und der Vorsteher des Gerichts sagte:

„Jeschua ben Joseph, ein übel Gerücht ist uns hinterbracht worden, und wir haben nach dir gesandt, daß du vor uns erscheinest und uns selber sagest, ob dieses wahr oder falsch sei, nämlich daß du, Jeschua ben Joseph, ein Starker im Gesetz, gesessen hast mit Sündern und Erdgeborenen, und hast mit ihnen das Brot gebrochen und hast deine Hände nicht gewaschen, wie das Gesetz es vorschreibt, noch auch deine Jünger und das Volk ermahnt, dieses Gebot zu erfüllen."

Da aber antwortete unser Rabbi nicht demütig und still, seine Worte auf das Zeugnis der Thora stützend, wie es Brauch ist der Gelehrten, sondern geriet in Zorn und antwortete und sagte:

„Warum übertretet ihr das Gesetz, wenn es euch überliefert ist? Gott hat geboten: Du sollst Vater und Mutter ehren, und wer Vater und Mutter flucht, der soll des Todes sterben... Und ihr sagt: Wer ein Gelübde tut vor Vater und Mutter und sagt: Es ist Gott gegeben, was dir sollte von mir zu Nutz kommen, der braucht Vater und Mutter nicht zu ehren... Und tötet ihr nicht also Gottes Wort um eurer Überlieferung willen, ihr Heuchler? Von euch hat der Prophet Jesaja geweissagt: Dies Volk naht sich zu mir mit seinem Munde, und ehrt mich mit seinen Lippen; aber ihr Herz ist fern von mir. Eitel ist die Ehre, so ihr mir erweist, denn sie ist nichts denn Menschengebot."

Und sodann wandte er sich an das Volk, das dabei stand und das auf den Gassen stand, und sagte: „Höret und fasset es!

Was zum Munde eingeht, das verunreinigt den Menschen nicht, sondern was zum Munde ausgeht." Und er verließ das Gericht und ging von dannen.

Und als dieses geschehen war, da folgte ich nicht wie die anderen Jünger meinem Rabbi, sondern ich blieb, um das Urteil des Gerichts zu hören, und was sie sagen würden.

Und Elieser, Sohn des Judas, der von der Partei und vom Hause des Hohenpriesters war, sagte:

„Wir alle sind Zeugen, und wir haben gehört die Worte dieses Mannes. Ihm gebührt Strafe nicht für seine Taten aber für seine Worte, denn er lästert die Überlieferung, die nicht in der Thora verzeichnet steht, und wir wissen nicht, welche Strafe darauf gesetzt ist. Aber darum, daß er herabwürdigt die Ehre der Weisen und tritt auf den guten Ruf derer, die das Gesetz erforschen, ist es nicht anders, als hätte er die ganze Thora gelästert. Denn unsere Weisen haben gelehrt: Die Ehre eines Weisen ist höher denn die Ehre eines Engels. Darum möchte ich wissen, welche Strafe dieses gerechte Gericht auferlegt dem Manne, der die Weisen geschändet hat."

Da erhob sich Simon, der Pharisäer, und sprach:

„Die Ehre der Weisen bleibt bestehen, und Gott sei unser Zeuge, daß es uns hier nicht zu tun ist um unsere Ehre oder um die Ehre unserer Väter, sondern um die Ehre Gottes, des Einzigen, und seiner gerechten Thora. Wir können nicht bestrafen den Rabbi für das, was er zu den Weisen sagte, denn es ist ein Verdienst, den Menschen die Wahrheit ins Gesicht zu sagen, wie denn erst vor den Richtern, die zu Gericht sitzen, und es ist ein Verdienst, Heuchler zu nennen die Weisen, die nicht tun nach ihren Worten und ihre Frömmigkeit scheinen lassen vor der Welt; denn solches haben etliche unserer Weisen getan, und es steht geschrieben: Du sollst ausbrennen das Übel aus deiner Mitte, womit auch die Weisen und Schriftgelehrten gemeint sind. Dafür also kommt dem Rabbi keine Strafe zu, denn er hat nur gesagt, was er sagen wollte. Eines aber möchte ich wissen: Wie gedenkt dieses gerechte Gericht seine Taten zu richten? Gerechtes Gericht: Es ist bekannt und erwiesen, daß Moses das Gesetz empfing auf dem Berge Sinai, und er überlieferte es Josua, und Josua überlieferte es den Ältesten, und die Ältesten überlieferten es den Propheten und die Propheten den Männern des hohen Bundes; und von den Männern des hohen Bundes kam es auf die Weisen bis zu den Tagen Schemajas und Awtaljons. Und Hillel diente Schemaja und Awtaljon und lernte von ihnen die Thora, und von dem ehrwürdigen Hillel ist uns überliefert, daß die Handwaschung herstammt und geboten ist von Moses und den Tafeln, und dies ist eine der achtzehn Vorschriften, über die die Schule Hillels und die Schule Schamajs eines Sinnes waren. Und das alles ist uns von unseren Vätern überkommen. Und wir befolgen das Gebot der Handwaschung mit großer Frömmigkeit, und wir haben Zäune gebaut um uns herum und haben uns bemüht, der Gefahr zu wehren, daß unsere Gefäße und unser Essen und unsere Gewänder unrein würden. Und sogar die Rollen im Heiligtum sind bedroht, daß sie verunreinigt würden, und wir sollen unsere Hände waschen, bevor wir sie anrühren. Und weshalb tragen wir das Joch des Himmelreichs mit so viel Frömmigkeit, und weshalb haben wir so unser Leben umgrenzt und unsere Bürde schwer gemacht und viele Zäune um uns gebaut? Haben wir das zu unserer Lust getan? Haben wir es zu unserer Ehre oder zur Ehre unserer Väter getan? Nein. Das alles haben wir getan, auf daß wir uns absonderten von den Heiden, daß wir ein heilig Volk blieben und das Licht Gottes hüteten. Wir sind ein kleines Eiland im Meere der Unreinheit, des Übels und der Götzendienerei. Sehet nun auf die Völker der Welt, so über uns Gewalt haben; sie beten Stöcke und Steine an und beten zu Göttern, die nicht sehen und nicht hören. Sie sagen zu dem Tier: Du bist mein Vater, der mich gezeugt hat, und zu dem Untier: Du bist mein Gott, du kannst mich vor dem Bösen behüten. Und sie opfern ihnen ihre Kinder, und ihre Weiber huren in ihren Tempeln, und die Männer verüben allerlei Unflat, und die Gerechtigkeit Gottes gilt nicht bei ihnen, und sie kennen nicht Gottes Gesetze, sie bedrücken die Witwe und verkaufen die Waisen, und sie bringen ihr Volk in ewige Sklaverei zur Wonne ihrer Gewalthaber. Und sie füllen die Welt mit einem Meer von Sünde und Hurerei, daß die Erde zum Himmel schreit. Und das geziemt ihnen wohl, denn sie sind die Herrscher der Welt; und wir, die Hüter des Lichts, sind ihnen unterworfen, und sie treten uns mit Füßen. Und so mag es geschehen, daß wir mit verderbten Augen auf die Torheiten der Welt blicken und in der Tiefe unseres Herzens denken: Vielleicht, Gott sei davor, ist die Wahrheit mit ihnen, und wir wollen ihren Taten nacheifern. Und so wird, Gott sei davor, Gottes Gerechtigkeit von der Erde verschwinden, wie es geschah in den Tagen unserer Väter, die wegen ihrer Sünden vertrieben wurden, und wegen ihrer Sünden wurde der Tempel zerstört. Aber da standen Propheten auf unter unseren Vätern, und die Propheten züchtigten sie und erinnerten sie an den einen und lebendigen Gott; und sie ließen nicht zu, daß unsere Väter sich vermischten mit den Völkern der Welt, auf daß nicht das Licht des Gottesworts von der Erde verschwinde. Aber in unseren Tagen haben wir keine Propheten mehr, wegen unserer Sünden ist der Geist der Propheten von uns gewichen, aber da sind an ihrer Stelle die Worte unserer Weisen und Gelehrten, und wir leben den Worten nach, die aus ihrem Munde kommen. Und sie haben uns mit vielen Zäunen abgesondert von dem übrigen Volk, und sie haben eine große Mauer aufgerichtet zwischen Rein und Unrein, und sie haben uns auferlegt das Gebot der Handwaschung, auf daß wir in jedem Augenblick unseres Lebens eingedenk seien dessen, daß wir Juden sind, ein dem Herrn geheiligtes Volk und auserwählt, seine Gebote zu erfüllen und seine Thora zu hüten und seinen Namen hochzuhalten. Bis daß der Messias komme, der die Erde erfüllen wird mit Gerechtigkeit, und alle Menschen werden den einen lebendigen Gott anerkennen, wie der Prophet geweissagt hat: Und es wird geschehen in den letzten Tagen... Und alsdann, in den letzten Tagen, werden alle Völker den Gott Israels anerkennen. Denn der Prophet sagt: Und die Völker werden zu ihm strömen, und viele Völker werden sagen: Kommet, lasset uns hinaufgehen in das Gotteshaus... Und an diesem Tage wird die Mauer fallen zwischen uns und den Völkern. Aber bis zu diesem Tage sollen wir abgesondert sein von ihnen, denn wir sind berufen, das Licht Gottes zu hüten, wie es geschrieben steht: Und ihr sollt mir geheiligt sein. Darum haben unsere Weisen diese Zäune aufgerichtet, und wer da kommt, einen der Zäune niederzureißen, der ist, als wenn er alle die Gesetze der Thora niederrisse. Und aus diesem Grunde haben unsere Weisen mehr Gewicht gelegt auf die Überlieferung denn auf das geschriebene Gesetz. Die Überlieferung ist uns teurer, denn wir haben selbst und aus freiem Willen die Bürde schwer gemacht, und wir tragen sie voll Liebe um des Herrn willen, ohne daß man es uns befohlen hat. Soll also ein jeglicher nach seinem Gutdünken in unseren Garten kommen und unsere Beete zertreten und straflos ausgehen? Wer ist er, der da kommt, um die Mauer zwischen uns und ihnen niederzureißen? Er nennt sich Menschensohn. Nun ist aber der Menschensohn der Prophet, wie es geschrieben steht bei Hesekiel. Und der Menschensohn ist auch der Messias. Ist er der Messias? Wo sind denn die Zeichen? Denn es ist uns verheißen: Siehe, ich will euch senden den Propheten Elias, ehe denn da komme der große und schreckliche Tag des Herrn."

Und es ließen sich Stimmen vernehmen aus dem Volk: „Er verrichtet Wunder, die Blinden werden sehend, und die Kranken stehen von ihren Betten auf." Und andere riefen: „Durch ein Wort hat er meinen Vater vom Aussatz gereinigt." Und wieder andere riefen: „Er hat meine Schwester getröstet und ihr die Sünden vergeben."

Und Simon, der Pharisäer, antwortete diesen Stimmen und sagte:

„Wir achten nicht der Wunder, denn die Wunder sind kein Zeugnis für den Messias. Denn es sind da auch schwarze Gewalten, unreine Gewalten, die Gott schuf, um die Menschen zu prüfen, wie der Prophet gesagt hat: Er hat das Licht gemacht und die Finsternis geschaffen, er hat den Frieden gegeben und das Übel geschaffen, und solches haben die Heiden angebetet von der alten Schlange an, so die Sünde Adams über uns gebracht hat, bis zu den Greueln Beelzebubs, des Fliegengottes, den die von Akkaron verehren. Sie haben ihre falschen Propheten, und die falschen Propheten vollbringen Wunder durch ihre Macht."

Aber das Volk rief: „Welches ist also das Zeichen des Messias, sage uns, worauf sollen wir warten? Wir sind es müde, nach ihm auszuschauen, unsere Väter sind in die Grube gefahren, und ihre Hoffnung wurde zu Schanden, denn der Messias kam nicht. Und nun schmachten sie im ewigen Pfuhl, und wir kommen um in Not und Bedrückung, und der Messias zeigt sich nicht. Nun saget uns, worauf sollen wir warten, und welches sind die Zeichen und Zeugen des Messias?"

Und Simon, der Pharisäer, entgegnete:

„Es steht geschrieben in der Thora: Und euch wird aufstehen ein Prophet oder ein Träumer, und er wird euch ein Zeichen geben und wird Wunder tun, und das Zeichen wird sich erfüllen, und er wird zu euch sagen: Kommet, lasset uns folgen anderen Göttern, solchen Göttern, die wir nicht kennen, und ihnen wollen wir dienen, und alsdann sollt ihr mitnichten hören auf die Worte dieses Propheten oder Träumers!"

Und sie riefen: „Er heißt uns nicht anderen Göttern dienen, sondern dem einen lebendigen Gott Israels."

„Aber er heißt euch die Gebote nicht befolgen, die in der Thora stehen und die der eine lebendige Gott dem Moses gegeben hat für sein Volk Israel. Und er heißt euch die Überlieferung der Weisen mißachten, denen Macht verliehen war, die

Thora auszulegen. Wer die Thora zerstört, der zerstört den Bund zwischen Gott und Israel. Wer die Thora verleugnet, der verleugnet den Gott Israels. Das soll keiner tun, er habe uns denn bewiesen, daß er der Messias ist, der Gesandte Gottes; er allein hat das Recht dazu und kein Mensch von Fleisch und Blut. So er der Messias ist, warum erscheint nicht der Prophet Elias und verkündigt sein Kommen? Warum sammelt er nicht die Heerscharen des Himmels, die Herrschaft Edoms zu brechen, warum führt er nicht die Völker auf den Heiligen Berg, wie der Prophet es verkündigt hat? Warum redet er nicht so zu uns? Ist er nicht gesandt worden zu uns und um unsertwillen?"

Aber Nikodemus, Sohn des Nikodemus, sagte:

„Wer sagt, daß der Rabbi Jeschua ben Joseph der Messias sei? Wir haben es nicht aus seinem Munde gehört, noch haben seine Jünger es behauptet."

Da fragte Simon, der Pharisäer:

„Wiederum aber, so er nicht der Messias ist und der Sendbote Gottes, warum kommt er her und beseitigt das Gesetz und die Trennung zwischen uns und den Heiden, er, der aus Fleisch und Blut ist? Darum bitte ich, daß dieses gerechte Gericht ein strenges Urteil spreche über den Rabbi Jeschua ben Joseph, der die Überlieferung bricht, die uns überliefert wurde von unseren Vätern."

Aber Nikodemus, Sohn des Nikodemus, entgegnete:

„Es ist uns nicht gegeben, zu richten und zu strafen. Denn dieses Gericht hat nur den Auftrag, zu prüfen und zu forschen und nicht ein Urteil zu fällen."

Und der Hauptälteste des Gerichts und alle die Richter waren eines Sinnes mit Nikodemus, und sie sagten:

„Der Sanhedrin von Jerusalem hat uns nicht ermächtigt, den Rabbi Jeschua ben Joseph zu richten, sondern wir sollen nur prüfen und forschen."

Aber Simon, der Pharisäer, kehrte zu seinen Worten zurück und sagte:

„Also verlange ich nicht von diesem gerechten Gericht, daß es ein Urteil spreche über den Rabbi Jeschua ben Joseph oder ihm eine Züchtigung auferlege, wozu es nicht ermächtigt worden ist. Aber ich verlange von diesem gerechten Gericht, da es die Zeugnisse vernommen hat über die Taten und Worte des Rabbi und mit eigenen Ohren gehört hat, daß er verächtlich redet von dem Gebot der Handwaschung, das für uns ist wie eines der Gebote, so Moses auf dem Berge Sinai empfangen hat, ich verlange, daß dieses gerechte Gericht eine Mahnung an das Volk ergehen lasse gegen den Rabbi Jeschua ben Joseph, daß er nicht mit der reinen Macht der Thora seine Wunder tut und die Kranken heilt, sondern daß er seine Wunder tut und die Kranken heilt mit der unreinen Macht des Beelzebub."

Und abermals war das Gericht sich nicht einig, denn einige hielten dafür, daß eine Mahnung an das Volk gleich sei einem Urteilsspruch, wozu das Gericht nicht ermächtigt war. Und andere hielten dafür, daß soferne das Gericht dem Rabbi Jeschua ben Joseph keine Strafe auferlegte, sondern sich mit einer Warnung begnügte, dies kein Urteilsspruch sei, sondern ein Gerichtsentscheid, dessen das Volk bedürfe, auf daß es nicht verführt würde; und dazu war das Gericht ermächtigt, weil eine Gefahr drohte.

Und das Gericht neigte sich denen zu, die eine Warnung ergehen lassen wollten an das Volk, und so geschah es denn auch.

XII. KAPITEL

Solches ereignete sich nun an dem Tage, da das Gericht seine Meinung kundtat. Ich, Judas Ischariot, der ich als einziger unter den Jüngern bis zum Ende geblieben war, kehrte gegen Abend in das Haus des Simon bar Jonas zurück; und es war um die Stunde des späten Abendgebetes, da die Priester im Tempel das Abendopfer darbringen und der Arbeiter zurückkehrt von den Feldern zu seinem Weibe. Und mein Rabbi war in seine Laube auf dem Dache des Hauses hinaufgestiegen, und die Jünger waren im Hofe versammelt; und sie redeten über die Ereignisse des Tages. Ihre Herzen waren schwer und von Sorge verzehrt, denn sie hatten die Worte des Rabbi vor Gericht nicht verstanden, und sie wußten nicht mehr, was Rein und was Unrein sei. Und als sie aus meinem Munde den Spruch des Gerichts vernahmen, nämlich daß der Rabbi seine Wunder mit der Macht des Satans und Beelzebubs verrichte, da wurden ihre Herzen wie Wasser, und sie wußten nicht, was aus ihnen werden sollte. Und wie wir so dastanden, und der eine sagte dies und ein zweiter sagte jenes, da erschien plötzlich vor uns der Rabbi, und keiner hatte sein Kommen bemerkt. Wie ein Licht, das vom Himmel fällt, stand er vor uns, und noch bevor ihm einer von dem Spruch des Gerichts erzählt hatte, rief er aus:

„Wie kannst du den Teufel durch Beelzebub austreiben? Ein Reich, so es mit sich selbst uneins wird, wird nicht bestehen, und wenn der Satan gegen sich selber aufsteht und mit sich selbst uneins wird, dann ist wahrlich sein Ende nahe. Willst du in das Haus eines Riesen gehen und stehlen, was darinnen ist, ehe du zuvor den Riesen besiegt und gebunden hast? Wahrlich, erst sollst du ihn besiegen und binden und alsdann seinen Besitz davontragen..."

Die Jünger aber fanden keine Worte, und sie ließen ihre Köpfe hangen. Und da trat Simon bar Jonas vor den Rabbi hin und verneigte sich vor ihm und legte ihm unsere Reden vor und sagte:

„Nun, lehre uns, Rabbi, was du gemeint hast vor dem Gericht. Denn deine Worte sind uns unverständlich. Unsere Väter haben uns gelehrt, daß eines rein ist und das andere unrein. Nun aber, nach deinen Worten, wissen wir nicht mehr, was Rein und Unrein sei."

Und unser Rabbi antwortete und sagte:

„Seid ihr denn auch noch unverständig? Merket ihr noch nicht, daß das, was in einen Menschen von außen her eingeht, ihn nicht unrein machen kann? Denn es geht nicht in sein Herz ein, sondern in seinen Bauch und wird wieder ausgeworfen. Was aber aus dem Menschen herausgeht, das verunreinigt ihn, denn aus dem Menschen kommen arge Gedanken: Unzucht, Geilheit, Mord, Dieberei, Wollust, Gottlosigkeit, Gier, Hang zum Bösen, böser Blick, Lästerung, Stolz, Torheit... Das alles kommt aus dem Menschen und verunreinigt ihn.

Nun fanden diejenigen unter den Jüngern, die starken Glaubens waren, diese Antwort sehr tröstlich. Aber diejenigen unter den Jüngern, so belesen waren in der Schrift, die wurden von noch ärgeren Zweifeln geplagt, und ihre Herzen waren traurig und ihre Lippen versiegelt. Und so stand es auch um Simon bar Jonas.

Und da der Rabbi unsere Mienen sah, sagte er:

„Habe ich euch nicht gesagt, daß niemand einen neuen Lappen flickt auf ein altes Kleid, sonst zerreißt der Lappen, und das Loch in dem Kleid wird größer? Und niemand faßt neuen Wein in alte Schläuche, sonst zerreißen die Schläuche, und der Wein wird verschüttet; sondern neuen Wein soll man in neue Schläuche fassen."

Aber da wir dieses vernahmen, waren wir noch stummer als wie zuvor. Und Simon bar Jonas sagte:

„Wenn nun aber die Schriftgelehrten und Pharisäer das hören, werden sie sich erzürnen, und ihr Zorn wird groß sein gegen dich und deine Jünger."

Worauf unser Rabbi erwiderte:

„Niemand zündet ein Licht an und bedeckt es mit einem Gefäß oder setzt es unter eine Bank; sondern er zündet es an, auf daß es durch das Haus leuchte und alle es sähen." Und er sagte weiter: „Wer Vater und Mutter mehr liebt denn mich, der ist meiner nicht wert. Und so sei es mit jeglichem unter euch: Wer nicht alles von sich abtut, kann mein Jünger nicht sein. Das Salz ist ein gutes Ding, wenn aber das Salz seine Würze verliert, womit wird man es würzen? Denn dann ist es nichts nütze, und man wird es wegwerfen. Wer Ohren hat, zu hören, der höre."

Damit verließ er uns und kehrte in sein Gemach zurück, denn die Nacht war hereingebrochen und hatte die Erde mit Finsternis bedeckt.

Und ich, Judas Ischariot, dessen Seele bedrückt war, lag in meinen Mantel gehüllt in dunkler Nacht. Und mein Herz war bedrückt von Zweifeln, als wie wenn die Berge Gileads auf ihm lasteten. Und es war, als habe man mich aus einem Hause vertrieben, und ich kann in kein anderes hineingehen, und meine Heimstatt ist die Straße. Und es war, als sei ich herabgestürzt vom Himmel und hätte die Erde nicht erreicht, und als hinge ich zwischen Himmel und Erde. Und da war keiner, der ein Netz unter mir ausgebreitet hätte, und ich stürzte hinab in den Schlund der Hölle; denn ich hatte den Schutz eines Mächtigen verlassen und keinen anderen Schutz gefunden.

Da fragte ich mich aber und abermals und tausendmal: Wer ist er, auf dessen Pfaden ich wandle, den ich kenne und nicht kenne, ob ihn auch meine Augen sehen Tag für Tag? Ich merke seine Taten und weiß doch nicht, wer er ist. Seine Stimme hat Gewalt über die Stürme des Meeres und über die bösen Geister, und er gebietet dem Sammael und bindet den Asmodi, und sie liegen ihm in Demut zu Füßen; wer ist er? Er, der die Armen mit seinem Wort erquickt und trocknet die Tränen der Elenden und Bedrückten — wer ist er? Und ich gedachte all der Taten, die er getan, seit ich bei ihm war, und all der Worte, die er gesprochen und die ich gehört hatte, und mich befiel ein Zittern. Und ich sagte in meinem Herzen: Wahrlich, da muß etwas sein in diesem Menschen, das mit der Gewalt der Propheten redet; da muß etwas in ihm wirken, dem Macht verliehen ist und Erlaubnis vom Himmel. Er stützt sich nicht auf die Thora oder auf die Überlieferung der Alten, sondern er tut, als ob das Wort ihm vom Himmel gekommen sei und ohne Mittler. Er hebt es auf, wie Jakob den Stein vom Brunnen hob, mit der Kraft seiner eigenen Hände.

Kann er es nun sein, nach dem wir Ausschau halten — der die letzte Schranke zerstört zwischen uns und Gott? Er, den die Propheten verkündigt haben, die Hoffnung Israels?

Und da ich so dachte, ward ich in Wind und Flamme gehüllt, wie wenn der Sturm aufwirbelt den Staub der Erde. Und ich sagte bei mir: Judas, Judas! Was sind das für Gedanken, die dir in den Sinn kommen? Und was sind das für Worte, die dir auf die Lippen kommen? Unrein sind deine Lippen, und unrein ist dein Herz.

Und an meiner Seite lag der Mann, in dem Bitterkeit war und Eifer, und gleich mir wartete er, daß ihm Hilfe werde von dem Herrn, wie der Blitz vom Himmel herabfährt, nämlich Simon. Seinen Vater hatte Herodes, der Edomiter, gevierteilt, denn er hatte aus dem Tempel entfernt die Greuel der römischen Adler, so Herodes dorthin gebracht, und das Heiligtum war geschändet. Seine Brüder waren gekreuzigt worden von dem Mann der Sünde Varus, als dieser die Stadt Sepphoris dem Erdboden gleichmachte. Er allein, Simon, war geflohen und hatte in Höhlen gehaust wie ein Tier des Feldes, wie ein Schakal der Wüste. Schlangen und Skorpione waren seine Brüder, die wilden Honigwaben sein Weinberg. Er hatte das Wort Gottes gesucht in der Wüste unter den Jüngern Jochanaans und keinen Trost gefunden, bis er unseren Rabbi fand. Und da er ihn gefunden hatte, hing er an ihm. Denn er glaubte wie wir, daß ein Spalt sich geöffnet habe in der Mauer unseres Kerkers: Wer weiß, die Tür mag aufgehen, und das Heil tritt herein.

Und er lag neben mir in der Dunkelheit der Nacht. Und Gott hatte sein Antlitz hinter einem ehernen Himmel verborgen und hatte die Erde in den Schlund der Unwissenheit und des Zweifels gestoßen. Und Simon lag da wie eine Pflanze, die der Wind entwurzelt und über die Berge geworfen hat. Und ich rief ihm zu und sagte:

„Simon, du Eifriger: Hast du die Worte unseres Rabbi und Meisters gehört? Hast du gesehen, wie er seine Hand gleich einer Axt an die Wurzeln legt, die Israel an den Nabel seines Vaters binden? Hast du gehört und verstanden? Sage mir nun, was hast du für Worte, und was sind es für Gedanken, die du hegst?"

Und er antwortete mir und sagte:

„Ich bin der Knecht Gottes. Und der Knecht hat kein Recht, an den Sitten und Taten seines Herren zu zweifeln; sondern er hat zu gehorchen und auf den Willen des Herren zu hören, den unser Rabbi uns bringt."

„Aber wer ist dieser, der uns den Willen des Herren der Welt bringt? Ist der Wille des Herren der alte Wille, den die Weisen lehren, oder ist es der neue Wille, den wir aus dem Munde unseres Rabbi gehört haben?"

Und Simon, der Eiferer, erschrak und stand jählings von seinem Lager auf. Und als ob eine Schlange ihn gebissen hätte, packte er meine Hand mit harten Fingern und rief:

„Judas Ischariot, Gott sei davor, daß da ein altes Wort sei und ein neues! Da ist nur das Eine, das ewig währt von Anfang bis Ende."

Aber ich legte meine Lippen an sein Ohr und sagte: „Simon, du Eiferer, heute haben wir aus dem Munde unseres Rabbi etwas Neues gehört, das die Alten uns nicht gelehrt haben."

Nun standen wir beide aufrecht und er klammerte sich an meine Hand an, denn er meinte zu fallen. Und er sagte zitternd: „Judas Ischariot, wohin willst du mich führen, und was bedeuteten deine Worte? Ich verstehe sie nicht." Und ich antwortete: „Hast du nicht die Worte des Rabbi gehört?" Und Simon, der Zelot, schwieg.

Nahe bei uns schlief Simon, der Sohn Jonas', ein Mann, dessen Herz ganz bei Gott war, und der Glaube erfüllte ihn, wie der Wein die reife Traube erfüllt. Und er schlief den Schlaf des Gerechten. Und ich weckte ihn auf und sagte: „Simon bar Jonas, wie kannst du schlafen, wenn die Jünger wie ein Blatt im Winde zittern ob der Worte, die sie heute aus dem Munde des Rabbi gehört haben?" Und Simon erwiderte: „Mein Herz ist still, und mein Geist hat Frieden, denn ich habe den Glauben, daß der Rabbi den Heiligen Israels nicht verleugnen wird."

Aber ich fragte ihn: „Sage mir, Simon bar Jonas, wer redet den Willen Gottes, und auf welchen sollen wir hören, auf den alten oder den neuen?"

Und Simon bar Jonas entgegnete: „Fern sei von uns zu glauben, daß ein alter sei und ein neuer; es gibt nur den Einen, den Ganzen, der von Anfang währt bis zu Ende. Denn es heißt: Dieses und auch dieses sind die Worte des lebendigen Gottes.

Hat nicht David verkündet: Durch den Glauben weiß ich deine Gesetze zu wahren. Und es steht auch geschrieben: Der Gerechte lebt in seinem Glauben."

Aber ich wollte ihn nicht lassen, und ich bat ihn, mir zu sagen, woran ich glauben solle: An die Gesetze und Gebote, die unsere Weisen uns gelehrt und die sie von Moses, unserem Lehrer, erhalten hatten durch die Propheten und dann durch Esra, den Schriftgelehrten, und durch die Ältesten, dieselben Gesetze und Gebote, die unseren Rabbis, den Lehrern unserer Tage, überliefert waren — oder an die Gesetze und Gebote, die wir gehört hatten aus dem Munde unseres Rabbi. Denn so unser Rabbi redete, wie er tat, mußte er Macht haben über das Gesetz. Und wenn dem so war, wer konnte dann wissen, wie weit das alles noch gehen sollte?

Und als die Jünger, die nicht schliefen, diese Worte hörten, da brach ein Aufruhr los in der Dunkelheit. Und eine Stimme rief: „Nun saget mir, was geht hier vor? Wandeln wir auf den Wegen unserer Väter, oder haben wir, Gott sei davor, neue Wege beschritten? Und so wir auf neuen Wegen wandeln, was machen wir hier mit diesem Menschen?"

Da rief Simon bar Jonas: „Jünger meines Rabbi, was sollen diese Worte? Wahrlich, die Hoffnung Israels wird nicht getäuscht werden!"

Und es wurden viele Stimmen laut, da die Jünger sich um Simon bar Jonas versammelten, und einer sagte zu ihm: „Gehe du, Simon bar Jonas, und bringe unsere Zweifel an das Ohr unseres Rabbi, denn du stehst ihm am nächsten, und er wird nichts vor dir verbergen."

Da antwortete Simon bar Jonas: „Ich will nicht allein gehen, aber sendet mit mir zwei der Jünger, die belesen sind in den Schriften, und wir wollen hinaufgehen zu dem Gemach unseres Rabbi und uns ihm zu Füßen werfen und sagen: Rabbi, so und so steht es mit uns — und Gott wird uns helfen, und uns alles klarmachen. Denn alles, was unser Rabbi tut, geschieht um des Himmels willen."

Da nahm Simon bar Jonas Simon, den Zeloten, und mich, den Geringsten und Unwürdigsten der Jünger, und wir stiegen die Leiter hinauf und kamen zu der Tür des oberen Gemaches; und durch eine Spalte sahen wir, daß das Gemach von einer Helle erfüllt war, als sei das Licht des Himmels bei ihm. Und Stille und Furcht kamen aus dem Gemach über uns, daß unsere Herzen zergingen, denn die Furcht Gottes hatte uns befallen.

Und Simon bar Jonas rief durch den Spalt der Tür: „Rabbi, Rabbi, erbarme dich unser!“

Und wir hörten die Stimme unseres Rabbi: „Simon!“

Und Simon ging zu ihm hinein, und wir folgten ihm, und Simon warf sich zu Boden, daß sein Bart die bloßen Füße unseres Rabbi berührte, und Simon rief:

„Mein Herr und Rabbi! Du hast Gnade geübt an deinen Dienern. Du hast uns von der Straße geholt, und es ist uns vergönnt worden, zu deinen Füßen zu sitzen und die Worte deines Mundes zu trinken. Unser Herr und Rabbi! Wir wissen, daß der Herr Großes mit dir vorhat. Wir sehen den Eifer Gottes in dir brennen wie ein Feuer, und deine Seele lechzt vor Durst nach dem Heil und der Erlösung. Wir sehen deine Taten und sind voll Erstaunen, denn Gott hat dir Macht gegeben, zu binden und zu lösen. Du gebietest den Geistern und Teufeln, du erhebst deine Stimme, und sie lauschen. Unsere Herzen quellen über vor Freude und Hoffnung, denn wir sehen, daß die Erlösung in dir reift wie das Kind im Mutterleibe. Aber du hast uns eine Sorgenbürde aufgeladen, und Wolken legen sich über unsere Augen. Wir sehen Taten und können sie nicht deuten, wir hören Worte und können sie nicht verstehen. Wir stehen vor dem Brunnen wie dürstende Schafe, der Stein ist weggewälzt, aber das Wasser fließt nicht in den Trog, unseren Durst zu stillen. Herr und Rabbi, verbirg dich nicht vor uns. Stoße uns nicht weg, sondern nimm uns an dein Herz; tröste uns mit deinem Wort und beruhige unseren verstörten Sinn.“

Und der Rabbi sprach voller Sanftmut und sagte: „Was ist es, das eure Herzen bedrückt?“

„Die Worte, die du heute vor dem Gericht sprachst, Rabbi, wir haben dergleichen nie zuvor vernommen. Ist es das Alte, das uns überkommen ist vom Berge Sinai, oder führst du uns auf neue Pfade, so unsere Väter nicht beschritten haben? Das wollen deine Jünger wissen.“

Da sagte der Rabbi:

„Oh ihr Kleingläubigen, wie oft habe ich euch gesagt, daß ich nicht gekommen bin, das Gesetz oder die Propheten aufzulösen, sondern zu erfüllen, denn ich sage euch: Bis daß Himmel und Erde zergehen, wird nicht zergehen der kleinste Buchstabe noch ein Tüttelchen vom Gesetz, bis daß es alles geschehe.“

Und Simon streckte seine Hände nach ihm aus und rief freudig: „Herr und Rabbi, du bist unser Trost und unsere Stütze.“ Und Tränen traten in Simons Augen und fielen auf die

Falten seines Gesichts. Und er stand auf und wandte sich zu uns und sagte: „Habe ich euch nicht gesagt, daß der Heilige in Israel unsere Hoffnung nicht enttäuschen wird?“

Und der Rabbi sagte zu Simon:

„Sei getrost, Simon. Gehet jetzt und zündet die Lampen an und saget den Weibern, sie sollen bereiten, was im Hause ist, denn ich will das Brot brechen mit meinen Jüngern, und ich werde euch sagen, was ihr tun sollt.“

Und die Weiber taten nach seinem Geheiß, und wir versammelten uns in dem Hause von Simons Schwiegermutter. Und das Brot wurde auf den Tisch gelegt, und die Jünger waren um ihn, und die Weiber standen an der Tür.

Und der Rabbi sprach sein Gebet und brach das Brot und gab es uns.

Und während er das Brot brach, sprach er zu uns Worte, die an unsere Ohren tönten, aber unsere Herzen verstanden sie nicht. Aber sie fielen wie ein Feuer in unser Inneres, und da schmolzen wir dahin und waren wie eine Familie. Und dieses waren seine Worte:

„Wisset jetzt, daß schwere Prüfungen dem Menschensohn bevorstehen.

Vater im Himmel! Öffne die Augen denen, so an dich glauben, daß sie dein Licht sehen. Denn dir ist offenbar und bekannt, daß ich nicht zu meiner Ehre und nicht zu Ehren von meines Vaters Haus die Dinge getan habe, die ich tat, und die Worte gesprochen habe, die ich sprach, sondern nur zu Ehren deines geliebten Namens, daß dein Glaube sich ausbreite in den Herzen der Menschen, die da Schafe sind ohne ihren Hirten und nicht wissen, was mit ihnen geschieht.“

Und wir saßen stumm, und der Rabbi sagte zu uns:

„Wisset, daß nicht das irdische Glück ein Zeichen ist der Gnade Gottes, und nicht den, so der Herr liebt, macht er glücklich und reich. Die Güter dieser Erde sind nicht wie die Belohnungen, die Gott unter seine Auserwählten verteilt. Die Güter dieser Erde schenkt er den Gottlosen für das geringe Verdienst, das in ihnen ist. Oft macht er seine Auserwählten zur Zielscheibe der Pfeile; seine Geliebten belohnt er mit Kummer; er bestreut den Weg der Gerechten mit Dornen, denn das Leid bringt die Menschen näher zu Gott.

Hat nicht Gott dem Abraham befohlen, seinen einzigen Sohn auf dem Altar zu opfern? Und hat er nicht seine Kinder vierhundert Jahre lang in der Knechtschaft Ägyptens gehalten?

Blicket umher und sehet: Das Böse siegt, böse Menschen erheben ihre Stimmen, sie treten frech auf die Häupter der Gerechten. Das Maß der Welt ist nicht das Maß der Ewigkeit. Gott mißt mit einem anderen Maß, und der Menschensohn flieht nicht vor dem, das ihm bestimmt ist, sondern er wird den vollen Preis zahlen."

Und da verstummte der Rabbi.

Und wir fürchteten uns und wußten nicht, was er meinte.

Und Simon bar Jonas sagte:

„Herr und Rabbi, erkläre uns den Sinn deiner Worte."

Und der Rabbi erwiderte:

„Simon bar Jonas, auch wer mit mir geht, muß bereit sein, den vollen Preis zu zahlen."

Und Simon sagte:

„Rabbi, haben wir nicht alles hinter uns gelassen und sind dir nachgefolgt?"

Und der Rabbi blickte auf und sagte:

„Selig seid ihr Armen, denn das Reich Gottes ist euer; selig seid ihr, die ihr hier weinet, denn ihr werdet lachen. Selig seid ihr, so euch die Menschen hassen und euch absondern und euch schelten und verwerfen euren Namen als einen bösen um des Menschensohnes willen. Freuet euch alsdann und hüpfet; denn siehe, euer Lohn ist groß im Himmel. Desgleichen taten ihre Väter den Propheten auch. Und es sei dem Jünger genug, daß er sei wie sein Meister und der Knecht wie sein Herr. Haben sie den Hausvater Beelzebub geheißen, wie viel mehr werden sie seine Hausgenossen also heißen? So fürchtet euch denn nicht vor ihnen. Was ich euch sage in der Finsternis, das redet im Licht, und was ihr hört in das Ohr, das prediget auf den Dächern.

So sprach Gott zu dem Propheten: Siehe, ich habe dich heute zu einer festen Stadt gemacht und einem ehernen Pfeiler und einer ehernen Mauer gegen das ganze Land, gegen die Könige Judas, gegen seine Fürsten, gegen seine Priester und gegen das Volk des Landes... Darum sage ich euch: Fürchtet euch nicht vor denen, die den Leib töten und die Seele nicht können verderben in die Hölle. Kauft man nicht zwei Sperlinge um einen Pfennig? Dennoch fällt deren keiner auf die Erde ohne eures Vaters Wissen. Auch die Haare auf eurem Haupte sind alle gezählt. So fürchtet euch denn nicht."

Und unser Rabbi legte uns der Reihe nach die Hände aufs Haupt und segnete uns.

Und wir waren zwölf an der Zahl. Und der Rabbi gab uns Macht über die unsauberen Geister, daß wir sie austrieben und heilten die Kranken und Leidenden, und er sagte: „Gehet nicht auf der Heidenstraße und ziehet nicht in der Samariter Städte, sondern gehet hin zu den verlorenen Schafen aus dem Hause Israel. Gehet aber und prediget: Das Himmelreich ist nahe herbei gekommen. Ihr sollt nicht Gold noch Silber noch Erz in euren Taschen haben, auch keine Speise zur Wegfahrt, auch nicht zwei Röcke, keine Schuhe, auch keinen Stecken. Denn ein Arbeiter ist seines Lohnes wert. Wer mir nachfolgen will, der muß sich selber verleugnen. Er muß das Joch Gottes auf sich nehmen und mir nachfolgen. Denn wer sein Leben erhalten will, der wird es verlieren, und wer sein Leben verliert um meinetwillen und um meiner Botschaft willen, der wird es finden. Was hülfe es dem Menschen, so er die ganze Welt gewönne und nähme doch Schaden an seiner Seele? Oder was kann der Mensch geben, damit er seine Seele wieder löse?“

Und die Finsternis der Nacht verwandelte sich in ein großes Licht, und die Stunde der Trauer in eitel Freude. Und in dieser Nacht schlug uns der Rabbi in ein einiges Band, und wir waren wie eine Familie. Und wir waren wie Menschen, die gestorben waren in der Nacht und waren neu geboren worden.

XIII. KAPITEL

Als sodann in der Stadt und in der Umgegend bekannt wurde das Urteil, das die Sendboten und Abgesandten des Sanhedrin gegen unseren Rabbi gesprochen, da wichen viele von unserem Rabbi, die ihm gefolgt waren, und viele Seelen, die er gewonnen hatte in Gedera und Bethsaida und Migdal und anderen Städten, fielen von ihm ab. Und viele reiche Weiber, die beigetragen hatten zu unserem Schatz, ließen sich's verdrießen und kehrten nach Hause zurück; und es blieben nur solche bei ihm, die keine Stätte hatten, und hielten an ihm fest.

Und als ich, Judas Ischariot, das arme Volk sah, das im Hause und Hofe des Simon bar Jonas zurückblieb, da sank mir das Herz. Denn mir war anvertraut worden der Geldbeutel des Schatzes, und als die Reichen von unserem Rabbi gewichen waren, da begann der Schatz sich zu leeren, und ich dachte bei mir: Was soll jetzt werden, wer wird jetzt die Armen speisen?

Denn bisher war es also gewesen mit der Speisung der Armen: Johanna, das Weib Cusas, des reichen herodischen Statthalters, und Susanna, die Junge, die beiden Seelen, so der Rabbi in Nain gewonnen hatte, kamen aus reichem Hause und hatten viel Besitz. Und sie verkauften ihre Habe Stück für Stück und steuerten das Geld in den Schatz der Armen, wie der Rabbi es ihnen geboten hatte. Und desgleichen taten die anderen Reichen, die zum Rabbi kamen, da sonst der Rabbi sie nicht aufgenommen hätte in seine Seelen-Gemeinde.

Mit diesem Gelde kauften wir Brot und allerlei Speise, und wir speisten die Armen, die stets um den Rabbi versammelt waren. Aber da nun der Spruch des Gerichtes vernommen ward, kam der Mann Johannas und wollte ihr befehlen, nach Hause zu gehen, desgleichen kam Zadok, Susannas reicher Vater. Und da diese beiden Weiber den Rabbi nicht verlassen wollten, wurde ihr Erbe ihnen genommen. Mit dem Weibe von Migdal aber war es so:

Bis auf den einen Tag, da sie zum ersten Male zu unserem Rabbi kam, in der Stadt Nain, ging sie immerdar in einen Sack gehüllt. Bar Talmai, der blinde Ölmischer, der ein Jünger Jochanaans des Täufers gewesen, hatte sie gelehrt, auf seinen Wegen zu wandeln, zu fasten und das Fleisch zu kasteien, der Sünden wegen, die sie begangen, auf daß sie Buße tue und gereinigt würde. Unser Rabbi aber lehrte sie, daß es ihr nicht not sei, den Leib zu kasteien, noch in Säcken zu gehen, um Buße zu tun und gereinigt zu werden, denn, sagte er, Gott siehet in das Herz des Menschen und nicht auf die Kleider; auch kommt die Seligkeit nicht anders zu uns herab denn in der Freude, und die wahren Büßer tragen den Sack auf ihrem Fleisch, darüber aber legen sie Seide an und Purpur und salben sich mit wohlriechendem Öl, damit die Menschen nicht sähen, daß sie fasten und sich kasteien. Und es begab sich in Kürze, daß Mirjam von Migdal ein ander Gewand anlegte, und sie salbte wieder ihren Leib mit Salben und trug bunte Seidengewänder und desgleichen viel Zierat, wann immer sie vor dem Rabbi erschien. Und nicht die anderen Weiber, sondern sie pflegte den Rabbi und wusch seine Kleider und nähte für ihn Röcke aus feinem Linnen, die sie mit Wohlgerüchen tränkte; und diese Wohlgerüche hatte sie in kostbaren Fläschchen um den Hals hängen. Nun hatten aber alle die anderen Weiber ihre Habe in unsern Schatz getan, und etliche unter ihnen hatten sogar ihr Haar abgeschnitten und verkauft an die Zopfmacher und Bartflechter, um den Schatz zu vermehren. Sie aber tat nicht desgleichen, ob auch zahlreiche Arme hätten gespeist werden können aus dem Verkauf ihrer Haare; auch arbeiteten die anderen Weiber in Haus und Hof, am Spinnrad und am Waschzuber, um die Bedürfnisse der Armen und der Jünger zu befriedigen. Aber Mirjam aus der Stadt Migdal sorgte um ihre Hände, daß sie nicht häßlich würden, und daß sie ihr tauglich erschienen, den Rabbi zu pflegen. Denn sie sagte, daß sie dem Rabbi dargebracht habe ihre Seele und ihren Leib als ein reines Opfer, und so ihre Hände für würdig befunden seien, die Füße des Rabbi anzurühren, wär's unrecht, daß sie rauh würden von schwerer Arbeit. Also arbeitete sie nicht im Hause wie die anderen Weiber, aber sie waltete in der Laube des Rabbi auf dem Dach des Hauses und hielt sie sauber und schmückte sie mit vielen Blumen des Feldes und mit wohlriechenden Kräutern, die sie zu finden wußte. Und sie tränkte sein Lager mit wohlriechender Würze und Salbe aus den phönizischen Fläschchen, deren sie viele besaß.

Und wenn nun der Rabbi täglich von seinem heiligen Werk heimkehrte, da war es, als hätte er auf sich genommen alle die Seuchen und Ängste, alle die Schmerzen und Leiden derer, die er geheilt hatte, und er war müde. Und sein Leib wollte zusammenbrechen unter der Last, und sein Antlitz war bleich vor Kummer. Und alsdann ging Mirjam von Migdal in sein Gemach, und sie wusch seine Füße und salbte sie und trocknete sie mit ihren Haaren. Und der Rabbi ließ es zu. Und manchmal kam der Geist über sie, und sie fiel zu Boden, und Schaum trat auf ihre Lippen, und Weissagungen kamen aus ihrem Munde; so liebte sie den Rabbi und war ihm hingegeben.

Und die anderen Weiber neideten ihr die Nähe des Rabbi, und sie zankten darum, daß sie keine Arbeit im Hause verrichte, sondern sich dem Babbi widme und einhergehe in bunten Gewändern. Und es waren da etliche Weiber, die gesteuert hatten in den Schatz, aber die gingen weg und sagten: „Nun soll Mirjam ihre köstlichen Salben verkaufen und die Armen speisen.“ Und auch aus diesem Grunde wurde unser Schatz kleiner und unsere Gemeinde geringer an Zahl.

Nun war das Haus der Schwiegermutter Simons voll von solchen Armen, die keine Heimstätte hatten, und von Kranken, die sich nirgends hinbegeben konnten, und von schwerbeladenen Sündern. Und sie lagen auf dem Hofe wie die Kehrichthaufen, die man zum Hause hinauswirft; und etliche unter ihnen irrten in der Stadt umher und bettelten um Brot. Und das Volk in der

Stadt murrte gegen unseren Rabbi und sagte: „Er hat die Menschen zu sich gerufen, und er kann ihnen nicht mehr helfen; sicherlich ist seine Macht von ihm gewichen." Desgleichen sagten die Armen: „Wo sind die Pfade, von denen er uns geredet hat? Warum hilft er uns nicht? Sind unsere Hoffnungen abermals getäuscht worden?"

Und nun geschah es, daß der Rabbi sich in sein Gemach einschloß und sich verbarg, und niemand durfte ihn sehen. Da ging Simon hin zu ihm und sagte: „Die Armen sind versammelt auf dem Hof, und sie harren deines Heils. Was soll ich mit ihnen machen?"

Und der Rabbi antwortete:

„Ich möchte mit euch allein sein für eine kleine Weile. Kommt, laß uns weichen von hier, denn ich bin ihrer müde. Es ist eine wüste Stätte in der Nähe der Stadt Bethsaida. Dort wollen wir hingehen und uns vor der Menge verbergen, die da immer schreit: Gib! Gib! Und wir wollen unsere Herzen für unseren Vater im Himmel bereit machen."

Und ich, Judas Ischariot, ging hin und kaufte Vorrat von dem Wenigen, das im Beutel war, fünf Brote und zwei Fische, und wir bestiegen ein Schiff, und wir fuhren nach Bethsaida, das am Ufer des Sees Genezareth liegt. Aber als der Haufe Volks, der im Hause war, uns davongehen sah, eilten sie uns nach, die, so sich rühren konnten. Und etliche unter ihnen gingen in die Kähne, und die anderen wanderten am Ufer des Sees entlang. Und als die Leute in der Stadt unseren Rabbi davongehen sahen, da lachten sie und sagten: „Siehe, Beelzebub führt ihn weg, und die Teufel mit ihm."

Und wir kamen zum Ufer in der Nähe von Bethsaida, und dort zwischen den Trümmern verbargen wir uns vor der Menge, denn der Rabbi war müde und wollte mit uns allein sein.

Aber die Armen und die Kranken eilten hinter uns her, und viele irrten durch die Felder und fragten emsig und fanden uns.

Desgleichen hörten die in der Stadt Bethsaida, daß wir zwischen den Trümmern weilten auf den Feldern, und die Kranken zogen aus, uns zu suchen. Und die Kranken und die Gesunden umringten uns, und die Blinden und die Sünder, und sie riefen: „Rabbi, Rabbi, komm heraus zu uns, warum verbirgst du dein Antlitz vor uns?"

Und als unser Rabbi das Geschrei der Menge hörte, da war sein Herz voller Mitleid, und die Flammen Gottes schlugen aus seinem Antlitz, und er trat zu dem Volk hinaus mit ausgebreiteten Armen und rief:

„Kommet her zu mir alle, die ihr verlassen seid und verstoßen!"

Und der Geist kam wieder über ihn, und er war voller Gnade, und das Volk freute sich an ihm und trank seine Worte. Die Blinden tasteten sich zu ihm hin, sein Gewand anzurühren, und die Kranken, die nicht gehen konnten, krochen auf der Erde zu ihm hin; und über ein kurzes war der Rabbi ummauert wie der Eckstein eines Hauses von den Kranken und den Armen, die ihn umringten.

Und den einen berührte er mit der Hand, und zu dem andern neigte er sich nieder, und den dritten tröstete er mit sanften Worten. Und die Menge war selig, daß sie bei ihm sein und seinen Trostworten lauschen durfte. Und wie die Zeit so verging, da sah ich die Sonne tiefer sinken, und ich fragte mich in meinem Herzen, was mit den vielen Armen geschehen sollte. Und in meinem Korb waren nur fünf Brote und zwei Fische, und die waren für zwölf Jünger bestimmt.

Darum sprach ich zu den Jüngern und sagte:

„Was sollen wir nun mit diesem Haufen tun? Denn der Beutel ist fast leer, und wir haben kaum etwas, um Brot für sie zu kaufen. Lasset uns mit dem Rabbi sprechen, daß er sie nach Hause schicke."

Und wir, die zwölf Jünger, drängten uns zu dem Rabbi hin durch die Menge der Armen, die ihn umgab, und wir sprachen alle zugleich, daß es nicht scheine, als sei einer unter uns geringeren Glaubens denn die anderen, und wir sagten:

„Der Tag neigt sich zum Ende, und diese Stätte ist leer und öde, und das Volk hat kein Brot; schicke du sie nach Hause, und sie sollen in die Dörfer gehen und Höfe, daß sie Essen finden und ein Obdach für die Nacht."

Unser Rabbi aber sagte:

„Und wollt ihr ihnen nicht zu essen geben?"

Da ich nun diese Worte vernahm, zerging mein Herz vor Furcht, und ich fragte:

„Soll ich hingehen und Brot kaufen für zweihundert Denare?" Aber ich sagte ihm nicht, daß kein Geld mehr im Gürtel war.

Aber der Rabbi fragte gleichsam verwundert:

„Habt ihr nicht Essen bereitet? Gehet jetzt und lasset das Volk sich setzen, Reihe um Reihe, daß keiner fehle beim Mahl.

Und stellet vor mich hin die Körbe mit Brot, die ihr bereitet habt, daß ich sie segne vor dem Vater im Himmel und ihm für das Essen danke."

Und als ich den Rabbi so reden hörte, da pochte mir das Herz vor Angst, und ich fürchtete, daß mein Rabbi könnte zuschanden werden vor der Menge, und ich dachte bei mir: „Was wird jetzt werden?" Und ich trat zu Simon und sagte:

„Simon bar Jonas, ich muß in die Stadt gehen und Brot kaufen. Aber es ist kein Geld im Gürtel, und wir haben nur zwei Schmucksteine. Vielleicht kann ich Brot dafür eintauschen. Denn der Armen sind viele, und in meinem Korb haben wir nur fünf Brote und zwei Fische. Und der Rabbi hat sie alle zum Mahle geladen." Und Simon sagte zu mir: „Geh!"

Und ich eilte mit schnellen Schritten zur Stadt, und ich kam nach Bethsaida. Und Gott war mir gnädig. Denn ich tauschte einen Schmuckstein gegen Geld, und ich ging in das Haus eines Bäckers, da waren vier Körbe mit Broten, die er für die Stadt gebacken hatte. Und ich kaufte sie von ihm. Und desgleichen fand ich ohne Verzug einen Mann, der mir zwei Esel verdingte, und er begleitete mich, und wir eilten mit den Broten zurück zu der Trümmerstätte, denn ich wollte es nicht geschehen lassen, daß mein Rabbi zuschanden würde.

Und nun war es Nacht geworden, und die Sterne traten hervor, und wir trieben die Esel an in aller Schnelle. Und als wir näher kamen zu dem Ort, wo ich meinen Rabbi mit dem Volk zurückgelassen hatte, da hörte ich aus der Ferne ein großes Jubelgeschrei, und auf dem Felde leuchteten zahlreiche Feuer, die sie angezündet hatten. Und als ich hinkam mit meinen brotbeladenen Eseln, sah ich den Rabbi sitzen in seinem weißen Gewande, und eine Schar von Kindern war um ihm, und die Seligkeit Gottes ruhte auf ihm.

Und all das Volk, Männer und Weiber und Kinder, die Gesunden und die Kranken, frohlockten, und etliche von ihnen tanzten, und sie schlugen die Hände zusammen, und sie riefen laut:

„Hosianna! Hosianna! Er hat uns gespeist!"

Und ich stand da wie erstaunt und wußte nicht, was das bedeute. Und es geschah, als sie meine beladenen Esel sahen, daß sie laut lachten und auf die Brocken zeigten, die wie frischgefallener Schnee auf dem Felde lagen und hätten füllen können viele, viele Körbe. Und sie sagten: „Du gingest hin, um uns Brot zu holen, aber einer, der uns näher war, hat uns gespeist, und wir aßen und wurden satt, und es ist viel übrig geblieben." Ich aber fragte verwundert: „Was ist denn hier geschehen? Der Ort ist öde und fern von bewohnten Stätten. Woher habt ihr dieses Brot bekommen?"

Und Simon bar Jonas sagte: „Er hob seine Augen zum Himmel, da er den Segen sprach, und alsdann brach er das Brot und verteilte es, und es war genug für alle, und viel blieb übrig." Und ich blickte zu Boden, und die Esel standen neben mir, und ich schämte mich meiner Kleingläubigkeit.

Und die Menge hörte nicht auf zu singen und zu rufen bis in die späte Nacht hinein. Und sie tanzten um unseren Rabbi und freuten sich an ihm. Und das Weib Mirjam, das bei uns war, fiel ihm zu Füßen, und ihre Augen waren verschleiert, und Schaum stand auf ihren Lippen; und sie erhob sich und neigte sich und drehte sich wie ein Wirbelwind, und sie rief mit singender Stimme:

„Siehe, er ist wie der Bräutigam am Tage der Hochzeit, er leuchtet von dem Licht der Erlösung. Siehe, die Wolken neigen sich zur Erde herab, und sie breiten sich unter seine Füße. Sodann gebietet er den Geistern, nach seinem Willen zu tun. Wie Moses bringt er uns das Manna vom Himmel. Er kam zu uns in all seiner Herrlichkeit in der Stunde unserer Not... Er blutet mehr denn wir aus unseren Wunden. Er hungert mit all den Hungrigen und ist durstig mit denen, die da dürsten. Er geht mit den Blinden durch die Höhlen der Nacht, und er trägt vor ihnen her das Licht ihrer Augen. Er führt die Sünder durch die Finsternis und trägt auf seinen Schultern die Qual ihrer Sünden."

Und die Stimmen ließen nicht ab, lauter zu werden, und das Geschrei stieg wie eine Flamme zum Himmel. Und die Leute riefen einander zu:

„Warum soll er nicht unser König sein?"

Und einer war zugegen, der war blind gewesen auf einem Auge und sein Leib bedeckt mit rinnenden Schwären, und der Rabbi hatte ihn geheilt. Und selbiger rief: „Bringet die Krone Davids, wir wollen ihn zu unserem König krönen. Wer uns speist soll unser König sein. Wer ist berufener als er, König der Armen zu sein?"

Und als die Weiber, die dabei waren, das Wort König hörten, fielen viele unter ihnen zu Boden, so daß Schaum auf ihre Lippen trat, und sie begannen zu weissagen; und sogar über die Kinder kam der heilige Geist und die Verzückung der Propheten, und sie schrien und sangen Verse aus der Heiligen Schrift, so sie von ihren Lehrern gelernt hatten. Und sie verglichen unseres Rabbi Weisheit der Weisheit Daniels und seine Wunder den Wundern Elias'. Und einige sagten, daß das Jochanaan der Täufer sei, der auf die Erde zurückgekehrt wäre.

Und ich schaute mich um und suchte die Jünger meines Rabbi, und ich sah Simon bar Jonas. Er stand abseits und sagte nichts. Er tanzte nicht und jubelte nicht, aber seine Augen leuchteten wie Sterne unter seinem Haar, das die Tage seiner Jahre angerührt hatten, und er blickte unverwandt zu dem Rabbi hin, der in seinem weißen Gewande mitten unter dem Kranze der Kinder saß, und Tränen rannen aus Simons Augen.

Sodann in später Nacht zerstreute sich die Menge, denn unser Rabbi war müde von seinem Tagesdienst und hieß sie davongehen; und viele von ihnen gingen in die Dörfer und andere nach Bethsaida, denn dort waren sie zu Hause. Und die Wasser des Sees Genezareth, die unter den gütigen Sternen geschlummert hatten, erwachten nun unter dem Ruderschlag zahlreicher Kähne, so die Menge zurück nach K'far Nahum führten und nach anderen Orten, von wo sie gekommen waren. Zurück blieben der Rabbi und wir, seine Jünger.

Da sagte der Rabbi zu uns: „Gehet jetzt und suchet Schutz unter den Trümmern, und ich will auf jenen Hügel gehen und allein sein und beten. Alsdann werde ich zu euch kommen."

Und Simon fragte ihn: „Soll ich dich nicht begleiten?"

Und der Rabbi sagte: „Nein, gehe du mit den anderen."

Und die Jünger kamen zu den Trümmern und legten sich auf die Erde hin und deckten sich mit ihren Mänteln zu und versanken in einen tiefen Schlaf, denn sie waren ermattet von des Tages Mühen. Aber kein Schlaf wollte auf meine Lider kommen, und ich fand keine Ruhe.

Und viele Sorgen waren in meinem Herzen, und ich fragte mich: „Wie kommt es nun, daß unter all den Jüngern des Rabbi Gott mich allein erwählt hat, meine Augen zu verhüllen mit einer Hülle, daß ich nicht sehen soll die Wunder meines Rabbi, sondern nur von ihnen hören? Und ich allein unter den Jüngern stehe draußen und klopfe an die Tür, und es wird mir nicht aufgetan. Warum wird mir nicht aufgetan? Ein Sündenschild umgibt meine Seele, und ist es darum, daß das Licht nicht auf mich fällt, und ich muß draußen stehen? Und wenn dem so ist, was habe ich hier zu suchen?" Und mein Herz weinte in mir, und ich sagte: „Man hat vor alters gelehrt: Alle

Dinge sind dir vom Himmel gegeben, außer die Furcht des Himmels... Und daraus folgt, daß der Mensch durch eigene Mühe den Glauben gewinnen muß, so wie er Speise und Kleidung gewinnt." Alsdann betete ich zu meinem Vater im Himmel: „Öffne mir die Augen und mache mein Herz verständig, auf daß ich sehe und fühle wie die anderen." Und ich tröstete mich und sagte: „Steht nicht geschrieben, daß die Thora nicht im Himmel ist, sondern ein Geschenk an die Menschen? Und was mein Rabbi predigt und tut, ist das nicht die Fortführung der Thora? Darum gehört es mir nicht weniger denn den anderen im Hause Israel."

Und ich ging hinaus in die Nacht, und ich sah meinen Rabbi allein auf dem Hügel stehen, und sein weißes Gewand leuchtete, und seine Arme waren erhoben zum Gebet. Und mir war, als wäre der Schatten von meinen Augen gewichen, und ich sah meinen Rabbi, als wäre er ein Engel vom Himmel, und ich fiel am Fuße des Hügels nieder und erhob meine Hände zu ihm und rief: „Rabbi, Rabbi, hilf mir!"

Und mein Rabbi sagte zu mir: „Judas, komm zu mir auf den Hügel; denn für dich sende ich mein Gebet zum Himmel!"

Und ich stand auf, um den Hügel zu erklimmen. Aber auf dem Wege waren viele Büsche und Dornen und Steine. Ich irrte umher und konnte nicht zu meinem Rabbi kommen. Er entschwand meinen Blicken, und ich blieb allein in der Nacht in einem Walde von Dornen, und die Dornen zückten ihre Speere nach mir und Hände, die mich greifen wollten. Und ich rief: „Rabbi, wo bist du?" Und ich hörte seine Stimme, aber ihn sah ich nicht. Über ein Kleines aber erschien er und nahm mich bei der Hand und führte mich auf den Hügel, und ich stand neben meinem Rabbi, und über uns war ausgebreitet der Himmel und von einer großen Helle erfüllt. Und der Rabbi sagte zu mir:

„Judas, dein Herz ist ruhelos; es ist wie ein verirrtes Schiff auf einem stürmischen Meer. Warum kannst du nicht Ruhe finden wie meine anderen Jünger?"

Und ich antwortete und sagte:

„Rabbi, zeige mir jetzt eines deiner Wunder und stärke meinen Glauben an dich." Und mein Rabbi erwiderte:

„Darum habe ich gebetet, Judas, denn du hättest mein liebster Jünger sein können."

Und er nahm mich bei der Hand und führte mich zu den Trümmern hinab, und wir sahen die Jünger des Rabbi in einem Winkel schlafen, ihre Häupter ruhten auf den Steinen, ihre

Leiber waren mit ihren Mänteln bedeckt; und das Licht der Sterne fiel auf ihre Gesichter und Bärte und goß seine Gnade über sie aus, und sie schliefen den Schlaf des Gerechten, so wie unser Vater Jakob in Bethel schlief.

Und der Rabbi sagte: „Ich danke dir, o Vater im Himmel, daß du es verborgen hast vor den Klugen und Weisen und hast es offenbart den Kindern und Unmündigen."

Aber ich fand Kühnheit in meinem Herzen und sagte:

„Die in ihren Händen die Richtschnur halten, die uns unsere Väter gegeben haben, können nicht schlafen; sie haben keinen Frieden, denn sie fürchten, daß die Schnur ihren Händen entfällt. Denn so sie diese verlieren, was sollen sie dann tun? Sie werden keine andere finden, daß sie sie festhielten, und werden sie dann nicht verloren umherirren in der Nacht ihres Lebens?"

Darauf antwortete mein Rabbi:

„Du bist wie einer, der den Schatz in seiner Hand hält, aber wer den Schatz hält, hat ihn nicht, sondern nur, die da meinen, sie hätten ihn verloren, und nicht ablassen, ihn zu suchen..."

„Rabbi, ich verstehe dich nicht."

Daraufhin antwortete er: „Wer seine Seele retten will vor mir, der wird sie verlieren; wer aber seine Seele verliert um meinetwillen, der wird sie finden."

Ich neigte mich vor ihm und sagte:

„Großes verlangst du von mir. Siehe, ich will dich nicht lassen, du sagtest mir denn, wer du bist."

Mein Rabbi aber erwiderte und sagte:

„Judas, ich bin nur der, so in deinem Herzen sitzet. Ich bin der Glaube. Ich bin in jedem Herzen so viel, als das Herz mich fassen kann."

Ich aber warf mich ihm zu Füßen und rief:

„Rabbi, ich weiß, wer du bist. Nur der kann so sprechen, dem die Macht dazu verliehen ist." Aber mein Rabbi hob mich auf und zeigte auf die schlafenden Jünger und sagte: „Geh, Judas, und lege dich zu ihnen und laß dein Herz Frieden finden."

Und ich legte mich zu den anderen, und ich schlief unter ihnen zwischen den Trümmern bei Bethsaida.

XIV. KAPITEL

Am nächsten Morgen, da die Einwohner in K'far Nahum und den umliegenden Städten von dem Wunder hörten, das der Rabbi an den Hungrigen auf dem Felde getan hatte, regten sich Staunen und Unruhe in ihren Herzen; und es waren etliche, die sagten: „Sicherlich muß Gott Großes mit ihm vorhaben", und andere, die sagten: „Seine Macht kommt vom Satan. Er wird großes Unheil über uns bringen."

Und als sie weiter hörten, daß die, so der Rabbi gespeist hatte, ihn zum König machen wollten und die Krone Davids für ihn forderten, kam eine große Furcht über sie. Und die Leute aus der Stadt sagten:

„Wenn nun die Obrigkeit hört, daß die Juden einen neuen König wählen wollen, wird man uns alle Schuld zuschieben; und wir werden zu verantworten haben das törichte Geschwätz der Armen, und wir werden dafür zahlen."

Und einige kamen zu unserem Rabbi und sagten: „Steh auf und hebe dich weg aus unserer Stadt, denn die Obrigkeit hat von deinen Taten gehört, daß du ein König der Juden sein willst, und sie lauern dir auf, daß sie dich fangen. Und es wird geschehen, wenn wir dich nicht in ihre Hände liefern, daß sie sagen werden, wir hätten uns verschworen, einen neuen König der Juden zu wählen, und Elend wird über uns kommen um deinetwillen."

Da rief der Rabbi uns zu sich und sagte:

„Kommet, lasset uns von diesem Ort weichen. Wir wollen nach Tyrus und Sidon gehen. Denn hat nicht Gott zu Elias, dem Thisbiter, gesagt: Steh auf und geh nach Sarepta in Sidon? Sind wir denn mehr denn Elias? Und das Volk unserer Tage ist nicht besser denn das Volk seiner Tage. Und so wie Ahab seine falschen Propheten hatte, so haben auch sie ihre falschen Propheten."

Und mein Herz zerging vor Furcht, als ich sah, daß unser Rabbi gesonnen war, die Städte des Landes Israel zu verlassen, auf denen der Geist der Heiligkeit ruht, und hinzugehen in die verruchten Städte der Götzendiener, die der Unreinheit verfallen sind. Aber wir wagten kein Wort zu sagen, denn seine Macht lastete auf uns wie die Macht des Herrn auf dem Knecht, und seine Bürde war auf uns wie das Joch auf dem Tier des Feldes; und wir neigten stumm unsere Häupter und folgten ihm nach.

Und es war, als ob der Rabbi meine Gedanken wüßte, denn ich dachte nach, was wir essen würden in dem Lande der Unreinheit. Und er sagte: „O du Kleingläubiger! Hat nicht Gott den Elias durch die Raben und die wilden Bienen gespeist?“

Und wir nahmen unsere sackleinenen Hüllen mit, daß wir uns mit ihnen zudeckten in der Nacht, und es war in der Frühe, da wir aufbrachen. Und das Weibervolk und unsere Freunde gingen mit uns ein Stück weit aus der Stadt hinaus. Dann kehrten sie um, und die Weiber blieben im Hause von Simons Schwiegermutter, um dort die Gefäße zu hüten. Denn der Rabbi sagte, daß er jetzt nicht hingehen wolle, um das Wort Gottes zu predigen, sondern um sich auszuruhen von dem Lärm der Menge und in seinem Herzen den Weg zu suchen, den er beschreiten sollte nach Gottes Willen.

Und ehe wir die Ufer des Sees Genezareth verließen, badeten wir in den Wassern, und wir sprachen das „Höre Israel“, und wir aßen das Brot, das wir als Wegzehrung mitgenommen hatten. Alsdann stiegen wir auf die Hügel hinauf, die zwischen dem Lande Israel und dem Lande von Tyrus und Sidon liegen. Und ob denn auch in den Bergen die Wohnstätten zahlreich waren wie die Samen im Granatapfel, kehrten wir unter keinem Dache ein, denn es war der Wille unseres Rabbi, daß wir die Nacht zubrächten im Schatten des Geästs der mächtigen Zedern. Und wir wanderten zwei Tage, bis daß wir zu einem Ort kamen, der da hieß Cheder Bajarim, und wir rasteten außerhalb der Stadt.

Und als die Sonne aufging am Morgen des dritten Tages, fiel ihr Licht auf die Flächen Landes, die in das Große Meer verebben, und wir sahen am westlichen Ufer die Städte ohne Zahl, eingebettet in grüne Gärten und umgürtet mit Wiesen. Und nicht nur über das Land waren die Städte ausgesät, sondern reckten sich hin in das Meer mit ihren dichtbevölkerten Häfen. Und von den Gipfeln aus sahen wir das Meer von Schiffen wimmeln, und wir staunten über die Macht dieses Königreichs. Ihre Häuser waren nicht gleich den unseren, denn sie wohnten in gewaltigen Häusern von Ziegel und Stein und verbargen sich vor der Sonne im Schatten ihrer Säulenhallen. Aber als wir uns den Grenzen Sidons näherten, da erkannten wir die Ursachen des großen Reichtums, denn wir sahen alsogleich, da wir die ersten Felder betraten, daß sie nicht den Ochsen und den Esel vor ihre Pflüge spannen, sondern Menschen unter das Joch zwingen.

Die Erde Sidons ist fett von dem Blut und den Knochen gefallener Sklaven. Ein Notschrei steigt auf wie eine Wolke über Tyrus und zergeht in der Luft und fällt wieder hinab in einem Regen von Tränen und Schrecken. Und auf dem ersten Felde begegnete der Rabbi einem Manne, der da seinen Acker pflügte, und er hatte zwei Männer vor seinen Pflug gespannt, einen alten und einen jungen, denn es ist Brauch bei ihnen, daß sie einen alten und kraftlosen Mann mit einem jungen und kräftigen zusammenspannen, damit der alte Mann im Schweiße seines Angesichts dem jüngeren nacheifere. Nackt waren sie beide. Und so der Alte die eiserne Pflugschar nicht mit der Schnelligkeit und Kraft des Jungen durch den sandigen Boden ziehen konnte und seine Füße in den Löchern stolperten, sausten die bleiernen Knöpfe der Peitsche des Pflügers auf seinen alten, abgezehrten Leib nieder. Und da unser Rabbi das sah, wollte er dem Gottlosen Einhalt gebieten, und er rief: „Warum schlägst du deinen Bruder? Siehst du nicht, daß er alt ist und schwach und nicht die gleiche Arbeit tun kann wie der jüngere?"

Aber er, der hinter dem Pfluge ging, antwortete: „Nennst du ihn meinen Bruder? Er ist mein Sklave, den ich mit meinem guten Gelde gekauft habe. Fünfzig Silberdrachmen tyrischen Gewichts habe ich für ihn gegeben auf dem Sklavenmarkt, als unsere Schiffe eine Ladung Sklaven aus dem Lande der Gallier brachten. Kaum zwei Jahre hat er mir gedient, und siehe, was aus ihm geworden ist. Ich gebe ihm Brot entsprechend seiner Arbeit, aber mag ich ihm noch so wenig Brot geben, der Nutzen, den ich von ihm habe, ist geringer als die Kosten. Aber wer bist du, daß du herkommst, die Gesetze unseres Landes zu stören? An deinem Kleid, an dem Klang deiner Stimme merke ich, daß du ein Fremdling bist und noch dazu ein Hebräer. Du hast noch nicht den Staub von deinen Schuhen geschüttelt, und schon willst du über uns richten."

Da riefen die Söhne des Zebedäus: „Rabbi, was murrt dieser Gottlose? Sollen wir ihn zum Schweigen bringen?" Und der Rabbi antwortete: „Ich bin nicht gekommen, zu töten, sondern zu heilen."

Und wir antworteten dem Gottlosen nicht und zogen unseres Weges. Und je näher wir zu der Stadt kamen, um so häufiger sahen wir Sklaven bei der Arbeit. Denn dieweilen wir in unserem Lande mit Tieren arbeiten, die gleich uns am Sabbath rasten, arbeiten sie mit Menschen. Wir sahen viele Wasserräder, so in unserem Lande von Eseln und Kamelen getrieben werden, und in diesem Lande wurden sie von Sklaven getrieben, und man hatte ihnen die Augen ausgestochen; denn bei ihnen kostet ein Mensch weniger denn ein Tier des Feldes.

Aber das alles war nichts, gemessen an dem, so unsere Augen erblickten, da wir in die Stadt hineinkamen. Gewaltige Häuser standen in dichter Menge auf dem ebenen Lande, das hingestreckt ist an den Ufern des großen Meeres, und dahinter lagen die Wasser verborgen, und Häuser standen auf der Inselzunge, die in das Meer ragte. Und je tiefer wir eindrangen in die Stadt, um so mehr sahen wir von der Sünde sidonischer Sklaverei.

Und mit jedem Schritt sahen wir mehr und mehr von dieser Sünde. Zuerst kamen wir in die Gasse der Webstühle, die beisammen stehen an der einen Seite der Stadt. Denn in Sidon ist es nicht so wie bei uns; dort webt nicht das Weib die Kleider für den Haushalt in ihren Mußestunden, beim Schein des Herdfeuers, umgeben von den Ihren und unter frommen Gesängen. Ganz anders ist es bei ihnen. Ihre Tücher und ihre Gewänder, ihre Röcke und ihre Mäntel lassen sie von Sklaven weben, die sie auf den Märkten kaufen. Sie weben nicht auf den Webstühlen, daß ein jeder erhalte, wes er bedarf, sondern um ihr Linnen auszusenden in alle Lande der Welt. Darum holen sie ihre Webersklaven zusammen in geräumigen Häusern, und die Webersklaven sind festgekettet an die Webstühle wie der Esel an den Pflug. Und ein Aufseher sitzt über ihnen mit einem Stab in der Hand und zählt, und nach seinem Zählen jagen die Sklaven das Schiffchen durch die Fadenkette. Und da sind auch noch andere Aufseher mit Peitschen, und der Sklave, der nicht Schritt hält mit dem Zählen, bekommt die Peitsche zu spüren.

Zahllos waren die Webstühle in den geräumigen Häusern, und darüber war ein Dach von Zweigen. Zahllos waren die Sklaven, gleich Spinnen verstrickt in ihr eigenes Netz. Und es waren zumeist Alte, verdorrt das Mark in ihren Knochen, Männer und Weiber, die nicht stark genug waren für schwere Arbeit; die Jungen und Starken hatten sie als Öltreter genommen und als Färber in den Färbehäusern. Und die Weiber, welche die Spulen traten, lagen wie zertretene Würmer zu Füßen der Weber, wie die Verlorenen Gottes, wie das Gras, das weggeworfen wird. Und die meisten der Spinner waren Kinder. Ihre Augen waren von Schwären entstellt, ihre Haare waren ausgefallen, und da waren solche, die waren mit Beulen bedeckt, und Eiter lief aus ihren Ohren. Denn so die Kinder kräftig sind und wohlgefällig, benützen sie sie als Diener, oder um ihre Lust an ihnen zu stillen, und die Häßlichen und Kranken schicken sie in die Webehäuser.

Und da sahen wir Männer und Weiber aneinandergekettet, die verstanden einer des anderen Sprache nicht. Und es ist so bei ihnen: wenn ein Sklave alt wird und zu nichts mehr nütze ist, dann nehmen sie ihn nicht in die Familie auf, wie es Brauch ist im Lande Edom, und tun auch nicht nach der Weise der Griechen, die ein Viertel bauen für die Sklaven, und dort mögen die Sklaven leben bis zur Stunde ihres Todes. Denn die von Edom und Griechenland halten ihre Sklaven, daß sie ihnen und ihren Bedürfnissen dienen, aber die von Tyrus und Sidon halten ihre Sklaven, daß sie die vielerlei Waren erzeugen, die sie auf ihre Schiffe laden für ferne Märkte; wird der Sklave krank oder schwach und kann nicht mehr arbeiten, so werfen sie ihn hinaus aus dem Sklavenviertel und geben ihm nichts mehr zu essen. Darum begegneten wir nahe bei den Webehütten solchen, die in einem Haufen lagen und mit ihrer letzten Kraft um einen Bissen Brot bettelten oder um den Tod; aber da war keiner, der sich ihrer erbarmt hätte. Sie kennen hier nicht den Sinn des Erbarmens, das die Güte des Herrn der Welt ist, und er hat sie unserem Vater Abraham verliehen. Des Schindens ist kein Ende, und keiner, ob Mann oder Weib, betet, daß die Nacht komme, um Ruhe zu finden. Desgleichen sahen wir Scharen junger starker Sklaven vor Karren geschirrt, und sie brachten ohn' Unterlaß die Ladungen farbigen Garns aus den Färbehäusern, die am Meere liegen. So füttern sie das wilde Tier der Sklaverei, und wie ein Fluß ewiglich dahinströmt, so strömt dahin Tag und Nacht die Sklaverei in Zorn und Bitternis.

Und da unser Rabbi die Webersklaven sah, sprach er kein Wort, aber was in seinem Herzen war, davon zeugte sein Antlitz. Und seine Mienen wandelten sich, wie von Schmerzen durchzuckt, und seine qualverzerrten Lippen verbargen sich in seinem Bart, und seine Augen kehrten sich gen Himmel. Und ich hörte das Stöhnen, das aus seinem Inneren kam, und den Schrei, der aus ihm hervorbrach: „Herr der Welt, erbarme dich deiner Geschöpfe!"

Und wir wichen von diesem Ort und kehrten der Stadt den Rücken, und wir folgten den Kärrnersklaven, die das bunte Garn brachten aus den Färbehäusern, die am Ufer liegen.

Mächtiger als das große Meer brandete an den Küsten von Tyrus das Unrecht. Wir konnten nicht mit Andacht die gewaltigen Wasser betrachten, die Gott geschaffen hatte; denn unsere Augen waren umdüstert von dem Anblick des Aussatzes, der Sidons Ufer befleckte.

Alle die Ufer von Tyrus und Sidon sind nichts denn ein Pfuhl der Sklaverei, und die Küsten des Landes sind beschmutzt mit dem Schweiße der Menschen und ihren Tränen. Die Wasser des sidonischen Meeres schäumen nicht mit ihrem eigenen Schaum, sondern mit dem Schaum menschlicher Fäulnis. Wir sahen die Fischersklaven mit ihren Kähnen die Wasserschnekken an Land bringen, so den Purpur enthalten. Von Abend bis Morgen, die Nacht hindurch, senken die Sklaven ihre Körbe ins Meer und holen die Schnecken heraus und schütten sie in Haufen auf das Ufer. Und dort zwischen den Haufen des Meergetiers standen starke Männer an große Steine gekettet, und die Augen der Männer waren verbunden oder ausgestochen, damit sie nicht sehen konnten, was sie taten. Und sie schleppten unablässig die Steine rund um die Mühlen, unter der Peitsche der Aufseher, und sie zermahlten die Schnecken, die andere Sklaven mit Spaten auf die Steine warfen. Und das bläuliche Mark aus der Leber des Meergetiers spritzte auf die nackten Leiber der Sklaven und färbte sie. Und zu ihren Füßen wuchsen die Haufen zermahlener Schnecken, und ihre Leiber ertranken in den eklen Massen zerquetschter Eingeweide, die sich mit den zermahlenen Schalen vermischten und ein stinkender Sumpf wurden. Und ein dumpfer Gestank erfüllte die Luft, und die Menschen traten wie auf Dung. Und da kamen in langer Reihe gefesselte Sklaven und trugen auf ihren Schultern die Ballen weißer Wolle aus Damaskus und Caesarea und Joppe, desgleichen Flachsbündel aus Ägypten, und sie warfen diese in große Tröge voll dicken Purpurs, worein die Farbe rann von den Mühlsteinen.

Und junge Weiber und Mägde traten die Wolle und den Flachs in den Trögen, und andere zogen sie heraus und legten sie zum Trocknen ans Ufer. Und die ganze Küste war bevölkert von nackten Männern und Weibern, die nichts am Leibe trugen als den Purpur der Farben, der ihnen wie eine zweite Haut war, daß sie nicht mehr aussahen wie menschliche Geschöpfe, sondern wie gefleckte Tiere. Und wie Tiere wurden sie behandelt.

Und auch hier, wie bei den Webehütten, lagen alte Sklaven zwischen den Haufen zerstampfter Schnecken; ihr Arbeitstag war vorbei. Sie waren zerfressen von dem Siechtum, so das Gift der Farben mit sich bringt. Ihre Glieder waren gebrochen, ihre Augen ausgebrannt, sie wälzten sich im Kot umher, und niemand achtete ihrer. Sie aßen den Unrat der zerstampften Schnecken, der von den Mühlen ausgeworfen wurde, und ihre Bäuche schwollen davon an.

Und ihre Schmerzensschreie wurden schwächer und schwächer, bis daß sie alsdann in ihrer Qual sich zum Rande des Wassers hinwälzten, und die Wellen packten sie und rissen sie in den Tod. Und wir verließen diesen Ort und zogen weiter, aber wohin wir auch gingen, wir konnten dem Meere der Sklaverei nicht entrinnen.

Überall sahen wir nacktes Fleisch unter dem Joch der Arbeit. Zahllos auch waren die Schiffe auf dem Meer, Schiffe mit den bunten Segeln der Völker, aus Ägypten und von den griechischen Inseln, aus Hibernien und Persien und Italien und Afrika. Sklaven schleppten die Lasten auf die Schiffe, Seide und Wolle und Glas und allerlei Geschirr und Werkzeug; Sklaven schleppten aus den Schiffen die Waren der Welt, die Seide Persiens, die Weine Zyperns, die Bronze und das Silber Hiberniens. Wie emsige Ameisen wimmelten sie an den Ufern umher, und gleich Ameisen waren sie an der Zahl; und endlos rollte die Kette der Sklaven von den Schiffen zu den Färbehäusern, zu den Schmieden und Werkstätten, also daß die Stadt Tyrus gleichsam umflochten war von einem Gürtel der Sünde und Qual.

Und bei jeder Arbeitsstätte blieb unser Rabbi stehen und betrachtete das Volk. Und alles wollte er wissen und sehen; und so als wollte er den Kelch des Unrechts bis zur Neige leeren, ging er aus einem Tränental in das andere, von den Webern zu den Färbern und von den Färbern zu den Näherinnen.

Gleich wie sie die Männer für die schwere Arbeit verwendeten, so ließen sie die Weiber die Gewänder nähen, die Sidon in die Welt hinausschickt. Und die da nähten, waren Sklavinnen, aber sie waren auch dazu bestimmt, die Gelüste ihrer Herren zu befriedigen, und deshalb erhielten sie leichte Arbeit, damit ihre Leiber nicht verdorben würden.

Und sodann kamen wir zu den verkrüppelten Kindern in den Erzhütten; und da waren die Kleinen, auf deren Lippen die Muttermilch noch kaum vertrocknet war, Knaben und Mädchen, und sie hatten Hämmer in Händen und formten Gefäße aus dem Kupfer, der Bronze und dem Silber, die aus der Esse kamen. Und diese Kinder trugen an ihren Leibern die eingebrannten Male der Sklaverei, gleich ihren Eltern, und sie waren dazu verurteilt, ihre Kräfte zu verzehren in Sklaverei, bis sie hinfielen zwischen die Dunghaufen, gleich ihren Eltern. Und etliche von ihnen waren fast blind, und etlichen von ihnen hatte das Feuer die Gesichter verbrannt, denn sie waren nicht geschickt genug. Und anderen wieder hatten die Peitschen der Aufseher das Fleisch zerfetzt. Denn die, so an den Essen saßen, taugten nicht mehr für die Lüste der Sidonier, darum sorgte keiner um ihre Leiber. Und sie waren auch nicht dazu geeignet, auf den Sklavenmärkten verkauft zu werden, und darum pferchte man sie in die Schmiedehäuser, daß sie ihr junges Leben in dieser Plage beendeten.

Und da sahen wir Kinderhände ins Feuer greifen, als ob sie nicht Fleisch wären, sondern eiserne Zangen; und wir sahen Kinderbäuche, die waren angeschwollen von dem vielen Wassertrinken, wegen der großen Hitze; und das Wasser, das sie tranken, war das unreine, stehende Wasser, so sie verwendeten, um die Räder zu kühlen.

Und von dort begaben wir uns zu den Schmelzöfen, und da sahen wir die Sklaven in geflochtenen Körben herbeischleppen die Bleierde, die die Schiffe aus Britannien gebracht hatten. Und die Schmelzöfen standen am Ufer, erfüllt von einem höllischen Feuer. Und sie reinigten die Bleierde und mischten sie mit Eisen und Silber aus den Bergwerken von Tharsis. Und andere speisten die Glut der Öfen mit Holzlasten, die sie auf schweren Karren vom Berge Karmel geholt hatten. Und rings um die Flammen, die aus den Essen schlugen, taumelten nackte Gestalten, halbverborgen in dem dicken Rauch, der aus den Öfen quoll und das Licht der Sonne verdunkelte. Und inmitten der Hitze und des Rauchs waren die Nackten wie die Sünder in der Hölle. Und sie liefen umher, und mit langen Schaufeln gossen sie das geschmolzene Blei in die Formen und zogen dieselben heraus und griffen sie mit ihren Händen. Und es geschah, daß das kochende Erz aus den Formen spritzte und auf ihre Leiber fiel und sie verbrannte.

Und wir sahen dort Krüppel mit verbrannten Stümpfen und halben Gesichtern. Und so sie weglaufen wollten von der Arbeit, wurden sie von den Aufsehern, die dabei standen, mit Peitschen zurückgejagt in den Rauch und in die Flammen. Und wenn das spritzende Erz die Augen des Sklaven zerstörte, dann nahm man ihn weg und steckte ihn in die Purpurmühlen. Und wenn der Sklave in den Purpurmühlen nicht mehr arbeiten konnte, dann fanden sie andere Arbeit für ihn; und da gab es kein Ende und kein Entrinnen, bis der Tod sich ihrer erbarmte, so wie es unseren Vätern in Ägypten ergangen war.

Und wir zogen weiter und kamen zu der Stätte der Glasbläser, und auch hier loderten gewaltige Feuer in den Öfen, und die Flammen schlugen zum Himmel. Und auch diese Feuer wurden gespeist mit dem Holz, das die Sklaven herbeiholten vom Karmel und Libanon. Und Sklaven schleppten den Glassand in schweren Körben, so wie unsere Väter in Ägypten geschleppt hatten, und sodann wird der Glassand, den sie dort an der Küste finden, in die Öfen geschüttet und wird flüssig. Aber an diesem Ort arbeiteten keine starken Männer, sondern Weiber und mehr noch Kinder, solche, deren Brust jung war, und die viel Atem hatten, den sie durch die Rohre in den heißen Glasstoff bliesen.

Und da waren Kinder, die waren abgezehrt bis auf die Knochen von der großen Hitze der Öfen und hatten verbrannte Glieder, gleich wie die Arbeiter in den Schmieden. Und sie holten mit ihren Rohren das lodernde Glas aus den Kesseln und preßten die Lippen an die Rohre und bliesen in den glühenden Stoff, und der Atem ihrer Lungen höhlte das Glasgefäß. Und dieweil noch das Feuer war in dem Stoffe, formten sie aus ihm mit nackten Fingern die Schnäbel und Hälse und Zierarten der Gefäße. Und es war so, daß die Sonne ihre Leiber von außen verbrannte, und die Hitze des Glases verbrannte ihr Inneres. Und es begab sich, daß hier und dort ein Kind zusammenbrach unter der Qual der Glutarbeit, und wurde von den Öfen weggetragen und zu einem Aufseher gebracht. Und wenn noch Leben war in dem Kind, erweckte es der Aufseher mit der Peitsche, und wenn kein Leben mehr in ihm war, warfen sie es auf die Kehrichthaufen am Ufer, und es wurde die Beute der Seevögel.

Und es geschah, als wir vor den Glasöfen standen, daß sie ein Kind heraustrugen, das unter der Hitze zusammengebrochen war, und sie legten es auf einen Haufen Glassand in der Sonne, und einer der Aufseher sah das Kind an, und dann ließ er die Bleiknöpfe seiner Peitsche auf das Kind hinabregnen. Und da nach einer Weile das Kind unter der Peitsche noch immer nicht erwacht war, ließ der Aufseher es dort liegen, denn die Seele war aus dem Kinde gewichen, und es war nichts mehr wert. Und da war keiner, der sich des Kindes angenommen hätte. Und unser Rabbi stand da und sah alles mit an, und wir dachten in unserem Herzen, daß er nun die Hand erheben würde, und würde den Aufseher verwandeln in eine Salzsäule, wie es dem Weibe Lots widerfahren war; oder er würde tun, wie Moses tat, da er den Ägypter erschlug und seinen Leichnam im Sande begrub.

Denn wir sahen das Antlitz des Rabbis, da er das Kind anschaute, und es war, als hätte sich ein Feuer in ihm entzündet, und er zitterte, als sei ein Sturm durch ihn hindurchgefahren. Aber er sagte nichts zu dem Mörder des Kindes, und seine Lippen waren verschlossen und die Linie seines Mundes von Qual verzerrt. Also schwiegen auch wir. Und Johannes, der Sohn des Zebedäus, schlug sich mit der Faust an die eigene Brust, in der sein Zorn loderte.

Und auch die anderen Jünger ergrimmten gegen den Mörder, und uns verlangte danach, daß der Rabbi ein Wort sage und den Mörder hinstrecke in den Sand, so wie derselbe das Kind in den Tod geschickt hatte; aber unser Rabbi schwieg, und wir verstanden, daß sein Schweigen nicht ohne Grund war, und wir bezähmten unsere Wut.

Aber als der Mörder das Kind verlassen hatte, da trat unser Rabbi hin zu dem kleinen Leichnam, und wir mit ihm. Und er blickte hinab auf das tote Kind, und es war ein Knabe in seinem neunten oder zehnten Jahr, und sein Leib war abgezehrt von der Hitze, daß kein Fleisch mehr auf ihm war, sondern es waren nur Knochen und Haut daran, und die Haut war mit Schwären und Beulen bedeckt. Und das eine Bein war verkrüppelt, und er hatte nur noch ein Auge. Und deshalb hatten sie ihn zu den Öfen geschickt. Aber an seinem rechten Ohr trug er das Zeichen der Liebe seiner Mutter, den Ohrring, den sie ihm bei seiner Geburt am Ohre befestigt hatte. Und sein Haar war schwarz, und sein Antlitz war nicht das Antlitz eines Kindes, sondern hart und erloschen wie das Antlitz eines alten Mannes und voller Runzeln. Und wir warteten und dachten, der Rabbi würde sich des Kleinen erbarmen und ihn aus seinem Todesschlaf erwecken. Aber er tat nichts dergleichen. Und wir verstanden, daß er einen Grund dafür hatte, und wir fragten nicht. Und unser Rabbi schwieg, aber ich sah die Tränen aus seinen Augen rinnen und auf den Leichnam des Kindes fallen.

Und wir verließen das Tal der Kinderqualen, und wir kamen zu dem Ort, wo sie ihre Sklaven halten, wenn sie dieselben von den Schiffen geholt haben, die aus aller Herren Länder kommen. Und dies war eine umzäunte Hürde, und mit Palmblättern überdacht, und dort sahen wir Männer und Weiber und

Kinder, Alte und Junge, aus allen Stämmen der Erde, und Mütter, die ihre Kinder an der Brust trugen. Und nicht mit dem Schwert erobern die Sidonier ihre Sklaven, wie andere Völker tun, sondern durch Seelenkauf. Sie ziehen hinter den Hauptleuten und Feldherren her und kaufen die Gefangenen, und wohin auch das Schwert Roms reiche, da gehen sie hin, auf die Inseln Britanniens und in die Länder hinter den Wüsten Afrikas und nach Armenien und in den Kaukasus; und sie kaufen auch die Sklaven der benachbarten Länder. Und sie teilen die Sklaven in Gruppen und Schichten. Etliche schicken sie in die Bergwerke des fernen Hibernien und Britannien, von wo sie das Silber holen und das Blei und das Erz. Dieses sind die Sklaven, so dazu verdammt sind, nie wieder das Licht der Sonne zu erblicken, denn sie bleiben für immer in den Bergwerken und sind lebendig begraben und können ihrem Grabe nicht entrinnen; und das sind zumeist die Stärksten, in den besten Jahren ihres Lebens. Und solche sahen wir nun hier am Ufer, und sie knieten in Ketten, dicht neben einander, und ihre Augen starrten die Sonne an, als wüßten sie, was ihr Los sei, und als wollten sie in die ewige Finsternis so viel Sonnenlicht mitnehmen, als sie nur immer in sich einsaugen konnten. Und da waren andere Sklaven, die ihr Leben auf den Schiffen verbringen sollten. Und andere wieder, deren Los bestimmt war nach dem Gewerbe, das sie in ihrer Heimat gelernt hatten. Und wiederum andere, jung und frischen Leibes, die sollten verkauft werden auf den Märkten jenseits des Meeres, um den Lüsten ihrer Käufer zu dienen. Und sie wurden alle geordnet und von einander gesondert und behandelt nach dem Wert, den sie auf dem Markte hatten, und so war es auch mit ihrem Essen. Diejenigen, die kräftige Glieder hatten und die viel aushalten konnten, wurden für die grobe Arbeit bestimmt, und sie wurden mit roher Speise gefüttert, mit Aas und stinkendem Fett, und waren der Peitsche unterworfen. Diejenigen aber, die für den Haushalt und für die Lüste ihrer Herren bestimmt waren, wurden freundlich behandelt; sie hatten ein Dach über dem Kopfe und erhielten zartere Speise, und die Aufseher hüteten sie vor Schaden, damit ihr Wert nicht geringer würde. Und wir sahen einen Sklavenhalter in Wut ausbrechen gegen einen der Aufseher, darum daß er seine Peitsche erhoben hatte gegen schöne, junge Sklaven und herabgemindert hatte den Wert der Ware. Und solche Sklaven salbten sie mit Salböl, damit sie begehrenswert erschienen und ihr Preis ein höherer sei.

Und unser Rabbi stand dort lange Zeit und blickte auf die Schar der Sklaven, denn er wollte alles hören und sehen. Und an diesem Tage aß er kein Brot, sondern war wie gesättigt von den Qualen derer, die sein Auge erblickt hatte. Und wir wußten, daß etwas vorging in seinem Herzen. Und wieder hörte ich ihn stöhnen, als ob ein Sturm durch ihn hindurchgegangen wäre, und ein großer Zorn kam über ihn. Ich hatte ihn so nicht gesehen in all den Tagen, die ich bei ihm war, denn Feuer schlug aus seinen Blicken, und sein Leib war wie eine rote Flamme, und er rief:

„Dreifach unrein bist du, Tyrus; dein Fleisch ist das Fleisch der Leichen, und dein Wasser ist vergossenes Blut."

Und er ging von dannen, und wir kamen in die innere Stadt, und wir ließen uns nieder auf einem offenen Platz, denn unser Rabbi wollte in keinem Hause einkehren, da die Dächer Sidons unrein sind, als ob der Tod unter ihnen hauste. Und er wollte nicht von ihrem Brot essen, denn „das Brot Sidons ist das Fleisch der Leichen, und sein Wasser ist wie vergossenes Blut". Er wollte nur die Nacht über dort ausharren und sodann in das Land Israel zurückkehren, denn ihre Sitten und Gebräuche waren uns fremd, und wir waren wie verloren in dem Aufruhr ihrer Pein und Sünde.

Und die Stadt, umgürtet mit der Sünde der Menschenfolter, war von Ansehen gleich einer buntgeschminkten Hure. Ihr Gold war gewonnen aus Menschenblut und ihr Reichtum aus dem Schweiße der Jugend. Ihre Häuser waren fest gebaut, mit Säulen und breiten Stufen und verzierten Dächern gleich Tempeln. Und auf jedem offenen Platze hatten sie Tempel errichtet dem Greuel ihrer Götzen, und wir sahen viele Leute aus und ein gehen, und sie trugen buntfarbene Kleider. Und je angesehener der Mann war, um so zahlreicher waren die Farben seines Gewandes, und es waren selbige Gewänder geschmückt und bunt wie das Gefieder wilder Vögel, und sie trugen goldene Reifen im Haar. Und auch ihre Weiber waren mit vielfarbigen Gewändern geschmückt, und sie waren begleitet von Sklaven, die waren nackt, und ihre Scham war entblößt, und Spiel und Gesang erfüllte die Stadt. Und wir begegneten aber und abermals den Scharen der Schwelger, die unter Flötenspiel zu ihren sündigen Festen zogen oder von denselben zurückkehrten; und die Männer wie die Weiber waren geputzt und bemalt, und nackte Sklaven begleiteten sie, also daß Tyrus seine Scham vor dem Lichte des Himmels enthüllte.

Und unser Rabbi und seine Jünger, in schwarzem Gewande, saßen unter einem Palmbaum in dem Winkel eines Palastes, und wir drängten uns dicht zusammen, und wir schlossen die Augen, daß wir diese Schande nicht sähen. Und sie merkten an unseren Kleidern, die anders waren als die ihren, daß wir Fremdlinge waren; aber keiner von ihnen näherte sich uns, um uns in sein Haus zu bitten, wie es Brauch ist im gesegneten Lande Israel, wo die Furcht Gottes auf uns ruht. Und obgleich Friede war zwischen Tyrus und uns seit den Zeiten unserer Väter, und Handel getrieben wurde zwischen den beiden Ländern, blickte doch keiner sich nach uns um.

Und hier in der Stadt Tyrus merkten wir Jünger, wie fern uns die Heiden sind. Und wir nahten uns ihnen nicht, denn sie hätten unsere Weise nicht verstanden und hätten unser gespottet. Hier an diesem fremden Orte sahen wir endlich, wie heilig Israel ist, und wie gut es für uns ist, daß Gott seinen Geist hat auf uns ruhen lassen, und daß wir auserwählt wurden, die Kinder des Herrn der Welt zu sein und nicht die Sklaven sterblicher Menschen. Und wir sehnten uns danach, wieder unter unseren Brüdern zu sein, im Schoße des jüdischen Gesetzes, darin wir geborgen sind wie unter den Fittichen unseres Vaters, der uns behütet.

Und als wir so dasaßen, verirrt in der fremden Stadt der Heiden, da trat ein Mann vor uns hin, und sein Gewand war schwarz und schlicht gleich dem unseren, und er fragte uns in unserer Zunge:

„Brüder, sicherlich seid ihr Kinder Israels, daß ihr die Nacht auf der Gasse verbringt und nicht in die Häuser der Heiden tretet."

Und wir antworteten:

„So ist es; wir sind Brüder in Israel."

Und der Fremdling sagte zu uns:

„Gesegnet sei der Gott Israels, daß er meine Brüder zu mir gesandt hat. Nun erweiset mir die Gnade und kommet unter mein Dach. Gesegnet wird die Schwelle meines Hauses sein, daß ihr sie überschreitet. Ich habe Brot im Hause, auch Wein, der rein ist nach den Gesetzen Israels. Und mein Weib, die Hüterin meines Hauses, freut sich schon, und auch alle meine Hausgenossen, daß solch willkommene Gäste erschienen sind."

Und er freute sich mit uns und küßte einen jeglichen von uns auf die Wange, wie es Brauch ist in Israel, und voller Freude gingen wir mit ihm in sein Haus.

XV. KAPITEL

Gesegnet seist du, o Vater im Himmel, daß du unser Teil gewählt hast, auf daß wir dir dienen, und daß du uns nicht wie die Völker der Welt zu Götzendienern gemacht hast, die sich vor dem Werk ihrer Hände beugen und es anbeten. Erbarme dich, Vater im Himmel, deiner Geschöpfe und öffne ihnen die Augen, auf daß sie alle erkennen mögen, daß du allein der König aller Welten bist, und daß keiner ist neben dir.

Josua ben Kalman empfing uns in seinem Hause; und da er erfuhr, daß die, so unter sein Dach gekommen, ein Rabbi und dessen Jünger waren, hielt er's für eine große Ehre und übernahm es selbst, den Rabbi zu bedienen. Nun sagten wir ihm aber nicht, wer dieser Mann war, der seine Schwelle überschritten, denn unser Rabbi hatte uns streng verboten, seinen Namen zu nennen oder von seinen Taten zu sprechen, denn man sollte ihn nicht kennen an diesem fremden Ort. Und ob auch unser Wirt an unseren Handlungen erkannte, daß wir zur Schule der Pharisäer gehörten, vergaßen wir dennoch alles Trennende zwischen uns und fühlten, daß wir Kinder waren des einen lebendigen Gottes.

Und als nun der Mann uns Wasser in irdenen Krügen gebracht hatte, und er und seine Kinder uns geholfen hatten, Hände und Füße zu waschen, setzten wir uns zu Tisch. Und sein Weib war in die Küche geeilt und hatte Essen für uns bereitet, denn wir waren hungrig von dem langen Weg und hatten an diesem Tage keinen Bissen gegessen. Und das Weib legte Brot auf den Tisch, auch Butter und Käse, bereitet nach jüdischer Vorschrift, und desgleichen allerlei Gemüse, aber kein Fleisch, da sie unter den Heiden wohnten, die von dem lebenden Blut der Tiere essen, und sie konnten sich nicht dazu erniedrigen, solches zu essen; und nur so sie zum Passah-Fest in den Tempel von Jerusalem pilgerten, aßen sie Fleisch, nämlich von dem Passah-Opfer.

Und der Mann erzählte uns von dem Leben der jüdischen Gemeinde inmitten der Heiden, wo die Zeugen des lebendigen Gottes sich ein Nest gebaut hatten. Und er sagte:

„Er sei gepriesen, wir wohnen hier in Frieden, und jeder hilft dem anderen und stützt ihn. Und es sind unter uns solche, die belesen sind in der Schrift, und wir haben unser kleines heiliges Bethaus, und wir versammeln uns am Sabbath und werden aufgerufen zur Verlesung der Thora. Und die Ältesten und der Vorbeter lesen uns an jedem Sabbath den Abschnitt dieser Woche vor, einmal in der heiligen Sprache und zweimal in der Übertragung, und der Prediger predigt. Und die, so gen Jerusalem gepilgert waren, überbringen alsdann die Grüße aus dem Gotteshaus. Und wer dort eine Überlieferung vernommen hat, die uns unbekannt ist, oder ein neues Wort von einem Rabbi, berichtet davon. Und oft ist ein gutes Werk zu tun, wie der Loskauf eines Sklaven, denn die, so mit Menschenseelen handeln, bringen zuweilen mit ihrer Ware einen Juden mit, den sie gefangen haben auf dem Meer oder auf dem festen Land und verkauft haben in die Sklaverei. Und es ist so, wenn ein Schiff in den Hafen läuft, daß der Vorsteher unserer Schule, dem dieses anvertraut ist, zum Hafen geht und forscht und fragt, ob nicht, Gott sei davor, ein Jude unter den Sklaven sei. Und wir haben dafür unseren Schatz, und wir kaufen ihn los. Und in vergangenen Jahren, da die große Unruhe war unter Archelaos, wurden viele jüdische Sklaven gebracht aus Galiläa, welche Varus, der Gottlose, an die Söhne von Tyrus verkauft hatte; und Gott hat ihn später dafür bestraft. In jenen Tagen, da Krieg war zwischen uns und Varus, hat unsere Gemeinde Großes getan mit der Hilfe des Tempels und der Gelder, die der Hohepriester uns sandte, und wir kauften viele Sklaven los; und etliche kehrten in die Heimat zurück, als die stürmischen Zeiten sich beruhigt hatten. Aber viele derselben blieben hier und vergrößerten unsere Gemeinde. Desgleichen haben wir hier viele Juden, die seit langen Jahren im Lande leben und vor alters hierher gekommen sind in den Tagen der Makkabäer. Und wir tun hier unter den Heiden nicht anders, als wenn wir in der heiligen Gemeinde Israels wohnten. Wir pilgern gen Jerusalem, zu jeglichem Fest eine andere Schar, und holen uns Kraft und Glaubensstärke. Desgleichen erneuern wir unseren Glauben an jeglichem Sabbath. Und so der Zufall will, daß ein Gelehrter des Weges kommt, und er predigt am Sabbath aus der Thora, alsdann versammelt sich die ganze Gemeinde, um das Wort Gottes zu hören. Und so es eurem Rabbi gefällt, bei uns zu weilen bis zum Sabbath und vor uns zu predigen, will ich alsogleich hingehen und die Ältesten verständigen."

Und er wollte sogleich den Ältesten der Schule Nachricht senden, daß sie herkämen in sein Haus, den Rabbi zu ehren; denn er sagte, daß es sich nicht zieme, daß er allein diese Ehre hätte, und so sie am nächsten Tage erführen, daß ein Rabbi und seine Jünger in der Stadt gewesen waren, und sie waren nicht zum Mahle gebeten worden, würden sie Übles von ihm denken. Unser Rabbi aber untersagte es ihm, denn er wollte unbekannt bleiben in der heidnischen Stadt.

Und da wir gleich wie Brüder beisammen saßen und Gott dankten, daß er uns gnädig gewesen war und uns unter ein jüdisches Dach geführt hatte, daß wir nicht die Nacht auf der Gasse verbringen müßten unter den Heiden, hörten wir plötzlich einen Lärm näherkommen wie das Wogen des Meeres, ein Pfeifen und Flötenspiel und Paukenschlag und ein Getöse vieler Menschen, daß die Stimmen die Nacht erfüllten und zum Himmel stiegen. Und da wir uns darob verwunderten, sagte der Herr des Hauses, daß dies Zurüstungen seien, und morgen früh würden die Einwohner der Stadt ihrem Götzen Moloch ein Opfer bringen, den Erstgeborenen einer angesehenen Familie. Denn so oft ein Unheil über die Stadt kommt, alsdann bringen sie ihrem Gott ein Menschenopfer dar. Und es war böse Zeitung in die Stadt gelangt, daß zehn ihrer Schiffe, mit Ware beladen, vom Sturm überfallen worden waren auf dem Meere bei Tharsis, und die Wogen hatten sie verschlungen. Und das Getöse in den Gassen kündete von den Zurüstungen des schändlichen Opfers, und acht Tage lang gibt sich die Stadt ihren Greueln hin: denn sie entmannen sich öffentlich und vor aller Augen und werfen die abgetrennten Teile in die Häuser, und die im Hause werfen ihnen Weibergewänder heraus, worein sie sich hüllen, um teilzunehmen an den Hurereien, so getrieben werden im Tempel der Astarte.

Und da wir dies hörten, kam der Schrecken der Nacht über uns, und wir gedachten aus der Stadt zu fliehen und uns so schnell wie möglich aus diesem unreinen Lande hinwegzubegeben. Und ich blickte auf meinen Rabbi und erkannte ihn nicht, denn sein Antlitz war schwarz wie Erde, und seine Augen waren umwölkt und tief in den Höhlen, und es war, wie wenn das Leid der Welt auf seinen Schultern lastete und sie niederdrückte. Seine Lippen aber waren versiegelt, und er sagte nichts.

Und später in der Nacht hörte ich unseren Rabbi beten, und ob es gleich die fünfte Nacht war, daß kein Schlaf seine Lider berührt hatte, und ob wir gleich unter freiem Himmel auf den Hügeln gelegen hatten und nun unter einem Dache lagen und müde waren, fand er dennoch keinen Schlaf, und er stand unter seinen Jüngern, die sich hingestreckt hatten in der Halle, die der Herr des Hauses uns zur Wohnung angewiesen. Und ich sah seine Hände, die er gen Himmel reckte, und ich hörte die Stimme, die aus seinem Munde kam, ein Stöhnen und Leiden, aber Worte hörte ich nicht, und es war, als sei sein Herz erloschen.

Und am nächsten Morgen gedachten wir abermals eiligen Schrittes die Stadt zu verlassen und in das Land Israels zurückzukehren, das wir verloren hatten wie Schafe, welche die Flöte des Hirten nicht mehr vernehmen. Aber unser Rabbi sagte zu uns, daß er bleiben wolle, bis daß er alle die Greuel gesehen hätte, so die Einwohner der Stadt vor ihren Götzen verübten. Und er bat den Herrn des Hauses, ihn an diesem Tage in den Götzentempel zu führen. Und wir verwunderten uns darob sehr, aber wir folgten ihm. Und da wir in die Stadt kamen, siehe, da war die Stadt gleich einer betrunkenen Hure. Und durch die Gassen wälzte sich das Volk in festlichen Gewändern, und ihre Kleider und Tücher und Röcke waren lilienweiß und blau und rot gestreift, und so wie ihre Kleider bunt waren, so auch ihre Gesichter, und ihre Lippen waren scharlachrot, als hätten sie eben erst vom Blute geschlachteter Tiere getrunken. Und es gab solche unter den Männern, die trugen Weiberkleider und ahmten beim Gehen die Weiber nach, und sie trugen Nasenringe und Ohrringe und Duftfläschchen an Ketten auf ihrer Brust, die sie nach Weiberart entblößten. Und es waren solche unter den Weibern, die trugen Männerkleider, und sie hatten geflochtene Bärte ans Kinn geheftet und ihre Köpfe mit Männerhaar bedeckt. Und das waren die Heiligen und Geweihten, die Priester und Priesterinnen ihrer falschen Göttin Astarte. Und sie gingen in feierlichem Zuge dahin und trugen die Teraphim ihrer Idole, desgleichen Bäume, die sie in ihren Gärten gefällt hatten, und Spielleute gingen vor ihnen her und spielten auf ihren Flöten, und es war ein Getanze nackter Männer und Weiber.

Und dann kam ein anderer Zug zu Ehren ihres großen Götzen Baal, und in diesem Zuge trugen sie hohe Kopfbedeckungen und bunte Gürtel über weißen Gewändern, und die Flötenbläser gingen vor ihnen her, und die Sistrum-Spieler schlugen ihre Sistren, und ein großer Haufe Volks lief hinter den Priestern her.

Und in der Mitte der Priester ging ein Weib und führte ihr Kind an der Hand; und das Kind war ein Knabe im neunten oder zehnten Jahr, ohne Fehl und schön anzusehen. Und der Knabe war gleich den Priestern mit einem weißen Gewande bekleidet und trug einen roten Gürtel und auf dem Haupt einen Goldreif. Und der Knabe weinte und war es leid, als wüßte er, daß er geopfert werden sollte. Und das Weib redete sanfte Worte zu dem Kinde und wollte es mit Süßigkeiten beruhigen; und die Menge erwies der Mutter und ihrem Kinde viel Ehre, und mehr noch der Mutter denn dem Kinde, darum daß die Mutter starken Mutes sein mußte, um keine Schwäche zu zeigen, sondern ihr Kind willig dem Gotte darzubringen, daß nicht dem Gotte Moloch das Kind mißfalle und daß er seinen Zorn von der Stadt wende. Und es ist so, daß die Mutter aus einer der vornehmsten Familien sein muß, denn nur aus deren Mitte darf das Opfer kommen.

Und wir gingen mit dem Zuge mit, bis wir sahen, daß sie in den Hof des Molochtempels kamen. Und in dem Hofe hatten sich versammelt die angesehensten Leute aus der Stadt. Und in dem Hofe waren Bäume, die sie in ihren Gärten gefällt und hierher gebracht hatten, um sie in Töpfe zu pflanzen; und unter diesen Bäumen hatten sie ihre Götzenbilder errichtet. Und der Götze Moloch hatte die Gestalt eines Sitzenden und den Kopf eines Stiers, aber auf dem Kopf die gekrümmten Hörner eines Ziegenbockes. Und ihm zur Seite standen zwei Ziegenböcke. Und seine Hände waren ausgestreckt und emporgekehrt, daß er das Opfer empfange. Und er war zur Gänze aus Eisen gegossen, das mit Kupfer vermischt war, und innen hohl gleich einem Ofen. Neben ihn hatten sie ihren anderen Götzen hingestellt, nämlich Melkart, das heißt Melech Kiriot, König der Stadt. Und er glich von Gestalt einem Menschen mit einem Löwenfell, und auch sein Antlitz war das eines Löwen mit wallendem Bart, und auf seinem Haupt hatte er Hörner wie ein Ziegenbock, und in seinen Händen hielt er ein zerrissenes Zicklein, denn das war das Zeichen seiner Stärke. Und an der anderen Seite des Gottes Baal stand das Bild der Göttin Astarte in Gestalt eines nackten Weibes, und sie drückte eine Taube an ihre Brust, denn das war das Zeichen ihrer Fruchtbarkeit, und nach dem Götzen Moloch war sie den Heiden die liebste. Und um das Standbild der Astarte waren versammelt die heiligen Männer und Weiber, die wir in den Festzügen gesehen hatten. Und es standen da auch noch andere Götzenbilder, so die Priester aus den Tempeln geholt und herbeigeschleppt hatten am Tage des großen Moloch-Festes. Und um jeden der Götzen standen seine Priester und Priesterinnen versammelt.

Und als die Mutter mit ihrem Sohne, umgeben von Priestern, in den Hof trat, da erhob sich der Hohepriester, der Älteste der Stadt, und näherte sich dem Götzen Moloch und betete zu ihm, und mit einer Fackel zündete er das Holz an, das aufgehäuft war in dem hohlen Bauche des Götzen. Und die Priester der anderen Götzen stimmten Lobgesänge an, und der Hohepriester und seine Diener warfen Holz in den Bauch des Götzen, auf daß sein ehernes Standbild zu glühen beginne.

Und während dem, daß das Feuer im Bauche des Götzen geschürt wurde, stand die Mutter abseits und hielt ihr Kind an der Hand, und sie blickte auf das Feuer, das ihr Kind verschlingen sollte, und es ging kein Zucken über ihr Antlitz, noch kam ein Stöhnen von ihren Lippen, noch waren Tränen in ihren Augen, sondern sie tröstete das Kind und beruhigte es mit Süßigkeiten. Denn das Kind weinte und wollte fliehen, aber die Priester, die rings umherstanden, ließen es nicht, und die Mutter hielt es fest. Und wir wußten nicht, ob die Mutter das aus Liebe zu ihrem Götzen tat oder aus der Grausamkeit ihres Herzens.

Als sodann der eherne Leib des Götzen rot geworden war von der Glut des Feuers, näherte sich der Hohepriester der Mutter und dem Kinde, und er hob das Kind auf seine starken Arme und zeigte es dem Volke. Und das Volk brach in ein großes Geschrei aus, daß der Knabe erschrak und aufhörte zu weinen und nicht mehr wußte, was mit ihm geschah. Und der Knabe streckte die Hände nach seiner Mutter aus, ihren Schutz zu erflehen; aber die Mutter blieb abseits stehen und tat immer noch so, als wollte sie ihn beruhigen und trösten, und zeigte mit Blicken und Fingern auf den Hohenpriester. Und der Hohepriester nahm das Kind und trug es zu dem flammenden Götzen hin und legte es auf die glühenden Arme.

Und da hörten wir das laute Schreien des Kindes, und sein weißes Gewand ging sogleich in Flammen auf, und das Geschrei des Kindes, in Qual und Angst, zerriß die Herzen des Volkes; aber da wurden Rufe laut und das Geklapper der Sistren und das Geschrill der Flöten, und das Volk wurde mitgerissen von dem Jubel der Klänge und hörte nicht mehr das Weinen des Kindes.

Und die Mutter stand abseits, und sie schaute zu, und sie sah, wie die Flammen das Fleisch ihres Kindes verzehrten und wie das Fett seines Leibes knisternd in die Flammen floß, denn sie hatten das Opfer wohl bereitet und ihm viel zu essen gegeben, bevor sie es in die Flammen warfen, damit es ihrem Gotte willkommen sei. Und das Haar des Kindes verbrannte sogleich, und sein Kopf sank zurück und ruhte an der glühenden Brust des Götzen. Und es kam kein Stöhnen von der Mutter

Lippen, noch waren Tränen in ihren Augen, sondern sie lächelte und lachte, als ob es für sie eine Herzensfreude wäre; und das alles, auf daß dem Götzen das Opfer wohlgefällig sei, denn so will es der Götze, daß die Mutter kein Mitleid zeige mit ihrem eigenen Fleisch und Blut.

Und Simon bar Jonas, der neben dem Rabbi am Eingang zum Tempelhofe stand, erhob seine Stimme und sagte:

„Mögen nun die Kinder Israels zusehen und von diesen Götzendienern lernen, wie man dem einen lebendigen Gott dient."

Und unser Rabbi antwortete nicht. Aber ich sah einen großen Zorn auf seinem Antlitz, das weiß war wie von Feuersglut; aber Furcht war in seinen Augen. Und uns dünkte, daß er mit einem Atemhauch gänzlich zerstören würde alle die Greuel, die da vor uns geschahen, so wie unser Urvater Abraham die Götzen seines Vaters Tharah gänzlich zerstörte, da er den Hammer nahm und sie zerschlug; oder daß er seine Hand erheben könnte, und die Erde würde sie verschlingen wie vor alters die Rotte Korah. Oder es würde ein Blitz vom Himmel fallen und sie verzehren, denn ihre Greuel stanken zum Himmel. Aber unser Rabbi tat nichts dergleichen, sondern schwieg.

Und dieweil das Kind in den Armen des Gottes verbrannte, umtanzte das Volk die Götzen, und sie sangen und warfen Blumen und Ölkränze und Palmzweige, und sie mischten sich unter die Priester und Priesterinnen, und sie hurten mit ihnen, Geschlecht mit Geschlecht, unter den Bäumen, die sie auf dem Tempelhof aufgestellt hatten.

Unser Rabbi aber sprach kein Wort, und sein Mund war versiegelt, und er war in tiefes Sinnen versunken; aber was in seinem Herzen war, davon zeugten seine Mienen. Und er nahm Abschied von dem Manne, der uns hierhergeführt hatte, obgleich es spät am Tage war; aber der Rabbi wollte in dieser Stadt unter keinem Dache mehr einkehren, noch in ihren Mauern essen, und er machte uns ein Zeichen, daß wir die Stadt verlassen sollten in großer Eile und ihren Staub von unseren Füßen schütteln.

Und ein kananäisches Weib, so unter der Menge gewesen war um die Götzen, und die Kananäer waren Sklaven bei den Sidoniern, trat hervor, und als wir davoneilten, folgte sie uns.

Und da wir das Tor der Stadt durchschritten hatten, kehrte das Weib nicht um, sondern folgte uns immer noch. Und sie lief und schrie laut hinter unserem Rabbi her: „Ach Herr, erbarme dich meiner, denn meine Tochter wird von einem Teufel geplagt!" Aber der Rabbi antwortete ihr nicht.

Und immer noch verfolgte uns das Weib, und sie streckte ihre Hände nach unserem Rabbi aus und ließ nicht ab zu schreien: „Ach Herr, du Sohn Davids!"

Und wir verwunderten uns sehr, daß sie unseren Rabbi kannte, und daß sie ihn „Sohn Davids" nannte. Und wir fragten uns, ob es ihr nicht ergangen sei wie Bileams Esel, der mit seinen Augen den Engel des Herrn erblickt hatte.

Und die Jünger sagten zum Rabbi: „Schicke sie weg, denn sie schreit uns nach." Und etliche unter ihnen sagten: „Hilf ihr; heilige den Gott Israels."

Und der Rabbi antwortete:

„Ich bin nicht gesandt denn nur zu den verlorenen Kindern Israels." Und wir billigten dieses in unserem Herzen. Aber das Weib kam zu unserem Rabbi und neigte sich vor ihm und sprach: „Herr, hilf mir!" Und unser Rabbi antwortete: „Es ist nicht schön, daß man den Kindern ihr Brot nehme und werfe es vor die Hunde." Und er ging weiter. Und wir billigten dieses in unserem Herzen, denn was wir in der Stadt gesehen hatten, hatte unsere Herzen erbittert gegen die Heiden, und in unseren Augen waren sie wie Hunde.

Aber das kananäische Weib rief: „Ja, Herr, aber doch essen die Hündlein von den Brosamen, die von ihrer Herren Tisch fallen."

Und als sie diese Worte sprach, siehe, da blieb unser Rabbi stehen, und ein Leuchten ging über sein Antlitz, und ein heiliges Feuer strahlte aus seinen Augen, als ob der Geist ihn neu geboren hätte. Und er war von Stärke erfüllt, und er hieß uns das Weib rufen und zu ihm hinführen.

Und als sie sich vor ihm verneigte, legte er die Hände auf ihr Haupt und sagte: „Weib, dein Glaube ist groß, dir geschehe, wie du willst."

Und von diesem Augenblick an kam eine große Veränderung über unseren Rabbi, und die Düsternis wich von ihm, und seine Kraft kehrte zurück, und er war voller Freude. Wir aber staunten darüber sehr, und es war für uns ein Geheimnis, das er uns erst später enthüllte.

XVI. KAPITEL

Gott Israels, reinige mein Herz und öffne mir die Augen, damit mein Herz fühle und meine Augen erfassen, was um mich her geschieht. Denn ich bin wie einer, der blind ist und sich durch die Finsternis tastet. Die Sonne scheint, und ich sehe sie nicht. Ich höre Stimmen und verstehe sie nicht. Vater im Himmel, hab Erbarmen, denn große und schreckliche Tage nahen heran.

Da wir nun aus Sidon davongingen, führte uns unser Rabbi nicht zu den Städten Israels, sondern zu den Städten, die jenseits des Sees Genezareth liegen und die der gottlose Pompejus uns weggenommen hatte, und er hatte viele Heiden dort angesiedelt, daß die Städte halb rein und halb unrein waren. Darum wollte unser Rabbi uns nicht in diese Städte hineinführen, sondern wir irrten auf den Feldern umher und lauerten vor den Toren wie die Diebe. Und dort, wo wir die Nacht verbracht hatten, dort verbrachten wir nicht den Tag. Am Tage fraß uns die Sonne und in der Nacht die Kälte. Wir stiegen auf die Berge hinauf, und wir gingen hinab in die Täler. Und am Tage weilten wir bei den Hirten auf dem Felde, und des Nachts zündeten wir Feuer an auf den Bergen. Und wir warfen Kräuter und Wurzeln ins Feuer und stärkten uns mit dem Honig, den die wilden Bienen zurückgelassen hatten in den verborgenen Ritzen des Gesteins. So wanderten wir in den Bergen von einem Ort zum anderen. Und wir wandten die Worte des Psalmes auf uns an: „Die Vögel unter dem Himmel haben Nester und die Füchse Gruben", aber wir Jünger hatten nicht, da wir unsere Häupter hinlegen sollten. Skorpione und Heuschrecken wurden unsere Nahrung. Aber wir verließen unseren Rabbi nicht. Denn wir hatten alles hinter uns gelassen und traten in seine Fußtapfen, die das Licht unseres Glaubens erhellte. Denn so wie der Wind die Spuren des Dreschers verweht und nur die Körner zurückläßt, so waren wir, die Jünger, allein zurückgeblieben unter allen denen, die unserem Rabbi gefolgt waren.

Und wir kamen zu der Stadt Caesarea Philippi, die jenseits des Sees Genezareth liegt und zu dem Reich des Herodes Philippus gehört. Aber wir gingen nicht in die Stadt, sondern blieben auf dem Berghügel, der da heißt Pamias und nahe bei der Stadt liegt. Und am Fuße dieses Hügels ist eine Höhle, in der eine Quelle entspringt, und das ist die Quelle des Jordan. Und der Ort ist lieblich anzusehen, denn es sind da viele Quellen, und die Erde ist fett und fruchtbar, und überall sind weite Wiesen; und hier weiden die Hirten ihre Herden. Auch gibt es viele Gärten, und die Weintrauben sind fett und so auch die Feigen. Und dennoch ist der Ort unrein, denn in der Höhle, in der der Jordan entspringt, haben sie ihrer Göttin Diana einen Tempel errichtet. Und ihr Standbild steht dort, und täglich kommen sie aus der Stadt zu ihr und bringen Taubenopfer und Mehl und Öl und Blumenschmuck. Desgleichen schneiden die Weiber ihre Haare ab und bringen sie der Göttin dar. Und die Hirten versammeln sich vor der Höhle und spielen auf ihren Flöten, und allerlei Greuel werden verübt unter den schönen Bäumen, die da wachsen rings um die Höhle.

Und ich merkte, daß mein Rabbi auf dem Hügel stand und zuschaute, wie die Einwohner der Stadt herbeikamen, um der Göttin zu opfern. Und ich merkte auch, wie das Antlitz meines Rabbi sich veränderte, und er redete mit sich selber wie ein Besessener.

Und an diesem Tage fand unser Rabbi keinen Frieden, und den ganzen Tag hielt er sich abseits von uns. Und uns schien, er bereite etwas Großes vor, denn er war ein Mensch, der mit sich selber rang, so wie unser Vater Jakob rang mit dem Engel des Himmels. Und ein- oder zweimal war es, als wollte er sich uns nähern und uns etwas verkündigen, aber er besann sich und blickte uns an und wich zurück, und wir wußten so wenig wie zuvor. Und unsere Herzen schlugen heftig vor Hoffnung und Furcht.

Und da der Abend kam, sank eine Stille herab, als sei die Seligkeit Gottes vom Himmel gestiegen und habe sich über die Erde ergossen. Und die Sterne bedeckten den Himmel, und wir sahen den Berg Hermon in die Wolken ragen, und sein Fuß war verborgen, aber sein Haupt gleichsam losgetrennt und schwebte zwischen den Sternen, die auf ihn herabfielen. Und wir sagten zu einander: „Wie schrecklich ist dieser Ort!“

Und der Rabbi rief uns zu und sagte:

„Harret ein Weilchen, denn ich will dort hinaufgehen und beten.“

Und der Rabbi stand abseits von uns auf einem kleinen Hügel und betete einsam. Und in der Finsternis sahen wir ihn nicht, sondern nur sein weißes Gewand und die Ärmel gen Himmel gestreckt. Und Furcht überkam uns, denn unser Rabbi war in dieser Nacht wie ein schimmernder Engel des Herrn.

Und nach einer Weile kam er auf uns zu, und in der Klarheit der Nacht war es, als berührten seine Füße nicht den Boden, als schwebte er auf uns zu in seinem Sternengewande. Und er stand vor uns, und sein bleiches Antlitz war nicht wie bisher, noch wie gestern, noch wie ehegestern, sondern erstrahlte in einer neuen Heiligkeit. Und der Nachttau troff aus seinem Haar und seinen Schläfenlocken und fiel auf seinen Bart, und er zitterte am ganzen Leibe in einem heiligen Fieber. Und unsere Herzen zergingen vor Angst, und lange sah er uns schweigend an. Und wir erwarteten etwas Großes.

Und er rief uns zu und sagte:

„Wer, sagen die Leute, daß der Menschensohn sei?"

Und wir blieben stumm in unserer Angst, und sodann antwortete einer von uns:

„Etliche sagen, er sei Jochanaan, der Täufer, etliche aber, er sei der Prophet Elias, und noch andere sagen, er sei Jeremias oder ein anderer der alten Propheten."

Nun wußte ich, Judas, der Mann aus Karjoth, daß seine Zeit gekommen war, daß er sich uns offenbaren würde in seiner wahren Gestalt. Und ich wollte den Mund auftun und das Wort aussprechen und den Namen ausrufen, auf den wir so lange gewartet hatten. Aber meine Zunge klebte am Gaumen und in meiner grenzenlosen Angst konnte ich das Wort nicht hervorbringen.

Und unser Rabbi wandte sich zu uns und sagte:

„Wer, saget ihr aber, daß ich sei?"

Und wieder überfiel uns eine große Stille. Und ich fühlte, daß seine Blicke auf mir ruhten, und das heilige und schreckliche Wort lag mir auf den Lippen; und nun klebte mir die Zunge nicht am Gaumen, und dennoch sprach ich das Wort nicht aus, denn die Furcht war über mir. Aber Simon bar Jonas warf sich vor ihm nieder und streckte die Hände nach ihm aus, und er nahm mir das Wort aus dem Munde und rief mit lauter Stimme:

„Du bist unser Messias, von dem die Propheten geweissagt haben."

Und als wir dieses gefürchtete Wort von den Lippen des Simon bar Jonas vernahmen, da war es, als sei ein Donner des Himmels auf uns herabgefallen, und wir warfen uns nieder und wagten nicht aufzuschauen, weil die Furcht Gottes uns gepackt hatte. Der Rabbi aber hob Simon bar Jonas von der Erde auf und sagte:

„Selig bist du, Simon bar Jonas, denn dieses hat dir kein Sterblicher offenbart, sondern der Vater im Himmel."

Und wir, die anderen Jünger, da wir diese Worte hörten, drückten wir unsere Gesichter noch fester in die Erde und wagten nicht aufzuschauen, alldieweil vor uns stand die Hoffnung Israels. Aber wir streckten unsere Hände nach ihm aus und wir riefen wie Simon bar Jonas: „Du bist unser Messias, von dem die Propheten geweissagt haben."

Und unser Herr sagte zu uns: „Noch saget es niemand, sondern verberget es in euren Herzen."

Und die Stille der Nacht um uns her wurde noch tiefer, und die Lichter des Himmels glänzten herab. Und wir waren wie Träumende, und uns schien, daß die himmlischen Heerscharen sich versammelt hätten in der Höhe und herniederblickten von den Sternen. Und es schien uns auch, daß die Patriarchen, ja, und die Propheten nun alsogleich vor uns erscheinen wollten. Denn wir hörten es nahen wie Schritte, und es war in unseren Ohren ein Flügelrauschen, und der Ort, wo wir standen, war von Geistern umschwirrt wie der Berg Sinai, da unsere Väter aus den Händen Mosis die Thora empfingen. Also glaubten wir, daß der Engel Messias bei uns sei. Und wir wunderten uns, daß wir allein waren, und daß nicht ganz Israel mit uns versammelt war auf diesem Berge, so wie ganz Israel versammelt gewesen auf dem Sinai. Und unsere Herzen strömten über vor Freude, und wir hätten singen mögen, und wir hätten in die Nacht hinausschreien mögen das Heil, aber vor Freude und Furcht konnten wir den Mund nicht auftun.

Und wir hörten ein Weinen, das einen frohen Klang hatte, und eine Stimme flehte:

„Führet mich zu dem Heiligen Israels. Ich will vor ihm auf mein Angesicht niederfallen, ich will mich vor ihm neigen."

Und die Stimme war die Stimme des Bar Talmai, der blind war. Und da stand einer von uns auf und führte den Bar Talmai an der Hand zu unserem Rabbi und sagte: „Da steht der Heilige Israels."

Und als Bar Talmai vor den Rabbi hintrat, da warf er sich auf sein Antlitz nieder, und ein Schrei entrang sich seinen Lippen: „Ich sehe! Ich sehe!"

Und als wir ihn fragten: „Was siehst du, Bar Talmai?" antwortete er: „Ein Engel des Himmels steht vor mir in einem Flammenkleid."

Und Bar Talmai lag zu Füßen des Rabbi und sah mit geschlossenen Augen. Und aus seinem Munde kamen Weissagungen: „Ich sehe den Heiligen Israels. Er schreitet über die Hügel, die Posaunen blasen vor ihm her, die Freude Gottes folgt ihm nach. Jerusalem, lege dein liebliches Gewand an, steige hinauf auf die Gipfel, siehe, deine Kinder aus Ost und West, aus Nord und Süd, sie kommen fröhlichen Sinnes. Gott sammelt sie von den fernen Inseln des Meeres, die hohen Berge werden vor ihnen geebnet und die Täler flach, die Wälder werfen ihre Schatten auf ihren Pfad, und süß duftende Kräuter sprießen unter ihren Füßen. Oh, Jerusalem, lege an dein schönes Gewand, öffne weit deine Tore, der Heilige Israels schreitet durch sie herein!"

Und die Worte des Bar Talmai lösten unsere gebundenen Zungen, und die Freude, die in unseren Herzen war, ergoß sich in Worten des Traumes und der Weissagung. Denn wir waren, als träumten wir in der Nacht, und wir sangen ihm Lieder des Trägers froher Botschaft. Und wir klatschten in die Hände, und Simon, der Zelot, trat zu ihm hin und sagte von ihm die Worte:

„Der Bote ist auf den Hügeln, der Friedensbringer. Rüste dein Fest, o Jerusalem, dein Gelöbnis ist erfüllt. Du sollst nicht mehr die Sklavin sein eines jeglichen Missetäters."

Und wir tanzten um ihn her und klatschten in die Hände, und wir sangen die Lieder seines Vaters David. Und Simon bar Jonas trat vor ihn hin und sagte von ihm die Worte:

„Er ist mein Diener, auf den ich mich stütze. Meine Seele liebt ihn. Ich habe meinen Geist auf ihm ruhen lassen, daß er Gericht halte über die Völker."

Und ich, der Geringste seiner Jünger, trat vor ihn hin und warf mich auf mein Angesicht nieder und sagte von ihm die Worte:

„Ich werde meinen Boten senden, daß er ihm den Weg bereite. Plötzlich wird er in sein Heiligtum kommen, der Herr, den ihr sucht, und der Engel des Bundes, den ihr herbeisehnt. Er kommt, spricht der Herr des Himmels."

Und so trat jeder vor den Rabbi hin und sagte seinen Spruch.

Und der Rabbi stand in unserer Mitte, und wir dachten, er würde nun die Hand heben, und die Himmel würden sich auftun, und die Heerscharen der Engel würden herabsteigen in Feuerwagen, vor die geschirrt sind geflügelte Cherubim, und sie würden donnernd durch die Welt ziehen, und die Könige der

Erde würden ihm zu Füßen liegen wie gebundene Schafe, daß er Gericht halte über sie, wie die Propheten es verkündigt hatten.

Und siehe, als wir noch um ihn tanzten und uns freuten über das Heil, das uns erschienen war, „wie der Tau Gottes auf das Gras träufelt, wenn keiner es mehr erhofft hat und die Menschenkinder des Harrens müde geworden sind" — da blickten wir auf und sahen, daß seine Mienen umschattet waren von Trauer.

Und es war sein Antlitz wie das des Vaters, wenn er sich an seinen unwissenden Kindlein freut, aber sein Blick ist verschleiert. Und die Lippen unseres Rabbi waren verzerrt, und er hob die Hand, und wir verstummten. Und er sagte:

„Wisset, daß große Leiden des Menschen Sohn erwarten."

Und als wir diese Worte hörten, versagte uns die Stimme in der Kehle, und unser Jubel verstummte, und wir blickten einander an voll Furcht, denn wir verstanden seine Rede nicht; aber sie brannte in unseren Leibern wie ein lebendiges Feuer. Und Simon bar Jonas zitterte und warf sich vor dem Rabbi nieder und umklammerte seine Füße und sagte:

„Nein, Rabbi, das verhüte Gott, es soll nicht sein!"

Und der Rabbi sagte zu ihm heftig:

„Hebe dich, Satan, weg von mir. Denn dein Herz meint nicht, was göttlich, sondern was menschlich ist." Und er sagte zu uns: „Wer mir nachfolgen will, muß sich verleugnen. Wer seine Seele behalten will, wird sie verlieren. Und wer sein Leben verliert um meinetwillen und um meiner Botschaft willen, der wird sie finden."

Und wie wir so dastanden, gleich denen, die aus den himmlischen Höhen in den untersten Schlund der Hölle hinabgestürzt wurden, ja, gleich denen, die man ihrer königlichen Gewänder beraubt und hinausgestoßen hat nackt und bloß, da rief der Rabbi, und sein Antlitz leuchtete wieder in heiliger Freude, und Worte des Trostes kamen von seinen Lippen:

„Ich sage euch, es sind etliche unter euch, die werden den Todesbecher nicht leeren, ehe sie denn das Reich Gottes kommen sehen in all seiner Kraft."

Und als er diese Worte gesprochen hatte, wich er abermals von uns und kehrte auf den Hügel zurück, um einsam zu beten.

Und da die Jünger allein zurückblieben, schwiegen sie lange. Und ein jeglicher dachte in seinem Herzen über die Worte des Rabbi nach und suchte sie richtig zu deuten. Und diejenigen unter uns, die belesen waren in der Schrift, suchten unter den Sprüchen der Propheten, daß wir dort einen Fingerzeig fänden, und diejenigen, die nicht belesen waren in der Schrift, erkundigten sich bei den anderen, und Simon, der Zelot, sagte in der Bitternis seines Herzens:

„Wir haben Schimpf und Spott ertragen, damit er in seinem Glanz erscheine. Wir haben uns unter das Joch Edoms gebeugt, damit er zu Freuden komme. Und soll nun auch er unter den Schatten der Rute fallen? Was bedeuten seine Worte? Haben wir Staub in unseren Mühlen gemahlen? Soll er, der über die Welt Gericht halten wird, gerichtet werden? Oh, suchet wohl, findet in der Schrift ein Zeugnis, einen Fingerzeig, daß seine Worte etwas anderes bedeuten."

Und die Jünger suchten und grübelten, denn mancher unter uns hatte noch nicht vernommen, daß der Messias durch viele Leiden würde hindurchgehen müssen, und für diejenigen unter uns, die es noch nicht gehört hatten, war es etwas Neues.

Und die Jünger blickten auf mich, denn ich war stark in der Schrift, und sie blickten auf Bar Talmai und Andreas, der darin der allerstärkste war und zu den Jüngern Jochanaans zählte, und von uns blickten sie auf Philippus. Und wir, die wir die Schrift kannten, setzten uns zusammen und riefen in uns Erinnerungen wach und gedachten der Verse, die wir in unserer Kindheit gelernt hatten, und wir fanden einen Fingerzeig im Buche Jesaja. Denn es steht dort geschrieben: „Und Gott hat mir das Ohr geöffnet, und ich bin nicht ungehorsam und gehe nicht zurück. Ich hielt meinen Rücken dar denen, die mich schlugen, und meine Wangen denen, die mich rauften; mein Angesicht verbarg ich nicht vor Schmach und Speichel."

Aber an das Ende des Verses konnten wir uns nicht erinnern, und wir sagten es den Jüngern, und sie fragten: „Aber was bedeutet das?" Und ich antwortete: „Es betrifft die Leiden des Messias." Und sie wollten wissen, was das sei, die Leiden des Messias. Wer könnte es ihnen deuten? Ob denn nicht einer unter uns von dem Rabbi, zu dessen Füßen er gesessen, etwas darüber gehört habe? Ob denn nicht ein solcher es ihnen erklären könnte? Und siehe, ich entsann mich plötzlich einer Rede, die ich gehört hatte, und ich sprach davon zu den Jüngern:

„Ich weilte einmal im Hofe des Tempels, und ich sah einen alten Mann sitzen auf den Stufen im Schatten einer Laube, und er redete zu seinen Jüngern über die Leiden des Messias. Und ich setzte mich hin und hörte mit den anderen zu. Denn seine Worte stützten sich auf die Überlieferung, die seine Rabbis mitgebracht hatten aus Babylon nach Jerusalem. Und seine Rabbis hatten die Überlieferung von ihren Rabbis empfangen, und die Legende kam aus Babylon." Und als ich so zu den Jüngern zu reden begann, da erwachte ihr Eifer, und sie sagten: „So laß uns denn hören, was dieser alte Mann über die Leiden des Messias gesagt hat, denn wir müssen es wissen."

Und ich wiederholte ihnen die Rede, die ich von den Lippen des alten Mannes gehört hatte im Schatten der Laube im Tempelhof:

„Der Heilige, gesegnet sei er, machte einen Vertrag mit dem König Messias und sagte: ‚Die, für deren Sünden du leiden willst, werden dich unter ein eisernes Joch zwingen. Du wirst sein wie das Kalb, dem man die Augen geblendet hat. Und um ihrer Sünden willen ist verordnet, daß die Zunge dir am Gaumen kleben wird. Willst du es so haben?' Und der Messias antwortete: ‚Herr der Welt, mit dem Licht meiner Seele und der Freude meines Herzens nehme ich dieses auf mich. Aber unter der Bedingung, daß keine einzige Seele verloren sein soll in ganz Israel. Und nicht nur den Lebenden soll geholfen werden in meinen Tagen, sondern allen, die gestorben sind seit den Tagen Adams, des ersten Menschen, bis heute. So du mir dieses gewährst, füge ich mich und nehme auf mich alle Leiden'."

Und ich, Judas Ischariot, setzte fort die Rede von den Leiden des Messias:

„Unsere Rabbis haben gelehrt: In der Woche der Ankunft des Messias ben David werden sie eiserne Stangen bringen und sie ihm um den Hals legen, bis sein Leib zusammenbricht und er schreit und weint. Und wenn seine Stimme zum Himmel schreit: ‚Herr der Welt, wie viel kann meine Kraft ertragen, wie viel mein Geist und meine Glieder? Bin ich nicht aus Fleisch und Blut?' — da wird zu dieser Stunde der Heilige, gesegnet sei er, antworten: ‚Ephraim, mein gerechter Messias, so habe ich es für dich verordnet von den sechs Schöpfungstagen an. Nun sollen deine Schmerzen sein gleich den meinen. Denn von dem Tage an, da Nebukadnezar, der Gottlose, mein Haus zerstörte und mein Heiligtum verbrannte und meine Kinder unter die Völker der Erde trieb, seit diesem Tage habe ich nicht auf meinem Thron gesessen. Und so du mir nicht glaubst, siehe den Tau auf meinem Haupte.' Und in dieser Stunde wird der

Messias zu Gott sagen: ‚Herr der Welt, nun bin ich getröstet. Denn es sei dem Diener genug, zu sein wie sein Herr'."

Und die Rabbis haben gelehrt: Unsere Patriarchen werden vor den Messias hintreten, und sie werden sagen: ‚Ephraim, unser großer Messias, wir sind älter als du, aber du bist größer. Du hast gelitten für die Sünden unserer Kinder, und eine große Peinigung ist wider dich gesandt worden, wie sie weder der erste noch der letzte unter den Menschen erlitten hat. Die Völker der Welt haben deiner gespottet um Israels willen; du saßest in dichter Finsternis, und deine Augen sahen kein Licht; die Haut schrumpfte von deinen Knochen; dein Leib wurde dürr wie verdorrtes Holz, und deine Zähne fielen aus vom Fasten. Das alles hast du auf dich genommen um der Sünden unserer Kinder willen.'

Und zu dieser Stunde wird der Heilige, gesegnet sei er, den Messias in den höchsten Himmel emporheben und seinen Glanz über ihn ausbreiten, und die Völker werden kommen und den Staub lecken unter den Füßen des Messias.

Und es steht geschrieben: ‚Wie ein Bräutigam, der in Schönheit glänzt.' Daraus folgt, daß der Heilige, gesegnet sei er, den Messias kleiden wird in ein Gewand, dessen Glanz wird leuchten von einem Ende der Welt bis zum anderen, und Israel wird frohlocken ob dieses Glanzes und sagen:

„Gesegnet sei die Stunde, da er geboren wurde.
Gesegnet sei der Schoß, aus dem er hervorging.
Gesegnet sei das Geschlecht, das ihn erblickt.
Gesegnet sei das Auge, das ihm nachgeschaut hat.
Der Atem seines Mundes bringt Segnung und Frieden."

Und als ich meine Erzählung beendet hatte, da sagte Andreas, der Bruder Simons: „Nun entsinne ich mich der letzten Worte des Spruchs: Gott wird mir helfen, daß ich nicht zu Schanden werde. Und das bedeutet, daß der Messias gestärkt hervorgehn wird aus seinen Kümmernissen."

Und da die Jünger diese Worte hörten, sagten sie: „Jetzt wissen wir, was die Leiden des Messias bedeuten." Und sie waren getröstet, und Freude kehrte in ihre Herzen zurück. Aber Simon bar Jonas saß allein, in den Mantel der Sorge gehüllt, als hätte er an den Brüsten der Qual gesogen; und er schwieg lange Zeit. Sodann rief er:

„Dennoch will ich ihn nicht gen Jerusalem hinaufgehen lassen. Ist es denn so, daß der Messias aus Jerusalem kommen muß?"

Und ich antwortete ihm:

„Simon bar Jonas, sündige nicht mit deinem Munde. Du kannst nicht von seinen Schultern nehmen das Joch, das ihm bestimmt ist. Und wir wissen, daß der Pfad des Heils durch Jerusalem führt, und ohne Jerusalem ist kein Messias."

Und sodann suchten wir, die Jünger, uns einen Ort zum Schlafen unter dem Schutz der Felsen, und ein jeglicher zog den Mantel über sein Haupt. Und wir lagen dort, wo wir lagen. Aber zweie wachten die Nacht hindurch, und ein dritter wachte mit ihnen. Und der Rabbi stand auf dem Gipfel des Berges und betete einsam. Und Simon bar Jonas saß am Fuße des Berges, eingehüllt in die Schatten der Nacht, und da die anderen Jünger schliefen, sah ich Simon bar Jonas hinaufschleichen wie einen Dieb zu dem Rabbi auf den Berg. Und ich sah beim Licht der Sterne, wie Simon bar Jonas seine Hände ausstreckte, gleich einem, der da bittet und fleht, und der Rabbi scheuchte ihn weg und rief: „Hebe dich hinweg von mir, Satan!"

XVII. KAPITEL

Und wir, die wir in der Nacht schliefen oder wachten, hofften in unseren Herzen, daß, ehe der Morgen käme, eine Stimme erschallen würde, die Botschaft des Messias über Berg und Tal zu verkünden; und so wir dann aufstünden in der Sonne, würden wir die Kinder Israels hier versammelt sehen, aus allen Winkeln der Erde und gelagert am Fuße des Berges.

Aber es ertönte keine Stimme vom Himmel, noch kam Elias über die Hügel gegangen, und da war keiner, der die Kunde durch die Lande trug, und der folgende Tag war gleich allen anderen Tagen, und die Welt war wie gestern und ehegestern.

Und als wir uns an diesem Morgen erhoben, wir, die Jünger, da hungerte uns, denn der letzte Bissen Brot war aus unseren Säcken verschwunden. Und der Sommer war gekommen, und Dürre war im Land, und keiner kam, den Messias zu erquicken.

Und wir lagerten auf dem Berge Pamias, über der Stadt Caesarea im Reiche des Herodes Philippus. Und der Herodes Philippus war ein gerechter Fürst, und er ließ uns in Frieden.

Und tagtäglich blickten wir von dem Berge hinab und sahen die Weiber in die Höhle gehen, in der die Quelle des Jordan entspringt und den Hain der Göttin Diana bewässert. Und die Weiber brachten Opfergaben, weißes Mehl und Töpfe mit Öl und Krüge voll Wein und Tauben und Weihrauch und Blumen; und auf dem Berge stand der Messias Gottes, und ihn hungerte und dürstete, und er hatte nicht, da er sein Haupt hinlegen sollte.

Sodann gingen wir weg von diesem Ort und zogen weiter. Aber der Rabbi führte uns nicht in die gesegneten Städte Israels, auf denen der Segen des Heiligen ruht. Aber wir hofften, daß er sich dem Volke offenbaren und daß alsdann sein heiliges Reich beginnen würde. Aber er führte uns weiter zu den Städten der Heiden hinter dem See Genezareth. Und es war so, wenn wir in eine dieser Städte kamen, daß wir die Augen schlossen und uns die Ohren verstopften, damit wir nicht sähen die Greuel der Heiden, noch hörten ihr Singen und Lachen; sondern wir suchten die Zelte Jakobs auf. Und wir fanden unsere Brüder an jeglichem Ort und kehrten in jüdischen Häusern ein und rasteten unter einem jüdischen Dache und aßen jüdisches Brot; und sie meinten, es sei irgend ein Rabbi mit seinen Jüngern. Denn unser Rabbi hatte uns streng befohlen, es geheimzuhalten vor den Menschen. Und die Leute wußten nicht, daß der Messias unter ihnen weilte. Und es war eine Scheidung zwischen uns und unserem Rabbi, als wie wenn ein feuriger Vorhang vom Himmel herabgefallen wäre. Denn siehe, er war immer noch unser Rabbi, so wie wir ihn gekannt hatten, und dessen Worten wir gelauscht hatten gestern und ehegestern, und in dessen Nähe wir uns selig priesen, und der das Brot mit uns brach und uns gnädig war; aber er war zugleich ein anderer, als ob der Glanz Gottes ihn eingehüllt hätte, um ihn vor uns zu verbergen; eine Handbreit enthüllte und zwei Handbreiten verhüllten; und wir sahen ihn und sahen ihn nicht.

Und um diese Zeit kamen wir nach Gedera, am anderen Ufer des Sees Genezareth. Die Stadt wimmelte von Heiden, und sie hatten viele freie Plätze und Gärten, desgleichen zahlreiche Götzentempel, und der größte derselben war der Tempel des Greuelgötzen Zeus, den die Einwohner der Stadt vor allen anderen anbeteten. Nichtsdestoweniger beteten sie auch noch andere Götzen an, eigene und fremde. Und jeder eitle Götze hatte seinen Tempel in der Stadt, die mächtig war und reich; da gab es den Tempel des Ra, des ägyptischen Sonnengottes, und der sidonischen Göttin Astarte. Und jeder Tempel hatte seine Priester und Priesterinnen und die heiligen Männer und Weiber, so ihnen folgten. Und die Märkte und Läden wimmelten von Huren. Und da wir in die Stadt kamen, feierten sie das Fest ihres Obergottes Zeus, und die Männer und Weiber aus der Stadt trugen bunte Festgewänder von kostbarem Purpur und zartem Veilchenblau und hellem Lilienweiß, wie die Sidonier sie mit viel Geschicklichkeit zu machen verstehen. Und sie zogen in Scharen zu ihren Tempeln, und vor jeglicher Schar gingen die Spielleute einher. Und voran gingen die Posaunenbläser, und dann kamen die Flötenspieler und die, so die Zimbeln schlugen, und unter diesen Klängen führten sie die Opfertiere zu den Altären der Götter. Die Hörner der Tiere waren geschmückt, die einen mit Goldreifen, die anderen mit Ölzweigen, und die Ochsen waren mit kostbarem Zierat behangen; und Jungfrauen und Jünglinge, das Haar mit Rosen bekränzt, umtanzten die Opfertiere. Und die Priesterinnen gingen hinterher, und ihre Leiber waren in dünne kostbare Stoffe gehüllt und die Falten derselben mit viel Geschick geordnet, daß sie zugleich verbargen und enthüllten das nackte Fleisch, damit sie um so mehr die Lüste der Zuschauer erweckten. Und nach ihnen kam der Held des Tages, ein Jüngling in der Blüte seiner Jahre, der an diesem Tage den ersten Preis im Wagenrennen gewonnen hatte. Und er war zur Gänze nackt bis auf das, daß er um sein Haupt den Siegerkranz trug, der aus den Blättern des Ölbaumes geflochten war. Und ihm, dem Helden des Wagenrennens, erwiesen sie noch größere Ehre denn allen ihren Priestern und Priesterinnen, und sie schwelgten in der Nacktheit seines Leibes und der Stärke seiner Muskeln, und sie priesen die Breite seiner Brust und das Ebenmaß seiner Lenden. Und die Männer und Weiber bewunderten die Kraft seiner Arme und Beine und seine Mannheit, und sie streuten Blumen vor ihm her, und sie streckten ihre Hände aus und riefen ihm zu, wie einem Gott: „Adonis! Adonis!" und das heißt: „Du Schöner!" Hinter ihm alsdann kam das Volk, Männer und Weiber gemischt, und sie trugen Früchte und Blumen, und ihr Gehaben war gemein und schändlich, wie es in Israel nicht geduldet würde.

Und wir wurden von der Menge beiseite gedrängt und an die Wand gedrückt, und unter uns stand der Gesalbte Gottes, und keiner erkannte ihn, und keiner wußte von ihm.

Und ich sah meinen Rabbi an, und sein Antlitz war bleich, gleich wie an jenem Tage in Tyrus inmitten der Lüste und

Greuel vor dem Götzen Moloch, und seine Lippen bebten, und in seinen Augen loderte die Flamme Gottes. Und wir meinten nun ganz gewiß, daß er, dem so die Macht Gottes verliehen war, von Stund an sein Reich beginnen würde. Und wir harrten des Wunders und des Rufes, der von seinen Lippen erschallen sollte, allwo er bereit lag. Aber er murmelte nur leise vor sich hin. Und ich, der ich mein Ohr zu ihm neigte, hörte ihn die Worte murmeln, die Gottes Finger an die Mauern Babylons geschrieben hatte: „Mene, Mene, Tekel, Upharsin." Und ich verstand ihn und faßte mich in Geduld.

Und es war mit uns so, daß wir nun die Taten unseres Rabbi in einem anderen Lichte zu sehen begannen, und wir fingen an zu begreifen.

Und Judas spricht: Es ist bekannt dem Herrn der Welt: nicht zu meiner Ehre und nicht zur Ehre meines Rabbi berichte ich von diesen Wundern, sondern zur Ehre Gottes, gesegnet sei er, um den Glauben in den Herzen seiner Geschöpfe zu stärken.

Und wir gingen weg aus dieser Stadt, die verunreinigt war durch die Götzen, und wir verließen den Ort und gingen hinab an die Ufer des Sees Genezareth; und es war ein langer Weg, denn die Stadt stand auf einem Hügel. Und ob auch die Ufer des Sees zur Stadt gehörten, waren wir dennoch froh, dem geliebten See Genezareth nahe zu sein, denn drüben, jenseits der Wasser, erblickten wir das Land der heiligen Städte Israels im gnädigen Licht der Sonne, und wir riefen aus: „Wie schön sind deine Zelte, o Jakob, deine Tabernakel, o Israel." Aber ehe wir an das Ufer gelangten, kamen wir zu einer steilen Klippe, deren Spitze über dem Wasser hing. Und der Ort war öde und wüst und unbewohnt und sah nicht aus, als ob Menschen hier hausten. Und wüste Steinblöcke waren über die Klippe hingestreut, einer hinter dem anderen, gleich einer Treppe, die trügerisch über einem Abgrund hängt. Und ein feuchtes grünes Moos wucherte auf den Steinen, und Kräuter, wie man sie auch an unbewohnten Stätten nicht findet, dicke Dornengewächse, die wie mit Raubtierkrallen nach unseren Gewändern griffen und sie zerrissen und unser Fleisch packten, daß es blutete. Und genau so wie diese Pflanzen waren auch die überhangenden Bäume verdorrt und verkrümmt und glichen mißgestalteten Pygmäen, als gehörten sie nicht unserer Schöpfung an. Und ihre Wipfel waren kahl, als wie wenn die Teufel der tiefsten Hölle sie mit feurigen Peitschen gezüchtigt hätten. Und alles, was auf dieser Klippe wuchs, war von gleichem Aussehen und gemahnte nicht an die grünen Gewächse, die der Mensch pflanzt oder die er zu sehen gewohnt ist, sondern war wüst anzusehen, mit Hörnern und zackigen Zungen. Und es war, als sei Krieg gewesen zwischen den Gewächsen auf dieser Klippe, als hätten sie einander mit ihren Klauen gepackt und zerrissen und eines das andere ausgesogen, wie die reißenden Tiere tun, und einander durchbohrt, daß das Weiche aus ihren Wunden rann.

Und wir sahen uns umringt und umkreist von den speergleichen Gewächsen auf den hangenden Stufen, und Entsetzen befiel uns, als hätten wir die Grenzen der göttlichen Gnade verlassen. Und obgleich es verboten ist, solche Gedanken zu hegen, daß ein Ort sein könnte jenseits der Gnadengrenze, denn es steht geschrieben: „Die Erde ist erfüllt mit seinem Glanze", war es doch, als liege dieser Ort in den Grenzen des Bösen und schöpfe sein Dasein aus den Quellen der Unreinheit und Verdammnis. Und wie wir da standen, dünkte uns, daß der verbotene Gedanke Wirklichkeit geworden sei. Denn es erhob sich alsbald eine gewaltige Staubwolke, die das Licht der Sonne verhüllte, und in der Finsternis war ein Aufruhr, und es war nicht der Aufruhr des Windes, sondern wie der Ansturm höllischer Scharen. Und in dem Aufruhr war ein Geschrei, aber nicht wie von Tieren, sondern wie von gemarterten Seelen. Und der Staub und das Geschrei rührten von einer großen Herde Säue her, die gleich Teufeln aus unbekannten Höhen zwischen dem Felsgestein herniederstürmten, und viele von ihnen fielen in die Löcher und Spalten, die verborgen waren unter dem Gras, und andere fielen auf scharfe Steine und wurden durchbohrt, desgleichen fielen sie in die Krallen der wilden Gewächse. Und die übrigen stürzten von der Klippe in den See hinab. Und alsdann, hinter ihnen her, kamen die Sauhirten gelaufen, und sie schrien vor Angst, denn es verfolgte sie ein wilder Mann, ein Riese von Gestalt, mit gewaltigen Gliedern, dergleichen noch nie ein Mensch gesehen hatte, und ganz nackt und mit einem Haarwuchs bedeckt wie ein Tier des Feldes. Und sein Antlitz trug keine menschlichen Züge, sondern war gestaltet wie ein Tiergesicht, und seine Augen sprühten Feuer, und seine Nase war wie eine gewaltige krumme Posaune, und aus seinem Munde, der wie das Höllentor war, ragten seine Zähne hervor gleich Spießen. Und er verfolgte die Sauhirten, als ob der Sturmwind sie vor sich herfegte. Aber da er uns erblickte, ließ er von den Sauhirten ab und kehrte sich gegen uns. Doch ehe er uns erreicht hatte, gewahrte er das weiße Gewand des Rabbi, der dastand unter den wilden Gewächsen mit ausgebreiteten Armen, als wollte er ihn willkommen heißen. Und der wilde Mann hielt in seiner Jagd inne und sah unseren Rabbi an. Und es war, als fürchte er sich vor dem weißen Gewand, denn er wollte umkehren, aber unser Rabbi streckte seine Hände aus und rief: „Komm zu mir, du verlorener Sohn!"

Und wir sahen den wilden Mann auffahren und auf unseren Rabbi losstürzen, in heftigem Grimm, wie uns dünkte, und als wollte er über ihn herfallen. Aber da er nahe herangekommen war, hielt er inne, als ob der Blick unseres Rabbi ihn besänftigt hätte, wie der Blick des Bändigers ein wildes Roß besänftigt. Und die beiden standen einander gegenüber, der wilde Mann und unser Rabbi mit ausgebreiteten Armen. Und siehe, es war wie das Ringen Jakobs mit dem Engel; also rang unser Rabbi mit dem Bösen, aber er kehrte nicht seine Hände wider ihn, sondern nur die Kraft seiner Augen. Und unser Rabbi sprach zu ihm voller Mitleid:

„Sei ruhig, mein Sohn, ich kenne deines Vaters Haus, und ich weiß, woher du kommst. Kehre zurück, denn dein Vater erwartet dich."

Und als der Wilde dieses hörte, rief er mit der Stimme des Wahnsinns:

„Und wie soll ich zu meines Vaters Haus zurückkehren, da doch meines Vaters Haus rein ist, und ich bin unrein? Teufel nisten in meinem Fleisch und schlagen mich tausendfach mit Krankheit. Legionen wohnen in mir, und mein Name ist Legion."

Und er warf sich zu Boden und schrie mit tausend Stimmen, als ob ein Heer wilder Katzen durch seinen Leib jagte und den Ausweg suchte und nicht fände; und er schüttelte sich, und er zitterte an allen Gliedern.

Und mein Rabbi legte die Hände auf ihn und befahl den Teufeln, aus dem Manne auszufahren und ihn nicht mehr zu peinigen, sondern sie sollten in die Säue fahren, die sich auf den Steinen wälzten und ins Wasser fielen. Und mein Rabbi sagte zu ihm:

„Du heißest nicht mehr Legion, sondern Israel, wie dein Vater dich genannt hat. Und du bist nicht mehr ein wilder Mann, sondern ein Kind deines Vaters, ein verlorener Sohn, der nach Hause zurückkehrt."

Und unser Rabbi hob ihn auf und befahl einem von uns, hinabzusteigen und Wasser aus dem See zu holen und den Mann zu waschen und seine Blöße mit einem Gewand zu bedecken. Und der Rabbi ließ ihn an seiner Seite sitzen und sprach zu ihm:

„Die Teufel haben dich verlassen und sind in die Säue gefahren, jetzt bist du gesund."

Und der Mann saß zu des Rabbis Füßen wie einer von uns.

Und der Rabbi öffnete den Brotsack und gab dem Manne zu essen, und der Mann aß wie einer von uns.

Und unser Rabbi sagte zu ihm: „Nun bist du gereinigt und geheilt, kehre nun zu deinem Vater zurück, der dich mit offenen Armen erwartet."

Und der Mann antwortete mit einer Stimme wie einer von uns: „Wie soll ich in meines Vaters Haus zurückkehren? Ich habe sein Geld genommen, und ich habe es vergeudet mit Huren und mit bösen Menschen, so daß ich wurde wie ein Schwein, und ich hauste unter Schweinen."

Und unser Rabbi tröstete ihn und sagte:

„Dein Vater hat Boten nach dir ausgesandt."

Der Mann aber zitterte und sagte:

„Ich fürchte mich vor meinem älteren Bruder, der gegen mich erzürnt ist."

Aber unser Rabbi beruhigte ihn und sagte:

„Dein Vater wartet mit offenen Armen, dich zu empfangen. Geh nach Hause und verkündige, wie große Wohltat der Herr dir getan hat."

Und wir prüften die Tat unseres Rabbi, und wir verstanden sie, denn nicht nur mit dem wilden Manne hatte unser Rabbi gerungen, sondern mit allen Götzen von Tyrus und Sidon, und nicht die Teufel hatte er in die Säue gejagt, sondern Moloch und Astarte und Zeus und Aphrodite und alle die Greuel der Heiden; ja, diese hatte er in die Säue gebannt und sie im See ertränkt und zugleich den Besessenen geheilt und ihn zu seinem Vater nach Hause geschickt.

Und wir wurden plötzlich gewahr der Größe unseres Rabbi. Denn er hatte gerungen mit den Göttern Tyrus' und Sidons und sie überwunden, und er reinigte den Mann und machte ihn bereit, das Himmelreich zu empfangen.

Und wir lobten Gott.

XVIII. KAPITEL

Siehe, Gott hat durch die Propheten verkündigt: „Ich will senden den Propheten Elias vor dem großen und schrecklichen Tag. Bereitet den Weg!"

Warum ist abermals mein Herz ohne Frieden? Je näher wir zu den Stätten Israels kommen, um so größer wird die Unrast meines Herzens und um so größer meine Furcht vor den kommenden Dingen.

Wir verließen die Stätte der Heiden, und wir kamen zu den Grenzen Israels, die geheiligt sind. Und mit jedem Tage wurde meine Hoffnung gewisser, daß in Kürze mein Rabbi sich offenbaren würde, und dann würde erscheinen der Prophet Elias und die Botschaft bringen und zeugen für unseren Rabbi. Unterdessen aber zog unser Rabbi an den Städten vorbei und weilte bei den Hirten auf den Feldern, bis daß wir zu einem Berge kamen, und der Rabbi sagte: „Hier wollen wir die Nacht verbringen"; denn die Nacht war hereingebrochen. Und das Licht des Himmels war ausgegossen über den Hügel, als ruhte der Geist Gottes auf ihm, und eine Stille kam über die Welt, nicht gleich der Stille vor dem Sturm, sondern gleich der Stille der ewigen Rast, die da kommt, wenn alles Lebende eins geworden ist mit seinem Schöpfer und sich erfüllt, wie es ihm vorgezeichnet war in der Stunde seiner Empfängnis. Wir hörten das Lied der Nacht, und was ist das Lied der Nacht? Das Lied der Nacht ist Schweigen; und es sang in unseren Herzen und erfüllte sie mit all der Furcht, mit all dem Verlangen, mit all der Liebe, so dem Schöpfer gilt.

Und der Rabbi sagte: „Hier will ich beten." Und er hüllte sich in einen Tallit, und er nahm mit sich Simon und die Söhne des Zebedäus und ging mit ihnen auf den Gipfel des Berges, um zu beten, denn die Stunde war günstig. Und die übrigen Jünger blieben am Fuße des Berges zurück.

Und wir nahmen die Steine, die dort lagen, und legten sie unter unsere Häupter, und wir deckten uns mit unseren Mänteln zu, und alsbald kam der Schlaf über uns, denn wir waren müde von des Tages Wanderung. Und als die halbe Nacht vergangen und die zweite Nachtwache vorüber war, und wir in tiefem Schlummer lagen, da wurden wir geweckt und hörten eine mächtige Stimme vom Berge herabtönen. Und da wir unsere Augen öffneten, verwunderten wir uns über die Helle der Nacht, denn das ganze Land war in Licht getaucht, und der

Hügel, auf den unser Rabbi gegangen war, um für uns zu beten, war mit einer Wolke bedeckt, die wie ein Engelsflügel war: und es war, als hätte der Schnee des Hermon sich auf den Hügel herabgesenkt.

Und Simon trat aus der Wolke hervor, und sein Antlitz war bleich, und sein Haar zerzaust vom Winde, und seine Augen waren groß und weit geöffnet vor Furcht, und er zitterte heftig. Und ihm folgten die Söhne des Zebedäus, zuerst Johannes mit schnellen und sicheren Schritten, und dann sein Bruder Jakobus. Und auch sie waren erschrocken und verstört wie Simon bar Jonas. Und wir, die übrigen Jünger, erhoben uns und gingen ihnen entgegen, denn wir sagten uns, es müsse etwas Großes geschehen sein. Und wir sagten zu ihnen:

„Nun saget uns, was geschehen ist, daß ihr so erschüttert seid, als ob ein Sturmwind durch euch hindurchgefahren wäre."

Und Simon sagte: „Wir haben den Propheten Elias gesehen, ihn, den wir seit langem suchen." Und die Söhne des Zebedäus bestätigten es.

Und wir fragten Simon weiter: „Wann und wo?" Und er antwortete:

„Dort auf dem Berge, auf den der Rabbi hinaufging, um zu beten. Der Prophet Elias steht bei unserem Rabbi, und Moses als dritter bei ihnen."

Und wir verwunderten uns ob dieser Worte, und wir sagten: „Simon, sage uns, wie dieses geschah, denn es bedeutet viel für uns." Und Simon berichtete.

„Siehe, wir waren auf dem Berge, und der Rabbi sagte zu uns: Harret hier ein Weilchen, ich will dort hinübergehen und beten... Und er ging von uns weg, und wir sahen ihn stehen, und das Licht des Himmels fiel auf seinen Tallit. Und er streckte die Arme zu seinem Vater in die Höhe, und er betete. Und da wurde sein Gewand immer heller, und um ihn war ein Wehen wie von den Ambra-Schwingen der Cherubim, so zwischen ihm und uns standen. Und wir hörten Schritte nahen, aber wir sahen niemand. Und es war, als ob ein Sturmwind über uns hinwegfegte. Und sodann erblickten wir mit einem Male zwei alte Männer in weißen Gewändern, und sie standen neben dem Rabbi und hielten Zwiesprache mit ihm. Und nach abermals einer Weile verschwanden sie alle in einer weißen Wolke, als ob Schnee auf die drei gefallen wäre. Und aus der Wolke kam eine Stimme, die mit den Worten der Propheten von unserem Rabbi zeugte. Und sodann verschwand die weiße Wolke, und unser Rabbi stand allein da, und wir fragten ihn: Wer waren sie, die da bei dir waren?... Und der Rabbi antwortete: Der eine war der Prophet Elias, den ihr sucht, und der andere war unser Lehrer Moses... Und ich sagte zu meinem Rabbi: Herr, es ist gut, auf diesem Hügel zu verweilen. Und so es dir gefällt, wollen wir hier drei Hütten bauen, eine für dich und eine für Moses und eine für den Propheten Elias... Denn ich wollte nicht, daß der Rabbi nach Jerusalem gehe, wegen dessen, das uns dort erwartet."

Und Jakobus und Johannes bestätigten die Worte Simons.

Und als wir da standen voller Staunen, sahen wir den Rabbi vom Berge herabkommen, und sein Gewand war weißer, als Menschenhände es waschen konnten; und die Gnade Gottes strahlte aus seinem Gesicht, und seine Füße waren bloß, und es war, als berührten sie beim Gehen nicht die Erde. Und eine Wolke umgab ihn, und wir zitterten.

Und der Rabbi nahte sich uns und berührte uns und sagte: „Stehet auf und fürchtet euch nicht." Und er befahl uns, dieses niemand zu sagen, bis daß die Stunde gekommen wäre.

Und wir fragten: „Rabbi, soll das bedeuten, daß vor dem Messias der Prophet Elias komme, wie die Schriftgelehrten sagen?" Und Rabbi Jeschua antwortete: „Elias kam zuerst, aber sie erkannten ihn nicht, und sie verfuhren mit ihm nach ihrem Willen. Und so werden sie auch mit dem Menschensohne verfahren, wie es von ihm geschrieben steht."

Und wir starrten zu Boden und dachten emsig über die Worte nach, denn wir wußten, daß der Rabbi von Jochanaan, dem Täufer, sprach. Aber Simon rief aus: „Das kann nicht sein!"

Am zweiten Tage rasteten wir an dem Ufer des Sees Genezareth und suchten Zuflucht vor der Hitze der Sonne. Und die Gegend war schön anzusehen, der Weizen bedeckte wie ein Meer die Felder, und die Trauben an den Weinstöcken waren wie die vollen Euter eines träumenden Schafes, und der Feigenbaum strömte seine Düfte aus; und der Mensch ging auf die Felder hinaus, und der Sang des Mähers begleitete ihn, so wie geschrieben steht: „Wer mit Tränen sät, soll mit Freuden ernten", denn es war an der Zeit, die Ähren auf dem Felde einzusammeln.

Und unser Rabbi sagte zu uns:

„Gehet hinter den Mähern her und sammelt die Ähren,

die neben die Sichel fallen, und freuet euch an dem Brot, das Gott für die Armen bestimmt hat."

Und wir verwunderten uns, und wir fragten einander: „Aber ist denn nicht die ganze Erde sein? Hat ihn denn nicht Gott zu unserem Herrscher eingesetzt, wie die Harfe Israels, sein Vater David, gesungen hat: ‚Bitte mich, und ich will dir die Völker zum Erbe geben, und dein Teil sollen die Grenzen der Erde sein'?"

Aber der Rabbi erriet unsere Gedanken und sprach:

„Die Reichsten werden die Ärmsten sein."

Sodann hieß der Rabbi uns die Ähren nehmen und sie zwischen den Steinen zermahlen und Mehl machen und Brote kneten und sie in die Glut legen. Und das taten wir.

Und es war zur Abendstunde, nach dem „Höre Israel", da die Arbeiter bei ihrem Mahle sitzen. Und der Rabbi versammelte uns rund um das Feuer. Und sein Antlitz war überaus betrübt, und der heilige Geist erfüllte ihn ganz. Und er saß neben uns bei dem Mahle, das wir über dem Feuer in der Nacht bereitet hatten, und er schwieg lange. Und auch wir schwiegen.

Da nahm der Rabbi eines der Brote und segnete es. Und ehe er davon aß, brach er es entzwei und sagte:

„Ich bin das lebendige Brot, vom Himmel gekommen. Wer von diesem Brot isset, der wird leben in Ewigkeit. Und das Brot, das ich euch gebe, ist mein Fleisch, welches ich opfern werde für das Leben der Welt."

Da rief Simon aus:

„Das ist eine harte Rede. Wer kann sie hören?"

Der Rabbi aber nahm die Brotstücke und verteilte sie unter uns, die Jünger, und gebot uns, sie zu essen.

Und wir starrten einander verwundert an, denn solche Worte hatten wir noch nie von ihm gehört.

Von dieser Stunde an sprach der Rabbi zu uns und auch zu anderen vom Brote des Lebens.

Und wir verstanden es nicht.

Und wir gingen weg von diesem Ort und zogen nach K'far Nahum. Und stärker wurde in unseren Herzen der Neid auf Simon bar Jonas und die Söhne Zebedäi, und wir fragten einander in Kummer und Bitterkeit: „Warum macht der Rabbi einen Unterschied zwischen seinen Jüngern? Wodurch haben diese drei es verdient, daß sie eingeweiht werden in das Geheimnis des Rabbi, und daß sie Zeugen werden großer Dinge, die mit ihm geschehen, während wir draußen stehen?"

Und die Söhne des Zebedäus führten sich stolz gegen uns auf, und sie sprachen untereinander, als ob sie die ersten wären nach dem Rabbi im Himmelreich und würden zu seiner Linken und seiner Rechten sitzen, und die Herrschaft der Welt würde ihnen zufallen.

Und Jochanaan sagte: „War ich denn nicht mit dem Rabbi auf dem Berge? Und war ich nicht Zeuge der großen Dinge, die dort geschahen?"

Und der Rabbi hörte die Reden seiner Jünger und antwortete nicht. Aber da wir nach K'far Nahum kamen, stießen wir auf etliche Kinder, so am Stadttore spielten. Und das größte der Kinder war der König, und die anderen waren seine Diener. Aber nach einer Weile stand der König auf und verließ seinen Thron und sagte: „Nun soll der Kleinste unter uns König sein, und wir seine Diener."

Und der Rabbi trat zu dem Knaben hin und sagte: „Nun sage mir den Spruch, den du heute in der Schule gelernt hast." Und der Knabe sagte: „Aus dem Staube hebst du den Armen auf... Und der Rabbi hat gepredigt: Der Heilige, gesegnet sei er, sagt zu Israel: Was verlange ich von dir? Nur, daß ihr einander lieben sollt. Und also erfülle ich es jetzt."

Da sagte der Rabbi zu uns: „Worüber habt ihr auf dem Wege gestritten?" Und wir sagten es ihm. Und der Rabbi erwiderte:

„Wahrlich, wahrlich, so ihr nicht werdet wie die Kinder, werdet ihr nicht ins Himmelreich kommen. Denn das Himmelreich ist wie das Reich des Kindes, und nach dem Himmelreich ist das Reich des Kindes das einzige, das da dauert und ihm nicht genommen werden kann. Wer der erste unter euch sein will, soll der letzte unter euch sein und euch dienen. Wer sich gering machen kann wie ein Kind, der soll der Größte sein im Himmelreich."

Aber die Söhne des Zebedäus waren nicht zufrieden mit ihrem Teil, und sie dachten darüber nach, daß sie die Größten unter des Rabbi Jünger sein sollten. Und Johannes verließ uns und ging nach Bethsaida, denn die Sache stand so:

Die Söhne des Zebedäus hatten hintangelassen die reichen Schiffe ihrer Mutter, um ihrem Rabbi nachzufolgen. Und ihre Mutter zürnte ihnen und schalt sie, denn sie hatten das sichere Geschäft des Fische-Fischens aufgegeben, um Menschenfischer zu werden. Und sie sagte zu ihnen: „Dieses Geschäft wird euch nichts einbringen, und ihr vergeudet eurer Mutter Arbeit, und die Netze liegen müßig und trocken und zerfallen.“ Aber Johannes ging zu ihr und sagte: „Die Stunde ist nahe, da das Himmelreich anbrechen wird, und deine beiden Söhne werden mächtige Fürsten sein, denn wir sind ihm am nächsten, und er bevorzugt uns vor den anderen Jüngern, und er hat uns ein Geheimnis anvertraut. Nun sollst du belohnt werden; es wird dein Teil sein, deine Söhne zu sehen als große Herren im Lande, denn die ganze Erde gehört dem Herrn, wie die Propheten geweissagt haben. Darum sei stark, Mutter, und gehe hin zum Rabbi und flehe seine Gnade auf uns herab, daß er uns sitzen lasse zu seiner Rechten und zu seiner Linken.“

Und die Mutter sattelte einen Esel und lud ihm einen Sack mit weißem Mehl auf und einen Korb mit frischen Feigen und zwei Käse und zwei Töpfe Honig, die sie in die Satteltasche steckte, denn das Weib war reich, und sie hieß Susanna.

Und sie kam zum Rabbi und verneigte sich und sagte: „So deine Magd Gnade gefunden hat vor deinen Augen, höre mich an. Meine beiden Söhne haben ihres Vaters Haus und ihres Vaters Gewerbe verlassen. Sie waren Fischer, und du hast sie zu Menschenfischern gemacht. Du hast sie ihrer Arbeit entrissen, und sie sind dir nachgefolgt. Und nun, da das Himmelreich kommt, und alle die Schätze der Welt in deiner Hand sein werden, und du befehlen wirst über Könige und Fürsten, bitte ich dich, daß du sie belohnest für ihre Mühe, und lasse meine beiden Söhne Jakobus und Johannes zu deiner Rechten und zu deiner Linken sitzen.“

Und diese Worte betrübten den Rabbi, und er schwieg eine Weile. Alsdann antwortete er dem Weibe und sagte: „Sind sie bereit, den Kelch zu trinken, den ich werde trinken müssen?“

Und zu ihren Söhnen sagte er: „Könnt ihr euch taufen lassen mit der Taufe, mit der ich getauft werde?“ und sie antworteten: „Ja, Rabbi.“ Aber der Rabbi sagte zu ihnen:

„Auch dann könnt ihr nicht die Größten sein. Denn auch des Menschen Sohn ist nicht gekommen, daß er sich dienen lasse, sondern daß er anderen diene und sein Leben gebe als Opfer für viele.“

XIX. KAPITEL

Da wir nun an das Tor der Stadt K'far Nahum kamen, hieß niemand uns willkommen mit Kerzen oder Palmblättern. Niemand spielte für uns auf dem Psalter oder auf der Flöte oder Pauke. Die aus der Stadt hatten vergessen, was er für sie getan, das Brot, das er hatte werden lassen vor ihnen in der Wüste, und alle die Wunder, die er an ihnen verrichtet und die sie mitangesehen hatten jeglichen Tag.

Und wir gingen zum Hause von Simons Schwiegermutter, und dort begrüßte uns nur ein Häuflein Armer, so der Rabbi gespeist hatte mit dem Gelde der Reichen. Als jedoch die Armen gesehen hatten, daß die Reichen sich von unserem Rabbi abkehrten, da hatten die meisten ihn verlassen. Und sie sagten: „Hier ist nichts mehr zu holen.“ Und zurück blieben wir Jünger und die Weiber, die bei uns waren. Und etliche von uns gingen arbeiten, daß wir unser täglich Brot verdienten, und die Söhne Zebedäi holten zwei Kähne von ihrer Mutter, und sie und Simon bar Jonas fuhren auf den See hinaus und warfen ihre Netze aus; und auf solche Weise ernährten wir uns und das kleine Häuflein Armer, das uns anhing.

Und die angesehenen Leute in der Stadt murrten und sagten: „Warum ist er in die Stadt zurückgekehrt? Die Häscher des Herodes suchen ihn. Und so sie ihn in unserer Mitte finden, werden sie uns die Schuld geben. Es wäre besser, er ginge weg von hier.“

Die aber, die er geheilt und für die er Wunder vollbracht hatte, sagten: „Nein, lasset uns warten und sehen, wie es ausfällt. Wenn die Häscher der Obrigkeit kommen, wird er sie vernichten, und wir wollen nicht die Hand gegen ihn erheben, denn er ist heilig.“ Und unter den letzteren befand sich der Vorsteher der Schule, dessen Töchterlein unser Rabbi geheilt hatte, desgleichen der Hauptmann von K'far Nahum, aus dem Heere des Herodes, und der Hauptmann hielt die Anwesenheit unseres Rabbi vor der Obrigkeit geheim und wollte nicht die Hand gegen ihn erheben, denn in seinem Herzen glaubte er an die Macht des Rabbi.

Und so wie der Tag gewißlich mit festen Schritten auf die Nacht folgt und sie vertreibt, so begann unser Rabbi wieder aufzubauen seine Gemeinde, und die Kraft war bei ihm. Ja, etliche zwar spotteten und lachten, aber er achtete ihrer nicht, und er baute sich wieder sein Nest im Netze der gottlosen Herrschaft. Wieder sammelte er um sich die Kranken und die Armen, die Verlassenen und Verstoßenen, und keiner war zu gering, daß er ihn nicht aufgenommen hätte in seine Gemeinde. Und im Namen seiner Sendung ging er am hellichten Tage in den Hafen von K'far Nahum und sprach wie ehemals zu den Lastträgern und Fischern. Und ob er ihnen auch die großen Dinge nicht offenbarte, die mit ihm geschehen waren, gab er dennoch durch ein Wort und durch ein Nicken zu verstehen, daß der Lohn für ihre Mühen und Leiden nahe sei und daß die Erlösung vor der Tür stehe. Und abermals glaubte ihm das Volk und wartete auf den Tag. Aber da waren andere, die sagten: „Nein, mit diesem Jeschua wird nichts mehr geschehen." Denn es war unter dem Volke eine Zwietracht über ihn.

Und am Sabbath versammelte er uns, seine Jünger, und ging mit uns zur Schule. Und etliche sagten: „Das ist der, der Wunder tut mit der Macht des Satans." Und andere sagten: „Das ist der, der unsere Krankheiten heilt." Und als unser Rabbi zum Stuhle ging, um nach der Vorlesung der Thora zu predigen, da sagten einige, daß ihm erlaubt werden solle zu predigen, und andere sagten: Nein. Und da eine Stille eintrat, sagte unser Rabbi:

„Ich bin das lebendige Brot, das vom Himmel kommt. Wer von diesem Brot isset, wird ewig leben. Und das Brot, das ich euch geben werde, ist mein Fleisch, das ich opfern werde für das Leben der Welt."

Und es erhob sich ein großer Aufruhr in der Schule, und der Vorsteher rief: „Wer kann seine Rede begreifen? Wie kann er uns sein Fleisch zu essen geben?"

Und die Beter begannen zu murren: „Ist er nicht Jeschua, Josephs Sohn? Wie will er uns sein Fleisch zu essen geben?"

Aber unser Rabbi rief aus und sagte: „Wahrlich, ich sage euch: Werdet ihr nicht essen das Fleisch des Menschensohnes und trinken sein Blut, so habt ihr kein Leben in euch. Und wer mein Fleisch isset und trinket mein Blut, der bleibt in mir, und ich in ihm."

Und da die Beter ihn abermals solches sagen hörten, hub ein großes Lachen an in der Schule, und sie sagten, sicherlich müsse ein Teufel in ihn gefahren sein. Trotzdem taten sie ihm nichts zuleide, sondern verlachten ihn nur.

Und es verbreitete sich in der Gegend das Gerücht, daß ein Teufel in den Rabbi gefahren sei. Und so er im Hafen unter den Fischern erschien, kamen die Leute nicht mehr zu ihm, wie sie es gewohnt gewesen waren. Und etliche schämten sich seiner und sagten: „Sehet, dort geht der Mann, der anderen den Satan ausgetrieben hat, und jetzt wohnt der Satan in ihm selbst." Und die Kinder riefen hinter ihm her: „Geh, geh, du Besessener!" Und andere wieder sagten: „Niemand weiß es; sicherlich muß von dem Manne etwas kommen."

Und nur die, die stark waren im Glauben, hielten an ihm fest. Und unter diesen waren viele Arme, verbitterte Herzen, die nichts mehr zu verlieren hatten. Und es waren auch solche unter ihnen, die nicht aufgenommen wurden in die Gemeinschaft Israels, und solche, die unrein waren, und er sprach zu ihnen mit Winken und Zeichen vom Himmelreich. Und etliche machte er sogar zu seinen Jüngern und verlieh ihnen Macht über die unsauberen Geister, daß sie sie austrieben, und er sandte sie in die benachbarten Städte. Denn er sagte: „Die Ernte ist groß, aber wenige sind der Arbeiter. Darum muß er, der über die Arbeiter gebietet, sie zur Ernte aussenden."

Und abermals kamen zu ihm die Leute aus den Dörfern, denn sie hatten von seinen Jüngern die Kunde vernommen. Etliche brachten ihre Kranken mit, und andere wollten ihn nur sehen und nichts für sich selber verlangen, sondern hören und lernen von der Hoffnung und dem Himmelreich, davon seine Jünger geredet hatten. Und der Rabbi nahm sie alle auf, auch die Sünder unter ihnen. Und etliche waren Kinder Ammons und Moabs und nicht zugelassen in die Gemeinschaft Israels; dennoch sonderte er sie nicht ab von den anderen, und sie saßen bei ihm. Ob auch täglich die Gefahr wuchs, daß die Häscher der Obrigkeit ihn überfielen, achtete er ihrer nicht. Und wenn kein Brot da war, denn mein Gürtel war leer, und die Reichen der Stadt halfen uns nicht mehr, alsdann speiste er sie mit dem heiligen Brot des Himmelreiches. Und ob er ihnen auch nicht die großen Dinge offenbarte, die ihm bevorstanden, und ob es auch schwer war für uns, seine Jünger, darüber zu schweigen, klammerten sich dennoch die Armen an ihn. Denn der Rabbi zog ihre Herzen zu sich heran, und wir waren alle wie eine einzige Familie.

Und da die aus der Stadt gewahrten, daß sich abermals in K'far Nahum versammelten die Armen und die Kranken aus den Dörfern der Umgebung, da gingen sie zu ihm und sagten: „Du bringst Unheil über unsere Häupter. Die Häscher der Obrigkeit sind hinter dir her. Und so sie diese Menge um dich versammelt sehen, werden sie in Zorn gegen uns entbrennen." Aber der Rabbi antwortete ihnen:

„Gehet und saget dem alten Fuchs: Meine Stunde ist noch nicht gekommen."

Und da es sich herumsprach, daß unser Rabbi aus dem Lande der Heiden zurückgekehrt war und in K'far Nahum weilte, wuchs mächtig das Gerede und Geraune über ihn. Und kam auch seiner Mutter zu Ohren, die in Nazareth war. Und sie nahm ihre Kinder und ging mit ihnen nach K'far Nahum, daß sie den Rabbi überreden sollten, in seiner Mutter Haus zurückzukehren, denn sie fürchtete um sein Leben. Und es geschah, daß der Rabbi im Hause von Simons Schwiegermutter saß, und um ihn herum saßen die, die ihm folgten. Und seine Mutter kam an die Tür und sah ihn an; und Mitleid sprach aus ihrem Antlitz, und ihre Augen waren gerötet vom Weinen. Und Tränen fielen auf ihre Wangen und hingen an den Falten ihres Gesichts. Und sie streckte die Arme nach ihm aus und sagte: „Kind, was für Unheil bringst du über dich? Was ich gefürchtet habe, ist eingetroffen. Nachts schlafe ich nicht um deinetwillen. Das Schwert der Obrigkeit hängt über dir, und das Volk zankt sich um dich. Kehre jetzt in deiner Mutter Haus zurück; deines Vaters Arbeit erwartet dich, und du wirst Ruhe finden im Schoße der Deinen. Denn das ist ein gefährlich Ding, das du auf dich genommen hast." Und sie sagte noch mehr dergleichen, so wie eine Mutter zu ihrem Sohne redet, der auf Abwege geraten ist.

Und der Rabbi saß in unserer Mitte und hörte nicht die Worte seiner Mutter. Denn sie konnte nicht zu ihm hin durch das Gedränge des Volks. Und einer rief dem Rabbi zu: „Siehe, deine Mutter steht vor der Tür." Aber der Rabbi antwortete:

„Wer ist meine Mutter? Wer sind meine Brüder? Die den Willen unseres Vaters im Himmel tun, die sind meine Brüder und meine Mutter." Und als ihre Kinder diese Worte hörten, führten sie sie laut weinend fort.

Und ich, Judas Ischariot, sage dieses:

All mein Leben lang habe ich unter den Weisen und Klugen geweilt und habe solches nicht gesehen. Ich sehe den Blitz und ich höre den Donner, und der Regen fällt nicht. Ich sehe die Taten meines Rabbi in K'far Nahum, und ich kenne ihn nicht mehr. Sein Verhalten ist nicht dasselbe wie gestern. Und seine Lehre ist eine andere, und die Pfade, die er beschreitet, sind nicht dieselben. Und ich bin wie ein Verirrter, und ich weiß nicht, was geschieht.

Und es war ein Zittern in meinen Gliedern, und die Zweifel hoben mich empor und schlugen mich nieder, sodaß ich nicht wußte, was ich tun sollte, bis vor mir des Nachts, da ich auf meinem Lager ruhte, das Bild des Rabbi Nikodemus von Jerusalem erschien. Und ich sagte zu mir: Du allein, Judas, Mann aus Karjoth, wirst nicht ergründen die Wahrheit über den Rabbi Jeschua, und alle die Dinge, die auf dem Gipfel der Welt sind. Wie kannst du solches auf dich nehmen?

Und ich wunderte mich sehr, daß es mir nicht schon eher eingefallen war, gleich an dem Tage, da wir abermals zu den Toren von K'far Nahum zurückkehrten.

Und als der Morgen kam, fand ich einen Boten, und ich sagte zu ihm: „Gehe du hinauf nach Jerusalem und suche den Rabbi Nikodemus und bitte ihn, daß er alles beiseite lasse und alsogleich nach K'far Nahum komme, denn Großes geht hier vor sich. Und sage ihm, daß sein Jünger nichts mehr versteht und nicht weiß, ob er noch weilt in der Gnade des Himmels oder ob er, Gott sei davor, sie verlassen hat. Darum möge er hierher eilen, denn es handelt sich um Dinge, die an die Wurzeln Israels rühren."

Und ich befahl dem Boten, niemand ein Wort davon zu sagen, denn die Botschaft war nur für das Ohr des Rabbi Nikodemus bestimmt.

XX. KAPITEL

Und Rabbi Nikodemus kam eilenden Fußes nach K'far Nahum und suchte mich im geheimen auf; und er fragte mich genau nach allem, was geschehen war. Und ich berichtete, was geschehen war, in der Stadt und anderwärts, auf allen unseren Wegen; ich erzählte ihm von den Worten und Taten unseres Rabbi, und ich sagte: „Auch sind Moses und Elias vom Himmel herabgestiegen, um für ihn zu zeugen."

Und als Rabbi Nikodemus das hörte, wurde er bleich vor Furcht, und seine Hände zitterten. Aber eine große Freude war in seinen Augen, und er rief:

„Sicherlich meint es der Herr gut mit uns. Sicherlich sind diese Dinge nicht vergebens geschehen. Und er hat sicherlich Macht erhalten für das, was er tut, und für das, was er lehrt, und ohne diese Macht hätte er nicht so tun und so reden können. Warum sollten wir daran zweifeln. Führe mich nun zu deinem Rabbi, daß er es bestätige."

Und zu dieser Stunde weilte unser Rabbi in der Laube auf dem Dache des Hauses, wie es seine Gewohnheit war.

Und wir nahmen von den Jüngern Simon, den Zeloten, mit, denn er war mit uns eines Sinnes.

Und wir gingen zu unserem Rabbi in heimlicher Nacht, und die anderen Jünger wußten nichts davon.

Und Nikodemus verneigte sich vor unserem Rabbi und sagte:

„Wir hören Stimmen und verstehen sie nicht, wir sehen Zeichen und wissen sie nicht richtig zu deuten. Nun sage uns, bist du der, der uns verheißen wurde, oder sollen wir auf einen anderen warten? Und wenn du der eine bist, der du bist, dann verbirg es nicht vor uns, denn wir haben keine Kraft mehr zu warten. Gib uns aber ein Zeichen, daß Gott dich zu uns gesandt hat, und wir wollen uns zu deinen Füßen niederwerfen und dich anerkennen als den Gesalbten Israels und deinen Befehlen gehorchen, so wie du sie aussprichst."

Unser Rabbi aber antwortete weise und dunkel:

„Wenn der Abend kommt, sprecht ihr: Es wird ein schöner Tag werden, denn der Himmel ist rot. Und des Morgens sprecht ihr: Es wird heute ein Ungewitter sein, denn der Himmel ist grau und trübe. Die Zeichen des Himmels wißt ihr zu deuten, aber die der Erde kennt ihr nicht. Dieses böse und ehebrecherische Geschlecht begehrt ein Zeichen, und es wird ihm kein Zeichen gegeben werden."

Aber Rabbi Nikodemus verneigte sich abermals und sagte:

„Wie sollen wir glauben, daß du es bist, und dir folgen ohne ein Zeichen? Siehe, wir sind gebunden durch das Gesetz und die Gebote, die unser Lehrer Moses uns gegeben hat, und er hat uns gezeigt, wie wir uns verhalten sollen, wenn ein Prophet unter uns erscheint."

Der Rabbi aber erwiderte:

„Wer an mich glaubt, wird die Welt besitzen und das ewige Leben, denn ich bin das Brot und das Leben."

Da erstaunte Nikodemus und wurde bleich und dachte nach. Sodann verneigte er sich und sprach:

„Auch Moses kam zu uns. Und er befahl uns nicht, an ihn zu glauben, sondern nur an Gott, der ihn gesandt hatte, und an die Gesetze und Gebote Gottes. So kamen auch die Propheten zu uns, und sie befahlen uns nicht, an sie zu glauben, sondern an Gott, der sie gesandt hatte, daß sie uns hülfen. Bist du größer als unser Urvater Abraham und als Moses und alle die Propheten, die uns befahlen, nicht an sie zu glauben, sondern an Gott?"

Und der Rabbi antwortete:

„Ihr haltet Scherben in eurer Hand, ich aber bin das ganze Gefäß, das der Herr geschaffen hat."

„Aber wie sollten wir diese Worte verstehen, Rabbi?"

Und der Rabbi erwiderte:

„Habe ich euch nicht gesagt: Man setzt nicht neue Lappen auf ein altes Kleid, und man schüttet nicht neuen Wein in alte Schläuche?"

Und Rabbi Nikodemus antwortete ihm:

„Eben um deinetwillen bitten wir dich um ein Zeichen, denn du stützest dich nicht auf die Männer der alten Zeit, sondern du willst uns etwas Neues bringen, so die früheren Geschlechter uns nicht gelehrt haben. Darum müssen wir die Sicherheit haben, daß du in der Tat das neue heilige Gefäß bist, das uns verheißen wurde, und daß du deine Macht vom Himmel hast."

Der Rabbi aber wurde zornig und antwortete:

„Weh euch, Schriftgelehrte, die ihr Seelen fanget auf den Gräbern der Propheten, die eure Väter getötet haben. Wenn diese Wunder geschehen wären in Tyrus und Sidon..."

Rabbi Nikodemus aber antwortete ihm folgendermaßen:

„Tyrus und Sidon haben weder das Gesetz noch die Gebote empfangen, und sie sind nicht gebunden an die Thora Mosis. Uns aber wurde die Thora gegeben, und wir haben gesagt: Wir wollen hören und gehorchen. Wie sollen wir denn nun etwas gegen die Thora tun?"

Und als ich sah, daß das zu weit ging, fragte ich meinen Rabbi:

„Rabbi, ich bitte dich, sage mir: Wie weit geht der Glaube? Wo ist die Grenze, da der Glaube aufhört?"

Und der Rabbi antwortete:

„Dem Glauben ist keine Grenze gesetzt. Der Glaube ist die Schnur, die der Mensch in Händen hält, auch wenn er hinabsteigt in die Tiefen der Hölle. Er geht mit ihm bis an den Rand des Grabes und noch weiter. Hat nicht König David gesagt: Ja, ob ich auch wandelte im Tale der Todesschatten, ich fürchte kein Unglück, denn du bist bei mir? So ihr an mich glaubt, bin ich der, der ich bin. Habe ich dich nicht gelehrt, Judas, so du nur so viel Glauben hättest wie ein Senfkorn, würdest du zu dem Feigenbaume sagen: Nimm deine Wurzeln aus der Erde und pflanze sie ins Meer — und solches würde geschehen?"

Und wir schauten einander an, Rabbi Nikodemus und ich, und wir fürcheten uns vor ihm, denn seine Rede war gewaltig.

Und Rabbi Nikodemus verneigte sich abermals und sagte:

„Viele Worte haben wir von dir gehört, die unsere Herzen mit Hoffnung erfüllen. Aber wir stehen vor einer Mauer und sehen den Weg nicht. Verbirg ihn nicht vor uns, denn wir sind die, die auf dich gewartet haben. Unterweise uns, Rabbi: Wann sollen wir dich erwarten, wann wirst du kommen und uns von den Banden Edoms erlösen?"

Und der Rabbi antwortete:

„Nikodemus, das Reich Gottes ist nicht hier und ist nicht dort, und die Augen sehen es nicht; sondern es ist inwendig in deinem Herzen. Und ich bin nicht gekommen, dich aus den Banden Edoms zu lösen, sondern aus den Banden der Sünde, die dich umschlingen wie Schlangen. Ich bin gekommen, eine Erlösung zu bringen, die nicht kennt die Grenzen des Landes und der Meere, sondern die ganze Erde bedeckt wie der Geist Gottes, und kein Sterblicher kann sie dir entreißen, denn sie ist inwendig in dir."

Nikodemus aber antwortete:

„Selig die Ohren, die diese Worte empfangen. Und auch der Prophet hat geweissagt: Ich will euch einen Bund machen vor den Völkern und ein Licht vor den Heiden, zu öffnen die Augen der Blinden und zu lösen die Gefangenen aus der Knechtschaft, die, so in der Finsternis wohnen... Aber hast du denn nicht, Rabbi, deinen Herold, deinen Boten, der dich ausruft in Israel? Wir haben unser Herz den Freuden der Welt verschlossen, auf daß wir Gott anheimgegeben seien. Unsere Feinde haben mit tausend Mäulern alle Freuden des Lebens verschlungen; ihre Lippen laufen über von der Süße der Macht und des Sieges, aber die unseren sind versiegelt mit der Bitterkeit des Verachteten. Wir saßen auf dem brechenden Ast und ließen nicht ab zu hoffen. Siehe, unsere Leiden haben das Heil heraufbeschworen. Und nun, da das Heil vor der Tür steht, soll es nicht seinen Mantel ausbreiten über Israel? Wir sind die, die den vollen Preis gezahlt haben für diese Vergeltung. Und sie ist unser."

Aber der Rabbi sagte zu Nikodemus:

„Nikodemus, Nikodemus, wehe denen, die Gott mit Menschen-Maß messen. Die Vergeltung wird nicht erkauft, sondern geschenkt; sie wird dir für nichts geschenkt, und du empfängst sie für nichts, eine Gabe des Vaters im Himmel an den Auserwählten unter seinen Geschöpfen, der da ist der Mensch. Ehe denn die Erde geschaffen war, ehe sie geformt war und hinausgesandt in den Weltenraum, war diese Vergeltung bei IHM im Himmel. Und um dieser Vergeltung willen schuf er die Welt, und um ihretwillen hat er den Menschensohn in die Welt gesandt. Kein Preis kann sie erkaufen, allein nur die Gnade Gottes, denn die Vergeltung ist ohne Preis und größer denn das Gesetz, also auch größer denn die Thora. Keine Waage kann sie wägen, und kein Maß kann sie messen. Sie ist die Gnade Gottes, die er den Menschen erwiesen hat."

Und Nikodemus sagte:

„Edom behauptet seine Herrschaft mit Wagen, Rössern und Schwertern, und du kannst es nicht mit dem Geiste allein bezwingen, sondern nur mit Donner und Blitz. Wer ihm mit anderen Waffen entgegentritt, ist ein Kind des Todes."

Der Rabbi erwiderte:

„Nikodemus, der Menschensohn ist ein Herr auch über den Tod."

Und wir wußten damals nicht, was diese Worte bedeuteten, sondern da wir sie hörten, schwiegen wir. Und die Worte des Rabbi blieben unter uns dreien, und wir erzählten den anderen Jüngern nichts davon.

Und als unser Rabbi seine Rede beendet hatte, rief er seine Jünger zusammen und sagte zu ihnen:

„Meine Zeit ist gekommen, hinauf zu gehen gen Jerusalem, darum haltet euch bereit. Und ihr sollt wissen, es wird alles vollendet werden an des Menschen Sohn, was die Propheten geweissagt haben."

Und er offenbarte uns alles, was mit ihm zu Jerusalem geschehen würde.

Und als wir Jünger hörten, daß das Ende nahe herangekommen war, da wurden unsere Herzen vor Angst zu Wasser, und unsere Knie zitterten, und wir wußten nichts zu sagen. Nur Simon bar Jonas fiel vor ihm nieder und streckte die Arme nach ihm aus und rief:

„Gehe du nicht hinauf gen Jerusalem, sondern bleibe hier bei uns, und wir wollen drei Hütten bauen auf jenem Hügel, eine für dich, eine für Moses und eine für Elias." — Und Simon bar Jonas wußte vor Angst nicht, was er sagte. Der Rabbi aber erwiderte: „So ihr wollt, möget ihr mich verlassen, wie die anderen auch." Und Simon streckte die Hände nach ihm aus und sagte: „Rabbi, was haben wir außer dir? Wir haben alles von uns abgetan, und wir wollen dir nachfolgen auch gen Jerusalem."

Und bevor wir hinweggingen aus K'far Nahum, um den Jordan und die Grenzen Judäas zu überschreiten, begaben wir uns, nämlich Simon, der Zelot, und ich, Judas Ischariot, zu Rabbi Nikodemus und nahmen Abschied von ihm. Und wir sagten ihm, was der Rabbi uns offenbart hatte über seinen Gang nach Jerusalem, und wie der Rabbi trotzdem hingehen wolle. Und Rabbi Nikodemus sagte zu Simon, dem Zeloten: „Und du folgst ihm?"

Und Simon antwortete: „Ja, ich bin ein Knecht Gottes ewiglich."

„Und du, Judas, gehst du hinauf gen Jerusalem?"

„Ja, Nikodemus, denn ich glaube, daß das Heil in seiner Hand ist."

Und da das Volk von K'far Nahum hörte, daß unser Rabbi aufbreche gen Jerusalem, folgten ihm etliche, denn sie dachten, daß vielleicht unser Rabbi dort große Wunder vollbringen und den Reichen ihre Güter wegnehmen und sie unter die Armen verteilen würde, und daß sie daran teilhaben würden. Und einer derselben trat zu dem Rabbi hin und sagte: „Herr, ich will dir folgen, wohin du auch gehest." Und Jeschua sagte zu ihm:

„Die Füchse haben Gruben, und die Vögel unter dem Himmel haben Nester; aber des Menschen Sohn hat nicht, da er sein Haupt hinlege."

Und da das Volk diese Worte unseres Rabbi vernahm, erschraken sie und kehrten um und gingen in ihre Häuser zurück. Aber der Rabbi sprach zu einem derselben: „Komm, folge mir nach." Der aber antwortete: „Rabbi, erlaube mir, daß ich zuvor hingehe und meinen Vater begrabe." Und der Rabbi sprach zu ihm: „Laß die Toten ihre Toten begraben, gehe du aber hin und verkündige das Himmelreich."

Und ein dritter sprach zu ihm: „Ja, ich will dir nachfolgen, aber erlaube mir zuvor, daß ich Abschied nehme von denen, die in meinem Hause sind." Und der Rabbi erwiderte:

„Wer seine Hand an den Pflug legt und kehrt um, der ist

nicht würdig des Himmelreichs." Und er verließ sie alle und ging seines Weges.

Und keiner folgte ihm gen Jerusalem außer uns Jüngern, und sein Los sollte auch das unsere sein. Und ob auch unsere Herzen sich fürchteten vor dem, was uns bevorstand, so folgten wir ihm dennoch nach, wir, seine Jünger, und das Weib Mirjam, so die Salben hütete, und sie führte den blinden Bar Talmai.

* * *

Hier endete das Manuskript, das mir Pan Viadomsky gegeben hatte. Das letzte Blatt war zerrissen. Der zerfetzte Rand des Papyrus war ein stummer Zeuge der rohen Mißhandlung.

DRITTER TEIL

I. KAPITEL

Abermals veränderten sich meine Beziehungen zu Pan Viadomsky. Es wurde mir immer schwerer, den Kontakt mit ihm aufrecht zu erhalten. Er begann ganz plötzlich eine neue Geschäftigkeit zu entwickeln und umgab sich mit Leuten, deren Charakter und Person mir eine Zeitlang völlig rätselhaft waren. Pflegte ich ihm einen meiner regelmäßigen Besuche abzustatten, dann konnte es passieren, daß er sich in sein Zimmer eingeschlossen hatte und irgend eine Beratung abhielt. Ich wartete stundenlang auf ihn in dem langen, schmalen Gang, und immer dann, wenn mir die Geduld riß und ich gehen wollte, kam er aus seinem Zimmer herausgestürzt, ungekämmt, verstört, wie besessen, eine Feder hinterm Ohr — als ob ein sonderbarer Instinkt ihm meine Absicht verraten hätte — und entschuldigte sich mit hastigen, abgerissenen Worten, während er mich zugleich bat, später am Tage wieder zu ihm zu kommen.

Es dauerte nicht lange, bis ich heraus hatte, womit Pan Viadomsky sich neuerdings beschäftigte. Gemeinsam mit einem katholischen Priester arbeitete er an einer Abhandlung, die, sage und schreibe, den Beweis dafür liefern sollte, daß die Juden bei der Zubereitung der Mazzoth für das Passahfest Christenblut verwenden! Im Zusammenhange mit seinen „Forschungen" verbrachte er ganze Tage in der Gesellschaft höchst anrüchiger Gelehrter. Unter ihnen befand sich, wie ich erfuhr, ein Theologieprofessor, der eine Ahnung vom Hebräischen hatte und alle die „gefährlichen" Stellen aus dem Talmud kannte, ebenso alle die Abschnitte, die von „gojim", „necharim", „minim" handeln — Ausdrücke, die man ungefähr mit „Nichtjuden", „Fremdlinge", „Ketzer" übersetzen könnte, deren genauer Sinn aber nicht mehr bekannt ist —, und ähnliche Dinge. Dieser Theologieprofessor hatte die Aufgabe, das „theoretische" Material zu dem verleumderischen Angriff zu sammeln, den der antisemitische römische Schriftsteller Felix gegen die Urchristen gerichtet hatte, des Inhalts, daß sie bei ihren geheimen nächtlichen Festen Kinderblut verwendeten. (In späterer Zeit haben die Christen diese Verleumdung gegen die Juden gekehrt.) Ein anderer seiner Mitarbeiter, ein „Historiker", war damit beauftragt, historische Daten zu sammeln, nämlich die Protokolle der Ritualmord-Prozesse, die Geständnisse, die unter der Inquisition in den Folterkammern erzielt oder angeblich erzielt worden sind, und die von weltlichen oder geistlichen Gerichten erlassenen Urteile. Sich selber hatte Pan Viadomsky die stolze Aufgabe vorbehalten, diesen Mischmasch zu einem zusammenhängenden Ganzen zu verarbeiten, darauf hinzuweisen, wie diese „Sitten" und „Gebräuche" in das zeitgenössische Leben der Juden übertragen wurden, und einen laufenden Kommentar hinzuzufügen, der den „Protest" und die „Entrüstung" der christlichen Volksmassen widerspiegeln sollte. Ich konnte nicht in Erfahrung bringen, ob dieses erlesene Produkt für den heimischen Bedarf oder für das Ausland bestimmt war, und ich wußte auch nicht, ob die Leute tatsächlich beabsichtigten, bestimmte Personen des Ritualmordes zu beschuldigen, oder ob sie nur eine allgemeine judenfeindliche Agitation einleiten wollten. Was immer sie auch vorhaben mochten, jedenfalls nahm dieses Werk Pan Viadomskys gesamte Zeit und Kraft in Anspruch. Ich brauche kaum zu erwähnen, daß meine Besuche immer seltener wurden, nachdem ich von seiner neuen Unternehmung erfahren hatte; schließlich stellte ich sie gänzlich ein, und unsere Arbeit erfuhr eine lange Unterbrechung.

Wieder einmal beschloß ich, meine Beziehung zu Pan Viadomsky als unwiderruflich erledigt zu betrachten, und ich bemühte mich, ihn zu vergessen. Aber ich hätte auf Grund meiner früheren Erfahrungen wissen müssen — eigentlich wußte ich es —, daß das ein vergeblicher Entschluß war, und daß die Beziehung sogleich wieder aufleben würde, sowie er es für gut befände, mein armes Dachkämmerlein mit seinem hohen Besuche zu beehren. Ich hätte wissen müssen, daß es kein Entrinnen gab aus den seltsamen Doppelrollen, die das Schicksal mir und Pan Viadomsky aufgezwungen zu haben schien. Und ich muß gestehen — trotz des Abscheus, den sein neuestes Unternehmen in mir erweckte, war die alte wunderliche Anziehung immer noch wirksam, als stünde ich unter einem Bann. Es war tatsächlich so, als könnte ich ohne den Mann nicht mehr leben. Ich will ganz ehrlich sein: Ich vermißte ihn, ich sehnte mich nach unseren regelmäßigen nächtlichen Zusammenkünften, ich empfand gleichsam Heimweh nach jenen Winterabenden, die wir damit zugebracht hatten, das ehemals völlig vergessene Leben, das wir miteinander gemein hatten, aus der Vergangenheit heraufzubeschwören. Nun, da unsere Beziehungen abgebrochen waren, hatte mein bescheidenes Dasein, wie mir schien, alles eingebüßt, was geeignet war, es interessant und bedeutsam zu machen. Jene phantastischen, aus Fieber und Phantasie geborenen Begebenheiten, in die Pan Viadomsky uns beide eingesponnen hatte, waren mir schlechterdings unentbehrlich geworden. Mein „wirkliches" Leben, die Gegenwart, hatte sich in einen grauen, kläglichen, trivialen, von Eitelkeit und Haß befleckten Alltag verwandelt, in dem ich erstickte. Meine Gedanken hingen gierig an den großen Ereignissen und Leidenschaften jener fernen Zeit. Ich konnte die Straßen Jerusalems nicht vergessen, das lärmende Treiben in den Tempelhöfen, die Winde, die über die Hügel und Täler Judäas wehten, — all die Dinge, denen mich der Abbruch meiner Beziehungen zu Pan Viadomsky scheinbar unwiderruflich und jählings entrissen hatte. Monatelang hatte ich nun in dieser Welt gelebt und ihre Luft geatmet. Ein beständiger Trost war mir in der Tiefe meines Herzens geblieben. Der Wolf will in den Wald zurück — Pan Viadomsky würde den Lockungen der alten bunten Welt unterliegen und die geifernde Bosheit der heutigen Welt vergessen, die jetzt seine Aufmerksamkeit fesselte. Er würde sich plötzlich wieder der erschütternden Tragödie entsinnen, an der er selber beteiligt gewesen war, und zu mir zurückkehren, um seine Rolle wieder aufzunehmen.

Und so kam es denn auch.

Das Wetter schlug um. Die milden Lüfte, die den Frühling und das Passah-Fest verkündeten, begannen durch das Land zu wehen, und Pan Viadomsky schüttelte das Bewußtsein der ihn umgebenden Welt von sich ab, wie ein Tier seinen Winterpelz von sich abwirft, er häutete sich gleichsam, und aus dem Polen des zwanzigsten Jahrhunderts wurde wieder der unsterbliche Cornelius.

Das Verhältnis zwischen uns kehrte sich völlig um. Als das jüdische und christliche Osterfest heranrückte, wurde Pan Viadomskys Benehmen noch wunderlicher als zuvor. Er wollte mir einreden, daß er jegliches Interesse an der „historischen" Arbeit verloren habe. Statt vor seinen Kollegen die Beziehung zu mir zu verheimlichen, versuchte er vor mir seine Beziehung zu ihnen zu verheimlichen. Er besuchte mich häufig in meiner elenden Dachstube, er spazierte ganze Tage lang in meiner Begleitung durch die ärmsten jüdischen Viertel. Mit meiner Hilfe stöberte er frühere Bekanntschaften in der Altstadt auf, die Schneider und Schuster, die er vor Jahren gekannt hatte. Wir krochen in düstere und stickige Keller hinab, wir verblüfften und erschreckten die jüdischen Hausmütter, die zu dieser Jahreszeit damit beschäftigt waren, Haus und Küche für das Passah-Fest zu säubern.

„Ich weiß nicht, wie es kommt", vertraute er mir an, „aber wenn das Passah-Fest heranrückt, muß ich mich ganz einfach mit Juden umgeben. Ich — ja, ich kann dann eben nicht ohne sie auskommen. Sie rufen mir die Osterwoche Jerusalems ins Gedächtnis zurück. Auch dort war die Zeit vor dem Passah-Fest von emsigen Vorbereitungen und von rühriger Geschäftigkeit erfüllt. Aus allen Winkeln des Landes strömten sie in die Stadt, mit ihren Familien und ihren Herden und brachten das Passah-Opfer. Die Straßen wimmelten von Pilgern. Es war dann so lustig und lebhaft in Jerusalem, daß ich immer, wenn diese Jahreszeit heranrückt, richtiges Heimweh bekomme, und ich muß dann wieder zu meinen Juden gehen, ich muß sie um mich haben, ich muß einen Blick in ihre Behausungen werfen. Ihr Anblick versetzt mich nach Jerusalem zurück. Es genügt mir, wenn ich ihre Gesichter sehe: Ich glaube dann wieder die von Menschen wimmelnden Gäßchen des Tempelbezirkes vor mir zu sehen."

Er sprach wie ein Träumender, und der Blick seiner halbgeschlossenen Augen war auf ferne, unsichtbare Bilder geheftet. Über sein gelbliches, faltiges, pergamentartiges Antlitz spielte das frische Licht der Frühlingssonne, das die schmutzigen, lärmenden Straßen Warschaus beschien. Die vereinzelten Haare, die seinen Schädel schmückten, standen in die Höhe, als ob sie das Licht einfangen wollten. Eine hoffnungslose Sehnsucht zitterte in seiner Stimme, während er die Worte eines unbekannten Dichters deklamierte:

„Oh Jerusalem, der Frühling zieht durch deine Tore ein, von den Schritten des Todes begleitet."

„Was soll das heißen?" fragte ich verwundert.

„Oh nichts, eine bloße Laune. Der Frühling. Sie verstehen... Wenn der Frühling kommt, werde ich ganz krank bei dem Gedanken an Jerusalem. Wenn ich seine Tore nicht durchschreiten kann, muß ich wenigstens die Wohnungen seiner Kinder aufsuchen. Möchten Sie Judas sehen, den Mann aus Karjoth, Judas Ischariot? Kommen Sie, wir wollen ihm einen Besuch abstatten. Ja, ja, wenn das Passah-Fest kommt, suche ich meine alten Freunde auf. Ich habe ganz vergessen, Ihnen zu erzählen, daß mein Freund Ischariot in Warschau wohnt."

Ich hatte gedacht, Pan Viadomsky würde mich nie mehr überraschen können, aber das war nun doch etwas Neues.

Ich bat ihn, seine Bemerkung zu wiederholen: „Wie? Auch Judas Ischariot ist in Warschau?"

„Aber gewiß! Ich habe ihn sofort wiedererkannt. Unter tausend Gesichtern habe ich sein Gesicht wiedererkannt. Und nicht nur ihn. Auch Simon ist hier — Simon, den sie Petrus nannten. Ich bin ihm in den Judengassen Warschaus begegnet. Es sind ihrer so viele hier, Menschen, die ich in den Gassen Jerusalems, in den Vorhöfen des Tempels und in der unteren Stadt gesehen habe. Merkwürdig. So oft ich unter Juden bin, habe ich das Gefühl, daß ich sie alle kenne. Mir ist, als hätte ich mit jedem einzelnen persönlich zu tun gehabt. Ich kenne ihre Sitten, ihre Gesten, ihre Bräuche, ihre stolze, steife Haltung, ihre Halsstarrigkeit, ihre unbezähmbare Willenskraft. Ich starre sie an, wie sie da auf dem Altmarkt sitzen und feilschen und handeln, und ich habe das Gefühl, sie werden im nächsten Augenblick ihre langen Kaftane abwerfen und in ihren weißen Gewändern vor mir stehen — hagere, wilde Wüstensöhne, mit dunklen Gesichtern und blitzenden Augen und langem Haar, wie sie mich an den Festtagen in den Tempelgassen umdrängten. Und oft habe ich das Gefühl, daß irgendein Mißgriff des Schicksals sie hierher versetzt habe in diese kalten Straßen, mit ihren Läden und Buden, wo sie im schmutzigen Schnee umherstapfen und ein kalter Wind sie anbläst. So bin ich auch meinem alten Freunde Judas Ischariot begegnet."

„Judas Ischariot", murmelte ich ungläubig.

„Sie können ihn kennenlernen, wenn Sie wollen. Er wohnt am Altmarkt."

Eines Tages nun, bevor wir aus seiner Wohnung aufbrachen, zog Pan Viadomsky aus einem Winkel ein merkwürdiges Besitzstück hervor, das ich noch nie gesehen hatte: eine lange schwarze Pelerine mit einer Kapuziner-Haube. Ich hatte nicht vermutet, daß Pan Viadomsky etwas vor mir versteckt halte.

„Aber, was wollen Sie denn damit?" stotterte ich. „Es ist doch heute gar nicht kalt."

„Still!" erwiderte er. „Ich will nicht, daß ganz Jerusalem weiß, daß der Hegemon sich zu Judas Ischariot begibt. So etwas macht man heimlich ab."

Pan Viadomsky zog die Kapuze über den Kopf, und wir gingen los. Ich brauche kaum zu erwähnen, daß dieses sonderbare Kleidungsstück erst recht die Aufmerksamkeit der Passanten erregte. Er führte mich zum Altmarkt und blieb vor einem uralten, halbverfallenen Hause stehen, das sichtlich am Einstürzen war und zweifellos schon längst eingestürzt wäre, wenn nicht der Druck der ebenso alten Nachbarhäuser sein wackliges Gleichgewicht aufrecht erhielte. Die Mauern waren früher einmal rot bemalt gewesen und die Fensterläden grün. Pan Viadomsky blickte vorsichtig nach links und nach rechts, um festzustellen, ob man ihn beobachte, dann nahm er mich bei der Hand und führte mich über die schmalen, bröckligen Stufen in den Keller.

Wir befanden uns nun anscheinend in dem Laden eines Altwarenhändlers. Da es die Woche vor dem Passah-Fest war, hatte der Ladenbesitzer soeben die Wände frisch getüncht, und die Waren lagen folglich in einem wüsten Durcheinander: Bronzelampen in allen Formen und Größen, wacklige Stöße von Schüsseln und Tellern, die bei der leisesten Berührung zitterten und klirrten, Reihen gerahmter und ungerahmter Bilder, Stühle, lose Ballen teurer Stoffe, Gläser, Figuren aus Marmor, Metall und Gips. Und inmitten dieses babylonischen Wirrwarrs stand ein Jude im langen Kaftan, und er war anscheinend damit beschäftigt, wieder etwas Ordnung in das Chaos zu bringen. Gleich als wir hineinkamen, stieß der Pan gegen einen Kandelaber, der zwischen hunderterlei silberne und gläserne Gegenstände eingezwängt war. Die Pyramide gab ein warnendes Klirren von sich, und der Jude kam entsetzt auf uns losgestürzt.

„Hilfe! Ihr werdet alles zerbrechen!" schrie er. Er griff nach dem schwankenden Pfeiler, brachte ihn wieder ins Gleichgewicht und holte Atem. Dann wandte er sich zu uns und zwang sich zu einem höflichen Lächeln der Begrüßung.

„Aha, Judas! Du hast mich nicht erwartet! Deine Bude ist nicht vorbereitet auf einen Besuch des Hegemon!"

„Sara, Sara!" rief der Jude in herzhaftem Warschauer Jiddisch in den benachbarten Kellerraum: „Der alte Goj ist wieder da!" Er wandte sich an mich und fuhr in derselben Sprache fort: „Immer am Vorabend des Passah-Festes kommt er mich besuchen. Früher einmal hat er mir was abgekauft, aber in den letzten paar Jahren habe ich nichts mehr an ihm verdient. Trotzdem kommt er her, starrt mich an und nennt mich Judas. Eine Klag' soll das Fest werden, wenn ich eine Ahnung habe, was der alte Goj will."

„Judas, Judas!" sagte Pan Viadomsky, vorwurfsvoll den Kopf schüttelnd. „Du hast nie deine Sachen in Ordnung gehabt — damals nicht und heute nicht."

„Der Schlag soll mich treffen, wenn ich weiß, von was für einem Judas er redet. Und mir fällt ein, mein Großvater hat Judas geheißen, aber was hat das damit zu tun? Ich heiße zufällig Mordechai. Meinetwegen soll er mich nennen, wie er will, wenn er nur ein bißchen was ausgeben würde vor dem Fest."

„Ich habe ihn sofort erkannt!" Pan Viadomsky wandte sich triumphierend zu mir. „Dieses Gesicht! Es ist nicht zu verkennen. Ich habe mich einmal an einem Winterabend hierher verirrt. Er saß unter einer kleinen Petroleumlampe und zitterte vor Kälte. Sein Gesicht war blau, seine Schläfenlocken zitterten im Wind und ebenso der lange spitze Bart, der ihm über den Kaftan hing. Ich schaute ihn nur einmal an und erkannte ihn wieder! Ich fragte ihn: Judas, was machst du hier? Zuerst wollte er mich nicht erkennen — genau wie damals in K'far Nahum. Aber später hat er mich erkannt." Er wandte sich wieder zu dem Juden: „Nicht wahr, Judas, du hast deinen Hegemon erkannt. Hättest du Lust, mit mir auf den Ölberg zu gehen, nach Gethsemane? Heute abend?"

Der Trödler blickte mich verdutzt an. „Vielleicht wissen Sie, wovon er redet. Immer kommt er her am Vorabend des Passah-Festes, wenn ich den Sauerteig ausfege. Er schwatzt über Jerusalem und den Ölberg. Scheint übrigens ein gelehrter Goj zu sein. Will immer wissen, ob ich hebräische Bücher zu verkaufen habe. Was braucht ein Goj hebräische Bücher? Einmal hat er ein zerfetztes altes Manuskript gefunden. Da hätten Sie sehen sollen, was sich getan hat! Er hat aber anständig dafür bezahlt. Zu was braucht er es? Will er jemand kurieren? Immer wenn er ein altes Manuskript sieht, ist er außer sich vor Neugier und Freude. Er hat früher einmal Geld gehabt und viel ausgegeben. Aber jetzt ist alles weg. Ich seh' ihn nicht das ganze Jahr lang. Nur zu Ostern, wenn ich alle Hände voll zu tun hab'. Er ist wohl weiter nichts als ein armer alter Schnorrer. Und krank ist er auch, der arme alte Narr!" Der Jude klopfte sich vielsagend an die Stirn.

Ich sagte zu ihm: „Er behauptet, daß er Sie in Jerusalem gekannt hat, zu der Zeit, als der Zweite Tempel noch stand. Damals, behauptet er, hätten Sie Judas Ischariot geheißen. Sie sind der Mann, der Jeschua von Nazareth für dreißig Silberlinge verkauft hat."

„Was ist das? Was habe ich verkauft? Dreißig Silberlinge. Hören Sie zu! Sagen Sie ihm, dreißig Silberlinge könnte ich gut brauchen für das Fest, und wenn ich etwas habe —"

„Jeschua von Nazareth", sagte ich, „ist Jesus Christus. Sie haben Jesus Christus für dreißig Silberlinge an den Hohenpriester und die römischen Behörden verkauft."

Der Jude wurde plötzlich kreidebleich. Eine fahle Blässe flutete über seine Wangen hinab bis unter den Bart, so daß sein Gesicht einer Totenmaske glich. Seine Augen wurden gläsern vor Schreck. Er rollte sie hin und her, wie von einer plötzlichen Krankheit befallen. Mit einer vor Entsetzen bebenden Stimme sagte er:

„Wenn der Pan sich über einen Juden lustig machen will, soll er sich einen anderen suchen. Sara, Sara!" rief er. „Komm sofort her!"

„Was schreit er so?" fragte mich Pan Viadomsky ungeduldig. „Er hat mich erkannt, wie? Haben Sie gesehen, wie er erschrocken ist? Genau so hat er immer ausgesehen. Dasselbe blasse Gesicht mit dem gesträubten Haar. Er kennt mich. Er kennt seinen Hegemon. Nein, nein, Judas, sei nicht so ängstlich, ich werde dich nicht verraten." Er streckte ihm sogar die Hand hin. „Wir haben einen Pakt miteinander, du und ich. Wir sind Verbündete."

Inzwischen war das Weib in den Laden gekommen. Als sie Pan Viadomsky erblickte, brach sie in wüste Beschimpfungen aus. „Zehntausend schwarze Flüche sollen ihn treffen!" schrie sie mit schriller Stimme. Die zerfetzte Perücke tanzte auf ihrem Kopf, sie hatte die Ärmel aufgerollt, ihre zerrissene Schürze war naß. „Was will er mit seinen dreißig Silberlingen? Immer wenn Passah ist, kommt er her. Wenn wir bloß wüßten —"

„Ich weiß, was er will", rief ihr Mann aufgeregt. „Es ist ein Komplott gegen mich. Das fehlt mir gerade bei diesen Zeiten."

„Komplott?" stieß seine Frau hervor. „Was willst du mich erschrecken?"

„Mit ihrem Gott", stotterte der Jude. „Er sagt, ich hab' ihn für dreißig Silberlinge verkauft."

„Der Teufel soll in ihn fahren! Will er seine dreißig Silberlinge zurückhaben? Glaubt er, wir haben sie? Soll er das ganze Haus durchsuchen und sehen, ob wir dreißig Silberlinge haben! Dreißig Flüche wird er finden, sonst nichts."

Ich flüsterte Pan Viadomsky ins Ohr: „Wir erschrecken diese armen Leute. Gehen wir!" Ich nahm seine Hand und bemühte mich, ihn wegzuziehen. Er wehrte sich zuerst, dann gab er unwillig nach.

„Judas, Judas", rief er über die Schulter dem zitternden Juden zu. „Du hast alles vergessen."

Ich wollte den Pan nach Hause bringen, aber er lehnte es ab. Seine knochigen Finger gruben sich in meinen Arm, und er sagte flehend:

„Kommen Sie mit! Wir wollen Israel suchen. Ich will die Kinder Israels sehen!"

Er zog mich tiefer in das jüdische Viertel hinein. Wir bahnten uns unter den Arkaden einen Weg durch das Gedränge der Käufer und Verkäufer. Die Juden, Männer und Weiber, kauften Vorräte ein für das Fest. Rings um uns herrschte ein unbeschreiblicher Tumult. Weiber mit Körben und Eimern am Arm standen vor den Bottichen der Fischhändler, vor den Hackblöcken der Fleischer und feilschten heftig. Hennen gluckten und flatterten in ihren Verschlägen umher. Weiber standen hinter den Fässern mit eingelegtem Kürbis und sahen so sauer und verrunzelt aus wie ihre Ware. Pan Viadomsky mußte überall sein, alles sehen, jeden Winkel durchschnüffeln. Er drängte sich durch eine Schar von Weibern hindurch, die vor einem Eisenwarengeschäft neue Töpfe und Pfannen kauften. Er bestand darauf, eine Schnittwarenhandlung genau zu besichtigen. Er legte eine kindische Neugier und Fröhlichkeit an den Tag und murmelte unaufhörlich, entzückt, vor sich hin:

„Völlig unverändert! Genau das gleiche! Genau wie damals!"

Er blieb vor der Bude eines kleinen Mazzothhändlers stehen. Eine Gruppe armer Juden in zerlumpten Feströcken und hohen Stiefeln kauften in letzter Minute (zweifellos hatten sie das Geld dafür nicht eher auftreiben können) ihren kärglichen Vorrat an ungesäuertem Brot für das Passah-Fest. Der Pan hüpfte in fieberhafter Erregung von einem Fuß auf den anderen.

„Mazzoth!" rief er. „Mazzoth! So wahr ich lebe, das ungesäuerte Brot, das sie aus Ägypten mitgebracht haben. Vor drei-, viertausend Jahren! So oft ich diese Mazzoth sehe, muß ich zurückdenken. Ein altes Volk! Ein schwergeprüftes und gequältes Volk! Mazzoth, das Brot der Erlösung!"

Dann wandte er sich mit einem Ruck zu mir.

„Sagen Sie mir, Sie — ich weiß, Menschen wie Sie sind zu intelligent, zu sehr assimiliert, zu sehr angefault von der dekadenten, schleimig-humanistischen Kultur dieser Zeit, um auf solche Dinge zu achten; Sie und Ihresgleichen, ihr wollt Menschen nach ein und demselben Modell hervorbringen — Reihen und Reihen ganz oder halb gebackener kleiner Brotlaibe aus einem einzigen Ofen. Ihr glaubt nicht an diese Dinge, ihr findet sie verrückt, phantastisch, überspannt, empörend, ihr möchtet sie einfach wegwischen. Trotzdem — hören Sie mich an! — trotzdem muß es bei euch obskure Sekten geben, geheime, mystische Zirkel, religiöse Verschwörer, Sie verstehen, die namenlose, finstere und schreckliche Riten befolgen... Verstehen Sie mich? Sie verstehen, worauf ich anspiele?..."

„Nein, Pan Viadomsky, ich weiß nicht, worauf Sie anspielen, und ich verstehe nicht, was Sie sagen wollen."

„Natürlich, natürlich, Sie werden es mir wahrscheinlich nicht verraten. Ihre Lippen sind versiegelt mit dem Siegel des großen Banneides. Und es ist auch nicht ganz ausgeschlossen, daß Sie selbst in diese Geheimnisse nicht eingeweiht sind. Leider hat das religiöse Leben Ihres Volkes sehr nachgelassen, aber ich bezweifle nicht, daß irgendwo in seinen tiefsten Schichten die alte Tradition sich unversehrt erhalten hat, daß dort der tausendjährige Nationalritus noch von einzelnen Sekten gepflegt wird, deren Geheimnisse nie enthüllt worden sind. Sagen Sie mir jetzt in aller Ehrlichkeit, glauben Sie nicht, daß es unter den Juden Sekten gibt, die noch an diesem Ritus festhalten?"

„An welchem Ritus?" fragte ich.

„Nun — wenn Sie es wissen wollen — an dem Ritus, beim Backen der Mazzoth zumindest einen kleinen Tropfen Christenblut zu verwenden."

„Und Sie glauben das wirklich?"

„Gewiß. Warum nicht? Ein uraltes Volk... eine Kultur, die Jahrtausende zurückreicht... Moses... Jehovah... der Gott der Rache... Ein steifnackiges Volk — es gehört nicht unserer heutigen charakterlosen, schlaffen, christlichen Welt an, dem Endprodukt der Religion, die uns Ihr Landsmann aufgezwungen hat. Ihr seid nicht verdorben worden. Ihr seid geblieben, was Ihr wart, ein heißblütiger Wüstenstamm, der strotzt von Leidenschaft, von ewigem Haß und ewiger Treue... Warum nicht?

Wenn ich Jude wäre, würde ich sicherlich einer dieser Sekten angehören, die an den uralten und blutigen Riten festhalten, auch wenn es für mich mit den schrecklichsten Gefahren verbunden wäre, ja, auch wenn ich dafür mit meinem Leben bezahlen müßte. Solch ein Volk wäre seines Namens würdig. Da könnte man von einer Rasse, von einer Religion und von einer Nation reden! Aber Individuen wie Sie, Modernisten, schwächliche Nachkommen stolzer Vorfahren, zittern schon bei dem bloßen Wort. Auch eure Rasse degeneriert..."

„Und Sie würden wirklich an einem so scheußlichen Ritus festhalten?" fragte ich neugierig.

„Natürlich! Warum denn nicht? Das Blut meines Feindes auf meinen Lippen spüren, sei es auch nur ein Tropfen, ein Hauch, eine Spur: ein Symbol zumindest. Der Ruf der Rasse, der Ruf des ewigen Hasses! Sehen Sie!" rief er plötzlich, und aus seinen weitaufgerissenen Augen strahlte ein wildes Licht. „Sehen Sie, wie diese Weiber nach den Zwiebeln greifen! Ich liebe Juden, die Zwiebeln essen, ich liebe Juden, aus deren buschigen Bärten ein Knoblauchduft weht wie ein heißer Wüstenwind. Der Zwiebel- und Knoblauchgestank hat das Gewebe ihrer Haut durchtränkt. Kräftige, echte Männer! Ho, ho! Eure Weiber wissen, was eure Männer lieben! Zwiebel und Knoblauch! Der Geruch des echten Mannes... Nicht so wie wir degenerierte, zersetzte, modernisierende Europäer..."

Plötzlich wurde er starr und regungslos, das Blut wich aus seinem Gesicht, seine Augen weiteten sich vor Erstaunen und Furcht, seine Nasenflügel begannen zu beben, seine Finger umkrampften meinen Arm.

„Dort! Sehen Sie, wer dort steht! Ich kenne dieses Gesicht. Ich habe es schon einmal gesehen. Sehen Sie!"

Und bevor ich mich von meinem Erstaunen erholen konnte, verließ mich Pan Viadomsky und eilte auf einen vierschrötigen, kräftig aussehenden und muskulös gebauten Juden zu, der neben einem Fischbottich stand.

„Simon, Simon bar Jonas, was tust du hier?"

Aber mein Erstaunen wurde noch größer, als der Fischhändler dem Pan Viadomsky sein Gesicht zuwandte, denn es war tatsächlich das Gesicht des Apostels Simon Petrus, wie die Tradition der klassischen Maler es fixiert hat. Ein vierkantiger harter Schädel, mit einer zähen, runzeligen Haut bedeckt, große, schwarze, glänzende Augen in tiefen Höhlen unter der mächtigen Wölbung der Stirn. Die Augen loderten aus ihren Tiefen über dem Gewirr des grauen Bartes, der die dichtgeäderten Wangen mit seinem schweren Geflecht umgab. Die kurze, flache Nase, die in breite Flügel auslief, saß über zwei wulstigen Lippen. Der Jude, der anscheinend ebenso erstaunt war wie ich, streckte seine kräftige sehnige Hand aus, die der entblößten Wurzel eines Ölbaumes glich, welche dem Wetter und den Hufen vorüberkommender Tiere ausgesetzt ist, und starrte den Pan an.

„Der Pan kennt mich?" fragte er.

„Natürlich. Und erkennst du nicht den Hegemon von Jerusalem, Simon?"

„Den was?"

„Mann, ich bin dein Hegemon."

Der Jude runzelte die Brauen und wandte sich an die Umstehenden. „Hegemon? Was soll denn das heißen? Was will er denn? Wovon redet er?" Und ohne sich um Pan Viadomsky weiter zu kümmern, stimmte er wieder sein Hökergeschrei an: „Fische, frische Fische! Schöner, frischer Hecht für Passah! Kaufen Sie, gute Frau, kaufen Sie!"

„Simon, kennst du mich nicht? Wo hast du deinen Rabbi gelassen?"

„Rabbi? Was für einen Rabbi? Und was hat ein Goj mit einem Rabbi zu tun? Was schwatzen Sie da? Ich habe jetzt keine Zeit für dummes Zeug. Fische, gute Hausfrauen, schöne Fische! Zwei Gulden das Kilo!"

„Man denke!" sagte der Pan atemlos und wandte sich zu mir. „Das ist der Mann, der einmal sein Schwert gegen mich gezogen hat! Der einzige Jude, der es jemals gewagt hat, mir zu trotzen! Er hat tatsächlich einem meiner treuesten Leute ein Ohr abgehauen. Sehen Sie, was aus ihm geworden ist! Simon, was hast du mit deinem Schwert gemacht?"

„Was für ein Schwert?" fragte der Fischhändler ärgerlich. „Schafft diesen Goj weg, sonst gibt es ein Unglück."

„Kommen Sie, Pan", bat ich. „Sie fiebern. Sie sind nicht wohl. Wir wollen nach Hause gehen, Sie erschrecken diese braven Leute."

Nur mit großer Schwierigkeit gelang es mir, Pan Viadomsky von dem lärmenden Marktplatz wegzuschleppen.

„O Israel, o Israel, was ist aus dir geworden!"

„Kommen Sie, Pan."

„Und ich liebe sie so sehr!" krächzte er in klagendem Ton halb für sich.

Ich war verblüfft. „Wen, Pan?"

„Nun, euch, meine kleinen Juden, meine Hebräer." Ein dunkler Schatten glitt über sein Gesicht. Seine Hände und Lippen zitterten, seine Nasenflügel bebten unter den Atemzügen. Doch er wiederholte mit kläglicher Stimme:

„O Israel, o Israel, was hast du aus dir gemacht?"

„Kommen Sie, Pan Viadomsky, wir nehmen einen Wagen."

Aber Pan Viadomsky hörte mich nicht.

„Schuster, Hausierer, Trödler, Altkleiderhändler und Lumpensammler seid ihr geworden! Ihr sitzt in den Gossen einer fremden, barbarischen Stadt, in Schmutz und Schnee versunken. Die Jochanaans, die Simons, die Judasse, die Jakobusse, die Josephs... Und dort drüben rufen die Widderhörner von den Türmen des Tempels. Die Sonne geht auf und spiegelt sich in den vergoldeten Toren, die Priester schreiten hervor zu ihrem Frühgottesdienst, in den Straßen und Gassen rund um den Tempel drängen sich bereits die ersten Pilger, die die Opfergaben bringen. Und hier sitzen sie, Flickschuster, Schneider und dergleichen, eingesargt in ihre elenden Keller, während ich, ihr Hegemon, mit ihnen zugleich in dieselbe schmutzige Zeit, in denselben schmutzigen Raum versunken bin. Ich atme dieselbe Luft, und sie erkennen mich nicht, sie wissen nicht, wer ich bin. Sehen sie denn nicht ihre eigenen Gesichter? Hören sie denn nicht ihre eigenen Stimmen? Israel, was ist aus dir geworden? Siehe, du bereitest das Passah-Fest fern, fern von dem Hause deines Vaters! Und ich, dein Hegemon, lebe wie du in der Verbannung."

Er fing fast zu weinen an vor Verzagtheit. Die Leute, die an uns vorüberkamen, starrten uns an, und einige liefen hinter uns her. Die Luft war erfüllt von einer Frühlingsfrische, die in den Herzen und Köpfen der Menschen den Geist der Neugier und Wißbegier weckte. Ich machte mir schon Sorgen, man würde Pan Viadomskys sonderbares Geschwätz über das zweite Leben, über die Juden und ihren Verfall belauschen, und das wäre für ihn ebenso unangenehm gewesen wie für diejenigen, welche seine Worte hörten. Ich rief die erstbeste Droschke an, die uns entgegenkam, und zwang meinen Begleiter einzusteigen.

Die Nacht war hereingebrochen, als wir bei ihm zu Hause anlangten, und in der Wohnung herrschte völlige Dunkelheit. Ich wollte die Lampe anzünden, aber Pan Viadomsky untersagte es mir kategorisch. Ich zog die Vorhänge zurück und öffnete das Fenster. Dann legte ich den alten Mann auf sein Bett und ließ die milde Frühlingsluft zu ihm hereinwehen. Aber statt ihn zu besänftigen, steigerte sie nur noch seine Unrast. Das Mondlicht strömte durch das vergitterte Fenster und zeichnete ein Streifenmuster auf das abgezehrte, gelblichweiße Gesicht. Die unglaublich schmale Habichtsnase ragte unter den phantastischen, dämonischen Augen hervor. Dann kam eine Art Starre über ihn, und er begann zu sprechen, mehr zu sich selber als zu mir:

„Wie vor alters..."

„Versuchen Sie zu vergessen!"

„Nein, ich will nicht vergessen, ich will nicht vergessen. Ich will bei ihnen sein... ich bin bei ihnen... jetzt..."

Plötzlich richtete er sich auf dem Bette auf. Er starrte mit blinden Augen ins Leere. Seine Miene war ruhig, und er redete.

II. KAPITEL

„Wir hatten einen ungewöhnlich strengen Winter in Jerusalem. Einmal fiel sogar Schnee. Alle die Hügel rings um die Stadt einschließlich des Scopus-Berges waren verschneit. Freilich blieb der Schnee nicht lange liegen, denn die Sonne kam hervor und wischte ihn weg. Aber der Anblick Jerusalems am frühen Morgen, eine belagerte Stadt, umgeben von weißen Vesten, hinterließ einen unvergeßlichen Eindruck in mir. Die Einwohner von Jerusalem, die an solche Wetterschwankungen nicht gewöhnt waren, litten sehr unter der Kälte. Sie hielten sich meist im Freien auf, und in diesem Winter gingen sie von Kopf bis Fuß vermummt umher, die Reichen in Filzmänteln, die Armen in Säcken und Lumpen. Haufenweise suchten sie Zuflucht in den Bethäusern. Die Rabbis und Lehrer, die im Tempelbezirk zu predigen pflegten, fanden Obdach in der Basilika des Herodes. Dort hockten sie mit ihren Schülern vor den Kohlenpfannen, die fromme Weiber ihnen gebracht hatten. Die Priester in ihren Leinenhosen und leichten weißen Tuniken zitterten vor Kälte, wenn sie barfuß ins Heiligtum zogen, um ihren heiligen Dienst zu verrichten. Es war ein ruhiger Winter. In der Zeit zwischen dem Laubhüttenfest und dem Passah-Fest, in die keinerlei hohe Feiertage fallen, kamen recht wenig Pilger in die Stadt; die öffentlichen Plätze und der Tempelbezirk wurden nur von dem üblichen Pöbel heimgesucht, von den zugelassenen Bettlern, den

Müßiggängern, den entlaufenen Sklaven und den revolutionären Hetzern. Der größte Teil der Reichen, die Aristokratie der Stadt und die hohen Priesterfamilien flüchteten in die Wärme und den Sonnenschein des ewig blühenden und von Palmen beschatteten Tales von Jericho. Sofern überhaupt von draußen her ein gewisser Zustrom erfolgte, bestand er zumeist aus Schülern, die zu den Füßen der Jerusalemer Rabbis sitzen wollten. Sie entstammten nicht nur den ärmeren Volksschichten. In Judäa und in den Ländern hinter den Meeren und Wüsten gab es genug wohlhabende Familien, die ihre Söhne nach Jerusalem schickten, um sie dort erziehen zu lassen. Es kamen auch junge Neophyten der Priester- und Levitenschulen und mischten sich unter die Scharen, die vor den schwelenden Kohlenpfannen auf die Rabbis warteten.

In diesem Winter hatte Jerusalem wenig zu bieten, das mich interessiert oder beschäftigt hätte, und ich weilte selten in der Stadt. Einen großen Teil meiner Zeit verbrachte ich bei Pilatus in Caesarea; ich erörterte mit ihm einen bedeutenden Plan, der ihm sehr am Herzen lag. Pilatus träumte schon lange davon, eine Methode ausfindig zu machen, die ihm den Zugang zu den unermeßlichen Schätzen des Tempels erschließen könnte, und das Projekt, das er jetzt in seinem Kopfe wälzte, hatte einen doppelten Zweck. Jerusalem litt seit jeher an Wassermangel. Die Teiche, die König Salomo an der Straße nach Hedron hatte anlegen lassen, und aus denen Rohre in die Stadt führten, waren im Laufe der Jahrhunderte sehr vernachlässigt worden. Die Rohre leckten. Diese Schäden und die Bevölkerungszunahme in Jerusalem trugen in gleichem Maße dazu bei, die Wasserversorgung zu gefährden. Freilich standen auch noch die Wasser des Siloah und ein paar Brunnen zur Verfügung, desgleichen die Zisternen, aber sie deckten nicht annähernd die Bedürfnisse der Einwohner. Nun zählten zu Pilatus' Beweggründen nicht nur die Gier nach dem Tempelschatz, sondern auch der übliche Ehrgeiz römischer Prokonsuln: er wollte den künftigen Generationen der Provinz, die er verwaltete, ein Denkmal seiner Herrschaft hinterlassen. Was konnte eindrucksvoller oder ehrenhafter sein, als die Errichtung eines riesigen Aquäduktes, der aus großer Entfernung Wasser in die ewig dürstende Stadt bringen würde? Es war das kein einfaches Unternehmen, denn Jerusalem lag auf etlichen Hügeln, deren Abhänge nach drei Seiten sich hinabsenkten. Aber Pilatus war entschlossen, den Versuch zu machen. Zu diesem Zweck brauchte er die in den Tempelgewölben angehäuften märchenhaften Schätze, die frommen Spenden, die Gelder der Witwen und Waisen. Seine Finger juckte es nach dem Gelde, wie es seine Seele nach dem Ruhme juckte. Wenn aber der Bau eines Aquäduktes angesichts der großen natürlichen Hindernisse schwierig war, so war es keine weniger schwierige Aufgabe, die führenden Persönlichkeiten des jüdischen Volks für diese Pläne zu gewinnen. Es würde natürlich unter den Plebejermassen ein gewaltiges Geschrei geben, und dagegen mußten wir sorgfältige Vorkehrungen treffen. Stundenlang erörterte ich mit Pilatus in Caesarea die geeigneten Methoden, diesen Widerstand zu brechen. Ich besuchte häufig den Hohenpriester und die wichtigsten Priesterfamilien in Jericho. um vorzufühlen. Da ich mich nun also teils in der angenehmen, warmen Küstenstadt Caesarea, teils in den Palmenhainen Jerichos aufhielt, kam ich in diesem Winter nur selten nach Jerusalem, und das war mir alles sehr recht.

Bei einem meiner seltenen Besuche in der Hauptstadt — ich wohnte natürlich in der Festung Antonia —, ging ich einmal spazieren, und ohne besondere Absicht lenkte ich meine Schritte zu dem Lämmermarkt. Hinter dem Lämmermarkt kam ich in das elende kleine Viertel an der Quelle, die die Juden Bethsaida nennen — der Sammelplatz der Lahmen, Blinden. Siechen und Krüppel, die dort warten, bis die Quelle einen Wasserstrahl hervorspeit, und sich dann in die schlammige Mulde werfen, in der Hoffnung, Heilung zu finden.

Ich hatte das schon im Sommer miterlebt. Mir kam es nicht in den Sinn, daß auch im Winter, da eine Schichte geschmolzenen Schnees den Erdboden bedeckte und manchmal zu einer harten Masse gefror, Besucher sich an der Quelle einfinden würden. Zu meinem Erstaunen aber stieß ich auf eine riesige Menschenmenge, die allem Anscheine nach ziemlich aufgeregt war. Es schien eine Panik bevorzustehen, aber nicht eine Panik der üblichen Art, wie ich sie schon einmal gesehen hatte. Ich unterschied Freudenrufe, ein Hosianna-Geschrei. Meine Neugier war stärker als mein Ekel. Ich schöpfte Verdacht, und als ich näher kam, sah ich meinen Verdacht bestätigt: ein Rabbi war unter den Kranken aufgetaucht und hatte einen von ihnen durch ein Wunder geheilt. Das war nun allerdings nichts Neues in Judäa, dergleichen Wunder kamen alle Tage vor. Was mich in Erstaunen versetzte, war der ungewöhnlich starke Eindruck, den dieses neue Wunder auf die Masse der Kranken zu machen schien. Ich war inzwischen mit den Begeisterungsausbrüchen der jüdischen Volksmassen vertraut geworden. Ich hatte ihre inbrünstigen Ekstasen im Tempel miterlebt, ich kannte einigermaßen ihre religiöse Raserei, aber das Schauspiel, das ich nun erblickte, war mir neu. Die Kranken und Halbtoten, die in dem kalten Schlamm der Quelle lagen, die Gesunden, die die Kranken begleiteten, brachen in lauten Jubel aus, während eine weißgekleidete Gestalt, die ich nur flüchtig sehen konnte, aus ihrer Mitte entschwand. Dann trat eine tiefe Stille ein. Zahllose Hände reckten sich flehend hinter dem Rabbi her.

,Wer war das?' fragte ich einen Krüppel, der auf mich zugehumpelt kam, auf einen Stock gestützt und ein gelähmtes Bein hinter sich herschleppend.

,Er sprach nur ein Wort, und es war geschehen!' sagte der Krüppel. ,Siehst du dort das alte Menschenwrack? Er ist seit Jahren bettlägrig, das Fleisch verfault ihm auf den Knochen. Er bat uns, ihn zur Quelle zu tragen, aber niemand kümmerte sich um sein Gestöhne. Wer hätte gedacht, daß ihm noch zu helfen wäre? Wir hatten ihn längst schon aufgegeben. Da erschien plötzlich ein Rabbi in unserer Mitte. Der Kranke hob die Hände und murmelte etwas. Der Rabbi schaute ihn an und sagte in befehlendem Ton: Steh' auf, nimm dein Bett und geh' heim. Und der Mann tat, wie ihn der Rabbi geheißen hatte. Ja, er schickte ihn nicht einmal ins Wasser; ein Wort aus seinem Mund genügte. Und es geschah mit Blitzesschnelle. Oh, wenn er das für mich getan hätte!'

Ein erstaunliches Volk. Auch andere Nationen haben ihre Magier, ihre Wundertäter, ihre Schwärmer und Zauberer, die die Gabe besitzen, böse Geister zu exorzisieren, Krankheiten zu vertreiben und Verrückte zu beruhigen. Auch sie sind imstande, mit einem einzigen Blick einen Krüppel gesund zu machen. Ich habe das alles oft genug bei den Chaldäern und Ägyptern gesehen. In Alexandrien, in Antiochia, in Askalon und Tyrus wimmelt es von Wundermännern, aber keiner betrachtet sein Gewerbe als eine besondere Gnade Gottes oder als ein göttliches Attribut. Die Magie ist für sie ganz einfach ein Beruf wie jeder andere, wie der Beruf des Barbiers oder des Badedieners oder des Schreibers, der pergamentene Amulette herstellt, um die Dämonen fernzuhalten. Nur bei euch Juden gelten diese alltäglichen Vorfälle als eine Aufhebung der Naturgesetze, als ein Zeichen der Götter, die bei solchen Anlässen ihre gewohnte Beschäftigung im Stich lassen, sich von ihren Ewigkeitsdingen abwenden, um irgend einem obskuren Wicht, der seinen Buckel beseitigt oder seine Glieder geheilt sehen möchte, eine besondere Gunst zu erweisen. Ihr Juden seid sicherlich nicht das, was man ein bescheidenes Volk nennen könnte.

Aus irgendwelchen Gründen vermutete ich sofort, daß dieser weißgewandete Wundertäter kein anderer gewesen sei als mein Rabbi aus K'far Nahum. Und ich irrte mich nicht. Kurze Zeit später, als ich durch eines der Gäßchen ging, die zum Tempel führen, begegnete ich ihm wieder, und jetzt sah ich ihn deutlich. Er war es! Mein alter Bekannter in seinem weißen Gewand. Aber sehr verändert. Er war länger geworden, knochiger, abgezehrter, ein Skelett. Sein Haupt ragte zum Himmel. Er stand mitten in einer Schar von Fanatikern, mit denen er sich ernsthaft unterhielt. Ich stellte mich hinter einen Vorsprung in der äußeren Mauer und beobachtete ihn. Diese Schar setzte sich aus denselben Typen zusammen, die in K'far Nahum seine Gesellschaft gesucht hatten; lauter gewöhnliches Volk, Wasserträger mit ihren Schläuchen auf der Achsel, Handwerker mit ihren Werkzeugen in der Hand und dergleichen. Es waren auch einige Burschen darunter, die ich sofort erkannte — kanaim, galiläische Schwärmer, die von einem Fest bis zum anderen sich in Jerusalem herumtreiben. Jerusalem wimmelte von diesen gefährlichen Nichtstuern, die bei jedem Aufruhr und Tumult ihren Mann stellten. Ich erkannte sie an ihrer Haltung und an ihrer Kleidung, das heißt, soweit sie überhaupt bekleidet waren. Sie hießen nur ‚die nackten Männer aus Galiläa'. Auch im Winter trugen sie weiter nichts als einen zerlumpten Sack und einen Gürtel, der ihre Scham bedeckte. Sie waren unempfindlich gegen Kälte und Regen, widerstandsfähig und abgehärtet. Sie umdrängten den Rabbi, ein Dickicht wüster, verfitzter Strähnen. Ich konnte von meinem Standort aus seine Worte hören. Er predigte nicht wie die anderen Rabbis, er zitierte nicht eine Textstelle und legte sie dann aus, sondern er erzählte etwas, erzählte es noch einmal und erläuterte es, und was er sagte, verursachte eine solche Aufregung und so viel Meinungsverschiedenheiten, daß ich jeden Augenblick erwartete, es würde zu einer Schlägerei kommen.

Aber nicht alle die Zuhörer entstammten den unteren Volksschichten. Ich sah einen Mann sich der Gruppe nähern, der ganz offensichtlich nicht zu der Gattung von Menschen gehörte, die den Wanderrabbis zuzuhören pflegen. Zuerst stand er abseits. Er war offenbar ein Angehöriger der Oberschicht, wahrscheinlich ein sadduzäischer Aristokrat. Er trug einen wollenen

Mantel und einen bunten Schurz, der bis zu den Knien reichte und ihn beim Gehen behinderte. Am unteren Rande des Gürtels hingen dichte Fransen, die ihm das Gehen noch mehr erschwerten. Sein Haar und sein Bart waren nach chaldäischem Stil in zahllose kleine Löckchen gekräuselt. Selbst aus der Ferne konnte ich den schweren Duft der Öle riechen, mit denen er seinen Körper gesalbt hatte. Plötzlich schienen die Erzählungen des Rabbi ihn zu interessieren, er erteilte den beiden Sklaven, die ihn begleiteten, einen Befehl, und sie bahnten ihm einen Weg durch die Schar der halbnackten Bettler und Arbeiter, die den Redner umgaben. Der prunkvoll gekleidete Sadduzäer trat vor den Rabbi hin, hob seine mit Ringen bedeckte Hand und richtete eine Frage an ihn. Seine Worte müssen sehr komisch gewesen sein, denn die beiden Sklaven brachen sogleich in ein speichelleckerisches Gelächter aus, und einige der Umstehenden stimmten mit ein. Der Rabbi, ohne sich um das Gelächter zu kümmern, antwortete in ernstem Ton, aber der Sadduzäer hörte ihm nicht einmal mehr zu, sondern machte kehrt und entfernte sich mit spöttischer Siegermiene.

Ich blieb auf meinem Posten. Mit einem Male sah ich hinter dem Rabbi ein merkwürdiges Geschöpf stehen, dessen Aussehen mich noch lange Zeit hindurch in meinen Träumen verfolgte. Es war eine Erscheinung aus dem Grabe, ein Skelett, von Kopf bis Fuß in Sackleinen gehüllt. Der Schädel war freilich mit einer Art Haut bedeckt, aber die Farbe der Haut war weder menschlich noch tierisch: Das Fell eines wilden Tieres, das am Feuer getrocknet wurde und etwas angesengt ist: aschgrau, bläulich und leblos. Aus den tiefen Schädelhöhlen blickten zwei Augen hervor, ebenso leblos, so unmenschlich und gespenstisch wie die Haut. An dem riesigen Schädel, der einem Topfscherben glich, klebten einige zerraufte Locken, hingen über den nackten dürren Hals herab, auf dem der Kopf wie auf einem dünnen Draht balancierte. Aber das Merkwürdigste an dieser Erscheinung war, daß sie in ihren Bewegungen noch mehr an einen Toten gemahnte als in der Ruhe. Der Mann — ich nahm an, daß es ein Mann sei — stand hinter dem Rabbi, und wenn der Rabbi einen Schritt vorwärts oder einen Schritt rückwärts machte, ahmte er ihm nach. Aber jede seiner Gebärden und jeder seiner Schritte erweckten den Eindruck, daß es sich um unfreiwillige Bewegungen handle. Der Mann selbst schien außerstande, sie zu vollziehen; irgend eine äußere Kraft lenkte den Mechanismus, ohne ihm Leben einzuhauchen. Immer gab es eine kleine

Pause zwischen den Bewegungen des Rabbi und den nachahmenden Bewegungen des Mannes, und dadurch wurde auf eine ganz grauenhafte Weise der Eindruck noch verstärkt, daß dies gar kein lebendes Wesen sei, sondern ein von außen her dirigiertes Gestell aus Gliedern und Muskeln. Ich starrte das merkwürdige Geschöpf an, und ganz allmählich fiel mir ein, ich müsse den Mann schon früher einmal gesehen haben. Ich näherte mich einem der Zuhörer am äußeren Rande der Menge und fragte ihn:

‚Wer oder was ist das dort drüben?'

‚Weißt du es nicht?' antwortete er. ‚Das ist Elieser, der Bruder Marthas und Mirjams.'

‚Elieser, der Bruder Marthas und Mirjams? Natürlich kenne ich ihn. Was ist denn mit ihm geschehen, er sieht aus wie ein Leichnam.'

‚Er ist auch ein Leichnam. Der Rabbi hat ihn von den Toten erweckt!'

‚Von den Toten erweckt?'

Ich erinnerte mich an den jungen Mann. Ich hatte ihn in Gat Schemen, im Hause der Mirjam von Migdal, gesehen, als ich mit Hanan dort einen Besuch abstattete. Und ich erinnerte mich auch, daß schon damals der junge Mann mit seinen langsamen Bewegungen und seinem hölzernen ausdruckslosen Gesicht auf uns einen sonderbaren, leicht erschreckenden Eindruck gemacht hatte. Wir hatten an seinen weitaufgerissenen kindischen Augen gemerkt, daß er nicht ganz normal sei. Sie erinnerten an die Augen eines Kalbes oder eines anderen stummen Tieres, das sich nur durch Blicke mitteilt. Es war an ihm etwas Gespenstisches gewesen. Ja, gewiß, dachte ich bei mir, mit solchen Geschöpfen kann alles mögliche passieren. Sie sind wie Töpferlehm in den Händen des Mystikers, besonders eines solchen Mystikers wie des berühmten Rabbi von K'far Nahum. Wer weiß, dachte ich weiter, es ist gar nicht unmöglich, daß diese Rabbis seltsame Zauberquellen besitzen, die ihnen unter dem Siegel der Verschwiegenheit von ihren Urahnen, den sogenannten ‚Freunden Gottes', überliefert worden sind. Oder sie haben vielleicht aus der Wüste oder aus der ägyptischen Sklaverei Rezepte und Kniffe mitgebracht, mit deren Hilfe sie die Toten erwecken und aus ihren Gräbern heraufbeschwören. Ja, wenn ich mir diesen Elieser ansah, war ich geneigt, das anzunehmen. In seinem ganzen Verhalten stand deutlich das Wunder zu lesen und war nicht wegzuleugnen. Dann fiel mir ein, daß der Fall bereits in einigen der gebildeteren Häuser Jerusalems und sogar unter der Aristokratie erwähnt worden war. Ich erschrak. Nein, nein, das war zuviel. Ein Mensch, der die Toten zu erwecken vermag, ist jeder Regierung gefährlich, ganz besonders in einem Lande, das so sehr zu Unrast und Aufruhr neigt wie Judäa.

Eines Abends, kurz nach dieser Begegnung, befand ich mich in der Gesellschaft des ältesten Hohenpriesters und seiner Söhne. Ich erfüllte meine übliche Mission: das Wasserleitungsprojekt zu fördern. Es war das, wie wir von Anfang an wußten, eine sehr schwierige Mission. Viel Geschick und Geduld würden erforderlich sein, um dem Hohenpriester die Erlaubnis abzuringen, den Tempelschatz anzurühren. Aber einen so hartnäckigen Widerstand, wie er uns nun begegnete, hatten wir nicht erwartet. Sie waren völlig einmütig in ihrer Opposition, völlig eines Sinnes. ‚Der Tempelschatz ist ein Heiligtum, und ein Heiligtum darf man nicht anrühren!' Auch mein Freund Theophilus schloß sich dieser Meinung an. Am meisten wunderte ich mich über die Haltung des jüngsten Sohnes Hanan. Ich hatte von ihm eine klügere und aufgeklärtere Stellungnahme erwartet. Er verstand und bewunderte die römische Zivilisation. Er achtete unsere Einrichtungen. Und er besaß, wie ich annahm, den Weitblick eines Staatsmannes. Aber er unterstützte mich nicht im mindesten. ‚Der nationale Tempelschatz? Wer ihn anrührt, untergräbt den Glauben des Volkes an den Tempel selbst. Die Juden aller Länder werden empört sein, wenn wir den Besitz der Witwen und Waisen antasten! In diesem Augenblick würde der Tempel nicht mehr das unbestrittene Zentrum, das einigende Heiligtum des jüdischen Volkes sein. Nein, nein — ein derartiger Schritt würde die Fundamente unseres Staates untergraben. Wir leugnen nicht, daß euer Aquädukt ein wichtiges Unternehmen ist. Aber das Geld dafür müßte durch neue Steuern aufgebracht werden. Der Prokonsul in Antiochia wird sich an die kaiserliche Regierung wenden müssen. Der Tempelschatz darf nicht angerührt werden!'

Ich hatte Grund zu der Vermutung, daß nicht nur die sogenannte Heiligkeit des Schatzes oder die Gefühle der Judenheit innerhalb und außerhalb Judäas diesen einmütigen Widerstand bei den verschiedenen Parteien hervorriefen. Die Tempelgelder sollten für den schließlichen Aufstand gegen Rom verwendet werden! Wir Römer sind in solchen Dingen nicht leicht hinters Licht zu führen. Wir kennen die Taktik der Völker.

Gold ist Macht. Mit Gold kauft man Waffen, Heere und Verbündete. Und als ich mir so den Hohenpriester und seine Söhne anhörte, beschloß ich, einen Wink fallen zu lassen, — eine Sache zu erwähnen, die ihnen unangenehm sein würde. Ich kam auf den galiläischen Rabbi zu sprechen.

‚Du erinnerst dich', sagte ich zu dem Hohenpriester, ‚an den Mann, von dem ich dir erzählte, der in Galiläa einen gefährlichen Anhang um sich versammelt hat. Ich habe ihn erst neulich im Tempelhof gesehen. Er setzt hier in Jerusalem in aller Öffentlichkeit seine Agitation fort. Niemand hindert ihn daran. Und seine Zuhörer rekrutieren sich aus den gleichen Elementen, die ihm in Galiläa zuströmten, Unruhestifter und Rebellen. Vermutlich hat er sie selber mitgebracht. Ich finde es ganz merkwürdig, daß der Aufseher des Tempelbezirks so etwas duldet, — ganz merkwürdig.'

‚Hegemon, meinst du den Rabbi aus K'far Nahum?' fragte der Älteste der Hohenpriester und lachte so herzhaft, daß ihm die Tränen in die Augen traten. ‚Du hältst ihn doch nicht für gefährlich? Er ist —' und er beschrieb mit dem Finger an der Stirn einen kleinen Kreis.

‚Was ist er?'

‚Verrückt. Nicht bei Verstand. Er treibt anderen die bösen Geister aus und ist selber von einem besessen. Was, glaubst du, sagt er von sich selber? Daß er nichts Geringeres sei als das lebendige Brot des Himmels. Und alle seine Anhänger müssen von seinem Fleisch essen und von seinem Blut trinken, wenn sie ins Himmelreich kommen wollen.'

Lautes Lachen tönte durch die Halle.

‚Siehst du', sagte der alte Hohepriester in müdem Ton, ‚in den Tempelhöfen versammeln sich alle möglichen Visionäre; Propheten, Sendboten Gottes. Wir sind mit tausenderlei närrischen Schwärmern geplagt. Solange sie in den Grenzen des Gesetzes bleiben und sich auf religiöse oder ethische Vorträge beschränken, den Glauben stärken und das Volk zur Frömmigkeit und Wohltätigkeit ermahnen, mögen sie Visionen haben, soviel sie wollen. Wir mischen uns nicht ein. Natürlich behalten wir sie im Auge und sorgen dafür, daß sie die von mir erwähnten Voraussetzungen beachten. Wenn sie die bestehende Ordnung nicht gefährden, lassen wir sie nach Herzenslust plappern, solange sie im Tempel keine Unruhe stiften. Und glaube mir, es ist so ziemlich das Schlimmste, was man tun kann, wenn man einen dieser Schwärmer vorzeitig verfolgt. Glaube mir, Hegemon, es sind einige unter ihnen, die möchten nur allzugerne in den Rang der Märtyrer erhoben werden. Das wäre ihr erster großer Erfolg! Dann erst werden sie wirklich gefährlich. Was den Galiläer betrifft, von dem du sprichst, Hegemon: es sollte mich gar nicht wundern, wenn auch er auf diesen Glücksfall wartete, — daß man ihn wegschleppt, anklagt und bestraft. Und — vielleicht sogar hinrichtet. Wie ich höre, hat er bereits in seinen Predigten ähnliche Andeutungen gemacht. Wir kennen diese Leute, aber wir werden ihnen nicht ihr Spiel erleichtern. Er hat zweifellos geglaubt, wenn er mit seinen Anhängern, den Bauern aus Galiläa, in den Tempelhöfen erschiene, würden wir sofort die Tempelwächter nach ihm aussenden und ihn vor den Sanhedrin zitieren. Aber als wir erfuhren, daß sein Gerede harmlos ist, daß es sich nicht gegen Rom oder den Tempel richtet, sondern nur mit den üblichen Träumen von der Auferstehung und dem Himmelreich zu tun hat — er will das letztere parzellenweise an seine Anhänger verteilen —, kümmerten wir uns nicht mehr um ihn. Und nun siehst du ja, zu welch phantastischen Torheiten er sich versteigt: Seine Anhänger sollen von seinem Fleisch essen und von seinem Blut trinken.'

Ich wollte das nicht so leicht hingehen lassen. Ich wandte mich an den Hohenpriester: ‚Aber die Macht des Menschen über das Volk wird immer größer. Er verfügt über magische Kräfte, die die Menschen veranlassen, an ihn zu glauben. Er braucht nur ein Wort zu den Lahmen zu sagen, und sie stehen auf und gehen nach Hause: einen solchen Einfluß hat er auf die Kranken! Ich habe das selber in Galiläa miterlebt. Und im Tempelhof zeigte man mir den Mann, den er von den Toten erweckt hat. Ich muß sagen, daß dieser Wiederauferstandene wirklich so aussieht, als hätte er schon im Grabe gelegen. Und nun behaupte ich, daß ein Mensch, der auf andere Menschen einen so starken Einfluß ausübt, nicht der harmlose Träumer sein kann, als den du ihn hinstellen möchtest. Du kannst nicht wissen, was er seinen Anhängern befehlen wird. Nur eines ist sicher: sie werden ihm blindlings gehorchen.'

‚Das hat Zeit, Hegemon, bis es so weit ist. Verlasse dich auf uns, wir werden mit ihm nicht viel Umstände machen. Wir haben schon viel gefährlichere Rebellen beseitigt. Ich bin gegen hastige, unüberlegte und vorzeitige Maßnahmen. Bis jetzt hat der Mensch sich noch nicht als gefährlich erwiesen. Im großen und ganzen scheint der moralische Inhalt seiner Predigten keineswegs beunruhigend zu sein. Im Gegenteil, wenn wir von dem dummen Zeug absehen, daß seine Anhänger von seinem Fleisch und Blut essen sollen, könnten wir sogar einen beträchtlichen Teil seiner Lehre gutheißen, den Teil, der sich mit der Buße und der Vorbereitung auf das sogenannte Himmelreich beschäftigt. Ich weiß nicht genau, was er sich unter seinem Himmelreich vorstellt, aber auf jeden Fall ermahnt er das Volk, Gutes zu tun, den Nächsten zu lieben, niemanden zu unterdrücken und so weiter. Es ist das alles vielleicht ein wenig aufgeblasen und übertrieben, aber was soll man anderes von einem Menschen erwarten, der sich einbildet, er handle in göttlichem Auftrage. Eigentlich, glaube ich, ist er den Pharisäern viel gefährlicher als uns! Er gibt ihnen eine harte Nuß zu knacken. Auch sie glauben an diese Dummheiten, an die Auferstehung, an Engel und Teufel und wer weiß was noch alles. Mögen sie sich vorsehen! Für uns ist er keine Gefahr; wenigstens bis jetzt noch nicht. Außerdem verlassen wir uns auf die gesunden Instinkte der Massen.'

,Die Massen scheinen ihm zu folgen.'

,Die Massen folgen jedem, der ihnen ein bißchen Glück verspricht, sei es in dieser Welt, sei es in der künftigen Welt. Aber, mein Freund, die Massen gewinnt man leicht — und ebenso leicht verliert man sie. Übrigens' — fuhr der Hohepriester in verändertem Tone fort — ,wir trugen uns vor einiger Zeit mit dem Gedanken, den Mann vor dem Sanhedrin zu verklagen, nicht wegen eines Vergehens gegen Rom, sondern wegen gewisser Verstöße gegen unseren Glauben. Wir wollten der Tempelwache Befehl erteilen, ihn festzunehmen. Aber die Sache wurde bekannt, und einige sehr einflußreiche Personen griffen ein. Ich muß gestehen, ich war erstaunt, was für angesehene Leute sich für ihn einsetzten. Zum Beispiel Joseph von Arimathia, ein Mitglied des Sanhedrin, und Simon von Kyrene. Am meisten aber wunderte mich, daß sogar der Pharisäer Nikodemus, ein frommer und gelehrter Mann, ihn verteidigte, denn ich höre, daß die Pharisäer sich sehr viel mit dem Rabbi von Galiläa herumzanken. Man sagt mir, daß er sie unaufhörlich beschimpfe und beleidige. Trotzdem kam dieser Nikodemus in größter Eile angelaufen und versicherte uns, daß der Rabbi in keiner Weise den Glauben zu stören beabsichtige. Es sei das nur seine Ausdrucksweise, er rede immer in Gleichnissen und Legenden. Nikodemus ging noch weiter. Er stimmte einen richtigen Lobgesang auf den Rabbi an, schwärmte von seinen Verdiensten und gab uns den dringenden Rat, die Sache auf sich beruhen zu lassen und abzuwarten, was daraus werden würde. Wenn du willst, hat es den Anschein, daß sie sich über diesen Rabbi allerlei Gedanken machen; sie glauben, daß —'

Aber in diesem Augenblick bemerkte ich, daß die Söhne des früheren Hohenpriesters und besonders der älteste unter ihnen, Elieser, ihrem Vater heftige Zeichen machten. Der alte Hanan unterbrach sich plötzlich in seiner Erzählung, zuckte die Achseln und versuchte mich abzulenken.

,Ja, er scheint ein sehr frommer Mensch zu sein. Eigentlich geht er ein wenig zu weit in seiner Auffassung von der Frömmigkeit. Man muß ihn zweifellos den Pharisäern zurechnen, auch wenn er Meinungsverschiedenheiten mit ihnen hat. Nein, nein, Hegemon, der Mann ist nicht gefährlich, sonst würden nicht so angesehene Personen sich für ihn einsetzen.'

,Aber was denken sie denn von ihm?' fragte ich in etwas scharfem Ton, zu der Stelle des Gespräches zurückkehrend, wo der Hohepriester es abgebrochen hatte. ,Was erwarten sie von ihm?'

,Was? Sie erwarten von ihm, daß er die Massen auf den rechten Weg bringt. Leider läßt sich nicht leugnen, daß unter den Massen die Gläubigkeit sehr nachgelassen hat, und diese Prediger und Führer sind vielleicht geeignet, den Glauben zu stärken und damit die Opfergaben für den Tempel zu vermehren.'

Das war offensichtlich nicht das, was dem alten Hanan beinahe entschlüpft wäre, als seine Söhne ihn unterbrachen. Dem Vater Hoherpriester war die Zunge durchgegangen. Wenn Joseph von Arimathia, den ich recht gut kannte und der ein sehr kultivierter Mann war, sich für den Rabbi von Galiläa eingesetzt hatte, war der Fall nicht so geringfügig, wie sie mir einreden wollten. Das gleiche galt von dem Rabbi Nikodemus, einem Gegner der Sadduzäer, einem Manne, der viel Ansehen genoß und bei den Massen beliebt war. Es war wirklich sehr sonderbar, daß ein Gelehrter von seinem Rang einen galiläischen Rabbi verteidigte, dessen Gefolge aus unwissenden ,Bauern' bestand — wie die Gelehrten und frommen Pharisäer sie verächtlich zu nennen pflegten. Ich witterte eine Verschwörung. Sie erwarteten von dem Manne aus Galiläa etwas anderes als nebelhafte ethische Belehrungen. Was also sahen Männer wie Joseph von Arimathia, Nikodemus und Simon in ihm? Ich habe es nie herausbekommen, auch später nicht, als bei seinem Tode seine eigenen Anhänger ihn verließen, während diese drei Männer ihm treu blieben.

Nein, das war ein ewiges Geheimnis für mich ... Du aber, Jochanaan, kannst mir sicherlich etwas darüber sagen."

Und plötzlich kam Pan Viadomsky zu sich. Seine Augen verloren ihren träumerischen, abwesenden Ausdruck und starrten mich an.

„Kannst *du* mir sagen, was sie von diesem Menschen erwarteten? Kannst du mir sagen, was der Vater Hoherpriester auszusprechen im Begriff war, als seine Söhne ihn unterbrachen? Wenn du das Geheimnis kennst, darfst du es mir enthüllen, jetzt, da alles vorüber ist, da keiner von uns unter den Lebenden weilt, da wir alle nur noch Schatten und Erinnerungen sind."

„Ich?" Seine Worte erschreckten mich fast zu Tode.

„Ja, du, Jochanaan. Gehörtest du nicht zu den Schülern des Nikodemus? Habe ich dich nicht oft genug unter der Schar der Genossen gesehen, die sich um die Söhne des Simon von Kyrene, Alexander und Rufus, sammelten? Erinnere ich mich denn nicht daran, wie du die Reihen unserer Legionäre zu durchbrechen versuchtest, als wir den Mann aus Galiläa zum Kreuz nach Golgatha führten? Und wie oft habe ich dich hinter Nikodemus oder hinter dem Nazarener herlaufen sehen? Auch damals, in jener Nacht, im Garten Gat Schemen! Denke zurück, Jochanaan, und erinnere dich."

Etwas Merkwürdiges ging in mir vor.

III. KAPITEL

Ich weiß nicht, wie es geschah. Ich kann die inneren Prozesse nicht begreifen, die den Vorgang begleiteten. Ich hatte natürlich längst schon beobachtet, wenn Pan Viadomsky die Begebenheiten aus seinem angeblichen früheren Leben in Jerusalem erzählte, daß dann die alte Welt in lebhaften Farben vor meinen Blicken sich entfaltete. Daneben aber vollzog sich noch etwas anderes, etwas viel Geheimnisvolleres: persönliche Erinnerungen in mir selbst wurden wachgerüttelt, seelische Zusammenhänge regten sich, so daß ich allmählich meiner heutigen Identität entzogen wurde; sie wurde immer schwächer und schwächer, bis sie mich völlig verließ, und eine andere an ihre Stelle trat, die sich meines Gehirns, meines Körpers und meiner Nerven bemächtigte und mich in einen Zeitgenossen jener Welt verwandelte, von der Pan Viadomsky erzählte.

Als ich diese phantastische Wandlung gleich in ihren Anfängen gewahr wurde, versuchte ich mich zu wehren. Ich kämpfte dagegen an. Ich klammerte mich an meine Sinne, an meine unmittelbare Umgebung, an meinen Halt in dem realen Leben, das ich immer als mein Leben betrachtet hatte. Ich stieß die Arme zurück, die mich aus meinem Sein in ein fernes, längst entschwundenes Zeitalter entführen wollten. Lange Zeit blieb ich in diesem Kampfe siegreich. Mein lebendes Ich stand mir wie ein treuer Schutzengel zur Seite. Aber ich merkte, daß seine Kräfte nachließen. Oft, wenn Pan Viadomsky mit seinen eigenen Worten ein bestimmtes Ereignis schilderte, geschah es, daß in mir eine persönliche Erinnerung an dieses Ereignis erwachte, die so lebhaft war, so tief in mich eingeprägt, daß mich ein fieberhaftes Verlangen packte, ihn zu berichtigen. Da gab es sachliche Ungenauigkeiten, falsche Auslegungen, die mich ärgerten, Einzelheiten, die er nicht kannte und die ich gerne hinzugefügt hätte, um das Bild vollständig zu machen und das Gleichgewicht herzustellen. Ein gefährlicher Zauber ging von diesem Impulse aus, und ich wollte nicht nachgeben. Nun aber, da der Erzähler mir plötzlich eine Frage vorlegte, die mir so nahe ging, brach der letzte Widerstand in mir zusammen. Es war, als sei die feste Erde unter meinen Füßen gewichen, als sei ich nun willenlos ausgeliefert allen Kräften, die mich zu beeinflussen suchten. Warum erfolgte diese entscheidende Kapitulation gerade in diesem Augenblick? Hatte der lange, aufregende Tag mich müde gemacht? War es die Sanftheit und Lockung der Frühlingsluft, die meinen Abwehrwillen zuschanden machte? Der treue Hüter meines lebenden Ichs stand mir nicht mehr zur Seite, sondern war eingeschlummert, auch er war in die Welt zurückgesunken, die Pan Viadomsky heraufbeschworen hatte. Und ich fügte mich mit Freuden in mein Geschick; es war die Erfüllung eines uralten Wunsches, mich rückhaltlos, hemmungslos in die Vergangenheit zu stürzen.

Zuerst glitt aus dem Nebel der toten Welt ganz deutlich das Gesicht meines Rabbi Nikodemus hervor. Und aus meinem Herzen glitten ihm entgegen alte Gefühle, Liebe, Begeisterung und schrankenlose Bewunderung, Gefühle, die dieses Gesicht stets in mir wachgerufen hatte. Abwechselnd durchwogten Wärme und Angst mein Herz, so wie wenn man nach langer Trennung das Gesicht eines geliebten Menschen wiedersieht. Denn mein Herz war meinem Rabbi in großer Liebe hingegeben gewesen. Ich sah nun wieder vor mir das rundliche, volle, strahlende Antlitz, dunkelrot, glatt wie ein Granatapfel, oder wie ein Abendstern am tiefblauen Frühlingshimmel Judäas. Güte leuchtete aus den Mienen. Kein Schatten der Sorge, des Kummers, der Verzweiflung oder des Unwillens durfte es je verdunkeln. Niemals hatte ich ihn einer unangenehmen Empfindung nachgeben sehen. Einerlei, was für Schwierigkeiten ihm begegneten, einerlei, was für böse Dinge in der Welt geschahen und grausam sein Herz beschwerten, man konnte ihm nie etwas anmerken. Dieses kräftige, männliche Antlitz strahlte stets von Zuversicht und Fröhlichkeit. Die Haut war dunkel und schimmernd und mit den feinsten Salbölen gepflegt. Er war damals noch ein ziemlich junger Mann, in der Blüte seiner Jahre, um die Vierzig, und die Kraft seines Geistes wie die Kraft seines Körpers sangen in seinem Blut, strahlten von der breiten vollen Gestalt aus, die vielleicht in Anbetracht der Körperfülle ein wenig zu kurz erscheinen mochte. Seine Haarlocken hingen wie Glocken über seinen kräftigen Nacken und den stämmigen Hals herab. Aber am deutlichsten sprach seine Kraft aus den großen, schwarzen, lebhaften Augen — kleine Seen im Gebirge der Augenhöhlen, die sie beschützten und überschatteten. Mochten noch so große Qualen, Sorgen oder Bekümmernisse deine Seele zerreißen, du brauchtest nur in seine Augen zu blicken, und deine Heiterkeit kehrte zurück. Ein Licht des Glaubens, der Zuversicht und der Liebe strömte wie Sonnenglanz aus seinen Augen. Sie waren eine Kraftquelle für die Schwachen. Sie fesselten mich an ihn, mich und alle seine Schüler, so wie man ein Kalb fesselt. Unser Wille verschmolz mit dem seinen. Das ist das Antlitz, das in meiner Erinnerung leuchtet und immerdar leuchten wird. Kein Wunder also, daß in dem Augenblick, da die alte Welt wieder ein Teil von mir oder ich wieder ein Teil von ihr wurde, das Antlitz meines Rabbi wie ein Mahnzeichen vor mir erschien.

Was das innere Leben meines Rabbi betrifft, so mag vielleicht folgender Umstand am besten geeignet sein, eine Beschreibung einzuleiten. Er weigerte sich, aus seiner Gelehrsamkeit einen „Spaten zu machen, mit dem man gräbt", das heißt, ein Mittel, sich das tägliche Brot zu verdienen. Sein Wissen war wie ein reicher Quell, dessen Wasser frisch und frei für alle Dürstenden hervorsprudelten. Um für den Unterricht, den er erteilte, kein, wenn auch noch so geringes Entgelt fordern zu müssen, erwarb er sich seinen Unterhalt auf andere Weise als durch die Thora. Joseph von Arimathia, ein sehr reicher Mann, war mit ihm befreundet, er kam oft in das Schulhaus, wo mein Rabbi lehrte, und setzte sich zu den Schülern, um gemeinsam mit ihnen die Worte Gottes zu hören, die von den Lippen unseres Rabbi flossen. Dieser selbe Joseph von Arimathia hätte gerne dem Rabbi alle weltlichen Sorgen abgenommen und ihn reichlich unterstützt. Der Rabbi aber wollte davon nichts wissen. Er wiederholte oft das Sprichwort: „Einen Freund kannst du kaufen, aber einen Lehrer mußt du dir schaffen." Damit meinte er, daß Freundschaft durch Geschenke erkauft werden könne, daß man aber einen Rabbi und Lehrer nur durch den Glauben und den Gehorsam gewinnen könne, ohne dafür irdische Güter hinzugeben. Jedoch erhielt Joseph von Arimathia mit seinem Reichtum die Schule und eine Anzahl von Schülern. Der Rabbi selbst verdiente sich sein täglich Brot in einer kleinen Sandalenwerkstatt in dem unteren Teil der Stadt. Es kamen viele vornehme Weiber zu ihm, um Sandalen bei ihm zu bestellen, und der Rabbi mußte ihnen Maß nehmen. Einige unter ihnen hegten dabei keinerlei schlimme Gedanken, denn sie wußten, daß der Rabbi in seiner Bescheidenheit ihre Person gar nicht beachtete, während er Maß nahm. Andere aber kamen deshalb zu dem Rabbi, weil sie seine Schönheit bewundern wollten, gleichgültig ob er sie beachtete oder nicht, und wenn sie schwanger waren, gingen sie zu ihm hin, weil sie glaubten, der Anblick seiner Vorzüge würde ihnen schöne und begabte Kinder bescheren. Aber der Rabbi verbrachte nicht viel Zeit über der körperlichen Arbeit; den größten Teil des Tages widmete er uns, seinen Schülern. Seine Bedürfnisse waren gering und leicht zu befriedigen. Er hatte keine Kinder, und das war in den Augen der anderen Weisen ein Makel. Sie behaupteten, der Rabbi vernachlässige das Gebot: Seid fruchtbar und mehret euch. Aber seine Antwort lautete: „Ein Weiser und Lehrer darf sich nicht einen Mühlstein um den Hals hängen." Damit meinte er natürlich den Unterhalt einer Familie. Seiner Ansicht nach mußte ein Weiser und Lehrer aller Bande ledig sein, um seine ganze Kraft der Thora widmen zu können. Wenn man ihn fragte, warum er sich nicht ein Weib genommen habe, erwiderte er: „Meine Braut ist die Thora." Er stand in dieser Beziehung nicht vereinzelt da unter den Weisen Jerusalems. Es gab auch noch andere, die die Weiber verachteten und in ihren Reizen die Fallstricke des Teufels erblickten. Sie blieben unverheiratet, sowohl aus Keuschheit, als auch, um sich ohne jede Ablenkung der Thora widmen zu können. Das nannten sie dann „das ewige Verlöbnis mit der heiligen Jungfrau".

Ich war der dritte Schüler des Rabbi Nikodemus. Die beiden ersten waren Alexander und Rufus, die Söhne des Simon von Kyrene, der ebenso wie Joseph von Arimathia mit dem Rabbi befreundet war. Ebenso wie Joseph hatte nun auch Simon die Gewohnheit, das Lehrhaus aufzusuchen und sich zu den Schülern zu setzen. Weitere Schüler waren der Wasserträger Hillel und Judas Ischarioth, der mit einigen anderen Erwachsenen hinkam, um auf dem sogenannten „Schemel des Messias" zu sitzen und den Lehren des Rabbi zu lauschen. Sie bildeten eine regelrechte Brüderschaft, die durch den Glauben an die bevorstehende Ankunft des Messias zusammengehalten wurde. Durch meine Berührung mit ihnen wurde ich Zeuge und Teilnehmer der großen Ereignisse, die sich während des Passah-Festes in Jerusalem abspielten.

Aber bevor ich an die Schilderung dieser Ereignisse herangehe, muß ich zuerst einige Dinge mitteilen, die mich selbst betreffen. Ich muß verraten, wer ich war, aus was für einem Hause ich stammte, und wie es kam, daß mein Schicksal mich mit diesem Rabbi und dieser Brüderschaft verknüpfte.

Meine Wiege stand in Saron. Unser Dorf lag am Fuße der Hügel von Ephraim. Von dem Hügel an, der unser Dorf überschattete, erstreckte sich die Ebene ohne Unterbrechung bis zu den Sanddünen des Großen Meeres. Des Abends fiel ein schwerer Tau von den Höhen und hüllte die Landschaft in dichten Nebel. Der bronzefarbene Erdboden trank den reichlichen Tau und ließ ein üppiges Gras hervorsprießen, das unsere Herden liebten. So nährte der reichliche Tau eine besondere Art von Schafen, deren schwere Wolle von den Färbern und Webern sehr gesucht war, denn sie lieferten die feinsten Fäden, weich und zart wie Seide. Ja, wir merkten die Wirkungen dieses Taus sogar an unseren eigenen Locken. Das Gras blieb das ganze Jahr hindurch grün, aber wer unseren Frühling nicht gesehen hat, da ein dichter, zart gewobener Teppich die bewaldeten Hügel schmückte, der weiß nicht, was wirkliches Grün ist. Das satte Kürbisgrün der Kuppen und Wiesen lag wie ein schimmernder Schatten über der Landschaft, und inmitten dieser Schatten leuchteten neben den Myriaden der Anemonen die berühmten Rosen Sarons. Jeder einzelne Dornbusch mit seinen Sträußen und Girlanden roter und milchweißer Rosen glich einem Bräutigam, der sich für seinen Hochzeitstag geschmückt hat. Ein

Heer von Blüten lauerte in den grünen Moosbeeten und lugte unter den Felsdächern hervor. Schwankend im sanften Winde, ließen sie ihre Farben spielen, und es war wie ein zartes melodisches Getöne. Auf den gepflügten Äckern schaute das fruchtbare Erdreich hervor, braun wie Zimt. Eingebettet in diesen Farbenteppich lagen unsere Felder, mit bunten Steinen bestreut, strahlend im Schmuck der bräutlichen Rosen, herrlich hingebreitet bis in die träumerischen Schatten der Wälder des Karmel-Gebirges, das diesen Teil des Landes begrenzt. Gegen Westen hin verschmolzen die Wiesen und Wälder mit den Sanddünen, die zum Meere führten.

Der Boden unseres Tales ist nicht nur an sich fett und fruchtbar, er wird auch von zahlreichen Brunnen gespeist. Die natürliche Fruchtbarkeit des Erdreichs, das saftige und nahrhafte Gewächse hervorbringt, wurde noch gesteigert durch die Wissenschaft unserer Weisen, die genaue Vorschriften für die Aussaat und die Ernte festgelegt haben. Die Schafe und Rinder, die dort weiden, sind die begehrtesten im Lande. Ebenso berühmt und ebenso begehrt sind unsere Weine, die mit ihrem Feigengeschmack nicht einmal den Weinen Jerichos und Zyperns nachstehen, denn man findet sie ebenso häufig wie diese auf den Tischen der Reichen in Judäa selbst und in den Ländern jenseits des Meeres. Gott hat unser Tal mit Milch und Honig gesegnet. Zahlreiche Legenden berichteten von der Ergiebigkeit unseres Ackerbodens und der Köstlichkeit unserer Milch und unserer Herden. In den ärmlichen Bergen Judäas glaubten die Leute, daß die Schafe des Saron-Tales sich von reifen Trauben nährten. Honig troff von den Mäulern unserer Rinder, und die Milch rann ohne des Melkers Zutun aus den übervollen Eutern. Bis zum heutigen Tage sehne ich mich zurück nach dieser freigebigen Erde, die uns auf so verschwenderische Weise ernährte. Ich habe Heimweh nach den sonnigen Nachmittagen, da die Hirten und Ackersknechte in dem Schatten der Weinstöcke zu rasten pflegten. Ich sehne mich nach den stillen, friedlichen Abenden, die der Tau des Himmels wie ein Mantel umhüllte. Schattige Schwingen breiteten sich über das weite Tal, und von den Schwellen der kleinen Häuser, in denen die abendlichen Lampen brannten, ertönte das Schlummerlied der Flöten.

Aber *ein* schlimmes Übel störte die Schönheit und Milde dieser Gegend. Die kleinen Häuser unserer fleißigen Arbeiter waren recht gefährdet, besonders, wenn sie dicht am Ufer standen. Das Meer wirft Sanddünen aus, die sich wie Diebe an die

Häuser heranschleichen. Der Erdboden ist nicht fest und oft gaben die Fundamente der Häuser nach und zerbröckelten und brachen zusammen. Wir wußten nie, wann und wo so etwas passieren würde. Plötzlich zeigte sich in der scheinbar so festen Erde ein Riß oder ein Spalt, ein riesiger Rachen tat sich auf und verschlang ganze Häuser, wie es vor alters der gottlosen Rotte Korah widerfahren war. Aus diesem Grunde bauen wir auch keine großen Häuser, sondern nur Hütten, und das gilt für die Reichen ebenso wie für die Armen. Und wenn auch die Dächer noch so leicht sind, stürzen sie dennoch oft über uns zusammen. Deshalb richtet der Hohepriester ein besonderes Gebet für uns zum Himmel, wenn er einmal im Jahre das Allerheiligste betritt: daß unsere Häuser nicht unsere Gräber würden! Wir aber, die Leute von Saron, sind sehr stolz darauf, daß wir allein in einem besonderen Gebete erwähnt werden, das der Hohepriester im Allerheiligsten spricht.

Ich wuchs unter Schafherden auf. Wie liebte ich den Flaum ihrer Wolle, wie gern streichelte ich ihr weiches, feuchtes Fell, das vom nächtlichen Tau durchtränkt war. Ich grub meine Finger in das dichte Geflecht und ließ mich mitschleppen, wenn die Hirten die Herde zum Brunnen trieben, um sie zu tränken, so daß ich oftmals aus dem Gedränge gerettet werden mußte. Ich liebte die Flöten der Hirten, ich folgte ihnen auf die Wiese hinaus, ich rastete mit ihnen in ihren Hütten, wenn sie vor der Mittagssonne Zuflucht suchten, ich lief hinter einem verirrten oder umherstreifenden Lamm her. Wenn die Schurzeit kam, das Fest der Hirten, hielt ich mich bei dem Teiche auf, in dessen Wasser die Schafe gewaschen wurden. Über einem offenen Feuer schmorte ein Hammel, und das Tal widerhallte von dem Gesang der Hirtenknaben. Das sind die Bilder, die mir der Traum meiner Kindheit zurückruft, eingebettet in die feuchten, taufrischen Abende, die sich leise auf das Saron-Tal herabsenkten.

Ich habe meine Mutter nur aus meiner frühesten Jugend in Erinnerung, da ich noch unter ihrer liebevollen Obhut stand. Sie war stets mit allerlei Arbeit beschäftigt, und ihre Hände rasteten nie; sie half den Schäferinnen, die die Schafe molken und den Käse preßten, der zum Trocknen auf das Dach gelegt wurde. Desgleichen half sie beim Flechten der Matten, die aus den breiten Blättern der Palme angefertigt wurden. Der Käse, den meine Mutter bereitete, schien mir immer nach süßen Feigen zu schmecken. Die meiste Zeit aber verbrachte sie am Spinnrad in der Gesellschaft der Weiber unserer Knechte, und zwischendurch beschäftigte sie sich mit dem Abwaschen des Geschirrs. Die Mühsal des Kindergebärens und Säugens erschöpfte frühzeitig ihre Kräfte. Ich sehe sie vor mir: Eine kränkliche Frau mit wachsbleichem Gesicht und stumpfen Augen. Aber sie gab mir zugleich mit der Milch ihrer Brüste einen gottesfürchtigen Sinn. Sie war der erste Mensch, der mir vom Tempel erzählte und von der Stadt Jerusalem, und sie zeigte mir die Sterne, über denen der Allmächtige wohnt. Von ihr lernte ich meinen ersten Spruch aus der Heiligen Schrift: „Die Furcht Gottes ist der Anfang aller Weisheit.“ Und sie auch lehrte mich den Segen sprechen bei jedem Bissen Speise und bei jedem Schluck Wasser.

Aber ich war noch sehr jung, als sie mich aus dem Weiberquartier in das der Männer brachten. Dort regierte mein Vater. Er wies mir die Pfade, auf denen ich wandeln sollte, denn er war wie die Feuersäule, die vor den Israeliten in der Wüste einherging.

Mein Vater war schon damals nicht mehr jung, und ich war das fünfte Kind seiner zweiten Frau. Er war ein kleiner, kräftiger Mann mit einem schneeweißen Bart und gütigen, freundlichen Augen über dem Netzwerk der Tränensäcke. Seine Hände waren wie die Wurzeln eines knorrigen Ölbaumes, knochig, dick geädert, schwielig von harter Arbeit. Denn er beteiligte sich selber sehr fleißig an der Arbeit seiner gedungenen Knechte, er pflügte mit ihnen den Acker, drosch das Korn, sammelte die Garben ein, preßte den Wein und die Ölfrüchte und befriedigte mit seiner eigenen Hände Arbeit alle die Bedürfnisse des Haushalts. Am eifrigsten aber kümmerte er sich um die Schafe. Er war ein vortrefflicher Schafzüchter, denn er hatte diesen Beruf von seinem Vater geerbt. Seine Tiere verwertete er auf vielerlei Weise. Er verkaufte sie an die Schlächter, er lieferte sie nach Jerusalem für den Markt der Opfergaben, er schickte sie nach K'far Saba und Ludd, und er nahm von ihnen die Milch. Den größten Teil seiner Einkünfte bezog er aus dem Verkauf der Wolle. Nach dem Waschen und Scheren der Schafe wurde die Wolle gereinigt, gestrählt und in große Ballen verpackt. Dann wurde sie auf Kamele geladen und nach einem der beiden Häfen Joppe und Caesarea gesandt, dahin die phönizischen Kaufleute kamen, welche die Ware an die Spinner und Färber ihrer Heimat weiterbeförderten. In dem Welthafen Caesarea erzielt die Wolle Sarons stets einen höheren Preis als in dem jüdischen Hafen Joppe. Aber mein Vater liebte Caesarea nicht; wie die meisten Juden bevorzugte er Joppe, denn er fühlte sich mit seinem Volk verbunden.

Die Schafzucht war seit unvordenklichen Zeiten das Gewerbe unserer Sippe gewesen, und es hieß von meinem Vater, er kenne jedes einzelne Schaf in jeder seiner Herden. Er brauchte nur einen Blick auf die Herde zu werfen und wußte sogleich, was ihr fehlte. Er konnte feststellen, ob der Hirte seine Tiere zur richtigen Zeit an die Tränke führte, ob er sie allzulang der Sonnenglut aussetzte, ob er das richtige Weideland wählte oder ob er sie über steiniges Gelände getrieben hatte. Er kannte sämtliche Krankheiten der Schafe und sämtliche Kräuter, die sich zu Heilsalben verarbeiten lassen; das alles war ihm von seinen Vorfahren vererbt worden. Er konnte die Fährten der Tiere lesen, den Räuber erkennen, der sich des Nachts der Hürde genähert hatte. Er konnte die Zeichen des Himmels lesen und nach dem Licht der Sonne oder des Mondes den Einbruch schlechten Wetters voraussagen. Er sprang mitten in der Nacht, wenn alle schliefen, von seinem Lager auf und lief mit jugendlichem Ungestüm über die Felder zu seinen Herden, denn selbst im Schlafe witterte er das Herannahen eines Unwetters, und er wollte bei seinen Schafen sein, wenn sie ihn brauchten. Trotz seines Alters machte er sich selber auf die Suche nach einem verirrten Schaf oder Lamm und ruhte nicht eher, als bis er es gefunden hatte. Ja, man mußte ihn sehen, wenn die Zeit kam, da die Schafe ihre Jungen warfen. Dann verbrachte er die Nächte auf der Weide bei den Hirten. Er wußte auf den ersten Blick, ob ein Schaf aus der Herde fehlte; er brauchte nicht nachzuzählen, er sah es sogleich. Die Nacht mochte hereinbrechen, während er in den Feldern nach einem verirrten Lamm suchte, aber er gab nicht eher nach, als bis er das Verirrte gefunden und zu seiner Mutter zurückgebracht hatte.

Diese Liebe zu den Herden war ein Ausfluß seiner Frömmigkeit. Er glaubte, Gott habe die Schafe seiner Obhut anvertraut, und er sei verantwortlich für ihr Wohlergehen. Es war, als gehörten die Schafe nicht ihm, sondern einem anderen, der ihn zu ihrem Hüter bestimmt hatte und jede Nachlässigkeit aufs strengste bestrafen würde. Das war im übrigen eine Tradition aller Hirten.

Mein Vater fürchtete Gott, und obgleich er kein Schriftgelehrter war, beschäftigte er sich stets mit dem Gedanken, ob er Gottes Geboten treu sei. Er plagte sich sehr mit den schwierigen Gesetzen und Vorschriften, die sein Gewerbe betrafen. Er holte eines Tages einen Gelehrten aus der Stadt Ludd in unser Dorf, der ihm genaue Anweisungen erteilen mußte: Was beim Anpflanzen und beim Kreuzen der Samen erlaubt und was verboten sei, ferner, was für Vorschriften die Abstände zwischen den verschiedenen Pflanzen und Gattungen regelten. Die einfacheren Gebote machten ihm weniger Kopfzerbrechen, so etwa, wenn es sich darum handelte, die Erstlinge der Herde den Priestern zu senden und bestimmte Teile des Feldes nach der zweiten Ernte den Armen zur Benützung zu überlassen. Auch das war eine Familientradition und von einem Geschlecht auf das andere vererbt worden. Was für ein Anblick, wenn der Priester aus der Stadt Ludd kam! Wie ehrfürchtig und freundlich empfing ihn mein Vater, während er ihm den Zehent und die erstgeborenen Lämmer der Herde darbot! Darin erblickte er das wahre Wesen der Frömmigkeit. Aber er geriet oft in Verlegenheit, man könnte fast sagen, in Verzweiflung, wenn es sich um die verwickelten Reinigungsvorschriften handelte: die Gefäße waschen, das Brot und den Wein vor der Berührung mit Nicht-Juden schützen. In unserer Nachbarschaft lebten zahlreiche Fremde, Kanaaniten, Griechen und dergleichen Küstenbewohner. Unser tägliches Geschäft brachte uns in tausendfache Berührung mit ihnen. Mein Vater schwebte in ständigen Ängsten, ob nicht bei dieser Berührung seine Gefäße, sein Brot oder sein Wein verunreinigt worden seien. Er hatte Angst, selber unter den Einfluß der Fremden zu geraten, und er hatte Angst, die fremden Gebräuche könnten auf unmerkliche Weise die Reinheit seines Kults gefährden oder ihn beflecken. Am meisten fürchtete er für unsere Weiber, die dann wieder sehr leicht die Männer gefährden konnten. Denn die jüdischen Weiber ließen sich gerne dazu verleiten, Astarte, die Göttin der Fruchtbarkeit, anzubeten. Jüdinnen, die unfruchtbar waren oder nur selten und mit Schwierigkeit empfingen, trugen heimlich Blumen und Tauben zum Altar der Astarte. Und nicht selten entdeckte man in den Hütten unserer Knechte aus Lehm geformte Bilder und Figuren der Göttin, die die Weiber dort versteckt hatten. Wenn der Priester aus Ludd kam, um den Zehent zu holen, ging mein Vater mit ihm in die Wohnungen der Knechte, stöberte die Götzenbilder auf, die die Weiber heimlich bei sich hatten, und zertrat sie mit den Füßen. Oft kam es zu erbitterten

Familienzwistigkeiten. Männer jagten ihre Weiber, die sich mit dem Götzendienst versündigt hatten, aus dem Hause. Aber unablässig gierten die Weiber insgeheim nach dem Kult der Astarte.

Mein Vater zitterte vor Angst, auch er könnte sich eines Tages zu solchen Übertretungen verleiten lassen. Wenn er sich über den Sinn eines Gebotes nicht ganz im klaren war, schickte er sogleich einen reitenden Boten nach Ludd. Ob dieses oder jenes rein sei? Ob er den Wein verwenden dürfte, den ein Sohn der Unbeschnittenen berührt hatte? Er beneidete jeden seiner Nachbarn, der einen im Gesetz bewanderten Sohn besaß, und er träumte davon, daß einer seiner Söhne sich als würdig erweisen würde, bei einem Rabbi in die Lehre zu gehen und das Gesetz auszulegen.

So groß war seine Angst vor der Ansteckung durch die gottlosen Sitten und Gebräuche der Heiden, daß er neben den von unseren Weisen festgelegten Vorschriften und Verboten eine Anzahl eigener Regeln erfand.

Als ich noch ein Knabe war, pflegte mein Vater mich mitzunehmen, wenn er mit einer Kamelkarawane nach der Hafenstadt Caesarea zog. Obgleich diese Stadt in den Grenzen Israels lag und von einem jüdischen König gegründet worden war, der zumeist Juden dort angesiedelt hatte, galt sie uns allen als eine Stätte der Heiden. Und bevor wir die Reise antraten, ermahnte mich mein Vater streng, unter keinen Umständen irgendwelche Nahrung der Ungläubigen in den Mund zu nehmen — nein, nicht einmal einen Bissen Brot von der Größe einer Ölfrucht.

Ich sehe noch die gewaltige Hafenstadt vor mir. Die weißen Marmorgebäude strebten aus den Gärten in eine Lichtflut empor. Ich hatte bis dahin erst eine einzige große Stadt gesehen, nämlich Jerusalem. Caesarea machte einen ganz anderen Eindruck auf mich. Jerusalem hatte mich begeistert, hatte meine Seele mit grenzenloser Verehrung und Andacht erfüllt, Caesarea aber, mit seinem Reichtum, seinen regelmäßigen Straßen, seinen Säulen und Marmorhallen bedrückte und verwirrte mich. Dieser unverschämte Besitzerstolz erschien mir als der Ausdruck einer feindseligen Haltung gegen uns. Statt des Heiligtumes unseres Gottes erblickte ich den gigantischen Tempel des Cäsar Augustus, der alle übrigen Gebäude der Stadt überragte. Der Hafen unterschied sich sehr von dem Hafen Joppes. Dort ankerten die Kähne zwischen felsigen Klippen, und das war gefährlich, hier aber hatten sie eine zweihundert Schritt lange

Mauer ins Meer hinausgetrieben, an der die Wellen sich brachen, und die den Schiffen Schutz bot. Innerhalb dieses Hafenbereichs, auf den stillen und geschützten Wassern, lagen zahllose Boote mit Segeln in allen Farben. An den Farben, sagte mir mein Vater, könne man erkennen, aus welchem Lande die Schiffe stammen. Da waren Schiffe aus Tyrus und Sidon, aus Ägypten und von der Insel Cypern, Schiffe von der griechischen Insel Rhodos und sogar von den entferntesten Küsten des Großen Meeres. Die Zugänge zum Hafen waren mit Marmor gepflastert. Hier versammelten sich die Kaufleute vieler Länder in ihren fremdartigen Trachten und feilschten um den Preis für ihre mitgebrachten Waren. Auch wir hatten unseren Platz unter den Kaufleuten auf dem Wollmarkt, wo wir die Ballen von unseren Kamelen abgeladen hatten. Dann näherten sich uns die Käufer aus Tyrus in ihren bunten Mänteln. Sie betasteten und prüften die Wolle und begannen, mit meinem Vater zu handeln. Von ihnen erhielt mein Vater für seine Ware kleine Beutel voll tyrischer Drachmen. Sklaven schulterten die Wollballen und schleppten sie in die Segelboote, die an den Stufen vertäut lagen.

Sobald diese Handelsgeschäfte beendet waren, ließ mein Vater seine Kamele in der Obhut unserer Treiber zurück, nahm mich bei der Hand und führte mich in die Stadt. Zuerst durchschritten wir lange Arkaden — Marmorsäulen und Gebälk aus Zedernholz, über die große Tücher aus weißer Webe gespannt waren. Eine lärmende Menge flutete hin und her und staute sich vor den Buden mit ihren Vorräten von gefärbtem Tuch, Geschirr, Werkzeug und Möbelstücken aus mit Elfenbein eingelegtem Zedernholz. Auch Götterstatuen konnte man dort kaufen, Figuren männlicher und weiblicher Gottheiten, aus korinthischer Bronze gegossen oder aus Alabaster gemeißelt, kleine Figürchen nackter Weiber, die die Hände über ihren Brüsten oder ihrem Bauche falteten. Die Käufer betasteten die Ware, besichtigten sie genau und feilschten um den Preis einer Gottheit, wie man um einen Schlauch Wein oder einen Korb süßer Granatäpfel feilscht. In den schattigen Nischen der Arkaden lungerten Weiber umher, die die vorübergehenden Männer anriefen oder ihnen Zeichen machten. Aus manchen kleinen Buden tönte das Singen betrunkener Seeleute hervor. Mein Vater zog mich schnell durch dieses Viertel der Stadt, damit ich möglichst wenig von den Sünden und der Unreinheit der Heiden zu sehen bekäme, und er verlangsamte seine Schritte nicht eher, als bis er mit mir im jüdischen Viertel angelangt war. Wir kamen zu einem Khan, einer Herberge. Der geräumige Hof war mit einem Zeltdach bedeckt; hier rasteten die jüdischen Treiber oder Hirten, die Waren in die Stadt gebracht hatten. Hier trafen wir auch unsere Nachbarn aus dem Saron-Tal. Die von ihrer Last befreiten Tragtiere wurden auf den Hof gebracht und getränkt. Wir öffneten die Bündel, die wir von zu Hause mitgebracht hatten, und aßen in Gesellschaft der anderen Juden.

Während des Essens sagte ich zu meinem Vater:

„Mein Herr und Vater, belehre mich. Die Heiden dienen Götzen und andern Greueln, sie befolgen nicht die Gesetze und Gebote, die wir befolgen, sondern treiben üble Dinge zu ihrer Augenweide, wie wir das heute gesehen haben; aber Gott bestraft sie nicht. Er bestraft nur uns, und er hat sie zu unseren Herren gemacht."

„Warum das so ist, mein Kleiner", antwortete mein Vater, „weiß ich nicht. Es kommt uns nicht zu, an Gottes Wegen zu zweifeln, sondern wir sollen sie liebevoll hinnehmen und sagen: Es ist sicherlich zu unserem Besten. So haben meine Eltern es mich gelehrt. Aber die Weisen und die Männer der Schrift forschen diesen Dingen nach, sie dringen in die Geheimnisse ein und suchen zu ergründen, was die Wege Gottes bedeuten. Ihnen enthüllen sich die Gründe. Möchtest du, mein Sohn, zu ihnen gehören?"

„Ja, mein Vater. Auch ich möchte das Geheimnis des göttlichen Willens ergründen."

Mein Vater erwiderte: „Mein Leben lang habe ich von einem Sohn geträumt, von einem Sproß meiner Lenden, der sich dem Studium der Thora widmen würde, damit er mein spätes Alter erleuchte, und damit mir die Früchte der künftigen Welt ebenso sicher seien wie die Früchte dieser Welt. Deine Brüder haben *diese* Welt zu ihrem Erbe erwählt und ihre Hände in der Arbeit ihrer Väter geübt. Sie sind Schafzüchter. Aber Gott gebe, daß der jüngste meiner Söhne meine Hoffnung erfüllt."

„Was muß ich tun, mein Vater, um der Thora würdig zu sein?"

„Ich habe ein Wort der Weisen gehört, daß die Thora nur um den höchsten Preis erkauft werden kann. Wer die Thora gewinnen will, muß trocken Brot essen, mäßig Wasser trinken und auf der harten Erde schlafen. Er muß der Diener seines

Lehrers sein und vor ihm stehen wie der Sklave vor seinem Herrn und Meister. Denn dein Rabbi soll dir mehr sein als dein Vater. Dein Vater hat dich gezeugt, aber dein Rabbi wird dir eine Seele einhauchen. Das ist die Thora. Bist du bereit, mein Sohn, diesen Preis für die Thora zu zahlen?"

„Mein Vater, ich bin bereit, diesen Preis zu zahlen, und auch jeden anderen Preis, der von mir verlangt wird, wenn ich nur die Wege Gottes erforschen darf."

„So sei es also. Ich werde dich zuerst zu einem Rabbi nach Ludd senden. Und zur festgesetzten Zeit werde ich dich auch nach Jerusalem senden."

Mein Vater erhob seine Hände zum Himmel und sagte:

„Ich danke dir, Vater, daß du das Herz meines Sohnes mit dem Verlangen erfüllt hast, deine Thora zu erforschen."

IV. KAPITEL

Als ich dreizehn Jahre alt wurde, sprach mein Vater den Segen über mich: „Ich danke dir, o Herr, daß du mich von dieser Verantwortung befreit hast." Denn nach jüdischem Gesetz erreichte ich mit dem Beginn meines vierzehnten Lebensjahres den Stand der Mannheit und war für meine Taten dem Himmel verantwortlich. Mein Vater sandte mich nach Ludd, wo es viele Synagogen gab. In einer dieser Synagogen wurde ich der Schüler eines Rabbi, und von ihm lernte ich das geschriebene Gesetz, die Vorschriften und die geschichtlichen Überlieferungen, die zu der höheren Bildung eines jeden Juden gehören. Ich wohnte im Hause des Bruders meines Vaters, der ein Sattelmacher war, und er brachte mir dieses Gewerbe bei. Obgleich mein Vater wohlhabend war und mich für die Gelehrtenlaufbahn bestimmt hatte, ziemte es sich, daß ich ein Handwerk lernte, denn es heißt: „Wer seinen Sohn nicht ein Handwerk lehrt, erzieht ihn zu einem Straßenräuber."

Ich will nicht bei den Jahren verweilen, die ich in der schönen Stadt Ludd verbrachte, wo ich zahlreiche Freunde gewann. Ich will nur erwähnen, daß mein ganzes Streben dem Studium galt, und daß ich sehr viel lernte, sowohl aus dem geschriebenen Gesetz als auch aus der mündlichen Überlieferung, die von Geschlecht zu Geschlecht vererbt worden ist. Als ich mein sechzehntes Jahr erreicht hatte, kehrte ich nach Hause zurück, und mein Vater fragte mich abermals:

„Ist es dein Wunsch, mein Sohn, dich gänzlich der Thora zu widmen?"

„Von ganzem Herzen und von ganzer Seele", erwiderte ich.

„Wenn dem so ist, wirst du mich auf meiner nächsten Pilgerfahrt nach Jerusalem begleiten. Wie du weißt, habe ich dort einen Freund, dessen beide Söhne Schüler des berühmten Rabbi Nikodemus sind. Ihnen werde ich dich anvertrauen."

Und so geschah es. Kurz vor dem nächsten Feiertage zogen wir, mein Vater, zwei meiner älteren Brüder und ich selbst, nach Jerusalem. Wir nahmen eine kleine Schafherde mit, die wir verkaufen wollten, und zwei Esel. Auf dem einen Esel ritt mein Vater, wenn er müde war, der andere trug zwei Krüge Wein und einen Topf Honig, Geschenke für meines Vaters Freund in Jerusalem, desgleichen unseren Reisevorrat, getrockneten Käse, Früchte und Brot.

Als wir durch Ludd kamen, schloß sich uns eine ganze Karawane von Pilgern an. In Jabneh waren wir bereits so zahlreich, daß wir den Marktplatz füllten. Von dort aus stiegen wir in die Berge Judäas hinauf, und die Straße widerhallte von dem Klang unserer Flöten.

Das war nicht meine erste Pilgerfahrt nach Jerusalem, aber sie ist mir deutlicher in Erinnerung geblieben als alle die anderen. Ich höre noch das Geklingel der Glöckchen, die an den Ohren der Kamele und Esel baumelten, und ich sehe noch den langen Zug seliger Pilger den Windungen der Straße folgen. Ich wußte, daß ich diesmal nach Jerusalem ging, um dort zu bleiben, und daß von nun an mein Leben unwiderruflich der Thora geweiht sein würde. Ich brannte vor Eifer, meinen neuen Rabbi zu sehen, und ich war neugierig auf mein neues Leben. Ich entsinne mich deutlich der Nächte, da unsere Pilgerschar in einem Dorfe Rast machte, und wir uns alle um den Brunnen versammelten. Die Männer wollten in keinem Hause einkehren, da es geziemender war, während der Pilgerfahrt die Nacht unter freiem Himmel zu verbringen. Ich, der ich mich zu den Männern zählte, folgte ihrem Beispiel. Ich betrat kein Haus und kein Weiberzelt, sondern saß mit den Männern an dem Feuer, das sie in der Nähe des Brunnens angezündet hatten. Die Nacht in den Bergen war kalt, die älteren Leute hüllten sich in ihre Schafsfellmäntel und legten sich hin, wir jüngeren standen ehrfurchtsvoll im Kreise um sie her und bedienten sie. Aber keiner schlief zwischen Abend und Morgen. Es war in der ersten Hälfte des Monats, und eine schmale, helle Mondsichel folgte der Sonne in die blauen Tiefen des westlichen Himmels. Die Sterne traten hervor, schimmernd in dichtem Gewühl. Die Alten erzählten von dem großen Aufstand unter der Führung Judas, des Galiläers, an dem einige von ihnen teilgenommen hatten. Sie erinnerten sich daran, wie sie sich aus ihren Häusern weggeschlichen hatten, das Schwert unter dem Mantel verborgen, um sich den Rebellen anzuschließen. Fischer aus dem Hafen von Joppe zogen mit ihnen mit. Das waren die Tage der großen Hoffnung. Die Rebellen glaubten, daß die Erlösung nahe bevorstehe, daß unser Volk von dem Joch Edoms befreit werden sollte. Aber die Hoffnung erwies sich als trügerisch, und das Schwert Gottes zerbrach an den Panzern der Heiden.

„Gottes Schwert ist nicht zerbrochen, denn Gottes Schwert ist seine Thora“, sagte ein gelehrter Mann aus K'far Saba.

„Nicht das Schwert der Thora brauchen wir heute, sondern ein Schwert von Stahl“, rief ein Mann, der im Schatten stand. „Das Schwert der Thora müssen wir für eine Weile in die Scheide stecken, bis das Stahlschwert den Sieg errungen hat.“

Alle wandten ihre Köpfe in die Richtung, aus der der Ruf gekommen war: Wer hatte solche Worte auszusprechen gewagt? Einer hob ein loderndes Scheit empor, und im Feuerschein erblickten wir die mächtige Gestalt des Mannes mit wilden Haarlocken und Augen, die aus dem Dunkel hervorblitzten.

„Bar Abbas!“ ertönte ein Murmeln. „Bar Abbas ist unter uns!“

„Braucht Gott Eisen und Streitwagen, daß sie ihm helfen? Gehorchen ihm nicht die Heerscharen des Himmels? Laßt nur die Zeit kommen, da er seinen Gesalbten senden wird!“

„Aber warum wartet er so lange?“

„Es steht geschrieben: Wenn er auch zögert, müssen wir ihn doch täglich erwarten. Wer weiß, ob wir ihm nicht in Jerusalem begegnen, wenn wir hinkommen.“

„Nein, der Messias wird nicht eher vom Himmel herabsteigen, als bis wir ihn selber auf dem glühenden Amboß geschmiedet und unsere Schwerter geschärft haben!“

„Gott will nicht, daß sein Volk eine Horde von Sklaven sei; Gottes Söhne müssen frei sein“, rief einer, der Bar Abbas unterstützte.

Unruhe und Schrecken kam über die Versammelten. Ich sehe heute noch die Gestalt Bar Abbas' vor mir stehen im Schein des Lagerfeuers. Er war ein Fischer aus dem Hafen von Joppe, von gigantischem Körperbau, sonnverbrannt, dunkelhäutig wie ein Äthiopier, mit Muskeln von Stahl. Die Locken seines Hauptes und seines Bartes flatterten im Winde. Seine Zähne blitzten weiß wie Milch zwischen seinen Lippen hervor. Er streckte die Hand gegen den Rabbi aus, der ihn zurechtgewiesen hatte, und sagte:

„Die bittere Galle der Bedrückung ist übervoll in unserer Brust. Ich sage dir, wenn sich heute einer fände nach dem Vorbild Judas, des Zeloten, die Scharen um sich zu versammeln, wir würden Edom und seine gedungenen Streiter vor uns hertreiben wie der Sturmwind das Schiff."

„Bar Abbas! Bar Abbas! Das sind die Worte eines Sünders! Siehst du denn nicht, in welche Lage wir geraten sind? Ohne Gott ist nichts zu machen. So will es Gott, wir dürfen nicht an ihm zweifeln, bis er seinen Messias sendet, uns zusammenzurufen."

Ein anderer sagte: „Es heißt, daß in den Wüsten von Judäa ein Mann lebt, der die Leute durch die Taufe auf die Ankunft des Messias vorbereitet!"

„Nicht durch die Wassertaufe werden wir uns auf die Ankunft des Messias vorbereiten."

„Wehe den Ohren, die solche Worte hören!" rief der Rabbi. „Möge man dir den Mund verschließen, Bar Abbas! Wer dir folgt, verzögert nur die Erlösung. Es ist Gottes Wille, daß wir unseren Nacken zum Schemel unserer Feinde machen. Und wir sollen ihm in Liebe gehorchen und schweigen. Wir sollen nicht an seinen Entschlüssen zweifeln."

Ich sah den weißen Bart des alten Mannes zittern, während seine Augen sich bläulichrot verfärbten und aus ihren Höhlen hervorquollen, als wollten sie herausfallen.

„Warum denn?" riefen andere Stimmen.

„Weil wir Sünder sind, allesamt", erwiderte der alte Mann.

„Und sind die Heiden besser als wir?"

„Er hat mit den Heiden keinen Bund gemacht. Er hat mit uns einen Bund gemacht. Das ist der Bund zwischen Abraham und Gott, der uns die Pflichten der Thora auferlegt. Ein jeglicher von uns, auch die Ungeborenen, waren dabei, als der Bund geschlossen wurde, und ein jeglicher von uns muß die Bürde der Thora auf sich nehmen. Und nun bestraft er uns, weil wir die Bürde abgeschüttelt haben. Denn er hat uns zu seinem heiligen Volk erwählt, daß wir ein Licht seien für die Welt, ein Licht für die Heiden, daß wir seine Gesetze und Gebote befolgen, bis er seinen Messias sendet. Und an diesem

Tage werden alle Völker sich vor Gott beugen und seine Thora anerkennen. Und bis dahin müssen wir das Joch tragen und schweigen. Wir müssen schweigen." Und der alte Mann legte den Finger an die Lippen.

In dieser Nacht auf den Bergen wurde ich zum Manne. Ich begegnete zum ersten Male den lebendigen Kräften, die in unserem Volke lebten.

In Jerusalem wohnte ich im Hause des Simon von Kyrene. Seine Färberwerkstatt lag an den Wassern des Kidron in der Unteren Stadt am Fuße des Ölberges, dort wo die Gerber und sonstigen Arbeiter hausten, die in der eigentlichen Stadt sich nicht ansiedeln durften. Auch Simon steht mir noch sehr deutlich vor Augen. Er war außerordentlich groß und sehr mager. Sein Kopf saß auf einem langen schmalen Hals, und er hielt ihn immer ein wenig gesenkt. Sein Rücken war gebeugt von dem beständigen Bücken an den Färbekübeln. Er war kahlköpfig, denn der Farbstoff hatte seine Haare zerfressen. Er verstand es, auf ganz eigene Art allerlei Farben aus den verschiedensten Pflanzen zu bereiten, nach Rezepten, die er aus seiner Heimat mitgebracht hatte. Seine Haut war von dem beständigen Umgang mit den Farben an vielen Stellen mit Flecken betupft. In den Löchern seiner Ohrläppchen hingen ein paar bunte Fäden. Simon von Kyrene war ein stiller, heiterer Mensch. Als wir auf dieser Pilgerfahrt nach Jerusalem kamen, ging er uns entgegen, umarmte meinen Vater, küßte ihn und erkundigte sich nach dem Befinden seiner Familie, und dann führte er uns in sein Haus.

Es war ein kleines, niedriges Haus, das er bewohnte. Es bestand aus einem einzigen langgestreckten Raum, an dessen Seitenwänden schmale Ruhebetten aus geflochtenem Stroh standen. Einige dieser Ruhebetten, mit farbigen Tüchern bedeckt, waren für den Gebrauch des Hausherren und seiner Gäste bestimmt, während die übrigen nur mit Sackleinen überzogen waren. Ein Teil des Fußbodens war mit einer Bambusmatte bedeckt, die den Kindern der Gäste als Schlafplatz diente. Quer durch den Raum lief ein Vorhang, hinter dem die Weiber ihre Lager hatten. Draußen, dicht neben der Tür, stand ein niedriger Steinsockel, auf dem allerlei Wasserkrüge und Hausgeräte sich befanden. Der für die Gäste bestimmte Teil des Hauses war frisch getüncht worden. Mochte das Haus selber auch klein sein, der von einer lebenden Bohnenhecke umgebene Hof war um so geräumiger, denn er erstreckte sich bis ins Tal hinab. Hier standen die Vorratsschuppen für die rohe und verarbeitete Wolle. In Erdlöchern ruhten drei riesige Kessel, und rund um die Kessel standen zahllose Töpfe und Krüge mit Farbstoff. Ferner hatte man im unteren Teile des Hofes eine große Wasserzisterne angelegt und sie mit einem Zaune umgeben. Überall begegnete man den Spuren von Simons Gewerbe. Die Gefäße, die Hecken, die Steine trugen purpurne, violette und scharlachrote Streifen und Kleckse. Sogar der einsame Ölbaum auf dem Hofe und das ausgespannte Sonnendach, das vor der Mittagssonne Schutz bieten sollte, waren reichlich mit Farbe besprenkelt.

Bei unserer Ankunft wurden wir im Hause des Simon von Kyrene wie Mitglieder der Familie empfangen. Man wusch uns Hände und Füße und brachte uns sogleich etwas zu essen. Dann luden wir unsere Vorräte ab, den getrockneten Käse, den Honig und den Wein. Die Weiber des Hauses zogen sich in eine Ecke zurück, um über ihre kleinen Sorgen zu reden, während die Männer wichtigere Dinge erörterten. Meine älteren Brüder gingen in die Stadt hinauf, um sich nach der Marktlage und nach den neuesten Schaf- und Wollpreisen zu erkundigen. Ich blieb allein bei meinem Vater und Simon zurück, denn Alexander und Rufus, die ungefähr in meinem Alter waren, befanden sich bei ihrem Rabbi.

Nachdem mein Vater und Simon einander die ersten Neuigkeiten mitgeteilt hatten, gingen sie in den Hof hinaus und setzten sich auf zwei umgestülpte Eimer, die jetzt in der Festzeit nicht benützt wurden; und ich setzte mich zu ihren Füßen auf die Erde.

Es war um die Abendstunde, da die Priester im Tempel das Minchah-Opfer darbringen. Noch lag das Tageslicht auf den Gipfeln der Hügel rings um Jerusalem, aber im Tale des Kidron sammelten sich die schweren Schatten der Nacht. Mein Vater und Simon sprachen über das ewige Thema: Warum geht es dem Hause Jakobs so schlecht, während Edom über uns triumphiert? Warum ist der Segen Jakobs in sein Gegenteil verkehrt worden, so daß der Fuß Esaus den Stolz der Kinder Israels in den Staub tritt?

Mein Vater fragte gelassen: „Ist uns kein Zeichen gegeben worden? Hat man keine frohe Kunde vernommen? Was sagen die Weisen?"

„Jochanaan ist in die Wüste gegangen und ruft das Volk zur Taufe und zur Buße, um dem Messias den Pfad zu bereiten."

„Das habe ich schon unterwegs gehört. Es waren einige unter uns, die in der Wüste gewesen waren und sich von ihm hatten taufen lassen."

„Ja, viele gehen aus Jerusalem zu ihm. Wenn das Fest vorüber ist, werde auch ich in die Wildnis gehen, um Jochanaan mit meinen eigenen Augen zu sehen und mich von ihm taufen zu lassen."

Simon wartete eine Weile in der Stille des Abends, dann fuhr er mit leiser Stimme fort:

„Es heißt, daß das erwartete Ende nicht mehr fern sei, und die Weisen behaupten sogar, die Leiden des Messias hätten schon begonnen, denn unsere Prüfungen und Leiden steigern sich ins Unerträgliche. Der gottlose Pilatus sitzt an der Macht. Seine Krieger erschlagen unsere Pilger auf den Straßen. Steuern und Abgaben wachsen von Tag zu Tag. Die Söhne des Hohenpriesters züchtigen uns mit Skorpionen, und die Worte der Schrift erfüllen sich: ‚Das Land ist in die Hände der Gottlosen gegeben.' Das Wasser steht uns bis zum Hals."

„Und was bedeuten unsere Qualen?" fragte mein Vater. „Was sagen die Weisen?"

„Diese Peinigungen sind ein Zeichen der Liebe Gottes, sagen die Weisen. Sie werden zu unserem Besten über uns verhängt, damit unsere Herzen Gottes Gebote erkennen. Wir sind das Salz der Erde. Gott hat uns unter allen Menschensöhnen auserwählt. Wir dürfen uns dem Bösen nicht widersetzen. Wir dürfen uns nicht gegen den Willen Gottes empören, wir müssen diese Prüfungen in Liebe auf uns nehmen. Denn Gott reinigt uns durch das Leid, er reinigt unsere Herzen, daß wir nicht in Gemeinheit und Verderbnis verfallen und uns den Freuden dieser Welt hingeben wie die Heiden. Wir sollen vielmehr den Bund zwischen ihm und uns stärken, bis zu dem Tage, da er sich der ganzen Erde offenbaren und den Messias senden wird, der alles Gottlose mit dem Blitz seiner Blicke vernichtet und die Scharen der Gerechten um sich versammelt. An diesem Tage werden die Heidenvölker sehen und begreifen, und auch wir werden über allen Zweifel hinaus erkennen, daß unser Leid nur eine Vorbereitung auf das Heil der Welt und die Offenbarung der göttlichen Seligkeit war. Aus allen diesen Gründen dürfen wir nicht in Verzweiflung geraten über die Erniedrigungen, die wir täglich, ohne Unterlaß erdulden, nein, hoch erhobenen Hauptes müssen wir unsere Bürde tragen. Und ob auch Gott uns zur Zielscheibe für die Pfeile der Heiden gemacht hat, werden wir nicht in unserer Liebe wankend werden, wenn die Pfeile uns durchbohren. Wir werden sie in Liebe empfangen, wie es den treuen Kriegern eines Königs geziemt, der einen gerechten Krieg führt."

Diese und ähnliche tröstende Worte flüsterte Simon in meines Vaters Ohr. Ich merkte, wie meines Vaters Augen vor Freude und Hoffnung aufleuchteten. Er nahm seinen Freund bei der Hand und sagte:

„Simon, ich bitte dich, sage mir, in welcher Schule diese Worte gesprochen wurden, und von wessen Lippen sie kamen. Selig die Lippen, auf denen die Botschaft Gottes ruht!"

Da hob Simon von Kyrene den Kopf und blickte in die Ferne, während der letzte Schimmer des Sonnenlichts auf seinem kahlen, von Haaren umkränzten Schädel glänzte. „Diese Worte", sagte er, „habe ich aus dem Munde meines Rabbi Nikodemus, Sohn des Nikodemus, gehört. Er spricht jeden Sabbath zu uns, nach der Verlesung der Thora, in der Synagoge der Kyrener, und das ist der Inhalt seiner Predigten."

„Wo ist er, dieser Mann Gottes? Führe mich zu ihm. Auch ich möchte jetzt aus diesem frischen Quell trinken."

„Du wirst ihn heute Abend sehen. Ich habe ihn gebeten, mit seiner Anwesenheit das Festmahl zu beehren, das ich zu Ehren deines Sohnes vorbereitet habe, weil du ihn nach Jerusalem gebracht hast, damit er das Gotteswort lerne. Ich habe auch noch andere Freunde eingeladen. Judas Ischariot wird da sein. Er ist von Gewerbe ein Töpfer, ein gottesfürchtiger Mann, der nach Gottes Weisheit trachtet, ein Pharisäer und der Sohn von Pharisäern, einer, der täglich den Messias erwartet. Ferner Hillel, der Wasserträger, der bescheidenste aller Menschen, ein Heiliger. Und zuletzt erwähne ich mit der größten Liebe Nikodemus ben Nikodemus, den Lehrer meiner Kinder. Ich werde dich ihm vorstellen, damit er deinen Sohn unter seine Schüler aufnimmt."

„Möge Gott dich belohnen für die liebevolle Güte, die du mir und meinem Sohne erweisest", sagte mein Vater. Dann beugte er sich zu mir und fügte hinzu: „Steh auf, mein Sohn, und bereite dich auf deinen neuen Vater vor, den Rabbi, der dich in Gottes Wegen unterweisen wird."

„Es ist für uns alle an der Zeit, daß wir mit den Vorbereitungen beginnen", sagte Simon von Kyrene. „Die Weiber haben die Lampen im Hause angezündet. Ich muß mich bereit halten, meine Gäste zu empfangen."

Mein Vater und Simon von Kyrene wuschen sich in dem Wasser in den Holzgefäßen, die auf dem Hofe standen, dann salbten sie sich und zogen frische Gewänder an, damit sie ihre Gäste würdig und nicht im Werktagskleide begrüßten. Auch ich wusch und salbte mich und legte die Reisekleidung ab. Ich holte aus meinem Bündel den Ketonet passim hervor, den bunten Rock, der mein Festgewand war. Ich rieb Salbe in meine Haare und Schläfenlocken und betete dabei in meinem Herzen: „Möge es dein Wille sein, Vater im Himmel, daß ich Gnade finde vor meinem Rabbi, auf daß er mich zu sich heranziehe und mich nicht wegstoße.“ Nachdem ich mich zurechtgemacht hatte, nahm ich meinen Platz auf der Schwelle des Hauses ein und wartete mit bebendem Herzen.

Die Leute vom Hause breiteten die Matten aus und stellten die kleinen Tische vor die Ruhelager; die Weiber trafen die letzten Vorbereitungen; sie trugen rohes und gekochtes Gemüse in bunten irdenen Töpfen und Schüsseln herbei, die Simon von Kyrene offenbar aus seiner Heimat mitgebracht hatte, denn ich erinnere mich nicht, dergleichen in Judäa gesehen zu haben. Der Raum war sauber gefegt worden, und frische Ölzweige lagen als Schmuck auf den Tischen. Simons Weib, die eine veilchenblaue Kopfbedeckung trug, brachte flache, in weiße Tücher gehüllte Kuchen. Sie legte auch zwei Ölkränze vor die Plätze hin, die der Rabbi und mein Vater einnehmen sollten, denn so war es Sitte in ihrer Heimat, wenn Ehrengäste erwartet wurden. Töpfe mit Olivenöl und Gefäße mit süßem Honig standen geordnet auf dem Tische und daneben die Kürbisflaschen, in die mein Vater den Wein goß, und Körbe mit gedörrten Feigen. Auf dem Steinsockel vor der Tür waren Schalen mit frischem Wasser und saubere Tücher vorbereitet worden. Die von der Decke hängenden Öllampen warfen ihr stilles Licht in den freundlichen Raum. In dem offenen Türrahmen hing ein weißes Leinentuch, zum Zeichen, daß Gäste erwartet wurden, und um bekanntzugeben, daß jeder, der hungrig war, in das Haus kommen und mitessen dürfe.

Nach kurzer Zeit erschienen die ersten Gäste, zwei Färber in frischgewaschenen Gewändern, mit bunten Fäden in den Ohrläppchen. Sie waren Landsleute Simons und trugen die Tracht der Kyrener, violette und schwarze Tuniken und hohe Ledersandalen. Ihre gesalbten Köpfe waren mit Ölkränzen geschmückt. Nachdem Simon sie den Gästen aus Saron vorgestellt hatte, führte er sie zu ihren Plätzen. Sowie alsdann die anderen Gäste anlangten, wurden sie, ein jeglicher nach seinem Rang, seinem Alter und seiner Gelehrsamkeit, zu den Matten in der Mitte des Raumes oder zu den Ruhebetten längs der Wände geleitet. Der Wasserträger Hillel erhielt einen Ehrenplatz am oberen Ende des Tisches, die gleiche Auszeichnung wurde dem Pharisäer Judas Ischariot zuteil, der wie Hillel zu den Weisen zählte. So warteten wir auf die Ankunft des Rabbi. Er erschien, als die Nacht bereits hereingebrochen war. Ihn begleiteten seine zwei vornehmsten Schüler, Alexander und Rufus, Simons Söhne. Sie trugen Öllampen vor ihrem Rabbi her, um seinen Weg zu erhellen.

Der Eintritt des Rabbi war für uns alle das Zeichen, uns zu erheben. Wir warteten, bis er seine Hände gewaschen und sich am oberen Ende des Tisches niedergelassen hatte, auf dem Ehrenplatz, der mit bunten Teppichen und Wolltüchern behangen und durch diesen Schmuck gekennzeichnet war. Alexander und Rufus saßen nicht in unserer Mitte, sondern stellten sich zu dem Rabbi hin, um ihn zu bedienen. Wie beneidete ich sie an diesem Abend um die Ehre, ihren Rabbi bedienen zu dürfen! Ich sehnte mich nach dem Tage, da auch ich an des Rabbi Seite würde stehen dürfen, um jeden seiner Wünsche zu erraten. Keine Sekunde lang wandte ich meine Blicke von ihm. Mit äußerster Aufmerksamkeit beobachtete ich jede seiner Gebärden. Ich lernte von ihm sogleich die richtige Art, das Brot zu brechen, das Essen mit Salz zu bestreuen, bevor man den Segen spricht, die Bissen in Essig oder Honig zu tauchen. Ich beobachtete die Art, wie er aß: ruhig, aufmerksam, als ob er vor dem Altar ein Opfer bereitete. So war es auch, wie er mir später erklärte. Der Tisch, an dem Menschen sitzen und essen, ist mit einem Altar zu vergleichen, und die, die sich um ihn versammeln, müssen reinlich sein und ehrfurchtsvoll wie in einem Heiligtum. Außerdem, wenn Menschen miteinander das Brot brechen und sich dabei nicht über die Thora unterhalten, könnten sie ebenso gut das Fleisch der Leichen oder der Götzenopfer essen. Gleich nachdem wir zu essen begonnen hatten, erhob der Rabbi seine Stimme und gab den Versammelten die Gründe für sein Zuspätkommen bekannt.

„In diesem Jahr fällt, wie ihr alle wißt, das Passah-Fest auf einen Sabbath. Wenn der erste Festtag ein Sabbath ist, taucht immer wieder unter den Weisen und Priestern eine uralte Meinungsverschiedenheit auf, und zwar handelt es sich um folgendes: Soll das Passah-Opfer den Vorrang vor dem Sabbath haben, oder soll man mit ihm warten, bis der Sabbath vorbei ist? Es gibt auch, wie einige von euch wissen, eine alte Bestimmung, die diese Frage regelt. Sie stammt von dem ehrwürdigen Hillel, der durch sie sehr berühmt geworden ist, und sie lautet, daß das Passah-Opfer den Vorrang habe vor dem Sabbath. Der ehrwürdige Hillel verwies auf die Lehren Schemajas und Awtaljons, der Weisen, von denen er das Gesetz gelernt hatte. Aber heute stellen die Priester der Sadduzäer-Partei die Frage aufs neue und greifen Hillels Bestimmung an. Das tun sie nur deshalb, weil der Sieg der Hillelschen These den Pharisäern großes Ansehen verschafft und ihnen die Möglichkeit gegeben hat, auch noch andere ihrer Satzungen in den Tempeldienst einzuführen, was den Priestern als eine Verletzung ihrer Vorrechte erscheint."

So erläuterte Rabbi Nikodemus, hauptsächlich im Interesse derer, die die Einzelheiten der Thora nicht kannten, den Charakter der Auseinandersetzungen, die ihn bis zu später Stunde im Sanhedrin festgehalten hatten.

„Sehet, was für ein großer Mann der ehrwürdige Hillel war!" fuhr der Rabbi fort. „Die Bestimmung, die er uns überliefert hat, lehrt uns viel mehr als den einfachen Umstand, daß das Passah-Opfer vor den Sabbath geht. Sie lehrt uns, daß wir den Willen Gottes in Liebe und in geistiger Freiheit befolgen müssen; und wir müssen auch die Art unseres Gehorsams richtig erfassen. Wir müssen in seinem Dienste alle Gaben und Fähigkeiten anwenden, mit denen er uns gesegnet hat. Wir sind nicht seine blinden Sklaven, wie die Sadduzäer lehren, die seine Befehle ausführen, ohne daß es sie dazu drängt. Wir sind seine Kinder, wie der Spruch lautet: ‚Ihr seid Söhne des Herrn, eures Gottes.' Freie Söhne! Wir sind nicht der Thora gegeben worden, sondern die Thora ist uns gegeben worden, und da wir sie erhalten haben, sollen wir sie eifrig studieren und ihren Sinn erfassen. Das gleiche gilt für die Regeln und Gebote. Ihr sollt in ihnen leben! Und so ist es auch mit dem Sabbath. Denn der Sabbath ist kein Zuchtmeister, er ist nicht wie ein wildes Tier, das man auf uns gehetzt hat, damit es uns zerreiße. Wir sind nicht dem Sabbath anheimgegeben worden, sondern der Sabbath ist uns anheimgegeben worden; er soll uns eine Lust sein."

Die Gäste verschlangen eifrig die Worte des Rabbis. Sie wandten kein Auge von ihm, während er seinen Oberkörper schaukelnd hin- und herbewegte, sanft an seinem Bart zupfte und zu predigen fortfuhr:

„Unsere Weisen haben verordnet, daß wir zweimal täglich das Gebet wiederholen sollen: ‚Und du sollst dem Herren, deinem Gott, von ganzem Herzen und von ganzer Seele dienen.' Womit kann man das vergleichen? Man kann es vergleichen mit einem Herrn, der zu seinem Sklaven sagt: ‚Du sollst mir nicht um des Lohnes willen, sondern in Liebe dienen.' Aber wie soll der Herr wissen, welcher seiner Sklaven ihm des Lohnes wegen und welcher ihm in Liebe dient? Die Sklaven, die nach ihrer Freilassung zu ihm zurückkehren und an ihm hangen, sind die, die ihm in Liebe dienen. Gott hat dem Menschen die Freiheit des Willens geschenkt, damit er wählen könne zwischen Gut und Böse. Denn Gott wünscht, daß der Mensch aus eigenem Antrieb zu ihm komme, nicht wie ein Sklave, der um Lohn dient, sondern wie ein Sohn, der seinem Vater in Liebe dient."

Das waren die ersten Thora-Worte, die ich von meinem Rabbi hörte, und sie sind mir nie aus dem Sinn gekommen. Ich stand, wie ich mich erinnere, hinter meinem Vater und schaute atemlos den Rabbi Nikodemus an. Nicht nur seine Worte gingen mir zu Herzen, sondern auch seine Gebärden, sein Tonfall und sein Ausdruck. Von diesem ersten Abend an war meine Seele an ihn gebunden, und meine Liebe zu ihm war stärker als die erste Liebe eines Jünglings zu dem Mädchen seiner Wahl.

Am späteren Abend nahm mein Vater mich bei der Hand, näherte sich ehrfurchtsvoll dem Rabbi und sagte:

„Rabbi, dieser ist mein Sohn, den ich mitgebracht habe, um ihn dir zu übergeben. Wenn er Gnade findet vor dir, dann sei du von nun an sein Vater. Sei wie der, der ihm das Leben schenkte, indem du ihm die Thora schenkst."

Mein Herz hämmerte so laut in meiner Brust, daß ich überzeugt war, jeder müsse es hören. Meine Hände zitterten, mein ganzer Körper bebte vor Glückseligkeit und Angst. Der Rabbi nahm meine Hand in die seine und beruhigte mich. Ich erinnere mich auch, daß er mir über das Haar strich, und es war, als liebkosten mich die Finger einer Geliebten.

„Mein Kind", sagte der Rabbi, „sage mir deinen Spruch."

Das war so Sitte bei uns. Jeder Knabe erhielt einen Spruch aus der Heiligen Schrift, und das war sein Spruch, der ihn durch das ganze Leben hindurch begleiten sollte.

Ich antwortete stotternd:

„L'hakschiw l'chochma hosneicha... Neige dein Ohr zu der Weisheit und kehrte dein Herz zu der Weisheit."

„Und aus welchem Grunde strebst du nach Weisheit, mein Sohn?“ fragte der Rabbi.

„Damit ich Gott dienen könne mit offenem Herzen als ein freier Mensch, und nicht mit einem blinden und verstockten Herzen gleich einem Sklaven — so wie du, unser Rabbi, es uns heute abend gelehrt hast.“

Rabbi Nikodemus legte beide Hände auf mein Haupt und sprach folgenden Segen:

„Möge deinesgleichen sich vermehren in Israel, und möge es der Wille Gottes sein, daß du an Würdigkeit zunimmst als ein Sohn Abrahams.“

Sodann beauftragte er seine übrigen Schüler, mich in ihre Mitte aufzunehmen, und sagte:

„Von nun an ist er euer Bruder. Nehmt ihn auf wie einen Bruder, er soll der dritte in eurem Bunde sein.“

In dieser selben Nacht nahm ich Abschied von meinem Vater. Als das Fest vorüber war, tat ich meine Kleider in ein Bündel und folgte ihm, der mich in der Thora gezeugt hatte.

V. KAPITEL

Rufus, der jüngere Sohn des Simon von Kyrene, wurde mein liebster Kamerad. Wir hatten einander schon früher gekannt, aber an dem Tage, da ich sein Studienkollege wurde, verschmolzen unsere Seelen und vereinigten sich zu einem ewigen Bund. Er war schön anzusehen, mit seinen tiefschwarzen Locken, die auf seinen hohen, rundlichen Hals und seinen kräftigen Nacken herabfielen. Seine Augen waren von einem schimmernden Grau. Sie strahlten vor Glück und Freiheitsdrang, aber sie blickten mir auch tief in die Seele und riefen in mir die edelsten und zartesten Träume wach. Von Gestalt war er groß und schlank wie eine junge Palme, und wo er ging und stand, flogen alle Herzen ihm zu. Alle liebten ihn, denn er war flink wie ein Hirsch, wenn es galt, den Willen der Weisen zu befolgen. Wir aßen zusammen, wir lernten zusammen und sangen gemeinsam die Verse des Gesetzes und der Überlieferung, die wir von unserem Rabbi empfingen. Wir wanderten miteinander durch die Straßen Jerusalems. Jung, von jugendlicher Heiterkeit erfüllt, so gingen wir Hand in Hand dahin oder hielten ein jeder die Arme um die Schulter des andern gelegt. Wir streiften durch die Gäßchen der Stadt, wir weilten in den Tempelhöfen, wir lauschten den Predigern in der Heidengasse des Tempels. Jerusalem war eine lärmende Stadt, und wo immer etwas Aufregendes sich ereignete, wo immer die Menschen zusammenliefen, dort waren Rufus und ich zu finden. Wir schlenderten über den Marktplatz zwischen den Weinkrügen und Öltöpfen, wir stolperten über die Körbe mit Obst und Gemüse, wir stießen gegen die mit gefärbter Wolle beladenen Tische, wir lauschten dem Geschrei der Weihrauchhändler, der Stoffverkäufer, der Silber- und Goldschmiede, deren Stimmen am lautesten und eindringlichsten waren, und zu denen die Weiber sich wie auf magische Weise hingezogen fühlten. Wir wagten uns in die gefährlichsten Winkel unten am Dung-Tor oder rund um die Wirtshäuser der Kameltreiber in der Nähe der alten Brunnen. Wir hatten auch unsere Knabengeheimnisse und hielten uns oft in den Stadtgärten auf, wo des Abends die Töchter Jerusalems mit verschleiertem Haar umherspazierten.

Des Morgens, nachdem wir uns die Hände gewaschen und das „Höre, Israel" gesprochen hatten, war es unsere erste Pflicht, dem Rabbi in der Synagoge der Kyrener aufzuwarten. Das gesamte Gebäude bestand aus zwei Räumen. Der größere dieser Räume war das Bethaus; dort befand sich die Lade mit der Schriftrolle, aus der am Sabbath, sowie am zweiten und fünften Wochentage, vorgelesen wurde, und ebenso die Kanzel des Vorbeters. Der kleinere Raum war das Schulhaus. Dort wurden die Kinder der in Jerusalem wohnenden Kyrener in gesonderten Klassen unterrichtet. Den Kleinen brachte ein Rabbi die Anfangsgründe bei. Diejenigen unter den größeren Kindern, die vielversprechende Anlagen hatten, wurden dazu ausersehen, ihre Studien unter der Leitung des Rabbi Nikodemus fortzusetzen. Auf dem Hofe der Synagoge standen mehrere Hütten, in denen der Rabbi und seine Schüler die Nächte verbrachten. Alle aßen an einem gemeinsamen Tisch, den die jüngeren Schüler im Schulhause deckten. Es war strenge Vorschrift, daß jeder Rabbi und folglich auch jeder Schüler ein Gewerbe oder ein Handwerk erlernen und ausüben müsse. Mein Rabbi war, wie ich bereits erwähnt habe, ein Sandalenmacher. In späteren Jahren aber wurde diese Vorschrift nicht mehr genau eingehalten, und das ging so weit, daß zum Beispiel Rabbi Nikodemus nur noch gelegentlich seine Werkstatt aufsuchte. Er war fast völlig von seinen Pflichten im Sanhedrin und in der Schule in Anspruch genommen. Er lebte mit uns, er teilte mit uns das Essen, das die kyrenische Gemeinde und Joseph von Arimathia durch seine freiwilligen Beiträge lieferten, und er schlief in einer der Hütten auf dem Hofe der Synagoge. Man darf nicht vergessen, daß der Rabbi nicht nur ein Lehrer der Jugend und ein Mitglied des Sanhedrin war, sondern auch das geistige Oberhaupt der Kyrener-Gemeinde Jerusalems. Die Mitglieder der Gemeinde holten sich bei ihm Rat in jeder Frage, die ihnen in ihrem täglichen Leben begegnete, ob es sich nun um eine religiöse oder um eine weltliche Frage handelte. Die innere Gemeinde oder Brüderschaft beschränkte sich auf eine kleine Anzahl kyrenischer Juden, die die Synagoge besuchten. Sie wurden von dem Rabbi ausgewählt, und er verlieh ihnen den offiziellen Titel eines chawer, das heißt: Kamerad oder Kollege oder Mitglied der Brüderschaft. Der Rabbi wurde von seinen eigenen Schülern bedient. Täglich war ein anderer an der Reihe. Wir kochten ihm sein Essen, deckten ihm den Tisch, wuschen seine Kleider, trugen für ihn die Krüge zum Bad und bereiteten ihm des Nachts sein Lager. Wir waren fünf an der Zahl, die Schüler, die er ausgewählt hatte, um sie in der Thora zu unterweisen: die zwei Söhne des Simon von Kyrene, Sadok, der Sohn des Wasserträgers Hillel, der unten am Dung-Tor wohnte, aber zu den angesehensten Mitgliedern der Brüderschaft zählte, Schemaja, ein Babylonier, den sein Vater auf einer Pilgerfahrt nach Jerusalem gebracht und dort zurückgelassen hatte, schließlich ich selbst, der Jüngste.

Während der Unterrichtsstunden saßen wir auf kleinen Schemeln oder auf einer Bambusmatte zu Füßen unseres Rabbi, der auf dem erhöhten Sitze Platz nahm, welcher der Thron Mosis heißt. Unsere Haltung war eine sinnbildliche: wir blickten buchstäblich mit der gleichen Scheu und Verehrung zu unserem Rabbi auf, mit der wir zum Himmel aufblickten. Der Unterricht war unentgeltlich, aber für die Benützung der Gebäude mußten wir Schüler eine bestimmte geringfügige Abgabe entrichten, die wir uns entweder mit unserer Hände Arbeit verdienten oder vom Hause erhielten. Gelegentlich aber wurden diese Zahlungen von frommen Frauen geleistet, die es übernommen hatten, arme Thoraschüler zu unterstützen. Wir brauchten dergleichen Unterstützungen nicht, da Joseph von Arimathia, ein reicher Mann, sich stets bereit fand, das Nötige zuzuschießen.

Zu den Füßen unseres Rabbi sitzend, sangen wir Verse aus der Thora, aus den Propheten und den Hagiographen, die wir auswendig gelernt hatten. Wir zählten die Worte und Buchstaben in jedem Vers. Wir wiederholten die Gesetze und Vorschriften, die das religiöse und weltliche Leben des jüdischen Volkes regelten und die uns, wie man uns sagte, von den Tagen Mosis her überliefert worden waren: Das Gebot der Handwaschung, die Vorschrift, Gebetröllchen zu tragen, die Gesetze des Zehent und der Tempelgaben, die Opfergesetze, die Reinigungsvorschriften. Das waren lauter genau umgrenzte und allgemein anerkannte Bestimmungen, die von den Weisen in alter Zeit festgelegt und durch die Überlieferung sanktioniert worden waren. Vor ihnen mußte jeder Einwand und jeder Zweifel verstummen, sie stellten die Satzung dar, die die Beziehungen des Menschen zu seinem Gott regelte. Oft aber tauchten ganz andere Fragen auf, welche die Beziehungen des Menschen zu seinen Mitmenschen betrafen. Derartige Probleme, die der unendlichen Mannigfaltigkeit menschlicher Verhältnisse entsprangen, ließen sich nicht sogleich in den vorhandenen Satzungen unterbringen; man mußte erst die Satzungen deuten und anpassen. Freilich waren die Überlieferungen und Gesetze seit eh und je festgelegt, aber man hatte nicht jede einzelne Schattierung des täglichen Gebrauchs voraussehen können. Hier also mußten wir unseren gesunden Menschenverstand und unsere Einsicht in die menschliche Verantwortung geltend machen, wobei wir uns zugleich der Regeln bedienten, die der ehrwürdige Hillel für die Auslegung der Thora entworfen hatte. Dieser letztere Teil unserer Studien beanspruchte viel Zeit, denn er umfaßte den gesamten Bereich menschlichen Lebens, ob es sich nun um die Methoden der Feldmessung handelte oder um das Studium des menschlichen Körperbaus und der Hygiene-Vorschriften, die auch den Unterschied zwischen Rein und Unrein betrafen; hier beschäftigten wir uns ferner mit dem gewöhnlichen Gerichtsverfahren, mit Zivilrecht und Kriminalrecht, einschließlich der schwersten Fälle von Raub und Mord. Ein beträchtlicher Teil unserer Studien war der Pflanzen- und Tierkunde gewidmet, und besonders die Pflanzenkunde war für uns von großer Bedeutung. Wir mußten uns eine genaue Kenntnis der Gräser, Kräuter und Früchte aneignen, wir mußten imstande sein, die gesamte Flora des Landes nach Gattungen und Familien zu gliedern, denn es gab Vorschriften, welche die Kreuzung der Arten und die Züchtung von Hybriden untersagten, und als Weise und Berater würden wir irgend wann einmal in unserem Leben gezwungen sein, in solchen Dingen Ratschläge zu erteilen. Ebenso würde es unsere Pflicht sein, die verschiedenen Sorten von Weideland vor der Bastardierung zu schützen. Auch das Studium der Himmelskunde nahm einen beträchtlichen Teil unserer Zeit in Anspruch. Man verlangte von uns, daß wir sämtliche Sterne und anderen Himmelskörper kannten, daß wir genau wußten, wann sie am Himmel erschienen, wann sie aufgingen und untergingen, und wie man mit ihrer Hilfe die Jahreszeiten und die Festtage bestimmt. Kurz, die Erziehung des Talmid Chacham oder Weisen durch das sogenannte Thora-Studium schloß eigentlich alle Bereiche des Wissens in sich ein.

Einen Teil unserer Belehrungen empfingen wir, wie ich bereits angedeutet habe, auf dem Wege mündlicher Überlieferung, ein anderer Teil war in Dokumenten, Pergamenten und Papyri niedergelegt, die mit äußerster Umsicht von den Rabbis auf die Schüler vererbt wurden. In den Unterrichtsstunden, die der Pflanzenkunde gewidmet waren, pflegte unser Lehrer mit uns auf die Felder vor der Stadt hinauszugehen. Oft verbrachten wir die Nacht in den Weinbergen oder auf freiem Felde. Unser Rabbi zeigte uns jede einzelne Grasart und brachte uns die Unterschiede zwischen den verschiedenen Gruppen und Familien bei. Er führte uns auch zu den Bauernhöfen und machte uns mit der Landarbeit vertraut, mit dem Pflügen, Säen und Mähen, mit der Düngung und Bewässerung der Felder. Desgleichen führte er uns in die Weinberge und Ölhaine. Wir sahen, wie das gewöhnliche Öl in großen, von Eseln getriebenen Steinmühlen gepreßt wird, und wie die kostbaren Öle, die für religiöse oder kosmetische oder ärztliche Zwecke bestimmt sind, sorgfältig in geglätteten steinernen Handmörsern gewonnen werden. Und das war noch nicht alles. Kein einziges Gewerbe oder Handwerk durfte vernachlässigt werden. Wir besuchten im Verlaufe unserer Studien die Spinner, die Weber, die Färber, die Gerber und die Töpfer. Am unangenehmsten war uns die Berührung mit den Arbeitern an den Webstühlen, denn die Weber — und übrigens alle Arbeiter, deren Erzeugnisse in erster Linie für die Weiber bestimmt waren —, erfreuten sich keines guten Rufes. Man befahl uns, in unserem Umgang mit solchen Leuten außerordentlich vorsichtig zu sein. Unter den Gelehrten und ihren Schülern war ein Sprichwort im Umlauf: „Es ist besser und ungefährlicher, einen wilden Löwen zu verfolgen, als ein Weib." So kam es, daß die Arbeiter, die mit Weibern zu tun hatten, sich aus den untersten Schichten der Bevölkerung rekrutierten — ungebildete und rohe Burschen, streitsüchtig und zügellos. Aber da wir bei unseren Studien kein einziges Handwerk vernachlässigen durften, gingen wir sogar zu den Perückenmachern, denn wir mußten als gelehrte Männer imstande sein, die Angelegenheiten aller Berufszweige zu beurteilen.

Und wir setzten uns nicht nur moralischen Gefahren aus. Um die Krankheiten zu studieren, gingen wir in das stinkende Tal des Hinnom, wo die Aussätzigen hinter ihren Umzäunungen hausten. Es war unsere Aufgabe, nicht nur die verschiedenen Pflanzenarten, sondern auch ihre Anwendung in der Heilkunde zu kennen. Man lehrte uns die Kräuter sammeln, sie zerstampfen und zu Salben verarbeiten. Denn man würde ja nicht nur von uns verlangen, daß wir Fragen des Rituales beantworteten und Rechtsstreitigkeiten schlichteten, wir würden auch gezwungen sein, Dämonen auszutreiben, den bösen Blick abzuwehren, die Schwermut zu heilen und sogar magische Künste zu treiben.

Alle die bisher erwähnten Wissenszweige fielen unter den Begriff der Halacha, das heißt Gesetz, Vorschrift oder Regel. Sie machten nur die eine Hälfte unserer Erziehung aus. Der anderen Hälfte widmete unser Rabbi ebensoviel Zeit und Aufmerksamkeit, nämlich der sogenannten Haggada, die sich mit all den Traditionen beschäftigte, welche zur moralischen, geistigen und kulturellen Veredelung des Menschen beitragen. Die Aufgabe, für die wir uns schulten, beschränkte sich nicht darauf, den Menschen in ein vernünftiges Lebewesen zu verwandeln; wir verfolgten einen höheren Zweck: die Menschen dem göttlichen Geiste näher zu bringen, ihnen tugendhafte Regungen einzupflanzen, damit sie Gefäße Gottes würden. Zu diesem Zweck lernten wir von unserem Rabbi zahllose Geschichten, Begebenheiten und Legenden, die aus unvordenklicher Vergangenheit auf uns gekommen waren und das ewige Streben der Menschheit nach höheren Bereichen, weg von der Erdgebundenheit des Fleisches und seiner Bedürfnisse, beleuchteten. Mitleid, Nächstenliebe, Ehrfurcht vor Gott, das Streben nach dem Guten, die Vorwegnahme der Reinheit himmlischen Lebens, das waren die Lehrthemen der Haggada. Vor allem aber wurde uns eingeprägt, den Menschen als ein Geschöpf zu betrachten, das in zitternder Erwartung der Ankunft des Erlösers harrt. Er, der Messias, würde nicht nur zu uns herabgesandt werden, um die Unterdrückten allen anderen gleichzustellen, um die Gerechten zu belohnen und die Schuldigen zu bestrafen, um Edom und das Haus Hanan und alle gottlosen Regimente zu zerstören, er würde vielmehr alle Völker der Erde einigen, einen weltumfassenden Bund mit dem Herrn des Himmels errichten und das Dasein auf eine höhere mystische Ebene emporheben, auf der nur noch das Gute herrscht in einem himmlischen Reich, wie die Propheten es verkündet haben. In diesem Geiste erzählte unser Rabbi die Geschichten aus der Vergangenheit, in diesem Geiste deutete er die Verse der Heiligen Schrift und erläuterte er die Sprüche der Propheten. Diese Art von Belehrung aber ließ er nicht nur seinen Schülern zuteil werden. An jedem Sabbath und an jedem Festtag predigte der Rabbi vor der gesamten Gemeinde. Und an den Winterabenden versammelte er um sich zu geheimer und vertraulicher Unterweisung die Brüderschaft, die aus den auserwählten Geistern bestand, welche er selbst in den inneren Zirkel aufgenommen hatte. Mit ihnen studierte er die esoterische Lehre von der Ankunft des Messias.

Die Mitglieder dieses inneren Kreises entstammten allen möglichen Gesellschaftsschichten, ohne Rücksicht auf Besitz oder Rang. Wenn sie erst einmal aufgenommen waren, galten sie als Gleiche unter Gleichen. Sie bildeten eine einzige Familie unter der väterlichen Leitung des Rabbi. Vier Angehörige der Brüderschaft kannte ich sehr gut, und von ihnen will ich berichten. Der erste war der reiche und angesehene Joseph von Arimathia, der zweite war Hillel, der Wasserträger, der dritte war der Mann, den wir Judas Ischariot nannten, und der vierte war Simon von Kyrene, der Vater meines engsten Freundes. Ich erwähne nicht in diesem Zusammenhange meinen Vater, der auch zu ihnen gehörte. Aber bevor ich diese Männer schildere, muß ich erzählen, was für ein Mensch der Rabbi war, und ich könnte eine solche Beschreibung nicht liefern, ohne die Lehrer zu erwähnen, von denen er das Wissen empfangen hatte, welches er uns, seinen Schülern, übermittelte.

Meines Rabbis Lehrer war der ehrwürdige Hillel gewesen. Aber nur in einem gewissen Sinne: Nikodemus, Sohn des Nikodemus, war insofern ein Schüler Hillels, als er im Geiste dieses gewaltigen Lehrmeisters erzogen worden war, wie freilich alle die Gelehrten und Rabbis aus der Schule der Pharisäer. Aber mein Rabbi entwickelte eine ungewöhnlich hohe Liebe und Bewunderung für den Begründer der pharisäischen Interpretation der Thora. Er hatte mit äußerster Sorgfalt alle die von dem großen Hillel während seiner Lebenszeit erlassenen Vorschriften, alle seine Deutungen der Thora und alle seine Lehrmethoden gesammelt, und er versäumte nie, mit größter Bescheidenheit und Ehrfurcht den Namen des alten Weisen zu nennen, wenn er uns eine seiner Eingebungen mitteilte. Es waren auch zu dieser Zeit noch zahllose Legenden über den geliebten alten Gelehrten im Umlauf. Unser Rabbi erzählte uns diese Legenden, um uns das gleiche Verlangen nach den Pfaden Hillels einzuflößen, das ihn beseelte. Dann strömte Beredsamkeit von seinen Lippen, und Begeisterung leuchtete aus seinen Augen. Er erzählte uns von den wundersamen Tugenden Hillels, von seiner unendlichen Geduld gegenüber anderen Menschen und von den Prüfungen, die die Menschen ihm auferlegten, in der wohlüberlegten Absicht, seine Sanftmut und Nachsicht zu erschüttern. Rabbi Nikodemus wurde es nicht müde, Hillels Frömmigkeit und Demut zu schildern. Wenn er unseren Wissensdurst aneifern wollte, führte er uns das Bild Hillels vor Augen und verweilte bei den Entbehrungen und Leiden, durch die der große Mann mit aller Geduld und Liebe hindurchgegangen war, um das Wort Gottes zu erfassen. Er berichtete uns mehr als einmal von jenem Vorfall aus Hillels Jugendjahren, der am besten den unerschöpflichen Willen des Wahrheitssuchers erkennen· läßt. In seiner Jugend war Hillel eine Zeitlang so arm, daß er nicht einmal die Kupfermünze besaß, die an der Tür des Lehrhauses zu entrichten war. Deshalb kroch er auf das Dach hinauf und hörte durch ein Loch die Reden Schemajas und Awtaljons an. Das machte er so lange, bis eines Tages ein heftiger Schneefall eintrat und er halb erfroren auf dem Dache aufgefunden wurde.

Freilich übertraf Rabbi Nikodemus alle anderen an Verehrung für Hillel, aber es gab außer ihm nicht wenige, die das Andenken des Heiligen hochhielten. Ich brauche nur darauf hinzuweisen, daß jeder Streit sogleich ein Ende nahm, wenn eine bestimmte Vorschrift oder Auslegung auf die Worte Hillels zurückgeführt werden konnte. Hillels Ruf war so groß, daß viele Schriftgelehrte mit dem Plane umgingen, eine dynastische Schule Hillels zu gründen, die als Gegengewicht gegen das Regime der Hohenpriester dienen sollte, und das bereitete der herrschenden Priesterkaste, die davon erfuhr, viel Unbehagen. Die Gelehrsamkeit der pharisäischen Führer war ohnedies schon längst den Priestern ein Dorn im Auge, und sie erschraken bei dem Gedanken, daß eine Schule entstehen könnte, um welche die Opposition sich sammeln würde. Denn die Pharisäer übertrafen die Priester nicht nur an allgemeinem Wissen, sie kannten auch die Gesetze des Tempeldienstes viel besser als sie. In dem Plan, eine von Hillel stammende Rabbinerdynastie zu schaffen, sahen die Hohenpriester mit Recht eine Gefahr für ihre eigene Dynastie. Aber es waren bisher noch keinerlei praktische Schritte zur Verwirklichung dieses Planes getan worden. Freilich erwies man dem Enkel Hillels, Raban Gamaliel, fast königliche Ehren; keine noch so erlesene Versammlung von Weisen versäumte es, sich zu erheben, wenn er eintrat, oder ihm den Ehrenplatz einzuräumen. Aber die tatsächliche Vollmacht, in der Hillelschen Auslegung des Gesetzes das letzte Wort zu sprechen, war auf den Schüler Hillels, Jochanaan ben Zakkai, übergegangen, dem sie auch den hohen Titel eines Raban verliehen hatten. Er galt als der geistige Hüter der Hillelschen Tradition. Und der Name Hillels hatte einen so mächtigen Klang, daß er Jochanaan ben Zakkai mit einem Glanze umgab, der dem seinen fast ebenbürtig war.

Jochanaan ben Zakkai war in Anbetracht seines hohen Ranges verhältnismäßig jung. Er war ein Mann in mittleren Jahren, das heißt, er muß eigentlich noch ein Kind gewesen sein, als der große Lehrer ihn zu seinem Schüler machte, und das förderte abermals seinen Ruf. Obgleich es in Jerusalem viele angesehene Schriftgelehrte gab, die weit älter waren als er, konnte doch keiner sich mit ihm an Ansehen vergleichen. Ja, die älteren Männer selbst, auch wenn sie ihm an Gelehrsamkeit überlegen waren, sahen in Jochanaan ben Zakkai ihren geistigen Führer und erklärten, daß die Worte, die er äußerte, gleichsam unmittelbar von den Lippen jenes Gottesmannes kämen, dem Jochanaan in seiner Jugend gedient hatte. Sein Ansehen war so groß, daß sogar der von den Sadduzäern beherrschte Sanhedrin seine Aussprüche nicht zu ignorieren wagte, auch wenn sie sich auf ihren eigenen Machtbereich, den Tempeldienst bezogen.

Oft sah ich Jochanaan ben Zakkai inmitten seiner Schüler und Anhänger zu den Sitzungen des Sanhedrin schreiten. Es war auch seine Gewohnheit, unter freiem Himmel in den Tempelhöfen zu predigen, — freilich nicht um die gottesdienstlichen Vorschriften zu erläutern: dergleichen Erläuterungen gab er vor zahlreichen Schülern in der Großen Synagoge, nach der von seinem Lehrmeister ererbten Sitte. Ich hörte ihn in verschiedenen anderen Schulen und Synagogen predigen, besonders an festlichen Tagen, wenn die Scharen der Pilger die Stadt erfüllten.

Oft erregten seine Predigten und Aussprüche den Zorn der Tempelbeamten, aber mehr als einmal mißfielen sie ebenso sehr auch den Zeloten, die für den Aufstand gegen Rom waren. Die Anhänger Bar Abbas' waren wütend auf ihn. Sie hätten ihn am liebsten zum Verräter erklärt, und wäre er nicht durch seinen Lehrer so berühmt gewesen, würden sie ihn sicherlich aus den Tempelhöfen verjagt haben. Denn in allen seinen Predigten äußerte Jochanaan ben Zakkai seine Gegnerschaft gegen die politischen Leidenschaften, welche die Anhänger des Bar Abbas unter den Massen zu schüren versuchten.

Ich entsinne mich ganz deutlich einer dieser Predigten. Ich befand mich zusammen mit meinem Rabbi und meinen Mitschülern im Tempelhof, denn Nikodemus hatte es sich zur Gewohnheit gemacht, seine Schüler zu den Predigten Jochanaans ben Zakkai zu führen. Aus zwei Gründen erinnere ich mich an den Vorfall: erstens, weil die Worte des Jochanaan ben Zakkai mich mit tiefem Erstaunen erfüllten, zweitens, weil unter den Versammelten ein wüster Tumult entstand. Einige unruhige Elemente erhoben ein lautes Geschrei, daß der Rabbi durch seine Äußerungen den Tempel schände. Ich erinnere mich, daß ein paar halbnackte Burschen, Anhänger des Bar Abbas, den Versuch machten, gleichzeitig mit Rabbi Jochanaan zu der Menge zu reden, und sie würden einen Aufruhr entfesselt haben, wenn nicht die Schüler des Rabbi es verhindert hätten.

Jochanaan ben Zakkai predigte nicht stehend, sondern er saß auf den obersten Stufen eines Tores. Ein mächtiger angegrauter Bart hing auf seine Brust herab, ein breites weißes Tuch, das Abzeichen seiner Würde, bedeckte seinen Kopf. Seine Schüler saßen vor ihm auf der Erde. Er war von so majestätischer Gestalt, daß er sich gar nicht erst auf die oberste Stufe hätte setzen müssen, um sie alle zu überragen. Er legte seiner Predigt einen seiner Aussprüche zugrunde: „Nicht der Ort erhöht und adelt den Menschen, sondern der Mensch adelt und erhöht den Ort." Er deutete diesen Ausspruch folgendermaßen: „Die ganze Erde ist der Schemel Gottes, deshalb darf man weder diesen noch jenen Winkel als ihren Mittelpunkt bezeichnen. Das Leben des jüdischen Volkes ist also nicht von irgend einem besonderen Ort abhängig und nicht in der Zeit begrenzt. Es kann sich an allen Orten, zu allen Zeiten, unter allen Verhältnissen auswirken. Denn, fuhr er fort, dieses besondere Leben haftet nicht an materiellem Besitz, wie das bei anderen Völkern der Fall ist, sondern ist ein rein geistiges Leben. Die jüdische Heimat liegt nicht in den engen Grenzen eines bestimmten Gebietes, so daß das Volk zugrunde geht, wenn es seinem Rahmen entrissen wird, wie das bei anderen Völkern der Fall ist: die jüdische Heimat ist unermeßlich, das heißt, sie kennt keine Grenzen, denn sie ist nicht irdischen, sondern himmlischen Ursprungs."

Aber am äußeren Rande seiner Zuhörerschaft wurden Rufe laut: „Wir wollen wie alle anderen Völker sein. Wir wollen hier auf Erden ein Vaterland haben und nicht nur im Himmel. Steht nicht geschrieben: Die Himmel sind des Herrn, und die Erde ist den Menschensöhnen gegeben?"

Einer schrie noch lauter als die anderen: „Diese Worte sind wie Dornen in meinen Augen und wie Schlangen in meinem Ohr. Wer kann auf ihn hören? Gott hat uns hier auf Erden das Land verheißen, in dem Milch und Honig fließt, und nicht im Himmel!"

„Schweige, Sünder! Wer wagt es, den Himmel zu beleidigen und den Rabbi zu unterbrechen?"

„Der Rabbi hat recht! Der Barmherzige fordert das Herz des Menschen!"

Durch ihre Anzahl und das Gewicht ihrer Stimmen brachten des Rabbi Schüler die „Sünder" zum Schweigen. Es trat wieder Stille ein, und der Rabbi fuhr fort:

„Es gibt zwei Jerusalem, ein großes Jerusalem, und ein kleines Jerusalem. Klein-Jerusalem besteht aus Häusern und Weinbergen, und in diesen leben die Reichen, während die Armen auf der Straße liegen. Nur die Wenigen haben in Klein-Jerusalem ihr Teil. Aber in Groß-Jerusalem haben alle ihr Teil. Denn Groß-Jerusalem besteht nicht aus Häusern und Weinbergen und Feldern und Ölbäumen, sondern aus dem Wort und der Weisheit Gottes. Wer an den Geboten des Herrn festhält, gehört diesem Vaterlande an. Wer aber Gottes Wort verachtet, mag er auch mitten in Jerusalem leben, gehört nicht dem Vaterlande des Glaubens an. Daraus können wir ersehen, daß wir uns nicht zu wehren brauchen gegen die Macht der Fremden, die uns überwunden haben. Denn unser wahres Vaterland, die Lehre des Herrn, kann kein Fremder uns entreißen. Und so lange der Fremde uns nicht verwehrt, im geistigen Vaterland, im jüdischen Glauben zu leben, brauchen wir uns ihm nicht entgegenzustellen und sollen nicht versuchen, das Joch von unseren Schultern zu wälzen. Wir dürfen nicht unsere Kräfte mit ihm messen, wir sollen geduldig warten, bis Gott seine Verheißung erfüllt und seinen Erlöser sendet. Bis zu diesem Tage müssen wir in Geduld, Liebe und Demut das Joch tragen."

Aber das war mehr, als die Zeloten am Rande der lauschenden Menge ertragen konnten. Tief eingesunkene Augen unter wirren und struppigen Brauen schleuderten Pfeile des Hasses gegen den Rabbi; von der Wüstensonne verbrannte Gesichter zuckten vor Wut. Es war, wie ich mich erinnere, zur Zeit des Laubhüttenfestes, das in den Massen ein stolzes Freiheitsgefühl wachruft, weil es sie an die ruhmreichen Taten der Makkabäer erinnert. Die Zeloten, die Jochanaan ben Zakkai zuhörten, waren aus der Wüste gekommen, um die Einwohner Jerusalems zum Handeln anzuspornen. Es war die lustigste und lärmendste Zeit des Jahres. Die Volksmassen hatten sich an Früchten gesättigt, sie waren trunken nicht nur vom Wein, sondern auch von der Freude, und die Schönheit Jerusalems begeisterte ihre Herzen. Die peinlich genauen Anstandsregeln, welche die Weisen dem Volke auferlegten, wurden milder gehandhabt, die strenge Scheidung zwischen den Geschlechtern vorübergehend beseitigt. Jedes einzelne Haus in Jerusalem war mit Besuchern vollgepfropft. Alle tranken sie aus *einem* Becher, alle schliefen sie auf *einer* Matte. Kurz, es war der richtige Zeitpunkt für kühne Unternehmungen, und die Anhänger des Bar Abbas hätten gerne die Gelegenheit benützt, um einen Aufstand zu entfesseln. Aber die römische Besatzung war auf dergleichen Möglichkeiten vorbereitet. Die Wachen in den Straßen waren verdoppelt worden, Hilfstruppen aus Askalon und Syrien mischten sich unter die römischen Legionäre, das ganze Viertel zwischen dem Palast des Herodes und der Festung Antonia war abgesperrt worden. Starke Abteilungen hielten die Gäßchen besetzt, die zum Tempel führten. Die Predigt Ben Zakkais verfolgte also nicht nur allgemeine Zwecke; sie sollte das Volk beruhigen, und er hatte zweifellos sein Thema nicht ohne vorherige Beratung mit den übrigen Weisen Jerusalems gewählt.

So sehr auch die Zeloten sich ins Zeug legten, der Tag ging ruhig zu Ende. Aber ich habe von Jochanaan ben Zakkai noch viel schärfere Äußerungen gehört als die, welche am Tage des Laubhüttenfestes die Zeloten so sehr in Wut versetzten. Ich habe ihn nicht nur die Heiligkeit des Landes, sondern in gewissem Sinne auch die des Tempels leugnen hören; er weigerte sich, den Tempel als den Mittelpunkt unseres Lebens anzuerkennen und ihn als den „Schemel Gottes" zu bezeichnen. Dann aber schwächte er seine Worte ab. „Sicherlich ist das Land Israels heilig: aber warum? Nur weil die Heiligkeit des Gesetzes in ihm wohnt — solange Juden dort leben und das Gesetz befolgen. Das ist nicht jene götzendienerische Heiligkeit, welche andere Völker dem bloßen Erdreich zuschreiben, der Scholle und dem Gestein, die sie dann als das Wesentliche an ihrem Dasein betrachten, und um derentwillen sie zu Mördern werden und andere Völker ausrotten. Mit dieser Art Heiligkeit hat das Land Israel nichts zu schaffen. Und das gilt für den Tempel nicht weniger als für das Land. Sicherlich ist der Ort geheiligt, wo Abraham seinen Sohn Isaak als Opfer dargeboten und den der Herr der Welt mit seinem Glanze begnadet hat. Aber ebenso ruht auch die Schechinah auf jeder Versammlung beliebiger zehn Juden, die SEINEN Namen anrufen. Bedenkt: wenn die Sonne, die nur eine der Schöpfungen Gottes ist, alle Länder und alle Wesen bescheint, dann wird Gott sicherlich in seiner ganzen Glorie an jeglichem Orte zugegen sein. Es gibt keine Höhen und keine Tiefen, wo ER nicht zu finden wäre. Unser Verstand kann sich kein Winkelchen vorstellen, das so klein wäre, daß es von der göttlichen Allgegenwart ausgeschlossen bliebe. Er ist überall, denn es steht geschrieben: wo immer du meines Namens gedenkst, werde ich erscheinen und dich segnen."

Mein Rabbi Nikodemus, der ein leidenschaftlicher Bewunderer des Jochanaan ben Zakkai war, weil dieser ein Schüler des großen Hillel gewesen, bewunderte ebenso sehr die Lehre, die Jochanaan seinen Zeitgenossen übermittelte. Ihre Ansichten über die Welt und die Zeitprobleme stimmten völlig miteinander überein. Nikodemus ben Nikodemus betrachtete sich als einen Anhänger oder Schüler des Jochanaan ben Zakkai. Damit sollte keineswegs gesagt sein, daß er buchstäblich sein Wissen zu Füßen Jochanaans erworben habe. Es war kein so großer Altersunterschied zwischen ihnen, und überhaupt kein Unterschied in dem Grade ihrer Gelehrsamkeit. Trotzdem pflegte mein Rabbi, wenn Jochanaan predigte, zu seinen Füßen zu sitzen, und er benahm sich so, als wäre er wirklich sein Schüler gewesen. Und insoweit unser Rabbi sich „Schüler des Jochanaan ben Zakkai" nannte, folgten wir seinem Beispiel, denn das, was der Rabbi ist, das sind seine Jünger auch.

VI. KAPITEL

In dem Schulhause des Rabbi Nikodemus stand, in eine der Mauern eingefügt, eine steinerne Bank. Sie hieß die „Bank des Messias“. Diesen Namen hatte sie deshalb erhalten, weil auf ihr der Rabbi zu sitzen pflegte, wenn er von dem Messias predigte.

Unter seinen eifrigsten Zuhörern befand sich Joseph von Arimathia. Alle, die davon wußten, wunderten sich sehr, daß ein so reicher Mann, der noch dazu seit langem an die hellenistische Kultur gewöhnt war und in der Gesellschaft römischer Beamter sowie in den Kreisen griechischer Philosophen verkehrte, einer Brüderschaft beitrat, die sich um einen pharisäischen Rabbi scharte, und sich der strengen rituellen Disziplin unterwarf, die eine derartige Brüderschaft von ihren Mitgliedern verlangte.

Das hatte seine einfachen Gründe. Joseph von Arimathia war trotz seiner halbheidnischen Gewohnheiten seit langem ein Gottsucher. Bevor er in die Brüderschaft aufgenommen wurde, pflegte er als Fremder an der Tür der Synagoge unter den Armen zu sitzen und den Predigten des Nikodemus ben Nikodemus zu lauschen. Allmählich wurde er in den Kreis der Messiasgläubigen einbezogen, und zuletzt verwandelte er sich in einen offenen und glühenden Anhänger des Rabbi. Er wurde in die Brüderschaft aufgenommen und unterhielt durch seine Beiträge die Schule. Zuweilen saß er unter uns, wenn der Rabbi lehrte, und ab und zu gingen wir mit dem Rabbi in sein Haus, denn dort wurden alle Reinigungsvorschriften so streng befolgt, daß auch der frömmste Jude unbesorgt diese Schwelle überschreiten durfte. Das Haus des Joseph von Arimathia war, wie die Weisen zu sagen pflegen, ein Versammlungsort oder eine Ratskammer der Klugen und Gelehrten. Aber Griechen und Römer fanden sich dort ebenso häufig ein wie jüdische Aristokraten und pharisäische Rabbis, und auf diese Weise konnten die Juden sich mit der Weisheit Jawans vertraut machen. Es gab auch noch andere Gelegenheiten, einen solchen Kontakt herzustellen. Griechische Philosophen waren in Jerusalem keine Seltenheit. Einige von ihnen bekleideten kleinere Beamtenposten, andere waren Sklaven gewesen und nach ihrer Freilassung in die Dienste jüdischer Adelsfamilien getreten. In den Tagen Herodes' des Großen hatte sich bei den Juden die Sitte eingebürgert, auf den Märkten Sidons und Askalons gebildete griechische Sklaven zu kaufen und ihnen die Erziehung der Kinder anzuvertrauen. In der

Mehrzahl der Fälle ließ der jüdische Besitzer den Sklaven frei, um nicht den strengen jüdischen Gesetzen unterworfen zu sein, die die fremdstämmigen Sklaven betrafen. Aber die Griechen verblieben als Freigelassene — oder gewissermaßen Freigelassene — in den Diensten ihrer Käufer.

Diese ehemaligen Sklaven gaben in den aristokratischen Häusern Jerusalems den geistigen Ton an. Zusammen mit den römischen Beamten und den sadduzäischen Elementen bildeten sie eine ziemlich breite Schicht, welche die von Herodes gegründeten hellenistischen Einrichtungen, das Theater, die Wettrennen und die gelegentlichen Zirkusspiele, protegierte. Aber die erbitterte Feindschaft der Rabbis gegen diese heidnische Kulturwelt verwehrte ihr den Zutritt zu den Straßen Jerusalems. Sie blieb auf die Häuser der Reichen beschränkt. Dort aber schlug sie tiefe Wurzeln — und das traf nicht nur auf die Sadduzäer- und Priesterfamilien, sondern auch auf etliche reiche Pharisäer zu. Ich brauche kaum zu betonen, daß die Römer diese Hellenisierungsbestrebungen eifrig unterstützten. Im eigentlichen Griechenland war immer noch der alte Haß gegen die Eroberer lebendig. Aber in der übrigen Welt waren sie Verbündete. Die Griechen sahen in den Römern die Beschützer ihrer Kultur, und die Römer benützten die Lockungen dieser Kultur, um die von ihnen beherrschten Völker zu sich herüberzuziehen. So arbeiteten Griechen und Römer Hand in Hand, und es war das ein sehr mächtiges Bündnis. Alle die Maßnahmen, die unsere Rabbis trafen, um dem Vordringen dieses Sittenverfalls Halt zu gebieten, blieben fruchtlos. Durch tausend geheime Kanäle drang das Gift in das jüdische Leben ein, beeinflußte die alltäglichen Gewohnheiten der Juden, äußerte sich in ihren Mahlzeiten, ihrer Kleidung, ihrer Kopfbedeckung, in der Wahl ihres Schmuckes. Aber die Sache ging noch viel tiefer: man änderte seine Auffassung vom menschlichen Körper. Für viele Juden war der Körper nicht mehr in erster Linie das Gefäß der Seele, sondern ein eigener Schatz, ein Geschenk Gottes. Der Einfluß der Griechen erstreckte sich übrigens auch auf unsere Sprache, und der aramäische Dialekt Jerusalems begann griechische Wortblüten zu treiben.

Aber man darf nicht glauben, daß diese Beeinflussung eine völlig einseitige gewesen wäre. Viele Griechen, die aus der Nähe die fromme Bescheidenheit jüdischen Lebens in seinen besten Formen beobachteten und zum ersten Male den Charakter des jüdischen Glaubens mit seinem zentralen Begriff eines einzigen und lebendigen Gottes kennen lernten, waren ihrerseits tief erschüttert. Das hymnische Verlangen nach einem Leben im Jenseits appellierte an ihre Gefühle, und ihre Gedanken beschäftigten sich mit der weltumspannenden Erlösungsidee, die in dem Messiasglauben ihren Ausdruck fand. Der griechische Fatalismus geriet ins Wanken. Die grenzenlose Hingabe der Juden an ihren Gott, ihre freiwillige Unterwerfung unter seine strenge Zucht, ihr tragischer Kampf gegen das Zeitliche und Verderbliche, der dem tiefen Glauben an das Göttliche und Zeitlose entspringt, lenkten das griechische Denken in neue, ungewohnte Bahnen. Es war, als hätte eine kalte griechische Statue unter dem Anhauch des lebendigen Geistes ihre starre Gleichgültigkeit abgestreift: die Konturen begannen zu verschwimmen, die ursprüngliche Harmonie war gestört. Es lag etwas ganz Merkwürdiges in diesem Nebeneinander der Griechen und Juden. Zwei feindliche Welten empfanden mit einem Male ein innerliches Sehnen nach Gemeinschaft. Sie waren wie die beiden Hälften eines einzigen Wesens, die einander lange Zeit hindurch feindselig gegenübergestanden hatten, und die nun, da sie auf dem Boden Judäas in enge Berührung kamen, inmitten ihrer Streitigkeiten ein einigendes Prinzip zu entdecken begannen.

Das Lied vom Zusammenklang dieser beiden Welten ertönte in seinen harmonischsten Kadenzen im Hause des Joseph von Arimathia.

Die ursprüngliche Heimat dieses Mannes war, wie sein Name andeutet, das Dorf Ramat in Gilead. Er entstammte einer sehr alten und angesehenen Familie. Sein Vater, Antigonos von Arimathia, war ein Zeitgenosse des Herodes gewesen. Mit ihm begann die Hellenisierung der Familie — mehr aus politischen Gründen denn aus persönlicher Neigung. Um seine Güter und Felder vor der Beschlagnahme durch den raubgierigen König zu retten, gab er sich für einen eifrigen Anhänger seiner Politik aus und übertraf ihn noch in seiner Nachäffung fremdländischer Kultur. Freilich durfte er die mosaische Tradition nicht so weit vergessen, daß er seinen Sohn überhaupt nicht in jüdischen Dingen unterrichtet hätte, aber außer dem Rabbi nahm er noch einen griechischen Erzieher ins Haus, Philippus von Gedera. Joseph reiste in Begleitung seines griechischen Mentors nach Alexandria, nach Gedera, nach Damaskus und bis in die fernen hellenischen Provinzen. Er hielt sich längere Zeit in Rom auf. Antigonos lag daran, daß sein Sohn zu dem königlichen Hause in noch freundschaftlicheren Beziehungen stehe als er selbst; er ebnete ihm den Weg durch kostbare Geschenke ebenso wie durch seine Erziehung. In Rom, wo die Söhne des Herodes erzogen wurden, bewegte Joseph sich ständig in ihrer Gesellschaft. Er kämpfte mit ihnen im Zirkus um die Palme des Wagenlenkers, er rang mit ihnen um die Wette im Gymnasium. Aber die Pläne des alten Antigonos schlugen fehl. Die gesellschaftlichen Erfolge der Söhne des Herodes in Rom erregten ihres Vaters Neid, und Antigonos war schlau genug, seinen Sohn rechtzeitig aus der Gefahrenzone wegzuholen. Er berief ihn nach Ramat zurück, damit ihn nicht das Gewitter überrasche, das über die jüngere Generation der Herodes-Sippe hereinzubrechen im Begriffe war. Joseph blieb eine Zeitlang in seinem Heimatdorf. Dort heiratete er die Tochter einer reichen jüdischen Familie aus Alexandria und beschäftigte sich mit der Verwaltung der väterlichen Güter.

Als der alte Herodes starb, fühlte Joseph sich ernstlich versucht, sich in das politische Leben Jerusalems zu stürzen und die politische Laufbahn einzuschlagen. Er widerstand dieser Versuchung, obgleich er alle die Fähigkeiten besaß, die er brauchte, um Erfolg zu haben: Takt, ein ausgeglichenes Temperament und vor allem jene tiefe innere Ruhe, ohne die es unmöglich gewesen wäre, einen richtigen Kurs zu steuern in dem Kampfe, den die Pharisäer gegen den Erben des Herodes, Archelaus, bis zu dem Tage führten, da die Römer die Provinz Judäa besetzten. Josephs griechische Erziehung, seine Kultiviertheit, sein Reichtum und seine Freigebigkeit verschaffte ihm ohne weiteres Zutritt zu dem Hause des Prokurators. Aber um diese Zeit war er schon wieder in den Bannkreis des jüdischen Glaubens geraten. Er beobachtete die winzigsten Einzelheiten des pharisäischen Rituales, er verkehrte mit den Schriftgelehrten Jerusalems, er unterstützte ihre Schulen und Synagogen. Vor allem aber entzog er sich insofern den Lockungen der Politik, als er sich beharrlich weigerte, die Pläne des Hauses Hanan zu fördern, das die pharisäischen Führer als den Erben der schlimmsten und brutalsten Züge des Herodes-Regimes betrachteten. Diese Zurückhaltung trug Joseph die besondere Liebe und Dankbarkeit der Rabbis ein.

Seine freundschaftlichen Beziehungen zu den beiden miteinander verfeindeten Lagern erhoben ihn unvermeidlich in den Rang eines inoffiziellen, aber anerkannten Vermittlers zwischen Pharisäern und Römern. Die ersteren waren besonders froh darüber, daß sie über seine Dienste verfügen konnten, wenn sie mit der Regierung zu tun hatten, denn sie wollten nicht ihren Feinden, den Priestern, den offiziellen Vertretern der Juden, verpflichtet sein. In manchen Fällen gelang es Joseph von Arimathia, für die Pharisäer Privilegien und Zugeständnisse zu erlangen, die der alte Hanan nicht hätte fordern können — oder nicht hätte fordern wollen. Auch die strengsten unter den Pharisäern — die es tatsächlich für eine Sünde hielten, das Haus eines Griechen oder eines Römers zu betreten, — waren bereit, Josephs Laxheit in dieser Hinsicht zu übersehen. Immerhin gab er selbst die Sündhaftigkeit solcher Handlungen zu und reinigte sich durch ein Sühneopfer im Tempel. Man war gewillt, Josephs Vergangenheit zu vergessen — zu vergessen, daß er dem Hofstaat des verhaßten Herodes angehört hatte — und obgleich er kein Schriftgelehrter war, nahmen ihn die Pharisäer in den Großen Sanhedrin auf.

Der unselige Kampf zwischen der griechischen und der jüdischen Welt fand ein Echo in Josephs Herz. Sein strenges Festhalten an den Traditionen seines Volkes hatte in ihm keineswegs den Hang zu der glänzenden Welt der Heiden ertötet. In seinem Innern ging ein ständiger, wenn auch heimlicher Kampf vor sich. Er träumte davon, einen Kompromiß mit den Lockungen des Hellenismus zu finden, ohne gleichzeitig die Schranken niederzureißen, die die jüdischen Weisen gegen die geistige Öde des Griechentums errichtet hatten.

Seine Kindheit hatte Joseph in einer mit griechischer Kultur durchtränkten Welt verbracht. Das kleine Städtchen Ramat in Gilead war von griechischen Siedlungen umgeben. Ein paar Gehstunden entfernt lag die Dekapolis, ein Konglomerat zehn griechischer Städte, eine Lanzenspitze des Heidentums, die nach dem Herzen des jüdischen Volkes zielte. Dort, in Seh- und Hörweite der Juden, herrschte ein Geist ewiger Jugend, ewiger Heiterkeit und ansteckender Lebensfreude, entwaffnend und — in den Augen der jüdischen Führer — für die Seele verhängnisvoll. Die magische Lockung irdischen Glücks hörte nicht auf, den Ernst des jüdischen Alltags zu stören. In derselben Entfernung, aber mehr in südlicher Richtung, lag die Stadt Beth Schan mit ihren Rennbahnen, ihren Gymnasien und ihrem Tempel der Astarte. An den Ufern des Sees Genezareth, herabblitzend vom Gipfel des Berges Gedera, beherrschte der Zeus-Tempel die ganze Gegend. Von der anderen Seite her bedrängte die lärmende Fröhlichkeit Gederas das jüdische Leben. Es war also nicht nur die Dekapolis allein, die mit ihrer hellenistischen Flut die Deiche zu durchbrechen drohte, welche die jüdischen Führer zur Sicherung ihres Glaubens errichtet hatten. Für Joseph aber waren die oberflächlichen Reize der griechischen Welt eine geringere Gefahr als die heidnischen Philosophen Gederas. Gedera war eine Stadt spielerischer Lustigkeit, eine Stadt des Lachens und der Sünde, aber sie besaß auch ihre Zirkel ernster Denker. Ob er aus eigenem Antrieb hinging, oder ob sein Lehrer Philippus ihn hinführte, stets fand Joseph von Arimathia den Weg zu dem Forum, wo zwischen den Tempelsäulen die Schulen des Epikuräers Philodemus und des Rethorikers Theodorus — der letztere war hier zuhause gewesen, bevor er nach Rom ging, um der Lehrer des Tiberius zu werden — miteinander und mit den Anhängern des beißenden Satirikers Meniphrus stritten. Am verderblichsten für den jungen Mann, nach jüdischem Begriff, war der griechische Erzieher, den sein Vater ihm ausgesucht hatte, und von dem er sich bis an sein Lebensende nicht trennte. In späteren Jahren machte Joseph von Arimathia, wie das damals allgemein üblich war, seinen Erzieher zum Verwalter der Familiengüter.

Ich kam häufig in das Haus des Joseph von Arimathia. Mein Rabbi war der Meinung, seine Schüler sollten die Diskussionen zwischen ihm und den griechischen Philosophen mitanhören, um in späterem Alter gegen ihre Fallstricke gefeit zu sein. Gelegentlich versammelte sich die ganze Brüderschaft in Josephs Haus, und manchmal wurden auch die Schüler zu den Sitzungen zugelassen.

Das Haus stand in dem neuen Viertel, das sich neben der Burg Antonia in Bethsaida auszubreiten begann. Diese Gegend hatte die Jerusalemer Aristokratie in Beschlag genommen, denn hier konnte sie in ziemlicher Entfernung von der Stadt ihre Gärten und ihre Schwimmbecken anlegen. Das Haus war in griechischem Stil gehalten, wie das unter den Reichen zu den Zeiten des Herodes fast allgemein Mode geworden war. Hier fand man nicht mehr das schwere, düstere, massige und abweisende Gemäuer, das den alten Gebäuden eigentümlich war, zum Beispiel dem Palaste, den Herodes geerbt hatte, sondern diese neuen Häuser waren leicht und luftig und schienen gleichsam auf ihren Säulen zu schweben. In demselben Stil hatte Herodes sein Forum in Nablus gebaut. Die „Herodische Architektur", wie sie genannt wurde, war durch die Verwendung schlanker, spitzer Türme, die über die flachen Dächer emporragten, terrassenförmiger Balkone, die der Fassade der Häuser ein breiteres

Aussehen verliehen, und doppelter jonischer Säulenreihen charakterisiert, die ihre Schatten über den Eingang warfen. Aber eine der unvorhergesehenen Folgen dieses Stiles war, daß die Mauern der Häuser der Reichen ewig von Müßiggängern und Bettlern umlagert waren, die dort vor der Sonne Zuflucht suchten. Während der Festtage vollends wurden die Flächen unter den doppelten Säulenreihen zu regelrechten Lagerplätzen; die Pilger verbrachten dort die Nacht. Es war unmöglich, diese Plätze freizuhalten, und die Besitzer der Häuser wollten sich auch nicht nachsagen lassen, daß sie schutzsuchende Bettler oder Pilger verjagten, die vor der Hitze flüchteten in einer Stadt, in der ein schattiger Fleck eine Seltenheit war. Josephs Haus hatte, wie alle griechischen Häuser, zwei Stockwerke. In dem unteren befanden sich die allgemeinen Räumlichkeiten und die Bibliothek; die Schlafräume lagen im oberen Stock. Den Garten umgab ein Säulengang, der Zuflucht vor der Sonne gewährte. Der Garten selbst, mit seinen grünen Beeten und Zypressen, glich in jeder Hinsicht dem Garten eines heidnischen Griechen, es fehlten nur die Götterstatuen.

Die Diskussionen, an denen ich teilnahm, fanden am Tage im Schatten der Peristyle und des Abends beim Lichte der Öllampen in der Festhalle oder in der Bibliothek statt. Die Disputanten lagen behaglich auf Ruhelager hingestreckt und gestalteten den Anlaß zu einer genußreichen Zeremonie.

Als ich Joseph von Arimathia kennen lernte, war er nicht mehr jung. Er hatte sein fünfzigstes Jahr überschritten. Aber sein Körper besaß noch all die Männlichkeit und Kraft seiner Blüte. Seine Glieder waren fest und muskulös, der Oberkörper aufrecht und eckig, wie aus einer riesigen Zeder gehauen. Seine Bewegungen aber waren leicht und federnd, wie man es von einem Manne erwarten durfte, der in seiner Jugend die Gymnasien besucht hatte. Auch sein Haupt wirkte noch jugendlich, trotz der grauen Streifen in dem krausen Haar und dem gestutzten Bart. Und ich merkte, daß er seinen Bart nicht wie die Frömmler ungehindert wachsen ließ, — aber natürlich auch seine Wangen nicht der Berührung eines Rasiermessers aussetzen durfte. Er wählte einen Mittelweg, und das Ergebnis war: römischer Stil. Sonderbar, daß er so durchaus den Eindruck unverdorbener, ursprünglicher Kraft erweckte, denn sein Antlitz wirkte wie eine Maske der Bekümmernis und Nachdenklichkeit. Nur die gerade römische Nase und das lange Kinn waren von dem Netzwerk der Runzeln verschont geblieben.

In der Gesellschaft der Philosophen war Joseph ganz Ohr. Er nahm ihre Erörterungen vielleicht noch ernster, als sie selber sie nahmen. Starr blickte er zu Boden, völlig vertieft in das, was er hörte: er saß auf seinem erhöhten Stuhle wie die Verkörperung seelischer Bekümmernis. Man hätte meinen können, er wohne nicht einer Erörterung recht fernliegender Themen bei, sondern einer Auseinandersetzung, in der es für ihn um Leben und Tod ging, — und das Ergebnis der Diskussionen würde für ihn schwerer wiegen als eine richterliche Entscheidung über sein eigenes Schicksal. In einem gewissen Sinne war das auch verständlich, denn der Kampf in seinem Inneren hatte noch immer kein Ende gefunden, und der hin und her wogende Meinungsstreit zerrte seine Seele bald nach der einen, bald nach der anderen Seite; es war ein Kampf um den Besitz seines Ich. Aber noch mehr; er begriff sehr wohl, daß der Streit um seine Einzelseele parallel lief mit dem Streit um die Seele seines Volkes, ja, mit dem Streit um die Seele der Welt. Mein Rabbi war wie ein Seraph, der mit einem Feuerschwert bewaffnet, in das wohlgeordnete irdische Paradies einbrach, welches der griechische Philosoph Philippus für Joseph von Arimathia aufgebaut hatte. Schönheit und die aus ihr fließende Anmut bildeten für Philippus den Inbegriff des Guten. Die Seele des Menschen ist nur eine einzelne Note in der gesamten Harmonie der Götter. Aber nicht allen Menschen ist eine Seele anvertraut worden; sie ist das Vorrecht der mit überlegenem Verstande Begabten. Die Seele bringt die Leidenschaften des Menschen ins Gleichgewicht, besänftigt die wilden Ausbrüche der Wollust und verleiht seinem Betragen eine göttliche Anmut. Daher halten die Weisen sich an die goldene Mitte, denn sie haben ihre Begierden und Triebe verfeinert und dem Adel der Seele angepaßt.

Es war ein ganz außergewöhnlicher Umstand, daß dieser Apostel der Schönheit, dieser Mann, der in irdischer Lieblichkeit das Wesen des Göttlichen erblickte, von den Mächten, die er verehrte, in einer so brutalen, stiefmütterlichen Art behandelt worden war. Philippus von Gedera war ein Krüppel. Sein Rücken wölbte sich hinten zu einem Buckel, seine Brust wölbte sich vorne zu einem Höcker. Diese beiden Höcker hoben das kurze griechische Hemd, das er trug, in die Höhe, sodaß seine krummen, behaarten Beine sichtbar wurden. Er hätte vielleicht die Mißgestalt seines Körpers durch eine geschickte Anordnung der Togafalten verbergen können. Aber als wollten die Götter dafür sorgen, daß er ein wandelnder Widerspruch zu seiner eigenen

Lebensphilosophie sei, hatten sie ihm den Kopf schief nach der Seite und etwas nach unten verdreht, so daß seine natürliche Haltung ihn zwang, stets zu Boden zu schauen, statt zu den Höhen aufzublicken, die seine Gottheiten beherbergten.

Ich weiß nicht, ob er diese auffälligen körperlichen Mängel schon bei der Geburt mitbekommen oder ob er sie im späteren Verlaufe seines Lebens durch ein zufälliges Mißgeschick erworben hatte. Ich neigte zu der letzteren Ansicht, denn ich konnte mir kaum vorstellen, daß man ein solches Monstrum als Erzieher eines Kindes ausgesucht haben sollte. Aber sein Äußeres machte er wett durch eine Lebhaftigkeit des Denkens, durch eine geistige Beweglichkeit, die oft auch diejenigen beschämte, welche leichter als er ihre Augen zum Himmel erheben konnten. Vielleicht auch war es sein körperliches Leiden gewesen, das ihn gezwungen hatte, so ausschließlich den Gott der Gesundheit und Vollkommenheit anzubeten, und er entwickelte dabei eine Kraft und eine Eleganz, die leicht sein abstoßendes Äußeres vergessen ließen.

Es gibt, wie ich weiß, Menschen, die körperlich recht gesund sind, aber seelisch so verkrüppelt, daß ihr inneres Siechtum sich in ihrem Äußeren widerspiegelt. Und es gibt Menschen, die dem anderen Extrem angehören, deren Fleisch das Schicksal grausam mißhandelt hat, aber deren innere Harmonie und Gesundheit ihrem Äußeren den Anschein körperlichen Ebenmaßes verleiht. Es kann sogar vorkommen, daß kraft ihrer geistigen Harmonie der Mangel sich in einen unbedingten Vorzug verwandelt.

Der Körper des Philippus war ein lebendiger Widerspruch zu seiner heidnischen Philosophie. Ich sehe noch den abgezehrten, knochigen Körper vor mir — einen Kinderkörper —, die dünnen, behaarten Beine und die beiden Höcker, die sich statt des Hauptes zum Himmel reckten. Aber ich sehe auch seine Gewandtheit und, so seltsam es klingen mag, den Rhythmus und die Harmonie seiner Bewegungen, die beruhigend wirkten. Wenn er den Kopf hob und sich umsah, sprach aus seinem Antlitz ein Seelenfriede, der nie seine Wirkung auf den Betrachter verfehlte. Seine Augen waren dunkel und schön und leuchteten in einem sanften, fast schuldbewußten Glanze. Sein Schädel war kahl, aber der Haarkranz, der die Glatze umgab, gemahnte an einen Siegerkranz; es war, als wollte die Natur auf diese Weise den strahlenden Triumph versinnbildlichen, den er über die Schwächen seines Fleisches errungen hatte.

Ich pflegte mich zu fragen: „Welche innere Eigenschaft, welche besondere Gabe verleiht seiner Person diesen Adel?“ Und ich gelangte zu der Überzeugung, es müsse das der leichte Anflug von Trauer sein, der auf seinem Antlitz lag und seinen Körper beseelte, ein Wesenszug, der auf alle wirkte, die mit ihm in Berührung kamen, und dessen Macht in dem sonderbaren Paradoxon seines Ursprungs begründet war. Nicht sein persönliches Los und die ihm auferlegten Entbehrungen stimmten ihn traurig. Es war das vielmehr jene Traurigkeit, welche der Erkenntnis und der Weisheit entspringt. Oder sagen wir besser, *seiner* Weisheit, denn es war nicht jene flammende Weisheit, die aus den Zügen meines Rabbi strahlte. Es war die Weisheit der Verzweiflung und äußersten Ratlosigkeit. Diese Augen hatten alles gesehen, hatten überall umhergeforscht und nichts als Leere und Finsternis gefunden.

So sehr verschieden die Wege waren, auf denen diese beiden Männer, der Grieche Philippus und der Jude Nikodemus ben Nikodemus, wandelten, einigte sie doch ihr Wissensdurst. Tagelang, nächtelang, mit der gleichen Beharrlichkeit wie mein Rabbi, forschte und grübelte Philippus und suchte die Lösung des letzten Rätsels des Lebens. Aber *einen* Unterschied gab es, und er hätte nicht größer sein können: bei seiner unablässigen Suche sah mein Rabbi seinen Weg durch das Licht des Glaubens erhellt, während Philippus blind in der Finsternis umherirrte, nicht auf festem Boden, sondern auf trügerischem Meer, wie ein Schiff, das die Stürme unter einem sternenlosen Himmel vor sich hertreiben. Er konnte keinen Kurs setzen, er konnte sein Schiff nicht steuern, er konnte nicht einmal genau wissen, ob es eine Küste gibt, die er erreichen würde. Das war abermals eine Quelle seiner Bekümmernis. Und auch in ihren Lebensgewohnheiten hatten die beiden Männer vieles miteinander gemein. Philippus hatte sich mit Leib und Seele auf dem Altar des Wissens geopfert. Er strebte nach nichts anderem denn nach Weisheit. Er hatte sich von allen irdischen Vergnügungen losgesagt, er hatte seinen Körper völlig dem Geiste unterworfen, und er haßte alles, was ihn von seiner ewigen Suche ablenken oder ihn an eine weltliche Verantwortung fesseln konnte: ein Weib zum Beispiel. Er wollte nicht heiraten, obgleich Joseph von Arimathia ihm gerne eine seiner Sklavinnen gegeben hätte, von der er Kinder hätte bekommen können. Aber Philippus wich dem Leben aus, seinen Verwicklungen und seiner Unreinheit. Seine Seele war in ewiger Jungfräulichkeit der Weisheit, dem

Streben nach Wahrheit geweiht. Was hätte mehr den inneren Trieben meines Rabbi ähneln können? Kein Wunder, daß sie sich, wenn auch ihre Ansichten so weit voneinander entfernt waren wie Ost und West, durch brüderliche Bande miteinander verknüpft fühlten, und daß ein jeder stets die Gesellschaft des anderen suchte. Es mochte manchmal geschehen, daß sie die erste Regel der Weisheit vergaßen: das man die Wahrheit ruhigen Geistes suchen müsse. Ihre Geister erhitzten sich. Aber sie konnten nicht mehr ohne einander leben.

Was war der Inhalt ihrer Diskussionen und Gespräche? Die Antwort ist einfach: alles. Mein Rabbi war stets darauf aus, von Philippus zu erfahren, welche neuen Kenntnisse die Griechen in bezug auf die Naturgesetze gesammelt hatten, um sie mit den in der jüdischen Lehre angehäuften Kenntnissen zu vergleichen oder zu vereinigen. „Wissen sammeln", sagte mein Rabbi, „heißt sich Gott nähern. Und je mehr wir uns Gott nähern, desto mehr lieben und verehren wir ihn, denn um so mehr verstehen wir ihn. Und wie sollen wir Gott erkennen, wenn nicht an seinen Taten? Steht nicht geschrieben: Das Werk deiner Hände verkündet deinen Ruhm?" Dieses Zitat drängte sich immer dann auf seine Lippen, wenn der Grieche ihm ein neu entdecktes Naturgesetz mitteilte oder ihn in ein neues mathematisches Verfahren einführte. Auf der anderen Seite war der Grieche stets eifrig bemüht, von meinem Rabbi die Grundlagen des jüdischen Glaubens zu lernen. Er wollte wissen, worin die Macht unseres Glaubens bestand, er wollte die Gebote und Gesetze kennen lernen, die der Allmächtige und Unsichtbare uns auferlegt hatte. Er wollte auch Beweise haben für die Existenz des Auges, das alles sieht, und der Hand, die alles auf Erden lenkt.

Alle Schätze des Wissens waren dem Griechen zugänglich, denn er hatte von seinen Lehrern die Schlüssel dazu erhalten. Eine Burg aber blieb ihm verschlossen: die Burg des Glaubens. Weil er zu ihr keinen Schlüssel hatte, stand er hilflos und verloren inmitten der Schätze, die ihm zugänglich waren. Ohne den Glauben mochte er unablässig vereinzelte Wissensbrocken sammeln — sie waren wie Steinhaufen, die er nicht zu einem faßlichen Gebäude zusammenfügen konnte. Ihm fehlte der Plan, der in der Burg des Glaubens eingeschlossen war. Da lagen die Steinhaufen — sie boten kein Obdach. Der Glaube aber würde sie in eine Wohnstätte und eine Zuflucht verwandeln. Und gerade den Glauben konnte alle Weisheit der Welt und auch die Weisheit, die bis in das Pantheon seiner Götter reichte, ihm nicht geben. Aber im Gegensatz zu dieser Ohnmacht des reinen Wissens vermag ein simpler Mensch ohne Weisheit, ohne die Hilfe der Philosophie und Wissenschaft in das innerste Geheimnis der Burg einzudringen und den Plan des Lebens zu finden.

So stand unser Philosoph da — ausgesperrt. Und Philippus' Größe zeigte sich darin, daß er wußte, er sei ausgesperrt (es gibt viele, die nicht einmal das wissen). Er hatte den brennenden Wunsch, den Zugang zu finden, wie es in der Schrift heißt: „Und meine Seele neigte sich zu dem Herrn." Und unsere Weisen haben gesagt: „Wenn ein Nichtjude Gott sucht, ist er darin größer als der Hohepriester selbst, und sein Verlangen allein kann ihn unter die Fittiche der göttlichen Seligkeit bringen."

Mein Rabbi sah den Funken, der in der Seele des anderen glühte. Er sah seinen Wahrheitsdrang und fühlte sich deshalb sehr zu ihm hingezogen. Mein Rabbi pflegte zu sagen, daß jede Seele ein Teil der allgemeinen Gottheit sei, und jede Seele könne ihre eigene Beziehung zu dem himmlischen Vater herstellen. Und wenn auch diese Seele nicht, wie alle die ungeborenen jüdischen Seelen, auf dem Sinai zugegen war, um das Joch des Himmelreichs auf sich zu nehmen, könne sie doch kraft ihres inneren Funkens alle die Stadien durcheilen, die die jüdische Seele im Verlaufe vieler Generationen zurückgelegt hatte und mit einem einzigen Sprunge den Urquell aller Welten erreichen. Damit erreicht sie eine ebenso hohe Ebene wie die jüdische Seele, ja, vielleicht eine noch höhere, denn sie hat sich ihren Platz durch eigene Willenskraft errungen, und die Seelen aller jüdischen Patriarchen und Weisen und Propheten gesellen sich zu ihr. Wenn aber noch außerdem diese nichtjüdische Seele einem Weisen gehört, wie viel mehr ist sie dann befähigt, sich dem Urquell zu nähern? Deshalb bemühte sich Rabbi Nikodemus, der Seele des nichtjüdischen Weisen, die voller Qual in der Finsternis umherirrte, zu helfen, und sie von den Sünden des Götzendienstes, die sie in ihren Banden hielten, zu befreien. Er vermied es, Philippus durch eine übermäßige Betonung der Bürden, die die Thora einem auferlegt, zu schrecken, wie das die Schüler des Schamaj zu tun pflegten, sondern er war sanft und ermunternd nach der Weise Hillels.

Ich habe oft Diskussionen zwischen Philippus und Nikodemus über das weltliche Gesetz mit angehört. Aber ich war auch einmal zugegen, als sie über den Begriff des Ewigkeitscharakters der menschlichen Seele disputierten.

Die Unterhaltung ging von folgendem traditionellen Thema aus: Was ist begehrenswerter, der Vorrang, den Gott dem Menschen vor den Tieren des Feldes eingeräumt hat, damit er Gott suche, oder die Blindheit der Tiere? Der griechische Philosoph argumentierte folgendermaßen:

„Es gibt eigentlich keinen Beweis dafür, daß wir uns wirklich von den Tieren des Feldes unterscheiden, und wir haben nicht das Recht, deine stolze Folgerung anzunehmen. Unser Verstand? Jedes Tier, jeder Wurm hat von der Natur die Mittel erhalten, sich sein Dasein zu sichern und seine Art fortzupflanzen. Wir benützen statt Klauen und Fängen eine gewisse Schlauheit, die wir Verstand nennen, und mit Hilfe dieser Schlauheit haben wir die stärksten Tiere überwunden. In Wirklichkeit aber sind wir nichts als Würmer, denen eine geizige Hand einige wenige Tage beschert hat. Nackt kommen wir aus dem Mutterleib, nackt werden wir auf den steinigen Boden des Lebens geworfen. Oder wenn du willst, werden wir in eine Schlangengrube geworfen, wo die Starken die Schwachen verschlingen und wo Starke und Schwache gleichermaßen völlig zugrunde gehen müssen, zu Nichts zermahlen wie eine winzige Eichel zwischen gewaltigen Steinen. Wo ist der Beweis dafür, daß wir besser sind als die Würmer, wenn das Gesetz des Stärkeren in unserer Mitte regiert?"

Darauf antwortete der Rabbi:

„Komm' und sieh' die Größe des Schöpfers, denn an seinen Schöpfungen sollst du ihn erkennen. Er hat den Menschen zu einem Wurm gemacht, und der Mensch möchte höher stehen als die Engel. Wenn er uns zu Würmern gemacht hat, warum hat er uns dann den Hunger und Durst nach seiner Erkenntnis eingepflanzt? Warum begnügen wir uns nicht mit dem Schicksal der Würmer und Tiere? Warum verschlingen wir nicht zufrieden unser tägliches Mahl, und warum lassen wir uns nicht, ohne zu fragen, von dem Stärkeren verschlingen? Weiß der Staub, daß der Wind ihn über das Antlitz der Erde verstreut, und beklagt er sich darüber? Das Tier freut sich an jedem Grashalm, den der Schöpfer ihm schenkt, der Wurm freut sich an dem kleinen flügellosen Insekt, das ihm ins Maul fällt. Warum hat uns der Schöpfer anders gemacht als sie? In dem Dürsten nach Gott ist Gott. Geh' hin und sieh' die Völker der Welt, die mit ihren eigenen Händen Götzen geschaffen haben und sich vor ihnen verbeugen. Warum haben sie das getan? Weil sie Gott suchen und sich nach ihm sehnen. Durch ihre Götzen verehren sie den einen lebendigen Schöpfer. Freilich, ihre Augen sind verblendet, sie haben falsche Wege beschritten, aber ihre Herzen lechzen nach Gott. Und wo Durst ist, dort sind auch die Mittel, ihn zu löschen. Denn hätte es nie ein Löschen des Durstes gegeben, dann hätte es auch niemals den Durst geben können. Das ist die Gnade, die der Gott Israels den Menschen erwiesen hat, daß er ihnen den Vorrang vor allen anderen Geschöpfen gab."

„Wir wissen nicht", antwortete der Grieche, „ob wir den Göttern dafür Dank schulden, daß sie uns diesen Durst eingeflößt haben. Vielleicht war es keine Gnade, sondern eine Bosheit. Wir wissen nicht, wessen Schicksal besser ist, das des Menschen, weil er einen zergliedernden Verstand mitbekommen hat, oder das des Tieres, das keinen Verstand besitzt. Mir scheint, daß der Verstand des Menschen mehr ein Mangel sei als ein Vorzug, und wir täten gut daran, auf ihn zu verzichten, damit wir wie die Tiere werden. Was nützt uns unser Verstand, wenn er uns nicht ermöglicht, die Mauer zu durchbrechen, die uns umschließt, wie sie alle anderen Tiere umschließt. Nein, wir werden nie die endgültige Wahrheit erreichen."

„Warum sollte man ohne Gott überhaupt die Wahrheit suchen?" fragte mein Rabbi.

„Ist die Wahrheit es nicht wert, daß man sie um ihrer selbst willen sucht, ohne Rücksicht darauf, ob sie uns zu den Göttern oder von ihnen weg führt?"

„Ohne Gott ist keine Wahrheit. Aber ohne ihn sind viele Wahrheiten. Die Wahrheit ist EINS wie Gott."

„Dann verzeih' mir, wenn ich sage, daß das Urteil des Verstandes in einer derartigen Auffassung eine noch schlimmere Form der Idolatrie erblickt als in irgendwelchen Bräuchen der Barbaren. Diese haben wenigstens irgendeinen Begriff von dem Aussehen der Götter, in deren Namen sie ihre Verbrechen begehen. Sie sind im Besitze einer begrenzten Wahrheit. Du weißt nicht einmal, welche Gestalt dein Gott angenommen hat. Das ist in Wirklichkeit nicht die Anbetung des einen Gottes, sondern ein verzweifelter Ruf in der Finsternis. Du weißt ja nicht einmal, ob in der Finsternis jemand ist, der deinen Ruf vernimmt."

„Nicht in der Finsternis", berichtigte ihn mein Rabbi, „sondern im Unendlichen. Und wir glauben, daß dort im Unendlichen ein Ohr ist, das hört, ein Auge, das sieht."

„Aber das ist ein blindes Fürwahrhalten.“

„Ja, nicht nur ein Fürwahrhalten, sondern eine blinde Liebe.“

„Wie kannst du denn etwas lieben, das du nicht kennst?“

„Wir erkennen IHN an seinen Eigenschaften. Und wir lieben seine Eigenschaften. Obgleich wir nicht wissen, wer er ist, und obgleich wir uns keine Gestalt vorstellen können, die ihn umschlösse oder begrenzte... Aber unsere Liebe zu ihm hängt nicht von dieser oder jener seiner Eigenschaften ab, wie das mit der Liebe zu euren Göttern der Fall ist. Unsere Liebe ist bedingungslos und absolut. Daher ist sie die einzige Liebe, die wahre Liebe, denn sie ist grenzenlos wie das Ewige.“

„Nein, das ist nicht die Gottesverehrung eines Menschen, sondern die eines Maulwurfs, eines Maulwurfs, der nie das Tageslicht gesehen hat, der in dem unterirdischen Gange, den er sich gegraben hat, umherkriecht und ihn für das gesamte Weltall hält. So sucht ihr euren Gott, mit geschlossenen Augen und schlummerndem Verstande. Aber die Götter haben den Menschen die Gabe verliehen, die Sonne zu sehen, die Formen der Erde, die Sterne und die Blumen, die Felder und die Wolken und alle die Köstlichkeit der Farben. Euch hat euer Gott diese Freuden untersagt. Wir, denen die Götter ein Gefühl für die Linie gegeben haben, sodaß wir uns an dem Rhythmus des Tanzes und an dem zarten Wechsel der Bewegungen erfreuen können, wir, die wir die Harmonie der Vollendung in uns aufnehmen und die Lieblichkeit der Melodien erfassen, nicht nur wie sie an das Ohr tönen, sondern wie sie der Anmut eines nackten Körpers entströmen, wir, denen die Götter befohlen haben, Ordnung in das Chaos der Welt zu bringen, indem wir ihnen gleich werden, — sollen wir freiwillig unsere Rolle verleugnen und die Pracht von uns abtun, die geschaffen wurde, um uns zu erleuchten? Wir verehren unsere Götter mit den erhabensten Eigenschaften, die sie selber uns eingepflanzt haben, mit den Augen, mit den Ohren, mit den Gefühlen, mit den Sinnen, mit dem Höchsten und Edelsten, das der Mensch besitzt, — mit der Kunst! Nicht so wie ihr! Eure Verehrung des Höchsten ist nicht Menschenart, sondern die Art der Erdwürmer!“

Der Rabbi schwieg eine Weile. Sein Antlitz, das so selten den Glanz verlor, welcher der äußere Ausdruck inneren Friedens war, umdüsterte sich einen Augenblick lang — aber nur einen Augenblick lang. Die Trauer wich, das Weiße seiner Augen blitzte, er lächelte hinter seinem dichten Bart, und er antwortete:

„Jeder einzelne von uns dient seiner Gottheit mit den Eigenschaften, die er in die Gottheit hineinlegt. Euer Gottesbegriff besteht aus idealisierten menschlichen Vorzügen und Gaben, aus ihnen wollt ihr eure Religion zusammensetzen: Schönheit, Kraft und Harmonie. Wir aber schreiben unserer Gottheit nicht menschliche Gaben und Vorzüge zu, sondern himmlische Eigenschaften: Unendlichkeit, Unteilbarkeit, Zeitlosigkeit, Unzerstörbarkeit. Deshalb kann unser Gottesdienst nicht auf irdischen Tugenden beruhen, die begrenzt und veränderlich sind. Wir suchen in uns jenen Teil von uns, der nicht sterblich ist, sondern der das Göttliche ist in uns selbst, unsere Seele, und sie kehren wir dem Ewigen zu. Wir wissen nicht, was für Umrisse er hat, und in welchen Farben er leuchtet, wie die Falten seines Gewandes fallen, und wie sein Körper sich bewegt. Deshalb wenden wir uns in der Sprache der Seele an ihn. Die Augen der Seele sehen Gott, und die Sinne der Seele preisen ihn. Unser Gottesbegriff ist göttlich, denn er ist selber ein Teil des Göttlichen. Ja, wir haben unsere Augen vor der Schönheit der Welt verschlossen, um die Schönheit des Himmels zu erblicken. Wir haben unsere Sinne vor der harmonischen Vollendung dieser Welt verschlossen, damit wir die ewige Vollendung der anderen Welt erfassen."

„Aber was ist das für eine Selbsttäuschung, daß ihr allein das Geheimnis und die Tugend der Seele zu besitzen meint? Auch wir glauben an die Unsterblichkeit der Seele, aber die Seele kann nicht ein leeres Echo in einer bewußtlosen Unendlichkeit sein, sie kann nur die Summe und der Inbegriff aller Schönheit, Erhabenheit, Macht, Liebe und Freundschaft sein: das heißt aller jener Ideale, die wir an dem Menschen, dem Geschöpf, preisen. Die Seele ist das Maß, der Prüfstein der Harmonie; sie stellt in uns das Gleichgewicht unserer Fähigkeiten her. Die Seele ist die Gesundheit unseres Seins."

„Diese Behauptung ist nur dann zulässig, wenn man annimmt, daß irgendwo ein besonderer Engel oder Genius der Harmonie existiere oder ein besonderer Quell, dem Harmonie entquillt. Wenn ich annehme, daß es solch eine Quelle alles Guten gibt, kann ich überzeugt sein, daß in mir ein Tropfen davon vorhanden sei, der ihre sämtlichen Eigenschaften besitzt. Aber wenn ich daran nicht glaube, wenn ich die Voraussetzung ablehne, daß irgendwo ein Kraftzentrum existiere, ein Brennpunkt, die einzige, ewige, unbezweifelbare Wahrheit, die alles Gute in sich selbst enthält, und von der meine Seele alle ihre

Eigenschaften bezieht — wenn ich mich *davon* abwende, wie soll ich dann wissen, daß die Seele, deren ich mich rühme, es auch wirklich verdient, der Hüter meines Seins zu werden? Selbst wenn ich zugebe, daß die Seele Harmonie besitze, woher soll ich wissen, daß diese Harmonie von der richtigen Art sei, der ich folgen muß, weil sie zur Vollendung führt? Nehmen wir das Gegenteil an! Nehmen wir an, daß wir nicht der Seele gehorchen sollen, sondern den Gelüsten des Körpers! Wenn es keine endgültige Richtschnur und keine höchste Entscheidung gibt, wie sollen dann *wir* uns entscheiden?"

Der griechische Weise hob mühsam den Kopf, und aus seinen Augen leuchtete die Sanftmut des allwissenden Lächelns, das jeden Gegner entwaffnete. Er schaute meinen Rabbi, der sich im Laufe der Auseinandersetzung sehr ereifert hatte, mitleidig an, wie man ein aufgeregtes Kind anschaut.

„Die Götter sind geizig gewesen", sagte er. „In der tiefen Finsternis, die rings um uns herrscht, haben sie uns ein kleines Lichtlein um den Hals gehängt, das Lichtlein der Vernunft. Mit seiner Hilfe können wir in einem winzigen Umkreis das Dunkel verscheuchen. Ein paar Schritte weit leuchtet die Vernunft, darüber hinaus herrscht immer noch Finsternis. Rabbi, du willst in den Abgrund der endlosen Finsternis springen, du willst die Mauern durchbrechen, oder so tun, als ob du sie durchbrächest, und dann zurückkehren und sagen: am Ende der Nacht ist ein ewiger Tag... Ich aber weiß, daß die Strahlen meiner kleinen Lampe an der dichten Schwärze der Finsternis abprallen. Wie soll ich wissen, was dort in der Nacht verborgen liegt, wenn ich niemals, weder mit meinen Blicken, noch mit meinen anderen Sinnen, in sie eingedrungen bin? Und womit soll ich in sie einzudringen versuchen, sei es auch nur ein winziges Stück weit, wenn nicht mit der Vernunft, die die Götter mir gegeben haben?"

„Es gibt nur eine Fähigkeit, die die Mauern durchdringt, den Glauben. Das sind die Worte des Sängers Israels: ‚Der Gerechte wird durch seinen Glauben leben.'"

„Aber was ist der Glaube, Rabbi? Wo findet man ihn? Was befähigt uns, die Höhen des Glaubens zu erreichen?"

„Der Glaube selbst weist uns den Weg zum Glauben. Der Hunger nach Gott ist die Erkenntnis Gottes. Er offenbart sich allen, die ihn suchen. Verlange nach ihm, dürste nach ihm, und du wirst ihn erkennen."

Der Grieche versank in Stillschweigen. Er ließ den Kopf

hängen, machte die Augen zu und schien sich einzuschließen in eine Burg des Friedens, unserer Nähe entrückt. Nach einer langen Pause hob er wieder den Kopf wie unter dem Druck einer schweren unsichtbaren Hand. Seine Blicke suchten wieder das Antlitz meines Rabbi. Aus ihnen leuchtete nicht mehr das Licht der Weisheit, und das sanfte mitleidige Lächeln war von seinen Lippen gewichen. Furcht sprach aus seinen Augen, Furcht, von einem Hoffnungsstrahl durchzuckt, und er antwortete:

„Vielleicht ist das wirklich der richtige Weg. Vielleicht bleibt die Wahrheit dem Wissenden verborgen, vielleicht kann man das Geheimnis nur erreichen, wenn man den Sprung ins Dunkle wagt, wie du ihn gewagt hast, Rabbi."

Während dieser ganzen Auseinandersetzung zwischen meinem Rabbi und Philippus von Gedera war Joseph von Arimathia stumm geblieben. Seine Blicke wanderten ständig zwischen den Streitgegnern hin und her, und seine Lippen waren trocken, als ob sie nach Wissen dürsteten, so wie es einen nach Wasser dürstet. Ein tiefer, sanfter Kummer lag über seinen Zügen wie das Mondlicht auf den Wellen eines Sees. Als die Diskussion zu Ende war, stand er auf — aber nicht bevor die Weisen sich erhoben hatten — und ging mit seinen Gästen auf die Terrasse der Bibliothek hinaus. Die Nacht war mild und der Himmel hell. In der Ferne schimmerten die öden Hügel Moabs unter den Sternen, aufgetürmt wie gewaltige Mauern, welche die Welt unseres Seins umschlossen. Joseph stand schweigend zwischen den Pfeilern der Terrasse. Sein Blick war auf den Bergwall geheftet, aber sein inneres Auge blickte weit darüber hinaus und suchte die Fernen, die den Sinnen des Fleisches versagt sind.

Er schwieg. Der schwere Schatten seiner Gestalt fiel auf den Mosaikboden und brach sich an einer weißen Marmorsäule, so daß er hinter seinem Rücken sich wieder emporreckte. Dort auf dem weißen Hintergrunde ragte nun der Schatten mächtiger als er selbst und schien gleich ihm über die Berge Moabs hinwegzublicken, das Geheimnis suchend, das hinter ihnen verborgen lag.

VII. KAPITEL

Und Philippus von Gedera, der sein Leben lang nicht gewagt hatte, weiter in die Dunkelheit hineinzugehen als das kleine Stück, das von dem Lämpchen an seinem Halse erhellt wurde, neigte von Tag zu Tag mehr dazu, den kühnen Sprung zu tun — das heißt, den unbekannten Gott anzuerkennen, den die Juden predigten. In wachsendem Maße verfiel er der Lockung des seligen Lichts, das die Rabbis dort zu sehen glaubten, wo für ihn nichts war als grenzenlose Nacht. Die stärkste Anziehungskraft hatte für ihn die Hoffnung auf den Messias, den Himmelsboten, der alle menschlichen Probleme lösen und alle Völker unter der Herrschaft der ewigen Güte einigen würde. Sie machte ihn mehr als alles andere geneigt, den großen Entschluß zu fassen.

Philippus von Gedera war in einer Welt aufgewachsen, die den Begriff des Mitleids nicht kannte. Von Kindheit auf hatte er mitansehen müssen, wie man zur Belustigung des Pöbels Menschen den wilden Tieren vorwarf, nicht nur in der Zirkus-Arena, sondern auch in den Straßen der Städte. Auch ihn hatten wilde Tiere zu Boden getrampelt: bei der Plünderung der Stadt Gedera war er aus seinem Hause weggeschleppt und auf dem Sklavenmarkte von Tyrus verkauft worden. Und er war in der stillen Überzeugung aufgewachsen, daß es anders gar nicht sein könne. Erst unter dem Einflusse meines Rabbi begann er die Taten der Menschen in einem besonderen Lichte zu erblicken, Recht und Unrecht gegeneinander abzuwägen, ein neues Empfindungsvermögen zu erwerben, das vor Grausamkeit und Schändlichkeiten zurückschrak. Er begann der göttlichen Gerechtigkeit nachzueifern. Immer tiefer drang er in die Geheimnisse der jüdischen Lehre ein; der aramäische Dialekt, die Umgangssprache der Juden, war ihm vertraut und diente ihm als Einführung in das Studium des Hebräischen, das er nach kurzer Zeit beherrschte. Unter der Leitung des Nikodemus ben Nikodemus vertiefte er sich in die Thora Mosis und die Aussprüche der Propheten.

Mein Rabbi widmete seinem griechischen Schüler sehr viel Zeit. Er lehrte ihn die Gesetze und Gebote, legte ihm die schwierigen Stellen aus, führte ihn in die Lehren Gottes ein, wie man ein Kind unterweist. Eine Zeitlang vernachlässigte er sogar uns, seine Schüler, um Philippus zu helfen. Seine Geduld war unerschöpflich. Er verzichtete auf den Schlaf, er machte die Nacht zum Tage, er kehrte immer wieder zu den Problemen zurück, die der Fremdling aufwarf, — in der Hoffnung, sein Herz mit dem Lichte Gottes zu erfüllen und ihn für den Bund Abrahams zu gewinnen.

Manchmal wunderten wir uns, daß der Rabbi einen Nichtjuden bevorzugte, wodurch wir, seine eigentlichen Schüler, in unserem Studium geschädigt wurden. Wir hätten es nicht gewagt, uns zu beklagen, und wir bemühten uns, unsere Gefühle zu verbergen. Unser Rabbi aber erriet, was in uns vorging, und er begegnete unserem schweigenden Kummer mit einem Gleichnis, das ihm seine Lehrer überliefert hatten:

„Hört mich an, ihr meine Schüler. Unsere Rabbis haben gepredigt: König David singt: ‚Herr, wache über den Fremden!' Womit kann man das vergleichen? Man kann es mit einem König vergleichen, der viele Herden hatte. Jeden Morgen führten die Hirten des Königs die Schafe und Ziegen auf die Weide hinaus, und jeden Abend brachten die Hirten sie in die Ställe zurück. Einmal aber kam ein junger Hirsch von den Feldern und spielte mit einem der Lämmer. Des Abends, als die Hirten die Herden heimwärts trieben, ging der Hirsch mit den Schafen und Ziegen in den Stall des Königs. Und am nächsten Morgen ging er mit ihnen auf die Weide hinaus. Das wiederholte sich Tag für Tag. Da erblickte der König den kleinen Hirsch, und sein Herz war gerührt. Er ging auf die Weide hinaus und schaute zu, wie der Hirsch mit den Herden weidete. Und er beauftragte einen der Hirten, darauf zu achten, daß der Hirsch nicht zu Schaden komme. Eines Tages, als der Hirsch mit den Schafen in die Hürde zurückkehrte, sagte der König, der dabeistand, zu dem Hirten: ‚Geh' jetzt und tränke den Hirsch, bevor die Schafe getränkt werden.' Die Hirten waren erstaunt und fragten: ‚Herr, du hast so viele Herden, Schafe und Ziegen und Rinder, dennoch hast du noch nie zu einem von uns gesagt: Tu dies oder jenes für sie, — aber du befiehlst uns, für das Wohlergehen dieses einen kleinen Hirsches zu sorgen.' Darauf antwortete der König: ‚Die Schafe sind es gewöhnt, des Morgens auf die Wiesen hinauszugehen und des Abends unter einem Dache einzukehren. Aber die Hirsche sind es gewöhnt, die Nacht unter freiem Himmel zu verbringen. Es ist nicht ihre Gewohnheit, unter den Dächern der Menschen einzukehren. Bedenkt also, wie der Hirsch das freie Feld, seine Brüder und Schwestern verlassen hat und aus freiem Willen zu uns gekommen ist. Sollen wir ihm nicht mehr Liebe entgegenbringen als irgend einem Schaf, das sich unseren Herden zugesellt?' " Und der Rabbi schloß lächelnd: „Wenn ein Fremder, ein Nichtjude, zu uns kommt und seine frühere Welt, sein eigen Fleisch und Blut hinter sich läßt, müssen wir ihn mit besonderer Liebe empfangen, mit einer Liebe, welche die übertrifft, die wir einander erzeigen?"

Als Philippus von Gedera seinen großen Entschluß faßte und in den Bund eintrat, erhielt er den Namen Abraham ben Abraham. Von diesem Tage an widmete er sich noch eifriger als seine neuen Glaubensbrüder dem Messiasgedanken. Ja, er wurde bald von Halluzinationen heimgesucht. Überall glaubte er die Zeichen zu sehen, die die Nähe des Heils verkündeten. Damit glaubte er nicht nur den Bedürfnissen der Welt, sondern auch den innersten Bedürfnissen seines eigenen Herzens zu dienen. Er, der früher ein so ausgeprägtes seelisches Gleichgewicht besessen und es so gut verstanden hatte, seine Sinne zu beherrschen, sah nun Gesichte und hörte Stimmen. Er redete nicht mehr die Sprache der Philosophen, die Vernunft hatte ihre alte Bedeutung für ihn verloren, und die messianische Hoffnung war ihm nicht nur ein Traum und ein Wunsch, sondern eine greifbare Wirklichkeit.

Er bot einen seltsamen Anblick, dieser griechische Weise, — ein kleines, mißgestaltetes Männlein, von dessen Buckel die rituellen Fransen baumelten. Seltsam war er anzusehen, wenn er durch die Straßen Jerusalems zum Tempel eilte, um sein Opfer darzubringen. Mit besonderer Sorgfalt hielt er die Reinigungsvorschriften ein; ja, man hätte ihn, sogar nach jüdischen Begriffen, als pedantisch bezeichnen können. Er befolgte streng auch die geringeren Vorschriften, die den Haushalt betrafen, — Vorschriften, deren Einhaltung für gewöhnlich den Weibern obliegt —, und er benahm sich in jeder Hinsicht wie ein Pharisäer unter den Pharisäern, so eifrig war er darauf erpicht, ständig bereit zu sein, für den Empfang des Messias.

Es gab in unserer Brüderschaft einen Mann, der viel dazu beitrug, in dem Herzen des Griechen das Gefühl für die Nähe des Messias wachzuhalten. Das war Judas Ischariot, ein Träumer und Schwärmer, der sich stets einbildete, er habe bereits den Messias in den Straßen Jerusalems erspäht. Nach der Bekehrung des Philippus schloß Judas sich dem ehemaligen Philosophen an und trug nicht wenig dazu bei, die letzten Reste der alten stoischen Disziplin zu zerstören, die dessen bisheriges Leben charakterisiert hatte. Wenn es schließlich so weit kam, daß Philippus Gesichte zu sehen und Stimmen zu hören begann, war das Judas Ischariots Werk. Judas hegte den leidenschaftlichen Glauben, daß der Messias sich bereits in unserer Mitte befinde, aber daß wir nicht imstande seien, ihn zu erkennen.

Er kam in die Synagoge gelaufen, mit offenem Munde und leuchtenden Augen, und erklärte, er habe ihn gesehen! Er war tatsächlich davon überzeugt, daß er ihn gesehen habe! Ja, er hatte ihn erspäht! Diese Vorfälle übten auf Philippus eine ganz ungewöhnliche Wirkung aus. Er begleitete Judas auf seiner Suche in den Straßen Jerusalems. Vielleicht würden sie den Messias zu Gesicht bekommen! Und wenn nicht den Messias, dann den Propheten Elias. Sie stiegen auf die Hügel hinauf, die Jerusalem umgaben, und schauten sich um, gewärtig, Elias, den Boten des Messias, über die Hügel schreiten zu sehen. Sie waren schließlich schon so verwirrt, daß sie die Leuchtfeuer, die des Nachts auf den Gipfeln angezündet wurden, um den Beginn eines neuen Monats zu melden, für die Signale des Vorläufers hielten. Sie waren der festen Überzeugung, daß sie durch ihr Verhalten die Erlösung beschleunigten, den großen Tag gleichsam vorwegnahmen, den Messias zwangen, sich zu offenbaren.

Zu der Zeit, da ich in die Schule des Rabbi Nikodemus kam, war Judas Ischariot bereits seit vielen Jahren Mitglied der Brüderschaft. Als Schriftgelehrter befolgte er die Sitte, sich mit seiner Hände Arbeit zu ernähren, und er verbrachte die Hälfte des Tages bei seinem Töpfergewerbe. Gleich dem Rabbi war er unbeweibt. Er wollte weder eine Familie haben, noch auch nur ein eigenes Heim. Sein ganzes Sinnen und Trachten galt dem einen bevorstehenden Ereignis: der Erlösung. Fast immer befand er sich in einem Zustand der Ekstase. Oft saß er mit geschlossenen Augen, scheinbar schlafend, in einem Winkel der Synagoge, aber wenn ich in seine Nähe kam, merkte ich, daß seine Lippen sich bewegten. Manchmal lachte er vor sich hin, manchmal brach er in Tränen aus. Einige Male war er mitten auf dem Tempelhof hingefallen, Schaum war auf seine Lippen getreten, und er hatte zu prophezeien begonnen. Eifrig mischte er sich unter die Menge, hatte überall seine Augen, musterte forschend jedes fremde Gesicht. Dann kehrte er stets mit dem alten Ruf in die Synagoge zurück: er habe ihn erspäht!

Unter den Scharen, die die Tempelhöfe und die umliegenden Gäßchen füllten, befanden sich immer allerlei Schwärmer, Pilger aus den Provinzen und aus dem Auslande, Besessene oder Halbbesessene, die unaufhörlich von dem Messias und seiner bevorstehenden Ankunft redeten. Nicht wenige unter ihnen brachten es sogar fertig, sich einzubilden, daß sie selber der Messias seien. Andere wieder waren, sowie sie in die heilige Stadt kamen, dermaßen darauf versessen, Wunder zu erblicken und die ersten Zeugen der Ankunft des Messias zu sein, daß sie jeden Augenblick erwarteten, eine feurige Wolke würde sich vom Himmel herabsenken, und der Messias würde ihr entsteigen. Die Tempelaufseher, die Wächter, die Diener, die Aufwärter, die Sänger — alle die Nachkommen der Stiefkinder unter den Stämmen, die ausgebeuteten Leviten ebenso wie die unteren Schichten der Priesterschaft, die sich gleichfalls als die Opfer der schlechten Zeiten fühlten —, trugen zu der allgemeinen Stimmung der Unruhe und Erwartung bei. Die höheren Tempelbehörden sahen sich fast täglich vor Zustände gestellt, die an Aufruhr grenzten: Dieser oder jener wilde Phantast hatte für einen Augenblick die Führung seiner Gefährten an sich gerissen und einen Haufen leidenschaftlicher Bewunderer um sich geschart. Viel Geschick und Festigkeit waren vonnöten, um diese Zusammenrottungen auseinanderzutreiben, ohne den Beistand der römischen Wache anzufordern, die, wenn sie gerufen wurde, niemals versäumte, sich den Anlaß zunutze zu machen, um ihre natürliche Grausamkeit und ihren Judenhaß auszutoben.

Ich sehe Judas Ischariot noch vor mir. Er war groß, dunkelhäutig, hager, halbverhungert. Sein Bart war grau. Aber dieses Grau rührte nicht von seinen Jahren her, sondern von Leid und Sorge, denn seine Augen waren jung, feurig, rastlos und forschend. Seine riesigen, flammend roten Ohren standen von seinem Kopfe ab. Seine Hände waren immer in Bewegung. Im Gehen fuchtelte er mit ihnen vor sich her, und sein Gang war so ungestüm, daß die rituellen Fransen, die über seinem sackleinenen Gewande hingen, ihn umtanzten und sich in seine Beine verwickelten. Er ging, als ob ein Sturm ihn vor sich hertriebe oder als ob er selber ein Sturmwind wäre. Sein lose herabhängendes Gewand flatterte hinter ihm her wie ein lahmer Flügel.

Am erstaunlichsten an diesem Manne aber war der Widerspruch, den er verkörperte: seine visionäre Begeisterung ging Hand in Hand mit einer tiefen Skepsis. Mein Rabbi sagte von ihm: „Judas Ischariot ist wie eine Löwenmutter, die ihre eigenen Jungen auffrißt.“ Er kam in die Schule oder in die Synagoge gestürzt, mit blitzenden Augen, gesträubtem Haar und gestikulierenden Händen; die Riemen seiner Sandalen schleiften im Staub.

„Ich habe ihn gesehen! Er ist da! Er ist unter uns! Er steht im Tempelhof und predigt dem Volk. Er ist es!“ stammelte er, noch bevor er die Schwelle überschritten hatte.

Und dann packte er des Rabbi Gewandfransen und keuchte:

„Komm mit, Nikodemus, Sohn des Nikodemus, der Messias ist gekommen!“

Aber er verlor seinen Messias ebenso schnell, wie er ihn gefunden hatte. Noch am selben Tage kehrte er in die Synagoge zurück, den Kopf gesenkt, die Augen erloschen, stumm, beschämt, als komme er vom Götzendienst aus einem heidnischen Tempel. Er erwähnte mit keinem Wort sein Mißgeschick. Und wenn einer so grausam war, ihn zu fragen: „Was ist es mit dem Messias?“, stieß er einen Seufzer aus, der seine Brust zu sprengen drohte, und murmelte: „Ich habe mich wieder getäuscht.“

Diese messianischen Halluzinationen paßten natürlich gar nicht zu einem Weisen und Schriftgelehrten, und in dieser Hinsicht herrschte ein auffälliger Kontrast zwischen Judas und dem Rabbi Nikodemus. Der Rabbi war sehr wählerisch im Gebrauch seiner Worte und äußerte nie eine Ansicht, die er nicht genau untersucht und geprüft hatte. Er ging mit seinen Meinungsäußerungen so vorsichtig um wie ein Geizhals mit dem Gelde. Er pflegte zu sagen: „Ein Wort aus deinem Munde ist eine Tat, die ihre Spuren hinterläßt. Keine Macht der Welt kann sie auslöschen.“ Ebenso pflegte er zu sagen: „Der Herr des Weltalls hat dem Menschen die Gabe verliehen, mit dem Wort seines Mundes Welten zu schaffen und zu vernichten. Deshalb achte darauf, was du redest.“ Meinem Rabbi mißfiel sicherlich die bedenkenlose Ausdrucksweise, die sein Anhänger Judas sich gestattete. So oft Judas mit neuen Offenbarungen angelaufen kam, ermahnte ihn mein Rabbi: „Judas, Judas, hast du das Gebot der Weisen vergessen: ‚Kluge, achtet wohl auf eure Worte!‘?“

Aber Judas konnte kaum einen Tag lang ohne seinen Messias auskommen — und ohne einen Zuhörer, dem er seine Ekstasen anvertrauen durfte. Mein Rabbi sagte auch folgendes von ihm: „Judas braucht einen besonderen Haken, um seinen Glauben daran zu hängen; der Herr genügt ihm nicht.“ Wenn aber einmal ein Tag verging, ohne daß Judas den Messias erspäht hatte, sah man ihn auf der Schwelle der Synagoge sitzen, den Kopf zwischen die knochigen Schultern geduckt, so wie ein wunder Vogel sein Köpfchen in den Flügeln verbirgt, die Augen glanzlos und erloschen. Seine Lippen murmelten: „Wann kommt er? Wann kommt er?“ Mein Rabbi tröstete ihn und machte sich zugleich auf eine liebenswürdige Weise über ihn lustig. Er erinnerte ihn an die Redensarten, die zu dieser Zeit unter dem Volke im Umlauf waren: „Der Sohn Davids wird nicht eher kommen, als bis der letzte Kupfergroschen aus deiner Börse verschwunden ist.“ Oder: „Der Sohn Davids wird nicht eher kommen, als bis unser Geschlecht gänzlich sündenrein oder gänzlich in Sünden ertrunken ist.“ Dann gab mein Rabbi ihm den Rat: „Geh' auf die Straße hinaus, nimm den Leuten ihr Geld weg, verwandle alle Menschen in Heilige oder in verstockte Sünder — dann wird der Sohn Davids kommen.“

Eine Zeitlang war Judas ein Anhänger des Bar Abbas, des Fischers aus Joppe, der davon träumte, ein zweiter Judas der Zelot zu werden. Wenn die Massen nach einem himmlischen Messias lechzten, so lechzten sie nicht weniger gierig nach einem irdischen Erlöser, der das Joch ihrer Unterdrücker, der Priester wie der Römer, zerschmettern würde. Bar Abbas gewann seinen Anhang unter den Enterbten und Enteigneten, die aus den Provinzen in die Stadt strömten. Sein Losungswort hatte er dem ehrwürdigen Hillel entlehnt: „Im lo achschaw, eimatai? Wann, wenn nicht jetzt?“ Es war nicht sein Plan, einen Aufstand unmittelbar gegen die römische Herrschaft zu entfesseln, denn er wußte, daß das zu einer Katastrophe führen würde. Er hoffte, wenigstens einen der Unterdrücker zu stürzen, das Haus Hanan, den alten Hanan und seinen Schwiegersohn Kaifas.

Sein Gedankengang war folgender: Dadurch, daß er sich gegen die Priester wandte, würde er die Schriftgelehrten und Pharisäer für sich gewinnen, die stets die Unterwerfung unter die römische Herrschaft predigten, weil sie überzeugt waren, daß irdische Mittel nicht genügten, um die Macht des römischen Reiches zu brechen. Zweifellos hoffte er schließlich und endlich auch das römische Joch vernichtet zu sehen. Ich weiß aber nicht, ob es in seiner Absicht lag, schrittweise vorzugehen und ein begrenztes Ziel nach dem anderen zu verwirklichen, oder ob er mit einem allgemeinen Weltenbrand rechnete, der — gleichgültig, unter welchem Vorzeichen er einsetzte — die Römer ebenso vor sich herfegen würde wie das Haus Hanan.

Bar Abbas war selbst ein Kind der arg bedrückten Massen. Man hatte ihm sein Boot geraubt, mit dem er einstmals durch die stürmische Brandung Joppes zu rudern pflegte. Daß dieser Diebstahl nicht Diebstahl hieß, sondern Steuer, machte die Strafe für ihn nur noch unerträglicher. Er vergaß nicht, daß die Steuerlast eine doppelte war, daß nicht nur die Römer, sondern auch die Söhne seines eigenen Volkes die Armen besteuerten. Von diesem Zeitpunkt an beherrschte ihn nur noch ein Gedanke: der Gedanke der Rebellion. Aber trotz seiner Heißblütigkeit war er keineswegs ein unbesonnener, verantwortungsloser Störenfried. Er sah, daß die Volksstimmung sich gewandelt hatte. Ein bewaffneter Aufstand würde nicht mehr so leicht zu bewerkstelligen sein wie zu der Zeit Judas, des Zeloten. Die Massen erinnerten sich noch an Judas — aber sie erinnerten sich auch an die Todesqualen der Rebellen, die Varus, der Gottlose, in erschreckender Anzahl hatte kreuzigen lassen. Soweit es sich um Rom handelte, beschränkte Bar Abbas sich darauf, passiven Widerstand zu predigen. Er forderte die Bevölkerung auf, die Steuern zu verweigern. Aber gegen das Haus Hanan zog er offen zu Felde. Der Haß der Massen gegen die Priesterschaft glich dem Haß, der zur Zeit des Makkabäers Mattathias gegen den Hohenpriester geherrscht hatte. Und vielleicht waren die Juden Jerusalems und Judäas nicht deshalb so sehr erbittert gegen die Priester, weil sie ihnen grausame Steuern auferlegten, sondern vielmehr deshalb, weil sie das Heiligtum durch marktschreierische Sitten und Gebräuche schändeten.

Es hatte sich leider unter unserem Volk eine Art Totenkult eingebürgert. Die Lebenden konnten es anscheinend nicht über sich bringen, sich von den Lieben zu trennen, die der Tod ihnen entriß. Mütter trugen die Knochen ihrer verstorbenen Kinder umher, als kostbare Reliquie. Dieser schreckliche Kult war von unseren heidnischen Nachbarn übernommen worden, und unsere Rabbis kämpften gegen ihn an. Es gab uralte Gesetze und Gebote, die ihnen dabei zu Hilfe kamen. Es stand geschrieben, daß jeder, der einen Leichnam angerührt hatte, für unrein zu gelten habe, und um sich zu reinigen, mußte er sich mit Wasser besprengen, das die Asche einer roten Färse enthielt. Aber die Asche einer roten Färse war ein kostbares Ding. Sehr selten nur fand man ein Tier für diesen Ritus geeignet; wenn eine rote Färse an irgend einer Stelle ihres Felles auch nur zwei weiße Härchen hatte, war sie nicht mehr brauchbar. Der Züchter, dem es glückte, unter seinen Rinderherden ein rituell einwandfreies Tier zu erzielen, verlangte dafür einen phantastischen Preis. Unablässig durchstreiften die Tempelboten nicht nur Judäa und Galiläa, sondern auch Tyrus und Sidon, in der Hoffnung, ein solches Exemplar zu finden. Nur alle Jahre einmal hatten sie Erfolg. Daher war die Asche der roten Färse ein kostbarer Bestandteil des Tempelschatzes und wurde sorgfältig von einer Generation auf die andere vererbt. Bis zu dem Zeitpunkte, da das Haus Hanan die Hohepriesterschaft übernahm, war diese Asche bei jedem Reinigungsopfer verwendet worden, gleichgültig, ob der Bittsteller ein reicher oder ein armer Mann war. Sie galt als ein Nationaleigentum, zu dem jeder Jude Zutritt hatte. Die Söhne Hanans aber forderten einen so hohen Preis für den Gebrauch der Asche, daß sie den Armen nicht mehr erschwinglich war. Nur die Reichen und Mächtigen konnten daher einen Toten anrühren und sich hinterher reinigen.

In seinem Bestreben, die Erbitterung der Massen auszunützen, sah sich Bar Abbas durch die in Jerusalem umlaufenden Gerüchte unterstützt, daß einige der anderen Priesterfamilien auf das Haus Hanan eifersüchtig seien und nicht abgeneigt wären, einen Aufstand zu fördern. An diesen Gerüchten muß etwas Wahres gewesen sein, sonst hätte er nicht so lange frei herumlaufen und seinen Einfluß auf die Massen verstärken können.

Bar Abbas war ein völlig ungebildeter Mensch. Er war mutig, unverschämt, bösartig und gänzlich außerstande — (eine echt jüdische Eigenschaft) —, sich dem Gebot des Schweigens zu unterwerfen. Er schleuderte seine grellen Worte unter die Massen und stachelte ihre Erbitterung zur Raserei an. Ich brauche wohl kaum zu erwähnen, daß für seine Umtriebe die Höfe und Gäßchen des Tempels kein geeigneter Ort waren. Dieser Teil der Stadt wurde von den Spionen und Agenten der Priesterschaft sorgfältig überwacht. Jede Menschenansammlung, die in einen Tumult auszuarten drohte, wurde sogleich von den mit bleibeschwerten Peitschen bewaffneten Wächtern auseinandergejagt. Bar Abbas betätigte sich in der Unteren Stadt, in der sumpfigen Umgebung des Kidron-Tales, am Dung-Tor, unter den Ärmsten der Armen. Jählings und unangekündigt tauchte er vor den Hütten der Arbeiter, vor den Buden der Bäcker und Ölhändler auf. Er stellte sich auf einen Mühlstein oder eine Ölpresse oder einen Färberklotz und ermahnte die Volksmassen, sich gegen die Söhne Hanans zu erheben und Rom die Steuern zu verweigern. Er zählte die Verbrechen des Hauses Hanan auf: sie hatten den Preis der Opfertauben und den Preis des Opfermehls erhöht. Und wenn er die Asche der roten Färse erwähnte, die die Habgier der Priester ihnen, den Armen, unerschwinglich gemacht hatte, brachte er sie in eine solche Wut, daß er jederzeit imstande gewesen wäre, an der Spitze eines Pöbelhaufens gegen die Buden und Läden der Priesterschaft anzustürmen.

Ich sah ihn oft. Unsere Schule, die der Synagoge der Kyrener angeschlossen war, stand in der Gewürzstraße am Eingang zum alten Markt. Mehr als einmal wurde ich Zeuge eines Tumults, der in einen Aufruhr auszumünden drohte. Ein Lärm von der

Straße her störte unseren Unterricht, und wenn wir dann vor die Tür gingen, erblickten wir Bar Abbas, eine wüste Gestalt, die die Menge überragte. Ein Schwall von Worten entströmte seinem breiten Mund — Worte, die die schändlichen Leiden des jüdischen Volkes schilderten, die Demütigungen, die Bürden, die Qual der Sklaverei, einfache, derbe, plumpe Worte, so roh wie die Straße, auf der sie geäußert wurden, so roh wie die Armut der Zuhörer. Und die Schar der Zuhörer, mit hervorquellenden Augen, die kränklichen Gesichter gerötet, die geplagten Leiber nur unzulänglich mit sackleinernen Hemden bekleidet, über denen die ungewaschenen rituellen Fransen baumelten, ein Bild des Siechtums und Hungers — sie lauschte und begleitete die donnernde Sprache des Redners mit ihrem Gebrüll. Seine Worte fielen schwer wie Hammerschläge auf sie nieder:

„Eure Weiber", schrie er, „gehen unrein umher, sie können sich nicht von dem Blut der Kinder reinigen, die sie eben geboren haben. Sie sind euch verboten, weil sie das Reinigungsopfer nicht entrichten können. Der Hohepriester hat den Preis der Opfertauben erhöht. Sagt mir, hat irgend einer unter euch jemals das Recht genossen, sich mit der Asche der roten Färse zu besprengen? Alle seid ihr unrein! Unrein! Ihr wagt euch nicht einmal dem Tempel zu nähern, ja, nicht einmal der äußeren Mauer. Man hat euch weggejagt, man hat euch von dem Angesicht Gottes verstoßen, so daß seine Blicke euch nicht mehr erreichen. Ihr seid aus den Heerscharen Gottes ausgeschlossen, und der Schlüssel liegt in den Händen des Hauses Hanan. Es ist ein goldener Schlüssel, nur mit Gold kann man ihn erkaufen. Genügt es nicht, daß ihr hungern müßt auf der Straße und euch in Lumpen kleiden wie Sklaven? Müssen auch eure Seelen im Schmutz verkommen? Das Haus Hanan hat euch alle zu stinkenden Leichnamen, zu verwesenden Tieren, zu Aussätzigen gemacht!"

Seine Worte hatten in all ihrer Derbheit etwas Zwingendes. In den Augen der Zuhörer flackerte ein inneres Feuer. Fäuste wurden geballt. Hier und dort bricht ein Weib in ein geiferndes Wehgeschrei aus, mit schriller und näselnder Stimme, wie ein Klageweib am Bett eines Toten. Die Menge wird von einer einzigen Leidenschaft erfaßt und mitgerissen. Dann erscheinen mit einem Male die Wächter. Es ertönt der grelle Ruf der Widderhörner, das Signal für die Tempelwache. Wenn die Menge der aufgeregten Zuhörer ungewöhnlich zahlreich ist, kommt zugleich mit den Tempelwächtern eine Abteilung römischer

Hilfstruppen angelaufen, im kurzen Brustharnisch, das Breitschwert in der Hand. Manchmal sprengen germanische Reiter aus dem Palast des Herodes hervor und bahnen sich gewaltsam einen Weg durch die schmalen Gassen. Dann knallen die Peitschen, deren Schnüre mit bleiernen Knöpfen beschwert sind. Hier und dort versucht einer Widerstand zu leisten, stets aber läuft die Menge auseinander, und zurück bleiben die Verwundeten, die blutend und zerschunden sich zwischen den zerschlagenen Töpfen und zertrümmerten Buden umherwälzen. Und Bar Abbas? Er ist verschwunden. Niemand hat ihn gesehen. Er entweicht in ein Gäßchen, klettert über eine Mauer, springt von Dach zu Dach und wird von dem Labyrinth verschlungen.

Er verschwindet — aber nicht für lange. Man hat erlebt, daß er sich sogar in den Tempelhof wagte. Es kommt Bewegung in die Massen, alles läuft zusammen, eine Stimme ertönt — und Bar Abbas ist weg. Vielleicht hört man noch am selben Tage von ihm. Er hat sich an den Wächtern vorbei zum Hause eines Reichen geschlichen, hat die Vorhänge der Banketthalle beiseitegeschoben, hat den prunkliebenden Schwelgern seinen Fluch hingeschleudert — und ist wieder verschwunden.

Eine Zeitlang war, wie ich sagte, Judas Ischariot ein Anhänger Bar Abbas'. In seiner charakteristischen Art kam Judas eines Tages in die Synagoge gestürzt, lief zu Rabbi Nikodemus hin und rief aus:

„Ich habe ihn gefunden! Ich habe ihn gefunden! Der Messias steht draußen und sammelt seine Scharen!"

Nikodemus ben Nikodemus brauchte nicht mehr als eine der Reden Bar Abbas' zu hören, nicht mehr als eine dieser sinnlosen halben Rebellionen auf dem Marktplatz mitzuerleben, um dem Agitator und seinem ganzen Treiben den Rücken zu kehren. Und zu Judas sagte er:

„Aus diesem Mehl wird nie ein Brot gebacken werden, denn der Teig ist nicht von der Hefe Gottes geschwellt, sondern von der Hefe des Satans. Seit Gott den Männern Israels die Gabe der Weissagung entzog und sie den Kindern in den Mund legte, hat er uns entschädigt, indem er den Weisen die Kraft seines Geistes einflößte, damit sie durch Weisheit wettmachten, was an Prophetie verloren ging. Judas, Judas, wo ist dein geistiges Erbe? Riechst du nicht den Todeshauch, der aus dem Munde Bar Abbas' kommt? Gedenke des Spruchs, Judas: ‚Der Hüter meiner Seele halte mich fern von diesen.'"

Aber Judas' Verehrung und Begeisterung währten nicht

lange, und er gab zu, daß unser Rabbi recht gehabt hatte. Bar Abbas begnügte sich nicht mit Worten, er schritt zu Taten. Er sammelte eine Bande, welche die nach Jerusalem führenden Straßen belagerte und die reichen Kaufleute, die ihre Güter in die Hauptstadt brachten, überfiel und ausplünderte. Es hieß, daß er darin dem Vorbilde Judas', des Zeloten, folgte, der die Reichen beraubt hatte, um die Armen zu beschenken. Aber nicht nur die Priesterschaft, sondern auch der Sanhedrin ließ einen Bann gegen ihn ergehen.

Ich hatte schon früher, bevor ich in der Nacht meiner letzten Pilgerfahrt nach Jerusalem die Leute über ihn reden hörte, erfahren, daß ein Essener in die Wildnisse Judäas gezogen war und den Spruch Jesaias auf sich bezog: „Die Stimme, die aus der Wildnis ruft: Bereite den Weg!" Ich wußte auch, daß viele Menschen, Gelehrte und Ungelehrte, zu Jochanaan gegangen waren, um sich von ihm im Jordan taufen zu lassen, an einer Stelle, die nicht weit von der Palmenstadt Jericho entfernt war. Nachdem sie ihre Seelen gereinigt hatten, mußten sie in dem Flusse untertauchen, nicht um den Leib zu reinigen, sondern um ihn auf die Ankunft des Messias vorzubereiten. Anfangs erregte die Tätigkeit Jochanaans, des Täufers, kein besonderes Aufsehen unter den Juden, wenn auch die Pharisäer einigermaßen unangenehm berührt waren. Die Pharisäer wollten mit den Essenern nichts zu tun haben, weil diese sich vom Alltag des Lebens fernhielten; sie waren Wiedertäufer, sie lebten im Zölibat, sie nahmen nicht an den Gemeindeangelegenheiten teil und bildeten eigene, abgesonderte Brüderschaften. Die pharisäischen Weisen nannten sie chassidim schotim, närrische Frömmler, und erklärten, Gott habe von den Menschen verlangt, nach seinen Geboten zu *leben*, nicht nach seinen Geboten zu sterben. Denn so steht es ja auch geschrieben: „Lebet in ihnen!" Immerhin wußten wir, daß Jochanaan ein gottesfürchtiger und gesetzeskundiger Mann war. Auch das Thema seiner Predigten, die Ankunft des Messias, war uns vertraut. Vielen jedoch mißfiel seine Art, sich gänzlich von der Welt zurückzuziehen. Als wir dagegen nach einiger Zeit erfuhren, daß Jochanaan die Kühnheit besessen habe, vor dem Tetrarchen von Galiläa zu erscheinen, um ihn zu verfluchen und anzuklagen, weil er seinem Bruder die Frau weggenommen hatte, wuchs Jochanaans Ruf in beträchtlichem Maße. Seine Worte erhielten ein neues Gewicht, denn man sagte sich, er habe die Tugenden eines Propheten an den Tag gelegt. Hiezu kam, daß sein bevorstehendes

Martyrium seine Schatten vorauszuwerfen begann, denn er saß in den Kerkern des Tetrarchen gefangen. Seine Sendboten, die zwischen dem Kerker und Jerusalem hin und her eilten, verkündeten in den Tempelhöfen die tröstenden und ermunternden Worte, die er ihnen anvertraut hatte: er ermahnte seine Anhänger und die ganze Judenheit, nicht unterzugehen in dem Meere der Gottlosigkeit, das sie umbrandete, sondern alle Kraft zusammenzunehmen und nicht zu verzagen, bis das Reich Gottes käme, das nahe sei. All das steigerte die Hoffnungen der Vielen, die zumindest die Verkündigung des Propheten Elias, des Vorläufers des Messias, erwarteten.

Ihre Anzahl war im Wachsen begriffen. Es gab Tausende, die jeden Morgen beim Aufwachen fragten: „Ist er über Nacht gekommen?“ Und wenn man mit Nein antwortete, sagten sie: „Dann wird er sicherlich heute kommen.“ Wenn aber der Tag sich zum Ende neigte, ohne daß ein Zeichen sich ereignet hatte, sagten sie abermals: „Er wird über Nacht kommen.“ Die Hoffnung wurde nicht schwächer, sondern immer fieberhafter und gespannter. Die Menschen gingen umher und blickten unaufhörlich zum Himmel empor, damit sie das erste Vorzeichen nicht versäumten. Eines Nachts erschien ein neuer Stern über dem Tempel und leuchtete über dem sogenannten Schönen Tor. Scharen von Menschen liefen durch die Straßen und riefen: „Der Messias ist da!“ Ein Sturm brach los. Die Menge sammelte sich vor den Tempelmauern und verlangte von den Wächtern, daß sie die Tore öffneten, was des Nachts streng verboten ist. Die Menschenansammlung wurde gewaltsam auseinandergejagt.

Natürlich war es wieder Judas Ischariot, der als erster die Gerüchte und Erzählungen von einem Wundermanne aufgriff, welcher in Galiläa sein Wesen trieb. Judas mischte sich stets unter die Pilger, die aus den Provinzen kamen, und erkundigte sich bei ihnen, ob sie nicht in ihrer Heimat von einem Zeichen gehört hätten, das die Ankunft des Messias verkündete. Auf diese Weise kamen ihm auch die Berichte über einen Rabbi aus Nazareth zu Ohren, der angeblich sehr bedeutsame Lehren predigte und allerlei Wunder vollbrachte. Ich erinnere mich sehr wohl, daß wir, als Judas uns in wachsender Erregung die Geschichten aus dem Norden zu berichten begann, die Achseln zuckten und sagten: „Ein Rabbi aus Nazareth? Wie kann denn das Heil aus Galiläa kommen?“ Tag für Tag aber brachte Judas neue Augenzeugen zu unserem Rabbi, Pilger aus K'far

Nahum, und sie alle bestätigten die Wunder, die sich in ihrer Stadt ereignet hatten. Sie schilderten, wie der Rabbi aus Nazareth die Kranken heilte, die Gefallenen aufrichtete und böse Geister austrieb. Sie berichteten ferner, daß er in die Hütten der Armen und Erniedrigten gehe, sich mit den Unwissenden, den Erdgeborenen, zu Tische setze und sogar Sünder und Zöllner in seiner Nähe dulde, um sie auf den rechten Weg zu bringen; er pflegte auch die Kinder zu sich zu rufen und sie zu segnen. Den größten Eindruck auf uns machten einige seiner Aussprüche, die uns die Pilger wiederholten, und die uns sehr zu Herzen gingen. Einer dieser Aussprüche lautete: „Richtet nicht, auf daß ihr nicht gerichtet werdet." Wir hörten auch gewisse Gleichnisse, die er seinen Zuhörern vorgetragen hatte. Mein Rabbi erkannte in dem Rabbi aus Nazareth sogleich einen Anhänger Hillels. Kurze Zeit später aber wurden uns etliche andere seiner Aussprüche übermittelt, mit denen wir nichts Rechtes anzufangen wußten. Judas bat meinen Rabbi, ihn nach Galiläa zu schicken. „Laß mich zu ihm gehen, und ich werde herausfinden, wer er ist."

Schließlich gab mein Rabbi diesen flehentlichen Bitten nach und rief die Brüderschaft zusammen. Anwesend waren Joseph von Arimathia, Simon von Kyrene, der Wasserträger Hillel und Abraham ben Abraham, der Konvertit. Es wurde beschlossen, Judas hinzuschicken, mit dem Auftrage, die Sache zu untersuchen. Und mein Rabbi gab ihm einen letzten Rat:

„Prüfe den Mann und erforsche sein Tun. Lausche seinen Lehren und prüfe seinen Wandel. Aber gedenke stets der Worte des weisesten aller Menschen, des Königs Salomo, der die Töchter Jerusalems ermahnte: ‚Ich gebiete euch, daß ihr meine Liebe nicht erwecket, ehe denn er es verlangt.'... ‚Meine Liebe' bedeutet hier den Messias. Verstehst du mich, Judas?"

„Ja, ja, Rabbi", antwortete Judas eifrig.

„Dann geh' in Gottes Namen. Vielleicht hat der Herr sich seines Volkes erbarmt, denn die Wasser sind uns bis zum Munde gestiegen."

Judas schnürte sein Bündel und nahm es auf den Rücken, griff nach seinem Wanderstab und brach nach K'far Nahum auf. Nur Rabbi Nikodemus begleitete ihn ein Stück Weges, denn die Brüderschaft hielt den Aufbruch geheim, und niemand außerhalb ihres Kreises durfte wissen, daß sie den Nazarener beachteten.

VIII. KAPITEL

Die Angehörigen der Brüderschaft fanden es keineswegs verwunderlich, daß unser Schwärmer wieder einmal unter den Einfluß eines Predigers und Sehers geraten war, und daß der Prüfer sich über Nacht in einen Apostel verwandelt hatte. Sie wunderten sich nur über die lange Dauer dieser Betörung. Denn Judas schrieb Brief um Brief, ausführliche, begeisterte Briefe, die in aller Heimlichkeit nach Jerusalem befördert wurden, und in denen er beteuerte, daß er *jetzt*, endlich, ganz bestimmt, ohne Zweifel, das gefunden habe, was er suchte. Der Durst, an dem er so lange gelitten, sei in Strömen lebendigen Wassers gestillt, der Hunger gesättigt, die Bitternis verscheucht. Er schilderte die Wunder, die sein neuer Rabbi täglich verrichtete, die Lehren, die er predigte, den Ruhmesglanz, der ihn begleitete. So oft einer dieser Briefe ankam, berief Rabbi Nikodemus eine Sitzung der Brüderschaft ein, nahm auf der Bank des Messias Platz und las vor. Wir Schüler, die wir nicht zu den Sitzungen zugelassen wurden, standen an der Tür, legten das Ohr an die Ritzen und lauschten, so gut wir konnten, der Diskussion.

Aber auch wenn wir nicht heimlich an der Türe gelauscht hätten, wäre uns klar geworden, daß wichtige Ereignisse bevorstanden. Zwar sagte unser Rabbi kein Wort, aber die Veränderung, die mit ihm vorging, ließ sich nicht verbergen. Seine Augen leuchteten in einem neuen Glanz, eine ungewohnte Unruhe, ja, sogar eine gewisse Ungeduld, die seinem Wesen gänzlich fremd war, prägte sich in seinem Verhalten aus. Beim Unterricht achtete er nicht mehr so genau wie bisher auf alle die Einzelheiten und umständlichen Auslegungen, die sich an jeden Buchstaben des Textes knüpften, sondern hielt sich mehr an die allgemeinen Grundlagen. Er verwies uns weniger auf die Gesetze und Gebote, die Halacha, und mehr auf die Haggada, die mündlich überlieferten Morallehren und Legenden. Es lag auch etwas recht Geheimnisvolles in den Andeutungen, die er während des Unterrichtes fallen ließ; er zitierte häufiger als bisher die Worte der Propheten und betonte ihre Wichtigkeit, ohne sie zu erläutern. Aber das alles war nichts im Vergleich zu dem Aufruhr, der von außen her über uns hereinbrach. Ich weiß nicht, ob außer uns Schülern auch noch andere von den geheimen Briefen Judas' an unsere Brüderschaft erfahren hatten, oder ob die Beziehung zu dem Galiläer durch irgendwelche Nachrichten aus K'far Nahum bekannt geworden war. Ja, ich weiß nicht einmal, ob überhaupt festgestellt worden war, daß eine solche Beziehung bestand. Ich weiß nur, daß, als der Sanhedrin und die Hohenpriester von dem Rabbi aus Galiläa hörten und auf ihn aufmerksam zu werden begannen, mein Rabbi irgendwie in die Sache hineingezogen wurde. Und dann, mit einem Male, war unser Rabbi verschwunden. Wir entdeckten sehr bald, daß er sich im Auftrage des Sanhedrin nach K'far Nahum begeben hatte. Am meisten wunderte uns, daß er keinen von uns mitnahm, denn es war allgemein üblich, daß ein Rabbi sich überall von seinen Schülern begleiten ließ. Wir durften ihn nicht einmal ein Stück weit begleiten, wie das unsere Pflicht erforderte. Wir protestierten dagegen, denn wir wollten uns nicht das Verdienst nehmen lassen, unserem Rabbi zu dienen. Ja, solche Dienstleistungen dürfen auch dann nicht zurückgewiesen werden, wenn der Rabbi gewillt ist, auf sie zu verzichten. Rabbi Nikodemus sah sich gezwungen, seine ganze Autorität geltend zu machen und seine Weigerung in die Form eines Befehles zu kleiden. Er ging noch weiter: er befahl uns, keinem Menschen zu sagen, daß er Jerusalem verlassen habe.

Ich will nicht die Ungeduld schildern, mit der wir auf seine Rückkehr warteten. Uns bedrückte nicht nur eine ängstliche Neugierde, sondern auch ein Gefühl der Verlassenheit. Wir kamen täglich zusammen und wiederholten die Lektionen, die er uns vor seiner Abreise erteilt hatte, wir sagten die Gesetze und die Haggadot her, wir versuchten uns an die geheimnisvollen Andeutungen zu erinnern, die er in den Text einzustreuen pflegte. Aber diese Studien machten uns keine Freude. Wir glichen Menschen, die in einem verdunkelten Zimmer sitzen und einander von den Wundern des Sonnenlichtes erzählen. Und als unser Rabbi nach einer zweiwöchigen Abwesenheit zurückkehrte, erkannten wir ihn kaum wieder. Aller Frohsinn war aus seinen Zügen entschwunden. Er, der gegenüber seinen Schülern und eigentlich auch gegenüber allen Leuten immer so offenherzig gewesen, war nun wie ein Buch mit sieben Siegeln. Er, für den stets alle seelische Bekümmernis — ein „umdüsterter Geist“ — nur der Fallstrick des Satans gewesen war, saß nun stundenlang abseits, in trübes Sinnen versunken. Wir merkten aber, daß das eine ganz besondere Betrübnis war, die nicht einer Verzweiflung, einem Verzicht und einem Fehlschlag entsprang, — ein seltsamer Zustand der Spannung: sein Blick war umwölkt, in den Schatten jedoch lauerte eine heimliche Hoffnung. Rabbi Nikodemus war ein Träumer geworden. Wenn er sprach, sprach er halb zu uns, halb zu sich selber, und der Sinn seiner Worte war dunkel. Wenn die Tür aufging oder jemand anklopfte, fuhr er zusammen und begann zu zittern. Schlimmer noch: wir entdeckten, daß er des Nachts nicht mehr schlief, sondern von seinem Lager aufstand und in den Straßen Jerusalems umherirrte. Es war, als suchte er jemand im Dunkel der öden Straßen.

Dann erschien eines Tages im Lehrhaus ein Bote, ein Jude aus Galiläa. Wir erkannten seine Herkunft an seiner Kleidung und an seiner Aussprache, als er nach dem Rabbi fragte. Mehr aber bekamen wir nicht zu hören, denn der Rabbi schloß sich mit ihm in einen abgesonderten Raum ein, und weder ich noch irgend einer der Schüler hat je erfahren, was sich da drinnen abspielte. Der Rabbi kam in großer Erregung heraus, hoch erhobenen Hauptes, mit strahlender Miene, als ob der Glanz der Schechina sich auf ihn herabgesenkt hätte. In dieser Nacht fand eine Zusammenkunft unserer Brüderschaft statt, und am folgenden Morgen war, zu unserem tiefsten Erstaunen, der Rabbi aus der Stadt verschwunden. Seine Abwesenheit dauerte nicht so lange, wie wir befürchtet hatten. Aber als er zum zweiten Mal zurückkehrte, war neuerlich eine merkbare Veränderung mit ihm vorgegangen. Es war wieder unser Rabbi Nikodemus, der vor uns stand, der Rabbi, wie wir ihn in der Zeit gekannt hatten, bevor die Briefe des Judas Ischariot einzutreffen begannen. Seine Verträumtheit, seine Schweigsamkeit und Betrübtheit waren verschwunden. Er war friedlich, Gelassenheit sprach aus seinen Zügen, in seinen Augen war jenes stille Leuchten, welches der Welt zu verkünden schien, daß alles wohl bestellt sei. Glaube und Gewißheit, seine alten Gefährten, weilten bei ihm. Er nahm von neuem den Unterricht auf, und nun verwies er uns wieder auf die Gesetze, die Bestimmungen und Gebote, wie die alten Lehrer sie von den Tagen Mosis an überliefert hatten. Daraus ersahen wir, ohne jede nähere Erklärung, daß die Zeit für die Auflösung des Gesetzes noch nicht herangerückt war. Und das Gericht Edoms, das wie ein Schwert über unseren Häuptern hing, sollte noch immer kein Ende finden.

Dann kam der unvergeßliche Augenblick unserer ersten Begegnung mit dem Rabbi von Nazareth.

Es war eine ganz unerwartete Begegnung, unangekündigt und unvorbereitet. Wir befanden uns am Sabbathmorgen in der Synagoge der Kyrener und waren gerade bei der Verlesung der Thora angelangt, als plötzlich am Eingang das weiße Gewand des Nazareners erschien, hervorleuchtend aus der Mitte der Jünger, die ihn begleiteten. Alle Gläubigen waren versammelt. Die Würdenträger saßen auf der Bank an der westlichen Wand — denn der Tempel lag westlich von unserer Synagoge. Ab Hakennesset, Vater der Gemeinde, war Joseph von Arimathia. Er und mein Rabbi standen links und rechts von der Thora. Der S'gan oder Oberste der Synagoge verlas den für diese Woche vorgesehenen Abschnitt des Pentateuchs. Mit einem Male entstand eine leise Unruhe unter den Betern, und ein Geflüster erhob sich: „Der Rabbi von Nazareth... Der Nazarener!"

Die Anwesenheit des Nazareners in Jerusalem war inzwischen allgemein bekannt geworden, und das Wunder, das er am Teiche von Bethesda vollbracht hatte, gab zu vielen Auseinandersetzungen und Meinungsverschiedenheiten Anlaß, besonders unter den Schriftgelehrten, denn er hatte den Kranken an einem Sabbath geheilt. Als die Kunde von seiner Anwesenheit in der Synagoge sich verbreitete, wurde das Geflüster zu einem lauten Murmeln der Neugier. Ein Wink des Rabbi Nikodemus stellte die Ordnung wieder her. Er ließ durch einen der Synagogendiener den Nazarener bitten, auf der halbkreisförmigen Steinbank an der Westwand zwischen den Würdenträgern der Gemeinde Platz zu nehmen. Er wäre ihm selber entgegengegangen, wenn nicht die Thora offen vor ihm auf dem Lesepult gelegen hätte; sich von ihr abzuwenden, wäre eine Sünde gewesen. Der Rabbi von Nazareth ging hin und setzte sich auf die Steinbank, während seine Jünger an der Türe stehen blieben.

Nun erblickte ich zum ersten Male den Wundermann, dem ein so bedeutsamer Ruf vorausgegangen war. Rufus und ich standen nebeneinander. Wir waren tief erschüttert. Wir hatten das Gefühl, daß gleichsam ein Funkenschauer aus seinem blendend weißen Gewande sprühe. Sein Gesicht war länglich und bleich, von einem kleinen schütteren Bart umrahmt, in dessen Schwärze einige weiße Haare sich zeigten; geringelte Locken hingen an seinen Schläfen herab. Ein bekümmertes Lächeln umspielte den schmalen Strich seiner Lippen, während er in aufmerksamster Andacht der Verlesung der Thora lauschte. Die in der Synagoge anwesenden Kinder, angelockt durch den Fremden und sein leuchtendes Gewand, aufgeregt durch die vielen Gerüchte, die sogar ihnen zu Ohren gekommen waren, drängten sich in seine Nähe und starrten ihn ehrfürchtig an. Einer der Synagogendiener erhob sich und wollte sie wegjagen, aber der Rabbi von Nazareth blickte zu ihm auf, und der gestrenge Diener stutzte und kehrte zu seinem Sitz zurück. Der Rabbi von Nazareth lächelte die Kinder freundlich an und forderte sie auf, näher zu kommen. Das taten sie auch, anfangs noch langsam und schüchtern, mit scheuer Miene, aber unter seinem zärtlichen Blick legte sich ihre Furcht. Sie drängten sich dichter an ihn heran und berührten sogar sein Gewand, und der Rabbi legte die Hand auf ihre Köpfchen, und seine Lippen bewegten sich in stummer Segnung.

Dann rief der S'gan des Rabbis Namen auf und zeigte mit seinem Stab auf die zu verlesende Textstelle. „Unser Lehrer, Rabbi Jeschua ben Joseph, wird gebeten, zu der Thora heraufzusteigen!" Der Rabbi erhob sich, schob sanft die Kinder beiseite, die sein Gewand festhielten, und stieg zu der Kanzel hinauf. Der S'gan reichte ihm einen tallit, in den der Rabbi sich einhüllte, während er die Augen schloß und den Segen murmelte. Dann segnete er die Thora, verlas seine Stelle, sprach den Schlußsegen und verließ die Kanzel, alles genau nach Vorschrift.

Als sodann die Verlesung der Thora beendet war, ging mein Rabbi zu Jeschua ben Joseph hin und bat ihn, wieder die Kanzel zu besteigen und eine Predigt zu halten, wie es Sitte war, wenn ein Rabbi den Sabbath-Gottesdienst besuchte. Und der Rabbi von Nazareth willigte ein.

In seinen tallit gehüllt, wie zuvor während der Verlesung, bestieg er wieder den Predigtstuhl. Seine Lippen bewegten sich in stummem Gebete. Dann näherte er sich dem Tempeldiener, der die Schriftrolle in der Hand hielt. Er nahm die Rolle, setzte sich auf den „Stuhl des Messias", der in die Kanzel eingebaut ist und auf dem der Vorsteher des Gerichts bei den Verhandlungen zu sitzen pflegt, und mit der Thora-Rolle auf dem Schoß, begann er zu predigen.

Schon die bloße Anwesenheit des Wundermannes, über den man so vielerlei widersprechende Berichte erhalten hatte, hatte auf die versammelten Beter einen bedeutenden Eindruck gemacht; nun aber versetzte sein merkwürdiges Verhalten sie in tiefste Erregung. Anders als die übrigen Rabbis predigte er nicht stehend, sondern er setzte sich auf den Richterstuhl und hielt die Thora im Schoß, als ob er ein König wäre. Offenbar glaubte er eine Sonderstellung einzunehmen, und er besaß die

Kühnheit, sich in einer Weise zu benehmen, die, wie er wußte, jedes jüdische Herz in zitternde Erwartung versetzen und mit den höchsten Hoffnungen erfüllen würde.

Hätte nicht mein Rabbi Nikodemus, der neben der Kanzel stand, durch seine ernste und fromme Miene der Gemeinde Schweigen auferlegt, würde das seltsame Benehmen des Rabbi von Nazareth, noch bevor er zu reden begann, lauten Protest hervorgerufen haben. Aber die Beter waren zum Schweigen gezwungen, und in der Stille ließ der Herzschlag ihrer Erwartung sich vernehmen. Ich sah, wie Hillel, der Wasserträger, der für gewöhnlich einen bescheidenen Platz an der Tür der Synagoge einnahm, in seiner Erregung sich fast bis zur Kanzel vorwärtsdrängte. Hinter ihm standen Simon von Kyrene und der Konvertit Abraham ben Abraham, und der Bucklige bot einen kläglichen Anblick, wie er so dastand, seine Mißgestalt in die Falten des tallit gehüllt. Auch die Jünger hatten sich dem Predigtstuhl genähert. Judas Ischariot hielt sich an den Pfosten der Kanzel fest und wiegte sich in frommer Andacht hin und her. Auf der anderen Seite bewachte Simon bar Jonas die Stufen, und neben ihm standen die Söhne des Zebedäus.

Die ersten Worte des Rabbi von Nazareth waren freundlich und sanft. Er sprach von der Macht des Glaubens, von dem Vertrauen auf den Allmächtigen und von der Macht des Gebetes.

„Bittet, und es wird euch gegeben. Klopfet an und es wird euch aufgetan. Denn wer bittet, dem wird gegeben, und wer sucht, der wird finden, und wer anklopft, dem wird aufgetan."

Seine Rede beruhigte die Erregung, die seine frühere Handlungsweise entfacht hatte. Er sprach in Gleichnissen, die seinen Worten eine betörende Milde verliehen. Wenn er von dem Glauben an Gott sprach, ermahnte er seine Zuhörer, die Raben zu betrachten, die weder säen, noch ernten, noch in die Scheuern sammeln, und Gott ernährt sie doch. „Und seid ihr denn nicht viel mehr denn die Vögel?" sagte er. „Und wer unter euch, ob er noch so viel darüber nachsänne, könnte seine Haupteslänge auch nur um einen Zollbreit vermehren?"

Nun bestanden die Beter in unserer Synagoge in ihrer übergroßen Mehrzahl tatsächlich aus armen Handwerkern. Es waren zumeist Färber, denn die Kyrener hatten aus ihrer Heimat das Geheimnis mitgebracht, Wollstoffe in den verschiedensten Farben zu färben; daneben gab es einige Silber- und Kupferschmiede und desgleichen etliche Sattler und Zeltweber.

Für diese Kinder der Armut waren seine Worte wie eine linde Salbe, welche alle Wunden heilt. Aber auch die Schriftgelehrten fühlten sich von seiner Predigt erbaut. Sie erkannten die Kraft seines Glaubens und seines Gottvertrauens, sie priesen innerlich seine Worte, weil er die Schwachen ermutigte und die Gedemütigten tröstete. Zuerst hatte sein Verfahren sie beunruhigt, und sie hatten es ihm übelgenommen, daß er seine Predigt nicht so begonnen hatte, wie es für geziemend galt, nämlich mit Sprüchen aus der Thora oder aus den Propheten oder aus den Psalmen oder auch nur aus dem Buche des Ben Sirach; er nannte auch nicht die Namen großer Rabbis, und er unterließ es, seiner Lehrer ehrende Erwähnung zu tun. Er sprach aus eigener Machtvollkommenheit. Aber im weiteren Verlaufe seiner Predigt gaben sie sich besiegt und sagten sich, daß das zweifellos nur seine besondere Redeweise sei, denn der Inhalt unterschied sich keineswegs von den Aussprüchen unserer Rabbis und Weisen.

Dennoch begannen wir zu merken, daß da ein Rabbi vor uns saß, der anders war als alle anderen Rabbis. Ja, er war gar nicht ein Rabbi, er war tausendmal mehr als ein Rabbi. Wer konnte ihn ermessen? War vielleicht unter uns die höchste Hoffnung der Judenheit erschienen? Denn nun hörten wir Worte, die nicht einmal Moses auf dem Sinai gesprochen hatte. Wer war dieser, der da vor uns saß, die Thora-Rolle auf dem Schoß? Unsere Herzen vergingen vor Angst, und unsere Kniee zitterten. Erschrocken blickten wir einander an. Wir wußten nicht, ob nicht Gott uns zu den Toren des Himmels emporheben und sie weit aufmachen würde, damit wir jene Macht erglänzen sähen, nach der unsere Herzen so lange gelechzt hatten. Oder sollten wir in den tiefsten Pfuhl hinabgestoßen werden?

Er begann von sich zu sprechen, als ob ihm die höchste Machtvollkommenheit verliehen sei. Er sprach von unserem ewigen Harren auf Hilfe, er hieß uns die Lenden umgürten und auf dem Posten sein. „Lasset eure Kerzen nicht erlöschen. Jeden Augenblick kann es geschehen wie ein Blitz vom Himmel."

Stimmen wurden laut:

„Wann kommt das Himmelreich?"

Und er antwortete:

„Das Himmelreich kommt nicht aus Worten. Du kannst nicht sagen, es ist hier, oder es ist da. Denn siehe, das Himmelreich ist in dir. Wie der Blitz von einem Himmel zum anderen fährt, so wird des Menschen Sohn an seinem Tage sein."

Und es war in der Tat, als ob ein Blitz in unserer Mitte eingeschlagen hätte. Ein erschrockenes Gemurmel ließ sich vernehmen:

„Aber mit diesen Worten kann nur der Sohn gemeint sein, der Urewige, der vor der Schöpfung an Gottes Seite war."

„Oh, er spricht von des Menschen Sohn, der auf den Wolken reitend zu uns kommt, um uns zu erlösen", murmelte ein alter Jude, den Oberkörper hin- und herwiegend.

„Es ist ‚der Adler, der aus dem Meer steigt'; es ist das Gesicht Daniels."

Und von allen Seiten hörte man die Frage:

„Wen meint er? Von wem spricht er?"

Und die Stimme des Rabbi wurde lauter:

„Israel, bist du nicht Gottes liebstes Erbe? Das Feld, das die ersten Früchte hervorbringt? Der Wein, dessen Erstlinge auf dem Tisch des heiligen Hauses dargebracht werden? Wer also hat Steine in deine Furchen gesät, daß der Pflug an sie anstößt und stumpf wird?"

Die Beter wurden ungeduldig, sie riefen:

„Sage uns, wer du bist!"

Und der Rabbi öffnete die Lippen und sagte mit tönender Stimme:

„Ich bin das Brot des Lebens. Wer zu mir kommt, wird nicht hungern, und wer an mich glaubt, wird niemals dürsten. Ich bin der Baum, den Gott gepflanzt hat, und wer mit meinen Wurzeln eins ist, wird blühen und gedeihen, aber wer nicht mit meinen Wurzeln eins ist, wird verdorren. Wen da dürstet, der soll zu mir kommen und trinken, denn ich bin der Quell des Lebens. Ich bin das Brot, vom Himmel gekommen. Wahrlich, ich sage euch, wer an mich glaubt, der wird das ewige Leben haben."

Wenn die Himmel sich über uns geöffnet hätten und Engelscharen herabgestiegen wären, um zur Rechten und zur Linken des Rabbi von Nazareth zu stehen, hätten wir nicht erstaunter und erschrockener sein können. Eine Zeitlang wagte keiner zu reden. Wir waren wie versteinert. Dann erhob sich einer der Ältesten, einer, der auf der Steinbank an der dem Tempel zugekehrten Wand saß, und fragte:

„Ist das nicht Jeschua, der Sohn Josephs? Kennen wir nicht seinen Vater und seine Mutter? Wie kann er dann sagen: ‚Ich bin vom Himmel gekommen'? Was sind das für Worte?"

Ein zweiter stand auf und sagte:

„Es kam Moses zu uns und befahl uns, an die Thora zu glauben, die er vom Sinai heruntergebracht hatte. Es kamen die Propheten zu uns und befahlen uns, an den lebendigen Gott zu glauben. Dieser befiehlt uns, nur an ihn zu glauben. Wer ist er? Ist er größer als Moses, größer als die Propheten?“

Das Gemurmel unter den Betenden wurde lauter, und sie sagten zu einander:

„Wenn er solche Worte redet, ist er doch sicherlich ein Prophet?“

„Nein, wenn er ein Prophet wäre, würde er nicht solche Worte äußern, denn solche Worte kann nur der Messias sprechen.“

„Messias! Messias! Wer wagt es, diesen erhabenen Namen auszurufen? Erde und Himmel! Steht nicht geschrieben, daß der Messias aus dem Samen Davids und aus der Stadt Bethlehem kommen wird?“

Nun streckten sich viele Hände dem Rabbi von Nazareth entgegen, erschrockene Blicke hingen an seinem weißen Gewand, bebende Lippen fragten:

„Wer bist du?“

Der Nazarener sah sich in der Gemeinde um und antwortete:

„Ich bin der, den ich zu Anfang genannt habe. Ich habe viel zu euch zu reden und viel zu richten. Der mich gesandt hat, ist wahrhaftig, und was ich von ihm gehört habe, das rede ich vor der Welt.“

Der Älteste, der sich als erster von der Steinbank erhoben hatte, wandte sich nun mit einer Frage nicht an den Rabbi von Nazareth, sondern an meinen Rabbi Nikodemus und sagte:

„Du, der du ein Rabbi in Israel bist, wie kannst du schweigend mitanhören, wie er den Heiligen Israels lästert?“

„Gott sei davor, daß ich ihn lästern höre“, antwortete Rabbi Nikodemus. „Jeder Jude hat das Recht, im Namen des Heiligen Israels zu sprechen, wenn er mit einer Botschaft zu uns gesandt wurde.“

Nun aber erhob sich der Rabbi von Nazareth von dem Richterstuhl, in seinen tallit gehüllt, die Thorarolle in Händen, und er rief:

„Der Ruf ist ergangen, wer kann ihn zurücknehmen? Die Arbeit hat begonnen, wer wird ihr Einhalt tun? Ich bin die Tür; wer durch mich eingeht, der wird erlöst sein. Wahrlich, ich sage euch, ich bin die Tür der Schafe. Ich bin der gute Hirte;

der gute Hirte läßt sein Leben für die Schafe. Wie mich mein Vater kennt und ich kenne den Vater, so lasse ich mein Leben für meine Schafe."

Bei diesen Worten wurde der Tumult noch heftiger.

„Wen nennt er Vater? Wer ist der Vater?"

„Seht ihr denn nicht, daß ein Teufel in ihm wohnt? Er ist von Sinnen. Warum hört ihr euch sein Geschwätz an?"

„Spricht so ein Teufel? Können Teufel die Blinden sehend machen?"

„Wir dürfen solche Worte nicht mit anhören", riefen einige und verließen zum Zeichen ihres Unwillens die Synagoge.

Aber der Nazarener stand auf der Kanzel, in seinen tallit gehüllt, die Rolle in der Hand, und fuhr fort zu predigen:

„Mehr als das Kalb nach dem Euter lechzt, begehrt eine Mutter ihr Junges zu säugen. Größer als euer Verlangen nach dem Erlöser war mein Verlangen nach euch. Aus den Wolken herab erblickte euer Vater im Himmel eure Not, und er eilte euch zu Hilfe. Und nun, da das Heil an eure Tür klopft, wollt ihr sie nicht aufschließen? Habt ihr nicht immer nach dem Erlöser Ausschau gehalten?"

Aber die Anwesenden zuckten die Achseln, sahen einander an und fragten:

„Wer ist er, der sich das Heil nennt?"

Und wieder wurden Rufe laut:

„Sage uns, wer du bist!"

Aber er setzte seine Predigt fort:

„Die Schafe kennen die Stimme ihres Hirten. Ich bin der gute Hirte, und ich kenne meine Schafe, und meine Schafe kennen mich. Und wie der Vater mich kennt, und ich kenne meinen Vater, so lasse ich mein Leben für meine Schafe. Und ich habe noch andere Schafe, die nicht zur Herde gehören, und doch nähre ich sie. Und sie werden meine Stimme hören, und es wird nur eine Herde sein und ein Hirte."

Und als er das sagte, wurde der Aufruhr noch lauter, und selbst unter den Ärmsten und Einfältigsten, die ihm bis dahin mit vertrauensvollen Mienen zugehört hatten, entstand Unzufriedenheit. Und Stimmen riefen ihm zu:

„Sind wir nicht die Kinder Abrahams, denen das Heil verheißen ist? Und hat uns nicht Gott berufen, sein auserwähltes Volk zu sein? Und tragen wir nicht aus diesem Grunde das Joch der Thora auf unseren Schultern?"

Und andere fragten:

„Was will er? Zu den Heiden gehen? Zu den Griechen oder vielleicht gar zu den Kindern von Tyrus und Sidon?“

Und der Rabbi auf dem Predigtstuhle erhob abermals seine Stimme:

„Höret mich an! Womit kann man das vergleichen? Man kann es mit einem Vater vergleichen, der sechs Söhne hatte, und sie waren blind geboren, aber er hatte einen siebenten, und der war sehend geboren. Und wenn der Vater auf dem Felde zu tun hatte oder in der Scheuer, ließ er die sechs Söhne in der Obhut des Jüngsten und befahl ihm, sie zur Arbeit auf das Feld hinauszuführen und heimwärts an des Vaters Tisch. Nun haßten die Blinden den jüngsten Sohn mit seinen sehenden Augen, denn sie beneideten ihn. Und wenn er ihnen von der Sonne erzählte, die des Tags am Himmel scheint, und dem Mond und den Sternen, die des Nachts scheinen, und von den Farben der Blumen und dem Grün des Feldes, da sagten sie, daß das lauter Lügen seien, und der Junge sei ein Lügner. Sie sagten: ‚Es gibt kein Sonnenlicht und keinen Mond, und die Blumen haben keine Farben und die Felder kein Grün. Er hat sich das alles ausgedacht, denn überall ist Nacht.‘ Nun begab es sich einmal, daß ein Seher in die Stadt kam, und der Vater sagte zu seinem jüngsten Sohn: ‚Ich lasse deine Brüder in deiner Obhut, während ich zur Stadt gehe und mit dem Seher rede. Vielleicht wird er meine anderen Söhne sehend machen. Du aber achte auf das Licht deiner Augen, denn so du es verlierst und es erlischt, werde ich ein blindes Geschlecht in die Welt gesetzt haben.‘ So ging also der Vater zur Stadt, und als er lange Zeit ausblieb, sagten die blinden Brüder zueinander: ‚Kommet, wir wollen uns stark machen gegen unseren jüngsten Bruder und über ihn herfallen und ihm die Augen ausstechen, damit er uns nicht länger verspotte. Denn er verspottet uns, dieweil es kein Licht gibt und Gott die Erde mit Finsternis bedeckt hat.‘ Und sie fielen über ihren jüngsten Bruder her, und sie packten ihn, und sie betasteten sein Gesicht mit ihren Händen, und sie griffen nach seinen Augen. Und sie sagten: ‚Sage uns jetzt, hast du uns nicht verspottet? Es ist nichts als Finsternis in der Welt.‘ Aber der jüngste Bruder rief: ‚Raubt mir nicht mein Licht, das letzte Licht, das unserem Geschlecht geblieben ist. So ihr auch mir die Augen verschließt, wird keiner unter uns sein, der das Licht sieht und es den kommenden Geschlechtern überliefert.‘ Die Brüder aber antworteten: ‚Das sind lauter Lügen. Gestehe jetzt, daß du kein Licht gesehen hast, und daß Finsternis über der ganzen Erde herrscht.' Und als er nicht auf sie hören wollte, sondern immer noch rief: ,Ich sehe Gottes Licht!', da rissen sie ihm die Augen aus. Aber er bewahrte Gottes Licht in seinem Herzen und redete weiter von der Sonne, dem Mond und den Sternen, und von den Farben der Blumen und dem Grün des Feldes. Und er rief immer noch: ,Ich sehe, ich sehe!' Denn wer einmal das Licht gesehen hat, der hat für immer das Licht in sich selbst, und keine Macht kann das Licht auslöschen. Und so hütete der jüngste Sohn das Andenken des Lichts, bis der Vater mit dem Segen des Sehers aus der Stadt zurückkehrte. Und da der Vater sah, daß auch sein jüngster Sohn blind geworden war, weinte er und jammerte und sagte: ,Nun werde ich alter Mann in Finsternis in die Grube fahren.' Aber der jüngste Sohn tröstete ihn und sagte: ,Vater, in meiner Finsternis sehe ich das Licht Gottes, denn ich habe sein Andenken in meinem Herzen bewahrt, und ich habe mich nicht von den Fluten der Finsternis davontragen lassen. Und so oft meine Brüder rufen: Finsternis, Finsternis! antworte ich: Ich sehe Licht! Ich sehe Licht!' Und der Vater antwortete: ,Mein Segen sei mit dir. Du sollst belohnt werden, daß du das Licht in der Finsternis gehütet hast. Nun werden auch deine Brüder sehend werden, und sie werden wissen, daß Gottes Licht auf der Erde ruht. Denn ich habe den Segen des Sehers mitgebracht. Und es ist besser, daß sie blind gewesen sind bis heute, als daß sie einem falschen Licht gefolgt wären. Denn die Blinden kann man sehend machen, aber wehe denen, die da sehen, und sie sehen falsch, denn sie werden ewig blind sein.' Dann erteilte der Vater seinen sechs Söhnen den Segen des Sehers, und ihre Augen öffneten sich, und sie sahen das Licht Gottes über der Welt. Und sie schämten sich dessen, was sie in der Finsternis getan hatten, und sie sagten zu ihrem jüngsten Bruder: ,Bruder, verzeih' uns, was wir dir angetan haben, und die Qual und die Bitterkeit. Selig bist du, der du das Licht Gottes gehütet hast.' Ist es nun ein Kleines für dich, Israel, daß Gott dir das Licht der Welt vor allen deinen Brüdern anvertraut hat? Groß ist dein Lohn, Israel. In deinem Namen werden die Völker der Welt selig werden."

Als nun die Beter dieses Gleichnis bis zu Ende gehört hatten, beruhigten sich ihre Geister, und sie sagten zu einander:

„Wir wollen abwarten, was daraus wird. Vielleicht hat Gott sich unser erbarmt und uns in unserer Not einen Erlöser gesandt. Seine Worte sind gut, und jetzt werden wir seiner Taten harren."

IX. KAPITEL

Die Worte, die der Rabbi in unserer Synagoge gesprochen hatte, verbreiteten sich schnell durch ganz Jerusalem. Einige unter den Weisen zürnten unserem Rabbi, daß er sich die Worte des Nazareners angehört und ihn nicht unterbrochen hatte. Aber das gewöhnliche Volk und die, die bis zum Schluß seiner Predigt in der Synagoge geblieben waren, warteten auf die Taten, die den Worten folgen würden. Inzwischen ging ihm sein Ruf voran. Wo immer er erschien, sammelten sich Scharen von Menschen um ihn, nicht so sehr, um seinen Worten zu lauschen, als vielmehr in Erwartung seiner Wunder. Und sein Ansehen wuchs von Tag zu Tag, und mit seinem Ansehen wuchs die Erwartung.

Aber nachdem eine gewisse Zeit ohne jedes besondere Geschehnis verstrichen war, verschärften sich wieder die Meinungsverschiedenheiten. Manche Leute fingen an, ihn und seine Jünger offen zu verhöhnen. Wenn er mit den Sadduzäern über die Auferstehung diskutierte oder einer versammelten Volksmenge seine Gleichnisse erzählte, wurden Stimmen laut, die das alte Sprichwort wiederholten, daß aus Nazareth nichts Gutes kommen könne. Die Zweifler pflegten sich auch an die Jünger des Rabbi heranzumachen und zu fragen: „Sagt uns jetzt, wann wird euer Himmelreich zu uns herabsteigen?“ Andere aber sagten: „Du kannst von außen nicht erkennen, was in dem Sack ist. Nehmt euch in acht, wie ihr über ihn redet.“ Nachdem jedoch die erste Welle der Begeisterung verebbt war, begannen auch die Gläubigen ein wenig von ihm abzurücken. Auch flößten die Wunder, die man ihm zuschrieb, den Leuten eine gewisse Furcht ein, und viele wagten es nicht mehr, sein Gewand anzurühren.

Die Schriftgelehrten aber wußten am wenigsten, was sie tun sollten. Oft traten sie an den Rabbi von Galiläa heran und legten ihm allerlei Fragen vor, um herauszubekommen, welchen Standpunkt er gegenüber der Thora einnehme. Seine Antworten lauteten Ja und Nein. Das eine Mal hatte es den Anschein, daß er auf der Thora Mosis fuße und sie im Geiste der geltenden Überlieferung interpretiere; dann rechnete man ihn zu den Schülern Hillels. Ein ander Mal wieder hatte es den Anschein, als vertrete er eine durchaus eigene Auffassung, und diese Auffassung war so neu und so ungewohnt, daß die Zuhörer aus dem Staunen nicht herauskamen. Wenn man ihn fragte, von wo er seine Lehren herleite, antwortete er in so selbstsicherer Weise, daß man hätte meinen können, der Himmel habe ihm einen Auftrag erteilt, wie ihn keiner vor ihm, außer Moses auf dem Sinai, empfangen hatte. Mehr als einmal gab er deutlich zu verstehen, daß dies auch wirklich der Fall sei, und es kam zu scharfen Auseinandersetzungen zwischen ihm und den Schriftgelehrten. Oft führte er gegen die Schriftgelehrten eine äußerst schroffe Sprache. Unter ihnen waren die Meinungen ebenso sehr geteilt wie unter dem einfachen Volke. Einige sagten, er lege das Gesetz zu Nutz und Frommen der Ungelehrten aus, und seine Gleichnisse brächten die Menschen näher an Gott heran; deshalb sei sein Wirken segensreich. Andere wieder behaupteten, er würdige die Thora herab und bringe sie in Verruf, und sie wandten auf ihn den alten Spruch an: „Gib uns weder von deinem Honig noch von deinem Stachel."

Eines Tages erlebte ich folgendes:

Auf dem Marktplatz der Unteren Stadt, wo die Wein- und Ölhändler im Freien ihre großen Töpfe und Krüge stehen haben, hatte eine Menschenmenge sich angesammelt. Ich kam mit meinem Freunde Rufus aus dem Lehrhaus, und wir näherten uns der Menge, um zu erfahren, was geschehen sei. Da sahen wir mitten unter den Menschen den Rabbi von Nazareth stehen, dessen Erscheinung uns inzwischen vertraut geworden war. Man konnte ihn schon aus der Ferne leicht an dem weißen Gewande erkennen, das er stets zu tragen pflegte. Neben dem Rabbi stand ein übel zugerichteter Mann, dessen zerrissene Schafsfellbekleidung darauf hindeutete, daß er nicht aus Jerusalem stammte. Sein Gesicht und nicht weniger sein Körper trugen die Spuren erlittener Mißhandlungen. Er blutete. Allem Anschein nach hatten die Jünger des Rabbi diesen Mann gerettet, und sie verteidigten ihn noch, denn die Wein-, Öl- und Honighändler versuchten sich zu ihm hinzudrängen. Sie schrien unaufhörlich, der Bursche habe ihnen einen riesigen Schaden zugefügt. Als wir die Umstehenden fragten, was das bedeute, erzählte man uns von einem jener üblichen Zwischenfälle, die immer wieder die Marktplätze Jerusalems in Aufruhr brachten. Ein galiläischer Bauer, ein Erdgeborener — eben dieser in ein Schafsfell gehüllte Mann — war mit seiner Herde des Weges gekommen. Er knabberte an seinem Brot, dem Brot des Ungelehrten und Unreinen, und im Vorübergehen ließ er eine Krume in einen der offenen Krüge fallen. Dann aber war ein Streit darüber ausgebrochen, in welchen Krug er, zufällig oder absichtlich, die anstößige Brotkrume hatte fallen lassen, und aus diesem Grunde waren nun sämtliche offenen Krüge auf dem Marktplatze der Gefahr ausgesetzt, für verunreinigt und gebrauchsunfähig erklärt zu werden. Die Jerusalemer Wein-, Öl- und Honighändler sind äußerst fromm und befolgen die Reinigungvorschriften ganz besonders streng. Sie beschuldigten den Mann, daß er sein Verbrechen in vorgefaßter Absicht begangen habe; und es kam auch wirklich manchmal vor, daß ein „Bauer", der die Jerusalemiten wegen ihrer Gesetzeskunde und wegen des Handelsmonopols, das diese Kenntnisse ihnen verschafften, gründlich haßte, sich dadurch an ihnen rächen wollte, daß er ihre Waren verunreinigte —, so wie das angeblich dieser Mann hier getan hatte.

Der Rabbi, der eben mit seinen Jüngern vorüberkam, hatte gesehen, wie die Händler einen Menschen mörderisch verprügelten. Er hatte seinen Jüngern befohlen, den Mann aus den Händen seiner Angreifer zu befreien. Als man ihm den Vorfall schilderte, verteidigte er den Bauer, statt ihn zu verurteilen. Das war zweifellos etwas Neues. Ein Rabbi in Israel hatte es unterlassen, sich auf die Seite der beleidigten Händler zu stellen, er hatte nicht die Wache gerufen, um den Verbrecher vor den Kleinen Gerichtshof schleppen zu lassen, er hatte den Mann gerettet — der nun zitternd in der Menge stand, das Gesicht blutüberströmt, die Haare wüst zerzaust —, er hatte ihn getröstet und sogar erklärt, daß er im Recht sei! Darüber waren nicht nur die Händler empört. Auch die auf dem Markte anwesenden Käufer und die Vorübergehenden machten ihrem Ärger Luft.

„Erst gestern", schrie ein Töpfer, und seine Worte waren kaum verständlich, weil seine verfaulten Zähne seine Zunge behinderten, „erst gestern hat mir eine dieser unreinen Kreaturen zehn meiner Töpfe beschmutzt. Jeder kennt mich hier! Ich bin nicht von weit her — aus dem Dorf Madia. Jeder wird mir bezeugen, daß ich die Reinigungsvorschriften kenne, und daß meine Töpfe einwandfrei sind und allen rituellen Vorschriften der Gelehrten entsprechen. Als ich gerade nicht hinsah, kam ein Bauer, ein vertierter Mensch und hockte sich zwischen meine Töpfe, um sein schmutziges Brot zu essen. Eine einzige Krume fiel aus seinem Mund und berührte einen meiner Töpfe, und das genügte: zehn Töpfe mußte ich in Stücke schlagen!" So heulte der Töpfer, und sein Speichel besprühte die Umstehenden.

„Zehn Maß Hafer sind mir auf dieselbe Weise vor einer Woche verlorengegangen", rief ein anderer. „Alle anständigen

Leute kennen mich. Ich bringe nur Getreide auf den Markt, das seinen Zehent bezahlt hat, deshalb kann auch der Frömmste bei mir kaufen. Auch ich wohne ganz in der Nähe, in Modiin, im Freibereich der Rabbis. Irgendwoher, ich weiß nicht von wo, kam ein Getreideverkäufer und schüttete seinen Hafer unter den meinen und verdarb mir zehn Maß. Und er hat es absichtlich getan."

„Und mir!" rief ein dritter. „Neulich hat ein Bauer ein Stück Fleisch in mein Öl geworfen. Alle machen sie es absichtlich. Man soll diesen Mann vor Gericht stellen."

Der Rabbi von Nazareth betrachtete mit bekümmerter Miene die schimpfenden Händler. Er streckte seine Hände in die Richtung des Tempels aus und rief:

„Weh euch, Pharisäer, eure Satzungen sind euch kostbarer als der Wille Gottes. Ihr zerstört mit euren Gesetzen das Wort unseres Vaters im Himmel."

Als die Menge diese Worte hörte, geriet sie in Erstaunen. Stimmen wurden laut:

„Was hat es mit den Pharisäern zu tun, wenn Bauern hierher kommen und uns unsere Gefäße verunreinigen?"

„Nicht die Maus ist der Dieb, sondern das Loch, in dem sie sich versteckt", riefen die Jünger des Rabbi. Und als ich mich umdrehte, erblickte ich Judas Ischariot oder vielmehr seinen wehenden Bart, denn mehr konnte ich von ihm nicht sehen.

Der Rabbi wandte sich abermals an die Menge:

„Höret mich alle und fasset mich. Was von außen in den Menschen eingeht, kann ihn nicht verunreinigen. Nur was von innen kommt, macht unrein."

Die Zuhörer schraken zurück und rissen den Mund auf.

„Was sagt er? Was soll das heißen?" ertönte es rings um ihn her. „Gibt es für uns Juden keinen Unterschied mehr zwischen Rein und Unrein? Sollen wir wie die Heiden werden?"

„Begierden, Lügen, böse Gedanken, die aus eurem Inneren kommen, sie machen euch unrein, nicht aber die Speise, die in euch eingeht, Speise, die Gott für den Menschen geschaffen hat!" So deuteten die Jünger ihres Rabbi Worte.

Aber diese Auslegung fand keinen Beifall. Jemand rief: „Da kommt einer her und verwirft die ganze Thora Mosis, und die Weisen Jerusalems wissen es und schweigen."

„Nein, er verwirft nicht die Thora Mosis. Wißt ihr denn nicht, wer da redet? Es ist der Prophet aus Galiläa."

„Wie? Er, von dem es heißt —"

„Ja, er ist es. Aber verlangt nicht eindeutige Worte von ihm. Nur Winke und Andeutungen sollt ihr erhalten. Und der Messias ben David wird alles klarmachen." Das sagte Judas Ischariot.

„Messias ben David." Ein unruhiges Geflüster lief durch die Menge wie der Wind durch die Kornähren. Die Leute begannen vor der Gestalt des Rabbi zurückzuweichen, als ob er heilig und unberührbar wäre. Der Abglanz seiner Wunder umgab ihn wie eine Strahlenkrone. Die Händler und die Umstehenden sagten kein Wort mehr; einen anderen würden sie sicherlich gesteinigt haben, wenn sie von ihm solche Äußerungen gehört hätten.

Als Rufus und ich in das Lehrhaus gelaufen kamen und dem Rabbi Nikodemus berichteten, was wir gesehen und gehört hatten und ihm alles genau wiederholten, was der Nazarener gegen die Thora gesagt hatte, wunderten wir uns über die Gelassenheit, mit der er unseren Bericht entgegennahm. Statt das Gesetz heftig zu verteidigen, versank er in nachdenkliches Schweigen, und als er wieder aus seinem Sinnen erwachte, beruhigte er uns mit folgenden Worten:

„Auch die alltäglichen Worte eines Weisen verdienen Aufmerksamkeit. Und wenn man aus dem Munde der Schriftgelehrten Dinge hört, die einem zuerst unbegreiflich vorkommen und die in der Tat der Thora zu widersprechen scheinen, dürfen wir dennoch nicht voreilig sein mit unserem Verdacht. Lieber sollen wir *uns* mangelndes Verständnis als *ihm* Torheit oder noch Schlimmeres zuschreiben. Was den Rabbi von Nazareth betrifft, so ist wohlbekannt, daß er ein frommer und gesetzestreuer Jude ist. Es ist ebenso bekannt, daß er sorgfältig auf die Ehre der Thora bedacht ist, denn er hat selber erklärt: ‚Eher wird die ganze Welt vergehen, als daß der kleinste Buchstabe oder ein Tüttelchen vom Gesetze Mosis vergehe.' Deshalb müssen wir annehmen, daß seine Äußerungen, die ihr eben gehört habt, begründet sind. Und wenn wir ihn nicht verstehen, wird er zur gehörigen Zeit den Beweis dafür liefern, daß seine Worte die des lebendigen Gottes sind."

So sprach Rabbi Nikodemus, um unsere Geister zu beruhigen und unsere Befürchtungen zu beseitigen.

Es begab sich einmal, daß wir Schüler des Rabbi für ihn die Gefäße und Geräte zum Bade trugen, wie es die Sitte will: das Fläschchen mit dem Salböl, sein Hemd und seine frischgewaschenen Kleider. Unser Weg führte uns durch eine der Straßen, die auf den Gemüsemarkt münden; hier halten die in der Umgebung Jerusalems wohnenden Landleute ihre Waren feil. In der Nähe einer der Buden hatte eine Menschenmenge sich angesammelt, und in ihrer Mitte stand der Rabbi aus Nazareth. Er predigte mit lauter Stimme und war offensichtlich sehr erregt. Seine Zuhörerschaft bestand aus Marktweibern, Kameltreibern, Lastträgern und Müßiggängern. Auch einige der Händler hatten ihre Buden verlassen, um sich ihm zu nähern. Zu unserem Erstaunen bog unser Rabbi Nikodemus vom Wege ab und mischte sich unter die Menge, um den Worten des Galiläers zu lauschen. Aber das waren Worte, wie wir sie noch nie gehört hatten. Wie bleibeschwerte Peitschen fielen sie auf die Köpfe der Weisen, der Schriftgelehrten und Pharisäer herab.

„Auf Mosis Stuhl sitzen die Schriftgelehrten und Pharisäer. Alles nun, was sie euch sagen, daß ihr es halten sollt, das haltet. Aber hütet euch davor, nach ihren Werken zu tun, denn sie sagen's wohl und tun's nicht. Sie binden den Menschen unerträgliche Bürden auf, aber sie selbst wollen die Bürde nicht mit einem Finger anrühren. Und alle ihre Werke tun sie so, daß sie von den Leuten gesehen werden. Sie machen die Riemen ihrer Gebetröllchen breit und die Fransen an ihren Kleidern lang, sie sitzen gern obenan am Tisch, und sie stehen gern vorne in den Synagogen. Sie haben es gern, daß man sie grüßt auf dem Markt, und daß die Leute sie Rabbi! Rabbi! nennen. Aber ihr sollt nicht Rabbi! zu ihnen sagen. Denn nur einer ist euer Meister, und er ist der Messias, ihr aber seid alle Brüder. Ihr sollt niemand Vater heißen auf Erden, denn nur einer ist euer Vater, und das ist euer Vater im Himmel."

Ich blickte erschrocken meinen Rabbi an und sah, daß das Blut aus seinen Wangen gewichen war; eine Blässe überzog sein Gesicht bis an die Haarwurzeln. Er drehte sich um und verließ die Versammlung, und wir folgten ihm. Wir hörten hinter uns noch immer die donnernde Strafpredigt des Nazareners gegen die Schriftgelehrten und Pharisäer, und wir wunderten uns, daß keiner ihm entgegengetreten war oder ihm geantwortet hatte. Und auch unser Rabbi, den die Leute kannten und dem sie Platz machten, hatte den Angriff auf das Rabbinat der Pharisäer schweigend hingenommen.

Aber als wir ein Stück weit gegangen waren, erblickten wir mit einem Male Judas Ischariot in unserer Mitte. Er hatte uns gesehen, hatte seinen Rabbi verlassen und war uns gefolgt.

„Was ist geschehen, daß er so redet?" fragte unser Rabbi.

„Es sind Bauern vom Lande gekommen und haben ihr Gemüse auf den Markt gebracht. Sie haben es billiger verkauft als die Landleute aus der Umgebung Jerusalems. Da haben die Aufseher Jerusalems die Ware der Bauern für unrein erklärt. Die Dorfleute wollten wissen, warum die Aufseher nicht nachprüften, ob die Gärtner Jerusalems ordnungsgemäß den Zehent entrichtet hatten. Darauf antworteten die Aufseher: ‚Die Ackerbauern Jerusalems, alle, die diesseits von Modiin wohnen, sind von der Aufsicht befreit, denn es wird angenommen, daß sie das Gesetz kennen. Ihr aber kommt vom Lande, und ihr kennt die Vorschriften nicht.' Die Landbewohner richteten erbitterte Vorwürfe gegen die Schriftgelehrten und Pharisäer. Sie sagten, daß die Gelehrten einen Teil der Bevölkerung auf Kosten des anderen begünstigten. Und sodann mußten die Weiber, die das billigere Gemüse für den Haushalt gekauft hatten, es wieder zurückgeben und das teurere kaufen, und das taten sie ungern. In diesem Augenblick kam der Rabbi aus Galiläa vorbei und geriet in Zorn. Er stieg auf die Stufen einer Bude und begann gegen die Pharisäer zu predigen."

Mein Rabbi senkte seine Stimme — aber ich konnte ihn eben noch verstehen — und sagte zu Judas:

„Nicht danach frage ich — weder nach dem Anlaß des Tumults, noch nach seiner Strafpredigt gegen die Pharisäer. Ihr Ruf beruht auf dem, worauf er immer beruht hat. Aber hast du gehört, Judas, was er über den *einen* Meister gesagt hat, welcher der Messias sei? Hat er die Absicht, sich in Jerusalem zu offenbaren?"

„Er hat es in K'far Nahum gesagt."

„Wann wird das sein?"

„Ich weiß es nicht. Er hat noch nicht den Tag genannt."

Als unser Rabbi aus dem Bade zurückkehrte, nahmen wir unseren Mut zusammen und erkühnten uns, ihn zu fragen:

„Belehre uns, Rabbi. Du bist Zeuge gewesen, wie die Ehre der Weisen, der Schriftgelehrten und Pharisäer beleidigt wurde, aber du hast dich nicht bemüht, sie zu verteidigen. Wie sollen wir das verstehen?"

Da antwortete der Rabbi:

„Der weiseste aller Menschen, König Salomo, sagt: ‚Die Züchtiger sind lieblich, und der Segen Gottes wird auf ihnen ruhen.' Daraus dürfen wir schließen, wenn einer ehrlichen Herzens seinen Freund züchtigt und schilt, daß er es um des Himmels willen tut; der Züchtiger soll gesegnet sein. In unserer sündigen Zeit gibt es wirklich viele unter den Gelehrten, die die Thora zu einer Ruhmeskrone machen, aber sie tragen nicht die Thora wie ein Joch. Sie haben sich großes Ansehen verschafft, damit sie über das Volk herrschen können. Die Schriftgelehrten, die laut den Herren preisen, um dafür belohnt zu werden wie Phineas, werden ihn, der jene Worte sprach, hassen; diejenigen aber, die von dem wahren Willen des Himmels beseelt sind, werden ihn lieben. König Salomo hat gesagt: ‚Züchtige den Weisen, und er wird dich darum lieben.' Nun war sicherlich der Rabbi von Galiläa von dem Willen des Himmels erfüllt. Denn er sagte zum Volk: ‚Die Schriftgelehrten und Pharisäer sitzen auf Mosis Stuhl; beeilt euch, zu halten, was sie sagen.' Er predigte nicht gegen die Thora und ihre richtige Auslegung, sondern gegen die falschen Gelehrten, die aus der Thora ein Kleid gemacht haben, mit dem sie die Schande ihrer Nacktheit verhüllen wollen."

Aber trotz der Erklärungen meines Rabbi konnte ich nicht verstehen, wie es kam, daß die pharisäischen Gelehrten Jerusalems nicht gegen den Rabbi aus Galiläa vorgingen. Ich war der Meinung, jeder Rabbi, der sich so wie der Galiläer gegen die Reinigungsvorschriften wendete, würde unverzüglich vor den Sanhedrin zitiert werden. Ja, ich glaubte zuweilen, daß der galiläische Prophet (dieser Name begann an ihm haften zu bleiben) es darauf angelegt habe, vor Gericht zu kommen. Er schien den Würgengel nicht zu fürchten, es war, als suche er den Tod. Seine Anschuldigungen gegen die Pharisäer und Schriftgelehrten verkündete er nicht nur auf den Straßen und Marktplätzen, sondern auch in den Tempelhöfen. Und nach wie vor blieben die Rabbis stumm. Hielten sie ihn für zu unbedeutend? Manchmal sah ich Schüler des Hauses Schammaj an ihm vorbeigehen, wenn er, von seinen Anhängern umringt, auf den Stufen einer Nische saß und von der Auferstehung, vom Paradies und von der Hölle redete: der eine oder der andere blieb stehen, hörte von weitem zu, zuckte dann die Achseln, lächelte spöttisch und ging weiter. Ja, ich hörte, wie einige von ihnen ihn einen schoteh nannten, das bedeutet Verrückter oder Narr. Dennoch gab es, wie ich sehr wohl wußte, eine Menge Gelehrter, die in der Heimlichkeit ihres Herzens große Hoffnungen auf diesen Wundermann setzten. Denn es war nicht nur der Ruf seines Wirkens, der ihm ein so hohes Ansehen verschafft hatte; das hätte für die ungebildeten Volksmassen ausgereicht: in seinem ganzen Verhalten und in seiner ganzen Erscheinung lag etwas Bezwingendes. Viele, die ihn in seinem weißen Gewand und seinem tallit vor dem Volke stehen sahen, wie er von den heiligsten Dingen Israels predigte, waren unwillkürlich erschüttert. Einer sagte zu dem anderen: „Wer weiß? Vielleicht ist er der Eine."

Sahen deshalb die Schriftgelehrten sich veranlaßt, gegen seine harten Worte und Beschuldigungen nicht aufzutreten? Sicher ist nur, daß seine Worte wie wohlgezielte Pfeile trafen, und daß unter den Zeloten der Schule Schammaj eine tiefe Erbitterung sich geltend machte.

Für die Sadduzäer war der Rabbi ganz einfach ein Mensch, der den Verstand verloren hatte. Wenn sie in den Tempelhof kamen und zufällig den Galiläer erblickten, der, von einer Schar von Armen umgeben, dasaß oder dastand und über die Auferstehung predigte, tadelten sie die Wächter und Leviten, daß sie ihm gestatteten, solchen Unsinn unter dem Pöbel zu verbreiten. Sie wandten sich mit ihrer Beschwerde auch an die höheren Behörden, und in den oberen Kreisen war davon die Rede, daß man ihm untersagen sollte, derartige Anschauungen innerhalb des Tempelbereiches vorzutragen. Das hätten aber wieder die Pharisäer als einen Eingriff in ihre Vorrechte betrachtet, denn sie behaupteten, daß er sich streng an den Rahmen des Gesetzes halte und sich in allen diesen Dingen auf die Thora berufen könne. Die sadduzäischen Behörden berücksichtigten auch den Umstand, daß die Zuhörerschaft des Rabbi sich in der Hauptsache aus armen Leuten zusammensetzte. Die Armen, wie zum Beispiel die Bewohner des Kidron-Tales, hatten so wenig Anteil an den Freuden dieser Welt, daß sie gierig nach den Tröstungen einer künftigen Welt griffen, die er in so leuchtenden Farben malte. Die Obersten des Tempels dachten, es würde sich vielleicht verlohnen, wenn man „dem Narren aus Galiläa" gestattete, die Massen mit Zukunftsträumen einzulullen, denn das würde sie sicherlich davon abhalten, sich an den von Bar Abbas propagierten Aufständen gegen das Haus Hanan und die römische Herrschaft zu beteiligen. Deshalb ließen sie ihn ruhig weiterpredigen, ja, manche waren sogar froh über sein Wirken. Sie waren gewillt, das Beleidigende zugleich mit dem Nützlichen in Kauf zu nehmen und blieben taub für diejenigen seiner Äußerungen, die ihn einer Verurteilung durch den Sanhedrin ausgesetzt hätten.

Wenn der Galiläer vom Himmelreich sprach, eroberte er die Herzen seiner Zuhörer im Sturm. Er erweckte den Anschein, daß dieses Reich seine ureigene Domäne sei, die er unter alle diejenigen verteilen würde, welche ihm zuhörten und ihm gehorchten. Aber manche erschraken zutiefst, weil er sich mit dem höchsten Heiligen Israels zu identifizieren schien. Deshalb gab es auch unter seinen Anhängern viel Streit und Gezänk. Und wenn gar noch Andersgesinnte zugegen waren, ging es recht lärmend zu. Ich bin einmal dabei gewesen, als einige Anhänger des Hauses Schammaj sich leidenschaftlich gegen seine Ansichten wandten, und mein Rabbi Nikodemus mußte sich Beschimpfungen gefallen lassen, weil er den Galiläer verteidigte.

Das war in der Regenzeit. Die pharisäischen Schriftgelehrten predigten in der Basilika des Herodes, die in der Nähe des Tempeleinganges liegt, und auch noch an etlichen anderen Stellen im Hofe selbst; von ihren Schülern umringt, saßen sie vor ihren schwelenden Kohlenpfannen. Mein Rabbi war in Begleitung seiner Schüler erschienen, um die Worte Jochanaans ben Zakkai zu hören. Ganz plötzlich trat eine Unterbrechung ein. Ein Schammait, der bekannt war durch seinen Glaubenseifer, kam auf uns zugelaufen und rief:

„Ich sage euch, er rebelliert gegen den Himmel. Man sollte ihn vor Gericht schleppen und zur Auspeitschung verurteilen.“ Er schrie so heftig, daß seine Schläfenlocken tanzten.

Es kamen noch etliche andre gelaufen und schlossen sich seinem Protest an.

„Wer hat so etwas je zuvor aus dem Munde eines Rabbi in Israel gehört?“

Wir drehten uns um und erblickten in einiger Entfernung, in einem der Säulengänge, eine Menschenansammlung um den Rabbi aus Galiläa. Unter den Zuhörern, meist armen Leuten, befanden sich auch mehrere junge Schüler der rabbinischen Schulen, Leviten und Neophyten der Priesterschaft. Es ging ziemlich lebhaft zu. Die einen fuchtelten wild mit den Händen, die anderen suchten sie zu beruhigen.

Wir, Rabbi Nikodemus und seine Schüler, waren zu der Versammlung des Jochanaan ben Zakkai unterwegs. Mein Rabbi wäre dem Tumult ausgewichen. Aber wir befanden uns ja nicht in den Straßen Jerusalems, sondern im Tempelhof, und es war hier seit langem nicht mehr so stürmisch zugegangen; zu dieser Zeit des Jahres, in die keine Feste fielen, war der Tempelbereich nicht von Pilgern überlaufen. Wir konnten dem Gedränge nicht ausweichen und gingen näher heran. Der Rabbi aus Galiläa setzte seine Predigt fort; es war eine richtige Strafpredigt. Wie ein Prophet ragte er über die Menge empor, und seine Worte fielen herab wie Donnerschläge. Er streckte seine bloßen Arme unter dem Gewande hervor, seine verzerrten Lippen zeugten, selbst aus der Entfernung, von Kummer und Qual.

„Bemühet euch, daß ihr eingehen möget durch die enge Pforte. Denn ich sage euch, viele werden hinein wollen und werden nicht hinein können, denn der Herr des Hauses wird aufstehen und die Tür verschließen. Ihr werdet draußen stehen und rufen: ‚Herr, Herr, laß uns hinein.' Und der Herr des Hauses wird antworten: ‚Ich kenne euch nicht. Wo kommt ihr her?' Dann werdet ihr sagen: ‚Wir aßen und tranken mit dir, und du lehrtest uns auf den Straßen.' Er aber wird immer noch rufen: ‚Ich kenne euch nicht. Wer seid ihr? Hinweg von mir!' Dann wird sein ein Heulen und Zähneklappern unter euch, wenn ihr Abraham und Isaak und Jakob und alle die Propheten eingehen sehet in das Himmelreich, während ihr draußen bleiben müsset. Dann werden Menschen kommen aus Ost und West, aus Nord und Süd, und sie werden eingehen in das Reich, und die Letzten werden die Ersten sein, und die Ersten werden die Letzten sein."

Er fügte hinzu:

„Ich bin das Licht der Welt. Wer mir nachfolgt, der wird nicht in der Finsternis wandeln, sondern wird das Licht des Lebens haben."

Bisher hatte man ihm schweigend zugehört. Jetzt aber schrie ein hochgewachsener Mann mit abstehenden Schläfenlocken dem Rabbi ins Gesicht:

„Was soll denn das bedeuten? Du zeugst für dich selbst, und dein Zeugnis ist falsch."

Der Rabbi antwortete:

„So ich auch für mich selber zeuge, ist mein Zeugnis wahr. Denn ich weiß, woher ich gekommen bin, und wo ich hingehe. Ihr aber wisset nicht, woher ich komme, noch wohin ich gehe. Ihr richtet nach dem Fleisch, aber ich bin nicht allein, sondern wir sind zwei, ich und mein Vater, der mich gesandt hat. Und es steht im Gesetz geschrieben, daß zweier Zeugen Zeugnis wahr sei. Nun zeuge ich selber von mir, und auch der Vater, der mich gesandt hat, zeugt von mir."

Die Versammlung wogte hin und her. Erregung flammte aus den Gesichtern. Eine Stimme rief:

„Wo ist dein Vater?"

Der Rabbi antwortete:

„Ihr kennt mich nicht, und ihr kennt auch nicht meinen

Vater. Wenn ihr mich kenntet, so kenntet ihr auch meinen Vater."

Nun entlud sich das Gewitter mit voller Gewalt. Nicht eine Stimme, sondern zahlreiche Stimmen riefen:

„Wer hat je solche Worte von jüdischen Lippen gehört?"

„Aber wenn er der ist, der er sein will, dann darf er alles sagen, denn dann hat ihn der Himmel dazu ermächtigt", schrie ein alter Mann, der seine fast erblindeten Augen der Menge zukehrte und über die Schulter weg auf den Prediger zeigte.

„Aber wer ist er? Wer redet so?"

Hunderte von Armen streckten sich dem Rabbi entgegen. Bleiche, müde, erschrockene Gesichter neigten sich zu ihm.

„Wer bist du? Sage uns, wer du bist!"

Wieder trat Stille ein. Aber der Rabbi antwortete nach seiner Gewohnheit in Andeutungen:

„Ich bin der, von dem ich zu Anfang sprach. Ich habe viel zu sagen und viele zu richten. Der mich zu euch gesandt hat, ist die Wahrheit, und was ihr von mir gehört habt, das hat er mir anvertraut."

„Aber seht ihr denn nicht, daß der Mann von Sinnen ist?" rief einer. „Seine Worte haben nicht Sinn und Verstand!"

„Nein! Nein! Wenn er so redet, muß etwas daran sein, und er ist sicherlich dazu ermächtigt."

„Schleppt ihn vor das Gericht! Das ist eine Unverschämtheit vor dem Angesicht des Himmels!"

„Habt ihr ihn gehört? Er will uns von dem Himmelreich ausschließen. Er hat seine eigenen Günstlinge. Er hat seine eigenen Söhne, denen er das Himmelreich vorbehält. Habt ihr nicht gehört? ‚Sie werden kommen aus Ost und West, und sie werden neben Abraham, Isaak und Jakob sitzen.' Heißt das nicht, daß er uns ausschließen will?"

„Schleppt ihn vor die Gerichte!"

„Sind wir nicht die Nachkommen Abrahams, Isaaks und Jakobs, wir, die du nicht hineinlassen willst?"

Eine Stille trat ein, und der Rabbi erwiderte:

„Wenn ihr die Nachkommen Abrahams, Isaaks und Jakobs wäret, so tätet ihr die Werke Abrahams."

Die Stille zerbrach, ein neuer Sturm brach los:

„Wir dulden es nicht! Ein Teufel sitzt in ihm! Er ist wahnsinnig!"

Aber eine mächtige Stimme ließ sich vernehmen:

„Das sind nicht die Worte eines Teufels."

Nun nahmen die, die dem Rabbi am nächsten standen, ihr Flehen wieder auf und baten ihn wie mit einer Stimme:

„Warum läßt du uns zweifeln? Wenn du der Messias bist, sage es offen."

„Wer hat dieses schreckliche Wort ausgesprochen?"

„Möge seine Zunge für immer verstummen!"

Aber sie bettelten weiter:

„Wie lange wirst du uns im Zweifel lassen? Sage es uns!"

Ich weiß nicht, wie die Sache ausgegangen wäre, wenn nicht die Jünger des Rabbi, die ihn dicht umringten, ihn behütet hätten. Den einen kannte ich bereits, es war Simon, ein Fischer aus Galiläa. Er stellte sich mit ausgebreiteten Armen vor den Rabbi hin. Aber auch die Armen, ja, selbst die Krüppel und die Lahmen erhoben ihre Fäuste. Die Schlacht hatte bereits begonnen, die Menschen rissen einander die Kleider vom Leibe, da bahnte unser Rabbi sich einen Weg durch die Menge und rief:

„Ist es bei uns Gesetz, einen Menschen zu richten, bevor man weiß, was er getan hat?"

Ohne zu wissen, wer da redete, riefen die am äußeren Rande der Menge dem Rabbi Nikodemus zu:

„Er hat die Kinder Abrahams vom Himmelreich ausgeschlossen. Er will Fremdlinge an die Stelle der echten Nachkommen Abrahams setzen."

Mein Rabbi entgegnete:

„In der Thora steht geschrieben: ‚Du sollst den Fremdling nicht draußen schlafen lassen.' Was bedeutet das Wort ‚draußen'? Unsere Weisen lehren: Verwehre nicht einem Fremdling den Zutritt zu der jüdischen Hürde. Ein Fremdling, der den einen lebendigen Gott anerkennt, der sich dem Gott Israels zugekehrt hat, ist wie einer der Juden und zählt wie wir zu den Kindern Abrahams. Denn Abraham ist nicht nur der Vater der jüdisch Geborenen, er ist auch der Vater der Bekehrten. War es nicht das besondere Verdienst Abrahams, daß er Fremdlinge in seine Herde aufnahm?"

„Aber ich habe ihn soeben sagen hören: ‚Wer auf meine Worte hört, wird nicht sterben!' Ist er also größer als Abraham? Abraham und die Propheten sind gestorben, und er sagt, daß einige nicht sterben werden."

„Er meint das ewige Leben", antwortete mein Rabbi. „Das Leben im Himmelreich."

„Aber warum quält er uns mit Andeutungen und unklaren

Worten? Warum sagt er uns nicht, wer er ist, wenn er diese Macht für sich in Anspruch nimmt?"

„Wer er ist?" ertönte eine spottende Stimme. „Ich will es euch sagen. Er ist ein Samariter!"

Das war die schlimmste Beschimpfung, die man einem Juden an den Kopf werfen konnte. Aber mein Rabbi antwortete:

„Selbst von einem Samariter steht geschrieben: Liebe deinen Nächsten wie dich selbst."

„Du hast gut gesprochen, Rabbi!"

„Er hat sich zum Richter und Herren gemacht! Er ist der, der die Tür öffnet. Wer hat ihn dazu ermächtigt?"

„Ihr habt es doch gehört: ‚Ich tue nicht für mich selbst, ich tue, wie mein Vater mich gelehrt hat.'"

„Damit will er sagen, daß er Gottes Sohn ist. Denn diese Macht kann ihm nur Gott gegeben haben!"

„Jeder Mensch hat das Recht, sich Gottes Sohn zu nennen. Es steht geschrieben: Söhne seid ihr des Herren, eures Gottes", antwortete mein Rabbi.

„Er lästert den Tempel und den Altar und die Opfer", rief ein reicher Sadduzäer am Rande der Menge. (Wir erkannten ihn an seinem prunkvollen Gewand und an seinen Fingerringen.)

„Auch der Prophet hat gesagt: ‚Gerechtigkeit begehre ich, nicht Opfer.' Und wer von uns ist größer als Jeremias? Und hat nicht Jeremias den Tempel eine Mördergrube genannt?" So lautete die Antwort meines Rabbi.

„Jeremias war ein Prophet."

„Jeder Jude kann ein Prophet sein!"

„Aber hat man je davon gehört, daß ein Prophet aus Galiläa kommen wird?"

„Es steht geschrieben: ‚Die ganze Erde ist von seinem Glanze erfüllt.' SEINE Gnade erfüllt das Land, und aus jedem Winkel mag ein Prophet kommen, dem Gott sein Wort anvertraut hat."

„Wer sagt das?" rief einer, der meinen Rabbi nicht kannte. „Bist du vielleicht auch ein Galiläer?"

Andere aber wiesen ihn ungestüm zurecht: „Dummkopf, das ist der große Rabbi Nikodemus!"

Ein Murmeln lief durch die Versammlung, einer nach dem anderen ging weg, und die Menge zerstreute sich.

Von dieser Zeit an wurden die Versammlungen um den Propheten aus Galiläa immer stürmischer und die Meinungsverschiedenheiten immer heftiger. Die Hingabe seiner Anhänger wuchs ebenso wie die Erbitterung seiner Gegner. Schwärmer aus dem Haus Schammajs, die eifersüchtig über der Thora wachten, lagen auf der Lauer nach irgend einer Äußerung, die keine noch so kluge Exegese von dem Makel der Apostasie oder Gotteslästerung würde reinigen können. Jedoch alles, was er sagte, war zwar kühn, aber vieldeutig, so daß stets irgend eine Auslegung ihn vor der Strenge des Gesetzes zu retten vermochte. Er überschritt niemals die Grenzen der Thora. Ich selbst wohnte einmal einer solchen Szene bei: zwei Eiferer aus dem Hause Schammaj taten sich zusammen, um den Rabbi von Galiläa zu einer verhängnisvollen Äußerung zu verleiten.

Bei dieser Gelegenheit hatte der Rabbi nicht nur etliche seiner Jünger, sondern auch ein Weib bei sich. Sie war von Kopf bis Fuß verschleiert, ihr Haupt und ihre Hände waren bedeckt, wie sich das für ein Weib gehört, das den Tempelhof betritt. Sie führte einen der Jünger, der blind war, an der Hand. Der Rabbi hatte diesmal nicht die Absicht zu predigen. Er befand sich einfach unter den Scharen, die zu dem Tempelschatz gingen, um ihre Abgaben zu entrichten; denn um diese Zeit wurden grade die Tempelsteuern eingehoben. Auch das Weib, das den Rabbi begleitete, hatte ihre Gabe mitgebracht. Mit einem Male erkannte einer der Umstehenden das Weib an ihrer Gestalt und an ihrem Gang — denn das Gesicht konnte er nicht sehen. Und er rief den Schatzmeistern zu:

„Hütet euch, von diesem Weib eine Gabe anzunehmen! Es ist die Gabe einer Hure, und das Geld ist unrein."

Wie immer um diese Zeit, drängten sich viele Menschen vor dem Kasten der Schatzmeister. Als sie die Worte „Gabe einer Hure" hörten, lief eine Welle der Erregung durch das Gedränge, alle reckten die Hälse und schauten sich um. Der Mann zeigte auf das Weib und sagte:

„Wißt ihr nicht, wer das ist? Das ist Mirjam von Migdal, die berühmte Mirjam von Migdal."

Kaum hatte er das gesagt, da schien es, als wären die gesamten in den Tempelhöfen anwesenden Menschenmassen hier an dieser einen Stelle zusammengeströmt. Denn das Weib war durch ihren früheren Reichtum, ihre vielen Liebhaber, ihre Essenzen und ihre Schönheit berühmt. Der Name Mirjam von Migdal oder Mirjam Magdala war in der Stadt sprichwörtlich geworden. Auch ich wurde in die Nähe des Rabbi gedrängt, und es gelang mir, einen flüchtigen Blick auf die dichtverschleierte

Frau zu werfen. Und dann hatten plötzlich zwei Männer sie bei der Hand genommen und sie vor den Rabbi aus Galiläa geführt.

„Rabbi“, sagte der eine, „das Weib, das du vor dir siehst, hat Ehebruch getrieben und viel gesündigt. Moses hat uns geboten, solche Weiber zu steinigen. Was sagst du dazu, Rabbi?“

Totenstille senkte sich über die Menge herab, und alle starrten den Rabbi an, der blaß geworden war. Dann, mit einem Male, lief er zu den Männern hin, die die Frau festhielten, und befreite sie. Er stellte sich neben sie, bückte sich und beschrieb mit dem Finger einen Kreis, und die Menge wich erschrocken zurück.

Man wartete mit atemloser Spannung, was der Rabbi nun tun würde. Er rührte sich nicht. Er stand innerhalb des unsichtbaren Kreises, den sein Finger beschrieben hatte, und es war klar, was er damit andeuten wollte: daß er das Schicksal dieses Weibes teile, daß er ihre Sünde auf sich genommen habe, daß er und sie jetzt eins seien. Die Leute verstanden ihn und sagten nichts. Aber einer der beiden Männer — es waren Schüler des Hauses Schammaj —, rief:

„Sage uns, Rabbi, sollen wir sie nach dem Gebot Mosis steinigen?“

Der Rabbi erhob sein Haupt, schaute sich um und antwortete:

„Wer unter euch ohne Sünde ist, der werfe den ersten Stein auf sie.“

Die beiden Schammaiten wußten nichts zu sagen. Stimmen ertönten:

„Sie soll den Schleier abnehmen, damit wir sehen, ob es wirklich Mirjam von Migdal ist.“

Da wandte sich der Rabbi zu dem Weib und sagte: „Mirjam, nimm den Schleier von deinem Gesicht, damit das Volk sieht, wer du bist.“

Als Mirjam den Schleier abgenommen hatte, und die Leute ihr Gesicht erblickten, wichen sie verblüfft zurück, rissen den Mund auf, und ein Murmeln erhob sich:

„Wie, ist das Mirjam von Migdal?“

Ich war erstaunt. War das wirklich die Mirjam Magdala, von deren Schönheit ganz Jerusalem sprach? Ihr mageres Gesicht war verhärmt und bleich, mit Falten und Runzeln bedeckt, als ob ein stürmisches Meer darüber hinweggegangen wäre. Ihre großen, immer noch strahlenden Augen lagen tief in dunkel umrandeten Höhlen, und die Tränensäcke waren wie schwarze

Wolken, aus denen ein endloser Tränenregen sich in die Schluchten ihrer Haut ergossen hatte. Nur ihre schmalen, zarten Lippen, die sich zu einem traurigen Lächeln wölbten, die schöngeformte Nase und die Konturen des Kinns zeugten von gewesener Schönheit.

„Das ist nicht Mirjam von Migdal, das ist Naomi", rief eine Frauenstimme. „Mirjam ist wie eine blühende Rose, ihre Brüste sind voll, ihr Leib gesegnet. Seht, wie sie dasteht, gefallen und zerbrochen, ein Weib, das alle seine Reize verloren hat."

„Es ist Mirjam von Migdal! Seht, was aus ihr geworden ist!" rief eine zweite.

„Eine Ruth ging zu ihm nach Galiläa, und zurück kam eine Naomi", rief eine dritte voller Mitleid.

Und so war es auch. An des Rabbi Seite stand nicht die berühmte Sünderin Mirjam von Migdal, sondern eine von Kummer erfüllte Naomi.

Beschämt blickten die Leute zu Boden und wandten sich von dem Schauspiel ab.

X. KAPITEL

Der Rabbi von Galiläa war nicht immer wie das stürmische Meer an einem Wintertag. Er konnte so ruhig sein wie die Mittagssonne im Sommer. Für die Stolzen und Mächtigen war seine Zunge ein blitzendes Schwert, für die Armen und Verlorenen ein Quell des Trostes und der Hoffnung.

Der Rabbi von Galiläa ließ sich an Orten blicken, die noch nie der Fuß eines Rabbi in Israel betreten hatte. Er saß mit Leuten zu Tische, die die anderen für gottlos hielten, von denen sie sagten: „Meine Seele möge sich von ihnen fernhalten."

Das alles war in Jerusalem bekannt; aber daß er sogar in die Herberge der Kamel- und Eseltreiber gehen und sich an ihrem Tische niederlassen würde, um mit ihnen und den Hirten zu trinken, das hätte niemand erwartet und geglaubt.

Ich selbst aber traf ihn einmal zufällig in dieser Herberge an.

An der nordwestlichen Ecke der Stadt, tief unten im Tal, lag das Dung-Tor. Die Mauer, in die dieses Tor eingefügt war, trennte die Stadt von den beiden Tälern des Kidron und Hinnom. Aber es gab dort noch eine zweite Mauer, arg verwittert und verfallen, die „Alte Mauer", die in der Gasse der Wasserträger am Bache Siloah entlanglief. Diese Mauer war in den Tagen Davids erbaut worden.

Zwischen diesen beiden Mauern hausten die Ärmsten der Armen Jerusalems. Im Winter, wenn der Siloah über seine Ufer trat, verwandelte die Schlucht sich in einen Morast, und der Schmutz der Oberen Stadt wurde durch den Regen in die Tiefe hinabgespült. Die Feuchtigkeit hatte die brüchigen Fundamente der Häuser zerfressen, und die Kellergewölbe standen unter Wasser. Im Sommer, wenn der Schlamm vertrocknete, entströmte dem Bett des Siloah ein stinkendes Miasma und vermischte sich mit den Staubwolken und den unerträglichen Gerüchen, die aus den Häusern kamen. Die mephitischen Dünste hafteten wie eine zähe Schicht an Häusern und Menschen, sie zerstörten die Augen der Kinder und erzeugten unbeschreibliche Seuchen.

In der alten verfallenen Mauer des Königs David gab es zahlreiche Nischen, Gewölbe, Reste von Stufen und überhangende Galerien, die im Laufe der Jahrhunderte hinzugebaut worden waren. Die mächtigen Sturmböcke östlicher Könige hatten in den Kriegen vergangener Zeit große Löcher in die Mauer gerissen. Die Spuren dieser weit zurückliegenden Belagerungen ließen das graue Bauwerk wie ein Denkmal der Ausdauer und Altehrwürdigkeit des jüdischen Volkes erscheinen, und es war, als klammerten sich die Armen an den Ort, weil er ihnen gleichsam von ihren glorreichen Ahnen vererbt worden war. Kleine Wohnhöhlen waren in das ehemalige Festungsgemäuer eingegraben, Hütten standen an die Mauer gelehnt, mit Stricken an hervorspringenden Steinzacken befestigt und mit Matten, mit Sackleinen und mit Astgeflecht gedeckt. Familien hausten hier seit Generationen, jede in ihrem eigenen, von altersher überkommenen Recht, und oft zankte man sich heftig um die Grenzen dieser Rechte, die zu einer zwar unbestimmten, aber fest verwurzelten Tradition geworden waren.

Die Bewohner der David-Mauer waren so zahlreich, daß ihr Gedränge häufige Unglücksfälle verursachte. In der Mauer und unter ihr hatte man Höhlen und Tunnels angelegt, in denen die Menschen wie Maulwürfe hausten. Ab und zu stürzte überhangendes Mauerwerk herab und zerschmetterte eine Hütte oder die Vorbeigehenden. Zu meiner Zeit ereignete sich eine Katastrophe von ungewöhnlichem Ausmaß. Achtzehn Männer, Weiber und Kinder wurden unter einem Turm begraben, der zusammenfiel, als der Unterbau durch die Unterwühlung so gebrechlich geworden war, daß er das schwere Gewicht nicht mehr tragen konnte.

Dicht neben der David-Mauer stand die Herberge der Kamel- und Eseltreiber. Sie bestand aus einem großen Hof oder vielmehr einem Gewirr von Höfen, die durch Hecken aus geflochtenen Zweigen gegen einander abgegrenzt waren. Die eigentliche Herberge oder das Unterkunftshaus war in die Mauer eingebaut. Ihr entströmte unablässig ein widriger Koch- und Brühgestank, während der Rauch, der aus der Türe kam, die gewaltigen, verwitterten Blöcke, welche das Gebäude überragten, mit einer dichten schwarzen Rußschicht überzogen hatte. In der Herberge kehrten nicht nur die Treiber ein. (Da sie außerhalb der eigentlichen Stadtgrenze lag, hatten die Rabbis eine Verfügung erlassen: Wer aus den Provinzen Lebensmittel nach Jerusalem bringe, dürfe hier übernachten.) Auch die Hirten, die ihre Herden zu Markte trieben, machten in der Herberge Rast. Die Treiber wie die Hirten hatten einen schlechten Ruf, die letzteren noch mehr als die ersteren. Sie galten als ein Diebsgesindel. Sie bestahlen ihre Herren, und es war verboten, Wolle, Käse, Milch oder lebende Tiere unmittelbar von ihnen zu kaufen, da dies in den meisten Fällen gestohlenes Gut war. Die Herberge bot auch noch anderen verdächtigen Gestalten Unterschlupf, entlaufenen Sklaven, entsprungenen Sträflingen und den schlimmsten galiläischen „Erdgeborenen“. Ab und zu fand sich auch ein Samariter ein, ein Grieche oder ein moabitischer Araber aus der Felsenstadt Petra, Leute, die für gewöhnlich nicht gerade mit den besten Absichten nach Jerusalem kamen. Politische Agitatoren besuchten die Herberge, weniger um ihre Auffassungen zu verbreiten, als vielmehr um Klopffechter oder gar Mörder zu dingen. Manchmal erschienen ein paar römische Legionäre oder Askaloniten und tranken mit Honig gemischten Wein oder Bier. Es kam oft zu Streitigkeiten und Schlägereien, Messer wurden gezogen; für gewöhnlich handelte es sich um irgend eine schwarzhäutige Araberhure oder eine sanfte Samariterin, — denn die gehörten auch zu den regelmäßigen Besuchern und Gästen.

Ich hatte zuweilen Gelegenheit, in die Herberge zu kommen. Mein Rabbi schickte mich dann und wann mit einer Botschaft zu dem Wasserträger Hillel, der dort beschäftigt war. Ein bemerkenswerter Mensch, dieser Hillel. Mein Rabbi bezog die Worte der Schrift auf ihn: „Er sitzet allein, denn er hat das Schweigen auf sich genommen.“ Ich sah ihn oft unter der Brüderschaft und in der Synagoge. Er setzte sich stets unter die Armen am Eingang, sein Kopf hing auf die Brust herab, er lauschte aufmerksam den Reden meines Rabbi und den Fragen der Gelehrten. Niemals aber stellte er selbst eine Frage, noch beteiligte er sich an der Diskussion. Wer ihn so sitzen sah, hatte das Gefühl, daß auf seinen hohen Schultern, die sich dem Druck der zahlreichen Wasserschläuche, welche er in seinem Leben hatte schleppen müssen, entgegenwölbten, noch eine andere Bürde laste — die Sorgenbürde der ganzen Welt. Aber er beklagte sich nie, ja, er schien um Verzeihung zu bitten, daß er überhaupt da sei. Seine Behausung — wenn man von einer Behausung reden konnte, — lag in der Mauer des Königs David. Er hatte dort wie die Höhlenbewohner von Petra eine Nische, zu der schmale Stufen hinabführten. Diese Nische war „ein Erbe" seiner Vorfahren. Er hielt sich häufig in der Herberge auf, zwischen den Kamelen und Eseln. Während des Tages trug er in Eselshäuten Wasser aus dem Siloah zum Marktplatz, und wenn er so durch die Straßen ging, schien er aufgeblähte Tierkadaver auf seinem Rücken und seinen Schultern zu schleppen. Nach des Tages Arbeit legte er sich nicht eher zur Ruhe, als bis er die Tiere auf dem Hof der Herberge getränkt hatte, denn es geschah sehr oft, daß die Treiber bei ihrer Ankunft in der Stadt sich betranken und einschliefen, ohne sich um ihre Schutzbefohlenen zu kümmern; und der Gedanke an die dürstenden Tiere ließ Hillel nicht ruhen. Er konnte von seiner Höhle aus ihr klägliches Winseln und Wiehern hören, und oft genug ging er auch noch frühmorgens zu ihnen, bevor er mit seiner Tagesarbeit begann. Schlauch um Schlauch voll Wasser trug er aus dem Bach zu den Trögen im Hof. Daher war es, wenn man ihn brauchte, am besten, den übelberüchtigten Sammelplatz der Esel- und Kameltreiber aufzusuchen.

Mein Rabbi und Hillel waren oft beisammen, jetzt noch häufiger als je zuvor. Sie hatten anscheinend geheime Dinge miteinander zu besprechen, deren Wesen ich nach einiger Zeit herausfand. Hillel, der Wasserträger, berichtete meinem Rabbi von den Worten und dem Tun des Rabbi aus Galiläa, dem er ab und zu in der Herberge begegnete.

Ich kann den sonderbaren Eindruck nicht vergessen, den es auf mich machte, als ich zum ersten Male den galiläischen Rabbi unter dem Pöbel der Herberge erblickte. Ich befand mich natürlich auf der Suche nach Hillel. Der Raum, in dem ich wartete, war von Küchendunst und Rauch verdunkelt. Die kleinen

Öllämpchen konnten die dickgesättigte Luft nicht besiegen, ihr Licht erreichte kaum die Tische. Der Rauch stieg in Windungen von dem dreibeinigen Kohlenbecken auf, über dem der Herbergsvater und seine Gehilfen das Essen bereiteten. Sie brieten Fleisch über der Flamme und kochten Mehl und Gemüse in großen Töpfen. Die Rauch- und Dunstwolken bildeten einen schweren, schwebenden Baldachin, und ringsumher in dem geräumigen Saal, mehr zu erraten als zu erkennen, saßen und lagen die Gäste. Hier und dort stand ein kleines Tischchen für diejenigen, die sich den Luxus eines Stuhles leisten konnten. Undeutlich sah ich halbnackte Leiber, zerfetzte Lumpen, zerzauste Haarschöpfe, haarige Beine und Rücken, zahllose Rücken. Stimmen lärmten durcheinander, Scherze und Beschimpfungen flogen durch die Luft. Anscheinend war an diesem Abend ein reicher Mann in der Herberge eingekehrt. Er hatte einen Tisch genommen und ein üppiges Mahl bestellt, zwei gebratene Lammseiten, die der Wirt selbst jetzt für ihn zubereitete. Der reiche Mann hatte auch einen Krug kostbaren Weines bestellt und Oliven aus der Stadt Schefchani — andere waren ihm nicht gut genug. Diese Oliven waren die berühmtesten und teuersten. Alle, die die Bestellung hörten, wurden neidisch, und es wässerte ihnen der Mund. Als der Herbergswirt den Braten auftischte, erhoben sich die Leute von ihren Plätzen an den anderen Tischen oder an den Wänden und schoben sich näher heran.

„Ein Armer ist mit einem Toten zu vergleichen", sagte einer und leckte sich die Lippen.

„Wer ist reich? Wer sich an seinem Teil erfreut", rief ein anderer, und fügte hinzu: „Bring' mir einen Topf Bohnen und einen Weizenkuchen."

„Ich sage dir, schinde die toten Gäule auf den Straßen, aber bitte nicht um ein Almosen. Wenn er mir einen Boten schickte, um mich zum Mahl einzuladen, und mit dem Boten einen Kranz für mein Haupt, würde ich nicht an seinem Tisch essen", rief ein dritter hochmütig und wischte sich den Speichel ab, der aus seinen Mundwinkeln troff. „Den Weizenkuchen, den der Arme ißt, hat er mit der Arbeit seiner Hände erworben, und er schmeckt daher süßer als Honig." Daraufhin steckte er ein paar trockene Erbsen in den Mund und begann heftig zu kauen.

„Wirt, bring' mir noch ein Maß Wein, und sieh' zu, daß du die richtige Menge Honig und Sykomoren-Feigen hineinmischst", rief der Reiche, um die neidischen Zuschauer herauszufordern.

Einer rief spöttisch, die fette Stimme des Schwelgers imitierend: „Und bring' mir einen mit Gewürzen gefüllten Kapaun auf einer sidonischen Schüssel und dazu einen Schlauch Zypernwein!"

„Wer sein Fleisch vermehrt, der vermehrt die Würmer, die es fressen werden", sagte ein knochendürrer Mann, der sich über den Tisch beugte.

„Laßt mich nur *diese* Welt genießen, dann erlaube ich gern den Würmern, mich in der nächsten Welt zu fressen", antwortete der Prasser mit einem schallenden Gelächter.

„Es stimmt schon: Bankerte sind für ihre Schlauheit bekannt."

Der Pfeil saß. Der Reiche blickte sich wütend um:

„Wer wagt den Namen meiner Mutter zu verdächtigen?"

„Sklaven haben weder Vater noch Mutter", riefen mehrere.

„Wirt! Bring' mir einen Krug Dattelwein von Jericho. Und laß einen Flötenspieler kommen. Ich will Musik haben zu meinem Mahl!" So machte der Schlemmer sich über die Umstehenden lustig.

„Und laß auch zwei Klageweiber kommen! Der Todesengel steht neben ihm."

„Leicht verdientes Geld! Er handelt mit unbezahlten Steuern!" Der Sprecher meinte damit einen Menschen, der mit unbesteuertem und daher gesetzlich nicht zugelassenem Getreide handelt.

„Der nicht! Er ist Steuereinnehmer für die Söhne Hanans. Er schindet den Armen die Haut vom Leibe. Deshalb kommt es ihm nicht auf seine Schekel an."

„Ein Zöllner!"

„Ein Samariter!"

„Ein stinkender Sünder!"

„Warte nur ein Weilchen, bald wird Bar Abbas seine Legionen gesammelt haben, und dann werden wir mit deinesgleichen abrechnen. Hau' den Baum ab, die Äste fallen von selbst."

„Wer sagt das?" kreischte der Wirt erschrocken. „Wir kennen hier keinen Bar Abbas."

„Ich scheue mich nicht, seinen Namen zu nennen. Ist es nicht einerlei, woran du stirbst, am Schwert des Hungers oder am Schwert Edoms?"

„Bleibt mir damit vom Leibe und bringt nicht Unheil über mein Haus. Wir kennen Bar Abbas nicht, und wir haben ihn nie gesehen. Wir wissen nicht einmal, wie er aussieht."

„Wir kennen ihn recht gut. Ich scheue mich nicht, das zu sagen. Und wenn ihr es wissen wollt, ich bin einer seiner Leute. Wartet nur, bis die Galiläer zum Passah-Fest heraufkommen, dann wird es einen neuen Auszug aus Ägypten geben."

„Liebe Leute, habt Mitleid mit meinem Haus, die Spürhunde der Söhne Hanans schnüffeln überall umher", flehte der Wirt.

„Jetzt weiß ich, wo ich bin", rief der Esser und stand vom Tisch auf. „Das ist ein Räubernest. Ich will nicht mit Räubern und Meuchelmördern essen." Er eilte zur Tür.

„Haltet ihn! Haltet ihn!" schrie der Wirt. „Mein Geld! Seit einer Stunde frißt und säuft er." Und sein Öfchen verlassend, lief er hinter dem Mann her.

Die Umstehenden lachten nur. „Der Säufer hat sein Auge auf dem Becher, der Wirt auf seiner Börse", brüllte einer. Der Mann war verschwunden.

Zuerst merkte niemand, wer eingetreten war, denn gerade an der Tür herrschte tiefe Dunkelheit. Wir hörten nur ein Rascheln, wie von einem Windstoß. Dann erblickten wir ihn; sein weißes Gewand schimmerte aus dem Halbdunkel hervor. Ihm folgten einige Männer, die ich nach einer Weile erkannte, Simon, Jochanaan, Judas und Hillel, der Wasserträger, auf den ich wartete.

Ich hatte davon reden hören und wollte doch nicht meinen Augen trauen. Der Rabbi von Galiläa unter solchen Menschen!

Aber sowie sie seiner gewahr wurden, legte sich der Lärm. Die meisten der Anwesenden schienen keineswegs so überrascht zu sein wie ich. Doch einer, den noch die übermütige Stimmung der letzten Minuten beherrschte, stichelte:

„Was hat ein Priester auf einem Begräbnisplatz zu suchen?"

Seine Nachbarn brachten ihn durch kräftige Rippenstöße zum Schweigen. Entblößte Köpfe richteten sich von den Bänken und Matten längs der Wände auf, Blicke folgten den Schritten des Rabbi, der in die Mitte des Raumes ging und sich hinsetzte. Seine Jünger folgten seinem Beispiel. Der Herbergswirt schob einen kleinen leeren Tisch zu ihnen hin und stellte Öllämpchen auf den Tisch. Zu meinem Erstaunen brachte er auch eine Kürbisflasche und mehrere irdene Schalen. Judas nahm seine Börse aus dem Gürtel und legte einige Münzen zur Bezahlung hin. Simon schenkte seinem Rabbi ein.

Seltsame Gestalten begannen aus den dunklen Winkeln herbeizukriechen; sie richteten sich nicht auf, sondern bildeten auf dem Fußboden einen Kreis um den Tisch des Rabbi. Es waren das die gewöhnlichen Esel- und Kameltreiber, einige hielten noch die Peitsche in der Hand. Der Rabbi redete sie an, den einen oder anderen bei seinem Namen, erkundigte sich nach dem Frieden ihrer Familien und auch nach ihren Tieren. Dann befahl er Judas, noch mehr Dattelwein und Schalen zu bestellen.

Ich war wie versteinert vor Erstaunen; so etwas hatte ich noch nie gesehen: ein Chawer, ein gelehrter Genosse der Gelehrten und obendrein ein Rabbi, setzte sich zu elenden Treibern, Zöllnern, Halbheiden, Erdgeborenen, die als gänzlich unrein galten. Da saß er und unterhielt sich nicht nur mit ihnen, sondern er trank auch mit ihnen, als ob sie der Brüderschaft der Weisen, der Gesetzeskundigen angehörten.

Der Rabbi sprach zu ihnen von ihren alltäglichen und gewohnten Dingen. Er berührte zuerst ihre Arbeit und ihre Tiere. Und während er sprach, bemerkte er in der Hand eines der Zuhörer eine Ahle, wie sie die Treiber bei faulen Tieren anzuwenden pflegten: sie durchstachen die Haut und ließen die Wunde nicht zuheilen, so daß sie, wenn das Lasttier widerspenstig wurde und nicht weitergehen wollte, die Ahle wieder in das blutige Fleisch stoßen konnten. Der Rabbi bückte sich, nahm dem Manne das Werkzeug aus der Hand, und begann dann von der Tugend der Güte gegenüber allem lebenden Geschöpf zu sprechen. Er sagte, wenn sie ihre Lasttiere quälten, dann schrien diese zu Gott, und der Heilige würde Rechenschaft verlangen von ihnen, denn alles Lebende sei sein; wenn er eines seiner Geschöpfe in die Obhut eines Menschen gebe, dann fordere er Rechenschaft von dem Menschen. In dem Maße, wie wir uns der Geschöpfe Gottes erbarmten, würde Gott sich unser erbarmen. Während er so redete, ertönte aus der Dunkelheit eine rauhe, rebellische Stimme:

„Wird er, der mit den Auserwählten der Schöpfung kein Mitleid hat, mit den Tieren Mitleid haben? Wir kennen die schönen Worte der Weisen. Ihre Zungen triefen von Honig, aber sie legen das Joch ihrer Gesetze auf unsere Schultern."

Man schaute sich nach dem kühnen Sprecher um, und einer rief:

„Halte den Mund! Dein Mund ist voll von Skorpionen und Gewürm."

Aber der Mund, der voll von Skorpionen und Gewürm war, wollte nicht verstummen.

„Wo ist er, dein gütiger Gott? Warum schaut er zu, wie

die Gottlosen ihren Fuß auf den Nacken der Gerechten setzen, und schweigt?“

„Kommet her zu mir alle, die ihr zerknirscht seid“, sagte der Rabbi.

Aus der Finsternis trat ein Koloß hervor, eine Simson-Gestalt, aber er war nicht blind, und während er näher kam, tönte seine Stimme vor ihm her. Er näherte sich dem Licht, und wir sahen seinen geöffneten Mund, ein schwarzes Loch, mit Schaum befleckt und mit zerbrochenen und verfaulten Zähnen besetzt, die wie die Stümpfe gefällter Bäume waren: Ein Simson mit blutunterlaufenen sehenden Augen, die zu blinzeln begannen, als er in den Lichtkreis der Lampe trat. Sein gewaltiger Körper war nur mit einem sackleinenen Hemd bedeckt, das um die Hüften durch einen ungegerbten Riemen zusammengehalten wurde. Seine Stimme dröhnte unaufhörlich:

„Wenn eine Gerechtigkeit im Himmel ist, fordere ich sie heraus wie Hiob!“

Der Rabbi sagte:

„Komm' zu mir und sage mir, was dein Herz bedrückt. Wer hat dir solche Schmach angetan?“

„Wer mir solche Schmach angetan hat? Sie alle, die Priester und die Gelehrten.“

„Sage mir also, wie das kam.“

Dem Mann wurde am Tische Platz gemacht, Simon schenkte ihm Wein ein, der Mann setzte sich und begann seine Erzählung:

„Joseph ist mein Name in Israel, und ich stamme aus dem Hause der Ephratiten. Mein Erbe lag in Jericho, ein Dattelgarten mit zwanzig Baumreihen. Mein Großvater pflanzte sie, und mein Vater erntete bereits die Früchte. Zwölf Maß Datteln gab ich jährlich den Priestern und Leviten, den großen und den kleinen Zehent. Die Ecken des Feldes ließ ich den Armen, wie das Gesetz es vorschreibt. Meine Datteln waren fett, und der süße Saft spritzte aus ihnen hervor. Ich hatte auch ein Weib, und es war begehrenswert. Ich schrieb den Heiratsvertrag mit zweihundert Denaren aus, nicht gerechnet die Geld- und Kleidergeschenke an ihren Vater und ihre Brüder. Ich hatte einen Namen in Israel. Jetzt habe ich nichts. Das Kleid auf meinem Leibe gehört nicht mir. Sie haben mich als Sklaven verkauft, sie haben mir die Augen verbunden, wie man einem Tier die Augen verbindet, und lassen mich den Stein einer Ölmühle im Kreise schleppen. Das haben sie aus mir gemacht!“

„Wer sind *sie*, mein Sohn?"

„Alle. Die Priester, die Weisen, die Mächtigen."

„Sprich weiter, mein Sohn."

„Mein Erbe lag zwischen den Gütern zweier reicher Männer, angesehener Sadduzäer. Sie waren durch Heirat mit dem Hause Hanan verschwägert. Sie hatten Dattelwälder, die sich meilenweit durch das fette Tal von Jericho erstrecken, hatten Weinberge, Häuser und Bäder. Mein kleiner Besitz erregte ihren Neid. Sie wollten mich von meines Vaters Erbe vertreiben und die Grenzen ihrer Güter vereinigen. Sie boten mir anderswo, bei Beer-Saba, ein Stück Land an. Aber mein Herz hing an dem Erbe meines Vaters, und ich sagte ihnen, ich würde es meinen Söhnen hinterlassen, wie er es mir hinterlassen hatte. Da schickten sie mir die Aufseher der Priesterschaft auf den Hals, die meinen Zehent steigerten, den ersten und den zweiten, den großen und den kleinen. Täglich erfanden sie neue Steuern. Sie erklärten meine Datteln für unrein, so daß ich manche Ernten nicht verkaufen konnte. Aber meine Steuern setzten sie nicht herab. Da wandte ich mich an die Schriftgelehrten und Weisen, und sie konnten nichts gegen die Sadduzäer tun, denn diese bilden die Aristokratie von Jericho und kümmern sich nicht um die Worte der Schriftgelehrten. In Jericho haben sie ihre eigenen Gesetze. Der Hohepriester und seine ganze Familie halten zu ihnen. Sie bedrückten mich immer härter. Noch bevor die Frucht auf dem Baume reif war, kamen die Priester sie besichtigen, und sie forderten um ein Vielfaches mehr als den Zehent, der ihnen gebührte. Aber als sie sahen, daß ich immer noch standhielt und nicht von der Stelle weichen wollte, da warf der Jüngste von ihnen, Zadok, ein Auge auf mein Weib. Er wollte meinen Garten und mein Weib erben. Er besuchte sie heimlich und redete ihr zu, sich von mir scheiden zu lassen. Er versprach ihr, sie zum Weibe zu nehmen. Nun begann mein Weib von mir zu verlangen, daß ich ihr Geschenke brächte und ihre Aussteuer verdoppelte. Von Tag zu Tag forderte sie prunkvollere Kleider von mir, sidonische Stoffe, kostbare Wollgewebe und Spitzen. Sie behauptete, in tyrischem Purpur würde sie für mich schöner sein. Wenn ich kein Geld für solche Geschenke hatte, kamen die Geldverleiher, die Zadok schickte. Meine Schulden wuchsen, und in der Bitternis meines Herzens suchte ich Trost im Weine. So taten sie sich zusammen, die Zöllner, die Geldverleiher und die Priester, und nahmen mir mein Erbe weg. Ich wurde aus meines Vaters Haus verjagt und sank von Tag zu Tag tiefer, bis ich ein Dieb wurde. Mein Weib nahm ihren Heiratsvertrag zurück und ließ sich von mir scheiden. Und ich wurde als Sklave verkauft."

Der Rabbi hörte ihn bis zu Ende an, dann legte er ihm die Hand auf den Kopf und sagte:

„Wahrlich, ich sage dir, Joseph, nicht du bist der Sklave, sondern der, der dich verkauft hat. Er ist von der Sünde versklavt. Und die Stricke seiner Sünden werden ihn ins Grab bringen." Dann rief er: „Weh euch, Schriftgelehrte und Pharisäer, ihr Heuchler! Ihr besteuert die Minze und den Anis und den Cumin, aber ihr versäumt einen wichtigen Teil des Gesetzes, Gerechtigkeit, Mitleid und Glauben. Denn diese sollt ihr beachten und das andere nicht vernachlässigen. Du aber, mein Sohn, sei getrost. Du hast deine Schuld voll bezahlt."

Dann sagte der Rabbi zu allen, die die Erzählung Josephs mitangehört hatten:

„Kommet her zu mir alle, die ihr verlassen und bedrückt seid. Selig sind die Demütigen, denn ihrer ist das Himmelreich. Selig sind, die da Leid tragen, denn sie sollen getröstet werden. Selig, selig seid ihr alle, ihr Gequälten und Schmachbedeckten. Groß ist euer Lohn in der künftigen Welt, wenn ihr zurückkehren werdet von dem schweren Arbeitstag, der euer Leben war."

Tiefe Stille war eingetreten. Immer mehr Menschen lösten sich von den Wänden und rückten enger an den Rabbi heran. Der Sklave Joseph wollte weitersprechen, aber er machte den Mund wieder zu. Die Worte des Rabbi hatten ihn besänftigt, wie man ein wildes Tier zähmt. Seine Augen blickten erstaunt und verwirrt den Rabbi an, als ringe er innerlich mit den Banden, die die sanften und freundlichen Worte seinem rebellischen Geiste auferlegt hatten. Wie einer, der nach Schlaf dürstet, ließ er sich langsam von dem Frieden übermannen, der des Rabbi Lippen entströmte. Und die anderen Anwesenden waren ebenso überwältigt wie er.

Nun lagen sie alle dem Rabbi zu Füßen, wie Schafe um einen guten Hirten; der Rabbi nahm sie zu sich und lullte sie in süßen Schlummer. Ihre Gesichter waren wie die Gesichter von Kindern.

Der dicke Herbergswirt hatte vergessen, das letzte Maß Wein einzuschenken, das bestellt worden war. Er hatte seinen Tisch verlassen, und mit dem Gefäß in der Hand kniete er zwischen den anderen und hörte sich das Gleichnis von den beiden Söhnen an, das der Rabbi nun erzählte:

„Ein Vater hatte zwei Söhne. Und der jüngere unter ihnen sprach zu ihm: ‚Gib mir, Vater, das Teil der Güter, das mir gehört.' Und der Vater teilte das Erbe zwischen den Söhnen. Und nicht lange danach sammelte der jüngere Sohn all seine Habe und zog in ein fernes Land, und daselbst verpraßte er alles in einem liederlichen Wandel. Als ihm nun nichts mehr geblieben war, kam eine Hungersnot in das Land, und er fing bitterlich zu darben an. Da ging er hin und verdingte sich an einen Bürger des Landes, der schickte ihn auf seinen Acker, die Säue zu hüten. Und er hätte gern seinen Bauch mit den Eicheln gefüllt, die die Säue aßen, aber niemand gab sie ihm. Und da er sich besann, sprach er: ‚Wieviel Diener hat mein Vater, die haben Brot in Hülle und Fülle, und ich verderbe im Hunger. Ich will mich aufmachen und zu meinem Vater gehen und zu ihm sagen: ‚Vater, ich habe gegen den Himmel und gegen dich gesündigt. Ich bin nicht mehr wert, daß ich dein Sohn heiße. Mache mich zu einem deiner Knechte.' Und er machte sich auf und kam zu seinem Vater. Aber da er noch fern war, erblickte ihn sein Vater, und es jammerte ihn, und er lief ihm entgegen und fiel ihm um den Hals und küßte ihn. Der Sohn aber sagte: ‚Vater, ich habe gesündigt, und ich bin nicht wert, daß ich dein Sohn heiße.' Aber der Vater wandte sich zu seinen Knechten und sprach: ‚Bringet das beste Gewand und leget es ihm an, und tut ihm einen Fingerreif an seine Hand und Schuhe an seine Füße. Und bringet ein gemästetes Kalb und schlachtet es. Denn dieser mein Sohn war tot und ist wieder lebendig geworden; er war verloren und ist gefunden worden.' Und sie freuten sich alle. Nun war aber der ältere Bruder auf dem Felde, und als er zum Hause zurückkehrte, hörte er das Singen und rief der Knechte einen zu sich und fragte, was das sei. Der Knecht aber antwortete: ‚Dein Bruder ist nach Hause gekommen, und dein Vater hat das gemästete Kalb geschlachtet, weil er seinen jüngsten Sohn wiedergefunden hat.' Der ältere Bruder war zornig, als er das hörte, und wollte nicht ins Haus gehen. Da kam sein Vater heraus und bat ihn einzutreten, aber der ältere Bruder sprach: ‚Siehe, vier Jahre lang diene ich dir und habe dein Gebot noch nie übertreten, und du hast mir noch nie ein Zicklein geschenkt, daß ich mit meinen Freunden fröhlich wäre. Nun aber dein Sohn zurückgekehrt ist, der sein Gut mit Huren verpraßt hat, hast du ihm das gemästete Kalb geschlachtet.' Und sein Vater antwortete: ‚Mein Sohn, du bist alle Zeit bei mir, und alles, was mein ist, das ist dein. Und nun solltest du fröhlich sein, denn dein Bruder war tot und ist wieder lebendig geworden, er war verloren und ist wiedergefunden.'"

„Und so wird es mit dir sein", sagte der Rabbi, sich zu dem verbitterten Sklaven niederbeugend.

Joseph schlug die Hände vors Gesicht und weinte.

Als später der Rabbi und seine Jünger die Herberge verließen, folgte ich ihnen in einiger Entfernung. Am Eingang des Hofes waren viele Menschen versammelt. In den Höhlenwohnungen der Mauer hatte sich die Nachricht verbreitet, daß der Rabbi von Galiläa bei den Treibern weile. Ganz Jerusalem kannte ihn, und viele glaubten, daß er imstande sei, mit einer Berührung seiner Hand oder mit einem Wort seines Mundes Glück und Seligkeit zu schenken. Die Weiber kamen gelaufen, sie führten ihre Kinder an der Hand und hielten die Säuglinge auf dem Arm. Als der Rabbi erschien, beleuchteten sie mit ihren Lampen seinen Weg, sie umdrängten ihn und hoben die Kinder zu ihm auf, damit er sie segne. Der Rabbi legte jedem Kinde die Hand auf den Kopf und sprach den jüdischen Segen: „Möge es dir beschert sein, aufzuwachsen zur Thora, zur Ehe und zu guten Taten."

Aber unter den Versammelten befand sich zufällig auch ein Schriftgelehrter aus der Stadt. Als er den Rabbi aus dem Hof der Herberge kommen sah, rief er erstaunt:

„Rabbi in Israel! Hat nicht König David gesagt: ‚Wohl dem, der nicht wandelt im Rat der Gottlosen, noch tritt auf den Weg der Sünder, noch sitzt, da die Spötter sitzen?'"

Der Rabbi wandte sich nicht zu ihm, sondern zu denen, die ihre Kinder mitgebracht hatten, und antwortete:

„Welcher Hirte, wenn er ein Schaf aus seiner Herde verliert, ließe nicht die neunundneunzig in der Wüste und ginge hin nach dem verlorenen, bis daß er es finde? Ich sage euch: Es wird mehr Freude im Himmel sein über einen Sünder, der Buße tut, denn über neunundneunzig Gerechte, die der Buße nicht bedürfen."

Und ich kehrte zu Rabbi Nikodemus zurück und berichtete ihm, was ich in der Herberge gesehen und gehört hatte. Als ich ihm von den neunundneunzig Schafen erzählte, fragte mich mein Rabbi verwundert:

„Hat er wirklich gesagt, daß man die neunundneunzig verlassen soll, um das eine zu suchen?"

„Ja, das hat er gesagt. Und er hat hinzugefügt, daß im Himmel mehr Freude ist über einen reuigen Sünder als über neunundneunzig Gerechte, die der Buße nicht bedürfen."

Das Gesicht meines Rabbi wurde ernst, er dachte lange nach. Selten habe ich ihn so düster und versonnen gesehen. Er runzelte die Stirn und strich sich unaufhörlich mit dem Daumen über den dichten, kurzen Bart. Schließlich sagte er zu uns allen:

„Gelobt sei Gott, er wandelt auf den Spuren unserer Weisen. Denn auch sie haben gesagt: ‚Wer eine einzige Seele verliert, der ist, als hätte er die ganze Welt verloren. Und wer eine einzige Seele gewinnt, der ist, als hätte er die ganze Welt gewonnen.' Unsere Weisen hatten noch andere ähnliche Sprüche. ‚Ein einziger Mensch', sagten sie, ‚kommt der ganzen Schöpfung gleich.' Der einzelne Mensch, der nach dem Ebenbild Gottes geboren wird, ist in seiner Einzigkeit gleich dem Herrn, seinem Schöpfer. Gott schließt mit jedem Menschen einen heimlichen Bund durch die Seele, die er ihm einhaucht. Das ist der Sinn des Spruches: ‚Denn deine Augen wachen über allem Menschenwerk.' Der Mensch ist einzig und besonders, kraft einer persönlichen Vorsehung."

An diesem Tage war zufällig die Reihe an mir, meinen Rabbi zu bedienen. Ich wusch meine Hände und Füße und salbte mich. Ich zog ein frisches Hemd an und hüllte mich in einen frischgewaschenen Mantel, denn es ziemte sich nicht, dem Rabbi in Werktagskleidung aufzuwarten. Ich deckte den Tisch für meinen Rabbi, ich trug ihm das Linsengericht auf, das Alexander und Rufus für ihn bereitet hatten. Als ich sodann dem Rabbi den Wein einschenkte, faßte ich Mut und fragte ihn:

„Belehre mich, Rabbi! Die Worte, die ich heute von dir hörte, sind die gleichen, die ich von dem Rabbi aus Galiläa hörte, oder eine Erläuterung. Und das gilt auch von anderen Dingen, die du mich gelehrt hast, ob aus der Halacha oder aus der Haggada, und von Dingen, die ich andere Weise habe sagen hören. Alles fließt in den Worten zusammen, die der Rabbi von Galiläa spricht, und eines bestätigt das andere. Was also trennt die Weisen von dem Rabbi aus Galiläa, und was entzweit sie? Wie kommt es, wenn der Rabbi von Galiläa und die Schriftgelehrten einander begegnen, daß dann harte Worte zwischen ihnen fallen, vor denen das Ohr zurückschreckt?"

„Die Worte des Rabbi von Galiläa wie die der Weisen sind die Worte des lebendigen Gottes, mein Sohn. Aber die Sitten der Schriftgelehrten sind andere als die des Galiläers. Nun sind die Sitten der Schriftgelehrten uns vertraut, weil sie uns überliefert worden sind, aber die des Rabbi von Galiläa sind uns fremd. Aber wisse, mein Sohn: Jeder Streit, der im Namen des Himmels beginnt und den Zielen des Himmels dient, wird zuletzt friedlich geschlichtet werden."

Nach diesen Worten erhob mein Rabbi die Hände zum Himmel und sprach ein kurzes Gebet:

„Herr der Welt, du weißt, nicht um unseres Ruhmes und um des Ruhmes unserer Väter willen führen wir diesen Streit, sondern um deines Namens willen, und damit unser Tun dir wohlgefällig sei. Darum bringe unsere Herzen näher zu dir, denn nur in dir werden wir Frieden finden. Siehe, wir haben unsere Hoffnung auf dich gesetzt. Alles, was unser ist, haben wir aus deinen Händen empfangen. Außer dir ist nichts, Vater im Himmel."

XI. KAPITEL

Niemand wußte, wo der Rabbi von Galiläa wohnte. Er tauchte ganz plötzlich in den Synagogen oder auf den Marktplätzen oder in dem Tempelhof auf, umgeben von seinen Jüngern und zahllosen Armen. Ebenso plötzlich verschwand er wieder, manchmal für längere Zeit, für Tage, vielleicht sogar für Wochen. Niemand bekam ihn zu sehen. Seine Jünger hausten verstreut in den ärmsten Vierteln der Unteren Stadt, wo die Häuser gleich Gräbern der Lebenden waren. Die Mauern bestanden aus getrocknetem Lehm und versanken metertief im Schmutz. Auf den Hängen des Kidron-Tales stand Haus neben Haus, und das Gewirr der schmalen Gassen verschlang jeden, der sich hineinwagte. Einige Male hatten wir versucht, einem der Jünger bis zu seiner Wohnung zu folgen, aber in dem heftigen Gedränge, das sich durch die Gassen wälzte, verloren wir ihn stets aus den Augen. Auch zerstreuten sich die Jünger sogleich, wenn sie ihren Rabbi verließen, und gingen jeder für sich seines Weges, als wollten sie nicht beobachtet werden.

Einmal aber hefteten Rufus und ich uns auf die Spuren des Rabbi und einiger seiner Jünger, als sie aus dem Tempelhofe kamen. Wir bahnten uns mit den Schultern und Ellbogen eine Gasse durch die Menge, entschlossen, den Rabbi im Auge zu behalten, während er zu der Unteren Stadt hinabstieg. Sie gingen mit hastigen Schritten, der Rabbi voran, Simon bar Jonas, Jochanaan und Jakobus hinterdrein. Die Söhne des Zebedäus waren in ihrem Äußeren sehr verschieden. Der eine hatte einen mächtigen Schädel und einen Schopf struppiger, abstehender schwarzer Haare, die wie ein Urwald seinen Kopf bedeckten. Der andere war gleichfalls hochgewachsen, aber sehr hager und hatte ein blasses, zartes Gesicht. Wir erfuhren später, daß diese drei die Lieblingsjünger des Rabbi waren, die ihn stets begleiteten.

Nachdem sie dem Gedränge entronnen waren, gingen sie schnell durch die stilleren Gäßchen talwärts in die ärmsten Viertel hinunter, dann bogen sie von der Mauer ab, durchschritten das Dung-Tor und eilten, fast laufend, den Abhang des Ölberges hinan.

Es fiel uns keineswegs leicht, mit ihnen Schritt zu halten, denn sie gingen wie beflügelt dahin. Wir kletterten hinter ihnen her. Dieser Abhang des Kidron-Tales, der jenseits der Stadt liegt, war gleichfalls dicht besät mit den Behausungen der Armen; dazwischen standen die Buden der Leder-Zurichter, der Färber und Weber. Allmählich, als wir uns keuchend dem Gipfel näherten, stießen wir auf kleine Gemüsegärten und einzelne Häuser, die von Zypressenhainen umgeben waren. Wir eilten an den Kaufläden der Söhne Hanans, an den Lagerhäusern und Schuppen vorbei, in denen das Priesterhaus die Waren sammelte, die an die Armen verkauft werden sollten. Schließlich kamen wir zu dem Ort, der Beth-Paga heißt und ein ziemliches Stück weit von der Stadtmauer entfernt liegt; aber bis hierher reichte das Gebiet der Stadt Jerusalem. Man pflegte zu sagen: „Du wirst mich irgendwo bis zu den Mauern Beth-Pagas finden" — und das sollte heißen: „Ich bin irgendwo und überall in Jerusalem zu finden." Der Ort selbst jedoch lag außerhalb der Stadtgrenze und war nicht ummauert. Hier und dort fristeten ein paar Feigenbäume ein klägliches Dasein, gleichsam um an den Namen des Ortes zu erinnern. Die heißen Wüstenwinde Judäas fegen über den ungeschützten Hang hin, und die Bäume verlieren vorzeitig ihre Früchte: daher der Name Beth-Paga, „Haus der unreifen Feigen". Jetzt zur Winterszeit reckten die toten Äste der Feigenbäume ihre kahlen Hände über die anderen Bäume empor, als ob sie um Gnade flehten.

In dem Dorf stand ein Haus namens Beth-Eini, und in diesem Haus wohnte ein Mann, der den sonderbaren Namen Simon, der Aussätzige, trug. Sonderbar deshalb, weil der Mann nicht aussätzig war, denn er hätte sonst nicht in dem Dorfe wohnen dürfen; man hatte ihm diesen Namen beigelegt, weil er stets die elendsten und verworfensten Geschöpfe um sich zu versammeln pflegte. Keiner war so gering, so verkommen und zerlumpt, daß Simon ihn nicht bei sich aufgenommen und mit ihm nicht seinen Tisch und sogar sein Lager geteilt hätte. Er schrak nicht davor zurück, sich neben die abstoßendsten Krüppel hinzulegen oder sein Brot in dieselbe Schüssel zu tunken wie sie. „Wir werden schließlich“, sagte er, „alle in einem Bett liegen — in der Erde; warum sollte ich jetzt vor irgendeinem Menschen zurückschrecken?“ Andere nannten ihn Simon, den Bescheidenen. Im Hebräischen aber unterscheidet sich das Wort „bescheiden“, „zenua“, nur durch einen einzigen Buchstaben von dem Wort „aussätzig“, „zerua“, und so waren, sei es irrtümlicherweise, sei es absichtlich, die Namen miteinander vertauscht worden. Hier hatte, wie wir entdeckten, der Rabbi von Galiläa seinen Wohnsitz aufgeschlagen.

Im Hause Simons, des Aussätzigen, trafen wir Scharen von Armen und Kranken an. Wir, die wir Jerusalem kannten, waren an den Anblick der Armut gewöhnt, aber dergleichen hatten wir noch nie gesehen. Es war, als hätten die tiefsten Schlünde des Kidron-Tales ihr schmutziges Elend in die Hütte Simons, des Aussätzigen, gespieen. Das waren keine Menschen, sondern Halbmenschen, Ruinen mit verfaulten Gliedern, Menschen, die nichts ihr eigen nannten, nein, nicht einmal mehr ihren Körper. Sie besaßen nur noch ihr Siechtum — oder waren vielmehr von ihm besessen.

Unterwegs waren wir bereits zahlreichen Bettlern und Krüppeln begegnet, ganzen Elendszügen, die dem Hause zustrebten; die Lahmen führten die Blinden und die Blinden stützten die Lahmen. Hier sahen wir sie nun haufenweise in dem feuchten, taudurchtränkten Erdreich des Hofes hocken. Und was für eine Freude strahlte aus ihren Gesichtern, wie streckten sie die Hände aus und erhoben ihre Stimmen, als der Rabbi, begleitet von seinen Jüngern, in seinem weißen Gewande erschien. Sie schleppten sich zu ihm hin und drängten sich dicht an ihn heran, eine Woge der Krankheit und Verwesung. Er lud sie in das Haus ein, und sie folgten ihm und füllten den Raum bis zum Überfließen, wie der Wein über den Rand des Bechers schäumt. Es war ein kühler Winterabend, aber keiner unter ihnen zitterte vor Kälte. Sie bemühten sich nicht einmal, ihre Glieder mit den Lumpen zu bedecken, die an ihnen herabbaumelten. Denn sie alle erwärmte ein inneres Feuer, das aufzulodern begann, wenn sie mit diesem Manne in Berührung kamen.

Nun wußte ganz Jerusalem von den Wundern, die er in Galiläa vollbracht hatte, — wie er die Kranken durch eine Berührung geheilt, wie er durch ein einziges Wort Menschen von den Pforten des Todes zurückgerissen, wie er die Hungrigen gespeist und böse Geister aus den Besessenen ausgetrieben hatte. Wir waren jetzt überzeugt, daß wir ähnliche Wunder miterleben würden, daß er durch ein Wort die Schar der Kranken heilen würde. Wir glaubten in der Tat, er würde Körbe voll Brot vom Himmel herabbeschwören und alle die Hungrigen sättigen. Aber nichts dergleichen geschah. Und es war, als erwarteten die Armen und die Hungrigen gar keine körperliche Hilfe von ihm, sondern etwas anderes; denn sie wurden alle ganz still, als er in ihrer Mitte erschien.

Dann hörten wir seine Stimme, und es war nicht die Stimme, die wir auf den Marktplätzen und in den Tempelhöfen zu hören gewohnt waren, wenn er die Mächtigen und Reichen tadelte. Jetzt klang sie sanft und freundlich wie Musik. Es war wie ein Singen, eine sorgenvolle Melodie, zu der er sie versammelte: einen blinden alten Mann, der den Saum seines Gewandes angefaßt hatte und nicht loslassen wollte, — einen Kranken, der mit Schwären bedeckt war, an denen seine Lumpen klebten, so daß er vom Aussatz befallen schien. Diesen hob der Rabbi auf und drückte ihn an sich, und sein Bart berührte den kahlen Kopf des Mannes. Dann, sich leise hin und her wiegend, redete er:

„Das Leiden, mein Sohn, ist die Quelle der Liebe. Das Leiden ist die Gnade, die große Gnade, die unser Vater im Himmel auf uns herabgießt. Denn das Leiden macht die Menschen demütigen Herzens. Wer nicht leidet, glaubt auf einem mächtigen Fels zu stehen, den er selber aufgerichtet hat. Er sieht seinen Bruder nicht, er sieht nur sich selbst. Er glaubt an niemand, er glaubt nur an seine eigene Stärke. Sein Herz wird ein Sumpf, der von Schlangen wimmelt: Stolz, Halsstarrigkeit und Eigenliebe. Und wenn sein Schemel unter ihm weggezogen wird, versinkt er mit dem ganzen Gewürm in die Tiefen der Hölle. Aber wem Gott das Leiden beschert hat, für den sind seine Qualen die Bande, die ihn an den Vater im Himmel binden. Sein Herz ist wach und fühlt die Qualen seines leidenden Bruders. Er sucht dich mit Trübsal heim und macht dich klein auf Erden, damit du groß seiest im Himmel."

Der Rabbi erhob seine Hände, hielt sie über die Köpfe der Geschlagenen und Verworfenen, die wie ein Meer irdischen Unrats zu seinen Füßen lagen, und rief:

„Selig seid ihr, Geschlagene und Zerbrochene, daß ihr auf Erden für eure Sünden zahlt. Wie herrlich wird euer Lohn sein in der anderen Welt, im ewigen Leben. Wehe den Reichen, die hier auf Erden ihre kurzen Freuden genießen! Wie finster wird ihr Los sein in der künftigen Welt! Womit kann man das vergleichen? Es war einmal ein reicher Mann, der kleidete sich in Purpur und köstliche Leinwand und lebte alle Tage herrlich und in Freuden. Es war aber ein Armer, mit Namen Elieser, der lag vor der Tür des Reichen und war mit Schwären bedeckt. Und er wollte sich an den Krumen und Krusten sättigen, die von des Reichen Tische fielen, aber er erhielt nichts; nur die Hunde kamen aus des Reichen Haus und leckten ihm die Schwären. Aber als Elieser starb, trugen die Engel ihn in Abrahams Schoß. Und der Reiche starb auch und wurde begraben. Als er nun in der Hölle und in der Qual war, hob er seine Augen auf und sah von ferne Elieser in Abrahams Schoß. Da rief er: ‚Vater Abraham, erbarme dich meiner! Sende den Elieser, daß er seinen Finger in Wasser tauche und kühle meine Zunge, denn ich leide Pein in dieser Flamme.‘ Abraham aber sprach: ‚Gedenke, mein Sohn, daß du in deinem irdischen Leben dein Gutes empfangen hast, und Elieser hat Böses empfangen. Nun aber wird er getröstet, und du wirst gepeinigt. Und über das alles ist zwischen uns eine große Kluft gesetzt, daß die, die da wollten von hier zu euch hinabfahren, es nicht können, und die bei euch sind, können nicht zu uns kommen.‘ Da sprach der Mann, der reich gewesen war: ‚Wenn dem so ist, dann sende Elieser in meines Vaters Haus, denn ich habe fünf Brüder; daß er sie warne, auf daß sie nicht auch an diesen Ort der Qualen kommen.‘ Abraham aber sagte zu ihm: ‚Haben sie nicht das Gesetz Mosis und die Worte der Propheten? Sie hören ihre Worte nicht — werden sie dann hören, wenn einer von den Toten aufersteht?‘“

Wie seltsam veränderten sich die Gesichter der Armen, die zu des Rabbi Füßen lagen! Unter dem Zauber seiner Worte wurden sie wie die Gesichter von Prinzen. In ihren Augen ging ein Leuchten auf. Es war, als seien ihre gebrochenen Glieder wieder heil geworden und ihre verkrümmten Rücken gerade, und als hätten die Blinden zu sehen begonnen. Es war, als hätten sie mit einem Male erkannt, daß sie gar nicht arm seien, sondern ein Gut ihr eigen nennten, mit dem alle Reichtümer der

Welt sich nicht vergleichen ließen. Die Freude hatte sie aufgerichtet.

Ein kleiner Krüppel, der sich am Türpfosten festhielt, rief: „Rabbi, Rabbi, wird auch mich ein Engel des Himmels in Abrahams Schoß tragen?"

„Warum nicht, mein Sohn? Sieht nicht Gott auch in dir eines seiner Kinder?"

„Ich habe die Gebote nicht gehalten, ich habe keine guten Werke getan, ich bin nicht gelehrt, ich bin nichts."

Der Rabbi stand auf und ging durch die Menge zu dem Krüppel an der Tür. Ein winziges Männlein war's, hatte aber einen riesigen Wasserkopf.

„Du bist reicher als die Reichsten. In der künftigen Welt werden sie dich beneiden, die hier auf Erden umhergehen, den Bauch mit der Thora vollgestopft. Denn nicht die besitzen, die da glauben, daß sie besitzen, sondern die da glauben, daß sie nichts besitzen. Die Verlorenen sind die Gefundenen."

Es war ein Weib in der Nähe, die drängte sich zu ihm hin, wagte sich aber nicht allzu nahe heran. Ihr Gesicht war verschleiert, sie sprach unter dem Schleier hervor:

„Und auch mich wird ein Engel in Abrahams Schoß tragen?"

„Auch dich, meine Tochter."

Das Weib begann zu weinen. „Ich bin voller Sünde."

Und der Rabbi antwortete: „Selig bist du, meine Tochter, daß du deine Sünde bekennst."

Dann erhob er seine Stimme und wandte sich an alle:

„Hat nicht König David gesagt: ‚Nahe sind mir die Zerknirschten'? Selig seid ihr, die Zerknirschten, Gott ist in eurer Mitte. Der Lohn eurer Mühen erwartet euch. Ihr habt eure Strafe in Fülle empfangen. Ihr seid die Erwählten Gottes, er hat euch sein Zeichen aufgedrückt, das Zeichen der Pein. Süß ist eure Bürde, denn ihr verrichtet das Tagewerk, und der Tisch wird für euch gedeckt sein, wenn ihr des Abends in das Haus eures Herrn zurückkehrt."

Als es dunkel geworden war, verließ der Rabbi in Begleitung seiner nächsten Jünger das Haus Simons, des Aussätzigen, denn er war müde von seinen Werken, als hätte er sein Lebensblut vergossen. Sein Antlitz war totenbleich, die Worte hatten es leergesogen. Seine Lippen waren noch schmaler denn je, und seine Lider schwer, als vermöchte er sie nicht mehr zu heben. Aber es war für ihn nicht leicht, sich hinwegzubegeben, denn die Menge wollte ihn zurückhalten. Simon bar Jonas jedoch und die anderen hießen sie nach Hause gehen, und sie gingen langsam und widerwillig. In ihren Ohren sangen noch die Worte des Rabbi, und trunken, nicht von Wein, sondern von der Freude, die ihre Herzen erfüllte, kehrten sie in die Stadt zurück.

Rufus und ich blieben da, obgleich der Abend hereingebrochen war. Wir fühlten, daß etwas Großes und Wunderbares vor unseren Augen geschah, und wir wollten noch mehr erfahren.

Nicht weit von Beth-Eini, wo Simon, der Aussätzige wohnte, lag K'far Mirjam und das Haus der Mirjam und Martha. Dorthin ging der Rabbi mit seinen drei Jüngern. Simon trug ihn fast auf seinen Armen, so müde war er von des Tages Arbeit. Nicht alle die Armen hatten sich zerstreut; einige waren in der Dunkelheit zurückgeblieben und schlossen sich uns an. Wir kamen in einen Raum, der für das Abendmahl hergerichtet war. Der Tisch war gedeckt, und Schemel standen bereit. Martha hatte sich mit einigen anderen Weibern trotz der Kälte draußen im Hofe zu schaffen gemacht und das Mahl auf dem Ofen bereitet. Im Hause selbst hatte Mirjam, Marthas Schwester, die Öllampen angezündet und die Schüsseln aufgetragen. Nachdem nun der Rabbi und seine Jünger sich hingesetzt hatten, stellten sie und ihr Bruder Elieser sich hinter den Rabbi, um ihn zu bedienen.

Plötzlich, als ich die beiden ansah, wie sie zur Rechten und zur Linken des Rabbi standen, ging ein großes Licht in mir auf. Ich glaubte nicht nur die Schwester zu sehen, die er der Sünde entrissen, und den Bruder, den er vom Tode erweckt hatte, sondern mehr — viel mehr.

Im Schein der Öllampe wirkte Mirjams Gesicht nicht so alt und verhärmt und ihr Auge nicht so erloschen wie an jenem Tage, da sie im Tempelhof ihren Schleier gelüftet hatte. Hier, im Frieden des Hauses, in der Stille, in dem Ernste der Heiligkeit, hatte Mirjams Antlitz sich verwandelt: es war wie das Antlitz eines Kindes, das geweint hat und getröstet worden ist: noch hängen Tränen an seinen Lidern, aber es sind nicht die Tränen des Leides, sondern Freudentränen. Aus ihren Augen strahlte ein seltsames, vergeistigtes Leuchten und breitete sich über das dunkelhäutige Antlitz aus. Alle die Furchen, die der Kummer, die Liebe und die Reue dort eingegraben hatten, waren nun ausgefüllt und geglättet. Ja, das Licht, das ihren Augen entströmte, gab der Haut ihrer Wangen die kräftige, bräunliche Farbe der Jugend, die Frische der Mädchenjahre zurück. Sogar ihre Haare schimmerten wieder in ihrem alten dunklen Glanz. Sie war wie ein Mensch, der der Todesangst entronnen ist, dessen Glieder aus dem tödlichen Krampf des Todes gelöst worden sind. Mirjam von Migdal stand wieder vor uns, aber ihre Schönheit war nun wie ein stilles, zärtliches Singen, und jeder, der sie ansah, empfand ein tiefes Glücksgefühl und ein freudiges Verlangen, doch nicht in Unrast und Gier, wie ehemals die Männer, die sie betörte, sondern voll eines melodischen Friedens, der einer erlösten Seele entsprang. Und mir wurde bewußt, daß nicht sie allein neben dem Rabbi stand; dieses verwandelte Lächeln ruhte auf den Gesichtern aller, die er von der Sünde befreit hatte; nicht Mirjam allein stand neben ihm, sondern alle, die dem Schatten des Satans entronnen waren und zu ihrem Vater im Himmel heimgefunden hatten.

So war es auch mit ihrem Bruder Elieser.

Natürlich hatte ich von dem Wunder gehört, das der Rabbi aus Galiläa an Elieser vollbracht hatte. Und natürlich ging ein Gerücht von Ohr zu Ohr, Elieser sei gar nicht tot gewesen, sondern von einer langen Ohnmacht befallen worden. Trotzdem erzählte man sich immer noch, wie er tot dagelegen hatte, wie die Klageweiber ihn bejammerten, wie sie ihn zum Grabe trugen und wie der Rabbi ihn wieder zum Leben erweckte. Und was immer sich in Wirklichkeit abgespielt haben mochte — seit damals betrachteten die Leute Elieser mit einer gewissen scheuen Achtung, in die sich ein gut Teil Furcht mischte. In den Augen der meisten war er ein von den Toten Auferstandener. Man fühlte sich unbehaglich in seiner Nähe, man wich ihm aus, man scheute sich, ihn zu berühren. Man vermutete sogar, daß jede körperliche Berührung mit ihm verunreinigend wirke wie die Berührung eines Leichnams. Vielleicht war er ein lebender Leichnam, lebendig und tot zugleich. So hatten denn auch viele den Eindruck, als sei er nicht von einem eigenen Willen beseelt. Außerdem, ob lebend oder tot, seine hagere, abgezehrte Gestalt strömte einen Grabeshauch aus, und alle, die ihn im Tempelhof hinter seinem Rabbi stehen sahen, murmelten: „Da geht der Rabbi mit dem Golem, den er gemacht hat."

Aber an diesem Abend, als er zur Rechten des Rabbi stand und ihn mit langsamen Bewegungen bediente, mit Händen, die in der Tat wie aus Holz geschnitzt schienen, belebte ein frohes Lächeln sein Gesicht. Die großen Kalbsaugen, die wie Vollmonde in den haarlosen Höhlen saßen, sprühten Leben; sie verbreiteten nicht Schrecken, sie baten nicht in grauenhaftem Flehen um Verzeihung, daß der Tod sie nicht geschlossen habe, — sie waren voller Glück. Das Lächeln auf seinen verzerrten Lippen war nicht das Lächeln eines Dummkopfs oder eines hirn- und willenlosen Menschen, sondern viel eher das weise, sanfte Lächeln eines Menschen, der alle Geheimnisse durchschritten und den Frieden erreicht hat, das Lächeln eines Menschen, der dem Tode ins Antlitz geschaut und ihn besiegt hat, eines Menschen, der die letzten Rätsel gelöst hat und zu der endgültigen Gewißheit gelangt ist, daß jenseits des Endes das ewige Leben beginnt. Aber es war zugleich das Lächeln *aller* Geschlagenen, Schmachbedeckten und Gedemütigten, der Kranken und der Gefallenen, die am Rande des Grabes gestanden, einen Blick in die tiefe Grube getan hatten — und sodann ins Leben zurückgekehrt waren.

Hier im Hause Mirjams und Marthas, da der Rabbi mit seinen Jüngern und mit denen, die er geheilt und getröstet hatte, zu Tische saß, war er nicht mehr der Meister der donnernden Worte, nicht mehr der Mittelpunkt endloser stürmischer Dispute, sondern der Rabbi der Vergebung und Versöhnung, des Friedens und der Ruhe.

Nachdem er sich die Hände gewaschen hatte, segnete er das Brot und sprach sein Gebet an unseren Vater im Himmel, dann fügte er das vorgeschriebene Gebet hinzu, tunkte das Brot in Salz, kostete davon, brach es und verteilte es rund um den Tisch. Ein wenig später begann er zu predigen, und wie schön waren seine Worte! Ich bedauerte nur, daß die Weisen Jerusalems nicht zugegen waren, daß mein Rabbi Nikodemus ihn nicht hören konnte. Mir war, als sei mir das hohe Vorrecht zuteil geworden, am Tische des ehrwürdigen Hillel zu sitzen und ihn lehren zu hören, wie mein Rabbi und andere es mir geschildert hatten. Er sprach über das Beten. Er sagte, das Gebet sei der einzige Faden, der uns mit unserem Vater im Himmel verbinde. Dann lobte er die Größe dessen, der seinen eigenen Willen vor dem Willen seines Bruders beugt. „Wenn euer zwei", sagte er, „auf Erden eins werden, wird euch der Vater im Himmel alles gewähren, worum ihr ihn bittet. Und wenn dein Bruder an dir sündigt, so schilt ihn, und wenn er bereut, so vergib ihm. Und wenn er siebenmal an einem Tage an dir sündigt und siebenmal zu dir kommt und sagt: ‚Ich bereue!', dann sollst du ihm vergeben siebenmal." Sodann ermahnte er uns, nicht wie Knechte zu sein, die ihrem Herren um des Lohnes willen dienen, sondern wie solche, die keinen Lohn für ihre Dienste erwarten. Er erzählte uns auch ein Gleichnis von einem Herrn und seinen Knechten. Er sagte:

„Wenn du hingehst und betest, vergib allen, die dir Böses getan haben, und dein Vater im Himmel wird dir auch deine Missetaten vergeben. Aber wenn du anderen nicht vergibst, dann wird dein Vater im Himmel dir deine Missetaten nicht vergeben."

Als Rufus und ich Beth-Paga verließen, herrschte bereits tiefe Finsternis. Aus dem Tale von Jericho waren die Schatten der Nacht heraufgestiegen, und nur noch ein schwacher Nachglanz der untergegangenen Sonne färbte den Himmel gegen das Große Meer hin. Wir eilten nach Jerusalem zurück, das hingegossen lag über die Hügel und Täler. Aus unzähligen Häusern schimmerte das Licht der bescheidenen und wirtlichen Öllämpchen. Sie verkündeten, daß der Tagelöhner seine tägliche Mühsal beendet hatte und nun mit den Seinen beim Abendbrot saß. Vom Berge Moria ragte das Haus, das Gott zu seiner Wohnstatt unter den Menschen erwählt hatte, in den gestirnten Himmel empor. Die flackernden Fackeln der Tempelwächter schlugen einen lebendigen Ring um die Mauern, Türmchen und Terrassen des Tempels, der in Nacht versunken war und nur einen matten Schimmer gen Himmel sandte. Friede hing über Jerusalem.

XII. KAPITEL

Zu dieser Jahreszeit weilte ich oft in Beth-Eini. Es war ein außergewöhnlich feuchter Winter. Es regnete unaufhörlich, und die Erde war von Nässe durchtränkt. Tiefe Rinnen zeigten sich im Erdreich, als hätten zahllose Pflüge es durchfurcht. Die spärlichen Feigenbäume am Straßenrande waren kahl. Mehr als einmal in diesem Winter versuchten sie die grünen Knospen ihrer Schößlinge zu öffnen, aber kaum begannen die ersten Blätter sich zu entfalten, da verwelkten sie allsogleich.

Die Armen und Kranken versammelten sich auch weiterhin im Hause Simons, des Aussätzigen. Manche blieben lange Zeit bei ihm. Sie hausten in den Ställen auf dem Hofe, sie lagen auf dem verfaulten Stroh in den Scheuern. Die Gesünderen unter ihnen betätigten sich in Simons Haus oder in K'far Mirjam, wo es einen Hof, einen Kräutergarten und einen

Olivenhain gab. Sie jäteten, sie putzten die Bäume und gruben das Erdreich um. Andere wieder zerstampften und zermahlten in Mörsern die Kräuter und Blätter, um Essenzen und Öle zu gewinnen, die sie in der Stadt verkauften. Ich begegnete öfters dem blinden Bar Talmai, einem der Jünger, der die Werkleute in der Zubereitung der Würzen unterwies. Die Armen, die sich um den Rabbi geschart hatten, saßen an einem Tische mit ihm und hatten teil an allem, was der Gemeinschaft gehörte.

Im Hause der Schwestern Mirjam und Martha wohnten noch einige andere Frauen, die mit dem Rabbi aus Galiläa gekommen waren, so auch Sulamith, die Mutter des Johannes und des Jakobus. Sie war einmal sehr reich gewesen. Es hieß, sie habe sich zuerst ihren Söhnen widersetzt, als sie den Entschluß faßten, die zahlreichen Fischerboote, die ihr Vater ihnen am See Genezareth hinterlassen hatte, preiszugeben und dem Rabbi nachzufolgen. Einige Zeit später ging sie zu dem Rabbi und bat ihn, im Himmelreich ihren beiden Söhnen den Platz zu seiner Rechten und zu seiner Linken zu geben. Aber nachdem sie den Rabbi gesehen hatte, blieb sie bei ihm. Sie verkaufte ihre Boote und begleitete ihre Söhne nach Jerusalem. Das Geld legte sie in den gemeinsamen Schatz, und sie wohnte nun im Hause Mirjams und Marthas. Zuerst half sie im Haushalte mit, aber binnen kurzem nahm sie die Leitung ganz in die Hand. Denn bis dahin war der Haushalt wie ein steuerloses Schiff gewesen. Wer immer wollte, kam und aß und trank, und die Scharen der Armen plünderten die Vorratskammer leer. Aber als Sulamith die Aufsicht übernahm, hielt sie alle, die arbeitsfähig waren, zu gewissen Dienstleistungen an. Unermüdlich wirtschaftete sie im Hause umher und erteilte ihre Anordnungen. Sie trug ein dickes Wollkleid, eine Kopfbedeckung aus schwerem Filz und Filzstrümpfe unter den Sandalen, denn sie kam von den sonnigen Ufern des Sees Genezareth und fühlte sich in dem rauhen, feuchten Winter Jerusalems nicht heimisch. Immer hörte man ihre strenge Stimme schelten und befehlen:

„He, ihr Faulpelze! Glaubt ihr, weil morgen das Himmelreich kommt, braucht ihr heute das Feld nicht mehr zu jäten? Wenn erst das Himmelreich da ist, ist Zeit genug, die fertigen Brote von den Halmen zu pflücken. Inzwischen aber habt ihr den Acker zu bestellen und ihn, wenn es sein muß, mit euren Nasen zu pflügen. Und du! Willst du den ganzen Tag herumliegen und nichts tun? Geh' hinaus und sammle die herabgefallenen Blätter und Zweige und trockne sie, und heb' den

Mist der Tiere auf und trockne den auch, damit wir Brennstoff haben! Wie sollen wir sonst den Ofen heizen?“ Dann wandte sie sich von irgendeinem alten Bettler zu einem jungen Weib. „Auch du, du Hübsche, glaubst du, weil das Himmelreich bevorsteht, müssen wir im Dunkeln sitzen? Geh', putze die Lampen und spinne Dochte! Hast du nicht gehört, daß die klugen Jungfrauen ihre Lampen bereit halten, um ihrem Bräutigam entgegenzugehen?“

Sie tadelte auch Mirjam von Migdal, die sie als das verwöhnte Kind der Gemeinschaft betrachtete; sie befahl ihr, nicht so viel Zeit damit zu verbringen, daß sie ihre Öle und Essenzen von einem Fläschchen in das andere gieße und die Gewänder des Rabbi nähe und wasche, sondern lieber bei der gröberen Hausarbeit Hand anzulegen. „Wenn das Himmelreich kommt“, sagte sie in scharfem Ton, „werden wir alle bevorzugt sein. Ich werde die Mutter zweier Prinzen sein. Aber bis dahin müssen wir alle arbeiten.“

Und es war auch wirklich so, daß die, die sich dem Rabbi anschlossen, in Untätigkeit und in eine Art göttlicher Trägheit verfielen. Jeder glaubte, das Himmelreich stehe nahe bevor und würde jeden Augenblick anbrechen: was hatte es dann für einen Sinn, für den kommenden Tag, ja, auch nur für die nächste Mahlzeit zu sorgen? Hatte nicht der Rabbi selbst gesagt: „Stellt alle eure Sorgen dem Vater im Himmel anheim?“ Und: „Fragt nicht, was wir morgen essen werden.“ Und: „Er weiß, wessen ihr bedürft.“ Inzwischen aber mußte man essen, man brauchte Kleider, um seine Blöße zu bedecken und ein Dach über dem Kopf — nicht nur für die, welche in der nächsten Umgebung des Rabbi weilten, sondern für alle die Armen, die zu ihm kamen und bei ihm blieben.

Im Hause der beiden Schwestern wohnte noch eine zweite Frau namens Mirjam, und um sie von Mirjam Magdala zu unterscheiden, nannte man sie „die Mutter Jakobs und Josephs“. Sie muß mit dem Rabbi nahe verwandt gewesen sein. Sie stammte aus Galiläa, und manche Leute flüsterten sogar, daß sie des Rabbi Mutter sei, aber niemand wußte es genau. Alle sahen jedoch, daß der Rabbi sie hoch in Ehren hielt und ihr bei Tisch einen Platz in seiner Nähe anwies, und deshalb begegneten ihr auch die anderen mit sehr viel Achtung. Sie war von hoher Gestalt. Wenn sie unter die Leute ging, trug sie stets einen dunklen Schleier vor dem Gesicht, ein Zeichen ihrer adligen Herkunft. Sie beschäftigte sich gleich der anderen

Mirjam nicht mit der gröberen Arbeit, sondern half ihrer Namensschwester, des Rabbis Kleider in Ordnung halten und ihm sein Essen bereiten. Das betrachteten die beiden Mirjams gleichsam als ein heiliges Werk. Jedes Gewand, das der Rabbi trug, war in ihren Augen ein Heiligtum wie die Gewänder des Hohenpriesters. Der Rabbi ging stets weiß gekleidet, wie die Schrift sagt: „Dein Gewand soll immer weiß sein und dein Haupt nicht der Salbe ermangeln." Die Mirjams woben und wuschen nicht nur seine Gewänder, sie nähten ihm auch seine Sandalen. Sie bereiteten seine Mahlzeiten mit frommer Andacht, wie man auf dem Altar ein Opfer darbringt. Denn der Rabbi legte großes Gewicht auf seine Kleidung und hielt seine Mahlzeiten wie einen Opferdienst. Er liebte Weihrauchgeruch und linde Salben. Der Tisch, an dem er saß, war mit schönem Linnen gedeckt. Für das alles sorgten die beiden Mirjams mit heiliger Hingabe. Sie verrichteten ihre Arbeit wie in einem Traum, und wenn sie gemeinsam bei seinen Kleidern saßen, sprachen sie mit flüsternder Stimme wie Priesterinnen in einem Tempel.

So fiel die schwere Hausarbeit und die Arbeit auf den Feldern und im Garten und die Speisung der Armen den beiden anderen Frauen, Martha und Sulamith, zu. Ein Mann nur gehörte dem Haushalt an, nämlich Elieser. Aber er ging noch verträumter umher als die beiden Mirjams, denn ob er auch von den Toten auferweckt worden war, schien er mehr in der anderen Welt als in dieser zu leben. Manchmal hörte man ihn mit Geistern reden, die er mit den Augen seiner Träume erblickte. Deshalb war er im Hause wenig zu gebrauchen.

Auch die Jünger halfen nur selten mit. Den ganzen Tag über blieben sie in der Stadt. Viele von ihnen gingen arbeiten, um das verdiente Geld in den gemeinsamen Schatz zu legen. Andere verbrachten ihre Zeit in den Armenvierteln der Stadt und verkündeten das Evangelium ihres Rabbi. Aber den Simon und die beiden Söhne des Zebedäus behielt der Rabbi stets bei sich.

Martha war die leibhaftige Arbeit. Ich sehe sie noch auf dem Hofe stehen, in der feuchten Kühle eines Wintertages, und Kleider waschen in einem Eimer oder, über den Ofen gebückt, flache Brote backen oder Linsen und Gemüse in einem großen irdenen Topfe kochen: ihre untersetzte, breite Gestalt ist in ein sackleinenes Gewand gehüllt, ihre roten, geschwollenen Beine schauen unter dem Rock hervor, der ihr zu kurz ist. Auch ihr Gesicht und die Arme waren rauh und gerötet, von der Kälte gehärtet, vom Rauch gebeizt, und ihre Haare zerzaust und mit dem Staub bedeckt, den der Wind vor sich hertrieb. Im Hause steht ihre Schwester Mirjam. Sie trägt ein seidenes Gewand, ihre Füße stecken in laodiceischen Sandalen, das Geflecht ihrer Haare verschleiert ihr Haupt und fällt über ihr Antlitz herab. Mit zitternden Fingern bereitet sie den Weihrauch, der im Hause verbrannt werden soll, wenn der Rabbi kommt. Oder sie röstet Spinat oder Spargel über einer mit den feinsten Ölen gespeisten Flamme. Martha war keinen Augenblick lang müßig. Wenn sie nicht gerade kochte, scheuerte sie die Gefäße, wenn sie nicht gerade wusch, jätete sie das Unkraut im Garten. Unterdessen saß ihre Schwester Mirjam bei der anderen Mirjam und erzählte ihre Träume und Gesichte von des Rabbi Reich und vom Himmelreich. Und Martha hatte sich sicherlich oft dagegen aufgelehnt. Es hieß, daß sie sich sogar einmal bei dem Rabbi über ihre Schwester beklagt habe, die sich nicht an der Arbeit beteiligen wolle. Aber der Rabbi soll geantwortet haben: „Deine Schwester hat das bessere Teil erwählt.“ Seither beklagte sie sich nicht mehr. Schweigend und unterwürfig nahm sie das Los hin, das ihr zugefallen war.

* *
*

Am Tage predigte der Rabbi von Galiläa auf den Straßen und Marktplätzen Jerusalems und im Tempelhof unter den Säulengängen. Abends ging er nach Beth-Eini hinauf. Beth-Eini ist vom Tempel aus auf zwei Wegen zu erreichen: der kürzere und stillere führt über eine Treppe, steil wie ein Wasserfall, von den Mauern ins Kidron-Tal, der andere ist länger und windet sich durch die Untere Stadt am Dung-Tor vorbei. Der Rabbi wählte stets den längeren Weg und eilte mit seinen Jüngern durch die schmalen gewundenen Gäßchen. Auf diese Weise war er sicher, alle Verfolger abzuschütteln, denn er hielt seinen Aufenthaltsort in Jerusalem geheim. Auch seine Jünger hüteten sorgsam das Geheimnis. Nachdem er bereits mehrere Monate in der Stadt geweilt hatte und überall bekannt war, wußten die Schriftgelehrten, die Weisen und die Priester noch immer nicht, wo er seine Nächte verbrachte. Auch mein Rabbi wußte es nicht, bis ich den Ort entdeckte und ihm von den Armen und Kranken erzählte, die sich dort versammelten. Mein Rabbi befahl mir, das Geheimnis für mich zu behalten; wenn der

Rabbi von Galiläa seine barmherzigen Werke nicht wolle bekannt werden lassen, habe er zweifellos seine Gründe dafür.

Den ganzen Winter hindurch predigte der Rabbi in den Synagogen und Tempelhöfen von der Ankunft des Himmelreichs. Niemand belästigte ihn. Die Stadt gewöhnte sich an den Ton seiner Predigten, und seine Anspielungen auf das Himmelreich hielt man allgemein für rein symbolisch. Die Weisen verziehen ihm sogar mit der Zeit seine scharfen, gegen sie gerichteten Anwürfe: die Gewöhnung besiegte ihren anfänglichen Groll. Es war in weiten Kreisen bekannt, daß der Rabbi aus Galiläa alle Gebote der Thora befolgte, einschließlich der kleinsten und der mündlich überlieferten. Und wenn er auch die Pharisäer nicht schonte, so befahl er doch seinen Zuhörern, das zu befolgen, was die Pharisäer predigten, denn, sagte er, sie sitzen auf dem Stuhl Mosis. Seine Frömmigkeit, seine Gesetzestreue und seine guten Werke, seine Gebete und sein Eintreten für die Armen und Entrechteten waren bekannt. Und obwohl er in Jerusalem außer der einen oder anderen Krankenheilung keine Wunder verrichtete und sich wie jeder andere Rabbi benahm, warteten immer noch viele auf den Tag, da sich das alles erfüllen sollte, was er in Andeutungen und Symbolen verkündigte. Auch manche, die über ihn lachten, sehnten sich insgeheim nach dem Zeitpunkt, da er sich offenbaren würde, und erhofften sein baldiges Kommen. Denn die Tage reiften großen Ereignissen entgegen.

Mein Rabbi Nikodemus gehörte zu denen, die nun täglich darauf warteten, daß der Galiläer seine Sendung offenbaren würde. Ich hatte bemerkt, daß mit dem Erscheinen des Galiläers in den Straßen Jerusalems wieder eine tiefe Veränderung über meinen Rabbi gekommen war. Nach seinem letzten Besuch in Galiläa hatte er seine alte Gelassenheit wieder gefunden, aber mit der Ankunft des Galiläers bemächtigte sich seiner eine wachsende Unruhe, ein heiliges Fieber. Mit der Zeit wurde sein Interesse zu einer wahren Besessenheit. Er folgte dem Galiläer auf Schritt und Tritt, um immer mehr und mehr zu hören. Er selbst nahm seine messianischen Predigten wieder auf und berief oft die Brüderschaft zusammen.

Dann veranstaltete einmal Hillel eine Begegnung zwischen Nikodemus und dem Rabbi aus Galiläa; ja, Hillel der Wasserträger — und nicht Judas Ischariot oder einer der anderen Jünger. Die Zusammenkunft war geheim, und wir, Rufus und ich, erfuhren nur zufällig davon. Wir stutzten, als eines Abends der Rabbi uns befahl, ihm sein feierlichstes Gewand zu bringen, den weiten, langen schwarzen Itztla oder Mantel, den er immer nur dann anlegte, wenn er sehr hochgestellten Personen einen Besuch abstatten wollte. Wir waren außer uns vor Freude, als er uns aufforderte, ihn zu begleiten und die Lampen vor ihm herzutragen. Der Wasserträger Hillel war bei uns, und er geleitete uns zu seiner Behausung in der alten Mauer. Als wir die schmalen Stufen erreichten, die in die Kellerhöhle hinabführten, befahl uns der Rabbi, draußen zu warten. Auch Hillel durfte nicht mit hineingehen. Aber Rufus und ich merkten sofort, daß drinnen der Rabbi von Galiläa wartete, denn wir hatten einen der Männer erkannt, die gleich uns am Eingang standen: es war ein Gefährte des Galiläers, aber keiner seiner Vertrauten, denn nicht einmal der geliebte Simon war in das Geheimnis eingeweiht. Es dauerte ziemlich lange, bis mein Rabbi herauskam. Ich weiß nicht, worüber sie sich unterhalten hatten. Aber unsere Annahme, daß der Galiläer zugegen gewesen sei, bestätigte sich, als unser Rabbi uns befahl, niemand zu sagen, daß er an diesem Abend die Behausung Hillels aufgesucht habe.

* *
*

Nicht lange darauf gingen Rufus und ich wieder einmal nach K'far Mirjam und erfuhren zu unserem Erstaunen, daß der Rabbi von Galiläa nicht mehr da war. Auch seine Jünger waren verschwunden. Nur die Weiber und die Schar der Kranken und Armen waren zurückgeblieben, und die letzteren wunderten sich nicht weniger als wir. Und sie wollten es auch nicht recht glauben, als man ihnen sagte, der Rabbi habe sich an einen unbekannten Ort zurückgezogen.

Auch Judas Ischariot, der in der letzten Zeit unseren Rabbi häufiger besucht hatte, war verschwunden.

Es war gegen das Ende des Monats Adar, da die Halb-Schekel-Steuer an den Tempelschatz zu entrichten ist. Frühlingswinde wehten über Jerusalem. Die Abende wurden heller und milder, und das Sonnenlicht zögerte lange auf den goldenen Türmchen des Tempels. Dicker Rauch stieg wie eine Feuersäule von dem großen Altar zu den rötlichen Wolken empor, die zu später Stunde noch am Himmel hingen. In den Häusern Jerusalems begannen die Weiber den angehäuften Unrat des Winters wegzuschaffen und sich auf die zahlreichen Pilger vorzubereiten, die zum Passah-Fest in die Stadt strömen würden.

Während dieser Zeit ließ der Rabbi sich nirgends blicken.

XIII. KAPITEL

Wessen Stimme hatte verkündet, daß das Passah-Fest dieses Jahres in Jerusalem einen zweiten Exodus aus der Sklaverei bringen würde? Freilich wurden ähnliche Dinge vor jedem Passah-Fest gesagt; diesmal aber hing die Verkündigung wie ein göttliches Wort in der Luft, als hätten Himmel und Erde die Kunde gesandt. Nie war die Sonne so strahlend gewesen, nie hatte Gott die Jahreszeit der Befreiung in ein so leuchtendes Gewand gekleidet. Große Eimer Lichts wurden in die Straßen ausgegossen, und in schimmernden Katarakten sprühte das Licht von den Mauern zurück. Selbst die Motten im Sonnenschein tanzten mit ungewöhnlichem Geglitzer. Die Terrassen, die Dächer und die Wasserzisternen auf den Dächern, die Tore und Türme der Paläste waren alle in ein weißes Feuer gehüllt.

Und die Gürtel dunkler Zypressen und silbriger Ölbäume rund um die Stadt wurden plötzlich grüner. Jede freie Spanne Bodens war mit frischem Grün bedeckt. Aus den Höfen der Reichen wie der Armen stieg der Duft der schwellenden Feigenknospen hervor, und die Luft war von dem Weihrauch jungfräulichen Blühens erfüllt. Der mit feuerrotem Mohn übersäte grüne Teppich rollte bis in die Zitadelle der Armut, in die Täler des Kidron und Hinnom, und entfaltete sich von dort triumphierend zu der Oberen Stadt empor. Rund um die Wasser des Siloah begannen uralte, zerzauste Oleander zu blühen. Selbst im Schatten der Davids-Mauer reckten Lavendelbüsche ihre Köpfe, während unter jeglicher Hecke in der Alten Stadt Kränze süßer Erbsen sproßten und die Anemonen und Zyklamen ihre winzigen Fackeln schwenkten. Der Jasmin wanderte bis zu der Herberge der Treiber hinab und blühte unter den Hufen der Esel und Kamele. Aus Myriaden sich öffnender Knospen stieg ein Hauch des Lebens hervor, der alle Menschen mit Kraft und Tätigkeitsdrang erfüllte, während das Frühlingslicht, das auf sie niederströmte, in ihren Herzen eine rastlose Erwartung auslöste.

Jerusalem legte ein neues Gewand an und öffnete weit seine Tore den Kindern, die aus allen Winkeln der Erde herbeigeeilt kamen. Die ersten waren die Babylonier. Man erkannte sie sofort an ihren dichten, schwarzen, krausen Bärten und an den Locken, die wie Glocken über ihre Schultern hingen. Ihre Gesichter waren dunkel und schimmernd, wie mit Öl gesalbt. Sie trugen ärmellose weiße Mäntel aus geflochtenem Kamelhaar, die der ganzen Länge nach bis zum Halse mit goldenen Häkchen verschlossen waren und bis über die Sandalen hinabreichten. Sie waren fast alle reich; das sah man sofort an ihren glitzernden Fingerringen. Während ihres Aufenthaltes in Jerusalem wohnten sie bei ihren reichen Verwandten in der Oberen Stadt, wie die meisten Tyrer und Sidonier, die Zyprioten und die, die aus den phönizischen Provinzen kamen. Die Tyrer trieben einen wahren Kult mit ihren Bärten. Alle kunstreichen Moden, die die syrischen Barbiere je erfunden hatten, wurden von den phönizischen Juden zur Schau gestellt. Etliche von ihnen trugen ihre Bärte in winzigen, gekräuselten Rosetten, die wie Kränze ihre Gesichter umgaben. Andere ließen ihre Bärte in breiten Beeten wie einen Garten über die Brust hängen. Wieder andere hatten ihre Bärte in aufeinanderfolgenden und einander überdeckenden Wellen geordnet. Noch andere hatten aus den Haarsträhnen gesonderte Zöpfe geflochten. Ebenso wie mit ihren Bärten machten die phönizischen Juden auch mit ihren Gewändern viel Staat. Alle die Tiere des Feldes und Waldes waren auf ihren Mänteln, Tuniken und Gürteln abgebildet. Die Schriftgelehrten Jerusalems hegten den Verdacht, daß das Gewebe dieser Gewänder oft aus einer verbotenen Mischung von Wolle und Leinen bestehe. Ebenso protestierten sie gegen die Abbildung lebender Geschöpfe. Aber ihre Proteste blieben wirkungslos. Die Tyrer und Sidonier waren so sehr an den Schmuck der Stickereien gewöhnt, daß sie ohne ihn gar nicht mehr auskommen konnten.

Auch die Juden, die aus der Felsenstadt Petra kamen, ahmten in ihrer Tracht den Sitten und dem Geschmack ihrer heidnischen Nachbarn nach. Abermals ein Grund für die Schriftgelehrten, sich zu ärgern. Sie verlangten von allen diesen Pilgern, daß sie, bevor sie zum Passah-Opfer schritten, im Tempel ein Reinigungsopfer verrichteten und sich mit dem Wasser besprengen ließen, das die Asche der roten Färse enthielt.

Das waren die reichen Besucher aus fernen Gegenden, die bei ebenso reichen Verwandten oder Geschäftsfreunden in der Oberen Stadt oder auf den aristokratischen Höhen des Skopus-Berges wohnten. Unten aber, in den Häusern und auf den Märkten der Unteren Stadt hausten Tausende armer Pilger, Jüdinnen aus dem Jordan-Tale, Männer aus dem Bergland Judäas, Farmer aus Saron, Weinbauern aus dem Schefela, Pflüger aus Galiläa und Beth Schemen, Esel- und Kameltreiber aus dem Lande Sodom, das hinter dem Toten Meer liegt, Fischer vom See Genezareth, Seeleute aus Joppe und Akko, Gesichter, die die

Sonnenglut wie mit feurigen Zungen beleckt hatte, Gesichter, gehärtet von rauhen Winden, zerfurcht und verrunzelt von Not. Die Blöße ihrer Leiber war mit einer Kamelhaut oder einem Schafspelz oder mit dem Fell wilder Wüstentiere bedeckt. Andere wieder hatten sich schlecht und recht in einen Sack gehüllt, so daß an manchen Stellen das nackte Fleisch hervorschaute. Ihre Bärte waren nicht gekräuselt, noch geflochten, noch in Wellen und Löckchen gelegt; sie waren vom Winde gestrählt, mit Staub und Kletten bedeckt. Ihre Köpfe waren nicht mit schönen, aus Silber und Bronze gehämmerten Helmen geschmückt, sie waren wie zerzauste, vom Sturm geschüttelte Wipfel. Wenn diese Pilger durch die Straßen der Unteren Stadt gingen, verbreiteten sie nicht den zarten Duft kostbarer Salben um sich. Der Geruch der Felder und Wasser Israels, der Dunst der Herden begleitete sie. An ihren Händen blitzten keine Ringe, ihre Finger waren schwielig, die Adern wölbten sich hervor, der Schweiß der Arbeit hatte die Haut zerfurcht. Ihre Weiber gingen nicht in persischer und indischer Seide einher, sie schmückten sich nicht mit goldenen Gürteln aus Tharsis, und um ihren Hals hingen keine Ketten mit Duftfläschchen. Ihren Oberkörper bedeckte der mit den Haaren verflochtene Schleier, ihren Unterkörper ein rauhes Sackgewebe, dessen einziger Zierat ein bunter Faden war. Ihre Füße staken nicht in laodiceischen Sandalen, sie waren nackt, von Steinen zerschunden, sie glichen den Wurzeln, die der Ölbaum aus der Erde hervorreckt. Aber das waren die Menschen, die die Straßen Jerusalems füllten. Sie brachen durch die Tore Jerusalems herein wie die schäumenden Wasser eines über seine Ufer tretenden Flusses. Alle Winkel waren von ihnen voll. Sie kamen in unterschiedlichen Trupps, nach Familien, nach Dörfern, nach Landschaften geordnet. Auch sie wohnten zumeist bei Verwandten, Freunden und Dorfnachbarn, die sich inzwischen in der Stadt angesiedelt hatten. Es gab kein Haus, das nicht so viele Gäste aufgenommen hätte, wie nur darin Platz fanden, — und noch mehr. In dieser Hinsicht waren die Jerusalemiten äußerst gastfreundlich. Trotzdem mußten viele Pilger in den Kellern unter den Mauerbögen, die den großen Tempelplatz trugen, Unterschlupf suchen. Andere — in beträchtlicher Zahl — lagerten auf den Straßen, Weiber und Kinder mit ihren Schafen und ihren Ölkrügen, die sie als Opfergaben mitgebracht hatten, mit ihren Brotsäcken und ihrem sonstigen Wandervorrat. Ihre Scharen ergossen sich in die Arkaden, zwischen die Säulen, in den Schatten der öffentlichen

Gebäude, unter die Viadukte, die die Obere Stadt mit dem Tempelbezirk verbanden, sie brandeten bis an die Treppen der Paläste und bis an die Mauern der Burg des Herodes hinan. Manche verkrochen sich sogar zwischen den Säulen des Theaters und des Hippodroms, wo zu anderen Zeiten kein frommer Jude sich hätte blicken lassen. Und natürlich wimmelten die Hänge des Kidron- und Hinnomtales von ihnen. Wo es nur ging, errichteten sie ihre Hütten aus Öl- und Zypressenzweigen. Alle Mauern Jerusalems waren von den Gästen umlagert, und keine Höhle, kein Felsenloch blieb unbewohnt.

Aber nicht einen einzigen unter ihnen hörte man sagen: „Für mich ist kein Platz da, der Ort ist zu klein." Während des Tages badeten sie in den Fluten des Sonnenlichts, des Nachts stiegen Myriaden kleiner Rauchwolken von ihren Lagerfeuern auf. Aus den Tiefen der Täler rings um Jerusalem schimmerten die Öllampen, während von allen Höhen herab Signalfeuer antworteten, und es war wie eine Zwiesprache zwischen den Einwohnern und den Neuangekommenen. Es war, als hätten die Worte des Propheten sich erfüllt: „Und an diesem Tage werden die Völker der Welt zu dem heiligen Berge strömen."

Aber das dichteste Gedränge, den ganzen Umfang der Invasion, sah man erst in den Tempelhöfen. In den Gäßchen, die zu dem Tempelbezirk führten, wälzten sich in so dichtem Strome die Pilger dahin, daß nicht einmal ein Lanzenschaft zwischen ihnen Raum gefunden hätte. Alle waren bestrebt, so gut sie konnten, sich auf das große Fest vorzubereiten, sich zu reinigen, ihre Schulden zu bezahlen und ihre Gelübde zu erfüllen, ihre Opfer zu verrichten und das Steuergeld abzuliefern. Vor dem Kasten des Tempelschatzes herrschte ein fürchterliches Gedränge. Die Schatzmeister saßen hinter dem Kasten und nahmen die Gaben entgegen, Gold und Silber, Edelsteine, zarte Seide und seltene Öle, die die Pilger aus fernen Gegenden in das Heiligtum brachten. Hier standen ferner die Tische der Geldwechsler, und auch vor ihnen drängte sich eine zahlreiche Menge, die ihre Denare, Drachmen, Tetradrachmen und sonstigen fremdländischen Münzen, auf denen Menschen, Götter und Tiere abgebildet waren, desgleichen allerlei jüdische Kupfermünzen wechseln wollte, um den Tempel-Schekel zu bezahlen. An anderen Tischen saßen die Buchführer des Tempelschatzes: sie nahmen das Geld der Witwen und Waisen entgegen, das deren Vormünder hinterlegten. Alle möglichen Gelder wurden dem Tempelschatz zur Aufbewahrung übergeben, und die hinterlegten Summen wurden in ein Papyrus- oder Pergamentregister eingetragen. In der Basilika des Herodes, die am Eingang zu den Tempelhöfen stand, hatten die Söhne Hanans besondere Buden für die Festzeit errichtet, und sie hatten ihre Vorräte vom Ölberg, dem gewohnten Verkaufsplatz, hierher befördert, um die Scharen der Pilger besser bedienen zu können. In diesen Buden konnte man Tauben, Öle, Mehl, Weihrauch und Würzen kaufen, wie sie beim Reinigungsopfer Verwendung fanden. Oft warteten die Weiber in den Provinzen mit der obligatorischen Reinigung nach dem Kindbett, bis sie dieses Rituale mit einer festlichen Pilgerfahrt verbinden konnten. Viele wieder durften das Passah-Opfer nicht eher verrichten, als bis sie von der Befleckung gereinigt waren, die sie in jahrelanger Berührung mit verbotenen Gegenständen sich zugezogen hatten. Die Nachfrage nach Reinigungsriten war so groß, daß den ganzen Tag hindurch eine ungeheure, glühende Rauchsäule vom Altar emporstieg. Die Reinigungsopfer waren nirgendwo anders zu haben als in den Läden des Hohenpriesters, die von der Basilika bis in die Höfe reichten. Die Weisen und Schriftgelehrten Jerusalems sahen mit Erbitterung, wie die Söhne Hanans unter den Bögen und zwischen den Säulen ihre Buden errichteten. An diesen Orten, die das ganze Jahr hindurch von den Worten der Thora widerhallten, hörte man jetzt nichts als das heftige Feilschen der Händler. Wo die Träger des Gottesworts zu dem Volke Gottes gepredigt hatten, dort standen die Tische der Geldwechsler. Aber die Weisen konnten nichts dagegen tun. Das Haus Hanan war mächtig, die Weisen waren schwach, denn hinter den Hanans stand die römische Macht, bereit, sie gegen jeden Angriff zu verteidigen.

Die römische Macht war auch sonst in Jerusalem sichtbar genug, und ihre Augenscheinlichkeit wuchs zugleich mit dem Sonnenlicht und dem Pilgerstrom. Die Arme Edoms und seine eisernen Waffen hielten das Gotteshaus wie in einen Schraubstock gepreßt. Wenn die ersten Pilgerscharen sich in den Straßen Jerusalems zeigten, trafen neue Legionär-Kohorten aus Jericho, Caesarea, Samaria und sogar von jenseits des Jordan ein. Überall in den Tempelhöfen waren braunhäutige Askaloniten und blondhaarige germanische Reiter postiert. Sie saßen wie eine Lanzenspitze im Herzen Israels. Unablässig floß Blut. Der Fuß Edoms lastete auf dem heiligen Hause und trat das Heiligste in den Staub. Die Wachen in der Burg Antonia wurden verdoppelt und verdreifacht. Man sah sie zu jeder Stunde des

Tages die Balkone und Terrassen des Turmes besetzt halten. Ihre feindseligen Blicke blitzten zu uns herab, ihre Fäuste waren geballt, ihre Schwerter frisch geschärft, ihre Panzer blank geputzt — und ihre Herzen von Haß und Neid erfüllt. Das ganze Jahr hindurch bewachte die Burg Antonia von fern her den Tempelbezirk; jetzt aber strömten ihre Kohorten aus der Festung hervor und mischten sich unter die Menge. Starke Wachtposten standen an den Toren, an den äußeren, die zu dem Tempelbezirk überhaupt führten, und an den inneren, die zu den innersten Höfen führten. Selbst am Eingange zum Allerheiligsten stand eine Wache, und wenn die Wachen abgelöst wurden, hörte man den rhythmischen Marschtritt der Krieger, Schilde klirrten, nackter Stahl blitzte. Des Nachts zogen ihre wandernden Fackeln einen Kreis um die Mauern — damit man die ewig wache Drohung nicht vergesse, die gegen das Herz Israels gerichtet war.

In diesem Jahre kam der Prokurator früher als sonst nach Jerusalem. Er brachte ein zahlreiches Gefolge mit. Man begegnete ungewöhnlich viel Römern in den Straßen der Stadt. Die Wälle um den Palast des Herodes waren streng bewacht. Niemand durfte sich der Residenz des Prokurators oder den übrigen Gebäuden des herodischen Palastes nähern, die voller Soldaten, Beamten und Verwaltungspersonal waren. Des Nachts beleuchtete der rötliche Glanz der Fackeln die Zinnen und Schießscharten der Mauern. Auch die anderen Paläste Jerusalems, die fast das ganze Jahr hindurch düster und verlassen dastanden, wurden jetzt hell. Der grimmige und ehrwürdige Palast der Hasmonäer, der von einem Ende des Jahres bis zum anderen in Finsternis gehüllt war, erwachte plötzlich zum Leben. Die herodischen Fürsten waren nach Jerusalem gekommen und hatten ihre Leibwachen mitgebracht. Manchmal erblickte die Bevölkerung den Herodes Antipas selbst, der vor kurzem aus Tiberias eingetroffen war, wie er in Gesellschaft seiner Frau oder Konkubine Herodias hinter spitzen Gitterstäben auf und ab spazierte. Ab und zu rottete sich das Volk gegen ihn zusammen. Einige der Priester, die gesehen hatten, wie der Edomiter (so nannten sie Herodes) und sein Weib in die Tempelhöfe hinabstarrten, hatten den Zeloten in der Stadt von dieser Schändung berichtet. Eine wütende Volksmenge lief zusammen, Steine wurden geworfen, Rufe ertönten: „Edomiter, weg von hier!“ Die Wächter griffen die schimpfenden Zeloten und übergaben sie den römischen Behörden. Die Römer ließen sie laufen, denn es herrschte erbitterte Feindschaft zwischen Herodes und dem Prokurator.

Zugleich mit dem Gefolge des Herodes und des Prokurators kamen Scharen syrischer Köche, chaldäischer Barbiere, arabischer Huren, Scharen von Masseuren und Duftmischern nach Jerusalem. Die ganze Obere Stadt war mit ihren Gerüchen durchtränkt. Auch im Palaste des Hohenpriesters wimmelte es von Gästen, denn sämtliche Zweige der Familie hatten sich zum Fest in Jerusalem versammelt, und sie gingen alle in Amtsgewändern umher, denn jeder bekleidete den einen oder anderen hohen Posten in der Tempel-Hierarchie. Kaifas war regierender Hohepriester; er war der Schwiegersohn des alten Hanan, und der alte Hanan selbst war, wie sein ältester Sohn Elieser, ein ehemaliger Hohepriester; er stand daher im gleichen Range wie der regierende Hohepriester. Aber die nach der Hohenpriesterschaft höchste Stellung bekleidete Jochanaan, Hanans zweiter Sohn. Er sollte die Nachfolge des jetzigen Hohenpriesters antreten und fungierte daher als S'gan oder Hauptgehilfe des Hohenpriesters. Der dritte Sohn war Schatzmeister des Tempels, ein anderer Sohn Aufseher über die Öl- und Wollvorräte, und wieder ein anderer Befehlshaber der Tempelwachen. Kaifas' Palast in der Oberen Stadt war der Sammelplatz der lärmenden Beamtenschaft, die mit dem Herannahen des Passah-Festes Jerusalem überfiel. Jeden Abend fanden Bankette statt; die Mächtigen der Priesterkaste schwelgten, tranken und vergnügten sich. Die übrige Aristokratie, die aus ihren Winterquartieren in die Stadt zurückgekehrt war, folgte dem Beispiel der Priesterkreise. Auch sie waren von Verwandten und Freunden begleitet, auch sie verbrachten die Zeit mit Schwelgen und Bankettieren. Abend für Abend tönte Flötenmusik aus den Fenstern ihrer Residenzen. Zahllose Lampen leuchteten von den Mauern, den Balkonen und Terrassen. Vorhänge aus kostbarem weißen Stoff hingen vor den Toren der Häuser, um allen Vorübergehenden kundzutun, daß drinnen Gäste bewirtet würden.

Das herodische Hippodrom in der Oberen Stadt war den Juden Jerusalems zu allen Zeiten ein verhaßter Anblick, aber während der Festwochen wurde es den Schriftgelehrten und Weisen besonders zuwider, weil die Vorbereitungen für die heidnischen Spektakel begannen. Es ging das Gerücht um, daß auch die Söhne Hanans beschlossen hätten, an den Maskeraden, Pantomimen und rhetorischen Wettbewerben zwischen Berufsschauspielern und Amateuren teilzunehmen, die zur Belustigung der Gäste veranstaltet werden sollten. Pilatus kümmerte sich persönlich um diese Veranstaltungen. Innerhalb der Mauern des Hippodroms standen die Statuen römischer Cäsaren, die kein anderer als der alte Herodes, er, den sie Herodes, den Gottlosen, nannten, hatte errichten lassen. Kein Wunder, daß der ganze Haß der frommen Jerusalemiten sich auf dieses Gebäude konzentrierte. Jedes Frühjahr träumten sie davon, seine Mauern zu erstürmen, sie Stein für Stein niederzureißen, bis nichts mehr übrig bliebe als ein Trümmerhaufen. Diesmal schien Pilatus zu befürchten, daß sie den Versuch machen würden, ihren Traum zu verwirklichen, und er umgab das heidnische Bauwerk mit einer verstärkten Wache askalonitischen Fußvolks und germanischer Reiterei. Unter den Juden verbreitete sich ein schreckliches Gerücht, daß in diesem Jahre Pilatus Gladiatorenspiele und Zweikämpfe zwischen Menschen und wilden Tieren veranstalten wolle, und die Tiere seien bereits in großen Käfigen in die Stadt gebracht worden. So etwas aber, murmelten die Massen, würde es in Jerusalem niemals geben, nein, und wenn Tausende von Juden ihr Leben lassen müßten. Besonders die Anhänger des Bar Abbas machten sich das Gerücht von den wilden Tieren reichlich zunutze, um die Bevölkerung aufzuhetzen. Sie empfingen die anrückenden Pilger mit scharfen und aufreizenden Worten. Sie gaben ferner zu verstehen, daß die Erstürmung des Hippodroms nur der Auftakt zu den gewaltigen Ereignissen sein würde, die sich während des Passah-Festes in Jerusalem abspielen sollten. Aber was das für Ereignisse sein sollten, wußten sie nicht.

Dann, ganz plötzlich und unerwartet, ereignete sich etwas.

Ich erinnere mich noch an alles genau so, als ob es heute stattgefunden hätte. Es war frühmorgens um die Zeit des Schachrith-Gebetes, am zweiten Wochentag nach dem Großen Sabbath. Bis zum Fest waren es noch fünf Tage. Mein Rabbi Nikodemus saß vor uns in der Synagoge auf seinem Schemel, und wir, seine Schüler, saßen zu seinen Füßen, und während er zu uns redete, kam Judas Ischariot hereingestürzt. Seine Augen waren von Schlaflosigkeit entzündet, aber sie leuchteten in einem wilden Feuer und schwammen zugleich in heißen Tränen. Er war noch magerer geworden, seitdem wir ihn zuletzt gesehen hatten, so mager, daß er durch die Luft zu schweben schien. Mit wehendem Mantel kam er auf uns zugelaufen, streckte seine knochigen Arme aus, und ohne uns und den Rabbi auch nur mit einem Wort zu begrüßen, rief er heiser:

„Es hat begonnen!“

Wir Schüler waren wie versteinert. Der Rabbi aber blieb ruhig und fragte:

„Was ist mit dir, Judas? Was hat begonnen?“

„Die Erlösung!“ rief Judas.

Das Blut wich aus unseren Wangen. Erschrocken starrten wir einander an. Aber der Rabbi fragte, immer noch ganz sanft:

„Erzähle uns, was geschehen ist, Judas. Wo bist du die ganze Zeit gewesen, Judas? Und wo ist dein Rabbi, Judas?“

„Mein Rabbi? Der König Messias steht vor den Toren Jerusalems. Er kommt geritten, ein armer Mann auf einer Eselin, wie der Prophet es verkündigt hat, um die Stadt in Besitz zu nehmen.“

Und bevor man eine weitere Frage an ihn richten konnte, hob Judas seine Hände zum Himmel, und seine Füße begannen sich im Tanzschritt zu bewegen. Er klatschte in die Hände, er fing zu singen an. „Ein Stern ist über Jakob aufgegangen! Ein Kind ist uns geboren! Dieser Tag ist der Tag des Herren! Und er wird die zerstörte Stätte Davids wieder aufbauen!“

Mein Rabbi rührte sich noch immer nicht. Er hielt den Blick auf Judas gerichtet und sagte nicht in sanftem, sondern in befehlendem Tone:

„Berichte, Judas, was geschehen ist. Es ist keine Zeit zum Singen.“

Judas erwachte aus seiner Verzückung. Er begann in atemloser Erregung zu erzählen. Und diesmal schickte uns der Rabbi nicht hinaus. Er empfand genau wie wir, daß die Zeit der Heimlichtuerei und Verschwiegenheit vorbei sei.

„Vor zehn Tagen verließen wir Jerusalem. Der Rabbi rief uns zusammen und führte uns in die Wildnis von Judäa. Wir kamen zu dem Ort, wo Jochanaan gepredigt hatte. Der Rabbi hieß uns vorangehen an den Jordan und dort auf ihn warten. Keiner blieb bei ihm, nicht einmal seine liebsten Jünger Simon und Jakobus und Johannes, sondern er blieb allein in der Wildnis. Wir ließen ihm weder Brot noch Wasser zurück. Es gibt dort nur das Wasser, das aus einer Quelle kommt und so tief ist, daß man einen Menschen darin taufen kann. Dort blieb der Rabbi allein, drei Tage und drei Nächte lang. Als er aus der Wildnis zu uns kam, fielen wir vor ihm nieder, denn er war nicht mehr derselbe. Die Furcht Gottes war über ihn ausgegossen; es war, als hätten die Cherubim ihn aufgehoben und durch die Reihen der himmlischen Heerscharen getragen. Sein

Gesicht loderte in einem weißen Feuer, und seine Glieder zitterten, wie König David gesagt hat: ‚Alle meine Gebeine sollen den Herrn verkünden!' Es war alles anders als bisher, und wir fühlten, daß mit ihm etwas Großes und Wundersames geschehen werde, aber wir wußten nicht, was es sei. Und wir wußten auch nicht, was der Rabbi ganz allein in der Wildnis getan hatte. Er blieb mit uns drei Tage am Jordan. Er taufte sich, als wolle er sich bereit machen. Und wir Jünger sagten zu einander: ‚Jetzt ist die Stunde da!' So war es auch! Denn als wir vom Jordan nach Jericho kamen, da erkannten ihn die Menschen, nicht nur die Sehenden, sondern auch die Blinden.

Am Straßenrande saß der blinde Bar Talmai, und als der Rabbi vorüberkam, da war es, als sähe er ihn, denn er streckte die Hände aus und rief: ‚Sohn Davids, erbarme dich meiner!' Als wir dieses große und erhabene Wort von dem Blinden vernahmen, wollten wir ihn zum Schweigen bringen. Simon aber rief: ‚Das ist ein gutes Zeichen! Ein Zeichen, daß das Himmelreich beginnt, denn die Blinden sehen das, was die Sehenden nicht sehen!'

Sodann sagte der Rabbi zu dem Blinden: ‚Dein Glaube hat dich geheilt!' Seit damals geht Bar Talmai, den wir immer nur blind gekannt haben, sehend umher, er folgt dem Rabbi und ruft: ‚Ich sehe! Ich sehe! Jeschua ben David, erbarme dich unser!' Jetzt aber versucht niemand mehr ihn zum Schweigen zu bringen. So zogen wir in die Stadt Jericho ein. Es war, als wäre eine himmlische Stimme uns vorausgeeilt und hätte unser Kommen angekündigt, denn die Leute strömten aus den Häusern und füllten die Straßen und streckten die Arme nach ihm aus. Es war, als fühlten sie die Macht, die ihm verliehen ist, und sie segneten ihn. Sie verlangten nichts von ihm. Die Mütter brachten ihre Kinder und reichten sie ihm hin. Die Leute zankten miteinander um die Ehre, ihn beherbergen zu dürfen, denn jeder wollte, daß der Rabbi sein Haus durch seinen Eintritt segne. Aber der Rabbi erblickte einen kleinen Mann, der auf einen Feigenbaum geklettert war, um den Rabbi sehen zu können. Ihm rief der Rabbi zu: ‚Komm herunter, Zachäus, denn heute will ich in deinem Hause einkehren.' Als der Mann das hörte, sprang er vor Freuden mit der Gewandtheit eines Jünglings aus dem Geäst, eilte zu dem Rabbi hin, verneigte sich vor ihm und führte ihn zu seinem Hause. Das Volk Jerichos war erstaunt, sie murrten und sagten: ‚Sehet, er kehrt bei einem Sünder ein.' Denn Zachäus ist der Oberste der Zöllner.

Aber Zachäus trat vor den Rabbi hin und bekannte seine Sünden und sagte: ‚Siehe, Herr, die Hälfte meiner Güter gebe ich den Armen. Und wenn ich jemand betrogen habe, gebe ich es ihm vierfältig wieder.‘ Der Rabbi Jeschua tröstete ihn und sagte: ‚Heute ist deinem Hause Heil widerfahren, denn du bist auch ein Sohn Abrahams.‘ Und zu den Leuten, die umherstanden und sich wunderten, daß er im Hause eines Zöllners einkehrte, sagte der Rabbi: ‚Denn des Menschen Sohn ist gekommen, das zu suchen und selig zu machen, was verloren ist.‘ Und der Rabbi willigte ein, drei Tage lang im Hause des Mannes zu bleiben. Er aß dort und schlief dort und rastete dort. Wir waren alle bei ihm, denn das Haus des Zöllners ist groß und reich. Am vierten Tage, nachdem er sich von den in der Wildnis erduldeten Mühen ausgeruht hatte, rief der Rabbi Jeschua uns zusammen und ging mit uns nach Jerusalem hinauf. Wir wußten jetzt, daß es der letzte Gang war, wir wußten jetzt, daß große Ereignisse uns in Jerusalem erwarteten.

Und so war es! Wir kamen zu den Grenzen Jerusalems, nach Beth-Paga auf dem Ölberg. Dort rastete der Rabbi ein Weilchen im Hause Simons, des Aussätzigen. Dann befahl er zweien seiner Jünger: ‚Gehet in den Flecken, der dort drüben liegt. Dort werdet ihr eine junge Eselin finden, die noch nie einen Menschen getragen hat. Bindet sie los und bringet sie zu mir. Und wenn euch jemand fragt: Warum bindet ihr die Eselin los? dann sollt ihr antworten: Der Herr bedarf ihrer!‘ Die beiden Jünger waren erstaunt und fragten einander: ‚Wozu braucht er einen Esel? Will er auf einer Eselin nach Jerusalem reiten? Wir dachten, er würde auf den Wolken nach Jerusalem reiten, wie der Prophet Elias.‘ Aber ich erinnerte sie an die Worte der heiligen Schrift. Ich sagte: ‚Habt ihr nicht in eurer Kindheit das Buch Sacharja gelernt, und erinnert ihr euch nicht, was Sacharja geweissagt hat — wie der Messias in Jerusalem einziehen wird? Der Prophet hat gesagt: Freue dich, Tochter Zions, frohlocke, Tochter Jerusalems: Siehe, dein König kommt zu dir. Er trägt das Heil und ist gerecht, er ist sanftmütig und reitet auf einer Eselin, auf dem Füllen einer Eselin.‘ Als die Jünger das hörten, waren sie froh und gingen eilig die junge Eselin suchen. Ich aber eilte in die Stadt, um dir die freudige Nachricht zu bringen, daß heute der König Messias durch die Straßen Jerusalems reiten wird, um das Reich Gottes zu beginnen, wie die Propheten geweissagt haben, um die Feinde Gottes zu vernichten, um mit fester Hand ihren stolzen Nacken zu beugen und ihren Rücken unter den Fuß des Gerechten zu bringen. Die himmlischen Heerscharen werden vor ihm herziehen!"

Als Judas seine Rede beendet hatte, stand ihm der Schaum auf den Lippen. Sein Gesicht war blaß, seine Knie schlotterten, sein Körper erschauerte in dem heiligen Feuer, das ihn verzehrte.

Auch uns befiel die Furcht Gottes, als wir diese Worte hörten. Auch wir erzitterten in dem heiligen Feuer. Nur Rabbi Nikodemus blieb sitzen, wenn auch das Blut aus seinen Wangen gewichen war und eine Blässe sein Gesicht überzog bis zu den Haarwurzeln. In ruhigem Tone sagte er zu Judas:

„Judas, hat dein Rabbi gesagt, daß er nach Jerusalem kommt, um die Macht Edoms zu brechen und sie den Gerechten zu Füßen zu legen?"

„Nein, das hat der Rabbi nicht gesagt."

„Warum also legst du deinem Rabbi Worte in den Mund, die er nicht geäußert hat? Hast du den alten Spruch vergessen: ‚Weise, achtet darauf, was ihr redet'?"

„Aber es muß so kommen, wie ich gesagt habe! Was sonst wird der Sohn Davids in Jerusalem tun? Warten wir nicht alle auf ihn? Ist es uns nicht vor Zeiten verheißen worden?"

„Judas, es wird nicht geschehen nach deinem Willen, sondern nach dem Willen Gottes. Und nicht wie wir es uns vorstellen, sondern wie es dem Himmel gefällt. Gefährlich ist der Weg, den dein Rabbi betritt, aber er ist zweifellos dazu ermächtigt worden. Wenn es von Gott ist, wird es bestehen, und wenn es nicht von Gott ist, dann mühen die Bauleute sich vergebens. Geh', Judas, erfülle das Gebot deines Rabbi. Uns bleibt nichts übrig als zu harren und zu hoffen."

Zu uns Schülern sagte der Rabbi:

„Geht und seht, was in der Stadt vor sich geht, denn große Ereignisse werden in unseren Tagen geschehen."

XIV. KAPITEL

Ein Pfeil kann nicht rascher von der Sehne schnellen, als Rufus und ich die Stufen ins Kidron-Tal hinabeilten. Wir schlugen den kürzeren Weg ein, der außerhalb der Tempelmauer beginnt, an unserer Synagoge vorbeiführt und in dem Winkelwerk der Unteren Stadt mündet. Überall in den Straßen standen Zelte, Laubhütten, Schutzdächer in wüstem Durcheinander. Wie

Ziegen hüpften wir zwischen den Menschen und Tieren dahin, krochen unter den Hecken hindurch, sprangen über die Zäune, liefen im Zickzack durch die Menge — und Judas Ischariot war immer hinter uns. Dann begannen wir den Anstieg zum Gipfel des Ölberges, gegen Beth-Eini hin, und begegneten der Prozession. Es war alles eher als eine große Prozession, wie sie einem König Messias geziemt hätte. Eine kleine Eselin schritt voran, geführt von Simon bar Jonas, eine graue, unterwürfige Eselin mit dem Kopfe eines Kalbes. Sie schaute mit einfältigen, stumpfen Tieraugen vor sich hin. Und obgleich sie jung und nicht abgerichtet war — Esel sind meist schwer zu zähmen —, schien sie zu wissen, wen sie trug. Sie hielt den Kopf gesenkt und setzte ihre Hufe ernst und sicher in das Geröll des Weges. Tücher und Fetzen waren über ihren Rücken gebreitet — und auf ihnen saß der Rabbi von Galiläa. Seine nackten, hageren Beine, die unter dem weißen Gewande hervorragten, reichten fast bis zur Erde, während sein Haupt und seine Schultern über der ihn begleitenden Menge schwebten. Er sah merkwürdig groß aus, weit größer, als ich es je beobachtet hatte. Er war hager — nichts als Haut und Knochen — und sein von dem schwarzen, graugesprenkelten Bart umrahmtes Antlitz war weiß wie sein frischgewaschenes Kleid. Tiefer Ernst und Kummer malten sich in seinen Zügen. Seine Lippen bewegten sich in stummem Gebet: Ja, er selbst wirkte wie ein verkörpertes Gebet. Die Leute, die ihn begleiteten, benahmen sich wie bei einem Gottesdienst. Sie trugen Weidenruten und Ölzweige, die sie von den Bäumen am Wegesrand abgerissen hatten, und sie streuten Laub und Gezweig auf den Pfad der Eselin. Der eine oder andere legte eines seiner sackleinenen Kleidungsstücke ab und breitete es unter die Hufe des Tieres. Es war keine große oder sonderlich stattliche Prozession, sie bestand nur aus seinen Jüngern und den Armen, die ich im Hause Simons, des Aussätzigen, gesehen hatte. Unter ihnen befanden sich einige Kranke, die auf Stöcken einherhumpelten oder von ihren Freunden gestützt wurden, zwei Blinde, die von Knaben geführt wurden, und ein paar Zöllner, die an ihren Abzeichen kenntlich waren. Ungefähr ein Dutzend Weiber folgte den Männern, und auch sie trugen Weidenruten und Feldblumen. Unter den Weibern entdeckte ich Mirjam von Migdal. Sie führte nicht den blinden alten Bar Talmai an der Hand, wie sie das früher stets getan hatte, — sondern ihre Namensschwester, die ältere Mirjam, deren hohe, dichtverschleierte Gestalt die anderen Weiber überragte. Hinter ihnen ging Sulamith, die Mutter der Söhne des Zebedäus; da sie ziemlich dick war, kam sie außer Atem, und es fiel ihr schwer, mit den anderen Schritt zu halten. Martha, die jünger und kräftiger war als sie, schleppte sie mit. Die seltsamste Gestalt in dem Zuge, ein erschreckender Anblick, war Elieser, der Bruder Marthas und Mirjams. Er ging unmittelbar hinter dem Rabbi. Sein aschgraues Gesicht stach von den anderen Gesichtern ab — ein Totenschädel auf einem bekleideten Knochengestell. Seine Beine bewegten sich steif wie hölzerne Stelzen, während er hinter der Eselin einherschritt.

Als Rufus und ich uns dem Zuge anschlossen, war das Benehmen der Leute noch ziemlich zurückhaltend. Freilich, sie klatschten in die Hände und sangen Psalmen, aber das war nur eine Art Beten. Sowie sie jedoch den Hügel hinunterzogen und sich der Stadt näherten, wurde ihr Jauchzen immer lauter. Die Weiber brachen in ein schrilles Jubelgeschrei aus, ihre Stimmen trillerten und überschlugen sich, und ihr Entzücken teilte sich den Männern mit. Mirjam von Migdal löste sich aus der Gruppe der Weiber, lief an die Spitze des Zuges, riß den bunten Mantel aus persischer Seide von ihren Schultern und breitete ihn auf den steinigen Boden unter die Hufe der Eselin. Sie verneigte sich mehrmals vor dem Rabbi, und wir dachten, sie würde sich in den Staub werfen. Sie klatschte in die Hände und rief unablässig: „Sehet, sehet, wie er kommt! Der König kommt in seiner Pracht!“

Diese Worte wirkten wie ein Signal. Judas Ischariot war der erste, der der Welt die erhabene Botschaft verkündete. Er geriet in eine so tolle Verzückung, daß er sich die Kleider vom Leibe riß, und wild in die Hände klatschend rief er:

„Gelobt sei, der da kommt im Namen des Herrn! Hosianna in der Höhe! Gelobt sei das Reich unseres Vaters David, das da kommt im Namen des Herrn! Hosianna in der Höhe!“

Als die anderen diese Worte von Judas' Lippen vernahmen, überstieg ihre Freude alle Grenzen. Es war, als sei die Verkündigung des „Reiches Davids“ in sie gefahren und zu einem Dämon geworden. Sie sangen nicht mehr die Verse aus den Psalmen der Propheten. Sie verließen den Zug, sie umtanzten den Rabbi, der nun nach Jerusalem gekommen war, um die Herrschaft im Reiche Gottes anzutreten. Sie schwenkten ihre Ölzweige. Und Simons Stimme übertönte das Singen und Rufen:

„Gelobt sei der König, der da kommt im Namen des Herrn! Friede sei im Himmel und Ehre in der Höhe!“

Dann wurde es mit einem Male anders. Die Prozession bog um die Mauer, hinter der Jerusalem verborgen lag, und erreichte den Fuß des Ölberges. Das herrliche Panorama der Stadt entfaltete sich vor ihren Blicken. Jerusalem ist mit einem Hirsch verglichen worden, der von Kuppe zu Kuppe springt. Seine Häuser, seine Paläste, seine Türme, Zitadellen und Mauern bedeckten die Hügel und füllten die Täler. Herrlich war der Anblick, denn es war um die Mittagsstunde, und der Himmel, von der frischen Frühlingssonne beglänzt, entfaltete sich über den zahllosen Gebäuden wie das Gefieder einer Henne über ihren Kücken. Und man hätte meinen können, die Stadt sei nicht aus Lehm und Stein gebaut, sondern aus Silber. Die Wasserzisternen auf den Dächern, die tiefer lagen als unsere Augenhöhe, warfen das Sonnenlicht zurück; sie waren wie kostbare Juwele in die Mauern eingefügt, die Jerusalem umgürteten. Aber die Stadt hatte den Gürtel gesprengt, sie ergoß sich über die Hänge des Skopus-Berges, sie erstreckte sich gen Bethlehem und reichte bis Beth-Paga. Aus den Mauern ragten wie mächtige Brüste die Türme und Warten empor, und die des herodischen Palastes beherrschten die anderen. Und die ganze Stadt mit ihren Häusern, Türmen und Mauern lagerte wie ein geschlagenes Heer am Fuße des schimmernden Tempelberges. Der Tempel mit seinen goldenen Toren und Balkonen war wie eine lodernde Fackel. Von der Stelle aus, wo wir standen, sah er nicht aus wie ein Werk von Menschenhand, aus irdischem Stoff geschaffen, sondern wie eine Vision, die herrlich und vollendet vom Himmel herabgestiegen war: flammende Mauern, flammende Tore, flammende Dächer. Aus dem Innern des goldenen Hauses stieg eine Rauchsäule empor. Nach unten hin war sie eine gelbe Flamme, nach oben hin eine durchsichtige graue Wolke, die in schwebende Ringe zerfiel. Der Tempel bot einen überirdischen, seltsamen, phantastischen Anblick. Aber hinter der Vision des Tempels ragte eine graue steinerne Burg, hochmütig, unverschämt, wie ein drohend geschwungener Speer in einer gewaltigen Faust.

Die Prozession machte halt, gefesselt von dem Anblick Jerusalems. Wie ein reifer Granatapfel prangte die Stadt auf den Hügeln Zions. Freudentränen funkelten in den Augen der Betrachter. Nach einem kurzen Schweigen brachen die Weiber in Lobpreisungen aus: „Oh, Jerusalem!" Der Rabbi zügelte die Eselin und heftete seinen Blick auf Jerusalem und den Tempel. Wieder trat Stille ein, alle hielten den Atem an. Zwei große Tränen quollen aus den Augen des Rabbi und liefen über seine

Wangen herab. In der Tiefe seines Herzens wußte er, was wir alle in dieser Stunde empfanden. Unsere Seelen waren erlöst und vereinigten sich mit der seinen. Es war, als hätten diese Tränen uns miteinander verschmolzen, und in uns allen war ein einziges Gebet: „Gott, erbarme dich Jerusalems!“

Die Stille dauerte nicht lange. War das nicht der König, der durch die Tore der Stadt einzieht, um die Macht Edoms wie einen Stab zu zerbrechen, die Bande zu lösen, alle Sünde zu vertilgen, alles Böse auszulöschen und ein neues Licht über der Welt anzuzünden? „Deine Augen erblicken den König in seiner Schönheit!“ Und wieder ertönte das Hosianna, wieder umfächelten sie den Rabbi mit grünen Weiden und Ölzweigen.

„Gelobt sei der König, der da kommt im Namen des Herrn! Friede auf Erden und Ehre in der Höhe! Hosianna!“

Wir betraten das Tal des Kidron und begegneten vielen Fremden, die sich im Schatten der Mauern niedergelassen hatten. Die Leute, denen wir bisher begegneten, waren auch nicht lauter Jerusalemiten gewesen, sondern zum Teil Pilger aus fernen Provinzen. Sie hatten nie etwas von dem galiläischen Rabbi gehört und wußten nicht, was diese Prozession bedeute. Einige von ihnen schlossen sich uns an, aus Neugier, da sie hörten, daß der Rabbi wie ein einziehender König begrüßt wurde. Sie wußten nicht, ob sie die Worte „Reich des Hauses David“ ernst nehmen oder für einen Scherz halten sollten. Diejenigen aber, die schon früher einmal in Jerusalem gewesen waren und Straßenunruhen oder erfolglose Rebellionen miterlebt hatten, verkannten nicht die Gefährlichkeit solcher Demonstrationen. Sie fühlten in ihren Knochen die Stockhiebe der Wächter und die Peitschen der Aufseher auf ihrer Haut. Sie erinnerten sich an das vergossene Blut und an die Schwerter der römischen Legionäre. Das Geschrei der Anhänger des Rabbi erschreckte sie, und sie warnten einander:

„Bleib' weg!“

„Der Hüter meiner Seele schütze mich vor ihnen!“ rief ein Babylonier und begann zu laufen. Sein langer schwarzer Mantel flatterte hinter ihm her.

„Das riecht meilenweit nach Tod!“ sagte ein entsetzter Saronit zu den Seinen, als die Prozession an seiner Hütte vorüberkam. „Damit wollen wir nichts zu tun haben!“ Und er hielt seine Söhne zurück, die sich dem Zuge anschließen wollten.

Alles das ereignete sich, bevor die Prozession durch das Dung-Tor in die Innere Stadt marschierte. Nun strömte das

Volk aus den Löchern und Höhlen der Davids-Mauer. Färber und Gerber und Ölmischer kamen gelaufen. Die Kamel- und Eseltreiber verließen die Herberge. Eine Schar von Wasserträgern gesellte sich zu uns, als wir durch ihre Straße zogen, viele schleppten ihre leeren oder vollen Schläuche mit. Aus einem Hof kam ein Kupferschmied, in der Hand das Metallstück, das er eben zurecht gehämmert hatte. Er fragte:

„Sagt mir, liebe Leute, wen führen sie da zum Tempel? Ist es ihr Rabbi?"

„Ein Rabbi? Ja, ein Rabbi, aber kein gewöhnlicher Rabbi! Kennst du ihn nicht? Es ist der Prophet aus Nazareth!"

„Wie? Ein Prophet aus Nazareth? Wer hat je gehört, daß ein Prophet aus Nazareth kommen wird?"

„Aber das ist doch der Galiläer, der so oft unsere Kinder gesegnet hat!"

„Sie führen den Propheten von Galiläa in den Tempel, um ihn zum König zu krönen!" rief von der Straße ein Mädchen zu einem Loch in der Mauer empor, an dem das Gesicht ihrer Mutter erschien.

Wie ein Lauffeuer verbreiteten sich diese Worte durch das Labyrinth der großen Mauer, das Labyrinth der Armen. Der Prophet von Nazareth wird zur Krönung in den Tempel geleitet! Weiber, die emsig ihre elenden Behausungen für das Fest instand gesetzt hatten, kamen auf die Straße heraus, den Säugling an der Brust, während die älteren Kinder an ihren Rockschößen hingen. Ein Färber, der in seiner Werkstatt beschäftigt gewesen war, brachte einen Ballen Stoff, noch feucht von den frischen Purpur- und Scharlachfarben, und breitete ihn vor die Hufe der Eselin auf die Straße hin. Er selbst, über und über mit Farbe besprenkelt, schloß sich dem Zuge an. Ein Weihrauchmischer leerte seine Mörser vor den Füßen der Eselin aus. Auch der Kupferschmied warf sein Metallstück hin, eine Opfergabe. Es war, als hätte ein Zauberwort diese Menschen alle verwandelt: „Das Reich des Hauses David." Sie waren mit einem Male von dem Gedanken besessen, daß sie nie wieder in ihre Armut und zu ihrer täglichen Beschäftigung würden zurückkehren müssen. Aus einem entfernten Hofe kam der Sklave Joseph gelaufen, den der Rabbi einmal in der Herberge der Kameltreiber getröstet hatte. Auch zu ihm war die frohe Botschaft gedrungen, und er hatte sich offenbar von den Banden losgerissen, die ihn an den Mühlstein fesselten, denn er hielt einen zerfetzten Strick in der Hand, und das hölzerne Joch hing noch um seinen Nacken. Es war, als sei das große siebente Jahr herangerückt und er ein Freier geworden. Mit flackerndem Blick und wild zerzausten Haaren kam er zu uns gelaufen, schloß sich dem Zuge an und rief: „Hosianna, Hosianna in der Höhe!", während er ein Endchen Seil wie ein Palmblatt schwenkte.

Aus der schmalen Gasse, die zu den Wassern Siloahs hinabführte, kam Hillel, der Wasserträger, nebst einigen anderen seines Gewerbes, die gefüllten Schläuche auf den Schultern. Auch er schloß sich dem Zuge an und vergaß sogar seine Bürde abzulegen. Den ganzen Weg lang schleppte er den schweren Schlauch.

Von Straße zu Straße wurde die Prozession größer. Die Kunde eilte uns voraus: „Sie führen den Propheten von Nazareth in den Tempel!" In der Straße der Weber verließen die Männer ganz einfach ihre Webstühle, oder sie rissen die unfertigen Stoffe heraus, um sie auf die Erde hinzubreiten, so daß die Eselin durch ein schäumendes Meer von Farben und Geweben zu schreiten schien. Leintücher und Tischdecken flatterten von den Balkonen, aus den Türen und den Fensterlöchern, Banner der Freude und Armut. Hier und dort brachte ein Weib ihr einziges schönes Gewand, das Überbleibsel vielleicht ihres weit zurückliegenden Hochzeitstages, und breitete es auf die Straße hin oder über die Eselin. Schleier und Netze, Stickereien, bunte Tücher wurden aus ihren Verstecken hervorgekramt. Und die reich geschmückte Eselin trug gelassen den Rabbi, schritt furchtlos durch die Menge und durch das Meer von Geweben. Und nun fand die Menge kaum noch Raum in den schmalen Gassen, eine einzige und unentwirrbare Masse, Männer, Weiber, Kinder, Gesunde und Kranke: sie schwenkten ihre Ölzweige und Weidenruten, bis die Blätter abfielen, oder sie winkten mit der bloßen Hand und stießen begeisterte Rufe aus. So ergoß sich die Prozession wie ein in enge Ufer gezwängter Strom aus einer Straße in die andere und wurde immer dichter, bis die Eselin zu den steilen Gäßchen kam, die aus der Unteren Stadt zu dem geräumigen Marktplatz hinaufführten.

Hier konzentrierte sich das ganze lebhafte und lärmende Treiben eines Jerusalemer Festes. Die Kaufleute hatten ihre Waren hervorgeholt und sie auf den Tischen ausgebreitet. Der Platz war vollgepfropft mit Pilgern, — Familienvätern und Truppführern, die ihre Einkäufe besorgten. Andere wieder waren hierher gekommen, um ihren Kram zu verkaufen, den sie auf Kamelen in die Stadt gebracht hatten. Und etliche wieder waren zu keinem anderen Zweck erschienen, als um das heftige Feilschen, den tollen Wirrwarr von Farben und die seltsame Mannigfaltigkeit der Trachten zu beobachten. Am lautesten ging es vor den Tischen der Goldschmiede zu, wo die Weiber ihre Männer hinschleppten, um sich von ihnen Ringe oder Ketten oder Duftfläschchen oder Diademe oder Broschen kaufen zu lassen. Die Weber stellten ihre bunten Stoffe, die Schuster ihre Sandalen zur Schau. Die Weinhändler hatten ihre Krüge an den Türen ihrer Läden aufgestellt und die Duftmischer ihre Auswahl wohlriechender Salben zurechtgelegt.

Der Zug mit dem Rabbi an der Spitze, die Jünger um ihn herum, der Strom der Armen hinter ihm, drang in das Marktgetriebe ein, und im Nu war der ganze Platz von schreienden, singenden Messias-Schwärmern erfüllt, die ihre Zweige schwenkten, mit den Armen fuchtelten und riefen: „Gelobt sei der König, der da kommt im Namen des Herrn!“ Die Ladenbesitzer gerieten in Panik, das Kaufen und Verkaufen hatte ein Ende. Schnell schleppten die Wein-, Honig- und Ölhändler ihre Krüge und Töpfe in das Innere der Läden. Einige kamen zu spät, ihre Krüge wurden umgeworfen und zu Boden getrampelt, Wein und Öl floß über die Steine. Die auf dem Markte anwesenden Fremdlinge, Babylonier, Phönizier, Antiochier, Kyrener, wußten nicht, was vorging. Sie wandten sich erstaunt an die Jerusalemiten: „Was ist los? Wen führen sie da mit Gesängen und Lobpreisungen zum Tempel?“

„Gar nichts ist los!“ antwortete ein Mantelverkäufer, um sie zu beruhigen. „Das sind galiläische Rebellen, die einen ihrer Rabbis geleiten. Wir erkennen sie an ihrer Redeweise. Wir in Jerusalem sind an solche Dinge gewöhnt. Jedes Jahr zu Ostern führen sie einen neuen Messias zum Tempel. Ihr Lohn wird der Stock sein, die Rute und das Schwert Roms.“

„Ja, die Wachen stehen bereit!“

Es waren auch zahlreiche Galiläer auf dem Markt zugegen, Fischer aus Migdal, Bethsaida und K'far Nahum, Müller aus Nain und anderen Städten und Häfen, wo der Rabbi seine Wunder vollbracht und das Volk getröstet hatte. Als sie hörten, daß das ihr eigener Rabbi war, einer der ihren, der nun zum Tempel geleitet wurde, um gekrönt zu werden, — Vater im Himmel! — warfen auch sie ihre Gewänder auf die Erde, schleuderten ihre Gürtel in die Luft, schlossen sich dem Zuge an und riefen:

„Das ist unser Prophet, unser Prophet aus Nazareth, das in unserem Heimatland Galiläa liegt!"

Sie schleppten die Leute aus Beth Schan und aus dem Tale Jezreel mit. Sie sagten zu den anderen, die beiseite standen und nur das Schauspiel betrachteten:

„Kommt! Wir wollen mit hinaufgehen zum Tempelberg. Mit dem Atem seines Mundes wird er Edom vernichten!"

„Ja, Edom! Und auch die Söhne des Herodes, und die Söhne Hanans und alle, die die Armen bedrücken. Die Erde wird sie verschlingen, wie sie einstmals die Rotte Korah verschlungen hat!"

„Wie will er das machen? Wo sind seine Scharen?"

„Scharen? Die Heerscharen des Himmels stehen bereit, um ihm zu dienen!" schrie ein Blinder aus Bethsaida. „Hat er nicht einfach den Kranken und Lahmen seine Hand aufgelegt und sie gesund gemacht? Hat er nicht Tausende mit zwei Broten gespeist, so daß alle satt wurden?"

„Und hat er nicht mit einem einzigen befehlenden Wort die bösen Geister aus unserer Mitte ausgetrieben? Hat er nicht sieben Verrückte und fünf Aussätzige geheilt? Hat er nicht die Blinden sehend gemacht?"

„Hat er nicht in unserer Stadt Wasser in Wein verwandelt? Kommt nach Norden, in unsere Heimat, dort wird man euch sagen, wer der Prophet von Nazareth ist! Ja, auch in Galiläa kann ein Prophet erstehen!"

Ein anderer Galiläer, ein Fischer vom See Genezareth, schlug sich voller Stolz und Erregung an die Brust. Mit gelähmter Zunge pries er stotternd den Rabbi. „Er — er ist einer der unseren, aus K-K-K'far Nahum. Er — er hat v-v-viele M-M-Menschen geheilt. Selbst G-G-Gojim glauben an ihn — ein r-r-römischer Hauptmann." Er konnte kein Wort mehr hervorbringen. An seinem eigenen Speichel würgend, versank er in zitterndes Schweigen.

„Vater im Himmel! Das Schwert Roms ist geschärft!" rief eine skeptische Stimme den Scharen der tanzenden Schwärmer zu. „Auch Judas, der Galiläer, wollte zu früh die Erlösung bringen. Die Straßen waren übersät mit gekreuzigten Juden."

„Roms Schwert wird stumpf werden! Er wird es zerbrechen wie einen verkohlten und geschwärzten Stab. Zu Staub und Asche werden die Römer werden — samt allen ihren Freunden. Wir wollen hinaufgehen zum Tempelberg und mit eigenen Augen das Wunder Gottes sehen."

Die schlichten Galiläer übertrugen ihre Begeisterung auf die Leute aus Saron, aus Hebron und Bethlehem, auf die Leute, die aus dem Tale Josaphat und von den Hügeln Judäas kamen. Die Wunderlegenden bewegten das Herz der Zuhörer. Als der Zug von dem weiten Marktplatz durch die Schwibbögen und die engen Gäßchen in die gepflasterten Straßen des aristokratischen Viertels gelangte, bestand er nicht mehr nur aus Lahmen, Kranken, Armen, aus den Anhängern und Jüngern eines Rabbi, den sie zum Tempel begleiteten, sondern es war der gewaltige Aufmarsch eines nach Erlösung dürstenden Volkes, eines gepeinigten Volkes, das nicht länger warten konnte, das mit seinem Propheten und Befreier zum Tempel stürmte, um Zeuge zu sein der großen Erfüllung.

Den gleichen Eindruck erweckte der Rabbi, wie er so, in seinen Tallit gehüllt, die Augen im Gebet erhoben, die Hände segnend ausgestreckt, an der Spitze der verzückten Menge in die aristokratischen Straßen eindrang. Auch in diesem Teile der Stadt herrschte strahlende Feststimmung, aber sie äußerte sich nicht wie bei den Armen in fröhlich lärmenden Zusammenrottungen. Die dunklen Wipfel der Zypressen schaukelten feierlich über den Gartenzäunen, wohlgepflegte Palmen schmückten die Eingänge. Vor jedem Tore hatte eine Schar von Sklaven sich versammelt, angelockt durch den Lärm der herannahenden Menge. Hier und dort erschien auf einem Balkon der gekräuselte und gesalbte Bart eines Mannes oder der Haarschleier einer Frau. Mit besorgter Miene blickten sie in die Straße hinab. Was geht da vor?, schien ihr Blick zu fragen. Aber als sie den Mann auf der Eselin erblickten, beruhigten sie sich und lachten über das Schauspiel. Auf einer Dachterrasse standen einige junge Leute und verspotteten die vorüberziehende Prozession; sie zeigten mit Fingern auf die Schwärmer und schüttelten sich vor Lachen. An einem der Tore erschienen bewaffnete Wächter, um zu verhindern, daß die wilde Galiläerhorde die Palmen beschädige, die auf den kühlen Höhen Jerusalems so schwer gedeihen.

Der lärmende Aufzug der Menge, die zum Tempel drängte, schien keinen sonderlichen Eindruck auf die Bewohner der Oberen Stadt zu machen. Wenn sie ihm überhaupt Beachtung schenkten, dann nur mit einem belustigten oder höhnischen oder abfälligen Lächeln. Hier und dort blieben die Vorübergehenden stehen, gaben halblaut ihrer Empörung Ausdruck, daß solche wüste Szenen in ihrem Stadtviertel geduldet würden, und setzten ihren Weg fort. Niemand aber belästigte die Marschierenden. Auch die Sklavenwächter und römischen Legionäre vor dem Palaste Kaifas' ließen sie ohne jede feindselige Geste vorbeiziehen. Sie schlossen nur enger ihre Reihen, um zu verhindern, daß der Strom der Demonstranten sich über die Gartenbeete jenseits der Tore ergieße. Doch grade hier, vor dem Palaste des Hohenpriesters, wurde das Geschrei der Marschierenden noch lauter. Als wollten sie dem verhaßten Hause Hanan drohen, riefen sie aus:

„Gelobt sei, der da kommt im Namen des Herrn! Hosianna in der Höhe!"

Ich bemerkte nur, daß der Hauptmann der priesterlichen Garde seinen ledernen Knüppel fester packte und grollend etwas vor sich hinmurmelte. Er hatte zweifellos strengen Befehl erhalten, den Zug nicht zu belästigen, denn niemand erhob einen Finger gegen uns; und viele unter uns fanden das verwunderlich. Auch als die Prozession an den düsteren Mauern des Hasmonäer-Palastes vorüberzog, rührte sich nichts. Alle wußten, daß hinter diesen Mauern „der alte Fuchs", wie sie Herodes Antipas nannten, saß, denn er war mit großem Prunk und von einem zahlreichen Gefolge begleitet, nach Jerusalem gekommen. Auch hier war die Wache vor dem Tore aufmarschiert, unter dem Befehl eines römischen Offiziers, den der Tetrarch aus Tiberias mitgebracht hatte, und auch hier wurde nicht der geringste Versuch unternommen, die Menge anzuhalten oder auseinanderzutreiben. Nur hier und dort lachte ein syrischer Legionär verächtlich und zeigte auf den Rabbi und die Eselin: „Seht, sie führen den König der Juden zum Tempel!" Aber seine Worte wurden ernsthaft und triumphierend von den Männern und Weibern übernommen, die den Rabbi umtanzten und ihre Ölzweige und Palmblätter schwenkten „Gelobt sei der König, der da kommt im Namen des Herrn!"

Das Echo dieser Worte, das sich an den massigen Mauern brach, konnte unmöglich bis in die inneren Gemächer dringen. Die Leute drinnen sahen und hörten zweifellos nichts von dem, was draußen vorging. Aber hoch oben auf dem Terrassen-Turm des hasmonäischen Palastes schimmerten und flatterten im Sonnenlicht die Trophäen und Banner des Tetrarchen, die immer dann gehißt wurden, wenn er zu Besuch nach Jerusalem kam, und zwischen ihnen tauchte plötzlich ein Kopf auf, der verwundert auf die vorüberziehende lärmende Menge hinabblickte. Es war Herodes selbst. Er hatte sich's mit einigen auserwählten

Freunden auf der Sonnenterrasse bequem gemacht. Dann hatte er das wilde Geschrei der Demonstranten gehört und die Worte erhascht: „König aus dem Hause David!“ Einen Augenblick lang regte sich sein dynastischer Stolz, aber nur einen Augenblick lang und nicht länger. Es genügte ihm wohl, den Mann auf der Eselin reiten zu sehen, um zu begreifen, daß seine eigenen königlichen Ansprüche durch diesen Vorgang in keiner Weise ernstlich bedroht waren.

Unterdessen wuchs die Menge an. Die Nachricht, daß der Rabbi von Nazareth in Galiläa im Begriffe sei, das heißersehnte Himmelreich zu begründen, war bis in das Tal der Käsemacher hinabgedrungen, das an der westlichen Seite Jerusalems liegt. Die engen Kanäle der Straßen wimmelten von Gestalten, die bergwärts dem Zuge entgegeneilten. Auch die Hirten und Händler auf dem Schafmarkt an der Nordseite der Stadt, wo ein gewaltiger Verkehr die Nähe des Passah-Festes verkündigte, wurden durch den Tumult angelockt. Viele von ihnen, die weder aus Jerusalem noch aus Galiläa stammten, wußten nicht, wer der Rabbi aus Nazareth sei, den sie so feierlich zum Tempel geleiteten. Der eine oder andere ließ sich von der Begeisterung der Galiläer mitreißen, die meisten aber blieben von dieser Stimmung unberührt; sie waren bloß neugierig und erwarteten irgend ein wichtiges Ereignis. Unaufhörlich und voller Ungeduld fragten sie nach Zeichen und Wundern. „Wann werden die Himmel sich öffnen?“ Die Schwärmer versicherten ihnen, daß das in dem Augenblick geschehen würde, da der Rabbi das Tempelgebiet erreichte. Und so erwachten ungeheure Hoffnungen in den Massen, die dem Rabbi folgten.

Der Mann jedoch, der auf der Eselin ritt, er, der der Mittelpunkt all dieser Erwartungen war, benahm sich nicht wie ein Engel, der die Gewalt beider Welten vom Himmel mitgebracht hat, sondern wie ein einfacher Rabbi aus der geringen und verachteten Provinzstadt Nazareth, der, begleitet von seinen armen und unwissenden Landsleuten, zum Tempel zieht. In seinen Tallit gehüllt, dessen Fransen bis zu den Hufen des Tieres hinabhingen, ritt er mit geschlossenen Augen dahin und versank immer tiefer in grüblerisches Sinnen, je näher er dem Tempel kam. Sein Gesicht wurde blasser, seine Lippen bewegten sich unablässig in stummem Gebet. In sich versunken, völlig seinen Gedanken hingegeben, sah er gar nicht, was um ihn herum vorging. Die Leute in seiner nächsten Umgebung, die Jünger, waren tief erschüttert. Ihres Rabbi heilige Gedanken teilten sich ihnen mit, sie hatten das Gefühl, einer gottesdienstlichen Handlung beizuwohnen, sie schwenkten ihre Ölzweige, wie das Volk beim Laubhüttenfest die Palmenzweige zu schwenken pflegt, und sie riefen mit bebender Stimme: „Hosianna in der Höhe!“ Es war, als wollten sie ihrem Rabbi Kraft einflößen für das große und erhabene Ereignis, das nun bevorstand. Dieses Gefühl für den heiligen Ernst der Stunde sprang von den Jüngern auf viele andere über, die der festen Überzeugung waren, daß der Rabbi ihnen nun die himmlische Seligkeit bescheren würde. Auch sie vergaßen ihre Umgebung und gaben sich ganz ihrer innerlichen Bereitschaft hin, um eines Willens und eines Sinnes mit ihrem Rabbi zu sein. Sie waren bleich, als meinten sie, daß das ihr letzter Erdengang vor dem Anbruch des himmlischen Lebens sei. Ich erblickte in dem inneren Kreise der Marschierenden den bekehrten Griechen, der jetzt Abraham ben Abraham hieß. Er hielt wie immer den Kopf gesenkt, aber Freude und Erwartung ruhten auf seinen gekrümmten Schultern. Er ging Hand in Hand mit dem Wasserträger Hillel, und wie Hillel bebte er in frommer Ekstase. Es war, als hätte eine jüdische Mutter ihn geboren, so völlig hielt die heilige Stunde ihn in ihrem Bann. Mit seiner freien Hand schwenkte er eine Weidenrute, und mit seinem fremdartigen Akzent rief er immer wieder: „Hosianna b'marom, Hosianna in der Höhe!“ Dann packten diese beiden, Hillel und der Bekehrte, den Judas Ischariot, der vor ihnen ging, und alle drei tanzten vor ihrem Rabbi her. Der gleiche Taumel kam über die anderen Jünger, Jochanaan, Jakobus und Bar Talmai, der mit sehenden Augen gleichwohl wie ein Blinder einherschritt. Simon, der Zelot, ballte die Fäuste und biß sich auf die Lippen, er war wie ein Mensch, in dessen Brust ein Gewitter tobt. Einen ähnlichen Anblick bot Johannes von den Söhnen des Zebedäus. Nur Simon bar Jonas, der die Eselin führte, tanzte nicht und sang nicht und klatschte nicht in die Hände. Er schritt wie ein Sklave vor seinem Herren her, wie ein Schüler vor seinem Rabbi. Die Freude und die Erlesenheit dieser unbeschreiblichen Stunde hatte ihm die Lippen versiegelt, aber den Springquell seiner Augen geöffnet.

Der Rabbi jedoch war trotz all der Seligkeit, trotz all der Liebe und all des Stolzes, die ihm entgegenströmten wie einem Herren, der von der heiligen Stadt Besitz zu ergreifen gedenkt, in grenzenlose Demut versunken. Ja, er war „sanftmütig, reitend auf einer Eselin“. Zweimal während des Marsches befahl er Simon, die Eselin anzuhalten, um andere vorbeizulassen.

Das erste Mal war es auf dem Marktplatz, als aus einer Seitenstraße ein Hochzeitszug kam. Die Eltern der jungen Leute tanzten unter Flötenklängen vor der Braut einher und sangen: „Schön bist du, Braut, lieblich bist du, Braut." Als das Singen und Händeklatschen und das Rasseln der Tamburine an unsere Ohren drang, befahl der Rabbi dem Simon, stehen zu bleiben. Alle zogen sie an uns vorüber, die Braut, die tanzenden Verwandten, die Musikanten, die Gäste, die am hellichten Tage brennende Lampen trugen. Einige Schriftgelehrte, die sich der Prozession des Rabbi angeschlossen hatten, lobten ihn darum sehr, und sagten, er betrage sich wirklich wie ein Rabbi in Israel; denn selbst ein König müsse einer Braut Platz machen.

Die zweite Unterbrechung war weniger freundlich: die gepanzerte Faust Edoms bahnte sich gewaltsam einen Weg mitten durch den Zug. Wir befanden uns in der Nähe des Viadukts, der zu den äußeren Tempeltoren führt, und wir hefteten bereits voller Sehnsucht und Hoffnung unseren Blick auf die Tore, als das Unerwartete geschah. Aus einer der beiden Straßen, die zu den herodischen Festungstürmen führten, in welchen jetzt das Gefolge des Prokurators und der ganze Hochmut der römischen Beamten sich breit machte, kam ein Zug von Sänften, der sich eilig in die Richtung nach dem herodischen Theater bewegte, wo tagtäglich allerlei Spiele für die römischen Besucher und den jüdischen Adel veranstaltet wurden. In den Sänften saßen wohl sehr angesehene Persönlichkeiten — vielleicht befand sich sogar der Vater aller Greuel, der Prokurator, unter ihnen —, denn sie wurden von schwer bewaffneten Wächtern begleitet. Ein berittener Hegemon führte den Kriegerzug an, und hinter ihm marschierte eine Abteilung römischer Legionäre mit blanken Schwertern. Germanische Reiter umringten die von schwarzen, halbnackten Sklaven getragenen Sänften. Aber der Kriegerschar ging das Hausgefolge voran, zwei Trompeter und hinter ihnen ein Trupp römischer Sklaven unter der Aufsicht eines Haushofmeisters. Die Sklaven trugen metallbeschlagene Bambusstäbe, und mit diesen bahnten sie einen Weg für die Krieger und die Sänftenträger. Als wir die ersten Trompetenstöße vernahmen, die die Ankunft des Zuges verkündeten, stand uns das Herz still. Wir zitterten in Erwartung des großen Augenblicks, wir glaubten, daß er unmittelbar bevorstehe, — jene Erlösung, um die so viele Tränen geflossen waren. Oh, wie viele Geschlechter waren in den ewigen Schlaf eingegangen und hatten die eine Hoffnung in das Unbekannte mitgenommen: daß am Tage des

Heils die Posaune der Verkündigung sie wecken und ins Leben zurückrufen würde. Jetzt! Jetzt geschah es! Gott würde der Zeit Halt gebieten, sowie die beiden Züge einander gegenüberstanden. Wir sahen bereits die Lanzenspitzen der frechen Römermacht glitzern. Jetzt! Sie brauchten nur vor dem Rabbi zu erscheinen, und er würde seine Hand erheben. Nein, nicht einmal das: er wird sie anhauchen und sie in Staub und Asche verwandeln. Und dann beginnt die Erlösung! Aber was geschieht hier? Was sehen unsere Augen? Nein, nein, es kann nicht sein. Der Rabbi gibt dem Simon bar Jonas ein Zeichen, und Simon zerrt die Eselin zur Seite, und wir biegen in eine andere Straße ein. Und ich sehe die Lanzenspitzen der römischen Macht vorübergleiten. Die Straße ist frei! Macht Platz! Nicht dem Träger des Heils, der zum Gotteshause hinaufreitet, sondern dem frechen Stiefel Roms, der Jakobs Nacken zu Boden tritt, dem römischen Schwert und der römischen Faust, den Peinigern Israels. Die Marschierenden standen einen Augenblick da, als wollten sie ihren Augen nicht trauen, als wollten sie gewaltsam die Hoffnung festhalten, die ihnen zu entgleiten begann. Des Rabbi Zurückweichen vor der römischen Macht war für die Menge eine bittere Enttäuschung. Viele zwar verharrten noch in ihrer begeisterten Stimmung und folgten weiter dem Rabbi, aber das Band des Glaubens und der Hoffnung, das die Massen mit dem Propheten aus Nazareth verknüpft hatte, war zerrissen.

Und damit nicht genug. Da die Seitenstraße, in die der Rabbi einbog, sehr eng war, dauerte es einige Zeit, bis die Prozession in sie eindringen konnte, und so kam es, daß die vordersten Reihen der Stabträger, die den Kriegern einen Weg bahnten, mit den letzten Reihen unseres Zuges zusammenstießen. Ohne jeden Anlaß, ohne daß es nötig gewesen wäre, aus reiner Freude am Blutvergießen, trieben die römischen Sklaven ihre spitzen Stäbe in die Masse der zurückweichenden Juden. Und mehrere germanische Reiter eilten den Sklaven zu Hilfe — die gar keine Hilfe brauchten. Im Nu wälzten sich Männer und Weiber unter den Hufen der Pferde, das Hosianna noch auf den Lippen, die Weidenzweige noch in den Händen. An dem hinteren Ende der Prozession brach eine wüste Panik aus, während vorne an der Spitze Simon immer noch mit der gleichen seligen Gelassenheit wie zuvor die Eselin am Halfter führte und die gleiche heilige Ekstase die Jünger, die ihn umgaben, gepackt hielt, so als ob nichts geschehen wäre. Und das alles sollte so sein, denn es steht geschrieben, daß der Gerechte die Pfade des Gottlosen meide. Viele aber, die sich aus reiner Neugier dem Zuge angeschlossen hatten, verließen ihn jetzt und äußerten laut ihre Verachtung. Andere wieder verlangten von dem Rabbi, er solle beweisen, daß er imstande sei, Wunder zu verrichten:

„Ist er es, von dem ihr gesungen habt: Gelobt sei der König, der da kommt im Namen des Herren?"

„Hat er nicht soeben gesehen, wie der Fuß Edoms auf unseren Nacken trat? Warum schweigt er?"

„Warum zerbricht er nicht die Macht Edoms wie einen verkohlten Stab — wie ihr es uns versprochen habt?"

So wollten sie das Gelöbnis der Jünger erfüllt sehen. Aber die Jünger und die übrigen, die im Zuge verblieben, setzten ihren Weg fort und tanzten vor dem Rabbi her und kümmerten sich nicht um die Spötter. Es war, als hofften sie durch ihre erneute Ekstase die Menge wieder aufzumuntern, die soeben erst die Ferse der römischen Unterdrücker verspürt hatte.

„Gelobt sei das Reich unseres Vaters David, das da kommt im Namen des Herrn!"

„Hosianna in der Höhe!"

Andere aber verließen die Reihen, eilten zu dem Rabbi hin und riefen ihm zu:

„Rabbi, weise deine Jünger zurecht! Laß sie nicht solche Worte reden!"

Der Rabbi erwiderte:

„Ich sage euch, wenn sie schweigen, werden die Steine reden!"

Als die Jünger die Antwort des Rabbi hörten, wurde ihre Begeisterung noch größer, und immer lauter schrieen sie ihre Botschaft hinaus, als wollten sie die Mauern und Steine zwingen, in ihre Rufe miteinzustimmen. Und andere sagten: „Wir wollen warten und sehen, was der Rabbi tut, wenn er in den Tempelhof kommt."

Wie erstaunt, wie bitterlich enttäuscht waren sie, als die Prozession den Viadukt erreichte, der zum Tempeltor führte, und der Rabbi von seiner Eselin stieg und sich wie ein gewöhnlicher Jude unter die zahlreiche Menge der Fremden mischte, welche den Hof füllte. Kein einziges Wunder vollbrachte er! Die Himmel öffneten sich nicht, die himmlischen Heerscharen stiegen nicht herab, und alles war wie gestern und ehegestern.

Der Mann, dem die Eselin gehörte, führte sein Eigentum weg, zugleich mit den Tüchern und Geweben, die die Leute gespendet hatten. Und diejenigen, welche sahen, wie die Eselin weggeführt wurde, sagten:

„Die Musikanten spielten, die Gäste waren versammelt, aber Hochzeit hat es keine gegeben!"

XV. KAPITEL

Als die Menschenmenge, die dem Rabbi in der Hoffnung, Wunder zu erleben, bis zum Tempel gefolgt war, sich von ihm abwandte und in die Stadt zurückkehrte, blieben nur seine Jünger, die kleine Schar seiner gewohnten Anhänger und die Weiber bei ihm, die im gemeinschaftlichen Haushalte tätig waren. Im Hofe der Heiden herrschte ein wildes Gedränge, denn inzwischen waren die letzten Pilger in Jerusalem eingetroffen. Den hier versammelten Leuten war der Rabbi von Galiläa völlig unbekannt. Umgeben von seinen Jüngern, wanderte er unter den Massen umher, und keiner schien zu wissen, daß sich in ihrer Mitte der Mann befand, der noch vor kurzem die Hoffnungen Israels auf seinen Schultern getragen hatte. Dem einen oder anderen freilich fielen sein weißes Gewand und sein Gefolge auf, aber man hielt ihn für einen der zahlreichen Rabbis, die mit ihren Begleitern nach Jerusalem gepilgert waren. Es gab in den Höfen und in der Basilika des Herodes so viele interessante Dinge zu sehen, die die Aufmerksamkeit der Besucher in Anspruch nahmen und ablenkten. Die Basilika, ein gewaltiges Bauwerk, erhob sich an der südlichen Seite des Tempels. Während des Winters und in der Regenzeit boten ihre von Holzsäulen getragenen Arkaden den predigenden Schriftgelehrten und ihren Schülern Obdach. Jetzt standen dort in gedrängter Reihe die Tische der Taubenverkäufer und gleich neben den Taubenkäfigen die Tische der Geldwechsler. Der Rabbi von Galiläa machte vor ihnen halt, und aus seinen Mienen sprach bittere Sorge um Gottes Ehre und die Reinheit seiner Wohnstätte, die nun durch die Buden der Priesterschaft entheiligt wurde. An diesem Tage aber blieb er stumm und tatenlos.

Als der Abend herannahte, verließ er den Tempelhof, immer noch von seinen Jüngern begleitet. Er drängte sich durch die überfüllten Straßen, und keiner erkannte ihn. So ging er ungestört seines Weges, stieg ins Kidron-Tal hinab und begann dann den Ölberg zu erklimmen. Ich und mein Freund Rufus folgten ihm. Als wir auf der halben Höhe des Berges angelangt waren, blieben einige seiner Begleiter stehen und blickten auf die Stadt hinab, die herrlich anzusehen war. Die letzten Sonnenstrahlen ruhten auf dem dreiteiligen Turm des Allerheiligsten und auf dem Goldenen Tor. Der Turm der Burg Antonia war in Dunkelheit gehüllt; es war, als halte er düstere Wacht über der Glorie des Gotteshauses, und als flehe er zu Gott, daß er sich des Tempels erbarmen und ihn aus der Gewalt der Fremden erlösen möge. Da sprach einer der Jünger:

„Siehe, Meister, der Tempel!"

Aber Jeschua antwortete:

„Wahrlich, ich sage euch, es wird nicht ein Stein auf dem anderen bleiben, nicht ein einziger Stein, der nicht zerbrochen werde."

Die Jünger standen regungslos da, als ob ein Blitz in ihrer Mitte eingeschlagen hätte. Sie schauten einander an und preßten die Lippen zusammen. Ich wandte mich zu Judas, und es schien mir, als sei er kleiner geworden; seine Gestalt war gleichsam verzerrt, als versagten ihm die Glieder. Ich glaubte, er würde im nächsten Augenblick der Länge nach zu Boden stürzen. Sein fahles Gesicht, das während der letzten Monate in Jerusalem sehr gealtert war, war ein einziges Gewirr von Falten und Runzeln, in denen seine Augen und Lippen fast völlig ertranken. Er zitterte am ganzen Leibe, als ob ein gewaltiger Sturmwind ihn schüttelte.

Schweigend setzten die Jünger ihren Weg fort.

Der Rabbi ging mit festen und raschen Schritten voran, sein Gewand schimmerte weiß in der herabsinkenden Dunkelheit. Er wich den freundlichen Lichtern Gethsemanes aus, die im verglänzenden Tageslicht zwischen den Zypressenhainen funkelten, und bog in den von steinernen Mauern umschlossenen Engpaß ein, der zum Gipfel des Ölberges und dem traurigen Dörfchen Beth-Paga führte. Als wir den Hof Simons, des Aussätzigen, in Beth-Eini unweit von Beth-Paga erreichten, war es inzwischen Nacht geworden. Die Sterne leuchteten durch die Kühle der Frühlingsluft herab, und ein rötlicher Halbmond hing so tief über unseren Köpfen, daß er wie eine Laterne war. Ein Wind blies aus den Wildnissen Judäas, ein Wind, der warm und kalt zugleich war und ein Gefühl der Beängstigung, ein Gefühl des Erstickens in seinem Gefolge hatte. In der Ferne, schimmernd im Sternenlicht, lag das Tote Meer, und die Hügel an seinen jenseitigen Ufern waren wie mit Händen zu greifen, so klar war die Nacht.

Das Haus Simons, des Aussätzigen, lag in Dunkelheit gehüllt, als ob an diesem Abend niemand die Heimkehr des Rabbi erwartete. Nur vor der Türe glomm ein winziges tönernes Öllämpchen. Die Jünger stolperten umher, auf der Suche nach Öl und Gefäßen, und schließlich wurden einige Lampen angezündet. Der Rabbi war müde. Er legte sich auf ein Ruhebett im Innern des Hauses, und die Jünger durchstöberten alle Winkel, um etwas Eßbares zu finden. Sie fanden in dem ärmlichen Haushalt nichts als einen Sack Linsen. Dann gingen zwei der Jünger in den Garten hinaus, und beim Schein des Mondes pflückten sie ein paar Salatblätter und eine Handvoll Rüben, die kaum erst gereift waren. Sie sammelten Dornen und getrockneten Dung, um im Ofen ein Feuer zu machen, und so füllten sie dann einen Topf mit Wasser und bereiteten das Mahl für den Rabbi.

Sie deckten den Tisch und holten Wasser aus der Zisterne. Nachdem der Rabbi seine Hände gewaschen hatte, setzte er sich mit seinen Jüngern zu dem mageren Imbiß. Der irdene Topf mit der Linsensuppe wurde aufgetragen, der Rabbi sprach ein Gebet, griff in den Topf, nahm ein paar Linsen und aß. Die Jünger folgten seinem Beispiel.

Der Rabbi schwieg eine Weile. Er predigte nicht, er zitierte nicht die Thora, er war in tiefes Sinnen versunken. Und während sie alle so bei Tische saßen, ging die Tür auf, und Mirjam von Migdal trat ein. Ihr unverschleiertes Antlitz leuchtete in erneuter Jugend, denn Begeisterung erfüllte ihr Herz. Sie hielt ein kleines Alabastergefäß in der Hand und goß Salböl auf des Rabbi Haupt, und ein schwerer Duft verbreitete sich durch das ganze Haus. Da wurden die Jünger unwillig, und man hörte einige von ihnen sagen: „Das muß wohl ein kostbares Narden-Wasser sein.“ Und es war auch wirklich Narden-Wasser, das man verwendet, um Könige und Fürsten in der Fülle ihrer Macht zu salben, und dessen Preis dreihundert Denare für die kleinste Menge beträgt. Niemand hatte gewußt, daß Mirjam einen so kostbaren Besitz aus dem gemeinsamen Schatze der Armen zurückbehalten habe.

Dann sagten abermals einige der Jünger: „Ist es richtig, die kostbare Narde zu vergeuden? Man hätte sie verkaufen und das Geld den Armen geben können.“ Bei diesen Worten schämte sich Mirjam. Und der Rabbi sagte:

„Warum bekümmert ihr das Weib? Sie hat ein gutes Werk an mir getan. Die Armen werdet ihr alle Zeit bei euch haben, mich aber werdet ihr nicht alle Zeit bei euch haben. Denn da sie mich salbte, hat sie es getan, um mich zum Grabe zu bereiten."

Als die Jünger das hörten, begannen sie laut zu murren. Sie waren erstaunt über die Worte des Rabbi. Simon bar Jonas rief: „Nein, das darf nicht sein. Nicht zum Grabe, sondern zur Krönung hat das Weib dich gesalbt."

Aber der Rabbi war wieder in seine Gedanken versunken, und er sprach wie zu sich selber: „Meine Seele ist betrübt. Was also soll ich sagen? Vater, hilf mir über diese Stunde hinweg! Aber sie ist dennoch über mich gekommen." Dann sagte er zu den anderen am Tische: „Und so ich wieder auferstehe, werde ich alle Menschen zu mir heranziehen."

In später Nacht rüsteten die Jünger ihrem Rabbi das Lager im Hause Simons, des Aussätzigen, sie selbst aber schliefen auf dem Hofe, ein jeglicher dort, wo er Unterschlupf finden konnte, um sich vor der Kälte zu schützen, die aus der Wildnis kam. Judas Ischariot, Simon, der Zelot, und einige Jünger krochen in eine Scheune, um dort die Nacht zu verbringen, und ich schloß mich ihnen an. Es war für mich zu spät, zu meinem Rabbi zurückzukehren, denn Beth-Eini liegt über eine Stunde von der Stadt entfernt.

In dieser Nacht fand ich keinen Schlaf. Ich dachte über die Taten des Rabbi von Nazareth nach, und seine Worte gingen mir immer wieder durch den Kopf. Vor allem aber beschäftigte ich mich mit dem, was er über die Zerstörung des Tempels und über sein eigenes, nahe bevorstehendes Begräbnis gesagt hatte. Ich konnte das alles nicht verstehen und war bedrückt. Ich dachte: „Haben wir nicht aus der Thora gelernt, daß der Messias ewiglich leben wird, und *er* sagt, des Menschen Sohn werde auferstehen. Wer ist des Menschen Sohn?"

Nicht ich allein wurde von solchen Gedanken gequält. Ich hörte Judas Ischariot, der, in seinen sackleinenen Mantel gehüllt, neben mir lag, leise stöhnen. Auch Simon, der Zelot, war wach. Er sagte zu Judas:

„Judas, Judas, warum stöhnst du? Und warum ist deine Seele bedrückt?"

„Hast du nicht die Worte des Meisters gehört, daß er gesalbt sei für sein Grab, und daß er auferstehen werde?"

„Ich habe sie genau so gehört wie du", erwiderte Simon. „Es sind die gleichen Worte, die er einmal in Caesarea Philippi gesprochen hat, da er sich uns als der Messias offenbarte. Ich verstand sie damals nicht, und ich verstehe sie heute nicht. Wir glaubten, es komme der Tag der ewigen Freude, der Tag der Erlösung, auf den unsere Eltern und wir gewartet haben. Nun aber, da er heranrückt, soll er zu einem Trauer- und Todestag werden? Erkläre mir, was der Rabbi meint."

Judas antwortete im Dunkeln:

„Simon, entsinnst du dich nicht der Dinge, die wir aus des Rabbi Worten in Caesarea Philippi gelernt haben, als da sind die Leiden des Messias und das eherne Joch, das der Gesalbte Gottes auf sich nehmen wird, und die sieben Schmerzenstage, durch die er hindurchgehen muß? Wisse, daß diese Leidenswoche gekommen ist, und der Messias muß durch alle die Brunnen der Qual und Trauer hindurchgehen, damit er emporsteige in die Erlösung, denn die höchste Freude ist mit dem tiefsten Leid gepaart, die Erlösung mit der Knechtschaft. Die Qual ist die Mutter der Freude. Er hat das Ziel seines Strebens erreicht, und er steht nun vor der Zerteilung des Roten Meers. In ihrer ersten Erlösung mußten die Juden das Rote Meer durchschreiten, jetzt aber muß der Messias allein das Rote Meer durchschreiten — für uns alle."

„Judas, was ist der Sinn dieser Leiden?"

„Er ist der Messias. Er trägt das Heil jeder einzelnen Seele in sich. Er bringt uns allen die Erlösung. Bevor er eine einzige Seele retten kann, muß er die Qualen aller Seelen erleiden. Er muß die Tiefen der Trübsal ergründen, bis ins Grab und noch tiefer hinab. Um uns die Erlösung zu bringen, muß er zuerst die Tiefen der Hölle durchschreiten."

„Judas, was sagst du da?" Und Simon begann im Dunkeln zu weinen.

„Simon, weine nicht. Freue dich lieber. Er nimmt freiwillig alles Leid auf sich. Es steht in seiner Wahl, den Kelch zurückzuweisen, denn ihm ist alle Macht verliehen. Aber er will seine Macht nicht anwenden, er will seinen Nacken unter das Joch beugen, wie es von ihm geschrieben steht im Buche des Propheten. Hast du nicht gesehen, wie er zur Seite ging, um den Hochmut Roms vorbeizulassen? Mit einem Hauch seines Mundes hätte er die Scharen zu Staub verwandelt. Aber er hat es nicht getan. In aller Sanftmut, auf seiner Eselin reitend, ist der König Messias, der Gesalbte Israels, vor den Sklaven Edoms zurückgewichen. Das ist die Größe des Messias."

„Aber wie lange noch? Wie lange?"

„Bis er den Kelch der Tränen bis zur Neige geleert hat, bis

sein Leib alle Qualen des Fleisches erlitten hat, bis er alle die Leiden und Kümmernisse gekostet hat, die die gesamte Menschheit auf Erden erduldet, und Gott zu ihm sagt: ‚Genug, mein Sohn. Du hast deinen Lohn doppelt und dreifach empfangen.' Dann wird Gott ihm die Hand hinstrecken und sagen: ‚Sitze zu meiner Rechten, bis ich die Erde zu deinem Schemel mache.'"

Simons Stimme bebte, ich hörte sein Herz in ihr pochen: „Wird er auch den Tod kosten?"

„Gott sei davor!" rief Judas erschrocken. „Was sagst du da? Der Messias und der Tod? Niemals wird der Messias den Tod kosten. Er ist ewig. Es wird sein, wie die Schrift sagt: Der Messias weiß, daß der Herr ihn nicht verlassen und ihn nicht zu Schanden machen wird."

„Warum aber zögert er den Augenblick hinaus? Warum ist er so traurig, als ob, Gott sei davor, als ob er dem Schicksal ausweichen wollte, das ihm bestimmt ist? Hast du nicht gehört, wie er von der Stunde sprach, die herannaht?"

„Damit der Messias alle die Schmerzen der Menschen kenne, hat Gott ihn aus Fleisch und Blut geschaffen. Er ist wie einer von uns. Nein, mehr noch: Er fühlt alle Schmerzen viel tiefer als jeder von uns. Wisse, daß Gott alles Menschliche in den König Messias gegossen hat. Damit des Menschen Sohn den Menschensohn erhöhen könne, muß er zuerst in die tiefsten Tiefen hinabsteigen; so wird er imstande sein, ihn zu den höchsten Höhen emporzuheben. Er ist die Summe von uns allen. In ihm sind alle Menschengeschöpfe vereinigt, die von alters her, Geschlecht um Geschlecht, nach dem Ebenbilde Gottes geboren wurden. Wisse, was die Weisen gelehrt haben: daß der Herr der Welt den König Messias zu einem Menschen gemacht hat, der wie alle anderen Menschen ist, und ihm sogar die bösen wie die guten Triebe gegeben hat, aber in ihm sind die Triebe mächtiger als in dem einfachen Menschen von Fleisch und Blut. Und ob' er auch nach der Erlösung lechze und mit seinem ganzen Messiaswillen nach ihr trachte, so ist er dennoch verzagt und möchte den Augenblick hinausschieben, weil er sich vor der Fülle der Leiden fürchtet, durch die er hindurchgehen muß. Denn diese Fülle ist grenzenlos, und die Leiden sind unfaßbar. Es ist Gottes Wille, daß er, der Messias, so, wie er der höchsten Freuden durch die Erlösung teilhaftig werden soll, hinabsteige in den tiefsten Abgrund der Qual. Er sieht schon die glühenden Zangen, die ihn foltern werden. Er wartet auf den Augenblick, da sie ihn packen werden. Und doch möchte er ihn ein Weilchen hinausschieben, denn seine Seele ängstigt sich. Aber es führt kein anderer Weg zur Erlösung als durch die Leiden des Messias. Deshalb müssen wir ihm helfen, sie zu erreichen."

„Judas! Judas! Was soll das heißen?" Ich hörte in Simons Stimme den Aufruhr seines Herzens, ich sah in der Dunkelheit seine Augen blitzen wie ein scharfes Schwert. „Judas! Was bedeuten deine Worte?"

„Dieses! Daß wir ihm helfen müssen, das Ende zu beschleunigen."

„Wie?"

Ein dunklerer Schatten ragte in die Dunkelheit der Nacht. Ich sah, daß es Judas Ischariot war.

Ich stand auf, ich floh aus der Scheune in die Nacht hinaus. Ich lief aus Leibeskräften beim Lichte der Sterne talwärts zur Stadt. Den ganzen steinigen Hang hinab verfolgte mich der dunklere Schatten in der Dunkelheit, der Schatten Judas Ischariots.

XVI. KAPITEL

Da die Kräfte mich verließen, ging ich langsamen Schrittes zu dem Hause des Rabbi Nikodemus, zu dem einzigen Menschen, der mir Erleuchtung schenken konnte, zu dem einzigen Ort, wo ich noch Frieden zu finden hoffte. Mein Herz war schwer, und meine Seele weinte über den Worten, die ich soeben von den Lippen Judas' gehört hatte, und ich sagte bei mir: „Vater im Himmel, du unser Schutz und unsere Hilfe, du, der du dem Erwählten deiner Schöpfung, dem Menschen, gnädig gewesen bist und ihm einen Erlöser und Befreier gesandt hast: warum muß er den Pfad des Blutes und Leides beschreiten? Du, der du der Quell der reinsten Freude, der Brunnen der Liebe und der ewigen Seligkeit bist, warum hast du den Weg der Erlösung so schwer gemacht? Warum willst du uns nicht mit vollen Händen Freude schenken? Warum müssen wir abermals vor der Zerteilung des Roten Meeres stehen? Soll ich in meiner Seele denken — obgleich meine Seele davor zurückschreckt —, daß es zwei Mächte gibt, eine Macht zum Guten und eine Macht zum Bösen, und daß die Macht zum Bösen deiner Macht zum Guten im Wege zu stehen vermag? Kämpft dort oben der Engel Edoms gegen dich, wie hier unten Edom selbst gegen uns, deine Geschöpfe, kämpft? Nein! Nein! Nein! Was sind das für Gedanken? Du bist die einzige Macht, der einzige Herrscher in allen Himmeln und allen Welten. Du bist der, der den Bund mit unserem Vater Abraham geschlossen hat, und dein Versprechen wird nicht wanken. Aber warum bescherst du uns solch schwere Prüfungen? Wer sind wir, daß du so viel von uns verlangst, daß du uns zwingst, durch die Qualen unserer Seele hindurch den Weg zu dir zu finden? Hilf uns, Vater, hilf uns, laß uns nicht draußen stehen!"

Das waren meine Gedanken, das waren die Worte, die ich bei mir sprach, als ich mich von Beth-Paga her Jerusalem näherte, am Morgen dieses Tages, der der dritte in der Woche war, der elfte im Monat und der dritte vor dem Beginn des Festes der Befreiung aus Ägypten. Aber so oft wir das Passah-Fest feiern, erleben wir aufs neue die Befreiung aus der ägyptischen Knechtschaft. Nicht nur unsere Leiber kehrten damals aus der Knechtschaft in die Freiheit zurück, sondern viel mehr noch unsere Seelen. Und mit dem nun bevorstehenden Fest würde Gott uns abermals befreien, aber diesmal würde es die wahre, die ewige, die unwandelbare Befreiung sein. So tröstete ich mich selbst, während ich im Halbdunkel der Dämmerung dahinschritt. Und ich sah den Morgenstern wie ein blitzendes Schwert die Himmel spalten, und durch den Spalt schäumte das Licht hervor und flammte über den Horizont. Hier unten auf der Erde begannen die Gärten und Häuser aus dem Dunkel hervorzutauchen. Und dann lag mit einem Male Jerusalem vor mir, von den ersten Strahlen der Sonne überflutet. Nacheinander erloschen die Fackeln, die rund um den Tempel wanderten. Das Dreieck des Allerheiligsten glich einem flammenden Berge, darüber aber ragte die geballte Faust Roms wie die Drohung eines Gottlosen über einem gefesselten Heiligen — der Turm der Festung Antonia.

Ich eilte durch die erwachenden Straßen Jerusalems zu der Synagoge meines Rabbi, denn es war für mich an der Zeit, ihm aufzuwarten.

Mein Rabbi, mit dem Tallit und den Tefillin angetan, war in das Morgengebet vertieft. Ich wartete, bis er fertig war, und dann lief ich zu ihm hin und drängte mich an ihn heran, wie ein verlorenes Schaf sich an seinen Hirten herandrängt, wenn es heimgefunden hat. Ich legte mein Haupt an seine Brust und weinte und schüttete mein Herz aus. Ich erzählte ihm, was ich am vergangenen Tage und in der vergangenen Nacht gesehen und gehört hatte, im Tempelhof und in der Scheune Simons, des Aussätzigen, die Worte des Nazareners und die Worte Judas Ischariots. Das alles hörte der Rabbi ruhig an; aber als ich ihm berichtete, was Judas Ischariot Simon, dem Zeloten, ins Ohr geflüstert hatte, geriet er in Zorn und rief:

„Die wahre Erlösung wird nicht durch das Leid kommen, sondern durch die Freude, denn er, den Gott sendet, wird mit der Macht Gottes bekleidet sein. So haben die Propheten es verkündigt: ‚Ich will seine Kriege führen, und ich will seinen Kindern helfen.' Denn sein Zorn gegen uns ist nur vorübergehend, während sein Erbarmen ewig währen wird."

Eine Zeitlang schwieg mein Rabbi. Dann öffnete er wieder die Lippen:

„Großes geschieht in unseren Tagen, aber wir wissen doch nicht, was vor sich geht. Ohne die Gnade Gottes sind wir blind. Komm, mein Sohn, laß uns gemeinsam beten, damit wir nicht in Versuchung geraten, denn nichts erleuchtet das Herz des Menschen so sehr wie das Gebet. Seit die Gabe der Prophezeiung den Männern Israels genommen wurde, können wir sie nur noch durch das Gebet erlangen, denn das Gebet reinigt uns und bringt uns näher zu dem Vater im Himmel."

Dann warf er sich nieder, das Antlitz dem Tempel zugewandt, und ich tat desgleichen. Mit leiser Stimme sprach er ein Gebet, das ich Wort für Wort wiederholte:

„Vater im Himmel, Schöpfer aller Dinge. Siehe, alle Hände strecken sich dir entgegen, und alle Gebete sind an dich gerichtet. Verlasse uns nicht in dieser Stunde der Not. Öffne uns die Augen in der Stunde der Finsternis. Erbarme dich unser, verstoße uns nicht, denn ohne dich sind wir wie Distelflaum, den der Wind ziellos und sinnlos vor sich hertreibt. Versammle uns zu dir, ziehe unsere Herzen zu dir heran, damit wir unseren Willen mit dem deinen vereinigen und dir von ganzem Herzen und von ganzer Seele dienen. Forme uns nach deinem Ebenbild und erfülle uns mit deinen Tugenden. Breite das Zelt deines Friedens über alle Völker der Welt, und öffne allen Völkern die Augen, damit sie dich erkennen als den, der du bist, Anfang und Ende jeglichen Hoffens und jeglichen Verlangens für deine Geschöpfe. Amen."

Das Gebet meines Rabbi heilte die Wunden meiner Seele, und ich fühlte mich getröstet. Ich war von allen Zweifeln gereinigt, die sich in der Nacht zu Beth-Eini wie ein Schleier über meine Augen und mein Herz gebreitet hatten Mir war zu Mute wie einem Kinde, das aus der kalten Nacht unter das väterliche

Dach heimgekehrt ist und sich nun in seines Vaters Mantel hüllt.

Nachdem der Rabbi in Gesellschaft seiner Schüler einen Morgenimbiß, Brot und Ölfrüchte, zu sich genommen hatte, sagte er zu uns:

„Wir wollen zu dem Tempelberg hinaufgehen, denn heute wird Rabbi Jochanaan ben Zakkai dort unter den Säulen predigen."

Die Gefäße tragend, gingen wir mit unserem Rabbi durch die überfüllten Straßen nach der Oberen Stadt. Als wir zu dem Viadukt kamen, der durch das Tor zu der Basilika des Herodes führte, befahl uns der Rabbi, unsere Börsen einem der Schüler anzuvertrauen, der an diesem Tage unser Schatzmeister sein sollte. Aber er bedeutete dem Schatzmeister, draußen stehen zu bleiben, denn es ist verboten, mit einer Börse voll Geld den Tempelhof zu betreten, und die ganz Frommen legen auch ihre Sandalen ab und lassen sie in dem Vorraum zurück, bevor sie auch nur den Fuß in den äußeren Hof setzen. Zur Winterszeit jedoch ist es gefährlich für die Gesundheit, mit bloßen Füßen über die kalten Steine zu gehen, und die Weisen haben deshalb verordnet, daß es gestattet sei, den äußeren Hof in Sandalen zu betreten, nicht aber mit einem Stab oder einer Geldbörse.

Wir wunderten uns nun freilich sehr, als wir in die Basilika des Herodes kamen. Vor den Buden, in denen die kleineren Opfergaben feilgehalten wurden, empfing uns der ohrenbetäubende Lärm des Kaufens und Verkaufens, des Handelns und Feilschens. Körbe und Käfige standen aufeinandergetürmt. Zahllose Männer und verschleierte Weiber umdrängten die Händler. Leviten mit weißer Kopfbedeckung betasteten und prüften jede einzelne Taube, bevor sie sie dem Käufer reichten, um sich zu vergewissern, daß sie makellos sei und für das Opfer geeignet. Nun hatten wir noch nie zuvor innerhalb der Basilika, in der während des Winters die Rabbis und ihre Schüler sich aufhielten, einen Taubenmarkt gesehen. Wir wandten uns daher an unseren Rabbi, und einer von uns sagte:

„Belehre uns, Rabbi. Soeben erst hast du uns befohlen, unsere Geldbörsen einem der Schüler zu übergeben, der draußen bleiben mußte, weil es verboten ist, auch nur den äußeren Hof zu betreten, wenn man Geld bei sich hat, und jetzt sehen wir Scharen von Menschen vor den Taubenkäfigen stehen und Opfergaben kaufen. Wie läßt sich das mit den Vorschriften der Rabbis vereinen?"

„Was ihr hier seht, hat nichts mit den Rabbis zu tun, sondern nur mit den Verordnungen des Hohenpriesters und der Tempelbeamten. Wer auf die Worte der Weisen hört, erfüllt nicht das Gotteshaus mit dem lauten Geschrei des Feilschens, denn ehe er auch nur den äußeren Hof betritt, der noch nicht geheiligt ist, wohnt schon die Furcht Gottes in seinem Herzen. Er sei gesegnet."

Kaum hatte der Rabbi zu Ende gesprochen, kaum hatten wir uns dem Säulengange genähert, wo die Schüler versammelt waren, als wir hinter uns ein lautes Lärmen und Rufen vernahmen. Wir drehten uns um, erstaunt und erschrocken. In der Basilika, die wir soeben verlassen hatten, liefen die Menschen wild durcheinander. Zuerst wollte der Rabbi sich um den Tumult gar nicht kümmern und ruhig weitergehen, wie das seine Gewohnheit war. Aber wir merkten sogleich, daß etwas sehr Bedeutsames im Gange sein mußte, denn auch aus den inneren Höfen kamen die Menschen herbeigelaufen. Wir eilten gemeinsam mit ihnen zu der Basilika zurück. Und nun wurden wir Zeugen eines seltsamen und furchterregenden Schauspiels.

Wir erblickten den Rabbi von Nazareth, in seinen Tallit gehüllt, dessen Fransen bis zur Erde hingen, in der Hand ein gedrehtes Seil, wie man es benützt, um die Garben zu binden oder ein Tier an den Karren zu schirren, und er schwang das Seil über den Köpfen der Käufer und Händler und trieb sie vor sich her. So bahnte er sich gewaltsam einen Weg zu den Taubenkäfigen, öffnete die Käfige und ließ die Tauben frei. Die Vögel erhoben sich in die Luft, mit rauschendem Flügelschlag kreisten sie über den Kuppeln der Basilika, und der Schatten ihrer Schwingen fiel auf die Menge. Er öffnete Käfig um Käfig. Am meisten aber wunderte uns, daß niemand sich dem Rabbi entgegenstellte. Mit angstverzerrten Gesichtern wichen die Käufer und Händler vor ihm zurück und ließen ihn mit den Tauben machen, was er wollte. Als ob die Furcht Gottes sie befallen hätte, stoben sie auseinander, und er, wie ein vom Himmel herabzuckender Feuerbrand, wie das Schwert Gottes, ließ das gedrehte Seil durch die Luft wirbeln und trieb die Leute aus der Basilika.

Da standen die Leviten, in ihren kurzen Hosen und weißen Tuniken, von Angst geschüttelt, an die Mauer gedrängt. Da standen die Wachen und die Tempelwächter mit den bleibeschwerten Peitschen, und ihre Bärte zitterten wie im Winde. Binnen wenigen Minuten war die große Basilika von den Käufern und Händlern gesäubert. Die leeren Käfige und umgeworfenen Tische kollerten auf dem Boden umher. Alles flüchtete vor ihm, als ob er die Geißel Gottes wäre, und er war der alleinige Herr der Basilika.

Dann trat er auf die Schwelle und blickte auf das Gewühl der Menge hinab, die zu ihm aufschaute wie zu einer himmlischen Erscheinung. Noch nie hatte ich den Rabbi von Galiläa in diesem Lichte gesehen: in seinem weißen Gewand, unter dem seine nackten Füße sichtbar waren, in dem Tallit, der auf seinen Schultern ruhte, schien er von übermenschlichem Wuchs. Sein Gesicht war so weiß wie sein Gewand. Uns dünkte sogar, sein Bart sei weiß: alles an ihm war weiß. Aber weder sein Gewand, noch sein Tallit, noch sein Antlitz, noch seine Augen, aus denen die eifernde Freude des Herren strahlte, verliehen ihm dieses furchteinflößende Aussehen; nein, es war noch etwas anderes, das weit darüber hinausging. Ich hatte den Eindruck, daß in der vergangenen Nacht eine geheimnisvolle und bedeutsame Veränderung mit ihm vorgegangen war, als ob der Strick in seinen Händen ein Schwert sei, das der Herr der Welten ihm anvertraut hatte, damit er das Böse auf Erden vertilge und den Nacken des Gottlosen unter seine Ferse zwinge. Er hatte damit begonnen, den Tempel von den Händlern zu säubern, und er würde sein Werk fortsetzen. Alles starrte ihn voller Entsetzen an: was wird er jetzt tun? Die Pilger, die ihn nicht kannten, und die ihn jetzt zum ersten Male erblickten, fragten einander im Flüsterton:

„Wer ist dieser Mensch? Wer ist er?“

„Siehst du es nicht? Ein Prophet Gottes. Er ist zu uns gesandt worden.“

„Es ist doch der Prophet aus Nazareth, das in Galiläa liegt.“

„Es ist der Prophet Elias, von Gott gesandt, die frohe Botschaft zu verkünden.“

„Es ist Jochanaan, der von den Toten auferstanden ist.“

„Hast du ihn nicht gestern gesehen, als er auf einer Eselin in Jerusalem einzog?“

„Das ist er, der uns gesandt wurde, um die Erlösung zu bringen. Siehst du das Seil in seiner Hand? Es ist das Schwert des Herrn, mit dem er die Gottlosen in den tiefsten Pfuhl der Hölle jagen wird. Dann wird das Himmelreich beginnen. Aber was wird er jetzt tun? Wird er mit seinem Schwert die frechen römischen Wachen vertreiben, die vor den Toren der inneren Höfe stehen?“

Dann stieg er die Stufen herab, der Prophet, das Schwert des Herrn in Händen. Und mit dem Zorn Gottes kam er auf uns zugeschritten. Die Masse teilte sich und machte ihm Platz. Er ging zu den Tischen der Geldwechsler hin, die vor der Schatzkammer aufgestellt waren, — und im Nu waren die Tische umgestürzt! Die Münzen klapperten und klirrten, Münzen, die über die Steine rollten, Münzen, nach denen keiner sich bückte. Denn niemand wagte sich zu rühren, so schrecklich war der Anblick. Nur die Wechsler sprangen auf und flohen, ihre Habe im Stiche lassend.

Wenn ich später immer wieder an diesen Vorgang zurückdachte, den ich mit eigenen Augen mitangesehen hatte, konnte ich nie recht begreifen, was eigentlich geschehen war. Ich konnte nicht verstehen, daß man ihm erlaubt hatte, so zu verfahren, daß niemand es gewagt hatte, ihm entgegenzutreten, daß er binnen weniger Minuten sich zum alleinigen Herren über die Tempelhöfe machen konnte. Die Aufseher, die ihre Rechte hüteten, als ob sie sie unmittelbar von Gott empfangen hätten, sie, die in der Ausübung ihres strengen Amtes weder Alter noch Jugend schonten, ließen die Arme sinken, verkrochen sich in alle Winkel und überließen ihm das Feld. Selbst die römischen Wachen, die mit boshafter Ungeduld auf jeden Vorwand lauerten, um ihre Schwerter zu ziehen, standen regungslos da, beobachteten mürrisch und verwundert den Tumult und erhielten keinerlei Befehl von ihren Anführern, die sich schämten, sich ihre Angst anmerken zu lassen. Es schien, als brauchte der Rabbi von Galiläa sich nur gegen sie zu wenden, und sie würden die Flucht ergreifen. Und in diesem Augenblick regte sich eine gewaltige Hoffnung in unserer Brust, denn wir sahen Furcht in den Augen der Römer.

Inzwischen aber war die Nachricht von diesen Ereignissen bis in die innersten Höfe und sogar bis zum Altar gedrungen, und die hohen Tempelbeamten kamen herbeigeeilt. Die Schatzmeister, die Schriftgelehrten und Sänger brachen hastig ihre Tätigkeit ab, mit der sie an diesem arbeitsreichen Tage beschäftigt gewesen waren. Unter ihnen befanden sich auch die Söhne Hanans, Elieser, der älteste Sohn, in der purpurnen Robe, die erkennen ließ, daß er früher einmal das Amt des Hohenpriesters bekleidet hatte, Jochanaan, der zweite Sohn, gleichfalls im purpurnen Mantel, dem Symbol des ersten Würdenträgers nach dem Hohenpriester Joseph Kaifas: sein nach syrischer Mode frisierter Bart hing wie eine Glocke über sein Gewand herab, und eine zackige weiße Kopfbedeckung saß wie eine Krone auf seinem Haupt; und ihm folgten seine Brüder, der Schatzmeister Theophilus und Mattathias, der Aufseher über die Gewänder, die Gefäße, das Holz, die Öle und die Tempelgeräte, desgleichen der jüngste der fünf Brüder, Hanan ben Hanan, der Verwalter der kleinen Opfergaben, die in den Höfen verkauft wurden, und der übrigen geschäftlichen Unternehmungen des Priesterhauses. Alle trugen sie ihre Amtsgewänder, und um sie scharten sich die unteren Beamten und ein Haufe priesterlicher Neophyten, die die Opfergeräte in Händen hielten, die Feuerschaufeln, die Aschenbehälter, die Weihrauchfäßchen, die sie entweder eben gesäubert oder etwa bei den Vorbereitungen für das Fest verwendet hatten. Sie standen auf den hohen Stufen, die zu den inneren Amtsgemächern führten, und Erstaunen malte sich in ihren Zügen. Sie sahen die Verwüstung, die der Rabbi von Nazareth unter den Taubenverkäufern und Geldwechslern angerichtet hatte, die umgeworfenen Tische, die verstreuten Münzen, sie sahen den Mittelpunkt des Tumults, den Rabbi mit dem Seil in der Hand, und die begeisterte jubelnde Menge, die erwartungsvoll, verlangend und freudig zu ihm aufblickte. Die Stimmung der Massen übertrug sich auf die Tempelbeamten, und ihre Mienen verrieten das ängstliche Pochen ihres Herzens. Auch sie wurden von der Furcht Gottes befallen, als erblickten sie ein überirdisches Schauspiel und wollten ihren Augen nicht trauen. Ein beklommenes Flüstern lief durch ihre Schar, als staunten sie über die Kühnheit dieses Mannes und seine Selbstgewißheit. Ihre blassen, erschrockenen Gesichter, ihre wehenden Bärte zeugten von ihrer Betroffenheit. Nur einer von ihnen, der jüngste der Brüder, Hanan ben Hanan, biß sich vor Wut auf die Lippen und stürmte vorwärts. Wir sahen, wie das Blut in seine Wangen strömte, die der dichte schwarze, ölglänzende Bart umrahmte, denn das war ein Eingriff in *seine* Domäne, in *sein* Sondergebiet, den der unbekannte Rabbi aus der Provinz sich erlaubt hatte. Allen stockte der Herzschlag, als die beiden Gewalten einander gegenüberstanden. Der Rabbi von Nazareth, der nichts in Händen hielt als das Seil, blickte zu der versammelten Priesterschaft empor, und sie, die höchsten Tempelbeamten, mit den Abzeichen ihrer kirchlichen und weltlichen Macht geschmückt, umgeben von ihren Streitscharen, erwiderten seinen Blick. Das dauerte nur eine Sekunde lang, aber diese Sekunde glich einer Ewigkeit. Der Rabbi zeigte mit seinem Seil auf die Priesterschaft, und mit donnernder Stimme, mit einer Stimme, die wie hundert Posaunen klang, rief er:

„Es steht geschrieben: ‚Mein Haus ist ein Bethaus für alle Völker!' Und ihr habt es zu einer Mördergrube gemacht!"

Der jüngste der priesterlichen Brüder hatte sich bis nach vorne gedrängt. Er hob die Hand und gab den Aufsehern ein Zeichen, sich mit ihren bleibeschwerten Peitschen auf den Rabbi zu werfen. Ein strenger Blick seines älteren Bruders, des Hauptbeamten Jochanaan, widerrief den Befehl.

Aus der Mitte der Menge, die den Rabbi umgab, stieg ein Jauchzen auf, als ob eine schwere Bürde von ihren Schultern gefallen wäre. Was sie alle bedrückt hatte, die Schriftgelehrten wie das Volk, was sich in jeder jüdischen Brust an Erbitterung und Groll gegen das Haus Hanan angehäuft hatte, war nun gleichsam zu einem einzelnen Steine geworden, den der Rabbi den Bedrückern entgegenschleuderte:

„Das Bethaus der Völker habt ihr zu einer Mördergrube gemacht! Den Tempel habt ihr in ein Schlachthaus verwandelt, in einen brodelnden Fleischkessel, in ein offenes Maul, das da schreit: ‚Gib! Gib!'; denn es ist unersättlich. Die Söhne Hanans sind die Söhne Elis, die mit ihren Gabeln das Fleisch vom Altar reißen! Das Haus Hanans und das Haus des Beitus, sie haben ihre Söhne zu Schatzmeistern und ihre Schwiegersöhne zu Aufsehern gemacht, und sie schlagen ihre Sklaven mit Knüppeln. Weh über euch, Söhne Hanans! Das Gotteshaus, das ein Bethaus der Völker heißen sollte, aller Völker der Welt, haben sie zu einem Markt gemacht. Auf den Steinen, auf denen Abraham seinen Sohn Isaak opfern wollte, haben sie ihre Buden errichtet. Seid verflucht, Söhne Elis!"

Einer nach dem anderen verschwanden sie, die hohen Beamten und die Aufseher in ihren purpurnen Gewändern, mit ihren gesalbten und gekräuselten Bärten. Sie zogen sich hinter die Vorhänge des Allerheiligsten zurück. Der Rabbi von Nazareth stand allein unter der Menge, und an diesem Tage waren die Tempelhöfe seinem Gebot unterworfen.

Wir dachten, daß er nun, nachdem er die Söhne Elis mit der Kraft seines heiligen Zornes auseinandergetrieben, nachdem er die Söhne Hanans, die Herren des Tempels, mit dem Atem seines Mundes gebannt hatte, daß er nun sich gegen den schlimmsten unserer Feinde wenden würde, den Urquell alles Bösen, die Faust, die auf dem Nacken Israels lastete. Mit der ihm verliehenen Machtfülle, mit dem Seil, das er in Händen hielt, würde er die irdische Gewalt Edoms vor sich hertreiben. Aber das geschah an diesem Tage nicht. Er sammelte seine Jünger um sich und verließ den Tempelhof. Er kehrte auf den Ölberg zurück. Die Menge geleitete ihn wie einen König, und alle Gesichter strahlten, alle Augen leuchteten, alle Herzen atmeten Freude. Nun erkannten wir deutlich, daß die Erlösung an die Tür pochte. Auch uns war ein Beschützer erstanden. An diesem Tage war der Name des Herrn geheiligt.

XVII. KAPITEL

An diesem Tage flogen alle Herzen ihm zu. Jerusalem sprach von nichts anderem als von den Ereignissen im Tempel. Die Straßen und Märkte widerhallten von Berichten, Schilderungen und Disputen. Das niedere Volk war unendlich stolz auf ihn, und am meisten seine Landsleute, die Galiläer. Sie, die man stets wegen ihrer Unwissenheit und auch wegen ihrer eigentümlichen und ungenauen Aussprache verspottet hatte, sonnten sich in seinem Ruhm. Aus Galiläa war ein Prophet gekommen, nicht nur ein galiläischer Judas, sondern eine wahre Prophetengestalt, ein zweiter Amos, der es gewagt hatte, den Söhnen Hanans die Wahrheit entgegenzuschleudern, ihnen, die das Gotteshaus zu einer Mördergrube gemacht hatten. Oder — größer noch — ein zweiter Jeremias. Mit dem Seil in der Hand hatte er die Händler vor sich hergetrieben, die Sklaven und Knechte der Söhne Hanans, und die Furcht Gottes hatte die Bedrücker gepackt, so daß sie nicht den Finger gegen ihn zu erheben wagten. Wer mochte wissen, zu welchen Taten dieses Seil noch bestimmt sei? Ein Schwert war es, nicht ein Seil — das Schwert Gottes. Und so redete nicht nur das gemeine Volk. Pilger und Fremde, die sich in den Tempelhöfen umhertrieben, Schriftgelehrte und Weise in den Synagogen und Lehrhäusern sprachen von dem Provinz-Rabbi und nur von ihm. Und ihre Worte waren voller Ehrfurcht und Bewunderung.

Ich erinnere mich, daß ich kurz nach diesen Vorfällen mit meinem Rabbi in das Lehrhaus des Jochanaan ben Zakkai kam. Die Schüler des Jochanaan umringten meinen Rabbi, denn sie wußten, daß er ihnen mehr als jeder andere, den sie kannten, von dem Wundermanne aus Nazareth erzählen könne. Denn es war bekannt, daß er in Galiläa und vielleicht auch in Jerusalem mit ihm gesprochen hatte. Es ging sogar das Gerücht um, Nikodemus ben Nikodemus sei ein heimlicher Anhänger des Nazareners.

„Erzähle uns von diesem Unbekannten aus Nazareth“, sagten sie, „der es wagt, in den Weinberg zu gehen und die schwarzen Raben zu verscheuchen, die die Trauben fressen.“

„Ich kann euch nicht viel erzählen. Seine Wege sind verborgen. Wir kennen nur seine Worte und seine Werke. Aber auch sie helfen uns nicht, das Geheimnis zu durchschauen, denn sie enthüllen eine Handbreit und verhüllen neun.“

„Wer weiß, was für Macht ihm verliehen ist und was er alles vorbringen wird“, sagte einer der Schüler und legte die Hand vor die Augen.

„Macht! Ein gewöhnlicher kleiner Rabbi, behaupte ich. Zuweilen gerät er in Ekstase und hält sich für den Messias. Wir haben Rabbis gekannt, die sich anders benahmen. Auch sie gerieten in Ekstase, aber sie wurden nicht unverschämt gegen die Weisen, geschweige denn gegen den Himmel. Wenn er der wäre, der er zu sein glaubt, würde er nicht reden, sondern handeln. Es heißt in der Schrift: ‚Und seine Stimme wird man draußen nicht hören‘.“

„Nein, nein, das ist etwas ganz anderes. Wenn er so redet, ist er zweifellos dazu ermächtigt. Ich habe mit eigenen Augen die Zeichen seiner Sendung gesehen...“

„Aber was meint er? Wer ist er?“ Die Schüler umdrängten meinen Rabbi. „Du kennst ihn, du hast mit ihm gesprochen. Woher nimmt er seine Kraft?“

„Ich weiß es nicht, ich weiß es nicht“, wiederholte mein Rabbi. „Manchmal glaube ich... Nein, ich will es nicht aussprechen. Ich fürchte, meine Worte würden eine Versuchung und ein Stein des Anstoßes sein.“

„Warum aber gehen nicht die Weisen zu ihm, die Schriftgelehrten und die Klugen, um ihn zu fragen, in wessen Auftrag er handelt? Siehe: wenn er der ist, für den manche ihn halten, müssen wir es wissen.“

„Ja, wir müssen es auf jeden Fall wissen“, fügten andere hinzu.

„Wo wohnt er? In welcher Synagoge predigt er? Wo hält er sich auf?“

Mit einem Male merkten sie, daß niemand wußte, wo der Rabbi von Nazareth sich niedergelassen hatte. Er tauchte in den Straßen und in den Tempelhöfen auf wie ein Gestirn des Himmels — und dann war er verschwunden.

„Wir müssen Boten zu ihm schicken. Wir müssen ihn prüfen. Wir müssen wissen, mit wem wir es zu tun haben."

„Wohin aber sollen wir die Boten senden?"

„Er wird wieder im Tempel erscheinen."

„Wie? Nach allem, was geschehen ist, wird er zurückkehren?"

„Wenn er der ist, für den wir ihn halten, wird er sicherlich in den Tempel zurückkehren, um das begonnene Werk zu vollenden", erwiderte mein Rabbi in entschiedenem Ton. „Er wird sich vor niemand verbergen."

„Gut! Wenn er zurückkehrt, werden wir wissen, daß er im Auftrage des Himmels handelt. Das wird für uns das Zeichen sein. Und bis dahin werden wir mit unserer Abordnung warten."

An diesem Nachmittag ging ich nicht nach Beth-Paga hinauf, in den Spuren des Nazareners, wie ich es vorgehabt hatte. Ich begab mich statt dessen in das Haus Simons von Kyrene im Kidron-Tal, um meiner Sohnespflicht zu genügen und meinen Vater zu ehren, der zum Passah-Fest nach Jerusalem gekommen war. Er hatte ein doppeltes Gebot zu erfüllen: sich zu reinigen und das Passah-Opfer darzubringen. Wie immer brachte er zahlreiche Geschenke für das Haus Simons von Kyrene mit. Für meinen Rabbi hatte er einen Krug Saron-Wein, der allen rituellen Vorschriften entsprach, ein Opferlamm und ein Maß Myrrhen, die mit dem köstlichsten Scharmir-Öl vermischt waren, welches mein Rabbi besonders liebte. Mein Vater freute sich über meine Fortschritte in der Thora und betete zu Gott, daß es ihm bald beschert sein möge, mich mit dem Rabbinat Israels bekleidet zu sehen. An diesem Abend legte ich zum ersten Male den langen Mantel an, zum Zeichen, daß ich in den Stand der Gelehrten eingetreten war. Nachdem wir das abendliche „Höre, Israel" angestimmt hatten, zündeten die Weiber des Hauses die Öllampen an, und die Männer wuschen sich die Hände. Sodann setzten sie sich auf den Fußboden rund um den niedrigen Tisch, um gemeinsam das Brot zu brechen. Mit einem Male aber ging die Tür auf, und herein kam mein Freund Rufus, der jüngere Sohn Simons von Kyrene. Er verneigte sich vor seinen Eltern und küßte sie auf die rechte Wange. Dann begrüßte er die Gäste. Sein Vater war erstaunt, ihn hier zu sehen, und fürchtete, es sei etwas Unangenehmes geschehen. Rufus aber versicherte ihm, er habe seinen Rabbi nur verlassen, um bei seinen Eltern zu sein und an dem Festmahl teilzunehmen. Er wusch sich die Hände und nahm an unserer Seite Platz.

Am Tische des Simon von Kyrene wandte das Gespräch sich den Ereignissen zu, die während des Tages in den Tempelhöfen sich abgespielt hatten, und den Hoffnungen, die sie in uns erweckten. Simon von Kyrene sagte:

„Großes hat Gott mit uns vor. Wir hören Stimmen und sehen Zeichen, die bezeugen, daß die Erlösung nicht mehr fern ist, und die Hand Gottes schützt uns. Wie anders sollen wir die Vorgänge deuten, die sich in den Tempelhöfen abgespielt haben? Das Lamm war im Rachen des Löwen, und der Löwe wagte nicht, es zu verschlingen — vor jäher Angst." Er spielte auf die Söhne Hanans an, die im Augenblick, da sie den Rabbi von Galiläa in ihrer Gewalt zu haben schienen, in Furcht geraten, vor seinen Donnerworten zurückgewichen und geflohen waren.

„Ja! Das ist der Anfang der Befreiung", sagte mein Vater.

Während sie so über den Rabbi von Nazareth redeten, strahlte das Antlitz meines Freundes Rufus vor Freude, seine schwarzen Augen wurden immer größer und leuchteten immer heller, bis es schien, als sei sein Antlitz nur noch der Rahmen seiner Augen. Er starrte mich ungeduldig an, in fieberndem Verlangen, mir etwas mitzuteilen, und wir beide warteten auf den Augenblick, da wir uns zurückziehen und miteinander allein sein konnten, denn ich wußte, daß er etwas zu sagen hatte, was nur für mein Ohr bestimmt war.

Kaum hatten wir nach beendetem Mahl den Segen gesprochen, als wir beide aufstanden und hinausgingen. Ein heller Mond, der im Zunehmen begriffen war, leuchtete vom Himmel herab.

Ich sagte zu meinem Freunde: „Du hast mir etwas mitzuteilen, das du vor unseren Eltern geheimhalten willst. Was ist es, Rufus?"

Er antwortete mit einem langen, hastigen Bericht:

„Ich eilte dem Rabbi von Galiläa nach, als er die Tempelhöfe verließ, die er von den Händlern und Wechslern gesäubert hatte. Ich konnte nicht mit ihm Schritt halten, aber ich wußte, daß ich ihn im Hause Simons, des Aussätzigen, in Beth-Paga finden würde. Und es haben sich wunderbare Dinge ereignet!" Atemlos hielt mein Freund inne; seine Augen leuchteten heller als die Sterne. „Als ich zum Gipfel des Berges kam und mich dem Hause näherte, hörte ich ein lautes Rufen und Frohlocken. Ich sah die Jünger des Rabbi um einen verdorrten Feigenbaum versammelt, der am Wegesrand vor dem Hause stand. Und sie sagten zueinander: ‚Seht das Wunder!' Ich fragte sie, was geschehen sei, und sie erzählten mir, daß der Baum noch am Morgen desselben Tages mit Knospen bedeckt gewesen sei. Der Rabbi von Nazareth sei zu dem Baum hingegangen, um Feigen zu pflücken, weil ihn hungerte. Aber da der Baum ihm keine Feigen spendete, denn die Knospen waren erst halb geöffnet und die Feigen noch nicht herangereift, verfluchte der Rabbi den Baum, daß er verdorre. Und als sie an diesem Nachmittag heimkehrten, da sahen sie, daß der Baum, den der Rabbi verflucht hatte, verdorrt war, und daß alle die frischen Knospen von ihm abgefallen waren."

„Aber Rufus", sagte ich, „weißt du denn nicht, daß die Feigenbäume in Beth-Paga früh verdorren und ihre Knospen verlieren, weil der Ort gegenüber den Wildnissen von Judäa liegt? Die heißen Winde wehen den Wüstenstaub herbei und machen die Luft stickig, so daß die Rinde des Feigenbaumes verdorrt. Deshalb hat man den Ort Beth-Paga genannt, den Ort, wo die Feigen nie reif werden."

„Gewiß weiß ich das, und jeder weiß es. Auch die übrigen Bäume hatten in der Hitze des Tages ihre Knospen verloren. Mit diesem Baume aber verhielt es sich anders. Nicht nur die Blätter und Knospen waren abgefallen, auch die Äste waren eingeschrumpft und hingen wie die leblosen Glieder eines Menschen herab, den man vom Kreuz abgenommen hat. Und der Baum selbst sah aus wie — wie ein sch'ti w'erew."

„Wie?" fragte ich erschrocken.

„Wie ein sch'ti w'erew, ein Kreuz, gleich den Kreuzen, die die blutdürstigen Römer an den Straßen Judäas errichten, gleich den Kreuzen, die auf dem Gipfel von Golgatha stehen und an die man lebende Menschen genagelt hat."

Seit unserem ersten Besuch auf dem Ölberge war, wie ich bemerkt hatte, mit meinem Freunde Rufus eine bedeutsame Veränderung vor sich gegangen. Rufus war schon immer ein Träumer gewesen. So oft unser Rabbi von den Tagen des Messias sprach oder die Taten und Aussprüche der entschwundenen Geschlechter erzählte, wie sie die Haggada überliefert hat, saß mein Freund mit geschlossenen Augen da, als sei er in eine andere Welt entrückt. Aber seit wir uns dem Galiläer angeschlossen hatten, war diese Eigenheit meines Freundes noch viel stärker geworden. Er war gleichsam fest entschlossen, den Handlungen und Worten des Rabbi einen geheimnisvollen Sinn und eine messianische Bedeutung beizulegen. Des Nachts hatte er

Gesichte, und er redete aus dem Schlaf von der Ankunft des Messias, oder er fuhr aus seinem Schlummer auf und weckte uns und erzählte uns, was ihm erschienen war. Ich wandte auf meinen Freund die Worte der Schrift an: „Als der Herr die Knechtschaft Zions brach, da waren wir wie ein Traum." Diesmal aber packte mich eine seltsame Furcht und ich sagte:

„Rufus, sage mir, hast du allein gemerkt, daß der Baum, den der Rabbi verflucht hatte, wie ein Kreuz aussah, oder haben es auch noch andere gemerkt?"

„Ich glaube, daß auch einige andere es gemerkt haben. Judas Ischariot jedenfalls muß es gemerkt haben. Während die anderen Jünger in die Hände klatschten und Hosianna riefen, stand Judas abseits und zitterte vor Angst, und sein Gesicht war blaß. Auch schien es mir, als ob Simon Bar Jonas in den Jubel nicht miteinstimmte."

„Was sagte der Rabbi?"

„Der Rabbi sagte dazu nichts. Als die Jünger auf den Baum zeigten und riefen: ‚Rabbi, siehe, der Baum, den du verflucht hast, ist verdorrt!', da antwortete er: ‚Vertraut auf Gott. Wahrlich, ich sage euch — wenn einer von euch zum Berge spricht: Hebe dich von deinem Platze hinweg und wirf dich ins Meer! — und er sagt es in festem Glauben und zweifelt nicht in seinem Herzen, sondern glaubt, daß es geschehen wird, dann werden seine Worte in Erfüllung gehen. Deshalb sage ich euch: Was ihr erbittet, glaubet, daß es euch gewährt sein wird, dann wird es euch wirklich gewährt sein.' Einer der Jünger fragte: ‚Kann man alles durch das Gebet erreichen?' Und der Rabbi antwortete: ‚Ja, wenn euer Gebet nur dem Willen des Himmels gilt, und eure Herzen gereinigt sind von allem Groll gegen euren Nächsten. Wenn ihr betet, sollt ihr zuerst allen verzeihen, die euch geärgert haben, und dann wird euch euer Vater alle eure Sünden verzeihen'."

„Und was geschah dann? Erzähle! Meine Seele dürstet."

„Philippus von Gedera kam mit einigen griechischen Juden auf den Ölberg."

„Wer, Philippus?"

„Ja, der Grieche des Joseph von Arimathia, Philippus, der Bekehrte. Er ließ den Kopf noch tiefer hängen als sonst und hielt sich ganz schief. Er sah aus wie ein im Sturme zerschelltes Schiff, das kaum den Hafen erreichen kann. Er unterhielt sich eifrig mit seinen Begleitern, und ich wunderte mich, daß er in Erfahrung gebracht hatte, wo der Rabbi zu finden sei. Als sie herangekommen waren, begannen sie ein leises Gespräch mit einem der Jünger, Philippus von Bethsaida, der ihre Sprache spricht, während Philippus selbst den Simon Andreas beiseiterief.

Der Rabbi hatte sich inzwischen in das Haus Simons, des Aussätzigen, begeben, um sich vor dem kalten Winde zu schützen, der auf dem Ölberg zu wehen begann, denn der Himmel hatte sich umdunkelt, und es war kalt geworden. Andreas ging ins Haus, und nach einer Weile erschien der Rabbi auf der Schwelle. Philippus von Bethsaida führte die Griechen zu dem Rabbi, und Philippus von Gedera verneigte sich so tief, daß er, da sein Kopf ohnedies stets zur Erde gebeugt ist, aussah wie ein kleiner, vertrockneter Wurm. Hinter ihm standen die Griechen, gleichfalls in gebeugter Haltung. Der Rabbi sagte zu ihnen, und dunkel war der Sinn seiner Worte: ‚Die Stunde ist gekommen, da des Menschen Sohn erhöht werden soll. Wahrlich, ich sage euch: Wenn der Same nicht auf das Erdreich fällt und vergeht, bleibt er allein. Aber wenn er vergeht, wird er Früchte tragen. Wer sein Leben lebt, wird es verlieren. Aber wer sein Leben in dieser Welt haßt, wird das ewige Leben haben. Wer mir dienen will, der folge mir nach. Und wo ich bin, dort wird auch mein Diener sein. Und wer mir dient, dem wird der Vater im Himmel Ehre erweisen.‘

Er schwieg eine Weile und fuhr dann fort: ‚Meine Seele ist betrübt. Was soll ich sagen? Vater, hilf mir über diese Stunde hinweg. Dennoch ist meine Stunde gekommen. Vater, geheiliget sei dein Name.‘ Und als er das sagte, kam ein Donner und Blitz, und die Himmel spalteten sich. Aber es war nicht Donner und Blitz. Aus dem Spalt des Himmels stieg ein flammender Engel herab und flog zu ihm hin.“

„Rufus, Rufus, du bist ein Träumer“, sagte ich. Jeder hatte in Jerusalem an diesem Abend den Donner gehört und den Blitz gesehen, und alle hatten gehofft, daß ein Regenguß die halbleeren Zisternen füllen würde. Wir hatten uns schon gefreut; aber auf den Donner und Blitz war kein Regen gefolgt.

Mein Freund Rufus jedoch hielt an seiner Behauptung fest. Die Himmel hätten sich geöffnet, und ein flammender Engel sei herabgestiegen. Ja, zu dieser Zeit gab es viele, die in einer Traumwelt umhergingen und Gesichte hatten, denn ihre Herzen pochten in Hoffnung und Sehnen.

Am späteren Abend gingen mein Freund und ich durch die mondhellen Straßen und Gassen des Kidron-Tales. Überall vernahmen wir die fröhlichen Stimmen junger Menschen und das Lachen der Kinder. Freude erfüllte alle Herzen. Und keiner hielt inne, um sich zu besinnen oder um zu zweifeln, denn alle lebten in der Ahnung großen Geschehens.

Und als Rufus und ich Hand in Hand durch die lärmenden, jubilierenden Straßen des Tales schritten, kamen wir auch in die Gasse der Kupferschmiede und Grobschmiede. Die Ambosse standen in halboffenen Höhlen; wir sahen das Feuer in den Essen flackern, wir hörten Eisen gegen Eisen klirren. Und wir waren erstaunt. Wir wußten, daß die Krieger Edoms die Schmiedewerkstätten Jerusalems streng überwachten. Auch die Knechte des Hohenpriesters machten die Runde, um sich zu vergewissern, daß die Schmiede nur Töpfe, Pfannen und andere Haushaltgeräte und keine verbotenen Kriegswaffen herstellten. Aus Sauberkeitsgründen waren den Schmieden ebenso wie den Webern, den Färbern und Gerbern die tiefer gelegenen Hänge als Aufenthaltsort zugewiesen worden. Niemals hatte ich sie in so lebhafter Tätigkeit noch in so erregter Stimmung gesehen. Wir besuchten eine Schmiede nach der anderen, und in den Gesichtern der Männer, die an den Ambossen und Essen standen, spiegelten sich Begeisterung und Machtbewußtsein. Kräftige Arme zogen die Blasbälge oder schwangen die Hämmer über dem schimmernden Amboß. Die Flammen beleuchteten das nackte, behaarte Fleisch, die struppigen Bärte und blitzenden Augen. Schwerter wurden hier geschmiedet, nicht Töpfe und Pfannen! Jedesmal, wenn der Hammer niedersauste, erhob sich ein Triumphgeschrei — ein Schrei der Rache, der Erlösung und Befreiung. Geübte Finger prüften die Schärfe der Schneiden. Schwert häufte sich zu Schwert. Männer kamen, einer nach dem anderen und holten die Waffen weg. Was sollte das bedeuten?

Aber vor einer der Schmieden blieben Rufus und ich jählings stehen, wie gelähmt. Wir sahen zwei in Sackleinen gekleidete Männer heimlich hineinschleichen. Der eine war ein ältlicher Mann, untersetzt, aber von kräftigem Körperbau, mit stämmigen Gliedern und einer Brust wie ein Löwe und Augen, die unter dichten Brauen hervorloderten; der zweite war von hoher Gestalt, breitschultrig und muskulös. Sie griffen nach den Schwertern, prüften die Schneiden, warfen ihr Geld hin, verbargen die Schwerter unter dem Gewand und verschwanden.

„Hast du sie erkannt? Zwei der Jünger."

„Ja! Simon und Johannes. Sieh, dort gehen sie!"

Wir starrten einander schweigend an, und nicht unsere Lippen, sondern unsere Herzen fragten: „Was soll das bedeuten?" Verwirrt und beunruhigt verließen wir die Straße der Schmiede und kehrten in das Haus des Simon von Kyrene zurück, ich, um die Nacht bei meinem Vater zu verbringen, Rufus, um bei mir und seinen Eltern zu bleiben.

Am frühen Morgen brachen wir zu dem Lehrhaus auf. Ich nahm die Geschenke für meinen Rabbi mit, das Lamm, den Krug mit Wein und das Salböl. So wie wir in die engen Straßen der Stadt kamen, gewahrten wir voller Erstaunen, daß über Nacht die Stimmung sich gewandelt hatte. Alle Festesfreude war verschwunden, an ihrer Stelle herrschten Erbitterung und Trauer. Die Menschen gingen mit finsterer Miene und zusammengebissenen Zähnen umher. Wir begegneten Flötenspielern, wie sie sonst die Leichenzüge begleiten, und auf den Schwellen der Häuser saßen weinende Weiber.

Nun erkundigten wir uns, was in der Nacht geschehen sei, und wir erhielten eine erschreckende Antwort. Jetzt erst begriffen wir, was das lebhafte Treiben in den Schmiedewerkstätten, das Kommen und Gehen der geheimnisvollen Gestalten bedeutet hatte. Das waren die Anhänger Bar Abbas' gewesen, die sich voller Ungeduld an die Verheißungen der Rabbis und an die Träume vom Messias klammerten. Die Ereignisse des vergangenen Tages hatten sowohl den Neid wie die Hoffnungen des Rebellen erweckt. Daß die Hohenpriester zögerten, den Rabbi von Galiläa gefangen zu setzen, war für ihn zugleich ein Signal und eine Herausforderung. Er glaubte seine Stunde gekommen. Er ließ an seine Leute in der Unteren Stadt Befehl ergehen, sich sogleich zu bewaffnen und sich in der Herberge der Kameltreiber zu sammeln. Aber mitten in der Nacht war mit einem Male die römische Legion herbeigeeilt und hatte die Herberge erstürmt. Zahlreiche Opfer waren im Kampfe gefallen. Die zu der Herberge führenden Straßen wurden für unrein erklärt, weil sie mit Leichen übersät waren. Die Verwundeten hatte man liegen lassen, und sie wälzten sich in ihrem Blute. Bar Abbas selbst war lebend in die Hände der Römer geraten.

Als wir uns dem Kampfplatze näherten, wich das bedrückte Schweigen einem wilden Gemurmel. Die Erbitterung der Bewohner der Unteren Stadt wuchs immer mehr an, und überall hörte man den einen Namen: „Bar Abbas!" Über Nacht war er zum Helden der Masse geworden. Einer erzählte dem anderen seinen Lebenslauf. Man sprach über seinen Heldenmut, über seine Güte und seine Freigebigkeit: wie er sich den verhaßten Wächtern des Hohenpriesters widersetzt, wie er die Reichen auf der Landstraße und in ihren Häusern überfallen, ihnen ihr Gold, ihre Geräte und sogar die für das Fest vorbereiteten Kostbarkeiten weggenommen hatte, um sie, als ein zweiter Elias, unter die Armen und Witwen zu verteilen, — wie er köstliche Salben aus den Vorratskammern des Adels gebracht hatte, um die verlassenen Kranken zu heilen.

Wie immer in solchen Fällen waren die Berichte von seiner Furchtlosigkeit und seiner Liebe zu den Armen reichlich übertrieben. Der Straßenräuber von gestern wurde zum Volkshelden von heute. Überall hieß es: wenn nicht einer seiner eigenen Leute ihn verraten und die Behörden von der bewaffneten Ansammlung in der Herberge unterrichtet hätte, würden die Römer ihn nicht erwischt haben. Man erinnerte sich, wie er plötzlich in den Straßen und auf den Märkten und sogar in den Tempelhöfen zu erscheinen pflegte, um die Söhne Hanans anzuklagen, und wie er dann ebenso plötzlich, zur Verblüffung der Wächter, wieder verschwunden war. Und nun glaubten alle, er habe gewaltige Pläne gehegt. Riesige Heerscharen hätten auf den Befehl zum Angriff gewartet. Er sei drauf und dran gewesen, die Tempelwächter zu überfallen, während die Pilger in den Höfen versammelt waren.

„Nein, nein!" sagten andere. „Er würde gewiß nicht im Tempel begonnen haben. Bar Abbas ist ein frommer Jude. Er hätte unter keinen Umständen kurz vor dem Passah-Opfer die Höfe mit den Leichen der Gefallenen verunreinigt. Sein Plan war, das Prokuratorium anzugreifen und Pilatus gefangen zu nehmen."

„Nein, nicht das Prokuratorium", widersprachen andere. „Er wollte mit einer großen Schar das Theater umzingeln, grade in dem Augenblick, da die Römer und ihre Freunde den Schauspielen beiwohnten. In einem einzigen gewaltigen Netz wollte er Edom, Herodes und die Söhne Hanans fangen, sie in die wüsten Höhlen der judäischen Wildnis schleppen und sie als Geiseln festhalten."

„Und hätte nicht einer seiner Leute ihn des Nachts verraten, dann wären wir vielleicht — weiß Gott — an diesem Osterfest freie Männer geworden."

So redeten die Leute, die sich in kleinen Gruppen an den Ecken versammelten, und die Arbeiter, die in der Altstadt ihre Buden errichteten. Aber der Prokurator und Hohepriester hatten bereits strenge Maßnahmen getroffen. Überall, nicht nur in den Tempelhöfen, sondern auch in den Straßen und auf den Marktplätzen, am Eingange jedes Gäßchens und vor den Toren der Paläste, waren die Wachen verdoppelt und verdreifacht worden: Römer, Askaloniten und Syrer in voller Rüstung, mit gezogenen Schwertern. Auch die germanischen Reiter waren aus der Burg Antonia ausmarschiert und hatten sich in der Stadt postiert. Die Priestergarden durchzogen in großer Zahl die Straßen, mit den verhaßten Peitschen bewaffnet. Sowie sie eine Menschenansammlung erblickten, fielen sie ohne vorherige Warnung über sie her und jagten sie auseinander. Sogar Rufus und ich, die wir mit den Geschenken für unseren Rabbi friedlich zum Lehrhause wanderten, mußten mehr als einmal in einem Hause oder in einer Bude oder in einem Hofe Zuflucht suchen. Als wir schließlich unser Ziel erreichten, waren wir ganz erschöpft und außer Atem.

Wir trafen den Rabbi Nikodemus beim Morgengebet an, und tiefe Seufzer entrangen sich seiner Brust, Seufzer, die sein Herz zu zersprengen drohten und uns mit Angst und Mitleid erfüllten. Aber er brach seine Andacht nicht ab. Wir warteten, bis er fertig war, um zu hören, womit er uns trösten würde. Aber nachdem er den Gebetmantel und die Gebetriemen abgelegt hatte, sagte er nur:

„Möge es der Wille des Herren sein, dem die ganze Erde gehört, daß das herannahende Fest friedlich vorübergehe. Möge es ein Ostern der Erlösung werden, nicht zur Lösung unserer Fesseln, sondern zum Trost unserer Seelen."

Denn er hatte bereits erfahren, was in der Nacht geschehen war.

XVIII. KAPITEL

Es war nun der vierte Tag der Woche, und bis zum Fest fehlten nur noch zwei Tage. Wir saßen zu Füßen unseres Rabbi, als ein Bote der im Tempel versammelten Schriftgelehrten und Rabbis erschien und ihn bat, unverzüglich sich zu dem Gerichtshof zu begeben; es handle sich um eine sehr wichtige Angelegenheit. Mein Rabbi zögerte keinen Augenblick, er legte seinen Mantel an und brach mit Rufus und mir nach der Oberen Stadt auf.

Als wir bei dem Gericht anlangten, erfuhren wir, daß der

Prophet von Nazareth in den Tempel zurückgekehrt war. Ohne sich darum zu kümmern, was des Nachts dem Bar Abbas und seinen Leuten widerfahren war, ohne sich um die Folgen seiner eigenen Handlungsweise am vergangenen Tage und um die doppelt und dreifach verstärkten Wachen der Römer zu kümmern, deren Befehlshaber nur auf irgendeinen Vorwand lauerten, um gegen die Juden vorzugehen, war der Prophet von Nazareth mit seinen Jüngern im Tempel erschienen. Er saß vor dem Kasten der Schatzmeister und predigte dem versammelten Volk. Die Schriftgelehrten und Ältesten hatten daher beschlossen, eine Abordnung zu ihm zu schicken, um ihn zu fragen, mit welchem Recht er so verfahre, wer er sei und in wessen Auftrag er handle. Viele unter ihnen waren im Zweifel, ob nicht doch die Stunde gekommen sei und Gott sich seines Volkes erbarmen wolle, und die Hoffnungen, die sich von dem gemeinen Volk auf die Schriftgelehrten übertragen hatten, wurden durch die schwankende Haltung der Priesterschaft nur noch gestärkt. Es hieß, die Priester selbst hätten das Tribunal aufgefordert, eine Untersuchung einzuleiten und die Befugnisse und Vollmachten des Nazareners zu prüfen.

Das Gericht hatte eine Abordnung gewählt, der einige Schriftgelehrte, einige Älteste und sogar einige Mitglieder der Priesterschaft angehörten. Aber die Teilnahme der letzteren wurde geheimgehalten, damit die Römer nicht merkten, daß das Haus Hanan bereit sei, sich mit dem Nazarener einzulassen. Mein Rabbi wurde gebeten, sich der Abordnung anzuschließen, denn es war bekannt daß er dem Nazarener wohlgesinnt war und mit ihm gesprochen hatte.

Die Boten des Gerichtes trafen den Mann aus Nazareth vor dem Tempelschatz an, von einer Zuhörerschar umringt, der er nach seiner Gewohnheit mit Gleichnissen und dunklen Andeutungen seine Lehre verkündete. Sie verneigten sich vor ihm und sagten:

„Belehre uns, Rabbi. In wessen Namen tust du deine Werke und sprichst du deine Worte, und wer hat dich dazu ermächtigt? Offenbare uns, wer du bist, denn wir sind es müde, in Finsternis und Zweifel umherzuirren, und dies sind schreckliche Zeiten."

Der Rabbi von Nazareth antwortete:

„Ich will euch eines fragen, und ihr müßt mir antworten. Dann will ich euch sagen, in wessen Auftrag ich meine Werke tue."

„Frage, Rabbi!“ sagten sie.

Der Rabbi von Nazareth fragte:

„Saget mir, woher war die Taufe des Jochanaan? War sie vom Himmel oder von den Menschen? Antwortet mir.“

Die Weisen aber schauten einander unruhig an, denn die Schriftgelehrten, die Pharisäer und die Ältesten hatten von sich aus noch nicht entschieden, ob die Taufe Jochanaans eine himmlische Sendung oder Menschenwerk gewesen sei. Sie erwiderten:

„Rabbi, wir wissen es nicht. Sicherlich war Jochanaan ein Heiliger und ein Prophet und ein Märtyrer, denn er hat sein Leben für die Ehre Gottes gelassen. Aber wir wissen nicht, ob seine Taufe vom Himmel war oder von den Menschen, denn in so wichtigen Fragen müssen die Schriftgelehrten sich der Entscheidung des Ältestenrates unterwerfen, und wir sind nicht befugt, eine Meinung zu äußern, solange diese Entscheidung nicht gefällt ist.“

Da antwortete Jeschua: „So werde ich euch auch nicht sagen, in wessen Macht ich meine Werke tue.“

Und während die Boten des Gerichts stumm und bestürzt dastanden, wandte Jeschua sich zum Volk und erzählte ein Gleichnis:

„Es war ein Mann, der pflanzte einen Weinberg und umgab ihn mit einem Zaun und grub einen Keller und baute einen Turm. Und er verpachtete den Weinberg an die Weingärtner und zog über Land. Als die Zeit der Ernte gekommen war, sandte er einen seiner Knechte zu den Weingärtnern, daß er die Früchte hole. Aber die Gärtner schlugen den Knecht und schickten ihn mit leeren Händen zurück. Desgleichen taten sie mit einem zweiten Knecht, den sie steinigten und verwundeten und in Schanden davonjagten. Den dritten Knecht töteten sie. Nun hatte er einen einzigen Sohn, den er sehr liebte, und ihn sandte er zuletzt. Da sprachen die Weingärtner untereinander: Das ist der Erbe; kommt, laßt uns ihn töten und sein Erbgut an uns bringen. Und sie fielen über ihn her und erschlugen ihn und warfen den Leichnam aus dem Weinberg. Was wird nun der Herr des Weinberges tun? Er wird kommen und die Weingärtner erschlagen und den Weinberg anderen geben. Denn ihr habt nicht den Worten der Schrift geglaubt: Der Stein, den die Bauleute verworfen haben, der ist zum Eckstein geworden. Von dem Herrn ist das geschehen, und es ist wunderbar vor unseren Augen...“

Als die Boten des Gerichts, die Schriftgelehrten, die Ältesten und die Priester dies hörten, erblaßten sie. Sie verhüllten ihre Augen, ein Schatten fiel auf ihre Gesichter, ihre Herzen zitterten, weil sie die Worte des Rabbi nicht fassen konnten. Schließlich sagte der Älteste der Abgesandten zu dem Rabbi von Nazareth:

„Fern sei es von uns, den Stein zu verachten und zu verwerfen. Keiner unter uns will dir etwas zuleide tun. Sage uns, wer du bist, wer dich gesandt hat, und wir werden den Stein nehmen und auf ihm das Friedenszelt errichten, das uns verheißen worden ist. Sage uns, Rabbi, wer unter uns hat danach getrachtet, dir ein Leid anzutun, und wer unter uns möchte den Stein verwerfen? Du verlangst von uns, daß wir dich als den obersten Hüter des Gartens anerkennen, daß du größer seist als Moses, und du gibst uns kein Zeichen von dem, der dich gesandt hat. Dir ist wohlbekannt, daß wir an Gesetze und Gebote gebunden sind, und daß die Thora uns deutlich anweist, wie wir einen Propheten oder einen Seher zu empfangen haben. Und als ein Rabbi weißt du auch, daß wir kein einziges Gebot der Thora verwerfen dürfen, ohne das Ganze zu verwerfen."

Einige der Schriftgelehrten, die dabei standen, sagten:

„Wir haben mit diesem Manne nichts mehr zu tun. Habt ihr nicht sein Gleichnis gehört? Er hat den lebendigen Gott gelästert. Jetzt ist uns klar geworden, wie wir zu verfahren haben."

Mein Rabbi aber rief: „Man kann nicht einen Menschen wegen eines Gleichnisses anklagen."

Die meisten Schriftgelehrten und Pharisäer waren der selben Meinung wie mein Rabbi, etliche aber zogen sich grollend zurück, empört über die Worte, die der Mann aus Nazareth von sich selber gesprochen hatte, ohne ein Zeichen zu bringen.

Während die Abordnung und der Mann aus Nazareth so miteinander redeten, und die Menge verwirrt zuhörte und nicht wußte, wessen Partei sie ergreifen solle —, denn die Leute verstanden nicht recht worum es ging, — drängten einige Anhänger des Bar Abbas sich heran. Man erkannte sie sogleich an den Malen, die sie auf dem Gesicht und am Körper trugen, an den halbverharschten Wunden, die sie in der Nacht empfangen hatten; unter ihnen befanden sich auch einige Pharisäer und sogar Männer aus dem Kreise des Herodes Antipas. Denn die Erbitterung gegen Rom hatte alle Schichten der Bevölkerung ergriffen, und denjenigen, welche als vertrauenswürdig galten, war bekannt, daß Herodes selbst in seinem Palaste in Tiberias Waffen sammelte, um einen Aufstand gegen Rom vorzubereiten. Und da der Prophet von Nazareth durch seine Taten und Worte die Hoffnungen der Massen entzündet hatte, eilten auch diese Männer zu ihm. Einer von ihnen, den sie zu ihrem Sprecher erwählt hatten, rief den Schriftgelehrten zu:

„Ist jetzt die Zeit für Gleichnisse? Der Feind hämmert draußen an die Tore, und drinnen taumelt das Volk in Finsternis umher. Ist jetzt die Zeit für Dispute und Zänkereien? Jetzt ist es Zeit, zu handeln!“ Damit wandte er sich an den Mann von Nazareth und sagte:

„Rabbi, wir kennen dich als einen wahrheitsliebenden Menschen, der sich nicht vor den Meinungen der anderen beugt. Du strebst nicht nach Menschengunst, sondern du lehrst die Gebote Gottes und die Wahrheit. Sage uns also frei und offen und ohne Gleichnis: Ist es recht, daß wir, das Volk Gottes, dem Cäsar Steuern zahlen? Müssen wir Edom den Zins entrichten?“

Die Menge hielt den Atem an. Sie waren nicht imstande gewesen, in dem Wortwechsel zwischen dem Rabbi und der Abordnung und in dem Gleichnis vom Weinberg einen Sinn zu entdecken, daher hatten sie nicht gewußt, auf wessen Seite sie sich schlagen sollten. Das aber waren nun einfache und gerade Worte, und sie erwarteten eine einfache und gerade Antwort. Der Rabbi von Nazareth schaute lange und ernst den Fragenden an. Dann sagte er:

„Warum versucht ihr mich so? Bringt mir einen Denar.“

Und einer der Männer hielt ihm bereits auf der flachen Hand eine Münze hin, einen Denar mit dem nichtswürdigen Bilde des Tiberius — (es war verboten, solche Münzen in die Tempelhöfe mitzunehmen).

Der Rabbi griff nach der Münze, betrachtete das Bild des Tiberius und die Aufschrift und fragte dann:

„Wessen Bild ist das und wessen Aufschrift?“

Sie antworteten:

„Des Cäsars.“

„So gebet dem Cäsar, was des Cäsars ist, und Gott, was Gottes ist.“

Ein Murmeln lief durch die Menge. Manche breiteten erstaunt die Arme aus, manche schüttelten unwillig den Kopf, manche bissen sich ärgerlich auf die Lippen.

„Was meint er damit? Ist dieser Denar das Eigentum des Cäsars? Hat ihn der Cäsar uns geschenkt? Haben wir nicht um ihn geschwitzt? Bezahlen wir nicht für das fremde Geld, das er uns aufzwingt, mit unserer Hände Arbeit? Nimmt nicht der Cäsar uns das Öl, den Wein, das Korn, die Schafe und die Rinder weg und gibt uns dafür sein verhaßtes Bild? Was also meint er — daß wir dem Cäsar geben sollen, was des Cäsars ist?"

Andere Stimmen ertönten noch lauter: „Nein, niemals! Wir haben den Fremdlingen genug gezinst. Wir sind Gottes Kinder. Wir anerkennen nur einen Cäsar!"

„Gottes allein ist die Herrschaft!" Der alte Schlachtruf Judas', des Galiläers, ertönte.

Die Weisen aber und die Pharisäer versuchten die Menge zu beruhigen.

„Der Rabbi von Galiläa hat im Geiste der Überlieferung geantwortet", sagten sie. „Kein Geringerer als der Prophet Jeremias hat uns befohlen, für den Frieden derer zu beten, unter deren Herrschaft wir leben. Und unsere Gelehrten haben gesagt: Das Gesetz des Reiches ist Gesetz!"

Davon aber wollte die Masse nichts hören. Sie riefen:

„Wir haben von dem Galiläer nichts mehr zu erhoffen. Weh uns! Wir sind wieder getäuscht worden!"

Und nun hörten wir zum ersten Male den Ruf: „Bar Abbas! Gebt uns den Bar Abbas heraus!" Ein Teil der Menge verlief sich. Unter den Zurückbleibenden befanden sich auch die Pharisäer nebst meinem Rabbi. Wir wollten abwarten, wie die Sache ausgehen würde, denn die Aufseher des Tempels begannen gewaltsam alle die davonzujagen, die nach Bar Abbas gerufen hatten.

Dann näherten sich unserem Kreise einige Sadduzäer, die aus der Ferne den Wortstreit zwischen den Pharisäern und dem Rabbi aus Nazareth mit angehört hatten. Sie waren leicht zu erkennen an ihren prunkvollen Gewändern, an ihren Ringen, an ihren nach phönizischer Mode gekräuselten Bärten. Unter ihnen befanden sich auch etliche ihrer Weisen, Schriftgelehrten und Gesetzesausleger, die ihrerseits wieder an der hohen, pyramidenförmigen Kopfbedeckung und an den Gänsekielen, die sie hinterm Ohr trugen, kenntlich waren. Ihre Lippen umspielte ein spöttisches Lächeln, das den pharisäischen Weisen galt, welche immer noch zu hoffen schienen, daß aus *ihrer* Mitte ein Erlöser kommen würde.

Nun näherten sie sich dem Rabbi von Galiläa und richteten an ihn ihre ewige spöttische Frage nach dem Sinn der Auferstehung — eine Angelegenheit, über die der Rabbi von Galiläa und die Pharisäer sich einig waren. „Wie wird es in der künftigen Welt sein, wenn sieben Brüder nacheinander dasselbe Weib geheiratet haben, und jeder hat sie nach mosaischem Gesetz als die Witwe seines verstorbenen Bruders gefreit? Wessen Weib wird sie nun sein, wenn sie alle von den Toten auferstehen?"

Der Rabbi von Galiläa antwortete:

„Ihr kennt die Schrift nicht. Nach der Auferstehung werden sie weder freien noch sich freien lassen, sondern wie die Engel im Himmel sein. Habt ihr nicht im Buch Mosis gelesen, wie Gott zu ihm aus dem brennenden Dornbusch sprach: Ich bin der Gott Abrahams und der Gott Isaaks und der Gott Jakobs? Gott ist nicht ein Gott der Toten, sondern der Lebendigen, darum seid ihr in einem Irrtum befangen."

Als die Pharisäer diese Antwort hörten, waren sie völlig einverstanden. Sie vergaßen alles, was er gegen sie gesagt hatte.

„Rabbi, Rabbi", riefen sie, „du hast gut gesprochen. Gott stehe dir bei!"

Und einer der Pharisäer fügte hinzu:

„Unsere alten Weisen haben das gleiche gelehrt. Woher weiß ich, daß die Auferstehung in der Thora verkündet ist? Es steht geschrieben: ‚Ich werde meinen Bund mit ihnen bekräftigen, um ihnen das Land Kanaan zu schenken!' Es steht nicht geschrieben: ‚Euch', das heißt den Juden unserer Tage, sondern ‚ihnen', das heißt Abraham, Isaak und Jakob. Daraus ist zu ersehen, daß in der Thora die Auferstehung verheißen wird."

Ein anderer Schriftgelehrter sagte:

„Warum in die Ferne schweifen? Unsere Weisen haben ausdrücklich erklärt: ‚Ein jeglicher aus dem Volke Israel hat sein Teil in der künftigen Welt.' Und nicht nur die Söhne Israels, sondern die Gerechten unter allen Völkern der Welt. Und in der künftigen Welt gibt es kein Essen und kein Trinken, kein Freien und kein Sichfreienlassen und kein Kinderzeugen. Die Heiligen werden mit der Krone auf dem Haupte da sitzen und sich in dem Strahlenglanz der Schechina sonnen."

Abermals riefen die Pharisäer: „Rabbi, Rabbi, du hast gut gesprochen. Möge Gott dir beistehen. Du hast den Sadduzäern das Maul gestopft."

Als das gemeine Volk die freudige Zustimmung der Weisen vernahm, fühlte es sich erleichtert und getröstet und in seinen Hoffnungen bestärkt.

Nun trat einer der Jünger des Jochanaan ben Zakkai zu dem Rabbi von Galiläa und sagte:

„Rabbi, belehre uns! Welches ist das vornehmste Gebot unter den Geboten der Thora?"

Er antwortete:

„Das vornehmste Gebot ist: ‚Höre, Israel, der Herr, dein Gott, der Herr ist Eins. Und du sollst Gott, deinen Herren, lieben von ganzem Herzen, von ganzer Seele und von ganzem Gemüte.' Das ist das vornehmste Gebot. Das andere aber ist ihm gleich: ‚Du sollst deinen Nächsten lieben wie dich selbst.' Es gibt keine größeren Gebote als diese beiden."

Als die Schriftgelehrten das hörten, waren sie sehr erfreut. Und der Jünger des Jochanaan ben Zakkai, der diese Frage an den Rabbi gerichtet hatte, rief aus:

„Du hast gut gesprochen. Du hast die Wahrheit gesprochen. Denn es gibt nur einen Gott, den Herrn, und es ist keiner neben ihm. Und ihn lieben mit Herz und Seele und Gemüt und den Nächsten lieben, bedeutet mehr als alle Gaben und Opfer."

Da sagte mein Rabbi Nikodemus:

„Unsere Weisen lehrten: Woher weiß ich, daß der Sohn eines fremden Volkes, wenn er das Gesetz erfüllt, ebenso groß ist wie der Hohepriester? Es steht geschrieben: ‚Dies sind die Gesetze, die ein Mensch befolgen soll, und er soll in ihnen leben.' Es steht nicht geschrieben: ‚Dies sind die Gesetze, die ein Priester oder ein Levit oder ein Sohn Israels befolgen soll.' Es steht geschrieben: ‚Ein Mensch.' "

Ein anderer Rabbi übernahm das Thema:

„Unsere Weisen haben gelehrt: Es steht geschrieben: ‚Tut euch auf, Tore, und ein Gerechter wird eingehen, ein Hüter des Glaubens.' Es steht nicht geschrieben: ‚Tut euch auf, Tore, und es wird eingehen ein Priester oder ein Levit oder ein Sohn Israels.' Es steht geschrieben: ‚Ein Gerechter.' Daraus können wir entnehmen, daß, wenn der Sohn eines anderen Volkes ein Hüter des Glaubens wird, er alsdann vom Stamme Israels ist."

Der Rabbi von Nazareth erwiderte:

„Du hast die Wahrheit gesprochen. Du bist dem Reich Gottes nahe." Er wandte sich an das Volk: „An diesen beiden Geboten hanget das ganze Gesetz samt dem Propheten."

Wieder waren die Pharisäer mit ihm einverstanden. „Du hast gut gesprochen, Rabbi. Auch der ehrwürdige Hillel hat gelehrt: ‚Was du nicht willst, daß dir geschehe, das füge nicht deinem Nächsten zu. Das ist das ganze Gesetz und alles andere nur Erläuterung. Gehet hin und lernet.' "

„Er ist ein Jünger Hillels! Gesegnet der Schoß, der ihn geboren hat!" rief der Jünger des Jochanaan ben Zakkai und klatschte in die Hände.

Ein anderer sagte: „Ich habe das Korn genommen und die Streu weggeworfen. Ich nehme, was gut ist an seiner Rede, und den Rest höre ich nicht."

Ein dritter aber fügte hinzu: „Wenn ein Weiser von der Thora redet und Dinge sagt, die mit der von den Ältesten anerkannten Überlieferung übereinstimmen, dann soll man auch seinen übrigen Worten Glauben schenken."

So freuten sich die versammelten Schriftgelehrten über den Mann aus Nazareth. Sie stellten ihm keine Fragen mehr, sondern ließen gelten, was er sagte. Die günstige Stunde war gekommen, alles Trennende zwischen ihm und ihnen sollte wegfallen, er sollte der Träger ihrer Hoffnungen werden. Ja, günstig war die Stunde für den Zusammenschluß aller Kräfte zu einer einzigen Kraft, zu der Kraft, die zu Anbeginn war, zu der Kraft des Bundes, den Gott mit Abraham und den anderen Vätern geschlossen hatte, zu der Kraft Mosis und der Propheten: zu der Kraft, welche die Menschen aus den Banden der Sünde lösen wird, damit sie für immer in der Liebe zu Gott und in der Nächstenliebe verharren. Unsere Herzen schlugen höher. Der Glanz der Schechina lag auf dem Antlitz meines Rabbi und auf den Gesichtern der Weisen.

Ich sah Judas neben seinem Rabbi stehen, er klatschte in die Hände und zitterte vor Entzücken, er legte die Hand auf Simons Schulter und rief ihm zu:

„Wenn hier auf Erden die Weisen ihre Zustimmung geben, dann stimmt auch der Himmel zu."

Wir dachten, es würde nun das Wunder sich ereignen, auf das wir warteten. Plötzlich aber erhob der Rabbi von Nazareth seine Stimme und sagte:

„Wie sagen denn die Schriftgelehrten, daß der Messias der Sohn Davids sei? David selbst hat gesagt: ‚Gott der Herr sagt zu meinem Herrn: Setze dich zu meiner Rechten, bis daß ich deine Feinde zum Schemel deiner Füße mache.' So nun David ihn ‚Herr' nennt, wie ist er dann sein Sohn?"

Als die Weisen diese Worte hörten, gerieten sie abermals in Verwirrung, und sie wußten nicht, was der Rabbi von Nazareth meine. Einer von ihnen sagte:

„Sind denn der Söhne Davids so wenige? Und doch ist keiner von ihnen zum König Messias ausgerufen worden. Um der Messias zu sein, genügt es nicht, ein Sohn Davids zu sein. Er muß auch' der Erwählte Gottes sein und vom Himmel gesandt."

Dann wandten die Weisen sich an das Volk und sagten:

„Es ist bekannt und bekräftigt durch IHN, der gesprochen hat, und es geschah, daß wir nicht zu unserer Ehre und auch nicht zur Ehre unserer Väter hierhergekommen sind, um den Rabbi von Galiläa zu befragen." Und zu ihm sprachen sie: „Darum sage uns, Rabbi, wer hat dich zu deinen Werken ermächtigt? Sage es uns, damit wir wissen, wie wir uns verhalten sollen. Und wir verlangen ein Zeichen von dir, nicht um dich zu prüfen, sondern um zu erfüllen, was in der Thora geschrieben steht von der Hand Mosis über die Stunde, da unter uns ein Prophet und ein Seher erstehen wird. Aber du hast uns kein Zeichen gegeben, sondern nur Gleichnisse und dunkle Reden. Wir können uns nicht mit Gleichnissen und dunklen Reden begnügen, sondern müssen den Geboten Mosis folgen. Und nun tappen wir im Dunkeln wie zuvor. Darum stellen wir es Gott anheim. ER möge tun, was gerecht ist in seinen Augen. Wir wollen nichts mehr damit zu schaffen haben."

Aber der Rabbi von Nazareth sprach zu dem Volk:

„Hütet euch vor den Schriftgelehrten, die gerne in langen Gewändern umhergehen und sich grüßen lassen in den Straßen, die gerne vorne in den Synagogen und obenan bei Tische sitzen, und die das Gut der Witwen verzehren. Sie machen viel mit ihrem Beten her. Ein strengeres Gericht wird sie ereilen."

Die Schriftgelehrten blieben stumm, nur einer sagte:

„Unsere Weisen haben gelehrt: ,Wer zu Schanden wird, aber es nicht mit Schande vergilt, wer erniedrigt wird und nicht andere erniedrigt, wer Gottes Willen in Liebe befolgt und sich an seinen Leiden freut, wird den Spruch verdienen: Die ihn lieben, sind wie die aufgehende Sonne in ihrer Kraft.'"

Und die übrigen Schriftgelehrten fügten hinzu:

„Unsere Pflicht haben wir getan. Nun haben wir hier nichts mehr zu suchen."

Sie verließen den Rabbi von Galiläa. Auch mein Rabbi und viele andere folgten ihnen. Aber ein Teil der Menge blieb bei dem Rabbi von Nazareth zurück und hörte weiter seine Predigten an.

XIX. KAPITEL

An diesem Abend waren wir, die Schüler des Rabbi Nikodemus, mit der Zubereitung der Speisen für das Fest beschäftigt. Mein Vater hatte Mehl mitgebracht, das vor jeder Verunreinigung geschützt worden und niemals mit Sauerteig in Berührung gekommen war. Wir kneteten den Teig und schickten uns eben an, die Mazzoth zu backen, als plötzlich Judas Ischariot wie ein vom Pfeil Getroffener hereingetaumelt kam und rief:

„Ich kann es nicht länger ertragen! Es packt mich wie ein Sturmwind und stürzt mich von den höchsten Gipfeln der Hoffnung in den tiefsten Abgrund der Hölle. Ich kann die Qualen des Zweifels nicht mehr ertragen! Wer ist er? Ist er zu uns gekommen, um uns zu trösten und uns zu helfen, oder ist er zu uns gekommen, um unsere Leiden zu vermehren, uns wie Kälber zu binden und der ewigen Knechtschaft Edoms auszuliefern? Ist er gekommen, um die ganze Welt zu befreien und uns allein in die Nacht zu stoßen? Warum? Sind wir nicht Blut von seinem Blut? Haben wir ihn nicht unter Schmerzen geboren? Haben wir nicht auf unseren Schultern die Last der Wahl Jakobs getragen? Hat sie uns nicht zu Boden gedrückt, ist nicht das Blut aus unseren Wunden geströmt, während wir die Bürde schleppten bis zum Tage des Heils? Und soll nun der Segen von uns genommen und den Fremden gegeben werden? Warum? Wer ist er, und was ist er? Will er uns befreien oder uns noch tiefer knechten? Er soll sein Versprechen erfüllen. Er soll die Heerscharen des Himmels herabbeschwören und Edom mit den Flammen seines Mundes vernichten. Ich bin der Zweifel müde, die mich erdrücken, und ich kann es nicht länger ertragen."

Dann verließen ihn die Kräfte und er sank in die Knie.

Unser Rabbi eilte zu ihm hin. Wir halfen ihm, Judas von dem Steinboden aufzuheben und ihn auf eine Bank zu setzen. Der Rabbi befahl uns, mit Honig gemischten Wein zu holen, den er Judas schluckweise einflößte. Es dauerte lange, bevor Judas wieder zu sich kam, und der Rabbi faßte sich in Geduld. Schließlich fragte er: „Judas, was ist geschehen?"

„Der Tempel soll zerstört werden, und nicht ein Stein wird auf dem anderen bleiben. Die Heiden werden Jerusalem mit Füßen treten und dem Erdboden gleichmachen."

„Wer hat so Schreckliches gesagt?"

„Mein Rabbi, mein Rabbi! Er, von dem ich glaubte, er würde Israel erlösen."

„Wie? Du hast es selber gehört?“

„Ja, Nikodemus.“

Dann preßte Judas die Hände an die Schläfen und schwankte hin und her gleich einem Besessenen:

„Wie habe ich auf den Augenblick gewartet, da mein Rabbi mit den Weisen unseres Volkes sprechen würde, und sie würden erkennen, daß er der Träger unserer Hoffnungen sei, daß er gekommen sei, das Gesetz zu erfüllen und den Geboten einen neuen Sinn zu verleihen, damit die ganze Welt sich an ihnen erbaue! Meine Seele badete im Licht der Freude, als ich sah, daß mein Rabbi und die Schriftgelehrten und Pharisäer eines Sinnes waren. Da sagte ich bei mir: ‚Es kann nicht anders sein, als daß Gott es so bewirkt hat, damit wir uns freuen.‘ Und ich dachte, nun würde das Reich beginnen, er würde seine Hand erheben, und unser Harren und unser Hoffen würde nicht vergebens gewesen sein. Deshalb ließ ich es mir sogar gefallen, als er sagte, wir sollten dem Cäsar geben, was des Cäsars ist. Ich sagte zu mir: ‚Zwar verstehe ich es nicht, aber wenn die Weisen ihm zustimmen, dann hat es sicherlich einen Sinn. Morgen werde ich es begreifen.‘ Ich sagte mir, wer blind an ihn glaube, würde sein Werk erblicken. Alle meine Hoffnungen hatte ich auf ihn gesetzt.“

„Judas, Judas, was ist denn geschehen? Meinst du die Worte, die dein Rabbi gegen die Schriftgelehrten sprach? Die Ehre der Schriftgelehrten und Pharisäer bleibt bestehen, und niemand kann sie ihnen rauben. Ist das alles, was dein Rabbi gesagt hat?“

„Nein, nicht alles. Nachdem die Schriftgelehrten und die Rabbis sich zurückgezogen hatten, führte er uns zu der Tür des Tempelschatzes und zeigte uns eine Witwe, die ihre beiden letzten Kupfergroschen gespendet hatte. Und er belehrte das Volk: ‚Sie hat mehr gegeben als alle anderen, denn die anderen gaben aus ihrem Überfluß, und sie gab alles, was sie besaß.‘ Uns gefielen diese Worte, und wir schickten uns an, den Tempel zu verlassen. Es war um die Tagesmitte, die volle Sonne schien auf die goldenen Tore, und der Tempel war wie eine Feuersäule, die vom Himmel herabgestiegen war. Wir freuten uns an seinem Anblick. Da wandte sich einer der Jünger an den Rabbi und sagte: ‚Rabbi, siehe, was das für Steine sind, und was für ein Gebäude das ist!‘ Und Jeschua antwortete: ‚Seht ihr das mächtige Gebäude? Es wird nicht ein Stein auf dem anderen bleiben.‘ “

Das Gesicht des Rabbi Nikodemus zuckte, als hätte eine

glühende Nadel sein Fleisch berührt. Er senkte den Blick, er schwieg eine Weile und fragte dann:

„Haben viele die Worte gehört, die von den Lippen des Rabbi kamen?“

„Ja, alle, die bei ihm waren.“

„Was sagten sie?“

„Sie rauften sich die Haare, als ob ein Unglück sie befallen hätte. Sie wagten vor Angst nicht einander anzusehen. Viele ergriffen die Flucht, nur eine kleine Schar blieb bei dem Rabbi zurück. Wir gingen mit ihm auf den Ölberg hinauf, und als wir die Mitte des Hanges erreicht hatten, setzte er sich auf einen Stein am Wegesrand. Wir sahen den dreigestuften Turm des Allerheiligsten unter den letzten Strahlen der Sonne in den Schoß der Nacht versinken. Der Rabbi saß ein wenig abseits mit seinen drei Lieblingsjüngern, Simon, Johannes und Jakobus, und sprach zu ihnen von Dingen, die wir nicht hören sollten. Dann aber wandte er sich an uns alle und offenbarte uns das Ende der Zeiten. Er sprach auch von den Leiden des Messias, die nahe bevorstünden, und er redete wie ein Mensch, der eine lange Reise anzutreten gedenkt und Abschied nimmt, und wir wußten nicht, wohin er aufbrechen wolle. Und er, der uns Trost bringen sollte, prophezeite Trübsal und Zähneklappern und Krieg und Schrekken: ‚Ein Volk wird sich gegen das andere empören, und der Bruder wird seinen Bruder dem Tod überliefern.‘ Auch wir, seine Jünger, sagte er, würden dem Sanhedrin ausgeliefert werden. ‚Alsdann erst, wenn die Sonne sich verdunkelt und der Mond seinen Schein verliert, werden sie des Menschen Sohn kommen sehen in den Wolken des Himmels mit großer Kraft und Herrlichkeit.‘ Und er befahl uns, zu wachen und bereit zu sein, damit er nicht unversehens komme und uns schlafend finde.

Ich hörte die Worte und konnte sie nicht fassen. Und mit einem Male packte mich ein tiefes Entsetzen, denn die eisigen Finger des Zweifels griffen nach meinem Herzen, und es war, als lösche der Tod das Licht meiner Augen aus. Ich floh vor diesem Entsetzen und eilte zu dir, der du mein Lehrer gewesen bist. Hilf mir, erkläre mir die Lehre meines Rabbi! Ich bin wie ein Mensch, der zwischen Erde und Himmel hanget und sich nicht rühren kann. Er hat mich der Erde entrissen, aber er hat mich nicht in den Himmel erhoben. Ich kann so nicht weiterleben.“ Weinend verhüllte Judas sein Antlitz.

Mein Rabbi dachte eine Weile nach, dann sagte er: „Judas, hast du den Glauben an ihn verloren?“

„Da sei Gott vor! Aber wo sind die Grenzen des Glaubens?"

„Willst du das Meer mit einem Fingerhut ausschöpfen, Judas? So auch kannst du die Tiefe des Glaubens nicht ermessen. Der Glaube ist keine Ware, die man heute kauft und morgen verkauft. Gottes Ratschluß zu begreifen ist nicht an uns, nicht an dir, nicht an mir. Er ist uns verborgen durch die Fesseln unserer Tage, und sein Sinn tritt hervor einen Tag nach unserem Tode. Warum hast du es so eilig, Judas? Warte, und es wird dir offenbar werden."

„Aber hat denn auch das Warten keine Grenze?" rief Judas. „Wie lange noch, wie lange noch, wie lange noch? Warum bringt er uns nicht die Erlösung? Die Macht ist ihm verliehen. Warum zögert er? Er sieht, wie Edom die Schönheit Israels mit Füßen tritt, und er hört die Heiden den Namen Gottes verspotten. Er sieht, wie Edom seine Hand gegen den Heiligen Israels erhebt, und er schweigt. Warum überschüttet er die Schriftgelehrten mit seinem Zorn, während er uns befiehlt, Edom den Zins zu entrichten? Er soll seine Heerscharen vom Himmel herabrufen und sein Flammenschwert gegen Edom zücken, dann werden die Rabbis und die Schriftgelehrten und die Hohenpriester und alle die Großen Israels sich vor ihm neigen und ausrufen: ‚Du bist der König Messias.' Er will die Macht der Rabbis mit seinen Worten brechen. Er soll sich im Kampf gegen Edom bewähren, und ganz Israel wird ihm zu Füßen liegen. Nein, nein, der Wurm des Zweifels ist bis zu den Wurzeln meines Glaubens gedrungen."

„Hast du je deinen Rabbi sagen hören: Ich werde die Macht Edoms brechen?"

Judas dachte eine Weile nach, als suchte er sich zu erinnern. „Nein, dergleichen habe ich nie von den Lippen meines Rabbi gehört."

„Warum also, Judas, schreibst du ihm Worte zu, die er nie gesprochen hat? Weißt du nicht, daß ein Jünger, wenn er die Worte seines Rabbi nicht mit äußerster Treue weitergibt, die Gerechtigkeit, die in der Welt herrscht, zerstören hilft?"

Judas ließ den Kopf hängen und sagte wie zu sich selber: „Wenn das stimmt, wer ist er? Welche Hoffnungen bringt er uns?"

„Judas, lange Zeit konnte ich deinen Rabbi nicht begreifen, und er war für mich ein versiegeltes Geheimnis. Als du mich durch deinen Boten nach K'far Nahum riefst, stand ich vor deinem Rabbi und bat ihn: ‚Gib uns ein Zeichen, zeige uns, daß du der bist, auf den wir warten.' Aber er weigerte sich. Und ich konnte das Rätsel nicht lösen: wer ist er? Ich konnte nicht behaupten, daß er sich von Gott abgewandt habe und andere Menschen verleiten wolle, seinem Beispiel zu folgen, denn ich sah, daß er in seinem Tun den Geboten des Himmels folgte. Aber in dem einen Augenblick schien es, daß er mit uns sei, und im nächsten Augenblick, daß er gegen uns sei. In dem einen Augenblick befahl er uns, jedes Wort der Thora ohne Abstrich zu befolgen, da er nicht gekommen sei, zu töten, sondern zu erfüllen — und er lebt auch wie ein frommer Jude nach den Vorschriften der Ältesten und Weisen —, und im nächsten Augenblick sagt er: ,Ihr könnt nicht neuen Wein in alte Schläuche gießen.' Und das kann doch nur bedeuten, daß sowohl der Wein wie die Schläuche, die er uns bringt, neu seien. Ich stand vor einem Rätsel. Ich prüfte und forschte eifrig und wollte die Wahrheit finden, um zu wissen, wer er sei: aber ich konnte es nicht erfahren. Damals dachte ich so wie du, Judas. Ich fragte mich: ,Wenn ihm die Macht verliehen ist, warum zögert er die Erlösung hinaus, worauf wartet er?' Und da ich keine Antwort wußte, begann der Zweifel an den Grundmauern des Hauses zu nagen, das ich um den Rabbi errichtet hatte. Bis mir plötzlich ein Licht aufging, und ich ihn ganz anders sah, ganz anders."

„Was hatte sich ereignet, Nikodemus?"

„Du weißt doch, daß eines Nachts der Wasserträger Hillel mich zu dem Rabbi von Nazareth führte. Damals hielten wir den Besuch geheim. Ich wollte noch einmal forschen und prüfen, um vielleicht doch zu erfahren, was Gott mit uns vorhat. Und ich sagte zu ihm: ,Rabbi, wir wissen, daß du ein Lehrer bist, von Gott gesandt, denn keiner kann die Wunder tun, die du getan hast, wenn Gott nicht mit ihm ist.' Weißt du, was er mir antwortete?"

„Du hast davon noch nie erzählt. Wie soll ich es wissen?"

„Dein Rabbi sagte: ,Wahrlich, ich sage dir, wer nicht wiedergeboren wird, der wird das Reich Gottes nicht sehen.'"

„Aber was meinte er? Wiedergeboren?" fragte Judas erschrocken.

„Das fragte ich ihn auch: Wie kann ein Mensch geboren werden, wenn er alt ist? Kann er denn noch einmal in den Leib seiner Mutter kriechen und ein zweites Mal geboren werden? Da antwortete der Rabbi: ,Wer vom Fleisch geboren ist, der ist Fleisch. Wer aber aus dem Geist geboren ist, der ist Geist.' Das ist wahr. Doch ich fragte weiter: ,Sind wir nur vom Fleisch geboren? Ist nicht die Thora unsere Mutter? Und sind nicht Abraham, Isaak und Jakob unsere Väter?' Und ich sagte zu mir: ‚Dieses Rabbi Lehre ist gut und groß für die, welche ohne den Geist geboren sind, oder für solche, die den Geist leugnen. Wir aber, die wir in dem Geist und in dem Bunde, den Gott mit Abraham geschlossen hat, geboren sind, — wie sollen *wir* wiedergeboren werden, ohne den Geist zu verleugnen?' Und an diesem Tage zog ich mich von deinem Rabbi zurück."

„Was soll das bedeuten?" rief Judas mit lauter Stimme. „Daß zwischen uns und ihm der Tod steht?"

„Da sei Gott vor", erwiderte der Rabbi. „Nicht der Tod, sondern das Leben, die Wiedergeburt aller, die ohne den Geist geboren sind. Und eine Erleuchtung kam über mich. Ist es nicht möglich, Judas, daß dein Rabbi zu den Heiden gesandt worden ist?"

„Zu den Heiden!" rief Judas verzweifelt.

„Zu den Völkern der Welt, zu denen, die nur im Fleisch und nicht im Geiste geboren sind. Er soll sie dem Vater im Himmel näher bringen. Und jetzt verstehe ich einige seiner Aussprüche. ‚Ich bin ein Hirte vieler Schafe.' Und hat nicht dein Rabbi auch gesagt: ‚In meines Vaters Haus sind viele Wohnungen?' Ja, von diesem Tage an habe ich in meinem Herzen eine neue Hoffnung genährt. Sehnsüchtig folgte ich seinen Spuren. Mein Sinn und mein Herz sind offen, ich habe den guten Willen, seine Werke und Worte richtig zu deuten. Denn ich sage mir: Er ist zum Propheten der Völker bestimmt worden, nach den Weissagungen aus alter Zeit, damit er ihnen die Augen öffne für das große Licht des einzigen Gottes. Und alle Völker werden einen Bund machen, um Gott von ganzem Herzen zu dienen und einander zu lieben. Das werden die beiden Säulen der Welt sein, wie er es heute morgen im Tempel erklärt hat, und wie die Weisen es gebilligt haben. Ich neige in Ehrfurcht mein Haupt vor ihm und warte bebenden Herzens auf die Erfüllung seiner Sendung. Aber nicht zu uns ist er gesandt worden, sondern zu ihnen! Verlasse ihn, Judas!"

Judas hörte zu, er hielt die Hand an die Lippen und biß sich in die Finger, sein ganzer Körper zuckte und wand sich wie die Schildkröte, wenn sie sich in ihre Schale zurückzieht. Und als mein Rabbi geendet hatte, fragte Judas:

„Wie, ich soll meinen Rabbi verlassen? Ihn verlassen, der Leid ist von unserem Leid, Hoffnung von unserer Hoffnung, unser Antlitz und unser Inneres? Ihn verlassen? Die Mutter samt dem Kinde davonjagen? Den Ast absägen, an dem ich hänge? In den Abgrund des Verderbens stürzen? Ihn verlassen, die Frucht, um derentwillen der Baum gepflanzt wurde? Die letzte Hoffnung verlassen, die letzte Tür verschließen?"

„Die letzte Hoffnung, die letzte Tür ist unser Vater im Himmel, Judas."

Judas stand auf. Sein Glaube war zurückgekehrt. Er war von seinen Zweifeln befreit. Er sagte:

„Ja, er ist der König Messias!"

„Du nimmst eine große Verantwortung auf dich, Judas."

Judas aber sprach wie ein Träumender:

„Ich hege den festen Glauben, daß er gekommen ist, um das Heil zu bringen. Wie Abraham wird er die Tempel der Götzen zerschmettern. Die Mächtigen werden wie Aas zu seinen Füßen liegen. Er wird den Ruhm Edoms zertreten und wie ein Sturmwind seine Reihen durchbrechen. Er wird die Völker der Welt sammeln, wie der Mäher die Ähren sammelt, und sie in das Gotteshaus führen."

„Wenn dem so ist, warum deine Ungeduld, Judas? Warum diese Unrast und dieses Schwanken?"

„Weil ich nicht länger warten kann. Die Wasser sind bis zu meiner Seele gestiegen. Die Schale ist voll. In Leiden ist die Stunde herangereift, und Israel wartet voller Qualen."

Und nun hörte Judas nicht mehr zu. Er begann umherzugehen wie ein völlig verstörter Mensch. Seine Augen traten hervor, er schien Dinge zu sehen, die uns verborgen blieben. Seine Glieder waren gelöst, er reckte sein Haupt empor, daß es fast bis zur Decke reichte. Wie ein Besessener sprach er mit sich selbst — vielmehr war es der Dämon, der aus ihm sprach:

„Die Frucht ist reif! Warum wartet Israel? Die himmlischen Heerscharen sind versammelt. Die Patriarchen stehen ihm zur Seite. Alles wartet. Stille ist im Himmel, Stille ist auf Erden. Eine Stimme ertönt, die Stimme eines Weibes, Rachel, die um ihre Kinder weint. Moses ist da. Worauf warten sie? Die Macht ist ihm noch nicht verliehen. Der Böse mischt sich ein und verfolgt uns. Der Engel Edoms macht seine Rechte geltend. Israel hat gesündigt. Die Mächte kämpfen miteinander. Die Schalen der Waage steigen und fallen. Der Engel Edoms sammelt Kräfte. Der König Messias umgürtet sich nicht mit dem Schwert der Rache. Nein, Gott sei davor! Gott sei davor! Der Engel Edoms wird immer stärker. Die Leiden des Messias! Blut, Blut, Gott sei davor! O Erlösung! Gabriel und Michael stehen links und rechts von ihm. Die Macht ist ihm verliehen. Flammen schlagen aus seinem Munde. Die Heerscharen des Himmels eilen herbei. Mit dem Hauch seines Atems vernichtet er den Engel Edoms. Er zertritt die Mächtigen, wie man einen Wurm zertritt. Die Erde tut sich auf, und das Böse versinkt. Die Himmel nähern sich der Erde, die Erde nähert sich den Himmeln. Ein einziges Licht! Erlösung! Erlösung!"

Und Judas sank in die Arme meines Rabbi.

Als er wieder zu sich kam, setzte mein Rabbi sich neben ihn und sagte:

„Du bist der Sohn eines ungeduldigen Volkes, Judas, und wie oft habe ich dir gesagt: ‚Du sollst meine Liebe nicht erwecken, ehe denn es ihm gefällt'?"

„Meine Seele stirbt vor Sehnsucht."

„Die Erlösung ist eine Flamme. Wer sie trägt, kann mit ihr das Haus erhellen oder es in Brand stecken."

„Dann soll das eine oder das andere geschehen! Der Name des Herren soll geheiligt sein, — sogleich, noch heute! Ich bin des Wartens müde."

„Geh, Judas, lege dich hin und ruhe. Schlaf soll auf deine Lider kommen und Friede in dein Herz. Erinnere dich an das Wort der Weisen: Nicht dir obliegt es, das Werk zu vollenden."

Dann führte mein Rabbi den Judas in eines der Gemächer, in denen die Schüler schliefen, legte ihn auf die Bank und deckte ihn mit seinem Mantel zu.

* *
*

Des Nachts weckte mich ein Klagen. Aber es war nicht das Weinen, das aus den Augen quillt, sondern ein Weinen, das aus dem Herzen dringt. Es war wie der Klageruf eines Schakals in der Wüste. Ich schrak empor und sah Judas auf seiner Bank sitzen. Seine Gestalt verschwamm mit den Schatten der Nacht, aber seine Augen leuchteten aus dem Dunkel hervor, und er sprach zu sich selbst: „Vater im Himmel, warum hast du mich allein erwählt, der Verfluchte zu sein? Quäle mich nicht mehr, nimm die Unruhe von mir, die du in mir erweckt hast. Warum hast du das Feuer in mir entzündet, das der Durst nach Erlösung ist? Warum schlägst du mich mit den Peitschen der Sehnsucht und treibst mich dann in die Nacht hinaus? Gib Frieden meinem Herzen und Ruhe meinem Geist. Laß meine gequälte Seele rasten und laß mich Abschied nehmen von diesem Leben im Zelte des Glaubens mit dem Liede deiner Verheißung. Denn ist nicht deine Verheißung genug, um Kraft und Festigkeit und Frieden zu spenden? Warum muß ich die Verheißung erfüllt sehen? Hebe dich hinweg von mir, Gott — oder Satan! Ich lechze nach Ruhe, ich möchte versinken in den schattigen Wogen der Nacht. Aber wer ist er, der mein Herz zerreißt? Kann es Durst geben ohne dich, Vater im Himmel? Du hast ihn wie ein Feuer in meine Adern gegossen, du hast mir dein Zeichen aufgedrückt, du hast mich als den Stein gewählt, aus dem der Funke sprühen soll, der das Licht der Welt entzündet. Du sendest mich — und ich werde gehen! Wie der Sündenbock werde ich an den Felsen zerschellen, aber es werden die ewigen Felsen der ungeborenen Geschlechter sein. Ich will es tun um der Erlösung willen. Ich bin ein Teil dieser Erlösung. Ohne mich kann sie nicht kommen. Und wenn dem so ist, dann ist sie auch meine Pein und mein Leiden. Mehr als alle anderen werde ich jede Qual mit ihm miterleiden. Mehr als alle anderen werde ich mit jeder seiner blutenden Wunden bluten. Ich werde die Schweißtropfen trinken, die von seinem Leibe rinnen werden, und sie werden wie geschmolzenes Blei in mein Inneres fallen. Ich will mich unter die Peitschen der Gottlosen werfen, wenn sie auf ihn niedersausen. Ich werde stöhnen mit jedem Stöhnen, das sich ihm entringt, und ich werde mit ihm vor Freude rufen, wenn die Erlösung kommt. Auch mein ist die Erlösung! Rabbi, Rabbi, siehe, ich steige in den tiefsten Pfuhl der Hölle hinab, damit du dich zu Gott erhebest!"

Dann sah ich, wie Judas sich hinlegte und den Mantel über sein Gesicht zog. Er schwieg.

XX. KAPITEL

Der folgende Tag war der fünfte der Woche und der zweite vor dem Passah-Fest. Als der Tag graute, verließ uns Judas und kehrte zu seinem Rabbi zurück, denn es war verordnet worden, daß das Passah-Opfer am Abend dieses Tages, des Tages, der dem vierzehnten des Monats voranging, seinen Anfang nehmen sollte. Die Hohenpriester hielten sich nicht an die von den Pharisäern anerkannte Entscheidung des ehrwürdigen Hillel, daß das Passah-Opfer über den Sabbath gehe, und daß es daher gestattet sei, die Opferzeremonie bis zum Abend des sechsten Tages, der bereits Sabbath ist, fortzusetzen. Sie, die Hohenpriester, behaupteten, das Passah-Opfer sei ein korban jachid, das heißt ein persönliches Opfer, und könne daher nicht den Vorrang vor dem Sabbath haben. Daß die Priester so das von Hillel erlassene Gesetz beiseite schoben, erfüllte die Pharisäer mit Erbitterung, aber sie mußten ihren Ärger verbergen, da sie gegen die Söhne Hanans nichts unternehmen konnten.

Wir aus dem Kreise des Rabbi Nikodemus begannen am frühen Morgen mit den Vorbereitungen. Die Mazzoth hatten wir bereits am Tage zuvor gebacken. Wir füllten den Wein ab und zerstampften und mischten die Kräuter für den Seder, das festliche Passah-Mahl — obwohl mein Rabbi nicht schon am fünften Wochentage (der der dreizehnte des Monats war), sondern nach Hillelscher Auslegung erst am sechsten Tage, dem Vorabend des Sabbath, das Opferfest begehen wollte. Der Rabbi von Galiläa aber schickte sich an, am fünften Tage das Opfer zu schlachten. Die Galiläer zeichneten sich durch ihre peinlich genaue Einhaltung der Passah-Riten aus. Es war bei ihnen Sitte, den ganzen Tag, auf den der Seder, das österliche Abendmahl, fällt, als einen Feiertag zu betrachten, an dem sie nicht arbeiteten. Und Judas, der die Börse verwaltete, begab sich frühmorgens auf den Schafmarkt, um ein Lamm für das Passah-Opfer zu kaufen.

Später am Tage kam der Wasserträger Hillel zu uns und teilte uns mit, daß der Rabbi von Nazareth gemeinsam mit seinen Jüngern das Opfer innerhalb der Stadt zu verzehren gedenke, gemäß dem aus der Schrift abgeleiteten Gebot: „Innerhalb deiner Tore, Jerusalem!“ Denn der Nazarener befolgte sorgfältig alle überlieferten Vorschriften. Da er jedoch in Jerusalem selbst keine Heimstatt hatte, wollte er das Seder-Mahl auf der Terrasse oberhalb von Hillels ärmlicher Behausung feiern, die in der alten Mauer lag. Deshalb war Hillel zu Rabbi Nikodemus gekommen, um ihn zu bitten, er möge ihm bei den Zurüstungen und Vorbereitungen behilflich sein. Aber die ganze Sache sollte geheim bleiben.

Mein Rabbi freute sich über die Gelegenheit, ein frommes Werk zu tun. Er nahm den Krug Wein, den mein Vater ihm geschenkt hatte, und gab ihn Hillel mit für den Rabbi von Nazareth, der ihn bei der Segnung verwenden sollte. Ferner versorgte er Hillel mit Mazzoth und Kräutern. Rufus und ich mußte zu Joseph von Arimathia gehen und allerlei Gefäße und schöne Tücher und Gewebe leihen, und mein Rabbi legte von seinem kleinen Gewürzvorrat — dem einzigen Vorrat, den er sich gestattete — ein Häuflein kostbarer d'ror für den Nazarener beiseite.

Wir gingen mit der schriftlich niedergelegten Bitte unseres Rabbi zu Joseph von Arimathia, und Joseph befahl dem Verwalter seines Hauses, zwei Knechte in das Haus des Wasserträgers Hillel zu schicken, mit Lampen und Krügen und Schalen für die Handwaschung, einem Krug erlesenen Weines, Gemüsen und Früchten, Tüchern und Seidengeweben und einem Ruhelager für den Rabbi. Als besonderes Festgeschenk für den Rabbi selbst sandte Joseph von Arimathia ein Schweißtuch aus zartem Gewebe. Das alles trugen die Knechte und wir, daß heißt Rufus und ich, in die Behausung Hillels, und wir halfen auch bei dem Zurüsten mit.

Hillel, der Wasserträger, bewohnte eine Art Höhle in der riesigen, uralten Davidsmauer. Eine kleine Leiter führte in den länglichen und sehr niedrigen Raum hinab, dessen Wände aus den mächtigen, vierkantigen Steinen der Festungsmauer bestanden. Ein kleines Fenster ging auf das Wasser-Tor, das am Ufer des Kidron stand. In diesem Kellerraum befanden sich ein Bett, ein Tisch und ein dreibeiniger Ofen. An dem einen Ende führte eine schmale Treppe zu einer umzäunten Terrasse empor. Über dem einen Teil der Terrasse hatte Hillel ein Dach aus dünnem Schilfrohr errichtet und an der offenen Seite, zum Schutz gegen die Sonne, ein Geflecht aus dürren Palmwedeln aufgehängt. Von dieser Terrasse aus konnte man alle vier Ecken Jerusalems überblicken und selber ungesehen bleiben. Hier also trafen wir unsere Vorbereitungen für den Seder. Wir breiteten die kostbaren seidenen Vorhänge und Gewebe über den Zaun, wir errichteten an dem einen Ende der Terrasse einen Baldachin und stellten das Ruhebett für den Rabbi darunter, wir legten Matten auf den Fußboden, auf denen die Jünger sitzen sollten. Dann bauten wir aus Brettern und Bohlen einen Tisch und deckten ihn mit den feinen Tüchern, mit den Gefäßen, den Krügen und Schalen. Die Schalen der Jünger waren aus Ton, und für den Rabbi hatte Joseph von Arimathia ein Alabastergefäß gesandt. Wir legten die Mazzoth, die Gemüse, die Kräuter und die Früchte zurecht, wir stellten die Schalen mit Wasser für die feierliche Handwaschung auf den Tisch. Wir besprengten die Handtücher mit duftendem Wasser, füllten den Weihrauch in eine Pfanne, zündeten ihn an und stellten die Pfanne neben das Ruhelager des Rabbi. Wir füllten die Lampen mit köstlichem öl, beschnitten die Dochte und verteilten die Lampen über die ganze Terrasse. Schließlich baten Rufus und ich um die Erlaubnis, den Rabbi von Nazareth bedienen zu dürfen, aber Hillel sagte uns, der Rabbi wünsche an diesem Abend mit seinen Jüngern allein zu sein und in ihrer Gesellschaft den Seder zu feiern. Daraufhin kehrten wir zu dem Rabbi Nikodemus zurück und berichteten:

„Wir haben dein Gebot erfüllt und das Seder-Mahl für den Rabbi von Nazareth vorbereitet, wie es sich gehört."

„Gott mache euch stark!" antwortete der Rabbi. Dann dachte er nach und fragte: „Welcher von den Jüngern war zugegen und hat euch bei den Vorbereitungen geholfen? Und welcher von den Nachbarn weiß, wer im Hause des Wasserträgers Hillel den Seder feiern wird?"

„Keiner der Jünger Jeschuas war zugegen, und keiner hat uns geholfen, und wir haben zusammen mit den Knechten des Joseph von Arimathia die gesamte Arbeit verrichtet, und keiner der Nachbarn weiß, wer den Seder in diesem Hause feiern wird."

„Die Sache muß streng geheim bleiben", schärfte der Rabbi uns abermals ein. Dann fügte er hinzu: „Mein Herz ist schwer, und ich fürchte mich vor diesem Passah-Fest. Gott gebe, daß es friedlich verläuft. Sagt mir, habt ihr etwas Neues von Judas gehört?"

Ich erzählte meinem Rabbi von dem nächtlichen Selbstgespräch Judas'. Mein Rabbi wurde fahler als das irdene Gefäß, das er in den Händen hielt und in dem er die bitteren Kräuter für den Seder zerstampfte. Er sagte:

„Ich habe Angst um Judas! Wer weiß, was für Gedanken er mit sich umherträgt? Gott erbarme sich seiner!"

Nachdem er eine Weile nachgedacht hatte, fuhr er fort:

„Geht hin und folgt den Spuren des Galiläers. Gebt von Ferne Acht und berichtet mir, was mit ihm und seinen Jüngern geschieht. Wenn ihr Judas trefft, sagt ihm: ‚Unseres Rabbi Herz ist voller Sorge um dich, du hast den Beistand des Himmels nötig.' "

Es war Abend geworden, und die Sonne senkte sich zu dem Großen Meer hinab. Wir hörten die silbernen Posaunen in den Tempelhöfen blasen, und die Juden, die dem priesterlichen Erlaß gehorchten, strömten mit ihren Lämmern und Zicklein nach der Oberen Stadt, um an diesem Tage, dem fünften der Woche, das Opfer zu verrichten. Wir begegneten unter der Menge einigen Jüngern Jeschuas. Simon bar Jonas trug ein Lamm unter dem Arm, ihn begleiteten Johannes und Jakobus, und hinterdrein gingen Judas und etliche andere der Jünger. Der Rabbi von Galiläa aber war nicht dabei.

Wir folgten ihnen und kamen zu den Tempelhöfen, die von Menschen und Tieren wimmelten. Die meisten der Anwesenden waren Galiläer, die sich beeilten, bei Zeiten das Gebot zu erfüllen. Wir gingen bis zu den fünfzehn Stufen, die zum Nikanor-Tor hinaufführten, und die Bronzetüren, die den Hof der Israeliten bewachen, waren jetzt weit geöffnet. Oben auf den Stufen standen Priester und stießen unaufhörlich in die silbernen Posaunen, um den Bewohnern der Stadt zu verkünden, daß die Stunde für das Passah-Opfer gekommen sei. Hinter den Priestern standen in Reih und Glied die Leviten. Die Pilger und alle die, welche ein Opfertier brachten, durften die Stufen hinaufsteigen, paarweise nur, je zwei von jeder Familie oder Gemeinschaft, und diese beiden gingen dann auf der anderen Seite durch den Hof der Weiber, um das Opfer darzubringen. Vom Hofe der Weiber aus konnte man alles sehen, was auf den Stufen vor sich ging, denn das Nikanor-Tor stand offen. Wir sahen das große Feuer auf dem Altar im Hofe der Priester vor dem Allerheiligsten lodern. In zwei langen Reihen standen die weißgewandeten Priester vom Altar bis zum Hofe Israels. Sie hielten in Händen goldene Becher, die oben breit waren und unten schmal, und die Becher wanderten von Hand zu Hand, bis sie zu dem Priester gelangten, der neben dem opfernden Israeliten stand. Der Priester hielt den Becher unter das Opfertier und fing jeden einzelnen Blutstropfen auf. Dann wanderte der Becher wieder die Reihe entlang bis zu dem Priester, der neben dem Altar stand, und der sodann das Blut auf den Altar goß und den Becher dem neben ihm stehenden Priester reichte, damit er zu der Schlachtstätte zurückbefördert werde. Auf den drei Stufen, die aus dem Hofe Israels in den Hof der Priester führten, standen Leviten mit Harfen, Zimbeln und Flöten in Händen, und während die Priester den Altar mit dem Blut der Opfertiere besprengten, spielten sie auf ihren Instrumenten und sangen Lobgesänge auf den Allmächtigen.

Nur zwei der Jünger des Rabbi stiegen die Stufen hinauf, Simon bar Jonas, der das Lamm trug, und Johannes von den Söhnen des Zebedäus, der das Schlachtmesser in der Hand hielt; die übrigen blieben unter der Menge in dem großen Weiberhofe zurück. Aber als sie den Gesang der Leviten hörten, verneigten sie sich zugleich mit all den anderen und sangen: „Halleluja, lobet den Herrn, lobet ihn, ihr seine Diener, lobet den Namen des Herrn." Und als Antwort ertönte: „Gepriesen sei der Name des Herrn von diesem Tage an ewiglich."

Nach einiger Zeit kamen Simon und Johannes aus dem Hofe zurück. Johannes trug das in ein Tuch gehüllte geschlachtete Lamm auf der Schulter. Sie gesellten sich zu den übrigen Jüngern und verließen mit ihnen die Tempelhöfe. Rufus und ich folgten ihnen in einiger Entfernung. Simon und Johannes gingen voraus gegen den Marktplatz hin, und wir merkten an ihren zögernden Schritten, daß sie nicht wußten, welchen Weg sie einschlagen sollten. Sie schienen auf jemand zu warten. So gelangten sie bis zu den schmalen Stufen. die in die Untere Stadt hinabführten, und dort, am Fuße der Treppe, neben der Mauer, fanden sie den, den sie suchten, nämlich den Wasserträger Hillel. Sobald Hillel sie erblickte, machte er ihnen ein Zeichen, und sie folgten ihm, aber nicht gemeinsam, sondern einzeln, damit sie nicht auffielen. Hillel führte sie zu dem Eingange seiner Behausung in der Davids-Mauer. Rufus und ich, die wir draußen stehen blieben, sahen alsbald Rauch von der Terrasse aufsteigen, und da wußten wir, daß die Jünger auf dem dreibeinigen Ofen, den wir dort gesehen hatten, das Opfertier rösteten.

Der Tag neigte sich seinem Ende zu, die Sonne war tiefer hinabgesunken, und nur noch ihre letzten Strahlen umspielten die Gipfel der judäischen Berge, die in das Tal des Toten Meeres herniederschauen. Die Schatten wurden schwärzer, es war die Stunde des Zwielichts, da die Nacht mit dem Tage kämpft. Und nun sahen wir den Rabbi von Galiläa in Begleitung eines seiner Jünger, des Jakobus von den Söhnen des Zebedäus, heranschreiten. Heller denn je leuchtete sein weißes Gewand. Er blieb einen Augenblick stehen, und seine Gestalt hob sich von den roten Berggipfeln Moabs ab, ein weißer Glanz in der Röte des Sonnenunterganges. Bleich war sein Antlitz, aber von stiller Gelassenheit erfüllt, als hätten alle die Zweifel, die sein Herz gequält hatten, endlich eine Antwort gefunden. Friede und eine sanfte Trauer, die nicht den Leiden der Seele entsprang, sondern einer inneren Gewißheit, sprachen aus seinen Zügen. Seine Haare waren sorgfältig gekämmt und über der Stirne geteilt, und Wasser tropfte aus den Locken, als sei er soeben von der Taufe gekommen. Und die Tropfen rannen an seinen geringelten Schläfenlocken entlang, und die Locken seines Haares und seine Schläfenlocken und der kurze angegraute Bart schmiegten sich als ein schlichter Rahmen um sein trauriges Antlitz. Sein Gewand war lang wie das Gewand der Schriftgelehrten und bedeckte seine Füße. Als Rufus und ich ihn vor dem flammenden Hintergrunde der Hügel dahinschreiten sahen, überkam uns ein Zittern, als ob ein Strahl seines weißen Gewandes uns getroffen hätte. Furcht erwachte in unseren Herzen, und wir drückten uns an die Mauer. Wir konnten kein Wort hervorbringen. Stumm schauten wir zu, wie der Wasserträger Hillel aus seiner Behausung trat, sich vor dem Rabbi verneigte und sprach:

„Sei gesegnet, der du im Namen des Herrn kommst."

Und der Rabbi antwortete: „Sei gesegnet im Namen des Herrn."

Dann half ihm Hillel auf die Leiter, die in den Keller hinabführte; Hillel selbst aber trat nicht ein, sondern blieb draußen stehen, denn der Rabbi hatte ihm gesagt, daß er den Seder nur mit seinen Jüngern feiern wolle. In dem Augenblick, da der Rabbi in das Haus ging, um die Sederfeier zu beginnen, ertönten vom Tempel her die silbernen Posaunen der Priester und verkündeten, daß die erste Nachtwache begonnen habe. Nun erst, nachdem der Rabbi verschwunden war, fanden Rufus und ich die Sprache wieder. Rufus sagte:

„Ich sage dir, das ist ein Engel des Himmels, der herabgestiegen ist, um an dem Opfer teilzunehmen."

Ich erwiderte:

„Du hast recht, mein Freund. Heute ist uns die Gnade zuteil geworden, einem Engel des Herrn von Angesicht zu Angesicht zu begegnen. Wir wollen hier stehen bleiben und Wache halten, wie unser Rabbi uns befahl. Vielleicht wird es uns beschert sein, Großes zu erleben, das Gott in dieser Nacht vorhat."

Rufus fragte mich:

„Großes?"

„Vielleicht hat Judas recht! Vielleicht werden in dieser Nacht die Himmel sich öffnen, und die himmlischen Heerscharen werden herabströmen, und die Patriarchen, die Mütter, die Propheten und Moses und Jeremias — alle, alle!"

„Jochanaan!" rief Rufus plötzlich. „Siehe!"

Ich sah ihn vor Furcht zittern.

„Rufus, mein Bruder! Was ist dir?"

„Siehst du das Licht am Himmel? Es ist das Licht der Schöpfung, das Gott von Anbeginn verborgen gehalten hat. Siehe, jetzt leuchtet es auf uns herab!"

Und es war in der Tat so, als ob ein neues Licht, das bis

zu dieser Stunde keiner erblickt hatte, am Himmel aufgegangen wäre. Aus einem Dickicht blauer, dampfender, weißumrandeter Wolken trat der Vollmond hervor, und neben seinem Glanz verblaßten die Sterne. Der ganze Himmel war ein schimmerndes Blau, als leuchte das Firmament von tausend Sonnen, die hinter der lebenden Hülle der Himmel verborgen waren, aber mit ihren Strahlen die Welt in einem neuen, bisher nie erschauten Lichte erglänzen ließen. Ein Glorienschein lag über den uralten Blöcken der Mauer Davids und Salomos, die nun in einen silbernen Mantel gehüllt war, gleichsam in das Festgewand der großen Könige, und aus den Falten des Gewandes lugten Gesichter hervor, weiße Patriarchenbärte und Augen, die in ihrem eigenen Glanze erstrahlten. Und Rufus rief erschrocken:

„Ich sehe Gesichter! Die Väter in silbernen Mänteln kommen auf Kamelen geritten! Köstliche Stoffe glitzern auf dem Rücken der Kamele. Ich sehe Bärte flattern... Ich sehe... Ich sehe..."

„Wo?" Ich packte Rufus' Hand, die von einer seltsamen Wärme durchglüht war.

„Dort hinter der alten Mauer! Siehst du nicht ihre Gewänder durch die Nacht flattern?"

„Es ist das Licht der Fenster, das auf die alten Steine fällt. Es ist das Antlitz der Festungsmauer, das in den Strahlen des Mondes badet."

„Nein, es sind die Patriarchen, sie kommen aus der Höhle am Hebron, sie reiten auf Kamelen. Es sind die Propheten, die Könige, alle die früheren Geschlechter, die dahingegangen sind und auf die Auferstehung gewartet haben. Jetzt versammeln sie sich und kehren zurück."

„Rufus, Rufus! Du träumst. Erwache, Rufus! Es ist Nacht, und der Mond scheint."

In diesem Augenblick vernahmen wir eine Stimme. Sie tönte von der Terrasse, auf der die Lampen brannten, zu uns herab, eine klare, starke Stimme, die voller Andacht den festlichen Segen sprach.

„Der Rabbi spricht den Segen über einem Becher Weines." Es war Hillel, der sich uns näherte und den Traum meines Freundes Rufus unterbrach.

„Ja, der Rabbi segnet das Mahl." Und wir beantworteten den Schluß des Segensspruches mit einem lauten „Amen".

Ich weiß nicht, was in dieser Nacht auf der Terrasse zwischen dem Rabbi und seinen Jüngern vorging. Keiner seiner

Anhänger, außer den Jüngern selbst, keiner der Armen, keine der Frauen hatte dabei sein dürfen. Später jedoch wurde dieses und jenes berichtet. Einige der Jünger sollen erzählt haben, daß sie in dieser Nacht von ihrem Rabbi die höchsten Vollmachten erhalten hätten, und daß er mit ihnen einen neuen Bund geschlossen habe. Dieser Bund sollte durch das Fleisch und das Blut des Rabbi besiegelt werden: das hörte ich in viel späterer Zeit von meinem Freunde Rufus, nachdem er unter die Messiasgläubigen gegangen war. Ferner soll der Rabbi in dieser Nacht seinen Jüngern die Geschehnisse der kommenden Tage offenbart haben, aber ich bin nicht berechtigt, seine Worte zu wiederholen, denn ich gehöre nicht dem Bunde an. Wir selbst, die wir mit Hillel vor der Türe standen, hörten nur den Segensspruch. Und ein wenig später ertönten die Psalmen, die der Sitte gemäß während des Seder-Mahls gesungen werden. Noch später, nachdem wir bereits sehr lange auf unseren Posten ausgeharrt hatten, sahen wir Judas herausschleichen, eine geduckte, verkrümmte Gestalt, und er redete heftig mit sich selbst, wie von einem bösen Geist besessen. Er kam dicht an uns heran und schaute uns aus geröteten, verschwollenen Augen an, aber es war, als hätte er uns noch nie gesehen. Denn er rief aus:

„He, wer seid ihr?"

Wir antworteten erschrocken: „Wir sind Schüler des Rabbi Nikodemus, er hat uns beauftragt, dich zu suchen und dir von ihm zu sagen, daß er Angst hat um dich, und daß deine Seele den Beistand des Himmels nötig hat."

Aber Judas starrte uns immer noch an, als hätte er unsere Antwort nicht gehört oder die Worte nicht verstanden. Immer wieder murmelte er vor sich hin:

„Was du zu tun hast, das tue schnell ... was du zu tun hast, das tue schnell."

Dann zog Judas sein Gewand empor und verhüllte seinen Kopf bis zu den Augen und ging mit langen Schritten davon. Wir sahen einen Schatten sich von der Wand lösen und ihn begleiten, und der Schatten hatte wie Judas den Mantel bis an die Augen über den Kopf gezogen, und so wie Judas war auch der Schatten vornübergebeugt und murmelte mit ihm im Laufen:

„Was du zu tun hast, das tue schnell."

Und Judas und sein Schatten verschwanden zusammen in einem schmalen Gäßchen.

XXI. KAPITEL

Nach einer kleinen Weile kamen der Rabbi und seine Jünger auf die Straße heraus. Der Rabbi hielt das Tuch in der Hand, das Joseph von Arimathia ihm als Festgeschenk gesandt hatte, und ab und zu wischte er sich den Schweiß vom Gesicht. Denn die Stunden, die er mit seinen Jüngern verbrachte, hatten ihn seiner Kräfte beraubt, und der Friede, der zuvor auf seinen Zügen gelegen hatte, war nun von Düsterkeit und Müdigkeit verstört. Er war nicht mehr gleich einer Lichtsäule, wie zuvor, da wir ihn hatten heranschreiten sehen, er ging gebeugt und stützte sich auf seinen Jünger Jakobus.

Die Jünger folgten ihm, ein wenig schwer vom Essen und Trinken. Der Schlaf warf seine Schatten über sie, und im Gehen summten sie Verse aus den Psalmen. Der Rabbi hielt sich abseits, und von Zeit zu Zeit seufzte er. Rufus und ich, die wir ihnen in einiger Entfernung folgten, wunderten uns und wußten nicht, warum der Rabbi sich so von seinen Jüngern absonderte, noch was während des Sedermahles geschehen war. In vielen Häusern dauerten noch die Festlichkeiten an, denn die meisten Leute hatten, wie der Rabbi, diesen Tag für das Opfer gewählt. Lichter schimmerten aus Fenstern und offenen Türen, Psalmgesänge tönten auf die Straße herab. Ab und zu blieb der Rabbi stehen, warf einen Blick in die Häuser und wurde für eine Weile froheren Mutes, da er das Singen der heiteren Festgäste vernahm. Die Düsterkeit wich von seinem Antlitz, er hob die Hände und segnete die Tische und die, die an den Tischen saßen. Überall im Kidron-Tale funkelten aus den Häusern und Hütten die Lampen. Es war, als sei Israel zu seinem Gott zurückgekehrt, als hätten seine Kinder sich aus allen Winkeln der Erde am Berge Zion versammelt. Der Rabbi segnete sie und rief:

„Wie schön sind deine Zelte, o Jakob, deine Tabernakel, o Israel!“

Und er segnete die Zelte der Armen.

Dann begegnete er einer Schar von Kindern, die lachend und singend aus den Hütten kamen, denn hier und dort war das Fest zu Ende, und die Straßen füllten sich mit Menschen. Er trat unter die Kinder, er streichelte das eine, hob ein zweites auf seine Arme, und einem dritten legte er segnend die Hand auf. So teilte er seinen Segen unter die Armen aus, und die Jünger meinten, daß der Geist über ihn gekommen sei, und sie erfreuten sich an ihm.

Als wir die Höhen des Ölberges erreichten, betrat der Rabbi nicht, wie es seine Gewohnheit war, den schmalen Felsendurchgang, der nach Beth-Paga führte, sondern bog nach rechts ab, in die Richtung der fruchtbaren Hänge. Aus den Gärten der Reichen lugten die Zypressen hervor, still und aufrecht im Mondschein, und ihre grünen Wipfel nickten fromm und bescheiden. Und wie zuvor im Tale blieb der Rabbi vor den Häusern stehen und blickte durch die offenen Zäune in die Gärten. Er berührte die Bäume mit seinen Händen, und seine Lippen bewegten sich wie im Gebet.

Unter all den Jüngern schien nur Simon bar Jonas zu wissen, was im Herzen seines Rabbi vorging, und er berührte liebevoll sein Gewand, als wollte er ihm Kraft einflößen. Sie kamen soeben an dem Haus der Söhne Hanans vorbei, und die Aufseher saßen vor den Türen. Der Rabbi drehte sich um und sagte zu Simon:

„In dieser Nacht werdet ihr euch alle ärgern an mir und mich verleugnen. Denn es steht geschrieben: Ich werde den Hirten schlagen und die Schafe zerstreuen."

Als Simon das hörte, rief er aus — und ich sah sein mächtiges Haupt sich emporrecken:

„Wenn auch alle dich verleugnen, so werde ich dich nicht verleugnen. Ich bin bereit, mit dir in den Kerker zu gehen und sogar in den Tod."

Und die Jünger kamen einer nach dem anderen zu dem Rabbi gelaufen und sagten:

„Auch ich, Rabbi."

Der Rabbi aber sprach mit einem traurigen Lächeln zu Simon:

„Simon, ich sage Amen. Aber in dieser Nacht, ehe der Hahn dreimal kräht, wirst du mich dreimal verleugnen."

Simon schlug sich mit der geballten Faust an die Brust und rief abermals:

„Und wenn ich mit dem Leben dafür bezahlen müßte, so werde ich dich doch nicht verleugnen." Und die übrigen Jünger wiederholten seine Worte.

Langsamen Schrittes, als nähere er sich dem Altar im Tempel, in sich verschlossen und in Kummer versunken, betrat der Rabbi den schmalen Pfad, der zu dem Garten der Ölpresser führte. Zu beiden Seiten des Pfades standen Reihen von Zypressenbäumen; ihre dunklen, schweren Wipfel raschelten im Winde. Der Rabbi schritt durch die bläulichen Schatten, die der

Mond auf den schmalen Weg warf. Hinter ihm, dicht zusammengedrängt, gingen die Jünger, und sie flüsterten miteinander. Die Zypressen-Allee führte zu einer dichten Umzäunung von Ölbäumen, die den Garten der Ölpresser umgab. Das bläuliche Licht des Mondes verlieh den Ölbäumen einen seltsamen und fremdartigen silbrigen Schimmer, der geheimnisvoll den Eingang zum Garten umwob, und aus dem bleichen Geflecht der Zweige reckte sich hier und dort ein Ast zum Himmel empor wie eine beschwörende Hand.

Als der Rabbi den Garten Gethsemane betrat, hörten wir von fernher das verhallende Echo der Posaunenstöße, die den Beginn der zweiten Wache und die Ablösung der Runden verkündeten.

Aber im Vergleich zu der Stille, die draußen herrschte, erfüllte ein fieberndes Leben den Garten Gethsemane. Es war, als hätten die Ströme des Mondlichts die grünenden Pflanzen zu neuer Fruchtbarkeit aufgepeitscht, und wir wurden gleichsam Zeugen des geheimnisvollen Schöpfungsaktes. Ein schwerer Duft wie von vergossenem Wein durchtränkte unser Fleisch, unser Blut, unsere Knochen und lastete auf unseren Lidern. Als die Jünger das weiche Gras unter ihren Füßen fühlten, als sie den süßen Weihrauch des blühenden Gartens einatmeten, umnebelten sich ihre Sinne, und sie legten sich hin und versanken in tiefen Schlaf. So erging es denen, die draußen am Rande des Gartens blieben, und so erging es auch Simon, Johannes und Jakobus, die mit ihrem Rabbi eingetreten waren und mit ihm wachen wollten. Sie wehrten sich vergebens gegen den Schlaf, denn hier in dem Garten war nichts von jener tödlichen Unrast zu spüren, die das Herz ihres Rabbi bedrückt hatte. Und was hier rastlos sich regte, war Schöpfung und Leben. Insekten, die das Mondlicht geweckt hatte und die nun eifrig von Blüte zu Blüte flogen, summten durch die Luft, Farben und Lichter woben zwischen den Strahlen des Mondes und dem dunklen Gewirr der Sträucher und Blüten hin und her, wie hurtige Schiffchen auf dem Webstuhl des Geästs, begleitet von betäubenden Düften und dem Gesange der Schöpfung.

Und über dieses Schöpfungslied erhob sich die Stimme des Rabbi, eine Stimme voller Angst und Pein, und er rief den drei Jüngern zu:

„Meine Seele ist betrübt bis in den Tod! Bleibet hier und wachet mit mir!"

Er verließ sie und ging in das Dickicht des Gartens. Dort,

im innersten Geheimnis der Schöpfung, kniete der Rabbi von Nazareth nieder. Wir sahen, wie er sich zu den Pflanzen und Gräsern neigte und sie mit seinen Lippen berührte. Er breitete seine Arme aus, und es war, als wollte er die ganze Welt umarmen, die ganze Schöpfung an seine Brust drücken, und es war auch, als klammere er sich mit aller Kraft an das Leben. So verharrte er eine Weile.

Mein Rufus, der die Kühnheit besaß, sich vorsichtig zu ihm hinzuschleichen, hörte die Worte seines Gebetes: „Vater im Himmel, erbarme dich deiner Schöpfung und hülle sie in dein Mitleid ein. Wie schön ist deine Welt, wie groß sind deine Werke! Siehe, o Gott, das Blühen der Dinge und ihren Durst nach Leben! Soll aber ich in den Schatten des Todes eingehen? Ists möglich, so laß diese Stunde an mir vorübergehen. Denn bei dir ist alles möglich, mein Vater."

Dann erhob er sich, ging zu seinen Jüngern und fand sie schlafend, und sagte zu Simon:

„Simon, schläfst du? Könnt ihr denn nicht eine Stunde mit mir wachen? Wachet und betet, daß ihr nicht in Anfechtung fallet. Der Geist ist willig, aber das Fleisch ist schwach."

Er ging wieder von ihnen weg, fiel nieder und betete:

„Vater, Vater, diese sind das Feld, das ich besät habe. Sie sind die Furchen, die mein Korn tragen. Wenn das Feld zerstört wird, was hat alsdann mein Pflügen genützt? Mein Same wird verloren sein. Vater, Vater, dies ist alles, was ich habe. Ihnen habe ich mein Wort eingepflanzt. Behüte du meine Pflanzen! Siehe, Vater im Himmel, laß mein Leben nicht vergebens gewesen und meine Mühe nicht verloren sein."

Er erhob sich ein zweites Mal und kehrte zu den Jüngern zurück. Er sah, daß Simon sein Haupt an Johannes' mächtige Brust gelehnt und Jakobus sein Haupt in Johannes' Schoß gelegt hatte, und alle drei schlummerten, trunken von den Düften, die die Blüten verbreiteten.

Jeschua rief ihnen zu:

„Simon, Simon, ich habe für dich gebetet, daß dein Glaube nicht zunichte werde. Wenn du bereit bist, stärke deine Brüder."

Simon antwortete schlaftrunken:

„Rabbi, Rabbi, und wenn ich mit dir in den Kerker oder in den Tod gehen müßte..." — und er schlummerte wieder ein.

Abermals zog der Rabbi sich zurück, und abermals warf er sich nieder. Lange Zeit hörten wir ihn flüstern. Dann erhob er die Stimme und sprach in kummervollem Tone die Verse des Psalms:

„Ich war von den Qualen des Todes umringt. Der Hölle Bande umfingen mich, Kummer und Betrübnis. Ich rufe den Namen Gottes an. Ich flehe dich an, o Gott: Rette meine Seele! Vater, Vater, nimm den Kelch von meinen Lippen. Aber nicht wie ich will, sondern wie du willst." Und nach einem kurzen Schweigen rief er mit lauter Stimme: „Ja, ob ich auch wandelte im Tale der Todesschatten, ich fürchte kein Unglück, denn du bist bei mir."

Dann erhob er sich und kam ein drittes Mal zu den Jüngern, und sie schliefen immer noch. Ihre Lider waren geschlossen. Er sagte zu ihnen:

„Schlafet weiter und ruhet. Es ist genug. Die Stunde ist da."

Und Rufus und ich schauten ihn an, und wir erblickten nicht den Engel des Herrn, der zum Seder herabgestiegen war, sondern einen Menschen aus Fleisch und Blut. Todesangst starrte aus seinen Augen. Sein Gesicht im Mondschein war grau wie Asche. Er zitterte vom Kopf bis zum Fuß, und große Schweißtropfen rannen wie Blutstropfen von seinem Haar, seinem Bart, seinen Wangen und fielen zur Erde.

Regungslos standen wir in einiger Entfernung da, und dann sank Rufus an meine Brust. Tränen glitzerten in seinen Augen, er stammelte:

„Ist das der Engel des Himmels, den wir zum Festmahl gehen sahen? Ist das der Prophet aus Nazareth, der die Erlösung bringen soll? Siehe, er zittert, und Angst hat ihn befallen."

Ich erwiderte flüsternd:

„Vor nicht langer Zeit, in Beth-Eini, habe ich gehört, wie Judas dem Zeloten Simon das Geheimnis des Menschensohnes anvertraute: damit der Menschensohn alle, die er erlösen will, begreife und kenne, hat er von Gott das Menschsein in Fleisch und Blut empfangen. Er liebt das Leben, er kennt den Kummer, und die Todesangst lastet schwerer auf ihm als auf jedem anderen Menschengeschöpf."

„Warum aber fürchtet er sich so sehr? Er weiß, daß Gott mit ihm ist, und die Macht des Himmels ist mit ihm, und er wird siegen."

„Ja. Aber wenn die Qualen der Angst ihn packen, ist er wie jedes Menschenkind."

„Wovor fürchtet er sich?"

„Ich weiß es nicht. Er sieht etwas, das wir nicht sehen können, etwas, das geschehen wird."

„Was wird geschehen? Sage es mir!"

„Ich weiß es nicht. Horch! Horch!"

Aus der Ferne hallten schwere Schritte durch die Nacht und kamen langsam näher. Zuerst war es wie das Geräusch eines Wasserfalls auf fernen Hügeln, dann wurde es ein rhythmisches Stampfen, in das ein Waffengeklirr und das Geklirr der Panzer sich mischte. Es kam immer näher und näher; wir standen da in atemloser Erwartung.

Der Rabbi rief: „Die Stunde ist gekommen, da des Menschen Sohn überantwortet wird. Stehet auf, laßt uns gehen! Er ist da, der mich verrät."

Dann fuhr Simon auf und schüttelte seine Schlaftrunkenheit ab, und auch Johannes und Jakobus erwachten. Sie umringten den Rabbi. In Simons Hand blitzte ein Schwert.

Die Jünger, die am Garteneingang geschlummert hatten, kamen herbeigelaufen. Ihre Augen kämpften noch mit dem Schlaf. Sie mußten wohl durch den Anmarsch der Fremdlinge geweckt worden sein, denn dicht hinter ihnen flackerten Fackeln, und im Fackelschein erblickten wir Gesichter, bärtige und bartlose. In stählernen Panzern spiegelten sich die roten Flammen, Schwerter klirrten. Und an der Spitze des Zuges ging Judas. Er lahmte auf dem einen Fuß, aber er ging mit eiligen Schritten, schaute sich suchend unter den Jüngern um, sein Kopf ruckte hin und her, sein schwarzer Mantel schleifte auf der Erde. Schließlich erblickte er den Rabbi und kam mit ausgestreckten Armen auf ihn zu: „Rabbi! Rabbi!"

Und er sank in Jeschuas Arme und küßte ihn.

Aber die Männer, die ihn begleiteten, blieben in einiger Entfernung stehen, Schwerter und Knüppel in Händen, und ihre Panzer glitzerten im Schein der Fackeln und Laternen. Sie wagten nicht, sich dem Rabbi zu nähern, als ob die Furcht Gottes sie befallen hätte. Vergebens drehte Judas sich um, nachdem er den Rabbi geküßt hatte, vergebens blickte er zu den Männern hin, die ihm gefolgt waren. Sie rührten sich nicht von der Stelle, sie ließen die Hände sinken, als ob eine unbekannte Macht sie mit Lahmheit geschlagen hätte. In diesem Augenblick sah ich Judas' Augen triumphierend aufleuchten. Auch die Gesichter der übrigen Jünger strahlten vor Begeisterung. Ungestüm pochten die Herzen, Angst wich jubelnder Hoffnung, Lippen formten die unausgesprochenen Worte: „Sie wagen es nicht!"

Sodann rief der Rabbi mit lauter Stimme — in wiedergewonnener Kraft:

„Wen sucht ihr?“

„Jeschua von Nazareth!“

„Ich bin es“, antwortete der Rabbi.

Unsere Herzen standen still vor Erwartung. Was wird jetzt geschehen? Werden sie es wagen, Hand an ihn zu legen? Nein! Sie wagen es nicht. Denn eine stärkere Hand, die Hand Gottes, hat sie gepackt, und starke Bande haben ihre Glieder umfangen, und der Atem Gottes hat sie angehaucht, und sie weichen zurück.

Ein Triumphgeschrei wollte sich unseren Kehlen entringen, aber wir konnten den Mund nicht auftun. Noch ein Weilchen, und die Himmel würden sich öffnen. Wir glaubten bereits den Marschtritt der herannahenden Heerscharen zu vernehmen.

„Wen sucht ihr?“ fragte der Rabbi abermals.

„Jeschua von Nazareth.“ Diesmal klang die Stimme, die aus der Mitte der Bewaffneten kam, noch viel zaghafter als zuvor.

„Ich habe euch gesagt, ich bin es.“

Nun wagte einer der Bewaffneten sich näher heran, aber in diesem Augenblick blitzte ein Schwert durch die Luft, ein Schmerzensschrei erscholl, und von neuem wich die Schar der Häscher zurück.

„Ein Knecht des Hohenpriesters ist verwundet!“

„Simon“, sagte der Rabbi, „stecke dein Schwert in die Scheide. Wer das Schwert nimmt, soll durch das Schwert umkommen.“

Dann ging der Rabbi zu dem Verwundeten hin und verband sein Ohr mit dem Tuch, das Joseph von Arimathia ihm gesandt hatte: Er riß das Tuch in Streifen, die er um des Mannes Haupt wickelte. Und während er so beschäftigt war, näherte sich ihm der Anführer der Truppe, ein römischer Tribun. Er hatte anscheinend bis zu diesem Augenblick darauf gewartet, daß die Knechte des Hohenpriesters den Rabbi gefangennehmen würden. Aber als er sah, daß die Juden sich vor dem Rabbi fürchteten und sich nicht an ihn heranwagten, trat er selber vor. Ich sah ihn ganz deutlich, das Mondlicht fiel auf ihn, ich sah das harte Gesicht, die lange Adlernase, die grauen, kalten, grausamen Augen. In der rechten Hand hielt er das blanke Schwert. Er streckte den nackten Arm aus, legte die Hand auf des Rabbis Schulter und sagte:

„Wovor fürchtet ihr euch?" Und zu dem Rabbi: „Du bist mein Gefangener."

Wir waren nun fest überzeugt, der Arm des Tribunen würde in Flammen aufgehen. Wir waren fest überzeugt, der Mann würde auf der Stelle zu Staub und Asche werden. Und nicht anders erging es den Juden, die die Römer begleiteten. Auf unseren Lippen bebte ein Schrei der Erlösung und Freude. Aber Sekunden verstrichen, und keine himmlische Flamme fiel auf den Tribunen herab. Die Erde öffnete sich nicht unter ihm und verschlang ihn nicht. Fester packte seine Hand den Rabbi, und seine Leute umringten ihn mit ihren Schwertern und Knüppeln.

„Wehe!"

Der Rabbi aber sprach:

„Warum seid ihr ausgegangen wie zu einem Räuber, mit Schwertern und Knüppeln, um mich zu fangen? Täglich habe ich bei euch gesessen im Tempel und gelehrt, und ihr habt mich nicht gegriffen. So seid ihr nur gekommen, damit die Schrift erfüllt werde."

Sie ließen ihn nicht weiterreden. Sie sagten:

„Du kannst dich vor dem Hohenpriester beklagen."

Und sie legten bereits den Strick um des Rabbis Hände.

„Weh uns!"

Im Nu ergriffen alle, die bei dem Rabbi waren — sämtliche Jünger ohne Ausnahme —, die Flucht. Jeder wollte sein Leben retten: Simon bar Jonas und Johannes und Jakobus und Simon, der Zelot, und Andreas und Philippus. Sie stoben auseinander, sie eilten davon, und der Rabbi blieb in den Händen seiner Feinde zurück.

Er stand da und ließ alles mit sich geschehen. Sie banden ihm die Arme auf den Rücken, und er sagte nichts. Nur einen Augenblick lang verzerrten sich schmerzlich seine Lippen, aber im nächsten Augenblick preßte er sie wieder fest zusammen. Voll tiefen Mitleids blickte er die Häscher an, die ihn gefangen nahmen. Es war nicht leicht zu erkennen, ob sein Mitleid ihnen oder ihm selber galt.

Kurz darauf sahen wir, wie sie ihn wegführten. Gebeugten Hauptes schritt er in ihrer Mitte dahin. Sein weißes Kleid leuchtete zwischen den Panzern der römischen Krieger, die das Mondlicht überglänzte, und die wehmütige Gelassenheit, die in seinen Zügen war, ruhte auch auf seinem Gewande.

Dann merkte ich, wie Simon bar Jonas aus einem Gebüsch

hervorschlich, in dem er sich versteckt hatte, und in einiger Entfernung den Kriegern folgte, die seinen Rabbi zum Hohenpriester schleppten.

Rufus und ich liefen in die Stadt, um unserem Rabbi die Ereignisse zu melden.

XXII. KAPITEL

Eine Stimme rief:

„Jochanaan! Erkennst du nicht den Hegemon?"

Ich fuhr heftig zusammen, ich schaute auf und sah vor mir das Antlitz, das ich in jener Nacht erblickt hatte: Dieselbe scharfgeschnittene Adlernase, dieselben Konturen, wenn auch gealtert, abgemagert und verrunzelt. Wie aus einem Nebelschleier starrten mir die Augen entgegen. Statt des kräftigen Halses, der sich nackt aus dem stählernen Panzer hervorgereckt hatte, erblickte ich nun ein Netzwerk eingeschrumpften Fleisches, die kahle Haut eines gerupften Gänserichs. Ich fühlte mich wie ein Mensch, der jählings aus den Wolken auf die Erde herabgefallen ist, — denn ich saß nun mit einem Male wieder in Warschau, in der düsteren, melancholischen Wohnung des Pan Viadomsky.

Ich muß nun erwähnen, daß wir, Pan Viadomsky und ich, als er durch die Zauberkraft seiner eigenen Erinnerung die ferne Vergangenheit eines anderen Lebens in meiner Seele heraufbeschwor, miteinander vereinbart hatten, ich sollte meine Erinnerungen an jenes Weltgeschehen schriftlich niederlegen, damit wir unsere Erlebnisse vergleichen und wechselseitig ergänzen könnten. Wir beschlossen ferner, diesen gemeinsamen Schatz in einem und demselben Buche zu veröffentlichen, damit unsere Zeitgenossen ein klares Bild von der Tragödie erhielten, deren Zeugen wir gewesen waren. Am Tage saß ich zu Hause und brachte meine Erinnerungen zu Papier. Am Abend ging ich zu Pan Viadomsky, um ihm das Geschriebene vorzulesen. Er hatte seine gewohnten Beschäftigungen aufgegeben und alle Interessen des Alltags beiseite geschoben.

Und bis zu dieser Stelle in meiner Erzählung hatte er stumm zugehört, ohne mich auch nur ein einziges Mal zu unterbrechen oder eine Bemerkung zu machen. Als ich jedoch zu dem Vorfall im Garten Gethsemane kam, fuhr er plötzlich mit der Frage dazwischen, die dieses Kapitel eröffnet.

Ja, ich erkannte ihn: dasselbe Antlitz, derselbe Mann, wenn auch jetzt die zuckenden Runzeln seines Gesichts von den Leidenschaften und Erfahrungen zahlreicher Generationen zeugten — von Bitterkeit, Lust und Rachsucht. Die Bürde zweier Jahrtausende lastete auf diesem Antlitz.

„Ja, ich erkenne dich, Hegemon. Du also warst es, der in jener Mondnacht im Garten Gethsemane als erster Hand an den Rabbi von Nazareth legte?"

„Ja, ich bin der Mann, der als erster Hand an euren Rabbi legte, als die erschrockenen Knechte des Hohenpriesters sich einbildeten, wenn sie ihn anrührten, würde das Feuer seines Mundes sie zu Asche verwandeln."

„Und du warst es, der ihn zu dem Hofe des Hohenpriesters führte, nachdem wir alle weggelaufen waren?"

„Ja, nachdem ihr alle geflohen wart, führte ich ihn zu dem Hohenpriester."

„Ich habe nachher, zusammen mit meinem Rabbi, der Sitzung des Sanhedrin im Hause des Hohenpriesters Kaifas zu Jerusalem, beigewohnt. Willst du mir nicht erzählen, was bei dem ersten Verhör im Hofe der Hanans geschah? Ich habe noch zwei weitere Fragen an dich zu richten, und ich bitte dich, Hegemon, sie so klar wie nur möglich zu beantworten, denn sie beziehen sich auf einen Umstand, welcher der ganzen Welt bis heute ein Rätsel geblieben ist. Was bedeuteten die Worte, mit denen der Rabbi von Nazareth euch empfing, als ihr ihn festnahmt? Wie kam es, daß ihr ihm erlaubtet, in den Tempelhöfen zu predigen, und niemals den Mut besaßet, ihn zu belästigen? Warum habt ihr solange gewartet, bevor ihr ihn packtet? Und auf welche Weise fand der Jünger des Rabbi, Judas Ischariot, den Weg zu euch?"

„Diese Fragen kann ich dir leicht beantworten. Es war einfach so, daß die erschrockenen kleinen Juden sich nicht trauten, den Rabbi anzurühren. Ich glaube annehmen zu dürfen, daß sogar euer schlauer alter Hanan von der allgemeinen Angst angesteckt worden war. Er hielt euren Rabbi für einen feurigen Engel, vom Himmel gesandt. Bevor ich ihnen den Mann in Fesseln anschleppte, hatten sie vor Angst fast den Verstand verloren, und auch nachher noch, im Palaste des Hohenpriesters, scheuten sie vor ihm zurück. Die Hohenpriester haben mir verteufelt viel Scherereien gemacht, besonders nachdem ihr euren Rabbi zum König der Juden ausgerufen und feierlich nach Jerusalem geleitet hattet. Euer Benehmen bei diesem Anlaß war äußerst unverschämt und aufreizend. Ich schlug dem Hohenpriester vor, den Nazarener auf der Stelle festnehmen zu lassen. Du hast von dem Zusammenstoß zwischen eurem und unserem Zuge berichtet. Die Sache verhielt sich folgendermaßen:

Der Prokurator wollte den Spielen im Amphitheater beiwohnen, um einen Wettkampf zwischen den Söhnen Hanans und einigen Gästen aus Phönizien zu sehen. Er ließ mich rufen und fragte mich, ob die Straßen Jerusalems ruhig seien, und ob er sie mit seinem Weibe Claudia in der Sänfte passieren könne. Ich übernahm die Verantwortung und bejahte.

Ich selbst geleitete den Zug. Als wir die Herodes-Straße, neben den Herodes-Türmen, verließen, sahen wir eure Prozession heranmarschieren, und das war ein solches Rufen und Singen und Händeklatschen und Gefuchtel mit Öl- und Palmzweigen, daß wir unruhig wurden. Pilatus ließ mich rufen, steckte den Kopf aus der Sänfte und fragte mich, was denn los sei. Ich erwiderte, es sei nichts Besonderes los; keinerlei Gefahr; eine Schar Juden geleite ihren Rabbi zum Tempel. Um jedoch sicher zu gehen, befahl ich dem Vortrupp, eure Prozession in die enge Sictus-Straße zu treiben. Euer Rabbi aber kam mir zuvor. Ich kann dir sagen, daß andernfalls euer Tanzen und Singen sich sehr schnell in ein Trauergeschrei verwandelt haben würde, denn unsere Leute hatten bereits ihre Schwerter gezogen. Pilatus und Claudia schauten aus der Sänfte heraus und sahen euren Rabbi auf der Eselin davonreiten. Ich habe selten jemand so herzhaft lachen hören wie Pilatus. Claudia schien ein wenig erschrocken. Warum, werde ich dir später erzählen. Die ganze Umgebung stimmte natürlich in das Gelächter ein. Es war ein wahres Gebrüll. Pilatus wand sich geradezu in Krämpfen; die Adern traten an seinem Halse hervor. Euer Glück, daß eure Prozession uns bloß komisch erschien! Als ich später hörte, was ihr da gesungen, was für Losungen ihr auszustoßen gewagt hattet, faßte ich die Sache weit ernster auf. Euer Rabbi von Nazareth war meiner Ansicht nach keineswegs das Unschuldslämmchen, als das ihr ihn hinzustellen beliebtet. Ich sagte mir, daß mehr an der Sache sei, als auf den ersten Blick zu sehen war. Pilatus wollte ich mit meinen Ansichten nicht belästigen, aber ich ging noch am selben Abend in den Palast des Hohenpriesters und verlangte die sofortige Festnahme des galiläischen Aufrührers. Ich redete ganz offen:

‚Diese Worte klingen nach Aufruhr. Du hast sie gehört; sie haben sie laut genug durch die Straßen geschrieen. Sie haben ihn den Gesalbten Gottes genannt. Sie haben ihn als den König aus dem Hause David begrüßt.'

Kaifas spielte den Gleichmütigen. ‚Jedes Jahr rufen unsere Juden einen neuen König Messias aus, und es passiert weiter nichts. Die römische Herrschaft hat bisher nicht darunter gelitten, und auch die Macht des Herodes ist nicht um ein Jota schwächer geworden. Lassen wir ihnen ihre kleinen Scherze.'

‚Scherze wie diese,' betonte ich, ‚in diesen unruhigen Zeiten, und ganz besonders, wenn die Stadt von unbotmäßigen Galiläern wimmelt, können gefährlich werden. Ich verlange, daß der Oberste der Tempelverwaltung den Wachen Befehl erteilt, ihn festzunehmen, sowie er sich in den Höfen zeigt. Auf jeden Fall rät uns der gesunde Menschenverstand, ihn während des Festes gefangen zu setzen, — einfach als eine vorbeugende Maßnahme.'

‚Gerade wenn wir Schlimmerem vorbeugen wollen, müssen wir ihn bis nach dem Fest frei herumlaufen lassen. Der Mann ist bei den Armen in der Unteren Stadt äußerst beliebt, und die Galiläer sind stolz auf ihren Landsmann. Wenn wir ihn jetzt im Tempelhof festnehmen lassen, wird es wahrscheinlich zu ernsten Unruhen kommen. Nach dem Fest, wenn die Pilger die Stadt verlassen haben, können wir mit ihm abrechnen.' So äußerte sich der jüngste der Söhne Hanans.

Dann gab der älteste Sohn, Elieser, seine Meinung bekannt. ‚Der Mann ist überhaupt nicht gefährlich. Im Gegenteil, er ist von großem Nutzen für uns. Er beruhigt mit seinen schönen Fabeln die Massen, und er ermahnt sie, nichts Böses zu tun. Ja, er befiehlt ihnen ausdrücklich, Böses mit Gutem zu vergelten und die Bürde des Daseins mit liebevoller Geduld zu tragen. Die einzige Belohnung, die er ihnen bietet, ist ein Anspruch auf die künftige Welt, ein Anteil am Himmelreich und die Aussicht auf die Auferstehung. Wir für unser Teil anerkennen diese Ansprüche nicht. Wir haben nichts versprochen. Wenn sie ihren Lohn einfordern wollen, werden sie sich an ihn zu wenden haben, und wenn er nicht zahlen kann, um so schlimmer für ihn. Inzwischen hält er sie friedlich an der Kandare. Was uns betrifft, heißt die wirkliche Gefahr Bar Abbas. Er reißt das Maul auf und hetzt gegen uns, die Hohepriester, und gegen die Regierung. Ihn muß man festnehmen lassen.'

‚Ich bin durchaus mit meinem Bruder einverstanden', sagte der bisherige Oberverwalter des Tempels und zupfte an seinem Bart.

Nun kam der alte Hanan herein, und wir erhoben uns von unseren Sitzen. Als er hörte, wovon wir sprachen und was ich verlangt hatte, fing er genau so zu lachen an, wie zuvor Pilatus in seiner Sänfte, als er den Rabbi auf einer Eselin vorbeireiten sah. Er wiederholte, was sein jüngster Sohn gesagt hatte:

‚Jahr für Jahr haben wir unseren Messias, der auf einer Eselin nach Jerusalem reitet. Wenn du aus ihm einen wirklichen Messias machen willst, dann nimm ihn gefangen. Aber solange du diese Leute in Frieden läßt, werden sie nie Messiase werden, auch wenn sie sich heiser schreien und ihren Anhängern die Sonne, den Mond und die Sterne versprechen. Im übrigen verfügen wir, was den Mann aus Nazareth betrifft, über besondere Nachrichtenquellen. Weit entfernt, uns gefährlich zu sein, dient er vielmehr unseren Zwecken. Aber diesen Bar Abbas müssen wir los werden, bevor er Zeit findet, einen Aufruhr anzuzetteln. Meine Leute sind ihm bereits auf den Fersen.‘

So redeten sie weiter und stellten den Nazarener als eine völlig unbedeutende Kreatur hin, und ich ließ mich abermals von ihnen beschwatzen.

Freilich, als am nächsten Tage der Rabbi ihre Buden in den Tempelhöfen zerstörte, die Händler verjagte und die Tische der Geldwechsler umwarf, bekam die Sache ein ganz anderes Gesicht. Es handelte sich für sie nicht so sehr um den Geldverlust, als vielmehr um den Verlust an Prestige. Welche Frechheit! Wie er sie beschimpft hatte! ‚Mördergrube‘, und was nicht noch alles! Und wie der Pöbel und auch die Pharisäer vor Begeisterung heulten! Ja, diesmal gerieten die Priester in Wut. Wenn der Mann erst einmal so anfing, wo würde er haltmachen? Sie fühlten die Grundlagen ihrer Macht unter ihren Füßen erzittern. Und so setzten sie sich hin und beratschlagten. Aber das Merkwürdige war, daß der Mann aus Nazareth durch sein Auftreten in ihren Augen beträchtlich an Ansehen gewonnen hatte. Er war nicht mehr das unschuldige und ein wenig lächerliche Lämmchen. Alles Spotten und Höhnen hatte plötzlich ein Ende. Statt dessen war da mit einem Male ein tiefer Respekt und, mehr noch, — Angst. Ja, ehrliche Angst. Ich kann nicht begreifen, wie dieser Mensch es fertig brachte, allen Leuten Angst einzujagen. Ich sage dir, selbst die höchsten Spitzen der Priesterschaft sprachen von nun an nur noch im Flüstertone über ihn und legten das Gesicht in ernste Falten, nicht als ob sie es mit irgend einem obskuren und unbedeutenden Provinzler zu tun hätten, sondern als ob sie vor einer gewaltigen und mystischen Erscheinung stünden. Ich habe guten Grund zu der Annahme, daß sie ihn mehr fürchteten als uns Römer. Das kann ich mir nur so erklären, daß das asiatische Element ihres Wesens — das auch die Nüchternsten und Kühlsten unter ihnen nicht verleugnen konnten —, sich wieder einmal geltend machte. Ihre Phantasie hatte zu arbeiten begonnen. Ich habe erlebt, wie die Stärksten unter ihnen von plötzlicher Reue, von Gewissensbissen gepackt wurden, wie sie sich quälten und peinigten und sich in einen exaltierten Zustand hineinsteigerten, der ihnen alles Übernatürliche als durchaus wirklich erscheinen ließ, — Erlebnisse, die uns Römern völlig fremd sind. Sie bildeten sich tatsächlich ein, daß dieser Mensch in allem, was er tat und sagte, von einer höheren Gewalt seine Vollmachten erhalten habe, daß hinter ihm Legionen von Dämonen stünden, die er vom Himmel herabzubeschwören imstande sei. Wenn es anders wäre, sagten sie, wenn er nicht von Gott seine Vollmacht erhalten hätte, würde er es nie gewagt haben, im Tempel so aufzutreten.

Wie anders soll ich die Ereignisse dieses merkwürdigen Tages und das spätere Benehmen der Priesterschaft deuten? Du darfst auch nicht glauben, daß sie selbst uns Bericht erstattet hätten. Keineswegs. Sie hätten anscheinend recht gerne den ganzen Vorfall mit Stillschweigen übergangen. Pilatus schickte mich an diesem Tage zu dem Hohenpriester, mit der Aufforderung, beide Rebellen, Bar Abbas und den Rabbi aus Galiläa, in unsere Hände zu liefern. Wir vermuteten, daß die beiden gemeinsam in einem Komplott tätig seien, und wir beschlossen, schnell und energisch zu handeln. Was Bar Abbas betraf, war unsere Aufgabe einfach. Die Spione des Hohenpriesters meldeten uns, daß für diese Nacht in der Herberge der Kameltreiber in der Unteren Stadt eine Zusammenkunft der Rebellen geplant sei. (Sie wußten alles — wenn sie nur wollten!) Mit dem Rabbi von Nazareth stand die Sache anders. Als wir die Priester nach ihm fragten, wurden sie blaß. Und der alte Hohepriester selbst, der an der Beratung im Hause des Kaifas teilnahm, weigerte sich, eine eindeutige Stellung einzunehmen. Er erzählte uns zunächst, daß sie keine Ahnung hätten, wo der Mann sich aufhalte, wo er wohne, obgleich es kinderleicht gewesen wäre, das herauszufinden, da er sich fast täglich in den Tempelhöfen zeigte. Dann verlangte der alte Hanan, daß wir jegliche Art von Zusammenstößen mit dem Manne innerhalb des Tempelgebietes vermeiden möchten. Sie befürchteten Unruhen, sagte er, die Massen vergötterten den Rabbi von Nazareth, die Massen glaubten an ihn, und so weiter und so weiter. Er drängte immer wieder darauf, mit der Festnahme zu warten, bis das Passah-Fest vorüber sei, und die Pilger sich zurückgezogen hätten.

,Und in der Zwischenzeit', sagte ich, ,da die Tür offensteht, werden wir den Käfig leer finden.'

,Was meinst du damit, Hegemon?'

,Euer Prophet wird verschwinden. Er wird aus Jerusalem weglaufen.'

,Messiase laufen nicht weg. Messiase erfüllen ihre Sendung oder sie sterben', erwiderte der Hohepriester und blinzelte mir vielsagend zu.

,Und was ist das für eine Sendung, die dieser Messias angeblich erfüllen soll?' fragte ich den Hohenpriester und blickte ihm fest in die Augen.

Aber ich erhielt keine Antwort. Stumm und mit ängstlichen Mienen schauten sie einander an. Dann sagte der Hohepriester, und es war ihm gar nicht behaglich zu Mute:

,Was sich in den Tempelhöfen ereignet hat, ist eine innere religiöse Angelegenheit, die nur die Tempelverwaltung und in keiner Weise die Regierung betrifft. Wenn wir den Mann schuldig befinden, werden wir ihn den römischen Behörden ausliefern. Jedenfalls fällt es nicht in unser Gerichtsbereich, die Todesstrafe zu vollstrecken.'

,Was in den Tempelhöfen geschah', erwiderte ich in entschiedenem Ton, ,richtete sich keineswegs nur gegen die Tempelverwaltung, sondern stellt eine Attacke gegen die gesamte Gesetzgebung und eine Gefährdung der Ordnung in der Provinz Judäa dar. Wenn wir bedenken, wie sehr dieser Mann euer Ansehen geschädigt hat, muß es uns wundern, daß ihr ihn in Schutz nehmt. Wie sollen wir uns des Verdachtes erwehren, daß ihr das aus ganz besonderen Gründen tut? Wir haben weder die Zeit noch die Mittel, um alle die Einzelheiten eurer mystischen und verwickelten religiösen Angelegenheiten, die so leicht nach Rebellionen aussehen, zu entwirren. Unser gerader römischer Verstand sagt uns: wenn die höchste religiöse Behörde einen Mann in Schutz nimmt, der ihrem Ansehen einen so schweren Schlag versetzt hat, dann muß es im Interesse dieser höchsten religiösen Behörde liegen, mit einem Rebellen und Störenfried gemeinsame Sache zu machen. Dieses Interesse kann unmöglich mit dem Wohle der bestehenden Ordnung übereinstimmen.'

‚Wagst du es, unsere Treue gegen Rom zu bezweifeln, Hegemon?'

‚Es handelt sich nicht um Zweifeln oder Nichtzweifeln. Muß nicht die Haltung der Hohenpriesterschaft dem Legaten und dem Prokurator verdächtig erscheinen?'

Der Hohepriester blickte seinen Schwiegervater und seine Schwäger an, und sie erwiderten seinen Blick. Der letzte Blutstropfen war aus seinem fleckigen Gesicht gewichen. Einen Augenblick lang schien es mir sogar, als habe sein Bart, den er so sorgfältig für das Fest frisiert, gesalbt und gekräuselt hatte, seine Farbe verloren und sei weiß geworden. Schließlich sagte er:

‚Was verlangst du von mir?'

‚Der Prokurator verlangt von euch, von der höchsten religiösen Behörde, die für die Aufrechterhaltung der Ruhe und Ordnung im Tempelbezirk verantwortlich ist, daß ihr den Mann gefangen nehmt, der im Tempel Tumulte entfesselt und das Ansehen der Tempelbehörden untergraben hat.'

‚Ich versichere dir, daß wir nicht wissen, wo der Mann wohnt, aber wir versprechen dir, daß wir sofort Schritte unternehmen werden, um seinen Aufenthalt festzustellen. Sobald wir festgestellt haben, wo er sich aufhält, werden wir es dir mitteilen.'

Diesmal war ich halbwegs mit den Zusicherungen des Hohenpriesters zufrieden.

Von dem Überfall auf die Anhänger des Bar Abbas bist du unterrichtet. Wir umstellten im Dunkel der Nacht die Herberge, und es war recht günstig für uns, daß wir sie im Schlafe überrumpelten, denn sie leisteten ohnedies erbitterten Widerstand. Ich habe nie erfahren, wie viele auf ihrer Seite gefallen waren, und ich erinnere mich nicht mehr, wie groß unsere Verluste waren, aber es gelang uns, Bar Abbas lebend zu fangen. Das Waffenlager, das wir in der Herberge entdeckten, zeugte zur Genüge von dem Ernst der Lage in Jerusalem.

Nun blieb nur noch der zweite Unruhestifter übrig, der Mann, den wir für den gefährlicheren hielten. Ich persönlich war davon überzeugt, daß er die Seele der ganzen Bewegung sei, und daß selbst der Hohepriester seinem dämonischen Einfluß unterlegen war.

Wir — das heißt die römischen Beamten —, waren äußerst erstaunt, als wir am nächsten Tage hörten, daß nicht nur der Rabbi von Nazareth wieder in den Tempelhöfen erschienen war und dort gepredigt hatte, daß nicht nur die Hohenpriester es unterlassen hatten, ihn festzunehmen, sondern daß noch außerdem die Priester — wenigstens einige von ihnen — sich einer Abordnung angeschlossen hatten, die mit dem Rabbi verhandelte. Der Zweck? Sie wollten herausfinden, in wessen Vollmacht er handle! Unsere Spione meldeten uns, daß die Abgesandten des Hohenpriesters in aller Heimlichkeit an den Diskussionen zwischen den Schriftgelehrten und dem Rabbi teilgenommen hatten. Sie konnten sich nicht einigen. Es gab da irgend etwas in ihren mystischen Schriften, Weissagungen, Vorzeichen und Deutungen, dem der Rabbi von Nazareth nicht zu entsprechen schien. Daraus folgerten wir Römer sofort, daß sie ihn, *wenn* er den Bedingungen entsprochen hätte, auf der Stelle zum König würden erwählt haben.

Als ich dem Pilatus von Bar Abbas, von den vielen Waffen, die wir in der Herberge gefunden hatten, von dem hartnäckigen Widerstand der Aufrührer und schließlich von dem zweiten Rebellen, den die Priester in gewisser Weise schützten, berichtete, geriet er in Zorn. Ich sehe ihn noch vor mir, wie er die Nachricht entgegennahm, daß die Priester den Mann aus Nazareth hatten entschlüpfen lassen, ja, daß sie durch geheime Sendboten mit ihm verhandelt hatten. Als ich zu ihm ins Prokuratorium kam, saß er hinter einem massigen Bronzetisch, der den unteren Teil seines Körpers verbarg, aber sein Oberkörper erweckte den Eindruck, als sei er aus dem gleichen schweren Metall gegossen wie der Tisch: ein riesiger viereckiger Schädel, kahl wie ein Wüstenfels, ein breites, fleischiges Gesicht, ebenfalls ohne ein Härchen, und eine mächtige Brust mit wulstigen Muskeln. Von dem glänzenden Schädel bis zu den dicken Falten des Halses und der Wölbung der Brust war alles wie aus einem Stück gegossen und gehämmert. Und diese massige Gestalt brach plötzlich in Wut aus. Er erinnerte mich an einen der Götzen, die bei euren asiatischen Nachbarn populär waren, an einen Moloch, in dessen eisernem Bauch ein weißes Feuer lodert. Das Blut strömte in seine Nackenwülste. Die großen Ohren standen von seinem Kopfe ab. Seine Brauen, die einzigen behaarten Stellen im Gesicht und am Schädel, sträubten sich, und seine kalten, grauen Augen schleuderten Blitze. Er erhob sich, warf fast den Tisch um und brüllte wie ein Löwe:

‚Befiehl dem Hohenpriester, mir sofort den Rebellen auszuliefern!‘

Ich wartete keinen zweiten Befehl ab. Unverzüglich eilte ich zum Hause des Kaifas und fand dort nicht nur den Hohenpriester, den alten Hanan und Kaifas selbst, nebst den Söhnen, Brüdern und Schwägern, sondern auch eine Schar ihrer Schriftgelehrten und Gesetzesausleger versammelt. Ich mußte sie wohl bei einer besonderen Beratung gestört haben, aber für Höflichkeiten war jetzt keine Zeit. Ich sah ihre unruhigen Mienen und sagte unvermittelt:

‚Der Löwe hat gebrüllt!'

Sie verstanden mich sogleich. Sie wurden blaß, sie zuckten zusammen, aber sie blieben stumm und starrten einander hilflos an. Schließlich kam der Hohepriester mit der alten Ausflucht:

‚Wir wissen nicht, wo er ist.'

‚Ihr hattet ihn in eurer Gewalt. Er war im Tempel. Und ihr habt durch eure Sendboten mit ihm verhandelt.'

‚Wir können ihn nicht im Tempel festnehmen lassen. Das ist zu gefährlich.'

‚Wir haben genug Truppen in Jerusalem, um jeder Lage gewachsen zu sein. In der Stunde der Gefahr weiß der Hohepriester, an wen er sich zu wenden hat.'

‚Aber gerade das wollen wir vermeiden — ein zweites Massaker wie im vorigen Jahr, als das Blut der Galiläer zugleich mit dem Blut ihrer Opfertiere verströmte. Die gleiche Gefahr steht auch in diesem Jahre vor uns, wenn wir übereilt handeln.'

‚Du irrst. In diesem Jahre ist die Gefahr größer. Nicht nur das Blut der Galiläer mag sich mit dem Blute der Opfer vermischen, sondern auch das Blut anderer Juden, von den niedrigsten bis zu den höchsten... Morgen werde ich über *ihn* zu Gericht sitzen — oder über *sie*!... Das sind die Worte des Pilatus.'

Sie waren wie zu Stein erstarrt, alle, selbst der mutige Hohepriester. Schließlich murmelten sie erschrocken:

‚Alles wegen dieses einen Mannes! Man will uns unsere Güter nehmen! Unser Leben!'

Der alte Hanan ergriff das Wort.

‚Wir streiten um den Fuchs, bevor wir ihn gefangen haben. Es handelt sich nicht darum, ihn festzunehmen. Das hätten wir längst getan, wenn wir imstande gewesen wären, ihn außerhalb der Tempeltore zu erwischen und ihn ohne Aufsehen wegzuführen. Dazu müssen wir erst herausbekommen, wo er zu finden ist. Zweitens müssen wir uns vergewissern, daß wir den richtigen erwischen. Ich möchte dem Hegemon versichern, daß ich einige meiner geschicktesten Leute hinter ihm hergesandt habe, und trotz des hohen Preises, den wir ausgesetzt haben, sind wir noch immer nicht in den Besitz der richtigen Informationen gelangt. Die Massen glauben an den Mann und verbergen ihn vor uns. Es handelt sich auch nicht nur darum, sein Versteck aufzustöbern. Wir müssen durchaus sicher sein, daß wir den Rabbi von Galiläa und keinen anderen festnehmen. Einige seiner Schüler und Jünger sind bereit, ihn mit ihrem Leben zu verteidigen. Sie würden sich gerne an seiner Stelle festnehmen lassen. Aus diesem Grunde haben wir uns bemüht, an einen seiner Anhänger heranzukommen, um ihn mit Geld oder einer anderen Belohnung zu bestechen, damit er uns nicht nur verrät, wo sein Rabbi wohnt, sondern uns auch zu dem richtigen Manne führt. Bisher haben wir noch keine Verbindung hergestellt, aber ich gebe dem Hegemon mein feierliches Versprechen, daß wir, sowie eine Gelegenheit sich bietet, den Rabbi gefangennehmen und ihn den Behörden ausliefern werden.'

Ich kehrte zu Pilatus zurück und erstattete ihm Bericht. Ich fügte hinzu, daß meiner Meinung nach die Hohenpriester selbst irgendwelche geheimen Gründe hätten, den Rebellen vor uns zu verbergen.

‚Was für Gründe?' fragte Pilatus.

‚Sie schreiben ihm mystische Kräfte zu. Sie halten ihn für den Messias.'

‚Wofür?'

‚Für den König der Juden, auf den sie schon lange warten, und der sie von unserer Herrschaft befreien soll.'

‚König der Juden. Spätestens morgen will ich diesen König der Juden vor mir haben. Ich gebe ihnen keine weitere Frist mehr. Und der Hohepriester persönlich ist mir verantwortlich.'

Von diesem Augenblick an hatte Pilatus nur noch einen Namen für den Galiläer: König der Juden.

Diesmal wandte ich mich an den alten Hanan, und er hatte gute Neuigkeiten für mich.

‚Ich glaube', sagte er, ‚wir haben eine Spur gefunden. Der Mann, nach dem wir Ausschau hielten, ist aufgetaucht.'

‚Wie seid ihr an ihn herangekommen?'

‚Er ist aus eigenem Antrieb zu uns gekommen. Wir kennen nicht die Gründe, die ihn bewogen haben, seinen Rabbi zu verraten, wir wissen nicht, was dahinter steckt. Ich glaube nicht, daß er es wegen des Lohnes, wegen der dreißig Silberlinge, tut. Er ist einer der vornehmsten Jünger, der Verwalter des gemeinsamen Schatzes. Wenn es ihm um das Geld ginge, könnte er im

Dienste seines Rabbi mehr ergattern als durch den Verrat an ihm. Seiner Handlungsweise liegen zweifellos ganz andere Motive zugrunde, die er nicht preisgeben will. Meine Söhne verhören ihn im Wachraum. Das Ganze könnte auch eine Falle sein, und wir müssen vorsichtig handeln.'

Ich begab mich sogleich in den Wachraum, der in der Mauer des inneren Hofes lag. Und dort traf ich einen Mann, den ich kannte: Judas. Seine Augen waren gerötet, als ob er lange nicht geschlafen hätte. Aber die Blicke, die er den Söhnen des Hohenpriesters zuwarf, waren frech und herausfordernd, und seine Stimme schwankte zwischen schluchzender Verzweiflung und heiserem Trotz:

,Ja, ja! Für dreißig Silberlinge! Wenn ihr bereit seid, mir das Geld zu geben, bin ich bereit, euch zu zeigen, wo mein Rabbi sich aufhält. Wenn nicht, dann laßt mich gehen. Dann werde ich wissen, daß ihr euch vor ihm fürchtet, daß ihr euch nicht in seine Nähe wagt. Ihr fürchtet euch vor ihm!' Judas brach in ein höhnisches Lachen aus. ,Ihr zittert, wenn ihr nur an ihn denkt.'

,Dreißig Silberlinge', sagte der Sohn des Hohenpriesters nachdenklich. ,Kannst du nicht dreißig Silberlinge aus eurem Schatz nehmen, ohne daß jemand es merkt? Für dreißig Silberlinge willst du deinen Rabbi ausliefern? Da steckt etwas dahinter!'

,Das ist meine Sache. Ich brauche das Geld, und ich habe meine Gründe. Ich bin von meinem Rabbi abgefallen, und ich will zu einer Hure gehen. Genügt euch das nicht? Ihr wollt nichts mit mir zu tun haben? Gut! Eure Gründe kenne ich. Ihr habt Angst, meinen Rabbi anzurühren.' Und er wandte sich zum Gehen.

Ich rief ihm nach:

,Warte, Judas! Wenn *sie* den Preis nicht zahlen wollen, dann werden *wir* ihn zahlen. Wenn der Hohepriester seine geheimen Gründe hat, die Sache zu unterdrücken und den Galiläer aus Jerusalem entwischen zu lassen, wird er es vor dem Prokurator zu verantworten haben. Der Galiläer hat sich nicht nur gegen die Tempelverwaltung, sondern auch gegen Rom gewandt. Der Prokurator will den Mann haben. Noch in dieser Nacht muß er den römischen Wachen ausgeliefert werden. Judas, ich werde dem Prokurator über dich berichten. Du hast dich um Rom verdient gemacht. Du lieferst uns einen der gefährlichsten Unruhestifter aus. Du erweisest uns einen Dienst — und diese

Leute hier haben dein Anerbieten abgelehnt. Wir werden schon herausfinden, warum!'

Die Söhne des Hohenpriesters zitterten. Nun mischte der alte Hanan sich ein:

‚Wir müssen sicher sein, daß Judas uns den richtigen zeigt.'

‚Ich werde ihn euch zeigen.'

‚Wie?'

‚Der, den ich küssen werde und grüßen: Rabbi! Rabbi! — der ist's, den ihr sucht.'

‚Gebt ihm das Geld, er soll uns zu dem Ort führen.'

‚Der Ort liegt nicht weit von den Vorratshäusern der Söhne Hanans entfernt. Auf dem Ölberg. In Gethsemane. Kommt mit!'

‚Ihr müßt sofort den Sanhedrin zusammenrufen und den Mann aburteilen', rief ich.

‚Unmöglich', antworteten sie.

‚Warum?'

‚Wir können nicht des Nachts den Sanhedrin einberufen, um einen Menschen zu richten, dem die Todesstrafe droht. Wir müssen bis morgen früh warten. Wir können nicht heute nacht den Sanhedrin einberufen. Das wäre gegen das Gesetz. Seine Mitglieder werden mit dem Passah-Opfer beschäftigt sein. Das Gerichtsverfahren ist mit vielen Formalitäten verknüpft. Wir müssen die Verhandlung bis nach dem Fest verschieben.'

‚Ich wiederhole: Der Befehl des Pilatus lautet, den Mann sofort auszuliefern. Morgen früh wird Pilatus selbst über ihn zu Gericht sitzen. Beide Rebellen sollen abgeurteilt werden. Bar Abbas und der Nazarener.'

‚Bar Abbas hat sich gegen die Regierung empört. Das Vergehen des Nazareners ist ganz anderer Art — eine rein jüdisch-religiöse Angelegenheit. Wir müssen die Mitglieder des Sanhedrin zusammenholen, zumindest die dreiundzwanzig des kleinen Sanhedrin, und auch eine bestimmte Anzahl von Pharisäern müssen zugegen sein. Ohne sie haben wir nicht genug Mitglieder, um einen derartigen Fall zu behandeln. Die Pharisäer aber werden sicherlich ihre Teilnahme verweigern. Ich sage dir, Hegemon, unsere Gesetze erlauben uns nicht, einen solchen Fall hastig und bei Nacht zu erledigen. Das wäre ungesetzlich.'

‚Wir haben keine Zeit für Formalitäten. Wir machen dich darauf aufmerksam, daß du mit dem Feuer spielst. Morgen früh muß der Nazarener zugleich mit eurem Urteil vor Pilatus erscheinen. So lautet der ausdrückliche Befehl des Prokurators. Du weißt, was das bedeutet. Ich tue mein Bestes, um ein Gemetzel in der Stadt zu verhüten und um, was noch schlimmer wäre, dem Hohenpriester eine Menge — Unbequemlichkeiten zu ersparen. Du erinnerst dich an die Prozession nach Caesarea, als Pilatus die Macht übernahm.'

‚Als er die römischen Feldzeichen und Trophäen an die Mauern der Burg Antonia hängen ließ?' sagte der alte Hanan nachdenklich. ‚Ich erinnere mich.'

‚Das könnte sich wiederholen.'

Die Söhne des alten Hohenpriesters blickten stumm ihren Vater an. Er allein blieb ruhig.

‚Ich werde die Angelegenheit mit dem Hohenpriester besprechen — wenn die Lage in der Tat so ernst ist, wie du sagst, Hegemon. Vielleicht finden unsere Schriftgelehrten einen Ausweg. Ich weiß nur eines: die Pharisäer werden diesem Verfahren niemals zustimmen.'

‚Aber auch wir nicht', rief der älteste Sohn des Hohenpriesters, Elieser. ‚Gesetz ist Gesetz.'

‚Mein Sohn, sei auf der Hut in gefährlichen Zeiten, wenn das Leben vieler auf dem Spiele steht. Ich sage, daß ich die Angelegenheit mit dem Hohenpriester besprechen werde. Inzwischen müssen wir uns des Mannes versichern. Die Wachen sollen Judas nach Gethsemane begleiten und den Mann festnehmen.'

‚Ich werde ihn persönlich festnehmen!' warf ich ein. ‚Der Nazarener ist ebenso ein Gefangener Roms wie ein Gefangener des Hohenpriesters. Und ich verlasse mich auf niemand. Ich habe kein Vertrauen zu den Wachen des Hohenpriesters. Der Nazarener wird sie mit seinen Zauberkünsten übertölpeln. Sie werden vor ihm davonlaufen oder ihn festnehmen und ihn wieder freilassen. Warte hier, Judas! Ich gehe ins Prokuratorium und hole eine Kohorte. Wir wissen nicht, wie viele von den Rebellen dort oben versammelt sind, und was für Waffen sie haben.'

‚Ho ho! Zeh ischi, das ist mein Mann! Bring' auch den Prokurator mit und ein paar Legaten und das halbe Heer, um meinen Rabbi zu fangen!' Judas, der in einer Ecke saß und mit den dreißig Silberlingen spielte, die man ihm überreicht hatte, plapperte vor sich hin wie ein Besessener.

Ich ließ den Hohenpriester und seine Söhne heftig zankend im Wachraum zurück. Einige unter ihnen wollten dem Prokurator den Gehorsam verweigern, sei es auch bei Gefahr ihres Lebens; die anderen waren weniger hitzköpfig. Auf den alten

Hanan und auf seinen jüngsten Sohn Hanan glaubte ich mich verlassen zu dürfen. Ich wußte, sie würden, sobald der Mann erst einmal verhaftet war, die Befehle des Pilatus bis zu Ende durchführen.

Ich ging ins Prokuratorium hinüber und beorderte eine aus Römern, Askaloniten und Syrern zusammengesetzte Kohorte heraus. Ich legte meinen Panzer an und die Abzeichen des Tribunen. Als ich in das Haus des Hohenpriesters zurückkehrte, hatten sich bereits die priesterlichen Wächter mit ihren Lanzen, Knüppeln, Stäben und Peitschen versammelt. Als ich mir dieses Häuflein ansah, das bleich vor Angst, mit zitternden Knien dastand, als sollte es zur Hinrichtung geführt werden, merkte ich, wie gut ich daran getan hatte, mich nicht auf sie zu verlassen, sondern eine ganze Kohorte von fünfhundert Mann mitzunehmen. Und als es dann in Gethsemane zu der eigentlichen Festnahme kam, beglückwünschte ich mich ein drittes Mal zu meiner Voraussicht. Du hast gesehen, wie die Knechte des Hohenpriesters sich dort benahmen. Ohne die Anwesenheit der Kohorte wären sie vor dem bloßen Anblick des Nazareners davongelaufen, so wie die Jünger bei unserem Anblick davonliefen.

Wir banden ihn und schleppten ihn weg. Bevor wir in die untere Stadt kamen, verdreifachte ich die ihn umgebende Wache, um seine Person zu verbergen und Unruhen zu vermeiden. Es war das eine unnötige Maßregel. Jerusalem schlief, und die Straßen waren leer. Die Stadt wußte nicht, daß wir in dieser Nacht ihren König gebunden vor Gericht schleppten.

Und ich kann dir auch verraten, daß die Priester vor dem Manne noch zitterten, als er gefesselt vor ihnen stand. Man hat es mir nachher erzählt, denn ich selbst war bei den Verhandlungen nicht zugegen. Ich übergab lediglich meinen Gefangenen den Priestern und wartete draußen mit meinen Leuten, während sie die Verhandlung mit denjenigen Mitgliedern des Sanhedrin durchführten, die sie zu so später Nachtstunde hatten erreichen können. Meine Befehle reichten weiter. Ich sollte am nächsten Morgen den Gefangenen zugleich mit dem Entscheid des Gerichts zu Pilatus führen. Was sich drinnen abspielte, kannst *du* mir erzählen, denn du warst dabei.' “

„Ja“, antwortete ich und nahm den Faden meiner Erzählung wieder auf.

XXIII. KAPITEL

Mit schnellen Schritten gingen wir den Hügel hinab und eilten durch die schlafende Stadt zu dem Lehrhause unseres Rabbi. Wir begegneten keiner Menschenseele in den Straßen. Alle Bewohner waren von den Mühen des Festes ermüdet. Ein bläulicher Mondschein lag auf den Mauern der Häuser, die Steine in den Straßen schlummerten, eingelullt durch die sanfte Melodie des Mondlichts. Es war nun um die Mitte der zweiten Nachtwache, und ein- oder zweimal glaubten wir in der Ferne die Schritte der Runden in den einsamen Gäßchen zu hören.

Wir fanden unseren Rabbi schlafend in seinem Gemach, das neben dem Lehrhause lag, und wir waren uns nicht einig, ob wir ihn wecken sollten. Auf der einen Seite banden uns die Vorschriften der Achtung vor unserem Rabbi, Vorschriften, die nicht weniger streng sind als die, welche sich auf die eigenen Eltern beziehen, — auf der anderen Seite schwebte ein Menschenleben in Gefahr, und die Überlieferung sagt, daß Gefahr viele Gesetze bricht. Aber während wir noch zögerten, erwachte unser Rabbi von selbst, und wir dankten Gott, daß wir nicht gezwungen gewesen waren, respektlos seine Ruhe zu stören.

Er hatte nicht gut geschlafen. Er fürchtete sich vor dem kommenden Tage, und da wir so lange nicht ins Lehrhaus zurückkehrten, wuchs seine Unruhe. Zweifellos hatte er selbst im Schlafe noch auf unsere Rückkehr gewartet, und während wir vor seiner Türe zauderten, wachte er auf und rief uns hinein.

Wir traten ein und fanden ihn auf seinem Bette sitzend. Als wir ihm berichteten, was auf dem Ölberge geschehen war, sprang er auf. Niemals in all der Zeit, da ich das Vorrecht genoß, in seiner Nähe zu weilen und ihm zu dienen, habe ich meinen Rabbi so bestürzt, so entrüstet und so empört gesehen. Ja, es fällt mir überhaupt nicht leicht, mich an Anlässe zu erinnern, die ihn in Ärger versetzten. Nun aber entzündete sich der heilige Zorn Gottes in ihm, und er war so erregt, daß es uns Schwierigkeiten bereitete, ihn richtig zu bedienen und ihm beim Ankleiden zu helfen. Wir brachten ihm ein Gefäß mit Wasser, und er wusch sich den Schlaf der Nacht von den Händen und vom Gesicht. Ungestüm ging er auf und ab und murmelte:

„Wie können sie so etwas wagen? Dergleichen hat man in Israel nie gehört!“

Dann sagte er: „Ruft alle meine Schüler herbei!“ Er wollte sie aussenden, um die Mitglieder des Sanhedrin zu wecken. Er wollte uns zu Raban Jochanaan ben Zakkai und zu Raban Gamaliel ben Simon und den übrigen führenden Pharisäern schikken. Er wollte sofort die Brüderschaft zusammenrufen. Dann beherrschte er sich und wurde ruhig. Er setzte sich hin und grübelte laut? „Erstens können sie nicht nachts zu Gericht sitzen. Zweitens können sie nicht, selbst wenn sie es wagten, ihn nachts zu richten, ein Urteil über ihn fällen. Drittens müssen sie in solchen Fällen zumindest den kleinen Sanhedrin vollzählig beisammen haben, und das ist ohne unsere Anwesenheit nicht möglich. Viertens können sie ihn unter keinen Umständen am Vorabend eines Festes richten. Eine solche Sünde werden sie nicht auf sich nehmen, denn das hieße ja nicht mehr und nicht weniger, als unschuldiges Blut vergießen. Nein, morgen ist Zeit genug. Ich brauche die Weisen nicht zu stören."

Aber die Beruhigung dauerte nicht lange. Wieder erhob er sich, ging auf und ab in einer Weise, die man an ihm nicht gewohnt war. Und immer noch murmelte er vor sich hin:

„Wer weiß, wessen die Söhne Hanans und die Söhne des Beitus fähig sind? Sie werden vor nichts Halt machen. Die, die ihre Knechte und Sklaven wie tolle Hunde auf das Volk hetzen, — werden sie davor zurückschrecken, einen einzelnen Menschen anzugreifen? Und so wie die Sklaven und Knechte werden auch die sadduzäischen Schriftgelehrten die Befehle der Söhne Hanans bis zum letzten Buchstaben befolgen. Haben wir nicht gesehen, wie sie die Verfügung des großen Hillel über das Passah-Opfer beiseite geschoben haben? Nein, meine Seele findet keine Ruhe. Kommt!" Er wandte sich an uns. „Wir wollen zum Hause des Kaifas gehen."

Er befahl uns, ihm sein Amtsgewand zu holen, den langen schwarzen Mantel der pharisäischen Rabbis, der bis zu den Absätzen der Sandalen reichte, und die schwarze Kopfbedeckung. Wir verließen das Haus. Rufus und ich trugen die Laternen vor ihm her, mehr zum Zeichen der ihm gebührenden Achtung, als um den Weg zu erhellen, denn der Mondschein machte die Nacht zum Tage. Die übrigen Schüler folgten uns. Wir stiegen zu der Oberen Stadt, zu dem Hause des Hohenpriesters Kaifas, hinauf.

Das Tor war geschlossen und verriegelt. Wir pochten, bis der Wächter herauskam und uns fragte, was wir wollten.

„Geh' hinein und melde, daß Rabbi Nikodemus, ein Rabbi der Pharisäer und Mitglied des großen Sanhedrin, mit seinen Schülern Zutritt zu der Sitzung verlangt."

Es dauerte lange, bevor uns das Tor geöffnet wurde. Anscheinend hatte man sich nur schwer darüber einigen können, ob man uns zulassen solle. Schließlich kehrte der Wächter mit zwei Abgesandten des Sanhedrin zurück, die meinen Rabbi aufforderten, an der Sitzung teilzunehmen.

„Die Sitzungen des Sanhedrin finden in der Kammer der Behauenen Steine im Tempel statt und nicht im Hause des Hohenpriesters", antwortete mein Rabbi in scharfem Ton. „Ich will wissen, wo der Mann ist, der heute Nacht gegriffen wurde."

„Er steht drinnen vor dem Hohenpriester."

„Führt uns zu ihm!" befahl mein Rabbi.

Wir traten ein und gingen durch den äußeren Hof. Als wir den inneren Hof erreichten, erblickten wir an der Stelle, wo für gewöhnlich die Hauswache sich aufhielt, ein seltsames Schauspiel. Rund um ein loderndes Holzfeuer waren etliche Wächter, Knechte, Mägde, Köche und sonstige Diener des Hauses versammelt. Sie wärmten sich die Hände an dem Feuer und unterhielten sich erregt über die Ereignisse der Nacht. Inmitten des Kreises aber hielten zwei Wächter einen Mann an den Armen fest, und eine Magd schrie ihm etwas ins Gesicht. Der Mann schrak vor ihr zurück und schien zu leugnen und versuchte vergebens, sich loszureißen. Als wir näherkamen, erkannten wir ihn, den sie da in dem flackernden Widerschein der Flammen festhielten. Es war Simon bar Jonas. Er war vor Todesangst leichenblaß und schüttelte unaufhörlich den Kopf. Die Magd zeigte mit dem Finger auf ihn und wiederholte:

„Auch du warst bei dem Nazarener! Auch du warst bei dem Nazarener!"

Simon zuckte die Achseln, schüttelte den Kopf und antwortete — wobei er den Tonfall der Judäer nachzuahmen versuchte, ohne daß es ihm gelang:

„Ich weiß nicht, was du sagst!"

„Alle haben ihn verlassen", seufzte mein Rabbi. „Selbst seine treuesten Jünger."

Wir eilten an der Gruppe vorbei und folgten den Boten durch zahlreiche Gemächer und Gänge, bis wir zu der großen Halle kamen, in welcher der Hohepriester mit den Obersten des Tempels seine Beratungen abzuhalten und manchmal geringere Rechtsfälle zu entscheiden pflegte. Diese Halle war nach dem Muster des Großen Sanhedrin eingerichtet, der am Eingang zum Tempelbezirk liegt und „Halle" oder „Kammer der Behauenen Steine" heißt. Nur die Ausmaße waren viel kleiner. Die eine Seite der Halle hatte die Form eines Halbmondes, und dreiundzwanzig Bänke waren in die Wand eingebaut; eine etwas erhöhte Bank in der Mitte der Rundung war für den Hohenpriester bestimmt. Als wir in die Halle kamen, war ungefähr die Hälfte der Bänke besetzt. Der Hohepriester im purpurnen Mantel saß auf seiner Bank, zu seiner Rechten saßen sein Schwiegervater, der alte Hanan, und Hanans Sohn, Elieser; als ehemalige Hohepriester trugen sie gleichfalls purpurne Mäntel, die jedoch kürzer waren als der Mantel des regierenden Hohenpriesters und eher an Umhänge erinnerten. Sie gehörten dem Sanhedrin als vollberechtigte Mitglieder an. Zur Linken des Kaifas saß sein zweiter Schwager, Jochanaan, der als Hauptverwalter des Tempels Sitz und Stimme im Sanhedrin zu beanspruchen hatte, aber nicht den purpurnen Umhang trug. Es waren auch noch einige andere in Purpur gekleidete Würdenträger anwesend, lauter ehemalige Hohepriester und Söhne aus dem Hause des Beitus. Diese jedoch nahmen nur in ihrer Eigenschaft als Gesetzesausleger der sadduzäischen Schule teil. Einer von ihnen, ein uralter Mann mit einem langen weißen Bart und dichten weißen Brauen, die seine großen, blauen, wäßrigen Augen überschatteten, galt als der Weiseste der sadduzäischen Schriftgelehrten, der besser als alle anderen das Gesetz nach sadduzäischer Tradition auszulegen verstand. Bei den Vollsitzungen des Sanhedrin pflegten die Teilnehmer an den beiden Seiten des Halbmondes einander gegenüber zu sitzen; jetzt aber, da nur eine beschränkte Anzahl von Mitgliedern zugegen war, saßen sie alle beisammen, und die Sitze an den beiden Enden blieben leer. Rechts und links von der erhöhten Bank des Hohenpriesters saßen die Schreiber, stählerne Griffel in der Hand und vor sich die Wachstäfelchen: ein Schreiber für die Anklage, ein Schreiber für die Verteidigung.

Von der Decke hingen zahlreiche Öllampen, und ihr Schein vermischte sich mit dem Schein der Flammen, die in roten Marmorschalen loderten. Hinter dem Hohenpriester standen zwei Knechte, mit Fackeln in den Händen.

Gegenüber den Sitzen der Mitglieder des Sanhedrin standen einige Reihen Bänke für die Schüler der Rabbis. Die Schüler waren nicht nur berechtigt, sondern sogar verpflichtet, ihren Rabbi zu den Gerichtssitzungen des Sanhedrins zu begleiten und ihn während der ganzen Verhandlung aufmerksam zu beobachten. Als Schüler hatten wir sogar das Recht, an der dem Urteil vorangehenden Wechselrede teilzunehmen, aber niemals für die

Anklage, sondern nur zur Verteidigung des Angeklagten. Als Rufus und ich und die übrigen Schüler des Rabbi Nikodemus eintraten, waren die vordersten Bänke bereits von den Schülern der sadduzäischen Rabbis besetzt. Es waren das zumeist Kinder reicher Priesterfamilien, und zwischen ihnen und uns herrschte seit jeher erbitterte Feindschaft. Auf der ersten Bank der Schüler saßen auch die übrigen Söhne Hanans, die nicht dem Sanhedrin angehörten, unter ihnen, schwarzhaarig, hochgewachsen und energisch, der jüngste Sohn, Hanan ben Hanan.

In dem Lichte der Öllampen und Feuerschalen, vor dem Hintergrunde der purpurnen und schwarzen Gewänder, fiel uns das weiße Gewand des Nazareners in dem Augenblick auf, da wir in den Saal traten. Sein Kleid erschien mir so weiß wie damals, als ich ihn auf dem Wege zum Abendmahl vor dem Hause des Wasserträgers Hillel erblickt hatte, aber die Falten waren schlaff geworden und klebten an seinem Körper, durchfeuchtet von dem Angstschweiß dieser Nacht. Er stand vor dem Hohenpriester da, wie ich ihn zuletzt im Garten Gethsemane hatte stehen sehen, die gleiche tiefe, kummervolle Gelassenheit in den Mienen, es sei denn vielleicht, daß der schmale Strich seiner Lippen, kaum sichtbar unter dem Barte, noch schmaler geworden war, von noch tieferem Leid durchzuckt. Ich sah jetzt, daß seine Schläfenlocken und der kurze Bart völlig grau geworden waren, und mir schien, als sei er in der kurzen Zeit, seit ich ihn das letzte Mal gesehen hatte, ein alter Mann geworden. Seine Hände hingen schlaff herab, und er hielt sie eng an den Körper gepreßt. Aber der Ausdruck tödlicher Angst, den wir im Garten Gethsemane auf seinem Antlitz erblickt hatten, war völlig von ihm gewichen. Ergebung, Kummer und Leid sprachen aus seinen Zügen. Aus großen, erstaunten Augen starrte er seine Richter und den Hohepriester an, nicht in Erbitterung, sondern mit kindlicher Neugier, als ob all das, was um ihn herum geschah, die anderen mehr anginge als ihn selbst.

Als der Hohepriester meinen Rabbi auf der Schwelle des Eingangs erblickte, verkündete er den Anwesenden:

„Ein Rabbi der Pharisäer, ein Mitglied des Großen Sanhedrin, Rabbi Nikodemus, beehrt uns mit seiner Anwesenheit. Wir fordern den Rabbi Nikodemus auf, näher zu kommen und an der Sitzung des Gerichtes teilzunehmen."

Mein Rabbi antwortete vom Eingang her: „Ischi Kohen Gadol! Herr, Hoherpriester! Bevor ich an der Sitzung teilnehme, will ich wissen, was das für eine Sitzung ist, die du einberufen hast, und welche Gefahr dich gezwungen hat, sie nachts einzuberufen. Ich sehe hier nur sadduzäische Weise, aber keine pharisäischen Schriftgelehrten. Was bedeutet das?"

„Der Ankläger wird dem Rabbi der Pharisäer die Sache erklären", befahl der Hohepriester.

Nun erhob sich der Ankläger: „Die Sitzung ist einberufen worden, um einen Mann zu richten, der die Juden veranlaßt hat, gegen den jüdischen Gott zu rebellieren. Und sie ist zur Nachtzeit einberufen worden, weil es sich um einen dringlichen Fall handelt. Wir müssen noch vor dem Morgengrauen ein Urteil fällen. Die Regierung verlangt es von uns."

„Zu nächtlicher Stunde wollt ihr ein Urteil fällen, das über Leben und Tod entscheidet? Wer hat dergleichen je gehört? Es ist geltendes und unumstößliches Gesetz, daß dergleichen Verhandlungen am Tage und nicht in der Nacht stattzufinden haben. Es ist geltendes und unumstößliches Gesetz, daß der Verteidigung eine gebührende Frist einzuräumen sei, und daß nichts übereilt werden dürfe. Es ist ebenso geltendes und unumstößliches Gesetz, daß die Richter in der Ausübung ihres Amtes keinem äußeren Zwange ausgesetzt sein dürfen, gleichgültig von wem er herrühren möge. Deshalb erkläre ich, als ein Rabbi in Israel, von Anfang an, daß dieser Gerichtshof nicht das Recht hat, einen Fall zu entscheiden, bei dem es um Leben und Tod geht, und daß jegliches Urteil, das dieser Gerichtshof fällt, von vornherein null und nichtig ist. Denn das Verfahren widerspricht den Gesetzen und dem Rechte der Thora."

Unter den Mitgliedern des Sanhedrin entstand Bewegung, die sogleich wieder verebbte. Der Hohepriester wurde bleich. Er beherrschte sich mühsam und spielte mit den Locken seines Bartes. Die Weisen und Schriftgelehrten der Sadduzäer begannen miteinander zu streiten.

Elieser, der älteste Sohn Hanans, stand auf:

„Herr, Hoherpriester! Obgleich wir Sadduzäer das verwickelte Verfahren, mit dem die Pharisäer alle Kapitalprozesse umgeben haben, nicht gelten lassen, bin ich trotzdem in diesem Falle mit dem pharisäischen Rabbi einverstanden. Zu welchem Zweck sind wir heute Nacht zusammengerufen worden, und welchen Sinn soll unser Urteil haben? Sollen wir nach den Gesetzen der Regierung richten? Dann haben wir nichts damit zu tun. Möge die Regierung selbst ihr Urteil fällen. Sollen wir nach den Gesetzen unseres Gerichtshofes urteilen? Dann muß das Verfahren den Vorschriften unserer Rechtsordnung entsprechen und die Urteilsfällung mit den Gesetzen der Thora übereinstimmen. Und wenn wir den Mann nach unseren Gesetzen schuldig befinden, werden wir gemäß den gleichen Gesetzen ein Urteil gegen ihn fällen. Seit wann aber haben wir es übernommen, die Prozesse der Regierung durchzuführen?"

Der Hohepriester hob die Hand, und das Gemurmel erstarb.

„Ich ersuche den Rabbi Todros, den Ausleger des Gesetzes, sich zu den Einwänden zu äußern, die Rabbi Nikodemus und der ehemalige Hohepriester, Rabbi Elieser, vorgebracht haben."

Der alte Mann mit dem langen weißen Bart erhob sich und antwortete:

„Der pharisäische Rabbi und der ehemalige Hohepriester, Rabbi Elieser, haben mit ihren Einwänden Recht und befinden sich in Übereinstimmung mit den Gesetzen der Sadduzäer."

Der Hohepriester rief aus:

„Gerechtes Gericht! Wir haben die Erklärungen unseres Gesetzesauslegers gehört. Ich verordne daher, daß die Sitzung, die wir heute Nacht einberufen haben, nicht eine Gerichtssitzung sei, sondern ein Untersuchungsverfahren. Unsere Gesetze erlauben uns nicht, das Vergehen abzuurteilen, dessen der Angeklagte beschuldigt wird, da das Urteil nur durch die Regierung vollzogen werden kann. Ich stelle also fest, daß dies keine Gerichtssitzung ist, sondern daß wir lediglich den Fall zu prüfen und zu untersuchen haben."

Nun ging mein Rabbi hin und setzte sich unter die Mitglieder des Sanhedrins, während wir, seine Schüler, auf den Bänken der Schüler Platz nahmen.

Die Untersuchung begann. Der Ankläger, der neben einem der Schreiber saß, stand auf und verlas aus dem Schriftstück, das auf seinem Lesepult lag, die Anklage:

„Wir alle sind Zeugen gewesen der Handlungen dieses Mannes, der jetzt vor uns steht und den das Volk ‚Rabbi' und ‚Prophet' und auch noch bei einem anderen Namen nennt, den ich nicht wiederholen will, wir sind Zeugen gewesen, wie er in die Tempelhöfe eindrang und —"

Rabbi Nikodemus sprang auf:

„Herr, Hoherpriester! Ich lege Verwahrung ein gegen die Bemerkungen des Anklägers. Wir sind keine Zeugen, wir wissen nichts von alledem, was dem Angeklagten zur Last gelegt wird! Wir haben nichts gesehen und nichts gehört. Der Mann, der vor uns steht, ist in unseren Augen so unschuldig wie ein neugeborenes Kind, denn solange nicht ehrenwerte Zeugen seine Schuld erhärtet haben, müssen wir ihn günstig beurteilen."

Der Hohepriester winkte dem Gesetzesausleger, und dieser sagte:

„Der pharisäische Rabbi hat recht. So will es das Gesetz auch nach sadduzäischer Auslegung."

„Entsprechend den Einwänden des pharisäischen Rabbi", sagte der Hohepriester zu dem Ankläger, „tilge ich die verlesene Anklage aus dem Protokoll."

Der Ankläger fuhr fort: „Es sind vor uns etliche ehrenwerte Zeugen erschienen und haben ausgesagt, daß der Mann, der vor uns steht und den das Volk ‚Rabbi' und ‚Prophet' und noch bei einem anderen Namen nennt, welchen ich nicht wiederholen will, sich in lästerlicher und beleidigender Weise über den Heiligen Israels geäußert habe."

„Man rufe die Zeugen!" befahl der Hohepriester.

Ein Gerichtsdiener an der Tür der Zeugenkammer rief aus: „Judas Ischariot, Jünger deines Rabbi, tritt ein und lege Zeugnis ab."

Judas Ischariot erschien auf der Schwelle. Er blickte selbstbewußt die Richter an und wich nur den Blicken meines Rabbi aus. Aber er vermied es keineswegs, seinen eigenen Rabbi anzuschauen, sondern starrte ihn an, hartnäckig und entschlossen, als sei er seiner selbst völlig sicher.

„Judas ein Zeuge!" rief mein Rabbi mit Löwenstimme. „Dieser Abschaum Israels, der eine jüdische Seele den Heiden ausgeliefert hat? Er ein Zeuge? Er? Es wäre gestattet, ihm wie einem Fisch den Bauch aufzuschlitzen, und zwar am Versöhnungstag, selbst wenn er auf einen Sabbath fällt! Jeder, der ihm begegnet, darf ihn töten! Sein Name ist ausgetilgt aus der Gemeinschaft Israels! Er ist verflucht mit allen Flüchen des Anathema bis ins letzte Geschlecht. Er darf hier nicht Zeugnis ablegen, denn ein Angeber ist kein ehrenwerter Zeuge."

Judas bedeckte sein Gesicht mit dem Saum seines Gewandes.

Der Hohepriester wandte sich an den Gesetzesausleger:

„Entspricht das der Auslegung des Gesetzes nach sadduzäischer Überlieferung?"

„Wir sind mit dem pharisäischen Rabbi einverstanden", erwiderte der Alte. „Ein Angeber ist kein ehrenwerter Zeuge."

„Ein Angeber ist kein ehrenwerter Zeuge", stimmten die übrigen Mitglieder des Sanhedrin zu.

Die Gerichtsdiener packten Judas am Arm und führten ihn aus dem Saale.

„Es sind ehrenwerte und annehmbare Zeugen erschienen und haben ausgesagt, daß sie mit eigenen Ohren gehört haben, wie der Mann, der nun vor uns steht, und den man ‚Rabbi' und ‚Prophet' und bei dem Namen nennt, den ich nicht aussprechen will, sich in lästerlicher und beleidigender Weise über den heiligen Tempel geäußert habe!"

„Zeugen!" rief der Hohepriester.

„Zeugen!" wiederholten die Diener an der Tür.

Herein kam ein kleiner kurzbeiniger Mann. Er ging aufrecht und stolz wie ein Pfau, der sein Rad schlägt. Er wollte den Versammelten zu verstehen geben, daß er in der Schrift bewandert sei; deshalb trug er eine Feder hinterm Ohr, und an seinem Halse hing ein Wachstäfelchen. Er wurde vor den Hohenpriester geführt.

„Kennst du die Schrift?" fragte ihn der Hohepriester.

„Ich kenne die Schrift", erwiderte er.

„Kennst du das Gesetz der Thora, das denjenigen betrifft, welcher falsches Zeugnis ablegt?"

„Er soll die Strafe erleiden, welche über den würde verhängt worden sein, gegen den er falsches Zeugnis abgelegt hat."

Nun wurde der Schriftgelehrte aufgefordert, sich umzudrehen und sich dem Angeklagten zuzuwenden. Der kleine Mann stellte sich auf die Zehenspitzen, da er anders nicht imstande war, dem Nazarener ins Auge zu schauen. Er sagte:

„Ich habe mit eigenen Ohren gehört, wie dieser Mann, der da vor mir steht, mit seinen Lippen folgendes gesagt hat: ‚Ich werde den Tempel abbrechen, den Menschenhände errichtet haben, und in drei Tagen werde ich einen anderen bauen, den nicht Menschenhände errichten werden.' "

„Wo befand er sich, als er diese Worte sprach?"

„Im Tempelhof."

„Auf welcher Seite?"

„Am Wassertor."

„War es am Tag oder am Abend?"

„Es war gegen Abend, da die Priester das Nachmittagsopfer verrichten, bevor sie die Tempeltore schließen."

„Führt diesen Mann in ein abgesondertes Gemach!"

„Zwei Zeugen sollen eine Sache erhärten", sagte der Hohepriester. „Habt ihr noch einen Zeugen?"

„Zeugen!" riefen die Diener in den Zeugenraum.

Ein Zweiter wurde hereingeführt. Während der erste Zeuge sehr klein war, war dieser außerordentlich hochgewachsen, und er mußte sich bücken, um dem Blick des Nazareners zu begegnen.

„Ich habe mit eigenen Ohren diesen Mann, der vor mir steht, zu seinen Jüngern sagen hören, als sie ihn aufforderten, den Tempel zu betreten: ‚Seht ihr das stolze Gebäude? Es wird kein Stein auf dem anderen bleiben, der nicht zerbrochen werde.‘ “

„Wo war das?“

„Im Tempelhof.“

„Am Tag oder am Abend?“

„Es war um die Mittagsstunde.“

„Wer war zugegen?“

„Seine Jünger.“

„Herr, Hoherpriester!“ rief mein Rabbi. „Ich erkläre das Zeugnis dieses Mannes für ungültig.“

„Aus welchem Grunde, Rabbi der Pharisäer?“

„Die Zeugen sprechen nicht von dem gleichen Vorfall. Sie berichten zwei verschiedene Aussprüche, die der Angeklagte angeblich getan hat.“

„Aber er kann beides gesagt haben“, warf der alte Hanan ein. „Wir haben Zeugen dafür.“

„Herr, Hoherpriester! In der Thora steht geschrieben: ‚Zwei Zeugen sollen die Sache erhärten.‘ Das heißt, daß jeder der beiden Zeugen die gleiche Sache zu berichten hat, ohne daß sie einander widersprechen. Und diese Zeugen haben zwei verschiedene Aussprüche bezeugt, die der Angeklagte angeblich getan hat. Aus diesem Grunde erkläre ich die Aussagen der beiden Zeugen für unzulässig.“

Der Hohepriester wandte sich an den sadduzäischen Gesetzesausleger.

„Ich bin mit dem pharisäischen Rabbi einverstanden“, sagte der sadduzäische Gesetzesausleger. „Zwei Zeugen sollen die Sache erhärten. Die Zeugen sagen nicht dasselbe aus, daher ist ihr Zeugnis ungültig.“

„Das Gesetz steht auf der Seite des pharisäischen Rabbi“, erklärte der Hohepriester und wandte sich an den Ankläger: „Hast du noch andere Beschuldigungen gegen den Mann vorzubringen, der vor uns steht?“

Der Ankläger las weiter:

„Es ist vor uns ein ehrenwerter und annehmbarer Zeuge erschienen und hat bezeugt, daß der Mann, der vor uns steht, ein Verführer sei, daß er Aufruhr predige und das Volk verleite, dem jüdischen Gott nicht mehr zu dienen, wie die Vorschriften und Gebote es verlangen, und daß —"

Mein Rabbi sprang auf und unterbrach den Ankläger:

„Herr, Hoherpriester! Ich lege Verwahrung ein gegen die Beschuldigungen des Anklägers, denn wir haben die Zeugen noch nicht gehört."

„Deine Gründe?" fragte der Hohepriester.

„Ein Verführer ist ein Mensch, der das Volk davon abbringt, dem jüdischen Gott zu dienen, und es veranlaßt, Götzendienst zu treiben. Habt ihr Zeugen, die vor diesem Gerichtshof bezeugen, daß der Mann, der vor uns steht, das Volk gegen den einen lebendigen Gott aufgehetzt und es überredet habe, Götzendienst zu treiben?"

Der Ankläger fuhr fort:

„Wir haben Zeugen, die vor uns erschienen sind und bezeugt haben, daß der Mann sie zum Aufruhr angestiftet habe, dazu, daß sie Gott nicht nach den Vorschriften und Geboten dienten, wie die Weisen sie ausgelegt haben, sondern nach seiner eigenen Auslegung."

Wieder erhob sich mein Rabbi, Zornesröte im Gesicht. Er rief mit lauter Stimme:

„Ich lege Verwahrung ein gegen diese Anklage und ich verlange, daß sie aus dem Protokoll gestrichen wird, bevor wir neue Zeugen hören."

„Aus welchem Grunde, pharisäischer Rabbi?" fragte der Hohepriester.

„Herr, Hoherpriester, jeder Jude hat das Recht, die Gesetze und Gebote nach seinem eigenen Ermessen auszulegen, solange er sich auf die Thora stützt. Das ist unser Vorrecht. Wir haben Weise verschiedener Schulen: Sadduzäer und Pharisäer. Wenn ihr behauptet, daß das Gesetz nur im Sinne eurer Weisen ausgelegt werden dürfte, dann müßt ihr all diejenigen, welche eine andere Auslegung gelten lassen, vor Gericht stellen. Und dann könnt ihr, gemäß den Auffassungen des Anklägers, alle Schriftgelehrten und Weisen der Pharisäer vor Gericht stellen und sie beschuldigen, daß sie gegen Gott rebelliert und den Götzendienst gepredigt hätten, ein Verbrechen, das mit dem Tode bestraft wird. Ihr seid im Begriffe, ein gefährliches Beispiel zu geben, das uralte Wunden in unserem Volke wieder aufreißen würde. Seit Jahrhunderten dauert dieser Streit zwischen euch und uns an. Besinnt euch, Mitglieder des Sanhedrin, wohin diese Anklage euch führen kann. Ich verlange, daß die Beschuldigung gegen den Mann, er habe das Volk verführt, aus dem Protokoll gestrichen werde und so zu betrachten ist, als sei sie nicht geäußert worden, bevor wir neue Zeugen zulassen."

Unter den Sadduzäern entstand Bewegung, sie berieten flüsternd mit einander. Der Hohepriester stellte mit einer Gebärde die Ruhe wieder her.

„Wir wollen hören, was unser Gesetzesausleger zu dem Einwand des pharisäischen Rabbis zu sagen hat."

Der alte Sadduzäer Todros antwortete nicht sogleich. Er und die übrigen sadduzäischen Gesetzesausleger steckten die Köpfe zusammen. Nach einer Weile äußerte er seine Meinung.

„Das ist ein altes Übel in Israel. Und um zu verhindern, daß unsere Streitigkeiten wieder aufleben, haben wir beschlossen, keinen Menschen der Rebellion gegen Gott und der Götzendienerei zu beschuldigen, solange er sich an die Grundlagen der Thora hält; auch dann nicht, wenn er die geltenden Überlieferungen der Weisen verwirft. Nur der soll ein Verführer heißen, der das Volk von dem lebendigen Gott abbringt und zum Götzendienst verleitet."

„Ankläger", sagte der Hohepriester, „hast du Zeugen, die bekräftigen, daß der Mann, der vor uns steht, Rebellion gegen den jüdischen Gott und Götzendienst gepredigt hat?"

„Herr, Hoherpriester", antwortete der Ankläger. „Für diese Beschuldigung gegen den Mann, der vor uns steht, habe ich keine Zeugen."

„Hast du Zeugen für irgend eine andere Anklage gegen den Mann, der vor uns steht?" fragte der Hohepriester.

„Ich habe keine weiteren Anklagen gegen den Mann vorzubringen, Hoherpriester", erwiderte der Ankläger.

Mein Rabbi erhob sich abermals und begann in triumphierendem Ton:

„Uns allen ist bekannt, daß der Mann, der vor uns steht, die Herzen des Volkes dem Vater im Himmel nahe gebracht hat. Ich beantrage daher vor diesem heiligen Gericht —"

In diesem Augenblick aber stand der Hohepriester auf und erhob die Hand zu einer Gebärde, die uns alle daran erinnern sollte, daß ihm allein das Recht zustehe, ein Verfahren zu leiten. Mein Rabbi erkannte dieses Vorrecht an, verneigte sich respektvoll und unterbrach seine Rede.

Der Hohepriester sagte gelassen:

„Gerechtes Gericht! Wir haben gehört, was die Gesetzesausleger zu der Beschuldigung gegen den Mann, der vor uns steht, — daß er das Volk verführe —, zu sagen haben. Wir haben desgleichen von dem Ankläger vernommen, daß er keine weitere Beschuldigungen vorzubringen habe. Wir erklären daher die Anklage für null und nichtig. Aber, Mitglieder des Sanhedrin —" und hier erhob der Hohepriester seine Stimme (er kam mir gealtert vor, er sah sogar älter aus als sein Schwiegervater Hanan, sein Bart war grau, sein Gesicht finster und ernst) — „geht es uns um dieses oder jenes Wort, welches der Mann, der vor uns steht, geäußert oder nicht geäußert haben mag? Haben wir uns überhaupt um Worte zu kümmern? Nein, hier handelt es sich um Dinge, die unsere höchsten Heiligtümer betreffen. Wer ist er, der jetzt vor uns steht? Mit welchem Recht und in wessen Vollmacht tut und sagt er solche Dinge? Es gibt nur *einen* Menschen, dessen Zeugnis uns erleuchten kann, und das ist — er selbst." Der Hohepriester trat von seiner Estrade herab und näherte sich dem Nazarener. Er blickte ihm starr ins Gesicht und schien außerstande, in seiner Rede fortzufahren. Er atmete schwer, als ringe er nach Worten. Dann fand er die Sprache wieder und sagte mit zitternder Stimme zu Jeschua:

„Ich beschwöre dich bei dem lebendigen Gott, uns zu sagen, ob du der Messias bist!"

Stille herrschte im Saal. Alles wartete auf die Antwort des Nazareners. Ja, es war, als stünde die Zeit still und warte mit uns auf die Antwort des Nazareners.

Und der Nazarener öffnete den Mund und antwortete dem Hohenpriester mit klarer Stimme — aber er blickte nicht den Hohenpriester an, sondern blickte ins Leere, und es war, als durchbohrten seine Blicke die Wand, die vor ihm lag:

„Atah kamarta! Du sagt es!"

Er hielt inne, wie um Atem zu schöpfen. Dann vernahmen wir abermals dieselbe klare Stimme:

„Aber ich sage euch, von nun an werdet ihr des Menschen Sohn sitzen sehen zur Rechten der Kraft und kommen in den Wolken des Himmels!"

Nicht einer war im Saale, der einen Ton hätte hervorbringen können. Sie warteten nun, daß die Decke des Saales sich öffnen und die Himmel sich spalten würden, um die Worte zu bekräftigen, die sie soeben vernommen hatten. Nichts geschah. Dann hörten wir plötzlich ein scharfes Geräusch. Der Hohepriester hatte zum Zeichen der Trauer seinen purpurnen Mantel zerrissen. Und die Mitglieder des Sanhedrin folgten einer nach dem anderen seinem Beispiel — das einzige Geräusch in der schrecklichen Stille.

„Sehet!“ sprach der Hohepriester. „Was bedürfen wir weiterer Zeugen? Ihr habt alle die Lästerung gehört. Wie lautet das Urteil, gerechtes Gericht?“ Und er wandte sich an das jüngste Mitglied des Sanhedrin.

„Des Todes Kind!“ Das jüngste Mitglied des Sanhedrin hatte vom Richterstuhl aus diesen schrecklichen Spruch gefällt.

„Des Todes Kind!“ sagte sodann der Zweitjüngste.

Inzwischen aber hatte mein Rabbi seine Fassung zurückgewonnen. Er sprang abermals auf, er erhob seine Hand und rief:

„Herr, Hoherpriester! Ich lege Verwahrung ein!“

Der Hohepriester gab dem Sanhedrin ein Zeichen, den Namensruf zu unterbrechen.

„Wogegen legst du Verwahrung ein, Rabbi Nikodemus? Hast du nicht selbst seine lästerlichen Worte gegen das Allerheiligste gehört?“

„Herr, Hoherpriester, was der Angeklagte gesagt hat, war keine Gotteslästerung. Er hat den Namen des Unaussprechlichen nicht genannt. Und das Gesetz sagt: ‚Keiner ist der Lästerung schuldig, es sei denn, er habe ausdrücklich den Namen Gottes in allen seinen Formen erwähnt.‘ Der Angeklagte hat von der ‚Kraft‘ gesprochen und den Namen des Unaussprechlichen nicht geäußert. Nach unserem Gesetz ist das nur als ein unehrerbietiges Verhalten zu betrachten, das mit Auspeitschung bestraft wird.“

„Wir wollen hören, was unser Gesetzesausleger zu dem Einwande des Rabbi Nikodemus zu sagen hat.“

Diesmal antwortete Todros sofort, ohne sich mit seinen Helfern zu beraten:

„In Dingen der Gotteslästerung nehmen wir keinerlei Rücksicht auf die Gesetze der Pharisäer. Wir führen diese Untersuchung im Geiste der sadduzäischen Auslegung durch. Wir alle haben gehört, wie der Angeklagte Gott gelästert und den Namen des Heiligen beleidigt hat. Er ist daher ein Kind des Todes!“

„Hoherpriester! Wir sind nicht versammelt, um Gericht zu halten. Wir haben den Fall nur zu untersuchen. Wir haben kein Recht, ein Urteil zu fällen!“

„Wir fällen kein Urteil, Rabbi Nikodemus“, erwiderte der

Hohepriester. „Weder können wir ein Urteil fällen, noch liegt es in unserer Macht, das Urteil zu vollstrecken. Das steht anderen zu."

„Wenn dem so ist, müssen wir ihn frei lassen."

„Wir müssen ihn der Regierung ausliefern. Die Regierung hat ihn uns nur übergeben, damit wir den Fall prüfen und untersuchen."

„Ja, liefern wir ihn der Regierung aus!" riefen mehrere Stimmen. „Was die Regierung mit ihm macht, ist ihre und nicht unsere Sache."

„Und unter welcher Beschuldigung, Hoherpriester, willst du ihn der Regierung ausliefern?"

„Unter der Beschuldigung, die unser Verfahren zu Tage gefördert und die er selber gegen sich vorgebracht hat, indem er sagte, er sei des Menschen Sohn, der da sitzen wird zur Rechten der Kraft, und das bedeutet, daß er von sich selber sagt, er sei der Messias. Wie anders sollen wir seine Worte verstehen?"

Mein Rabbi wurde blaß. „Ihn der Regierung ausliefern unter der Beschuldigung, daß er sich als den Messias bezeichne? Das ist ein Todesurteil! Wie dürfen wir das tun? Wie dürfen wir eine Seele in Israel den Gottlosen überantworten?"

„Rabbi Nikodemus!" rief der Hohepriester, und auch er war blaß geworden. „Wenn wir den Angeklagten nicht der Regierung auslieferten, nachdem wir solche Worte von ihm gehört haben, würde das bedeuten, daß wir sie für wahr halten, und wir müßten uns vor ihm niederwerfen und ihn zum König Messias ausrufen. Keiner, nicht ein einziger in der Geschichte unseres Volkes hat jemals solche Worte geäußert, weder Abraham, noch Moses, noch König David. Sollen wir also annehmen, daß er größer sei als sie, größer als alles Fleisch und Blut, größer als alle die Lebenden und die Toten, daß er in der Tat (Gott sei davor!) eine zweite himmlische Macht sei? Kannst du glauben, daß es zwei himmlische Mächte gibt?"

„Gott sei davor! Gott sei davor!" riefen zahlreiche Stimmen.

Der Hohepriester wandte sich an meinen Rabbi:

„Bist du, pharisäischer Rabbi, bereit, dich vor ihm niederzuwerfen und ihn als den anzuerkennen, der er zu sein behauptet?"

„Gott sei davor!" rief mein Rabbi gleich den anderen. „Aber es obliegt mir nicht, ihn als den anzuerkennen, der er zu sein behauptet. Und es obliegt mir auch nicht, ihn den Gottlosen auszuliefern, in deren Händen er sicherlich ein Kind des Todes sein wird!"

„Rabbi Nikodemus! Wir Sadduzäer glauben nicht an einen himmlischen Messias. Ihr Pharisäer jedoch glaubt an einen himmlischen Messias! Wie ist es also möglich, daß du solche Dinge redest? Der Messias läßt seine Worte in Erfüllung gehen, oder sein Leben ist verwirkt. Frage den Angeklagten, er wird es dir sagen. Wenn er der Messias zu sein glaubt, wird er morgen vor Pilatus den Beweis dafür liefern."

Aber mein Rabbi gab nicht nach:

„Herr, Hoherpriester! Unsere Thora sagt: ‚Du sollst nicht Schuld sein an deines Bruders Blut.' Womit beschäftigen wir uns? Eine Seele in Israel den Heiden auszuliefern! Wenn dieser Mann gegen die Gebräuche und gegen den jüdischen Glauben verstoßen hat, dann wollen wir über ihn Gericht halten. Seit wann läßt Israel die Fremdlinge das Unkraut in seinem Garten jäten? Israel reinigt selbst seinen Garten. ‚Und du sollst das Übel aus deiner Mitte ausbrennen.' *Du* — nicht ein Fremder. Ich verlange daher von den hier versammelten Weisen und Rabbis, daß sie darauf verzichten, eine Seele in Israel den Häschern Edoms auszuliefern, und daß sie die ganze Sache bis nach dem Fest verschieben. Dann werden wir mit gebührender Vollmacht den Sanhedrin einberufen und gemäß den Vorschriften und Geboten der heiligen Thora ein Urteil fällen."

Die Worte meines Rabbi machten Eindruck, und Elieser, der Sohn des Hohenpriesters Hanan, unterstützte ihn:

„Herr, Hoherpriester! Mit Erlaubnis meines Vaters, des Hohenpriesters, möchte ich sagen, daß die Worte des pharisäischen Rabbi auch meine Worte sind. Das Vergehen des Angeklagten richtet sich gegen den jüdischen Glauben: er hat den Namen Gottes gelästert, den Tempel beleidigt und die Priesterschaft verunehrt. Das ist *unsere* Angelegenheit. Laßt uns die ganze Sache vor der Regierung geheim halten. Was hat die Regierung damit zu tun? Der Angeklagte soll sich vor dem Gericht Israels verantworten."

Nun aber erhob sich der alte Hohepriester Hanan, und tiefe Stille trat ein. Seinen Bart streichend, begann er mit leiser Stimme und in gemessenem Tone zu sprechen, wie es seine Gewohnheit war:

„Herr, Hoherpriester! Mögen die Priester und die Weisen mir gestatten, die Versammlung darauf aufmerksam zu machen, daß wir diese Angelegenheit vor der Regierung nicht geheim halten können, und daß wir auch, wenn wir es könnten, nicht dazu berechtigt wären. Ja, wir haben den Versuch gemacht, und er ist mißlungen. Alle Welt weiß, daß seit vielen Wochen der Angeklagte sich in den Tempelhöfen herumtreibt und dem Volk predigt. Wir haben ihn nie belästigt, obwohl uns seine Aussprüche und Gleichnisse zu Ohren kamen, in denen er auf seine messianische Sendung anspielt. Wir beachteten sie nicht, wir legten den dunklen Andeutungen und Gleichnissen kein Gewicht bei. Desgleichen wurden uns seine Äußerungen gegen die sadduzäischen und auch gegen die pharisäischen Schriftgelehrten hinterbracht. Wir übergingen sie mit Stillschweigen und unternahmen nichts gegen ihn. Wir beobachteten sein Verhalten, wir prüften seine Lehren, und wir hielten ihn für einen pharisäischen Rabbi aus der Schule Hillels, der die Auferstehung predigt und die Stunde des Messias verkündet. Und obgleich seine Lehren nicht unserem Geiste entsprachen, ließen wir sie nicht verbieten, denn wir hielten dafür, daß er durch seine schönen Gleichnisse die Herzen des einfachen Volkes näher an Gott heranbringe, daß er das Volk davon abhalte, Böses zu tun und sich in die Netze des Bar Abbas zu verstricken. So ging es den ganzen Winter hindurch. Aber als der Winter zu Ende war, kam uns zu Ohren, daß Bar Abbas für die Passah-Woche einen Aufstand vorbereite und zu diesem Zweck in Jerusalem Waffen und Leute sammle. Wir hielten es für unsere Pflicht, die Regierung zu benachrichtigen, damit nicht die Schärfe des Schwertes unser ganzes Volk bedrohe, damit nicht die Regierung uns alle beschuldige, Helfershelfer des Bar Abbas zu sein. Und zu solch einer Zeit, da Unrast und Fieber das Land ergriffen hatte und die Regierung nur auf einen Vorwand wartete, um die Straßen mit unserem Blute zu tränken, ließ der Angeklagte, der vor uns steht, sich nach Jerusalem geleiten und sich zum König ausrufen. Damit nicht genug: er drang in die Tempelhöfe ein und verjagte die Händler und Wechsler, die wir dort zur Bequemlichkeit der Pilger hingesetzt hatten, und störte die seit vielen Geschlechtern bestehende Ordnung. Er entfesselte einen heftigen Tumult, nannte den Tempel eine Mördergrube und sprach mit tiefster Verachtung von den Priestern, den Weisen und den Schriftgelehrten. Und wir sandten Boten zu ihm und fragten: ‚Sage uns, in wessen Vollmacht du diese Dinge tust! Gib uns ein Zeichen, damit wir wissen, wer du bist.‘ Auf diese ängstlichen Fragen erhielten wir keine Antwort. Glaubt ihr, Rabbi und Weise, daß die Regierung von alledem nichts weiß? Die Regierung weiß alles! Sie weiß sogar, daß wir Priester Boten zu ihm gesandt haben, statt ihn festzunehmen. Deshalb hält die Regierung uns für seine Mitverschworenen und hat von uns unter schweren Drohungen verlangt, daß wir ihn festnehmen und ausliefern. Die Regierung hat den Hegemon Jerusalems an der Spitze einer ganzen Kohorte mit unseren Leuten mitgeschickt, die den Mann festnehmen sollten. Und nun wollt ihr die Sache vor der Regierung geheim halten? Rabbi und Weise, wenn Jerusalem euch lieb ist, wenn ihr Blutvergießen in den Tempelhöfen verhüten wollt, wenn ihr nicht zulassen wollt, daß das Heiligtum während der Festtage durch Leichen verunreinigt wird, dann müßt ihr diesen Mann der Regierung ausliefern. Wenn er der ist, für den das Volk ihn hält, wenn er der ist, der er zu sein behauptet, wie es aus seiner jüngsten Rede hervorgeht, dann soll er's beweisen." Hier wandte sich der alte Hohepriester an meinen Rabbi: „Rabbi Nikodemus, du hast einige Male, öffentlich und heimlich, den Mann besucht. Wir wissen es. Du hast ein Zeichen von ihm gefordert. Du hast im Namen der Juden ein Zeichen von ihm gefordert, so wie Moses uns befahl, von jedem ein Zeichen zu fordern, der sich für einen Propheten ausgibt. Er hat das Zeichen verweigert. Nun aber ist es da: Pilatus soll das Zeichen sein.'

Und aus der Mitte des Sanhedrin riefen Stimmen: „Pilatus soll das Zeichen sein!"

Die Schüler auf den Bänken riefen: „Pilatus soll das Zeichen sein!"

Selbst die Gerichtsdiener, die Knechte und Sklaven stimmten in den Ruf ein:

„Pilatus soll das Zeichen sein!"

„Hoherpriester!" rief mein Rabbi. „Das heißt Gott versuchen."

„Nein, in diesem Fall nicht. Nicht Gott versuchen wir, sondern einen Menschen", erwiderte der Hohepriester und zeigte auf Jeschua. „Das Volk behauptet, er sei der Prophet Elias. Möge er es beweisen, indem er die gleichen Taten vollbringt, die Elias vollbracht hat."

„Hoherpriester! Es ist verboten, das Leben eines Menschen durch ein Wunder auf die Probe zu stellen!"

„Der Prophet Elias hat durch ein Wunder sein Leben auf die Probe gestellt. Meinst du nicht, Rabbi Nikodemus, daß Elias. wenn es ihm nicht gelungen wäre, Feuer auf die Propheten Baals herabzubeschwören. in den Händen Ahabs ein Kind des Todes gewesen wäre? Aber Elias bestand siegreich die Probe.

Möge der neue Elias sein Wunder vor den Propheten des neuen Baal vollbringen. Und wenn er es nicht vermag, dann ist es besser, daß ein Mensch zugrunde gehe, denn ein ganzes Volk."

Damit war der Beschluß gefaßt.

Der Oberste des Gerichts erteilte einen Befehl, und die Knechte des Hohenpriesters führten den Rabbi von Nazareth aus dem Saal.

Als wir in den Hof kamen, hatte bereits der Morgen zu dämmern begonnen. Ein kalter Wind trieb die Nachtwolken mit rauhen Händen vor sich her, und ein milchiger Nebel hing in der Luft. Das Holzfeuer auf dem Hofe erstickte in seinem Qualm.

Wir sahen, wie die Krieger der Kohorte mit dem Tribunen an der Spitze den gefesselten Nazarener wegführten. Zwischen den stählernen Schilden, den Panzern, Helmen und Schwertern schimmerte im bleichen Zwielicht sein weißes Gewand: fleckenlos wie ein Schwamm, der nach Wasser dürstet, wie ein frischgepflügtes Feld, das der Blüte entgegenlechzt.

Die Krieger führten den Nazarener zum Prokuratorium.

Draußen vor dem Tore stießen wir auf Simon bar Jonas. Er preßte sein Gesicht an den Zaun und weinte bitterlich.

Von den Mauern und Türmen des Tempels ertönte der Schall der silbernen Posaunen. Die erste Abteilung der Priester begab sich zum Gottesdienst.

Hegemon, kannst du jetzt berichten, was mit dem Nazarener vor dem Richterstuhl des Pontius Pilatus geschah?

XXIV. KAPITEL

Der Hegemon begann:

„Wir führten den Angeklagten zum Prokuratorium, das für den Frühling aus der Festung Antonia in den Palast des Herodes übersiedelt war. Der Palast war so geräumig, daß er mehreren Kohorten Unterkunft bot. Es war zu früher Morgenstunde, am Himmel rangen noch die Schatten der Nacht mit dem heranbrechenden Tage.

Vom Palaste des Kaifas bis zum Prokuratorium war es nicht weit, da beide Gebäude sich in der Oberen Stadt befanden. Der Palast des Herodes war das letzte der drei großen Gebäude an der Nordseite, dort, wo der Abhang beginnt, Als wir ankamen, schlief alles, und wir führten den Gefangenen in den Kerker unter dem Hofe, auf dem die Legionäre ihr Lager aufgeschlagen hatten. Bar Abbas saß bereits in einer der Zellen.

Da wir wußten, daß wir unseren Gefangenen kurze Zeit später vor den Richterstuhl würden führen müssen, hatten wir keine Zeit, die in die Mauer eingelassenen Ringe und Ketten an seinen Händen und Beinen zu befestigen, wie das üblich war. In der Kerkerzelle herrschte selbst zur Mittagsstunde trübes Zwielicht; jetzt, am frühen Morgen, war's ein finsteres Loch. Doch grade als wir ihn hinunterführten, blitzten von Osten her die ersten Strahlen der aufgehenden Sonne und beleuchteten sein Gesicht.

In den langen Jahren, die ich im Dienste des Cäsar verbrachte, hatte ich mehr als einmal Gelegenheit gehabt, Menschen zu sehen, die dem Tode entgegengingen: sei es, daß sie zur Kreuzigung geführt, sei es, daß sie auf die Galeeren geschickt, sei es, daß sie den wilden Tieren in der Arena vorgeworfen wurden. Noch nie aber hatte ich auf dem Gesicht eines Verurteilten so viel Leid, so viel Elend, so viel Verzweiflung und Lebenshunger gesehen. Todesangst hatte den Mann gepackt und seine Muskeln gelähmt. Seine Augen weiteten sich, als starrten sie in einen Abgrund, der ihn verschlingen sollte. Und ich dachte bei mir: ist das der Mann, der die Juden befreien will? Ist das ihr Erlöser? Ein Mensch, der sich vor dem Tode fürchtet? Ein Feigling!"

„Nein, nein, es war nicht Feigheit", unterbrach ich ihn. „Es war Mitleid."

„Mag es so sein, wie du sagst", erwiderte der Hegemon ungläubig. „Jedenfalls blieb er nicht lange in seiner Zelle. Es ertönten die Trompetensignale der ersten Wache, und wir sahen die massige Gestalt des Pilatus, begleitet von seinem Gefolge, die Stufen von den inneren Gemächern zum Prätorium herabsteigen, der offenen Estrade im inneren Hof des Palastes. Auf dieser Estrade pflegte Pilatus Abordnungen zu empfangen und öffentliche Gerichtsverhandlungen durchzuführen. Bei derartigen Anlässen war sonst immer eine zahlreiche Zuhörerschaft zugegen. Diesmal ließ kein einziger Jude sich blicken. Vielleicht blieben sie vorsätzlich weg, weil sie sich während des Festes nicht durch die Berührung mit uns Heiden verunreinigen wollten. Auch die Knechte und Boten des Hohenpriesters betraten den Hof nicht, sondern blieben vor dem Tor stehen, nachdem sie gemeinsam mit uns den Nazarener zum Prokuratorium geleitet hatten. Aber als die Morgenhelle zunahm, hörten wir draußen vor den Mauern das Gemurmel vieler Menschen. Anscheinend wußte die ganze Stadt, was in der Nacht geschehen war. Das Volk strömte herbei, um das Ergebnis der Gerichtsverhandlung zu erfahren und von Pilatus die Freilassung eines der Gefangenen zu verlangen; es war nämlich Sitte, daß zu jedem Fest der Prokurator einem überführten jüdischen Verbrecher die Freiheit schenkte. Sehr bald stellte sich heraus, daß die versammelte Menge zum größten Teile aus Anhängern des Bar Abbas bestand, denn noch bevor die Verhandlung begonnen hatte, hörten wir deutlich den Ruf: ‚Bar Abbas! Bar Abbas!'

Alles war für die Gerichtsverhandlung vorbereitet. Der hohe Stuhl des Prokurators stand zwischen den niedrigen Schemeln der Tribunen und Schreiber. Zahlreiche dienstfreie Legionäre hatten sich, von Neugier getrieben, vor dem Prätorium eingefunden. Sie wollten die jüdischen Rebellen sehen, die jetzt abgeurteilt werden sollten.

Pilatus war an diesem Morgen schlechter Laune. Ich merkte das sogleich an dem argwöhnischen Funkeln seiner Augen und an der Art, wie er seine buschigen, struppigen Brauen runzelte. Man erzählte mir nachher, er habe eine unruhige Nacht hinter sich gehabt. Am Abend zuvor hatte ein Bankett stattgefunden. Der ägyptische Koch hatte sich ganz besonders angestrengt, um seine Künste zu zeigen, und hatte die Fasanen, welche der Hohepriester von fernen Märkten hatte kommen lassen, um sie dem Prokurator als besondere Gabe zu überreichen, mit einer neuartigen, schwer verdaulichen Füllung gestopft. Pilatus und seine Gäste hatten das Geflügel mit Zypernwein hinuntergespült und sich den Magen verdorben. (Sooft Pilatus nach Jerusalem kam und dort seine Festmähler veranstaltete, verdarb er sich den Magen.)

Jedenfalls, was immer auch der Anlaß gewesen sein mag, er befand sich in äußerst schlechter Stimmung und wollte die Gerichtsverhandlung so rasch wie möglich erledigen. Auch das Geschrei der vor dem Palast versammelten Juden ärgerte ihn.

Er nahm auf dem Richterstuhle Platz. Seine Augen waren blutunterlaufen, Schaum stand in seinen Mundwinkeln. Er gab den Beamten das Zeichen zum Beginn.

Die Wachen führten den ersten Gefangenen, den Bandenführer Bar Abbas, vor. Bar Abbas ging gebückt. Der eiserne Ring, der durch eine Kette mit den Beinfesseln verknüpft war, zerrte seinen Kopf herab. Er schüttelte sich wie ein wütender Stier. Seine riesenhafte Brust war nackt; seinen Bart konnten wir nicht sehen, wegen der krummen Haltung, zu der die Kette ihn zwang. Pilatus schaute ihn nicht einmal an. Er fragte den Tribunen zu seiner Rechten, was der Mann verbrochen habe.

Es war das zufällig der alte Petronius. Er erwiderte, daß es sich hier um einen Mörder, Straßenräuber und Rebellen handle. „Er hat bewaffnete Banden gesammelt und die Kaufleute auf den Straßen überfallen. Er ist in die Häuser eingebrochen und hat wertvolle Gegenstände weggeschleppt. Er hat heimlich Waffen gesammelt und den Plan gefaßt, während der Feiertage einen Aufstand gegen Rom zu entfesseln; wir haben das erst vor zwei Tagen entdeckt. Seine Gefangennahme hat mehreren Legionären das Leben gekostet."

„Die Peitsche und das Kreuz! Und sein Leichnam soll am Kreuz hängen bleiben, den Vögeln zum Fraß!"

Bar Abbas wurde abgeführt.

Bevor der zweite Gefangene vor Pilatus erschien, ereignete sich ein kleiner Zwischenfall. Ein Sklave kam gelaufen, kniete nieder und überreichte Pilatus ein Täfelchen. Pilatus warf einen flüchtigen Blick auf die schriftliche Botschaft, dann gab er mir ein Zeichen und zeigte mir das Täfelchen. Es stammte von seiner Frau Claudia. Ich las:

„Erhebe nicht deine Hand gegen den Gerechten. Ich habe seinetwegen in dieser Nacht viel gelitten."

Ich muß dir nun berichten, was sich abgespielt hatte, während ich mit der Gefangennahme Jeschuas beschäftigt war.

Du wirst dich erinnern, daß ich einmal von einer gewissen Schwarzen Hannah gesprochen habe, die in den höchsten Kreisen der römischen Aristokratie zu verkehren pflegte. Sie verkaufte Liebestränklein, Amulette, Salben, Parfüms und andere orientalische Waren und warb zugleich heimliche Anhänger für ihren jüdischen Gott. Ihr vertraulicher Umgang mit den Weibern bei Hofe verschaffte ihr einen beträchtlichen Einfluß in Rom. Auch Pilatus hatte, wie du dich erinnern wirst, sich ihres Einflusses bedient, als er um Claudia warb.

Diese Schwarze Hannah befand sich nun in Jerusalem und hatte sich sehr früh schon zu dem Nazarener bekehrt, der unter den Frauen einen ziemlichen Anhang hatte. Während der kurzen Zeit, die Pilatus und Claudia in Jerusalem verbrachten, begegnete ich ihr häufig im Prokuratorium. Sie hatte ihre alte Bekanntschaft mit Claudia aufgefrischt und versorgte sie wieder mit ihren Tränklein. Und sie hinterbrachte Claudia tausenderlei Geschichten über den Rabbi — was für ein Wundertäter er sei, welche Macht er über die Menschen und Dämonen besitze, wie er die Toten aus den Gräbern erweckt, die Kranken geheilt und einen Feigenbaum durch seinen Fluch habe verdorren lassen.

Claudia hatte mich bereits mehrere Male nach dem Rabbi gefragt, besonders seit sie ihn flüchtig gesehen hatte, wie er auf seiner Eselin durch die Straßen Jerusalems ritt. Die phantastischen Geschichten der Jüdin machten einen so tiefen Eindruck auf Claudia, daß sie, als sie von des Rabbi Festnahme hörte, in panischen Schrecken geriet und die ganze Nacht hindurch von unheimlichen Visionen gequält wurde. Am frühen Morgen hatte man die Schwarze Hannah ins Prokuratorium schleichen sehen. Sie hatte ihre Gönnerin gebeten, sich für den Rabbi einzusetzen, — und das Ergebnis war diese Botschaft Claudias an Pilatus.

Ich sagte zu Pilatus: „Die Schwarze Hannah war heute morgen hier."

„Dieses Weib macht mir meine Claudia verrückt! Wenn sie noch einmal hier erscheint, lasse ich sie von den Soldaten auspeitschen." Pilatus stieß den Sklaven weg. „Führt den Gefangenen vor!"

Sie schleppten den Nazarener herbei. Als er so in seinem weißen Gewande vor Pilatus stand, sah er aus wie ein Kind, das die Kleider eines Erwachsenen angezogen hat. Seine Blicke wanderten im Hofe umher. Er blickte alle an, nur nicht den Mann, der sein Leben in der Hand hielt; es war, als habe er seinen Richter gar nicht bemerkt.

Eine Zeit lang schwieg Pilatus und musterte forschend den Rabbi.

„Ein Galiläer?" fragte er mich.

„Ja."

„Das dachte ich mir."

Es war *meine* Aufgabe, die Anklage gegen den Galiläer vorzutragen. Ich sagte: „Bar Abbas hat den Aufstand vorbereitet, aber dieser Mann war der geistige Urheber. Er ist viel gefährlicher als Bar Abbas. Einen Bar Abbas kann man mit bewaffneter Hand niederschlagen. Dieser Mensch aber schmeichelt sich in die Herzen seiner Anhänger ein, er entfacht ihre Phantasie, er überredet sie, dem Cäsar den Gehorsam zu verweigern, er befiehlt ihnen, sich auf ein anderes Leben und eine andere Ordnung vorzubereiten, in der *er* die Rolle des Messias spielen wird."

„Messias!" sagte Pilatus. „Ich habe dieses Wort schon einmal gehört. Was bedeutet es?"

Ich versuchte noch einmal, ihm den Zusammenhang zu erklären. „Die Leute bilden sich ein, daß eines Tages ein Befreier erscheinen wird, der Messias, den Gott ihnen sendet. Mit Hilfe seiner magischen Künste wird er bewaffnete Legionen vom Himmel herabbeschwören und alle Feinde Israels besiegen. Er wird Rom — das sie Edom nennen, — zerstören und uns alle abschlachten, den Cäsar, die Heerführer und die Soldaten. Dann wird dieser Messias die ganze Welt beherrschen."

„Und das glauben die Leute, das nehmen sie ernst?"

„Ja. Sie warten Tag für Tag auf die Ankunft des Befreiers."

„Dann sollte man sie alle ans Kreuz schlagen", schrie Pilatus. „Und er gilt also als der König der Juden?"

Plötzlich brach er in ein krampfhaftes und unbeherrschtes Gelächter aus.

„Er hat sich zum König proklamieren lassen! Er ist auf einer Eselin in Jerusalem eingezogen, und seine Anhänger haben erklärt, er sei der Messias!"

„Richtig! Das ist also der Mann, den wir gesehen haben, als wir auf dem Wege zum Theater waren?"

„Ja. Am Tage darauf hat er die Händler und Wechsler aus dem Tempel verjagt. Ich glaube annehmen zu dürfen, daß die Schriftgelehrten und sogar die Priester ihn nicht an uns ausliefern wollten. Nur auf Grund deiner strikten Order konnte ich den Mann festnehmen. Alle erwarten sie von ihm, daß er seine Versprechungen wahr machen und irgendein Wunder vollbringen würde. Wenn es sie erst einmal von unserer Herrschaft befreit hat, werden sie ihn zum König krönen. Sie warten draußen auf den Augenblick, da er uns mit dem Hauch seines Mundes vernichten wird."

Ich schaute Pilatus an. Sein Gesicht hatte sich grünlich verfärbt, vor Wut und auch vor Angst. Ich glaube wirklich, daß er in der Tiefe seines Herzens ein wenig unruhig geworden war angesichts dieses geheimnisvollen, unbegreiflichen Menschen, der stumm und regungslos, mit ernster Miene, in seinem weißen Gewande dastand, als liege es wirklich nur an ihm, die Hand zu erheben und die himmlischen Heerscharen herabzubeordern.

„Ja! Das hast du mir schon einmal erzählt." Pilatus wandte sich an den Gefangenen. „Bist du der König der Juden?"

Der Gefangene sah Pilatus nicht an. Es war, als ziehe er sich in sich selbst zurück, um zu antworten:

„Atah kamarta!“

„Was heißt das in unserer Sprache?“

„Es heißt: Du sagst es.“

Pilatus wandte sich an Jeschua: „Du gibst es also zu?“

Jeschua antwortete nicht.

„Weißt du nicht, daß es in meinem Belieben liegt, dich freizulassen oder dich ans Kreuz zu nageln? Weißt du nicht, vor wem du stehst?“

Jeschua antwortete nicht.

„Hat der Sanhedrin ihn verhört?“ fragte mich Pilatus.

„Ja, in der Nacht.“

„Was legen sie ihm zur Last?“

„Daß er Gott lästert. Sie stehen draußen und wagen sich nicht herein, aus Angst, sie könnten sich an uns verunreinigen.“

Ein ironisches Lächeln flackerte über Pilatus' plumpe Züge.

„Dann werde ich zu ihnen hinausgehen“, sagte er.

Vor der Fassade des Prokuratoriums erhob sich die mit Mosaiken eingelegte hohe Plattform, von der aus die Proklamationen und Reskripte des Cäsar verlesen wurden. Fünf breite Stufen führten zu der Plattform hinauf, und auf diesen Stufen standen die Boten des Hohenpriesters, mit dem Ankläger in der Mitte. Rings um die Plattform drängte sich die zahlreiche Menge, die sich bei Tagesanbruch versammelt hatte. Es waren nur wenig Frauen darunter. Hier und dort erblickten wir eine kräftige Gestalt, breitschultrig, muskulös, und wir wußten, daß das die übriggebliebenen Anhänger des Bar Abbas waren. Sie wollten die Freilassung ihres Führers verlangen. Noch bevor Pilatus den Mund auftun konnte, wurde ihr Gemurmel zu einem einstimmigen Schrei, in welchem Zorn und Flehen sich mischten:

„Gib uns zum Fest den Bar Abbas frei!“

„Gib uns Bar Abbas heraus!“

„Bar Abbas!“

Pilatus fragte spöttisch:

„Und was soll ich mit dem König der Juden tun?“

Sie wußten nicht, von wem er sprach. Die meisten von ihnen hatten keine Ahnung, daß Jeschua in der Nacht festgenommen worden war.

„Was ist das für ein König der Juden?“

„Euer Messias!“ sagte Pilatus.

„Er, der unsere Kranken heilte?“

„Der Prophet aus Nazareth?"

„Wann hat man ihn gefangen genommen?"

„Siehst du nicht dort die Söhne Hanans stehen?"

„Ruhe! Laßt den Prokurator sprechen!"

Pilatus wandte sich an den Ankläger, der unter den Boten des Hohenpriesters stand.

„Was habt ihr diesem Manne vorzuwerfen, den ihr den König der Juden nennt?"

Der Ankläger las vor: „Er hat öffentlich vor dem Hohenpriester erklärt, daß er zur Rechten der Kraft sitzen und in den Wolken des Himmels kommen wird."

„Was soll das heißen?" fragte Pilatus verwirrt.

„Daß er zur Rechten Gottes sitzen wird."

„Er ist verrückt!" rief Pilatus.

Von allen Seiten her wurden Stimmen laut: „Vater im Himmel! Er hat den Höchsten gelästert! Dafür muß er mit dem Tode bestraft werden!... Hat er das wirklich gesagt?"

„Wenn er es nicht beweisen kann, ist es Gotteslästerung. Kein Jude hat je so gesprochen, weder Abraham, noch Moses, noch David."

„Was wird ihm außerdem vorgeworfen?"

„Er behauptet, der König Messias zu sein!"

„Welche Strafe steht darauf?"

„Wenn er es nicht durch ein Zeichen beweisen kann, oder wenn er zwar ein Zeichen gibt, aber uns gleichzeitig verleiten will, den Götzen zu dienen, dann ist er dem Tode verfallen!"

Einige Stimmen riefen: „Er hat uns nie dazu verleitet, den Götzen zu dienen! Er hat uns stets ermahnt, dem einen lebendigen Gott zu dienen!"

„Er kann kein Zeichen geben!"

„Er wird es jetzt geben, hier vor Pilatus!"

Pilatus fragte: „Wollt ihr, daß ich euch den König der Juden freigebe?"

„Was sagt er?"

„Der Prokurator fragt, wen er zum Fest freigeben soll: Bar Abbas oder den König der Juden?"

Unter der versammelten Menge setzte ein wilder Disput ein. Die Erregung wuchs, die Leute wurden miteinander handgemein, schlugen mit Fäusten aufeinander los und rissen sich gegenseitig an den Bärten. Pilatus und seine Leute schauten belustigt zu.

„Schau, wie diese kleinen Juden sich zanken", sagte Pilatus

lachend zu mir und zeigte auf die Menge. „Sie werden einander noch die Augen auskratzen."

Ich hörte, wie sie durcheinanderschrien:

„Er ist nicht der König der Juden, er ist ein Gotteslästerer!"

„Nein! Er ist ein Heiliger. Niemand weiß, wer er ist. Er wird uns ein Zeichen geben. Ihr werdet sehen!"

„Er hat uns befohlen, dem Cäsar den Zins zu entrichten! Was ist das für ein Messias, der uns befiehlt, dem Cäsar den Zins zu entrichten?"

„Er hat unsere Kranken geheilt! Er hat jeden Tag neue Wunder verrichtet. Er hat die Söhne Hanans aus dem Tempel vertrieben, und deshalb haben sie ihn der Regierung ausgeliefert!"

In diesem Augenblick stieg Hanan ben Hanan die Stufen zu der Plattform hinauf und rief der Menge zu:

„Wie oft habt ihr ihn aufgefordert, ein Zeichen zu geben, daß er der König Messias sei? Aber er hat euch nie ein Zeichen gegeben. Er soll jetzt den Beweis liefern, wie Elias auf dem Berge Karmel den Beweis für seine Sendung geliefert hat, er soll die Propheten Baals vernichten!"

„Er soll mit dem Hauch seines Mundes die Propheten Baals vernichten!"

„Er soll auf den Wolken reiten zur Rechten der Kraft!"

„Pilatus soll sein Zeichen sein!"

„Sie rufen meinen Namen!" sagte Pilatus zu mir. „Was bedeutet das?"

„Sie fordern ihren Messias auf, ihnen an dir ein Zeichen zu geben."

Pilatus' Gesicht wurde vor Zorn dunkelrot. Das Blut strömte in seinen dicken Hals, und ich dachte schon, er würde einen Schlaganfall erleiden. Aber er beherrschte sich, zwang sich zu einem Lächeln, fragte abermals:

„Wollt ihr, daß ich den König der Juden freigebe?"

„Der Messias wird sich selbst befreien!"

Pilatus antwortete nicht, aber es war klar, daß er einen Entschluß gefaßt hatte. Er schritt in das Prätorium zurück und trat vor den Gefangenen hin. Über das Antlitz des Nazareners lief ein schmerzliches Zucken. Wir sahen ihn die Lippen bewegen, als wollte er zu der draußen versammelten Menge sprechen. Aber er schwieg, als hätte das Leid der ganzen Welt ihm die Lippen versiegelt.

„Hörst du, was sie sagen?" fragte Pilatus.

Der Gefangene gönnte ihm keinen Blick.

Pilatus wandte sich an den Tribunen. „Laß Bar Abbas frei!" befahl er.

Der alte Petronius, der das Land sehr gut kannte, da er schon unter den früheren Prokuratoren gedient hatte, faßte Mut und näherte sich Pilatus.

„Prokurator", sagte er. „Bar Abbas ist ein gefährlicher Verbrecher. Er hat einen Aufstand gegen Rom angezettelt. Wenn wir nicht rechtzeitig gewarnt worden wären, hätten wir noch viel mehr Opfer gehabt als jetzt. Der Mann hat mehrere Mordtaten auf dem Gewissen. Denk' an die Legionäre, die ihr Leben lassen mußten, als wir den Mann gefangen nahmen. Der andere aber, den sie den König der Juden nennen — gegen ihn haben wir gar nichts, wir wissen von keinem Verbrechen, das er begangen hätte. Er hat kein Blutvergießen verschuldet. Im Gegenteil, man hat uns mitgeteilt, daß er das Volk im Tempel ermahnt habe, dem Cäsar den gebührenden Tribut zu entrichten. Bar Abbas aber hat stets dazu aufgefordert, den Tribut zu verweigern und sich gegen die römische Herrschaft zu erheben. Seit wann, Pilatus, fügst du dich dem Geschrei des Pöbels?"

Pilatus wurde zornig, und wie immer, wenn er in Zorn geriet, strömte das Blut in seine riesige Glatze, und seine Brust blähte sich hochmütig, daß man Angst bekam, er würde platzen. Mit herabgezogenen Mundwinkeln und wütender Miene sagte er in verachtungsvollem Ton zu dem alten Petronius:

„Der Hebräergeist ist für uns alle weit gefährlicher als die Hebräerfaust. Geh! Übergib diesen Mann den Kriegern. Laß ihn auspeitschen und kreuzigen! Krönt ihn zum König der Juden!"

Unter den Legionären, die den Platz vor dem Prätorium füllten, befanden sich zahlreiche germanische Reiter von den Hilfstruppen, die wir während der Festzeit aus anderen Standorten nach Jerusalem zu beordern pflegten. Unter allen unseren Kriegern waren *sie* bei den Juden am meisten gefürchtet und verhaßt. Diese Feindseligkeit rührte noch aus der Zeit des Herodes her, der als erster germanische Söldner verwendet hatte, um die Juden niederzuhalten. Viele dieser Germanen traten, wenn sie für den Kriegsdienst zu alt geworden waren, in die Dienste des Hohenpriesters, der sie beschneiden ließ, damit er sie unter seine Sklaven einreihen und sie als Wächter benutzen konnte. Diese alten germanischen Krieger eigneten sich ausgezeichnet für den Wachtdienst und wurden gut bezahlt und gut verpflegt. Sie waren mit kurzen Knüppeln bewaffnet, die die Juden „Eileh" nannten und in ihren wüsten Spottliedern auf den Hohenpriester „feierten".

Der Befehlshaber der germanischen Reiterei war ein Mann mit einem bösen Gesicht und kalten, grausamen Augen. Er war der Schrecken der Juden. Er hieß Hermanus. Ihm und seinen Leuten wurde der Gefangene übergeben.

Ich hatte sie während der Verhandlung beobachtet. Sie standen auf Zehenspitzen da, gespannt wie Bluthunde, die darauf lauern, daß man ihnen einen Knochen hinwirft. Als sie hörten, daß man diesem blassen mageren Menschen vorwarf, er gebe sich für den jüdischen König aus, stimmten sie ein wüstes Gelächter an. Und als er ihnen nun übergeben wurde, freuten sie sich wie Wölfe, denen man ein Schaf hinwirft.

Hermanus packte den Gefangenen am Arm. Sein Gesicht verzerrte sich zu einer Grimasse, als ob er lächeln wollte, aber das Lächeln erlosch in der hölzernen Starrheit seiner Züge. Er konnte nicht lachen, wie ein Tier nicht lachen kann. Er erinnerte mich an die finsteren, sonnenlosen Wälder, in denen er zur Welt gekommen war. Die trostlosen Sümpfe seiner Heimat hatten ihm ihren Stempel aufgeprägt. Er zerrte den Gefangenen in den innersten Hof und rief seinen Leuten zu:

„Kommt! Wir wollen den König der Juden krönen."

Mitten in dem Hof, in dem die Legionäre ihr Lager aufgeschlagen hatten, stand eine hohe, mit eisernen Ringen versehene Martersäule, die für die zur Auspeitschung und zur Kreuzigung verurteilten Missetäter bestimmt war. Ich weiß nicht, was sie dort mit Jeschua machten, denn wir folgten ihnen nicht. Sie blieben lange aus. Ab und zu vernahmen wir ein wüstes Gelächter, aber nicht ein einziges Mal hörten wir den Gefangenen schreien oder stöhnen. Von draußen her ertönte das Geschrei der Menge, das durch die dicken Mauern und Tore bis zu uns in den inneren Hof drang. Es war wie das ferne Geräusch der Meereswellen, die gegen einen Damm branden, und wurde von Minute zu Minute lauter, als ob die Menge im Anwachsen begriffen wäre.

Schließlich kehrte Hermanus zurück und zerrte den Gefangenen hinter sich her bis zu der Stelle, wo Pilatus mit seinen Untergebenen stand. Hermanus dreht sich um, machte eine tiefe Verbeugung vor dem Gemarterten wie vor einem Cäsar und verkündete mit seiner charakteristischen Grimasse:

„Der König der Juden!"

Wir betrachteten den Verurteilten. Auf seinem angegrauten Haar ruhte eine Dornenkrone. Die Dornen waren durch die Haare hindurch in die Kopfhaut eingedrungen. Blut klebte an seinen Schläfenlocken, rieselte an seinem Bart hinab und tropfte auf seinen Hals und seinen nackten Körper. Ja, nackt stand der König der Juden vor uns, mit einer Dornenkrone gekrönt, der schlanke weiße Leib mit geschwollenen bläulichen Striemen, den Spuren der Peitschenhiebe, bedeckt. Aber ich hatte ein seltsames Gefühl. Ich hatte das Gefühl, als ob nicht er nackt vor uns stünde, sondern als ob wir nackt vor ihm stünden. Die roten Striemen schienen seinen Körper in ein königliches Gewand zu hüllen. Er schämte sich seiner Blöße nicht. Der Blick, den er auf uns richtete, sprach eher von Mitleid als von Scham oder Bitterkeit. Vielleicht war ich der einzige, der diesen Eindruck hatte, denn ich muß gestehen, daß ich in diesem Augenblick eine gewisse Schwäche für den jüdischen Rabbi zu verspüren begann, und vielleicht hatte mich diese Schwäche sogar schon zuvor beschlichen, als ich ihn in den Kerker führte und sein trauriges Gesicht sah. Vielleicht hatte sie, ohne daß ich es merkte, immer mehr mein Herz ergriffen, während ich ihn vor dem Richterstuhl des Pilatus stehen sah, wie er stumm, ohne ein Wort, die Anklagen über sich ergehen ließ. Ja, ich glaube, sie hatte bereits mein Pflichtbewußtsein getrübt, meine Entschlußkraft untergraben und meine Überzeugung von des Mannes Schuld beeinträchtigt, so daß ich außerstande war, gegen ihn so energisch vorzugehen, wie es nötig gewesen wäre. Da sagte ich zu mir selbst: „Nimm dich in acht, Cornelius! Dieser Mensch beginnt dich abermals in seinen Bann zu ziehen.“ Es war nicht so sehr seine Haltung, die auf mich wirkte, sondern etwas in seinem Wesen, in dem ruhigen, traurigen Blick seiner Augen, diesem durchdringenden Blick, das die seltsamsten hebräischen und semitischen Regungen in mir wachzurufen schien. Ich hatte den ganzen Morgen hindurch gegen sie angekämpft. Nun ging von diesen Augen, die unter dem Blutgerinnsel hervor mich anblickten, eine gefährliche magnetische Kraft aus, die meinen Willen lähmte. Sie banden mich an ihn, sie zerrten mich zu seinen Füßen hin, und wenn ich mich nicht hütete, würden sie mich in einen geistlosen, charakterlosen, gefühlsseligen Hebräer verwandeln. Deshalb riß ich mich von ihm los. Ich bot meine ganze Willenskraft auf, ich, der Römer, und ich rief meine Verachtung für die Juden und ihren Gott zu Hilfe. „Ja, Pilatus hat Recht!“ murmelte ich leidenschaftlich vor mich hin. „Der Hebräergeist ist für uns gefährlicher als die Hebräerfaust." Und ich stimmte in das Gelächter der anderen mit ein.

„Es wäre ausgezeichnet", sagte ich zu Pilatus, „diesen König der Juden zu dem alten Fuchs zu schicken, um ihm einen Wink zu geben! Er soll sehen, wie ein König der Juden ausschaut."

„Ein guter Gedanke! Laß ihn zu Herodes Antipater führen. Übrigens wird er unsere Absicht um so eher merken, als der Gefangene, ebenso wie Herodes, aus Galiläa stammt. Führt den König der Juden zu ihm."

Wir packten Jeschua, der auf seinem Haupt die Dornenkrone trug und dessen Hände auf dem Rücken gefesselt waren, und hängten ihm ein Täfelchen um den Hals: „König der Juden." und so führten wir ihn zum hasmonäischen Platz. Als die Menge, die vor dem Prokuratorium gewartet hatte, Jeschua mit seiner Dornenkrone und das Täfelchen mit der Aufschrift „König der Juden" erblickte, geriet sie in stürmische Erregung.

„Warum haben sie geschrieben: „König der Juden!?" Warum nicht: „Er, der sich König der Juden nennt?"

„Pilatus will uns mit diesem König der Juden beleidigen."

„Seht, Pilatus macht sich einen Spaß."

Ein Teil der Versammelten begleitete uns bis zu dem hasmonäischen Platz, der in der Nähe des Prokuratoriums lag. Ich führte Jeschua durch die riesigen düsteren Tore, durch zahlreiche lange, finstere, enge Gänge, denn der Palast der Hasmonäer war ein altertümliches Gebäude von asiatischer, genauer gesagt babylonischer Bauart. In der geräumigen Halle, in die man uns führte, trafen wir Herodes Antipater an. Er saß im dunkelsten Winkel auf einem thronartigen Stuhl, und obgleich draußen vor den Mauern der Burg die Sonne schien, mußten hier drinnen gelblich flackernde Öllampen brennen. In dem Halbdunkel konnte ich erkennen, wie ungewöhnlich blaß das Gesicht des Tetrarchen war, von grünlicher Färbung im matten Lichte der Lampen, als ob es das Gesicht eines Gallenkranken wäre. Er muß nicht wenig erschrocken sein beim Anblick dieses Mannes, den ich da heranschleppte — dieses Gefesselten, auf dessen Antlitz die Blutstropfen geronnen waren —, und ich sah, wie unter den losen Falten der Toga die Brust des Tetrarchen sich hob und senkte. Er wollte sogar aufspringen, besann sich aber auf seine Würde und sank wieder zurück. Auch er erwartete, so wie die Weisen und Hohenpriester, ein Wunder. Nicht einen Augenblick lang verließ ihn die Unruhe, die ich gleich zu Anfang an ihm bemerkt hatte, und es gelang ihm auch nicht, sie unter der gespielten Neugier und Belustigung zu verbergen, mit der er Jeschua zu empfangen bestrebt war.

„So!“ rief er aus. „Das ist der Wundermann, der die Toten aus den Gräbern erweckt! Das ist er, von dem die Leute sagen, er sei der Prophet Elias!“

Plötzlich fiel sein Blick auf das Täfelchen, das am Halse Jeschuas hing. Als er die Worte „König der Juden“ las, wurde sein Gesicht schwarz wie ein Erdkloß. Er verdrehte die Augen, bis nur noch das Weiße sichtbar war, und er brachte kein Wort über die Lippen. Mir bereitete es ein ganz eigenartiges Vergnügen, diesen jüdischen Kronprätendenten so empört und verlegen zu sehen. Ich beobachtete ihn scharf und registrierte alle Symptome seiner Angst, damit ich sie später ganz genau dem Prokurator Pontius Pilatus beschreiben könne.

Aber er hatte sich schnell wieder in der Gewalt. Seine Züge wurden ruhig, doch in seinen Augen blieb ein Ausdruck tiefen Kummers zurück. Schweigend blickte er den Mann an, der vor ihm stand.

Nur einige Sekunden lang starrten die beiden einander an. Herodes' Blick war düster, verwirrt und unsicher wie der eines Menschen, welcher seine Augen im Dunkeln anstrengt und das Gefühl hat, zu seinen Füßen gähne ein Abgrund. Der Blick des Gefesselten, wenn auch überschattet von Schmerz, war ernst und sicher, er schien um Verzeihung zu bitten und mit Erbarmen zu antworten. Schließlich schlug Herodes jäh die Augen nieder, besiegt von dem Blick des Gefesselten, der da vor ihm stand, mit Dornen gekrönt, während das Blut wieder in seinen Bart zu rieseln begann.

„Welches Verbrechen hat dieser Mann begangen?“ fragte Herodes.

Ich erwiderte: „Sein Verbrechen steht auf seiner Brust geschrieben.“

Herodes tat so, als sähe er jetzt erst das Täfelchen, und brach in ein hysterisches Lachen aus. Ich weiß bis heute nicht, ob dieses Lachen mich täuschen sollte, um den boshaften Sinn der Aufschrift abzuschwächen, oder ob er sich selber betrügen, seine eigene Angst überwinden wollte. Es mag beides gewesen sein, und das zweite vielleicht noch mehr als das erste. Denn alle fürchteten sie sich vor dem Rabbi aus Nazareth. Ich hatte Herodes noch nie in einem solchen Zustande gesehen. Er wand und krümmte sich auf seinem Stuhl, er hielt sich den Bauch, und Tränen kollerten über seine Wangen herab.

„Der König der Juden! Gut! Sehr gut!“ stieß er hervor. „Er soll den Purpur tragen! ... Du!“ schrie er einem seiner Diener zu. „Bring' ihm den Purpur!“

Der Diener lief hinaus und kehrte mit einem Purpurmantel zurück, den er Jeschua um die Schultern hängte.

„Ein König muß königlich angezogen sein, nicht wahr, Hegemon? Überbringe dem Prokurator meine Grüße und sage ihm, daß dieser gelungene Scherz allen Groll in meinem Herzen tilgt, den ich je gegen ihn empfunden habe. Pilatus denkt nur an mein Vergnügen. Pilatus ist mein Freund!“

Er hatte sich inzwischen so wunderbar in seine Komödie hineingesteigert, daß sogar ich zu zweifeln begann, ob seine Worte nicht wirklich ernst gemeint seien.

„Führt den Mann weg — und ich lasse den edlen Pilatus grüßen!“ wiederholte er mit königlicher Gebärde und entließ uns.

Ich führte den Gefangenen zum Prokuratorium zurück.

Als die Juden in den Straßen Jeschua in seinem purpurnen Mantel erblickten und das Blut, das noch reichlicher als zuvor unter der Dornenkrone herabrieselte, brachen sie in ein lautes Jammern aus. Sie zitterten wie Espenlaub im Winde und riefen:

„Gott, sieh' unsere Schande! Der Mund der Gottlosen lacht über unser Elend!“

Als aber Pilatus und seine Untergebenen den König der Juden in seiner ganzen Glorie erblickten, fanden sie den Spaß vortrefflich.

„Gebt ihm ein Zepter!“ befahl Pilatus. „Zur Königswürde gehört ein Zepter!“

Einer der Krieger steckte Jeschua ein Schilfrohr in die Hand.

„Sei gegrüßt und geehrt, König der Juden!“ spotteten die Krieger, traten nacheinander vor ihn hin und spuckten ihm ins Gesicht.

Inzwischen hatten einige andere aus dem Schuppen des Feldlagers ein großes hölzernes Kreuz geholt. Pilatus befahl ihnen, ihm das Kreuz zu bringen.

„Schreibt auf das Kreuz in drei Sprachen, in den drei Landessprachen, lateinisch, griechisch und hebräisch, die Worte: Jeschua, König der Juden.“

Sein Befehl wurde ausgeführt.

„Und jetzt“, sagte er, „zeigt ihnen ihren König in seiner ganzen Pracht.“

Kaum aber erschienen wir vor dem offenen Tore des Prokuratoriums, als wir sogleich gewahr wurden, daß die Stimmung der Masse sich völlig gewandelt hatte. Ein Sturm brach los, ein wahrer Aufruhr. Die Leute schüttelten die Fäuste gegen uns und brüllten vor Wut. Nur unter äußersten Schwierigkeiten gelang es uns, Hanan ben Hanan, den jüngsten Sohn des Hohenpriesters, aus ihren Händen zu befreien. Ich habe nie begriffen, was zwischen dem ersten und dem zweiten Mal, da wir Jeschua als Judenkönig durch die Straßen führten, geschehen sein mochte. Wie war diese veränderte Stimmung zu erklären? Kannst du es mir sagen?“

„Ja“, sagte ich. „Ich war Zeuge des Umschwungs. Aber damit du ihn verstehst, muß ich dir zuerst erzählen, was mein Rabbi tat, nachdem er aus der Verhandlung im Palaste des Hohenpriesters zurückgekehrt war.“

XXV. KAPITEL

Als mein Rabbi aus der Verhandlung gegen den Rabbi von Nazareth zurückkehrte, war er unruhig und mißgestimmt. Böse Ahnungen erfüllten sein Herz, und auf dem Wege zum Lehrhaus redete er kein Wort. Aber trotz seines Schweigens merkten wir, daß sein Blut in Wallung war. Er blieb nicht lange im Lehrhaus. Er begab sich in sein Gemach, und wir Schüler brachten ihm in einem Gefäß Wasser aus der Zisterne, damit er sich das Gesicht und die Hände wasche. Er sprach das Morgengebet. Dann deckten wir den Tisch: Ölfrüchte und Gemüse, aber kein Brot, wegen des bevorstehenden Passah-Festes. Er rührte das Essen nicht an; er sagte, er habe etwas Dringendes vor. Zuerst befahl er uns, im Lehrhause zu bleiben und uns hinzulegen, besonders Rufus und mir, denn wir waren nun volle vierundzwanzig Stunden lang wach gewesen und hatten im Zusammenhange mit dem Passah-Opfer noch sehr vieles zu erledigen. Aber wir baten unseren Rabbi, uns in den Tempel mitzunehmen, dahin er nun gehn wollte, um die anderen Weisen zu treffen. Und als unser Rabbi unseren Bitten nachgab, wuschen wir uns, wechselten die Kleider und fühlten uns wieder frisch, denn wir waren jung und in der Blüte unserer Kraft. Mein Freund Rufus gestand, daß er zu Hause erwartet werde, um seinem Vater, Simon von Kyrene, zu helfen. Zu dieser Jahreszeit pflegte sein Vater auf die Felder hinauszugehen, um das zwischen den Ölbäumen wuchernde Unkraut zu jäten, und Rufus sollte mitarbeiten. Aber angesichts der bedeutsamen Ereignisse, mit denen wir rechneten, bat er den Rabbi um die Erlaubnis, bei ihm bleiben zu dürfen, und der Rabbi gewährte ihm seine Bitte.

Rufus und ich begleiteten unseren Rabbi zum Tempel. Wir kamen an dem Markt vorbei. Die Kaufleute begannen soeben ihre Waren auszubreiten und ihre Maßgefäße zu säubern. Kamele kamen von außerhalb, beladen mit Ölkrügen und Weinschläuchen. Käufer erschienen, um in letzter Minute ihre Einkäufe zu besorgen; es waren das meist arme Leute, die bisher das Geld für die festlichen Zurüstungen nicht hatten aufbringen können. Die Sonne erstrahlte in all ihrem Glanz und verkündete ein schönes Vorspiel des Festes. Wir sahen Männer hastigen Schrittes in der Richtung des Schafmarktes eilen, verspätete Käufer, die es bisher versäumt hatten, das Opfertier zu kaufen. Weiber saßen an ihren Grünzeugkörben, in emsiger Beschäftigung.

Als wir vorbeikamen, hörten wir die Leute mit einander reden, und es hieß, die Anhänger des Bar Abbas versammelten sich vor dem Prokuratorium, um die Freilassung ihres Anführers zu fordern. Ja, wir sahen einige von ihnen (wie wir vermuteten) auf die Händler und Käufer einreden, sie sollten mitkommen und die Forderung unterstützen, aber sie fanden damit wenig Anklang, denn die Leute waren viel zu sehr mit ihren Käufen und Verkäufen beschäftigt, und Bar Abbas war auch nicht sonderlich bei ihnen beliebt. Was des Nachts mit dem Rabbi von Nazareth geschehen war, wußten sie noch nicht.

In den Tempelhöfen ging es ebenso lebhaft zu wie auf dem Marktplatz. Die Pilger hatten sich an diesem Morgen frühzeitig erhoben, um, während die Priester das erste Opfer darbrachten, ihre Morgengebete zu sprechen. Sie waren mit ihren eigenen Angelegenheiten beschäftigt, brachten kleine Gaben herbei, zahlten ihren Tribut an den Tempel, knieten in den Höfen und beteten, während die Priester das Opfer für den Frieden der Welt, das Opfer für das Wohl der siebzig Völker der Menschheit und das Opfer für die Sündenvergebung darbrachten. Auch in den Tempelhöfen wußte niemand, was in der Nacht geschehen war; nicht einmal die Weisen wußten es.

Die pharisäischen Rabbis hatten sich versammelt, um zu beraten, was gegen die Priesterschaft zu unternehmen sei, die sich dieses Jahr ausgesucht hatte, um ihre sadduzäische Auslegung des Passah-Gesetzes geltend zu machen und dem Passah-Opfer den Vorrang vor dem Sabbath zu verweigern. Die Pharisäer beabsichtigten, ihr Opferfest nach den Vorschriften der Thora abzuhalten, nämlich am vierzehnten Tage des Monats gegen Abend, das heißt zu der Stunde, da der Sabbath bereits begonnen haben würde.

Als mein Rabbi in den für die Zusammenkünfte der pharisäischen Rabbis bestimmten Raum kam, traf er dort Jochanaan ben Zakkai, Rabbi ben Simon, deren Kollegen und Schüler an, die über die Opfer debattierten, welche die Priester am Tage zuvor, am dreizehnten Tage des Monats, dargebracht hatten. Sie waren gesonnen, diese Opfer für ungültig zu erklären.

„Sie möchten die Zeiten des Alexander Jannäus wieder zurückbringen und uns so vertolgen, wie sie Simon ben Scheta verfolgt haben", sagte einer der Pharisäer.

„Wir leben nicht in den Zeiten des Königs Jannäus", sagte ein Zweiter hitzig. „Das Volk steht auf unserer Seite. Wir müssen das Volk aufwiegeln, damit es heute Abend die Opferhöfe stürmt."

„Auf gütlichem Wege werden wir mehr erreichen. Gehen wir noch einmal zu den Priestern und reden wir mit ihnen und überzeugen wir sie, damit nicht, Gott sei davor, die halbe Bevölkerung des Opfers verlustig gehe."

Mein Rabbi nahm Jochanaan ben Zakkai und Rabbi Gamaliel beiseite und unterrichtete sie von den Vorgängen der Nacht.

Als die Rabbis vernahmen, auf welche Art und Weise das Untersuchungsverfahren durchgeführt worden war, und mit welchem Ergebnis es geendet hatte, waren sie tief bestürzt. Rabbi Jochanaan ben Zakkai, der jedes seiner Worte sorgsam zu wägen pflegte und es nicht eher über seine Lippen kommen ließ, als bis es zuvor durch das feine Sieb seines Geistes hindurchgegangen war, brach in eine jähe und ungestüme Rede aus:

„Das ist Mord! Was hat die Regierung mit der Sache zu schaffen? Es ist unsere Angelegenheit! Der Mann hat sich vor unserem Gericht zu verantworten und nicht vor den römischen Gerichten!"

„Sie behaupten, die Regierung hätte sie dazu gezwungen."

„Es gibt nach den Lehren unserer Weisen drei Dinge, in welchen der Mensch nicht sündigen darf, auch wenn es ihn sein Leben koste", rief Jochanaan ben Zakkai. „Eines dieser Gebote lautet: Du sollst kein Blut vergießen. Wenn jemand dich zwingen will, Blut zu vergießen, mußt du dich lieber selbst töten lassen, als nachzugeben. Sie hätten sich töten lassen müssen, statt den Mann von Nazareth der Regierung auszuliefern, denn sie haben einen Gerechten in die Hände der Gottlosen überantwortet. Rabbi Nikodemus! Deinem Bericht zufolge hat das Verfahren nicht den Gesetzen Israels entsprochen. Es wurde zur Nachtzeit und am Vorabend eines Festes anberaumt und einseitig durchgeführt, von jener Abteilung des Gerichts, die das Gesetz in einer Weise auslegt, welche die Weisen nicht anerkennen. Gleichgültig, was der Mann aus Nazareth getan und gesagt haben mag, und gleichgültig, welche Strafe darauf steht, — möge es sogar, Gott sei davor, die Todesstrafe sein —, in unseren Augen ist er rein und schuldlos, solange er nicht von einem jüdischen Gerichtshof verurteilt worden ist, der gemäß den Vorschriften der Thora und gemäß den überlieferten Geboten der Weisen einberufen und geleitet wurde. Ich sage euch, wir müssen Himmel und Erde in Bewegung setzen, wir müssen alle unsere Kräfte aufbieten und alle unsere Rechte geltend machen, und obgleich das Fest unmittelbar bevorsteht, müssen wir den Gottesdienst und das Opfer im Stich lassen, um eine Seele in Israel vor dem Tode zu erretten. Denn ihr wißt: ein einziges Menschenleben retten, heißt die ganze Welt retten. Wir müssen alles stehen und liegen lassen, wir müssen zu den Hohenpriestern gehen und ihnen dieses Menschenleben entreißen."

Rabbi Gamaliel stimmte zu, und die drei Rabbis machten sich auf den Weg.

Das Gemach des S'gan oder Obersten des Tempels war voller Menschen, die im Zusammenhang mit dem Opferdienst allerlei Anliegen vorzubringen hatten. Der Oberste selbst ließ sich nicht blicken. Er saß in einem Nebenraum und empfing niemanden. Die umfangreichen Geschäfte des Tempels wurden von seinen Gehilfen erledigt, lauter Söhnen und Schwiegersöhnen der priesterlichen Familie. Wir drängten uns durch die Menge zu dem Privatgemach des S'gan, und dort sahen wir Judas Ischariot vor der Türe stehen.

Seine Augen waren so tief in die Falten seines Gesichtes versunken, daß sie kaum noch zu sehen waren. Er hielt einen kleinen Geldbeutel in der Hand, und er bat die Gehilfen vor der Tür des S'gan flehentlich, ihn einzulassen.

„Ich habe ihm etwas mitzuteilen..."

„Der Oberste will dich nicht empfangen."

„Ich muß mit ihm sprechen, ich muß mit ihm sprechen."

Er hatte die pharisäischen Rabbi nicht eintreten sehen, vor denen alle sich erhoben, mit Ausnahme der priesterlichen Schatzkämmerer, die ihnen nicht einmal einen Blick gönnten. Die Gehilfen an der Tür begrüßten respektvoll die Rabbi und gingen sogleich zu dem S'gan hinein, um ihm ihre Botschaft auszurichten.

Der S'gan, Jochanaan, der zweite Sohn Hanans, der der nächste Anwärter auf die Hohepriesterschaft war und inzwischen sein gegenwärtiges Amt bekleidete, kam zu den Rabbis heraus. Er hatte den purpurnen Mantel an, den er in der Sitzung des Sanhedrin getragen hatte.

Aber bevor er sich an die Rabbis wenden konnte, trat ihm Judas Ischariot in den Weg, hielt ihm den Geldbeutel hin und rief:

„Nimm es! Nimm das Blutgeld, das Greuelgeld!"

„Ich will damit nichts zu tun haben", antwortete der S'gan. „Es gehört dir. Du hast es ehrlich verdient."

Einige der Gehilfen kamen gelaufen und packten Judas am Arm. Sie bearbeiteten ihn mit ihren Stäben, daß er es gewagt habe, den Weg des S'gan zu kreuzen, und sie begannen ihn aus dem Gemach zu zerren. Judas sträubte sich und schrie unaufhörlich:

„Nimm das Greuelgeld zurück! Nimm das Blutgeld zurück!"

Und während die Gehilfen ihn hinausschleppten, blickte er plötzlich auf und sah die Gesichter des Rabbi Jochanaan und des Rabbi Nikodemus. Er schloß die Augen, und sein Geschrei ging in ein Wehklagen über:

„Wehe meiner Seele! Wehe meiner Seele!"

Aber niemand kümmerte sich mehr um ihn. Die Pharisäer standen vor dem S'gan. Jochanaan ben Zakkai sagte unvermittelt:

„Die Pharisäer sind vor dem S'gan erschienen, um ihn zu fragen, mit welchem Recht die Hohenpriester eine Seele in Israel der Gewalt Edoms überantwortet haben."

„Diese Seele in Israel hat, wie wir alle bezeugen können, in lästerlicher und verachtungsvoller Weise von dem Gott Israels gesprochen. Diese Seele in Israel ist ein Verführer und will dem Volk einreden, sie sei der Messias. Diese Seele muß aus Israel ausgetilgt werden."

„Es ist weder deine Sache noch die Sache deines Vaterhauses, ein Urteil zu fällen. Das ist Sache der Weisen und Schriftgelehrten. Das ist Sache des Heiligen Gerichtshofes, des Sanhedrin, der allein in solchen Angelegenheiten eine Entscheidung zu treffen hat."

„Wagst du es, Rabbi in Israel, die Ehrenhaftigkeit des von dem Priester-Sanhedrin gefällten Urteils anzuzweifeln?"

„Als ein Rabbi in Israel zweifle ich nicht nur an der Ehrenhaftigkeit des Urteils, sondern ich erkläre das Urteil des Priester-Sanhedrin für null und nichtig. Das Verfahren widerspricht den Vorschriften der Thora und den durch die Überlieferung festgelegten Richtlinien. Deshalb ist eure Entscheidung hinfällig, und ich verlange die Freilassung des Menschen, den ihr der Regierung ausgeliefert habt."

Wir sahen in den Adern am Halse des S'gan das Blut pulsieren, aber er behielt seinen ruhigen Ton bei, den er seinem hohen Amte schuldig zu sein glaubte.

„Dieser Mensch", sagte er, „ist der Regierung auf Grund einer genauen Untersuchung ausgeliefert worden, die wir nach den von uns, den Sadduzäern, anerkannten Vorschriften durchgeführt haben, und wir übernehmen die volle Verantwortung für unsere Handlungsweise."

„Als ein Rabbi in Israel erkläre ich, daß diese Preisgabe einer jüdischen Seele an die Gottlosen *Mord* ist!"

Das Blut wich aus dem Gesicht des Obersten des Tempels. Die sorgfältig geflochtenen Locken seines kohlschwarzen Bartes zitterten wie Blumenglocken im Winde.

Die in dem Gemach anwesende Menge hatte sich um uns zu sammeln begonnen, und eine Welle der Erregung breitete sich unter ihr aus, als immer mehr Leute merkten, was hier eigentlich vorging. Es waren zahlreiche Anhänger der Pharisäer zugegen, und Jochanaan ben Zakkai war bei ihnen sehr beliebt. Als sie sahen, wie ihr Führer mit dem S'gan kämpfte, erwachten ihre Teilnahme und Bewunderung. Auch dem S'gan entging nicht die erregte Stimmung, der wachsende Groll, das Augenfunkeln, und er zügelte seine Wut, da er einen Aufruhr im Tempel befürchtete. Seine Nasenspitze zitterte, aber seine Stimme klang beherrscht, als er antwortete:

„Rabbi Jochanaan ben Zakkai, die Seele ist nicht mehr in unseren Händen. Die Regierung hat sie von uns zurückverlangt, nachdem sie uns übergeben worden war, damit wir eine Untersuchung durchführten. Unseren Auftrag haben wir nach den Vorschriften und Geboten erledigt, so wie unser Gewissen sie auslegt. Wir haben den Mann zugleich mit unserem Berichte wieder der Regierung übergeben. Es ist nun Sache der Regierung, ihn nach eigenem Gutdünken abzuurteilen. Wir haben damit nichts mehr zu tun. Wenn du deinen Gerechten forderst, der öffentlich den Heiligen Israels gelästert hat, dann wende dich an die Regierung und nicht an uns. Und was die Beschuldigungen betrifft, die du gegen uns erhoben hast, so werden wir dich zur Rechenschaft ziehen, und du wirst dich vor Gericht dafür zu verantworten haben, daß du den guten Ruf des Priester-Sanhedrin geschmäht hast."

„Von euch fordern wir ihn zurück", warf der jüngste der Rabbi, Gamaliel, ein. „Euer Name wird ausgetilgt werden aus Israel, und man wird euer mit Flüchen gedenken bis ans Ende der Tage!"

Der junge Mann schrak zusammen und musterte den Rabbi, der es gewagt hatte, einen solchen Fluch über das mächtige Haus Hanan auszusprechen. Er wurde blaß vor Wut. Seine Lippen bebten. Er ballte die Fäuste. Die beiden Männer starrten einander unverwandt an. Wir glaubten, im nächsten Augenblick würde der Oberste des Tempels seinen Gehilfen befehlen, den Rabbi festzunehmen; aber diese jüngste Generation des uralten sadduzäischen Hauses war der ererbten Autorität nicht mehr gewachsen. Der junge Mann drehte sich um und zog sich in sein Gemach zurück.

* *
*

Niemand hatte erwartet, daß Pilatus schon am frühen Morgen ein Urteil über den Mann fällen würde, der in der Nacht festgenommen war. Noch nie hatte der Prokurator so hastig seine Entscheidung getroffen. Selbst Bar Abbas, den sie mit der Waffe in der Hand gegriffen hatten, war nicht sogleich vor Gericht gestellt, sondern zwei Tage lang im Kerker festgehalten worden.

Es erwartete auch niemand, daß Pilatus würde Gefahr laufen wollen, am Vorabend des Festes einen Ausbruch der Volkswut heraufzubeschwören, da die Juden ohnedies schon durch das Gemetzel, das die Gefangennahme Bar Abbas' begleitet hatte, erbittert waren. Wir nahmen alle an, Pilatus würde den Prozeß gegen den Nazarener bis nach dem Feste verschieben. Und die Weisen, die vom S'gan die Befreiung Jeschuas gefordert hatten, meinten ebenfalls, Pilatus würde nicht vor Ablauf des Festes handeln. So war auch der eifrige Jochanaan ben Zakkai gleich meinem Rabbi, nach dem Fehlschlagen ihrer Mission bei dem S'gan, der Meinung, daß immer noch Zeit sei, die Rettung zu bewirken. Nachdem sie das Gemach des S'gan verlassen hatten, überlegten sie, wen sie zu den Römern schicken sollten, und mein Rabbi schlug sogleich Joseph von Arimathia vor. Ein Bote wurde entsandt und Joseph von Arimathia gebeten, an der Beratung der Pharisäer im Tempel teilzunehmen. Aber die Rabbis hatten noch nicht Zeit gehabt, in ihr Versammlungsgemach zurückzukehren, als die erstaunliche Neuigkeit zu ihnen drang, daß Pilatus bereits in den ersten Morgenstunden Jeschua verurteilt und Bar Abbas auf Verlangen seiner vor dem Prokuratorium versammelten Anhänger freigelassen hatte. Die Rabbis erfuhren außerdem, daß auch Hanan ben Hanan und die Knechte des Hohenpriesters die Massen dazu ermuntert hatten, die Begnadigung des Bar Abbas zu fordern. Die Herzen der Rabbis erstarrten in Furcht. Sie blickten zu Boden. Eine tiefe Niedergeschlagenheit bemächtigte sich ihrer.

Rabbi Nikodemus sagte mit leiser Stimme:

„Nur ein Wunder des Himmels kann jetzt noch den Rabbi retten. Ich werde für seine Seele beten. Ihr, meine Söhne", sagte er zu Rufus und mir, „geht hin und seht, wie die Dinge stehen, und bringt mir dann euren Bericht."

Vom Tempelberg bis zum Palaste des Herodes betrug die Entfernung ungefähr eine Viertelstunde. Der Weg ging bergab, denn das Prokuratorium stand am Rande der ersten Mauer, gleich oberhalb des Tales und der Straße nach Bethlehem. Obgleich wir, so schnell wir nur konnten, durch die überfüllten Straßen rannten, schien es uns, als vergingen Stunden, bevor wir den Palast erreichten. Wir überholten viele Männer und Weiber, die um den Berg gekommen waren und nun dem gleichen Ziele zustrebten wie wir: arme Leute, die am Dung-Tor, am Wasser-Tor und im Kidron-Tal hausten. Die Weiber keuchten und schluchzten in ihre zerrissenen und schmutzigen Haarschleier, und die Augen der Männer funkelten vor Zorn. Sie hatten soeben erst erfahren, was mit ihrem geliebten Rabbi in der Nacht geschehen war. Sie warfen ihre Arbeit hin — die Träger ließen ihre Lasten, die Treiber ihre Tiere im Stich — und kamen durch die Straßen gelaufen in ihren zerfetzten Sackgewändern, durch deren Löcher die nackte Haut schimmerte. Das waren die Armen Jerusalems, die alle den Rabbi kannten. Sie führten die Blinden und die Lahmen mit und stellten die Geduld derjenigen, deren rasches Vorwärtskommen sie behinderten, auf eine harte Probe.

Als wir vor dem Palast ankamen, sahen wir dort in großer Anzahl die Anhänger des Bar Abbas und ihre Mitläufer versammelt. Auf den Stufen der Plattform stand Hanan ben Hanan, umringt von den Boten des Hohenpriesters. Das in den Palasthof führende Tor war verriegelt und die Plattform leer. Was hinter den düsteren Mauern vorging, blieb ein Geheimnis.

Die Menge befand sich in einem Zustande äußerster Spannung und Erregung. Erwartungsvolle Stille herrschte; selbst die Anhänger des Bar Abbas und die Boten der Priesterschaft waren verstummt. Wir erfuhren, daß Bar Abbas freigelassen worden war, ferner, daß Pilatus den Rabbi Jeschua mit einem Täfelchen, das die Aufschrift „König der Juden" trug, zu dem Tetrarchen geschickt hatte, um sowohl den Tetrarchen wie die Juden zu verhöhnen, und daß der Tetrarch keine Schuld an Jeschua gefunden und ihn in einem purpurnen Mantel zu Pilatus zurückgesandt hatte. Nun konnte dem Rabbi wohl nur noch ein Wunder helfen; er war vor der letzten Türe angelangt, und nur ein Eingreifen des Himmels konnte ihn retten. Und alle, auch die Anhänger des Bar Abbas und die Boten der Priesterschaft, warteten auf das Wunder. Sie standen auf dem Platz vor dem Palaste, sie reckten die Hälse, ihre Blicke hingen an den Zinnen der Mauer. Eine Woge der Frömmigkeit und mystischen Ahnung war über sie hinweggegangen, und viele unter ihnen glaubten bereits die Vorzeichen des Wunders zu sehen — Zeichen am Himmel, seltsame Schatten, als wollte die Sonne sich verdunkeln. Sie glaubten das ferne Tosen heranmarschierender Scharen zu hören, und sie erwarteten jeden Augenblick, die Himmel würden sich auftun und Feuer würde herabfallen, der Palast würde in den Erdboden versinken, wie vor alters die Rotte Korah, und aus den Trümmern würde, auf einer Wolke reitend, der Rabbi emporsteigen.

Sie vergaßen, daß dort drinnen hinter den mächtigen Toren ein Mensch aus Fleisch und Blut sich wie irgendein anderer Sterblicher in seinen Qualen wand. In ihren Augen war der Rabbi zu einem überirdischen Wesen geworden. Auch diejenigen, welche voller Zorn, mit geballten Fäusten herbeigeeilt waren, um den Palast zu erstürmen, verfielen dem Bann gläubiger Erwartung. Ihr Zorn legte sich, ihre Hände sanken herab; sie meinten, es müsse alles so sein, ihr Rabbi müsse auf die Probe gestellt werden — und dann würde das Wunder geschehen. Die,

die unterwegs vor Zorn und Kummer geweint hatten, vergaßen ihre Tränen, ihre Seufzer blieben ihnen im Halse stecken, so mächtig hielt der Glaube sie gepackt, der von der versammelten Menge auf sie übersprang. Und als Hanan ben Hanan das Schweigen brach und ausrief: „Wenn er der Messias ist, soll er es beweisen", da antworteten sie alle, die Anhänger wie die Gegner Jeschuas:

„Ja, er ist der Messias, und deshalb soll er es beweisen!"

„Wir wollen ein Wunder sehen!"

„Er soll wie Elias den Baal vernichten!"

„Er soll wie Daniel in die Löwengrube gehen!"

Dann trat plötzlich wieder Schweigen ein. Die mächtigen Tore des Palastes öffneten sich langsam. Zuerst kam Pilatus heraus, ein triumphierendes Lächeln auf seinem fleischigen Gesicht. Er warf einen verächtlichen Blick auf die wartende Menge. Hinter ihm kamen etliche Legionäre mit blitzenden Schwertern und Schilden. Dann folgten zwei germanische Söldner in ihren hohen Helmen; sie führten den Rabbi von Nazareth, sie stellten ihn an die Mauer, und wir sahen...

Wir sahen ihn, den ihr zum „König der Juden" gekrönt hattet. Wir sahen ihn. Ihr stelltet ihn vor uns hin. Hinter ihm ragte die gigantische, wuchtige Mauer des Herodes-Palastes, ein stummes Steingebirge, und er stand davor in seinem Glanz. Wir sahen das Blut von der Dornenkrone in seinen Bart fließen und auf den nackten Körper tropfen. Wir sahen ihn. Er, „dessen Gewand stets weiß gewesen, und sein Haupt ermangelte nicht der Salbe", stand nackt vor uns, angetan nur mit den Striemen der Peitschenhiebe, die Dornenkrone auf dem Kopf, den purpurnen Mantel um die Schulter. Das Kreuz mit der Aufschrift „Jeschua, König der Juden" hatten sie hinter ihm aufgepflanzt. Und neben ihm stand Pilatus. Auch ihn sahen wir. Er betrachtete die regungslose, schweigende Menge, und ein zynisches Lächeln glitt über sein feistes Gesicht. Sein dicker, kurzer Hals schien zu lachen, sein gedunsener Körper schüttelte sich vor innerem Gelächter, während er die Hand hob und fragte:

„Was soll ich mit ihm machen, den ihr den ‚König der Juden' nennt?"

Wir sahen, was er mit ihm, den er den „König der Juden' nannte, gemacht hatte, und wir alle empfanden die schneidende Ironie und Grausamkeit seiner Frage. Wir fühlten uns gedemütigt, beleidigt, verhöhnt. Unsere Blicke wandten sich dem Manne aus Nazareth zu. Wir sahen, wie die Qualen in seinem Inneren wüteten. Sie hatten ihn so sehr gemartert, daß er kaum noch atmen konnte; seine weißen Lippen bewegten sich, seine Nasenflügel zitterten, während er nach Atem rang. Er schaute uns an, und wir schauten ihn an. Wir waren von den Gipfeln der Hoffnung in den Abgrund der Verzweiflung gestürzt worden. An ihm hatte all unsere Hoffnung gehangen. Wir hatten geglaubt, daß jetzt, jetzt das Maß seiner Leiden voll sei, daß jetzt die Erlösung vor der Tür stehe, daß er jetzt sein Haupt erheben und seine Feinde vernichten würde. Ein einziges Verlangen hatte unsere Herzen erfüllt: „Jetzt soll es geschehen! Gottes Name sei geheiligt! Gottes Name muß geheiligt sein!“ Aber der Augenblick war vorbei, und das Wunder hatte sich nicht ereignet. Vor uns stand ein gemarterter und geschlagener Jude und neben ihm sein Henker, Pilatus.

Ein ersticktes Weinen entrang sich unserer Brust. Ein Mann neben mir biß sich in die Finger und jammerte leise vor sich hin. In dem Schluchzen rings umher hörte ich Worte aus den Psalmen, die von zuckenden Lippen kamen. Pilatus betrachtete unsere Schande und unsere enttäuschten Hoffnungen und rief abermals, als wollte er uns wieder verhöhnen:

„Was soll ich mit ihm machen, den ihr den ‚König der Juden nennt?“

„Kreuzige ihn!“ schrie Hanan ben Hanan, der mit bleichem Gesicht auf den Stufen der Plattform stand.

Und die Boten des Hohenpriesters schrieen gleichfalls:

„Kreuzige ihn!“

Die Weiber stimmten ein lautes Wehklagen an. Die Männer streckten ihre Arme aus.

„Er ist unser Bruder!“

„Er ist ein Betrüger und Verführer!“ riefen die Knechte des Hohenpriesters. „Er hat gesagt, er sei Gottes Sohn!“

Andere antworteten: „Jeder Jude hat das Recht, sich Gottes Sohn zu nennen. In der Thora steht geschrieben: Söhne seid ihr des Herrn eures Gottes! Wir beten zu unserem Vater im Himmel!“

„Er sagt, er würde den Tempel in drei Tagen zerstören!“ riefen die Diener des Hohenpriesters.

„Der Tempel ist eine Mördergrube!“ tönte es aus der Menge zurück. „Die Söhne Hanans sind die Herren des Tempels! Die Söhne Hanans haben ihn der Gewalt Edoms ausgeliefert.“

„Wer wird uns nun trösten?“ jammerte ein Weib, die Hände ringend. „Wer wird uns in unserer Armut erfreuen?“

Ein Schriftgelehrter sagte: „Noch ist nicht alles verloren! Vielleicht muß er den Kelch des Leidens bis zur Neige leeren, bevor die Erlösung kommt!"

Und der Gemarterte stand an der Mauer vor dem ragenden Kreuz. Es war, als sei er durch das Blut, das an ihm herabrieselte und von dem Holz eingesogen wurde, an's Kreuz geheftet. Ermattung lag in seinen Zügen, seine Augen flehten um Verzeihung. Mitleidsvoll und erbarmungswürdig blickte er auf das Volk, und zwischen ihm und den Versammelten woben Blicke hin und her wie unsichtbare Strahlen. Da vergaßen die Menschen alle ihre früheren Hoffnungen, und sie sahen nur noch einen Bruder vor sich, der ohne Sünde in die Gewalt der Gottlosen geraten war. Ein grenzenloses Erbarmen erwachte in ihnen. Sie reckten in ohnmächtiger Wut die Hände zum Himmel und riefen:

„Das ist die Antwort der Söhne Hanans!"

„Er war unser Bruder in der Stunde der Not, der Arzt unserer Leiden!"

„Weil er ihr Feilschen im Gotteshaus gestört hat! Das ist ihre Rache!" schrie ein alter Mann und zeigte auf Hanan. „Schaut ihn an!"

„Nein", riefen die Diener des Hohenpriesters. „Weil er den Namen Gottes gelästert hat! Deshalb haben wir ihn ausgeliefert. Es hat ein Verfahren stattgefunden!"

„Das war kein Verfahren! Die pharisäischen Rabbis waren nicht zugegen. Sie wußten nichts davon. Sie wurden nicht verständigt!"

„Sie allein, sie allein haben das Verfahren durchgeführt", rief ein junger Mann mit zitternden Schläfenlocken und zeigte auf die Boten der Priesterschaft.

Die Menge drängte sich näher an Hanan ben Hanan heran. Hände griffen nach ihm. Augen funkelten.

„Wir haben kein Verfahren durchgeführt", antworteten die Abgesandten der Priesterschaft atemlos. „Es war nur eine Untersuchung. Er hat sich für den Messias ausgegeben. Wenn er der Messias ist, möge er sich befreien!"

„Er hat sich nicht für den Messias ausgegeben! Er ist ein Rabbi in Israel! Er hat das Recht, die Thora nach seiner Weise auszulegen!"

„Es waren die Söhne Elis, die ihn verraten haben! Sie haben der Regierung erzählt, daß er der König der Juden werden wolle."

„Wir haben genug unter ihren bösen Zungen gelitten. Alle sind sie Angeber und Verräter, alle!“

„Seht! Da stehen sie, die sein Blut gefordert haben!“ stammelte ein alter Mann und zeigte unablässig auf Hanan ben Hanan. „Sie sind selber zur Regierung gelaufen, um gegen ihn zu zeugen. Und in der Thora steht geschrieben: Du sollst nicht nach dem Blut deines Bruders verlangen!“

Das Geschrei wurde lauter, immer enger umringte die Menge den jungen Hanan. Dann ertönte ein vielstimmiger Gesang:

„Weh uns, das sind die Söhne Hanans! Weh uns, das sind die Söhne des Beitus. Weh uns, das sind ihre heimlichen Ränke! Sie sind Hohepriester und ihre Söhne sind Schatzmeister und ihre Schwiegersöhne die Obersten des Tempels! Und ihre Knechte schlagen das Volk mit Stangen!“

Hanan ben Hanan wurde noch blasser. Immer enger rückte ihm die wütende Menge auf den Leib, im nächsten Augenblick würden sie ihn packen. Da kam Pilatus seinem Freund zu Hilfe. Ein Kommando ertönte, und die Soldaten warfen sich wie wilde Tiere auf uns. Schwerter blitzten, Blut begann zu fließen, die Menge stob auseinander und floh mit lautem Wehgeschrei.

Sie zerrten Jeschua wieder in den Hof des Palastes zurück und mit ihm Hanan ben Hanan: den einen, um ihn zu martern, und den anderen, um ihn zu schützen.

XXVI. KAPITEL

Die Leute verließen den Platz und gingen ihrer Wege. Die Sonne näherte sich dem Zenith, und diejenigen unter den Pilgern und Stadtbewohnern, die das Passah-Opfer noch nicht verrichtet hatten, beeilten sich, es jetzt zu verrichten, denn sie wußten, daß die Priester die Zeremonien nicht bis über den Abend hinaus, der der Sabbath war, fortsetzen würden. Der Platz vor dem Prokuratorium war fast leer, nur hier und dort standen ein paar Männer und Weiber umher. Einige von ihnen hielten immer noch an den Hoffnungen fest, die die anderen in der Bitternis ihres Herzens längst preisgegeben hatten, und sagten: „Es kann nicht sein, daß wir so gänzlich getäuscht wurden. Wir wollen warten. Vielleicht kommt im letzten Augenblick das Wunder.“

Unter den Weibern bemerkte ich die beiden Mirjams, die von Migdal und die hochgewachsene fremde Frau, von der es heimlich hieß, sie sei Jeschuas Mutter. Die letztere lehnte an der Wand eines Hauses gegenüber dem Prokuratorium und preßte das Gesicht gegen die kalten Steine. Neben ihr standen die beiden anderen Weiber. Mirjam von Migdal trug keinen Schleier. Die dichten angegrauten Haare fielen über ihre Schultern herab, und dort, wo die Flechten sich teilten, schimmerte ihr blutloses Antlitz hervor. Sie weinte nicht, sie klagte nicht; ihre dunklen Augen, die in dieser Stunde tiefsten Leides wieder ihren jugendlichen Glanz zurückgewonnen hatten, leuchteten in einem seltsamen Licht. Nur eine der Frauen schien den Mut nicht verloren zu haben, und das war Sulamith. Ihr Gesicht war unverschleiert, sie preßte die Lippen zusammen, aber ihre Augen funkelten wie die Augen eines Tieres, das zum Sprunge ansetzt.

Die Männer, die auf dem Platz zurückgeblieben waren, gehörten meist den ärmsten Schichten an, wie ich ihnen im Hause Simons, des Aussätzigen, begegnet war. Ich sah den Sklaven Joseph, den der Rabbi einmal in der Herberge der Kameltreiber getröstet hatte. Die Sklavenfesseln hingen an seinen Gliedern. Sein Gesicht hatte einen einfältigen Ausdruck; er sah aus wie ein Mensch, der einen Schlag auf den Kopf erhalten hat und nicht weiß, was vorgeht. In der Nähe stand Joseph von Arimathia, auf seinen Stab gestützt, und neben ihm, wie stets, der Konvertit Abraham ben Abraham. Er hielt den Kopf gesenkt, und es schien, als sei sein Gehirn in den Höcker gekrochen, der gleichsam sinnend sich emporreckte und des Rätsels Lösung zu suchen schien. Etwas abseits von ihnen stand der Wasserträger Hillel, stumm und regungslos in sich zurückgezogen wie eine Schildkröte in ihre Schale. Weder Erstaunen noch Überraschung zeigten sich in seinen schlichten Zügen. Es war, als sei alles, was sich ereignet hatte, für ihn so, wie es sein mußte. Diese Männer also bemerkte ich unter einigen anderen, die vor dem Tore des Prokuratoriums warteten. Und als ich mich einmal umdrehte, sah ich mit flüchtigem Blick einen struppigen Kopf um die Ecke der Mauer spähen und zwei blitzende, unstete, erschreckte Augen. Das war Simon. Aber ich konnte seine Gestalt nicht sehen, denn er hielt sich verborgen.

Nach einiger Zeit öffneten sich abermals die Tore des Prokuratoriums, und eine Abteilung römischer Legionäre unter dem Befehl eines Hauptmannes führte den Nazarener heraus. Er trug nun wieder einen weißen Mantel, der freilich nicht mehr weiß war, denn er schleifte mit den rituellen Fransen über den Erdboden hin und hinterließ rote Blutspuren auf den Steinen. Die Dornenkrone ruhte immer noch auf Jeschuas Haupt. Sein Antlitz konnte ich nicht sehen, denn die Last des Kreuzes drückte ihn fast bis zur Erde nieder. Sie hatten ihm das Kreuz auf den Rücken gelegt und seine Arme um den Stamm gefesselt. Und uns schien, als wiege das Kreuz schwerer denn sein eigenes Gewicht, als drückten unsichtbare Bürden den Körper Jeschuas nieder, sodaß er im nächsten Augenblick zusammenbrechen würde. Er schleppte sich vorwärts, und jeder Schritt bereitete ihm unendliche Mühe wie die Zerteilung des Roten Meeres. Hinter ihnen schritt Hermanus, der Schrecken der Juden, das Gesicht vor Zorn gerötet und mit Schweiß bedeckt. Er schwang eine Peitsche in der Hand und ließ sie auf den Nazarener niedersausen. Seine Mundwinkel schäumten vor Wut und Blutdurst. Der Gemarterte, auf dessen Haut die Tropfen der Todesangst sich mit den Blutstropfen vermischten, schleppte sich weiter, seine Glieder zitterten unter der Kreuzeslast und den Peitschenhieben. Sein durchnäßtes Gewand klebte an ihm. Seine Füße ließen rote Spuren auf den Steinen zurück.

Mirjam, die Mutter, begann mit dem Kopf gegen die Mauer zu schlagen, und die beiden anderen Frauen, Mirjam von Migdal und Sulamith, führten sie weg, und Sulamith mußte sie fast tragen. So folgten die drei Frauen dem Zuge. Nun hörte ich die anderen Weiber in schrillem, näselndem Tonfall einen Klagegesang anstimmen wie bei einem Begräbnis. Die Männer drängten sich in einer dichten Schar zusammen. Sie ballten die Fäuste, Flüche bebten auf ihren Lippen, ein Feuer schwelte in ihren Augen, aber ihre bedrückten Herzen zwangen sie zum Schweigen, und kein Laut kam aus ihrem Munde. Starr zu Boden blickend, folgten sie dem Zuge.

Das Klagegeschrei der Weiber, die höhnischen Rufe der Legionäre lockten die Bewohner der elenden Hütten, an denen wir vorüberkamen, vor die Tür. Die Prozession marschierte durch ein halbverlassenes Viertel der Stadt; ihr Ziel war Golgatha, die Schädelstätte, die am nordwestlichen Rande der Stadt lag. Die Weiber auf den Schwellen der Häuser rangen die Hände, als sie den Gemarterten inmitten der Soldaten erblickten, sie wandten sich zu den Männern und schrien:

„Ihr seid keine Männer! Ihr seid Weiber! Ihr seht die Qualen einer jüdischen Seele, und ihr schweigt! Will keiner ihn retten?"

„Weh uns! Es ist der Rabbi von Nazareth!“ jammerte ein Weib und wischte sich mit ihrem Haarschleier die strömenden Tränen von den Wangen. „Wie vielen hat er geholfen, und sich selbst kann er nicht helfen!“

Dann ereignete sich etwas, das uns alle veranlaßte, jählings innezuhalten, atemlos und mit offenem Munde. Der Rabbi stürzte zu Boden: das Kreuz schleppend zugleich mit jener unsichtbaren Bürde, die oben darauf lag, stolperte er und fiel. Er konnte nicht weiter; und Hermanus, wie ein schwarzer Raubvogel, beugte sich über ihn. Zähneknirschend schwang der Germane aus Leibeskräften die Peitsche und ließ sie immer wieder auf den hingestreckten Körper niedersausen. Die Weiber brachen abermals in Wehklagen aus; die Männer rückten näher heran, und ein Gemurmel wurde laut. Hier und dort hob einer die geballte Faust. Aber auf einen kurzen Befehl hin machten die Soldaten jählings kehrt, stürzten sich auf uns und schlugen mit den flachen Klingen nach rechts und links. Sie packten mich und noch einige andere und schleppten uns zu dem befehlhabenden Offizier, der mit lauter Stimme rief:

„Nehmt sie fest! Wir werden sie vor Gericht stellen, weil sie versucht haben, den Gefangenen zu befreien.“

Es gelang mir jedoch, mich loszureißen, und ich entwischte ohne weiteren Schaden; ich hatte nur einen heftigen Schlag hinter's Ohr erhalten. Sie machten keinen Versuch, mich zu verfolgen.

Inzwischen war Jeschua wieder ein wenig zu Kräften gekommen. Ganz allein, aus eigener Willenskraft, richtete er sich auf, nahm das Kreuz und stolperte weiter. Wir folgten ihm in einiger Entfernung, denn die Soldaten schlossen hinter ihm ihre Reihen, und wir waren durch einen Wall von Schwertern von ihm getrennt.

Es dauerte nicht lange, da blieb Jeschua abermals, nach Atem ringend, stehen. Er bemühte sich, mit seiner Bürde weiterzustolpern, aber die Kräfte hatten ihn verlassen, und er konnte sich nicht mehr bewegen. Vergebens traf ihn die Peitsche. Seine Knie versagten, und das Kreuz mit all der unsichtbaren Bürde, die darauf lastete, fiel über ihn hin. Immer noch sauste die Peitsche auf ihn nieder; aber er rührte sich nicht. Er war am Ende seiner Kräfte angelangt. Die Weiber im Zuge jammerten: „Tut den Gottlosen Einhalt!“ Die Männer blickten verzweifelt zum Himmel auf. Vielleicht war nun das Zeichen bereit, und Donner und Blitz der himmlischen Mächte würden die Gottlosen treffen; und auch sie begannen Rufe auszustoßen. Einige von ihnen näherten sich den Soldaten und riefen: „Laßt uns das Kreuz tragen!" Die Soldaten schenkten ihnen keine Beachtung. Unablässig sauste die Peitsche auf den Nazarener nieder.

Dann kam plötzlich aus einer Seitengasse Simon von Kyrene. Er schien nicht zu wissen, was im Gange war und was sich nachts und am frühen Morgen ereignet hatte, denn er trug seinen Spaten und sein Jätmesser auf der Schulter, als kehre er soeben von den Feldern zurück. Und bevor wir recht merkten, was geschah, bevor Rufus ausrufen konnte „Vater!", hatte Simon sich von seinem Erstaunen erholt, die Reihen der Legionäre durchbrochen und sich dem Rabbi zu Füßen geworfen. Die Soldaten packten ihn, nahmen Jeschua das Kreuz ab, banden es Simon auf den Rücken und schlugen ihn mit der Peitsche, um ihn anzutreiben.

„Vater! Vater!" rief Rufus über die Reihen der Soldaten hinweg.

„Rufus!" rief ich.

„Ein Jude muß stets bereit sein, für einen anderen Juden das Kreuz zu tragen." Simon von Kyrene erhob sich, die hohe Gestalt unter der Bürde gebeugt.

Die Soldaten waren glücklich, daß sie ein neues Opfer gefunden hatten. Sie trieben nun Simon ebenso vorwärts, wie sie den Rabbi von Nazareth vorwärts getrieben hatten, der sich mühsam hinter dem Kreuzträger herschleppte. Und der Rabbi ging immer noch gebückt, als sei nur das Kreuz, nicht aber die unsichtbare Bürde von ihm genommen worden. So schritten sie dahin, Simon, der Rabbi, die Soldaten, die jammernden Weiber und Männer.

Golgatha, Schädelstätte, hieß der Hügel dicht vor der Stadtmauer, auf dem die von der Regierung zum Tode Verurteilten gekreuzigt wurden. Der Name rührte von einer Verordnung der römischen Behörden her, daß alle, die auf diesem Hügel den Tod erlitten, so lange am Kreuze hängen bleiben sollten, bis die Vögel ihr Fleisch verzehrt hatten, während es in Israel Gesetz war, daß auch ein Hingerichteter nicht einen Tag lang unbeerdigt bleiben durfte. Immer wieder hatten die Weisen die Römer gebeten, diese grausame Verordnung zu widerrufen. Aber ihre Bemühungen waren fruchtlos geblieben. „Golgatha" war unter den Juden ein Schreckenswort wie der Name des Germanen Hermanus, ein Wort, das Greuel und Schändlichkeit bedeutete. Und obgleich der Hügel von Golgatha ganz in der Nähe der

Stadt lag, unweit des Tores an der nordöstlichen Ecke, wichen die Juden ihm aus, als ob er mit unsäglichen Krankheiten verseucht sei. Pilatus und seine Sklaven sorgten dafür, daß es der Schädelstätte nicht an Opfern mangelte. Zu diesem Orte, nach Golgatha, führten sie nun den Rabbi von Nazareth.

Einige unter denen, die dem Zuge folgten, weigerten sich, auf den Hügel hinaufzugehen. Sie blieben unten stehen, denn sie hatten Angst, über die umhergestreuten Gebeine zu stolpern und sich auf diese Weise zu verunreinigen. Andere aber, der Gefahr nicht achtend, folgten weiter dem Rabbi und Simon von Kyrene, der das Kreuz trug. Aus der Ferne sahen wir das blutbefleckte Gewand des Nazareners zwischen den Lanzen der Krieger leuchten. Wir konnten nicht allzu nahe herankommen, denn das duldeten die Krieger nicht. Wir beobachteten, wie sie den Nazarener auf den Gipfel des Hügels führten. Zahlreiche Kreuze standen auf dem Hügel, mit Blut überkrustet, und die Leiber der Gekreuzigten waren verkümmert und verzerrt. Bei manchen konnte man nicht erkennen, ob sie noch lebten oder schon tot waren; ihre Münder und ihre Augen standen offen, die Lippen waren verzerrt, die Zunge hing heraus. Einige aber bewegten sich noch, und ab und zu hörten wir sogar die schrecklichen Flüche der Sterbenden. Etliche der Kreuze waren mit ihrer Bürde umgesunken, die Leichen waren bereits halb verfault und halb von den Vögeln aufgefressen. Der ganze Hügel war mit Menschenleichen übersät und durchtränkt mit den Seufzern menschlicher Qual. Ein Stöhnen hing in der Luft, das letzte Stöhnen der Sterbenden, die an den Kreuzen hingen.

Ich fühlte, — und alle, die dabei waren, fühlten es auch — wie der Rabbi, als er zum Gipfel von Golgatha hinanstieg, die Klagen und Schmerzen, welche die Hänge füllten und die Luft, die uns umgab, gleichsam in sich einsog. Als er das Ziel seines Weges erreicht hatte, erblickte er auf dem Gipfel zwei Kreuze, und an ihnen hingen zwei Menschen. Die Krieger nahmen Simon das Kreuz ab und legten es auf die Erde. Dann packten sie den Rabbi und führten ihn zu dem Kreuz.

Wir schauten aus der Ferne zu und warteten mit angstgequälten Herzen. Eine Stille senkte sich auf die Erde nieder, eine Stille, daß wir den Wind zwischen den Kreuzen und den toten Leibern der Gekreuzigten sausen hörten. Wir wagten nicht zu atmen, denn jetzt, jetzt würde sicherlich etwas geschehen. Jetzt hatte der Rabbi den tiefsten Abgrund der Qualen erreicht. Jetzt hatte er die schmale Grenze erreicht, die das Leben vom

Tode scheidet. Er stand vor der letzten Türe. Seine Augen hatten alles gesehen, seine Ohren alles gehört, sein Körper alle Kümmernisse und alle Qualen erlebt; er war bis zum Überfließen mit dem Weine der Bitterkeit angefüllt. Er hatte den Tränenkelch bis zum letzten Tropfen geleert. Und wir glaubten zu verstehen, warum er sich hierher hatte führen lassen, auf den Gipfel von Golgatha: damit er seinen Aufstieg in die Erlösung aus der tiefsten Hölle menschlicher Bosheit beginne — aus den letzten Tiefen zur letzten Glorie empor. Und auf unseren Lippen zitterte ein Lied:

„Mit dir, mit dir in der Höhe!"

Und wir waren überzeugt, er würde, wenn sie ihn auf das Kreuz legten, seine Hände erheben, die Augen gen Himmel richten, und die Erlösung würde beginnen. Uns war, als hörten wir bereits unzählige Flügel rauschen.

Weh uns! Nichts geschah. Gesenkten Hauptes, wie ein gebundenes Lamm, näherte er sich dem Kreuz. Seine Züge blieben starr. Aus seinen halb geschlossenen Augen starrte Todesangst.

„Dein ist die Macht, in deinen Händen ist die Stärke!" rief eine Stimme am Fuße des Hügels. „Laß das Reich beginnen."

„Rufe Elias! Rufe die Engel herab!"

„Rette dich und uns!"

„Komm, zeige uns deine Macht, wenn du der bist, der du zu sein behauptest!"

Aber der Rabbi duldete, daß sie ihm die Kleider auszogen, den Mantel und das Hemd, das von Schweiß und Blut durchtränkt war. Und die Nägel menschlicher Bestien zerrissen Mantel und Hemd wie Josephs Rock. Nackt stand er da, wie seine Mutter ihn geboren hatte, ein fleischloser Körper, eine weiße, mit Striemen bedeckte Haut, über die Knochen gespannt, ein Leib, der wie der Leib irgendeines Menschen zitterte, welcher dem Tode gegenübersteht. Dann nahm er seine Kraft zusammen. Er schloß die Augen und gab sich dem Geiste hin, während seine Lippen sich wie segnend bewegten. Sie richteten das Kreuz hinter ihm auf, sie hoben seine Arme zu den Armen des Kreuzes empor, und er stand bereit, den Tod auf sich zu nehmen.

Jetzt! Jetzt! Wie lange noch sollen die Gottlosen jubeln?

Aber Hermanus, der Schrecken Israels, nahm einen Hammer und einen Nagel und begann den Nagel durch des Rabbi Fleisch, durch seine Handfläche in das Kreuz zu hämmern.

Ein Aufschrei der Weiber, der Schrei eines gequälten Kindes, — und ein Aufschrei der Männer.

Hermanus, das grausame Gesicht gerötet, hämmerte den Nagel durch des Rabbi Fleisch, langsam, bedächtig, Schlag um Schlag, als bereite ihm der Schwung seines Armes Vergnügen, als könne er den Gedanken nicht ertragen, daß seine Lust bald ein Ende haben würde. Und das Opfer am Kreuz, wie irgendein gequälter Sterblicher, grub seine Zähne in die Lippen; seine Augen traten hervor und bedeckten sich mit Blut. Der römische Hauptmann stand da und schaute zu.

„Zeige uns jetzt, zeige uns jetzt, daß du der Messias bist!" riefen zahlreiche Stimmen. „Zerschmettere Edoms Macht!"

Aber der Rabbi krümmte sich in Schmerzen; ein irdischer Mensch, von Jammer erfüllt.

Plötzlich hörten wir die Stimme des Judas Ischariot, der hinter einem halbumgesunkenen Kreuze zum Vorschein kam. Ein lauter Schrei entrang sich seiner Brust:

„Ich verstehe dich jetzt, Rabbi! Ich sehe dich jetzt!"

Er fiel hin und preßte sein Gesicht an die Erde. Der Gequälte am Kreuz versuchte den Kopf zu heben, um zu erfahren, wer ihn so im letzten Augenblick rief. Und er sah die hingestreckte Gestalt des Judas. Eine Sekunde lang wich die Qual aus seinen Zügen, Freude blitzte wieder aus seinen Augen. Wir sahen deutlich die letzte Träne in den Augen des Galiläers schimmern. Seine Lippen bewegten sich wie im Gebet, aber wir hörten keine Worte, denn die Peitsche des gottlosen Hermanus sauste abermals auf sein Fleisch nieder.

„Ich sehe ihn jetzt, ich weiß jetzt, wer er ist! Wehe meiner Seele!" jammerte Judas. Er sprang auf und floh gegen die Stadt hin.

Langsam, einer nach dem anderen, machten die Männer kehrt und verließen den Ort und sagten:

„Es ist alles zu Ende."

Auch ich kehrte in die Stadt zurück, Verzweiflung im Herzen, um meinem Rabbi die traurige Kunde zu bringen.

Rufus wollte mich nicht begleiten. Er sagte:

„Es kann nicht sein, daß alles zu Ende ist."

Und er blieb mit den Weibern zurück, um zu sehen, was noch geschehen würde.

XXVII. KAPITEL

Als ich nach Hause kam, traf ich meinen Rabbi in stummer Bekümmernis an, denn er hatte bereits von den Martern gehört, die Edom dem Nazarener zugefügt, und von dem bitteren Spott, mit dem sie ihn und durch ihn ganz Israel überhäuft hatten. Gleich uns allen hatte Rabbi Nikodemus bis zum letzten Augenblick auf das Wunder gewartet, durch welches Gott den Rabbi von Nazareth aus den Händen seiner Henker befreien würde. Und als er nun hörte, daß das Ende gekommen war, und daß die Krieger Edoms den Rabbi ans Kreuz geschlagen hatten, rief er:

„Solange die Seele nicht entflohen ist, dürfen wir nicht verzweifeln."

Nach einer Weile sagte er zu mir:

„Siehe die Größe des Gerechten: je schlimmere Leiden er zur Ehre Gottes erduldet, desto enger klammert er sich an seinen Vater im Himmel. Das Leid ist die Quelle, aus der der Gerechte seinen Glauben schöpft. Aus dieser Quelle gibt Gott seinen Auserwählten zu trinken..."

Und nach abermals einer Weile sagte er:

„Wer weiß, wie weit das gehen wird!"

Und mein Rabbi trat in eine Ecke des Bethauses und betete lange und stumm. Aber seine Seufzer schienen das Dach des Bethauses spalten zu wollen, und sein Gewand wurde feucht von der Qual seiner Gedanken. Nicht nur seine Seele, sondern sein ganzer Körper schrie zu Gott, und wir sahen, daß er die Qualen des Galiläers erlebte; denn wer für einen anderen zu Gott betet, muß sich völlig in die Lage dessen versetzen, dem seine Fürbitte gilt.

Mein Rabbi kehrte zu mir zurück und sagte:

„Nun ist es Zeit für das Passah-Opfer. Ich will nicht länger im Schatten des Kummers verharren, sondern mich in Freude hüllen, wie geschrieben steht: ‚Ich freute mich und sagte zu mir, nun will ich hinaufgehen zum Gotteshaus.' Vielleicht wird Gott zu Ehren des Festes ein Wunder tun und im letzten Augenblick den Rabbi von Nazareth retten. Bei Gott ist alles möglich."

Dann wusch er sich und wechselte sein Gewand und schickte sich an, zum Tempel hinaufzugehen, denn nun hatte die Sonne ihren mittäglichen Stand erreicht, und die Stunde des Opfers war nahe. Aber bevor er aufbrechen konnte, öffnete sich die

Tür, mein Freund Rufus kam laut klagend hereingestürzt und fiel meinem Rabbi um den Hals.

Er zitterte vor Entsetzen am ganzen Leib. Mein Rabbi hielt ihn umschlungen, wie ein Vater seinen Sohn hält, und sagte zu ihm:

„Deine Miene verrät Schlimmes, Rufus."

Rufus ruhte immer noch an des Rabbi Brust und weinte und konnte sich nicht fassen. Da sagte mein Rabbi:

„Nimm dich zusammen, mein Sohn, und erzähle mir, was mit dem Rabbi von Nazareth geschehen ist. Denn von dem Gerechten müssen wir lernen, stark im Glauben zu sein und den Namen Gottes zu heiligen."

Rufus sagte:

„Wehe meinen Augen, die es gesehen haben! Es gibt keine Marter, die sie ihm nicht zugefügt hätten!"

Er brach wieder in Tränen aus. Aber mein Rabbi sagte:

„Erzähle!"

Rufus faßte sich mühsam und berichtete:

„Nachdem sie ihn ans Kreuz geschlagen hatten, nahmen sie das Täfelchen mit der Aufschrift ‚Jeschua, König der Juden' und befestigten es über seinem Haupte am Kreuz. Und sie verspotteten ihn und riefen: ‚Nun, König der Juden, rette dich!' Aber der Rabbi schaute sie nur voller Mitleid an, und seine Lippen waren von Schmerzen verzerrt. Seine Arme waren zu schwach um den Körper aufrechtzuhalten, sein Rücken gab nach, und er beugte sich vornüber. Und wir dachten jeden Augenblick, sein eigenes Gewicht würde ihn vom Kreuze losreißen, oder der Wind würde ihn herabwehen, denn es hatte sich ein Wind erhoben, und der Himmel war schwarz. Und dann glaubten wir Flügelrauschen zu hören, und wir dachten, der Wind würde den Rabbi davontragen, und wir fürchteten uns. Wir dachten, der Wind würde die Finsternis vertreiben, und aus der Helle würden die Engel kommen, um den Rabbi zu entführen. Aber der Wind umbrauste den Rabbi wie in stürmischer Liebkosung und erstarb.

Und nachdem der Wind sich gelegt hatte, sahen wir den Rabbi am Kreuz hängen. Sein Antlitz hatte sich gewandelt. Seine großen Augen blickten zum Himmel empor. Er hielt den Mund geschlossen, und auf seinen Lippen stand ein leichter Schaum, als hätte jemand sie mit einem Trunke genetzt. Nun zeugten nicht nur seine Züge, sondern sein ganzer Körper von seiner Qual. Sein Körper wand sich hin und her, seine Hände waren schlaff, seine Brust war eingesunken, der Unterleib aufgeschwollen, er bemühte sich aufrecht zu bleiben, er preßte die Zehen gegen den Schaft des Kreuzes, doch immer wieder sank sein Kopf auf die Brust herab, und sein Körper war gelb wie Wachs, abgezehrt, dürr, aber zart wie Elfenbein. Und sein bleiches Antlitz, von Blut überrieselt, starrte zwischen dem Bart und den Schläfenlocken hervor und war ein einziger Aufschrei zu Gott. Immer noch bot er alle seine Kräfte auf, hob den Kopf, blickte gen Himmel, als erwarte er Hilfe von oben; und die Hilfe kam nicht.

Die Weiber standen vor dem Kreuze und sahen seine Qual. Und eine von ihnen, die hochgewachsene Mirjam, legte den Kopf an die Brust der anderen Mirjam, auf die sie sich stützte. Und dennoch sank die große Mirjam in die Kniee und blieb eine Weile knieen. Dann erhob sie sich plötzlich und stand aufrecht da und blickte zu dem Antlitz des Gekreuzigten auf. Keine Träne war in ihren weitgeöffneten Augen, ihr Gesicht war wie eine steinerne Maske; kein Muskel regte sich in ihrem Antlitz, das sie zu dem Dulder emporwandte. Und es schien, als ob ihre und seine Qual in sie eindrängen. Und dann war es plötzlich, als hätte das Leid, das sie in sich aufgenommen hatte, ihr neue Kraft gegeben und sie aufgerichtet und ihre Glieder gestärkt, daß sie ihr nicht mehr versagten. Und so, stumm, regungslos, trockenen Auges, blieb sie bis zum Ende stehen.

Dann begann der Gekreuzigte sich abermals in Schmerzen zu winden, und Schaum trat auf seine Lippen. Abermals sank sein Kopf herab. Er murmelte etwas. Und der römische Hauptmann, der neben dem Kreuze stand, ließ sich von einem der Krieger einen Schwamm geben und tauchte ihn in eine Flüssigkeit und reichte ihn an einem Stab zu den Lippen des Dulders empor, unter dem lauten Gelächter der Krieger.

Nun richtete der Gekreuzigte seinen Blick auf den römischen Hauptmann, und es war ein Blick voller Qual und war doch zugleich ein Blick des Erbarmens, und wir hörten ihn sagen:

„Vater, vergib ihnen, denn sie wissen nicht, was sie tun!“

Als der römische Hauptmann diese Worte hörte, trat er näher an das Kreuz heran und sagte etwas zu dem Dulder, aber wir verstanden nicht, was er sagte.

Plötzlich hob Jeschua den Blick zum Himmel, stöhnte bitterlich, und von seinen Lippen kam ein Schrei:

„Eli, Eli, lama asabthani?“

Und als Mirjam diesen Schrei vernahm, streckte sie die Hände aus und rief:

,Tinoki, Tinoki! Mein Kleiner! Mein Kleiner!'

Aber die Verzweiflung und Todesangst in des Rabbi Mienen währten nicht lange. Er wurde wieder stark, und seine Ruhe kehrte zurück. Die Krämpfe, die seinen Körper geschüttelt hatten, hörten auf. Er wurde klein, als sei er zusammengesunken, und seine Beine krümmten sich langsam. Mit einer letzten Anstrengung blickte er noch einmal zum Himmel auf, und er rief mit heller Stimme: ,Höre, Israel, der Herr, unser Gott, der Herr ist eins.'

Wieder schloß er die Augen. Über seine Lippen glitt ein feierliches Lächeln. Friede senkte sich auf ihn herab. Wir hörten ihn murmeln, wie in einem Schlummerlied: ,In deine Hände befehle ich meine Seele!'

Und er starb in Heiligkeit und Reinheit, das Lächeln auf den Lippen."

* *
*

Nachdem Rufus geendet hatte, sagte mein Rabbi:

„In der Thora steht geschrieben: ,Du sollst den Herrn, deinen Gott, von ganzem Herzen und von ganzer Seele und mit ganzer Kraft lieben.' Daher lehren unsere Weisen: ,Du sollst ihn mit allen deinen Fähigkeiten und in jeder Lage lieben. Das heißt, du sollst ihm für das Böse ebenso danken wie für das Gute.' Kommt, meine Schüler, laßt uns Gott danken, daß er den Gerechten nicht lange am Kreuze hat leiden lassen." Mein Rabbi erhob seine Hände zum Himmel und rief: „Gelobt sei der gerechte Richter!" Und zu uns sagte er: „Seid getrost, meine Söhne. Unter Segenssprüchen wird man des Gerechten gedenken." Dann kehrte er sein Gesicht der Wand zu und betete inbrünstig: „Vater aller Geschöpfe, erbarme dich deines Knechtes Jeschua ben Joseph, der dir zu dienen trachtete von ganzem Herzen und von ganzer Seele, und der sein Leben für dich gelassen hat. Er hat sein Blut für dich vergossen wie Wasser, und sein Leib war von Wunden zerrissen wie ein Sieb. Aber er hat sich nicht gegen dich empört, und er hat in Liebe deine Leiden auf sich genommen, auf daß dein Name geheiligt sei. Erbarme dich seiner und nimm die Seele des Gerechten als ein reines Opfer hin und schenke seiner Seele Frieden und nimm ihn auf unter die Schwingen deiner Schechina. Amen!"

Dann befahl uns der Rabbi, Wasser zu holen, und er ging zur Türe des Bethauses und wusch sich die Hände und sagte:

„Vater im Himmel, du weißt, daß unsere Hände dieses Blut nicht vergossen haben. Wir und unsere Kinder sind ohne Schuld."

Und zu uns sagte er:

„Das Gebot, den Toten Ehre zu erweisen, wiegt schwerer als alle anderen Gebote der Thora, schwerer selbst als das Gebot des Passah-Opfers. Und wer den Tod erlitten hat, damit der Name Gottes geheiligt werde, ist ein Märtyrer und eine reine Seele. Der Rabbi von Nazareth, den Edom erschlug, damit der Name Gottes geheiligt werde, ist ein Märtyrer in Israel, und für sein Begräbnis zu sorgen, ist das größte aller Gebote. Eilt daher zu Joseph von Arimathia und bittet ihn, an die Regierung heranzutreten, denn er ist dort sehr angesehen, und er soll verlangen, daß die Gottlosen den Leichnam des Heiligen, den sie erschlagen haben, herausgeben, und er soll jeden Preis bezahlen, den sie fordern, wäre es auch sein ganzes Vermögen, damit wir den Leichnam des Heiligen nach jüdischem Gesetz bestatten, bevor die Sonne untergeht und der Sabbath beginnt. Und ich selbst will nach Golgatha gehen und dort auf ihn warten, bis er die Erlaubnis bringt, den Leichnam des Heiligen vom Kreuz abzunehmen."

Mein Rabbi holte aus seiner steinernen Truhe den Vorrat an kostbaren Salbölen, der seine einzige Leidenschaft und seine einzige irdische Habe war, und er ging mit seinen Schülern nach Golgatha, um das Begräbnis des Heiligen vorzubereiten.

XXVIII. KAPITEL

Joseph von Arimathia besaß eine Perle, die er von seinen Vätern geerbt hatte, und diese Perle hatte eine besondere Eigenschaft: wenn ein sündiger Mensch sie ansah, quälte sein Gewissen ihn wie mit Peitschenhieben, und er bereute seine Sünden und begehrte, sich von dem Bösen abzuwenden. Diese Perle gab Joseph von Arimathia dem Pontius Pilatus als Preis für den Leichnam Jeschuas. Und wenige Tage später schickte Pilatus die Perle zurück, weil er ihren Anblick nicht ertragen konnte.

Joseph von Arimathia nahm das Täfelchen mit dem Befehl des Pilatus an den römischen Hauptmann, den Leichnam Jeschuas freizugeben, und macht sich nach Golgatha auf. Am

Stadttor erwarteten ihn mein Rabbi und dessen Schüler und die Brüderschaft meines Rabbi. Und unter den Mitgliedern der Brüderschaft befanden sich auch der Wasserträger Hillel und Simon von Kyrene und der Konvertit Abraham ben Abraham.

Als wir näher kamen, erblickten wir bereits aus der Ferne den Nazarener, denn sein Körper war von einer seltsamen leuchtenden Weiße, und zufällig brach soeben die Sonne durch die Wolken und ihre Strahlen fielen auf den weißen Leib. Mirjam von Migdal lag ausgestreckt am Fuße des Kreuzes und vergrub ihr Gesicht in der Erde. Und sie lag so regungslos da, daß wir nicht wußten, ob sie tot sei oder lebendig, denn sie gab kein Lebenszeichen von sich. Neben dem Kreuz saß Sulamith, die Witwe des Zebedäus. Ihre runden, weit aufgerissenen, schlichten Augen, vom Weinen gerötet, waren auf den Leichnam des Rabbi von Nazareth geheftet, und in ihrem Blick mischte sich mütterlicher Kummer, mit grenzenlosem Glauben, als erwarte sie immer noch, daß der Dulder am Kreuz erwachen und ein Wunder vollbringen würde. Dicht neben ihr stand die große Mirjam. Die Haut ihres Gesichtes hatte die gleiche Todesfarbe wie der Leichnam des Rabbi, und sie blickte unverwandt in das tote Antlitz Jeschuas. Ihre schmalen Lippen waren wie erstarrt und bewegten sich nicht. Nur ihre sanften, lebendigen Augen schienen den Anblick des Gemarterten in sich einzusaugen. Etwas abseits von den Weibern stand der römische Hauptmann neben seinen ermüdeten Kriegern.

Aus den Leibern der beiden Räuber, die zur Rechten und Linken des Rabbi am Kreuze hingen, war das Leben entflohen. Aber es schien, als hätten sie in ihrer letzten Qual sich zu ihm gewandt, um sterbend seinen Anblick vor Augen zu haben. Die Zunge hing ihnen aus dem Munde, die Adern an ihren Körpern waren dick geschwollen, als wollten sie jeden Augenblick sich vom Fleische lösen. Ihre Augen standen weit offen und traten aus den Höhlen hervor und starrten im Tode den gequälten, ausgebluteten und abgezehrten Leichnam des Rabbi an. Als wir, mein Rabbi, seine Schüler und die Brüderschaft, anlangten, hatten wir das Gefühl, daß sich etwas ereignet habe — wir wußten nicht, was —, denn es lag eine seltsame Stille und Ekstase in der Luft, die sich nicht nur der Weiber bemächtigt hatte, sondern auch des römischen Hauptmannes, der etwas abseits stand, ganz befangen von der Stimmung, die über dem Ort ruhte; und sogar die Krieger, ermattet von ihrem blutigen Werk, waren unruhig und blickten erschrocken drein.

Joseph von Arimathia ging zu dem Hauptmann hin und zeigte ihm den schriftlichen Befehl des Pilatus, und wir, der Rabbi, seine Schüler und die Brüderschaft, durften uns dem Kreuze nähern. Und erst, als wir ganz nahe herangekommen waren, merkten wir, wie blutlos, wie abgezehrt und wachsbleich der Leichnam war. Und dennoch war ihm eine seltsame Frische eigen, etwas Kindliches und Neugeborenes. Sein Haupt hing auf das verzerrte Fleisch herab, über dem Schrei seiner klaffenden Wunden.

Mein Rabbi begann sich mit dem Leichnam zu beschäftigen, und nur die durften ihm helfen, die er dessen für würdig hielt. Stumm, mit einem kurzen Blick, befahl er den Frauen, sich zurückzuziehen und die Arbeit den Männern zu überlassen; und mein Rabbi und Joseph von Arimathia und Simon von Kyrene und der Wasserträger Hillel walteten ihres Amtes. Wir Schüler durften den Rabbi auf unsere Schultern heben, damit er die Nägel aus dem Fleisch des Nazareners ziehen und ihn von dem Kreuze losmachen könne.

Und sie hatten lange zu tun, denn sie bemühten sich, alle die Vorschriften zu erfüllen, die ein jüdisches Begräbnis betreffen, und sie wollten nicht den geringsten Rest Fleisch an d Kreuze oder an den Nägeln zurücklassen. Nachdem mein Rabbi die Hände des Nazareners losgemacht hatte, nahm er ihn auf den Rücken. Eine Mutter trägt nicht zärtlicher ihr einziges Kind, das sie unter Tränen und Schmerzen geboren hat, als nun mein Rabbi den trug, der am Kreuze gelitten und sein Leben ausgehaucht hatte. Und während mein Rabbi so dastand, den Leichnam auf den Schultern, entfernten Joseph von Arimathia und Simon von Kyrene die Nägel aus den Füßen. Und als der Körper völlig vom Kreuze gelöst war, trugen die vier Männer, mein Rabbi, Joseph von Arimathia, Hillel und Simon von Kyrene, ihn weg.

Sie nahmen den Leichnam und legten ihn auf ein weißes Tuch, das Joseph von Arimathia mitgebracht hatte. Und der Leichnam, der da in seiner Weiße auf dem weißen Tuch lag, war wie der Leichnam eines Kindes, das Schmerzen gelitten hat und nun friedlich in den Armen seiner Mutter ruht, sicher vor allem ferneren Leiden. Aber mein Rabbi, der den Leichnam vor der Berührung menschlicher Blicke schützen und ihn unbefleckt, mit all seinen schreienden Wunden, dem Vater im Himmel übergeben wollte, hüllte ihn hastig in das Tuch, und dann hoben er und Joseph ihn mit zärtlicher Sorgfalt auf und trugen ihn schnell den Hügel hinab. Mein Rabbi und Joseph von Arimathia trugen den Leichnam, und Simon von Kyrene und Hillel und Abraham ben Abraham folgten ihnen, und dann kamen wir, die Schüler, und hinter uns die Weiber.

Und als wir an einigen der Gekreuzigten vorüberkamen, die noch nicht gestorben waren, verzerrten sich ihre Leiber, und sie reckten sich von den Kreuzen weg, sie vergaßen ihre Qualen und folgten mit starrem Blick dem Leichenzug des Rabbi von Nazareth. Und selbst der römische Hauptmann und seine Krieger traten zur Seite, um uns Platz zu machen, und ich sah deutlich an der Miene des Hauptmanns, daß sein Herz in Scheu und Ehrfurcht verging.

Und wir schritten rasch dahin, denn der Himmel hatte sich umwölkt, und es war, als hinge die Nacht hinter Golgatha, zögernd, bevor sie sich herabsenkte, daß wir zuvor den Leichnam des Heiligen begraben hätten.

Nun besaß Joseph von Arimathia in der Nähe einen Garten, und dort hatte er in einer Höhle eine Grabstätte für sich vorbereitet. Und er sagte: „Ich will mein Grab dem Heiligen schenken, dort möge er in Frieden ruhen."

Daher trugen sie den Leichnam dessen, der am Kreuze gelitten hatte, in den Garten des Joseph von Arimathia, und sie wälzten den Stein von der Höhle weg und legten den Leichnam hinein. Und mein Rabbi nahm die kostbaren Salben, die er für sein eigenes Begräbnis bestimmt hatte, und legte sie zu dem Leichnam in die Höhle. Und als mein Rabbi aus der Höhle herauskam, rief er:

„Er ist rein! Er ist rein! Er ist rein!"

Dann wälzten sie wieder den Stein vor den Eingang der Höhle, und mein Rabbi stand auf, trat vor und sprach: „Der Name des Herrn sei geheiligt." Er redete nicht mehr von ihm, den wir begraben hatten, denn der Sabbath wartete, und wir hatten es eilig.

Und als wir aus dem Garten hinauskamen, war der Himmel wieder klar geworden, und die dicken Wolken waren davongezogen und in die blaue Tiefe versunken, und nur ihre silbernen Ränder glänzten noch über den Hügeln. Und von den Hügeln herab begann der heilige Sabbath auf Jerusalem niederzugleiten, geleitet von den letzten Strahlen der sinkenden Sonne.

Und der Sabbath-Friede ruhte über der Welt.

Als wir nun in die Stadt eilten, kamen wir durch ein leeres Gäßchen, das an der Mauer entlanglief, und dort stand im

Schatten ein Feigenbaum, der in der hereinbrechenden Dunkelheit wie ein Kreuz aussah, und als sei ein Mensch an das Kreuz geheftet. Und wir hielten inne und traten näher, um zu sehen, was das sei, und wir sahen Judas Ischariot an einem Strick an einem der Äste des Feigenbaumes hängen.

Und mein Rabbi trat neben den Erhängten und sagte:

„Judas! Judas! Deine Ungeduld hat dich das Leben gekostet. Siehe, es steht geschrieben: ‚Wer auf den Pfaden der Einfalt wandelt, dem wird geholfen, und wer krumme Pfade wandelt, der wird fallen!‘ Gott erbarme sich deiner Seele!“

XXIX. KAPITEL

Das alles las ich Pan Viadomsky während des Frühlings in seinem Zimmer in der Bonaparte-Straße in Warschau vor... Und es war eines Abends zu später Stunde, daß ich den Bericht über meinen Anteil an der Tragödie beendete, die in jenen fernen Ostertagen zu Jerusalem sich abgespielt hatte.

Schon seit längerer Zeit war Pan Viadomsky krank und ans Bett gefesselt. Ich saß an seiner Seite und las aus den Papieren vor, in denen ich alle meine Erinnerungen an mein früheres Leben verzeichnet hatte; und er hörte mit geschlossenen Augen zu. In der letzten Zeit hatte sein Leiden sich verschlimmert, und sein Körper war dünn und abgezehrt wie das Gerippe eines Herings. Ja, eigentlich war er nur noch ein menschliches Skelett, das da auf dem Bette lag. Wenn er die Augen schloß, wölbten sich die Pupillen durch das dünne, bläßliche Geäder der Augenlider hervor. Seine Wangen waren eingesunken, an seinem Hals konnte man jede Sehne zählen, und sein Adamsapfel hob und senkte sich unter der verwitterten Haut. Seine Nase, die einigermaßen ihre frühere Form bewahrt hatte, war von einer fahlen Blässe; sie ragte gleichsam in stolzer Verlassenheit aus den Ruinen seines Gesichtes hervor, eine altertümliche Säule auf einem Hügel der Vergangenheit. Wäre nicht das schwache Atmen seines halbgeöffneten Mundes gewesen, aus dem die Zunge zwischen zahnlosen Kiefern heraushing, hätte man ihn für tot halten können. Jedenfalls machte er den Eindruck eines Sterbenden. Aber hin und wieder hob er die Lider und betrachtete mich mit einem argwöhnischen und forschenden Blick. Sagte ich ihm die Wahrheit? Als ich nun mit meinem Bericht zu Ende war und eine längere Pause machte, öffnete er die Augen, starrte mich hartnäckig an und murmelte:

„Nun?“

„Was?“ fragte ich.

„Was ist nachher geschehen?“ Er drängte seine letzte Kraft in den forschenden Blick, mit dem er mich ansah. „Hast du nicht gehört, was mit diesem Menschen, den du Rabbi von Nazareth nennst, nach seinem Tode geschah?“ Und zu meinem Erstaunen richtete er sich im Bett auf.

„Was nachher mit dem Rabbi von Nazareth in Jerusalem geschah, hat mit mir nichts zu tun“, antwortete ich.

„Aber ... hast du nichts gehört? Hat man dir nicht erzählt, was in Jerusalem sich ereignet hat, nachdem Joseph von Arimathia und dein Rabbi ihn vom Kreuze abgenommen und zu Grabe getragen hatten? Weißt du darüber nichts?“

„Ich habe allerlei gehört“, erwiderte ich.

„Aha!“ murmelte Pan Viadomsky und holte tief Atem.

„Was soll das heißen?“

„Willst du mir nicht erzählen, was du in euren Kreisen gehört hast? Aber die Wahrheit!“ Er blickte mich streng an. „Verschweige nichts.“

„Ich habe nichts zu verschweigen.“

„Beim Banneid?“

„Sogar beim Eid auf die Gewänder des Hohenpriesters“, erwiderte ich.

„Was erzählte man sich?“

„In gewissen Kreisen Jerusalems liefen heimliche Gerüchte um, daß der Rabbi aus seinem Grabe verschwunden sei, daß er sich seinen Jüngern gezeigt und ihnen gesagt habe, was sie zu tun hätten. Zuerst waren diese Gerüchte nur unter seinen Anhängern im Umlauf, allmählich aber fanden sie weitere Verbreitung. Alle die, die an den Rabbi zu seinen Lebzeiten geglaubt hatten, begannen sich zusammenzuschließen und Brüderschaften zu gründen, und immer lauter, immer offener, immer beharrlicher wurde behauptet, der Rabbi von Nazareth sei wirklich der Messias gewesen, er sitze nun an Gottes Seite im Himmel, und sehr bald würde er auf die Erde herabsteigen, um die Lebenden zu richten und das Himmelreich zu beginnen. Die Leute, die das glaubten, nannte man Messianer.“

„Waren sie zahlreich?“

„Ich weiß es nicht. Ich interessierte mich nicht dafür. Aber ich kannte einige von ihnen, da mehrere Angehörige meines Kreises sich der messianischen Sekte anschlossen. Mein Freund Rufus, sein Bruder Alexander und der Konvertit Abraham ben Abraham. Ich glaube, auch Joseph von Arimathia trat der Sekte bei, aber ich bin dessen nicht sicher. Ich weiß nur, daß mein Rabbi Nikodemus ihr *nicht* angehörte, denn ich entsinne mich eines Gespräches, das ich mit meinem Rabbi über diese Angelegenheit führte. Mein Rabbi sagte: ‚Es genügt, daß Rabbi Jeschua als ein Gerechter gelebt hat, daß er Gott gesucht hat, daß er die Menschen dem Himmel näher gebracht hat und in äußerster Reinheit gestorben ist: deshalb neige ich mich vor seinem Andenken und segne ihn. So wie geschrieben steht: Das Andenken des Gerechten ist mein Segen. Der Wasserträger Hillel und die meisten anderen waren derselben Meinung wie er. Über Simon von Kyrene weiß ich nichts."

„Habt ihr Anklage gegen sie erhoben?" fragte Pan Viadomsky

„Anklage?" wiederholte ich erstaunt. „Weshalb? Was für Meinungsverschiedenheiten gab es zwischen uns, daß wir Anklage gegen sie hätten erheben sollen? Mein Freund Rufus blieb auch dann noch Schüler meines Rabbi, als er sich der messianischen Sekte angeschlossen hatte. Und genau so wie früher ging er mit uns in den Tempel, um die vorgeschriebenen Opfer zu verrichten. Das taten alle Messianer. Wir sprachen die gleichen Gebete, und in diesen Gebeten erwähnten wir tagtäglich die Ankunft des Messias. Und tagtäglich warteten wir auf ihn. Denn sie wußten ebensowenig wie wir, wann er kommen würde, und deshalb erwarteten sie ebenso wie wir jeden Tag und jede Stunde und jede Minute sein Kommen. Sie erklärten gleich uns, daß Gott jeden beliebigen Augenblick wählen könne, um den Messias zu senden und uns zu erlösen, und deshalb sei es unsere Pflicht, stets zu seinem Empfange bereit zu sein: und eben dieses Harren, diese Erwartung und Sehnsucht waren der Urquell unseres Glaubens. Die einzige Meinungsverschiedenheit zwischen uns bestand darin, daß sie behaupteten, der Messias sei bereits einmal auf Erden erschienen und würde wiederkehren, während wir sagten, das sei unmöglich, der Messias könne nicht hier gewesen sein, da immer noch die Menschheit vom Bösen nicht erlöst und voller Gottlosigkeit sei. Wir glaubten, der Messias müsse erst erscheinen, — sie glaubten, er würde wiederkehren."

„Und gab es nicht Auseinandersetzungen unter euch über dieses so bedeutsame Thema?"

„Gewiß gab es Auseinandersetzungen in den Synagogen und Lehrhäusern und zuweilen auch in den Tempelhöfen. Aber diese Auseinandersetzungen fanden nur in unserem eigenen Kreise statt, so wie es unter uns auch in anderen religiösen Fragen bestimmte Meinungsverschiedenheiten gab. Wir alle jedoch gehörten der heiligen Gemeinschaft Gottes an."

„Und es kam nicht zu einem Bruch zwischen euch und den Messianern?"

„Zu meiner Zeit nicht, — soweit ich mich an mein früheres Leben in Jerusalem erinnern kann."

„Und was wurde aus den Söhnen Hanans?"

„Der Fluch, den Rabbi Gamaliel ben Simon über sie ausgesprochen hatte, ging in Erfüllung. Sie und die ganze Sadduzäer-Partei wurden aus Israel ausgetilgt. Es ist nichts von ihnen zurückgeblieben. Und nur unter Flüchen gedenken wir des Hauses Hanan. Bis zum heutigen Tage haftet an ihrem Namen das Wort, das damals in Jerusalem gang und gäbe war: ‚Die Söhne Hanans sind die Söhne Elis!' "

„Und kannst du mir nicht sagen, was aus meinem Freunde Hanan ben Hanan wurde?"

„Ja ... Ein Greuel und Gestank in Israel. Als er, der letzte der Hanans, Hoherpriester wurde, ließ er die Weisen verfolgen. Aber nachdem er den Tod Jakobs ben Joseph, des Bruders Jeschuas, der am Kreuze gelitten, verschuldet hatte, wurden die Weisen so zornig, daß sie eine Abordnung zum König schickten. Sie fanden sich sogar bereit, den neuen Prokurator, Albinus, bei seinem Einzuge zu begrüßen, und sie ruhten nicht eher, als bis König Agrippa Hanan ben Hanan absetzte, unter der Beschuldigung, er habe Jakob ben Joseph ermorden lassen. Zuletzt ereilte ihn die Rache der Juden. Während des Aufstandes gegen Rom wurde er als Verräter entlarvt, in Stücke gerissen wie ein Fisch und den Hunden zum Fraße vorgeworfen. Und mit ihm waren die Söhne Hanans aus Israel ausgetilgt und verschwunden. So", schloß ich, „mögen alle Gottlosen zugrundegehen und die Gerechten gedeihen wie eine Dattelpalme!"

Pan Viadomsky schwieg. Er schloß die Augen und versank in tiefes Sinnen.

„Und gestatten Sie mir nun", sagte ich, „an Sie eine Frage zu richten. Was wurde aus dem Hegemon?"

Eine eiskalte Hand umklammerte die meine, die knochigen Finger packten mich wie ein Schraubstock.

„Was aus mir geworden ist? Ich bin heute hier, wie ich gestern hier war, und wie ich immer hier sein werde. Ich bin hier und kann nicht aufhören zu sein."

Ich verstand ihn nicht. Ich hatte den Eindruck, daß Pan Viadomskys Sinne sich verwirrten, und mein Blick muß ihm meine Gedanken verraten haben, denn er fügte in resigniertem Tone hinzu — während sein Kopf in die Kissen zurücksank:

„Er hat mich dazu verflucht, ewig hier zu sein."

„Wer?" fragte ich mit leiser Stimme.

„Er — am Kreuze."

„Der Rabbi von Nazareth?"

„Der Messias aus Nazareth!" rief er.

„Sie glauben das?"

„Ich war immer davon überzeugt, aber ich wollte es nicht zugeben."

„Und dennoch?"

„Dennoch gebe ich es zu. Ich muß es zugeben. Verstehst du mich? Ich muß es gegen meinen Willen zugeben, wenn auch alles in mir sich dagegen sträubt! Ich kann nicht anders!" rief er in fast schreiendem Tone, mit gurgelnder, wütender Stimme.

„Wer zwingt Sie dazu?"

„Er!" antwortete Pan Viadomsky und sank in sich zusammen und schloß die Augen.

Ich sagte kein Wort. Ich ließ ihn mit seinen Gedanken ringen, und sein innerer Kampf spiegelte sich im Spiel seiner Züge wider. Schließlich ermannte er sich. Er öffnete die Augen und blickte mich klagend, fast demütig an. Wunder über Wunder! Er schien sich nicht im mindesten seiner Schwäche zu schämen! Ich tat so, als merkte ich nichts. Ich wollte ihn sogar verlassen. Ich sagte:

„Es ist spät. Ich muß gehen."

„Wohin mußt du gehen? Warum willst du mich verlassen?"

Und Pan Viadomsky streckte seine Hände nach mir aus, und aus seinen Augen sprach bettelnde Angst.

„Pan Viadomsky — was quält Sie?"

(Ich war erstaunt, daß er die Nennung seines Namens ruhig hinnahm.)

Durch eine Handbewegung bat er mich, zu bleiben. Schweigend kehrte ich zu meinem Platze zurück.

„Ich habe mit ihm gerungen. Er hat mich besiegt!" Pan

Viadomsky redete wie zu sich selber. „Er nahm mich, wie man einen Topf nimmt und ihn zerbricht. Er hat mich zerbrochen. Ich habe bis zum letzten Augenblick dagegen angekämpft. Ich fühlte, wie ich immer schwächer wurde. Ich bemühte mich, seinen Blicken auszuweichen. Ich wußte, daß er mich überwältigen würde. Jeder seiner Blicke durchbohrte mich, drang tief in mein Innerstes ein, und es war, als hätten gewaltige Heerscharen mich überfallen, um mir all mein Erbe zu rauben, meine Seele zu versklaven, die Wurzeln meines Seins zu zerstören. Ich wurde in den Schmelztiegel geworfen und von einem Gefäß ins andere, von einer Form in die andere gegossen. Und um seinen Einfluß auf mich zu bekämpfen, machte ich mich böser, als ich bin. Und als er um Wasser bat, da er am Kreuze hing, nahm ich einen Schwamm und tauchte ihn in Essig und reichte ihn zu seinen Lippen empor. Und da packte er mich. Er packte mich, wie ein Löwe seine Beute packt. Er richtete seinen Blick auf mich, und meine Widerstandskraft war gelähmt, meine Glieder waren gefesselt, und mir war, als sei ich zu seinen Füßen hingesunken. Und immer noch wehrte ich mich. Ich bot alle meine Kräfte auf und rief das Erbe meines Blutes zuhilfe. Ich versuchte, mich aufzurichten und seine Blicke niederzuzwingen. Dann geschah etwas. Seine blutunterlaufenen Augen nahmen die meinen gefangen. Seine Augäpfel, die unter den Lidern hervorschauten, hielten mich fest wie zwei magische Steine. Er bewegte die Lippen, und ich hörte ihn murmeln: ‚Von diesem Tage an sollst du Essig trinken!' Ich versuchte, mich über seine Worte lustig zu machen, ich flüchtete in ein verächtliches Lachen. Ich wußte, wenn ich jetzt nachgäbe, würde ich in alle Ewigkeit an ihn gefesselt sein. Deshalb fragte ich ihn in höhnischem Tone, obwohl mein Herz Tränen vergoß: ‚Und wann wird der Essig sich in Wasser verwandeln?' Und er antwortete: ‚Wenn eine meiner Tränen in deinen Becher fällt.' Und er wandte seinen Blick von mir ab.

Immer noch versuchte ich mich in ein Lachen zu retten. Ich sagte zu ihm: ‚Wenn du der König der Juden bist, dann hilf dir selbst!' Aber mein Spott nützte mir nichts. Seine Worte wurden wie ein Feuertrunk, und von diesem Tage an brannte eine Flamme in meinem Herzen, und ich fand keine Ruhe mehr.

Ich wehre mich gegen ihn, aber ich bin wie ein Fisch, der am Angelhaken zappelt: er wirft sich hin und her, aber die Angel hält ihn fest. Und so hält er mich fest.

Mein Mund lacht, und Flüche strömen von meinen Lippen.

Aber mein Herz zittert vor ihm. Sein letzter Blick verfolgt mich und weicht nicht von mir. Ich muß mich gegen ihn empören. Um mich von ihm zu befreien, tue ich ihm alles zu Trotz. Ich bin ewig auf der Flucht, ich will mich ewig vor ihm retten, und doch kann ich mich nicht befreien.

Und so wandere ich aus einer Inkarnation in die andere, und in jeder Inkarnation kämpfe ich mit ihm. Ich versuche mich von ihm loszureißen, und es gelingt mir nicht. Ich kann nicht bei ihm sein, und ich kann nicht ohne ihn sein.

Was ich trinke, ist Essig. Was immer ich zu mir nehme, ist Essig, und was immer ich von mir gebe, ist Essig. Und ich lechze nach dem klaren Wasser des Quells. O, wenn ich endlich wieder Wasser trinken könnte! Ich bin so müde. O, Gott, hab Erbarmen mit mir!"

Und dann — ich konnte es nicht glauben, es konnte nicht sein! — füllten die Augen Pan Viadomskys sich mit Tränen. Große Tränen, voll wie Veilchenknospen, rollten aus seinen Augen. Zuerst versuchte er sie mir zu verbergen Er wischte sie mit dem Ärmel weg. Ich blickte zur Seite und tat so, als starrte ich die Lampe an, damit er glaube, ich hätte nichts gesehen. Und er murmelte etwas vor sich hin, das wie der Anfang eines Fluches klang. Dann gab er plötzlich nach — er wehrte sich nicht mehr —, widerstandslos ließ er die Tränen über seine wachsbleichen Wangen fließen, ohne sich vor mir zu schämen.

„Ehre sei Gott in der Höhe, sein Wille geschehe auf Erden", murmelten seine Lippen.

„Pan Viadomsky! Pan Viadomsky!" rief ich voller Freude. „Seine Träne ist in den Becher gefallen!"

Er versuchte, einen strengen Ausdruck in seine eingesunkenen Augen zu zwingen, aber es gelang ihm nicht. Nur seine Lippen flüsterten vorwurfsvoll:

„Wie? Pan Viadomsky?"

„Hegemon von Jerusalem!" verbesserte ich mich.

„Hegemon von Jerusalem", wiederholte er flüsternd.

Nach einer Weile sagte er wie aus dem Schlafe zu mir:

„Was war es, das dort im Tempelhof am letzten Tage zwischen ihm und euren Rabbis vor sich ging? Man hat mir erzählt, sie hätten sich über das erste und wichtigste Gebot Gottes geeinigt."

„Ja! Und der Rabbi und die Pharisäer waren sich darüber einig, daß das erste Gebot laute: Liebe deinen Gott! Gleich darauf, aber ebenso wichtig, folge das Gebot: Liebe deinen

Nächsten! Auf diesen Grundlagen beruhten die Pfeiler des Glaubens."

„Ja, und was geschah dann?"

„Sie konnten sich nicht über die Art und Weise einigen, wie dieses Ziel zu erreichen sei. Aber das Ziel selbst war für sie wie für ihn das gleiche."

„So ist es immer bei euch Juden! Nie könnt ihr euch einigen. Und selbst wenn ihr zu einer Einigung gelangt, habt ihr euch noch immer nicht verständigt. Wer kann aus euch Juden klug werden?"

Und dies war der letzte Vorwurf, den er uns machte. Dann versank er in Schweigen.

Ich blieb an seinem Bette sitzen. Seine Hand hielt die meine fest. Sie war eiskalt. Aber er hielt die Augen offen.

Durch das Fenster drangen die ersten Strahlen der Morgensonne herein, die die Schranken der Dunkelheit und der Spinnweben durchbrochen und den Weg bis zu Pan Viadomskys Bett gefunden hatten. Sie waren müde, diese Strahlen, von ihrer langen Reise und von den Hindernissen, die sie hatten überwinden müssen, aber warm noch von dem Segen der Sonne.

Pan Viadomsky lebte noch. Seine Augen standen offen. Seine Lippen bewegten sich, als schmeckten sie die Sonne. Ein seliger Ausdruck, der von Frieden und Sicherheit sprach, glitt über sein Antlitz, ein Ausdruck, wie man ihn auf dem Gesicht eines Kapitäns erblicken mag, dessen Schiff sich nach langer und gefährlicher Fahrt dem Hafen nähert.

Ich neigte mein Ohr zu seinen Lippen und hörte deutlich seine letzten Worte:

„Gott erbarme dich meiner sündigen Seele!"

Sein Körper streckte sich, sein Antlitz wurde steinern — ein köstlich gemeißelter Stein, gelb wie Elfenbein.

Nach einer Weile, als die Sonne voll aufgegangen war und ihre Wärme in den Raum entsandte, kam die kleine Blimele herein, die Tochter des Schneiders, der in der Pförtnerwohnung gegenüber Pan Viadomsky hauste. Ihre frisch gewaschenen, langen schwarzen Locken hingen über ihr Gesicht, ihren schlanken Hals und ihre jungen bebenden Schultern. Ihre Augen waren lebendig und klar, aber noch vom Schlummer überschattet, als sei sie soeben erst erwacht. Ihre nackten Kinderfüße staken in den unförmigen Schuhen eines Erwachsenen, und in der Hand hielt sie einen kleinen Strauß halbverwelkter gelber Feldblumen. Sie sagte mit einer singenden Kinderstimme:

„Gestern waren wir auf dem jüdischen Friedhof und haben Blumen gepflückt. Und Mamma hat gesagt, ich soll dem kranken Pan welche bringen.“

Ich nahm die Handvoll ärmlicher halbverwelkter jüdischer Feldblumen und legte sie auf das beruhigte Herz Pan Viadomskys.

ZEITTAFEL

vor Christus

63
Der römische Staatsmann und Feldherr Pompejus erobert Jerusalem und macht Judäa zu einem Vasallenfürstentum Roms.

42
Tiberius geboren. Er ist Stiefsohn des römischen Kaisers Augustus und wird später auch dessen Schwiegersohn.

37
Der aus einer einflußreichen altjüdischen Familie stammende Herodes wird von Rom als König der Juden eingesetzt. Er verschafft dem Land äußeren Frieden und wirtschaftlichen Aufschwung, entwickelt eine umfangreiche Bautätigkeit und läßt den Tempel von Jerusalem erneuern. Da er jedoch der griechisch-römischen Kultur aufgeschlossen ist und das Land zu hellenisieren versucht, wird er von der strenggläubigen jüdischen Bevölkerung abgelehnt.

um 20
Hillel, bedeutender jüdischer Schriftgelehrter der Pharisäer, geboren.

19
In Brundisium, dem heutigen Brindisi am Adriatischen Meer, stirbt der römische Dichter Vergil.

8
In Rom stirbt der Dichter Horaz.

4
Nach dem Tod von Herodes dem Großen wird das Reich unter seinen Söhnen aufgeteilt. Archelaos erhält Judäa, Samaria und Idumäa, Herodes Antipas wird Tetrarch von Galiläa und Peräa, Philippus erhält den Nordosten des Landes.

um 2
Wahrscheinlich als ältestes Kind von Joseph und Maria aus Nazareth in Galiläa wird Jesus in Nazareth oder in Bethlehem geboren.

6
Rom verbannt den jüdischen Fürsten Archelaos. Sein Land wird nun von einem römischen Prokurator regiert. Die religiöse Verwaltung liegt in den Händen des Hohepriesters von Jerusalem, der eng mit den Römern zusammenarbeiten muß. Judas aus Galiläa gründet die militante Religionsbewegung der Zeloten (Eiferer), die für eine strenge Reinerhaltung des jüdischen Glaubens eintritt und sich vor allem gegen die heidnische römische Fremdherrschaft richtet.

9
Im Teutoburger Wald schlägt der Cheruskerfürst Arminius drei römische Legionen und verhindert damit weiteres Vordringen Roms in germanisches Gebiet.

14
In Nola in Südkampanien stirbt Kaiser Augustus, der schon zu Lebzeiten wie ein Gott verehrt wurde. Nach seinem Tod wird er offziell zum Gott erklärt. Tiberius wird römischer Kaiser.

16
Der römische Feldherr Germanicus, Adoptivsohn von Kaiser Tiberius, führt erfolgreiche Feldzüge gegen die Germanen, besiegt bei Idistaviso an der Weser den Cheruskerfürsten Arminius, muß dann aber trotzdem Germanien räumen. Tiberius ruft Germanicus zurück und verzichtet auf eine Wiedereroberung der verlorenen germanischen Gebiete.

um 18
In Tomis, dem heutigen Constanta in Rumänien, stirbt der aus Rom verbannte Dichter Ovid. In Jerusalem übernimmt Kaiphas, der Schwiegersohn des bisherigen Hohepriesters Annas, das Amt des Hohepriesters.

19
In Antiochia stirbt Germanicus, der Vater des späteren Kaisers Caligula. Der Verdacht, Kaiser Tiberius habe den von ihm adoptierten erfolgreichen Feldherrn vergiften lassen, ist unbewiesen.

26
Der Römer Pontius Pilatus wird römischer Prokurator in Judäa.

um 28/29
Der in der Wüste lebende und der asketischen jüdischen Mönchsgemeinde der Essener nahestehende Jochanaan aus Galiläa, genannt Johannes der Täufer, predigt die bevorstehende Ankunft des Messias und tauft bußfertige Juden. Auch Jesus wird von ihm im Jordan nahe dem See Genezareth getauft.

um 29/30
Auf Betreiben von Herodias, der Frau des Tetrarchen Herodes Antipas, und deren Tochter Salome läßt Herodes Antipas den auf der Bergfestung Machaerus nahe dem Westufer des Toten Meeres eingekerkerten Johannes den Täufer enthaupten. Öffentliches Wirken von Jesus in Galiläa und Judäa. Verkündigung seiner Heilslehre bedingungslosen Gottesglaubens und christlicher Nächstenliebe in der Bergpredigt.

30
Auf Veranlassung des Hohepriesters Kaiphas wird Jesus festgenommen, den römischen Behörden ausgeliefert, von Pontius Pilatus zum Kreuzestod verurteilt und auf der Richtstätte von Jerusalem (Golgatha) gekreuzigt.

um 33
Saulus, ein strenggläubiger jüdischer Pharisäer und Gegner des Christentums, wird zu der von Jesus verkündeten christlichen Glaubenslehre bekehrt und entwickelt unter dem Namen Paulus eine rege missionarische Tätigkeit.

um 35
Stephanos, ein Mitglied der Urchristengemeinde in Jerusalem, wird von jüdischen Religionsfanatikern als Abtrünniger und Ketzer gesteinigt.

36
Auf Wunsch der Juden wird der römische Prokurator Pontius Pilatus wegen allzu willkürlicher Amtsausübung abberufen.

37
In Misenum am Tyrrhenischen Meer stirbt Tiberius. Caligula, der Sohn des Germanicus, wird römischer Kaiser. In Jerusalem wird der jüdische Geschichtsschreiber Josephus Flavius geboren.

39
Herodes Antipas, der Tetrarch von Galiläa und Peräa, wird von Rom abgesetzt.

41
Agrippa I. wird von Rom als König der Juden eingesetzt. Während seiner knapp vierjährigen Regierungszeit erleidet die Urchristengemeinde in Jerusalem rücksichtslose Verfolgung. Nach der Ermordung des Caligula wird Claudius römischer Kaiser.

44
Das Land Judäa wird der römischen Provinz Syrien zugeordnet und erneut von römischen Statthaltern regiert. Die religiöse Verwaltung verbleibt in den Händen des jüdischen Hohepriesters in Jerusalem.

45
Der Apostel Paulus beginnt seine großen Missionsreisen zur Bekehrung der Heiden und trägt damit entscheidend dazu bei, das Christentum von den jüdischen Glaubensgesetzen der Thora zu lösen und auch unter anderen Völkern zu verbreiten.

50
Agrippa II. wird von Rom als König der Juden eingesetzt. Von Judäa und Galiläa breitet sich der von Jesus verkündete christliche Glaube langsam immer weiter aus. Bei Philippi in Makedonien gründet der Apostel Paulus eine Christengemeinde, an die er später die Philipperbriefe schreibt.

51
In Korinth gründet der Apostel Paulus die erste christliche Gemeinde in Griechenland.

54
Nero wird römischer Kaiser. Der Apostel Paulus schreibt aus Korinth an die Christengemeinde in Rom (Römerbrief).

57
Der Apostel Paulus zieht von Land zu Land, predigt die von Jesus verkündigte christliche Glaubenslehre und schreibt zwei Briefe an die von ihm gegründete Christengemeinde in Korinth (Korintherbriefe).

um 58
In Jerusalem wird der Apostel Paulus von den Römern gefangengesetzt.

um 61
In römischer Gefangenschaft setzt der Apostel Paulus seine Missionstätigkeit schriftlich fort und schreibt an zahlreiche Christengemeinden.

62
In Jerusalem löst der Hohepriester Annas II. eine erneute Christenverfolgung aus und läßt Jakobus, ein Mitglied der Urchristengemeinde von Jerusalem und vermutlich naher Verwandter von Jesus, steinigen.

64
Brand Roms aus ungeklärter Ursache. Ob Nero den Brand legen ließ, ist nicht eindeutig erwiesen. Das Gerücht, die Christen hätten das Feuer gelegt, liefert den Vorwand zu blutiger Christenverfolgung.

66
In Palästina bricht ein von den militanten Zeloten geschürter Aufstand der gläubigen Juden gegen die heidnische römische Fremdherrschaft aus, der zu blutigen Auseinandersetzungen und jahrelangen Guerillakämpfen führt.

67
In Rom wird der Apostel Paulus enthauptet.

69
Vespasian wird römischer Kaiser.

70
Titus, der älteste Sohn und spätere Nachfolger des Kaisers Vespasian, geht nach Palästina, um den Aufstand der Juden endgültig niederzuwerfen. Er erobert und zerstört Jerusalem und den Tempel. Damit verliert das Judentum sein geistig-religiöses Zentrum sowie den Rest seiner nationalen Selbständigkeit.